中国非洲研究院文库

主编 李新烽 白乐

译路峰景

Translators on Their Craft

——名家谈翻译

上

中国社会科学出版社

图书在版编目（CIP）数据

译路峰景：名家谈翻译：全3册/李新烽，白乐主编 .—北京：中国社会科学出版社，2020.10

（中国非洲研究院文库）

ISBN 978-7-5203-7415-6

Ⅰ.①译… Ⅱ.①李…②白… Ⅲ.①翻译—研究 Ⅳ.①H059

中国版本图书馆 CIP 数据核字（2020）第 206031 号

出版人	赵剑英
责任编辑	陈雅慧
责任校对	王 斐
责任印制	戴 宽

出　版	中国社会科学出版社
社　址	北京鼓楼西大街甲 158 号
邮　编	100720
网　址	http://www.csspw.cn
发行部	010-84083685
门市部	010-84029450
经　销	新华书店及其他书店

印　刷	北京明恒达印务有限公司
装　订	廊坊市广阳区广增装订厂
版　次	2020 年 10 月第 1 版
印　次	2020 年 10 月第 1 次印刷

开　本	710×1000　1/16
印　张	72
字　数	1073 千字
定　价	428.00 元（全三册）

凡购买中国社会科学出版社图书，如有质量问题请与本社营销中心联系调换

电话：010-84083683

版权所有　侵权必究

主编简介

李新烽，1960年9月生，陕西渭南人。管理学博士，二级研究员，作家，摄影家。中国社会科学院西亚非洲研究所所长，中国非洲研究院常务副院长，中国社会科学院大学西亚非洲系主任、博士研究生导师，《中国非洲学刊》《西亚非洲》主编。中国亚非学会副会长，中国非洲史研究会副会长。国务院政府特贴专家。

1981年西安外国语大学英语系毕业后留校工作，两次考入中国社会科学院研究生院，分获法学硕士学位和管理学博士学位；公派留学英国，获威尔士大学文学硕士学位。1987—1995年先后在中国社会科学院办公厅和国际合作局工作。1995—2008年在人民日报社当编辑，其间任常驻非洲记者8年，足迹遍布非洲大陆，是采写肯尼亚帕泰岛郑和使团后裔、发现"中国学生"——夏瑞馥（拉利·姆瓦玛卡·沙里夫）的第一位中国记者，也是索马里内战爆发以来，进入该国采访报道的首位东方记者。2006年参加中组部、团中央组织的第七届"博士服务团"，挂职湖南湘西自治州人民政府州长助理。2007年加入中国作家协会。2008年加入中国摄影家协会，同年调入中国社会科学院西亚非洲研究所，2014—2017年担任中国社会科学杂志社副总编辑。

出版《非洲踏寻郑和路》（修订本）中英文版、《非凡洲游》两部专著和智库报告《新时代中非友好合作：新成就、新机遇、新愿景》《非洲华侨华人报告》《中国脱贫攻坚调研报告——湘西篇》（中英文版）等十多部合著，主编《郑和与非洲》《全球视野下的达尔富尔问题研究》，发表中英文学术论文30余篇。温家宝总理为《非洲踏寻郑和路》题词："山一程，水一程，身向世界行；风一更，雪一更，心怀天下事。"作品获中宣部第十届精神文明建设"五个一工程奖"、第十六届和第二十七届中国新闻奖、中国社会科学院2012年和2016年优秀对策信息一等奖、中国社会科学院2018年和2019年优秀国家智库报告奖、外交部2013年和2016年中非联合交流计划研究课题优秀奖，以及中国国际新闻奖、冰心散文奖、中国改革开放优秀报告文学奖、徐迟报告文学奖、华侨文学奖等十余种全国性奖项。

白乐，中国社会科学杂志社对外传播中心英文编辑、翻译。2013年研究生毕业于北京大学外国语学院MTI英汉笔译专业，获得翻译硕士学位。曾以英译王维《山居秋暝》一诗获得首届清华北大诗歌翻译大赛二等奖，两度被评为中国社会科学杂志社"优秀个人"。在《中国社会科学报》发表访谈类、原创类、编译类文章数篇。在《中国社会科学报》英文数字报发表翻译类文章数篇，涵盖文学、国际关系、社会学等领域。曾赴新加坡国立大学东亚研究所进行学术交流，曾近距离专访许渊冲、李文俊等一代翻译名家。

充分发挥智库作用　助力中非友好合作
——《中国非洲研究院文库》总序

蔡昉

当今世界正面临百年未有之大变局。世界多极化、经济全球化、社会信息化、文化多样化深入发展，和平、发展、合作、共赢成为人类社会共同的诉求，构建人类命运共同体成为各国人民共同的愿望。与此同时，大国博弈激烈，地区冲突不断，恐怖主义难除，发展失衡严重，气候变化凸显，单边主义和贸易保护主义抬头，人类面临许多共同挑战。中国是世界上最大的发展中国家，是人类和平与发展事业的建设者、贡献者和维护者。2017年10月中共十九大胜利召开，引领中国发展踏上新的伟大征程。在习近平新时代中国特色社会主义思想指引下，中国人民正在为实现"两个一百年"奋斗目标和中华民族伟大复兴的"中国梦"而奋发努力，同时继续努力为人类作出新的更大的贡献。非洲是发展中国家最集中的大陆，是维护世界和平、促进全球发展的重要力量之一。近年来，非洲在自主可持续发展、联合自强道路上取得了可喜进展，从西方眼中"没有希望的大陆"变成了"充满希望的大陆"，成为"奔跑的雄狮"。非洲各国正在积极探索适合自身国情的发展道路，非洲人民正在为实现《2063年议程》与和平繁荣的"非洲梦"而努力奋斗。

中国与非洲传统友谊源远流长，中非历来是命运共同体。中国高度重视发展中非关系，2013年3月习近平担任国家主席后首次出访就选择了非洲；2018年7月习近平连任国家主席后首次出访仍然选择了非洲；6年间，习近平主席先后4次踏上非洲大陆，访问坦桑尼亚、南非、塞内加尔等8国，向世界表明中国对中非传统友谊倍加珍惜，对非洲和中非关系高度重视。2018年中非合作论坛北京峰会成功召开。习近平主席在此次峰会上，揭示了中非团结合作的本质特征，指明了中非关系发展的前进方向，规划了中非共同发展的具体路径，极大完善并创新了中国对非政策的理论框架和思想体系，这成为习近平新时代中国特色社会主义外交思想的重要理论创新成果，为未来中非关系的发展提供了强大政治遵循和行动指南。这次峰会是中非关系发展史上又一次具有里程碑意义的盛会。

随着中非合作蓬勃发展，国际社会对中非关系的关注度不断提高，出于对中国在非洲影响力不断上升的担忧，西方国家不时泛起一些肆意抹黑、诋毁中非关系的奇谈怪论，诸如"新殖民主义论""资源争夺论""债务陷阱论"等，给中非关系发展带来一定程度的干扰。在此背景下，学术界加强对非洲和中非关系的研究，及时推出相关研究成果，提升国际话语权，展示中非务实合作的丰硕成果，客观积极地反映中非关系良好发展，向世界发出中国声音，显得日益紧迫和重要。

中国社会科学院以习近平新时代中国特色社会主义思想为指导，努力建设马克思主义理论阵地，发挥为党的国家决策服务的思想库作用，努力为构建中国特色哲学社会科学学科体系、学术体系、话语体系作出新的更大贡献，不断增强我国哲学社会科学的国际影响力。中国社会科学院西亚非洲研究所是当年根据毛泽东主席批示成立的区域性研究机构，长期致力于非洲问题和中非关系研究，基础研究和应用研究并重，出版和发表了大量学术专著和论文，在国内外的影响力不断扩大。以西亚非洲研究所为主体于2019年4月成立的中国非洲研究院，是习近平总书记在中非合作论坛北京峰会上宣布的加强中非人文交流行动的重要举措。

按照习近平总书记致中国非洲研究院成立贺信精神，中国非洲研究院的宗旨是：汇聚中非学术智库资源，深化中非文明互鉴，加强治国理政和发展经验交流，为中非和中非同其他各方的合作集思广益、建言献策，增进中非人民相互了解和友谊，为中非共同推进"一带一路"合作，共同建设面向未来的中非全面战略合作伙伴关系，共同构筑更加紧密的中非命运共同体提供智力支持和人才支撑。中国非洲研究院有四大功能：一是发挥交流平台作用，密切中非学术交往。办好"非洲讲坛""中国讲坛""大使讲坛"，创办"中非文明对话大会"，运行好"中非治国理政交流机制""中非可持续发展交流机制""中非共建'一带一路'交流机制"。二是发挥研究基地作用，聚焦共建"一带一路"。开展中非合作研究，对中非共同关注的重大问题和热点问题进行跟踪研究，定期发布研究课题及其成果。三是发挥人才高地作用，培养高端专业人才。开展学历学位教育，实施中非学者互访项目，培养青年专家、扶持青年学者和培养高端专业人才。四是发挥传播窗口作用，讲好中非友好故事。办好中国非洲研究院微信公众号，办好中英文中国非洲研究院网站，创办多语种《中国非洲学刊》。

为贯彻落实习近平总书记的贺信精神，更好地汇聚中非学术智库资源，团结非洲学者，引领中国非洲研究工作者提高学术水平和创新能力，推动相关非洲学科融合发展，推出精品力作，同时重视加强学术道德建设，中国非洲研究院面向全国非洲研究学界，坚持立足中国，放眼世界，特设"中国非洲研究院文库"。"中国非洲研究院文库"坚持精品导向，由相关部门领导与专家学者组成的编辑委员会遴选非洲研究及中非关系研究的相关成果，并统一组织出版，下设五大系列丛书："学术著作"系列重在推动学科发展和建议，反映非洲发展问题、发展道路及中非合作等某一学科领域的系统性专题研究或国别研究成果；"经典译丛"系列主要把非洲学者以及其他方学者有关非洲问题研究的经典学术著作翻译成中文出版，特别注重全面反映非洲本土学者的学术水平、学术观点和对自身发展问题的认识；"智库报告"系列以中非关系为研究主线，以中非各领域合作、国别双边关系及中国与其他国际角色在非洲的互动关系为支撑，客观、准确、翔实地反映中非合作的现状，为新时代中非关系顺利发展提供对策建议；"研究论丛"系列基于国际格局新变化、中国特色社会主义进入新时代，集结中国专家学者研究非洲政治、经济、安全、社会发展等方面的重大问题和非洲国际关系的创新性学术论文，具有学科覆盖面、基础性、系统性和标志性研究成果的特点；"年鉴"系列是连续出版的资料性文献，设有"重要文献""热点聚焦""专题特稿""研究综述""新书选介""学刊简介""学术机构""学术动态""数据统计""年度大事"等栏目，系统汇集每年度非洲研究的新观点、新动态、新成果。

期待中国的非洲研究和非洲的中国研究在中国非洲研究院成立的新的历史起点上，凝聚国内研究力量，联合非洲各国专家学者，开拓进取，勇于创新，不断推进我国的非洲研究和非洲的中国研究以及中非关系研究，从而更好地服务于中非共建"一带一路"，助力新时代中非友好合作全面深入发展。

（本序作者为中国社会科学院副院长、中国非洲研究院院长）

讲好中国故事　呼唤培养高端翻译队伍

习近平总书记在哲学社会科学工作座谈会上的讲话中强调，发挥我国哲学社会科学作用，要加强话语体系建设，增强我国哲学社会科学研究的国际影响力。目前，我国高端翻译人才短缺成为制约中国文化、中国学术走出去的关键问题，需要尽快得到缓解和解决。

向世界讲好中国故事、传播好中国声音、诠释好中国道路，让世界了解一个真实、全面、立体的中国，语言这座桥梁的重要性不言而喻。然而现实情况是，我国翻译队伍与时代的要求相差甚远，高素质高水平的翻译人才尤其是中译外人才奇缺，翻译质量普遍堪忧，对外交流与合作中的"肠梗阻""中梗阻"现象时常发生，严重制约了我国对外传播能力的提高和国际话语权的塑造。为此呼吁，多措并举、多管齐下，尽快造就和培养一支适应时代要求的高水平高素质翻译队伍。

新中国成立以来，我国涌现了季羡林、杨宪益、草婴等一批著名翻译家。这批学贯中西、融通中外的翻译大师，以及他们翻译的以《毛泽东选集》为代表的领袖著作、以《本草纲目》为代表的传统中药经典、以《红楼梦》和《鲁迅文集》为代表的经典文学名著和现当代文学作品，至今仍在国际社会广为流传，并受到普遍称赞。随着我国与世界交流交融广度深度的加快加大，目前我国的翻译队伍已明显感到力不从心，不能适应这一新形势新要求。目前存在的主要问题表现在：

1. 高端人才奇缺。中国文化走出去需要高端翻译，而高水平的翻译作品需要大量的高端翻译工作者。目前，我国翻译队伍的数量缺乏准确的调查数据，尽管外语类院校能列举出一组数字，但是外语院校的毕业生不等于翻译家，更不能与高端翻译人才同日而语。据人力资源和社会保障部统计，截至2019年上半年，逾12万人次获得了翻译资格证书。然而，据中国翻译协会估计，能承担审定任务的各语种高端人才全国不到1万人，其中"中译外"高端人才不到1000人。对我国目前日益活跃的文化交流对高端中译外人才的需求而言，这一数量可谓杯水车薪、九牛一毛。

2. 老龄现象严重。在仅有的不足1000名的高端翻译人才中，还存在着严重的老龄化现象。这类稀缺人才大多年事已高，不乏壮士暮年之感。尽管缺乏权威统计数字，年龄在50岁以下的高端翻译人才可谓凤毛麟角。50岁至60岁者，也屈指可数。荣获国际翻译界最高大奖——"北极光奖"的我国著名翻译家许渊冲已是99岁的高龄。年轻译者往往忙于科研、教学或其他事务，难以全身心投入翻译工作，年老者虽功力深厚，坐得住冷板凳，但因身体原因力难从心。我国翻译队伍青黄不接的现象已严重制约中国文化走出去的步伐和力度。

3. 语言专业分离。按常理分析，我国应该不缺少翻译人才，乃至高端翻译人才，全国大多数地方从小学，甚至是幼儿园就开始教外语，博士毕业生大都学过20多年外语。但是目前的真实情况是，非外语专业的博士毕业生，对外交流大多张不开口。外语与专业分离，是目前我国高校和研究机构高级知识分子存在的一个值得关注的问题。

造成目前我国高端翻译人才严重匮乏现状的因素是多方面的，诸如高级翻译人才特别是中译外人才的培养难度大，社会对翻译尤其是中译外的作用不了解不重视，等等，但是其中最主要的原因是：

1. 培养机制偏失。在翻译人才的培养问题上，我国的培养机制应该反思。十年前，国内只有少数大学设立翻译专业，翻译未被当做一个专门的学科领域。近几年，随着经济全球化发展对专业翻译的需求量不断加大，我国增设了翻译硕士学位点，在一定程度上扩大了翻译专业招收规模。然而，翻译人才培养体系存在着泛而不精，课程设置存在着杂而不专，研究方向存在着应用性、实践性与学术性相分离的问题。

在我国翻译人才的培养方面，专业与语言、大语种与小语种、文科与理科均存在严重的失衡现象，造成目前这样的普遍现象：专业好的外语差，外语好的不懂专业，外语院校的毕业生大多从事低廉的笔译工作，或是简单的口译工作；不少小语种好不容易培养了极少数人才，可惜还存在严重的流失现象；文科学生普遍口语好点，而理工科学生则阅读能力强些。复合型专业人才成为迫切需求。

2. 评价体系偏颇。在我国的科研评价机制中，翻译作品不能与学术著作一视同仁，不能被列入正规科研成果。在许多人看来，翻译只是一种"转述"，而非创作；一种简单的语言转换，而非智力劳动。从事翻译被认为低人一等，轻翻译重研究是一个普遍现象。受这一评价体系支配，不少外语水平高的科研人员不愿从事翻译工作，高水平的翻译人员流向科研或其他岗位，翻译岗位难以留住高端人才、吸引优秀人才。

3. 成果报酬偏低。与上述情况相联系，翻译作品的报酬低于学术著作。出版社不愿向译者支付高额翻译费，导致学术翻译人才流失，转而从事待遇相对较高又不太劳累的口译，加大了高端翻译人才流失的速度和力度。许多人从事作品翻译仅仅出于兴趣爱好，或只作为兼职业余工作。大部头作品所耗费的时间、精力与心力，与稿费回报不成正比，翻译成为一种"情怀"。在效率至上的今天，一面是出版社紧迫的交稿日期，一面是市场主体的利益驱使，精益求精的精神不断缺失，经典译作渐渐难以寻觅。商品经济时代的特性，加剧着"快餐式"翻译的盛行。

4. 思想认识偏差。在我国教育战线，一些高校负责人或出于不了解实际情况，或因为不愿和不敢面对现实，对硕士、博士的外语水平评价和估计过高。他们主观地认为，从幼儿园到研究生院，学生们没有中断外语学习，他们应该拥有不错的外语水平。还有个别研究生院管理者以该校有外教授课为由，认为研究生的外语水平早已过关，不存在问题。这种思想认识的偏差导致研究生院不愿花时间和精力提高学生的外语水平。

习近平总书记在党的新闻舆论工作座谈会上指出："落后就要挨打，贫穷就要挨饿，失语就要挨骂。"我们的舆论宣传还存在"只有招架之力，没有还手之功，他们就是信口雌黄，我们也有理说不清"的现象。存在这一问题，原因是多方面的，但是翻译不到位，表述不清楚、受众听不懂，让别人误会误读误解我们，也是其中一个不可忽视的重要因素。例如，涉及中国特色道路制度和事关融通中国对外话语权的内容，我们权威的翻译和权威的发布仍然不足，这在一定程度上影响了我国政治话语权和对外传播的效力能力和张力。要改变这一现状，就必须加大力气、尽快培养一批高端翻译，特别是中译外人才，以便中国故事能够正确讲述，中国声音能够准确传播。

培养和造就一大批适应时代需求的高端翻译人才是时代的召唤，也是我们编写《译路峰景——名家谈翻译》这部著作的愿景所在。

本书编写过程中有幸得到了诸位学者的大力支持，因而得以集结国内翻译一线35位名家名译的译笔之谈及16位老一辈前贤的译路心程，其丰富的翻译实战经验、点滴的翻译实践感悟，对于翻译爱好者、外语学习者及研究者而言，将是一场非凡的精神盛宴。

本书上中册以邀请翻译名家撰稿为主，并少量收录其过去曾发表的名篇佳作。这些翻译名家来自各大高校、外交部、中央编译局、外文局、社科院、联合国总部及各办事处等机构。他们或长期致力于翻译教学与研究，培养了大批译界优秀人才；或曾多次亲历国家党政文件及领导人著作的译审过程，对中国特色词汇外宣翻译有着独到体会；或拥有多部广为人知的翻译研究专著及译作，为我国当代译坛做出了不可磨灭的贡献。

本书下册除学者邀稿以外，收录了散见于国内核心翻译刊物、各大校报学刊、主流媒体的8位老一辈前贤的"对话访谈实录"，及学者撰写的有关另外8位老一辈前贤译作译论的研究评论文章。这些老一辈翻译家大多亦为学贯中西、成就卓越的文化大家。他们当中的一些人已离我们而去，一些人仍旧健在并勤于译作。"对话访谈实录"

作为一种宝贵的一手资料,将各位名家翻译生涯中的心路历程加以记录。无论是初涉译坛的趣闻、献身译事的情怀,还是对某个翻译理论的精辟见解、翻译某部经典之作时的甘苦,都是不可多得的学术研究资料。

我们相信,在书中各位译者名家的引领下,中国译坛定能迎来下一个春天。

主　编

上册目录

（作者排序不分先后）

第一编　翻译理念与标准

蔡力坚 | 翻译实践中的形合与意合　/　3
　　　　什么叫翻译
　　　　　　——切忌死扣字面　/　14

曹明伦 | 论以忠实为取向的翻译标准
　　　　　　——兼论严复的"信达雅"　/　28
　　　　中国译学研究须加强逻辑思维　/　47

辜正坤 | 翻译标准多元互补论　/　66

金圣华 | 认识翻译的真面目　/　100

李长栓 | 如何翻译存在瑕疵的文件
　　　　　　——以一份未经编辑的文件为例　/　133
　　　　翻译中的理解、表达、取舍　/　158

叶子南 | 漫谈英译汉中的"添加"与"解释"　/　204

周蕴仪 | 清晰英译之我见
　　　　　　——以一段译文为例　/　210

第二编　时政翻译

蔡力坚 ｜ 译义而非译字
　　　　　——以十九大报告翻译为例　/　235

陈明明 ｜ 以与时俱进的精神做好时政翻译，超越跨文化交流障碍
　　　　　——以十九大报告英译为例　/　251

黄友义 ｜ 从"新的历史条件下"到"新时代"
　　　　　——参与领导人著作英译的体会　/　258

童孝华 ｜ 翻译是一个过程
　　　　　——对十九大报告及领导人著作英译的
　　　　　多维度探讨　/　266

王明杰 ｜ 参加领导人著作英译的几点体会　/　305

徐明强 ｜ 从领导人著作的翻译定稿谈时政类汉译英　/　312

第一编
翻译理念与标准

被喻为"当代翻译理论之父"的尤金·奈达曾说，翻译是人们所能从事的最复杂的脑力劳动。17世纪英国诗人约翰·德莱顿将译者比喻为"戴着镣铐的舞者"。古意大利先哲们的论述"翻译者，叛逆者也"成了译界著名金句。

长期以来，中国译界存在对翻译本质与理念、标准与价值的探讨。从鲁迅的"宁信而不顺"、傅雷的"翻译似临画"、钱锺书的"化境"说，再到直译与意译、归化与异化、形似与神似、艺术与科学、借鉴与超越之辨，都试图揭示翻译这一创造性活动的本真面貌，阐释基本内涵与实质。

翻译理念与标准可谓翻译的核心问题。脱离了理念，实践便难以成立。也许有"实战派"译者可能会对此提出质疑，然而，回顾中外翻译史，真正优秀的翻译大家之深厚的翻译功力无一不以扎实的理论学养作为基础。

即便如此，翻译的理念与标准问题仍困扰着许多译家。钱锺书先生理智上求"真"，情感上爱"美"，曾因译文应"求真"或"求美"而进退两难。他曾表示："无色玻璃般的翻译会得罪诗，而有色玻璃般的翻译会得罪译。"

本章特邀长期致力于翻译教学与实践的一线名师，结合其多年的翻译工作心得，以手头积累的翻译素材为文本，阐述其对翻译理念与标准的理解与认识，理论探讨的同时不乏丰富的实例分析。

翻译实践中的形合与意合

蔡力坚

形合（hypotaxis）与意合（parataxis）作为修辞手段，存在于各种语言。形合是借助形态或连接词，即依靠形式上特定安排（包括词的变化形态、词汇的衔接等）来显示短语之间的关系，将语言符号连成整体。而意合则不借助形态或连接词，靠词语与句子及词语本身意义上的连接与逻辑顺序来确立词语彼此的关系。*The Merriam-Webster Online Dictionary* 对形合（hypotaxis）的解释为"syntactic subordination (as by a conjunction)"；意合（parataxis）的定义是"the placing of clauses or phrases one after another without coordinating or subordinating connectives"。

英语里用意合手段表达的一个例子如下：

It was sunny; we went for a walk.

两个分句之间不用任何连接词。同样的意思如果改用形合手段，其表达形式如下：

It was sunny, so we went for a walk.

分句之间加上连接词"so"，从形式上显示两者之间的因果关系，而在第一个例子里，这种关系是隐含的。

我们之所以要探讨形合与意合问题，是因为这个问题对于中英文翻译实践极其重要。中英两种语言一个很大的差异就在于：中文重意合，英语重形合。语言不是词语的杂乱组合，无论哪一种语言，其成分之间都存在各种关联。Halliday 和 Hasan（1976）在 *Cohesion in English* 一书中对英语衔接关系做了详尽的描述。他们认为（1976：4），如果对文本中某一成分的解释需要视另一成分而定，就产生了衔接。英语里主要有五种衔接方式：指代（reference）、替代（substitution）、省略（ellipse）、连接（conjunction）、词义衔接（lexical cohesion）（同上：13）。除了词义衔接外，其他衔接方式均属语法衔接，有明显的语法标记。我们不难发现，英语语言里形式上显示从属关系的情况非常普遍，而相比之下，中文里形式上并列堆砌词语的情况更多。中国学者关于中英文在形合与意合上的差异讨论不少，例如 Yián Wu（2004：15）认为，虽然中文里不乏连接词，但与英语的区别是：表达并列关系和从属关系时经常不依靠连接词；语义上相关的词语经常并排置放，而不从形式上显示彼此关系。

我们应该承认，传统中文更加趋向于意合，我们不妨回顾一下马致远的《天净沙·秋思》："枯藤老树昏鸦，小桥流水人家，古道西风瘦马。夕阳西下，断肠人在天涯。"这是最典型的中文意合结构，词语之间的关系完全依靠读者根据语义和逻辑来判断。

现代中文在西方语言形合用法的影响下，形合方式的使用似乎也有增多的趋势。请看下面一句话：

> 从世界文明健康发展的视角看，我们要在祛除文化傲慢与偏见，以平等、谦虚的态度去认真守护文明多样性的前提下，通过有效的文明间的对话，寻找面对人类发展未来的可通约的、具有普遍意义的价值要素，并对世界以及人类整体有较为全面的认知，来精心构建全球文明。（《光明日报》2014 年 4 月 9 日）

这是一个很长的句子，但也属于基本上能让人接受的现代中文表达方式，其中采用了各种形式上的连接方式使很长的句子不至于混乱，如介词结构"在……前提下"及"通过……对话"。句子主干是

"我们要……寻找……价值要素,并对……有……认知"。主干内的两个并列动词之间也用的并列连词,最后用"来"字引导目的状语。这种表达方式是进口英语句型的结果,目前在中文里类似的进口句型并不少见,基本上能为读者所接受。

在英语里,靠意合取得连贯性的现象虽然不能说有增多,但始终是存在的。例如:

I came, I saw, I conquered. (Plutarch, *Life of Caesar*)

It was the best of times, it was the worst of times, it was the age of wisdom, it was the age of foolishness, it was the epoch of belief, it was the epoch of incredulity, it was the season of Light, it was the season of Darkness, it was the spring of hope, it was the winter of despair, we had everything before us, we had nothing before us, we were all going direct to Heaven, we were all going direct the other way… (Charles Dickens, *A Tale of Two Cities*)

以上两个例子都是典型的意合结构,作者不用任何连接词或其他形式上的标记来显示语言成分之间的关系。

然而,我们必须指出,这在英语里是不寻常的修辞手段,作者采用这样的手段是为了标新立异,以不常见的表达方式来达到引人注目的效果。在正常情况下,英语里形合属普遍现象。一般而言,英文句子以主谓结构为主干,靠语言本身语法手段,把句子其他成分层层搭架,使其彼此相连。现代中文里虽然形合的现象似显著增加,但意合的传统依然根深蒂固。中文语言系统仍然具有"以神统形"的特点,常用紧缩句、并列式的复句来表情达意,句子一般比较简短,各个成分比较松散,少用甚至不用关联词,主要靠句子内部逻辑联系使各个成分形成整体。因此,总体来看,意合与形合仍然是中英文的重大差异之一。我们来看一下典型的中英文对照:

The isolation of the rural world, because of distance and the lack of transport facilities, is compounded by the paucity of the information media.

乡村地处偏远，交通设施不足，加之信息媒体匮乏，与世隔绝更甚。

这个英文句子虽然不短，但结构很简单，主语是"The isolation of the rural world"，谓语是"is compounded"，说明原因靠的是介词短语，表示"偏远""不足""匮乏"等概念的是名词，而中文句子里用的是动词，全是并列短语，不用任何关联词。

注意到这一点对于中译英尤其关键。翻译以意合为特点的文本时，译者需要注意不受中文意合句式的束缚，而笔者发现，实际上多数译者（包括资深译者）都习惯于将以意合为特点的中文译成同样以意合为特点的英语，结果使译文带有很重的中文腔，严重时甚至造成逻辑上的混乱，影响信息传递的效果。翻译时注意目标语的语言特点是非常重要的，如果我们无视英语的形合特征，译文的可读性就会大打折扣。对于英译汉来说，这个问题没有那么突出。原因是：如上文所言，某些具有形合特点的句式已经开始在现代中文里扎根。在这种情况下，在一定程度上沿用某些句型似乎无伤大雅。但是，这绝不意味着所有的英语句式都可以照搬到中文里，全盘照搬必然导致令人哭笑不得的结果。英语里的许多形合句式仍然无法植入中文。译者在英译汉时仍然必须注意中文的意合特点，只是从程度上说没有像中译英那么举足轻重。接下来我们看中译英需要注意形合与意合差别的一些实例：

【例1】2012年，在世界各大经济体增长全面减速、各种风险不断暴露的情况下，我们合理把握政策力度，保持财政预算支出规模不变，优化支出结构，扭转经济下滑趋势。

【官方译文】In 2012, when other major economies in the world were experiencing a slowdown in growth and constantly encountered new risks, we maintained a proper intensity in policy implementation, kept budgetary spending unchanged, improved the spending mix, and reversed the decline in economic growth.

原文里主语"我们"后面跟四个动宾结构，形式上是并列的，而从逻辑上分析，这四者并非并列关系，前三者是原因，最后一点是结果。中文里可以把意义上并非并列的短语并行排列，而不加任何连接词表示彼此关系，正是因为中文靠的是意合，词语本身的含义能决定彼此关系，这是中文的特点。这种句式无法移植到英语里，在英语里"maintained a proper intensity in policy implementation""kept budgetary spending unchanged""improved the spending mix, and reversed the decline in economic growth"这三个短语是无法并列的。官方译文的排列方式（先不谈用词不当的问题）导致行文不连贯：从句里提到其他主要经济体增长减速、风险增加，在主句里读者本来是指望读到有关中国经济表现的实际情况，可是首先看到的却是"maintained a proper intensity in policy implementation"等，而这些事实与前面的情况并不直接相关，结果显得前言不搭后语。翻译时我们应该根据逻辑关系以符合英语形合特点的方式进行重新组合，比如：

【参考译文】In 2012, while other major economies were experiencing a downturn and increased exposure to risks, China managed to pull off a reversal of declining growth, by rationalizing its policy mix to optimize spending priorities while keeping government spending level unchanged.

【例2】建立战略资源储备制度，对关系国计民生的战略矿产资源进行必要的储备，确保国家经济安全和矿产品持续安全供应。

【官方译文】We shall establish a reserve system for strategic resources, lay up necessary reserves of mineral resources vital to the national economy and the people's livelihood, and ensure the safety of the country's economy as well as the sustained and safe supply of mineral commodities.

本例的中文原文也是很典型的意合型，用了三个形式上并列的词组。译者没有对句子各个成分之间的逻辑关系进行分析，完全沿用了中文的句型，也采用了三个动宾结构。但这种安排在英语里读起来不是味道，第一与第二个词组的意思重叠：前面先谈到"a reserve system"，后面又重复"lay up necessary reserves"；前面提到"strategic"，后面再补充"vital to the national economy and the people's livelihood"。这种表述方式用在英语里过分松散，而且用词累赘。在英语里，这些关联成分最好不要各自为政，不能像中文里那样平行排列，不显示任何连接关系，而应体现出整体性与连贯性。另外，"确保"后面提到两点：（1）国家经济安全；（2）矿产品持续安全供应。这两点在逻辑上也不是并列关系。前者是大的方面；后者是小的方面，可被视为前者的一个构成部分，或者也可被视为实现前者的手段之一。这一逻辑关系在英语里最好也能得到体现，反之，意义上并不并列的事物以并列形式出现，会使读者对作者的逻辑思维能力提出质疑。在意合型中文语句里，这样做不成问题，词语之间的关系不必在形式上体现，读者根据语义即可以做出作者预想中的判断，而在英语里，我们不能这样做，从属关系必须明了。

【参考译文】A reserve system for strategic resources, especially mineral resources, vital to our national economy and people's wellbeing, should be established, to protect our national economic security, by ensuring uninterrupted supply of mineral products.

【例3】必须坚持和完善中国社会主义基本经济制度和分配制度，毫不动摇巩固和发展公有制经济，毫不动摇鼓励、支持、引导非公有制经济发展，使市场在资源配置中起决定性作用，更好发挥政府作用，推动新型工业化、信息化、城镇化、农业现代化同步发展，主动参与和推动经济全球化进程，发展更高层次的开放型经济，不断壮大中国经济实力和综合国力。

【官方译文】We must uphold and improve China's basic socialist economic system and socialist distribution system. There must be no irresolution about working to consolidate and develop the public sector; and there must be no irresolution about working to encourage, support, and guide the development of the non-public sector. We must see that in resource allocation, the market plays the decisive role and the government plays its role better. We must see that new industrialization, IT application, urbanization, and agricultural modernization go hand in hand. We must actively participate in and promote economic globalization, develop an open economy of higher standards, and continue to increase China's economic power and composite strength.

原文是最典型的中文公文结构，整句话用了八个并列分句。这八个分句在形式上是并列的，而在逻辑上显然并非都是并列关系。官方译文虽然没有沿用中文的八个并列分句的结构，但还是保留了一些形式上并列而在意义上并不并列的结构，比如，头三个分句在译文里变成了两句话：一个完整句，加上一个由两个并列分句组成的单句，因此在本质上仍然是三者并列关系。但如果我们从逻辑关系来看，不难发现这三者彼此密切相关，第一个分句所指的是经济制度的整体框架，而这个框架由第二分句所述要素（公有制经济）和第三分句所述要素（非公有制经济）构成。笔者认为，这三者的这种密不可分的关系应该在译文得到体现，中文里可以这样说，这是中文的文字特点（意合）决定的，在英文里以并列关系表示不合适。此外还有用词问题，像 there must be no irresolution about 这种离奇古怪的表达方式最好也应该避免。"巩固和发展"译成 consolidate and develop，虽然紧抠字面意思，但含义并不确切，consolidate 经常有 combine 的意思，而原文里的"巩固"是"加强"的意思。译者对原文里最后三个分句的处理是保留原有的三者并列形式，笔者觉得前两个分句并列比较合理，因为这是两个不同的动作，涉及两方面的问题，但把第三个分句所述情况视为前面的举措的结果似乎更为合理。

【参考译文】We must strengthen and improve our socialist economic and distribution system with an unwavering focus on enhancing the public sector, while encouraging, supporting, and guiding the development of private enterprises. The market should be allowed to play a decisive role in resource allocation. The government should improve its role in promoting new industrialization, expanded use of information technology, urbanization, and agricultural modernization in an integrated manner. We must actively participate in and promote economic globalization, and build an open economy that focuses more on higher-end industries, a move that will further boost

China's economic power and composite national strength.

【例4】统筹发展和安全，增强忧患意识，做到居安思危，是我们党治国理政的一个重大原则。

【官方译文】We should ensure both development and security and be ever ready to protect against potential dangers in time of peace. This is a major principle underlying the Party's governance.

"统筹发展和安全""增强忧患意识""做到居安思危"这三个在表面上并列的短语，在意义上并不并列，翻译时我们最好根据其逻辑关系安排各个成分的组合。官方译文把三个并列短语简化为两个并列短语，应该承认，在此语境里用两个并列短语本来也可以说得通，但官方译文未能做到这一点，ensure both development and security 是说不通的，给人感觉是句子没有完。按此思路，我们可以将译文改为：We should ensure that issues concerning development and security are dealt with in an integrated manner, and adequate measures are in place to protect against potential dangers in time of peace. 笔者在参考译文里放弃了并列结构：

【参考译文】A holistic approach to development and security that calls for preparedness against potential dangers in time of peace is an important component of the Party's governance philosophy.

【例5】深化国有企业改革，发展混合所有制经济，培育具有全球竞争力的世界一流企业。

【官方译文】We will further reform state-owned enterprises, develop mixed-ownership economic entities, and turn Chinese enterprises into world-class, globally competitive firms.

原文是三个并列的动宾结构，译文也用了三个动宾结构。在前一例子里，我们说有时逻辑上不完全并列的成分在英文里用并列结构显示也可以，这得根据具体情况而定。在本例里，笔者不赞成并列的处理方式，因为其中第一和第二个动宾词组的从属关系太明确了（"国有企业改革"与"发展混合所有制经济"息息相关，可以认为后者是前者的一部分内容），硬性把在意义上本来应该从属的关系转成并列不利于真实含义的表达。至于原文里的第三个动宾结构，笔者觉得可以有不同的处理方式，作为并列问题也不大，因为其内容重点与前文是不同的。笔者在参考译文里是作为分别的单句处理的。

【参考译文】 State-owned enterprises need further reform to embrace a mixed-ownership formula. Efforts will be on-going to turn Chinese enterprises into world-class, globally competitive firms.

【例6】 深化商事制度改革，打破行政性垄断，防止市场垄断，加快要素价格市场化改革，放宽服务业准入限制，完善市场监管体制。

【官方译文】 We will deepen reforms in the business sector, break administrative monopolies, preclude the forming of market monopolies, speed up the reform of market-based pricing of factors of production, relax control over market access in the service sector, and improve market oversight mechanisms.

原文用了六个并列的动宾短语，与前面的例子一样，这六个表面上并列的短语在意义上不是并列的。不难看出，后五个短语是第一个短语（"深化商事制度改革"）的具体内容。有鉴于此，照搬中文排列方式无疑不够合理。

【参考译文】 Business reform will continue, to break any monopoly imposed through administrative means, and prevent any other form of monopoly from imposing itself through market means. The reform will include the introduction of market-based mechanisms for factor pricing, relaxation of control over market access in the service sector, and plans to improve market regulation.

【例7】 创新和完善宏观调控，发挥国家发展规划的战略导向作用，健全财政、货币、产业、区域等经济政策协调机制。

【官方译文】 We will develop new methods to improve macro-regulation, give full play to the strategic guidance of national development plans, and improve mechanisms for coordinating fiscal, monetary, industrial, regional, and other economic policies.

原文用了三个短语，表面上又是并列关系，但"宏观调控"与"国家发展规划的战略导向作用"密不可分，在译文里最好能体现其内在关系。至于第三个短语，话语重点有不同，故可作并列关系处理。

【参考译文】It is essential to improve macroeconomic control in an innovative manner to enable national development plans to provide strategic guidance for economic activities, and to better coordinate fiscal, monetary, industrial, regional, and other economic policies.

【例8】深化金融体制改革，增强金融服务实体经济能力，提高直接融资比重，促进多层次资本市场健康发展。

【官方译文】We will deepen institutional reform in the financial sector, make it better serve the real economy, increase the proportion of direct financing, and promote the healthy development of a multilevel capital market.

以上译文又是照搬原文句式，沿用了四个动宾词组，但笔者觉得这里套用中文结构不合理，因为这句话的核心明显是"深化金融体制改革"，而后面的三项都是"深化金融体制改革"的目标。在重意合的中文里这样说很自然，但在重形合的英文里这样说条理不清。另外，后面的三项目标彼此之间在意义上也不是并列关系，"增强金融服务实体经济能力"应该是总体目标，而后面两项可被视为是做到这一点的方式（当然，具体译法可以很灵活，不应该有定论，可根据适当用词需要而定），在译文里将这三项并行排列似乎是不合适的。

【参考译文】Institutional reform in the financial sector is on-going, with the aim of making it better serve the real economy. Other reform objectives include increasing the proportion of direct financing, and promoting healthy development of a multilevel capital market.

【例9】转变政府职能，深化简政放权，创新监管方式，增强政府公信力和执行力，建设人民满意的服务型政府。

【官方译文】The government needs to transform its functions, further streamline administration and delegate powers, develop new ways of regulation and supervision, and strengthen its credibility and administrative capacity, building itself into a service-oriented government able to satisfy the needs of the people.

在五个并列分句里，前四个确实可被视为是并列关系，因为这四项的重点是不同的，但最后一项应该是前四项的目的。

【参考译文】Transformation of government functions will be accompanied by moves to further streamline government and delegate powers, improve regulatory practices, and strengthen government credibility and effectiveness, with the aim of building a service-oriented government able to satisfy the needs of the people.

参考文献

[1] Halliday, M. A. K. & Hasan Ruqaiya. *Cohesion in English* [M]. London: Longman, 1976.

[2] Wu, Yi'an. *Spatial Demonstratives in English and Chinese: Text and Cognition* [M]. Amsterdam-Philadelphia: John Benjamins B. V., 2004.

什么叫翻译

——切忌死扣字面

蔡力坚

  为什么要谈如此简单的一个问题呢？这个问题是笔者在 2017 年夏季教课时想到的，当时中国翻译协会在西安举办大学翻译师资培训，在与参加培训的教师互动过程中，笔者惊讶地发现许多人对什么叫翻译的问题很不清楚。许多老师不知听从了哪一家的理论，认为翻译应该注意对应原文句型，比如译文的主谓宾结构应该与原文相对应。这让我惊愕不已。平常我指导学生翻译时都是叫学生在把握原文含义后忘记原文句式或假装没看见原文句式，行文结构完全根据译文的需要安排。

  我们这样做是由不同语言的性质决定的，可以说是不以人的主观意志为转移的。每一种语言都有各自特点，为表达同样的思想、行为或概念，其方式有时相去甚远。举例说，西班牙语里反身动词（verbos reflexivos/reflexive verbs）用得很多，而主语却经常省略，如：Me levanto temprano. 对于同样的行为，法文、英文和中文的表达方式如下：

   Je me lève tôt.
   I get up early.
   我起得早。

  西班牙语的句子没有用主语，暗含的主语是"Jo"，之所以可以省略不用，是因为动词形式已经体现了第一人称单数，意味着主语必定是"Jo"（我）。"Me levanto"是反身形式，"me"意为我自己，"levantar"（此为动词原形，"levanto"是第一人称单数形式）是"把……升起来"（to raise），那么"把自己升起来"就是"起床"。法语里反身动词的使用也很普遍，"lever"（"lève"的原形）的含义与"levantar"相当，反身的用法也一样，但主语（Je）不能省略。英语里这种动词形式用得较少，主语（I）也不能省。中文里反身动词形式几乎不存在，主语也不能不用，否则动作的行为者是谁就无法得知。

面对各种语言的不同特点，译者无法回避的一个问题是：翻译时应注重反映表达的表面形式，还是应着力体现内在含义？假如我们要把上述西班牙语句子译成别的文字，我们是否要尽量设法保留西文特点？是否只有省略主语并采用反身动词，译文才算准确？我想，对于这么一个简单的例子，没有人会坚持模仿西文句式。

但在许多其他情况下，人们的回答远非一致。实际上，许多人，包括多年从事翻译工作的资深翻译和多年从事翻译教育的老师，在翻译时或指导学生翻译时也经常只关心文字的表面排列，而忽略字里行间传递的信息，一味寻找每一词语的对应词，而忽视词语之间的相互作用，无视包含实际信息的词语与起辅助作用的词语的区别，对整体信息视而不见，把译文整体结构安排这一本来必不可少的考量更是彻底抛在脑后。

笔者曾经说过，翻译的本质是传递信息，译者的目标是在译文中尽可能贴切地传达原文作者所要表达的信息，包括在译文中再现这种信息的政治、经济、文化、哲理、感情内涵（2011：前言）。钱锺书（1964）认为翻译的最高标准是"化"。他说，"把作品从一国文字转变成另一国文字，既能不因语文习惯的差异而露出生硬牵强的痕迹，又能完全保存原有的风味，那就算得入于'化境'"。Frawley（1984：251）认为翻译是"重新编码（recodification）"，是将以源语代码编写的信息转换为以目标语代码编写的信息（同上：257）。在 Catford（1965：20）看来，"翻译是将一种语言的文本材料用另一语言的对等文本材料来替换"。Jakobson（1959：114）注意到"在代码单位之间通常没有完全的对应关系",因此认为"传递信息,就可以是对外来代码单位或信息的充分解释"。Belloc（1931：153）主张,翻译必须"有意识地设法体现原文的精神,而以牺牲表面形式为代价"。

我们可以说,放弃原文的形式不仅不可避免,而且在实际翻译中是必要的。但这并不意味着译者可以无视原文的风格、节奏、用语特色。形式和内容是一个统一体,两者彼此互动,相辅相成。笔者曾经指出,"翻译的本质就是传递原文信息,而原文信息既包含信息内容,也包含信息表述方式"（2014：14）。换言之,原文的风格、节奏、用语特色等应该被视为原文信息的构成部分,也应尽可能予以再现。那么,如何才能做到这一点呢？如何才能实现形式与内容的统一呢？首先,这要求我们不要以静态的眼光看待形式。Nida（1964）的动态对等（dynamic equivalence）原则在这方面十分适用。动态对等是指"与源语信息的最接近的自然对等"（the closest natural equivalent to the source-language message）（Nida，1964：136）。笔者认为,"要反映原文的风格,并不是一定要沿用原文的句型和其他结构,而是在可读性、体裁、语域、笔调等方面尽可能与原文相当"（2014：28）,也就是尽可能在效果上与原文相当。

这就是对什么叫翻译的解释。无论别人从理论上如何论证,我们都可以大胆地断言,翻译时追求表面形式上的对应是出于对翻译本质的误解,是一种错误的理念,如果以此来指导翻译,必定是死路一条。

接下来我们看一个略略复杂的实际例子：

> 文化的力量可以概括为塑造力、维系整合力、凝聚支撑力、引导驱动力、感召力、影响力和经济与价值竞争力。

有人翻译如下：

> The force of culture can be summarized as molding force, maintaining and integrating force, cohesive force, leading and driving

force, attracting force, affecting force, economic and value competitive force, etc.

原文用的是非常典型的中文表达形式，作者利用中文文字组合的特有手段，把文化的各种属性归结为各种不同的"力"，而英文里与"力"对应的"force"一词没有完全具备这种组合功能，"force"可以与某些词语组合，如"integrating force""driving force"，与另一些词组合就会非常离奇，如"molding force""maintaining force""attracting force""affecting force"等。所以在这种情况下，套用中文组合方式就会造成文理不通的后果。

以上译文的译者也许也是出于对翻译本质的误解，试图把中文句型和用词方式套用于英文，结果就进了死胡同，不仅用语古怪，而且没有传递原文的真正含义。按 Toury 的说法，这是一种采用以源语规范为指导的翻译方法，最后产品"几乎不能说已整体上融入目标语"，这样的产品在最差的情况下会构成一种人为的另类，"没有真正被介绍给目标文化……，而是强加于目标文化"（1978/1995 修订：203）。

对于这种情况，我们首先需要端正认识，把重点放在传递实意上，必要时尽力摆脱原文结构的束缚，根据目标语的特点和习惯来再现原文的内涵，以达到 Nida 所述的"动态对等"。笔者对以上例句作了如下处理：

Culture helps shape the world, functions as an integrating as well as a driving force, and provides cohesion and support; it also holds appeal, influences results, adds value, and contributes to economic competitiveness.

之所以需要灵活处理，是因为在中英文里不存在完全对应的表达方式。以"塑造力"为例，中文里说"塑造力"很正常，但这种用法无法照搬到英文里，我们只得另辟蹊径。"塑造"可以是"mold"

或"shape",两者都是及物动词,后面需要有适当的宾语。从用法来看,"mold"在此语境里似乎无法使用,"shape"比较恰当,但不能孤零零地放着。这时我们需要从整个片段通盘考虑,这里谈的是文化,而文化是一个宽泛的概念,涉及社会的方方面面,那么文化的塑造力自然也涉及社会的方方面面,于是塑造力的作用就可以说是"shape the world"。由于"integrating force"和"driving force"是说得通的,我们不妨保留原文的词组结构,但英文里忌讳重复,我们需要省略其中一个"force";另外,我们又不得不对中文语序加以调整,让两个能与"force"组合的词语放在一起。其他各处的处理也都是出于同样的考虑,那就是既再现原文内涵,又尊重英语习惯,实现动态对等。

接下去我们来分析其他实例:

【例1】(HH大学的精神是)前瞻开放、面向世界,坚持真理、追求进步,百折不挠、自强不息,兼容并包、海纳百川,不事浮华、严谨朴实。

【讨论译文】(The spirit of HH University is:) willingness to accept new ideas and to step into the world, belief in truth and ceaseless pursuit of progress, perseverance and determination, generosity and tolerance as well as an inclination towards a simple but fulfilling life.

原文里用的全部是四字结构。翻译时,我们当然无法沿用这样的结构。然而,原译文的译者似乎尽力复制原文其他方面的表面形式,比如原文意群的组合方式及排列先后,而不管这种排序在英语里是否合理。原文里有十个四词组,分为五组,译文里沿用了这种分组,算是十分接近原文的形式。必须指出,翻译时追求这种字面对应是徒劳无功的。中文里表面上并列的词语,在意义上不一定并列。比如,此处原文里分为五组的10个四字结构在形式上是并列关系,但从意义上来看则并非如此。翻译时,我们一方面需要仔细品味每一词组在特定语境中的确切含义以及相互关系,另一方面在词语组合及语序安排时需要根据英语表达的习惯调整,因此往往无法沿用中文的语序。我们可以认为,在原文里的10个横向堆砌的词组中,只有"坚持真理、追求进步"才是话语的重心，其他都可以被视为"坚持真理、追求进步"的方式和手段。从这一思路出发，我们在英语里就可以妥善安排词语的从属关系。

原译文虽然在形式上很贴近原文，但内在含义与原文相去甚远。"前瞻开放、面向世界"译成"willingness to accept new ideas and to step into the world"，译者算是动了一下脑子，也许认为只有"开放"才能接受新事物，所以才拿出这样的译文，但"willingness to accept new ideas"有某种被动性的意思，完全没有"前瞻"（forward-looking）和"开放"（open mind）那种主动进取的意味。"(their willingness to) step into the world"不说明任何问题。"their belief in truth"也带有被动性，没有反映出"追求"的主动属性。用"ceaseless pursuit of progress"来表示"追求进步"或许问题不大。用"perseverance"和"determination"来表示"百折不挠、自强不息"也算是基本过关，但"generosity and tolerance"与"兼容并包、海纳百川"在含义上相去甚远。关于"不事浮华、严谨朴实"，笔者认为在本文语境里这主要指学术方面脚踏实地，不图虚名，具有专业精神。

笔者在翻译时彻底抛开了原文里的意合型并列结构，按照各个词语相互间的逻辑关系进行了重新排列组合，把全部注意力集中在如何体现原文的内在含义上，同时尽量照顾英语表达的需要，包括选词、搭配、节奏等，希望在渲染力度方面能达到与原文类似的表达效果：

【参考译文】（HH engages its students）in the search for truth and progress, with determination and perseverance, with an open mind to embrace the world, and with a forward-looking vision that reflects inclusiveness, defies superficiality, and promotes academic rigor.

【例2】XX集团是一家在国内外能源、农业、化工、地产、金融行业有重要影响力的跨国企业集团。

【讨论译文】XX Group is a company with high influence on energy, agriculture, chemical industry, real estate, and financial services both within and outside.

虽然字面上"影响力"相当于"influence",但在这句话里把"影响力"译成"influence"很不合适。从整体来看,这句话是说该企业在句中所列行业实际经营业务,在这些行业中是一个重要角色,而不仅仅是对这些行业有影响。另外,译文里没有表示"行业"的词,似乎这种影响力只施加于能源、地产等本身,例如对油价、房价等产生影响。再者,"high"与"influence"搭配不当;"both within and outside"的用法也不对。

【参考译文】XX Group is a major player in such sectors as energy, agriculture, chemical industry, real estate, and financial services both at home and abroad.

【例3】人们感到生活压力不仅来自糟糕的感情问题、吃住条件差、同伴之间的攀比、赡养父母、人际关系不好,还来自各种各样无法言喻的苦衷。

【讨论译文】People feel that pressure not only occurs from bad emotional problem, unfavorable conditions of eating and accommodation, peer comparison, supporting parents, bad interpersonal relationship, but also various unspeakable hardships.

从字面看,"感情问题"与"emotional problem"恰恰对应,而从实质含义来看,两者完全不同。中文里的"感情问题"是指婚恋方面的问题,而英文里的"emotional problem"是指情绪不稳定的问题。与"感情问题"真正对应的英文词是"relationships"。中文里说"吃住条件",在英文里用"living conditions"即可,没有必要具体说明"吃"(eating)和"住"(accommodation)。"supporting parents"与"赡养父母"还是有一些出入,因为"supporting"似乎主要指经济上的帮助,而"赡养父母"的含义更广一些。再者,这种用法与其他各项的名词结构不对称。"同伴之间的攀比"在英文里有现成对应词"peer pressure",不妨直接使用,不必另起炉灶。原译文还有一个问题是"not only"的位置,既然放在动词"occurs"前面,那么"but also"后面也应有动词。

【参考译文】As we all know, stress arises not only from soured relationships, poor living conditions, peer pressure, the obligation to care for aging parents, or lack of interpersonal harmony, but also from myriad dilemmas that inflict unspeakable misery on us.

【例4】日光晒到哪里，就把椅凳移到哪里，忽然寒风来了，只好逃难似地各自带了椅凳逃入室中，急急把门关上。

【讨论译文】Where there was sunshine, there we would move our chairs. When the cold wind came, however, we would scamper indoors like refugees, each carrying a chair or stool and hastily closing the doors behind us.

第一句的译文据称是模仿下列成语的句式：Where there's a will, there's a way（有志者事竟成）。可是这两者的结构不一样，后半句用了 there we would move our chairs，与前面不对应，与成语用法也不对应，失去了该成语的组合特征，无法引起译者所希望的联想。正常套用该成语的例子（后半句也用 there's）如：Where there's life, there's hope/Where there's love, there's courage/Where there's wildfire, there's smoke/Where there's tea, there's hope/Where there's light, there's darkness，等等。以上译文是不通的（如果要把它说通，那应该是：We would move our chairs where there was sunshine）。

另外，译者将"逃难似地……逃入室中"译成 scamper indoors like refugees，可是不想一想 refugees 真的是这样逃的吗？虽然中文里确实用了"逃难似地"，似乎相当于"像难民那样"，也就是译者翻译的 like refugees，但作者在这里强调的是进入室内的速度快，而不是说其他方面如同难民。笔者反复说过，翻译最忌讳的就是只看字面，而不看实意，只看局部，而不看整体。中文里用"逃难似地"来表示逃跑速度快是正常用法，但在英语里说 scamper indoors like refugees 就非常莫名其妙，因为速度不是难民逃跑的特征，难民逃跑可以快也可以慢，其特征是流离失所，背井离乡，无家可归。那么，人家跑进自己家里怎么可能会 like refugees？这就是不假思索照搬原文用法带来的荒唐结果。

【参考译文】As the sun moved across the sky, we would have to move our tables and chairs around also and always stay where we could soak up the sun. When it suddenly became blustery, we would rush to seek refuge indoors.

【例5】那里环湖都是山，而北首却有一个半里阔的空隙，好似故意张了袋口欢迎风来的样子。

【讨论译文】The place is surrounded by mountains except in the north where there is a gap as wide as one fourth of a kilometer, like the wide open mouth of a bag, ready to accept the wind.

笔者想提请读者注意的一点是，中文的比喻直译成英文不一定都合适，一切都要根据具体情况作出判断，要根据译文表达需要处理，绝对不能盲目，在例5里译者把"逃难似地"（跑进自己家里）译成 like refugees 就十分可笑。此处把"好似故意张了袋口欢迎风来的样子"译成 like the wide open mouth of a bag, ready to accept the wind，也是同样的情况，bag 的形象塞入此处实在没有道理，不如不要。另外，我们也得注意用词及搭配：accept the wind 说不通；用 gap 来表示（群山之间的）"空隙"也不太合适。

【参考译文】Surrounded by mountains on three sides, the lake area has however a quarter-mile-wide opening on the north to greet, as it were, the southernly movement of cold air.

【例6】常不禁会感觉到难以名言的寂寞的情味。尤其觉得难堪的是知友的逐渐减少和疏远，缺乏交际上的温暖的慰藉。

【讨论译文】I often suffer from a nameless loneliness. The most intolerable of all is the lack of friendly warmth and comfort due to the gradual passing away and estrangement of more and more old pals.

译文的第一个问题是"逐渐减少"的译法。造成朋友人数"逐渐减少"的原因可以有两个：一是去世，二是疏远。如何解释，问题不大，问题在于如何表达，gradual passing away 的说法很有毛病，从实质上来看，没有反映"逐渐减少"的意思，而似乎表示（某人）去世的过程是逐步的。译文的第二个问题是 estrangement 的用法。译者只看到了词语本身的语义，而不深究该词语在特定语境里的语义。

Estrange 意为 to turn away in feeling or affection 或 to make unfriendly or hostile。原文此处提及"疏远",其原因不一定是感情不和或其他争执或矛盾,很可能是指因各奔前程而没有机会多交往。所以 estrangement 用在此处是不妥当的。

【参考译文】Especially acute is a strange feeling of loneliness that seems to haunt me. There are fewer real buddies, and more of us seem to have drifted apart. No longer can we seek solace in friendship.

【例7】见面时点头或握手,有事时走访或通信,口头上彼此也称为"朋友",笔头上有时或称"仁兄"。

【讨论译文】We may be on nodding or hand-shaking terms, call each other "friend", sometimes write to each other with the salutation of "Dear So-and-So", etc., etc.

译者虽然似乎翻译了每一个字,如"点头"(nodding)、"握手"(hand-shaking)等,但原文的实际含义没有得到体现。例如 on nodding terms 表示 know someone slightly,而"见面时点头或握手"不一定表示这些人彼此都仅仅略有点相识。他们实际上也许彼此非常熟悉,打交道由来已久,只是不能算真正的朋友。因此,译文既不传神,也不达意,与原文的含义出入很大。write to each other with the salutation of "Dear So-and-So" 的说法没有意义,因为这不说明任何问题。一般书面信件都是以 Dear So-and-So 开头,无论貌似亲密与否,这丝毫没有反映"仁兄"的意思。

【参考译文】We bow our heads or shake hands when we meet. We visit or communicate with each other when we have business to talk about. We call each other "friends" in conversation and sometimes address each other as "brothers" in written communications.

【例8】在小学和中学的时代容易结成真实的友谊,那时彼此尚不感到生活的压迫,入世未深,打算计较的念头也少,朋友结成全由于志趣相近或性情适合,差不多可以说是"无所为"的,性质比较纯粹。

【讨论译文】Real friendship is easily formed in primary or middle

school days when, being socially inexperienced and free from the burden of life, you give little thought to personal gains or losses, and make friends entirely as a result of similar tastes and interests or congenial disposition. It is sort of "friendship for friendship's sake" and is relatively pure in nature.

以上译文的特点也是极力追求"字字对应",试图体现原文用词的字面含义,例如,译者在翻译"志趣相近或性情适合"时用 tastes and interests 表示"志趣",用 similar 表示"相近",再用 disposition 表示"性情",用 congenial 表示"适合"。如果说 similar tastes and interests 还算得上"结成真实的友谊"的理由,那么 congenial disposition(即好脾气)未必能作为理由。大家知道,脾气暴躁的人也可能有真正的朋友,而且原文也并没有强调"脾气好","适合"是一个含义更加广泛、可有多种解释的词。在此语境里,似乎不应被理解为 congenial 或 pleasant。笔者觉得,明智的处理方式还是应该从本意出发,完全抛开原文的单词及其组合方式,考虑到"结成真实的友谊"是人们之间复杂的情感或心理互动的结果,这种互动作用就是 chemistry(即 the complex emotional or psychological interaction between people),因此,chemistry 一个词已经全面反映了"志趣相近或性情适合"的本意。

【参考译文】It's easy to develop a genuine camaraderie during our school days, when we don't have to face life's challenges, and aren't as sophisticated or calculative. Our bond is forged by the chemistry between us. Purified by innocence, it's all about chemistry.

【例9】人到了成年以后,彼此都有生活的重担须负,入世既不许你不打算,结果彼此都"钩心斗角",像七巧板似地只选定了某一方面和对方去接合。

【讨论译文】People at middle age, with the heavy burden of life and much experience in the ways of the world, have more scruples about this and that, and cannot choose but become more calculating in social dealings till they start scheming against each other. They always keep a wary eye, as it were, on each other in their association.

如果查汉英词典，"钩心斗角"确实就是 scheme against each other（如《新时代汉英大词典》），但如果用了 scheme against each other，下文（像七巧板似地只选定了某一方面和对方去接合）便无法衔接了。译者的处理手法是省略了"七巧板"的比喻，同时也改变了原文的内容。笔者觉得，省略原文的比喻方式或改变原文的内容属万不得已之举，只要有可能，我们都应尽量保留原汁原味。其实每一个成语在特定语境里都可能具有特定的含义，用最通常的解释或词典里的译法去硬套往往不可能天衣无缝。作者一直在谈论各种"接合"，而并不是专门谈彼此争斗，"钩心斗角"意味着既有"钩"又有"斗"，即"钩"某方，"斗"其他方。我们完全可以根据下文（像七巧板似地只选定了某一方面和对方去接合）去理解"钩心斗角"在这个语境里的内在含义。笔者觉得，在这里用 twisted alliances 来表示"钩心斗角"很合适，而且与下文"七巧板"比喻能无瑕衔接。这样既能准确体现原文的细节，又便于保持行文连贯。

【参考译文】With the advent of adulthood come life's burdens. Survival in this world entails careful maneuvering, which creates twisted alliances in the same manner as pieces are positioned in a jigsaw puzzle.

【例10】平日各人所走的方向不同。思想趣味境遇也都不免互异，大家晤谈起来，也常会遇到说不出的隔膜的情形。

【讨论译文】Since we have each followed a different course in life, our ways of thinking, interests and circumstances are bound to differ, and often we lack mutual understanding somehow or other in our conversation.

我们谈翻译的准确性，是指在意义和效果上与原文保持一致，而要做到这一点，我们也需注意语域。像 mutual understanding 这样的表达方式最好用于其他场合，如商业、社会、政治等题材的文本，用在这里不仅语域不当，而且在含义上也有偏差。

【参考译文】Different career pursuits over the years, however, have rewired our brains, reconditioned our dispositions, and reconstructed our personal narratives, unavoidably giving rise to divergent perspectives, which sometimes act in a strange way to prevent us from clicking as buddies.

【例11】 如大家话旧，旧事是彼此共喻的，而且大半都是少年时代的事。

【讨论译文】 Nevertheless, when we talk over old times, we will always agree on things in the past—mostly about things in our childhood days.

值得再次强调的是，翻译所追求的是意义上和效果上的对等。我们始终都必须综观整体的含义和效果，而不是孤立地苦苦寻找某个"对应词"。对于以上译文，笔者最看不顺眼的词语是 agree on。这也许是译者试图寻找所谓的"对应词"的结果吧？把"共喻"译成 agree on，在某些语境里未尝不可，但在原文里实在是格格不入，无论从含义上还是从效果上来看都很离谱。从含义上来看，朋友在一起叙旧，不是谈判，不需要商定什么价格、条件等，没有什么值得 agree on 的。既然含义不对，传递原文信息的效果也就无从谈起。

【参考译文】 Only old memories, especially of childhood, bring back shared excitement and enable us to relive our cherished past.

* * *

什么叫翻译的问题说起来很简单，但需要考虑的要素很多。最基本的一点是，翻译不是复制表面结构，而是传递实质内容；追求字字对应，必然死路一条，结果往往是假忠实，而实际上歪曲了内涵，或者就是把怪诞不经的表达方式硬性塞入译文。译者无论在分析原文时，还是在构思译文时，都不应只看到词语的字面含义和表面组合方式，而应透过表面，抓住实质。同样至关重要的是译者需要始终保持整体观和对连贯性的关注，始终不忘局部服务于整体，细节服务于主题，尽量以符合目标语表达习惯的方式再现原文的内容，力求达到效果上的对等。

参考文献

[1] Belloc, Hilaire. *On translation*. [M]. Oxford: Oxford University Press, 1931.

[2] Catford, John. C (1965). "Translation Shifts" [A]. In Lawrence Venuti (ed). *The Translation Studies Reader* [C]. London and New York: Routledge, 2000.

[3] Frawley, William (1984). "Prolegomenon to a theory of translation" [A]. In

Lawrence Venuti (ed). *The Translation Studies Reader* [C]. London-New York：Routledge, 2000.

[4] Jakobson, Roman (1959). "On linguistic aspects of translation" [A]. In Lawrence Venuti (ed). *The Translation Studies Reader* [C]. London-New York：Routledge, 2000. 114 – 118.

[5] Nida, Eugene (1964) "Principles of correspondence" [A]. In Lawrence Venuti (ed). *The Translation Studies Reader* [C]. London-New York：Routledge, 2000.

[6] Toury, Gideon (1978/revised 1995). "The nature and role of norms in translation" [A]. In Lawrence Venuti (ed). *The Translation Studies Reader* [C]. London-New York：Routledge, 2000.

[7] 钱锺书：《林纾的翻译》，原载《旧文四篇》，上海古籍出版社1979年版。

[8] 蔡力坚：《翻译研修实用指南》，北京大学出版社2014年版。

[9] 蔡力坚：《英汉实意翻译》，外文出版社2011年版。

论以忠实为取向的翻译标准

——兼论严复的"信达雅"

曹明伦

一 以忠实为取向的翻译标准并不过时

公输之巧，不以规矩，不能成方圆；师旷之聪，不以六律，不能正五音。(《孟子·离娄上》) 故作为以"传令知会通耳"为目的的创造性文化活动，翻译当然也得有其行为规则，其创造的结果也得有尺度来衡量。这规则和尺度就是翻译标准。然中西先贤皆深知，就行为而言，翻译标准乃译者之主观追求；以结果而论，翻译标准是衡量译作质量的客观准绳。这标准之所指，人人心里都明白，说到底就是要准确传达原文的意思；可用什么语言符号作为其能指，在 20 世纪之前却东西各异。东方高僧大概是受佛典法句启迪，长期用"勿失""不违"和"不越"[①] 表示准确，西方贤哲可能是出于对神谕福音的敬畏，一直沿用贺拉斯提出的"忠实"(fidus)。

正如理想与现实往往会有出入，主观追求与客观结果也每每出现偏差。于是在贺拉斯的 fidus 进化为 fedèle 后的 17 世纪，天下确有

[①] 勿失厥义 (见《出三藏记集》卷 7 第 13 篇：支谦《法句经序》)；文不违旨 (见《出三藏记集》卷 8 第 5 篇：支道林《大小品对比要抄序》)；旨不违中 (见《出三藏记集》卷 8 第 2 篇：僧睿《大品经序》)；文而不越 (见《出三藏记集》卷 7 第 10 篇：支敏度《合首楞严经记》)；义无所越 (见《出三藏记集》卷 10 第 21 篇：慧远《大智论抄序》) ——依次参见中华书局 1995 年版《出三藏记集》第 273、303、292、270 和 391 页。

belles infedèles 这一事实使忠实标准遭到讥评。但西方学者毕竟有独立思考的传统，加之《哲学研究》告诉他们："词语的意义在于词语在语言中的应用。"（Wittgenstein，1953：20e）《普通语言学教程》又补充道："所指的概念在意义上会发生变化，而这变化可导致所指和能指关系转移。"（Saussure，1980：109）所以他们在语言符号之任意性这个问题上也就比较任性。虽然连小学生都知道太阳是恒星，可天体物理学教授依然张口闭口 sunrise（日出） sunset（日落），既然如此，翻译学者又何必因理想与现实的差距（主观与客观的距离）而主张放弃"忠实"呢？况且沿用多年的"忠实"早就在翻译语境中达成了基本的语意共识，如 20 世纪末出版的《翻译学词典》仍然认为，评判译本是否对原作进行了较为准确的表述，最常用的术语是 Faithfulness 或 Fidelity，而这两个术语在同一作者笔下也常常被交替使用，对这两个词进行的任何区分都是牵强附会。（Shuttleworth & Cowie，2004：57）再说，旧瓶可装新酒，旧调可填新词，正如沙特尔沃斯和考伊在其《词典》中指出的那样，"当代翻译理论家也纷纷以推陈出新的方式使用'忠实'这个术语"。（ibid.）

奈达和泰伯解释说："忠实乃动态对等之结果。""忠实的译文可使接受语读者产生与源语读者读原文的体验基本相同的反应。"（Nida & Taber，2004：203）

格特的《翻译与关联》第 5 章第 3 节标题就是"语际阐释运用中的忠实"，（Gutt 2004：107）他在该章中把 faithfulness 定义为"在相关方面的相似"。（Shuttleworth & Cowie，2004：57）

捷克学者波波维奇在阐释其"变换表达"（Shift of Expression）理论时指出："译者变换表达方式，并非是想改变原作，而是力图要使译作尽可能地在整体上忠实于原作。"（ibid.）"译者求助于表达形式的变换，正是因为他们试图忠实地转换原作的内容。"（Gentzler，1993：86）

法国学者阿尔比在其《翻译的忠实概念》中则提出了一种"三忠于"的忠实观，即忠实于作者的"欲言"，忠实于译文读者，忠实于目标语语言的表达手段。（许钧、袁筱一，2001：118）

由此可见，在西方学者心目中，"忠实"颇像辜正坤教授"翻译标准多元系统"中的最高标准（最佳近似度）。由于这最高标准概念抽象，各家都据自己的理论对其加以阐释。阐释中有纷争，这不足为奇，其实各家的阐释就是一个个具体标准，如上引四家就分别提出了等值理论、关联理论、描写理论和释意理论的翻译标准，而卡特福德《翻译的语言学理论》之第八、第九和第十章还提出了印欧语系诸语言互译所需的音位翻译标准、字形翻译标准和音译标准。"这些标准看上去令人目不暇接，其实都与'忠实'一脉相通。"（辜正坤，2003：342）各家理论的具体标准使翻译标准呈现出多元化的特征，而正是这一系列具体标准的互释互补，才使"忠实"标准的意义更加丰富。如果说本雅明的诸语言意向之所以能够互补，是因为有抽象的"纯语言"存在；那么各种具体的翻译标准之所以可以互释互补，则是因为有抽象的"忠实"标准存在。由此可见，具体标准是目，最高标准是纲，只有纲挈目张，才能形成一个有效的翻译标准系统。说到底，"忠实"作为翻译的最高标准，这是由翻译活动的本质属性所决定的，翻译的本质属性不变，以"忠实"为取向的翻译标准就永远不会过时，故西方当代翻译理论家沿用"忠实"概念是一种必然。

如前所述，中国人长期以"勿失""不违"和"不越"为翻译的规矩。用"信"字作标准始于严复"信达雅"三维准则，[①] 白话文运动之后，翻译标准与国际接轨，"忠实"二字逐渐替代"信"字。近年有学者以客观上不存在绝对忠实的译作为由，主张译者应放弃对"忠实"这一标准的主观追求。笔者以为，这种主张一旦被接受，翻译的基础将不复存在。须知"取法乎上，仅得乎中"，而"欲达上者，必求上上"。上文已简论了"忠实"作为翻译之最高标准的必要性和必然性，不过主张放弃"忠实"标准的学者把译者对"忠实"

---

① 有人说中国人用"信"作标准"从佛经翻译时的支谦一直沿用到严复"，此说似不足信，查僧祐《出三藏记集》用"信"字96处，除《法句经序》引用老氏"美言不信，信言不美"以支持其"当令易晓，勿失厥义"的主张外，其余"信"字均与翻译无涉。另鲁迅的"唐则以'信'为主"之说亦可存疑，查道宣《续高僧传》40余万言，"信"共出现433次（其中在前四卷《译经篇》出现46次），唯第四卷末"论"中"翻传梵典，多信译人"句与翻译有涉，但与翻译标准无关。（参见上海古籍出版社1991年版《高僧传合集》第139页中栏）

的追求称为"忠实幻想症""忠实综合症""伦理的幽灵"和"理论神话"① 也并非信口开河，他们最有力的论据就是新批评理论、解构主义理论和比较文学的译介学理论（但后一理论通常被笼统地称为"现代翻译理论"）。鉴于此，我们有必要对这三个论据加以解析。

二 新批评认为原作意义再模糊也可确定

有学者认为"新批评否定了追溯作者意图的可能性"，因此"文本的意义是不确定的"。这说明持论者对新批评理论只是一知半解。新批评的确反对去追溯作者的主观意图，但反对之目的是要强调原作意义应来自文本自身，因为新批评"追求一种客观批评，所以只关注作品本身的意义，而不旁及作者的个人经历和作品对个体读者的影响"。（Lodge，1972：333）而这才是新批评的基本立场。不过首先应该指出，新批评最关注的是诗歌批评，而且主要对象是诗歌中的模糊语言，如燕卜荪的《晦涩的七种类型》（*Seven Types of Ambiguity*，1930）就是要说明词义越模糊，其内涵就越丰富，诗的价值也就越高；在一门语言中，对任何微妙的言辞，批评家都有确定其意义的空间，莎士比亚的双重文法（Double Grammar）和诗人们爱用的双关语也不例外。（Drabble，1985：887）燕卜荪的《田园诗的几种变体》（*Some Versions of Pastoral*，1935）还利用弗洛伊德学说和马克思主义的观念，尝试把文学作品视为一个个整体结构，在此基础上探究作品的意义。（Lodge，1972：147）

新批评理论的肇端可追溯到休姆和庞德提出的强调意向准确和语言艺术的主张，其理论基础是艾略特和理查兹提倡的文字分析，而新批评派之名称则来自美国诗人兼批评家兰塞姆的论文集《新批评》（*The New Criticism*，1941），该书盛赞艾略特、理查兹和燕卜荪等人有别于传统批评的批评见解和批评方法。新批评派成员众多，主张庞

---

① 参见《中国翻译》2003年第4期，第26—29页；2004年第6期，第3—9页；2005年第4期，第19页。

杂，但其共同的基本学术立场是："强调精读文本，强调辨析字义，强调探究作品的主题结构（而非叙述结构）；不关心作者的生平资料，不关心作品的社会背景。他们认为文本就存在于书页之间，批评的对象应该是文本本身；对作者个性特点和创作动机的探究皆非批评之正道。"（Drabble，1985：693）

有学者用威姆萨特和比尔兹利的"意图假象"说来证明原作意义不可确定，殊不知这二位耶鲁教授的 Intentional Fallacy 和 Affective Fallacy 恰好是要证明再模糊的意义也可确定。在新批评派学者中，威姆萨特和比尔兹利的理论立场比谁都坚定，如果说其他人对作者的创作意图还只是不关心，他俩则认为想找到作者的创作意图只能是徒劳，要理解作品的意义，只能从作品本身去找答案。《意图假象》（1946）和《感情假象》（1949）二文后来被收入《言词象征：诗歌意义研究》一书（Verbal Icon: Studies in the Meaning of Poetry, 1954），这二位耶鲁教授在书中说："一首诗所表达的是一种人格，是一种精神状态，而不是像苹果之类实实在在的东西，从这层意义上讲，诗的意义当然会是与人有关的意义。然而，即便是短短一首抒情诗也有其戏剧性，也是叙述者对境况的反应（不管这位叙述者被虚构得多么抽象，也不管这种境况被普化得多么一般）。所以我们应该把诗中的思想观念直接归于叙述者，因为若归于作者本人，我们所依据的也仅仅是从其传记推论出来的现实。"（Wimsatt & Beardsley in Lodge，1972：335）因此我们追溯到的所谓作者意图也不过是一种虚构，一种假象。

以上解析说明，新批评理论非但不能作为否定翻译"忠实"标准之论据，反而有力地证明了翻译必须忠于原作的意义，因为原作意义再模糊也可确定。这意义批评家能找到，翻译家就不能？当然，新批评理论也只是百虑中之一虑，殊途中之一途，我们借鉴其研究方法不可照单全收。试想，若我们也强调精读文本，辨析字义，同时亦不偏废对原作者生平和社会背景的考证；若我们也强调探究作品的主题结构，同时亦不偏废对其叙述结构的分析；换言之，若我们也重视文本内叙述者和受述者之间的交流语境，同时亦不偏废对文本外作者和读者之间交流语境的探究，那情况会怎么样呢？归根到底，新批评研究意义的模糊性，解构主义关注符号（能指）和所指的可变性，最终还是要寻找确定所指的方法。

三 德里达认为有解读经验就能看到真实

有学者认为"解构主义解构了意义的确定性……忠实体现原意也就只能是译者梦中的童话"。对这类非常逻辑的推论，有人做出过非常逻辑的回答。如曾有学者向翻译界发出呼吁："今后不要再翻译了！"因为"原文只不过是借空气震动传达的一串声波，或是印在纸上的一串符号，本身原来并无绝对的意义"。对这个石破天惊的呼吁，有人觉得不必当真，只消将其视为一串声波或一串符号。[①] 按这种逻辑思维，我们也可以提问：既然意义的确定性已被解构主义所解构，那么，我们所听见的德里达说了什么，福柯说了什么，德曼又说了什么，难道只是解构者们的梦话？不过这样提问毕竟不是学术的态度，因为呼吁者之前提只是某种诗化的感觉，而主张放弃忠实者的论据却是德里达的"解构"。因此，我们也得像说新批评一样，说说解构主义和德里达。

的确，解构主义反对为事物贴上唯一而永恒的标签，因为"符号只能是一种异质统一，所指（感觉或事物、思维或现实）本身并非能指，并非语迹，绝不可凭借它与一种可能的语迹之间的关系而构成其意义。所指的形式本质是在场，而它与作为声音的逻各斯亲近的特权才是它在场的特权。一旦有人问'何谓符号'，更确切地说，一旦有人把符号提交给本质问题，提交给'它是它吗？'这个问题，前述就会是必然的回答。符号的'形式本质'只能根据在场来决定。人们不能回避这个答案，除非他对这问题的形式本身提出质疑，并开始思考符号是（或不是）那个名不副实的事物（或非事物），那个逃避'……是什么？'这一哲学问题的唯一之物"。（Derrida，1976：18-19）

[①] 参见《中国翻译》1986年第3期，第46—50页；1989年第3期，第45—46页；1990年第1期，第53—54页。

第一编　翻译理念与标准

笔者承认，引征德里达的言论颇像翻译艾略特的诗，因为他俩用的某些符号之语迹实在太模糊，其所指有时很难到场。但是，某些所指在目标语 A 中难以在场，并不说明在目标语 B 中也不能在场；在译者 A 笔下不能在场，并不说明在译者 B 笔下也不能在场；现在不能在场，并不说明以后也不能在场；个别所指不在场，并不说明所指链（the chain of signifiés）也不在场；在"所指链"这个意义上，上面引述的那段话不就是在论证能指与所指之间的差异性吗？故笔者依然认为德里达的意图可以追溯，德里达的原意就在其文本的字里行间。虽说现在请德里达自陈意图为时已晚，但他的确解释过他说话的意图，的确解释过他文本所含的意义。

德里达有句名言曰："Il n'y a pas de hors-texte,"[①] 其英语文本是："There is nothing outside the text," 汉语文本则为 "文本之外别无他物"。中英文本听起来都与新批评理论的 "文本就存在于书页之间" 异曲同工，结果令许多人对这句话都产生了"误解"，于是德里达解释说："有些人一直以为我这句话的意思是文本的全部所指对象都被悬隔，都被否定，或都被包含在一个文本之中，他们不仅天真地自己这么认为，而且还指责说我也这么认为。可我这句话的意思是：每一个所指对象，整体的真实，都具有由不同语迹构成的结构，如果你不具有一种解读经验，你就不可能看到这个'真实'。"（转引自 Davis，2001：24）引文末这个假言推理清楚地告诉我们，只要你具有解读经验，就可能看到文本之真实。（其实此句法语原文还有一个暗示：文本内没有插图，文本外也没有？）

由此可见，德里达"解构"学说之重点并不在于"解构意义的确定性"，而在于强调文本和语境在解读过程中（或曰意义产生的过程中）之重要性，在于强调解读文本者的经验和资质。德里达的解构学说实际上是一种方法论，他的《话语和现象》（*La voix et le phénomène*）、《文体与差异》（*L'écriture et la différence*）以及《写作学》（*De la Grammatologie*），始终都在建构一种阅读文本的方法，即结构

---

① 法文 "Il n'y a pas de hors-texte" 直译为汉语应该是 "（文本里）没有插图"。

分解法（解构者，分解结构也），不过德里达更喜欢把这种方法称为策略，他声称自己就是用这种策略解读尼采和海德格尔的。（Whitford in Wintle，1981：130）有趣的是，德里达通过对能指与所指之间差异性的研究，找到了解读尼采和海德格尔文本中之"真实"的策略；而某些中国翻译学者在同样的前提下却认为"忠实体现原意只能是译者梦中的童话"，认为"翻译的原则、目的、标准、可译性与不可译性等概念也就不存在了"。[①] 更有趣的是，中国学者多是通过英语文本了解德里达的，但却很少有人想过这样一个问题：德里达著作英语文本的译者或研究者心目中有翻译标准吗？如果没有，翻译行为如何实施？如果有，他们的标准还讲不讲忠实？以下是他们自己的回答：

作为翻译家的韦努蒂说："在翻译德里达讲稿的过程中，我试图贯彻他的翻译思想，实践其他理论家在他的思想启发下形成的观念，实践其他翻译家在他的思想影响下总结出的经验。具体说，就是坚持尽可能地接近他的法语，尽量模仿他的句子结构、用字风格和排印特点，努力创造出相似的效果——哪怕这种模仿可能使英语文本中出现陌生的表达形式。"（转引自 Munday，2001：173）

《文体与差异》的英文版译者艾伦·博斯则反对这种妥协性翻译。他说："这种妥协性英语通常只有那些对照原文阅读的读者才能读懂。再说，尽管德里达的行文每每因言简而晦涩，但他用的肯定不是妥协性法语，我的感受是，不管句法多么复杂，无论措辞多么含蓄，只要有细心和耐性，这本书里的每一句法语都可以被准确地理解。鉴于此，我决定努力把这本书译成我们所熟悉的英语。"（转引自 Davis，2001：74）

德里达研究专家刘易斯认为："在德里达那里，能指和所指的区分点已被解构，所以，翻译德里达需要一种新的忠实原则系统，这个'忠实原则系统'要求译者注意能指链，注意造句方法，注意推论条理，注意语言机制对思想和现实形成的影响范围。"（Lewis in Venuti，2000：270）

我想对这样的回答无须再多加阐释。程子曰："凡看文字，须先晓其文义，然后可以求其意。未有不晓文义而见意者也。"（《读论语

[①] 分别参见《中国翻译》2004 年第 6 期第 7 页和 2005 年第 1 期第 21 页。

孟子法》）笔者以为，读书如此，译书亦然。可谓凡译文字，须先晓其文义，然后可以译其意。未有不晓文义而译意者也。别说韦努蒂采用了"尽可能接近"的翻译策略，别说博斯能把德里达译成英语读者熟悉的英语，也别说刘易斯提出了"忠实原则系统"翻译标准，单是德里达的法语文本被翻译成英语文本这个事实，就已经回答了文本有无确定意义这个问题。我们别一看见"译还是被译"（Derrida 1976：18）或"文本译我还是我译文本"（Gentzler，1993：145）这样的玄学（抑或阐释学）问题，就以为翻译的本质属性变了，陆九渊八百多年前就有"六经注我，我注六经"之名言，可经典依然是经典。别一看见德里达把尼采的"苏格拉底者，述而不作者也"（Derrida，1976：6）作为他《写作学》首章的题记，就以为是在说不可译性，因为"述而不作"恰好是翻译工作的特点。如果说前贤先师之"述而不作"是因为"信而好古"，译者之"述而不作"则不仅仅是因为而且是必须"信而好原著"。

我们应该注意到，正如傅兰雅说文字意义可随时逐渐生新、索绪尔说能指和所指间的关系会发生转移，以及本雅明说原作语言会新陈代谢，译者的母语也会发展一样，德里达说能指（或语迹）[①] 和所指

[①] 凯瑟琳·戴维斯和斯皮瓦克都提醒我们要重视德里达文本语境中"语迹"（trace）一词和"能指"互用的情况。戴维斯是研究德里达的专家，她指出："德里达经常用'语迹'一词，其使用频率甚至高于'能指'，这在一定程度上可使我们从'能指'想到'痕迹'，甚至想到'足迹'。"（Davis，2001：15）斯皮瓦克是德里达《写作学》一书英文版的译者，她指出："这（trace）说明原意实际上并未消失。"（Spivak，1974：xvii）遗憾的是中国学者大多忽视了她俩的提醒，少数注意者也没意识到 trace 在德里达的语篇中是个语言学术语，从而简单地把它译成"踪迹"（见《中国翻译》2003 年第 4 期，第 13 页；2005 年第 4 期，第 19 页；2005 年第 6 期，第 16 页；《西方翻译理论流派研究》，第 280—282 页）并由此而认为 trace 和德里达常用的 différance（延异）、redeem（救赎）等晦涩的字眼一样，不过是"神秘主义的概念游戏"。其实，本雅明所谓"称职的译者"或弗罗斯特所谓"有文化的读者"就是善于追随语迹，通过语链，进入语境（包括神话语境和宗教语境），消弭延异，从而使文本意义重新在场的译者和读者。连德里达用的 redeem（救赎）一词也与解读文本有关，弗罗斯特在 Directive 一诗中就把解读文本隐喻成循迹探源，隐喻成圆桌骑士寻找被咒符困住的圣杯（比较本雅明"被咒符困住的纯语言"），但圣杯并非人人都能看见，正如耶稣对其门徒说："天国的奥秘只对你们明言，对外人讲则只用隐喻；让他们看，但却看不明，让他们听，但却听不清……这样他们就难以得到救赎。"（《新约·马可福音》第 4 章第 11—12 节）作为读者而无文化，作为译者而不称职，其结果当然也是难以得到"救赎"。不过诗人和哲学家们用此隐喻并无贬义，就像 Launcelot 看不见圣杯但仍然是英雄。

对象之间存在延异（différance），也是在说能指与所指之间的关系并不固定，它们会随着语篇语境（包括社会语境、文化语境等 broader contexts）之变化而变化。翻译之难，就难在此变化。中国先贤说"译即易"（贾公彦《周礼义疏》），"译之言易也"（赞宁《译经篇》），而不用其同义词"变"字，原因就在于只有这"易"字才能把翻译之道说透。《易经·系辞上》第11章曰："易有太极，是生两仪，两仪生四象，四象生八卦。"此处易即变，而且变化无常。然变化无常并非不可捉摸，毕竟《易经》之要旨乃探自然之变化，比拟人事；问事物之变化，借以释疑。翻译之变乃据本而变，所以不能变得其依据都不可辨，因为"易"还有另一层意思："易者象也。象也者，像也。"（《易经·系辞下》第3章）然"像"有"差不离儿"和"酷肖绝似"之分，而翻译之"易"恐怕还是要追求与源语文本之酷肖绝似。既然韦努蒂翻译德里达也要追求"尽可能接近"，我们翻译韦努蒂、德里达关于翻译的论述也应该追求"最佳近似度"，就像赫曼斯不久前所说："翻译研究总要翻译'翻译'。"（Hermans, 2004：58）而既然德里达告诉我们"只要有解读经验，就可能看到文本之真实"，我们的翻译当然应一如既往地追求"忠实"。追求"忠实"首先是译者的自律准则，同时也不失为批评家评判译文的标准。

四　译介学理论不能作为否定忠实标准的论据

主张放弃忠实者似乎还有论据证明"忠实"并非翻译的最高标准，并非翻译多元标准系统之纲，甚至翻译根本就无需标准。[①] 他们经常引用的论据有：（1）"'忠实'只不过是多种翻译策略里头的一种，是某种意识形态和某种诗学结合之下的产物。把它捧为唯一一种

[①] 例如《中西译学批评》批评说："长期以来，中国的主流翻译研究有一个大前提，就是翻译必须有标准……唯一的例外是'文艺学派'的翻译研究；它强调描述，反对规范。"（清华大学出版社2004年版，第23—24页）

可能的、甚至唯一一种可容许的策略,是不切实际的、徒劳无益的。"(Lefevere, 2004: 51)(2)"翻译研究并不是为完美或理想的翻译提供指导原则或对现存的译文进行评判,而是就译文论译文,尽量去确定能说明特定译文性质的各种因素,尽可能从功能的角度出发,分析文本策略……从更广泛的意义上说明译文在接受文学中发挥作用的方式。在第一种情况下,注意力主要集中在影响翻译方法和译文的种种翻译规范、限制和假设上;在第二种情况下解释翻译对新环境产生的影响,即目的系统对特定翻译(或某些翻译)的接受和排斥。"(Hermans, 1985: 13)(3)"八十年代以来,翻译研究中最激动人心的一些进展属于被称为'文化转向'的一部分。转向文化意味着翻译研究增添了一个重要的维度。不是去问那个一直困扰翻译理论家的传统问题——我们应该怎样去翻译?什么是正确的翻译?——而是把重点放在了一种描述性的方法上:译本在做什么?它们怎样在世上流通并引起反响?"(Simon, 1996: 7)[1]

  以上三个论据的理论取向高度一致,这与三位学者的学术背景相符。勒菲弗尔生前是得克萨斯大学奥斯汀分校德语系教授,他对翻译颇有研究,贡献甚大,但主要兴趣还是文学和语言,[2] 论据(1)出自他的《文学名著之翻译、改写及其调控》,该书用多部文学名著的译本为实例,客观分析研究了这些名著在不同时期不同社会形态下被翻译,被重写,或被删改,以致作品和作者形象被重塑的过程。必须指出的是:论据(1)有个前提:"既然我们不论译本'忠实'与否,都一概接受出版,那就几乎不可能阻止'不忠实'的译本投射出它自己的原作形象,这应该是问题的结果。"(Lefevere, 2004: 51)引用者删掉了这个前提,模糊了勒菲弗尔教授结论的语迹,使其所指产

---

  [1] 以上三段引文之中译文分别见清华大学出版社 2004 年版《中西译学批评》第 19 页、青岛出版社 2003 年版《翻译研究新视野》第 229 页和《中国翻译》2004 年第 1 期,第 8—9 页。
  [2] 这点苏珊·巴斯内特对他盖棺定论的一段话可作印证,她在前者去世后的唁电中说:Over the years I watched his thinking develop as he constantly explored new avenues of thought and stayed open to new trends in both *literary studies and linguistics*. (http://fuzzy.arts.kuleuven.be/cetra/people/lefevere.htm, 2006 - 1 - 19)

生了移位。

论据（2）出自《文学作品之调控：文学翻译研究》一书，该书作者赫曼斯是伦敦大学的比较文学教授，引文内容本身也表明了赫曼斯教授进行的是比较文学的翻译研究，而什么是比较文学的翻译研究，谢天振教授已有说明：比较文学的翻译研究在比较文学中称为"译介学研究"，它与翻译学界的翻译研究并不完全一样，在某些方面甚至还存在着实质性的差异。比较文学的翻译研究实际上是一种文学研究或文化研究，它与翻译学的翻译研究之区别有三：（a）研究角度之不同，如只关心译作的流传，不关心译作忠实与否；（b）研究重点之不同，如只关心两种文化的交流以及交流中出现的各种文化现象，但不对这些现象涉及的翻译问题作价值评判；（c）研究目的之不同，这也是最根本的不同，因为比较文学把翻译视为文学研究的对象，把任何翻译行为的结果（即译作）都作为既成事实加以接受，在此基础上对文学交流、影响、接收、传播，以及文化意向的失落和歪曲、不同文化的误解和误释等问题进行考察和分析。（谢天振，2003：48-51）在以外语院系为基地的翻译学者看来，误译是他们的大敌，他们孜孜以求，竭力想减少甚至消灭误译；但在比较文学研究者眼中，误译却具有独特的研究价值。（同上：113）

论据（3）出自《翻译中的性别：文化认同与传播的政治》一书，作者雪莉·西蒙是位文化学者（cultural scholar），她的学术兴趣极其广泛，文化、历史、女性主义，乃至移民身份和建筑学都是她关注的领域。西蒙教授对翻译亦有精辟论述，但上述引文只说明翻译研究又增加了一个新的维度（比较文学视角），翻译理论又增加了一个新的部分（译介学理论）。

实际上，译介学进行的翻译研究就是巴斯内特和勒菲弗尔说的"对不同文化之彼此影响、相互作用的研究"。（Bassnett & Lefevere, 1998：ix）这种研究对翻译实践本身并不关心——无论是威尔斯、纽马克所说的翻译实践过程中产生的问题，还是韦努蒂、刘易斯所考虑的如何翻译德里达的问题，都不属于译介学研究的范畴。因此，用译介学理论来否定"忠实"标准可谓方枘圆凿，而由此造成的所谓纯翻译理论与翻译实践的分道扬镳,其实是学科概念之混淆而造成的结果。

但结果已经造成,如今翻译界许多人,尤其是外语院系翻译方向的学生,都以为译介学理论就是观念已现代化的翻译理论,以为新批评理论和解构主义翻译理论反对追求忠实于原文;虽然翻译家们仍然把忠实于原文作为其自律准则,虽然不少翻译理论家实际上仍然把"信达雅"作为评判译文质量的标准,但除对其进行批评之外,人们对"忠实"和"信达雅"这几个字符都尽量避讳。这不,如此这般"有助于提高翻译的质量,使译文达到'正确、通顺和得体'"。① 这"正确、通顺和得体"与"信达雅"到底有何区别?为什么我们可以把奈达几十年的研究成果归纳成一个"等值",把斯坦纳500页的一本书归纳成"理解就是翻译",而对严复的"信达雅"偏偏要进行演绎改造呢?

五 是百家释严复,还是严复释百家?

沙特尔沃斯和考伊的《翻译学词典》已经为 Faithfulness 或 Fidelity 正名,但在当今之中国,随着人们对忠实标准的质疑,严复名正言顺的"信达雅"也因其"独特的研究价值"而继续遭人非议。上文把严复的"信达雅"称为三维准则,一要强调"信达雅"是严复的自律准则,二是要说明"信达雅"是一个不容分割的整体,是一个标准之三维坐标,而非某些人所说的三条标准。这三维坐标的关系是:译文要"信",辞必"达"意,辞要"达"意,必求"雅"正。

作为准则,较之前人的"勿失""不违""不越"以及后来与西方接轨的"忠实","信达雅"当然"不失为比较切合实际、比较科学、比较容易掌握的翻译标准"。(转引自许钧,2001:148)于是严复的自律准则一经问世,很快就被中国学界接受为翻译标准之较为统一的表述。虽此后又有"忠实、通顺和美""不增不减""神似""化境"以及近年的"信达切""忠优美"和"正确、通顺、得体"

---

① 参见《中国翻译》2006年第1期,第55页。

等说法提出，但正如《恶之花》中译本"跋"所指出："这种种的说法似乎都还或近或远地在'信达雅'的树荫下乘凉"，而且"并非所有的新说法都显示了认识的深入和观念的进步"。（郭宏安，1992：206）人们之所以不断提出新的说法，原因是从瞿秋白那句"一个'雅'字打消了'信'和'达'"，到叶维廉的"'雅'已为众人所非议，勿需再论"（叶维廉，1994），"信达雅"一直遭受非议。而"信达雅"之所以备受非议，原因是不管接受者还是非议者都把"信达雅"一分为三，都认为这三字中的"雅"字是指文辞优美，认定严复的"雅"是"偏重于美学上的古雅"，（陈福康，2000：108）是"鄙薄通俗文字及口语"，（马祖毅，1998：378）有些非议甚至论及语言的发展趋势和时代的进步潮流。但若是我们不考虑严复对汉语言发展趋势的展望，不考虑他对后世读者认知语境的判断，而只从能指和所指之间的关系来看待他用以自律的这条准则，我们就会发现，"信达雅"名正言顺，无可厚非。下面笔者就以此为前提，对"信达雅"，尤其是对被众人所非议的"雅"字，进行一番辨析。

（1）既然严复用的是汉以前字法，释"信达雅"之本义就不该用汉以后的引申义。而这三字在古汉语中的本义是：信者，言真也；达者，通到也；雅者，正也。（王力，1999：226、1194、945）

（2）既然严复引《易经》"修辞立其诚"、《论语》"辞达而已矣"和《左传》"言之无文，行而不远"以证其"信达雅"，那么我们可通过互文证"雅"之本义。修辞立其诚：诚者：真心也；（同上：326）辞达而已矣：谓言至而不过也；"言之无文"之"文"意为"文辞"，据引文所在之语篇辨析，严复此处是说要"文辞慎密"，[①] 此解亦与前两句引文吻合，毕竟这三句话都是"子曰"。

（3）严复说："信达之外，求其尔雅"，证明"信达雅"之"雅"即"尔雅"。尔雅者，谓近于雅正也。（商务印书馆1998年版

[①] 襄公二十五年冬十月，郑简公伐陈得胜，派子产向当时的盟主晋国告捷。晋人诘之，子产言辞慎密，答辩得体，晋人无言以对。仲尼闻是曰："《志》有之：'言以足志，文以足言。'不言，谁知其志？言之无文，行而不远。晋为伯，郑入陈，非文辞不为功。慎辞哉！"（《左传·襄公二十五年》）

《古代汉语词典》第367页）雅正者，规范、纯正也。

（4）钱锺书说"信达雅"三字见于支谦《法句经序》，鲁迅说严复为译书"曾经查过汉晋六朝翻译佛经的方法"，严复引鸠摩罗什语"学我者病"而自谦，这都证明他的确师法前辈译经大师。因此我们亦可从汉晋六朝的经序僧传中去寻觅"信达雅"之来处。

关于"信"字：前文已述佛经翻译家以"勿失""不违"和"不越"为其翻译准则，查僧祐《出三藏记集》用"信"字96处，除《法句经序》引用老氏"美言不信，信言不美"以支持其"当令易晓，勿失厥义"之主张外，其余"信"字均与翻译无涉。因此，严复"信达雅"之"信"字，很可能就来自"美言不信，信言不美"之"信"。

关于"达"字：查《出三藏记集》中与翻译准则和译文评判有涉的"达"字共出现三次。一为释道安在《大十二门经序》中说："然世高出经，贵本不饰，天竺古文，文通尚质，仓卒寻之，时有不达。"二为康僧会在《法镜经序》中曰："都尉口陈，严调笔受，言既稽古，义又微妙……然义壅而不达。因闲竭愚，为之注义。"三就是支谦《法句经序》中的"今传胡义，实宜经达。"① 另《高僧传》译经篇中有慧皎引道安评竺法护语："凡所译经，虽不辩妙婉显，而宏达欣畅，特善无生。依慧不文，朴则近本。"② 由此可见，严复的"达"字当受魏晋六朝译经序的启发。

关于"雅"字：在魏晋六朝经序僧传中，与翻译准则和译文评判有涉的"雅"字之使用频率远远高于"达"字，以下含"雅"字的文句出自《出三藏记集》和《高僧传》：

僧祐记："所出众经，质文允正。安玄、严调，既亹亹以条理；支越、竺兰，亦彬彬而雅畅。"③

---

① 以上引文请依次参见中华书局1995年版《出三藏记集》第254页、255页和273页。
② 参见《高僧传》卷1第8篇《晋长安竺昙摩罗刹（竺法护）传》（中华书局1992年版，第24页）。
③ 参见《出三藏记集》卷1第4篇：僧祐《胡汉译经文字音义同异记》（中华书局1995年版，第14页）。

道安曰："此经世高所出也。辞旨雅密，正而不艳，比诸禅经，最为精悉。"①

僧睿曰："胡文雅质，按本译之，于丽巧不足，朴正有余矣。"②

道安曰："世高析护所集者七章译为汉文，音近雅质，敦兮若扑，或变质从文，或因质不饰。"③

僧睿《中论序》曰："其人虽信解深法，而辞不雅中。其中乖阙烦重者，法师皆裁而裨之。"④

道安《比丘大戒序》记慧常语："圣贤所贵，而可改之以从方言乎？……与其巧便，宁守雅正。"⑤

释僧祐《康僧会传》称僧会所译之经"妙得经体，文义允正……辞趣雅赡，义旨微密"。⑥

释僧祐《支谦传》赞支谦所出二十七经"曲得圣义，辞旨文雅"。⑦

释慧皎《高僧传》称支谦所出四十九经"曲得圣义，辞旨文雅"；赞康僧会所译众经"妙得经体，文义允正……辞趣雅便，义旨微密"。⑧

以上文句中除"雅赡"句有"文辞丰美"之意，其余均意为"雅正"，而《出三藏记集》中的"雅赡"在《高僧传》中作"雅便"。此外，彦琮《辩正论》中之"辩不虚起，义应雅合"句，⑨赞

---

① 参见《出三藏记集》卷6第9篇：道安《大十二门经序》（中华书局1995年版，第254页）。

② 参见《出三藏记集》卷8第4篇：僧睿《小品经序》（中华书局1995年版，第298页）。

③ 参见《出三藏记集》卷10第1篇：道安《道地经序》（中华书局1995年版，第376页）。

④ 参见《出三藏记集》卷11第1篇：僧睿《中论序》（中华书局1995年版，第401页）。

⑤ 参见《出三藏记集》卷11第11篇：道安《比丘大戒序》（中华书局1995年版，第413页）。

⑥ 参见《出三藏记集》卷13第4篇《康僧会传》（中华书局1995年版，第515页）。

⑦ 参见《出三藏记集》卷13第6篇《支谦传》（中华书局1995年版，第517页）。

⑧ 参见《高僧传》卷1第6篇《魏吴建业建初寺康僧会支谦传》（中华书局1992年版，第15、18页）。

⑨ 参见《续高僧传》卷2本传之四（上海古籍出版社《高僧传合集》第119页上栏）。

宁《译经篇》中之"雅即经籍之文"句,① 均可印证以上文句中的"雅"即"正"。

德里达说:"整体的真实具有由不同语迹构成的结构。"芒迪说:"'延异'的意思是差异与延迟之间某个不确定的时空点上的位置。"(Munday,2001:171)通过这样追随语迹结构,经由语链进入原始语境,在尽可能接近那个处于延异之间的时空位置,对"信达雅"进行这样一番观察,我们可以确信,严复的"信达雅"本来就名正言顺,未可厚非。

信者,言真也;言真者,语不伪也。达者,通到也;通到者,至也;至者,言及而不过也。雅者,正也;正者,语言规范也;语言规范者,章无疵,句无玷,字不妄也。

毕竟"全部翻译问题最终都归结到如何写出既传达原意又语言规范的目标语文本"。(Newmark,2001:17)上文言及当代法国学者阿尔比的"三忠于"忠实观(忠实于作者的"欲言",忠实于译文读者,忠实于目标语语言的表达手段),要忠实于作者的"欲言",译文必须言真;要忠实于译文读者,译文辞必达意;要忠实于目标语语言的表达手段,译文必须使用规范的语言。可见"信达雅"与"三忠于"亦可互文。至于严复用汉以前字法句法,刻意模仿先秦文体,那是因为他考虑到当时目标语读者的认知语境,考虑到当时上层知识分子读者的期待视野(readers' horizon of expectation)。正如勒菲弗尔所言:"目标语文化中的主导模式会在很大程度上决定读者的期待视野。如果译作不符合那种主导模式的要求,它被读者接受就可能会遇到更多困难。"(Lefevere,2004:92)

作为21世纪的学者,我们今天仍接受"信达雅"为译者的自律准则和评判译作质量的标准,并不意味着我们也要用汉以前字法句法,就像我们坚持不用"I 服了 U 了,你这个286,BB"之类的网络语言一样。可谁知一百年后,我们的字法句法是否还符合读者的认知语境和期待视野呢?

---

① 参见《宋高僧传》卷3末"论曰"(中华书局1987年版,第55页)。

由此笔者不禁想到，有禅宗高僧言："曾见郭象注庄子，识者云：却是庄子注郭象。"笔者假其言而问之：当今百家释严复，会不会是严复释百家呢？

（原载于《中国翻译》2006 年第 4 期）

参考文献

[1] 波德莱尔：《恶之花》，郭宏安译，漓江出版社 1857、1992 年版。

[2] 陈福康：《中国译学理论史稿》（修订本），上海外语教育出版社 2000 年版。

[3] 辜正坤：《中西诗比较鉴赏与翻译理论》，清华大学出版社 2003 年版。

[4] 马祖毅：《中国翻译简史》（增订版），中国对外翻译出版公司 1998 年版。

[5] 释慧皎等：《高僧传合集》，上海古籍出版社 1991 年版。

[6] 释慧皎：《高僧传》，中华书局 1992 年版。

[7] 释僧祐：《出三藏记集》，中华书局 1995 年版。

[8] 王力：《古代汉语》（校订重排本 1—4 册），中华书局 1999 年版。

[9] 谢天振：《翻译研究新视野》，青岛出版社 2003 年版。

[10] 许钧、袁筱一：《当代法国翻译理论》，湖北教育出版社 2001 年版。

[11] 许钧：《文学翻译的理论与实践》，译林出版社 2001 年版。

[12] 叶维廉：《破"信达雅"——翻译后起的生命》，《中外文学》1994 年第 4 期，第 74—86 页。

[13] 赞宁：《宋高僧传》，中华书局 1987 年版。

[14] Bassnett, Susan, and André Lefevere. 1998. *Constructing Cultures*：*Essays on Literary Translation*. Clevedon and Philadelphia：Multilingual Matters Ltd.

[15] Davis, Kathleen. 2001. *Deconstruction and Translation*. Manchester：St. Jerome Publishing.

[16] Derrida, Jacques. 1976. *Of Grammatology*. Eng. Trans. by Gayatri Chakravorty Spivak, Baltimore and London：The Johns Hopkins University Press.

[17] Drabble, Margaret. 1985. *The Oxford Companion to English Literature*. Oxford：Oxford University Press.

[18] Gentzler, Edwin. 1993. *Contemporary Translation Theories*［M］. London and New York：Routledge.

[19] Hermans, Theo. 1985. *The Manipulation of Literature*：*Studies in Literary Transla-*

tion. London & Sidney: Groom Helm.

[20] ——2004. Paradoxes and Aporias in Translation and Translation Studies. In Gu, Zhengkun (ed.) *Studies in World Literature and Translation*. Beijing. Beijing: PKU Society for Culture and Translation Studies. 51 – 58.

[21] Lefevere, André. 2004. *Translation, Rewriting and the Manipulation of Literary Fame*. Shanghai: SFLEP.

[22] Lodge, David. (ed.) 1972. *20th Century Literary Criticism*. London & New York: Longman House.

[23] Munday, Jeremy. 2001. *Introducing Translation Studies: Theories and Applications*. London and New York, Routledge.

[24] Newmark, Peter. 2001. *Approaches to Translation*. Shanghai: SFLEP.

[25] Nida, Eugene A. & Charles R. Taber. 2004. *The Theory and Practice of Translation*. Shanghai: SFLEP.

[26] Saussure, Ferdinand De. 1980. *Cours De Linguistiqur Générale*. Paris: Payot.

[27] Shuttleworth, Mark and Moira Cowie. 2004. *Dictionary of Translation Studies*. Shanghai: SFLEP.

[28] Simon, Sherry. 1996. *Gender in Translation: Culture Identity and the Politics of Transmission*. London & New York: Routledge.

[29] Spivak Gayatri Chakravorty. 1976. Translator's Preface. in Jacques Derrida. *Of Grammatology*. Baltimore and London: The Johns Hopkins University Press. ix – lxxxvii.

[30] Venuti, Lawrence. (ed.) 2000. *The Translation Studies Reader*. London and New York: Routledge.

[31] Wimsatt, W. K. and Monroe C. Beardsley. 1972. The Intentional Fallacy. In David Lodge (ed.) *20th Century Literary Criticism*. London & New York: Longman House. 334 – 345.

[32] Whitford, Margaret. 1981 Jacques Derrida: French Philosopher. In Justin Wintle. (ed.) *Makers of Modern Culture*. London and New York: Routledge & Kegan Paul Ltd. 129 – 130.

[33] Wittgenstein, Ludwig. 1953. *Philosophical Investigations*. Eng. Trans. by G. E. M. Anscombe. Oxford: Basil Blackwell.

中国译学研究须加强逻辑思维

曹明伦

引 言

著书撰文,尤其是撰写学术论文,最起码的要求应该是言之有物,同时须言必有据、言之有理,并且能言必有中。而要达到这些要求,作者就需要讲点逻辑,或者说得有逻辑思维的习惯。但在当今中国译学界,不少理论书籍和文章中都存在着概念模糊、词语歧义、类属不辨、自相矛盾、以偏概全、妄下结论等逻辑谬误。例如有位学者刚断言"严复的所谓理论本身没有多少研究价值",随即又用严复的"题曰达旨,不云笔译"作为论据,证明德国功能派学者"诺德(Christiana Nord)所说的忠诚主要指忠于读者"之正当性;[①] 再如有不少学者都喜欢引用"翻译是各种社会力量用来操纵特定社会、建设所需文化的主要文学手段"这样一条定义,[②] 并以此作为论据来研究各种翻译现象。我们稍加思考就可以发现,上引两段论述都有逻辑上的瑕疵。前者上文与下文抵牾,可谓自相矛盾,而且其断言"严复的所谓理论本身没有多少研究价值"也有言而无据之嫌;后者把"翻

[①] 张南峰:《中西译学批评》,清华大学出版社 2004 年版,第 x—xi、20 页。
[②] 潘文国:《当代西方的翻译学研究》,《中国翻译》2002 年第 2 期;吴建国、魏清光:《翻译与伦理规范》,《上海翻译》2006 年第 2 期;龙佳红、刘玲:《语境对译者的操纵》,《武汉理工大学学报》(社科版) 2006 年第 4 期;石春让:《翻译研究的文化转向与文化研究的翻译转向》,《外语教学》2008 年第 3 期。

译"定义为某种"文学手段",犯了定义太宽的错误,因为在这个定义中,定义项(操纵特定社会、建设所需文化的主要文学手段)的外延大大大于被定义项(翻译)的外延。造成这类问题的原因固然很多(如当下学风浮躁,研究者为完成学术量化指标而急功近利等),但对思维逻辑不重视,对语言逻辑不讲究,也是其中的重要原因。鉴于此,笔者选取几个容易给青年学子造成误导的典型问题加以分析并澄清,以此说明逻辑思维在翻译研究中的重要性。

一 自证其伪的判断:意义不确定

三十年前,有位翻译学者(下称学者A)突然发现,说话人有时也会言不由衷,词不达意,例如,"阿甲想表达一个意思(意义A)……由于语言一般的限制以及他自己语言使用的限制,那句话的意思(意义B)跟他的本意(意义A)必然有出入"。而且他还发现,当代的中国人如果读朱生豪翻译的《哈姆莱特》,或者听傅聪演奏的肖邦《A小调华丽圆舞曲》,那他们读到的肯定不是莎士比亚亲笔写的《哈姆莱特》,听到的也肯定不是肖邦亲手演奏的《A小调华丽圆舞曲》,因为,虽说"傅聪先生演奏肖邦成一家言,但是他在钢琴前给我们的,永远都只可能是傅聪演绎的肖邦……我们怎么可以查得出肖邦的本意与原来效果呢"?于是该学者据此断言"原文文字本身并无绝对意义",认为"我们要求翻译工作'忠于原文'或'忠于作者'是超出情理之外的","追求'忠于原著',简直在强人所难",并呼吁"不再要求译者正确解释原文,译出原文的意思",因为"原文只不过是借空气震动传达的一串声波,或是印在纸上的一串符号"。① 自那串声波荡起十八年之后,我们又听到了借空气震动传来的那串声波的回声。当时有位学者(下称学者B)"萌发了对翻译忠实这一传统翻译理论中的中心进行解构的念头",于是他发现,虽说"绝大多数翻译家和翻译学家对'忠实'的翻译原则坚信不疑,

---

① 以上参见周兆祥《翻译的准则与目标》,《中国翻译》1986年第3期。

执着地追求着这一翻译的最高理想",但"'忠实'只是个在翻译界流传了几千年的神话,只是个被无数翻译者们崇拜的图腾";他还发现,翻译家对忠实于原文的追求"是建立在原意确定论的假定之上的……(但)德里达否定了意义的确定性,新批评否定了追溯作者意图的可能性",因此"文本的意义是不确定的……忠实体现原文意义只能是译者梦中的童话"。① 又过了八年,另一名学者(下称学者 C)不仅发现"德里达认为翻译文本的意义是不确定的",还发现"伽达默尔认为文本的意义并非文本所固有的内在的意义",于是该学者据此断定"两种不同语言文化的文本是不可通约的(不可翻译的)"。②

上述论断看上去有根有据,听起来振振有词,而且都发表于国内权威核心学术期刊,流传甚广,影响极大。据笔者在高校翻译研究方向博士和硕士研究生中所作的调查,相信"意义不确定"者还真不在少数。虽然从感性上讲,青年学子们也有"原文意义都不确定,那还怎么翻译"之类的疑惑,但由于缺乏理论逻辑训练,往往难以从理论上对其加以辩驳。学者 B 断言说"原意确定论"是个"假定",言下之意就是说"意义不确定论"才是真理,而且还是德里达认为的真理,这更从理论上消解了青年学子的疑惑。殊不知事实正好相反,学者 B 的断言才是理论上的假设,而"原意确定论"(意义确定论)则是从理论和实践上都经得住检验的真理。

从理论上讲,"原文文字本身并无绝对意义""文本的意义是不确定的"以及"翻译文本的意义是不确定的"这类判断都违背了形式逻辑最基本的一条规律,即同一律,因为"同一律要求:如果一个语词(语句或一组语句)表达某概念(判断、推理或论证),它就必须表达这个概念(判断、推理或论证)。同一律要求语言(语词、语句或一组语句)有确定的意义"。③ 莱斯大学神经学及逻辑学教授伯

---

① 以上参见王东风《解构"忠实"——翻译神话的终结》,《中国翻译》2004 年第 6 期。

② 冯红:《从"对话"到"延异——播撒"》,《安徽师范大学学报》(人文社科版) 2012 年第 3 期。

③ 金岳霖:《形式逻辑》,人民出版社 1979 年版,第 266 页。

纳·派顿在《真理、知识或纯粹谬误》一书中也强调："在一个既定语境中，词语的意义必须保持不变。"① 因此，即便是学者 A 例举的把本来想说的"意义 A"说成了"意义 B"，这个"意义 B"的意义也是确定的，因为这个"意义 B"就是我们通常所说的"失言"或"口误"。须知"失言"和"口误"的意义也是确定的，不然《红楼梦》第 62 回中黛玉的失言（本想打趣宝玉）就不会让彩云脸红，而心理学研究的"弗洛伊德口误"（Freudian slip）也就没有了研究和运用的价值。

学者 B 用"新批评否定了追溯作者意图的可能性"作为"文本的意义是不确定的"这个结论的论据，实则犯了断章取义、偷换概念和虚假论据等一系列逻辑错误。新批评是 20 世纪上半叶英美文学批评中最有影响的理论流派之一。新批评理论家之所以不主张追溯作者的创作意图，原因之一是他们认为这种追溯往往难觅真相，即所谓"意图谬误"（Intentional Fallacy），但更主要的原因则是他们认为原作意义只存在于文本自身，所以他们"把注意力集中于作品本身的意义，从而进行一种客观的批评"。② "新批评强调精读文本，强调辨析字义……不关心作者的生平资料，不关心作品的社会背景……认为文本意义就存在于书页之间，批评的对象应该是文本本身。"③ 由此可见，新批评理论非但不能证明"文本的意义是不确定的"，反而能够证明文本的意义是确定的。

学者 C 之所以断言"两种不同语言文化的文本是不可通约的（不可翻译的）"，原因在于该学者既没弄清概念和语词的关系，也不了解判断和语句的区别。形式逻辑告诉我们："概念与语词是紧密联系的。概念的产生与存在，必须依附于语词；……所以，语词是概念

---

① Bernard M. Patten, *Truth, Knowledge, or Just Plain Bull*, Amherst, New York: Prometheus Books, 2004, p. 83.

② David Lodge, ed., *20th Century Literary Criticism*, London & New York: Longman House, 1972, p. 333.

③ Margaret Drabble, *The Oxford Companion to English Literature*, Oxford: Oxford University Press, 1985, p. 693.

的语言形式，概念是语词的思想内容。……同一个概念可以用不同的语词来表达。"① 而正如我们所知，概念所反映的是人们对客观事物的认识结果，所以不同民族从同一客观事物所获得的概念相同，但用来表示这一概念的语词却各异。例如我们所说的"翻译"，德语说 Übersetzung，法语说 traduction，英语则说 translation，但显而易见，这四个不同的词语表达的是同一个概念，所以它们是可以通约的，是可以相互翻译的。形式逻辑还告诉我们："判断是对事物情况认识的结果。对于任何民族的任何人，只要他们对于同一事物情况的认识是相同的，他们的判断就是相同的。语句是社会习惯的产物。各个不同的民族有不同的社会习惯，因而各个民族所用的语句是不相同的。由于判断与语句这个根本区别，就产生了下面的情形：同一的判断可以用不同的语句来表达：例如汉语说'人是能思维的'，英语则说'Man is capable of thinking'。"② 由此可见，两种不同语言文化的文本是可通约的（可翻译的），此可谓"情可求而呼相乱，字虽殊而意且同"，③ 古人早在一千多年前就阐明了这个道理。

另外，对文本的意义是否确定，不同语言文化的文本是否可通约（可翻译）这样的问题，我们也可以用语言文化实践加以验证，毕竟实践既是检验真理的标准，亦是发现谬误的手段。以牛顿第一定律（惯性定律）为例。先看英文原文："If a body is at rest or moving at a constant speed in a straight line, it will remain at rest or keep moving in a straight line at constant speed unless it is acted upon by a force."④ 有谁能说这句英文没有意义，或者说这句话的意义不确定？再看这句话的中文译本："如果物体处于静止状态或在作匀速直线运动，那么只要没有外力作用，该物体就仍将保持其静止状态或继续作匀速直线运

---

① 金岳霖：《形式逻辑》，第 20 页。
② 金岳霖：《形式逻辑》，第 75 页。
③ 赞宁：《宋高僧传》，中华书局 1987 年版，第 52 页。
④ *Micropaedia Britannica*, vol. vii. Chicago and London: Encyclopaedia Britannica Inc., 1979, p. 306.

动。"① 谁又能说这翻译文本没有意义，或者说其意义不确定呢？而且，若将惯性定律英文版和中文版两相对照，谁能证明中文译本没有"忠实体现原文意义"？谁又能证明这"两种不同语言文化的文本是不可通约的（不可翻译的）"呢？

严格说来，上述三位学者的"意义不确定论"都是可自证其伪的虚假判断。我们可以这样问学者A，你断言说"原文只不过是借空气震动传达的一串声波"，那你的断言是否也是一串没有意义的声波呢？我们同样可以这样问后两位学者，既然文本的意义不确定，你们又何以确定你们所说的德里达说的"意义不确定"的意思就是"意义不确定"呢？

二　属种不辨的划分：文学作品＝诗

一般人不用查词典也知道"文学作品"这个概念：文学作品是以语言文字为工具、形象化地反映现实世界和社会生活的艺术作品，包括戏剧、小说、诗歌、散文等。从逻辑上讲，"以语言文字为工具、形象化地反映现实世界和社会生活的艺术作品"明确了"文学作品"这个概念的内涵，而将"文学作品"划分成"戏剧、小说、诗歌、散文等"则明确了这个概念的外延。形式逻辑告诉我们：划分是把一个概念的外延分为几个小类的逻辑方法，例如把脊椎动物划分成鱼（类）、鸟（类）、两栖动物、爬行动物、哺乳动物五个小类。小类是大类的种，大类是小类的属。把一个大类（属）划分成若干个小类（种），前者叫做划分的母项、后者则称为划分的子项。② 我们说话写文章，如果属与种不分，母项和子项不辨，就会出现概念模糊、逻辑混乱的情况。所以，就像一般人不会说"连飞都不会还算什么脊椎动物"，我们也不会质问"连诗都不会写还翻译什么文学作品"。因为，正如天下有许多不会飞的脊椎动物一样，这世上也有许多不会写诗的

---

① 《简明不列颠百科全书》（第6卷），中国大百科全书出版社1986年版，第280页。
② 参见金岳霖《形式逻辑》，第61—62页。

文学翻译家。

然而，在翻译理论文章中，尤其在西方翻译理论文章的中文版中，上述这类属与种不分、母项和子项不辨的表述却并不鲜见。比如有人会告诉你这样的道理：文学作品的精髓不是其信息，而是信息之外那些深邃而神秘的诗意元素。翻译家要再现这些元素，除非自己也是诗人。如果别人再告诉你，这个道理是德国哲学家、文学批评家本雅明说的，你会相信吗？难道不是有专家说本雅明的德语清晰易懂（lucid），说"他明晰的德语把文学批评提高到了前所未有的思想水平"① 吗？他怎么会说出这种逻辑混乱、令人费解的话呢？其实，本雅明这段话的原文是两个问句，出自其《译者的任务》第二段。这两个问句的德文原文是：Was aber außer der Mitteilung in einer *Dichtung* steht—und auch der schlechte Übersetzer gibt zu, daß es das Wesenliches ist—gilt es nicht allgemein als das Unfassbare, Geheimnisvolle, "*Dichterische*"? Das der Übersetzer nur wiedergeben kann, indem er-auch *dichtet*?② 较接近这段德文的中译文应该是：然而，我们通常不是把一首诗所包含的除信息之外的东西（即蹩脚的译者通常会译掉的东西）视为诗之精髓吗？这种深奥、神秘、"诗意"的精髓，不是只有自己也是诗人的译者才能复制吗？③ 读这段中译文，相信读者会觉得本雅明这句话观点鲜明，语言表达清楚，逻辑性强，因为《译者的任务》是他为自己翻译的波德莱尔《巴黎风貌》④ 德文版所写的序言，为翻译诗集写序，当然是在论诗，正如原文中的 dichtet 指"诗人"、Dichterische 指"诗意"一样，Dichtung 这个德文单词也肯定指"诗"。但遗

---

① "His lucid German brought literary criticism to an unheard level of thoughtfulness." 语出 J. G. Merquior, "Benjamin, Walter", in Justin Wintle, ed., *Dictionary of Modern Culture*, London: Routledge, 1984, p. 30.

② Walter Benjamin, "Die Aufgabe des Übersetzers", in ders. *Gesammelte Schriften* Bd. IV/1, Frankfurt/Main: Suhrkamp, 1972, S. 9 (-21).

③ 这段文字乃笔者据佐恩（Harry Zohn）的英译文并对照德文原文翻译，翻译过程中请教了法兰克福大学博士、西南财经大学德语专家吴越教授和西南交通大学德语专家林克教授。

④ 《巴黎风貌》（*Tableaux Parisiens*）是波德莱尔《恶之花》（*Fleurs du Mal*）之第二辑。

第一编　翻译理念与标准

憾的是，在《译者的任务》诸多中文版中，这段话中的 Dichtung（诗）都被改写成了"文学作品"，① 结果让中国读者认为，本雅明发出了"连诗都不会写还翻译什么文学作品"这种不合逻辑的质疑。难怪有学生会在课堂上发问：不会写诗的译者难道就不能翻译小说、散文、戏剧？笔者曾说："本雅明的《译者的任务》近年来被学界奉为翻译研究的圣经，但研究者又因其晦涩艰深而莫衷一是。这种莫衷一是的情况在中国尤为普遍。"② 现在看来，这种莫衷一是之所以在中国尤为普遍，《译者的任务》中文版中的逻辑瑕疵不能不说是原因之一。

　　无独有偶，在中文版翻译理论专著和学术论文中，我们还能读到这样一句话："翻译外国作家的作品，是为自己国家的诗歌增添内容。"③ 显而易见，这句话也是属与种不分，母项和子项不辨；外国作家的作品有多种类别，若是翻译小说、散文之类，怎能说是为诗歌增添内容呢？但那些专著和论文又会告诉你，这话是法国大文豪雨果说的。可雨果真会说这种不合逻辑的话吗？其实，这句话的原文出自雨果于1865年为儿子弗朗索瓦-维克多·雨果翻译的法文版《莎士比亚全集》撰写的序言，其法文原句是：Traduire un *poëte* étranger, c'est accroître la *poésie* nationale。④ 原句中的 poëte 在当代法语中拼作 poète，但不管哪种拼法，这个法文单词的本义都是"诗人"，所以较接近这句法文的中译文应该是：翻译外国诗人的诗作，是对本国诗歌的丰富。由此可见，雨果说话是讲究逻辑的。

---

　　① 参见陈永国、马海良《本雅明文选》，中国社会科学出版社1999年版，第279页；陈德鸿、张南峰《西方翻译理论精选》，香港：香港中文大学出版社2000年版，第199页；陈永国《翻译与后现代性》，中国人民大学出版社2005年版，第3页。

　　② 曹明伦：《揭开"纯语言"的神学面纱——重读本雅明的〈译者的任务〉》，《四川大学学报》（哲社学版）2007年第6期。

　　③ 参见王宏志《重释"信、达、雅"——20世纪中国翻译研究》，清华大学出版社2007年版，第159页；周理蕾《翻译的"暴力政治"——论后殖民语境中的翻译》，《大学英语》（学术版）2006年第1期。

　　④ Victor Hugo, «Préface de la Nouvelle Traduction de Shakespeare», dans *Oeuvres complètes de W. Shakespeare*, Tome XV, tra. par François-Victor Hugo, Paris: Pagnerre. Libraire-Editure, 1865, p. iii.

当然有人会说，上述二文的中文版之所以把本雅明的 Dichtung（诗）翻译成"文学作品"，把雨果的 poète（诗人）翻译成"作家"，都是因为从英语译本转译的缘故。不错，佐恩的确把德文 Dichtung（诗）英译成了 literary work（文学作品），① 勒菲弗尔也的确把法文 poète（诗人）改写成了英文 writer（作家）。② 勒菲弗尔之所以会这样"指鹿为马"，那是因为他奉行"翻译是一种改写"③ 的特殊策略，而这种改变翻译概念内涵的策略本身就是"以牺牲语言要素为代价的"（at the expense of the language factor）的。④ 不过，佐恩为何如此"画虎类犬"，就令许多学者感到疑惑了，如著名文艺批评家德曼就觉得佐恩的某些英译文"令人惊讶，完全违背常识"，⑤ 俄勒冈大学教授伦德尔也认为佐恩的有些英译文"使人无法理解本雅明的论辩逻辑"。⑥ 我们知道，佐恩翻译的《译者的任务》是本雅明这篇名作的第一个英文文本，发表于 1968 年，由于版权限制，英语读者一直以来主要就是读这个文本，但一般收录佐恩译文的文集都会附录伦德尔的《佐恩译文评注》，以此提醒读者，英译文中某些不合逻辑的论述并非本雅明之过，而是佐恩之误。

所以从表面上看，上文列举的不合逻辑的论述是因为从英文转译⑦而致，但从深层次看，实际上是我们的翻译研究缺乏逻辑思维的

---

① Walter Benjamin, "The Task of the Translator", trans. Harry Zohn, in Lawrence Venuti, ed., *The Translation Studies Reader*, London and New York：Routledge, 2000, p. 15.

② André Lefevere, *Translation/ History/ Culture：A Sourcebook*, London and New York：Routledge, 1992, p. 18.

③ André Lefevere, *Translation, Rewriting and the Manipulation of Literary Fame*, Shanghai：Shanghai Foreign Language Education Press, 2004, p. vii.

④ 参见 Theo Hermans, *Translation in Systems：Descriptive and System-oriented Approaches Explained*, Manchester：St. Jerome Publishing, 1999, p. 128.

⑤ Paul de Man, "Conclusions：Walter Benjamin's The Task of the Translator", in de Man, *The Resistance to Theory* Minneapolis：University of Minnesota Press, 1986, p. 81.

⑥ Steven Rendall, "A note on Harry Zohn's translation", in Lawrence Venuti, ed., *The Translation Studies Reader*, London and New York：Routledge, 2000, p. 24.

⑦ 翻译学界都知道转译的缺陷，通过媒介语转译是不得已而为之的事情。当今中国译学界不乏精通德语、法语和其他语种的顶级专家，如此重要的经典文献却还需要转译，这似乎也显得不合逻辑。

结果。若研究者（包括译者）稍稍运用一点逻辑思维，就会发现这些论述中的逻辑谬误，从而去探赜索隐，比较分析，然后像伦德尔为英语读者所做的那样，给中国读者一个交代，同时也给自己一个交代。

三 错误类比：自译＝自残

类比是有助于确定事物属性的一种逻辑方法，即通过观察两个或两类事物在某些属性上的相同之处，从而推论出它们在其他属性上也相同的推理方法。例如德莱顿和傅雷都曾把翻译比作临摹绘画，前者认为，"翻译就像是画人像；……一方面要画得轮廓逼真，容貌相像，比例准确，色彩大致尚可；另一方面则要画出其姿势、明暗，尤其是画出有点睛之效的精神"；① 后者则说，"以效果而论，翻译应该像临画一样，所求的不在形似而在神似"。② 又如叔本华和钱锺书都曾把翻译比作音乐演奏，前者以为，"较之原作，最接近完美的译文也至多像是一支乐曲的变调演奏"；③ 后者则借朱熹之言指出，"正如用琵琶、秦筝、方响、觱栗奏雅乐，节拍虽同，而音韵乖矣"。④

上述类比观察到了翻译与绘画、演奏一样，都具有"像"（像原作、像原型、像原调）这一关键特征，所以这些类比是正确类比，有助于我们了解翻译的本质属性。然而，正如派顿所说："类比构成人们的许多思考，……正因为类比是人类思想的基本心理机制，我们有时候会被它引入歧途。……因为我们的大脑会自然而然地把两类事物

---

① John Dryden, "The Preface to *Sylvae*: Or the Second Part of Poetical Miscellanies", (1685) in Rainer Schulte and John Biguenet, eds., *Theories of Translation*: *An Anthology of Essays from Dryden to Derrida*, Chicago: The University of Chicago Press, 1992, p. 23.

② 傅雷：《〈高老头〉重译本序》（1951），见罗新璋《翻译论集》，商务印书馆1984年版，第558页。

③ Arthur Schopenhuauer, "On Language and Words", (1800) in Rainer Schulte and John Biguenet, eds., *Theories of Translation*: *An Anthology of Essays from Dryden to Derrida*, Chicago: The University of Chicago Press, 1992, p. 33.

④ 钱锺书：《管锥编》（补订重排本第四册），生活·读书·新知三联书店2001年版，第91页。

联系在一起,所以我们倾向于假定这些事物之间有某些相似之处,并错误地认为这些并无相似性的事物之间存在更多的相似性。"① 派顿所说的这种"错误地认为"在逻辑学中被称为"错误类比"(false analogy),而这种错误类比在我们的翻译研究中也不鲜见。

例如最近有位学者在论及归化翻译时说:"翻译作为一种(再)生产的形式,突显了寻求所有权和控制权的必要性。……在许多方面,归化翻译呈相似的倾向,译者好似作者般,把对文本的所有权揽入手中,然后再对文本进行随心所欲的改写。……自译的人深谙此道,趁机对自己的'原文'大肆修改,……从某种意义上说,与自残无异。"② 这段论述中的"相似""好似"和"与……无异"都是类比,但并非都是正确的类比。我们判断类比是否正确,根据的是类比的合理性原则:即类比所根据的相似属性越多,类比的应用也就越有效,最后得出的结论就越接近真实。说翻译和归化翻译有某种相似的倾向,这是正确的,因为归化翻译是翻译的一种类型,两者之间的相似属性绝对充足;说"译者好似作者"也是正确的类比,因为不少人都认为翻译是一种再创作活动,而作者的"创作"和译者的"再创作"之间显然有相似属性;但说自译与自残无异,这就属于错误类比了,因为人们看不出"自译"和"自残"之间有任何相似属性。若把自我行为之"自"看成类比所根据的相似性,那所有自我行为岂不都可以类比了?可谁会把"自省"比作"自大"?谁又会说"自强"与"自馁"无异?按中国人对"自残"的语义共识,或按《现代汉语词典》(第6版)的释义,"自残"只有"自己残害自己"和"自相残害"的意思,"残害"也只有"伤害或杀害"的意思;而所谓"自译",是指通晓两种或多种语言的作者将自己用一种语言写成的作品转换成另一种语言文本的行为。捷克学者波波维奇在其《文学翻译分析词典》中将"自译"(autotranslation 或 self translation)定义为"the translation of an originanl work into another language by the au-

---

① Bernard M. Patten, *Truth, Knowledge, or Just Plain Bull*, p. 145.
② 孙艺风:《论翻译的暴力》,《中国翻译》2014年第6期。

thor himself"（由作者本人将其原作文本转换成另一种语言文本的翻译）。① 由此可见，自译和一般意义上的翻译都是把一种语言文本转换成另一种语言文本，只是实施转换行为的主体不同，前者是作者本人，后者则为他人。若把作者本人进行的翻译比作"自残"，那由他人进行的翻译岂不成了"他残"？这种类比显然违背了类比的合理性原则，不仅无助于明确翻译的属性，反而模糊了翻译这个概念。这恰如派顿指出的那样："错误类比是一种错误的思维方式，因为它使我们远离真理，走向谬误。"②

其实国内外有不少学者都对"自译"进行过研究，并得出了合乎逻辑、言之成理或至少能自圆其说的结论。为"自译"下定义的波波维奇认为，"不可把自译文本视为原作的不同版本，而应该将其视为真正的译本（a true translation）"。③ 而德国学者科勒（Werner Koller）则认为应该对"自译"和"他译"加以区别，理由是"在'自译'的情况下，忠实（Faithfulness）的结果会有所不同，因为翻译自己作品的作者会觉得，修改自己的作品可谓天经地义"。④ 中国学者林克难发现，萧乾将自己的《萧乾作品精选》"翻译"成英语时，其"译文比较自由，实际上是再创作，因此译文与原文有一定距离"，而当他"翻译爱尔兰著名作家詹姆斯·乔伊斯的意识流名著《尤利西斯》的时候，就采取了全译+意译+多注释的办法，几乎一字不落地全部翻译了出来。这种译法，与他翻译自己的文学作品时那种大幅增删的译法之间的区别是十分明显的"；究其大幅增删的原因，林克难认为"因为他比谁都清楚自己的作品想表达什么以及怎样表达才能最好地传情达意"。⑤ 华裔美国学者欧阳桢将译作分为三种类型：

---

① Anton Popovič, *Dictionary for the Analysis of Literary Translation*, Edmonton: Department of Comparative Literature, The University of Alberta, 1976, p. 19.
② Bernard M. Patten, *Truth, Knowledge, or Just Plain Bull*, p. 145.
③ Anton Popovič, *Dictionary for the Analysis of Literary Translation*, p. 19.
④ 转引自 Mark Shuttleworth and Moira Cowie, eds., *Dictionary of Translation Studies*, Manchester: St. Jerome Publishing, 1997, p. 13.
⑤ 林克难：《增亦翻译，减亦翻译——萧乾自译文学作品启示录》，《中国翻译》2005年第3期。

替代原作的译作（surrogate translations）、附属于原作的译作（contingent translations）和与原作并存的译作（coeval translations），而他例举的"与原作并存的译作"即俄裔美籍作家纳博科夫（Vladimir Nabokov，1899－1977）和爱尔兰裔法国作家贝克特（Samuel Beckett，1906－1989）等双语作家自译的文本。欧阳桢认为："尽管从时间顺序上很容易确定这些并存的文本哪个是原作，但从艺术的角度看，却很难分清哪个文本更应该被视为原作。"① 英国学者巴斯内特也持类似的观点，她在研究了贝克特用法语和英语对照出版的《诗四首》（*Quatre Poèmes*，1961）之后说："解决这种两难选择的一个办法就是，否认在这种情况下有任何原作的存在，从而也否认有译作的存在，同时假定我们有同一部作品的两个文本，两个碰巧是由同一个作家用不同语言写出的文本。"② 美国学者米歇尔·伍兹在其专著《翻译米兰·昆德拉》一书的序言中告诉我们："在上世纪80年代，（已精通法语的）昆德拉修订了他早年用捷克语写的小说的全部法语译本，并宣称法语文本胜过捷克语文本，是他这些小说可信的定本。换言之，这些法语译本成了原作。"③ 事实上，对于伍兹博士的这个结论，也另有事实佐证，"2002年5月，上海译文出版社购得昆德拉13部作品在中国大陆的中文版权。翻译用的原书，全部都是从昆德拉家中拿出来，由他亲自指定的法文'定本'"。④ 加州大学伯克利分校的霍肯森教授和佛罗里达大西洋大学的芒森教授对自译现象做了全面而细致的研究。她俩认为，对翻译研究而言，由于自译活动的创作主体与翻译主体合二为一，"作者和译者的二元标准模式、源语

---

① Eugene Chen Eoyang, *The Transparent Eye*: *Reflections on Translation*, *Chinese Literature, and Comparative Poetics*, Honolulu: University of Hawaii Press, 1993, pp. 194－195.
② Susan Bassnett, "When Is a Translation Not a Translation", in Susan Bassnett & André Lefevere, *Constructing Cultures*: *Essays on Literary Translation*, Clevedon: Multilingual Matters Ltd., 2000, p. 31.
③ Michelle Woods, *Translating Milan Kundera*, Clevedon: Multilingual Matters Ltd., 2006, p. ix.
④ 边纪：《文学也是一场马拉松——他们与诺奖文学奖失之交臂》，《新民晚报》2014年10月12日，第B1版。

和目标语的理论模式、词汇对等的语言学模式、归化异化的文化模式、以及原作者风格减色和译文不如原文的文学批评模式就都不复存在"。①

从以上论述可以看出，学界对自译行为及其结果（自译文本）的看法并未完全达成共识，但上述学者的观点或多或少都有实事、材料和理论概念作为支撑，因此都堪称符合逻辑、言之成理或能自圆其说的仁智之见，都对我们如何去认识"自译"有所启示。与这些观点和形成这些观点的过程相比，我们更能看出"自译与自残无异"这种说法是多么牵强附会，不合逻辑。

四　过度概括导致的伪命题：翻译＝改写

在最近十年的中国译学界，"翻译即改写"已成为人们熟知的一个命题。近年国内学刊和若干高校频频发表或公布以"翻译即改写"为题的学术文章和学位论文，如《翻译即改写》（湖南师范大学2006年硕士学位论文）、《翻译即改写》（外交学院2010年硕士学位论文）、《翻译即改写：从解构到重构的译路历程》（浙江师范大学2010年硕士学位论文）、《翻译即改写：从菲茨杰拉德到胡适——以〈鲁拜集〉第99首为个案》（《北京第二外国语学院学报》2010年第12期），以及《翻译即改写——陈独秀对泰戈尔诗歌的译介与改写》（《海外英语》2012年第2期），等等。习惯逻辑思维的人只消再明确一下"翻译"和"改写"这两个概念，就不难发现"翻译即改写"是个伪命题，若进一步深究这个伪命题的来源，就会发现它实际上是过度概括的结果。

说"翻译即改写"是个伪命题，因为它不符合客观事实。对于翻译这项延续了几千年的人类文化活动，古今中外的学者早已深知其属性并明确其概念，贾公彦在《周礼义疏》中就解释说："译即易，谓

---

① Jan Walsh Hokenson and Marcella Munson, *The bilingual Text*; *History and Theory of Literary Self-Translation*, Manchester & Kinderhook (NY): St. Jerome Publishing, 2007, p. 3.

换易言语使相解也。"① 赞宁曰："译之言易也，谓以所有易所无也。"② 法云对翻译的定义是："夫翻译者，谓翻梵天之语转成汉地之言。"③ 卡特福德说："翻译即用一种语言（目标语）中等值的文本材料去替换另一种语言（源语）中的文本材料。"④ 奈达说："翻译即在目标语中复制出与源语信息最为接近且自然贴切的对应语。"⑤ 韦努蒂为翻译下的定义是："翻译是译者在理解的基础上用目标语的能指链替换构成源语文本的能指链的过程。"⑥ 国际翻译与跨文化研究会现任会长、德国汉堡大学教授尤利亚妮·豪斯在其2015年出版的新著中，更是开宗明义地说："译本可被定义为一种语言文本活动的结果，而这种语言文本活动就是将一种语言的文本转化为另一种语言的文本的活动。"⑦

从这些定义可以看出，翻译是一种双语（bilingual）活动，涉及两种语言。而"改写"（rewrite）的意思是"1. 修改；2. 根据原著重写"（《现代汉语词典》第6版），或者说"1. to revise or recast something previously written（an author usually spends a good deal time rewriting）；2. to alter previously published material for use in another publication"。⑧ 从英汉两种词典对"改写"（rewrite）的释义，可见改写是一种单语（monolingual）行为，只涉及一种语言。英国作家查尔斯·

---

① 转引自陈福康《中国译学理论史稿》（修订本），上海外语教育出版社2000年版，第3页。

② 赞宁：《宋高僧传》，中华书局1987年版，第3页

③ 法云：《翻译名义集·卷第一》，见《佛学三书》，中华全国图书馆文献微缩复制中心1995年版，第5页上栏。

④ J. C. Catford, *A Linguistic Theory of Translation*, Oxford: Oxford University Press, 1965, p. 20.

⑤ Eugene A. Nida & Charles R. Taber, *The Theory and Practice of Translation*, Shanghai: Shanghai Foreign Language Education Press, 2004, p. 12.

⑥ Lawrence Venuti, *The Translator's Invisibility: A History of Translation* (2nd ed.), London and New York: Routledge, 2008, p. 13.

⑦ Juliane House. *Translation Quality Assessment: Past and Present*, London and New York: Routledge, 2015, p. 2.

⑧ Philip B. Gove et al, eds., *Webster's Third New International Dictionary of the English Language*, Springfield: G. & C. Merriam Company, Publishers, 1976, p. 1945.

兰姆（Charles Lamb，1775－1834）的写作最能说明这点。很多英语读者最初都是通过兰姆的文字了解古希腊诗人荷马及其史诗《奥德赛》的，但所有百科全书、人物传记和文学词典都只把兰姆称为"散文作家及批评家"（essayist and critic），而从不曾把他称为翻译家，言及《奥德赛历险记》（The Adventures of Ulysses，1808）出自他笔下时，也只用 produce、adapt 和 write 等字眼，而从来不用 translate 这个词，有的版本还注明"根据查普曼英译本《奥德赛》改写"（adapted from George Chapman's translation of Homer's Odyssey）。由此不难看出，在英国学界、出版界和读者心目中，翻译和改写是两个不同的概念，虽说都是把一个文本转换成另一个文本，但查普曼把希腊语文本转换成英语文本就是翻译，而兰姆把英语诗体文本转换成英语散文体文本就是改写。相似的例子还有兰姆和他姐姐（Mary Ann Lamb，1764－1847）合作改写的《莎士比亚故事集》（Tales of Shakespeare，1807）。国内出版的上述二书中译本的作者署名分别是"查里斯·兰姆**改写**"和"查尔斯·兰姆、玛丽·兰姆**改写**"。① 这也说明在中国学界、出版界和读者心目中，翻译和改写也是两个不同的概念。所以说"翻译即改写"是个伪命题。

持"翻译即改写"观点的中国学者往往会说，此观点的原创者是美国学者勒菲弗尔，并引用勒菲弗尔的一句话"Translation is, of course, a rewriting of an original text"② 作为论据。例如，有人说："美国翻译理论家勒菲弗尔就提出翻译操控理论，认为翻译是改写。"③ 表面上看，这是因语言上的疏忽造成的误读，误读者忽略了英语不定冠词"a"有"一"的含义，从而把"翻译当然是对原文本的一种改写"误读成了"翻译是改写"。但从逻辑学角度来看，把"翻译是一

---

① 分别见黄建辛、荣开珏译《奥德赛的故事》，中国青年出版社 1956 年，封面和扉页；萧乾译《莎士比亚戏剧故事集》，中国青年出版社 1956 年，扉页。
② André Lefevere, *Translation, Rewriting and the Manipulation of Literary Fame*, Shanghai: Shanghai Foreign Language Education Press, 2004, p. vii.
③ 邵斌：《翻译即改写：从菲茨杰拉德到胡适——以〈鲁拜集〉第 99 首为个案》，《北京第二外国语学院学报》2010 年第 12 期。

种改写"说成"翻译是改写"则犯了"过度概括"的逻辑错误。

概括是形成概念的一种思维过程和方法，是"把从某类个别对象中抽取出来的属性，推广到该类一切对象，从而形成关于这类对象普遍认识的逻辑方法"。① 所谓"过度概括"，则是把从一个偶然事例得出的一种极端信念不适当地应用于不相似的事件或情境中的谬误。"合理的概括可涵盖所有实例"，而"只要发现例外，就能证明概括有误"。② 为避免过度概括，我们一方面要注意抓住事物的主要特征（比如翻译和改写都具有把一个文本变成另一个文本的属性），另一方面则要注意对所论及的事物加以必要的限制（比如"翻译是一种改写"的"一种"就是对这个命题谓项的限制）。"翻译是一种改写"这个命题把"改写"和"翻译"变成了属（大类）与种（小类）的关系，换言之，"翻译是一种改写"说明还有其他种类的改写。因此，"翻译是一种改写"这个命题是正确的，因为这样概括有其合理性；反之，"翻译即改写"则是个伪命题，因为它过度概括，与客观事实不符，毫无合理性可言。

其实，众多中国学者之所以把勒菲弗尔的"翻译是一种改写"理解成"翻译即改写"，关键还在于不清楚"改写"在勒氏的理论语境中是何所指，从而也无从理解与这个概念紧密相关的"翻译研究中的文化转向"到底是何意思。鉴于此，笔者在此简要说明一下。"Translation is, of course, a rewriting"这句话出现在勒菲弗尔于1992年出版的《对文学名著的翻译、改写和特殊处理》一书的"总编序"（General editors' preface）中，而此前他已对其理论语境中的 rewriting 这个概念以及 translation 和 rewriting 的属种关系有过详尽的论述。1990年，在他以第一署名身份与巴斯内特合作为《翻译、历史与文化》一书撰写的那篇堪称"文化转向宣言"的长序中，他俩认同希利斯·米勒（J. Hillis Miller, 1928 – ）的观点，认为"我们的共同文化已越来越不是一种书本文化，而是越来越成为一种影视和流行音乐

---

① 《辞海》（缩印本），上海辞书出版社1999年版，第824页。
② Bernard M. Patten, *Truth, Knowledge, or Just Plain Bull*, p. 30.

文化",并用大量事例加以印证。例如,即使对法国人而言,啃过《追忆逝水年华》全书的读者也可以说是微乎其微,绝大多数人都是从文学史、文选、评注、批评文章或据该书改编的电影"读"到这部书的。他俩由此得出结论:"因此,'翻译'是诸多'改写'形式中的一种,……而这些改写者包括翻译家、评论家、史学家,以及大学教授和媒体记者。……如果我们去研究这各种形式的改写(译本、史料、文选、评注和批评文章等),研究旨在塑造作家或作品'形象'的一切文本,那我们就该像收入本书的这篇题为《翻译与大众传媒》的文章一样,把'改写'这个概念推进一步,推入电影'改写'('rewriting' of film)。"①

从以上简述可清楚地看出,在勒菲弗尔的理论语境中,改写(rewriting)这个概念的外延已大大增加,不仅包括他在《对文学名著的翻译、改写和特殊处理》一书中例举的那些"改写"——例如因审美观念和文化习俗的制约而把古希腊戏剧作家阿里斯托芬《吕西丝特拉忒》中的 γευνητης όργάνου(阴茎)改写成英语 nose(鼻子)、handle(手柄)或 life-line(命脉),或因意识形态的支配而改写出的与荷兰语原文大相径庭的德文版《安妮日记》——还包括对原著的节选、注释、评论、讲解,以及用影视和音乐等艺术手段对原著的改编。所以,即便不接受勒菲弗尔这种学术观点的人也应该承认,在他的理论语境中,"翻译是一种改写"是个符合逻辑的命题,前提是他认为翻译家同评论家、史学家、文学教授、媒体记者以及电影编导一样,也是一种改写者。然而,若把"翻译是一种改写"概括为"翻译即改写",那所有改写者也都成了译者,依照这个命题,连张艺谋和冯小刚也都堪称翻译家,而且是杰出翻译家,由此可见,"翻译即改写"这个伪命题有多荒谬。

顺便说一句,所谓"翻译研究中的文化转向"是指翻译学者转向

---

① André Lefevere and Susan Bassnett, "Introduction: Proust's Grandmother and the Thousand and One Nights—The 'Cultural Turn in Translation Studies'", in Susan Bassnett and André Lefevere, eds., *Translation, History and Culture*, London and New York: Pinter Publishers, 1990, pp. 1 – 13.

去研究史学家、评论家、文学教授和媒体记者对原著及其译本的节选、注释、评论、讲解等文化活动，去研究用影视和音乐等艺术手段对原著和译著的改编及其文化影响。不过这已是题外话，不赘言。

结　语

以上辨析说明，在当今的中国译学界，的确存在不少因学风浮躁，急功近利等原因而产生的不真实、不正确的所谓学术创见，而由于高校文科（尤其是外语和翻译专业）大多没有开设逻辑课程，造成很多学生缺乏最基本的逻辑思维训练，致使一些不难证伪的谬论也在青年学子中以讹传讹，结果许多博士生、硕士生写出的论文都是鹦鹉学舌，人云亦云，缺乏思考，毫无创见。鉴于此，笔者呼吁翻译界学者，无论著书撰文，切忌只顾追求标新立异，出语惊人，而应该追求言之有物、言之有理以及言必有据、言必有中。同时也呼吁青年学子读点逻辑学著作，掌握并运用逻辑思维，从而在读书时能做到不尽信书中之言，而去仔细推敲，用心思量，辨伪求真。总之，我们必须养成勤于思考的习惯，因为"几乎所有不真实、无逻辑、虚假、错误、悖谬或有其他毛病的观点，都是源于思想的懒惰"。[①]

（原载于《四川大学学报》（哲学社会科学版）2016 年第 3 期）

[①] Bernard M. Patten, *Truth, Knowledge, or Just Plain Bull*, p. 19.

翻译标准多元互补论

辜正坤

一 翻译标准多元互补论原理[①]

翻译标准问题是翻译理论的核心问题，也是一个哥德巴赫猜想式的问题。纵观中外翻译史，各家各派，纷纭拿斗，标准之名目，可谓繁矣，标准之理论，可谓广矣，然而能集百家之言，折衷其间，彻底、系统地解决这个问题者，还从未有过。近年来翻译理论界种种观点层见叠出，海内海外的中国学者都在酝酿创建中国式的翻译理论体系或云翻译学，这实在是一件大好事。然而翻译标准既然是翻译理论的核心问题，若不先行解决，则翻译学的建立就大成问题，正是由于这个原因，笔者将多年来对这个问题的思考简述如下，权作引玉之砖。翻译标准这个提法的广义，涵盖了翻译理论标准、翻译批评标准，乃至翻译实践标准诸方面。因此，本文的诸多结论在没有特殊界定的条件下，其理论指向是基本适用于上述三个方面的。

[①] 此文中的主要内容是笔者《翻译理论教程》（讲义）（1982）的部分章节概述。其中的内容曾于1984年作为全国17所高等院校部分英语教师进修班的教材；亦曾于1985年7月在四川师大文学与翻译研究学会举办的翻译理论研修班（全国招生）上做过教材。曾于1986年和1987年相继于南京大学召开的全国首届研究生翻译研讨会和在青岛召开的全国首届翻译理论研讨会作为大会论文宣讲过。

1.1 翻译标准难题何以久攻不克？

一言以蔽之：原因在于我们思维方法上的单向性或定向性。我们习惯于非此即彼的形式逻辑推理，习惯于认为一件事物不是 A 就是 B，习惯于说：道路只有一条，答案只有一个，等等。对"天下一致而百虑，同归而殊途"①的古训，人们常作片面理解，即只看重"一致""同归"处，对"百虑""殊途"则斥为异端，所以一接触到实际问题，往往不知不觉地沿用了单向思维方式。无怪乎三千年来，不少译家总是挖空心思地想要寻出一条绝对实用的翻译标准来，虽寻而不得，仍苦寻不止，因为他们认定必有这条标准在，只不过是人们研究得还不够深不够透，未发现它而已。可是如果用逆向思维方式或立体思维方式想一想，假如天下本来就没有这么一条标准，你寻得出来么？而被问者自然也可以反问：何以见得一定无这条标准呢？本部分就试图回答这个问题，不过我们还是先从立体思维方式谈起。

1.2 何谓立体思维方式？

我所谓的立体思维方式与一般人所说的全方位、多角度、多层次思维方式大体上一样，所不同者，是要强调思维的空间性并暗示思维主体者的作用。

在我看来，其他任何一种方式（包括形而上学的思维方式）都有各自的优点，而往往又正是这些优点在不同的场合成了最引人注目的缺点。就单向思维而言，其优点就在于其单向性。人类思维若不借助于这种单向性，就无法切实地把握这个世界：因为人的认识非得有一个最初的出发点不可，经由这个点，构成认识线，再由线构成认识面。人类认识一直是囿于线性认识范围内，具有单向定义性、定势性特点，很少超越它；如能达到面的认识能力，就很不简单了（难怪我们经常呼吁要考虑全面，把考虑全面作为一种理想，正意味着我们很难进行全面的思考）。但即使我们达到了面的认识能力，也还是远远

---

① 见《易·系辞》。

不够的，因为真正理想的认识方法是立体的、多维的或全方位的认识方法。简单说来，我们在考察对象时，有动态法和静态法。我们可以让考察对象固定，而认识主体环绕它进行任意考察（动态）；也可以让认识主体固定，而对象环绕主体接受考察（静态）。在某种场合，认识主体可以用意念进入被考察对象的核心向其作由里往外的立体性辐射考察，或相反，考察对象被置于认识主体的立体认识模中心，由认识主体对其进行由外到内的立体透视性考察。当我们用意念来作这种考察时，我们会发现我们即使在意念里也难于从各个方向来看同一个事物，我们仍然习惯于用两眼平视的视线去观察，尽管我们闭上了眼睛。由此可见单向思维方式是与我们的单向视觉分不开的，同时也就可以明白何以人类长期以来总难以摆脱这种定向式思维方式。如果说那位古希腊哲人德谟克利特因为眼睛所看到的一切妨碍他正确地认识世界从而弄瞎了自己的眼睛是一个人类怀疑自己的认识能力的悲剧的话；[1] 那么这个悲剧的原因恐怕并不在于人类有眼睛，而在于眼睛太少了。如果我们浑身上下都长着眼睛，我们对世界的观察是什么样的呢？我们的思维方式还会是单向的么？

当我们具体考察一个对象时，我们假定它是一个置于空间的静止原点，我们可以在它的周围空间的任何一个点来考察它，而由于其背景不同，在任何一点上的考察结果都会不同于任何别的一点上的考察结果。所以在考察者心中，这个原点所代表的可以是无穷个别的什么东西，而不只是一个。同理，假如我们把认识主体（我）看成一个置于空间的静止原点，又假设这个原点是可以同时向任何方向进行观察的眼睛的话，那么其观察结果和我们平时只从一个方向看出去（我们的视幅只局限在双眼前方）所得结果将是多么令人惊讶的不同，这宛如是一种全息式观照。换句话说，一个事物可以是 A，可以是 B，可以既是 A 又是 B，还可以同时是 C、D、E，等

---

[1] 我国南宋时期的朱熹也认为双眼紧闭、关门静坐是最好的休养方法。他因为目疾不能看书，但自以为"道理"却看得格外简约明白。他甚至恨自己，为什么眼睛没有早一天瞎掉。"瞑目静坐，却得收拾放心，觉得日前外面走作不少，颇恨盲废之不早也。"（朱熹：《答潘输度书》，《文集》卷46）

等，这全取决于我们所处的观察点。正是从这种思维方式出发，我们可以推论出——

1.3　具体翻译标准不可能只有一个

把一部译作放在观察点上（空间），一百个读者会产生一百种印象，因为该译作的价值并不仅仅依该译作所谓的固定价值而定，而常常也取决于欣赏者本身的文化素养、审美心理；及其他功利性目的等。[①] 所以译作的价值是一个相对的概念，其所以是相对的，是因为其价值的实现有赖于价值接收者（欣赏者），而价值接收者的判断标准是因人而异的（后文将详述这一点），没有也不可能有一个绝对的标准。历代译家认识上的根本局限性在于他们老是下意识地追求唯一的、万能的、可以判断一切译作价值并指导翻译实践的终极性实用标准，须知这种标准是根本不存在的东西，所以折腾了两三千年，从来就没有结果。但是没有这种绝对标准不等于说没有任何标准。恰恰相反，我认为能够用以指导翻译实践并判断译作价值的具体标准不但有，而且不止一个，即是有若干个，我把这种情形称作具体翻译标准多元化。

1.4　具体翻译标准多元化

翻译标准多元化并不是翻译标准无限化（无数个标准），也不是翻译标准虚无化，而是追求无限中的有限性。如果依主体思维方式来看，翻译标准在理论上似乎是无穷无尽的。无穷无尽的翻译标准将意味着没有标准。但是我们要记住，我们的认识能力是有限的，提出立体思维方式只意味着我们应尽可能开拓我们的思维空间，提高我们的思维能力，并不是说我们能完全做到这一点。如果说我们的认识能力是有限的，那么我们对翻译标准的认识当然也是有限的。换句话说，我们认识能力、认识范围的有限性实际上已经自发地规定了我们在选择认识对象上的有限性，所以根本不用杞人忧天似地担心有无穷个翻译标准暴风骤雨般落到我们面前，令我们一筹莫展。恰恰相反，认识

---

①　参阅皮亚杰《认识发生论原理》，商务印书馆1980年版。

主体自会根据其需要来容纳相应的标准。历史已经证明是如此，也还会证明将如此。翻译标准多元化指的是多而有限，而不是多而无节，它意味着我们应该以一种宽容的态度承认若干个标准的共时性存在，并认识到它们是一个各自具有特定功能而又互相补充的标准系统。有人或许会问：翻译标准多了，会不会是无政府主义，会不会乱套呢？问这种话的人不明白：（1）翻译标准的多元性是一个客观现实，并不是我们凭空抛出来强加在译者和读者头上的。古今中外的译者在翻译时从来都没有按照一个统一的标准，古今中外的读者在阅读译作时，也从来没有按照一个统一的标准，而翻译业照样在发展壮大，且越来越进步。如果说缺乏一个统一的标准会乱套的话，那早就乱了几千年了，无须我们现在再去打乱它，更无须我们现在突然要强迫给它一个统一的标准。（2）翻译标准并非是某个翻译家随心所欲地规定出来的，而是译者、读者间长期以来的某种默契的结果，翻译家往往是发现了一些标准可以满足一定社会条件下的特殊要求，而不是纯粹主观地发明了这些标准，从而强加在读者身上。怕乱套的人是把自己想象成了救世主，以为自己不定出一条金科玉律，翻译业从此就岌岌乎危哉，寸步难行了；这种人忘掉了翻译业已存在了几千年，并无一条定规可以一劳永逸地解决一切问题。（3）假如翻译是一种艺术，则自然遵从艺术发展的规律，试问艺术上有一条永恒不变的法规或价值判断标准么？假如翻译是科学，则翻译自然应遵从科学发展的规律，试问科学上的原则或标准是我们随意地规定出来的么？所以提出翻译标准多元互补论这个概念，不过是总结了几千年有关翻译标准的理论，主张采取宽容的态度，承认翻译上存在着具体的并行不悖的多个标准这个客观现实而已。那么，翻译是否就真的没有任何统一性呢？从纯理论上说来，既然"一致而百虑，同归而殊途"，就当然存在着一个"同归""一致"之处，这个处所就是翻译的绝对标准。

1.5 翻译的绝对标准就是原作本身

在翻译上，绝对标准是个永远达不到的标准，因为达到它，就意味着根本不翻译一个字。如果把这个根本达不到的标准作为翻译的价值尺度显然是不实用的。然而没有这一个标准也不行，因为其他标准实际上和它有内在联系。只是要记住，它的实际用途是极其有限的，等于形同虚设。正是在这一点上，古今中外的译家们提出的种种标准往往和这个绝对标准一样暴露出其空洞性。以所谓"忠实标准"而论，这几乎是翻译界人的口头禅，中国人这么说，外国人也这么说，似乎译作可以忠实于原作是理所当然的事情。然而这种说法的空洞荒唐性与上述绝对标准一样。首先，"忠实"这个概念对许多提倡"忠实"标准的人来说是个模糊概念：译作究竟忠实于原作的哪些方面？是语音、语义、句法结构都忠实，还是仅指其中一项或两项？若非三项全忠实，则明明有悖原作，又如何算"忠实"？若明明不忠实，又偏要使用"忠实"这个概念作标准，岂不是打肿脸充胖子，既欺人又欺己？而三项全忠实，又是绝对办不到的，因为那样等于不译，原文照搬，忠实与否便失去了意义。而实际上，只要从事翻译的人都知道，岂但一篇文章不可能完全忠实，就是一段、一句甚至一个词，要在各方面与原作相当也是不可能的。所以"忠实"的提法不过是如捞井中之月，如摘镜中之花，根本就办不到。其他的提法还有许多，如三国时支谦提到的"循本旨，不加文饰"①，东晋道安所倡的"案本"②，唐人的"信"③，以及近代严复所提的"信、达、雅"的"信"④，朱生豪的"神韵"说⑤，傅雷的"神似"说⑥，钱锺书的"化境"说⑦等。国外译论家的类似提法，此处略举四家，如英国泰特勒（Tytler）的"三原则"⑧，苏联费道罗夫

---

① 之谦：《法句经序》，出《三藏记集经序》卷七。
② 道安：《革婆沙序》，出《三藏记集经序》卷十。
③ 鲁迅："唐则以'信'为主，粗粗一看，简直是不能懂的。"鲁迅：《关于翻译的通信》，见鲁迅：《二心集》。
④ 严复：《〈天演论〉译例言》："译事三难：信、达、雅"。
⑤ 朱生豪：《莎士比亚全集译者自序》："余译此诗之宗旨，第一在于最大可能之范围内，保持原作之神韵。"
⑥ 傅雷：《〈高老头〉重译本序》（1951）："以效果而论，翻译应象临画一样，所求的不在形似，而在神似。"
⑦ 钱锺书：《林纾的翻译》："文学翻译的最高标准是'化'"。
⑧ 三原则即：1. 译文应完全复写出原作的思想；2. 译文的风格和笔调应与原文的性质相同；3. 译文应和原作同样流畅。

的"等值论"[①]、巴尔胡达罗夫的"语义等值"论[②]，美国奈达的"等效"论，等等。而所有这些提法，不管字面上如何不同，其实都与"忠实"的说法一脉相通，无非是要译作尽量相似于原作。提出这些概念的人心里明白，自己的概念并不是要求绝对忠实；听这些概念的人也不至于愚蠢到拘泥于字面上的含义，要求绝对的"忠实"，而是暗中打了折扣。所以各种提法的表面虽然有别，实质却无甚差别。也许有人会说，"忠实"之类的说法虽然不妥，但它通俗易懂，人们不知不觉中会作正确的理解，也就可以沿用下来，不必另铸新词了。鄙意不然。一个术语如果只是为了茶余酒后的闲谈，自然怎么用都可以。但是作为书面的严肃的学术用语，则万不能等闲视之。何况目前翻译界不少人都在呼吁建立翻译学，既要成一门"学"，则首要工作当须在澄清概念上下功夫。因为理论上的许多分歧，往往都是概念上内涵、外延界定不周而引起的。如"忠实"这种漂亮提法，既属荒谬，又何必眷恋它？假如找一个与实际情形相当的字眼来表示，人们一看就懂，不必绕着弯儿，打着折扣来理解它，岂不快哉？为此，我提出翻译的最高标准是最佳近似度。

1.6 翻译的最高标准是最佳近似度

与具体的多元翻译标准相对立和联系，最佳近似度指译作模拟原作内容与形式（深层结构与表层结构）的最理想的逼真程度。用"最佳近似度"来代替"忠实""等值"等说法，要客观一些。当然，译作要尽量近似于原作的说法也不是我的创见，不少学者（如朱光潜先生）都曾使用过它。[③] 不幸的是，他们都不曾把它作为最高标准（抽象一元标准）提出来。何况，只呼吁译作要近似原作，还没有真

[①] 费道罗夫：《翻译理论概要》，中华书局1953年版。
[②] 巴尔胡达罗夫：《语言与翻译》，中国对外翻译出版公司1985年版，第5页。
[③] 朱光潜先生在《论翻译》（1944）一文中说："大部分文学作品虽可翻译，译文也只能得原文的近似。绝对的'信'只是一个理想，事实上很不容易做到。"朱先生认为译文"只能得原文的近似"是非常正确的，但他认为绝对的"信""事实上很不容易做到"却是我所不能同意的。我认为绝对的"信"不是"不易做到"，而是根本就做不到。绝对的"信"就是绝对标准，就是原作本身，是不可企及的，理由已如上述。

正从理论上解决翻译标准问题。译作和原作相比,近似百分之十算近似,近似百分之三十算近似,近似百分之五十算近似,近似百分之八十也算近似。究竟什么样的近似才是真正有意义的、有实际价值的、最好最理想的呢?显然只说译作要近似原作还是一句空洞的话。最要紧的是要厘定近似的具体程度。所以,我提出了最佳近似度这个概念。最佳近似度是一个抽象一元标准,它必须依靠与它对立而又密切联系的具体翻译标准群才能实现自己。如果没有具体的翻译标准群,最佳近似度这个抽象标准就会形同虚设。最佳近似度究竟统摄哪些具体标准呢?这将在下文阐述。

说到这里,自然有人会问,这个最高标准和前面提出的绝对标准(元标准)究竟是什么关系呢?

1.7 标准系统:绝对标准—最高标准—具体标准

前文已经说过,我所谓的多元化翻译标准是一个由若干具体标准组成的相辅相成的标准系统,它们各自具有其特定的功能。简要地说来,绝对标准的作用只对最高标准(最佳近似度)起统率作用。就是说,要判断最佳近似标准近似到何种程度,只有向原作(绝对标准)看齐才能知道。绝对标准虽然永远不可企及,但最高标准可以尽量靠近它,即译作尽可能近似原作。所以绝对标准实际上是标准的标准,即最高标准的标准,是翻译的上帝。然而最高标准(最佳近似度)是一个抽象概念。我们要知道一个译作是否具有最佳近似度(或理想近似度),只用最佳近似度这个抽象概念当然还是不能解决问题。例如:甲、乙、丙、丁都译了同一本书,而四个人都可能会认为自己的译作最近似于原作,要怎样才能知道谁的译文更近似于原作呢?只好另立具体的标准,而具体标准当然不止一个。因为最佳近似度这个最高标准只是一群具体标准的抽象化,或者反过来说,最高标准这种抽象标准只有在外化为一系列具体标准后才有意义。举例来说,"好人",这是一个抽象标准。要知道"好人"如何好,就需要一些具体有关好人品行的肯定判断来证实这个命题。诸如"爱国爱人民""奉公守法""舍己为人",等等。这些具体的肯定判断就是具体标准。**只有在这些具体标准的支持下，"好人"这个抽象标准才是有效的，有意义的。**那么，要有多少个具体标准才能使得抽象标准有效呢？从纯理论上来讲，具体标准是无穷无尽的，因为我们还可以说"好人"意味着"不偷东西""勇于承认错误""尊老爱幼"，等等。这样一来，岂不等于无标准了吗？不然。前文已说过，人的认识能力是有限的，不必去硬着头皮解决具有无限性的问题。人的认识能力的有限性会自发地规定标准的有限性。如关于"好人"的标准，我国的宪法上大概会说"拥护政府，拥护社会主义制度，奉公守法"，等等，不会啰唆到非几大本书才罗列得完不可。例如毛泽东就把判断人们言行是香花还是毒草的标准定为六条。对翻译上的具体标准也可一样处理。可以根据需要归纳出若干标准，却无须费尽九牛二虎之力把一切具体标准都列出来，那样做，不必要，也不可能。要紧的是必须记住，一个标准肯定是不够的，非得有若干相辅相成的标准不可。但又不可让标准泛滥成灾，弄得实际上没有了标准，这就是翻译标准多元互补论的本质所在。

那么，最佳近似度究竟统摄哪些具体标准呢？既然"我们认识能力、认识范围的有限性实际上已经自发地规定了我们在选择认识对象上的有限性"，既然"认识主体自会根据其需要来容纳相应的标准"，那么，我们这个时代的翻译家们所能够提出的具体的有实际操作性的翻译标准也毕竟总是有限的，它们都可以纳入这个多元具体翻译标准系统，使之各尽其用。换句话说，它们都可以在最佳近似度这个抽象最高标准的统摄下发挥各自的作用。

1.7.1　多元具体标准群的设立

多元具体翻译标准群的设立可以群策群力，将大家已经有的各类翻译标准集中起来，经过甄别，酌情纳入多元互补标准系统。也可以完全依据自己的分类标准思路，做通盘考虑，从实践经验的角度建立标准系统。下面是我的尝试。

第一，从纯语言的角度厘定标准：

（1）语音标准；

（2）词法标准；

（3）句法标准；

（4）语形标准（指字、词句的书写及排列形式，如诗行排列形式等）；

（5）语义标准。

其中的词法标准和句法标准亦可合为一个语法标准。

第二，从文体形式的角度厘定标准：

（1）艺术性文体翻译标准（如诗歌、抒情散文、小说、戏剧等）；

（2）普通叙述文体翻译标准（如历史文献、普通叙事文之类）；

（3）科学技术著作翻译标准；

（4）抽象理论著述翻译标准（如哲学、美学文献等）；

（5）应用类文体翻译标准（如契约类法律文献、申请、报告等）。

第三，从文体风格角度厘定标准：

（1）朴实的文风；

（2）华丽的文风；

（3）雄辩的文风；

（4）晦涩的文风；

（5）明快的文风。

第四，从特定环境因素角度厘定标准：

（1）学术标准；

（2）娱乐标准；

（3）政治功利标准；

（4）临时性应用标准；

（5）其他标准。

……

实际上，还可以依据别的一些角度厘定出若干标准来。但是，我认为上述标准已经足够帮助我们廓清具体标准的大致范围。在实际应用中，可以逐步补充、完善这类标准。

此外，为了更清楚地理解各种标准的性质，还可以将众多的标准定性为另外两大类，以便认清它们的相互关系：第一类，通类基础标准系统；第二类，分类特殊标准系统。

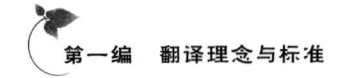

第一类，通类基础标准系统（抽象标准、玄标准）：

1. 近似标准：最佳近似度标准、神似标准、形似标准；

其他可供参考的传统抽象标准：

2. 信的标准：忠实标准、准确标准、动态等值标准；

3. 达的标准：通顺标准、流畅标准、生动标准；

4. 雅的标准：音美、形美、意美标准；

5. 化境标准：和谐标准。

第二类，分类特殊标准系统（具体标准、元标准）：

1. 语音标准；

2. 词法标准；

3. 句法标准；

4. 语形标准；

5. 语义标准；

6. 艺术性文体翻译标准；

7. 普通叙述文体翻译标准；

8. 科学技术著作翻译标准；

9. 抽象理论著述翻译标准；

10. 应用类文体翻译标准；

11. 文体风格标准；

12. 学术标准；

13. 娱乐标准；

14. 政治功利标准；

15. 临时性应用标准；

16. 其他标准。

……

显而易见，通类基础标准系统中的标准都是在中外翻译界长期有争议的标准。它们并非完全正确或完全错误，而是往往只能在抽象意义上特别适用某一类翻译对象。例如，"信"的标准（忠实标准、准确标准、动态等值标准）虽然在理论上也不同程度地适用于所有的翻译对象，但是往往特别适用于科技著述和人文抽象理论著述类作品的翻译。"雅"和"达"的标准虽然也不同程度地适用于所有的翻译对象,但是特别适用于艺术性文体（如诗歌、小说、抒情散文类）娱乐审美性作品。"化境"标准尽管被钱锺书先生规定为主要适用于文学翻译对象,但其实适用于所有的翻译对象。它的缺陷在于过分抽象,在没有其他具体翻译标准支撑的情况下根本无法应用。神似和形似标准的情形和化境标准的情形一样,虽然是正确的,但是只以一个孤单单的神似或形似标准来解决具体的翻译问题是不可能的。由于这些原因,所以我将最佳近似度规定为这个通类基础标准系统中的核心标准,它同其他抽象标准的关键区别在于它的可操作性,更在于它下面还有一整套具体的分类特殊标准系统作为支撑,可以在不同的场合和条件下判定译作相对于原作的最佳近似度；而其他的抽象标准往往是孤立的,提出这些标准的人通常不再设立另外的具体标准来使抽象标准现实化。他们不这样做,是因为他们没有明白标准有抽象标准和具体标准的区别。那么,最佳近似度这个抽象标准如何实现自己呢？

1.7.2 如何利用多元具体标准检测最佳近似度值

举例说,如果甲将一首英语诗翻译成汉语诗。乙可以根据最佳近似度所统摄的具体标准来加以检验。譬如用语音标准来衡量,也许该译诗对原作达到的近似度只有1%。但是,用词法标准来衡量,可能达到40%—60%。用句法标准来衡量,可能达到了50%。用语形标准（例如诗行长短排列形式）来衡量,有可能达到85%。而用语义标准来衡量,可能达到90%。我们还可以进一步参照别的标准,比如风格标准或学术标准之类来进行更多项的检测,得到大致的百分比。一般说来,应用的标准越多,获得的近似概率越大。当然我们无须应用完所有的标准,也无须作茧自缚,只认定一两个标准。究竟需要用多少个标准,取决于检测者本身的需要。就以刚才假设的检测结果为例,如果将它们统计起来,则译作对原作的近似度分别是：

（1）语音近似度：1%；

（2）词法近似度：50%；

（3）句法近似度：50%；

（4）语形近似度：85%；

(5) 语义近似度：90%。

鉴于语音近似在翻译中基本上是无法达到的，尤其在诗歌翻译中，更不可能实现，因此可以略去。但是在理论上，设置这个标准的目的，是为了标准系统本身的严密性。可以让它形同虚设。

余下几个近似度的百分数加起来，可以得一个平均近似度，平均近似度≈69%。

这就是说，这首诗的译文近似度约达到69%。或者你把它看作得了约69分也可以。

但是，得到69%的近似度，并不是说达到了最佳近似度标准。

那么，最佳近似度应该是多少呢？

首先，要明白，最佳近似度是一个相对概念。说什么东西"最"，是相对于其他类似对象的。其次，最佳近似度的确立是灵活的。可以根据具体的情况设立最佳近似度标准。再次，也可以根据同一首英诗的数首汉译中近似度最高的译文的近似值来设定最佳近似度。

例如，如果我们约定英诗汉译的最佳近似度应该是80%或80分，那么上面的这首译诗就达到了69%或69分的近似度。它还没有达到最佳近似度。它没有获得优，但是它应该说达到了良。

我们也可以将同一首诗歌的若干种译文参照上列的办法检测出各自的平均近似值，假定它们都出自公认的优秀翻译家，那么其中最高的近似度（比如说90%），就可以看作这首诗歌译文的最佳近似度。当然，也可以把这个结果推而广之，要求诗歌翻译的最佳近似度应该是90%以上，例如95%。不过，针对不同的诗歌，有不同的最佳近似度标准。比如把一首法语诗译成英语诗，其最佳近似度可以高达95%，而把一首古典汉语诗译成英语，其最佳近似度可能最多只能达到70%。但是，把一首白话汉诗译成英语，其最佳近似度有可能达到85%甚至更高，因为后者与英语的语言差别比古汉语要相对地小一些。

在具体应用这些翻译标准进行检测的时候，当然要灵活机动，要具体情况具体分析，没有一成不变的标准。但是，根据概率原理，在相对的条件下，译作水平的检测还是能够有大致的依据的。而我们能够做到这一点，首先是因为我们设置了绝对标准—最高标准—具体标准这么一个有机的相互支撑的标准系统。如果只用一个什么"化境"标准，或"信达雅"标准、或"神似形似"标准，而无**连带的具体标准**群界定具体的近似度，则这些标准是没有什么太大作用的，因为，毫无疑问，每一位译者都会强调说自己的译作达到了"化境"或"信达雅"标准，可是有什么依据呢？除非有一整套具体的标准加以衡量。由此可见，一个最佳近似度的"度"字，绝非可有可无。一个最佳近似度的"最佳"提法，也绝非可以随便省略。每一个字背后都有着特定的理论依据。关于最佳近似度和多元具体标准群的理论应用和实践指导作用，在后面还有更多的阐述。

从以上分析来看，绝对标准（原作）是最高标准（最佳近似度）的标准，最高标准又是具体标准的标准。绝对标准是具体的，而最高标准是抽象的，因为它不是实体性的东西，是绝对标准的近似抽象化，也是具体标准的近似抽象化。如果一定要为翻译家们找出一个最高的通过最大努力可以企及的统一的标准，则最佳近似度即是。可是我们一定要记住，最佳近似度也是一个抽象的概念，它实际上是一个亚元标准，很难把握，实用意义相对较小。真正有实用价值的是一系列具体标准，我们所指的多元化标准也就是指的这些具体标准。后文将详细阐述这个问题。总起来说，翻译标准系统的层次是：绝对标准→最高理想标准（同类基础标准）→具体标准（分类标准）。明白了这个标准系统。以前理论界争论不休的问题往往可以迎刃而解。所以有必要阐述一下。

1.8 标准系统划分的重要性

对任何一种理论来说，最重要的是概念的界定必须清楚。翻译理论界在翻译理论标准问题上之所以分歧很大，谁也说服不了谁，一个重要的原因就在于各自使用的概念不相同。就以流行的"忠实"概念而论，也至少有下面几种理解，第一种认为忠实于原文指的是深层结构和表层结构都忠实于原文，第二种理解则指的是译文只要尽可能传达出原文的深层结构就算忠实。第三种理论却认为传达深层结构为主，表层结构为辅，传达得好，也算忠实。还有第四种理论，认为在某些特殊场合（如某些诗歌翻译）真正能表现出忠实性的译文，不是其深层结构的近似，而是其表层结构的近似性。还有第五种，深层、表层都可不论，只以客观的整体感受为标准，即可算是忠实。介乎这几种之间的理论，或与这些理论全然相反的理论，当然还多，恕不一一列举。（这是理论界的常情，有 A 论必有反 A 论）这些"忠实"理论就其所以产生的特定的、具体的条件来说，多半都是正确的，但因受具体条件所限，自然也有其局限性。然而由于概念界定不清，容易受别人误解，也容易误解别人。往往甲指的"忠实性"是就抽象标准而言，乙指的"忠实性"却是指绝对标准而言，丙所指的"忠实性"则又可能是指的某一具体标准而言。所以都在嚷"忠实"，而忠实哪一点，却是各执一端，通常以自己理解的标准去理解他人所说的标准。尽管都在说"忠实"，却忘了补充说明其"忠实"的附带条件——可惜在很多场合下，人们又不可能每个概念都附带说明一下，而悲剧就在于每个人对每个概念的理解确有一些差异，而如果每个概念都解释一下，则光是解释语言就是一大堆，到头来根本没办法有效地交流思想，因为一个人用来解释概念的语言（玄语言）也是因人而异的。这似乎越说越玄，暂且打住——概念的划分，实在是当务之急。而上述标准系统的建立给出了一种模型，可有助于解决这方面的争端。尤其是关于抽象标准与具体标准的说法，标准的说法，使得许多疑点得以解决。这在后面的论述中即可证明。

  从标准系统的构成来看，它是一元标准与多元标准的辩证统一，而本文之所以用多元标题者，是为了在这个特定历史时期强调具体标准的重要性。很多年来，翻译家们为之聚讼不已的问题，总是纠缠于建立一个无所不包、能判断一切译作价值并指导翻译实践的标准，关键在于不知道还存在抽象标准与具体标准的差别，不知道过多谈论抽象标准其实只是在浪费时间，因为争论者心里都清楚：任你说得天花乱坠，译作反正得尽量像原作才成。而问题却在于，译作要像原作，往往却绝非一个标准可以衡量，而需要若干个标准相辅相成才行。所以，我们不应再一味纠缠抽象标准问题，而应把精力放在如何发现、制定一系列的具体标准上,只有具体标准群建立起来了,抽象标准才有存在的实际意义,这也是共性与个性的关系,离开了个性来谈共性,当然只能使理论玄而又玄,最后流为空谈。翻译标准系统的建立,其意义和重要性就在于此。

1.9 翻译标准系统内部的辩证关系

从绝对标准到多样化具体标准经历了一个否定之否定的循环过程:绝对标准从量的规定性走向其反面质的规定性——最高标准(抽象标准),再由质的规定性走向其反面量的规定性——多样化分类标准(具体标准)。当然,这种质量转变的过程同时包含着肯定与否定两种因素。最高标准对绝对标准的肯定因素在于它必须尽可能近似于绝对标准,其否定因素则在于它绝对不能与绝对标准(原作)重合,否则就等于一字不译。同理,具体标准在本质上是最高(抽象)标准的实体化,它们须受抽象标准的指导和统帅,但在许多方面,却又和最佳近似度相矛盾。因为一个单独的具体标准永远不可能完全达到最佳近似度这个标准,只可能在一个方面或几个方面达到要求,所以未能达到的方面事实上就是否定性因素。一方面,具体标准虽从最高标准而来,却又最终形成多箭头指向绝对标准。绝对标准只有一个,而具体标准却已变成许多个,这当然是对绝对标准的否定,但另一方面,绝对标准和具体标准都具有某种意义上的可把握性,无数具体标准(相对标准)的总和构成绝对标准,具体标准是绝对标准在另一层意义上的多样化表现形态,这就是具体标准对绝对标准的肯定因素。标准系统中这种质量转变、既对立又统一的否定之否定过程可以简要地图示出来。

需要指出的是,把原作作为标准来看,似乎有某种不合逻辑性:原作是一种实体性的东西,而抽象标准和具体标准却是概念性的东西,它们怎么能相提并论呢?这个问题实际上是思维与存在,精神与物质之间的关系问题。按照马克思主义的观点,思维是存在的反映,要判断思维的正确与否,其客观标准当然应以存在为依据。思维是精神性的东西(概念等),存在是实体性的东西,二者既然可以比较,则证明二者具有某种充当标准的功能，因为比较这个概念本身就意味着存在着两种或两种以上的尺度（标准），可见为了论述上的方便把原作本身作为一个整体，当作标准用是可以的。当我们讨论各种翻译标准时，下意识中总是考虑到原作，总是在把它们概念化（抽象化）（即我们提到原作常常指的是一切原作），原作既然被认识主体本能地概念化了，当然也就可以和其他的概念作比较了。有些研究翻译理论的学者，因为过分钻牛角尖，到头来竟至于忘了原作本来就是译作的标准这个常识。试问天下存在没有原作的翻译吗？假如一个人完全无视原作地进行所谓翻译，他还有资格称为译者吗？好了，就此打住，让我们还是回到多元化具体标准问题上来。

1.10 近似度与原作——译作球形空间比较

如前所述，我把近似度作为翻译标准的重要依据。一般说来至少对我们这个时代来说，近似度越大越好，即所谓最佳近似度——最高标准。但是，从整个历史发展过程来看，近似度大小的意义却是依具体情况不同而不同的。如林纾所译小说，钱锺书先生以为"许多都值得重读，尽管漏译误译随处都是"。可见近似度大也未必就一定受欢迎。法国17—18世纪古典派的译作中，往往近似度小者反受欢迎，喻为"优雅"[①]，在将近100年内所出版的翻译书籍里，每篇序言里都必定有这样一句话："为了适合读者并且也向我们的作者效劳，我们从作者的书中删去了可能伤害法国读者文雅趣味的地方。"[②] 这简直是在以不忠实的译文自豪了。这种情形在中世纪时期人们翻译非宗教性文学作品时十分常见。译者可以任意改头换面，人物的姓名、背景乃至情节等都被译者以符合本国人民的趣味为借口改窜得面目全非，而这样的译作居然还挺受欢迎，可见，在翻译史上，判断译作价值大小的标准，对不同时代的读者（包括译者，因为译者也往往是读者）

---

① 费道罗夫：《翻译理论概要》，中华书局1953年版。
② 《普希金全集》卷十二，苏联科学院出版局1949年版，第137页。

来说，并非总一成不变。①

那么，近似度在标准系统中究竟发挥着什么样的功能呢？

近似度，如前所述，指译作模拟原作内容和形式的逼真程度。但是与一般近似度不同的是，这儿的近似度在原作与译作的对比关系中，不是只表示一种线性关系，而是尽量表示层面的关系乃至一种立体关系。如果我们把原作作为一个有球心的立体球形空间来看，则球形内外的空间都属于译作范围，各标准点相对于球心依近似距离的远近处于立体关系中。如果译作的各个方面，如语音层次、语义层次、句法层次等都和原作一样的话，则译作亦呈球形，且与原作球形重合；当然我们知道，重合是绝不可能的，因为那样就等于一字不译。既然两个球形不能重合，则意味着译作球形相对于原作球形来说必定是一个变态球形，为了论述的方便，我们把它叫作变态（或异态）译作球形。从理论上说来，变态译作球形的数量是无限的，它可以相应地满足人们无限的要求。但事实上特定时代的人们的要求往往具有有限性，那么对于这些人来说，变态译作球形也可以是有限的，因为人们可以各取所需，无视其余的变态球形。这正是本文开头的思想（见 1.2.），即在强调思维的空间性的同时强调思维主体者的作用。

在我看来，人类认识（思维）能力即使能够从点到线，从线到面，再从面到立体，也还是不够的，或者说，只走完了认识过程的一半；人类还必须从立体回到面，从面回到线，再从线到点，这才算是走完了认识的一个基本过程。前者是分析性的，由简到繁，后者是综合性的，由繁到简。

在原作—译作立体关系中，用以判断译作价值的种种标准几何图形及数字推导，十分繁杂，我将专章介绍。大体说来，这些标准的界定，要依据翻译的多功能，读者、译者的多层次，人类审美趣味的多样化，等等。只从译者方面考虑，就有各式各样的界定翻译方法的标准，如绝对直译法、准直译法、绝对音译法、意译法、准意译法、综译法、创译法、改译法、编译法、摘译法、补译法、故意错译法等。

---

① 费道罗夫：《翻译理论概要》，中华书局 1953 年版。

如果从译作方面考虑，则用以判断译作本体近似于原作的种种标准亦可分为若干个面（层、级），如微观近似度（语音、语义、句法、修辞等方面），宏观近似度（文体、情节、主题、总体内容等方面）。而在具体界定这些标准时，还要考虑到界定者的主观因素，直观把握能力等。我们所使用的概念或数据，无论怎样貌似精确，也总是具有模糊性（近似值等），所以模糊数学的应用是非常必要的，尤其是隶属度的应用问题，都必须加以引进。

1.11 翻译标准系统中的可变主次标准问题

为了更简捷地论述问题，我们现在设想另一种稍稍有别于上述两个空间球形相含的比较方法，即设想在原作—译作立体关系中，原作是一个小球，而在环绕着它的空间距离不等地散布着许多具体标准点，由这些点到小球的距离即近似度：每个标准点都在某种程度上（层次上）代表了译作或译作的某个方面。近似距离越大，则最佳近似度越小，表示译作偏离原作的程度越大，反之亦然。从原则上说来，各标准点在空间上是并行不悖的，并无主次之分。但是，随着时间的变化，由于人这个认识主体的审美趣味的变化和特定时代对翻译功能的特定要求等，一些标准将被强调，因而成为临时主标准，同时其他标准相形之下，降为次标准，但仍然发挥其特有的功能。主标准的存在时期是有限的，随着时代的推移，一些次标准升为主标准，而原来的主标准降为次标准。有时可能产生新的标准，并渐渐演变为主标准。原有的主标准降为次标准后，仍然存在着在某个适当的时候再次升为主标准的可能性。总之，主标准和次标准的价值、时间性和空间性都是相对的。

由于主标准依时间、空间及认识主体人的种种关系的不同而发生改变，故我们称之为可变主标准。可变主标准并不是总标准或最高标准。我们只承认在变动不居的具体条件下会有主标准存在，却不承认有一个永远不变的贯彻始终的唯一的可以判断一切译作价值并具有实用性的总标准。本文的目的正是要粉碎人们上千年来的这种幻想。尽管任何其他标准都不可能代表所有的人的审美观和价值观，任何标准都会遇到支持和反对者,我们并不排斥相对中有绝对,无限中有有限这种观点。一般说来,主标准通常被我们看作能代表比较多的人的价值观。不但如此,这种标准也具有相对的稳定性,否则人们就无法使用它们了。但在整个翻译历史的长河中,各种标准的稳定性是相对的,而变异则却是绝对的。

1.12 多元翻译标准的互补性

只要真正明白了翻译标准的多元性,则它们之间的互补性也就不言自明了。一个翻译标准所具有的优点,正是别的翻译标准所具有的缺点。所以翻译标准的多元化本身就意味着翻译标准的互补性。各式各样的翻译标准代表了译作价值的各个方面,每个标准各自发挥自己的功能的同时,其实就是在和所有的标准相辅相成,起着弥补其他标准缺陷的作用。它的存在是以别的标准的存在为依据的。反过来说,别的标准的存在之所以有意义,也在于存在着相关的各种标准。

1.13 多元互补翻译标准的实际意义

翻译标准多元互补论当然不只是用来解释翻译方面的理论性问题,更重要的是可以用来解决翻译实践上的问题。

对于译者来说,翻译标准多元化的思想使他们不至于固执一端,囿于成见,而能博采众家之长,从有意识地欣赏多样化的译风到系统地实践多样化的翻译手法,全面发展自己的翻译才能。

对于读者来说,可以指导其培养自己的多样的审美情趣,陶冶一种兼容万物的情操,使自己具备一种多层次的译文欣赏能力,从而有助于自己根据不同的译风译作适当地吸收有效信息。

对于译作来说,我们要判断其价值,将不会只运用一种标准去衡量它从而否定其价值,而是会从不同的角度,不同的层次,用不同的标准去发现评估其多重价值。这样,我们就可能比较公平地对待译作,也能比较公正地对待译者,从而真正对原作和读者负责。

翻译标准多元化的思想可以使整个翻译事业更加兴旺发达,更有系统，更周密，更具科学性。例如专职翻译编辑们在约译稿时，会根据不同的需要向译者提供具体的切实可行的翻译标准，而每条翻译标准都是以特定的翻译功能、读者层次等作为依据的。这样一来，译者就避免了盲目翻译的危险。（当然，如果译者愿意盲目翻译以获得某种快感，他也可以如愿，并依据不同的翻译标准判定自己的译作的价值）

出版部门将会和专家们通力合作，专门研究种种特定的翻译标准，熟悉种种读者层、译者层，使其所出之书的销路有相对的稳定性。同时，由于了解了这种翻译标准本身产生、消亡的客观规律，出版社还可以人为地制定翻译标准，人为地形成新的读者层、译者层，这将是一种非常吸引人的想法。这意味着我们不仅要真正了解自己的审美情趣和各种实际需要，还要能创造出更多的审美情趣和实际需要，从而丰富我们的生活。

李赋宁先生在《浅谈文学翻译》[①] 一文中高度概括了五种对立的翻译原则，这些原则对理解译者角度极有启发性，谨录于下：

（1）译文必须译出原文的词（words）——译文必须译出原文的意（ideas）。

（2）译文应该读起来和原文一样——译文不应该读起来像原文，而应该地地道道像一篇译文。

（3）译文应该反映原文的风格（style）——译文应该具有译者自己的风格。

（4）译文应该读起来像与原文同时代的作品一样——译文应该运用与译文同时代的语汇（idiom）。

（5）译文可以对原文有所增减——译文绝不可对原文有所增减。

这五条是翻译界两千多年来争论不休的问题。但是翻译标准多元互补论弥合了这些争端，因为按照此论，这些对立的翻译原则全都是有价值的，在特定的角度全都是正确的，因此全都应该并存从而起到

---

① 李赋宁：《浅谈文学翻译》，载《李赋宁论英语学习和西方文学》，北京大学出版社1985年版，第54页。

在功能上互相补充的作用。它们存在的合理性决定于翻译的功能、目的、译者的审美趣味和读者的多层次等因素。译者可以偏好某一种翻译原则，但不必排斥其他原则。

从翻译哲学的角度看，翻译标准多元互补论标志着在翻译标准取向问题上的一个系统的划时代的转折。这就是把人们无形中总想找寻一个至高无上的最高实用标准的想法打碎了。两千年来的单一的对一元标准的追求不得不让位于一个更加宽容和实用的多元翻译标准系统群。这个多元翻译标准系统既包含抽象的一元标准，更重要的是也包含多元具体翻译标准。它既具有理论价值，也具有实践价值。它既是翻译理论本身必须多元化的理论依据，也是翻译批评标准多元互补论的基本框架，更是指导翻译实践的有效工具。

翻译标准多元互补论的实际意义就在于此。

二 翻译标准多元互补论原理的应用[①]

2.1 直译与意译问题

直译与意译问题可说是三千年来一直悬而不决的问题。用翻译标准多元互补的思想来考察，就会发现以往的理论家虽然都各自发表了不少精辟的见解，但其局限性也是明显的，即缺乏宽容的态度，习惯于线性思维，是就是是、非就是非，然后以偏概全，将一家之是非观看成百家之是非观，将一时之是非观看成永久之是非观，不知事随境迁，情随时变，千理万理都可以变通，都会依时间、地点、认识主体之不同而不同，也会因观察的角度、层次、目的之不同而不同。简言之，直译和意译都可以是正确的，其正确性主要取决于：（1）翻译的功能（一共五种）；（2）人类审美趣味的多样化；（3）读者译者的多层次。下面试举几个译例来阐明这个问题。

---

① 本部分曾公开发表于《世界名诗鉴赏词典》（北京大学出版社 1990 年版）。

(1) Birds of a feather flock together.	意译：物以类聚，人以群分。 直译：同毛鸟，飞一道。
(2) Laugh off one's head.	意译：笑掉大牙。或：捧腹大笑。 直译：笑掉脑袋。
(3) At sixes and sevens.	意译：七颠八倒；或：乱七八糟。 直译：六颠七倒；或：六、七相杂。
(4) Neither fish nor fowls.	意译：不伦不类；或：不三不四，非驴非马。 直译：既非鱼，又非禽。

传统的意译派通常赞赏意译而嘲弄直译，事实上上面的译文都各具千秋。首先，成语（1）译成"物以类聚、人以群分"确实道出了这条成语的核心思想或称深层结构，对外语盲读者层及一般娱乐性读者层来说，无疑是较受欢迎的，但对语言专家及一般语言工作者或纯学术工作者而言，却未必能受欢迎。其次，由于"物以类聚"是汉语成语，故极为归化，含意上扣得甚紧，符合一般读者的习惯性审美趣味，中国读者可以毫不吃力地接受。再次，"物以类聚"只有四个字，形式上简洁，成语味浓，而原文也是成语，以成语译成语，可谓两全其美。转而看直译"同毛鸟，飞一道"，其好处也至少有三。其一，就表层形式而言，原文六个词（包括不定冠词，因为它也占了一个音节），译文也是六个字，形式基本对等，前三字，后三字，成语味亦浓，原文 feather, together, 押内韵，译文"鸟""道"亦押韵。可谓珠联璧合。其二，就深层结构而言，一般读者也能一眼就体会出其中有"物以类聚"的言外之音，所以含意方面并无较明显的损失。其三，区别于意译法的最重要处，在于它输进了外国人特有的表现法：我们以"物""人"作喻，而他们却乐于用鸟来作喻，这是两个民族文化中很不相同也很有趣的地方，而这一点是翻译的第四功能，即丰富译入语功能的表现，译文因此有了传达新知的特殊作用。两相比较，意译是为中国读者着想，在完全迎合他们固有的审美情趣、文化心理习惯的前提下，把原作的内在精神传达给读者。这对于一般娱乐性读者层来说，不用说是最佳译文，因为他们之所以阅读译文，本

来就是想轻松轻松，快活快活，如果译文里有太多的欧化句子或太多的需要咀嚼的外国文化信息量，阅读就成了苦差事，娱乐性就会下降（除非也有专门以此为娱乐者，但他们毕竟不属于一般性娱乐读者层），译文本身的价值对于他们来说，就会相对降低。所以意译法的优点换一个认识角度就成了缺点，因为对于另一个读者层，如对于语言工作者或对于希望多吸收外国文化信息量（包括语言表层结构本身）的读者层来说，归化译文的价值相对减少，甚至显得陈腐；他们往往从直译的译文中惊奇地发现，原来表达同一思想时，外国人和中国人使用的语言结构或修辞形式如本体与喻体等，竟可以如此迥然不同，直译译文因而对他们来说具有新鲜感。

译文既然是译过来的，并非中国人的创作，当然没必要和中国人所说所想所写的一模一样，这样归化译文倒成了这层读者所讨厌的东西，因为它抹杀了译文的洋味道；反之，直译译文则又成了更好的译文。说到这里，需要补充一句的是，直译派与意译派并非可以截然划分，因为一个读者或译者往往可以身兼几个读者层或译者层。赞成意译者，也并不是一味赞成什么都意译，只是对于直译的信息量有一个限度而已；同理，喜欢直译者也不是主张句句都直译，因为他们知道，有的句子若完全直译就无法令人明白，还得变通一下才成，在翻译实践中也就不知不觉地将直译和意译两法综合使用，全凭自己的审美判断力，觉得宜直译处就直译，宜意译处就意译，并无一个定规，所以问题在于两派都对意译直译和信息量有一个限度。我看所有主张意译或直译的理论家没有一个是主张绝对直译和绝对意译的，分歧的焦点只在于以何者为主，何者为次而已。之所以各执一说，是因为只看重自己的审美观和价值判断，不考虑或不仔细考虑翻译本身的多功能，人类审美趣味的多样化和读者、译者的多层次等因素。如能置身于原作—译作对比立体关系中的各个标准点上考察一下，就不得不叹此亦一是非彼亦一是非了。①

再看译例（2）"笑掉大牙"的译文往往能为人所接受，"笑掉脑

---

① 语出《庄子》。

袋"的译法却常常被校正者一笔勾掉,谓之荒唐。若据翻译标准多元互补的思想来看却未必荒唐,理由如上。"大牙"既可"笑掉","脑袋"又何妨不可"笑掉"?就形象性而言,"笑掉脑袋"或者更生动也未可知。我们看了这种译文,知道外国佬原来形容大笑时还有这么一种说法,岂不很有趣?当然,一部分中国读者初看时不大习惯,但它"原本就是洋鬼子的东西"(鲁迅语),当然看不惯,看得多了,也就习惯了。所以,若无特殊原因,正无须操起归化的大斧,一斧砍掉"脑袋",硬安上"牙齿",才能罢休,因为两种译文各有其功用,直译,意译,各有千秋,译者依据功能、审美、读者层三要素,宜直译就直译,宜意译就意译,能神游于规矩之内,亦能神游于规矩之外,能循规蹈矩,亦能叛道离经,方称得上翻译的行家里手。余译例(3)与(4)读者可据上文阐述之法自行辩解。以此类推,则散文、诗歌、小说,乃至科技著作中的所有情形都可用这种方法去进行全方位式的多向评估,久之自能心领神会,触类旁通,不会贸然地褒贬意译或直译了。

2.2 诗歌可译与不可译问题

这个问题也是翻译理论界千百年来争论不休的问题,以前的争论也往往局限于单向思维方式,一派咬定可译或大体可译,另一派则咬定绝不可译,争论激烈的程度,简直到了无以复加的地步。然而用翻译标准多元互补的思想一考察,问题是容易弄清楚的。简单地说诗歌可译或不可译当然是武断的,不正确的。事实上,诗歌翻译大体上有五种情形:(1)全可译因素;(2)大半可译因素;(3)半可译因素;(4)小半可译因素;(5)不可译因素。

全可译因素。如诗歌的行数,一些等值词汇、短语等,某些人名、地名(音译法)、基本情节(叙事诗),一些句法结构及诗的基本思想等。

半可译因素。上述的情形若不能全译,或虽可译而不能工者,多属于半可译、大半可译或小半可译因素,如很大一部分词汇、短语、句法形式、修辞手法、文体风格等。

不可译因素。韵律、节奏、音节发音、特殊的修辞手法等。也就是凡属语言本身的固有属性的东西（区别于他种语言）往往都不可译。以符号学的观点来看，则那部分仅仅依赖符号本身的结构才能产生艺术效果的东西往往是不可译的。

然而可译与不可译依然要受翻译的三要素（功能、审美趣味、译者读者多层次）所制约。同是一首诗，对甲来说可译，对乙来说或许就不可译，甲译出了一首诗，自己觉得很像原诗，乙却可能认为根本不是诗，只是分行的散文。这里涉及的已不纯粹是翻译问题，而是译者自身的诗歌素养和审美判断力问题，这就进入了文艺美学的范围。许多翻译理论家在争论诗歌的可译性不可译性问题时，往往不知不觉地从一个领域跳到另一个领域，不断使自己被人误解，也不断误解别人，所以很难得出令人信服的结论。下面试举一首小诗的译文，来具体阐述诗歌的可译性、不可译性、半可译性及翻译标准问题。

Night

Max Webber

Fainter, dimmer, stiller each moment,

Now night.

夜

麦克司·威伯　作

郭沫若　译

愈近黄昏，

暗愈暗，

静愈静，

每刻每分，

已入夜境。

威伯这首诗妙在摹绘了黑夜来临时不知不觉的渐进情形；这种诗境很符合许多人的体验：往往偶然一抬头才发现——"嚯，原来天已经黑下来了！"有了这种体验，我们就可以明白何以威伯诗的第 1 行很长（9个音节）而第 2 行很短（2 个音节）。第 1 行巧妙地以诗行的长度来暗示黑夜来临的渐进过程，第 2 行则以诗行的短来体现夜似乎往往是在人们不知不觉间突然降临的。了解这一点，是翻译此诗的关键之一。

　　从此诗的可译因素来看，标题和作者姓名可看作全可译因素。其余部分多是大半可译因素。可看作不可译的因素如：fainter, dimmer, stiller 三个词都以/E/音结尾，表达了一种单调的模模糊糊的象征着机械渐进过程的东西，汉语中实难从声音方面描摹出来，所以这个/E/音效果是不可译的。"now night"中的"now"，用得十分机智，它可以指"现在"，亦可以表示一种突然发现的心情，一种结论性的东西，或者一种感叹式的东西。上面一行拖得很长，一个过程在缓慢单调地进行，而"now"一出，似乎一切戛然而止，上下衔接，天衣无缝。所以要把这个 now 含意全译出或大半译出是不可能的，只能译出一小部分，谓之小半可译因素。

　　从翻译标准来看，可以用很多最佳近似标准来指导这首诗的翻译。我们不妨抽取多元翻译标准系统中的 3 个最佳近似标准来处理这首诗。这 3 个标准就是：（1）语音标准；（2）语法标准（词法句法）；（3）语义标准。弄清了可译、不可译及半可译因素，又有了这 3 个标准，我们也就可以把译诗和原文进行比较了。先从郭沫若先生的译文来看。上文所说的全可译因素，郭译都做到了。而所说的/E/音效果不可译因素当然也就未译出来，就连"now"这个小半可译因素都未译出。其余部分属于大半可译因素，遵循不同的翻译标准必有不同的结果，郭译显然以意译为主，是传神派的译法，其特色是：（1）靠近中国传统诗体（三言夹四言）；（2）押韵较工；（3）用语较归化，语意显豁，自成一首诗。然而以语音、语法、语义三标准衡量，则颇不惬人意。语音方面，原诗并不押韵，何必押韵？原诗多属双音节词或单音节词，以三言四言处理，亦不当。语法（词法、句法）方面，原诗的句法颇奇，第一行的故意拉长，郭译不应斩头去尾加以压缩；原诗只两行，郭译成五行，可以说大背原诗意趣。原诗的比较级形式，郭译以"愈"来表现，不失为一法，但漏译"fainter"一词,却所失更大。语义方面,大体符合原诗,但"已入"二字显然不妥:如果"每刻每分"都"已入"了夜境,那究竟何时是夜境呢?

综观全体,郭译虽有诗味,算得一家译风,只要有读者欣赏,自有存在的理由;但如以若干具体标准来衡量,则其疏漏亦多,与最佳近似度尚有较大的差距。依郭老的诗才,如果比较客观地考察一下原诗的可译、半可译及不可译因素,再据以三标准译之,想必结果甚佳。不过,郭老译此诗时,关于翻译标准问题尚停留在"信、达、雅"这种含糊的标准上,自然难以兼及原作的音、形、义,信笔所之处时时有之。所以郭译只能以"信、达、雅"三标准衡量才能获得较高的比分。若以更为严格具体的最佳近似标准系统加以衡量,自不免有捉襟见肘之嫌了。

我们既然已弄清楚原诗有可译、半可译、不可译因素之分,又知道了多元化的翻译标准群,则自然可以自己动手翻译一下这首诗了。

夜

麦克司·威伯 作

辜正坤 译

一刻比一刻缥缈、晦暗、安宁,

夜,来了。

以前述三标准检验,可以看出此译诗的特点。原诗第1行9个音节,译诗11个字,接近原诗。原诗的3个单词 fainter, dimmer, stiller 均是双音节词,译诗亦然。原诗第1行长,第2行很短,译诗亦然。原诗的比较级出现了3个/↔/音,无法译,但译诗采用失之东隅,收之桑榆的译法,用"一刻比一刻"来体现,"比"字表现比较级,/↔/音重复,用"一刻"的重复效果来弥补。"now"是小半可译因素,勉强译为用一逗号来传达其停顿语气,尚需进一步琢磨。我想,就总体效果及局部效果讲,这种译诗跟原诗的距离无疑比郭译与原诗的距离要近得多。这样译,并不如郭译那么吃力,而总效果却不会低于郭译,可见借助于多元化的翻译标准,诗的可译、半可译与不可译是可以较为妥当地得到解决的。

由上可知，我们不应简单地作出诗歌可译或不可译这种非此即彼的合乎排中律的逻辑判断，我们应该作出的往往倒是不合逻辑的（不合排中律的）既是此也是彼的这种似非而是的或似是而非的逻辑判断，因为事实上就是如此：诗歌既是可译的，不可译的，又是半可译的，关键看我们以依什么标准去衡量。如果把能否传达诗的意美作为诗是否可译的标准，那么大部分诗都是可译的，如果把能否传达诗的形美作为标准，则一部分诗（或诗的一部分形式）是可译的，一部分诗是半可译的；如果把能否传达诗的音美作为标准，则所有的诗都是不可译的（当然，我们也许可以使汉语译诗具有音美，但那是汉诗的音美，却不是原作的音美，二者不可混为一谈）。问题在于，音美是诗歌的最明显的标志，诗歌诗歌，诗都是可歌的，歌者必发声，可见音美于诗确乎极为重要。说诗歌不可译者，往往正是抓住这点要害，据以全盘否认诗歌的可译性。我们是翻译标准多元论者，我们同时准备承认诗的可译性、半可译性和不可译性，并不是什么调和或诡辩，而刚好是坚持了实事求是这个基本原则，对各种标准采取了一种宽容的态度，客观地承认其存在的理由和价值，而不是武断地非要用一种标准去压倒其他所有的标准。在诗歌翻译理论上，我们的任务只在于愈益精确地描述、确定诗歌的可译、不可译、半可译诸因素，以便指导译者的翻译实践，提高读者对译诗的欣赏水平。而不是硬要去让两个标准来一场你死我活的斗争。事物自身就是朝多方向发展的，为什么人类的认识判断却必须停留在单方向的原始阶段上呢？译诗如此，赏诗更是如此。让我们的胸襟更开阔一点，不但愿意看到自己的是，也愿意看到自己的非，更愿意看到别人的是非吧。

2.3 翻译是科学还是艺术问题

另一个让当代翻译界理论家们争吵不已的问题是翻译是科学还是艺术的问题。运用翻译标准多元互补论，我们会得出与上述观点总是相似的结论：翻译既是科学也是艺术。当我们这样说的时候，我们要记住，人们在使用"翻译"这个字眼的时候，往往同时意味着翻译行为、翻译理论、翻译作品，或翻译过程。说得更具体一点，在一些场合，翻译主要是科学；在另一些场合，翻译主要是艺术。由于现代科学的发展，一些翻译（如技术性资料、科技论文等的翻译）可以相当大的程度上由机器来完成。对于用机器才能完成的翻译活动来说，翻译当然是科学；但还有大量的翻译工作只能用人脑来完成，如高级文学作品（尤其是诗歌）的翻译，换言之，还需要人脑的创造性劳动才能进行。因此，对这些翻译对象来说，翻译又是艺术。此外，由于现代语言学的发展，翻译理论愈益依附于语言学理论，而语言学理论趋向于把翻译看成是科学。然而，使一切都科学化是会和人类的审美要求发生冲突的，人类不甘成为科学的奴隶，他们渴望获得科学之外的某种美的东西，某种自由，他们不希望一切都准确模式化，都机械化。于是模糊美学应运而生。同时文学家们、翻译家们自然也不甘于承认他们所从事的活动是一种类似机器的活动，他们更乐意于其活动被看成是创造性活动，即他们（人）所独有的一种创造能力。因此，对于他们来说，翻译理应是艺术。人是万物的尺度。最佳度满足人的生理需要和心理需要是马克思共产主义理论的根本出发点。翻译应该是艺术。这种判断反映了很大一部分翻译家（尤其是文学翻译家）的潜在的心理需要。站在人这个主体的立场上，这种心理需要的客观存在即是其自身合理性的证明。由此看来，说翻译是科学或艺术都是相对正确的，关键在于我们站在认识坐标系的哪一点上用什么标准来衡量。把翻译简单地看作科学，或简单地看作艺术都是偏激的。虽然，偏激的看法也总有偏激看法的好处，但一味偏激，则其利将会为其弊所抵消，就没有了好处。我们平心静气地承认翻译既是科学又是艺术的同时，也就意味着我们实际上默认科学和艺术之间，一方面在表面上是互不相容的，另一方面二者又是同一物。据我所知，翻译理论界还没有人提出这样的观点：翻译的科学性其实就是翻译的艺术性，或反之。这种观点，自然不过是杜威的哲学观点的应用而已。任何哲学家的理论里，都存在我们可资借鉴的真理。杜威的科学即艺术的观点可以应用来在一个侧面解释为什么翻译既是科学又是艺术的道理。但杜威的观点也有其局限性。这就是他把科学和艺术完全相等同，完全抹杀二者的界限，不很符合人类的心理认识习惯。人类习惯于给事物下定义。给出界限，以区别于他物。这种习惯也有好处，第一，它有助于人类认识过程程序化和明晰化。第二，人类喜欢穷究底蕴，把对事物的认识程度故意复杂化（即所谓深刻化）以满足人类天性中的某种审美需要，就正如在把对事物的认识复杂化之后，又往往反过来渴望把对事物的认识简单化一样。在这一点上，宗教和科学代表了人类认识心理习惯的两极。前者出于直观的简化认识的心理需要，后者则出于认知的复杂化认识的心理需要，在某种意义上来说，宗教和科学其实是同源异流，而最终又可能殊途同归。人类的需要本来就是多层次的，纯科学或纯宗教往往都不能满足他们的需要，他们需要的是二者形形色色的变化，交融贯通，以及合二为一等一切无穷无尽的形式。所以把翻译说成是科学，说成是艺术，说成同时是科学和艺术，说成有时是科学、有时是艺术，或部分是科学、部分是艺术，都是符合翻译标准多元互补论思想的。

2.4 超过原作的译作是最佳译作辨

运用翻译标准多元互补的思想，也可以澄清某些流行论点的不合逻辑性。例如，中外不少文化巨人都曾对译作超过原作这一点十分赞赏，甚至认为是对翻译工作者的最高奖赏。提倡这些论点的人一方面承认所谓"忠实"是标准，一方面又赞扬超过原作的译作，这不是自相矛盾吗？过犹不及，何忠之有？从纯粹高度近似性翻译的标准来看，超过原作的译文有可能被看作译者自作聪明的代庖之作而已，在某种程度上，也是一种误译。对于科技文章而言，则超过原作无异是窜改原作。对于文学作品而言，原文不达何必达？原文不雅，何须雅？译者纵有生花妙笔，译得再美，甚而冒充创作，但出来的东西毕竟面目全非。这样做与严格的翻译这个概念显然有一段距离。可是超过原作的译作也并非就是十分坏的译作，关键在于我们以何种标准来衡量。如果翻译对象是诗歌，在修辞上稍稍超过一点原作，以便获得一种不逊于原作的审美效果，这当然也是应该允许的。但是如果超得过量，则不应该受到鼓励。这种翻译方式在我所编的翻译讲义中，我把它称为美化译法，即译者根据自己的审美观，在把握原作精神的前提下，美化原作的译文。它有别于另一种译法，即改译法，一种流行于 17—18 世纪西欧的改头换面、只留大体情节的译法。美化译法在深层结构上仍然看重与原文近似，但在修辞上却尽量超过原作。这是 20 世纪典型的文学翻译手法，几乎受到大部分文学翻译者的首肯。但其功能毕竟是有限的。过分推崇这种手法无异是在助长歪曲原作的翻译风气，因为超过即无异于歪曲。如果把一首拙劣的诗译得十分美，虽有创作之功，却非最佳译作，等于嘲弄了原作者，也欺骗了读者。超过的部分，属于译者而不属于原作者，其译作一方面增大了有效的文化信息量，另一方面却又阻碍了读者对原作真面目的认识。所以这种方法可与其他种种方法并存，在特定的条件下也可以适当鼓励它，但通常不应过分抬高其价值。

2.5 文学翻译的最高标准是"化境"辨

我们再来看另外一个极受尊崇的观点，即文学翻译的最高标准是"化境"的观点。这个观点是钱锺书先生提出来的，在翻译界流传甚广。钱先生博通中外，综贯百家，凡有所论，立意必高。故此译论流传甚广，成为译界评论者的口头禅。就翻译的抽象标准演进史而言，"化境"论确是继"信、达、雅"论、"传神论"之后最深刻的论点；但就翻译的具体标准演进史而言，此论则又是最不切实用的论点。追溯起来，"化境"论的产生是很自然的。对于文学家而言，翻译常常被推为再创作艺术，所以文艺理论尤其是诗论多可以应用于翻译理论。故"信、达、雅"之类乃至后来的"传神""神韵"之类的提法，多半是将文论移用于译论，而至钱锺书先生，则译论不仅倚重文论（尤以诗论比附译论），更兼有佛学的空灵境界，遂有"化境"之说。汉末之求"质"，唐之求"信"，严复之求"信、达、雅"，已令译界聚讼纷纭，但其大体，似尚有些具体的东西可以把握，虽不甚明白，总可看出些眉目，至"传神"说一出，这个标准就有些玄起来，令人摸不着头脑了。因为译文"信"与"不信"，还可以依据原作进行比较。纵然理解有别，总有些根据。而"传神"之"神"，却是摸不着看不见的东西，只是对全文总体精神的一种主观感受。当然，"传神"说一出，实际上是把对表层结构的传达问题引向对深层结构的传达问题，功劳是明显的；但因为完全离开形来谈神，往往沦为空谈，实际上只是在助长美化译法。形之不存，神将焉附？"传神"说比之其他标准，重原作的实质性内容，功绩固在，但并不切实有用，将标准抽象化，等于抽掉了标准的具体内容。中国翻译理论至此实际上是在重"信"的基础上，强调"达、雅"。到了钱先生的"化境"论，这个理论顿时愈来愈玄，终至于化得无影无踪。因为"化境"只是译者或读者在读译作和原作时产生的一种总的心理感受，而于同一作品，仁者见仁，智者见智，体会绝对不一致。故这种"化境"究竟怎么个化法，实在难以界定，应了一句老话，谓之只可意会，不可言传。既是如此空灵无定、难以把握之物，如何握以为标，据以为准？何况"化境"指的是一种羚羊挂角、无迹可求的氛围境界，而标准指的是具体的可以把握的点或线。境界和点这两种空间形式，二者如何能等同得起来？大约钱先生自己也意识到"化境"说是一种不切实际的想法，故只说："彻底和全部的化，是不可实现的理想。"中国的学说历来是愈论愈玄的，文论尤其如此。译论是文论的嫁接，故而也愈论愈玄，并且是不入佛境绝不罢休。"化境"说无大补于具体的翻译实践，但其提法颇有启发性，是历代译论的必然结果，是翻译标准的整体性抽象，亦是同类提法中集大成者，可以说是横绝一时，不论怎样空泛，却又缺此一家不得。有学者认为中国翻译理论经历了"案本—求信—神似—化境"四个阶段，这大体上是正确的。但第三阶段实际上与第四阶段并无大区别，可合为一个阶段。依我看来，求信之后是求美阶段，才算全面，求美的观点虽然也贯穿于整个翻译史，但尤以20世纪50年代后为烈。故可改为"求本—求信—求美—求化"四个阶段。从这四个阶段看来，我以为翻译理论经历了一个历代翻译家们追求真、善、美的过程。案本—求信，乃是求真；求信—求美，乃重在求美；求美—求化，乃是力求善。一般说来，这也符合人类的认识过程。此处的美并非与真、善相对立，它实际上包含了真与善，近似于黑格尔的正题—反题—合题论中的合题的存在方式与容量。

综上所述，可知从翻译标准多元互补论的观点看来，直译和意译都是正确的，其正确性主要取决于翻译的五大功能、人类审美趣味的多样化及读者、译者的多层次等。诗歌的可译与不可译问题亦不应笼统而论，具体分析起来，可知其事实上包括全可译、大半可译、小半可译、不可译四因素。同理，在翻译是科学还是艺术的问题上，我的结论是：把翻译看成是科学，是艺术，部分是科学，部分是艺术，同时是科学和艺术，有时是科学，有时是艺术，都是正确的。因为这个问题取决于翻译的五大功能，尤其是翻译的手段和翻译主体的目的等。又，那种认为超过原作的译作是最佳译作的看法，只从文学创作角度看，当然是值得重视的；但从翻译理论角度看，则是片面的：超过原作的译法毕竟只是诸多译法中的一种，虽有创作之功，却非最佳译作，因为过犹不及，超过原作的译文不过是作者自作聪明的代庖而已，在某种程度上，实际上是一种误译。最后，把文学翻译的最高标准定为化境有其极深刻的一面，但又要记住这是一种最不切实用的标准；若无具体的标准与之相辅而构成一标准系统，则它只是一种空论，无大补于具体的翻译实践。总之，翻译理论上的种种经典命题，只要用翻译标准多元互补论去考察一下，就会发现它们都会依时间、地点、认识主体之间的不同而不同，亦会依观察者角度、层次、目的不同而不同。万理万教，虽有理、亦无理，全取决于认识主体在认识坐标系统中的位置。以此论翻译，具体情况，具体分析，则一切翻译理论难题都可以获得不同程度的合理解释。

[首次刊载于《北京大学研究生学刊》1988年第1期，后摘要刊载于《中国翻译》1989年第1期，《北京社会科学》1989年第1期，摘要刊载于《世界名诗鉴赏词典》《世界诗歌鉴赏大典》，收入《中国当代翻译百论》（重庆大学出版社1994年），收入《译学新论》（河北教育出版社1995年），曾获北京大学五四青年科研成果论文一等奖（1988），主要论点收入《中国翻译词典》"翻译名家论翻译"栏目（河北教育出版社1996）]。

认识翻译的真面目

金圣华

前 言

香港中文大学翻译系成立于1972年，是海内外率先以"翻译"命名的学系。由成立迄今，已有二十八载历史。港中大翻译系，比起香港大专院校文学院中其他由来有自的学系，如中文系、英文系等，自然不算历史悠久，但是，以其由当初的不受重视，演变至今日成为全港大专院校新生入学成绩最优的学系之一，又不可不说是长途漫漫、历经风霜了。

身为当初草创时期的成员之一，我陪伴着港中大翻译系一起成长，一起闯过无数关卡与险阻。如今，乐见其枝繁叶茂、迎风招展，蓦然回首，发觉翻译这门学问，多年来令我虽苦犹甘，使我对之不离不弃，必然有其内在的价值与意义。而近年来，香港的大专院校当中，已有七八所设有翻译课程。① 每年修读的学生，人数倍增；每校授课的教师，人才辈出，这一番崭新的局面，不由得不使当年的拓荒者既喜且忧：喜的是翻译队伍日益壮大，译道虽艰，行行复行行，竟已不乏络绎上路的同道中人；忧的是莘莘学子，在芸芸科目中选择了翻译作为主修，而学系所提供的课程，是否内容充实？是否设计完

---

① 香港主要的大学，除香港科技大学之外，其他如香港中文大学、香港大学、香港城市大学、香港理工大学、浸会大学、岭南大学、公开大学等，都设有颇具规模的翻译课程。

备？能不能真正满足学生的殷切期望？

　　2000年初，执教一年级的"翻译基本技巧"时，学期终要求每位学生列出心目中与翻译最有关联的问题十个。这一年所教的是全港大专院校入学考试中成绩最为瞩目的优异生，经归纳统计，他们最为关心的问题，可大致分为翻译理论、翻译方法、专门翻译、翻译评论、语言文字、翻译训练与译者地位等方面。在这些范畴中，最多人提出的问题包括：翻译理论的价值与作用到底何在？如何解决及处理翻译中的文化差异现象？如何处理特别文体的翻译，如诗歌、古文、法律文件等？评定译文的标准是什么？出色的翻译家是否需要具备文学根底？随着计算机的普及与翻译软件的应用，译者应如何定位，等等。这些问题，虽然由学习翻译只有一年的大专学生提出，其实多年来也困扰了富有经验的翻译老手，以及致力理论研究的翻译学者。回想过去，三十年前，无人谈翻译；三十年后，却人人谈翻译。其实，有关翻译的看法，林林总总，众说纷纭，因而翻译的真面目，反而蒙上了一层神秘的面纱。以下试从多年来教翻译、做翻译、改翻译、谈翻译及推动翻译的实际经验与角度来谈谈这些问题。

一　"对岸相望"与"中流相遇"
——翻译理论与翻译实践的关系

　　迄今为止，翻译系设置的课程，除了着重实际技巧的训练之外，必然也开设翻译理论这一科目，但是，目前执教于翻译系的教授，除了某些新生代的教师之外，大部分并没有接受过正规的翻译训练。这些教授，大致可分为两种：一种是"文而优则译"，通常是学文学出身的，或为中文系、或为外文系（英语系），因为精通两国文字，对中外文化产生兴趣而涉足译林；因在译林中徜徉日久，采撷愈丰，而总结出经验，这一类教师一般对翻译实践较有心得。另一类教师则并非学文学出身，他们可能是语言学系的，也可能是其他学系如历史、哲学、教育、社会学等相关科目的。他们因缘际会，加入了翻译系，但其主要的兴趣在于探索翻译在人类文化中的地位与作用，如翻译现象、翻译活动的影响,等等,一般较偏向于理念的追求、理论的建立,对实际的翻译工作,往往避而不谈或弃而不顾。翻译学术界中普遍存有这种两岸对阵、中隔鸿沟,而互不交往的现象。这现象过去如此,现在也经常如此。教师阵营中既已隐含这种心态,所谓教出来的学生,怎能不问一句"翻译理论的价值和作用到底何在?是不是没学过翻译理论就不能成为出色的翻译家?"

且让我们环顾一下当今译坛响当当的知名人物,他们的译著等身,他们的影响深远,而他们对于翻译理论与翻译训练的看法,究竟如何?就以我曾经专访过的译家为例吧!林文月是中文系出身的、余光中是外文系毕业的,这两位学者,各以日译中及英译中的佳绩而称著一时,他们早在年轻时代就开始翻译,而事前并未受过专业训练;两者对翻译皆有译论,并不以理论家自居。杨宪益及高克毅两位译坛前辈,都精通双语,前者以中译外誉满国际,后者以外译中闻名遐迩,但是,这两位译家都虚怀若谷。前者自谦:"我这一生的大部分时间都是在从事翻译工作中度过的,因而似乎也不能说没有一点体会;但是我的思想从来逻辑性不强,自己也很怕谈理论,所以也说不出什么大道理。"[①] 后者则自比为原始派译者,正如摩西婆婆绘画一般,一切源于爱好,抒自胸臆,换言之,也是自然发展,未经琢磨的。[②] 以翻译西班牙经典名著《小癞子》及《堂吉诃德》而获得西班牙"智慧国王阿方索十世勋章"的名家杨绛,曾发表一篇讨论翻译的力作,却采用了一个最谦虚的题目:《失败的经验——试谈翻译》。她深信理论是从经验中归纳出来的。[③] 其实,由于实践,由于摸索,由于不断的试误与改正,译家自然而然会发展出一套自己服膺的理论,只是有的隐含心中,有的彰显在外罢了。前者在翻译过程中加以运用,后者则在著书立说时,加以发挥。在理论与实践两方面并驾齐

[①] 杨宪益:《略谈我从事翻译工作的经历与体会》,见金圣华、黄国彬主编《因难见巧:名家翻译经验谈》,三联书店(香港)有限公司1996年版,第109页。

[②] 金圣华:《冬园里的五月花——高克毅先生访谈录》,《明报月刊》2000年5月号第35卷第5期,第53页。

[③] 杨绛:《失败的经验——试谈翻译》,见《因难见巧:名家翻译经验谈》,第93页。

驱的有罗新璋，他对理论与译作兼容并蓄，既寓理论于实践；也从实践中衍生理论。

明确的译论是否能提高译文的素质？这一点涉及译评的标准问题，暂且不论，但一位译者心目中对翻译的认知与看法，无论如何都会影响成品的取向，则是无可置疑的，例如鲁迅的硬译理论对其译作的影响，人所皆知，此处不赘。现以徐志摩为例。徐志摩的诗作与散文何其优美，且看写出名篇佳作的大诗人，精通中、英语文的大学者，是如何翻译18世纪法国名作家伏尔泰名著Candide的，以下且以Candide跟主人家小姐恋爱的片段为例。

法文原文：

Cunégonde laissa tomber son mouchoir, Candide le ramassa, elle lui prit innocemment la main, le jeune homme baisa innocemment la main de la jeune demoiselle avec une vivacité, une sensibilité, une grâce toute particulière; leurs bouches se rencontrèrent, leurs yeux s'enflammèrent, leurs genoux tremblèrent, leurs mains s'égarèrent. [1]

英文译本：

Cunegonde dropped her handkerchief, and Candide picked it up; she, not thinking any harm, took hold of his hand; and the young man, not thinking any harm either, kissed the hand of the young lady, with an eagerness, a sensibility, and grace, very particular; their lips met, their eyes sparkled, their knees trembled, their hands strayed. [2]

徐志摩中译本：

---

[1] Voltaire, Romans et Contes, *Bibliotheque de la Pléiade*, Éditions Gallimard, 1979, p. 147.
[2] 徐志摩译：《赣第德》（Voltaire's Candide），台北：正文书店1972年版，第3页。

第一编　翻译理念与标准

　　　　句妮宫德的手帕子掉了地下去，赣第德捡了它起来，他不经意的把着了她的手，年轻人也不经意的亲了这位年青姑娘的手，他那亲法是特别的殷勤，十二分的活泼，百二十分的漂亮；他们的口合在一起了，他们的眼睛发亮了，他们的腿摇动了，他们的手迷路了。①

请注意译文前半段译得极其自由，译者加添了许多自己的意思；译文后半段却译得十分拘谨，连"所有格代名词"都不敢省略。这种忽松忽紧的译法，自然跟译者拿捏的尺度有关。同样的一段话，傅雷的译文则为：

　　　　居内贡把手帕掉在地下，老实人捡了起来；她无心的拿着他的手，年轻人无心的吻着少女的手，那种热情，那种温柔，那种风度，都有点异乎寻常。两人嘴巴碰上了，眼睛射出火焰，膝盖直打哆嗦，手往四下里乱动。②

其实，不论承认与否，译家之所以成为译家，同一原著的不同译品之所以千姿百态，必然是因为译者在翻译过程之中，对翻译的本质，有一种先验的理念，因而形成一种主导的思想，例如《红与黑》（Le rouge et le noir）在中国有将近二十个译本，除了少数剽窃抄袭、不负责任的版本之外，多数译作都由认真严肃的译者执笔，但由于各人对翻译本质的认知有别，其译作亦必然会风格殊异。因此，理论的作用，一般称之为"指导"作用，是必然存在的——存在于译者的有意无意之间。真正有翻译经验的人，必然会经历一个如下的过程——翻译时，先是了解原文，剖析内容，研究背景，翻阅字典、参考书等，一待吃透原文，就得落墨下笔了。此时，不管自己服膺的理论为

---

① 徐志摩译：《赣第德》（Voltaire's Candide），台北：正文书店1972年版，第3页。
② 傅雷译：《老实人：附天真汉》（Voltaire's Candide），人民文学出版社1955年版，第6页。

何，必然会浑忘一切，挥笔前进。笔顺时势如破竹，长驱直入；不顺时却踟蹰不前，沉吟良久——某一词某一句，到底该怎么译？某一个意象是该硬翻照搬，将异种直接移植至中土？还是该改头换面，为其换上适合中土的新装？某一个隐喻，该维持其隐晦朦胧的面纱，而甘冒读者误解之大不韪？还是该改隐为显，揭露其隐藏背后的真面目？这时的取舍进退，煞费周章，于是译者必然会思前想后，顾左盼右，上下求索，内外煎熬，因而体会到"左右做人难"的滋味。① 为了排难解惑，译者必须在困境中突围，在迷宫中寻找出路，此时，隐藏心底的信念乃缓缓升起，前人的经验，自己的体会，形成了照路的明灯，此情此景，该如何解决？如何突破？翻译过程之中，绝不可能被某一派某一家的理论牵着鼻子走，基本的信念乃兵法之所依，临场的实况则是阵前之变化，翻译时先要学习理论，后要浑忘理论，就是这个道理。

曾经有人问艺术大师林风眠如何成为"真正的艺术家"，他常以下面的故事启发学生：

> 真正的艺术家犹如美丽的蝴蝶，初期只是一条蠕动的小毛虫，要飞，它必须先为自己编织一只茧，把自己束缚在里面，又必须在蛹体内来一次大变革，以重新组合体内的结构，完成蜕变。最后也是很重要的，它必须有能力破壳而出，这才能成为空中自由飞翔、多姿多彩的花蝴蝶。这只茧，便是艺术家早年艰辛学得的技法和所受的影响。②

其实翻译理论与实践的关系，又何尝不是如此。学习理论或技法，从书本中汲取知识的阶段，就是织茧的阶段。这时，应尽量多

---

① 余光中曾把译者比喻为巫师，介乎神人之间，"既要道天意，又得说人话"，因而有"左右为巫难"之说。见金圣华《桥畔闲眺》，台北：月房子出版社1995年版，第31页。

② 林风眠百岁诞辰纪念画册文集编辑委员会编：《林风眠之路》，中国美术学院出版社1999年版，第45页。

听、多看，尽量学习。蠕动的毛虫，将自己重重围困，几乎达到动弹不得、难以喘息的地步，然后，经过一段时期的酝酿重组、融会贯通，终于豁然开朗，蜕变成功。这破茧而出的刹那，才是毛虫变蝴蝶，不受拘束、振翅冲天的辉煌时刻。要在翻译实践中得心应手，自由飞翔，必须对翻译理论先学后通，先入后出。一个成功的译家，不论自谦为"译匠"也罢，译员也罢，他手下的成品，必不止于拙劣粗糙、匠气十足的工艺品。

目前翻译界有两派偏颇的说法：一派认为翻译无理论，因此不必学，更不必设有专业课程；一派认为成名的译家，若不能高谈理论，则只能称为"译匠"，其成品亦必然是主观的、零碎的、片面的、不科学的，因而是无足轻重的。这两种说法各执一词，互不相让，因而形成了做翻译的讨厌理论、谈理论的不懂翻译的局面，两者互相排斥，彼此敌视，甚至到了水火不容的地步。高谈理论派有两种常见谬误：一是做研究时喜欢套用公式，将所谓的外国先进理论引介进来，作为一种模式，再根据模式，来分析目前所见的翻译实况，凡有相异者，皆称之为反常。研究者往往罔顾现实因素，因外国译论所涉的内容，有时不能与中国现状互相配合，硬套公式的结果，往往会指鹿为马，似是而非，得出伪科学的结论。另一是强烈的排外性，认为凡是传统旧有的方式都是退化落伍的，因此已经成名的译家，倘若只有译果，没有译论，就难以成为研究对象。殊不知译学的内涵，十分宽广，译家的成品，正可以作为译论研究的素材，是不可多得的宝贵数据。曾经有位研究生提出研究方案，要从名家杨宪益的译品中寻找译者的翻译方法及理念，某些教师却认为杨氏自己没有译论，因此不适合成为研究对象。这种倒因为果的看法，不免有失狭隘。其实，译家的译作浩瀚，正因为如此，该有人从中挖掘、整理、分析、梳爬，从而归纳出一套套译论来。[①]

学翻译、做翻译或研究翻译好比泛舟河上，不论从理论出发、或

---

① 南京大学许钧教授在这方面做了不少研究，见许钧《文学翻译的理论与实践——翻译对话录》，译林出版社2001年版。

由实践入手，即不论从左岸登船，或由右岸乘槎，都不重要，重要的是必须从对岸相望的敌对立场，经浑然相忘的融会阶段，而进入中流相遇的和谐境界。唯其如此，方能携手同游，共享放舟译河的乐趣。而翻译系的设置，就是要提供一个开放包容的良好学习场所。固步自封，将实际经验排斥于学院派巍巍高墙之外、自闭于象牙塔中的做法，并无出路，实在不足为训。

二 "雪泥"与"雪种"
——翻译中异国情调的保留与原著风格的再现

翻译中历来争论不休的问题之一，就是译者在译本中该如何保留异国的情调、再现原著的风格。以外译中为例，译本读起来该像中文的创作？还是像翻译的文字？前者可以傅雷为典范。他的译文纯净优美，抑扬有致，读者打开《高老头》或《约翰·克利斯朵夫》，一口气读下去，但觉畅顺无阻，如行云流水，比起一般以中文发表的原创作品，其流利程度，实在有过之而无不及。傅雷的译品，一向受到论者重视、读者欢迎，可是近年来忽然有不少译界人士提出不同的观点，认为过分流畅的译文，失之于"滑溜"，翻译不妨带点"翻译腔"，唯有如此，方能保持原著中的"原汁原味"，方能将源语中的特有文化带入目的语的土壤中，使之植根萌芽，茁壮生长。而翻译的功能之一，就是要使耕植过多而渐趋贫瘠的土壤，因承受外来文化的冲击灌溉，而变得滋润丰腴，生机勃勃。

但是翻译本身是一种跨文化交流的复杂活动。一国或一地的人民要了解他国他地的文化，除了学习外语、沉浸其中之外，当然唯有依赖翻译一途。翻译是一种通过多元化、多层次、多范畴的途径来沟通的方式，并非仅靠某一独立绝缘的语篇或文本来交流的单轨行为。因此，单一语篇的译者所负的责任，只是文化交流的滚滚洪流之中的一小涓滴，译者翻译时，不可能也不必要把每一字、每一词、每一句都当作传递异国文化的载体，而刻意异化，以免堕入了"死译""直译"的陷阱而难以自拔。

第一编　翻译理念与标准

几年前，有一次众友驱车由香港中文大学前往沙田市区午膳，途中因天热无风，有人提议关车窗、开冷气，车主说："雪种不够，要去加了。"此时，同车的洋教授不禁好奇地问："雪种是什么？"洋教授是一名汉学家，中文造诣相当不错，但没听过港式粤语"雪种"的说法。告之以"雪种"即 refrigerant（制冷剂），教授听罢不由得喟然兴叹："啊！Seed of Snow！真是太美，太有诗意了！"同车之人，闻之皆无动于衷。

另外有一次，利国伟博士来函提到苏东坡《和子由渑池怀旧》一诗的前四句："人生到处知何似，应似飞鸿踏雪泥，泥上偶然留指爪，鸿飞那复计东西。"他说深喜此诗，但英译本读之"总觉得称心者甚少"。[①] 其实，在这首诗中，"雪泥"的意象颇费踌躇。"雪泥"两字，到底是什么意思？"雪泥"在中国诗词中，是常见的词汇，《现代汉语词典》却解释为"融化着雪水的泥土"。《辞源》中只有"雪泥鸿爪"词条："喻行踪无定，偶然相值也。""雪泥"两字，按字面直译，当然就是"snow-mud"，而"snow-mud"是否诗意盎然？我就此请教过一位加拿大名诗人，他曾经从意大利文转译过王维《辋川集》的四十首诗，其后再加上其他中国诗人作品的英译，结集成书，出版了《寂寥集》。[②] 这位诗人本身的诗作，也以吟诵自然景观为主题，深受东方文化的影响。这样的一位诗人，我问他"snow-mud"令他引起的联想是什么？他的答案是"Terrible thing！"诗人长年居住于温哥华，该处冬日寒寂、阴雨连绵，这"融化着雪水的泥土"，无论如何，都唤不起美感的经验，也是理所当然的。

因此，翻译之中，直译与意译之纷争，异国情调与本土色彩之较量，意义并不很大。意象可以保留，可以不假思索，直接移植，美其名为保留"原汁原味"，及丰富目的语的文化，但译者一厢情愿的意

[①] 利国伟博士为香港知名银行家及香港中文大学前校董会主席。1997 年 1 月 8 日来函曾讨论翻译问题。

[②] 诗人为 Michael Bullock（布迈恪），加拿大英属哥伦比亚大学创作系荣休教授，曾多次应邀访问香港中文大学。诗人曾与 Jerome Ch'ên 自意大利转译王维《辋川集》诗四十首，并以 Poems of Solitude 为名结集成书，于 1960 年出版。

图，万一付诸实行，是否可以达到预期的效果？以"雪泥"与"雪种"为例，恐怕就未必如此。

在中文里，"雪泥"是典雅优美的意象，盛载着千百年文学的遗产，携带着世世代代文化的信息，这样一个充满诗情画意、内涵极深的词，一旦直译照搬为"snow-mud"，丝毫唤不起外文读者对"人生无常、往事留痕"的丰富联想，反而引起了"泥泞不适、举步维艰"的感觉；"雪种"是只流行于粤语地区，甚或香港一地的俗语，一般香港人一听"雪种"两字，就会想起汽车、冷气机等实际的事物，而绝不会因此而浮想联翩，诗情洋溢。

文化背景相异的人，对同一事物的看法，其价值判断与审美经验都是截然不同的，此所以外国选美会上选出的国色天香，跟东方人心目中的美女形象，往往颇有出入。不同种族的审美观固然有别，不同性别之间亦如此，男士眼中的绝色，跟女士眼中的佳人亦大不相同。依此类推，年龄不同、背景相异、文化水准参差的观众读者对同一作品、诗篇、音乐、电影、戏剧的看法，必然大异其趣。明乎此，以为翻译中把源语的比喻意象及表达方式直接照搬，就可达到保留异国风味的想法，未免过分乐观。我们且举例以进一步说明。

中文里常有一些与身体部位有关的习惯用语，如"心惊肉跳""毛骨悚然""提心吊胆""荡气回肠"等，翻译时如果把这些用语照搬直译，必然会产生出乎意料的后果。现在试以"牵肠挂肚"一词为例，假如原文用以描绘慈母对游子的思念，经逐字直译，其功过得失可分析如下：

功：传达中国人特殊的表达方式

过：制造野蛮粗率的印象，与慈母对子女思念关怀的温婉形象格格不入。

得：保持异国情调

失：怪异乖悖，令人不忍卒读。

因此，任何有理智的译者，只会把"牵肠挂肚"译成"feel deep

anxiety about; be very worried about"之类的说法，而不会直译。"提心吊胆""牵肠挂肚"等字眼直译的结果，对英语读者来说，就好像外科医生动手术时所采取的种种步骤。

赵景深早期翻译时，曾经把"Milk Way"直译为"牛奶路"，而不是译为"银河"，因而成为翻译界流传不息的笑话，最近有论者为其翻案，认为译成"牛奶路"，并无错误，翻译必须视乎语境而定，"银河"令人联想起牛郎织女与鹊桥相会的故事，与源语氛围格格不入，因此还不如直译为"牛奶路"。① 两派说法，孰是孰非，此处不论，但是词的"直译"与"意译"，意象的"保留"或"转换"，则肯定不是保持异国情调的关键所在，因为异国情调的产生，不靠外在字词的点缀，而靠内在气韵的形成。

要保持原汁原味，自然必须再现原著风格，而风格本身，却颇难界定。何谓风格？风格是指作家创作时的艺术特色，是某一作家的作品之所不同于其他作家的表征。根据《写作大辞典》的说法，风格是"文学创作中从整体上表现出来的一种独特而鲜明的审美特征。它受作家主观因素及作品的题材、体裁、艺术手段、语言表达方式及创作的时代、民族、地域、阶级条件等客观因素的影响而产生，并在一系列作品中作为一个基本特征得以体现"。②

余光中及蔡思果都曾寄居香江，作客港中大，两人同为散文名家，且看他们对沙田的描绘：

余光中文：

一九七四年八月，我去中文大学中文系担任教授，归属联合书院。其时书院才从高街迁沙田两年，新校舍楼新树少，但因高踞山头，游目无碍，可以东仰马鞍之双雄，北眺八仙之连袂，西窥大埔道一线蜿蜒，分青割翠，像一条腰带绕鹿山而行，而吐露

---

① 谢天振：《译介学》，上海外语教育出版社1999年版，第174—180页。
② 庄涛、胡敦骅、梁冠群主编：《写作大辞典》，汉语大词典出版社1997年版，第535页。

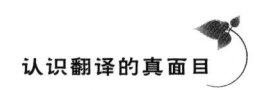

港一泓水光，千顷湛碧，渺漫其间，令高肃的山貌都为之动容。①

蔡思果文：

> 香港、九龙的山水，我已经熟悉，有两三年参加爬山的团体，几乎踏遍了各处名胜。八仙岭就上过两次，一次由正面，一次由背面攀登。朋友，几乎全在香港。四年后，有机会回港，又和朋友重聚，十分欢喜，而且又结识了新的相知。因为住在新界，出去游览比较少，可是沙田的景色堪称奇绝，山光水色，也足以供我自娱了。②

两人的文风一富丽华赡，焯烁异彩；一清淡平实、舒缓朴素。要翻译这两位作家的作品，自然需要采用不同的笔触，这就是余光中所谓译家手中要有多把不同刷子的道理。③一位有造诣、有水平的译者，除了本身独特的风格之外，翻译时，还需有炼字炼句的毅力，悉心揣摩的用心，对原著风格，细细体味，然后在翻译不同的原著时，尽量作出相应的调整，以求得到不同的效果。正如林文月翻译紫式部的《源氏物语》及清少纳言的《枕草子》两本日本经典名著时，由于"紫式部的文笔较为华丽流畅"而"清少纳言则比较简劲刚阳"，因此感到心情沉重，生怕翻译时自己的写作习惯难以摆脱，"很自然地使两种不同原著呈现近似的风貌了"④，因此在表现方式及词汇运用方面，都作出刻意的安排。译家的这种努力，固然难能可贵，但是万一翻译时，自己的风格难以压抑，时时蠢蠢欲动，一不留神，就会蛟龙出海，脱兔越野，这又如何是好？有效的防患之道自然是选择风格相若的原著，就如选择性情相近的朋友一般，这样，翻译起来就可收

---

① 余光中：《日不落家》，台北：九歌出版社1998年版，第179页。
② 思果：《橡溪杂拾》，台北：三民书局1992年版，第134—135页。
③ 金圣华：《余光中的"别业"：翻译——余光中教授访问录》，《明报月刊》1998年10月号第33卷第10期，第39页。
④ 林文月：《一人多译与一书多译》，（香港）《翻译季刊》1995年创刊号，第10页。

到事半功倍之效。①

目前译坛有学者谈论风格时提出一些理论，认为"一个没有形成自己的文字风格的人，反倒比文字水平高并有了自己独特风格的人更能体现原著的风格"。② 论者大概是眼见目前译坛滥译成风，有些译者完全不依原著，自由发挥，因此有此感言，以针砭时弊吧！但是一个人经长年摸索，累月经营，下笔成文时，居然还培养不出个人风格，足见语文造诣甚浅，表达能力不足，由这样的人下笔翻译，倒不如不译！

译者在早期虽有"舌人"之称，却不能毫无主见，缺乏判断；译者虽担当中介的任务，却不是卑微低下、依附主人的次等角色。翻译如做人，不能放弃立场，随波逐流；也不能毫无原则，迎风飘荡。因此，翻译的过程就是得与失的量度，过与不足的平衡。译者必须凭借自己的学养、经验，在取舍中作出选择。

真正优良的翻译作品，往往是原著风格经译者风格掺糅而成。以乐谱为例，写在纸上的音符是死的，必须依赖演奏家的演绎，方能存活。同理，原著在不识原文的读者眼中，也并不存在，唯有通过翻译，方能在第二种语言中再生。既然同一乐谱可以展现千姿百态的演绎，同一作品为何不能产生千变万化的翻译？而不同译者个性有异，禀赋相殊，经他们的手笔，自然产生不同的译品，但基本上，伟大的演奏家不会将贝多芬弹成莫扎特，肖邦弹成德彪西，成功的翻译家，亦当如是。

三 "千层糕"与"千叶饼"
——文化的差异与层次的语感

时人常说，环顾世界各地，要比美中式烹饪艺术的，唯有法国，换言之，中、法两国在饮食文化方面的成就，各有千秋，不相伯仲。

---

① 傅雷在《翻译经验点滴》一文中，曾提到"择书如择友"一说，此说看似平常，但的确是至理名言。本人根据多年教学经验，常见学生从事"长篇翻译"习作时，因所选原文与本身文风不合而半途放弃，重选其他原著。

② 王殿忠：《风格三议》，见张柏然、许钧主编《译学论集》，译林出版社1997年版，第541—542页。

法式甜食中，有一种点心叫做"Mille-feuille"，直译即"千叶饼"；中式糕点中，也有种人人皆知的"千层糕"。这两种点心都广受欢迎，那么，我们翻译时能否将"Mille-feuille"径译为"千层糕"？

两种点心表面上看来都是多层次的甜品，但是实际上却是一脆一软、一松一凝、一入口即化、一入口黏稠。这两种食物，食客品尝起来的口感，是截然不同的。

这两种食品，异中有同，同中有异，正好象征不同文化之间的接轨与偏差，而翻译之妙与翻译之难，也就在乎如何在两种文化的异同之间回旋周转，权衡轻重。

有论者以为："翻译工作在某种意义上像外交工作，要善于'有异求同'，既尊重别人，又尊重自己。"[①] 此话诚然不错，但是既尊重别人又尊重自己的做法，一应用到个别情况，要真正实行起来，又谈何容易！

很多学者讨论翻译理论时，往往忽略了一个关键问题，即"语言对"（language pair）的问题。同一语系的两种文字，对译起来，自然较不同语系的文字方便省事得多。杨绛提出"翻译度"的说法，认为"同一语系之间'翻译度'不大，移过点儿就到家了，恰是名副其实的'移译'。中西语言之间的'翻译度'很大。如果'翻译度'不足，文句就仿佛翻跟斗没有翻成而栽倒在地，或是两脚朝天，或是蹩了脚、拐了腿，站不平稳"。[②] 黄国彬认为："翻译时应该用树译树还是以林译林，要视乎实际情况……在大多数的情况下，以印欧语（如英语、法语、德语、意大利语、西班牙语、希腊语、拉丁语）翻译印欧语时，以树译树的可能性较高；以汉语译印欧语时，以树译树的可能性较低。"[③] 上述两位译家都是精通多种欧洲语言的学者，本身又是中文造诣极深的作者，他们对翻译的体会与感悟，自然胜人一

[①] 许崇信：《文化交流与翻译》，见杜承南、文军主编《中国当代翻译百论》，重庆大学出版社1994年版，第98页。

[②] 杨绛：《失败的经验——试谈翻译》，第94页。

[③] 黄国彬：《只见树，不见林——翻译中一个常见的偏差》，（香港）《翻译季刊》1998年第九、十期，第126页。

筹。由此可见，谈翻译不能漠视现实，凡事一刀切。把不谙中文的外国学者讨论翻译的理论，奉为金科玉律，不加辨析，照单全收，再应用到中外翻译的实况中来，往往就会产生隔靴搔痒之弊，隔雾看花之误，因而难免造成搔不着痒处、看不见真相的后果。举例来说，法文里"bien aime（e）"一说，译为英语，不论语境如何，大可自然"过渡"，从源语"从容地以树的形态进入"译语，① 即变成"well-beloved"，或"beloved"，一旦从法语译成中文，情况又如何？这"bien aime（e）"的对象若换成老师、弟子、朋友、情人、父母、子女、对象或祖国，译法就会随之不同：

  法　bien aime（e）
  英　well-beloved，beloved
  中　敬爱的老师
    爱护的弟子
    挚爱的友人
    热恋的情人
    亲爱的孩子
    心爱的玩具
    热爱的祖国

中国人讲情、讲爱的表达方式，含蓄而多姿，有时不必一定用上"爱"字，例如：

  父母对子女之爱——舐犊情深，骨肉之亲，父慈子孝
  祖孙之爱——含饴弄孙，公悦媪欢
  兄弟之爱——兄友弟恭，手足之情
  夫妇之爱——画眉之乐，鱼水之欢，凤凰于飞，和鸣锵锵，如鼓瑟琴，鹣鲽情深

---

[1] 黄国彬：《只见树，不见林——翻译中一个常见的偏差》，第126页。

因此，我受托把傅雷法文信件及家书译成中文时①，凡遇到这种情况，又怎能不随着致函的双方、描绘的对象、信中的内容、词汇的语境，好好分析一番，并经再三推敲，仔细斟酌，才定下适当的译法。

翻译如做人，必须慎言慎行，掌握分寸，方能立于不败之地。然而翻译中分寸的掌握，与译者有否敏锐的语感息息相关。每一种语言，在词意的运用，语句的铺排、段落的结构方面，都有其独特的方式，而每一词每一字所承载的文化信息亦各不相同，所以译者必须对源语与译语，都有透彻的了解，深切的体会，方可动笔。尽管如此，一般来说，源语多半是外语，译语则是母语，世上真正能精通双语、左右逢源的人，毕竟不多，而一个人对外语及母语的认知，始终有所不同，否则，母语也就不成为母语了。在这种情况之下，在两种语言中双向互译，其要求与取向是并不相同的。以中、英翻译为例，一般人动辄要求译者双语兼通，中英俱佳，出入自如，对"译"如流。这种要求，其实是不明翻译的本质所致。翻译只是一个总称，其中按方法、按文本、按体裁，可以有许许多多不同的细流分支。假如说，翻译的内容是天气报告、商业合同、货品说明书、报刊文章、各类广告以至科技论文等较为实际的文体，自然可以要求译者具备中、英对译的能力，但是涉及文学作品、哲学论著或法律文件等内容抽象、思想复杂的文类时，就必须实事求是，正视译者翻译的取向了。其实，世界上一般翻译的主流，尤以文学翻译为然，都是以外语译成母语的。翻译《尤利西斯》的名家萧乾曾经说过："就文学翻译而言，我认为理解占四成，表达占六成。"② 理解的是源语，表达的是译语，翻译文学作品多数为外译中，其道理不言而喻。除非译者精通外语如母语，或甚至外语能力高于母语，则又当别论，这种情况，在香港一地，由于特殊历史条件及地理环境使然，间或存在。

---

① 见《傅雷家书》英法文书信中译，《傅雷致杰维茨基函》及《傅雷致梅纽因函》中译。

② 金圣华：《桥畔闲眺》，第37页。

第一编　翻译理念与标准

明乎一个人的母语能力与外语能力始终不能铢两悉称，翻译时就会格外留神，加倍用心。译者一方面知道自己有所局限，另一方面也必须了解两种语文之间对应互译时的困难所在。中国是个有五千年历史的文明古国，美国立国只有两百多年，而其文化所依的英国，固然也历史悠久，但毕竟不同于中国。假如说文化是泛指"人类社会历史发展过程中所创造的全部物质财富和精神财富，特指社会意识形态"，① 那么，一国一地的文化，由于民族性有异，国情有别，与他国他地的文化相较，也必然如自然界的多种岩石般呈现出层次不同、纹路有别的面貌。语言是文化的载体与媒介，在我们把外语译成中文的时候，面对这千百年历史淘炼积淀的产物，是否该细心体会一下，这层次是否等于那层次？换言之，"千叶饼"中的第三层，是否即是"千层糕"中的第三层？其实，不少翻译上的失误，都是由于不能掌握分寸，及不谙层次上的语感所引起。

自从1996年起，我就跟英文系的姜安道教授（Prof. Andrew Parkin）共同担任香港中文大学荣誉博士学位颁授典礼的赞辞撰写人。中大的做法，乃按实际需要，由两位教授分别用英文或中文直接撰写赞辞，然后交由专业译者翻译，其中的中译本再由我修改润色。在审阅的过程中，往往发现改稿比翻译更难，原因就在于中、英文化传统中对赞辞的撰写，不论思路逻辑与写作方式，都颇有出入。英文原稿中的幽默谐趣，逸事穿插，个人观点，率直论断等，一经翻译，倘若译者不顾中文层次的语感，不谙中国的人情世故，不作调整，遽尔译出，就会变得不伦不类，似褒实贬，不但有失大会美意，而且有损大学尊严。由于原译既无法全部重译，只有在译稿的基础上，按前言后语的风格，作出酌量适度的调整。现举例说明：

（一）有关分寸的掌握：

1. Citation of Nils Göran David Malmqvist, Fil. Lic., Dlitt（马悦然教授赞辞）②

---

① 见《辞源》修订本，香港：商务印书馆1981年版。
② 香港中文大学第54届颁授学位典礼马悦然教授赞辞。

英文原文：

Such is the winding path of human fate that after two years he abandoned Law for Anthropology and Chinese. Paradoxically, he found his true way by entering the thickets, with much bewilderment, of Daoist philosophy in translation.

译员中译稿：

但命运的安排往往出人意料，两年之后，马教授弃修法律，改习人类学及汉学。他从阅读译文着手，闯进了道家哲学的迷宫，却是歪打正着，因此踏上康庄大道。

修改稿：

但命运的安排往往出人意表，两年之后，马教授弃修法律，改习人类学及汉学。他从阅读译文着手，闯进了道家哲学的迷宫，却反而因此找到生命的途径。

2. Citation of the Honourable Donald Yam-kuen Tsang, JP（曾荫权先生赞辞）[①]

英文原文：

Now that he is buried almost up to the bow tie in government documents, he still finds time to read, for pleasure, fascinating, well-written non-fiction.

译员中译稿：

[①] 香港中文大学第55届颁授学位典礼曾荫权先生赞辞。

现在，虽然无数政府文件堆到了蝴蝶领结之下，他依然忙里偷闲，阅读写得引人入胜的文章。

修改稿：

现在，虽然政府文件堆积如山，他依然忙里偷闲，阅读文采斐然，引人入胜的文章。

从以上两例看来，第一例"歪打正着"具有贬义，极不足取，倘若不加修改，直接印出，必定贻笑大方；第二例在英文原文中似乎形象鲜明，语带幽默，在中文赞辞中出现，始终有欠分寸，与颁奖典礼的庄重场面，显得格格不入，因此需要以合乎中文规范的习惯用语"堆积如山"，来加以调整。

（二）有关层次的调节：

层次的语感，在中、英两语里不尽相同。再以赞辞及演讲词为例。英文往往可以简单、直接的表达方式运用在正式的场合，而不使之呆板平凡。相反，译成中文时，不得不作出适度的调节。这样，译文方能合乎中文的行文惯例，以及读者或听众的审美期待。

现举例说明：

1. Citation of Deanna Lee Rudgard, BA, MA, BM, BCh（利德蓉医生赞辞）[①]

英文原文：

These observations link with her lifelong interests and her strong belief, held also by her father before her, that the best investment's in people, especially in young people…in the quiet but effective work that helps us build a decent society…

[①] 香港中文大学第53届颁授学位典礼利德蓉医生赞辞。

认识翻译的真面目

译员中译稿：

她与他父亲的心志相同，相信最好的投资是对人，特别是年轻人。……那使世界变得更完美 的工作，虽低调却有效……

修改稿：

利医生与父亲心志相同，深信最好的投资是育才，尤以培育年轻人为然……此类使世界变得更加美好的工作，虽默默耕耘，却成效超卓。

2. Citation of Fong Yun-wah, DBA, LLD, MBE, JP（方润华博士赞辞）[①]

英文原文：

How does he keep fit amidst all the demand of business, family, and philanthropy? He swims, he exercises, and plays a bit of golf.

译员中译稿：

方博士既须处理公司业务，又要照顾家庭和慈善工作，费力劳心，有什么办法保持健康？他的办法是游泳，做体操，偶然还打打高尔夫球。

修正稿：

方博士既须处理公司业务，又要照顾家庭和慈善工作，劳心劳力之余，如何保持健康？游泳、体操，偶然打高尔夫球，即为

[①] 香港中文大学第54届颁授学位典礼方润华博士赞辞。

强身健魄之道。

3. Citation of Nils Göran David Malmqvist, Fil, lic, Dlitt（马悦然教授赞辞）①

英文原文：

He also taught English to a very original young woman, the individualistic Ningtsu, later to become his warm and courageous wife.

译员中译稿：

他又认识了一位很有个性的年轻女郎宁祖，并教她英语，这位热情、勇敢的女郎后来做了他太太。

修改稿：

当时，他又结识一位极有个性的年轻女郎宁祖，并教她英语。嗣后，终与这位热情勇敢的女郎盟订终身。

从以上三例看出，翻译是一个非常复杂的过程，在外译中时，在某些场合，未必"simple is beautiful"，以简译简的结果，往往会把正式的文体降低至口语的层次，因而使原义走样，原味流失。中译外时，则正好相反，过多修饰词类及成语套语的应用，使行文常有矫饰之嫌，造作之弊。

语言是文化的积淀，中西文化既然有别，语言的运用，层次的语感，自然大不相同。有学者认为"中文上下的幅度，比西文要宽。这本身提供了从平淡到精彩的多种可能"。② 不论孰宽孰窄，翻译时要

---

① 香港中文大学第54届颁授学位典礼马悦然教授赞辞。
② 罗新璋语，见《谈文学翻译中的再创造》，载《译林》1998年第1期。

在中西文化中找出对等的语感，就如在千叶饼与千层糕中发掘对应的层次一般，的确是最考译者功夫的一门高深学问。

四　钟摆的两极
——文学翻译与法律翻译

翻译界最盛行不衰的老生常谈，就是说翻译好比女性，美者不忠，忠者不美。姑不论此话是否会有性别歧视，我国古老的传统中，谈到语言的确也有类似的说法，即老子所谓的"信言不美，美言不信"。换言之，信与美，是吾人对语言表达方式的两大要求，再演变而为翻译实践中的两大原则，但惜乎两者经常互相对立，难以兼全。

其实，在翻译的过程中，由于所涉文类的不同，对象的分歧、目标的差异，往往所得的成果，在信与美的程度上，大相径庭。以个人的经验来说，我曾经译过小说、诗歌、论文、家书、新闻、财经、科技、法律等多种文学及非文学类作品，而假如翻译活动是一个钟摆，那么，这钟摆的两极，就是文学翻译与法律翻译了。

文学翻译要求译者有"再创造"的能力与用心，文学作品中表达出来的是辽阔的视野，无尽的空间。一部成功的小说，一首上乘的诗作，一出完美的戏剧，一篇优雅的散文，其魅力在于原作者能提供源源不绝的创意，启发读者产生丰富奔放的想象力。因此，文学作品有无止无尽的解读方式，让译者去作层出不穷的演绎与发挥。

历来有关文学翻译的研究与探讨，形形色色，难以尽述，此处不赘，以下，我只举出实例，以反映文学翻译之复杂困难及可喜可乐之处。

1999年下半年，曾应香港政府法定语文事务署之邀，为该署主持为期8周的"高级英汉翻译审稿班"课程。参加训练的共14位学员，全是该署的总中文主任及高级中文主任。法定语文署负责制定及落实香港政府的语文政策，而这些学员全是翻译非文学类文件的老手。在课程即将结束前两周，我请各位学员把一首英诗译为中文，以测验其对语言掌握的能力。这首英诗是加拿大诗人布迈恪（Michael

第一编 翻译理念与标准

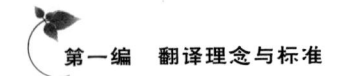

Bullock）所写，原为卧病在床，望见友人所送鲜花的即兴之作。原文浅显易明，不用僻字，兹录如下：

Chrysanthemums

-Michael Bullock-

When I wake in the morning

The Chrysanthemums greet me

A galaxy of purple stars

Floating on green clouds

They smile at me

I smile back

Remembering the giver

The day has begun

我们暂且不理那句意象较丰富的"a galaxy of purple stars floating on green clouds"的句子，而以最后两行"Remembering the giver"，"The day has begun"为例，现把各人的译法分列如下：

	蓦然忆记起送花人
新的一天又开始	阳光普照大地，新的一天又开始
念想送花人	更念送花人意厚
这天来到了跟前	新天伊始乐意悠
心里想念送花人	勾起我对送花人的思念
一天就这样开始了	让我们一起迎接新的一天
同时想起了送花者	我想起送花人的关爱
这确是一天的开始	这一天、在晨曦中披上新衣
脑海里想起那送花人	犹忆赠花人

· 122 ·

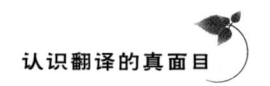

新的一天开始了　　　初愈展新生

念起那送花人　　　赠花君意余心知
一天又开始了　　　夜尽又是朝晖时

念赠花人
一日开始

想起送花人
又是新一天

假如要仔细分析起来，就会发现不同学员翻译时运用了各种不同的技巧：有的用五言诗或七言诗体，有的用自由诗体；有人措辞精简，有人意象繁复。但是大致来说，可分为两派：左边列出的一派照字面直译、不加调整，可惜译文失之平淡、略欠诗意；右边的另一派，则运用了"增添法"去阐释最后一句，原因是最后一句原文虽然颇有气势，但实在太简单，正如国画之中，留白极多，因此有无限空间，让译者去尽情演绎。除此之外，原文"remembering the giver"，及"the day has begun"两句之间，究竟有没有因果关系？"the giver"到底是男是女？是诗人的朋友？知己？亲人？还是爱人？"the day has begun"有没有象征意义？是表示"大病初愈"？还是表示"新的考验"？是表示"欢乐"？还是表示"勇气"？这连串的考虑，以及内容的剖析，影响了译者的取向，措辞的选择，至于译者的主观意愿，一旦形诸文字，是否能诗意盎然，贴切传神，则自然须视乎个别译者对语言文字的驾驭能力而异了。

由此可见，文学讲求的是弦外之音，不落言诠，唯其如此，方始耐人寻味，正如"犹抱琵琶半遮面"的美人，往往令人泛起无限遐思，因此翻译文学作品时对原文的意境神韵，必须细加体味。至于法律翻译，却要求有碗话碗，有碟话碟，译者必须实事求是，切勿望文生义，随意增删，更不必措辞华丽，唯"美"是图。文学翻译中所要求的既美又信的女子形象，到了法律翻译，就变得不苟言笑，一本正经，绝无美感韵味可言了。

香港于 1988 年成立双语法例咨询委员会（The Bilingual Laws Advisory Committee，简称 BLAC），为切实落实中英双语立法而展开工作。委员会的主要任务为：

1. 审阅法律草拟科所翻译现行条例的翻译本；
2. 经审慎考虑后，对翻译本的正确性予以认同；
3. 就现行以英文制定的法例的中文本颁布一事，向总督会同行政局提出意见。①

为了达到这个目的，委员会采用了法律草拟科翻译法例所采用的准则：

1. 一个语文本须正确反映另一语文本的意义；
2. 每个语文本须以同一形式出现；
3. 中文本须以良好，不流于俚俗的现代中文编写。②

委员会的成员包括当时的中文专员，律政司法律草拟专员，资深法律界、翻译界及语言学界人士。由 BLAC 成立开始，我已应邀出任委员，直至 1997 年 5 月完成任务为止，前后历时八年半。委员会曾经审阅的公共条例共 523 条，约 2 万页。

在这段漫长的日子当中，因身历其境，我对法律翻译开始有切身的体会。假如说，文学翻译允许译者在翻译过程中进行"再创造"以"拓展无限空间"，那么，法律翻译所着重的就是要"阻塞一切空间"了。艺术作品讲求的虽是神形兼备，但丹青难写是精神，最重要的是神似而非形似。齐白石说自己的作品在"似与不似之间"，歌德说美在"真与不真之间"，③ 这两者的说法，也许是艺术作品及艺术创造的最佳诠释，但绝对不适宜用以描绘法律条文，因为双语立法时，"每个语文本须以同一形式出现"，这一个基本原则已定，求神

---

① 双语法例咨询委员会的职责由 1987 年法定语文（修订）条例第 4C（1）条加以规定。
② 参阅 1988 年 12 月 8 日，双语法例咨询委员会记者招待会所发布之新闻稿。
③ 庄涛、胡敦骅、梁冠群主编：《写作大辞典》，第 153 页。

似不求形似的说法便无法达成。

　　控辩双方对簿公堂时,最主要的是拿出真凭实据,而两边的代表律师,各就呈堂证供来滔滔雄辩,他们所做的,也无非是在法律条文之中寻找依据,希望字里行间发现空隙来回旋周转。因此法律条文订立得越刻板、越周全,就越有成效,此所以历来法律文件不论以何种文字写成,都冗长累赘,不堪卒读,令一般老百姓望之生畏。

　　翻译法律条文,规约章程,因其具有法律上的约束力,故必须以具体明确、少生歧义为主。首先,文中所涉的词汇必须含义确切,前后一贯,除少数例外情况,切忌如文学翻译般讲求一词多译,以收"行文流畅、用字丰富、色彩变化"之效。① 其次,法律翻译就像堆砌积木,原文为名词,常还以一个名词;为形容词,还以一个形容词,这种"对号入座"的刻板译法,正好是文学翻译中的大忌。

　　1993年年底,律政司草拟科将 The Chinese University of Hong Kong Ordinance (Cap. 1109) 译成中文,即《香港中文大学条例》(第1109章),并邀港中大对中译本提出意见,以便于1994年3月交由BLAC审阅,经审阅定稿后再交立法局审批,正式颁布为香港法例。港中大既以"中文"大学为名,对有关自身法例中译本的措辞是否适当,行文是否流畅,译义是否精确,自然十分在意,绝不掉以轻心。当时大学为此特地成立了工作小组,由秘书长、代理教务长、中文系系主任及翻译系系主任等出任组员。这个小组为中译文本中的一字一词,仔细推敲、再三斟酌,曾经召开过无数次会议,几乎到了殚精竭虑、废寝忘食的地步。结果,中大的意见与BLAC的意见并不一致,双方展开了长达三年的拉锯战。我当时既是港中大审议小组成员之一,又是双语法例咨询委员会委员,带着这两重身份,在两个委员会的多次会议中进进出出,经不断协调折中,终于确确切切明白法律翻译与一般翻译的相异之处,也真正了解"翻译"一词的本质究竟为何。其实,"翻译"只是一个总称,翻译活动林林总总,而翻译的过程,须视乎文本的种类、文件的性质、成品的目的、

---

① 傅雷对自己的翻译,曾以此为指标,论者亦多以此称扬傅雷的译品。

第一编　翻译理念与标准

读者的取向等多种因素，而采取截然不同的手法，否则必然会枉费心思，徒劳无功。兹举《香港中文大学条例》之中的弁言为例，以说明以上论点。

香港中大原于 1963 年设立，当时为一所联邦制大学，新法例旨在取代旧例，废除崇基、联合、新亚等书院之旧条例，订定有关新条文，并为逸夫书院订定条文。新条文弁言（e）之英文原文为：

It is declared (a) that The Chinese University of Hong Kong, in which the principal language of instruction shall be Chinese, shall continue to—

(i) assist (b) in the preservation, dissemination (c), communication (d) and increase (e) in knowledge;

(ii) provide (f) regular courses of instruction in the humanities, the sciences and other branches of learning of a standard required and expected (g) of a University of the highest standing;

(iii) stimulate the intellectual and cultural development of Hong Kong (h) and thereby to assist (i) in promoting its economic and social welfare (j):

这段话律政司的原译版本为：

弁言（原）(e) 现公布（a1）以中文为主要授课语言的香港中文大学细则—

(i) 协助（b1）保存，传布（c1），传达（d1）及增加知识（e1）；

(ii) 提供（f1）人文学科、理科、及其它学科的正规课程，其水平为地位最高大学所应有及预期应有的水平；（g1）

(iii) 刺激香港的学术及文化发展（h1），从而协助（i1）促进香港的经济及社会福利（j1）：

中文大学经多番推敲商讨，建议将这段话修改如下：

弁言（修）（e）兹声明（a2）香港中文大学乃以中文为主要授课语言之大学，并当继续—
（i）致力（b2）于知识之保存、宏扬（c2）、交流（d2）与增长（e2）；
（ii）设立（f2）人文学科、科学及其它学科之正规课程，其水平当与最高水平之大学相若（g2）；
（iii）促进香港之民智与文化（h2），借以提高（i2）区内之经济效益与社会福祉（j2）：

上述两段文字，以中文的行文畅流、语意清通而言，香港中文大学的修订本当然远远胜于律政司原译本，原译之中，行文重复冗长，如（b1）及（i1）两处，"协助保存"，"协助促进"，连用两次"协助"；而港中大译本，（b2）及（i2）分别译为"致力"及"提高"，使语意明确不少。原译（h1）"刺激香港的学术及文化发展"，也有配辞不当之弊。"学术文化"只宜"促进"，岂能"刺激"？由此观之，港中大（h2）的译法，较为可取。至于原译（g1）"其水平为地位最高大学所应有及预期应有的水平"一句，更觉累赘，港中大（g2）的译法，则简单明了，一语中的。

殊不知港中大的修正建议，一送到 BLAC 审阅，就招致极多的反对之声。首先，《香港中文大学条例》是香港众多法例之一，并非单独存在的文件，因此，行文不能悉随己意，尽量发挥。国立北京大学于 1932 年颁布的《组织大纲》中，曾列明"北大以研究高等学术，养成专门人才，陶融健全品格为职志"。① 请注意行文之中典雅适当的用语，工整对仗的句法，但香港中文大学条例是香港的法例，而不是大学当局的宣言或校训，故措辞行文就没有北大《组织大纲》那么自由了。基于此，原译（a1）以"现公布"译"it is declared"，港

---

① 见《北京大学》，北京大学出版社 1998 年版，第 43 页。

第一编　翻译理念与标准

中大不能径自改为"兹声明";原译以中性字眼（c1）"传布"译"dissemination",因该字出现在其他法例时都是如此译法,中大就不能径自改为（c2）"宏扬"这般带有褒义的字眼,令人联想起"宏扬佛法"等说法。其次,香港所有的法例,都是双语法例,既要形式相似,又要意义相同,捉襟见肘,谈何容易!为了维系整体法律文件的统一协调,翻译时,行文就不能那么畅顺自然了。

历时三载,几经商榷,大学与 BLAC 终于达成协议,现在的版本如下:

（e）现宣布（a3）香港中文大学（其主要授课语言为中文）须继续—

　i. 协力（b3）于知识的保存、传播（c3）、交流（d3）及增长（e3）;

　ii. 提供（f3）人文学科、科学学科及其它学科的正规课程,其水平当与地位最崇高的大学须有及应有的水平相同（g3）;

　iii. 促进香港的民智与文化的发展（h3）,藉以协力提高（i3）其经济与社会福利（j3）:

从最后的定稿所见,中文的行文较前流畅,然基本上仍保留法律翻译严谨、刻板的风格,原文中 "require and expected" 词组,不能以意译轻轻带过,而必须译为"须有及应有";原文中 "economic and social welfare" 词组,不能因行文流畅之故译为"经济效益及社会福祉",因"经济效益"即 "cost-effectiveness" 之意,与原文不符,而 "social welfare" 在其他法例中已有定译,即"社会福利",故不能译为"社会福祉"。

其他有关的例子,不胜枚举,此处,仅以弁言一例,已足见法律翻译与其他文类,尤其是文学翻译的相异之处。

在法律翻译及文学翻译的钟摆两极之间,存在着各种文类的翻译,如新闻、科技、公文、商业等,即以文学翻译而言,按体裁有小说、戏剧、诗、散文等多种;以对象而言,也有成人文学及儿童文学之分。翻译儿童文学是另一种功夫，不论选词用语，都另有考究。文学以价值而言，也有一流文学与二、三流作品之分，翻译时的处理方法可能亦会酌情调整。① 因此，谈翻译手法，说翻译技巧，的确不可一概而论。

  翻译到底是技巧，还是艺术？这是翻译界历来争论不休的话题，其实并无多大实质意义。这话题，就好比问人类到底是"脊椎动物"，还是"万物之灵"一般。人在普遍意义上是"脊椎动物"，在更高层次上是"万物之灵"。在翻译的过程中，在处理基层的功夫上，可以说是一种技巧，既可以学，也可以教。学生通过培训、实习，可以掌握一些语文知识，翻译手法，所谓"工多艺熟"，"工"是指磨炼，"艺"是指技法，假以时日，自然见到功效。但是翻译时如果要能得心应手，要有"神来之笔"，则已经提升到艺术的层次了。一般来说，文学翻译所要求的就是这种层次，这种境界。这也就是有些论者以为翻译可以学，但不能教的道理，即所谓可以意会，不可言传。近来有不少学者认为，谈翻译而不用科学的客观原则，必然流于主观，失诸琐碎，因而提倡一套可以万应万灵、放诸四海而皆准的方法来验证，来复核翻译作品，以求严密周全之效。其实，即使从事科技翻译或法律翻译，亦有匠心独运的时刻，豁然开朗的境界。不同的译者，自有高下之分；不同的成品，亦有美丑之辨。翻译的本质如此，何必以"技巧"或"艺术"强分为二，争持不下？

结　论

  从上述的种种实例来看，我对翻译的认知，可以从下面几点作一个综述。首先是有关"翻译腔"或"译文体"的看法。译文体，大概就是杨绛所指翻译时好比翻不成跟斗栽倒在地的文体，我认为这就是"一种目前流行于大陆、港、台三地的用语；一种不中不西、非驴非

---

① 《谈文学翻译中的再创造》，第 205 页。

马、似通非通、佶屈聱牙的表达方式"①。一般人误以为翻译时尽情照字直译，就能保持异国情调或再现原文风格，并且借此丰富译入语的词汇及表达方式，这种说法，就好比生米没煮成熟饭，而偏有人认为如此方有益健康，符合世界潮流。翻译系的大一学生，在讨论"译文体"的祸害时，有人提出疑问："中文倘若写来恍如英文，又有何不可？这样不是更方便上网吗？"换言之，年轻学生对自己的语言文化，不知珍惜，几乎到了毫不设防，甚至全面投降的地步。今时今日，美国势大力强，随着高科技的发展、互联网的风行，英语在全球独领风骚，我们一方面固然不应漠视实情，抗拒学习；另一方面也不应妄自菲薄，卑视母语。中文是世界上最多人口使用的语言，在中英对译的过程中，我们所要进行的是文化交流，而不是文化靠拢。恶性欧化的中文，绝不能成为登堂入室的正统。因此，翻译系的职责之一，就是要提高学生文化的素养，语言的造诣。假如说，翻译是一座贯通中西文化的桥梁，筑桥人首要的功夫，就是稳固桥墩，打好基础。只有基建扎实的桥梁，才能负起运输传达的功能。因此，翻译系的课程，除了配合世界潮流、适应社会需求、开设多种实际性的科学之外，对培养增进学生语文触觉及悟性的基本课程如文学翻译，绝不可以偏废。而翻译系的教师，更应时时反省，刻刻留意，如果"自己习于烦琐语法、恶性西化而不自知"，那就像"刑警贩毒，为害倍增"。②在维护中文生态、承继文化遗产的大任上，翻译系应成为提倡环保的先锋，而不是制造污染的祸首。

其次，经验老到、译着丰富的译界前辈，尽管自谦"无师自通""久缺译论"，绝不可贬为"译匠"，等闲视之。这些译家，不论在翻译界、学术界均贡献良多。其实，只要认识翻译的本质，就会明白翻译活动所涉的不仅是对两种语言的普遍认知，而是个人对两种文化的深厚涵养。高克毅所译《大亨小传》之所以风行一时，是因

---

① 金圣华：《"活水"还是"泥淖"——译文体对现代中文的影响》，《明报月刊》第35卷第3期。

② 余光中：《翻译之教育与反教育》，见刘靖之、林戊荪、金圣华合编《翻译教学研讨会论文集》，香港：香港翻译学会2000年版，第51页。

为作者费滋杰罗在书中描绘的背景、氛围、故事情节等,都是译者曾经亲身体会感受过的,所以译来才挥洒自如。傅雷所译巴尔扎克名著如《高老头》《贝姨》等以及罗曼·罗兰的《约翰·克利斯朵夫》之所以脍炙人口,是因为傅雷对文学、建筑、绘画、音乐等多种艺术都深有研究,所以译来才事半功倍。林文月幼年时的第一语言原是日语,及长,专攻中国文学,因此翻《源氏物语》《伊氏物语》等日本经典名著时得心应手。余光中热爱艺术,尤喜梵谷(梵高),因此译《梵谷传》水到渠成。名家之所以成功,必然有其高深的素养与精湛的学问在后支撑,蔡思果引陆游诗所说的"功夫在诗外",就是这个道理。[1]

翻译可以学,翻译技巧可以通过实际训练来加强,但这只是培养"译员"的过程,而非成为"译家"的必然途经。为了适应社会需要,翻译系必须设置;为了研讨译学,翻译理论必须建立,但是所有理论规条之所以存在,都是为了让初手有所遵循,让高手予以打破的。翻译学之中,并没有万应万灵、放诸四海而皆准的公式。

翻译到了最高层次,正如所有艺术的形式一般,最要紧的是存在译家心中一把衡量的尺。多读理论有助厘清观念,多看经典名著以增进语文修养,才是提高翻译能力的良方。

最后,且以苏东坡《题西林壁》一诗作为总结:

横看成岭侧成峰,远近高低各不同,
不识庐山真面目,只缘身在此山中。

这首诗,大家耳熟能详,正好成为今日翻译界的写照。三十年前,大家也许跟"翻译"这座插天巨岳距离太远,因此视而不见,漠不关心;三十年后,我们却距离太近,身陷其中。译山之中,千崖百仞,重岩叠嶂,因此使我们横看侧望,迷失在羊肠蟠道上。其实,

---

[1] 见蔡思果,《功夫在诗外——翻译偶谈》,香港:牛津大学出版社1996。BW Book Worm

只要我们凝神观察，细心审视，即使峭危峻险，积石峨峨，又何尝见不到千岩竞秀、万壑争流的壮丽景观？且让我们气定神闲，返璞归真，拨开令人目眩神摇的重重迷雾，好好认识翻译的真面目吧！

2000 年 11 月 11 日初稿
2001 年 5 月 25 日定稿

（根据翻译学讲座教授金圣华教授 2000 年 12 月 12 日就职演讲词整理）

如何翻译存在瑕疵的文件

——以一份未经编辑的文件为例

李长栓

忠实的核心是再现原文意图，而非对文字的逐字翻译。但现实生活中，有很多文件，特别是以外语起草又没有经过编辑的文件，经常出现逻辑不通甚至违反常识之处，给翻译工作带来了极大的不便和困扰。本文以佛得角共和国提交联合国人权机构的《共同核心报告》[①]（UN，2017）为例，通过剖析报告中产生逻辑瑕疵的各种情形，归纳总结出相应的解决方法。

一般而言，逻辑瑕疵常见于以下几类情况：原文笔误造成的逻辑不通，原文表达冗余造成的词不达意，原文信息遗漏产生的逻辑链条断裂等。解决方法有：利用常识和逻辑发现错误，根据逻辑删除原文冗余信息，借助参考资料澄清信息，改变表达方式使意思更加到位、措辞更为严谨，以及不得已时保留原文的疑似错误。

[①] 文件名称为 Common Core Document Forming Part of the Reports of States Parties，统一译为"作为缔约国报告组成部分的共同核心文件"。联合国各种公约（妇女公约、残疾公约、种族公约、酷刑公约等）下设的委员会，都要求缔约国定期提交报告，汇报国内执行情况。如果每份报告都从介绍国内大背景开始，则各报告内容重复，于是各国按要求提交一份"共同核心文件"，介绍国家概况（人口、经济、社会、文化特点；宪法和政治框架）、该国保护和促进人权的大框架（国际公约的接受情况、国内人权保护法律框架、国内如何组织报告的撰写等），以及如何消除歧视促进平等，供各委员会共享。这类报告联合国通常没有精力进行编辑，所以语言问题较多。未经编辑的文件，封面会注明 The present document is being issued without formal editing（本文件印发时未经正式编辑）。

一　利用常识和逻辑发现原文笔误

原文的语法错误、拼写错误，比如把 country 写作 county，把 on average 写成 on averaged，比较容易发现，不影响理解，翻译中可以忽略（如果原文仍有可能修改，则可提醒委托人）。

有些错误则需要具备一定的专业知识或常识才能发现。比如下文中的百分比就应当改为千分比：

> According to data from the Ministry of Health, under – 5 mortality was 22.5% in 2014 (corresponding to 239 deaths). Infant mortality (under 1 year) is the main cause of deaths, especially in the early neonatal (62.4%), late neonatal (12.4%) and post-neonatal stages with 25.2%.

常识告诉我们，22.5%的死亡率太高了。实际上，5岁以下儿童死亡率通常用千分比，此处显然是一个笔误。调查发现的该国统计数据显示，这里确实应该是千分比（见下表画圈和下划线部分）（National Statistics Institute, 2017）（谷歌翻译）：

Table 3.13 - Infant mortality rate and its components (early neonatal, neonatal late, Neonatal post) and mortality in children under 5 years (2011-2015)

	Child (*)	Early Neonatal (0 to 6 days)*	Late neonatal (7 to 27 days)*	Postnatal (28-364 days)*	<of 5 Years *
2011	23.0	14.1	2,3	6.6	26.2
2012	22.3	11.7	3.7	7.0	26.3
2013	21.4	13.4	2.7	5.4	23.6
2014	20.3	10.8	4.4	5.0	22.5
2015	15.3	8.1	2.0	5.3	17.5

Mortality rate

* per 1 000 live births, according to the INE's demographic projections
Source: Ministry of Health and Social Security

同时也发现，与新生儿早期（0—6 天）、新生儿晚期（7—27 天）、新生期后（28—364 天）相应的三个数字（62.4%、12.4%、25.2%），不能理解为 1 岁以下儿童在三个时期的死亡率，因为这三个数字加起来为 100%，即全部死亡（上表显示，这三个时期的死亡率分别为 10.8‰、4.4‰和 5‰）。根据逻辑，只能理解为三个时期的 1 岁以下儿童，在 5 岁以下儿童死亡人数中，分别占 62.4%、12.4%、25.2%。

笔者译文：

卫生部的数据显示，2014 年 5 岁以下儿童死亡率为 22.5 ‰（239 例死亡）。婴儿（1 岁以下儿童）死亡是 5 岁以下儿童死亡的主要因素，特别是在新生儿早期、晚期和新生期后。这三个时期分别占 5 岁以下儿童死亡的 62.4%、12.4%和 25.2%。

再比如：

The system of organization, competence and functioning of the municipalities, defined with the basic local authority, is contained under the **Law nr** 134/**IV**/ 5, **of July** 3.

初译稿把法律编号直接翻译为"7 月 3 日第 134/IV/5 号法律"。笔者奇怪的是为什么没有通过法律的年份。观察其他段落的法律编号：Law no. 03/IV/91 of July 4, Decree-Law n° 67/98, of 31 December, 似乎也没有年份；再观察：Legislative Decree No. 5/**2007** of October 16, Special Law nr. 84/VII/**2011** of January 10, 发现年份已经隐含在编号中，只是 20 世纪的年份，只用了后两位。再往后看，Constitutional Law No. 2/III/**90**, of September 29, **1990**, 更确认了这一判断。这样，就可以断定原文编号中的年份，少了一个数字。经网上检索这部法律，发现是 95 年通过的。译文直接修正：

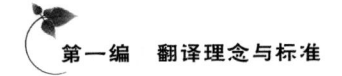

市作为基本地方当局，其组织体系、职权和职责在 **1995 年** 7 月 3 日第 134/IV/**95** 号法律中作出了规定。

注意：译文还增补了"1995 年"，以符合汉语表达习惯。

还有些笔误，通过简单的逻辑推理也可以发现，但需要查证才能纠正：

In 2005, the contraceptive prevalence rate was 44% among sexually active women regardless of their marital status (42% for modern methods, 22% for sexually active girls aged 15 – 19), and unmet need for contraception of 17%. Access to contraceptives and family planning is secured in sites of difficult access, through monthly trips by the Health Agent. In **2007**, the III Sexual and Reproductive Health Survey will be conducted, which will enable updating these data.

加黑的 2007 年显然是个笔误。很可能是 2017 年，因为报告提交日期是 2017 年 10 月 13 日，还有可能在本年度调查。但译者不敢确定，于是用谷歌把关键词 III Sexual and Reproductive Health Survey 译为葡文，查到以下资料（谷歌翻译）：

The National Statistics Institute (INE) today launched the III Demographic and Reproductive Health Survey (IDSR) in Praia, aiming at updating the data on reproductive health, child health and protection of children and women.

发布时间是 2017 年 11 月 23 日。这样，可以毫无悬念地把 2007 年改为 2017 年。笔者译文：

2005 年，不论婚姻状况，性活跃女性的避孕普及率为 44%（采取现代方法的 42%，15—19 岁性活跃少女为 22%），仍有

17%的避孕需求没有满足。通过卫生代表的月度访问，为难以通达地区提供了避孕和计划生育服务。**2017** 年将开展第三次性与生殖健康调查，更新这些数据。

有时，文件还会出现把定语摆错位置的情况：

As an organ of the **independent** State and auxiliary of political power, elected by the National Assembly for as long as the law determines, there is the Ombudsman.

对监察员制度有所了解的人都知道，它是一套独立于政府其他机构的监察机制，所以 independent 本应修饰 organ。经过核实佛得角共和国的《宪法》，也证实了这一点。笔者译文：

监察员作为国家的独立机关和政治权力的附属机构，由国民议会选举产生，任期由法律决定。

可能有人会提出这样翻译会不忠实原文。实际上，忠实原文是指译者应忠实于作者的意图，而非文字。如果问一下作者是否修改，作者肯定同意。当然，如果不敢确定，也可以保留原表达。

二 利用常识发现并纠正不合情理之处

如果发现原文的意思不合情理，不要轻易放过。经过查证很可能证明原文的表述存在错误。比如，下文引用的《选举法》允许残疾人在其他人陪同下去投票，这完全可以理解。但要求陪伴者是 a voting citizen（一个投票的公民），则意味着有投票权的人去投票时，残疾人才可以跟着他去投票，但不允许没有投票权的人陪同。这很不合情理：

Among the recently adopted legislative measures, it is worth highlighting the Decree-Law 20/2011 of February 28, which approves the technical standards that guarantee the accessibility, with safety and autonomy, of persons with disabilities and limited mobility, through the elimination of urban and architectural barriers and the possibility granted by the Electoral Code to those of voting accompanied by a freely chosen ~~voting~~ citizen, in order to safeguard the political participation of persons with disabilities on equal terms.

经查《选举法》(ACE, 2010) 第212条,发现里面没有要求陪同者是"voting citizen",一个普通公民即可:

Blind voters and persons with physical disabilities who are notoriously unable to carry out the different voting operations themselves shall vote accompanied by **a citizen of their choice**, not a candidate or agent, who guarantees fidelity of expression of his vow, making the companion obligated to absolute secrecy. (谷歌翻译)

译文中予以纠正:

最近通过的立法措施中,值得强调的是2011年2月28日第20/2011号法令和《选举法》。前者批准了消除城市和建筑障碍的技术标准,以确保残疾人和行动受限者能够安全、自主、无障碍地出入城市设施和建筑。后者允许残疾人和行动受限者自主选择**其他公民**陪同投票,从而保障残疾人平等参与政治的权利。

下文是另一例表达意思不合情理的情形:

The current organic law of the Government was approved by DL n° 37/2016, of 17 June.

字面翻译："2016年6月17日第37/2016号法令批准了目前的政府组织法。"用"法令"的形式批准"法律"的做法令人困惑。因为 organic law 属于"law",位阶高于 DL（Decree Law）。以较低的法律,批准较高的法律,有悖于法律中"上位法"高于"下位法"的原则。类似的说法,报告中还有很多,无法将就过去。经查 DL n° 37/2016 本身,发现该法的葡文标题为：Decreto-lei n° 37/2016: Aprova a orgânica do Governo da IX Legislatura. 谷歌翻译为：Decree-Law No. 37/2016: Approves the organic of the Government of the IX Legislature. 仔细对照谷歌译文和报告原文,发现谷歌译文中用的是 organic（葡文：orgânica）,不是 organic law。尽管词性不合语法,但可以理解：第37/2016号法令：该法令批准了第九届议会下的政府组织。这个意思可以理解。

通过查阅这部法律和其他法律的原文,发现佛得角法律以编号命名（如2016年第37号法）,然后以冒号说明该法的主题。据此,DL n° 37/2016 本身就是佛得角的《政府组织法》,该法是一个"法令"（法律的一种）。这样,就可以灵活翻译为："2016年6月17日批准了最新版本的《政府组织法》（第37/2016号法令）",或者："2016年6月17日第37/2016号法令批准了本届政府的组成"。

三 依据逻辑删除原文的冗余信息

有时原文起草过程中该删除的地方没有删除,导致叙述矛盾。比如下一段中划删除线部分必须删除（of 也需要改为 is）,意思才连贯：

> Between 15 and 44 years, the proportion of men is greater than of women (respectively, 51.2% and 48.8% of the population within this age group). In fact, historically Cabo Verde is a country marked by emigration, which has an important diaspora, but since the 1990s it has also become a destination country, with predominance of male immigration in this age group. From the 1950s on, there are more women

than men, *and the proportion of* ~~women in the above-mentioned age group~~ *beyond* 64 *years* ~~of~~ *is* 60.6%, associated with the migratory dynamics (male emigration in previous generations) and a longer life expectancy among women.

从语言衔接性判断，"in the above-mentioned age group"指15—44岁的年龄群体，但这显然和"beyond 64 years"相矛盾。本段主要讲男女比例的变化及其成因，从意思连贯性判断，这句话只能是在讲64岁以上群体。遇到这种显然的矛盾，就要大胆怀疑原文是否有误，而不是按字面翻译（"在上述年龄组的女性中，60.6%超过了64岁"）。笔者译文：

15岁至44岁的男性比例高于女性（51.2%比48.8%），但64岁以上的人口中，女性则占60.6%。这是因为，佛得角历史上曾是一个移民输出国，有几代男性移居国外，海外人口众多；加上女性预期寿命延长，1950年代以来，女性的数量超过了男性。但1990年代以来，佛得角又成了移民输入国，而且以15岁至44岁的男性移民为主。

同时，为使逻辑更加清晰，笔者也调整了一些信息出现的先后顺序。

下面的例子中，也出现了类似错误：

According to the IDRF III's preliminary results, when considering absolute poverty, there were 35% of the population living below the absolute poverty line in 2015; 48.3% in rural areas and 27.7% in urban areas, whereas in 2007 this rate was 46.4%, and 57.6% in 2001 – 2002, i.e. *A decrease* **in the last 8 years** *of* 11.4 *percentage points* ~~in the previous 6 years~~.

如何翻译存在瑕疵的文件

最后一句有两个时间状语，意思相互冲突。很可能是起草者没有仔细检查。保留哪一个？通过简单的计算即可知道：2007 年到 2015 年是 8 年，46.4% − 35% = 11.4 个百分点。所以是指 2007 年到 2015 这个 8 年。原文很可能也曾想包括 2001 年到 2007 年这 6 年的下降信息，但后来删除了，却没有删除干净。笔者译文：

> 绝对贫困方面，2001 年至 2002 年，绝对贫困率为 57.6%，2007 年下降为 46.4%；根据第三次家庭收支状况调查的初步结果，2015 年该比率为 35%，其中农村地区 48.3%，城市地区 27.7%，8 年间下降了 11.4 个百分点。

另请注意，为使信息排列符合汉语习惯，笔者调整了信息顺序。再者，48.3% in rural areas and 27.7% in urban areas 的意思不是"其中 48.3% 在农村地区，27.7% 在城市地区"，因为这两个数字加起来不到 100%，也不可能出现城乡之外的地区类别。所以，只能是农村人口中有 48.3%，城市人口中有 27.7%。

译者需要有宏观思维，不能只盯在一个句子上。应从意思连贯性着手，理顺逻辑关系。眼界稍微开阔一点，就不会把这句话翻译为"在过去 8 年中，绝对贫困率在此前 6 年的基础上下降了 11.4 个百分点"。

最后一例，下文中的 collective agreements 无法理解：

> The law also recognizes to these associations the right to exemption from stamp duty, customs taxes on imports of equipment and materials indispensable for the full performance of their duties and other taxes on these incidents, as well as other tax benefits legally attributed to persons ~~Collective agreements~~ of public utility.

经查证，相关法律规定中根本没有 collective agreements 这个短语。所以，译文中要删除：

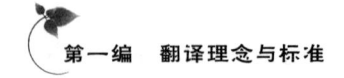

该法还免除此类协会充分履职所需进口设备和材料的印花税、关税和其他相关税费,并享受公益法人依法享受的其他税收利益。

四 依据逻辑发现和补充原文遗漏

原文不仅会出现忘记删除的冗余内容,还会误删或遗漏重要内容,导致逻辑链条断裂。比如,下例应当加入方括号中的内容:

> Also in 2007, following the recommendations received from the CEDAW Committee to Cabo Verde's initial report, the edition by ICIEG of the "Cabo Verde and CEDAW" (500 copies), prefaced by the Prime Minister, containing the Convention's full text; the Cabo Verde's initial report to [*the Committee and*] the Committee's questions to the State of Cabo Verde and subsequent replies;

之所以添加,是因为原文搭配(report to the questions)在意思上说不通。而且根据笔者对相关程序的了解,缔约国按期向委员会提交报告,委员会看过后提出书面问题,缔约国作出书面答复,然后缔约国还要亲自到委员会当面陈述报告情况,接受委员会提问,最后委员会提出书面建议。因此,译文可以补充遗漏的信息:

> 还是在2007年,性别平等与公平问题研究所接到消除对妇女歧视公约委员会对佛得角初次报告的建议后,出版一本书,标题为《佛得角与消除对妇女歧视公约》(共印刷500本),由总理作序,载有公约全文、**佛得角向委员会提交的初次报告、委员会提出的问题、佛得角的答复、开审陈述、审议和建议**。

五　依据逻辑促使译文表达合理化

有时原文的表达缺乏逻辑，译者可以通过一些调整，使译文表达更加合理。例如：

Since Cabo Verde has ratified human rights instruments of international law such as the Mérida Convention on Corruption and the Palermo Convention on Transnational Organized Crime (ratified in 2004), and its Additional Protocols to the Convention on the Prevention, And Punishment of Trafficking in Persons, especially Women and Children, and against the Smuggling of Migrants, **the Penal Code was still adequate, and now provides for acts classified as crimes by these instruments**.

本段加黑部分的逻辑不太通顺：自从该国批准这些公约以来，《刑法》仍然合适，现在规定了这些公约中的犯罪。

按照常理，批准公约前后要修改国内法律，使之符合公约，此处本末倒置，译文可以颠倒过来：

佛得角批准了若干国际法人权文书，如《梅里达反腐败公约》和《联合国打击跨国有组织犯罪公约》（2004年批准），及后者《关于预防、禁止和惩治贩运人口特别是妇女和儿童行为的补充议定书》和《关于打击偷运移民的补充议定书》。《刑法》经修订后，涵盖了这些文书中的全部犯罪，迄今仍然适用。

六　依据文外资料澄清原文修饰关系

有些情况，由于作者英语并非母语，原文词不达意之处甚多，必

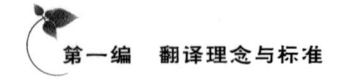

须根据上下文反复推敲计算,甚至借助篇章之外的资料,才能理解。比如:

> In 2015, on average, about 1/4 of the household expenditure were for food (26%), the same for the expenditure related to housing, water and electricity (26%). On average, health accounts for 3% of annual household expenditure and education 2%. *Proportionately, average expenditures on food decreased by 11 percentage points between 2002 and 2015, while transport costs increased by 5 percentage points,* **which** *combined currently accounts for about 12% of annual average expenditure of households.*

这段话单独翻译每个句子都不难。斜体部分初稿译为"从比例上看,平均食品支出在2002年至2015年间下降了11个百分点,而交通费上涨了5个百分点,**两项加起**来目前约占家庭年平均支出的12%"。把which理解为"两项",从中文来看,显然是指"食品"加"交通"两项。可是,第一句就说食品开支占26%,怎么加上交通反而降低为12%?逻辑显然不通。合理的猜测是交通费自己占12%[上涨的5个百分点加上原来的(7个)百分点]。但因为没有事实依据,不敢轻易落笔。网上关于佛得角的英文资料不多,只能把英文转化为葡文后查阅葡文资料,再转为英文。通过查询 annual average expenditure of households Cabo Verde 的葡文 despesa média anual das famílias Cabo Verde,得到更多相关报道,其中有一段是(谷歌翻译):

> The relative weight of food expenditure decreases from 37% in 2002 to 26% in 2015, while transport expenditure increases from 7% to 12%. (Jorge Montezinho, 2016)

这证明了笔者的猜测。这一信息也告诉译者:原文的 proportionately、average 难以理解,很可能就是用词不当的结果,翻译中可以忽略。笔者译文：

2015年，家庭的食品支出约占年度总支出的1/4（26%），住房、水电支出与此相同（26%）。卫生支出占3%，教育占2%。2002年至2015年，食品支出下降11个百分点，而交通支出上涨5个百分点。交通支出目前占家庭年支出的12%。

七　依据参考资料使表达更加到位

有时，因为作者的英文能力有限，常常说不到点子上，使得原文的逻辑不清晰，必须通过更多资料澄清原文的逻辑。比如：

The members of the Government **are linked to** the Government's program and to the deliberations of the Council of Ministers, and are jointly and politically responsible for its execution.

初稿直译为"政府成员与政府纲领以及部长会议审议有关，共同对纲领的执行承担政治责任"。读者可能会问："政府成员当然与政府纲领有关，你到底想表达什么意思？"查看宪法中相关规定，发现葡语用词是vinculados，该词的第一个英文解释是link，第二个是bind，原来是葡语到英语翻译不当。联合国网站提供的英文版《宪法》更清楚：

The members of the Government shall be **duty-bound** by the Government's program and by the deliberations of the Council of Ministers and shall be **solidarily** and politically responsible for the program's execution.

但其中的solidarily并非一个英文单词，而是葡语单词直译的结

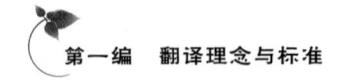

果。综合两种版本,可以翻译如下:

政府成员受《施政纲领》以及部长会议辩论结果的约束,并共同对《施政纲领》的执行承担政治责任。

下面一段话的表达也很不到位:

It is also not necessary to appoint a lawyer in **cases where the Public Prosecution Service is in charge of the party's representation, which** happens in relation to the absentees and incapacities in which it is incumbent on the Public Prosecution Service to try, in his/her name and representation, any actions that are necessary for the protection of their rights and interests, also assuming their defence, <u>as well as those that are uncertain</u> when they or their representatives do not file opposition, or, in the case of the absentee, when they do not appear in time for to file it.

这句话的大意是什么情况下不需要请律师。但整体句子结构看不出来,也不知道 those that are uncertain 是什么意思。能确定的是 which 修饰 cases。通过谷歌翻译查看佛得角的《民事诉讼法》,相关的一款规定是:

The representation of the Public Prosecution Service ceases **only when those mentioned as uncertain present themselves** to intervene as defendants and their legitimacy is duly recognized. (UNODC, 2010)

从加黑部分来看,既然有"出现"(present)一词,则 uncertain 可能为"不确定的(人)"。但由于对相关制度不了解,又查了中国澳门特别行政区《民事诉讼法》(澳门特区印务局,1999),果然发现了类似的制度，比如：

> 第四十九条
> **检察院为失踪人、无行为能力人或不能作出行为之人作出防御**
> 一、如无行为能力人或失踪人又或其代理人在作出防御之限期内，不作申辩亦无委托诉讼代理人，则由检察院为其作出防御；为此，须传唤检察院，而答辩之期间将重新进行。
> ……
> 第五十一条
> 对不确定人之代理
> 一、如针对不确定人提起诉讼，则该不确定人由检察院代理。
> 二、如检察院代理原告一方，则须为不确定人指定一公设代理人。
> 三、作为不确定人而被传唤之人到场参与诉讼，且其作为被告之正当性获适当确认时，检察院或公设代理人之代理方终止。

这样，原文的意思就明确起来。笔者译文：

> 检察机关代理当事人时没有必要委任律师。下列情况下检察机关有义务以当事人的名义或代表当事人采取任何必要行动保护当事人权益或为当事人辩护：当事人缺席或无行为能力；当事人不确定，本人或其代理人没有提出异议；缺席当事人没有及时出现提出异议。

八　依据参考资料使译文措辞更加严谨

原文存在的逻辑瑕疵，可以通过其他资料予以纠正。比如：

For the purpose of electing the President of the Republic, **the territory of the Republic of Cabo Verde comprises** the national constituency and foreign constituency, the latter made of all the countries in which Cabo Verdean voters reside. Each of these two constituencies corresponds to an electoral college, having each electing citizen registered abroad a vote, being the total of these votes equal to a maximum of one fifth of the votes found in the national territory (articles 372 and 373 of the Electoral Code).

原译：

为选举共和国总统之目的，佛得角共和国<u>**领土**由国内选区和国外选区构成</u>，国外选区由佛得角选民居住的所有国家构成。这两个选区各自相当于一个选举团，登记的海外选民一人一票，总选票最多等于国家领土内选票的五分之一（《选举法》第372和373条）。

原文和原译都存在一个逻辑问题：佛得角的领土怎么可能包括外国？查阅该国《宪法》，发现《宪法》条款措辞并非如此：

Article 102

(Electoral constituencies)

1. For the purposes of the election of the President of the Republic, the national territory shall constitute a single electoral constituency, to which a single electoral college shall correspond. (UN Woman, 2010)

该条仅规定选举总统时，佛得角领土算做一个选区（相对于选议会议员时把全国分为很多选区），不涉及国外选区，所以用 territory 没有问题。关于国外（佛得角）选民的规定，出现在其他条款，意思是国外选民算做一个选区,但国外选民的投票总数,不得超过国内选民投票总数的五分之一(大概是为了限制海外选民的影响力)。如果国外选民投给两个或多个总统候选人的票数加起来多于国内票数的五分之一,则按一定比例折算为五分之一,两个总统候选人的海外得票相应按这个比例折算。作者把这两方面的规定糅合起来,结果出现逻辑问题。译文可以予以适当加工,删除"领土":

改译:

为选举共和国总统之目的,**佛得角共和国将选民分为国内选区和国外选区**,国外选区由佛得角选民居住的所有国家构成。这两个选区各自对应于一个选举团。海外登记选民一人一票,但海外得票总数最多算作国内得票总数的五分之一(《选举法》第372和373条)。

九 通过文外资料发现原文表达错误

当译者认真阅读原文,仍百思不得其解时,可能是原文有误,需要通过查找资料修改。比如:

As for victims, Law 81/VI/2005 of September 12 and its Regulatory Decree 2/2006 of 13 February establish and regulate measures for the protection of witnesses in criminal proceedings when their life, **physical or legal psychic**, liberty or property of considerable value are endangered by their contribution to the proven facts of the case, including the relatives of witnesses and other persons close to them.

什么是 legal psychic?根据该法(Law No. 81/ VI/2005)英文版(Imolin, 2005),相关条款的规定是:

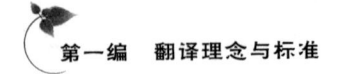

This law regulates the measures to be taken to protect witnesses in criminal proceedings when their life, **physical or psychological integrity**, freedom, or valuable assets are put in danger by virtue of their role in proving facts relevant to a case.

原来根本不存在 legal psychic，而是 psychological integrity。根据资料，翻译如下：

在证人保护方面，2005 年 9 月 12 日第 81/Ⅵ/2005 号法及 2006 年 2 月 13 日实施该法的第 2/2006 号行政法规规定了刑事诉讼中的证人保护措施，保护证人不因参与证明案件事实而导致生命、**身心健康**、自由或大额财产受到威胁。这些措施也适用于证人的亲友。

有时原文的错误是偶然发现的。比如：

Cabo Verde accepts the competence of the African Commission on Human Rights and signed the African Charter on Human and Peoples' Rights on 6 October 1987, which entered into force on November 6, 1987. As a means of safeguarding the rights provided for in the Charter, it establishes an African Commission on Human and Peoples' Rights with the Organization of African Unity to promote human and peoples' rights and ensure their protection in Africa.

原译：

佛得角接受非洲人权和民族权委员会的管辖权，并于 1987 年 10 月 6 日签署了《非洲人权和民族权宪章》，**该宪章于 1987 年 11 月 6 日生效**。为保障《宪章》中规定的权利，《宪章》规定与非洲统一组织设立非洲人权和民族权委员会，以促进人权和民族权利，并确保这些权利在非洲得到保护。

原译发现了 African Commission on Human Rights 表述不全（应为 African Commission on Human and Peoples' Rights），予以补充，是可取的。但"该《宪章》于 1987 年 11 月 6 日生效"令人生疑：签署之后一个月生效，似乎没那么快。而且怀疑不是《宪章》生效——《宪章》可能早已生效——而是《宪章》**对该国**生效。

经查，《宪章》于 1986 年 10 月 21 日生效，确实不是 1987 年 11 月 6 日生效。另根据《宪章》第 65 条，一国提交批准书或加入书 3 个月后，宪章对该国生效，一个月确实太快：

For each of the States that will ratify or adhere to the present Charter after its coming into force, the Charter shall take effect three months after the date of the deposit by that State of the instrument of ratification or adherence. (African Commission on Human and People's Rights, 1986)

另外还意外发现原文 6 October 也有错误：

Participant	Action	Date of Notification/Deposit	Date of Effect
Algeria	Ratification	20/03/1987	20/06/1987
Angola	Accession	09/10/1990	09/01/1991
Benin	Adherence	25/02/1986	21/10/1986
Botswana	Adherence	22/07/1986	22/10/1986
Burkina Faso	Ratification	21/09/1984	21/10/1986
Burundi	Ratification	30/08/1989	30/11/1989
Cameroon	Ratification	18/09/1989	18/12/1989
Cape Verde	Ratification	06/08/1987	06/11/1987

(UN, 1988)

从表中可见，佛得角通知秘书处批准公约（notification）或交存（deposit）批准书的日期是 8 月 6 日（不是 10 月 6 日）；交存后三个月对该国生效，正好是 11 月 6 日。而且该国的"动作"（action）是 ratification（批准），而不是"签署"（sign）。另据资料，佛得角的签署日期是 1986 年 3 月 31 日，批准日期是 1987 年 6 月 2 日。（UNECA，1986）

因此，原文 signed the African Charter on Human and Peoples' Rights on 6 October 1987 是错误的。如果改，应该改为 **ratified** the African Charter on Human and Peoples' Rights on 6 **August** 1987。鉴于此改动较大，也可以不改，批注说明原文问题，交给用户斟酌处理。

笔者译文（未修改原文）：

佛得角接受非洲人权和民族权委员会的管辖权，**并于 1987 年 10 月 6 日签署了《非洲人权和民族权宪章》，该宪章于 1987 年 11 月 6 日对佛得角生效**。为保障《宪章》中规定的权利，《宪章》与非洲统一组织共同设立非洲人权和民族权委员会，促进人权和民族权利，确保这些权利在非洲得到保护。

十　通过参考资料纠正原文措辞不当

由于原文作者并非母语，或者受机器翻译干扰，原文的用词并非准确地道。译者要根据上下文，来理解突兀的表达方法。比如：

In Cabo Verde, in addition to the Constitutional Court, there are the following courts: The Supreme Court of Justice, the Judicial Courts of Second Instance, the Judicial Courts of First Instance, the Court of Auditors, the Military Court of **Appeal**, and the Tax and Customs Courts. The Constitution provides that administrative tribunals and arbitration tribunals, as well as bodies for the regulation of conflicts in **territorial areas** that are more **restricted** than those in the jurisdiction of the courts of first instance, may be created by law.

这一段介绍佛得角的法院类别。Military Court of Appeal（军事上诉法院）放在这里比较突兀：为什么没有设立一审军事法院？难道军事案件一审在普通法院，二审才到军事法院？不合常理。查看《宪法》，葡文用的是 Tribunal Militar de Instância，直译为英文是 tribunal of military instance。查英文 instance，偶然看到 instance court 的说法，意思是一审法院：old-fashioned term for court of first instance（Oxford University Press, 2018）。但此处不强调一审，否则原文会用 military court of first instance。据此判断英文原文用词不当。

本段话的第二句也不好理解。难道是在普通一审法院管不到的地区设置冲突管理机构？似乎不太可能。一个国家没有法院管不到的地方。所以初稿译为"还可在比一审法院**管辖领地**所受限制更多的领地设立冲突管理机构"令人费解。

查看《宪法》规定，发现这两句话分属两款规定。第一款列举的几类法院具有司法性质（也叫 judicial courts），第二款列举的机构并非"法院"，而是 tribunals（如行政法庭、仲裁庭）。"bodies for the regulation of conflicts…"作为 administrative tribunals 和 arbitration tribunals 之后的第三项列举，也应当与前两项性质一致，即不属于司法性质的机构。这样一来，只能是某种类型的 ADR（替代性争议解决）机构，如调解机构。

至于 territory，除了"领土"之义，还有"领域"的意思：An area of knowledge, activity, or experience（Oxford University Press, 2018）。restricted 应当理解为 specialized，属于用词不当。

笔者试图查找其他佐证资料，比如其葡语国家《宪法》当中的相关规定，但没有找到类似条款。尽管如此，从逻辑上看，这一推断应当可以站得住脚。笔者译文：

除宪法法院外，佛得角还设立以下法院：最高法院、二审法院、一审法院、审计院、**军事法院**、税务海关法院。《宪法》规

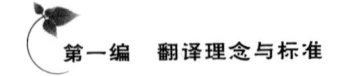

定，可依法设立行政法庭和仲裁法庭，还可在**专门领域**设置专业冲突管理机构，解决一审法院管辖之外的争端。

下文中的 while 也难以理解：

In accordance with Article 12 of the Constitution of the Republic of Cabo Verde, general or common international law forms an integral part of the Cabo Verdean legal order. International treaties and agreements, duly approved or ratified, shall be in force in the Cabo Verdean legal order after publication in the Official Gazette and *entry into force in the international legal order and* **while** *internationally binding the State of Cabo Verde.*

通过其他资源，发现 while 其实应当改为"for the time that…"斜体部分原译"……即在佛得角法律秩序中生效，对佛得角有国际法律效力"理解错误。笔者译文：

《佛得角共和国宪法》第 12 条规定，一般或通行国际法是佛得角法律秩序的重要组成部分。经过正式核可或批准的国际条约和协定，一经《政府公报》发布并在国际法律秩序中生效，即在佛得角法律秩序中生效，**效力持续至条约或协定对佛得角丧失国际约束力。**

十一　不得已时保留原文疑似错误

原文有时候疑似有误，但由于缺乏资料，无法确认，只能保留原文的疑问（可以向用户提出），比如下文中的两个数字：

In the 2013/2014 academic year, there were 420 primary education facilities and 50 secondary education facilities. This corresponds to a decrease of 7 primary education facilities and an increase of 5 secondary education facilities between 2010 and 2014. In the same 2013/14 school year, there were **2965** primary school teachers and **2965** secondary school teachers serving 65954 primary school students and 52427 secondary school students.

其中中小学教师的数量都是2965人，令人生疑。一般情况下，如果数字完全一样，作者会明确指出，比如，中学教师数量也是多少人。此处无专门说明，很可能有误。但笔者也没有查到资料。即使查到，在译文中纠正后，也需要向委托人说明；如有必要，请委托人联系作者修正。但这份文件既然联合国连编辑的时间都没有，估计也不会专门再联系佛得角国内修改。所以，纠正与否，译者酌情决定即可。笔者译文（注意调整了信息顺序，使表达更加简洁）：

2010年至2014年，初等教育机构减少了7所，中等教育机构增加了5所。截至2013/2014学年，共有初等教育机构420所，教师**2965**名，学生65954名；中等教育机构50所，教师**2965**名，学生52427名。

总　结

未经编辑的文本固然有很多错误，但即使正式出版物，错误也在所难免。译者要做到忠实于作者意图，就是要在厘清逻辑的前提下，敢于超越原文文字，利用批判性思维和调查研究，透彻理解原文希望表达的客观事实，在不逾越权限的情况下，订正原文的笔误，必要时提醒作者修正原文，尽最大努力做到意思连贯，语言通顺，达到一篇文章的基本要求。从这个意义上讲，译者首先要发挥一个编辑的作用。

最后，对于笔者的观点，可能有不同意见，比如：对原文进行修改,超越了译者的权限,可能受到责备;中文修改,其他语文不改,造成各语种不统一;原文"未经编辑",就说明用户本身并不重视这份文件,译者不必较真;中文事先改过了,原文如果将来改正,中文将无法作相应修改,处境尴尬。

笔者认为,这些所谓修改,仅仅是文字上的编辑,并不违背作者意图。在决定是否改动时,可以设想:如果去问作者或委托人,他们是否会同意。如果断定他们会同意,则去修改;如果有任何不确定性,不去修改。拿不准时,可以问问主管部门。如果主管要求严格按照字面含义翻译,保留原文的一切错误,译者遵照执行即可,甚至明明知道 county 应为 country,也严格按字面翻译。如果部门的政策是翻译意思,而非文字,译者则享有一定的自由裁量权。对于原文瑕疵,可以斟酌决定处置方式。

如果认同翻译的沟通作用,则各种语言不统一也不构成问题。有一个版本正确总比全部错误好。对于未经编辑的文件,是否降低了翻译要求?我想未经编辑,只是说明相关部门没有资源进行编辑,不能说明他们不希望我们做好。至于将来原文修改,译文无法再改,那不是正好?实际上,如果及时向起草部门反馈原文错误,主动让其修改原文,会使起草部门感到尴尬,而不是我们。

为什么要去做这些可能出力不讨好的事情?就是因为我们作为一名职业译员,必须达到最低的翻译标准,即意思准确、语言通顺。对原文的编辑,是为了实现这个目标。

(原载于《东方翻译》2018 年第 4 期)

参考文献

[1] 澳门特区印务局:《民事诉讼法典》,(1999)[2018 – 2 – 28]. http://bo. io. gov. mo/bo/i/99/40/codprocivcn/。

[2] UN. HRI/CORE/CPV/2017 [EB/OL]. (2017 – 11 – 16) [2018 – 2 – 28]. https://digitallibrary. un. org/record/1322985/files/HRI_ CORE_ CPV_ 2017 – EN. pdf.

[3] UN. African Charter on Human and Peoples' Rights [EB/OL]. (1988 – 12 – 28) [2018 – 2 – 28]. https：//treaties. un. org/pages/showDetails. aspx? objid = 08000002800cb09f.

[4] ACE. Lei No 56/VII/2010 [EB/OL]. (2010 – 03 – 09) [2018 – 2 – 28]. http：//aceproject. org/ero-en/regions/africa/CV/cape-verde-electoral-law-compiled-version/view.

[5] AFRICAN COMMISSION ON HUMAN AND PEOPLE'S RIGHTS. African Charter on Human and Peoples' Rights [EB/OL]. (1986 – 10 – 21) [2018 – 2 – 28]. http：//www. achpr. org/instruments/achpr/.

[6] JORGE MONTEZINHO. 35% dos cabo-verdianossãopobres. [EB/OL]. (2016 – 11 – 27) [2018 – 2 – 28]. https：//expressodasilhas. cv/pais/2016/11/27/35-dos-cabo-verdianos-sao-pobres/51046.

[7] IMOLIN. Law No. 81/ VI/2005 [EB/OL]. (2005 – 09 – 12) [2018 – 2 – 28]. https：//www. imolin. org/doc/amlid/Cape% 20Verde% 20AML% 20law% 20no% 2081% 20VI% 202005 [1]. pdf.

[8] NATIONAL STATISTICS INSTITUTE. Annual Statistics, Cape Verde 2016. [EB/OL]. (2017) [2018 – 3 – 13]. http：//ine. cv/wp-content/uploads/2017/12/aecv-2016-1. pdf.

[9] OXFORD UNIVERSITY PRESS. instance court [EB/OL]. (NA) [2018 – 2 – 28]. https：//en. oxforddictionaries. com/definition/instance_ court.

[10] OXFORD UNIVERSITY PRESS. territory [EB/OL]. (NA) [2018 – 2 – 28]. https：//en. oxforddictionaries. com/definition/territory.

[11] UNECA. African (Banjul) Charter on Human And Peoples' Rights [EB/OL]. (1986 – 10 – 21) [2018 – 2 – 28]. https：//www. uneca. org/sites/default/files/uploaded-documents/ORIA/african_ banjul_ charter_ on_ human_ and_ peoples_ rights. pdf.

[12] UNODC. BoletimOficialSuplemento. [EB/OL]. (2010) [2018 – 2 – 28]. http：//www. track. unodc. org/LegalLibrary/LegalResources/Cabo% 20Verde/Laws/CodigoProcessoCivildeCaboVerde (2010). pdf.

[13] UN WOMAN. Constitution of the Republic of Cabo Verde [EB/OL]. (2010) [2018 – 2 – 26]. http：//constitutions. unwomen. org/en/countries/africa/~/media/983cd3b8346a4d53b9e116676bff7363. ashx.

翻译中的理解、表达、取舍[*]

李长栓

中文和英文都很好，是否自然可以做好翻译？最近请一位没有受过翻译训练的海外名校留学生翻译一份报告（关于中国—新加坡天津生态城的介绍），她又请工作语言为英语的同学修改，但效果并不理想。笔者发现：英文好，但没有经过训练的译者，其本能是逐字翻译，即基于语法规则进行转换。如果句子比较简单，意思清楚，逐字翻译的结果可以接受。一旦原文结构复杂、有中国特色，或原文表达冗长甚至词不达意，转换的结果便很难理解。更不用说遇到专业性强的地方，不懂得调查研究，而是按自己主观猜测去翻译，导致意思南辕北辙或者根本没有意义。本文摘取一些典型例句，从理解、表达、取舍三个方面，揭示初学翻译者应当注意的问题。

一　理解

理解是表达的基础。绝大多数翻译错误，都是理解不到位造成的。笔者在多本著作中都强调，译者的理解应该接近、达到甚至超过作者的水平。但一些译者仅仅理解了句子结构，就动笔翻译。对句子结构的理解，是最低层次的理解。译者的理解，包含多个层次。在宏观层面，译者要理解作者的背景、写作的目的、读者是谁；在中观的层面，译者要理解全文的中心思想、行文逻辑、段落与段落之间的关

---

[*] 感谢周蕴仪、雷宁、冯爱苏（Ursula Friedman）为本文提出修改意见。

系、句子与句子之间的关系；在微观层面，译者要理解原文所有的概念、用词和细节。此外，译者还需要了解翻译的背景：谁请你翻译、翻译的目的是什么、读者是谁、将来在什么地方发布，等等。对翻译背景的理解，有利于翻译中作出取舍决定。所以，译者的理解，要远远高于普通读者，甚至高于作者。所谓高于作者，就是译者能够发现作者的用词不当、搭配不当、句子结构和逻辑瑕疵，甚至原文引用的事实错误。译者可以利用多种方式理解原文，包括利用上下文、利用生活常识、利用逻辑思维、查字典、用互联网调查等。

（一）确定词语含义

词语是最小的翻译单位，是篇章翻译的基础。译者虽然不一定翻译出每个单词，但必须理解每个单词和短语。译者可以通过上下文、生活常识和调查研究等方式来确定词语含义。

1. 通过上下文

离开上下文，就不存在确定的意义。词典里给出的各种义项，仅仅是各种可能性。有些说法，甚至字典里也不存在。因此，译者要根据上下文，判断一个说法的含义。如果上下文无法判断，再通过文本外的资料来查找。例如：

原文

控规中对公共空间提出了详细的设置要求。

原译

The regulatory requirements set detailed requirements for public spaces.

"控规"在文件中反复出现，是一个关键词。相关的说法有"控制性详细规划""总规""总体规划""专规""专项规划"等，这些说法也反复出现。原译没有作调查，随意凭个人理解，把"控规"

翻译为 regulatory requirements（监管要求），把"控制性详细规划"翻译为 specific controlling measures，把"总规"一会翻译为 master plan，一会翻译为 overall plan，把"专规"翻译为 regulation（法规），把"专项规划"一会翻译为 special plan，一会翻译为 specific plan，一会翻译为 specific project plan。

译者的一个重要素质，就是宏观思维能力。译者必须能够看到前后文用词之间、句子之间、段落之间的逻辑关系。如果瞻前顾后仔细审读，不难发现，"控规"就是"控制性详细规划"；"总规"就是"总体规划"；"专规"就是"专项规划"。作为规划领域的基本术语，必须通过网络调查给出准确翻译。如果关键术语译错，即使其他地方都对，整篇报告也会失去意义。经过在网上检索，发现这几种规划的英文说法分别叫作：Detailed Control Plan、Master Plan 和 Special Plan。

改译

The Detailed Control Plan sets specific requirements for public spaces.

2. 通过常识

译者在阅读原文时，要不断对比自己的常识，确定自己的理解符合常理。如果发现有不合常理之处，就要通过更加细致的阅读或调查研究消除困惑。例如：

中国和新加坡合作<u>源远流长</u>，双方合作建设生态城更是一个历史性创举。

原译

Cooperation between China and Singapore **goes back to ancient times**. It is an historic initiative for both parties to jointly build an Eco-city.

此处的"源远流长",不能理解为"远至古代"。因为新加坡才建国几十年。但如果是谈中国和东南亚的历史交往,或者与非洲的历史交往,理解为"远至古代"就是合适的。至少从郑和下西洋,双方的交流已经开始。改译:

China and Singapore **have enjoyed a long history** of collaboration. This initiative to jointly construct an Eco-city stands out as a milestone undertaking.

改译还通过调整句子结构和用词,增强了两部分的逻辑连贯性。再如:

生态城的面积跨越天津的汉沽区和塘沽区。

原译

The Eco-city covers **an area larger than** the Hangu District and Tanggu District in Tianjin.

原译可能是疏忽。生态城"横跨"两个区,意思很清楚是两个区各占一部分,怎么可能大于两个区之和?如果真有疑问,哪怕是一丝一毫,都要去查证。如果调查,可以发现天津生态城位于塘沽、汉沽之间的废弃盐田、盐碱荒地和湿地。有了正确的理解,就不难作出正确的译文。改译:

The Eco-city covers **an area spanning** the Hangu and Tanggu Districts in Tianjin.

3. 通过调查

译者往往需要翻译不熟悉的材料,仅凭原文本身提供的信息,很难完全理解原文的细节。因此,译者经常需要做大量的调查研究。考试中要求译者"独立"完成翻译任务,在现实中不仅无必要,而且不能闭门造车。准确的译文,是调查研究的结果。例如:

市政公用设施**大配套费**和土地出让金政府净收益,应当用于前述设施的建设与维护。

原译

The **large utility fee** for municipal utilities and the net government revenue from land transfers should be used for construction and maintenance work on the facilities mentioned above.

搜索网上资料可知,开发商要向政府缴纳城市配套设施建设费(用于建设道路、水电气等公共设施),由政府统一规划建设。这笔费用叫"配套费"或"大配套费"。小区之内的配套设施,叫小配套,由开发商委托建设。原译 large utility fee 显然无法体现这个含义。在理解的基础上,再查找表达方法。经调查,发现所谓"大配套",国外叫作"基础设施收费":

Infrastructure Charges

Infrastructure charges are levied on new developments to fund the cost of trunk infrastructure required to support the development. The trunk infrastructure includes the key pieces of infrastructure that provide a distribution function and service the wider urban communities across the regional council area, for the following networks:

- water supply
- sewerage
- stormwater
- transport

- parks

所以，可以改译为：

The **municipal-infrastructure charges** and the net government revenue from land leases should be used for the construction and maintenance of the aforementioned facilities.

本文不涉及"小配套费"，可以不用费力翻译。如果需要，不妨使用 internal-infrastructure charges（加连字符，是为了明确修饰关系）。"大配套费"也可以相应译为 external-infrastructure charges。另一个区分方法是，"大配套费"翻译为 trunk infrastructure charges，"小配套费"翻译为 non-trunk infrastructure charges。

（二）确定词语之间的关系

翻译的最小单位可能是单词和短语，但译者的眼光绝对不能只限于翻译孤立的词语。除了根据上下文确定词语的意思外，译者要时刻警惕词语之间的关系，特别是汉语中看似并列的词语，可能是偏正关系。一个鉴别方法，就是看自己的译文是否可以理解。例如：

控规中对公共空间提出了详细的设置要求。以慢行系统为例：控规通则中从分类宽度、设计要求、与车行系统**相交设计**要求、出入口控制、形态控制等五个方面对慢行系统进行了详细规定。

原译

The regulatory requirements set detailed requirements for public spaces. Take the slow traffic system as an example: The regulatory requirements set detailed requirements in the following five aspects: clas-

· 163 ·

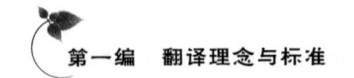

sified width, design requirements, **inter-design requirements** for car traffic system, entrance and exit control, and form control.

从上下文可知,所谓的"慢行系统",就是人行道或自行车道。"慢行系统通常分为城市交通需求和个人休闲需求两种"。理解了这一点,就不难理解"与车行系统**相交**"是指人行系统与车行系统的交叉。译者把"相交设计"视为一个概念,翻译为 inter-design,显然是错误的。

我相信原译者也不敢确信自己的译文,但却没有趁机调查思考,放过了改正错误的机会。改译:

The Detailed Control Plan sets specific requirements for public spaces. In the case of the slow transport system, the General Provisions provide details on width classification, general design, entry and exit control, shape control, and intersections with the motor transport system.

另外,改译还把"分类宽度"从 classified width 改为 width classification("宽度分类")。如果列出道路的"分类宽度"和"宽度分类",结果应该是一样的。也可以用 classified width,但必须用复数 widths。

"分类"通常翻译为 classified,但这个词还有"列入密级的""保密的"意思。classified advertisements 意思是清楚的("分类广告"),但 classified information 是"分类信息"还是"保密信息",恐怕不容易判断。改译还把"与车行系统相交设计要求"放在了最后,因为这个短语较长,后置压得住阵脚。

(三)确定句子之间的关系

译者需要理解所有单词、短语、句子之间的关系。由于汉语使用关联词较少,有些看似并列的结构,其实有偏正关系。这种情况既出现在词语层面,也出现在句子层面。例如:

形成了新区的事在新区办的运行机制,赋予新区更大的自主发展权、自主改革权、自主创新权。

原译

Formed an operation system of "doing the New Area's things in the New Area". Gave the New Area greater autonomy in development, reform, and innovation.

仔细想一想,原文"新区的事在新区办",就是指"赋予新区更大的自主发展权、自主改革权、自主创新权"。因此改为后文对前文的解释:

An operating system was formed to "confine New Area matters to the New Area", i. e., giving the New Area greater autonomy in development, reform, and innovation.

另外,中文里面存在大量的无主句。除非作为标题,否则,需要把这些句子翻译为英语完整的句子。原文是正文,原译处理为两个并列的短语,不符合英语行文习惯,译文也予以纠正。还有,"doing the New Area's things in the New Area"不够正式,故修改。再如:

随着新城建设模式的常态化,行政体制与现实发展之间产生了诸多矛盾和问题,如内部行政效率低,规划建设缺乏**统一协调**,资源得不到有效配置等。

原译

With the normalization of the construction mode of the new city, many contradictions and problems arose between the administrative system and the actual development, including low efficiency ~~in the internal administrative system~~, lack of **unified coordination** in planning and construction work, and lack of *effective* allocation of resources.

原文中的"统一协调",应理解为"统一和协调",是并列关系,不是偏正关系。因为统一和协调的意思基本相同。如果理解为偏正结构,即"统一进行协调",则相对于"分别进行协调";分别协调,等于不协调。这里采用同义反复,仅仅出于节奏考虑。

改译

As construction was regularized, contradictions arose between the administrative system and development on the ground, including low efficiency, poor **coordination** in planning and construction, and inefficient resource allocation.

改译还简化了原文的表达(第一处斜体和删除线部分),改正了用词不当(effective 改为 efficient)。汉语的"有效"有两个意思:"效率高"(efficient)或者"效果好"(effective),译者要根据上下文判断用哪个。不清楚的,可以把 efficient resource allocation 和 effective resource allocation 分别用谷歌检验一下。再如:

生态城**推行**新制度新办法,有序**推进**供热计量收费项目、**开通**智能分类服务微信公众号、**确定**统一规范的移动售卖车运营管理模式等。

原译

The Eco-city has **implemented** new systems and new regulations, **promoted** in an orderly fashion the metered heating charges project, **opened** a public WeChat account with intelligent classification service, and **established** a unified and standardized operation and management mode for mobile vehicle sales.

原文有四个并列动词，原译也译为四个并列动词。仔细想想，后面三个行为，其实是新制度新办法的举例说明。中文报告中有很多长句或段落，一逗到底，但其实意思上是"总分"关系，翻译时应明确逻辑关系。改译：

The Eco-city has **implemented** new systems and regulations, **including a transition** to metered heating charges, a public WeChat account with a smart classification system, and a standardized operations management mode for mobile vendors.

改译明确了逻辑关系，省略了三个动词和"有序"（transition 默认是有序的）。另外，"运营管理"是对运营的管理，是偏正结构。如果不敢确定，可以上网查询。英文 operations management 经谷歌查证，是地道的说法。

二　表达

表达是在理解的基础上，用另一种语言把作者清楚表达、希望表达甚至应该表达的意思传达出来。通常情况下，大多数句子的意思都比较清楚，结构也不复杂，通过简单调整甚至直译即可传达意思。有时作者词不达意，译者通过各种方式理解之后，可以通过更加符合逻辑的方式予以传达（除非作者故意不说清楚）。对于原文出现的错误，如果是笔误，可以直接纠正；如果是严重错误，可以征求作者的意见，必要时请译者修改原文。

在表达方式方面，如果句子比较复杂，或者包含富有文化特色的表达方式，这时就需要进行一些变通取舍，使译文符合一般写作习惯。所有的翻译技巧，最终目的都是让译文达到普通写作的标准，包括用词准确、搭配得当、结构稳健、信息流畅、语言简练、逻辑连贯。所以,翻译和写作的要求基本相同,只不过写作是表达自己的思想,翻译是表达别人的思想。为达到基本的写作要求,可能需要对译文进行反复修改。为了实现基本的写作目标,在语言转换过程中需要注意以下事项:

(一) 直译行得通就直译

如果通过直译可以传达意思,则不必另起炉灶。只有按字面翻译词不达意或不够简洁时,才考虑改变原文说法。字词句篇各个层面都是如此。例如:

[大部门体制] 为政府推行**首问负责制**、减少审批环节、提高办结效率奠定了基础。

原译

[This consolidated departments system] also set the foundation for the government to implement the "**guaranteed satisfactory solution**" system, to reduce *the examination and approval process*, and to improve *the efficiency of the work.*

原文"首问负责制",文中并无解释。查阅资料发现,这是一种政府便民的措施。群众到政府机关办事,第一个接待的人,要负责到底。该自己办的,自己办;不是自己的职责的,把群众引导至负责办理的部门。所谓"首问",意思是"首先被问到的人"。

原译"guaranteed satisfactory solution"偏离原文字面较远,意思也有偏差。有些人的无理要求,肯定会被拒绝。政府肯定做不到人人满意。如果按字面译为 first contact responsibility system,符合汉语字面意思,英语也说得通,将来怎么解释都可以。字面翻译的另一个好处是方便"回译"。译为完全不相干的说法,有时虽然巧妙,但增加了译者记忆的负担，不便于"回译"。译者要尽量避免搬起石头砸自己的脚。改译：

[This consolidated departments system] has also laid the foundation for the government to implement the "**first contact responsibility system**", reduce *the number of approvals*, and improve *efficiency*.

改译还精简了原译的说法（斜体部分）。译文中是否保留一个词，不取决于原文中是否有这个词，而取决于从译文的角度看，这个词是否有必要。

（二）努力发现对等译法

汉语中的有些习惯表达，如"越位""缺位""错位"，很难找到放之四海而皆准的英语对等词，必须一事一议。但也有一些，可以找到较为完美的对应。比如"事前""事中""事后"，这三个词曾经困扰笔者多年，后来发现可以用 *ex ante* 表示"事前"，用 *ex post* 表示"事后"。本次审校译文时，突然想到可以用 *interim* 表示"事中"：

In or for the intervening period; provisional. [1]

三个都是拉丁语，可谓完美对应。例如：

（指标的）事前分解及审批，事中监督评估，事后反馈修正

原译

delineate and examine pre-event, supervise and evaluate during-event, feedback and improve after-event

---

[1] https://en.oxforddictionaries.com/definition/interim.

改译

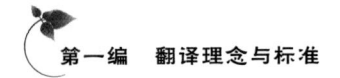

ex ante disaggregation and approval, *interim* supervision and evaluation, *ex post* feedback and improvement

到互联网检验三个拉丁词的用法，确实存在。比如，这是一则招聘广告对资历的要求：

Experience as a project Team Leader in at least 1 evaluation (*ex-ante*, *interim*, *ex-post*, thematic, etc) …①

实际上，原译的意思并无错误，只是表达不够专业。ex-ante、interim、ex-post 三个词的意思，译为英语，就是 before the event、during the event 和 after the event。

中国很多领域的概念都源自国外，翻译这些概念时，需要查找到对应的国外用法。比如，"容积率"：

以**容积率**和建筑高度两个规划指标为例，在轻轨站点周边的用地被确定为容积率 4.0 以上的最高强度开发区域和容积率在 1.6 至 4.0 之间的次高强度区。距离轨道站点越远的用地，其容积率控制也随之降低。

原译

Take the two planning KPIs—volume ratio and building height—as an example; the land around the rail station is determined to be either the highest-intensity-development-area with **a volume ratio** more than 4.0 or the second-highest-intensity-area with a volume ratio between

---

① https://www.devex.com/jobs/evaluation-expert-team-leader-350197.

1.6 and 4.0. The farther away the land is from rail stations, the lower **volumetric rate** it requires.

原译将"容积率"翻译为两个说法：volume ratio 或 volumetric rate。

百度百科的资料显示：

容积率（Plot Ratio/Floor Area Ratio/Volume Fraction）又称建筑面积毛密度，是指一个小区的地上总建筑面积与用地面积的比率。[1]

此处提供了三个英文说法，但因为这个来源是中国大陆的网站，英文说法不一定具权威性，需要检验之后才能使用。据调查，中国香港对 plot ratio 的定义为：

According to Reg 21 (3) of the Building (Planning) Regulations (Cap 123F), the **plot ratio**（地积比率）of a building is obtained by dividing the gross floor area (GFA)（总楼面面积）of the building by the area of the site on which the building is erected.[2]

根据维基百科：

Floor Area ratio is sometimes called **floor space ratio**（FSR）, **floor space index**（FSI）, **site ratio or plot ratio**.[3]

这两处英文来源中，都没有提到 volume ratio、volumetric rate、volume fraction，所以，这三个说法可能不正确。其余说法可以任意选

---

[1] https://baike.baidu.com/item/容积率.
[2] https://hklandsurveyor.wordpress.com/tag/plot-ratio/.
[3] https://en.wikipedia.org/wiki/Floor_area_ratio.

用,但要从一而终。

改译

In the case of the two planning KPIs, namely **plot ratio** and building height, the land around the railway station will allow the highest intensity development, i. e. , a plot ratio of over 4. 0, or the second highest intensity development, i. e. , a plot ratio between 1. 6 and 4. 0. The farther the land is from railway stations, the lower the required plot ratio.

另外,take…as an example 不够正式,故修改。
再比如:

生态城积极推广新能源技术,加强能源**梯级利用**,促进能源节约,提高能源利用效率。

原译

The Eco-city actively promotes new energy technologies, strengthens the **ladder-like** use of energy, promotes energy conservation, improves energy efficiency.

"梯级利用"是个地道的中文说法。Ladder-like use 虽可以理解,但貌似不够地道。经调查,英文有更形象简洁的说法:

Cascading use can be defined as *the efficient utilisation of resources by using residues and recycled materials* to extend total biomass availability within a given system. [1]

---

[1] http://ec.europa.eu/growth/content/study-optimised-cascading-use-wood-0_en.

据此改为：

The Eco-city is promoting new energy technologies, including the cascade use of energy, to conserve energy and improve efficiency.

改译还改善了简洁性和逻辑关系。

（三）避免对号入座翻译

西方语言之间能够对号入座的概念比较多，比如 mission 几乎在所有义项下都可以译为法语 mission，译者不用费心选择。但汉英之间能够如此对应的词很少。就 mission 而言，可以视情况译为"使命""任务""代表团""特派团""访问团""出差"等。accessible、available 更是每个译者的梦魇。这样的词数不胜数，比如"大局""格局""布局""主体""客体""缺位""越位""错位""失位""刚性"，等等。按字典提供的译法翻译，十有八九词不达意。例如：

合资公司作为两国政府间的企业化合作平台，是生态城商业开发的直接**主体**。

原译

As a platform for enterprise cooperation between the two governments, SSETZ is the direct **subject** of commercial development of the Eco-city.

"主体"只有个别时候翻译为 subject，比如，谈到犯罪要件时，我国采用苏联的四要件理论，分别是犯罪主体、犯罪客体、犯罪的主观方面、犯罪的客观方面，英文就是 the subject, the object, the subjective side, and the objective side of a crime。哲学讨论中的思想主体、思想客体也是 subject 和 object。除了这些语境，很少把"主体"翻译为

subject。因为 subject 的常用意思是"讨论的话题""调查问卷的对象""学习的科目""臣民""主语"等。因此,遇到"主体",切忌对号入座翻译为 subject。就本例而言,可以处理为一个 player:

As a platform for enterprise cooperation between the two governments, SSETZ is a direct **player** in the commercial development of the Eco-city.

如果一个词需要翻译,必须确保被选用的英文词符合这一上下文的意思、符合英语的使用习惯。不能因为这个词是字典提供的就必须采用。判断的方法是查英英词典、搭配词典和英语平行文本。再如:

指标引领的规划编制方法,使生态城的规划编制实现了**有序博弈**,提高了编制效率和成果质量。

原译

The method of drafting the master plan under the guidance of KPIs has enabled the Eco-city's planning to **achieve an orderly game**, improving the efficiency of the drafting and quality of results.

"博弈"也是一个常见的词。"博弈论",就是 Game Theory。但这不意味着所有的"博弈"都要翻译为 game。如果说不通,可以换作其他词。改译:

The KPIs-guided master planning method has **introduced orderly competition** in the Eco-city's planning system, and improved the drafting efficiency and quality of outcomes.

（四）该还原时不要翻译

汉译英中的很多时间，是用来把中文概念还原为英文概念，而不是创造性地确定一个词的译法。这是因为，中文大多数学科的概念，来自西方，必须采用外语中习惯的用词；国外或中外合作项目中的专有名词，也有固定说法，靠字面翻译可能无法还原；外国人的名字，尤其是海外华人、日本、朝鲜/韩国、越南人，都有各自习惯的拼法，不能按照汉语拼音转写；中国人引用外国文献，也需要还原而非重新翻译。例如：

> 在已有苏州工业园区合作基础上，生态城作为中新合作新的里程碑，双方国家领导高度重视，构建了以**副总理级联合协调理事会**和**部长级联合工作委员会**为主体的高层级协调推动机制。

原译

> Based on existing collaboration on Suzhou Industrial Park, Eco-city—a new milestone in Sino-Singaporean cooperation—has gained significant attention from the leaders of both countries. They established a high-level coordination ~~and promotion~~ system *with* both the **Vice Prime Minister's joint coordination council** and the **Ministerial Joint Working Committee** *as the main bodies*.

鉴于此文是中国新加坡之间的项目合作文件，而新加坡的工作语言是英语，所以，原文"副总理级联合协调理事会"和"联合工作委员会"必定有现成的英语说法。译者的任务，是找到对应的英语说法，而不是逐字翻译。逐字翻译可能与现成的说法对应，也可能不对应。用谷歌搜索可能的关键词，再加上 China、Singapore、Tianjin，很容易发现以下内容：

第一编　翻译理念与标准

　　A Joint Steering Council co-chaired at the Deputy Prime Minister-Vice Premier level charts the strategic directions of the project. A Joint Working Committee, co-chaired by Singapore's Minister for National Development and China's Minister of Housing and Urban-Rural Development, and comprising senior representatives from agencies involved in the Sino-Singapore Tianjin Eco-city project on both sides, oversees the implementation of the project and the achievement of its key milestones.①

由此可见,"副总理级联合协调理事会"的原译并不准确。改译如下:

　　Based on existing collaboration on the Suzhou Industrial Park, the Eco-city—a new milestone in Sino-Singapore cooperation—has gained significant attention from the leaders of both countries. The two governments established a high-level coordination system including **the Joint Steering Council at the Deputy Prime Minister-Vice Premier level and the Joint Working Committee at the ministerial level**.

此外,改译删除了原译中多余的信息(原译画删除线部分),因为这些信息已经包含在其他部分。通过删减,也改造了with…as the main bodies 这样的中式英语结构。再如:

　　王岐山、黄根成
　　原译 Wang Qishan, Huang Gencheng
　　改译 Wang Qishan, Wong Kan Seng

"黄根成"作为新加坡人,其名字不一定使用汉语拼音,必须按

---

① https://www.tianjinecocity.gov.sg/col_overview.htm.

照"名从主人"的原则来翻译。可以先查找此人的职务,译为英文,结合 Wang Qishan Singapore Tianjin meeting 等关键词来搜索。

(五) 主语避免抽象名词

通常认为,英语用抽象名词做主语的情况多于汉语,翻译中可以改用具体事物(人物、机构)作主语。但也有相反的情况,即汉语用抽象名词做主语,译为英语需要改为具体名词作主语,因为汉语的主语,其实是动词的方式或手段。例如:

指标体系的**分解建立了**政策、技术、机构在内的落实机制,全面形成由政府、企业和公众共同构成的指标体系实施主体体系。

原译

The delineation of the KPIs framework **established** an implementation mechanism including policies, technologies, and institution, and comprehensively forms the main body for KPIs framework implementation system composed of government, enterprises, and the public.

在英文中,delineation(先不说用词不当)无法作 establish 的主语。establish 要求用人作主语。改译增加了主语 the authorities:

Through disaggregation of the KPIs framework, the authorities established an implementation regime involving policy-making, technologies and organizations, and a network of implementers including the government, enterprises, and the public.

(六) 尽量使用简洁表达

如果两种译法表达的意思相同,采用比较简洁的那种。翻译初稿时,如果顾不上语言简洁,修订时可以专门进行简洁性审查,看中文使用词语表达的时态、复数概念,英文是否可以通过词形表达;中文当中的名词重复,是否可以换为代词;动词的重复,是否可以用助动词代替;中文的范畴词,是否可以省略;中文的同义反复是否可以简化;等等。例如:

同年9月,天津市政府第13号令颁布《中新天津生态城管理规定》(简称《管理规定》),授权生态城管委会代表天津市政府对生态城实施统一行政管理,负责具体行政管理工作。

原译

In September of the same year, Tianjin Municipal Government issued its thirteenth order on "Administrative Provisions of The China-Singapore Tianjin Eco-city" (~~Hereinafter referred to as~~ the "Administrative Provisions"), authorizing the ~~Eco-city~~ Administrative Committee <u>to implement unified administration</u> of the Eco-city and <u>manage specific administrative</u> ~~work~~ on behalf of the ~~Tianjin~~ Municipal Government.

原译划删除线部分删除后,并不影响意思传达;implement unified administration,可改为 centralize administration;两个 Eco-city,一个可以承前文省略,一个前置(前置更简洁);work 属于范畴词,也可以省略。

改译

In September of the same year, the Tianjin Municipal Government issued Order No. 13 on Administrative Provisions of the China-Singapore Tianjin Eco-city (the "Administrative Provisions"), authorizing the Administrative Committee <u>to centralize the Eco-city administration</u> on behalf of the Municipal Government and to <u>provide specific management</u>.

再比如：

建设初期，公司**承担了**"一路三水"（道路设施、雨水收集系统、污水管网系统、中水管网系统）**基础设施建设**。

原译

In the early stage of construction, it **undertook the infrastructure construction** of "one road, three water" (road facilities, rainwater collection system, sewer network system, and water network system).

undertook the construction，就等于 construct，增加一个弱动词 undertake 并不增加意义，反而使句子冗长。另外，中文说"基础设施建设"，英文不一定用"建设"。如果查查搭配词典，英语更常用 develop、build。英文用词，不取决于汉语，而取决于英语的上下文。不确定时，查英语平行文本或搭配词典。

改译

In the early stage of development, it **built** roads and water systems (for rainwater, sewage, and reclaimed water).

再如：

一系列**禁建、限建、适建、已建**区域的划定，在保护区域生态的同时限制了城市的发展边界。

原译

The designation of a series of **ban-for-construction, limited-for-construction, suitable-for-construction, and construction-estab**

lished areas protects the ecology of the area as well as limiting the city's development boundary.

加粗部分比较啰唆。可以精简为：

The designation of areas where **development is banned, limited, encouraged, and closed** sets the city's development boundaries, and protects the local ecology.

（七）化解中国特色说法

汉语的成语、典故、"四字格"、无主句、缩略语、口号等，都是汉英译中的难点。翻译这些语言成分时，如果能够兼顾原文表达形式，很好；否则，就脱去语言外壳，传达朴素的实质。有些看似中国特色说法，其实国外也有对应说法，需要认真查找才能发现。

1. 尽量直译

如果英文存在对等说法，就不必另辟蹊径。一些情况下，不知道对等说法，是因为调查研究不够。比如：

原文

[天津生态城] 按照天津市编办、滨海新区编办批复的"三定"方案，有序地实施内设机构整合，最终确立15个行政管理机构、16个事业单位，比其他同类新城更加责权清晰、精干高效。

原译

It also followed the "Three 'D'" Plan approved by the Tianjin Municipal Commission Office on Public Sector Reform and Binhai New Area Commission Office on Public Sector Reform, *implemented the inte-*

gration of internal agencies in an orderly fashion, and finally *decided to establish* 15 administrative agencies and 16 institutions.

本例中的"编办"（机构编制委员会办公室）看似一个中国特色的说法，但仔细调查发现，其他国家和地区也有职能类似机构，英文就叫 establishment (s) division（编制处）。比如，中国香港特别行政区政府有个部门，叫作 Housing and Establishment Division，中文称为"住屋资助及编制政策部"（非严格的字面翻译），巴基斯坦、印度、斯里兰卡政府相应机构，就叫 Establishment Division（注意："机构编制"当中的"机构"在英文中不必体现出来）。以下来自巴基斯坦政府网站①：

Establishment Division
www.establishment.gov.pk/ ▼ 翻译此页
Establishment Division. Vision. Excellence in Human Resource Management in Public Service. Mission Statement. To create, Manage and Develop a Modern, Efficient, Effective, Responsive, Capable, responsible and motivated human resource, based on an institutionalized merit system. To employ modern management ...

其实，汉英词典中也有把"编制"翻译为 establishment 的，但因为我们不知其所以然，也不知道如何使用，所以不敢相信。但如果看看"编制"的定义（上海青浦政府网站）：

> 概念有广义和狭义之分。广义的编制是指各种机构设置及其人员数量定额、结构和职务配置；狭义的编制即人员编制，是指机构编制管理机关核定的机关、事业单位的人员数额和领导职数。人员编制是"三定"规定的主要内容之一。人员编制分为行政编制和事业编制两大类。②

---

① http://www.establishment.gov.pk/.
② http://qpbb.shqp.gov.cn/ywzs/201310/t20131011_11703.html.

就知道"编制"是指机构设置、人员配置，英文叫作 establishment 相当对等，说不定汉语"编制"就来源于 establishment。但字典中把"编制"翻译为 establishment 并不全面。因为汉语"编制"的意思很多。

狭义的编制，即"人员编制"，英文叫作 personnel establishment（抽象意义）。如果"人员编制"用来指"人员编制数量"，则可以说 personnel establishment numbers。下面是几个国外的用例：

- The total actual police <u>personnel establishment numbers</u> would then be 917, rather than 929. (parliament. nt. gov. au)
- But an after-action report that looked at the Trenton experiment found "there was a significant impact on quality of life (QOL) due to working 7 days per week including weekends with the current <u>personnel establishment numbers.</u>" (cbc. ca)
- <u>Personnel establishment numbers</u> will not increase except in Mental Health and Emergency Department, where additional FTE are matched against additional funding. (midcentraldhb. govt. nz)

如果"编制"用来指有场常规预算中设立的岗位（"你们单位有多少编制？"），则可以用 established posts（或者 budgetary posts）[①]：

Schedule of established posts

This Schedule shows the number and category of established posts under the Regular Budget as well as those posts which the Governing Body has established from time to time under other sources of funds.

In accordance with the decision taken by the Governing Body at its 241st (November 1988) Session on the budgetary posts system, full information on the use of these posts for established officials will be provided by major programme and by grade as a standard appendix to the annual document on the composition and structure of the staff submitted to the Programme, Financial and Administrative Committee at the Governing Body's March Sessions.

如果"编制"表示"正式员工"，可以简单地说 regular posts

---

① http://www.ilo.org/public/english/standards/relm/gb/docs/gb280/pdf/pfa-7a4.pdf.

(staff)；笼统地表示员工数量，就是一个 staff members。

综上，"天津市编办"应该译为 Tianjin Municipal Establishment Commission Office。原译为 Tianjin Municipal Commission Office on Public Sector Reform，想必是受到"中央编办"的英译影响。"中央编办"官方译名 State Commission Office for Public Sector Reform（SCOPSR），并不是该机构名称的严格翻译，而是反映了中编办的一项重要职能，即公共部门的改革。译者模仿中央机构译名翻译地方机构，无可厚非。改译中也没有改动。

实际上，"中央机构编制委员会"有个直译的英文名，叫作 The Central Institutional Organization Commission，已经收入维基百科英文版。在这个名称后加一个 Office，就是"中编办"（可简称 CIOCO）。但"中编办"为何没有这样做，原因不得而知。也许是对"编制"的英文表述不满意。至于当初为何没有把"中编办"直译为更简单的 Central Establishment Commission Office（CECO），原因可能是不确定"编制"如何用英文表达。

关于缩略语，含有数字的表达很多，比如"四个意识"。这些说法通常倾向于直译，如翻译为"four consciousness"，然后稍作解释：

> Xi also said Political Bureau members must establish the "four consciousnesses," namely consciousness of the ideology, the whole, the core and the line, stressing that they are not empty slogans and should be put into action. ①

本文出现的"三定"，是指定机构、定编制、定职能。按同样思路，"三定方案"可以译为 the "Three Determines" Plan, i. e., the plan that determines the organization, functions and staffing of public entities。原译译为 Three D's Plan，不失为一种创新译法，可以通过补充解释让读者明白。

---

① https：//www.chinadailyasia.com/nation/2016-12/28/content_ 15548404.html.

第一编　翻译理念与标准

"事业单位"也是一种中国特色的叫法，原译为 institutions，但这个词的含义太广。如果上网调查，发现译法五花八门，比如说"public service units"（PSUs），"public institutions" "public service organizations"。这些说法都可以选用。

改译

Following the "Three D's" Plan (which determines the organization, functions and staffing of public entities) approved by the Tianjin Municipal Commission Office for Public Sector Reform and the subordinate Binhai New Area Office, the Eco-city also gradually *consolidated internal agencies*, and ultimately *established* 15 administrative offices and 16 service institutions.

改译除了就中国特色的说法作出调整外，还简化了一些说法，包括斜体部分、"滨海新区编办"和"有序"的处理。同时，改译还通过使用主从复合句，把原文形式上的并列，改为形式上的主从，加强了逻辑连贯。

2. 稍作变通

如果直译行不通，看看稍微变通一下是否可以达意。比如：

生态城始终将"**指标统领**"作为一个区域的战略指导思想，并将其切实贯穿到开发建设、运营管理的全过程。

原译

The Eco-city has always regarded "*leading indicators*" as a strategic guiding ideology for the region, and effectively implemented it throughout the entire process of development, ~~construction~~, operation, and management.

原译把"指标统领"翻译为"最主要的指标",意思已经产生了偏差。如果直译为 indicator leadership,意思也不明确。但如果适当转换,将其解释为"指标的至高无上性",意思就可以清楚传达出来。改译:

The Eco-city has always recognized the *supremacy* of indicators in guiding the region's development, and effectively implemented this approach throughout the development, operation and management processes.

"战略指导思想"已经包含在 supremacy 里面,不用再画蛇添足。"开发""建设"是同义反复,只需要翻译为英语更常用的 development。再如:

国家自主创新示范区
原译 National Independent Innovation Demonstration Zone
改译 National Indigenous Innovation Demonstration Zone

原译把自主创新译为"独立创新"。前些年刚提出这个概念的时候,中国的媒体就是这样翻译的,结果引起轩然大波。国外以为中国关闭了研发合作的大门。其实我们强调的是中国对研发结果拥有知识产权。国外团队照样可以参加。我当时经过调查,觉得应该翻译为 proprietary innovation,后来又看到 indigenous innovation,这两个都可以用。

(八) 可以化解

如果对个别词语进行调整,仍然无法产出满意的译文(语法不通、词不达意、节奏不畅),则可以打破原文结构,利用原文关键词,按英文规则重新写作。例如:

中新天津生态城从建设之初,就坚持按照"**政府主导、企业**

主体、市场运作"的发展模式，突破行政化壁垒，运用企业化的管理模式、市场化的运作手段，有效保证了生态城商业运作可行。

原译

From the very beginning ~~of its construction~~, the China-Singapore Tianjin Eco-city has adhered to the development model of "**government-led, business-oriented, and market-operated**", *focused* on breaking the administrative barrier, and *used* corporate-centered management mode and market-oriented operation methods, effectively ensuring that the Eco-city's commercial operation is feasible.

加粗部分的口号，原译采用字面翻译，但语法上站不住脚（应改为名词结构，不是形容词），意思也不准确：business-oriented 是"面向企业的"，原文是企业发挥主要作用；market-operated 是"被市场运作"，原文意思是"按照市场化原则运作""在市场上运作"。

改译

From the very beginning, the Sino-Singapore Tianjin Eco-city has allowed **businesses and the market to play a major role under government guidance**. Administrative barriers have been broken and *the Eco-city is managed as a business operating on the market*, which guarantees the Eco-city's commercial viability.

改译（加粗部分）打破了原文的形式约束，概括了原文的含义，语言更加通顺。另外，改译还理顺了原文的逻辑关系。"突破……"部分，是对上述发展模式的进一步解释，原译以为并列，不妥。改译另起一句，并同样打破原文的形式束缚，用尽量简洁的语言概括了意思实质（斜体部分）。再如：

同时，生态城鼓励大众广泛参与，强化大众、政府、企业、学者的**多方联动**，将自上而下和自下而上的治理模式相结合，做到各个**实施主体**都**到位**、**不越位**、**不错位**，保障生态城市指标体系的有效落实。**从**资源、环境、经济、社会等**方面**诠释了生态城市开发建设管理的**内涵**。

加粗部分的表达方式都具有中国特色。这些地方如果直译，可能难以理解。请看原译：

In the meanwhile, the Eco-city encourages active participation from the public. It highlights **multi-party linkage** of the public, government, corporations, and scholars, combining governance models that are from-top-to-bottom and from-bottom-to-top. It ensures that every **main group** is in place, is not **off-side**, and is not on **the wrong side**, which then ensures the effective implementation of the Eco-city's KPIs system. It also illustrates the **connotation** of the Eco-city's development and construction management from the aspects of resources, environment, economy, and society.

实际上，"多方联动"当中的"多方"意思冗余。把"多方联动"换成"互动"，除了节奏弱化外，意思并无损失。"实施主体"意思是"实施者"，直译为 main group 没有意义。"不越位、不错位"不外乎是讲各司其职。中文还喜欢用"内涵""外延"这两个哲学词，如果按词典翻译为 intension/connotation 和 extension，读者多半不会明白。就好比"主体"一律翻译为 subject，"客体"一律翻译为 object，多半也是词不达意。以下改译抹去了这些中国特色表达：

In the *meantime*, the Eco-city encourages **public participation and interaction** among all stakeholders: the public, government, enterprises, and academics. *Through* the combined use of top-down and bottom-up approaches to governance, the Eco-city ensures that **every player is in place and functions properly** to implement the KPIs framework. The concept of Eco-city is *thus* **given substance** in relation to the development and management of resources, environment, economy, and society.

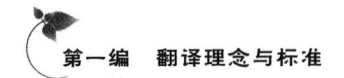

改译还修改了 in the meanwhile（或者说 meanwhile，或者说 in the meantime），删除了 active（鼓励参与，就是鼓励积极参与，不会鼓励消极参与），加强了逻辑联系（用 through 和 thus），避免了句式的单调（用 through 短语开头）。再如：

在总体规划修编中，继续坚持"先底后图、生态优先"的原则，将构建**蓝绿交织、清新明亮、水城共融、多组团集约紧凑发展**的生态格局作为空间布局的基本原则。

原译

The revision of the master plan adhered to the principles of "basis first, blue print later, and ecology is always the priority". It regards the construction of an *ecological pattern* **with blue and green, with bright and fresh, with an integration of water and city**, and with a multi-group compact development as the basic principle of spatial layout.

加粗部分是字面翻译，在语法、节奏、意思传达方面，都不令人满意。改译把几个短语的意思综合起来翻译：

Revision of the Master Plan continues to observe the doctrine of "baseline analysis before blueprint" and "priority to ecology", aiming to create **a spatial layout in which blue waters and green spaces are**

integrated with intensive multi-cluster development.

改译还省略了"生态格局",因为意思已经隐含(如果需要翻译,可以译为 ecological landscape)。

(九) 当心译文出现歧义

字字对应的翻译,有时会在无意中造成歧义。例如:

天津生态城积极探索政府行为的法制化、组织机构的扁平化、服务职能的社会化,目标构建一个精简高效、服务型政府机构。

原译

Tianjin Eco-city ~~actively~~ explored the **legalization of government behaviors**, the *flattening of organizational structures*, and the socialization of service ~~functions, with the goal of~~ building a streamlined, efficient, and service-oriented government ~~agency~~.

原译把"法制化"翻译为 legalize,词典或网络上也可能这么翻译。但如果再去查 legalize,可能发现 legalize 并非作者表达的意思。剑桥英语词典对 legalize 的解释是:

to allow something by law: *Same-sex marriages have been legalized in many states.*

(https://dictionary.cambridge.org/dictionary/english/legalize)

中文"政府行为的法制化",是指政府依法行政,不任意作为。原译 legalization of government behaviors 的意思是"政府行为合法化",与原文南辕北辙。因此,译者对自己使用的每个词,如果不敢确信,都要通过英英词典或网络搜索小心求证,确保所用说法确实是作者要表达的意思。词典中给出的对等词,不一定正确或者符合当前的上下文。

改译

Tianjin Eco-city explored law-based governance, *a flat organizational structure*, and the privatization of public services, to build a streamlined, efficient, and service-oriented government.

改译还舍弃了原译中冗余的单词(见删除部分),并采用尽量简单的表达方式(见斜体部分),使译文简洁易懂。

(十) 重要信息放在句末

在意思相连的几句话中,通常把旧信息前置,新信息后置,层层推进,中英文都是如此。比如:"我昨天回了趟老家。我的老家在河南。河南是个农业大省。"(Yesterday I went to my hometown. It is in Henan, an agricultural province.)即上一句的结尾,是下一句的开头。说成"我昨天回了趟老家。**河南**是我的老家。河南是个农业大省"(Yesterday I went to my hometown. **Henan** is my hometown. Henan is an agricultural province.)不是不可以,但是需要重读第一个"河南",不够自然。翻译中可以按此原则排列各部分信息。例如:

十年前,为了引导生态城发展实现"资源节约型、环境友好型、社会和谐型的生态城市"的目标,并结合我国政治经济社会国情,**生态城制定了世界首套生态指标体系**。生态城在这十年的发展建设中,**指标体系充分发挥了引导和作用**。

句子主干(加粗部分)明显采用层层推进的叙述方式。译为英文尽管一些句子成分顺序有颠倒,但主干部分仍然符合层层推进的规律。

译文 1

Ten years ago, **the Eco-city formulated its first Ecological Indicators Framework** based on China's political, economic and social conditions, in order to conserve resources, protect the environment, and ensure social harmony. **This indicators framework** has fully played its role of guidance in the city's development.

基本按照中文顺序翻译，也没有问题，因为同样再现层层推进的叙述方式。

译文 2

In order to conserve resource, protect the environment and ensure social harmony, and in light of China's political, economic and social conditions, **the Eco-city formulated its first Ecological Indicators Framework** ten years ago, **which** has fully played its role of guidance in the city's development.

译文 2 中，把 ten years ago 后置了，因为主句前面已经有两个修饰成分，再增加一个，显得头重脚轻。另外，译文 2 进行重组后，译文 1 当中出现的两个 Ecological Indicators Framework 相距很近，于是把第二个改为 which，两句合并为一句。

为了达到这种层层推进的效果，翻译中常把不重要的成分左移（或者把重要的成分右移）。例如：

《管理规定》中的建设管理内容是**首次**将企业的管理职责固化和规范化到<u>政府的规定</u>当中，明确了政府与企业间的产权关系、责权划分，这为土地资源管理市场化运作提供了法律保障。

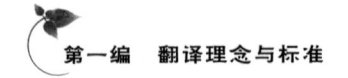

原译

The content regarding construction management in "Administrative Provisions" included the ~~solidifying and~~ *standardization* of enterprises' management responsibilities into government regulations **for the first time**, clarifying the property rights and division of responsibilities between the government and the enterprises, which provides legal protection for the market-oriented operation of land resource management.

本例中 for the first time 不是重点；重点是 government regulations，所以，可以把 for the first time 提前，从而将 government regulations 后置，使之与修饰它的 clarifying…更加贴近。

改译

For the first time, the content regarding construction management in "Administrative Provisions" *codified* enterprises' management responsibilities *in the form of* <u>government regulations</u>, clarifying the property rights and division of responsibilities between the government and the enterprises, which provides legal protection for the market-oriented operation of land resource management.

另外，"固化和规范化"意思相同，可以一言以蔽之：codify。增加 in the form of，强调形式的变化。

（十一）确保语言符合逻辑

译文完成后要抛开原文，检查译文是否符合逻辑。如有逻辑不通之处，则需要核对原文，看是自己理解错误，还是原文表述不当。例如：

政府间开创性地<u>建立</u>起了领先的合作机制，具有既全面合作又相对独立、既相互支撑又相互监督的显著特征。

原译

The governments pioneered ~~the creation of~~ a leading cooperation mechanism with ~~distinctive features~~ *that* are both fully cooperative and relatively independent, both mutually supportive and mutually supervised.

原译翻译出了原文的每个词，语法上也成立。但仔细审查，发现逻辑不太通畅：that 从句修饰 features，意思上不够连贯。Cooperative feature 和 independent feature 这两个搭配勉强说得过去；supportive feature 和 supervised feature 就说不通。这四个形容词的逻辑主语应该是 the two parties，而不是 features。

改译

The governments pioneered an innovative cooperation model that balances comprehensive cooperation with relative independence, and mutual support with mutual supervision.

改译删掉了 distinctive features，让从句直接修饰 mechanism，便理顺了逻辑关系，并通过使用 balance A with B，凸显"全面合作"和"相互独立"以及"相互支撑"和"相互监督"两两之间对立统一的关系。

改译省略了不必要的词（所谓"取舍"），使译文更加简洁。因为这些词的意思已经隐含在其他地方。

三 取舍

取舍是表达过程中的特殊情况。有时由于语言、文化、制度、观念等差异，甚至由于原文表达上的瑕疵，无法简单直译，必须对原文进行一定程度的加工改造或者取舍变通，才能传递作者的意图，确保沟通的正常进行。译文的表达形式，可以和原文相同、相近或完全不同。对原文的取舍变通，最能体现译者的能动性，也是专业译者的价值所在。

（一）简化

汉语中的表达，往往有很多冗余。如果不加编辑进入英文，英文就会显得臃肿。比如：

> 同时，合资公司区别于纯商业性合资开发企业，全方位落实"城市综合开发商"的总体定位，体现综合开发理念。

原译

Meanwhile, SSETZ is different from purely commercial joint ventures and development companies. **It implements a well-rounded "integrated city developer" as the general target, reflecting the concept of integrated development.**

原译按照结构直译，有中式英语之嫌。

改译1

Meanwhile, SSETZ is different from purely commercial joint ventures and development companies. **It acts as a comprehensive city developer to achieve comprehensive development.**

改译理顺了句子结构，但意思上略显重复：a comprehensive city developer 的作用，当然是 achieve comprehensive development。

改译 2

Meanwhile, SSETZ differs from purely commercial joint ventures and development companies in that it **is a comprehensive city developer**.

再比如：

高授权高建制的行政管理

原译

Administrative Management of High Authority ~~and High Institution~~

这是一个小标题。从下面的内容来看，是说中新天津生态城管理委员会级别很高，不是天津的一个区政府，而是代表市政府进行管理。"高授权""高建制"意思上没有区别。中文之所以这样说，可能是节奏感比较强。如果都翻译出来，音节会很多，不仅难以保留原文节奏，意思也重复。所以，可以只翻译其中一个短语。

"建制"不太容易翻译，有时译为 establishment 或 institution。但这两个词在英文中的意思很多，high establishment 或 institution 的意思并不明确。因此，翻译前半部分已经足以达意。原译 Administrative Management 确实存在，意思就是我们熟悉的"行政管理"，如下面的例子：

An administrative management professional, also called an office manager, runs the day-to-day functions of a company's administrative operations. The administrative manager might work alone as a small organization's primary administrative staffer. Or she may supervise a team of receptionists, clerical and administrative assistants.[①]

---

① http://work.chron.com/job-administrative-management-degree-28677.html.

但本段所称的"高授权的行政管理",是指行政级别高,不强调微观层面的 management。所以,不妨简化为 Administrative Authority of a High Status 或 High Administrative Authority。

对于原文显然存在的冗余信息,翻译中可以简化。例如:

二级指标	单位	目标值
日人均垃圾产生量	千克/人·日	≤0.8

原译

Secondary Index	Unit	Goal
Amount of garbage generated per day	kilograms/person·day	≤0.8

这是表格的一部分。首先,原文"千克/人·日"的表述不规范,应该写作"千克/人/日"。但暂且不管这一点,鉴于二级指标的名称当中已经包含"日人均",所以,单位当中的"人·日"便无必要。原译 kilograms/person·day 首先不符合英语表达规范(英语中没有两个单词中间用圆点的情况),其次,像中文一样,"person·day"是多余的。因此改译:

Secondary indicator	Unit	Goal
Garbage generated per person per day	kilograms	≤0.8

根据网络资料,也可以删减"日人均垃圾产生量"当中的"日",保留"千克/人/日"的全部内容,使两个项目看起来不太重复:

Secondary indicator	Unit	Goal
Waste generation per capita	kg/capita/day	≤0.8

原文中的非核心意思，如果翻译出来导致中式英语，影响沟通效果，可以舍弃。例如：

紧接着，**围绕"面向实施"**这个**核心要求，紧紧抓住**资源能源利用和低碳城市发展**的主线**，生态城开展了详细的指标解读和细致的指标分解。

原译

Then, **centering on the core requirement of** "for implementation", and **firmly grasping the main lines of resource** energy utilization and low-carbon urban development, the Eco-city carried out detailed KPI interpretation and delineation.

"围绕……要求"，"抓住……主线"，属于典型的汉语句套子，翻译出来除了使句子冗长，并没有增加更多的意思，可以简化处理。根据上文，"面向实施"，就是为了更好实施指标体系。"资源"和"能源"是并列关系，不是偏正关系。资源的高效利用和低碳发展有因果关系。

改译

Then, to effectively implement the indicators and use resource and energy efficiently for low-carbon growth, the Eco-city interpreted and broke down the indicators.

改译还增加了 effectively 和 efficiently，以强调重点。"指标的分解"是 break down 或者 disaggregate。再如：

评估提升指标体系，不断优化与时俱进

第一编　翻译理念与标准

原译

Assessing and improving the KPIs system, and continuously optimizing its advancement with time

这是一个标题。标题应当简洁明了。提升指标体系的必然结果，就是优化和与时俱进。所以，后半部分完全可以省略。改译：

Constantly assessing and upgrading the KPIs system

（二）补充

原文的叙述有时过于简略，甚至缺乏背景的中国人都看不懂，如果不作任何解释，仅仅按字面翻译，恐怕外国人更难以理解。至于补充多少为宜，要看具体情况。通常补充的内容，以读者能够大致理解为限。比如：

［2008年总体规划］开创了"**先底后图**"、"**指标引领**"、"**专规同步**"的规划编制程序和方法，同时也充分发挥了空间规划在"三规合一"中的引领和落实作用。

原译

[The 2008 Master Plan] has created a planning procedure and method namely "**foundation first**, blueprint later", "**leading indicators**", and "**simultaneous regulation**". At the same time, it also gave full play to the leadership and implementation role of spatial planning in "Integrated Planning".

根据天津生态城的其他资料：

按照"指标引导、先底后图、三规合一"的方法，同步编制了城市总体规划、环境保护规划和经济社会发展规划，共同编制了绿色交通、可再生能源、水资源等20项专项规划，实现各规划的相互协调和有机衔接。

"三规"是指城市总体规划、环境保护规划和经济社会发展规划，这"三规"同步编制（以前可能不同步）。"专规"是指绿色交通、可再生能源、水资源等专项规划，这些规划"共同"（协调）编制。总体意思是各种规划统一协调。

原译中的三个中文缩略语，都是按译者自己的理解去翻译，没有查证，所以与本意不符。中国的文件喜欢用缩略语，但又不给出定义，所以需要译者调查。

此处的"先底后图"，文中并无定义，网上的定义也不固定。从后文来看（"从区域生态本底条件分析入手"），应当是摸清生态系统老底的意思。"图"理解为"蓝图"似乎没问题。"指标引领"，意思是以指标作为工作的指导，不是"领先的指标"（leading indicators）。"专规"是指"专门规划"。专门规划和总体规划同步进行。根据这一理解，可以在略微补充中文缩略语的基础上，把意思大致翻译出来。不必补充什么是"三规"，什么是"专规"：

The master planning team developed a methodology that emphasizes "**baseline analysis before blue print**", "**indicator-led development**", and "**concurrent special planning**". At the same time, the spatial plan was used to lead and implement "Integrated Planning".

改译还把"程序和方法"简化为"一套方法"（methodology），因为 methodology 可以涵盖 procedure。

（三）变通

原文经常出现搭配不当、语句不通、逻辑不畅等问题，如果直译，译文还会出现同样问题。这时，译者就需要去粗存精、去伪存真，对原文进行变通后处理。比如：

从整体来看，指标**制定**层次结构明晰，**多方**对比选取指标，并结合**实践的方法**，制定了一套**可复制、能推广**的指标体系，都强化了指标体系的**标杆作用和示范作用**。

这是初稿，属于不求甚解的直译：

In general, the **setup** of KPIs has clear levels and **structures**; the **origin** of KPIs **are comparison and selection** from **multiple parties**. The KPIs framework was also combined with **practical ways** to make the system replicable and promotable, which reinforces its **role as** a benchmark and **demonstration**.

译文文理不通：加粗部分的意思无法搭配、"多方"理解错误。部分原因是原文有问题，包括各小句的主语不断变化或缺乏明确的主语。

不过，结合上下文仔细推敲一下，还是可以推断出作者希望表达的意思：（专家）经过对比多个生态城的指标，结合天津生态城实践，制定了一个结构清晰的指标体系。总的来说，该指标体系可以起到示范作用，可以推广到其他生态城使用。

"可复制"（replicable）和"可推广"意思相同，"标杆作用"和"示范作用"意思相同，翻译时可以仅取其一。"结构"可以吸收"层次"，不需要都翻译出来。根据这一初步理解，译文修改如下：

The KPIs system has a clear structure, with indicators based on local practice and selected through repeated comparisons. Generally speaking, the KPIs system can serve as a replicable model.

改译也把 selected through repeated comparisons 后置，避免头重脚轻。

后将此译文拿给长期参与项目的译员评论，得到的反馈是："能复制、能推广"在官方文件中使用两个英文单词，分别是 replicable 和 scalable。经调查，这两者还真的有区别：

能实施——生态城建设所应用的技术必须务实并符合商业效益

能复制——生态城建设所提倡的理念必须能够复制到中国乃至国外其他城市去

能推广——生态城建设所提倡的理念必须能够推广到其他大小项目①

相应的英文是：

Practicable – the technologies adopted in the Eco-city must be affordable and commercially viable

Replicable – the principles and models of the Eco-city could be applied to other cities in China and even in other countries

Scalable – the principles and models could be adapted for another project or development of a different scale②

看来在天津生态城的语境下，"可推广"有特别的含义，译者要服从。再修改如下：

The KPIs system has a clear structure, with indicators based on local practice and selected through repeated comparisons. Generally speaking, the KPIs system can serve as a replicable and **scalable** model.

---

① https：//www.tianjinecocity.gov.sg/chinese/bg_intro.htm，2018 年 5 月 4 日访问。
② https：//www.tianjinecocity.gov.sg/bg_intro.htm，2018 年 5 月 4 日访问。

这个例子说明：逻辑思维能力、调查研究能力和翻译经验都很重要。

对于原文意思的重复表达，也可以适当整合。比如：

生态城的发展做到了不忘初心，一图到底。

原译

The Eco-city's development was successful in not forgetting where it started and sticking to one blueprint until the end.

"不忘初心"和"一图到底"的意思相同。译文综合概括一下即可。

改译

The Eco-city's development thus remains true to its mission.

再如：

然而对未来城市发展规模、相应经济规模、产业布局的讨论如果不落实在空间上，很难具体实现。

原译

However, if the **discussions** on future urban development scale, corresponding economic scale, and industrial layout **are not carried out in space**, it will be difficult to implement.

原译有歧义，似乎要在太空进行讨论。但其实意思是要有一定的空间来落实发展规模、产业布局等。由于直译很难达意，可以变

通翻译:

However, discussions on urban development scale, economic scale, and geographical distribution of industries will lead nowhere if no space is available to carry out the projects.

漫谈英译汉中的"添加"与"解释"

叶子南

时下都热衷于讲中国的故事,因此汉译英很受青睐,大家都希望在汉英翻译方面拿出些成果,这是可以理解的。但是英语非本族语的译者,由于自身的缺陷,要想在这方面有大面积的收获,不是一个很切合实际的目标。而英译汉对于大部分汉语为母语的译者来说,似乎更能做出成就。但最近几年,大家似乎对自己本来较擅长的领域反而更冷漠,没有足够的关注,缺乏认真的研讨,结果英译汉标准不明,艺技不精,五花八门的译法皆被认可,甚至被推崇,所以很有必要在这个领域整一下思路,理一下概念,不能因为汉译英红火,就冷落了英译汉。

目前有些译文,擅自解释的倾向严重,译者似乎觉得紧跟原文不过瘾,显不出译者的水平,于是本来可以简简单单翻译出来的句子,反而弄得非常繁复,把很多原文没有的东西任意添加到译文中。这些添加的词语未必不是原文的引申含义,但是否应该出现在译文中却值得商榷,比如下面这句:

This is still the strangest thing in all man's travelling, that he should carry about with him incongruous memories. There is no foreign land; it is the traveler only that is foreign, and now and again, by a flash of recollection, lights up the contrasts of the earth.

旅行者竟然在脑海里浮现出与所在地毫不相干的记忆,这真是旅行中最奇怪的事了。根本就没有什么异域,只是旅行者心里的陌生感才使他觉得是异域。偶尔,他一闪念就让远在地球另一端的地方出现在眼前，原来故乡已经这么遥远了啊！

原文摘自斯蒂文斯的散文，说的是一个旅游者到异地后突然想到家乡的心理感受。其实译文中的诸多添加与变换并非不合理。比如原文的 carry about 翻译成"脑海里浮现出"其实应该也符合大意；"心里的陌生感才使他觉得是异域"解释得也并非完全错误，甚至"原来故乡已经这么遥远了啊"的添加也不是没有道理的。原文的 contrasts of the earth 应该就是指那位游客的家乡和旅游之地，就像一个江南水乡的人，在桂林阳朔旅游时突然想到江南一样，起了故乡情，叹一声家乡路远山高也是合理的。但是翻译是否需要把这些文本外的意思添加进去，就需要认真思考了。换句话说，在翻译和解释之间划出一条线，译者不轻易跨越这条线，仍然是很有必要的。同样是上面的原文，如果处理成下面那样，就更接近翻译的本意，或者说就基本没有跨越那条线：

旅行者竟然怀揣着与异域毫不相干的记忆，这真是再怪不过了。原来根本就没有什么异乡，有的只是异客。偶尔，在一瞬间，故乡与异乡已交相闪现在游人的脑海里了！

译者不愿离开 carry about 这个词，因为他觉得把记忆当作包袱背来背去这个隐喻，虽然也谈不上有多大的文学性，但读起来更有文学味道。译者同时感受到两个 foreign 在原文中的对称效果，因而还原了两词呼应的特征（异乡＋异客）。译者虽然受到极大的诱惑，希望在最后一句中加入解释的文字，但最后还是克制住了，没有把确实可能发生的都说出来，而且还刻意模仿了 flash 和 lights up 的意象（故乡与异乡已交相闪现在游人的脑海里了）。

在我的课堂作业中，有一位同学把下面的一段文字翻译成这样了：

And I want beauty in my life. I have seen beauty in a sunset and in the spring woods and in the eyes of divers women, but now these happy accidents of light and color no longer thrill me.

第一编 翻译理念与标准

> 我渴望生活中有美。我目睹过日落时的彩霞纷飞，见到过春天树林的郁郁葱葱，感受过姑娘眼底的风情万种。然而，曾让我感到快乐的光线和色彩，如今已无法让我怦然心动。

译者把原文的一个 beauty 根据不同的语境，分别演绎成"彩霞纷飞""郁郁葱葱""风情万种"。你若和译者争论，他也许拿得出足够的理由说明这种添加是合理的，因为这添加的景象确实可能出现在那三种不同的语境中。不过翻译，特别是文学翻译，不应该总是把客观世界发生的事件和盘托出，文学是借助文字这个媒介言说事件的，言说本身也有一定意义。我们不排除在两种语言冲突严重时，在翻译中忽视原文语言的形式。特别是当原文语言并无文学意义时，较为自由的解释性翻译应该是一种可取的方法，甚至应该鼓励这种添加文字的翻译。但那种翻译方略不应该是翻译的常态或准则。我觉得纽马克的 X、Y、Z 语言三分法似乎对分清翻译的内容和形式有些帮助。[①] 纽马克用 Y 表示语言的文字（word），用 X 表示文字表达的实际事件（reality），而用 Z 表达文字所唤起的心理反应（emotion）。我们看到了现实世界里发生的事，用语言表达出来，然后在读者身上造成心理反应。在翻译的过程中，如果我们死扣住 Y 不放，势必造成译文生硬难懂，所以翻译的一般规则就是如何摆脱 Y 的束缚，这个基本原则不必有怀疑。但是当我们摆脱原文后，我们孤立无援，只能去求助文字背后发生的事件，就是说，文字在说什么事件？这时我们自由了，没有文字束缚了，但也危险了，因为你离文字越远，你失误的可能性就越高，就算是"原来故乡已经这么遥远了啊"这种译法并不算离谱，但毕竟主观臆断成分很大。虽然翻译的基本功是训练译者摆脱 Y 的干扰，踏入 X 时译者还是要谨小慎微，因为在 X 这个领域中布满了"地雷"。翻译上面那句是否可以离原文更接近一些，beauty 一词是否就翻译成"美"，不做任何添油加醋的处理？《中国翻译》上的译文是这样的："我希望生活中有

[①] 有关纽马克的翻译论述，见叶子南的《高级英汉翻译理论与实践》，清华大学出版社 2001 年版。

美。我曾在落日余晖、春日树林和女人的眼中看见过美,可如今与这些光彩邂逅已不再令我激动"。甚至保持原文地点状语后置的位置,也未尝不可:"我愿生命中有美。我见过美,在落霞的余晖中,在春日的林木间,在女人的眼神里。但这些巧遇之光辉与色彩已不再让我怦然心动。"后置状语不是汉语语言的常态,但文学语言本身就不是常态!

那么大翻译家是怎么做的呢?我相信,他们可能在译作中会有神来之笔,会有添加出彩的句子,有些句子也许已被选入教科书了。但是偶尔的神来之笔是千搜万寻后才选入教科书的,不可能遍地开花,翻译的常态仍然不会鼓励过度的添加。请看下面四段文字:

| As Eugene went home in the moonlight, he fell to serious reflections. He was satisfied, and yet dissatisfied. He was pleased with an adventure which would probably give him his desire, for in the end one of the prettiest and best-dressed women in Paris would be his; but, as a set-off, he saw his hopes of fortune brought to nothing; and as soon as he realized this fact, the vague thoughts of yesterday evening began to take a more decided shape in his mind. A check is sure to reveal to us the strength of our hopes. The more Eugene learned of the pleasures of life in Paris, the more impatient he felt of poverty and obscurity. He crumpled the banknote in his pocket, and found any quantity of plausible excuses for appropriating it. | Eugene walked home in the brilliant moonlight with his mind full of serious reflections. He was pleased and yet dissatisfied: pleased at an adventure which threw him into the closest intimacy with one of the prettiest and most fashionable women of Paris; dissatisfied at seeing his projects for the future over-thrown, for he now perceived how much he had really built upon the vague visions of the day before. Want of success increases rather than diminishes the strength of our wishes. The more Eugene tasted the pleasures of Parisian life, the less he liked the prospect of toil and poverty. He fingered the bank-note in his pocket, and thought of a hundred reasons to justify him in keeping it. | 欧也纳踏着月光回去,开始一本正经的思索。他又喜又恼:喜的是这桩奇遇大概会给他钓上一个巴黎最漂亮最风流的女子,正好是他心目中的对象;恼的是他的发财计划完全给推翻了。他前天迷迷糊糊想的主意,此刻才觉得自己真有这么一个念头。一个人要失败之后,方始发觉他欲望的强烈。欧也纳越享受巴黎生活,越不肯自甘贫贱。他把袋里一千法郎的钞票捻来捻去,找出无数自欺欺人的理由想据为己有。 | 欧金踏着月色回去,陷入了认真的思索中。他既是高兴,又感到烦恼。高兴的是,这次艳遇的结果可能使他得到一个巴黎最漂亮最风流的女人,这正是他朝思暮想的人儿啊;烦恼的是他发财的计划要全部打乱了。他前天还觉得发财的希望渺茫,刚刚有了一点实现的眉目,现在又可能要落空了。往往是事情失败后,才显示出欲望的强烈。欧金越享受到巴黎生活的乐趣,越不能忍受默默无闻的贫贱状况。他把口袋里那张一千法郎的钞票捏来捏去,千方百计想说服自己:这是应得之财。① |

---

① 最左边英文译文的译者是 John Avil(1091 年),左边第二个英文译文的译者是 Catharine Prescott Wormeley(1885 年),中间的中译文的译者是傅雷(1950 年),最右边的中译文的译者是许渊冲(2015 年)。

只要你对照四段文字，就会发现，除个别句子外，大部分的句子很相似，是可以横向对照的，也就是说，这四段文字相互是有联系的。其实这四段文字前后相差一个世纪，两段中文译文也相差半个多世纪，而且他们都源自同一段法文原文（巴尔扎克的《欧也妮·葛朗台》）。在翻译大部分的句子时，四个译者都没有过度演绎添加，很大程度上尽量不背离法文原文。左侧中文译文的译者是认为翻译应"神似"不该"形似"的傅雷，右侧译文的译者是提出翻译"三美"论的许渊冲。他们应该说是极力反对死译的翻译家，但是他们的译文并不做过度的演绎添加，把"他心目中的对象"换成"朝思暮想的人儿"是算不上大幅度添加的。

也许有人认为我的这种观点比较陈旧，随着时代的进步，新学科的出现，什么是翻译的定义也会与时俱进。我其实并不反对这种纳新的观点。随着时间的推移，把新的语言、文化、社会学科领域的进展纳入翻译定义的更新中，这本身无可厚非。但是何为翻译的本质却很难在这种更新中发生根本的变化，何为翻译这个问题的答案是相对稳定的。早期语言学的翻译理论之所以站不住脚，就是因为单纯的语言视角把原文文字传达的很多丰富信息给排除在外了，翻译的符号转向、文化转向、社会转向等视角把单纯的语言学视角忽视的信息包括了进来。但是翻译最本质的原文却始终没有在这个过程中弱化掉，我们始终关注着原文文本。也听说过翻译不需要文本这样的说法。我甚至完全可以理解提出这类说法的学者。在这浩瀚的学术海洋里，总能找出一个不需要文本，甚至不需要原文的翻译研究领域。说到底，没有原文作为参照，也并非不可能。我甚至认为，放开了讨论，谁都不能保证对照原文翻译准确就是好事，翻错了就是灾难。我们完全可以想象出一个语境，正确的翻译带来灾难，错误的翻译换得和平，我们不至于没有那样的想象力。但是，那种翻译研究和我们一开始讨论的翻译好像就不是一码事了。当你走进课堂，向一个个嗷嗷待哺的学生讲什么叫翻译时，最好还是不忘"初心"，而这个初心是紧紧地盯着原文的。

漫谈英译汉中的"添加"与"解释"

所以我还是欣赏杨绛对翻译的看法①。她提出"翻译度"这一说法，认为翻译度不足，文句就仿佛翻跟头没有翻成而栽倒在地，或是两脚朝天，或是蹩了脚、拐了腿，站不平稳。她还提出翻译得一句一句译，也是很受用的提法。杨绛本身把翻译比作走钢丝，不能向左倾，也不能向右倾，我的理解，她说的钢丝就是原文，就是总是牵着你的原文文本。因此她说，翻译度太小了不行，那是死译，但是翻译度太大也不行，她甚至认为译者把原著的意思用自己的话来说，那不是翻译，是解释。对此，我倒有保留，不过我愿意为她解释一番。首先，杨绛发此言论的背景是文学翻译，她那样提我可以理解。但是很大一部分翻译，仍需要不同程度的"解释"，完全避免一定程度的解释是做不到的。就算是文学翻译，我也认为，一定程度的解释也在所难免。所以，何谓解释、解释的程度才是关键之所在。但是杨绛规避翻译度过大或过小，说明她尊重原文文本，她不会胡乱添加。

我在这里提出的观点主要是为了避免过度自由、胡乱添加，没有强调问题的另一面。其实摆脱原文的束缚一直是翻译中困难最大的一个环节，只是我没有将它设为本文的主题罢了。不过，读者千万不要将胡乱添加、翻译度过大和摆脱原文束缚等同起来，它们属于两个完全不同的范畴，不能混为一谈。

---

① 杨绛谈翻译的内容主要选自中国译协网站《杨绛先生谈翻译》。

清晰英译之我见
——以一段译文为例

周蕴仪

The two capital secrets in the art of prose composition are these: first the philosophy of transition and connection; or the art by which one step in an evolution of thought is made to arise out of another: all fluent and effective composition depends on the connections; secondly; the way in which sentences are made to modify each other; for the most powerful effects in written eloquence arise out of this reverberation, as it were, from each other in a rapid succession of sentences.

——Thomas de Quincy, author of *Confessions of an English Opium-Eater*

清晰的译文必须基于充分的理解和明晰的表达。深刻理解原文，译文才会通透自然，不流于表面，令人似懂非懂。尤其翻译政府报告时，仅仅靠英语好，是没法翻译出意思清楚明了并且逻辑分明的译文的。但在充分理解原文后，如何用清晰简练的英语传递原文的意思，使人一目了然，又是另一番功夫。

前段时间看了一段译文，有些感触。然而篇幅有限，只能抽取一段，希望能借以说明问题。原译文经过以中文为母语的人士审校，文字已经相当通顺，但若深究，仍可从中发现不少问题。完成一篇逻辑清晰且语言简练的译文，需要有科学的分析能力，还要有艺术的鉴赏力。毕竟，一篇文章不仅要考虑结构和逻辑，还要考虑节奏和韵律。本文先从原文的理解着手，然后比对原译，分析原译的问题，再提出

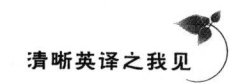

修改意见。翻译是不断完善的过程，自己能力有限，提出的见解旨在抛砖引玉。译文后半部分的不少修改思考来自 Joseph Williams 的 *Style* 一书，这也是一本北外高翻大力推荐学生看的书。

原文（只显示后面侧重讨论的段落以及原文整体结构）

在中国共产党北京市第十二次代表大会上的报告[①]

同志们：

中国共产党北京市第十二次代表大会，是在全市深入学习贯彻习近平总书记系列重要讲话精神和治国理政新理念新思想新战略、以优异成绩迎接党的十九大之际召开的一次重要会议。

……

现在，我代表中国共产党北京市第十一届委员会向大会作报告。

一、过去五年工作回顾

……

城市发展深刻转型。充分认识首都城市战略定位，把握"舍"与"得"辩证关系，制定实施严格的新增产业禁限目录，有力开展疏解整治促提升专项行动，调整退出一大批一般性制造业企业、区域性专业市场，推进教育、医疗单位向外转移布局，城市副中心建设实现良好开局，京津冀交通一体化、生态环境保护、产业升级转移取得明显成效，"大城市病"得到积极治理，全市常住人口增量和增速持续下降，城六区常住人口出现拐点，实现了从聚集资源求增长到疏解功能谋发展的重大转变。

发展质量稳步提升。适应把握经济发展新常态，扎实推进……

……

环境治理成效显著。全面打响治理大气污染攻坚战，淘汰……

……

规划建设管理全面加强。对接京津冀协同发展，突出优化……

---

① 来源：http：//bjrb. bjd. com. cn/html/2017-06/27/content_ 144267. htm.

……

五年来，我们不断加强党的建设…

……

五年来，我们自觉服务党和国家工作大局……

……

同志们，回顾五年来的工作……

……

二、坚持以习近平总书记两次视察北京重要讲话精神为根本遵循，努力建设国际一流的和谐宜居之都

……

无论原文或译文，都必须考虑全局连贯性包括写作目的、语气、标志章节和段落起始和终结的文字、概念和信息的排序和衔接等。即使段落层面，读者也必须看到该段正文与段落标题的关联，段内信息排列无缝衔接，措辞和搭配得当，节奏明快，读下来不会磕磕绊绊或因意思没交代清楚而必须停顿思考，整篇文字应当浑然天成。

原译：

Our city has undergone a profound transformation. Based on the capital's strategic positioning, we've weighed in dialectically on what to "give up" and what to "pursue". We have implemented a stricter catalogue of prohibited and restricted industries, and launched a special campaign that resulted in the upgrading and relocation of many general manufacturers and regional wholesale markets. We have encouraged educational and medical institutions to allocate resources to areas outside the central districts. We have gotten off to a good start in developing the Tongzhou sub-centre, and made significant headway in terms of transport connectivity in the Beijing-Tianjin-Hebei region, eco-environmental protection, and industrial upgrading and relocation. Through these efforts, Beijing's "big city malaise" has been alleviated, the permanent resident population has seen a slowing growth rate and fewer newly added residents, and the six urban districts' population has peaked and is set to decline. In general, function relocation has replaced resource concentration to underpin our development.

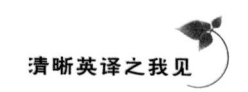

宏观分析

在讨论结构和表达前,首先要透彻理解原文,措辞不能流于字面,传递的意思要精准,否则用词再华丽都毫无意义,读者始终不知所云。

以下将原文分成不同意群,便于理解各排比成分的内涵以及各排比成分间的逻辑关系。

意群一:充分认识首都城市战略定位,把握"舍"与"得"辩证关系。

【说明】

国务院关于对《北京城市总体规划(2016年—2035年)》的批复中如是说:北京是中华人民共和国的首都,是全国政治中心、文化中心、国际交往中心、科技创新中心。北京城市的规划发展建设,要深刻把握好"都"与"城"、"舍"与"得"、疏解与提升、"一核"与"两翼"的关系,履行为中央党政军领导机关工作服务,为国家国际交往服务,为科技和教育发展服务,为改善人民群众生活服务的基本职责……着力优化提升首都功能,有序疏解非首都功能。[①]

舍弃一些功能,便得到其他回报。例如,舍弃污染性产业,留下或引进高新技术产业,产业结构调整升级,平衡舍与得。又如,北京城市拥挤、资源紧张、环境负荷重,所以必须"减"。如果政府担心企业迁出影响税收或就业而允许城市无限开发并人口无序涌入,发展便不可持续。这是北京必须把握的"辩证关系"。("辩证关系"是哲学上一种认识事物的方法。我们可以考虑舍弃这种难以说明的抽象概念,用更简单的表达把意思说清楚)

---

① 参考 http://www.gov.cn/zhengce/2017-09/27/content_5227992.htm.

意群二：制定实施严格的新增产业禁限目录，有力开展疏解整治促提升专项行动，调整退出一大批一般性制造业企业、区域性专业市场，推进教育、医疗单位向外转移布局。

【说明】

《新增产业禁限目录》也是"舍"和"减"的措施。例如，分区差别化禁限管理，支持符合首都功能定位的高精尖产业，通过"瘦身"实现更高质量、更可持续的发展。所以，新能源汽车、新材料、工业机器人等高精尖产业，基本不禁限。其他产业只能转移至其他地方。①

意群三：城市副中心建设实现良好开局，京津冀交通一体化、生态环境保护、产业升级转移取得明显成效，"大城市病"得到积极治理，全市常住人口增量和增速持续下降，城六区常住人口出现拐点。

【说明】

这部分主要总结各项措施的效果。建设城市副中心是为了优化北京市的空间格局、疏解中心区过多功能、治理"大城市病"、推动京津冀协同发展。因此，疏解非首都功能包括将市级机关搬迁至通州，其他相关功能随之转移，进而疏解人口和其他禁限产业。产业结构转型升级、修复保护生态、全方位对接支持河北雄安新区规划建设并建立便捷高效的交通联系（即京津冀交通一体化）、治理大城市病、成为京津冀协同发展示范区、疏解并严控人口规模等，都明确体现在国务院对《北京城市总体规划（2016年—2035年）》的批复中。② 因此从逻辑上看，前半部分（"城市副中心建设……产业升级转移取得明显成效"）是具体措施的成效；后半部分（"'大城市病'得到积极治理……城六区常住人口出现拐点"）是具体措施取得成效后，进而实

---

① 参考http://zhengce.beijing.gov.cn/library/192/34/738532/1566820/index.html.
② 参考https://baike.baidu.com/item/%E5%8C%97%E4%BA%AC%E5%9F%8E%E5%B8%82%E5%89%AF%E4%B8%AD%E5%BF%83；http://www.gov.cn/zhengce/2017-09/27/content_5227992.htm；http://www.xinhuanet.com/local/2018-07/16/c_1123130811.htm.

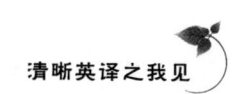

现的更广泛目标。也即，堵车、环境污染、产业过度聚集、看病难等，都是大城市病，保护生态环境、实现京津冀交通一体化和产业升级转型，便缓解了大城市病。

意群四：实现了从聚集资源求增长到疏解功能谋发展的重大转变。

【说明】

总结了本段各取舍和增减措施的效果，实现了更宏大的目标。

理解原文后，可根据上述意群分析原译的基本结构：

小标题 //Our city has undergone a profound transformation. // 意群一 ‖ Based on the capital's strategic positioning, we've weighed in dialectically on what to "give up" and what to "pursue". // 意群二 //We have implemented a stricter catalogue of prohibited and restricted industries, and launched a special campaign that resulted in the upgrading and relocation of many general manufacturers and regional wholesale markets. We have encouraged educational and medical institutions to allocate resources to areas outside the central districts. // 意群三 ‖ We have gotten off to a good start in developing the Tongzhou sub-center, and made significant headway in terms of transport connectivity in the Beijing-Tianjin-Hebei region, eco-environmental protection, and industrial upgrading and relocation. Through these efforts, Beijing's "big city malaise" has been alleviated, the permanent resident population has seen a slowing growth rate and fewer newly added residents, and the six urban districts' population has peaked and is set to decline. // 意群四 //In general, function relocation has replaced resource concentration to underpin our development. //

第一编　翻译理念与标准

意群一的整体表达结构合理。当然，因为只有一句话，更易于处理。译者在此处的理解不太正确。原文"城市发展深刻转型"，指的是发展的方式转型（注意是"转型"），不是城市面貌改变了，这跟最后一句"实现了从聚集资源求增长到疏解功能谋发展的重大转变"是相呼应的。

意群二内容较多，不好处理。最后一句（"推进教育、医疗单位向外转移布局"）是疏解非首都功能的举措之一。有报道说，疏解非首都功能并优化提升首都核心功能的举措，包括压缩东、西城在内的核心区的医疗机构的门诊量和床位数，将服务范围扩展到远郊区县乃至京津冀地区。① 如果将这个意群处理为两个 We have 句，意思不明确，感觉是两个毫无关系的举措。本句的表达也不到位，下面会更详细讨论。

意群三信息比较杂，也比较零碎、简短，很难处理好。原译第一句用 we have，第二句试图摆脱单一表达，用 Through these efforts 作为过渡，主语变成"大城市病"（Beijing's "big city malaise"）。但这么做，逻辑便混乱了。首先，We have 句表达的成果是城市副中心建设开局良好，并且京津冀交通一体化、保护生态环境、产业升级转移等举措有明显成效。这里的每一个短语都是独立的成果。接下来的部分接着罗列治理大城市病和人口问题的绩效，跟上一句话的逻辑关系不是"行为（effort）"→"结果 result"，而是"结果/成果 result/outcome"→"目的（objective）"。这类问题经常出现在很多汉译英的译文中，原因是汉语的报告类文章并列成分多，没有主语，英文译文不好处理，译者知道译文句式单一，但经常为了句型变化而忽略了译文的正确逻辑关系。

意群四类似意群一，只有一句话，只要理解正确，便不难处理。

分析了本段译文的意群后，我们先看看原译的微观处理，也即个别词的理解和用法，然后再逐句重构译文。

---

① 参考 http://news.ifeng.com/a/20160123/47201654_0.shtml.

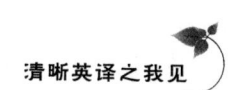

意群一：充分认识首都城市战略定位，把握"舍"与"得"辩证关系。

原译将两个短句合并成一句，将"充分认识"翻译为 based on（"基于"），尽管问题并不严重，但意思还是偏离了原文。后半部分问题比较严重。"把握（舍与得）辩证关系"处理为 we've weighed in dialectically，这种处理实为不妥。weigh in 的用法有误。

weigh in *v.*

1. To be weighed at an official weigh-in for an athletic competition： *he boxer weighed in before the fight. The fighter weighed in at 250 pounds.*

2. To weigh something officially, as for travel on an airplane： *The ticket agent weighed our bags in. After the agent weighed in my suitcase, I went to the gate.*

> 3. To join an ongoing discussion, debate, or competition： *The president still hasn't weighed in on the issue. After striking out twice, the player finally weighed in with a base hit.*

https：//www.thefreedictionary.com/weigh＋in

intransitive verb

1：to have oneself or one's possessions (such as baggage) weighed； especially：to have oneself weighed in connection with an athletic contest

> 2：to bring one's weight or influence to bear especially as a participant, contributor, or mediator
> • WEIGHED IN with an opinion

https：//www.merriam-webster.com/dictionary/weigh-in

> weigh in
>
> (GIVE OPINION)
>
> to give an opinion or enter a discussion or argument:
>
> The senator weighed in with a blistering attack on welfare cheats.

—phrasal verb (MEASURE)

to measure how heavy someone is, esp. before a competition:

The boxers both weighed in at 162 pounds.

https://dictionary.cambridge.org/us/dictionary/english/weigh-in

PHRASAL VERB [INTRANSITIVE]

1 to have your weight checked before you take part in a sport such as boxing or horse racing

weigh in at: Bowen weighed in at 241 pounds.

2 to become involved in something

> weigh in with: I just wanted to weigh in with some comments.
>
> To take part, or to become involved: join in, participate, involve…

www.macmillandictionary.com/us/dictionary/american/weigh-in_1

> weigh in
>
> to give one's opinion

http://onlineslangdictionary.com/meaning-definition-of/weigh-in

weigh in

1. to weigh (a boxer, jockey, etc.) before or after a contest in order to verify declared weight

2. to be so weighed

3. to have one's baggage weighed

4. Informal

> to enter and participate forcefully, as in a discussion or debate

　　https：//www.collinsdictionary.com/us/dictionary/english/weigh-in

　　可见，这个貌似高大上的用词并不准确。而且即使 weigh in 措辞准确，weigh in dialectically 意思也不对。原译的意思不是以辩证的视角或方式对待现状，而是本来就存在两个有辩证关系的成分（取舍、增减等），决策者必须着眼大局，决定政策与措施倾向，平衡得失，也即"把握"辩证关系。

　　意群二：制定实施<u>严格的</u>新增产业禁限目录，有力开展疏解整治促提升专项行动，调整退出一大批一般性制造业企业、<u>区域性</u>专业市场，<u>推进</u>教育、医疗单位向<u>外转移</u>布局。

　　原译：
We have <u>implemented</u> a <u>stricter</u> catalogue of prohibited and restricted industries, and launched a special <u>campaign</u> that resulted in the upgrading and relocation of many general manufacturers and <u>regional</u> wholesale markets. We have <u>encouraged</u> educational and medical institutions to <u>allocate</u> resources to areas outside the <u>central districts</u>.

　　中文"实施"用得比较随意，但英语的 implement 搭配 catalogue 不太妥当，可以 release a catalogue、produce a catalogue、publish a catalogue 等。

　　stricter 在此处也令人费解。确实，相较于 2014 年版的目录，2015 年版全市都需要执行禁限的制造业小类从 242 个增加到 416 个，全市占比从 45% 提高到 78%。① 但本文并未作此比较，况且，中国共

---

① 参考 http：//finance.people.com.cn/n/2015/0826/c1004-27517184.html。

产党北京市第十二次代表大会 2017 年开，当时最新的目录是 2015 年版（2018 年版是最新版，2018 年 9 月底更新），2017 年已经实施了两年，不可能在 2017 年的大会上，用 stricter 与 2014 年版比较。至于"新增产业禁限目录"之意，商务部的解释是：<u>禁止性</u>是指不允许新增固定资产投资项目，不允许新设立或新迁入法人单位、产业活动单位、个体工商户；<u>限制性</u>主要包括区域限制、规模限制和产业环节、工艺及产品限制。① 另有英文平行文本如下：

Under the Beijing Catalogue, being classified as a "prohibited industry for new additions" means no more fixed asset investments or new entrants will be allowed in that industry; being classified as a "restricted industry for new additions" means restrictions will be placed on new investments in that industry in terms of location, scale, operating processes, or types of products. ②

原译中的 campaign 不符合本文中"专项行动"的内涵。
见词典释义：

1. A campaign is a planned set of activities that people carry out over a period of time in order to achieve something such as social or political change.

During his election campaign he promised to put the economy back on its feet.

Apacs has launched a campaign to improve the training of staff.

…the campaign against public smoking. [+ *against*]

---

① 参考 www. mofcom. gov. cn/article/b/g/201601/20160101233176. shtml.
② 参考 www. lexology. com/library/detail. aspx？ g = 7c8a5f24-52bb-4e70-bd88-b7c98f67249c.

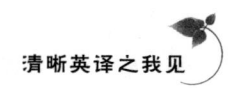

3. In a <u>war</u>, a campaign is a series of planned <u>movements</u> carried out by <u>armed</u> forces.

The allies are intensifying their air campaign.

…a bombing campaign.

COBUILD Advanced English Dictionary. Copyright ⓐ Harper Collins Publishers

1. a series of coordinated activities, such as public speaking and demonstrating, designed to achieve a social, political, or commercial goal

- a presidential campaign
- an advertising campaign

2. military

a number of complementary operations aimed at achieving a single objective, usually constrained by time or geographic area

www.collinsdictionary.com/dictionary/english/campaign

这里用 special programme 或 special initiative 更合适。

"区域性"直译为 regional 貌似没错，但放在本文并不十分妥当。诸如鞋业批发市场、建材市场等，都是要从北京市调整退出的"区域性"专业市场，用 region 范围似乎太大，"京津冀"（Beijing-Tianjin-Hebei region）也是区域，中国的四大地理区域是南方地区、北方地区、西北地区、青藏地区。原文中的"区域"，只是北京市内的某"区"，例如丰台区、西城区。可处理为 area。

encouraged educational and medical institutions to <u>allocate resources to areas outside the central districts</u> 也偏离了"推进教育、医疗单位向外转移布局"的意思。根据《北京市新增产业的禁止和限制目录（2015年版）》，全市范围内不再新设立或者新升格普通高等学校，禁止新设立面向全国招生的一般性培训机构，朝阳区、海淀区、丰台区、石景山区也禁止五环内新建综合性医疗机构，不再批准增加政府办综合性医疗机构床位总量。① 而且 We have encouraged 句给人的感觉是政府"已经鼓励"过了,走不走还取决于教育医疗机构的意愿,其实不然。政府已确定教育和医疗项目的疏解时间表,2020 年基本完成疏解,并且不达标的学校要扩展,中心城区没地方,就要部分或全部迁移,达到疏解目的;但有些高校研究生教育和研究型功能,因符合首都城市战略定位的功能,会留在原址。② 显然,处理为 encourage 和 allocate resources 都不准确。

意群三:城市副中心建设实现良好开局,京津冀交通一体化、生态环境保护、产业升级转移取得明显成效,"大城市病"得到积极治理,全市常住人口增量和增速持续下降,城六区常住人口出现拐点。

原译:

We have gotten off to a good start in developing the Tongzhou sub-center, and made significant headway in terms of transport connectivity in the Beijing-Tianjin-Hebei region, eco-environmental protection, and industrial upgrading and relocation. Through these efforts, Beijing's "big city malaise" has been alleviated, the permanent resident population has seen a slowing growth rate and fewer newly added residents, and the six urban districts' population has peaked and is set to decline.

central districts:北京正通过整体或部分搬迁、交流合作等方式,统筹推动市属高校、医院向中心城外疏解,促进教育资源合理布局、优质医疗资源均衡配置,③ 而中心城区是城六区,包括东城区、西城区、朝阳区、海淀区、丰台区、石景山区。④ 也就是说,只有一个

---

① 参考《北京市新增产业的禁止和限制目录(2015 版)》。
② 参考 http://theory.people.com.cn/n/2015/0717/c40531-27318441.html.
③ 参考 http://theory.people.com.cn/n/2015/0717/c40531-27318441.html.
④ 参考 https://m.21jingji.com/article/20170329/herald/d9d0eb892f32ceb33a888a793c1ab673.html.

"中心城区",用复数不合适。另外,district 是"区",与"城"或"城区"不是一个概念。朝阳区是 Chaoyang District,西城区是 Xicheng District,两个区都属于 urban district。查平行文本,表述如下:

The Green Edge is the area beyond the urban core (as defined by the Fifth Ring Road)①; The ring roads were originally designed to serve as expressways that circle the urban area②.

Gotten off (to a good start):表达没什么问题,但国家(美国)语言特色太明显,说话也太随意、太口语。试问,蔡奇发言会这么讲话吗?

针对 *gotten/got* 的用法,密歇根大学网站上的相关评论:

Here's what David Crystal says about The gotten/got distinction in The Cambridge Encyclopedia of the English Language (p. 311):

Gotten is probably the most distinctive of all the AmE/BrE grammatical differences, but British people who try to use it often get it wrong.

It is not simply an alternative for *have got*. *Gotten* is used in such contexts as

They've gotten a new boat. (= *obtain*)

---

① 参考 Neville Mars, Adrian Hornsby, *The Chinese Dream*: *A Society Under Construction*, https://books.google.com/books? id = 6dR9y4q66vQC&pg = PT205&lpg = PT205&dq = beijing + urban + core + within + + fifth + ring&source = bl&ots = Q2xVEzDVHa&sig = nv_ 8ZU881ln0ou Wzy1SOUBO7B8M&hl = en&sa = X&ved = 2ahUKEwihyPmn9uvdAhVtGDQIHW_ bAfwQ6AEwDXo ECAAQAQ#v = onepage&q&f = true.

② 参考 BMW Group (Ed.), *Megacity Mobility Culture*: *How Cities Move on in a Diverse World*, https://books.google.com/books? id = WUo_ AAAAQBAJ&pg = PA90&lpg = PA90&dq = beijing + urban + core + within + + fifth + ring&source = bl&ots = 0fIpwZuK6B&sig = VC9P_ HKrjlavi12Cy-A54yTItCc&hl = en&sa = X&ved = 2ahUKEwihyPmn9uvdAhVtGDQIHW_ bAfwQ6AEwDHoECAMQAQ #v = onepage&q = beijing% 20urban% 20core% 20within% 20% 20fifth% 20ring&f = false.

They've gotten interested. (= *become*)

He's gotten off the chair. (= *moved*)

But it is not used in the sense of possession (= *have*). AmE does not allow

　＊I've gotten the answer.

or ＊I've gotten plenty.

but uses *I've got* as in informal BrE. The availability of gotten does however mean that AmE can make such distinctions as the following:

They've got to leave (*they must leave*) vs

They've gotten to leave (*they've managed to leave*).

I'd add that Crystal's *I've gotten the answer* isn't starred if it means *I have figured out the answer*, rather than *I have the answer*.

The key is the overlap between the Possessive use of *have* and the Perfect use of *have*, plus the fact that one of the senses of *get* is *come to have*. If one has come to have a cold, for instance, then one has a cold, and the AmE usage of *has got* means that one is currently infested, due to the present relevance aspect of the Perfect. This is so common that kids regularly use *got* without *have* or even *-'ve* to mean *have*, and young kids even think it's the regular verb for possession, as witness such constructions as *He gots new shoes*.

Faced with the overwhelming interpretation of (*ha*)*ve got* as simply *have*, AmE has reinvigorated an old past participle *gotten* to be used whenever other, non-possessive forms of *get* are intended.[①]

撇开太口语的用词不说，翻译正式文本，不宜使用地方色彩太浓的文字。

big city malaise（大城市病）是常见的表达，我们用的时候也经常不假思索。但乔治·奥威尔（George Orwell）在其 1946 年发表的

---

① 参考 http://www-personal.umich.edu/~jlawler/aue/gotten.html.

文章"政治与英语（Politics and the English Language）"中，批评拙劣的作者总认为拉丁或希腊词比撒克逊词更大气（grander），而诸如 expedite、ameliorate、predict、extraneous、deracinated、clandestine、subaqueous 等无谓的用词逐渐取代盎格鲁撒克逊语汇。Malaise 本身是法语词，可直接用 ills 或 diseases。

made significant headway：同理，简明的另一要素是避免文字的义肢（verbal false limbs）。奥威尔在同一篇文章中也批评了许多人爱用文字义肢的坏习惯，例如把 break、stop、spoil、mend 等简单的动词变成"动词加名词"，如 render inoperative、militate against、make contact with、be subjected to、give rise to、give grounds for、have the effect of、play a leading part（role）in 等，增加了句子的冗余成分。句子貌似节奏更平衡，但行文拖沓，处处是无用的文字。

newly added residents：原文是"全市常住人口增量下降"。这是搭配问题。add 是"加上"之意，是人为并刻意的行为，人口怎能 add 呢？

意群四：实现了<u>从聚集资源求增长</u>到<u>疏解功能谋发展</u>的重大转变。

原译：

...function relocation has replaced resource concentration to underpin our development.

这句译文有两处不妥。首先，"增长"和"发展"尽管很多时候都混用，但内涵实则不同。增长仅仅是定量，不考虑其他因素，而发展则统筹全局，除了定量还有定性进步。有人如下分析：

Economic development tackles big-picture changes in the economy, while growth looks at the minor changes. Development involves changes is investment, income, savings, and socio-economic status, while growth pertains to an increase in real output. It is often based on GDP. Furthermore, development involves utilization and cultivation of untapped resources in underdeveloped areas. Growth focuses on the optimization of resources in developed countries. Development results in quantitative and qualitative economic progress. It covers betterment in terms of standards of living, consumer rights, freedom from discrimination, job opportunities etc. Growth gears particularly towards quantitative results. ①

原译并未体现此中差异,将两个不同的概念合并为一。

另外,因为"增长"与"发展"内涵不同,不能单看字面,简单用 replace 来体现本句要义。原译译者的目的也许是为了简化句子,但"疏解功能"不是发展的支撑因素(underpin)。疏解之后,还要推行一系列措施,才能实现发展目标,因此疏解只是为(可持续)发展打开了一扇门,走出了第一步。

译文要明晰简练,不仅要照顾细节,还要确保字句连贯性(cohesion),也即从一个句子如何顺畅地过渡到另一句子,以及全文的语意连贯性(coherence),即句子之间如何呼应、形成共振,使整段文字意思紧凑、逻辑清晰,读者能一气呵成。前面剖析了意群和总体结构以及微观如措辞问题。但要形成一段错落有致并通顺流畅的文字,就必须有搭建句子和构建段落的能力,还要有敏感的节奏感,也即英语的语感。语感好,可敏锐地觉察某句子是否多了一个词,导致句子不顺畅或不灵动。用通俗的话说,就是 flow。

前面提到总体连贯性。由于篇幅有限,这里只能用一段文字说明问题。在构建句子前,我们先从更宏观的角度,审视全篇文章的结构以及处理各小标题的策略。原译将小标题处理为完整句子,但其实不必改变句子形式和行文风格,否则句型太单一,毫无节奏可言,现场听众无法分辨哪句是小标题(新段落、新主题),哪句是针对小标题的深入阐述,文字缺乏层次感。另外就是译文小标题的表达方式不够

---

① 参考 www.differencebetween.net/business/finance-business-2/difference-between-growth-anddevelopment/.

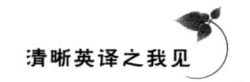

正式，不符合国内报告的风格。

几个小标题：

城市发展深刻转型。充分认识首都城市战略定位，把握"舍"与"得"辩证关系……

发展质量稳步提升。……

环境治理成效显著。……

规划建设管理全面加强。……

可翻译为：

Profound shift in development approach…

Steady advancement in development quality…

Effective environmental governance…

Overall improvement in planning, development and management…

原译将小标题处理为 we 句，分不清标题和正文，反而使文章显得凌乱，条理不清晰。

翻译前要考虑全局。这是一篇在大会上的报告，语言要足够正式，但也要方便朗读，听众脑力负荷不能太大。如果现场用同声传译，还要兼顾中文和英文之间的长度差异。尽管此处我们不考虑同传需要，但仍旧要尽量简洁易懂。本文虽然在现场朗读，但除了开头介绍部分，总体属于面语，符合一般工作报告的语言风格和结构，即每一节有一大标题，大标题下的每段由词组或短语形成小标题。文中还多处有"口号性"或略带情感色彩的表达，例如"五年来，我们不断加强党的建设""五年来，我们自觉服务党和国家工作大局""同志们，回顾五年来的工作"，是许多政府报告常见的风格，虽然跟一般英文报告的行文风格不同，但其文体不属于口语范畴。还有，中文官方文章经常省略主语，英译不好处理，译者很多时候不得不处理为 we will、we should、we have 句。但就上述段落而言，如果"我们"句用 we…，无主句也用 we 句，通篇 we will、we should、we have，结果是语句结构单一、节奏死板,毫无神采可言。因此,处理译文时,要审慎使用 we 句,否则报告会变得过于雄赳赳气昂昂。以下小标题,可以处理为短语,后续的叙述可酌情用 we 句。

原译各句子的整体结构如下:
1. …, we've(we have 句——主动句,但 we have 用了缩略形式 we've)
2. We have(we have 句——主动句)
3. We have(we have 句——主动句)
4. We have(we have 句——主动句)
5. Beijing's "big city malaise" has been(非 we have 句——被动句)
6.(In general,)function relocation has replaced(非 we have 句——主动句)

只有第一句用缩略形式 we've,语域混乱。第 5 句以 Beijing 为主语,句式改为被动句;第 6 句(总结句——In general)变回主动句,主语是 functional relocation。显然,原文没有主语,用 we 句最简单,但用着用着,译者发现通篇 we have 太单调,于是一旦有余地,便改变主语,却不得不将主动句变成被动句。这种处理方式尽管句式稍有变化,却使整个段落结构杂乱,句子之间不能妥善衔接,改变了整体逻辑推进及句子结构和重心,破坏了字句连贯性和语意连贯性。

改译如下:
Profound shift in development approach. We appreciate[1] the strategic positioning of Beijing as capital city and the need to forgo to gain[2]. As such[3], measures in line with this strategic focus [4] were taken, including publishing the Catalogue of Prohibited and Restricted Industries for New Investments and Entities, launching a special initiative to relocate general manufacturers and area wholesale markets to upgrade and restructure industry, and continued relocation of selected education and medical institutions beyond

the urban core. Development of the Tongzhou sub-centre was off to a good start[5], and integration of the transport network of the Beijing-Tianjin-Hebei region, protection of the natural environment, and industrial upgrading and relocation have shown impressive results. The "big city diseases" were thus effectively abated[6], as[7] the growth of our overall permanent resident population continued to decline in both absolute and percentage terms, and the number of permanent residentsin the six urban districts fell. Beijing has certainly shifted from a growth-underline{approach} driven by concentrating resources to a development-underline{approach} facilitated by relocating and distributing urban functions[8].

> 注一：北京市政府网站翻译为 aggregating resources。根据词典，aggregate 根是 to gather into a mass, sum or whole，而 concentrate 是 to direct or draw toward a common centre，因此 concentrate 更贴切。
>
> 注二：北京市政府网站翻译为 functional dispersal；然而实在难懂。disperse 是 scattered 之意，即无序地散落各处。但功能疏解不是无序之举，因此用 distribute 更合适①

[说明]

（1）

"充分认识"和"把握"可用 appreciate 一词概括。

（2）

"辩证关系"过于抽象，不太符合英文报告的风格，除非细究，否则难以理解何为 dialectical relationship between giving up and gaining.

---

① 参考 https：//www.pressreader.com/china/beijing-english/20180208/282136406870572；http：//www.ebeijing.gov.cn/feature_2/2018CHITEC/t1524715.htm.

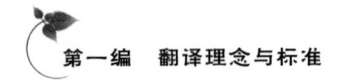

改译后的表达语意更清楚。

（3）

意群二跟意群一的关系应该在此凸显，便于读者理解前后逻辑关系，因此加上 as such。要注意不可过度使用过渡/转折词。很多人认为英语是意合语言，必须显化逻辑关系。这是误区。假如一段文字处处是 therefore、hence、also、however、nevertheless（中文也经常出现各种"一方面""而且"），重要信息迟迟不出现，导致文字拖沓并节奏凌乱松散不说，因无谓转折词造成的伪逻辑也会影响理解。

Superfluous transitions harm your prose because they call unnecessary attention to its mechanics. They shout, "Look! Now I'm making a transition! Are you all with me?"
　　　　　　—Nancy Kress, science fiction writer, in *Writer's Digest*

（4）

measures in line with this strategic focus 是增加的信息，可说是上一句话的统合修饰语（summative modifier），其目的是凸显后续的各项具体措施跟北京的战略定位及"取舍辩证关系"战略思维的逻辑关系，使意思更清晰。

（5）

development of the Tongzhou sub-centre was off to a good start 强调的是 good start（良好开局）。新出现并且强调的内容应放在句末；如果不得不放在句首，念的时候就必须重读。而句首的 development of the Tongzhou sub-centre 跟进上一句的 outside the urban core，许多非首都功能（比如，北京市委、市人大、市政协）都东迁通州副中心，因此

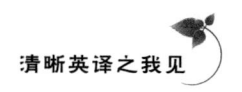

这个信息放在句首可以很好地过渡到下一句。

（6）

同理，These 从语意上连接上一句的各项举措（交通一体化、生态保护、产业升级）的成果（impressive results），阐述的是最终绩效，后半句则体现"大城市病得到积极治理"的其中一方面，即缓解了人口问题。Thus 不前置。一则是实现 effective abatement 的相应措施成果就在上一句后半部分，The big city diseases were effectively abated, 语意上其实已包含了隐含逻辑关系，加上 thus 只是为显化两个成分之间的关系（outcome → objective）；二则是为了使句子结构更灵动，转折词在句中"不经意"带过，节奏会更柔和，不会感觉生硬。

（7）

中国政府认为，解决大城市病的重要良方是减少人口。[①] 此处 as，是对前面"大城市病得到积极治理"的进一步说明，人口减少跟大城市病的治理不是排比关系。

（8）

最后一句用 approach 一词，一方面呼应句首的小标题（profound shift in development approach），另一方面概括了前两句的各项措施和改革宗旨。

从语意连贯性看，修改译文中标黑的部分是整段文字的核心内容。development、measures、approach 等文字贯穿全文，一再提醒读者本段文字的中心思想，避免语意零碎混乱。有下划线但没标黑的文

[①] 参考：https://www.theguardian.com/cities/2018/mar/19/plan-big-city-disease-populations-fall-beijing-shanghai.

字属于 measures 范畴。

因此，要感觉译文清晰并语意连贯，除了小标题、正文、结尾明晰之外，还要能看到段落内信息的关联性，也就是说，整段文字乃至整篇文章要有整体感，上下文要相互照应。开头部分从理解和意群角度剖析原文，是为了厘清逻辑顺序、不同句子内容的内在联系，这样才能确保搭建句子（和段落）时，句子（段落）间互相搭配、互相衔接，环环相扣，最后首尾呼应，整段文字（文章）浑然一体，译文才真正明晰、简练。①

最后，建议翻完后大声朗读。朗读能帮助译者发现拗口不通顺之处，甚至是意思不清楚或表达不到位的地方。

…a rhythmical movement was one that flowed in smooth curves rather than having angular changes of direction…

—D. W. Harding, *Words Into Rhythm: English Speech Rhythm in Verse and Prose*

---

① 关于 cohesion 和 coherence 的内容，参考 Williams, Joseph, *Style, Lessons in Clarity and Grace*.

第二编
时政翻译

随着经济实力的飞速发展与综合国力的显著增强，我国在全球治理中的角色已完成了由"追随者"到"引领者"的华丽转变。在中国日益融入世界的今天，中国特色政治话语表达与对外传播显得尤为关键。这其中，时政翻译尤其是中央文献翻译作为服务国家改革开放和中外交流大局、宣传党和国家大政方针及理念的重要一环，对于构建中国话语体系和展示我国大国形象具有重大意义。

随着《习近平谈治国理政》多语种图书在海内外的广泛发行，中国的党政理念与治国之道受到国际社会的普遍关注。党的"十九大"及习近平总书记所作的"十九大"报告也备受瞩目，报告中有关中国未来政策重点、经济走向规划及"新变化""新提法"等引起了海外热议。

那么，如何准确理解一些带有鲜明中国特色的政治概念？国际媒体和海外受众易于接受的表达方式具有哪些特点？政治术语英译有着怎样的基本原则、方法和策略？

本编邀请了国内一线长期参与中央政治文献英译及审定的学者。这些学者具有多年的外事翻译经历，在时政翻译领域有着丰富经验。他们以《习近平谈治国理政》第一、二卷英文版等党和国家领导人著作及"十九大"报告英文版等党政文件为研究对象，向读者介绍中国特色政治词汇的英译特点、原则和技巧，解读我国对外传播翻译的重点和难点、重要政治概念对外翻译的标准化与规范化，以及特定术语的惯用表达与英译方式。

译义而非译字

——以十九大报告翻译为例

蔡力坚

翻译的本质是尽可能确切地传递原文信息,而由于中英文在词汇构成、词语含义、词语组合、句法结构等方面的巨大差异,为了确切传递原文信息,紧盯字面含义及照搬原文结构的办法根本行不通。我们的唯一选择就是着力再现原文的内在含义,力求在信息实质内容及传递效果上尽可能接近原文。单词只有在语境中才有意义,词语的字面含义或词典所解释的基本意思必须服从语境的需要。事实上,译者在构思译文阶段最好能忘记单词的存在,因为过分注重单词的字面含义经常给翻译带来不必要的干扰,容易破坏译者的思路,破坏译文的整体性和连贯性,导致译文支离破碎,翻译中的许多问题是死扣字面造成的。

【例1】坚持党的领导、人民当家作主、依法治国有机统一是社会主义政治发展的必然要求。必须坚持中国特色社会主义政治发展道路,坚持和完善人民代表大会制度、中国共产党领导的多党合作和政治协商制度、民族区域自治制度、基层群众自治制度,巩固和发展最广泛的爱国统一战线,发展社会主义协商民主,健全民主制度,丰富民主形式,拓宽民主渠道,保证人民当家作主落实到国家政治生活和社会生活之中。

【官方译文】Commitment to the organic unity of Party leadership, the people running the country, and law-based governance is a natural element of socialist political development. We must keep to the path of socialist political development with Chinese characteristics; uphold and improve the system of people's congresses, the system of Party-led multiparty cooperation and political consultation, the system of regional ethnic autonomy, and the system of community-level self-governance; and consolidate and develop the broadest possible patriotic united front. We should develop socialist consultative democracy, improve our democratic institutions, diversify our forms of democracy, and establish more democratic channels. We must see to it that the principle of the people running the country is put into practice in China's political and social activities.

译文的主要问题就在于过分注重字面含义，而忽视语境的作用，不考虑整体关系。比如"有机统一"译成 organic unity，与下文的衔接关系很不清楚。原文是指"党的领导""人民当家作主""依法治国"这三者的统一，而译文没有明确体现这一层关系，organic unity（用法离奇先不说）很容易被读者看作与 Party leadership 有关，而与 the people running the country, and law-based governance 无关。其实，我们可以把眼光放得远一点，不要紧盯着单词看，仔细分析一下此处的内在含义和整体关系，我们也许可以看出，这里的三者有机统一，无非是指三者具有相辅相成的关系，所以不一定要一见到"有机"就用 organic，一见到"统一"就用 unity。

"党的领导"译成 Party leadership 是有歧义的，可以被理解成"党的领导层"。"人民当家作主"的译法（the people running the country）很成问题，完全没有反映"人民当家作主"的基本含义，在正常情况下只能被理解为"管理国家的人"（those who run the country）。这个译法只翻译了单词的字面含义，而没有翻译内在含义。另外，这种词语组合方式也不利于体现"当家作主"的概念。笔者觉得在此语境里 ownership 是体现"当家作主"的一个十分贴切的词，而且 ownership 这个词近年来特别流行，在许多类似场合均可使用，例如：

Culture is an essential component of human development, and an important factor in the fight against poverty, providing for economic growth and ownership of development processes.（文化是人类发展的一个基本组成部分，也是减贫努力中一个要素，有助于经济增长，有助于人民对发展进程当家作主）

In Hawaii, after decades of destructive language policies and native language deterioration, native Hawaiians have taken ownership of Hawaiian medium education.（在夏威夷，几十年来一直推行破坏性的语言政策，土著母语不断走下坡路，但现在夏威夷土著人以主人翁身份主导以夏威夷土著语言作为媒介的教育）

They recognize Colombia's ownership of the implementation of the Final Peace Agreement.（他们确认哥伦比亚在执行《最终和平协定》方面当家作主的作用）

For all countries, public policies and the mobilization and effective use of domestic resources, underscored by the principle of national ownership, are central to the common pursuit of sustainable development.（对所有国家来说，根据本国做主原则制定公共政策并筹集、有效使用国内资源，对于共同谋求可持续发展至关重要）

关于"依法治国"，笔者认为其基本含义就是"法治"，中文里经常喜欢用四字结构，才会有了"依法治国"。用"依法治国"还是用"法治"，似乎更多取决于附近相关词语的字数，而不是说这两个术语有区别。有人或许会争辩说，"依法治国"重点在于国家层面，可是人们谈"法治"时一般也只限于国家层面。"法治"是一个普遍性概念，英文里的对应词是 rule of law，笔者认为，鉴于"依法治国"是"法治"的扩充表达方式，没有必要采用别的译法。

值得一提的另一点是，各种文字里都有一些词语本身并不包含实质信息要素，其主要功用是作为衬垫，帮助组合句子。对于这些词语，翻译时我们应该根据译文表达的需要，不一定字字照搬，有时硬性照搬，会显得画蛇添足。比如，"道路"和"制度"是中文里特别喜欢用的词，从实质含义上来说，用不用其实关系不大，"坚持中国特色社会主义政治发展道路"与"坚持中国特色社会主义政治发展"从本意上来说没有区别，但中文里说"坚持道路"比较顺。下文还有一连串的"制度",把"制度"两字拿掉,基本含义应该不变。在这种情况下,翻译时完全取决于译文表达的需要,这里用上 path 似乎未尝不可,但如果加上 system,特别是重复这么多次 system,会显得很不自然。

许多人一看到"巩固",就先想到 consolidate,但 consolidate 用在这里有歧义,因为 consolidate 经常有 combine 或 merge 的意思。

翻译需要注意的另一点是语域,有的词语从意思上来说不算有错,但每个词有自己使用的地方,党的报告属于正式文件,用词一般也应趋于正式,像 see to it that 或 see that 这样结构用在这篇报告里会显得格格不入,而译者却通篇到处使用。

【参考译文】It is important to emphasize the mutual complementarity of leadership by the CPC, ownership by the people and the rule of law as a natural outcome of socialist political development. Our resolve will not waver to continue on the path of socialist political development with Chinese characteristics, and to strengthen and improve people's congresses at all levels, multiparty cooperation and political consultation under the leadership of the CPC, regional ethnic autonomy, and community-level self-governance. Our objectives are, among others, to strengthen and develop a broadest possible patriotic united front, improve socialist consultative democracy and our democratic institutions, diversify our forms of democracy, and establish more democratic channels of interaction between the government and the public, so as to ensure that respect for the people's ownership role is incorporated in all aspects of political and social life.

【例2】建设生态文明是中华民族永续发展的千年大计。必须树立和践行绿水青山就是金山银山的理念,坚持节约资源和保护环境的基本国策,像对待生命一样对待生态环境,统筹山水林田湖草系统治理,实行最严格的生态环境保护制度,形成绿色发展方式和生活方式。

【官方译文】Building an ecological civilization is vital to sustain the Chinese nation's development. We must realize that lucid waters and lush mountains are invaluable assets and act on this understanding, implement our fundamental national policy of conserving resources and protecting the environment, and cherish the environment as we cherish our own lives. We will adopt a holistic approach to conserving our mountains, rivers, forests, farmlands, lakes, and grasslands, implement the strictest possible systems for environmental protection, and develop eco-friendly growth models and ways of life.

"生态文明"按字面翻译就是 ecological civilization,可是 ecological civilization 是个什么东西,恐怕没有人知道。如果一定要按字面翻译体现"中国特色"的术语,那么必须先给这个术语下定义,说清楚这个术语的内涵是什么,包含哪几层意思。在不给定义、不做解释的情况下,笔者不赞成使用这种令人摸不着头脑的话。我们最好是老老实实翻译这个术语的实际含义,那就是保护环境。笔者倾向于用 environmental/environment,而不用 ecological/ecologies,也是从本意出发的。中文文章里经常用"生态",实际上根据上下文明显指的就是环境。为什么说话人偏爱"生态"?笔者不是很清楚,比如有时明明在谈处理空气污染问题,却也要称之为"生态问题"。也许他们觉得"生态"比"环境"听起来更有学问一些?但不管怎么样,英文比中文更讲逻辑,如果在中文里逻辑上可以随意一些、可以蒙混过关的话,在英文里一般不能这样混。An eco-system 是 environment 的一部分,凡在没有具体特指 eco-system 时,我们就不应该用这个词。选词是根据语境决定的,需要根据前后逻辑关系,寻找所谓对应词是下策。

译文里 We must realize 是个非常奇怪的用法,realize 的意思是 become fully aware of,前面加上一个 must 真是不知所云,我们怎么能逼着自己或别人去 become fully aware 呢?如果是表示一种猜测,那也应该说 must have realized,那样至少语法上还说得通,只是在这里不可能是"猜测"的意思。

除了在词语翻译时要注意逻辑外,句子结构和段落安排都需要考虑到译文逻辑性的要求。中文作为意合为主的语言,句子或分句的排列可以很随意,可以把所有一切并行堆砌,比如上述原文在"必须"

后面全部都是并列分句，而至于这些分句在逻辑上是不是并列关系，则无须过问。但在译成英语时，我们不得不考虑这些动作之间的关系（因为英语是以形合为主的语言）。笔者觉得官方译文把 realize、implement 和 cherish 三个动作并列、然而把 adopt a holistic approach、implement the strictest possible systems 和 develop eco-friendly growth models and ways of life 三个动作并列是不够合理的，尤其是后面三个动作：谈"统筹"需要注意几方面的相互关系，而作为并列分句堆砌不能反映这种关系。另外，笔者觉得 our fundamental national policy of conserving resources and protecting the environment 的说法恐怕也不算很合理，conserving resources and protecting the environment 只能是 fundamental national policy 的一个方面，不能给人造成这就是 fundamental national policy 的印象，因为那与事实不符。

【参考译文】Preserving and protecting our natural environment is vital to the survival of our nation. It is important to understand that "green mountains are gold mountains", and this understanding must inform our actions. As part of our basic national policy, we will step up efforts to conserve resources and protect the environment in the same manner as we protect our own lives. Especially critical is an integrated approach that combines conservation programs aimed at protecting our mountains, rivers, forests, farmlands, lakes, and grasslands, and most stringent measures for protecting fragile ecosystems, with robust efforts to promote green development and an eco-friendly lifestyle.

【例3】坚定走生产发展、生活富裕、生态良好的文明发展道路，建设美丽中国，为人民创造良好生产生活环境，为全球生态安全作出贡献。

【官方译文】We must pursue a model of sustainable development featuring increased production, higher living standards, and healthy ecosystems. We must continue the Beautiful China initiative to create good working and living environments for our people and play our part in ensuring global ecological security.

译者对"文明发展""道路"等的处理是"有头脑的",没有头脑的人很可能会将其译成 civilized development、path 或 road 等,那才是笔者最要提醒大家注意避免的译法。把"生态良好的文明发展道路"译成 a model of sustainable development,是能够从原文本意着手翻译的表现。笔者对这个译文最不满意的地方是 featuring 的用法,不知道从什么时候开始出现了一股滥用 feature 的风气。可能是因为在某一官方译文里出现后,大家纷纷仿效,如今用得越来越多,越来越离谱,该刹车了。Feature 的基本意思是 have as a prominent attribute or aspect 或 have as a participant 或 give special prominence to。称 sustainable development featuring increased production 实在说不太通;称 sustainable development featuring higher living standards 也没有道理;称 sustainable development featuring healthy ecosystems 简直语无伦次,因为 ecosystems 无论如何不可能是 development 的一个 attribute 或一个 participant。笔者并不是对 feature 这个特别有成见,只是觉得每一个词都应该用在合适的地方(proper words in proper places),feature 有它该用的地方,请看下面例子:

The show now features a new singer.(这次演出有一位新歌手)

The opening plenary meeting will feature statements by the President of the General Assembly and the Secretary-General.(大会主席和秘书长将在开幕式上发言)

The Yearbook is also produced in PDF format, which features full-text search and navigation mechanisms.(《年鉴》电子版还以 PDF 格式制作,具有全文检索和导航功能)

Efforts to encourage such nominations included a social media campaign featuring women in senior leadership positions.(鼓励提名的努力包括社交媒体宣传活动,介绍担任高级领导职位的妇女的情况)

The new website features an improved and user-friendly layout.(新网站网页设计有了改进,更加方便用户)

The art gallery is holding two concurrent exhibitions, one featuring contemporary artists, the other featuring artists of the nineteenth century.(美

术馆同时举办两个展览，一个展出当代画家作品，另一个展出十九世纪画家作品）

【参考译文】We will be unwavering in our pursuit of green development to ensure that economic growth and prosperity will not come at the expense of the environment. We will continue to implement the Beautiful China initiative and create a better working and living environment for our people. In so doing, we are also contributing to global ecological security.

【例4】我们呼吁，各国人民同心协力，构建人类命运共同体，建设持久和平、普遍安全、共同繁荣、开放包容、清洁美丽的世界。要相互尊重、平等协商，坚决摒弃冷战思维和强权政治，走对话而不对抗、结伴而不结盟的国与国交往新路。要坚持以对话解决争端、以协商化解分歧，统筹应对传统和非传统安全威胁，反对一切形式的恐怖主义。

【官方译文】We call on the people of all countries to work together to build a community with a shared future for mankind, to build an open, inclusive, clean, and beautiful world that enjoys lasting peace, universal security, and common prosperity. We should respect each other, discuss issues as equals, resolutely reject the Cold War mentality and power politics, and take a new approach to developing state-to-state relations with communication, not confrontation and partnership, not alliance. We should commit to settling disputes through dialogue and resolving differences through discussion, coordinate responses to traditional and non-traditional threats, and oppose terrorism in all its forms.

原文里"构建人类命运共同体"与"建设持久和平、普遍安全、共同繁荣、开放包容、清洁美丽的世界"不是两个分离的动作，因为世界只有一个，我们不可能建设两个世界，这里只是从不同角度谈一个问题而已，在中文里可以这样说是中文的特点决定的，在英文里模仿中文结构是不合理的。

中英文的另一个差异是中文里特别喜欢用修饰词，如"坚决摒弃"，翻译时亦步亦趋（如译成 resolutely reject）大可不必，reject 已

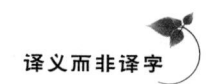

经够"坚决"了，毫无必要加上 resolutely。

"走对话而不对抗、结伴而不结盟的国与国交往新路"的译文（take a new approach to developing state-to-state relations with communication, not confrontation and partnership, not alliance）问题很大，包括语法问题，如 with 的用法。除了语法问题外，意思也不清楚，译者只翻译了字面意思，内涵并没有得到明确体现。

"反对一切形式的恐怖主义"按字面译成 oppose terrorism in all its forms，笔者认为这样说在英文里力度明显不够，我们可以说 oppose unilateralism/hegemony/unfair trade practices 等。Oppose 也经常用于意见分歧，如 oppose your proposal/his idea/the adoption of the draft resolution under consideration 等。对 terrorism 怎么只是 oppose 而已呢？虽然"反对"的直接对应词确实是 oppose，但 oppose 在此语境里不是适当用词。用词是否妥当是语境决定的，而不是字面含义决定的。

【参考译文】 We call on all countries and people all over the world to work together to build a community with a shared future for mankind, an open, inclusive, clean, and beautiful world that enjoys lasting peace, universal security, and shared prosperity. Nations should respect each other, address issues they face through consultation on an equal footing, reject the Cold War mentality and power politics, and embrace a new approach to international relations by forging global partnerships instead of antagonistic blocs and engaging in dialogue instead of confrontation. Disputes and differences should be resolved through dialogue and consultation. It is important to coordinate our response to traditional and non-traditional threats, and fight terrorism in all its forms.

【例5】 要同舟共济，促进贸易和投资自由化便利化，推动经济全球化朝着更加开放、包容、普惠、平衡、共赢的方向发展。要尊重世界文明多样性，以文明交流超越文明隔阂、文明互鉴超越文明冲突、文明共存超越文明优越。

【官方译文】 We should stick together through thick and thin, promote trade and investment liberalization and facilitation, and make economic globalization more open, inclusive, and balanced so that its benefits are shared by all. We should respect the diversity of civilizations. In handling relations among civilizations, let us replace estrangement with exchange, clashes with mutual learning, and superiority with coexistence.

中文成语用词精炼，含义经常很笼统，可以用于不同场合，在不同语境里体现不同层面意思，如果去查所谓的成语译法词典或语料库，把其中的译法搬来，十有八九是行不通的，语料库里的译法可能本来就是不三不四的，即使本来不错，往往也不能用于所需的语境。这里用 stick together through thick and thin 就十分牵强。笔者觉得这里的"同舟共济"主要是强调各方协调，而大可不必动用如此戏剧化的表达方式，戏剧性效果不适用于此处的语境（promote trade and investment liberalization and facilitation），这与前例的"反对"恰恰相反。

译者把"隔阂"译成 estrangement，可能是词典里查出来的所谓对应词吧？但用在这里是全错了。estrangement 一般是指个人之间感情本来亲近而现在疏远的情况，除非某个文学大师用拟人手法把国家比喻作曾经的情人，或许这个词还能用，否则真是太离谱了（这比前面的 stick together through thick and thin 的戏剧性还要高出很多倍）。

"文明共存超越文明优越"译成 replace … superiority with coexistence，又是只翻译了字面意思，而没有体现实质含义。superiority 与 coexistence 完全是风马牛不相及的两个概念，它们如何能相互取代呢？中文里可以这样说，是因为中文可以有高度的模糊性，这也是中文语言特点决定的，在英文里无法这样说，是因为用英文表达时不得不有一定的明确度。既然要有一定明确度，就需要有逻辑性，话必须说得合乎情理，不能让彼此无关的两个概念相互取代。所以我们无法照搬中文用法，需要做出必要调整，使两个概念在某一点上能有相通之处。

【参考译文】We should coordinate our efforts to promote trade and investment liberalization and facilitation, and make economic globalization more open, inclusive, and balanced so that its benefits are shared by all. Respect for the diversity of civilizations is essential to overcoming mistrust and avoiding clashes in favor of exchanges and dialogue between civilizations, and to replacing any false sense of superiority with a realization of the importance of coexistence and mutual learning.

【例6】要坚持党管人才原则，聚天下英才而用之，加快建设人才强国。

【官方译文】We must follow the principle of the Party exercising leadership over personnel, assemble the best minds across the land and draw fully on their expertise, and step up efforts to make China a talent-strong country.

"党管人才"的抠字面译法（the Party exercising leadership over personnel）说不通，中文只说"人才"即可，但英文里不能只说personnel，而需要加上一个与personnel有关的动作，如management，等等。

"原则"在这里也不一定要硬译，这种词带有"衬垫"性质，译文里便于表达，插入未尝不可，但强行为之，没有必要。

"人才强国"译成a talent-strong country又是死译硬译的结果：人才 = talent；强国 = strong country。但这样的搭配很奇怪，也不达意。如果我们不紧盯着字面，把眼光放得远一点，我们不难想到"人才强国"的特点就是能吸引人才、能留住人才，那就是a talent magnet。

【参考译文】It is essential to reaffirm the Party's leadership role in talent development, and the need to attract talent from far and near and to make China a mecca for talent.

【例7】实行更加积极、更加开放、更加有效的人才政策，以识才的慧眼、爱才的诚意、用才的胆识、容才的雅量、聚才的良方，把党内和党外、国内和国外各方面优秀人才集聚到党和人民的伟大奋斗中来，鼓励引导人才向边远贫困地区、边疆民族地区、革命老区和基层一线流动，努力形成人人渴望成才、人人努力成才、人人皆可成才、人人尽展其才的良好局面，让各类人才的创造活力竞相迸发、聪明才智充分涌流。

【官方译文】We will pursue a more proactive, open, and effective

policy on training competent professionals. We should value people with talent, be good at identifying talent, have the foresight to employ them, be earnest to keep them, and welcome them into our ranks. This will better enable us to attract bright people from both within and outside the Party and both in China and abroad to join us in pursuing the great endeavor of the Party and the people. We will encourage and guide people with talent to work in remote poor areas, border areas with mainly ethnic minority populations, and old revolutionary base areas, as well as in communities and on the frontlines. We will work to foster a positive environment in which everyone wants, strives, and is able to excel themselves, and can do full justice to their talents. With this, we aim to see that in every field the creativity of talent is given great expression and their ingenuity and expertise flow freely.

"以识才的慧眼、爱才的诚意、用才的胆识、容才的雅量、聚才的良方"是中文的文字游戏，英文里没有相应的文字游戏，我们无法复制这个结构，任何复制的企图都是徒劳无功的：We should value people with talent, be good at identifying talent, have the foresight to employ them, be earnest to keep them, and welcome them into our ranks. 这就是一个徒劳的尝试，模仿中文用了五个并列词组，在文字上非常别扭，很不连贯，比如，先是 employ them，然后是 keep them，接下去怎么又 welcome them into our ranks 呢？employ them 与 welcome them into our ranks 讲的是一回事，keep them 的动作应该在 welcome them into our ranks 之后才合理。除了徒劳的形式对应以外，意思有没有得到完整体现呢？我们不难发现"胆识"不见了，"良方"也消失了。笔者觉得这两个词反映人才政策特定内容，最好能加以体现，而至于"慧眼""诚意""雅量"，问题不大，因为"慧眼"已经体现在 identification 之中（如果你能识才，那你就是有慧眼），"诚意"已经体现在 effective 之中，"雅量"已经体现在 open 之中。另外，所有概念的表达及组合都应该根据译文习惯而定，而不应把中文的形式强加到英文里。

"鼓励引导人才向……流动"译成 encourage and guide people to

（do），这里有语法问题，encourage people to do 是正常的，但 guide people to do 是自创的语法结构。"向……基层……流动"的译法（to work … in communities）也有问题，communities 不一定表示"基层"，communities 有大有小，可以是高层次的，也可以是低层次的，但我们如果用 at the community level，那就能基本反映"基层"的意思。虽然都用了 community 这个词，但复数形式与形容词形式的含义是不完全相同的。

"让各类人才的创造活力竞相迸发、聪明才智充分涌流"的译文（With this, we aim to see that in every field the creativity of talent is given great expression and their ingenuity and expertise flow freely）也完全不知所云。什么是 the creativity of talent？their ingenuity and expertise 中的 their 是指谁的？笔者估计，造成这样语无伦次的结果很可能也是因为译者过分追求仿效原文的字面意思及结构，而不去深入探究内在含义。

【参考译文】It is crucial to have in place a more proactive, open, and effective talent policy that guides talent identification, recruitment and retention, and encourages bold moves and competitive measures to welcome much needed experts in various fields into our team from both within and without the Party and from both within and without the country. It is also crucial to encourage skilled personnel to work at the community level, and in remote areas, border areas with mainly ethnic minority populations, and old revolutionary base areas. A favorable talent development culture is needed to inspire everyone to discover and develop his or her own talent and to realize his or her full potential, so that together we will unleash our collective creativity.

【例8】创新是引领发展的第一动力，是建设现代化经济体系的战略支撑。

【官方译文】Innovation is the primary force driving development; it is the strategic underpinning for building a modernized economy.

"战略支撑"译成了 the strategic underpinning，完全保持了中文的词性和结构，这种用法在各种官方译文里最近似乎频繁出现，但笔者觉得这是很奇怪的用法，underpin 这个词本身没问题，意思也是正确的，作动词使用会比较自然。

【参考译文】Innovation is a primary driver of development; it underpins our effort to build a modern economy.

【例9】要瞄准世界科技前沿，强化基础研究，实现前瞻性基础研究、引领性原创成果重大突破。加强应用基础研究，拓展实施国家重大科技项目，突出关键共性技术、前沿引领技术、现代工程技术、颠覆性技术创新，为建设科技强国、质量强国、航天强国、网络强国、交通强国、数字中国、智慧社会提供有力支撑。

【官方译文】We should aim to reach frontier areas of science and technology, strengthen basic research, and make major breakthroughs in pioneering basic research and path-breaking and original innovations. We will strengthen basic research in applied sciences, launch major national science and technology projects, and prioritize innovation in key generic technologies, cutting-edge frontier technologies, modern engineering technologies, and disruptive technologies. These efforts will provide powerful support for building China's strength in science and technology, product quality, aerospace, cyberspace, and transportation; and for building a digital China and a smart society.

"科技前沿"不一定指"前沿学科"，译成 frontier areas of science and technology 不一定合理。"前瞻性"（pioneering）、"引领性"（path-breaking）、"原创"（original）的译法属于死译硬译，用在译文里特别累赘：既然是 breakthrough，自然是 pioneering，自然是 path-breaking；既然是 innovations，自然是 original（不是 original，就不叫 innovations）。中文对重复的容忍度很高，在中文里有许多可以重复的地方，在英文里重复经常会破坏文章整体的可读性，甚至致使读者质疑作者的逻辑思维能力。

"加强应用基础研究"重点在于"应用研究"，这与前一句话相对应（前面的重点是基础研究），在这里照搬中文里"基础"两字反而容易造成混淆。讲话要有逻辑性，谈了 basic research，再谈 applied research，那才是正常思维。

译者对最后一部分（"为建设科技强国、质量强国、航天强国、网络强国、交通强国、数字中国、智慧社会提供有力支撑"）的处理可以说是下了一些功夫，用 building China's strength in 表示"建设……强国"（而不去重复五次"强国"），是比较合理的。但这里也还有一个问题，那就是 in 后面跟的五项（science and technology, product quality, aerospace, cyberspace, and transportation）在逻辑上不是并列关系：后三项是并列的，而 science and technology 贯穿于后面四项中，product quality 又贯穿于最后三项中。用中文表达时，几乎任何东西无论逻辑关系如何，都可以并行排列，但用英文表达时，只有在逻辑上可以并列的事物才可并行排列。

【参考译文】It is imperative to develop cutting-edge, trailblazing innovations and make new breakthroughs in science and technology, especially in basic research. It is also imperative to strengthen applied research, and expand major national science and technology projects with a special focus on technologies with a broad application potential, frontier technologies, modern engineering technologies, and game-changing and disruptive innovations. These efforts will help seal China's place as one of the world's foremost science and technology powerhouses, one distinguished by superior quality and its prowess in aerospace, cyberspace and transportation, and facilitate the implementation of a strategy for building a digital China and a smart society.

【例10】倡导创新文化，强化知识产权创造、保护、运用。培养造就一大批具有国际水平的战略科技人才、科技领军人才、青年科技人才和高水平创新团队。

【官方译文】We will foster a culture of innovation, and strengthen the creation, protection, and application of intellectual property. We should cultivate a large number of world-class scientists and technologists in strategically important fields, scientific and technological leaders, and young scientists and engineers, as well as high-performing innovation teams.

与前一例中的最后一点一样,"具有国际水平的战略科技人才"(world-class scientists and technologists in strategically important fields)、"科技领军人才"(scientific and technological leaders)、"青年科技人才"(young scientists and engineers)、"高水平创新团队"(high-performing innovation teams)在英文里不应该以并列关系出现,因为在逻辑上它们不是同类且同等的:world-class scientists and technologists 显然包括 scientific and technological leaders,可能也包括一部分 young scientists and engineers 和 high-performing innovation teams。中文表达往往可以容忍很大的模糊性,在翻译时不应照搬,必须根据实际逻辑关系加以调整。

【参考译文】Measures in this regard include fostering a culture of innovation, strengthening the protection of intellectual property and boosting its creation and application, and building a large team of science and technology professionals, including world-class scientists, science and technology leaders, young professionals and engineers, and topnotch innovators.

以与时俱进的精神做好时政翻译，
超越跨文化交流障碍

——以十九大报告英译为例

陈明明

  我们翻译的目的是什么？我们的目的是 striving for seamless communication（无缝沟通）。现在，国际社会对中国的兴趣史无前例，我们有义务讲好中国故事，传播中国的形象。但是，中国话语在国际传播当中面临着巨大挑战，特别是在时政语汇方面的传播，挑战是很大的。

  中国时政的表述有什么特点呢？就是大量地使用了中国政治文化语境下特有的政治词汇。中国特色政治语汇，向另外一种文化背景受众传达，面临着巨大的障碍。多年来，我们在翻译时政文件时容易出现一个问题，那就是，机械、生硬地把中国式概念翻译成英文，字对字，不考虑它的实质是什么，增加了受众理解的难度。所以，很多外国受众说很难理解中国的政治语汇，阅读中国有关政治文件的翻译，觉得是一种"decoding experience"（翻译密码的感受）。我们现在要加强对外交流，特别是根据习主席的要求，要讲好中国故事，使外界了解我们所要传达的信息，就必须以与时俱进和创新的精神，解决这个问题。

  十九大报告的翻译就是在这方面进行的有益探索，取得了很好的效果。我简单介绍一下过程。这是中央编译局牵头组织的，外交部、外文局、中联部等单位派人参加。我也很有幸参加了英文译文的定稿工作。这次有个巨大的突破，就是邀请了外国专家提前介入，参加翻

第二编　时政翻译

译定稿，能够提前在第一时间对有些翻译的用法进行讨论，效果还是很好的。

中国特色的时政表述有个特点：用数字化表述较多。举几个例子，"一带一路""两个百年目标""三严三实""四个全面"，还有"四个看齐""四个自信""五位一体"，以及"五大发展理念"，等等，我们可以想象，这些表述在翻译时非常难解释，但是，在十九大报告中，这些用法都出现了，我们也都解决了。建议大家可以看一看十九大报告的汉英对照版本，看一看这些数字化的概念是如何翻译的。

这次翻译十九大报告，解决的一个最核心的问题，就是"新时代中国特色社会主义思想"。这是整个报告最核心的内容，这个翻译看起来很简单，英文是 Socialism with Chinese Characteristics for a New Era，其中核心是这个"for"，我们翻译的时候，可能首先想到的是"in"，我们经过讨论和沟通，决定用"for"，为什么呢？我们的理解是，这个思想是管这个新时期的，而不是在新时期当中发生的，这个译法是经过反复讨论，并且报领导批准的。所以，核心理念一定要翻译准确。一个 for 和 in 之差，在意义上就有很大不同。一定要把中文的原意吃透，这是做好翻译的前提。否则就会望文生义，不能将原文的深刻含义表达出来。

我们在做时政翻译的时候，一定要与时俱进，敢于创新，要摒弃淘汰过去一些不准确的、过时的、误译的，甚至还引起负面作用的译法，我给这种做法起了一个说法，叫"拔钉子"。这个过程从2012年十八大文件翻译时就开始了，那是个分水岭。过去这五年我们一直本着锲而不舍的精神，一个词一个词重新审议，"钉子"一个一个拔，取得了很大进展。

干　部

首先，"干部"的翻译，十八大以前，我们一直把干部翻译成"cadre"，其实 cadre 这个词西方舆论多指苏联共产党党员骨干，消极含义很强。十八大之后我们全部改译成了 official。比如"全民行动、干部带头",我们的译法是,"encourage extensive public involvement, making our officials taking the lead",党员干部则译为 party officials,而不用 party cadres 这种生硬怪异的译法。

群 众

"群众"的译法,我们在大学学的是"masses",但这个词在英语中含有一定贬义,指的是从精英的角度看"底层大众",是一种居高临下的角度,缺乏尊重。实际上我们说的"群众"指"人民"。所以从十八大文件翻译开始,"群众"的译法改成了"people"或"public"。例如,团结动员群众"uniting and mobilizing the people",就是说党和群众、和人民是在一起的,而不是割裂的个体。十九大报告的英文版里面,"masses"消失了,作为"钉子"被拔掉了。

基 层

提到"基层",可能很多人的第一反应是译成"grassroots"。其实不然,grassroots 指草根阶层,它和权力是对立的,是一种无政府状态,所以我们所说的"基层"是绝对不能用这个词翻译的。我们根据中国的政治体制特点,现在改成了"community"或者"primary level"。例如,"加强基层医疗卫生服务体系",翻译成"improve community-level healthcare services",就一清二楚了。

另外,在中国特色时政语汇中,在不同的语境中,"基层"有不同的含义,一定要吃透原文的准确含义。比如,"基层政权",就不能翻成"grassroots government",而应译为"township level government",因为我们基层政权是到乡镇一级的,再往下就是村子,属于自治,不是一级政权。而基层法院,既不能译成"grassroots court",也不能译为"township level court",因为我国基层法院是县级法院,应译为"county level court"。基层医院既不能译为"grassroots hospital",也不能译为"community level hospital",而应译为"county level hospital",因为我国基层医院指的是县级医院,到乡镇级就是卫生院,而不是医院了。以上例子表明,深刻了解国情对于做好时政翻译是多么重要。

宣　传

"宣传",这个词的翻译问题一定要解决,我们过去翻译的是"propaganda",后来才改成了"publicity"。不论是"propaganda"还是"publicity",其实翻译得都很不好,其义或者是炒作或者是忽悠,没有一个积极的含义。现在,我们很多地方上宣传的英文译名还是依照原来的错误译法,这是很糟糕的,让受众一看就对我们产生偏见。十九大报告里面对"宣传"的译法彻底改变了,报告里面宣传的用法,比如"宣传党的主张",翻译成"communicating the Party's propositions",将"宣传"译为"沟通",也就是说,通过沟通传达我们的信息和理念。无论从事教学还是做时政翻译,这些理念一定要与时俱进,知道外国人是怎么说话的,不要用一种淘汰的过时的词语来表述。

形式主义

关键概念的翻译不能混淆。比如,习近平总书记在报告当中强调"反对形式主义",多年来形式主义翻译为"formalism",但这个词是指艺术、哲学领域中注重形式而不是内容,不是一个贬义词,是中性的。所以我们中国人去反对"formalism",外国人就会觉得你是要干什么?什么都反,不分青红皂白。而我们所说的反对形式主义有其特定含义,指走过场,搞表面文章,所以我们改成了"take tough action against the practice of formalities for formalities' sake"。此"形式主义"非彼"形式主义",要区分清楚。

个人主义

还有两个核心的概念,从过去一直就没有翻对过。一是"反对个人主义",我们一直认为个人主义是"individualism",好像这个词很坏,很糟糕,其实它是西方价值观念中的最核心的理念,人是最重要的,它绝对不是贬义的表述。马克思主义也主张人要全面发展,习近平总书记在报告当中也好几次强调了人的全面发展,以人为中心的发展理念。所以我们将反对个人主义改译为:"oppose self-centered behavior"。

自由主义

还有一个错译的例子,就是"反对自由主义"。这个概念一开始在翻译毛选的时候,就用的"oppose liberalism"。很多人都知道 liberalism 是什么含义,它不是一个很高深的概念,而是西方文化的基础,是文艺复兴后反对中世纪神学、愚昧提出的理性的原则。我们不一定赞成,也没有必要在党的报告里去反对。而我们反对的"自由主义"是什么呢?是不听领导指挥,不守纪律。所以,十九大报告的翻译彻底解决了这个问题:"坚决防止和反对个人主义、分散主义、自由主义……"译成了"We must guard against and oppose self-centered behavior, decentralism, behavior in disregard of the rules…" 这样就不会引起受众的误解。

理 念

我们有很多中国特色的理念,遇到"理念"时,可能翻译的第一反应就是"idea",其实更好的翻译表述是"philosophy"。philosophy 是一个在国际上比较通用的表述,不光指"哲学",也指"理念"。我们中国人应该学会使用这种表述,外国人一看就懂。十九大报告中,"坚定不移贯彻新发展理念",翻译成"We have remained committed to the new development philosophy",就很到位。

第二编 时政翻译

科 学

所以，我们在翻"科学的""文明的""创新的"这些词时，第一反应就是都不能按原义翻成 scientific，civilized 和 innovative，因为这些词和我们要表达的意思有出入。比如说，scientific 指的是科研层面，与我们说的"科学发展"不符。"科学发展"译成 scientific development，给人的印象是指科技方面的进展，与"科学发展"的含义完全不一样。我们现在一般译为 sound development，balanced and sustainable development."创新"不能只译为 innovate 或 innovation，因为这两个词只指技术创新。十九大报告提到的"创新监管方式"译成了 develop new ways of regulation，而不用 innovate regulation，这在英文中是不通的，不能望文生义。

精 神

要避免英译文引起政治误解。十九大报告当中"精神"出现多次，报告关于文化段落里提到了"为人民提供精神指引"，我们在翻译时，绝对不能用"spiritual guidance"，它有一种宗教信仰的意思，是相信上帝的意思。而我们是共产党人，是无神论者，不能产生我们也信教的误解。我们用的是"provide a source of cultural and moral guidance for our people"，准确表达中文原意。

生动的表述

十九大报告中，有大量生动的表述。我统计了一下，大概有五十多条，起到了画龙点睛的作用。我们在翻译的时候，作为重点，下了很大工夫，与外国专家反复推敲，起到了很好的效果。举个例子"巡视利剑作用彰显"，Disciplinary inspections have cut like a blade through corruption and misconduct，像刀片一样割进去，把利剑的概念非常准确地表达出来了。

还有这句话,"中华民族伟大复兴,绝对不是轻轻松松、敲锣打鼓就能实现的"。这句话是国外媒体引用最多的一句,翻译成"Achieving national rejuvenation will be no walk in the park. It will take more than drum beating and gong clanging get there",非常到位,这是我们要掌握的翻译。

外界的反应

外国专家对十九大的评论是 Powerful! 强有力的表述。过去,外国舆论评论我们的时政文件翻译是"tedious and dry"(枯燥无味),这次没有这种评论,所有的评论都是关于内容,这说明翻译中没有沟通的障碍。

外国舆论关注最多的几句话,第一是"我国日益走进世界舞台中央的时代",it will be a time China moves to the center stage of the world。第二是"中国道路给世界上那些既希望自己发展,又希望保持自身独立性的国家和民族提供了全新选择",It offers a new option for other countries and nations who want to speed up their development while preserving their independence。第三个关注点,"听党指挥,能打胜仗,作风优良",obey the Party's command, can fight and win and maintain excellent conduct。第四个,加快建设创新型国家,Making China a country of innovators。

十九大报告的英文翻译是以与时俱进的精神对近年来时政翻译的一次提升,体现了这几年我们对做好时政翻译不断探索,不断提高的结果,可以说是研究时政翻译的一个富矿,也给高校和翻译研究人员提供了很好的题目。随着中国在国际舞台上的影响不断扩大,随着国际社会对中国的关注度不断加深,我们要讲好中国故事,准确、完整表达中国的理念,就需要继续本着与时俱进的精神,探索准确、地道的翻译之道。我想,这也就是十九大报告翻译能够给翻译业界提供的有益启示。

从"新的历史条件下"到"新时代"
——参与领导人著作英译的体会

黄友义

  《习近平谈治国理政》英文版第一卷 2014 年 10 月与中文版等共 10 个文版由外文出版社同时出版，第二卷英文版与中文版 2017 年 11 月由外文出版社出版，法、德、西、日、俄、葡、日 7 个文版 2018 年 4 月也在伦敦书展上展出。另外，除去以上外文版外，第一卷韩文、乌尔都文、越南文、波兰文、捷克文、尼泊尔文、柬埔寨文、泰文、土耳其文、意大利文、匈牙利文、阿尔巴尼亚文、缅甸文、哈萨克文、蒙古文、乌兹别克文、老挝文等 18 个文版由外国出版社陆续出版。第二卷我方中英文版出版后，立刻有 16 个国家的出版社跟中国方面签约，将由它们陆续在自己国家推出非通用外文版。

  一位国家领导人的著作能够在国内外出版如此多的外文版，在中国这是以前没有过的盛况。《习近平谈治国理政》受到国际重视和好评更是前所未有的。我本人曾经参加过在美国、韩国和南非举办的书评会，外国读者对这套书阅读之深、评价之高出乎意料。为什么如此，不妨从以下三个方面做一探讨。

一　为什么要翻译？

  仅从译者的个人角度观察，从过去和现在中国的国际影响力看，特别是这套书受到的国际关注度来说明，世界的确是"换了人间"。

一位资深翻译20世纪80年代曾经在联合国从事同传。她当时的感觉是国家力量弱，不受重视，所以中国人发言时，总有外国与会者离席，或者喝咖啡，或者到楼道里开小会，而当美苏等国的代表发言时，离席的代表纷纷回到会场。如今，一本中国领导人的讲话汇编所得到的重视，在那时是完全无法想象的。

2014年10月，《习近平谈治国理政》第一卷在世界最大图书盛会——法兰克福国际书展首发时，距离十八大习近平当选总书记不过两年时间，德国前总理施罗德等政经文化外交政要出席并讲话。后来，在布拉格，捷克总统亲自出席捷克文版版权转让签字仪式；在尼泊尔，该国总统亲自出席首发式；在巴基斯坦，时任总理谢里夫出席首发式并讲话；在泰国，国会议长亲临首发式；在柬埔寨，洪森首相在首发式上要求政府各部部长都要读一读这本书。

在世界各地举办的书评会上，当地政府高官、政党领袖、学界专家纷纷出席讲话，谈阅读该书的体会。特别是在南非，当年第一卷发行后在当地举办了书评会，第二卷出版后不到一个月，又举办了两场高规格大型书评会。如若不是亲临现场，根本无法预料到当地各界读者对这本书阅读如此积极，探讨如此深刻。

为什么会这样？中国道路、理论、制度越来越受到各国高度重视。我的体会是广大发展中国家迫切需求从中国治国理政理念和实践中获取有利于它们发展壮大的信息。中国为什么能保持长期高效的发展，为什么能创造出一个又一个的经济社会发展奇迹？这个问题深深吸引着各国受众，特别是发展中国家的读者。

在发达国家，中国的发展，特别是中国要向何处去同样是人们的关注焦点。这就是为什么我们在社交媒体脸书老板扎克伯格桌子上看到他在阅读《习近平谈治国理政》，这也是为什么众多的西方专家学者都阅读这本书的原因。在中国比以往任何时候都更接近世界舞台中央的今天，中国已经成为大家研究学习的对象。在国际上，阅读《习近平谈治国理政》是一种实实在在的现实需求。

二　外国受众反应如何？

习近平总书记在2013年就提出"要加强话语体系建设，着力打造融通中外的新概念新范畴新表述，增强在国际上的话语权"，这一重要指示都贯穿在这套书的编辑和翻译过程之中，凡是认真阅读过此书的外国受众，都感觉到一种强烈的吸引力和新鲜感。可以说，这套书就是讲好中国故事，构建中国话语体系的最具代表性的精品力作。

2015年，在南非举办了《习近平谈治国理政》的书评会。当地一位智库学者手举这本书英文版，面对台上台下众多的政要、学者、媒体人士和各国外交官，阅读一段，提一个问题。比如，她读到领导干部要深入基层调研，就问道"在南非，我们的官员能做到吗？"再读到反腐问题时，再发问"在南非，我们的执政党和各级政府能够做到吗？"她一口气连续提出了六个问题。

要评价一本书，评论者必须首先看懂看透，接受其观点，才能发出如此振聋发聩的声音来。

还是在南非，第二卷书评会的发言者之一是前国务部长。那天他重点谈了为什么南非人要阅读习近平的著作。他说，两百年前，马克思谈的是工人农民创造了剩余劳动价值，而如今，是科技人员而不是工人农民成为剩余价值的创造者。他说，很高兴看到习主席讲到了要推进马克思主义中国化时代化大众化。要跟上时代发展，应对当今的各种挑战，就需要习近平讲到的这种精神，这就是为什么不仅中国人，南非人甚至各国人民都需要读一读《习近平谈治国理政》原因所在。

国外高校的许多教授都把《习近平谈治国理政》作为国际关系研究的必读教材。一位美国纽约的教授说，习近平提出的"一带一路"倡议就是新一轮的全球化，没有人敢于忽视中国的国际走向。

当然，作为译者，我最关注的还是我们的译本外国人是否能读懂，我们的译文是否有过多的翻译味道。尤其是，英文版成为外国译者翻译成他们母语的母版，英文版的质量在很大程度上决定了非通用语文版的质量。

一有机会，我就向外国读者征求对译文文字的意见。令人欣慰的是到目前为止，无论欧美读者还是亚非读者，都对我们的英文译文充分肯定。有的学者说，没有遇到任何文字上造成的理解障碍，跟阅读英文撰写的著作没有不同的感觉。这就涉及翻译团队是如何完成这样光荣使命的。

三　我们是如何翻译的？

首先需要明确，今天翻译领导人著作和过去有什么不同？我认为，最大的不同是受众变化了。三四十年前，哪些人是中国翻译作品，特别是时政类和领袖文献类文本的阅读者呢？那时，中国的国际影响有限，国外阅读者只能是少数研究中国的专家学者。他们以研究中国为职业，对中国的政治、文化和历史都有一定的了解，尽管阅读速度慢，不少人还是可以阅读中文原著。他们对当时的中国话语体系熟悉，即使我们的译文含有中式英文，他们还是能够理解著作原意。

进入21世纪特别是过去几年，中国的海外受众大大拓展了，受众多是好事，但是也带来新的挑战，即广大读者散落在各个行业领域，不是中国问题专家，对中国的了解非常浅，甚至是一张白纸。如何把习主席内容深刻的讲话含义准确通顺地翻译成英文，就是今天译者面对的巨大挑战。

为此，组建了专门的翻译班子，集中了长期从事党政文献翻译的翻译专业人员，吸收对中国政策比较了解的英国语言专家参与，通过增加翻译程序、疑难问题大家集体讨论、集体定稿等多种办法有效地保证了译文的水准。

翻译班子针对不同问题，采取了多种翻译措施。

第一，把握好对中文含义的理解。《习近平谈治国理政》（第二卷）有一篇文章的标题是"继续推进马克思主义中国化时代化大众化"。翻译这句话有两个难点，第一是标题中的"三化"如何处理。第二个难点是作为一个标题，印刷是要作为图书的眉题，而眉题只能一行字，不宜过长，否则版面就排不下，所以语言必须特别精练。

在确定这个标题的英文时，为了压缩字数，曾经考虑过Popularize Modern Chinese Marxism 的译法。用 Popularize 体现大众化，用 Modern 体现时代化，用 Chinese Marxism 体现中国化。讨论时大家担心，如果这样翻译，外国受众很有可能把 Chinese Marxism 理解为一种独立的中国式的马克思主义，而不是马克思主义普遍真理与中国实际结合的产物，也就意味着世界上可以有各种各样的马克思主义，而没有一个统一的理解。这样从理论上就无法解释通顺，同时也就无法忠实地表达中文原意。更为重要的是原译文让不了解中国政策的外国读者看到，可能会产生一种中国输入意识形态的感觉，似乎我们要把中国式的马克思主义在全球推广。讨论过程中，大家提出了许多不同译法，包括学术味道浓厚的 Sinicized Marxism。为了做到忠实原文，又不导致误解，而且字数不要太多，最后确定的标题是 Develop and Popularize Marxism in the Modern Chinese Context。

第二，增补中国历史文化知识。中文里我们常说"新中国"，过去翻译成 New China。我们曾经做过调研，对于不了解中国近代史的外国读者，他们有的把 New China 理解为 21 世纪的中国，有的理解为改革开放以来的中国，还有的理解为"习近平时代的中国"。在翻译《习近平谈治国理政》时，凡是"新中国"第一次出现时，我们都翻译成 The People's Republic of China founded in 1949，这样就把历史节点交代清楚了，免除了误读。这类问题很多，有些甚至看来很不起眼的说法，都会让不了解中国的海外读者感到困惑。长期以来，"无党派人士"翻译成 personages without party affiliation，我们咨询了外国人的意见，发现这种表述无法让今天的外国人理解"无党派人士"在中国社会的地位。《习近平谈治国理政》一书采用了 prominent individuals without party affiliation 的表述，使这个群体的社会地位一目了然。

当然，为了让外国人理解原文的要义，不是只有增加解释性翻译一种方式，有时，减少一两个字反而更有利于读者的理解。比如，第二卷有一篇讲话的题目是"做焦裕禄式的县委书记"。如果直译，焦裕禄就成了一个汉语拼音人名，放在标题里，一下子就让读者不知所然。我们在翻译时，把题目中的"焦裕禄"删去，而在正文中习总书记介绍了焦裕禄作为兰考县委书记的事迹，当读者读到这里时自然会理解焦裕禄其人，让焦裕禄的名字这时候再出现在外国读者眼前，这并不为迟。

第三，采用国际通行的表达方式。 2012年中国共产党十八大召开以后，一个出现频率颇高的表述是"在新的历史条件下"，大多情况下英文翻译为 under the new historic circumstances，under the new circumstances，亦有 under new historic conditions 的译法。随之，不断有外国受众对这个英文表述有所议论。按照西方话语体系习惯语言和受众思维习惯，他们认为英文 under the new historic circumstances 的表述让他们感到困惑。他们认为，出现什么具体新条件应该清楚地说出来，不说清楚则似乎是刻意隐藏什么。因此，有外国人把这句话翻译为"在习近平的领导下"，甚至把这句话的英文改为"under my leadership"，这显然是误解和误译，尤其是后一种情况完全不符合中国的话语表述习惯。

如何让译文既忠实中文的核心意思，又符合外国人的理解习惯，不产生误解，更不误读为中文似乎刻意回避什么，这是中译英不可回避的问题。我们提出把"在新的历史条件下"翻译为"in the new era"，或"under the current era"。征求外国受众的意见，他们认为这种表述要清晰得多，也不会产生误解。

我们集中翻译《习近平谈治国理政》（第二卷）时，就这个译法中外专家再次讨论，一致认可这种译法。第二卷翻译还没有结束，党的十九大举行，习近平同志在大会上做了题为《决胜全面建成小康社会 夺取新时代中国特色社会主义伟大胜利》的报告，第一次使用了"新时代"的表述，从而取代了使用了五年之久的"在新的历史条件下"。自然英文也顺利过渡为"the new era"。

第四，典故翻译要结合上下文灵活处理。 典故的引用不仅是一种文化自信的体现，还因其颇为生动，让人过目不忘。比如，习近平主席讲到"鞋子合脚不合脚，穿着才知道"。英文里有类似的说法，就直接采用传统的英国英文。但是大多数典故英文里没有类似的表述，

第二编 时政翻译

甚至有的典故经过长期的演变，已经被赋予了新的解释。这种情况下，需要看上下文，然后做出连接贯通的翻译表述。有的典故放在不同文章里，完全指不同的内容。比如"各美其美，美人之美，美美与共，天下大同"。过去这句话翻译时，上下文基本涉及的都是文化，所以英文的核心意思是欣赏自己国家的文化，也尊重他国文化。然而，2014年6月28日习主席在和平共处五项原则发表60周年纪念大会上的讲话中引用这句话时，内涵所指是各国之间要互相尊重各自利益，appreciate each other's cultures 就只能翻译成 respect each other's interests。

作为翻译，参与《习近平谈治国理政》翻译是完成一项光荣的政治任务。作为一种职业，翻译的乐趣就是不断学习新知识，探索新领域。因此，参与这套书翻译最大的收获首先是学习。整套书中体现了中国的治国理念和对外方针政策，涉及内政外交各个领域，是对外介绍中国的百科全书。其次，要能够完成这部鸿篇巨制高质量的翻译，翻译人员必须具备"三个意识"，即语言意识（对中英文语言的把握能力）、政治意识（政治政策水平）和国际意识（国际视野，特别是了解受众思维习惯）。

具体而言，第一，要具备高水准的中译英能力，这样才能抓住中文字面背后的深层含义，抓住实质，再找到精准恰当的英文。第二，需要对党和国家各项政策有深刻的理解。翻译本人要关心时事，勤于学习，善于思考，才能摆脱字面对字面的粗浅翻译。第三，译文是给外国受众看的。他们思维习惯特点是什么，对中国的认识如何，对中国时政的态度如何，不了解这些，翻译就是无的放矢，很可能导致国外受众看不懂译文，甚至产生错误的理解。这种后果是十分可怕的，也根本无法达到通过翻译进行传播的目的。因此，翻译人员在翻译的整个过程中，必须保持明确清晰的受众意识。

从整个翻译过程看，可以说，《习近平谈治国理政》（第一卷、第二卷）里每一篇文章、每一个标题、每一句话、每一个注释都是集体仔细推敲的结果，都是中外智慧碰撞的结晶。我们一直在收集国外受众对译文质量的反应。到目前为止，反应良好，一个重要原因，就是上面提到的"三个意识"发挥了作用。

当然，翻译即是职业也是艺术。译文只有更好，没有最好。有理由相信，随着学习的深入，随着不断收集海外读者的反馈，下一卷的译文质量将会更高。

翻译是一个过程
——对十九大报告及领导人著作英译的多维度探讨

童孝华

2017年，中央文献翻译的两件大事，十九大报告和《习近平谈治国理政》第二卷的翻译，在同一时间进行，齐头并进，这样的现象还是首次出现。两者都具有最高文献翻译意义，分两套班子（一个是编译局，一个是外文局，编译局是中共中央老牌文献翻译机构，外文局则是中共中央新近纳入的老牌中央文献翻译出版单位），他们分开办公，互不相通，而共同演绎同样的翻译目的。是否做到了殊途同归？其间有什么样的翻译故事？

本文没有设计翻译的标准答案，而是讨论如何寻找答案，不说对与错，免谈翻译的是与非，只谈翻译的思路。

为什么？翻译不是科学，是艺术，没有固定的答案。

翻译的答案千变万化，但接近它的途径却是屈指可数的，是相通相融的。翻译没有统一的定制，但是，正如我的议题所说的，翻译作为一个过程，应该是有定制的。任何翻译，都必须经过一定的过程。但是，在国内，有一种倾向，就是对事物发展的本来套路，即目的→过程→结果，往往无视作为中间环节的过程，直接上升为结果，那么就成了目的→结果。

---

* 本文为国家社科基金项目"《习近平谈治国理政》英译本质量评价与接受效果研究"（批准号：19BYY135）阶段性成果。

比如非常流行的说法是：小鹰对老鹰说，我想学飞翔，老鹰说去吧，结果小鹰学会了飞翔；小鸭对母鸭说我想游泳，母鸭说去吧，结果小鸭学会了游泳。完全略去讲授真正对人们有所启迪的中间过程。

那么，作为翻译，其中间环节又如何界定？这个环节是不是包括这些内容？独立思考→思想碰撞→信息整理→资源综合→审视思路（包括前人和自己的）→结论演化（归化）→艺术提升。

现在，我就分下面几个方面，同大家共同探讨十九大报告和《习近平谈治国理政》第二卷翻译的思路和过程，除特别标明外，例句都来自于十九大报告，分析思路基本依据《习近平谈治国理政》。

标 题

我们文献翻译的目的，就是对外宣传。外宣需要好的形式，没有好的形式，再好的内容都会被埋没。文章的标题，则是最重要的形式之一。这次，最大的标题是什么？当然是十九大报告的标题。说它大，一是因为它重要，二是因为它很长。

1. 决胜全面建成小康社会夺取新时代中国特色社会主义伟大胜利

Secure a Decisive Victory in Building a Moderately Prosperous Society in All Respects and Strive for the Great Success of Socialism with Chinese Characteristics for a New Era

从文字上看，这个译文很是耐看。看上去四平八稳：前面稍短，后面稍长，不至于头重脚轻失去平衡；Decisive Victory 对仗 Great Success，非常工整，符合遣词造句规范。显然译者是煞费苦心的。

但是，这里是标题，是不是不要像正文那样行文才好？人们对标题有什么期待？特别是外宣标题的拟定可以采取什么样的思路？应该是信息不宜包罗万象，应该短小精悍，直奔主题，一目了然，掷地有声，吸引眼球，也就是说要 crisp and packing a punch。有个好的标题，就成功了一半。但是，现在我们的报告题目有28个字，这样的长度古今中外罕见。

在进一步探讨如何根据这些期待去翻译这个标题前，我们还是先来看看前半部分究竟是什么意思？翻译需要考虑逻辑的方方面面，但只翻译逻辑的终点。决胜全面建成小康社会，从逻辑上讲，它的终点在哪里？它就是要在 2021 年实现全面小康。那么，Secure a Decisive Victory in Building a Moderately Prosperous Society in All Respects 能表达这个意思吗？这个译文好像是说在 Building a Moderately Prosperous Society in All Respects 的过程中取得一个决定性胜利。那么，取得决定性胜利，并不是说全面建成了小康社会。比如说，我们对国民党有很多决战，取得了决定性胜利，但并不是说建立了新中国。

既然说决胜全面建成小康社会，逻辑终点是实现全面小康，那么是不是可以译为 Realize a Moderately Prosperous Society in All Respects。

夺取新时代中国特色社会主义伟大胜利的译文怎么考虑？这里的伟大胜利，如果前面与之对仗的 decisive victory 没必要翻译出来，那么，从语言角度来讲，后边的 great success 就失去了一半的合法性。另外，译为 great success，会有什么样的后果？

（1）Great success doesn't sound great.

（2）It's overdoing things.

（3）It's just shoehorning extra words in, in an attempt to make the thing sound bigger and better.

（4）That doesn't work in English. In fact it's the opposite.

（5）Adding extra words doesn't enhance the message; it detracts from it.

既然有这么多顾虑，那该如何尝试修改呢？Champion the Cause of Socialism with Chinese Characteristics for a New Era，这个如何？可能有这么几个方面的作用：

（1）It is a simple, expressive, and effective way of getting the message across.

（2）It is more viable both in written and spoken English.

这样 28 字的标题，就减少到了 21 字，减少 25%，意思丢没丢呢？Realize a Moderately Prosperous Society in All Respects and Champion the Cause of Socialism with Chinese Characteristics for a New Era. 当然，

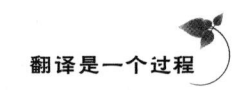

还是比较长，只有读者们能继续缩短了。

除了大的标题以外，其他还有一些小标题，是否可以如法炮制。比如：

2. 经济建设取得重大成就

We have made major achievements in economic development.

3. 全面深化改革取得重大突破

We have made major breakthroughs in deepening reform.

4. 民主法治建设迈出重大步伐

We have taken major steps in developing democracy and the rule of law.

5. 思想文化建设取得重大进展

We have made significant advances on the theoretical and cultural fronts.

重大成就，重大突破，重大步伐，重大进展，不管怎么翻，受众都会觉得是一个意思，没有增加新的信息。既然是标题，前半句都已经把下面要说的内容都点明了。那么是不是只翻译半句就可以呢？是否可以以"经济建设""全面深化改革""民主法治建设""思想文化建设"为题呢？而且根据这些标题，译文还可以省去其中的动作，进一步简化为：

经济建设：Economic development（不用再改）

全面深化改革：Further reform（为什么是 further 而不是 deepen 什么的，咱们下文再讲）

民主法治建设：Democracy and the rule of law

思想文化建设：Theoretical and cultural fronts

主要术语

6. 新时代中国特色社会主义思想

Thought on Socialism with Chinese Characteristics for a New Era

可以说这是当下最主要的术语。首先，这个术语一出现，尽管它的专属专有性显得不是那么明显（这个术语在十九大报告里，没有加上习近平。因为是习近平本人作报告，不便把它冠上自己的名字，当年毛泽东在作报告时也是不提毛泽东思想的），但是十九大的翻译还是有敏锐的政治嗅觉，将其作为重要的政治术语，并且首字母大写。这样就很主动了。为什么？习近平发布这一术语后，当天会议一结束，全国人大常委会委员长张德江马上就表示，"习近平新时代中国特色社会主义思想"是这次会议最大的亮点，为其正名，从中国最高权力机关——全国人大的角度提供合法性。如果大会翻译没有将"新时代中国特色社会主义思想"的译文大胆大写，会后正名，再改译文就比较被动。

从历史上看，重要术语缺乏专属专有性的例子比较多，其中最突出的是建设有中国特色社会主义理论。这个理论在1982年的十二大就提出了，一直沿用十年，在十四大才正名，正式确定为邓小平建设有中国特色社会主义理论。而且这还没算完。又过了五年，在十五大上，正式更名为邓小平理论。在翻译的时候，初译成Deng Xiaoping's theory，小写，这非常符合英文文法。最后有政治敏锐性的老人将其改为Deng Xiaoping Theory，别的不管，这个译法在翻译上具有正统性。

另外，"新时代中国特色社会主义思想"译文中还有一个难点，就是用a New Era还是用the New Era的取舍问题。译文a New Era，表述恰当，其中的理由可以包括："A New Era" makes it sound like we are defining the new era as opposed to the new era being something that is imposing itself on us. 现在网上炒作比较厉害的是，相对于in a New Era，译文for a New Era是一个亮点。我觉得这不是翻译的难点，一般的翻译都会顺理成章地理解为思想管新时代，而不是新时代管思想。如果译为in a New Era，则可以说思想和新时代毫无关系，正如problems in China可以不是中国的问题一样。

6a. 党中央

Party Central Committee

为贯彻十八大精神，党中央召开七次全会：To put the guiding principles from our 18th National Congress into action, the Party Central

Committee has held seven plenary sessions.

党中央的英文初译，出现两种说法，一个是 Party Central Committee，这是传统意义上的译文；还有一种有所创新，是 central Party leadership，认为党中央指的是党的核心领导班子，与中央委员会实际上已经关系不大了。后边一种译文究竟对不对？我们根据相关意境来仔细捋一捋：

第一，我们看看党章的规定，作为党的组织机构，党中央是最高权力机关，是一个特定的实体机构，翻译实体机构，用 committee 就比较实，而 leadership 则是虚的。leadership 虚到什么程度？虚到都不知其所指：它既可以是政治局常委，也可以是政治局，还可以是中央等。

第二，我们用具体的实例来分析一下，以习近平同志为核心的党中央的前身，是以习近平同志为总书记的党中央，那么就是说只有翻译为 central committee 才有可能称其为 general secretary，就是 General Secretary of the Central Committee，但如果翻译为 central Party leadership，我们则没有听说过 general secretary of the central Party leadership。

第三，在中国，"中央"有无数解读，但对此，邓小平有个著名的定义：中央就是党中央和国务院，由于国务院是个实体机构，那么党中央也不能虚着。

第四，central Party leadership 还有没有别的隐含呢？应该有，是什么？看上去，它就是 Party leadership。这是什么意思？是党的领导的意思，实际上和坚持党的领导是一个意思，不是一个机关。

第五，我们不能违背党的组织原则，违背党的组织定制，而将中央翻译为 central Party leadership。

7. 中华民族伟大复兴的中国梦

Chinese Dream of National Rejuvenation

先谈谈中国梦。如果说习近平新时代中国特色社会主义思想是习近平最新理论术语，那么在习近平提出的一系列理论术语当中，中国梦可以说是十八大后第一个大的概念。之所以将"中国梦"翻译为"Chinese Dream"，而不是"China Dream"或"China's Dream"，考虑因素可能有以下几个方面：

(1) 时代场合考量

2012年11月29日，习近平前往中国国家博物馆参观《复兴之路》大型展览。参观结束后，习近平向世界首次宣示"中国梦"——"实现中华民族伟大复兴，就是中华民族近代以来最伟大的梦想。"选择在国家博物馆这一极具象征意义的地方提出"中国梦"，这一梦想理所应当是中华民族的梦想，也就是炎黄子孙的梦想，即中国人的梦想。

(2) 历史考量

《复兴之路》展览分两个部分。第一部分，回顾"康乾盛世"之后，1840年鸦片战争以来的一百多年间，由于统治者的腐朽无能、侵略者的坚船利炮等因素，中国各阶层人民在屈辱和苦难中奋起抗争，为实现民族复兴进行了种种探索。习近平针对这段历史提出"中国梦"，显然直指灾难深重的中国人的复兴梦。

(3) 宗旨考量

《复兴之路》展览第二部分，展示中国共产党领导各族人民争取民族独立、人民解放、人民幸福的光辉历程。习近平据此提出"中国梦"，折射出中国共产党"立党为公、执政为民"的执政理念和全心全意为人民服务的宗旨意识，表明其志在为人民圆"中国梦"。

(4) 国际考量

2013年6月7日，习近平在访美期间指出："中国梦要实现国家富强、民族复兴、人民幸福，是和平、发展、合作、共赢的梦，与包括美国梦在内的世界各国人民的美好梦想相通。"中国梦和美国梦是相通的——这就为翻译提供了很好的国际比照对象。"美国梦"的英文是"American dream"（意即"美国人的梦"），而非"America's dream"（"美国的梦"）。

(5) 对外话语体系考量

中国正努力打造对外话语体系，其目的是更好地对外沟通与交流。"American dream"是多年风靡全球的通俗大众化语言，主要内容是"人人皆有小车洋房，个个丰衣足食"，且不夹带政党意识形态与方针政策，因而为国际社会普遍理解和接受。由此，将"中国梦"

翻译为"Chinese Dream",借助对方的话语来与之对话,将有助于构建对外话语体系,促进对外沟通与交流。

(6) 外交考量

如果放弃"Chinese Dream"这一译文,反而采用"China Dream"或"China's Dream"取而代之,就会突显"中国梦"是中国的国家梦。什么是国家梦?一个国家的梦通常含有针对另一国或多国的企图。如此会使得这些对象国揣摩中国国家梦的内涵和实质,诱发对中国"霸权"和"扩张"的担忧,助长"中国威胁论",进而导致各种外交不畅。

(7) 民族考量

中华儿女、炎黄子孙,无论身在何处,永远都是同根同种。2012年12月,习近平在广东考察工作时指出:"我们十三亿人,八千二百多万党员,包括海外同胞,大家能凝聚共识,本身就是力量。"这就清晰地表明,海外同胞是中华民族不可分割的组成体。

如果将"中国梦"译为"China Dream"或"China's Dream",这里的"China"表述的将是国家概念,而"Chinese Dream"里的Chinese代表的是民族概念。同国家概念相比,民族概念可更好地涵盖海外同胞,而不是将海外同胞排除在外。

(8) 主体考量

在中国译界,历来遵循名从主人的翻译原则。那么,习近平作为"中国梦"的提出主体,对自己的概念又有怎样的界定?2013年3月17日,习近平在第十二届全国人民代表大会第一次会议上指出:"中国梦归根到底是人民的梦。"故此,译文又指向"Chinese Dream"。

(9) 理论考量

不断创新的中国特色社会主义理论已经形成了包括邓小平理论(Deng Xiaoping Theory)、"三个代表"重要思想(Theory of Three Represents)以及科学发展观(Scientific Outlook on Development)等重大战略思想在内的科学理论体系。习近平提出"中国梦"理论已经成为中国最为重要的主流政治话语和术语。那么,将"中国梦"的英文译文在形式上提升,即将"dream"一词首字母大写,使之与上述

第二编　时政翻译

三大中国特色社会主义理论在形制上相统一，向国际社会给出应有的中国理论信号，是我们中央文献翻译所必备的政治视野。前面讲新时代中国特色社会主义思想时也提到大写的问题，这里讲的术语是中华民族伟大复兴的中国梦，既然中国梦（Chinese Dream）都大写了，你不能留下后半部分中华民族伟大复兴（National Rejuvenation）不管了吧。还得管，不然成了半拉子工程，现在就成了 Chinese Dream of National Rejuvenation。

7a. "一带一路"

Belt and Road Initiative

以上术语是对内的，那么还有一个大概念，是对外的，就是"一带一路"。"一带一路"，全称是"丝绸之路经济带"和"21世纪海上丝绸之路"。一般的情况，翻译时，第一次出现，应该写全称，即 the Silk Road Economic Belt and the 21st-Century Maritime Silk Road Initiative，随即可以简称为 the Belt and Road Initiative。随着时间的推移，以后全称可以不写出来。"一带一路"最初提出来的时候是战略，前面的两个战略布局都译为 strategy，为什么这里却翻译成 initiative？这样做，是依据了多种意境：

一是因为国际因素。strategy 这个词，通常是一个整体或集体内部的措施，也是必须实行的。而"丝绸之路经济带"和"21世纪海上丝绸之路"这两个方向，涉及 30—40 个国家，他们并不是一个整体，各有各的利益，其中矛盾也是错综复杂的。"一带一路"，是中国提出的，不是这些国家共同协商的结果。按照正常的国际关系、外交关系和逻辑关系来讲，一个国家，不管你是哪个国家，也不管你提的战略方案正确与否，都不可能赢得所有国家的赞同与参与。不仅作为世界第二大经济体的中国做不到这一点，就连世界第一经济强国美国也做不到。已经流产的美国倡导的 TPP（Trans-Pacific Partnership），当时有东盟成员国，就表示不参加，尽管参加对它们有很多好处。不仅中美做不到，就连联合国也不行，它也不可能让所有成员国支持它的决议。不久前，朝鲜核武器问题成为全球焦点和危机。联合国搞什么禁核谈判，这应该是天大的好事啊，但结果呢，很多国家都不积极。不仅是没有核武器的国家不积极，而且连有核武器的国家也不参与；不仅是没有遭受核打击的国家不乐意，就连遭受原子弹轰炸的、不再愿意看到类似灾难的日本也不愿禁止核武器。所以，中国的"一带一路"，也不会得到所有国家的支持和参与，因此也不可能强迫它们去执行，为了国际交流通畅，英文翻译时，也就将战略改为倡议，即 initiative。

二是因为语言搭配。前面提到，"strategy"是措施，是人们做事的方式和方法，所以如果使用 the Silk Road Economic Belt and the 21st-Century Maritime Silk Road Strategy，那就是要建立丝绸之路经济带和 21 世纪海上丝绸之路，而丝绸之路和海上丝绸之路，都是自古就业已存在的东西，不需要再去建立。明显逻辑不通，搭配不当。如果使用 initiative 就通顺了，因为这样就使得"丝绸之路经济带"和"21 世纪海上丝绸之路"仅仅是一个代号或符号。

前面讲的是全称，那么"一带一路"，这个缩写，应该怎么翻译？国内有不少人用 One Belt, One Road Strategy or One Belt and One Road Strategy。但无论是哪一种，都把重心放在"One"上，而不是"Belt/Road"。One 是什么意思？就是统一或合并的意思，就是说有多个丝绸之路经济带和多个 21 世纪海上丝绸之路，现在要进行合并和统一。明显就不是这么回事。他们之所以翻译为 One Belt, One Road Strategy or One Belt and One Road Strategy，是受了一个国家，两种制度（"One country, Two systems"）的影响。"One country, Two systems"这个翻译是对的，为什么？前面讲过，one 的意思就是统一或合并，东西德统一时，就是用的"Germany is one"。我们不想台湾、香港、澳门、大陆都分别成为不同的国家，而是要统一，这样就是 one 的意思。

那么"一带一路"，这个缩写，应该如何翻译呢？我们现在都这样说，the Belt and Road Initiative，这个方式在英文里少见，但却是准确地反映了中文的原意。而且有个有趣的现象是，"一带一路"提出以后，被翻译成 the Belt and Road Initiative，意思就是"一带一路"倡议，而且现在的情况是中文使用"一带一路"战略的频率远远低于"一带一路"倡议。

第二编 时政翻译

7b. 协商民主

consultative democracy

协商民主是实现党的领导的重要方式：Consultative democracy is an important way of effecting Party leadership.

这里讨论的是协商民主这个术语。先不管其他，这个译文是否可以这样表述：Consultative democracy is a manifestation of Party leadership.

看见"协商民主"，我们就不由自主地联想起作为我国重要政治机构的"中国人民政治协商会议"和作为我国根本政治制度之一的"中国共产党领导的多党合作和政治协商制度"。这里的协商译为consultative 或 consultation。那么，是不是可以据此将"协商民主"翻译为 consultative democracy 呢？因为权威机构都用这个词嘛。

但是，通过应用我们上面提到的基于全方位积累和考量的中央文献翻译技术策略，我们最终得出结论，认为将"协商民主"翻译成"consultative democracy"未能准确地表达党关于"协商民主"的界定，不能充分反映我国协商民主实践的丰富内容和经验。可以说，政协的民主协商，只是协商民主这一概念的一部分。为什么这样说呢？十九大报告里说得也十分清楚：要推动协商民主广泛、多层、制度化发展，统筹推进政党协商、人大协商、政府协商、政协协商、人民团体协商、基层协商以及社会组织协商。

当然，还有其他几种具体考量：

（1）形式考量

从语言形式本身的意义上讲，"协商民主"希望表达的是围绕党和国家的重大决策、涉及人民群众切身利益的实际问题进行平等对话、讨论的民主形式，鼓励民众有序参与政治过程，通过讨论和对话达成共识。而 consultative democracy 的主要含义是"咨询、听取意见"，而且隐含着政治过程中各个参与主体的不平等地位的事实。

（2）内容考量

十八大提出的"协商民主"是我国人民民主的重要组成部分，具有广泛、多层、制度化等特质。从具体的民主内容上讲，协商民主既包括作为人们参政议政重要通道的人民政协的协商，也包括国家政权机关的协商民主如听证制度、人民陪审员制度等，还包括党和政府与人民群众直接的协商对话制度，以及基层自治组织的各种社会对话形式，甚至网络的协商论坛等。所以可以看出，我们上面翻译协商民主所依据的政治协商，只不过是协商民主的一种，不能代表或囊括协商民主。因此，consultative democracy 主要对应"政治协商制度"的协商民主，无法从整体上表达"协商民主"的全部内涵。

（3）理论考量

在我国的政治生活中，"政治协商"在理论上具有高度的意涵和价值目标。但是，国外学者一般都将 consultative democracy 理解为"咨询民主"，或者是一种"听取意见的民主姿态和策略"，并认为咨询不是真正的民主。"咨询民主"的主要特征是：主体单一并自上而下主导政策过程，其他参与方是被动和消极的；决策参与者是不平等的，决策者是居高临下的，听取并赞同某些意见会表现出"俯允"的姿态；决策议程实际上只是由决策者决定，随意性大；其实质是决策既定条件下的听取意见，而非通过协商形成决策。

所以，将"协商民主"翻译为"consultative democracy"，不利于准确表达和客观传播我国协商民主的实践和创造，也不利于国外学者理解我们的新的发展和实践。并且容易给国外造成一种误解，以为十八大提出的"协商民主"等同于"政治协商制度"。

既然如此，究竟如何翻译协商民主才好呢？

是不是 deliberative democracy 好一点。做出这样的选择，也是基于诸多考量的，主要有如下几点：

（1）语义考量

deliberative democracy 符合汉语"协商民主"一词的本义。从语文学术意义上讲，deliberative 反映出下面几个方面的特殊要求：

（a）具有协商、辩论和审议功能的机构；

（b）决策前的慎重考虑和衡量、平等的协商对话和讨论；

（c）具有审慎的品质和特性。

（2）政治考量

deliberative democracy 一词，在政治上强调这样几个方面内容：

（a）政治过程的主体间的平等；

（b）公开利用理性，以及基于理性的公开对话和辩论；

（c）深思熟虑、愿意倾听并尊重他人的表达；

（d）权力相互制约和责任体制建设；

（e）通过对话达成共识。

这些特征恰恰符合我们党提出的"协商民主"的含义，即协商于决策之前和决策执行之中，重大事项让人民知道，重大决策经人民讨论。用该词来翻译"协商民主"有助于国外学术界准确理解我们党的理论创新和实践成就。近年来我国在协商民主实践领域形成立法听证制度、行政协商、立法协商、党际协商、人民政协的政治协商、社会协商对话和基层协商民主等实践，都符合这些特征。deliberative democracy 一词能够用国际通行的话语，涵盖上述广泛和多层制度建设的实践，能够准确传达中国特色社会主义发展道路中的民主探索和成就。

（3）国际交流考量

用 deliberative democracy 翻译"协商民主"有利于促进国际交流，有利于反思西方的自由民主体制。20世纪80年代，国外学术界在反思西方自由民主的弊端和面临的挑战时，从学术意义上使用了 deliberative democracy 的概念。西方学者认为，自由民主政体在很多方面都面临挑战，例如政治冷漠越来越明显；个人主义极端化倾向；少数权利经常受到侵害；民众无法在选举之外真正参与政治决策；行政权力日益膨胀；人类中心主义的价值取向导致全球环境恶化；多元文化、道德冲突的加深与民主的紧张关系等。现实挑战迫切需要反思当下的体制，探索一种新的民主，即协商民主。用国际通用话语与国际学术界开展对话，有利于我们深入反思西方体制的弊端和不足，有利于在比较中传播我国民主进步的事实和成就。

所以说，协商民主是中国民主的最新发展，翻译如果不创新，走老路，就跟不上对中央文献翻译的政治要求了。以政治为特色的中央文献翻译，在这点上，是输不起的。

8. 国家治理体系和治理能力

China's system and capacity for governance need to be further strengthened

究竟是谁的体系？谁的能力？是中国的吗？好像不是。理由呢？看看国家治理体系和治理能力的内涵，就可以获得一些线索。

（a）国家治理，就是党领导人民依照法律规定，通过各种途径和形式，管理国家事务，管理经济和文化事业，管理社会事务。

（b）国家治理体系，就是保证党领导人民有效治理国家的制度体系。

（c）国家治理能力，就是运用国家制度管理国家事务和社会事务、管理经济和文化事业的能力，也就是制度执行力。

所以，这里谈的是党，而且既然是十九大，它的中心议题也是党务。所以可不可以这样翻译：the Party's system and capacity for the governance of China.

9. 增强政治意识、大局意识、核心意识、看齐意识

strengthen their consciousness of the need to maintain political integrity, think in big-picture terms, follow the leadership core, and keep in alignment

think in big-picture terms 是一个自己独创的词，可能普及性不够；the leadership core 具体指什么？如何组织？任何单位，都可以有个 leadership core，所以用在这里，指代不清。keep in alignment，是看齐的意思，但是和谁看齐？译文没有下文，不清楚。尽管术语翻译要求短小精悍，但一目了然也是必要的条件之一。看看这样是不是回答了这些问题：enhance political integrity, develop a better understanding of the general picture, follow the core leadership of the CPC Central Committee, and act consistently with Central Committee policy.

四个意识，翻译过程中，有的提出应该是三个意识，应该把核心意识、看齐意识变成一个意识，把核心看成看齐的宾语，合二为一之后，这样一共就只有三个意识。那么是不是一会事？怎么区分？首先看看核心这个提法的历史意境和真实用意。中央文献翻译要突出现实感和历史感，对当今的提法的理解不能割断其历史意境。

核心这个提法怎么来的呢？核心实际上讲的是党的集中原则。这个原则是单一的，是独立的，所以这个核心意识作为一个概念，是单独成立的，它代表了党的集中原则，但是只说集中还不够，党的完整概念是民主集中制原则。现在集中有了，那民主从哪里来呢？后边就跟着来了，那就是看齐意识。为什么看齐就能体现出民主？因为核心是个体，个体体现集中，而看齐的宾语是中央，中央是集体，集体体现民主。所以说，核心意识、看齐意识都是独立的概念，一共是四个意识，不是三个。党的概念在那里，是实打实的。

10. "四个全面"战略布局

four-pronged comprehensive strategy（make comprehensive moves to finish building a moderately prosperous society in all respects, deepen reform, advance law-based governance, and strengthen Party self-governance）

four-pronged comprehensive strategy，这个译文稍显重复，四个全面就是包括四个方面，即全面建成小康社会、全面深化改革、全面依法治国、全面从严治党。四个方面，那么就可以翻译为 four-pronged，这样就可以全面覆盖四个方面的内容。既然 four-pronged 反映了所有四个方面的内容，那么再添上 comprehensive，就不是锦上添花，而是画蛇添足。去掉 comprehensive 就成了下面这个样子：Four-pronged Strategy（making comprehensive moves to complete a moderately prosperous society in all respects, to further reform, to advance the rule of law, and to strengthen Party discipline）.

这样就出现两个有区别的译文。那么再来对比两个"四个全面"战略布局注解的译文。

全面建成小康社会

finish building a moderately prosperous society in all respects（十九大）

complete a moderately prosperous society in all respects［《习近平谈治国理政》第二卷（下文简称第二卷）］

两个译文大同小异，前者多注重过程，后者则倾向于结果，但后者用一个简单的词（complete）来表述，取代前者的两个词（finish building），行为更为简练，思路可取。

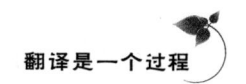

全面深化改革

deepen reform（十九大）

further reform（第二卷）

前者更贴近中文的形式，但在英文搭配方面存在争议，在地道方面可能稍有欠缺。后者没有中式英文之嫌。

全面依法治国

advance law-based governance（十九大）

advance the rule of law（第二卷）

law-based governance 当然是可以表示治国，但这里缺乏上下文，可能稍有费解。the rule of law 通常讲的是国家层面，所以可以较好地反映依法治国的本意。

全面从严治党

strengthen Party self-governance（十九大）

strengthen Party discipline（第二卷）

两种译法有明显差异，但只需看一个词，便可以轻松解决这个问题。这个词便是全面，既然是全面，Party self-governance 可以涵盖治党的所有方面，所以表述准确，而 Party discipline 则是一个非常狭窄的方面，一叶障目。当然，在有的语境之下，从严治党，可以翻译为 strengthen Party discipline。

有的人认为四个全面不是真正意义上的具有平等地位的四个全面，觉得全面建成小康社会是目标，具有统领地位，其他三个全面：全面深化改革、全面依法治国、全面从严治党，都是实现这个目的的手段，为从属地位。尽管这样，在翻译的时候并没按照这个套路去做。为什么？从逻辑的意境来讲，上面的译文也是站得住脚的：全面建成小康社会是有时间限制的，到 2020 年完成；但是这不是说全面建成小康社会后，其他三个方面就不成立，或随之而完成。全面深化改革、全面依法治国、全面从严治党应该永远在路上。所以中央强调：协调推进全面建成小康社会、全面深化改革、全面依法治国、全面从严治党的战略布局。既然是协调，说明它们相互之间也有独立

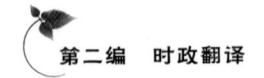

关系。

顺便说说"四个全面战略布局",其中的"战略布局"的译文,真正的意境深处,并没有这样复杂,这里尽管战略修饰布局,但最终的逻辑终点仍然回到战略上,布局只是增添枝叶,起不到主要作用,翻译出来意义不大。

今年政府报告有个例子:要进一步完善对外开放战略布局(we need to further refine our strategic plan for opening up)。这里就显示出明显的区别:是用 strategy,还是用 plan? strategy 是比较虚的,而 plan 是很实的,实到什么程度呢?实到有时都必须数字化。还真没听说过中国的对外开放有这么周密的 plan,只听说过摸着石头过河,走一步摸一步,但尽管这样,这也可以算成一个 strategy。所以战略布局,译为 strategy 应该是成立的。

11. "五位一体"总体布局

five-sphere integrated plan

在党的翻译文献里,"五位一体"总体布局很长时间没有当成固定的术语进行翻译,没有形成概念性译文,都是在正文里进行解释性翻译。这样也是可以的,这次改变了,应该算是一个进步,因为简单化了,而且可以作为一个术语收录、引用。翻译不就是要用简单简练的语言表述全面复杂的原意吗?既然强调简单,那么,"五位一体"总体布局 five-sphere integrated plan 这个译文不如下面的更简单:

Five-point Strategy

five-sphere integrated plan 里面的 five-sphere 囊括一切,所以称总体,再生硬地加上 integrated,和前面讲述的 comprehensive 一样,不能做到锦上添花,只是平添累赘。

12. "三严三实"

Three Stricts and Three Earnests

形容词的复数形式,不是不可以,不这么做是不是更清楚呢?看看这个:Three Guidelines for Ethical Behavior and the Three Basic Rules of Conduct.

13. 中国特色大国外交

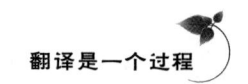

major country diplomacy with Chinese characteristics

这个译文给出一个什么含义？中国特色的译文 with Chinese characteristics，无疑是准确的，但也有两点顾虑：第一，现在中国特色成了中央文献翻译的一大特色，怎么讲？看看这个数字：十九大报告就有八九十处之多，都统一译为 with Chinese characteristics，是不是有点单一而又贫乏？第二，先不管 with Chinese characteristics 是否字太多，光说 characteristics 这 5 个繁多绕口的音节，至少苦了会上的同传。实际上，有些中国特色是可以灵活处理的。顺便穿插两个例子：

14. 中国特色社会主义文化

Socialist culture with Chinese characteristics

可以灵活处理为 socialist Chinese culture，socialist 在前，Chinese 在后。

当然，也有例外：

15. 中国特色哲学社会科学

philosophy and social sciences with Chinese characteristics

如果不用 with Chinese characteristics，按照上面的逻辑，就成了 socialist Chinese philosophy and social sciences，但这样改后，语言并不比以前更美，失去了平衡，所以不改为好。

当然中国特色大国外交作为一个术语讲，重点还不在中国特色怎么翻，关键在大国外交怎么理解。译文 major country diplomacy，所表示的（或被读者所理解的）应该是大国之间的外交，包括中美外交、中日外交。当然了，在一定语境下，major country diplomacy 这个译文是对的，但是在这个报告里，在这个语境下，所谓大国外交讲的是中国作为一个大国如何进行对外交往，对外交往的对象不仅包括大国，而且包括小国；不仅涵盖大的国际组织，而且涵盖小的国际机构。就在十九大召开前夕，中央电视台推出 6 集大型纪录片中国特色大国外交，讲的就是中国全方位、宽领域、广覆盖的外交历程，不是单独讲中国和其他大国之间的外交。

经过上述两个角度的探讨，可以得出一个怎样的译文建议？是不是这样：China's diplomacy as a major country。

怎么讲？抬出 China，一可以用 China's 代替冗长的 with Chinese characteristics，中国的，不就是中国特色吗？二可以引出 as a major country，不然接不上。

16. 生态文明

ecological civilization

civilization 是个中性词（neutral），不如中文"文明"那样高大上。一直热议的有"生态文明"。

从政治角度看，把生态文明照搬为 ecological civilization，明显把崇高的理想降到很低的程度，平淡无奇。

从学术角度看，ecological civilization 等于"civilize the ecology"，如同大家公认把"科学发展"照搬成 scientific development（意为 develop science"发展科学"）在翻译学上不妥，civilize the ecology 从英语语言上似乎不那么通畅。

从科学角度看，"civilize the ecology"有改变甚至破坏"原生态"的意味，这就同生态文明的初衷背道而驰了。

从行政角度看，则另当别论，一切皆有可能。

主要概念

17. 中国特色社会主义进入新时代，我国社会主要矛盾已经转化为人民日益增长的美好生活需要和不平衡不充分的发展之间的矛盾。

As socialism with Chinese characteristics has entered a new era, the principal contradiction facing Chinese society has evolved. What we now face is the contradiction between unbalanced and inadequate development and the people's ever-growing needs for a better life.

因为是我国社会主要矛盾，是社会主要问题，所以可以称得上是个主要概念吧。谈主要概念，我国社会主要矛盾是绕不过去的。

首先看看"我国社会主要矛盾"具体应该怎么理解。是我国社会的主要矛盾，还是我国的社会主要矛盾。如果理解为 the principal contradiction facing Chinese society，那么这个矛盾可能是中国社会面临的政治矛盾、经济矛盾等，不一定是社会矛盾，所以是不是可以理解为 the principal social contradiction facing China。这也是个老问题了。问题的关键，在于 contradiction 这个用词对不对、准不准。

说得简单点，翻译就是要用老百姓日常的话让老百姓听懂。contradiction 究竟好不好？也没什么不好，关键是时过境迁，在日常生活当中，老百姓并不用它来表示矛盾、表示问题。其实，社会主要矛盾、社会主要问题，归根到底，还是如何解决这一矛盾、如何解决这一问题。按照这些考虑，可否这样表述：As socialism with Chinese characteristics has entered a new era, the principal problem facing Chinese society has evolved to become how to address the turbulent intersection between shortcomings in development to meet the people's ever-growing need for a better life. 这个地方 need 用的是单数。

18. 推动人的全面发展、社会全面进步

promote well-rounded human development and all-round social progress

人的全面发展、社会全面进步，实际上把人和社会做了比照，两者是关联的，递进关系，是个体和整体的关系，human 和 social 没有这样的关联和关系。是不是这样比较好：promote individuals' well-rounded development and all-round social progress.

19. 依法治国和依规治党有机统一

combine law-based governance of the country and rule-based governance over the Party

现在是治国和治党同时出现，而且治都翻译为 governance。是否符合实际？governance of the country，这个动作是党发出的；governance over the Party，这个动作又是谁发出的呢？还是党。既然是党治党，那么应该是自己治理自己，这时就可以用 self-governance。依循这个逻辑，下面这个例子该怎么办？

20. 坚持全面从严治党

exercise full and rigorous governance over the Party

这里因为有个动词 exercise，看上去好像是党之上还有其他力量在治理这个党，这显然不符合实情。为什么？党在我们国家是一个特别特殊的概念，一切国家事业都在党的领导之下进行。所以党的概念不能模糊。有关党的最大概念，可能就是党之上不再有领导，所以才有党要管党、从严治党的提法。据此，这里的从严治党，这个治党，不是表面意义上的他治，根据现实，应该是自治。那么，是不是可以这样表述：ensure the Party exercises full and rigorous self-governance.

但在其他几个地方，十九大报告译文还是沿用了这个逻辑：

- 全面从严治党永远在路上：ensure Party self-governance is exercised fully and strictly
- 推动全面从严治党向纵深发展：ensure strict Party self-governance
- 坚持党要管党、全面从严治党：ensure that the Party exercises effective self-supervision and practices strict self-governance in every respect

固化译文

所谓固化译文，可能包括以下几个方面：

一是沿用很久的译文，但随着时间的推移，已不合时宜；二是十分重要的译文，但可能天生有瑕疵；三是出自权威人士或权威机构，但明显用起来十分勉强；四是自己一手打造的词，如果再行更改，好像丢面子，所以一味地坚持；五是行政领导的偏好，学术上不敢或不便做主。

现在就是有这样的情况，包括我自己，觉得以前这个译法早就用了，也没出什么政治问题，也不经过思考，拿过来就套用。有时觉得是权威人士或机构都在用，我还费什么劲去琢磨，干脆照搬。这样做其实不符合翻译的职业道德。问题最突出的权威机构有联合国和世界银行。它们真的是政治和经济方面的权威，但可以肯定地说它们不是语言权威。先说世行，作为经济权威机构，对译介中央文献，它们多是聘请中方经济专家进行翻译，首先，他们本身不是专业翻译；其次，他们的纯世行经济论与中央文献政治经济合二为一，而且偏重政治的现实，表明他们并不比我们了解得更多。举个例子，乡镇企业，他们的译文是 township and village enterprise，简称为 TVE，很流行，因为是世界银行嘛，所以造势得非常不错，但实际上，当时 village 是根本没有企业的。翻译界的译文是 rural enterprise，很贴切。

再说联合国。可以说联合国曾经是语言权威，那是早年英美操纵时期的事，当年还可以说是纯正英文。但现在多元化了，现在是各国翻译自己在联合国的文件，量大时间紧，所以出活很糙，中国译员时常抱怨联合国的英文文件看不懂，那么由中方提供的文本也会有同样的问题。去年，从日内瓦开始，联合国在中国又火了，因为有个文件收入了人类命运共同体 community with shared future for humankind（联合国）。

21. 人类命运共同体

community with a shared future for mankind（十九大）

这里有两个版本，大同小异，但也有区别。如果要挑选的话，我觉得应该选用 humankind，因为 mankind 是个历史词，时光演变，世情变化，光说 man 不准确。shared future 前面如果加上 a，更符合英文文法特征，但作为术语又稍微多了那么一点。但是，所有这些都不是根本问题。根本问题是这个译文有一对矛盾，那就是 community 和 mankind 或 humankind 有交叉的概念，显得整个提法不科学不严谨。还可不可以补救？好像有两种方案：

（1） International community with a shared future

（2） Global community with a shared future

International community 是个现成的，包括中国和其他地方，国外对这个词很熟，也能够表达中文人类命运共同体的意思，但估计中国人转不过弯来；Global community 是一个新造的词，也不错。十九大报告的外国专家 Holly 事后对此提法大为赞赏，认为比 community with a shared future for mankind 好。

22. "三个代表"重要思想

Theory of Three Represents

按照道理，"三个代表"重要思想本来应该放在前面作为主要术语讲，现在最重要的术语也就那么 6 个，它是其中一个，这 6 个术语是：Marxism-Leninism, Mao Zedong Thought, Deng Xiaoping Theory, the

Theory of Three Represents, and the Scientific Outlook on Development, Xi Jinping Thought on Socialism with Chinese characteristics for a New Era. 为什么把它作为固化译文？大家可以看看以前的文献翻译，包括十八大，它的译文是 important thought of Three Represents。这一次，进行大胆创新，改为 Theory of Three Represents。其中又可能有怎么样的心路历程？

（1）刚才说了，它是少有的几个重要术语之一，作为国家重大的指导思想，它理所应当是一个专有专属名词，应该是首字母大写，和其他几个术语相统一。

（2）以前的译文，important thought 是无法首字母大写的，所以要想办法修改。

（3）因为它原本是"重要思想"，如果不大写，那么好像会缺少作为重要思想的合法性。

（4）以上这三条思路很重要，但不是最重要的。最重要的理由是：从翻译的角度出发，从受众的角度出发，一般认为国家重大指导思想、党的领袖的思想体系，其重要性是不言自明、不言而喻的，再冠之以重要二字，稍显画蛇添足。

（5）概念重不重要，一般都由他人评判，不由自己强加给对方。

（6）important thought of Three Represents 是在十六大翻译期间形成的。十五年过去了，当初的翻译意境等条件应该有所改变或不复存在。

（7）这次党又有了新思想，即习近平新时代中国特色社会主义思想，这个思想翻译成了 Thought，和毛泽东思想译文一致。

23. 全国各族人民

the Chinese people of all ethnic groups

和上面的"三个代表"相比，全国各族人民已经算是古老的表述了。对于一些传统固定的说法，是不是要重新审视一下。以前确实有民族问题，说什么事都要把各族人民都加上，以表示各族人民团结一致，相互之间没有歧视。但全国各族人民这个说法，恰恰是在表示民族中间是有区别的，要审慎行事。美国也有民族问题，他们是怎样处理的？现在美国是这样处理的，他们通常说自己是 we Americans，但是要强调种族歧视种族区别时，则使用类似于这样的话：Americans of all ethnic groups are increasingly living and going to school together.

用"全国各族人民"这个表述，目的就是强调他们是团结一致的。但是英文全部译出来 the Chinese people of all ethnic groups，却达到了相反的目的。

全国各族人民这个表述，从翻译的角度来讲，就好像要翻译全班男女同学一样，现在男女无歧视，所以只说全班同学就可以，同样的道理，全国各族人民，只说全国人民，谁都包括在里面。

对有些古老的表述，不要抱残守缺。犹如不会有人相信柏林墙会轰然倒下，当它倒下之后，人们又会诧异它为什么会在那个地方屹立那么久。

24. 中国特色社会主义进入新时代，意味着近代以来久经磨难的中华民族迎来了从站起来、富起来到强起来的伟大飞跃，迎来了实现中华民族伟大复兴的光明前景。

This is what socialism with Chinese characteristics entering a new era means: The Chinese nation, which since modern times began had endured so much for so long, has achieved a tremendous transformation: it has stood up, grown rich, and is becoming strong; it has come to embrace the brilliant prospects of rejuvenation.

富起来，grow rich。自从邓小平提出致富光荣 To get rich is glorious，致富不是罪过 To get rich is no sin 以来，rich 这个译文一直沿用至今。但是，Rich is very much the wrong word. 为什么？因为 It doesn't have positive connotations in English. 举几个例子：

• "Filthy rich"，这倒是个经典成语。
• "Get-rich-quick scheme"，其中包括博彩、传销等在许多地方都被视为非法的手段。
• "The rich get richer and the poor get poorer"，主要讲的是人们憎恨经济不平等，财富不均。

既然 rich 这么负面，不便使用，那么究竟用啥好？可否考虑 prosperous？小康社会用的这个词，词义非常正面。

25. 科学立法

ensuring our legislation is sound

按照固有译法，见到科学，就翻译成 scientific，如科学发展，译为 scientific development，译文的实际意思是发展科学，误导了许多受众。什么是科学立法？它不是 scientific，因为最终评判它的尺度不是科技的评判的尺度。所以，用 sound，可以摆脱科学评判的尺度。十九大还包括其他两个类似的例子：

26. 推进科学立法

work to ensure sound lawmaking

27. 推进科学立法、民主立法

carry out lawmaking in a well-conceived and democratic way

以上两个都避免用 scientific。

28. 民族宗教工作

work related to ethnic and religious affairs

这里没有套用固化译文 ethnic and religious work，为什么？ethnic work 特指某一民族自己的工作，这里是党要做的工作；religious work，属于宗教性质的工作，包括念经祈福，共产党不信教，它不做这些工作。比较保险的理解应该是党有关民族或民族问题的工作、党有关宗教或宗教事务的工作。美国就有对华政策，译文就是 the US China policy，而不是什么 the US Chinese policy。

相同的道理，成就了以下两个例句：

29. 民族政策

policies concerning ethnic groups

30. 宗教工作基本方针

basic policy on religious affairs

31. 中华民族正以崭新姿态屹立于世界的东方。

The Chinese nation, with an entirely new posture, now stands tall and firm in the East.

这种固有译法，已经延续很多年了。East 实际上只是表示地理位置，以前这么用，还可能隐含着政治因素，那就是东西方的政治对立、对峙，一定要东风压倒西风。现在全球化了，而且程度很深，中国也参与其中并起着领头的作用。所以这种东西的概念已经有所转化。再沿用老的译文，是否不合时宜？这种转化，其实还有一个中间环节，曾几何时，东方不再翻译为 East，而是 Asia，Asia 这个概念更具体一些，得到受众的认可。

其实这种表述，中文也在悄悄转变。"我们要坚持不忘本来、吸收外来、面向未来，在继承中转化，在学习中超越，创作更多体现中华文化精髓、反映中国人审美追求、传播当代中国价值观念、又符合世界进步潮流的优秀作品，让我国文艺以鲜明的中国特色、中国风格、中国气派屹立于世。"①

32. 完成了新民主主义革命，1949 年建立了中华人民共和国，实现了中国从几千年封建专制政治向人民民主的伟大飞跃。

We completed the New Democratic Revolution, and founded the People's Republic of China in 1949, thus marking China's great transition from a millennia-old feudal autocracy to a people's democracy.

受固化译文 Great Leap Forward 的影响，这里伟大飞跃不再沿用 great leap，转用 great transition，好像有道理。但实际上这种考虑又是过了。大跃进与从封建到民主的飞跃不能类比。再就是 transition 力度不够。为什么？前面提到了新民主主义革命，而革命是颠覆性的，不是平和的 transition。用 transformation 如何？程度应该高一些。

担心人们联系到 Great Leap Forward，我不知道普通国外受众是不是都有这样的联想，但这个对中国人有效。不过，我们的译文是针对外国人的。很多东西不敢改，不敢用，都是怕中国读者说，不是怕国外受众不懂。比如，我们的固有译法当中，不敢把大国翻译为 power，理由是我们历史上吃过西方大国（power）的苦，认为这个 power 不是什么好东西，其实 power 没有这个意味。另外，我们对大陆的固有

---

① 习近平：《在中国文联十大、中国作协九大开幕式上的讲话》，人民出版社 2016 年版，第 10 页。

译文 China's mainland or the mainland of China，而不敢用 mainland China，这是因为怕有分裂国家的嫌疑，认为 mainland China 是大陆成一国；其他岛屿，如台湾，成一国。这些固有译文是不是过时？也有 mainland America 的说法，但没听说美国人会因此担心夏威夷等会因此独立成国。

33. 支持资源型地区经济转型发展。

Support will be given to resource-depleted areas in their economic transformation.

前面说了伟大飞跃，避开了 great leap，转用 great transition，但又觉得 transition 程度不够，建议用 transformation。这个词是否妥当？这个例子是否可以提供一些合法性呢？economic transformation 的 transformation 明显具有跨越似的程度。因为资源枯竭，所以资源型地区只能转做其他行业，这个转变可以说是彻底转身。

34. 用新时代中国特色社会主义思想武装全党。

Arming the whole Party with the Thought on Socialism with Chinese Characteristics for a New Era.

将武装译为 arm 说来话长，但是 arm 毕竟是军事用语，一般用于 to equip with weapons 和 to arm the troops。所以，是不是可以改为 Equipping the Party with the Thought on Socialism with Chinese Characteristics for a New Era?

35. 培养德智体美全面发展的社会主义建设者和接班人。

Nurture a new generation of capable young people who have a good and all-round moral, intellectual, physical, and aesthetical grounding and are well-prepared to join the socialist cause.

全面发展的全面是虚化之词，没有自己独立的意思，只要做到了德智体美这4个方面的发展，就是全面发展。译文已将 moral, intellectual, physical, and aesthetical 全部列出，所以 all-round 也就失去了存在的意义，应该可以删除。

36. 各级党组织和全体党员要带头尊法学法守法用法。

Every Party organization and every Party member must take the lead in respecting, learning about, observing, and applying the law.

各级是老表述，用 every 就包罗了一切，当然包括了级别。这次没用 Party organizations at all levels，就是一种创新。

37. 民族地区

areas with large ethnic minority populations

38. 边疆民族地区

border areas with mainly ethnic minority populations

民族地区的固化译文是 ethnic minority area，但不准确，这个译文的意思是民族地区只有少数民族，定位不准，上面两个例子把问题说清楚了。

39. 坚持社会主义市场经济改革方向。

Continue reforms to develop the socialist market economy.

"坚持社会主义市场经济改革方向"的译文有一个历史的演变过程。1992 年十四大后，中国就开始建立社会主义市场经济，随后提出"坚持社会主义市场经济改革方向"，这个时候的译文是 continue reforms to establish the socialist market economy，因为建立社会主义市场经济需要过程和时间。最后社会主义市场经济得以建立，中国的市场经济地位得到广泛承认，这个时候"坚持社会主义市场经济改革方向"的译文就发生了变化，也就是这次十九大用的 continue reforms to develop the socialist market economy。

maintain market economy reform socialist-oriented 这个译文的意思是要改革市场经济。市场经济就在那，不需要也不容改革。

39a. 同志

comrade

很多情况下，同志确实应该避免这样翻，而且有很多方法去翻同志，比如常见的可以用 Party members，有的根据上下文可以用 people，有的甚至可以不翻译。比如著名阅兵仪式用语"同志们好！同志们辛苦了！"用的是"Hi, everyone. Thank you."之类的译文。同志尽管不翻译成 comrade 为好，但是不是根据各方面的意境，完全不能用？我们可以探索一下。

第二编　时政翻译

"同志"这个词，来自法国革命，后来被共产主义运动所借用，在苏联发扬光大，最后被孙中山引入中国，国共两党共用不悖。新中国继续沿用，并风靡一时，所有人皆统称为同志。改革开放后，同志一词的热度迅速淡化，尤其是在南方（当然，同属南方的香港就从未有过同志的概念），而且同志一词还出现新的另一种意味。当然，所有这些，并没有从根本上铲除大陆使用同志的根基，其使用仍旧具有合理合法性。作为一种政治文化现象，也并没负面的意味，所以，2015年十八届五中全会制定党内法规，其中特别规定："坚持党内民主平等的同志关系，党内一律称同志。"

对于同志的用法，苏联比我们可能要丰富一些，比如他们可以说主席同志、局长同志。在英文世界，没有同志的概念，如果要使用同志作为称呼，那也只是对社会主义国家的一种幽默调侃的口吻，更多人认为用此称呼不如光着不用。在美国，用 Mr. 这样的称谓最为普遍，但是它有一个前提，不像我们用同志，表明是自己人，是自己的同志，Mr. 之类的称谓，当然也可以表示是自己人，但同时也可以表示自己不喜欢的人，甚至是自己的敌人。

通盘考虑国际国内、党内党外、中文英文、历史与现实等多方面因素，取舍还是相当难的。从国内环境来讲，因为有党的法规规定："坚持党内民主平等的同志关系，党内一律称同志"，那就用 comrade，但也不一定要那么机械。请看这些例子：

39b. 全党同志一定要登高望远。

All comrades must aim high and look far.

39c. 全党同志必须全面贯彻党的基本理论、基本路线、基本方略，更好引领党和人民事业发展。

All our members must fully implement the Party's basic theory, line, and policy so as to better steer the development of the Party and people's cause.

39d. 全党同志特别是高级干部要加强党性锻炼，不断提高政治觉悟和政治能力。

All Party members, especially high-ranking officials, must strengthen their Party consciousness, political awareness, and political ability.

特色语汇

翻译是个桥梁，主要的任务是沟通交流。如果在这个过程中，能够用中国的元素原汁原味地把意思表达清楚，何乐不为？但掺杂太过本土化、民族化的因素，会导致沟通不畅，甚至形成误导，这就需要谨慎对待了。

杨宪益在翻译红楼梦时，很明显在尽量保持中国的原汁原味方面做了很多努力，用了许多特色语言，有些近似赛珍珠的风格。但对比 David Hawkes 的译文，杨的努力究竟如何呢？先对照一下有关表述：

（1）无米之炊

cannot make a meal without rice（杨）

cannot make bread without flour（Hawkes）

cannot make a meal without rice，有个歧义就是，我们中国传统上是大米消费大国，米就是饭，饭代表了所有食物。但很多其他国家则不然，他们并不一定要吃米，一顿饭里没有 rice 很正常，怎么也不会理解 cannot make a meal without rice 的具体含义，没有米，你还可以用别的做饭嘛。

西方面包就相当于我们的饭，"面包会有的"，像 Hawkes 说 bread，西方人都懂。

（2）醋坛子

vinegar bitch（杨）

jealous bitch（Hawkes）

vinegar 是一化学物资，属于技术词，翻译的大忌是用技术词来表述平常概念。vinegar bitch 很显然大多数国外受众不知何意。

Great works are finished by readers. 这句话也适用于译文。那么从受众的角度来看，从译文的流动性来看，Hawkes 译文受欢迎的程度要远远高于杨宪益的译文。我们文献翻译，是外宣翻译，第一要务是让更多的受众理解并接受，提高译文的流动性。从这个角度，我们要有更深层的考虑和做法。

在继续讨论特色语汇之前，我想穿插地讲一讲我刚才说的翻译的大忌是用技术词来表述平常概念。话虽这么说，但万事并不是那么绝对的，不要一股脑地认为可以一刀切。举个例子：

40. 坚决打赢脱贫攻坚战。

Winning the battle against poverty.

这里的战，就是战斗，也用了 battle 这个词，但这是地道英文，没什么忌讳。

再回到特色语汇，看个例子。

41. 中华民族伟大复兴，绝不是轻轻松松、敲锣打鼓就能实现的。

Achieving national rejuvenation will be no walk in the park; it will take more than drum beating and gong clanging to get there.

敲锣打鼓是个成语，传统意义为：①指欢庆祝贺。②形容大造声势，大肆进行舆论宣扬，但在这个语境里有所转化，是和前半句轻轻松松并行不悖的，敲锣打鼓直译为 drum beating and gong clanging，并不能反映这个意思。

如果前面这个例子只是意义上稍有欠缺，还不至于和原意发生冲突，那么下面这个胡锦涛文选的例子，就太注重保持中国因素。胡选英文版还没有出版，正在翻译。

42. 我们讲艰苦奋斗，当然不是要人们去过清教徒式、苦行僧式的生活。

When we emphasize plain living and hard struggle, we of course do not mean to ask the people to lead the life of a Puritan or an ascetic monk.（胡选）

这个译文好像把我们和清教徒、苦行僧对立起来，共产党不信教，但并不是这些教派的对立面。另外，译文好像觉得 plain living 成了僧人们的代名词，僧人贵在精神，他们悲悯沧桑，普度众生，plain living 在他们中间根本形不成概念。译文是否改一改？When we emphasize plain living and hard struggle, we are not suggesting that people

· 296 ·

should deprive themselves through excessive chastity or abstinence.

43. 中国特色社会主义和中国梦深入人心。

Socialism with Chinese characteristics and the Chinese Dream have been embraced by our people.

因为我们最熟悉的东西莫过于我们的身体，用人的身体部位来形容，是中文的一大特色。在这个特色行为里面，心最容易被拿来比喻。

因为是中国特色，译文可能有意回避了。回避后，用 embrace 一词来代替。这个词能否堪当此任？我看未必。为什么？embrace 一般用来表示接受外来的东西，"中国特色社会主义"和"中国梦"都是中国自己的特产，对中国人来说不是外来物，用 embrace 显得见外了。既然见外了，还怎么能深入人心？国外受众也是人，也对自己的身体最为了解，心是否可以直译？所以译文可以改一改：Socialism with Chinese characteristics and the Chinese Dream have already deeply permeated the hearts of the Chinese people.

44. 人民军队在中国特色强军之路上迈出坚定步伐。

The people's armed forces have taken solid strides on the path of building a powerful military with Chinese characteristics.

用"路"和"道路"作比喻是中国特有的，因为是个比喻，所以是虚的，虚的东西当然就是可有可无的，对方文化里并不一定有。既然没有，是不是可以拿掉？The people's armed forces have taken solid strides in becoming a powerful military with Chinese characteristics.

疑难问题

45. 打铁必须自身硬。

It takes a good blacksmith to make good steel.

这个例子出来 5 年了，但热度不减当年。当然这次中文表述与 5 年前稍有变化，5 年前说的是：打铁还需自身硬，现在改成必须，看来是有所强调。既然强调，那么把它翻准翻好是必须的。

翻准就是准确理解原文。别看就这么 7 个字，有两个理解难度，有的理解却需要三个维度。第一个难度是：打铁究竟是啥？我们常这么说，但真正见过打铁的不多。见过了，也许会理解得深刻一些。

打铁是一种原始的锻造工艺，盛行于 20 世纪 80 年代前的农村。现在基本上很少见。既然界定为锻造工艺，那么锻造的宾语就不是铁，所以说打铁不是打铁，不是我们通常理解的打铁。铁究竟为何意？铁这个地方取古意，在古文里面，铁曾经指所有铁器。曾经有人丢了铁（这个铁实际上指的是一把铁刀），便怀疑邻居偷了，结果越看，越发现邻居的神态举止像偷过铁。后来，铁在自家找到了，这才知道是冤案。好了，确认了铁指工具，那么再在是 iron，还是 steel 上纠缠不清，就是浪费时间了，所以我们得继续循着逻辑往前走。

第二个难度就是如何界定"硬"指何物。有三个维度。一是铁硬，但根据上面的分析，铁指工具，所以铁硬的可能性被彻底排除了。二是锤子硬。三是铁匠硬。那么，锤子和铁匠之间如何选择？锤子再硬，它毕竟是工具，它不能独立发挥硬的作用，还必须借力于铁匠。锤子的硬度，取决于铁匠的硬度；所以两者相比，铁匠胜出。

所以，按以上逻辑，能不能推及这个结论：It takes a good blacksmith to forge good tools. 文中在工具之前，加了 good 一词，原文没有，是为了加固译文的逻辑。什么逻辑？是铁匠都会打铁。

46. 义利观

the principle of upholding justice while pursuing shared interests

这个译文用 justice，那么 justice 或者 righteousness，强调的都是个人道德和道义方面的素质，以孔子《论语》为证：见利思义，见危授命，久要不忘平生之言，亦可以为成人矣。The man, who in the view of gain, thinks of righteousness; who in the view of danger is prepared to give up his life; and who does not forget an old agreement however far back it extends-such a man may be reckoned a COMPLETE man.

而现在的义利观，是针对对外交往、针对国际合作方面的一种规约，强调的是中国要舍弃自我，牺牲小我，在国际社会里以求更大的善意，但同时，也不排除获取共同利益。所以，看看这样行不行：

take into consideration greater good while pursuing shared interests

这里没有翻译"观"这个字，这是因为中央文献里充满了各种政策、战略、原则、制度等虚化之词，在适当的时候能根据上下文省去是最好不过的事，以凸显主要意思。

47. 促进国际产能合作。

Promote international cooperation on production capacity.

这个问题出现有两三年了，产能还是应该来自于产业，所以是不是 industrial capacity？

佐证一下，在政府工作报告里，一批重大工程和国际产能合作项目落地：a number of major projects and industrial-capacity cooperation projects with other countries were launched. 国际产能合作项目，纯粹是政府工作，所以，这是不是可以算为一个佐证呢？

标点符号

标点符号虽小，但意义重大。我在翻译过程中发现，引号和感叹号是比较常见的误区。随便用引号，会得到与我们希望得到的相反的结果。这里主要谈一谈感叹号。

48. 我们绝不允许任何人、任何组织、任何政党、在任何时候、以任何形式、把任何一块中国领土从中国分裂出去！

We will never allow anyone, any organization, or any political party, at any time or in any form, to separate any part of Chinese territory from China!

十九大中文共用感叹号30多处，英文好像唯一只有这一处使用了感叹号。为什么不要那么多感叹号？原因是：普遍认为使用感叹号会使得文章颇显档次不够，是性情中的一种不入流的做法，主要是因为感叹号会转移读者的注意力，从而丧失它原本固有的内涵和力量。过量使用感叹号，就如过分的情感，文学上会视为恶劣。翻译中央文献是十分严肃的事业，如果过分使用感叹号，也不太庄重。

第二编　时政翻译

首尾呼应

翻译大的文献篇章，应讲求整体意识、整个报告一盘棋的意识，把握整体意群，做到首尾呼应，而不是简单地照顾眼下的字词语句，要跨句跨段安排。

首先看看跨句安排。

49. 五年来的成就，是党中央坚强领导的结果，更是全党全国各族人民共同奋斗的结果。我代表中共中央，向全国各族人民，向各民主党派……表示衷心的感谢！

The achievements of the past five years are the result of the strong leadership of the Party Central Committee, and, more importantly, the result of all Party members and all the Chinese people pulling together in their pursuit. On behalf of the Central Committee of the Communist Party of China, I express our heartfelt thanks to the people of all ethnic groups, to all other political parties…

这两句话都出现了中央。前面用 Party Central Committee，后边用 Central Committee of the Communist Party of China。按照读者期待，第一次出现，应该交代得更全面一些，所以用词的顺序可以颠倒一下，前面用 Central Committee of the Communist Party of China，后边用 Party Central Committee，而实际上，后边只用 Central Committee 就够，不一定跟着中文跑。

50. 保持香港、澳门长期繁荣稳定，实现祖国完全统一，是实现中华民族伟大复兴的必然要求。必须把维护中央对香港、澳门特别行政区全面管治权和保障特别行政区高度自治权有机结合起来。

Maintaining lasting prosperity and stability in Hong Kong and Macao and achieving China's full reunification are essential to realizing national rejuvenation. We must ensure both the central government's overall jurisdiction over the Hong Kong and Macao special administrative regions and a high degree of autonomy in the two regions.

和上面的例句一样，先出现信息较少的 Hong Kong and Macao，后出现信息较为丰富的 the Hong Kong and Macao special administrative regions。按照一般是长的、全的提法放前面，它们的位置可以颠倒一下。

再来看看跨段安排。

51. 现在，我代表第十八届中央委员会向大会作报告。

On behalf of the 18th Central Committee of the Communist Party of China, I will now deliver a report to the 19th National Congress.

这是报告第一段。"大会"翻译为 19th National Congress，而不是简单译为 congress，这可以算一个成功，因为清楚一些，但还并不那么清楚，因为没有限定，属于敞开式。加上 the Party 是不是清楚一些？这样就成了 the Party's 19th National Congress。当然，这些是相关的话题，但不是我要讲的主题。请看紧接着的报告第二段：

52. 中国共产党第十九次全国代表大会，是在全面建成小康社会决胜阶段、中国特色社会主义进入新时代的关键时期召开的一次十分重要的大会。

The 19th National Congress of the Communist Party of China is a meeting of great importance taking place during the decisive stage in building a moderately prosperous society in all respects and at a critical moment as socialism with Chinese characteristics has entered a new era.

这段一开始用"中国共产党第十九次全国代表大会"，交代了我们第一段想知道的事，既然第一段已经交代清楚了，那么这里的 The 19th National Congress of the Communist Party of China 也就不需要再重复了，可用代词一带而过，这样就成了 This is a meeting of great importance taking place。

53. 承认"九二共识"的历史事实，认同两岸同属一个中国，两岸双方就能开展对话，协商解决两岸同胞关心的问题，台湾任何政党和团体同大陆交往也不会存在障碍。

Recognize the historical fact of the 1992 Consensus and that the two sides both belong to one China, and then our two sides can conduct dialogue to address through discussion the concerns of the people of both sides, and no political party or group in Taiwan will have any difficulty conducting exchanges with the mainland.

54. 两岸同胞是命运与共的骨肉兄弟，是血浓于水的一家人。

Blood is thicker than water. People on both sides of the Taiwan Straits are brothers and sisters; we share the bond of kinship.

前面两个例子是紧密相连的两个段落。尽管段落不同，但实际上是前后两句话，所以在措辞安排时，需考虑连贯性。前一句（或前一段）有了 our two sides，后一句的 both sides of the Taiwan Straits 没必要交代得比前一句更详细，改为 the two sides 更简练，以体现呼应的必要。

国情意识

所谓国情，包括中国本身具有的国情、党情以及所面临的国际局势。

55. 确立社会主义基本制度

establishing socialism as China's basic system

确立社会主义基本制度的基本含义是：将社会主义确立为中国的基本政治制度。

确立社会主义基本制度不是现在的国情，而是社会主义革命时的国情。当时是要确立国家的基本政治制度。有两个选择，一是跟学苏联搞社会主义，二是学美国等西方国家搞资本主义。最后选择"一边倒"的政策，倒向苏联，美国那些东西都不要了。前面说了，学苏联，就是搞社会主义，所以说要在中国确立社会主义。那么译文 establishing socialism 是基于这段国情。但表面上，确立社会主义基本制度，确立的宾语是基本制度，但国情不允许这样理解。当然，不能这样理解还有另外一个原因，那就是：社会主义基本制度已经在那了，马克思恩格斯已经确立完了，而且苏联等社会主义国家正在实行，你中国再来确立社会主义基本制度，必然被指责为搞修正主义。这也是我们现在，包括十九大，不便把中国特色社会主义简单地翻译为 Chinese socialism 的主要原因之一。这个译文很简练，但世界上社会主义国家或人士都承认只有一个社会主义，那就是马恩的社会主义，怎么你中国还有个社会主义？

还有一个相似的例子。

56. 牢牢立足社会主义初级阶段这个最大实际

must base our work on this most important reality—the primary stage of socialism

社会主义初级阶段这个最大实际，如果只译为 the primary stage of socialism，意思好像不完整，真正的国情是什么？实际是 China is now in the primary stage of socialism and will remain so for a long time to come。

57. 严格执行新形势下党内政治生活若干准则

act in strict accordance with the code of conduct for intraparty political life under new circumstances

这里新形势下党内政治生活若干准则，指中共中央十八届六中全会制定通过的《关于新形势下党内政治生活的若干准则》，是一个成文规定。译文 code of conduct，是准则不假，但多指不成文的道德行为准则。既然是成文规定，用 regulations 是不是来得更实一些？

主体意识

在党的文献里，党是主体。前面提到，党之上不再有领导，党有至高的权力。但是，即使这样，按照受众的习惯，也并不是说党就可以做到一切。

58. 要提高人民思想觉悟、道德水准、文明素养。

We will help our people raise their political awareness and moral standards.

提高思想觉悟、道德水准、文明素养，应该是人民的自觉行为，而且是因人而异，各有高低，并不是可以由党来完成的，但党可以起作用，所以用 We (the Party) will help our people raise their political awareness and moral standards。

59. 繁荣发展社会主义文艺。

Seeing socialist literature and art thrive.

繁荣发展社会主义文艺其实是作家、艺术家的事，而不是党直接来做。

60. 构建亲清新型政商关系。

We should form a new type of cordial and clean relationship between government and business.

这个例句，党确实可以直接做，但是又不是动作"构建"的唯一发出者。既然是关系，当然不是由党单方面主导的，而是由政和商共同完成。译文中 we 只代表党，所以变换一下语态是不是可以解决这个问题，即 A new type of cordial and clean relationship should be formed between government and business。当然，还是要尽量避免用被动语态。

结束语

要做翻译，我上面所谈到的，所有的历史、权威（包括个人、机构、自己、领导、书本），都只是一个有益的参考，不是翻译的唯一依循。翻译，就是根据原文定出自己的胆识、学识与精神。

参加领导人著作英译的几点体会

王明杰

领导人著作的英译，是一项要求很高的工作，一般由长期从事党政文献中译英的资深翻译进行翻译，并由中外专家组成的定稿小组共同完成。我参加了英文版《习近平谈治国理政》（以下称《治国理政》）第一卷至第三卷的定稿工作，这里谈一谈参加这项工作的一些体会。

《治国理政》是一部思想深邃、语言精炼、用字丰富、内容博大精深的巨著。要译好这样的鸿篇巨著，译者必须要特别注意把握以下三点。

第一，一定要吃透原文精神，使用地道的、符合英语读者阅读习惯的文字，忠实地表达原文的含义，准确地体现习总书记的思想，并译出他的讲话行文风格。翻译团队遇到的第一个难题是如何翻译好习总书记在《治国理政》中提到的一系列重大理论性概述，如"新时代中国特色社会主义思想""中华民族伟大复兴的中国梦""不忘初心，牢记使命""人类命运共同体"等。这些概述，在刚刚提出后，国内外就出现了很多译法。我们收集了各种译法，认真比较，初步确定我们的译法，同时征求主要外宣单位、高校老师和外国专家的意见，最终确定一个既符合原意，又以地道的英语表述的最佳译法。比如，我们将"新时代中国特色社会主义思想"译为：Thought on Socialism with Chinese Characteristics for a New Era。前一部分没有争议，但后面半句，为什么是 for a New Era，而不是 in the New Era？一字之差，有什么区别？这就涉及对原文的理解问题。我们认为这一思想不

第二编　时政翻译

仅指导当前全党全国的工作，而且是开拓谋划未来的总体指导思想，如用"in"为介词，其范畴和内涵就缩小了，用"for"不仅管当下，也指未来，比较准确。"人类命运共同体"的英文译法有10余种之多。见得比较多的是"a community with a shared future for mankind"。这一译法，是否忠实原文，用词是否确切，词序是否恰当，定稿人进行了多次讨论。讨论的要点是，"命运"用哪个字比较准确？有人将其译为destiny，而我们则将其译为shared future，这是因为我们所说的"命运"，是说人类经过努力奋斗可以并且应该掌握自己的未来，而destiny则含有上天安排的含义，这是不符合原意的。在语言上，介词用of还是with？"人类"可用global，mankind，humanity或humankind等来表述，哪个更好一点？如何组织文字才能使其简短有力？在初次研讨会上，外国专家提出来，community后的介词用of比较好，因为of指这一命运属于人类本身，如用with，可能会有歧义，因为它含有另外的、附带的意思，可以理解成为人类而存在的，或者说是存在于人类之外的别的什么的命运共同体。至于mankind和humanity，大家认为这两个词没有实质区别，但为避免女权主义者或某些激进人士的反对，用humanity更安全一些，犯不着在这一个词上，引起一部分人的不快。在之后的研讨会上，有人提出global community是不是更简洁一些，因为global实际上含有全体人类的意思。最后我们将其定为a global community of shared future。这样，避免了两次使用不定冠词"a"，并将原来的8个字的句子改成了6个字，这样读起来更加简短有力。

　　译好习总书记个人特色用语和中国特色的概念和词语也是一大难点。习总书记常用打比方、讲故事的方式阐述深刻的道理，用俚语俗语来解释疑惑。大家熟知的"打铁还需自身硬""踏石留印，抓铁有痕""拍苍蝇""打老虎""提提领子、扯扯袖子，使红红脸、出出汗""接地气"等都非常生动，要把它们翻译好却非易事。就"打铁还需自身硬"而言，关键是如何理解"自身"。有人把它理解为原材料，或指铁锤或铁匠。在《治国理政》第一卷中，我们将其理解为原材料，英译为："It takes good iron to make good products."在翻译第二卷时，我们再次学习了习总书记的原话，"全党必须警醒起来。打铁还需自身硬。""不全面从严治党，党就做不到'打铁还需自身硬'，也就难以发挥好领导核心作用。"县委书记应当成为"作风建设的打铁匠"。显然，这里的"自身"是指党或党员本身。大家认为，把"自身"译为"铁匠"更加符合原意。因此，我们根据上下文把这句话译为"a good blacksmith to forge good tools"或"be a good blacksmith in forging good tools"。

中国特色的词非常多，如"新形势下""民主生活会""政治性、先进性、群众性""合署办公""党的政治建设""政绩观""义利观"，等等。如果把它们直译出来，没有人能看得懂。要把这些词语翻译好，首先要知道它们的含义，再选用恰当词语将其表达出来。

以前常有人将"新形势下"译成"under the new situation"，这是按照字面翻译的。外国读者会问，"新"指什么？从哪年到哪年？是指中华人民共和国成立以后，还是改革开放以后，还是习总书记担任总书记之后？Situation是指情况，跟我们所说的"形势"完全是两码事。我们采用的是"in the new era"，"era"这个字英美媒体上用得很多，与我们所说的"时代"完全对应，所以"新形势"可视上下文译为"in the new era"或"under new conditions"，这两个译法，英语读者是看得懂的。

"民主生活会"是党内的一种组织活动。有人曾将其直译为"democratic meeting"（民主的会议），这种译法含义不清，会产生歧义。"民主生活会"的实质内容是在党员领导干部中开展批评和自我批评。所以，我们将会议的"批评与自我批评"这一实际内容翻译出来，虽然长了一点，但读者能明白它的确切含义。

再说"合署办公"。国外有没有这种概念？也许有，但没见过。有人将其译为"share offices and work together"（直译：共享办公室并一起工作）。外国读者一定很纳闷，为什么要说共享办公室呢？是为了节省办公场地吗？其实，合署办公不是指共用办公室，是指两个部门一起工作。在《治国理政》第二卷中，我们将其译为"... work as one"，言简意赅。

第二编 时政翻译

第二，要解决好文化差异带来的翻译困惑。《治国理政》中有不少非常形象的比喻、谚语和寓言，在翻译中，可以分为三类，第一类可以准确转译；第二类可以转译，但有可能会丢失部分含义，掌握不好读者会一知半解或引起误解；第三类则完全无法转译。对于后两者，译者就必须在不影响原意的前提下，在语言上略作调整，或以适当的事物或形象取代。下面举些具体例子。

第一类：比如，"'老虎'、'苍蝇'一起打"，我们把"老虎"和"苍蝇"直接翻译成"tiger"和"fly"，通过上下文，外国读者在理解上没有问题。又比如："把权力关进制度的笼子里"，这里可以把"笼子"直译为"cage"，也不会产生理解问题。

第二类：在《加大力度推进深度贫困地区脱贫攻坚》一文中，习总书记说："我在福建宁德工作时就讲'弱鸟先飞'，就是说贫困地区、贫困群众首先要有'飞'的意识和'先飞'的行动……一些贫困群众'等、靠、要'思想严重，'靠着墙根晒太阳，等着别人送小康'。"译者将这段非常生动、很好理解的话如实译出，但外国专家问我们：这小鸟飞不飞跟扶贫有什么关系？又跟后文的"靠着墙根晒太阳，等着别人送小康"是什么关系呢？他说他不太明白上下文之间的逻辑。对中国人来说，这是一个非常生动的比喻，很好理解。症结在于英语读者难以马上把"弱鸟"和"贫困地区和贫困人口"联系在一起，而是想到嗷嗷待哺的小鸟不需要给予照顾吗？如果告诉他们，这是一个比喻，中国古代传说中常常把鸟比喻为人，这样他们就会明白其中包含的深刻道理。所以我们在"弱鸟先飞"之前加上"folktale"（传说、民间故事）一字，这位外国专家一下就明白了。这样一来，下面的文字"一些贫困群众'等、靠、要'思想严重，'靠着墙根晒太阳，等着别人送小康'"的心态，与上面这句话对应起来，就容易理解了。

第三类：由于中西文化差异，中文中的一些形象比喻，如用英文直译，扭曲原意，甚至适得其反。这种情况下，翻译只好另辟蹊径，用其他恰当的词语来演绎。在《做焦裕禄式的县委书记》一文中，习总书记号召县委书记要成为"地方团队的领头雁"，"领头雁"原译"leading wild goose"。wild goose 指大雁，但 goose 的另一个含义是"傻子"。专家将其改为"a pioneering leader of the local team"，虽然不够形象化，但这样不至于以文害义，而是准确地把原意翻译出来。中文中的"唇亡齿寒""愚公移山"等，如果按字面译出，外国读者是看不懂的。

第三，译者需特别注意译文的通顺，避免中式英语，在不同的语境选用最恰当的对应词，这样使读者能看得明白，读得畅通，易于入脑。我们要避免那些虽然句子通顺、符合语法，但不符合英语习惯，或不够地道的语言现象。比如，"不忘初心"，很多人采用 keep…in mind 的短语，其实对于重要概念，用比较口语的表述是不合适的。又比如，"motherland"（祖国）一词，具有强烈的感情色彩，不宜多用。再比如，经济领域常见的"大力发展""支撑"，慎用 bolster，而应用 boost，因为 bolster 隐含"快不行了，需立刻修复支撑一下"的意思。再比如，"高举……旗帜"是我们汉语中常用的一句话，我们常常把它译成"hold high the banner of…"。但是，这种译法，有强烈的苏联印记，对一般西方读者来说是陌生的，尽管他们能猜出其中含意。如果将其译为"champion the cause of…"就能很准确地表达"高举……旗帜"的意思，多种英文词典都收有这个动词短语。

我们还需要注意一些貌似正确其实不对的译法。比如，"党中央（或某次会议决议）提出……"中的"提出"，常有人将其译为"propose"，其实，它们不是提出"建议"（向人大提出的除外），而是发出"指示"或"决定"，因此动词"提出"须译为"put forward""state"等。同理，一些标题为"关于……的意见"的文件，我们不能把"意见"译为"opinions"（意见、主张），而应译为指示（instruction, directive）或决定（decision）。"rich"（富裕、发财）带有贬义，要慎用，可用 wealthy。"grassroots"（草根、基层）常常含有没有文化的意思，但"people at the grassroots level"（基层群众）却没有任何贬义。特别要说一说"comrade"（同志）这个词。"同志"本来是指革命队伍中具有共同理想并为之奋斗的人们之间的称呼。由于我们很长一段时间惯于使用军事用语，人们之间都以"同志"相称，这在中国是非常自然的，没有人会去琢磨其含义，实际上"同志"这个崇高的称呼，除在特殊场合，已经失去其原来的含义。但在西方世界，"同志"指同一军事团体或同党同伙的战友。所以，在翻译中，很多地方如果不是为了突出"战友"关系，我们可将"同志"省略，或改用"先生"。这样更符合英语读者的阅读习惯。

最后，讲一讲注释的英译问题。编写注释是一项政策性很强，文字功力要求非常高的艰巨任务。

再以《治国理政》为例，在中文注释定稿阶段，我们英译定稿人就参与其中了。我们从翻译角度对体例、用词等提出一些建议，使之更易为英语读者接受，更加符合他们的阅读习惯。需要特别注意的有以下几点：

（1）引文出处的英译只取书名，省略篇章名。例如："见《周易·坤·文言》"，在英译中，出处只保留书名《周易》，没有篇章名。一般的外国读者能了解到引文出于某本书，已经足够了。如果译出篇章名，大多情况下，用的是一串汉语拼音，对他们没有什么意义。

（2）对古人的祖籍、迁徙等信息一概省略。例如："李绅（772—846），祖籍亳州谯县（今安徽亳州市），后迁无锡（今属江苏）。唐代诗人。"英译文为："Li Shen (772-846) was a poet of the Tang Dynasty."这里只保留了李绅的生卒年份，他的身份及其所处朝代。这些是了解人物的基本要素，对于外国读者，其他信息就不重要了。在西方，除了皇室贵胄外，一般人不知道也不注重自己的祖籍，更谈不上"后迁"何地。中文关于人物籍贯、迁徙信息等，即使翻译出来，也都是地名的汉语拼音，这只会影响阅读兴趣。

（3）对英语世界家喻户晓的西方人物，译文中都采取简化翻译。例如："《荷马史诗》，指《伊利亚特》和《奥德赛》两部古希腊史诗，相传由荷马所作。"英译简化为：The *Iliad* and the *Odyssey*. "《神曲》，意大利诗人但丁所作的叙事长诗。"英译为：Written by Dante Alighieri (c. 1265-1321). "《十日谈》，意大利作家薄伽丘所作的短篇小说集。"英译为：Written by Giovanni Boccaccio (1313-1375).

"《巨人传》，法国作家拉伯雷所作的长篇小说。"英译为：Written by Francois Rabelais（c. 1483–1553）.

（4）个别情况下，为了便于读者更好地理解原文，可视需要加上译注。例如：习总书记在气候变化巴黎大会开幕式上有一个讲话（"携手构建合作共赢、公平合理的气候变化治理机制"），讲话一开始，习总书记对法国人民最近遭受恐怖袭击表示同情，原文是"借此机会，我愿向法国人民致以诚挚的慰问……"但上下文没有提供当时人人皆知的背景，为了让读者了解这句话的背景，我们在文后加了一个注"On November 15, 2015 Paris suffered a terrorist attack at the Bataclan Night Club that killed 130 people. —Tr."（"2015年11月15日，巴黎巴塔克莱恩夜总会遭到恐怖袭击，130人遇难。"——译注）。另外，在一些重要会议、历史事件、五年规划等后面，我们一般会加上年代，便于读者了解背景。

参加领导人著作的翻译工作，既是一项光荣的任务，也是艰巨的劳动。翻译团队的每一个成员都必须认真学习原文，吃透精神，"以其昏昏，使人昭昭"是完全不行的。一定要抱着"如履薄冰"的态度对待每一句话、每一个字，不能出现任何差错。同时，还要关注语言的发展，做到与时俱进。

从领导人著作的翻译定稿谈时政类汉译英

徐明强

《习近平谈治国理政》第一卷英译本于 2014 年翻译出版，去年年底前又出版了第二卷。为英译好这两部重要书稿，组织了国内最强的翻译队伍和定稿班子，主要由来自不同单位的中外专家组成。

本人荣幸地参加了《习近平谈治国理政》第一卷、第二卷与第三卷的定稿工作。定稿是一项认真严肃、责任重大的工作，也是一次很好的学习过程。学习精准优美的译文，学习外国专家精湛地道的改稿，学习定稿同行的令人"拍案叫绝"的建议。事后翻阅，感触颇深。但本文只想通过这两部书稿（以及摘自朱镕基《讲话实录》英文版的个别例句）的翻译定稿，介绍领导人著作和时政类文章的一些翻译体会和实例解析（文学和文化类翻译不在此列），与同行探讨、与读者分享。

重大稿件在开始进行翻译之前，必须认真设定翻译原则，这是翻译作品能否成功的保证。以《习近平谈治国理政》一书为例，我们的翻译原则是：

- 忠实于原文
- 译文简明、精炼、易懂
- 体现原著的风格特色
- 译好典故成语
- 处理好"中国特色"的词句
- 增加必要的注释
- 做好索引

一　忠实于原文

1. 领导人作品、党政文件以及时政类的书稿的重要性是第一位的，因此必须保证翻译的准确性，也就是我们所说的"忠实于原文"。要做到这一点，首先要认真学习原文，深刻领会字面和背后的意思。绝对不能想当然、望文生义，不然就会造成误译、曲解或错译。

2. 当然，忠实原文，翻译不走样，绝不是逐字逐句、对号入座式的翻译。必须在保证忠实于原文的基础上，尽量考虑到受众的接受程度，有所"变化"，同时译文还必须符合目标语言的特点和语境。

二　简明易懂

从一种文字转换成另一种文字，最起码的要求必须使译文符合目标语言的修辞标准，以及写作、阅读习惯。从英文来讲，最好的译文是用简单的文字，而不是充斥大词、外来语、冷僻词。（实际上，越是简单越难翻译。）因此，在汉译英的工作中，首先要体现"简单"的理念。这里，引用约瑟夫·达夫林（Joseph Davlin）在《如何正确地讲与写》（*How to Speak and Write Correctly*）一书中的几段话：

- For all purposes of ordinary conversation and communication, only about 2,000 different words are required.
- The greatest scholar alive hasn't more than four thousand different words at his command, and he never has occasion to use half the number.
- To use a big word or a foreign word when a small one and a familiar one will answer the same purpose is a sign of ignorance.
- Great scholars and writers and polite speakers use simple words.

第二编　时政翻译

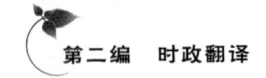

　　现在，时政类汉译英的读者已不再限于学者，而已经扩大到政治人物、媒体人士，以及大众。他们不喜欢用大词，喜欢简单的小词，不喜欢外来词、冷僻词，也不一定熟悉中国文化。因此，我们的对外书刊应尽量用简单、易懂的词，尽量用读者所熟悉的词。这样，读者就能读得懂，还拉近了我们与读者的距离。也就是说，要少用不常见的词，少用自创的词，少用中国文化背景太深的词，少用形容词副词，减少不必要的重复。同时还要时刻注意两种语言之间诸多的不同（如：文字、历史、宗教、阅读习惯以及价值观等），真正做到"异中求同"和"和而不同"。

　　2013 年 8 月，在全国宣传思想工作会议上，习近平总书记提出了"讲好中国故事"的明确要求。中国故事能不能讲好，中国声音能不能传播好，关键要看受众是否愿意听、听得懂，能否形成良性互动，产生更多共鸣。

　　因此，译文应尽最大可能使用最简单朴实的语言，因为我们的最终目的是要让人愿意看，看得懂。

三　口语化

　　这两部书中，大部分文章都是在不同场合下的演讲，口语化程度很高，再加上作者讲话用词非常朴实，因此我们的译文也必须体现出口语化的特点，让读者有现场聆听的感觉。具体的做法是：尽量采用小词、短句、短段落，让人读起来能有"朗朗上口"的感觉。

四　简化书名与标题

　　1. 书名

　　在英语国家的出版社眼里，书名的重要性不亚于书籍内容。专门的研究表明，书店里读者的目光在一本书上停留的时间一般不超过 3 秒钟，因此必须在 3 秒钟之内抓住读者的眼球。于是，作者和出版社都会在书名上费尽功夫，主要突出几点：简短、明了、重点突出和吸引人。

《习近平谈治国理政》的中文书名非常好，符合简短、明了、重点突出的要求。但到英译时就有难度了。首先一个"谈"字，不好译。一般来说"谈"可以译为：Talk about, Discuss 或 On。但 Talk about 有点太随意，Discuss 有一个与他人讨论的意思，而 On 是"论"，比较学术性，因此都不合适。最后，我们舍去了"谈"字，采用英语国家出版社惯用的办法，即将作者名突出，放在上面，下面才是书名，避开了"谈"字，效果更好。第二个难题是"治国理政"。按中文直译，应该是"The Governance and Administration"。由于这是有关中国的"治国理政"，所以对外还要加上"China"。这样一来，书名就太长了。再说 Governance 和 Administration 有重复之处，Governance 本身就内含了 Administration。于是，最后的定稿是：

XI JINPING

The Governance of China

这个书名简洁明了，铿锵有力，同时非常符合英语国家的书名习惯。出版后得到了国外出版界和读者的赞誉。

所以说，对于书名、标题等，在翻译的时候一定要反复斟酌，要找到既忠实原文、又符合英语国家习惯的译文。

还有一个例子是作者的另一本书《摆脱贫困》。这本书的书名一般可以翻译成"Lift Out of Poverty"；"Overcome Poverty"；"Shake Off Poverty"；"Get Rid of Poverty"；"Poverty Alleviation"；或"Poverty Reduction"等。但作为书名这些词有点平淡。而"Out of Poverty"很简短，很有力，不过还是觉得欠缺了点什么。于是，前面加了一个 Up，书名成了"Up and Out of Poverty"。这里，Up 非常提气，增加了几层意思：有 Uproot 的意思，还有向上、前进的意思，还有"彻底""完全"的含义。

2. 标题

以《习近平谈治国理政》第一卷为例，共有 18 个篇章，79 篇文章。每个篇章都有一个标题。按照英文出版物的习惯，篇章名要求尽可能的简短，篇名也要求简短，但相比之下会长一些。

（1）篇章名

中文篇章名一般会采用动宾结构，外加副词形容词，往往就相当长。由于英文篇章名要求简短，所以在用词方面，尽量用名词、动词，少用副词和形容词。能简则简，突出重点，效果明显。习惯的用法是多用分词或动名词，有人认为用动词开头，有"祈使"和"命令"的含义，但用动词加强了语气，也是近年来美国报刊用语的变化趋势。

在下面这些例子中，最大的变化当然是"简化"。由于两种文字的不同，在翻译的时候，可以按照英文的习惯进行简化，但又不能影响原义。如："紧紧围绕坚持和发展中国特色社会主义"中，"紧紧围绕""坚持和发展"都省去了未译，不是不重要，而是为了简洁。省去了这些词后，重点就突出来了，效果更好。"实现中华民族伟大复兴的中国梦"，只译了"中国梦"，因为中国梦的核心就是实现中华民族伟大复兴，而且在后面的文章中也有详细的介绍。"建设法治中国"中，"法治"是关键，没有译"中国"，因本书就是介绍中国，可以精简。"周边外交工作"中"Diplomacy"本身就包含了"工作"的意思。

例句：

原文：紧紧围绕坚持和发展<u>中国特色社会主义</u>

译文：Socialism with Chinese Characteristics

原文：实现中华民族伟大复兴的<u>中国梦</u>

译文：The Chinese Dream

原文：<u>全面深化改革</u>

译文：Further Reform in All Respects

原文：促进<u>经济</u>持续健康<u>发展</u>

译文：Economic Development

原文：建设法治中国
译文：Rule of Law

原文：推进社会事业和社会管理改革发展
译文：Social Undertakings

原文：走和平发展道路
译文：Peaceful Development

原文：推动构建新型大国关系
译文：New Model of Major-country Relations

原文：做好周边外交工作
译文：Neighborhood Diplomacy

原文：加强与发展中国家团结合作
译文：Cooperation with Developing Countries

（2）文章名

文章名也是同样，要求简明、有力、重点突出，但与篇章名相比，可以长一点。中文文章名往往很长，作者（编者）总想把所有的内容都包括进去。有时候，正标题不够，还附加上副标题，让读者读起来"累"得不行。尤其在网络时代，文章名必须简短、明了，最好不能超过一行。所以在英译的时候一定要有所"改变"。改变的宗旨是突出中心词语，简略不必要的修饰语，以达到既简明又忠实的目的。下面，摘录了部分文章的题目，并分类表明处理办法。

例子中，翻译采用了不同的方法。如："海内外中华儿女"一般会翻译成"Chinese sons and daughters in China and overseas"，太长、太具体，这里译成了"all Chinese"，这一新译法很有独到之处。"进行时和完成时"最先的译法采用了英语语法用语"progressive tense, perfect tense"，后来考虑到英语母语的人根本不学语法，很可能看不懂这些语法词汇，于是就翻译为"Ongoing and Will Never End"。"没有水分"没有直译，而采用了经济方面的词"Not Inflated"，非常贴切。"努力走向社会主义生态文明新时代"，这里"走向"没有翻译成"toward"，而用了"usher in"（引入新时代），有一种主动的形态。

例句：

a. **简化**

原文：在实现中国梦的生动实践中放飞青春梦想

译文：Realize Youthful Dreams

原文：实现中华民族伟大复兴是海内外中华儿女共同的梦

译文：The Rejuvenation of the Chinese Nation Is a Dream Shared by All Chinese

原文：加快从要素驱动、投资规模驱动发展为主向以创新驱动发展为主的转变。

译文：Transition to Innovation-driven Growth

原文：发扬钉钉子的精神，一张好的蓝图一干到底

译文：Follow a Good Blueprint

原文：努力走向社会主义生态文明新时代

译文：Usher in a New Era of Ecological Progress

原文："看不见的手"和"看得见的手"都要用好

译文：The "Invisible Hand" and the "Visible Hand"

b. 意译

原文：改革开放只有进行时没有完成时

译文：Reform and Opening up Is Always Ongoing and Will Never End

原文：经济增长必须是实实在在和没有水分的增长

译文：Economic Growth Must Be Genuine and Not Inflated

c. 用名词

原文：共同创造亚洲和世界的美好未来

译文：A Better Future for Asia and the World

原文：走和平发展道路是中国人民对实现自身发展目标的自信和自觉

译文：China's Commitment to Peaceful Development

原文：群众路线是党的生命线和根本工作路线

译文：The Mass Line: Fundamental to the CPC

d. 用动词

原文：携手合作，共同发展

译文：Work Hand in Hand for Common Development

原文：走出一条和衷共济、合作共赢的新路子

译文：Work Together for Mutually Beneficial Cooperation

原文：积极推动我国能源生产和消费革命

译文：Revolutionize Energy Production and Consumption

原文：努力把我国建设成为网络强国

译文：Build China into a Cyberpower

原文：依靠学习走向未来

译文：Study for a Brighter Future

五　体现原著的风格特色

每个作者都有自己的写作风格和特色。作为译者，一定要在译文中体现出作者的风格特色。

在译界，常有"归化"（domestication）还是"异化"（foreignization）之争。我认为，不能笼统地谈"归化"还是"异化"。在具体翻译中，有的需要"归化"，有的需要"异化"。在语言文字方面，我们要更多地体现"归化"，这样读者容易看得懂；在保持原著的文化和风格方面，我们要更多地体现"异化"，尽量保留原著的特色和用语，或者说尽量保留一些中国语言和文化的"元素"，同时又符合英语的用词、构句和表达习惯。说翻译是再创作，但翻译毕竟还是翻译，不可能脱离原著。在翻译领导人著作时尤其要处理好这两方面的关系。

在翻译《习近平谈治国理政》一书时，我们充分地考虑到了如何体现作者的风格特色。当然要完全将作者的风格翻译出来也是十分不容易的，有的也只能翻译个大概。见以下例子：

1. 口语化、聊天式的讲话

本书收集的大部分是讲话，那么译文首先必须口语化，也就是说要尽量使用小词、短句以及短段落。

原文：经常上网看看，潜潜水、聊聊天、发发声，了解群众所思所愿，收集好想法好建议，积极回应网民关切、解疑释惑。

译文：They should go online regularly, observing, chatting, and posting their comments. They need to know what the people think and want, gather good ideas and suggestions, and actively respond to their concerns, answer their queries and remove their doubts.

原文：让职工群众真正感受到工会是"职工之家"，工会干部是最可信赖的"娘家人"。

译文：Develop good and effective working methods to make workers feel that the trade unions are their "homes" and trade union officials are their "family members" whom they can turn to for help.

原文：有的下基层调研走马观花，下去就是为了出镜头、露露脸，坐在车上转，隔着玻璃看，只看"门面"和"窗口"，不看"后院"和"角落"，群众说是"调查研究隔层纸，政策执行隔座山"。

译文：For some officials, a "grassroots survey" is no more than a comfortable ride in a car, a hurried glance through the window, an affable wave to the cameras, and a casual glance at events outside, rather than a proper investigation into shadows, nooks and crannies.

原文：有的拈轻怕重，安于现状，不愿吃苦出力，满足于现有学识和见解，陶醉于已经取得的成绩，不立新目标，缺乏新动力，"清茶报纸二郎腿，闲聊旁观混光阴"。

译文：Some take on easy tasks and shirk hard work because they have no taste for hardship and effort. They lack motivation and new goals because they are happy with the status quo, satisfied with their limited knowledge and understanding, and content with their past achievements. They idle through the day flipping through newspapers, drinking tea and chatting, their gaze wandering abstractedly because they have no purpose.

2. 讲故事

作者非常善于讲故事、举事例。使听众容易听得懂、易理解。尤其在国外的演讲中常常插入一些故事。

原文：上世纪60年代末，我才十几岁，就从北京到中国陕西省延安市一个叫梁家河的小村庄插队当农民，在那儿度过了7年时光。那时候，我和乡亲们都住在土窑里、睡在土炕上，乡亲们生活十分贫困，经常是几个月吃不到一块肉。我了解乡亲们最需要什么！后来，

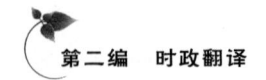

我当了这个村子的党支部书记，带领乡亲们发展生产。我了解老百姓需要什么。我很期盼的一件事，就是让乡亲们饱餐一顿肉，并且经常吃上肉。但是，这个心愿在当时是很难实现的。

译文：In the late 1960s, when I was in my teens, I was sent to a small village named Liangjiahe in Yan'an, Shaanxi Province, in western China. There I worked in the fields as a farmer for seven years. Like the locals, I lived in caves dug out from loess hills and slept on an earthen bed. The locals were very poor, and they could go for months without a bite of meat. I grew to understand what they needed most. Later when I became secretary of the village's Party branch, I set out to develop the local economy, because I knew what they needed. I very much wanted to see them have meat on their dinner tables, and I wanted to see that often. But that was a hard goal to attain.

原文：在湖南汝城县沙洲村，3名女红军借宿徐解秀老人家中，临走时，把自己仅有的一床被子剪下一半给老人留下了。老人说，什么是共产党？共产党就是自己有一条被子，也要剪下半条给老百姓的人。

译文：When passing through Shazhou Village in Rucheng County, Hunan Province, three female Red Army soldiers sought shelter in the home of an elderly villager named Xu Jiexiu. Upon their departure, they cut their only quilt in two, leaving half with Xu Jiexiu. The elderly Xu said, "Who are the Communist Party members? The people who have only one quilt, but give half to the people. They are the Communist Party members."

3. 概括性的话语

原文：忘记了人民，脱离了人民，我们就会成为无源之水、无本之木，就会一事无成。

译文：If we forget the people and become distanced from them, we will lose their support, like a river with no headwater or a tree with no roots, and achieve nothing.

原文：综合各方面反映，当前"为官不为"主要有 3 种情况：一是能力不足而"不能为"，二是动力不足而"不想为"，三是担当不足而"不敢为"。

译文：According to reports from various sources, official nonfeasance is caused by: first, incapability; second, lack of motivation; and third, lack of courage and a sense of responsibility.

4. 排比

原文：尊老爱幼、妻贤夫安、母慈子孝、兄友弟恭，耕读传家、勤俭持家，知书达礼、遵纪守法，家和万事兴等中华民族传统家庭美德。

译文：Traditional Chinese family virtues include: One should respect the elderly and love the young; a virtuous woman brings her husband good; a kind mother brings up children dutiful to the family; the younger brother should respect the elder brother and the elder brother should be gentle with the younger brother; passing good traditions of reading and farming from generation to generation; one should run the family diligently and thriftily; one should be learned and practice etiquette; one should observe discipline and the law; a peaceful family will prosper.

原文：光荣传统不能丢，丢了就丢了魂；红色基因不能变，变了就变了质。

译文：We must never cast aside this tradition, which gives us our soul; neither should we change our nature as a true Communist Party.

5. 形象化的比喻

原文：经济发展面临速度换挡节点，如同一个人，10 岁至 18 岁期间个子猛长，18 岁之后长个子的速度就慢下来了。

译文：Economic growth stands at a point of gear shift, a point similar to a person's growth-rapid between 10 and 18, and slower afterwards.

原文：形象地说，理想信念就是共产党人精神上的"钙"，没有理想信念，理想信念不坚定，精神上就会"缺钙"，就会得"软骨病"。

译文：Put figuratively, the ideals and convictions of Communists are the marrow of their faith. Without, or with weak, ideals or convictions, they would be deprived of their marrow and suffer from "lack of backbone".

6. 古今中外典故

原文："石可破也，而不可夺坚；丹可磨也，而不可夺赤。"

译文："A rock can be smashed, but its pieces will still be hard; cinnabar can be ground, but its powder will still be red."

7. 俗语、歇后语、网络用语

原文：这就是中国人常说的："萝卜青菜，各有所爱。"

译文：As a Chinese saying goes, "Radish or cabbage, each to his own delight."

六 减少重复

词语的重复是中文写作的一大修辞特点，通过重复、排比的手法，可以加强语气，收到条理分明、节奏和谐、层次清楚、形象生动等效果。而在英文中却有所不同。一般情况下，要避免用词重复。如果在一个句子中，多次重复使用一个词，就会给人一种"累赘""乏味"的感觉，会被人认为不是好的英文。于是就要采用代词或使用同义词来解决重复的问题。（当然，英语中也有排比的做法，但一般来说采用同义词排比的为多，而不是简单地重复同一个词）

我们在翻译过程中，要很好地处理好中英文对词汇重复和排比的不同做法。做好了就能给译文增色。

如：书中多次出现"中国特色的社会主义"和"中华民族伟大复兴的中国梦"，有的甚至一段话或一句话中就出现好几处。我们在第一次出现时全文译出，如"socialism with Chinese characteristics"，而紧接后面的或同一段同一句里的就简单地译成了"Chinese socialism"或"socialism"；"Chinese dream for the great rejuvenation of the

Chinese nation"后续就译成了"Chinese dream"。

原文：我们要全面建成小康社会、加快推进社会主义现代化、实现中华民族伟大复兴，必须始终高举<u>中国特色社会主义</u>伟大旗帜，坚定不移坚持和发展<u>中国特色社会主义</u>。

译文：We must always uphold <u>socialism with Chinese characteristics</u> and firmly adhere to and develop <u>Chinese socialism</u> in order to bring about a moderately prosperous society in all respects, accelerate socialist modernization and achieve the great renewal of the Chinese nation.

原文：<u>中国特色社会主义道路</u>，是实现我国社会主义现代化的必由之路，是创造人民美好生活的必由之路。<u>中国特色社会主义道路</u>，既坚持以经济建设为中心，又全面推进经济建设、政治建设、文化建设、社会建设、生态文明建设以及其他各方面建设。

译文：The path of <u>Chinese socialism</u> is the only way to achieve China's socialist modernization and create a better life. <u>This path</u> takes economic development as the central task, and brings along economic, political, cultural, social, ecological and other forms of progress.

原文：<u>中国特色社会主义</u>事业不断发展，<u>中国特色社会主义</u>制度也需要不断完善。只有这样，才能真正做到既不妄自菲薄、也不妄自尊大，扎扎实实夺取<u>中国特色社会主义</u>新胜利。

译文：The <u>Chinese socialist system</u> needs to improve to keep in step with the development of the <u>socialist cause with Chinese characteristics</u>. This will keep us from being either self-abased or over-confident, and enable us to achieve new victories for <u>China's socialism</u>.

原文：根据党的十八大精神，我们明确提出要实现<u>中华民族伟大复兴的中国梦</u>。现在，大家都在谈论<u>中国梦</u>，都在思考<u>中国梦</u>与自己的关系、自己为实现<u>中国梦</u>应尽的责任。

译文：We made clear our desire to realize the Chinese Dream of the rejuvenation of the Chinese nation in accordance with the guiding principles of the Congress. At present, all are discussing the Chinese Dream and thinking about how it relates to them and what they need to do to realize it.

七　简化

有时候，中文修辞的需要会使得译文读起来有些复杂。适当地进行简化处理是翻译时应采取的一种做法。

原文：有的时候要抓大放小、以大兼小，有的时候又要以小带大、小中见大，形象地说，就是要十个指头弹钢琴。

译文：I alternate my attention between major and minor issues, and, to put it figuratively, it is like playing the piano with all ten fingers.

解析："抓大放小、以大兼小，有的时候又要以小带大、小中见大"很形象，但要是全部译出来就太累赘了。英文翻译相比之下就简明得多了。

原文：牢固确立法律红线不能触碰、法律底线不能逾越的观念。

译文：Make sure that they do not do anything that violates the law.

解析："法律红线不能触碰、法律底线不能逾越"，两句话实际上是一个意思，英译就合并了。

原文：我们要坚持"两点论"，一分为二看问题，既要看到国际国内形势中有利的一面，也看到不利的一面，从坏处着想，做最充分的准备，争取较好的结果。

译文：Every coin has two sides. We must see both the advantages and disadvantages in the international and domestic situations, make full preparations for adversity, and strive to get the best possible results.

解析："两点论"，一分为二，是一个意思，翻译时没有必要重复。另外，如果按字面翻译，外国读者可能看不懂这些哲学词汇。现在的译文比较通俗。第二句里，"争取"就包含了"准备"。

原文：又是着眼于顺应和应对新形势下世情、国情、党情的新变化提出来的。

译文：They respond to changes in the world, in our country and within our Party.

解析：这个地方"顺应和应对"是一个意思，三个"情"就省略了。

原文：在市场作用和政府作用的问题上，要讲辩证法、两点论，"看不见的手"和"看得见的手"都要用好，努力形成市场作用和政府作用有机统一、相互补充、相互协调、相互促进的格局，推动经济社会持续健康发展。

译文：We should make good use of the roles of both the market and the government, the "invisible" hand and the "visible" hand. The market and the government should complement and coordinate with each other to promote sustained and sound social and economic development.

解析：这里"辩证法、两点论"省译了，主要是与下面的"有机统一、相互补充、相互协调、相互促进"是一个意思。

原文：中国发展绝不以牺牲别国利益为代价，我们绝不做损人利己、以邻为壑的事情。

译文：China will never seek development at the expense of any other country's interests, nor will it shift its problems onto others.

解析："损人利己、以邻为壑"译成"shift its problems onto others"，很好地把意思体现出来了，也简洁得多了。

原文：相互了解、相互理解是促进国家关系发展的基础性工程。了解越多，理解越深，交流合作的基础就越牢固、越广泛。

译文：Mutual understanding is the foundation of state-to-state relations. Deeper mutual understanding will cement and broaden the foundation of our exchanges and cooperation.

解析：这里"了解"和"理解"是一个意思。从英文修辞来说，"Mutual understanding"和"Deeper mutual understanding"也是一种很好的排比。

原文：中华民族是一个兼容并蓄、海纳百川的民族。
译文：The Chinese nation is open-minded.
解析："兼容并蓄、海纳百川"在中文里很有味，但如果要全文翻译出来会很长，也不一定好理解，所以就简单地译成了 open-minded。

八　减少使用形容词、副词

中文的构词往往是通过形容词与名词、副词与动词的组合，以加强词语的强度、深度以及状态。而英文则是通过使用不同的动词、名词来表示不同的状态，很少依赖形容词和副词。当然，现代英语也有增多使用形容词与副词的趋势，但不是主流。过度地使用形容词与副词会给人一种"重复""累赘"的感觉，有的时候还会产生"适得其反"的作用。

我们在翻译的过程中，往往会因为要"忠实"原文，按照中文的做法，使用了许多形容词和副词，而这些形容词与副词有的是完全可以省略的，同时用好不同程度的名词与动词。要做到这点是非常不容易的，往往会害怕别人指责为"不忠实""偷工减料"或甚至"篡改"原意。举个例子，"认真学习""重要讲话"，既然是规定的学习，肯定要"认真"；既然是领导人通过媒体的讲话，肯定是"重要"的。所以，翻译成英文，这两个副词就没有必要了。在实际翻译中，有的译者明明知道省略了某些形容词和副词，译文的可读性会好得多，但却不敢这样做。

在翻译和定稿过程中,我们经常为了某些形容词和副词与外国专家有不同的意见。有一天,一位外国专家拿了一段他杜撰的、充满不必要的形容词和副词的文字给我们看,令大家笑得前仰后合,但也因此说服了我们。下面就是这段文字:

This morning I <u>strenuously</u> got out of bed, <u>speedily but carefully</u> brushed my <u>well-developed and beautifully lined-up white</u> teeth, <u>relentlessly</u> washed my face, <u>earnestly advanced</u> the putting on of my clothes, and <u>unswervingly adhered to promoting the development of my breakfast-eating practice in an all-round way</u>.

(This morning I got out of bed, brushed my teeth, washed my face, put on my clothes and ate my breakfast.)

我们定稿小组在最后一遍通读时(用幻灯打在屏幕上),总感到英文不怎么顺畅。后来决定把有些不必要的形容词和副词拿掉,结果大家一致感到这才像英文了。

九 典故、成语和古诗词的翻译

《习近平谈治国理政》书中引用了大量的典故、成语和古诗词,并且引用得十分恰当,这也是与其他政治类文章不同的地方,是一大特点。它们在中文中衔接得"无缝无隙",那么如何翻译成英文,既要起到同样的效果,又要做到衔接"seamless"?

翻译成语、典故和古诗词,对译者而言是一个很大的挑战。因为需要查证很多资料。我们在翻译之前,先建立了一个小小"图书馆",配备了各种各样的百科全书、辞海、词源,以及有关古代哲人的经典翻译图书和资料。然而,在翻译过程中,有些现成的译法与本书的语境不合拍,有些著作翻译用的是古英文。在作者讲话译文中突然引用一段古英文进去,会比较奇怪。于是在翻译时只能作出调整,也就是翻译更"白话"了。翻译中,我们采用了不同的方法应对不

第二编　时政翻译

同的引文，下面是一些典故、成语和古诗词的译文处理方法：

1. 成语

英文成语有的与中文成语是相通的。我们都知道"一箭双雕"（One stone kills two birds）和"爱屋及乌"（Love me, love my dog）等。有的表达方式不一样，但意思是一致的。要是能恰到好处地运用好英文的成语，不但能表达好我们的意思，而且还能给读者一种亲切感。中外领导人在讲话时常常不忘加上一两句对方国家的成语，往往会因此博得一片掌声。然而，成语的翻译又必须十分小心，因为往往成语背后有对应的故事，有的会有歧义，有的可能会有相反的意思。

成语、谚语背后的故事，会涉及人物、地名、事件等，所以我们在翻译成语的时候，千万不要在解释某一个外国读者不容易理解的词义的时候又引入另一个不容易理解的词义。如，"三个臭皮匠，顶个诸葛亮"如果直译成"Three cobblers with their wits combined equal Zhuge Liang, the master mind"的话，引入了"诸葛亮"这个外国读者不知道的人物，还需要再作解释。还有一个例子："责任重于泰山，事业任重道远。"（Our responsibility is weightier than mountains）翻译时并没有把"泰山"翻译出来，原因是我们不能又引入一个外国人不知道的新地名，还要再作解释。

许多中国成语并不能找到相对应的英语成语，或者中国成语的内容很值得翻译出来，那么作为译者，我们就要设法"讲好"成语的故事，同时还要把成语的哲理性翻译出来，用俗话来说，成语要翻译得像成语。

原文：穷得像叫花子一样
译文：as poor as a church mouse

原文：睡得像死猪一样
译文：sleep as dead as a log

原文：活得像皇帝一样

译文：live like a prince

原文：事在人为
译文：Where there is a will there is a way.

原文：少壮不努力，老大徒伤悲。
译文：A young idler, an old beggar.

原文：物必先腐，而后虫生。
译文：Worms can only grow in something rotten.

原文：江山易改，本性难移。
译文：It's easier to change the course of a river than to change a person's nature.
解析：直译的话就是："It's easy to change rivers and mountains but hard to change a person's nature"，改变江山并不容易，而改变"河流"的走向要容易得多。

原文：三个臭皮匠，顶个诸葛亮。
译文：Two heads are better than one.

原文：桃李不言，下自成蹊。
译文：Peaches and plums do not speak, but they are so attractive that a path is formed below the trees.
解析：这个成语的译文，外国人不一定能看懂，为什么桃李不说话，树下倒形成了一条路？还不如直接用对应的英语成语"A man of true worth attracts admiration"为好。

原文：朝中有人好做官
译文：To have a friend at court helps an official.

解析：这个成语直译出来，外国读者也能看懂。

2. 典故

（1）直译

直译是一种办法，属于"异化"的范畴，可以保留中文原义。翻译得好，能体现中文的美。但首先要考虑的是，译文必须能看得懂。

原文：得民心者得天下，失民心者失天下。

译文：As an old Chinese saying goes, "Those who win the people's hearts win the country, and those who lose the people's hearts lose the country."

解析：译文与中文完全一致，而且也能得到同样的效果。

原文：空谈误国，实干兴邦。

译文：Empty talk harms the country, while hard work makes it flourish.

解析：这一引语在书中出现多次，最好全书能保持同一译文，当然有时受语境的影响，也可以略微变化。

原文："不谋全局者，不足谋一域。"

译文："One who fails to plan for the whole situation is incapable of planning for a partial area."

原文：荀子说："骐骥一跃，不能十步；驽马十驾，功在不舍。锲而舍之，朽木不折；锲而不舍，金石可镂。"

译文：Xun Zi asserted, "If a gallant steed leaps only once, it can cover a distance of no more than ten steps; if an inferior horse travels for ten days, it can go a long way because of perseverance. If a sculptor stops chipping halfway, he cannot even cut dead wood, but if he keeps chipping, he can engrave metal and stone."

原文:"欲知平直,则必准绳;欲知方圆,则必规矩。"

译文:As our ancestors said,"Nothing can be accomplished without regulations and rules."

原文:"治天下也,必先公,公则天下平矣。"

译文:"To govern the country, the priority is to realize equality, and then stability will follow."

(2) 加解释

在译文中增加一些解释,让外国读者更容易理解其含义。这一手法主要用在由于文化差异使得译文不好懂的情况下,略加解释以帮助读者理解。然而,解释本身也是一种文化的传递。

原文:真正做到"千磨万击还坚劲,任尔东西南北风"。

译文:We must be as tenacious as bamboo, as described by Zheng Xie:"In the face of all blows, not bending low, it still stands fast. Whether from east, west, south or north the wind doth blast."

解析:除了直译这句诗句外,增加了"as tenacious as bamboo",这样读者才好理解下面的诗句的含义。同时还把诗人名也译了出来。

原文:盲人骑瞎马,夜半临深池。

译文:The blind man on a blind horse who is in danger of falling into a deep pool at night-an imprudent and inadvisable course of action, however courageous.

解析:直译后面加上解释,不但帮助读者理解,还使得此诗句在文中的应用非常形象化。

原文:国有四维,礼义廉耻,"四维不张,国乃灭亡"。这是中国先人对当时核心价值观的认识。

译文:In ancient China our ancestors developed core values highlighted by "propriety, righteousness, honesty and a sense of shame-the four anchors of our moral foundation, and a question of life and death for the country." This was our ancestors' understanding of their core values.

解析：这已经不是简单的翻译，而是对中国古代价值观的介绍，有引申的作用。

原文：战国赵括"<u>纸上谈兵</u>"、两晋学士"<u>虚谈废务</u>"的历史教训大家都要引为鉴戒。

译文：We all should bear in mind the historical lessons of Zhao Kuo of the Warring States Period (475-221 BC) who <u>fought all his battles on paper</u>, or the scholars of the Western and Eastern Jin dynasties (265-420) who became <u>ineffective due to spending too much time in useless debates</u>.

解析：这里讲的是两个典故"纸上谈兵"和"虚谈废务"，但又涉及了处在两个朝代"战国"和"两晋"的两个（批）人物"赵括"和"学士"。信息量非常之大，在译文中也都要包括进去，同时还加入了对应的年代。

原文：春秋时期宋国大夫正考父是几朝元老，但他对自己要求很严，他在家庙的鼎上铸下铭训："<u>一命而偻，再命而伛，三命而俯。循墙而走，亦莫余敢侮。于是，鬻于是，以糊余口。</u>"意思是说，每逢有任命提拔时都越来越谨慎，一次提拔要低着头，再次提拔要曲背，三次提拔要弯腰，连走路都靠墙走。生活中只要有这只鼎煮粥糊口就可以了。

译文：During the Spring and Autumn Period, there was a senior official named Zheng Kaofu, who served several dukes of the State of Song. He had a reputation for being highly self-disciplined. He had a motto engraved on a *ding* in his family ancestral temple, which read, "<u>Head down when I was promoted the first time, back hunched when promoted the second time, and waist bent when promoted the third time. No one insults me if I keep close to the wall when walking along the street. What I need only is this vessel to cook porridge in.</u>"

解析：中文中对鼎铭已用白话文进行了解释，在英文里就没有重复翻译的必要了。

原文：中国《孙子兵法》是一部著名兵书，但其第一句话就讲："兵者，国之大事，死生之地，存亡之道，不可不察也"，其要义是慎战、不战。

译文：The *Art of War*, a Chinese classic, begins with this observation, "The art of war is of vital importance to the state. It is a matter of life and death, a road to either survival or ruin. Hence it demands careful study." What this means is that every effort should be made to prevent a war and great caution must be exercised when it comes to fighting a war.

原文：被康熙誉为"天下清官第一"的张伯行曾经说过："一丝一粒，我之名节；一厘一毫，民之脂膏。宽一分，民受赐不止一分；取一文，我为人不值一文。"

译文：Zhang Boxing, hailed as the "No.1 clean official under the Heaven" by Qing Emperor Kangxi, said: "［Taking］a thread of silk and a grain of rice［from the people］damages my reputation; every coin comes from their hard labor. A bit of leniency on my side will benefit the people more than one could think; if I take a coin from the people, I am not worth one myself."

解析：有时候翻译要加词才能上下连起来，把加的词放在方括号里。

（3）加注释

采取加注释的方法，既能够把原文意思和相关故事翻译出来，又能避免译文过长导致的行文不美观。

原文：以韦编三绝、悬梁刺股的毅力，以凿壁借光、囊萤映雪的劲头，努力扩大知识半径，既读有字之书，也读无字之书，砥砺道德品质，掌握真才实学，练就过硬本领。

第二编　时政翻译

译文：You should keep the perseverance and diligence in reading as related in stories of Confucius [4], Sun Jing and Su Qin [5], Kuang Heng [6], and Che Yin and Sun Kang [7]. You should learn by reading and from other people's practical experiences with equal devotion, temper your moral character, and make yourselves competent and well-versed in genuine skills.

注释：

[4] Confucius is said to have read *The Book of Changes* (*Yi Jing*) so many times that the leather strings binding the bamboo slips upon which the book was written broke three times.

[5] Sun Jing of the Han Dynasty (206 BC-AD 220) loved reading. He tied his hair to a roof beam to prevent himself from falling asleep when reading. Su Qin of the Warring States Period (475-221 BC) poked himself in the thigh with an awl to keep him from dropping off when studying at night. These stories are used to describe studious persons.

[6] Kuang Heng of the Han Dynasty studied hard when young, but he could not afford candles. So he bored a hole in a wall to make use of a neighbor's light to study by. This metaphor is used to describe a studious person.

[7] Che Yin of the Eastern Jin Dynasty (317–420) was too poor to afford lamp oil. He caught dozens of fireflies and placed them in a bag made of thin white cloth so that he could study by their light at night. Sun Kang of the Southern Dynasties (420–589) could not afford candles, so he had to read by the reflected light from snow on winter nights. These stories are used to describe studious persons.

解析：这里用了四个典故来讲述中国的励志故事。这些故事在中国是脍炙人口的，但在国外可能没有多少人知道。每个故事又很长，无法在译文中一一作介绍，于是就采用了加注的办法来讲述四个完整的故事。译文把六个人物引了出来，而内容落在注释里。

（4）意译

当无法采用以上处理办法的时候，只能采用"意译"，用现代英文，讲解中国典故，当然目的还是为了说明作者要想阐述的观点。

原文："盖有非常之功，必待非常之人。""思皇多士，生此王国。王国克生，维周之桢；济济多士，文王以宁。"这是《诗经·大雅·文王》中的话，说的是周文王尊贤礼士，贤才济济，所以国势强盛。

译文："To accomplish extraordinary feats, we must wait for extraordinary persons." As described in *The Book of Songs*, King Wen of the Zhou Dynasty respected competent people, who hence flocked to him, so his country became strong and prosperous. Respecting them has long been a fine Chinese tradition.

解析：这里实际上只翻译了第一句话"盖有非常之功，必待非常之人"。第二句就融在了后面的译文中了。当然，译者并没有忘记提及作品与人物。

原文：中华文明历来崇尚"以和邦国"、"和而不同"、"以和为贵"。中国《孙子兵法》是一部著名兵书，但其第一句话就讲："兵者，国之大事，死生之地，存亡之道，不可不察也"，其要义是慎战、不战。

译文：Amity with neighbors, harmony without uniformity, and peace are values very much cherished in Chinese culture. The *Art of War*, a Chinese classic, begins with this observation, "The art of war is of vital importance to the state. It is a matter of life and death, a road to either survival or ruin. Hence it demands careful study." What this means is that every effort should be made to prevent a war and great caution must be exercised when it comes to fighting a war.

解析：这里第一部分是采取的解释性的翻译，后一部分是采取的直译。两种办法结合起来，会减少累赘的感觉。

第二编 时政翻译

（5）串联一起

原文：古人所说的"先天下之忧而忧，后天下之乐而乐"的政治抱负，"位卑未敢忘忧国"、"苟利国家生死以，岂因祸福避趋之"的报国情怀，"富贵不能淫，贫贱不能移，威武不能屈"的浩然正气，"人生自古谁无死，留取丹心照汗青"、"鞠躬尽瘁，死而后已"的献身精神等。

译文：Our ancient scholars commented that our aspirations should be as follows: in politics, "being the first to worry about the affairs of the state and the last to enjoy oneself"; as patriots, "not daring to ignore the country's peril no matter how humble one's position" and "doing everything possible to save the country in its peril without regard to personal fortune or misfortune"; on integrity, "never being corrupted by riches and honors, never departing from principle despite poverty or humble origin, and never submitting to force or threat"; on selfless dedication, "dying with a loyal heart shining in the pages of history" and "giving all, till the heart beats its last."

解析：这里引入了好几个典故，把它们串联了起来。英文也采用了同样的办法，但由于与正文关联，所以使用白话体，使那么长的上下文能连接起来，并讲述清楚，这是不太容易的。

原文：今天，我们提倡和弘扬社会主义核心价值观，必须从中汲取丰富营养，否则就不会有生命力和影响力。比如，中华文化强调"民惟邦本"、"天人合一"、"和而不同"，强调"天行健，君子以自强不息"、"大道之行也，天下为公"；强调"天下兴亡，匹夫有责"，主张以德治国、以文化人；强调"君子喻于义"、"君子坦荡荡"、"君子义以为质"；强调"言必信，行必果"、"人而无信，不知其可也"；强调"德不孤，必有邻"、"仁者爱人"、"与人为善"、"己所不欲，勿施于人"、"出入相友，守望相助"、"老吾老以及人之老，幼吾幼以及人之幼"、"扶贫济困"、"不患寡而患不均"，等等。

译文：Here are some quotations from ancient classics that I'd like to share with you today:

"The people are the foundation of a state,"

"The harmony of Nature and man,"

"Harmony without uniformity,"

"As Heaven changes through movement, a gentleman makes unremitting efforts to perfect himself,"

"When the Great Way prevailed, a public spirit ruled all under Heaven,"

"Everyone is responsible for his country's rise or fall,"

"Govern the country with virtue and educate the people with culture,"

"A gentleman has a good knowledge of righteousness,"

"A gentleman is broad-minded,"

"A gentleman takes morality as his bedrock,"

"Be true in word and resolute in deed,"

"If a man does not keep his word, what is he good for?"

"A man of high moral quality will never feel lonely,"

"The benevolent man loves others,"

"Do things for the good of others,"

"Don't do unto others what you don't want others to do unto you,"

"Care for each other and help one another,"

"Respect others' elders as one respects one's own, and care for others' children as one cares for one's own,"

"Help the poor and assist those in difficulty,"

"Care less about quantity and more about quality."

解析：作者一下子列出了那么多的典故句子，均属于中华文化的精华，中国读者很容易理解，但外国读者呢？也曾想把它们串起来，但句子的组合太困难了，于是就将它们列出来，显得明了多了。

原文：要不断体会和弘扬先人传承下来的传统美德，如"<u>大道之行也，天下为公</u>"、"<u>不义而富且贵，于我如浮云</u>"、"<u>君子喻于义</u>"、

"言必信，行必果"、"德不孤，必有邻"、"人而无信，不知其可也"，等等，为为人处世、安身立命提供重要启示。

译文：You should further understand and carry forward the fine traditions of our ancestors, as exemplified in these quotations to guide our action: "When the Great Way rules, the land under Heaven belongs to the people." "Fortune and riches obtained through unjust means are like floating clouds for me." "A man of virtue has a good knowledge of righteousness." "Be true in word and resolute in deed." "A man of high moral quality will never feel lonely." "If a man does not keep his word, what is he good for?"

原文：孔子说："不患寡而患不均，不患贫而患不安。"孟子说："老吾老以及人之老，幼吾幼以及人之幼。"《礼记·礼运》具体而生动地描绘了"小康"社会和"大同"社会的状态。

译文：Confucius said, "He is not concerned lest his people should be poor, but only lest what they have should be ill-apportioned. He is not concerned lest they should be few, but only lest they should be divided against one another." Mencius said, "Do reverence to the elders in your own family and extend it to those in other families; show loving care to the young in your own family and extend it to those in other families." *The Book of Rites* gives a detailed and lively description of "moderate prosperity" and "great harmony".

（6）融入文中

原文：要有"与人不求备，检身若不及"的精神，时刻自重自省自警自励，努力做到"心不动于微利之诱，目不眩于五色之惑"，老老实实做人，踏踏实实干事，清清白白为官。

译文：…the requirements for Party members, "being strict with oneself and lenient with others." Party members must always behave in a proper manner, scrutinize themselves, keep alert to "resist the myriad temptations of the dazzling world," and be honest and hardworking, clean and upright.

解析：中文将引语与作者的叙述结合起来，英译时也要设法"恰如其分"地做好连接，这样才能使文章融为一体。当然，绝对不能引文用古英文，而叙述用现代英文，这样就会显得不伦不类。

原文：尽管工作很忙，但"偷得浮生半日闲"。
译文：Though very busy, most of the time I manage to "snatch a little leisure here and there."

原文：要让每一个干部牢记"手莫伸，伸手必被捉"的道理。"见善如不及，见不善如探汤。"
译文：Every official must bear the following in mind: "Do not try dipping into the public coffers because a thieving hand is bound to get caught," and "Contemplating good and pursuing it, as if you could not reach it; contemplating evil, and shrinking from it, as you would from thrusting a hand into boiling water."

原文：要有"如履薄冰，如临深渊"的自觉，要有"治大国若烹小鲜"的态度。
译文：We must act self consciously and with the utmost care "as if we were treading on thin ice, and standing on the edge of an abyss." We must cultivate an attitude of "governing a big country is as delicate as frying a small fish."

原文：汉代王符说："大鹏之动，非一羽之轻也；骐骥之速，非一足之力也。"就是说，大鹏冲天飞翔，不是靠一根羽毛的轻盈；骏马急速奔跑，不是靠一只脚的力量。中国要飞得高、跑得快，就得依靠 13 亿人民的力量。
译文：Wang Fu of the Eastern Han Dynasty (25 – 220) said, "The roc soars lithely not because of the lightness of one of its feathers; the steed runs fast not because of the strength of one of its legs." If China wants to fly

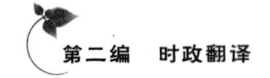

high and run fast, it must rely on the strength of its 1.3 billion people.

解析：中文中有时引用原文（文言文），然后再用白话叙述一遍，翻译成英文时当然就没有必要也同样重复两遍。

3. 谚语

文中时常穿插着一些谚语和老百姓的语言，非常生动。但是，要译好它们绝非易事。因此，有的地方就没有译出来，仅给意思。有的地方的翻译能恰到好处，很好地体现出原文的幽默。

（1）直译

原文："靠着墙根晒太阳，等着别人送小康"。

译文：This tendency has been caricatured in such terms as "Idle men lean against the wall, enjoying the sunshine and waiting for others to bring them a moderately prosperous society."

原文："当官不为民作主，不如回家卖红薯。"

译文："If an official does not act on the people's behalf, he would be better going back home and selling sweet potatoes," a folk saying goes.

（2）意译

原文：要加大东部地区和中央单位对深度贫困地区的帮扶支持，强化帮扶责任，"谁的孩子谁抱"。

译文：The eastern region and central organizations should increase their support for severely impoverished areas and take more initiative concerning one-to-one assistance.

解析："谁的孩子谁抱"这里是指帮扶对象。考虑到如果直译，与上下文接不上，也许还会误解，所以只把意思翻译出来了。

原文：我们既对全面建成小康社会作出全面部署，又强调"小康不小康，关键看老乡"。

译文：We have formulated an overall plan to complete a moderately prosperous society in all respects, while emphasizing that the measurement for moderate prosperity lies in the rural areas.

原文：但的确也有一些领导干部不思进取、为官不为，抱着"当一天和尚撞一天钟"的心态，只要不出事，宁愿不做事，满足于做四平八稳的"太平官"。这种认识是错误的。面对工作难题，要有明知山有虎、偏向虎山行的劲头，积极寻找克服困难的具体对策，豁得出来、顶得上去。

译文：…but we do have a few who are content with the status quo and are perfunctory in their work. To avoid risk, they would rather keep to the status quo and a false sense of stability. This is wrong. In the face of difficulties at work, one must be brave and confront them head-on.

解析：译文用了两个"status quo"（维持现状）来翻译"当一天和尚撞一天钟"和"太平官"。这处理得很好，因为如果直译，就会要讲述很长的故事，不如绝对看不懂。

原文：如果心中只有自己的"一亩三分地"，拘泥于部门权限和利益，甚至在一些具体问题上讨价还价，必然是磕磕绊绊、难有作为。

译文：If we limit ourselves to our own little world, dwelling on the powers and interests of departments and haggling over minor issues, the result will surely be limited progress achieving little or nothing of real import.

原文：共产主义决不是"土豆烧牛肉"那么简单，不可能唾手可得、一蹴而就。

译文：Communism is not as simple as a meal of goulash, and it cannot be attained easily.

解析："能吃上'土豆烧牛肉'就到了共产主义。"这句话是苏联总书记赫鲁晓夫说的。这里借用，但英文就不能直译，而采用了俄语里"土豆烧牛肉"说法"goulash"。

原文：不能干一年、两年、三年还是涛声依旧，全县发展面貌没有变化，每年都是重复昨天的故事。

第二编　时政翻译

译文：As long as you are in office, you should work to benefit your people. There must be change for the better in your county during your office, and stagnation must not happen.

解析："涛声依旧"来自流行歌曲，直译的话，外国读者绝对看不懂，所以只能意译。

原文：很多县远离中心城市，容易让人有"山高皇帝远"的念头，上级监督鞭长莫及。在这样的环境下工作，如果没有对党忠诚作政治上的"定海神针"，就很可能在各种考验面前败下阵来。

译文：In many counties far away from the center, when higher-level supervision is distant, Party secretaries tend to have the final say. For those working in remote areas, without loyalty to the Party as an anchor of faith there is a real danger that they fail one of the above-mentioned tests.

解析："山高皇帝远"和"定海神针"都无法直译，后面的故事太多，也只能意译。

（3）结合国外的谚语

运用中国俗语时，如能结合外国类似的俗语，一下子就把中国文化与外国读者之间的距离缩短了，文章也往往会由此而达到意想不到的效果。下面两个例子证明了这一点。

原文：中国古语讲："不积跬步，无以至千里。"阿拉伯谚语说，"金字塔是一块块石头垒成的"。欧洲也有句话："伟业非一日之功"。

译文：An ancient Chinese saying goes, "A long journey can be covered only by taking one step at a time." Similarly, there is an Arabic proverb which says that the pyramids were built by piling one stone block upon another. In Europe, there is also a saying which says, "Rome was not built in a day."

解析：引用外国谚语俗语的时候，如果不能肯定有现成的译文的话，那就只用间接引语。

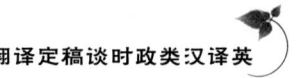

原文：正如中国人喜欢茶而比利时人喜爱啤酒一样，茶的含蓄内敛和酒的热烈奔放代表了品味生命、解读世界的两种不同方式。但是，茶和酒并不是不可兼容的，既可以酒逢知己千杯少，也可以品茶品味品人生。中国主张"和而不同"，而欧盟强调"多元一体"。

译文：The Chinese people are fond of tea, and Belgians love beer. To me, the moderate tea drinker and passionate beer lover represent two ways of understanding life and knowing the world, and I find them equally rewarding. When good friends get together, they may want to drink to their hearts' content to show their friendship. They may also choose to sit down quietly and drink tea while chatting about their lives. In China we value our ideal of "harmony without uniformity." And here in the EU people stress the need to be "united in diversity."

解析：这是非常好的比喻，从"茶"和"啤酒"引申出了两种不同的文化和看似不同而又一致的"和而不同"与"多元一体"。译文妙用"equally rewarding"引出后面的句子。

十　词组的翻译

我们在进行文件和时政翻译时，会遇到非常多的"中国特色的词汇和用语"。这些词汇和用语已经成为中国的话语体系的一个重要部分，成为党政文件、媒体文章、领导人讲话、甚至普通人的日常语言。究其出处，主要来自以下几个方面：

（1）马列经典

如：唯物主义、唯心主义、思想意识、解放思想、思想改造、革命与反革命、民主专政、无产阶级、路线、宣传等。

（2）军事用语

如：吹响了号角、高举旗帜、战场、战斗、打击、歼灭、战略战术、运动、打了一场决定性的战役等。

（3）习惯词语

如：坚持、贯彻、落实、实现、精神、文明、执行、深入、

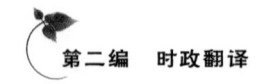

抓等。

(4) 自然科学和社会科学用语

如：量化、机制、生态、工程、…化。

(5) 数字化词语

如：一带一路、五位一体、四个全面、三严三实、四个自信等。

(6) 进口词

如：新常态、供给侧等。

在时政类文章中，这些词语是关键用语，但也是最难翻译和外国人最难懂的。为了保证翻译的准确性，我们要忠实于原文，于是就字对字地翻译，设法找到对应的英文，力争用一两个词来表达中文的原意。由于英文中往往没有对应词语，于是就创造出了"中国特色"的英语词语。

最成功和最著名的中国创英文词要属"纸老虎"（paper tiger），既形象又被英语世界接受。究其成功的原因，主要是很好地用人人熟知的两个英语单词结合成了一个新词，同时也能符合英语的构词和习惯，这就容易被人接受。如果我们根据中文硬凑或带有汉语拼音的词，可能就不会成功了，外国读者也不一定能看懂。

怎么办？最好的办法是，使用英语里对应的、常见的、意思相同的词，这样既不改变原意，又能为读者看懂、理解。初学者往往会死盯着使用一种固定的译法，不知道变化，而我们要根据不同的句子和语境，灵活采用不同的词，这就会使译文活起来。下面列出了一些常见的、有代表性的词汇（有的例子摘自《朱镕基讲话实录》译文）：

1. 常见词的翻译

中央

在我们的文章中，常常大量见到"中央"这个词，而这是个泛指的词，到底是指"中共中央"（CPC Central committee）、"中央政府"（Central government），还是"中央机关"？

翻译的时候，我们一定要弄清楚到底应该翻译成哪一个。主要看上下文，从中分辨出到底是党的机构还是政府机构，如无法区分的时候，可采用比较含糊的译法，如：Central authorities / Central leadership / Central organization (department)。

原文：在中央全面深化改革领导小组第四次会议上的讲话
译文：Speech at the fourth meeting of the Leading Group for Further Reform under the CPC Central Committee

原文：落实中央经济工作会议精神
译文：The Central Conference on Economic Work

原文：加快形成中央统筹、省（自治区、直辖市）负总责、市（地）县抓落实的扶贫开发工作机制。
译文：Develop a working mechanism in which the central government makes overall plans, the governments of provinces and equivalent administrative units take charge, and governments at municipal, prefectural, and county levels implement the decisions.

原文：地方政府要在坚持金融管理主要是中央事权的前提下，按照中央统一规则，强化属地风险处置责任。
译文：While recognizing that financial management falls on the authority of the central government, local governments should take on more responsibility in handling risks locally, in accordance with unified rules set by the central government.

原文：中央财政专项扶贫资金、中央基建投资用于扶贫的资金等
译文：Accordingly, we should increase special funds and infrastructure investment in the state budget allocated to poverty relief.

原文：坚持中央统筹、省负总责、市县抓落实的管理体制。
译文：We will continue the working mechanism whereby the central

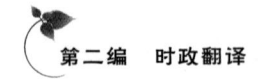

leadership makes overall plans, provincial authorities take overall responsibility.

原文：要加大东部地区和中央单位对深度贫困地区的帮扶支持。

译文：The eastern region and central organizations should increase their support for severely impoverished areas and take more initiative concerning one-to-one assistance.

原文：中央有关部门要认真组织好规划的实施工作。

译文：Relevant central departments should carefully organize the implementation.

同志

"同志" Comrade 这个词过去在我国使用得非常普遍，现在用得少了。但在党内、军内、机关内，还是常用的。尤其是在党政文件、领导人讲话中还常出现。如果是对外文章，由于读者对象不同，我们可以有所变通，如可以译为 staff, colleague, people, those who, one 等。下面是不同情况下，不同的译法：

（1）colleague

原文：更为严重的是，我们一些同志对这些问题见怪不怪。

译文：Some of our colleagues have become accustomed to such problems.

原文：对这样的人，同志们、组织上要帮助他们"洗洗澡"。

译文：In such cases, our colleagues and our Party organizations should provide them with some help.

（2）Party member

原文：要求全党同志必须有优良作风。

译文：All Party members must follow the fine tradition of the Part.

原文：我代表新一届中央领导机构成员感谢全党同志的信任。

译文：I wish to express our thanks to all other members of the Party for their trust in us.

（3）people

原文：有的同志总是自我感觉良好，懒得照镜子；有的同志明知自己有问题，怕照镜子；有的同志只愿看到自己光鲜的一面，习惯于化妆后才照镜子；还有的同志喜欢拿着镜子照别人，认为自己美得不得了，人家都是丑八怪。

译文：In real life, some people always feel good about themselves, and seldom look in the mirror. Some are only too well aware of their shortcomings, so they are afraid of looking in the mirror. Some like to admire themselves in the best possible light, and so they put on make-up before looking in the mirror. Some take the view that they are perfect; it is others who are disfigured-they only hold up the mirror in front of others.

原文：很多同志有做好工作的真诚愿望，也有干劲。

译文：Many people have the aspiration to do their work well and are full of enthusiasm.

（4）those who

原文：特别要注意保护那些党性强、敢于坚持原则的同志。

译文：We should pay special attention to protecting those who are fully aware of Party spirit and are courageous enough to stick to principle.

原文：从事外交工作的同志们要增强责任感、使命感、紧迫感。

译文：Those charged with this responsibility must have a sense of mission and urgency.

（5）official

原文：经常听有的同志说自己想学习。

译文：I often hear officials say that they would love to study more.

原文：农村基层的同志

译文：You local <u>officials</u> work in the forefront

（6）leader

原文：<u>领导同志</u>不深入基层，不跟群众同甘共苦，不全心全意为人民服务，一切全是空话。

译文：If <u>leaders</u> don't go deep into the grass roots, don't stay with the people through good times and bad, and don't serve them whole heartedly, everything is just empty talk.

原文：各级宣传部门<u>领导同志</u>要加强学习、加强实践，真正成为让人信服的行家里手。

译文：Therefore, those <u>leaders</u> should intensify their study and practice in order to become real experts.

（7）person

原文：相关部门负责<u>同志</u>、部分省市<u>领导同志</u>参加。

译文：<u>Persons</u> in charge of related departments and <u>leaders</u> of some provinces and municipalities…

（8）friend

原文：各位同学，各位老师，<u>同志们</u>

Students, teachers and friends

干部

中文"干部"来自日文，英文的"cadre"在英语国家里并不流行，很多人不知道这个词，或认为这是共产党国家用的词。所以在对外的书刊文章中我们逐步地将其翻译为"official"，当然在党内文件中，我们还仍然可以使用"cadre"这个词。在下面的例子中，我们可以看到，不同的句子里，其实可以用不同的词来翻译。

原文：邓小平同志提醒各级<u>干部</u>要"实事求是地说明情况"。

译文：Deng stressed to <u>officials</u> the importance of being truthful.

原文：军队高级<u>干部</u>要旗帜鲜明反对腐败，带头遵守廉洁自律各项规定。

译文：Senior <u>officers</u> must take a clear-cut stand against corruption, and set an example in abiding by the code of honest conduct.

原文：党政领导<u>干部</u>、统战<u>干部</u>要掌握这个方式。

译文：Party and government <u>leaders</u>, and <u>officials</u> of the United Front work should master this approach.

原文：加强群团<u>干部</u>培养管理，选好配强群团领导班子，提高群团<u>干部</u>队伍整体素质。

译文：They should improve the training and management method, select and appoint qualified leadership, and improve the overall quality of the <u>staff</u>.

原文：激励全国综治战线广大<u>干部</u>职工更好肩负起党和人民赋予的重大职责和光荣使命必将产生重大推动作用。

译文：Encouraging more <u>people</u> working on the front line of law and order maintenance to perform and fulfill their missions entrusted by the Party and the people.

旗帜

"旗帜"在我们的时政类文件中出现得很多，我们往往将其译成"flag"或"banner"，意为"象征"是可以的，而"高举……的旗帜"则成了"hold high …flag（banner）"，外国读者无法理解，为什么要举着旗？而实际上是指"uphold"或"follow"。

原文：实践充分证明，中国特色社会主义是中国共产党和中国人民团结的旗帜、奋进的旗帜、胜利的旗帜。

第二编　时政翻译

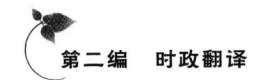

译文：Prove that Chinese socialism is a banner of unity, endeavor and victory for the CPC and the Chinese people as a whole.

原文：党的十八大强调要高举中国特色社会主义伟大旗帜。
译文：It was emphasized at the 18th National Congress that we should uphold socialism with Chinese characteristics.

原文：要深入开展中国特色社会主义宣传教育，把全国各族人民团结和凝聚在中国特色社会主义伟大旗帜之下。
译文：More efforts should be made to enhance the awareness of socialism with Chinese characteristics among the people of all ethnic groups, so as to inspire the people to strive for Chinese socialism.

提出

一般情况，"提出"都会译成"put forward"或"raise"，但这里，采用了几种不同的译法，如"provide""speak about""appear in""offer"，用得非常好。换换不同的词，文章就不会显得呆板无味。

原文：习近平围绕中国共产党在新形势下治国理政发表一系列重要讲话，提出一系列新理念新思想新战略，使中共十八大以来党的理论创新成果更加丰富、更加系统。
译文：Xi Jinping has continued to explore the governance of China in the new era, providing a series of new concepts, ideas, and strategies which add further depth and innovation to the Party's theoretical base.

原文：提出了许多新思想、新观点、新论断，深刻回答了新的历史条件下党和国家发展的重大理论和现实问题。
译文：He has offered his thoughts, views and judgments, and answered a series of important theoretical and practical questions about the Party and the country in these changing times.

原文：1977年复出后，面对长期形成的思想禁锢状况，邓小平同志鲜明提出……

After returning to leading positions in the Party and the government in 1977, he spoke incisively about the rigid thinking that had long fettered people's minds: …

原文：中国共产党第十八次全国代表大会报告《坚定不移沿着中国特色社会主义道路前进，为全面建成小康社会而奋斗》提出：

译文：They first appeared in the political report delivered in November 2012 to the 18th CPC National Congress, titled "Firmly March on the Path of Socialism with Chinese Characteristics and Strive to Complete the Building of a Moderately Prosperous Society in All Respects".

原文：一些全国人大代表和全国政协委员分别就清理三角债问题提出了几十份提案、议案。

译文：Deputies to the National People's Congress and members of the Chinese People's Political Consultative Conference have tabled several dozen proposals for clearing up these debts.

矛盾

矛盾是哲学词汇，常译为contradiction，但在很多情况下，"矛盾"并不是contradiction，而是problem或dilemma，所以一定要根据不同的情况，采用不用的译法。

原文：目前还不会产生尖锐的矛盾。
译文：Right now no sharp contradictions will take place.

原文：改革开放中的矛盾只能用改革开放的办法来解决。
译文：Problems occurring in reform and opening up can only be solved

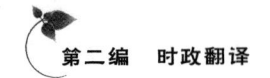

through reform and opening up.

原文：现在过去一年了，总体上讲，国有企业在今年由于亚洲金融危机的影响等原因，过去的矛盾进一步深化，效益状况比去年降低了，但是大多数的国有大型企业，特别是大型企业集团，经营的状况并没有恶化得那么厉害。

译文：Over a year has passed, and on the whole, because of the effects of the Asian financial crisis and for other reasons, previously exiting problems at SOEs have expanded, and returns were lower than they were last year.

原文：我国发展面临一系列突出矛盾和挑战。
译文：China's development faces a series of prominent dilemmas and challenges.

解放

我们往往将"解放"译为 liberate 或 emancipate，但当"解放"与"思想"结合时，翻译就感到有难度了。下面的例子里，三个解放，三种译法，三个不同的"解放"，与前后搭配结合得非常好。

原文：进一步解放思想、进一步解放和发展社会生产力、进一步解放和增强社会活力。决定提出的这"三个进一步解放"既是改革的目的，又是改革的条件。

译文：We must further free our mind, further release and develop the productive forces, and further stimulate and strengthen the vigor of society. The "three furthers" put forward at the plenary session are both objectives and conditions of our reform.

原文：解放和发展社会生产力、解放和增强社会活力，是解放思想的必然结果，也是解放思想的重要基础。

译文：Releasing and developing the productive forces, and stimulating and strengthening the vigor of our society are an inevitable outcome as well as an important basis for freeing the mind.

原文：我们鼓励和支持解放思想，鼓励和支持对有关政策举措进行分析评估。
译文：We encourage open-minded thinking and analysis of Party and state policies and measures.

原文：进一步解放和发展战斗力，进一步解放和增强军队活力。
译文：Further unleash the combat capacity and vigor of the armed forces.

深化

动词"deepen"只能用于实物的"挖深"，而不能用在虚的方面，如，我们不能说"deepen reform""deepen cooperation"，只能说"further reform at a deeper level""have a deeper cooperation"。

原文：全面深化改革，推动经济持续健康发展。
译文：We have furthered reform to promote the sustained and healthy development of the economy.

原文：深化改革必然进一步促进对外开放。
译文：To drive reform to a deeper level, we must open wider to the outside world.

原文：全面深化改革、全面依法治国、全面从严治党。
译文：Taking reform to a new level, advancing the rule of law, and strengthening Party discipline.

第二编 时政翻译

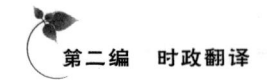

原文：我们要把完善和发展中国特色社会主义制度、推进国家治理体系和治理能力现代化作为全面深化改革的总目标。

译文：We must take improving and developing the socialist system with Chinese characteristics and modernizing our national governance system and capacity as the general goal of continuing reform comprehensively.

原文：全面深化经济体制、政治体制、文化体制、社会体制、生态文明体制和党的建设制度改革。

译文：Comprehensively strengthen systematic reform in economy, politics, cultural industry, social governance, ecological conservation and Party building.

原文：坚定不移深化供给侧结构性改革，推动经济社会持续健康发展。

译文：We will extend supply-side reform and promote the sustained and balanced development of the economy and society.

原文：坚定不移深化改革开放。

译文：To drive reform and opening up to a deeper level.

增强

一般情况下，我们都将"增强"译成 Enhance, strengthen, intensify 等，实际上可以选择其他的译法，丰富我们的文章用语。

原文：增强了全民爱绿植绿护绿意识。

译文：Increased public awareness of the importance of tree planting and environmental protection.

原文：希望澳门特别行政区政府和社会各界增强忧患意识。

译文：We hope that the MSAR government and people of all walks of life will be keenly aware of potential problems.

原文：不断增强执政能力。
译文：Improve systems and governance capacity.

原文：增强开拓前进的勇气和力量。
译文：Giving ourselves the power and courage to move forward.

原文：不断增强全党全国各族人民的精神力量。
译文：Steadily build up the inner strength of the Party and the people of all ethnic groups.

原文：着力增强抵御风险和拒腐防变能力。
译文：Reinforce our ability to withstand risk and combat corruption.

原文：不断增强党自我净化、自我完善、自我革新、自我提高能力。
译文：We must constantly enhance the Party's capability to carry out self-purification, self-improvement, self-innovation and self-cultivation.

原文：增强党内政治生活的政治性、时代性、原则性、战斗性。
译文：Make political activities within the Party more political, more relevant to the current times, more principled, and more effective, and comprehensively purify the political environment within the Party.

精神

"精神"（spirit）这个词非常不好翻译。这个词既有宗教背景，还有"幽灵"的含义，一不小心就会出问题。最典型的是"精神文明"，以前一直译成"spiritual civilization"，太明显的宗教色彩。现在我们译成了"cultural and ethical progress""cultural progress"。

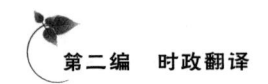

原文：把法治教育纳入国民教育体系和<u>精神文明</u>创建内容。
译文：Incorporate such education into our national education system and our initiatives for <u>cultural and ethical progress</u>.

原文：深化群众性<u>精神文明</u>创建活动。
译文：By continuing public ethical programs and activities for promoting <u>public ethical progress</u>.

原文：经济和社会、物质文明和<u>精神文明</u>、经济建设和国防建设等关系上
译文：in the relationship between economy and society, between material and <u>cultural progress</u>, and between economic development and strengthening national defense

原文：<u>精神</u>的力量是无穷的，道德的力量也是无穷的。
译文：<u>Inner strength</u> is infinite, as is moral strength.

原文：学习宣传贯彻党的十八大<u>精神</u>。
译文：Study, disseminate and implement the <u>guiding principle</u> of the 18th CPC National Congress.

文明

现在 civilization 用乱了，很多地方指的并不是"文明"，而是"文化""进步"或"行为""举止"。很多情况下可以译为 culture, progress 或 behavior。

原文：精神<u>文明</u>
译文：Moral and ethical <u>progress</u> / moral and cultural <u>advance</u>

原文：提高精神境界、培育<u>文明</u>风尚

译文：Upgrade their moral outlook and foster <u>civic virtues</u> in society

原文：只有<u>物质文明</u>建设和精神<u>文明</u>建设都搞好。

译文：We must promote <u>material, cultural and ethical progress</u>.

原文：继续推进社会主义民主政治建设、发展社会主义<u>政治文明</u>。

译文：We should keep to the socialist path of making democratic <u>political progress</u> with Chinese features.

原文：以<u>文明进步</u>代替蒙昧落后。

译文：Replace ignorance and backwardness with <u>cultural progress</u>.

原文：第四届全国<u>文明</u>城市、<u>文明</u>村镇、<u>文明</u>单位和未成年人思想道德建设工作先进代表

译文：Representatives to the fourth conference of national <u>model</u> cities, towns, villages, and units for <u>cultural progress</u> and <u>model</u> ethical tutors for minors

原文：引导和推动全体人民树立<u>文明</u>观念、争当<u>文明</u>公民、展示<u>文明</u>形象。

译文：Setting up the concept of <u>cultural and ethical progress</u>, striving to be <u>model</u> citizens of <u>civil conduct</u> and presenting a <u>good image</u>.

原文：国土是<u>生态文明</u>建设的空间载体。

译文：It is through land use that <u>ecological progress</u> can be advanced.

原文：家庭<u>文明</u>则社会<u>文明</u>。

译文：Family <u>civility</u> promotes social <u>civility</u>.

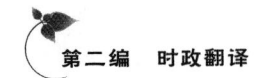

原文：要充分认识家庭文明建设的重要性。

译文：Be fully aware of the importance of developing family virtues.

原文：加强中非两大文明交流互鉴。

译文：Strengthen cultural exchanges and mutual learning between China and Africa.

原文：餐桌文明

译文：Table manner

原文：我国物质文明、政治文明、精神文明、社会文明、生态文明将全面提升。

译文：New heights are reached in every dimension of material, political, cultural and ethical, social, and ecological advancement.

原文：推动社会主义精神文明和物质文明协调发展。

译文：Both promotes socialist material wellbeing and raises socialist cultural-ethical standards.

坚持

"坚持"的译法有多种选择（uphold, focus on, persist in, persevere in, stick to, adhere to, insist on），可以变化着用。"insist"有不一样的意思："He asked her not to go tomorrow, but she insisted."这里的"insist"有"非要"的意思。

原文：坚持以经济建设为中心，在经济不断发展的基础上，协调推进政治建设、文化建设、社会建设、生态文明建设以及其他各方面建设。

译文：We must focus on economic development and promote coordinated political, cultural, social and ecological development on the basis of economic growth.

原文：所以必须坚持以经济建设为中心，以科学发展为主题，实现以人为本、全面协调可持续的科学发展。
译文：This is why we must focus on economic development and pursue a people-oriented, all-round, coordinated, proper and sustainable development.

原文：要坚持"两手抓、两手都要硬"，以辩证的、全面的、平衡的观点正确处理物质文明和精神文明的关系。
译文：We should stick to this strategic concept; deal with the relationship between material progress and cultural and ethical progress.

原文：坚持和巩固党对意识形态工作的领导。
译文：Uphold and consolidate the Party's ideological leadership.

原文：在对待坚持以马克思主义为指导问题上，绝大部分同志认识是清醒的、态度是坚定的。
译文：The overwhelming majority of us can conscientiously and resolutely adhere to the guidance of Marxism.

促进

"促进"这个词有多种译法（promote, advance, pursue），千万不能仅限于"promote"。

原文：我们要按照这个总布局，促进现代化建设各个方面相协调，促进生产关系与生产力、上层建筑与经济基础相协调。
译文：We must carry out the overall plan, pursue coordinated development in all areas of our modernization drive, and promote harmony be-

tween the relationships of production and the productive forces, and between the superstructure and the economic base.

原文：经济全球化为世界经济增长提供了强劲动力，促进了商品和资本流动、科技和文明进步、各国人民交往。
译文：Economic globalization has powered global growth and facilitated movement of goods and capital, advances in science, technology and civilization, and interactions among peoples.

原文：促进新动能发展壮大、传统动能焕发生机。
译文：We will boost new drivers of growth and revitalize traditional ones.

原文：推动各国产业发展规划相互兼容、相互促进。
译文：So that the industrial development plans of different countries complement and reinforce each other.

原文：要不断促进教育发展成果更多更公平惠及全体人民。
译文：We must enable all our people to share fully and fairly in the benefits of educational development.

原文：要坚持不懈促进高校和谐稳定。
译文：We should ensure that universities and colleges remain harmonious and stable.

原文：继续筑牢根基，努力促进社会和谐稳定。
Continue to build a solid foundation and work for social harmony and stability.

原文：牢牢把握坚持和平发展、促进民族复兴这条主线。

译文：We must focus on the overriding goal of peaceful development and national rejuvenation.

原文：我们要促进科技同产业、科技同金融深度融合。
译文：We should spur the full integration of science and technology with industries and finance.

原文：中国将积极同"一带一路"建设参与国发展互利共赢的经贸伙伴关系，促进同各相关国家贸易和投资便利化。
译文：China will endeavor to build a mutually beneficial business partnership with other countries participating in the Belt and Road Initiative, enhance trade and investment with them.

建设

一看到"建设"，许多人都会翻译成"construction"，于是就有了"socialist construction"和"economic construction"等。"construction"是比较具体的，如"工程"等。许多情况下，"建设"是"development"，如"socialist development"和"economic development"。还可以译成：progress, undertaking。

原文：他领导改革开放和社会主义现代化建设，心中想着的就是最广大人民。
译文：He designed and led the reform and opening-up initiative and the modernization drive with a view to improving the wellbeing of the Chinese people.

原文：我们将继续坚持以经济建设为中心。
译文：We will continue to focus on economic development.

原文：我们要建设的是中国特色社会主义，而不是其他什么主义。

What we build is socialism with Chinese characteristics, and nothing else.

原文：中国将积极参与全球治理体系建设。
译文：China will actively participate in the construction of a global governance system.

原文：这是加强党的建设必须把握的基本规律。
译文：This is a basic rule which we must follow in Party building.

原文：夯实国内文化建设根基，一个很重要的工作就是从思想道德抓起，从社会风气抓起，从每一个人抓起。
译文：To reinforce the foundation for domestic cultural progress, one of the major tasks is to enhance ideological and moral education, and build up social morality by starting with every individual.

原文：国土是生态文明建设的空间载体。
译文：It is through land use that ecological progress can be advanced.

思想

"思想"这个词在我们的时政文章中用得很多。比较抽象，很难译。"ideology"常常出现在哲学中或谈论马克思主义或共产党的理论中，在西方很少在日常的环境中使用。实际上，很多情况下，"思想"不是"ideology"，而是"idea"或"thinking"。

原文：自强不息、厚德载物思想，支撑着中华民族生生不息、薪火相传。
译文：The pursuit of constant self-improvement and embracing the world through virtue have been the stimuli behind the Chinese nation's

ceaseless self-regeneration.

原文：宣传思想工作
译文：Publicity and theoretical work

原文：使全党始终保持统一的思想、坚定的意志、强大的战斗力。
译文：So as to forge a shared faith, a strong will, and great strength throughout the Party.

原文：学习党中央治国理政新理念新思想新战略。
译文：Studying the Central Committee's new concepts, ideas, and strategies for China's governance.

原文：对此，全党同志必须做好充分的思想准备和工作准备。
译文：Therefore, all Party members must be fully prepared for what lies ahead, not just mentally but also in what we do.

原文：我们要坚持以人民为中心的发展思想。
译文：We must remain committed to a people-centered notion of development.

原文：要教育引导各级领导干部自觉用"四个全面"战略布局统一思想。
译文：We should urge officials to keep their thinking in line with the Four-pronged Strategy.

原文：现在，一些党员、干部仍然存在人治思想和长官意识。
译文：Some Party members and officials still think that the country is under rule by man.

· 365 ·

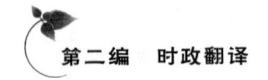

原文：提升全社会<u>思想</u>道德素质。
译文：Raise the <u>ethical</u> and moral standards of the public.

原文：县委书记多数任职就几年，不能有临时工的<u>思想</u>。
译文：On most occasions a county Party secretary serves only a few years, but you should not <u>see it as</u> a temporary job.

原文：全党同志特别是各级领导干部在任何时候任何情况下都必须在<u>思想</u>上政治上行动上同党中央保持高度一致。
译文：All Party members, especially officials, must make sure their <u>thinking</u>, their actions, and their political stance all maintain a high degree of unity with the Central Committee.

问题

"问题"（issue, question, problem）往往分好几种，有的问题是要回答的，有的是不要回答的，有的是一种"客观存在"，有的是"麻烦"。但有的时候还有政治含义，如我们说"台湾问题"，我们不能译成"Taiwan problem"（麻烦）或"Taiwan issue"（客观存在），只能是"Taiwan question"（要解决）。

原文：当代中国将发生什么变化，发展的中国将给世界带来什么影响，越来越成为国际社会广泛关注的<u>问题</u>。
译文：The world wants to know what changes are in progress in China, and what impact they will have on the rest of the world. （"问题"省略了）

原文：对气候变化等全球性<u>问题</u>，如果抱着功利主义的思维，希望多占点便宜、少承担点责任，最终将是损人不利己。
译文：For global <u>issues</u> like climate change, a utilitarianism-oriented, take-more-give-less approach is in nobody's interest.

原文：互联网领域发展不平衡、规则不健全、秩序不合理等问题日益凸显。

译文：Such problems as unbalanced development, inadequate rules, and inequitable order have become more evident in the field of the internet.

原文：这是整个世界都在思考的问题，也是我一直在思考的问题。

译文：The world is reflecting on these questions, and they are also very much on my mind.

原文：我认为，回答这个问题，首先要弄清楚一个最基本的问题。

译文：I believe that to answer these questions, we need to be clear about fundamental issues.

原文：邻居出了问题，不能光想着扎好自家篱笆，而应该去帮一把。

译文：When neighbors are in trouble, instead of strengthening one's own fences, one should extend a helping hand to them.

认识

认识（recognize, understand, aware）在不同的地方其实有不同的意思，因此我们要用不同的词来翻译。

原文：尽管我们去年在北戴河就已经认识到亚洲金融危机会对我国经济带来不利影响，也做了一定的准备，但对危机后期影响的广度、深度估计不足。

译文：Despite the fact that we had already recognized the negative impact that crisis would have on our economy when we were in Beidaihe last year, and despite the fact that we had made some preparations, we still underestimated the depth and breadth of the late-stage impact of the crisis.

原文：认识真理，掌握真理，信仰真理，捍卫真理。
译文：One must first understand, grasp, believe in, and defend truth.

原文：我们也清醒认识到，中国仍然是世界上最大的发展中国家。
译文：We are fully aware that China remains the world's biggest developing country.

人才

"人才"现在用得很多，但译法比较单一，基本上都译成了talent。过去曾有人将其译成"elite"（精英），这也是不对的。这里提供了不同情况下"人才"的不同译法，如：personnel, man of caliber, capable people, human resource, professional。

原文：但与之相应的法律、咨询、金融、人才、风险管控、安全保障等都难以满足现实需要。
译文：But the corresponding law, consultancy, finance, personnel, risk management, and safety controls cannot meet the practical needs.

原文：深入实施科教兴国战略和人才强国战略。
译文：Invigorate our country through science and technology and fostering people of high caliber.

原文：但本质上主导这种流动的力量是人才、是科技创新能力。
译文：But behind such a flow is the propelling force of human resources and scientific and technological innovation.

原文：科研院所和研究型大学是我国科技发展的主要基础所在，也是科技创新<u>人才</u>的摇篮。

译文：Research institutes and research universities are the major centers for China's science and technology, and the cradle of <u>innovative talent</u>.

原文：关键是要建设一支规模宏大、结构合理、素质优良的创新<u>人才</u>队伍。

译文：We need a large, well-structured contingent of <u>high-caliber people</u>.

原文：培养一大批善于凝聚力量、统筹协调的科技领军<u>人才</u>。

译文：We will discover, nurture and retain <u>capable people</u> throughout the whole process of innovation.

原文：特别是要注意培养金融高端<u>人才</u>。

译文：Special emphasis being given to fostering high-end financial <u>professionals</u>.

素质

"素质"是非常难译的词，有人将其译成"quality"，然后"人的素质"就成了"quality of the people"，将人分成了等级，是不可取的。素质可以译成：caliber, qualified, ability, caliber, competence, integrity, standard, 以下例子可作参考。

原文：尽快把我们各级干部、各方面管理者的思想政治<u>素质</u>、科学文化<u>素质</u>、工作本领都提高起来。

译文：Raising the moral and political <u>standards</u>, scientific and cultural <u>levels</u>, and professional abilities of officials at all levels and administrators of all areas.

原文：振兴教育事业，全面提高国民素质。

译文：We will revitalize education and comprehensively improve the caliber of our people.

原文：建设一支德才兼备的高素质法治队伍至关重要。

译文：It is of critical importance that they have strong moral integrity and high professional competence.

原文：立法人员必须具有很高的思想政治素质。

译文：Those involved in legislative work must have a high level of political integrity.

原文：培养造就一支高素质县委书记队伍。

译文：We can have a highly-qualified cohort of county Party secretaries.

发挥

通常译成 display, play the role，而当主语不同时，用词也可不同。

原文：现在要充分发挥这个队伍的作用，在这个方面要舍得花钱。

译文：Now you must let this team play its role fully, and you have to be willing to spend money on this.

原文：怎样充分发挥科研技术人员的积极性？

译文：How do you fully motivate scientific and technical staff?

原文：吸收人类文明有益成果，构建系统完备、科学规范、运行有效的制度体系，充分发挥我国社会主义制度优越性。

译文：We should draw on the achievements of other civilizations, develop a set of institutions that are well conceived, fully built, procedure based, and efficiently functioning, and <u>do full justice to</u> the strengths of China's socialist system.

科学

一提到"科学",人们自然地就会译成 science 或 scientific,但实际上有很多时候与 science 没有关系,而可能是:reasonable, rational, sustainable, balanced, standardized。如:"科学发展观"开始时译成了"outlook on scientific development",后来改成了"scientific outlook on development",其实最准确的应该是:"outlook on sustainable development"。

原文:<u>科学</u>认识这一命题,准确把握其内涵,对全面深化改革、推动社会主义市场经济健康有序发展具有重大意义。

译文:A <u>correct and precise</u> understanding of this issue is very important to further the reform and promote the sound and orderly development of the socialist market economy.

原文:坚决破除一切妨碍<u>科学</u>发展的思想观念和体制机制弊端。

译文:Resolutely discard all notions and systems that hinder efforts to pursue <u>sustainable development</u>.

原文:构建系统完备、<u>科学</u>规范、运行有效的制度体系,使各方面制度更加成熟更加定型。

译文:It also pointed out that the Party should set up a well-developed, <u>standardized</u> and effective framework of systems, and ensure that operating institutions in all sectors are fully functioning.

原文:加快构建<u>科学</u>适度有序的国土空间布局体系。

译文:Speed up the building of a <u>rational</u>, appropriate, and well-designed plan for land use.

原文：不断提高军队专业化、精细化、<u>科学</u>化管理水平。
译文：The army is managed more professionally, meticulously and <u>scientifically</u>.

原文：要<u>科学</u>制定干部调整安排计划方案，合理确定干部进退去留。
译文：For officers, we must make <u>reasonable</u> plans to decide their promotion, transfer or removal.

共同

"共同"一般都会译成"common"。"common"意指"普通""公共""共同"。但在很多地方，如"共同"意指"共享"，即可用"shared"。

如："命运共同体"最初的译文是："community of common destiny"，但"destiny"在西方认为是由上帝决定的，是不可改变的，而我们要强调的是经过努力，我们是应该可以改变我们的共同命运的。所以改用了"future"，而且是"shared"："community of shared future"。此表达形式后来也在联合国使用了。

原文：我们共产党人锤炼党性，首要的就是坚定共产主义远大理想和中国特色社会主义<u>共同</u>理想。
译文：We Communists should, above all, dedicate ourselves to the long-term goal of communism and the <u>common</u> ideal of building Chinese socialism.

原文：是 13 亿多中国人民的<u>共同</u>期盼。
译文：It is also the <u>common</u> aspiration of more than 1.3 billion Chinese people.

原文：朝着实现全体人民共同富裕的目标稳步迈进。

译文：Move steadily towards our goal of common prosperity for all.

原文：我们将坚持依法治国、依法执政、依法行政共同推进。

译文：We will make coordinated efforts to develop the law-based governance of the country.

原文：在全党全国各族人民共同努力下

译文：Thanks to the concerted efforts of the whole Party and all the people

原文：中国对外开放，不是要一家唱独角戏，而是要欢迎各方共同参与。

译文：China's opening up is not a one man show; it welcomes joint efforts from other countries.

原文：也为推动构建人类命运共同体、促进人类和平与发展事业贡献了中国智慧和中国方案。

译文：They have also contributed Chinese wisdom and Chinese solutions to building a community with shared future for mankind and promoting world peace and development.

原文：推动形成人类命运共同体和利益共同体。

译文：Forming a community with shared future and common interests.

原文：而这个富，是共同的富，这个强，是共同的强，大家都有份。

译文：The prosperity is shared prosperity and the power is also shared by all the people.

· 373 ·

奋斗

说起"奋斗",往往就会想起"struggle""fight for"等,给人一种打仗的感觉。其实,根据上下文和不同的语境,可以译成很多不同的词。

原文:为实现中华民族伟大复兴的中国梦不懈奋斗。
译文:Work tirelessly to realize the Chinese Dream of national rejuvenation.

原文:我们要学习邓小平同志矢志不渝为社会主义、共产主义而奋斗的执着精神。
译文:Deng had set us an excellent example of devotion to socialism and communism.

原文:始终为人民利益而奋斗
译文:Work hard for the interests of the people

原文:坚定不移沿着中国特色社会主义道路前进,为全面建成小康社会而奋斗。
译文:Firmly march on the path of socialism with Chinese characteristics and strive to complete the building of a moderately prosperous society in all respects.

原文:我们所有奋斗都要聚焦于这个目标。
译文:All of our hard work will focus on this goal.

原文:带领人民创造幸福生活,是我们党始终不渝的奋斗目标。
译文:Leading the people to create a happy life is the persistent goal of our Party.

热

与中文"……热"和"热点"对应的有 hot, heated, fever 等。

原文：经济发展的若干热点出现了一些值得注意的问题。
译文：Some noteworthy problems have appeared in some "hot" areas of economic development.

原文：今年以来，经济发展中出现了几个热点，主要是开发区热、房地产热、股票热等。
译文：Since the beginning of this year, several areas of economic development have become "hot". These are mainly connected with the manias for special economic zones, real estate, and stocks.

原文：当年清收违章拆借资金 830 亿元，刹住了这股"热"风。
译文：That year, RMB 83 billion of interbank loans made in violation of the rules were recovered, putting a halt to this "fever".

原文：共同推动有关地区热点问题妥善处理和解决。
译文：jointly promote a proper settlement of flashpoint issues in related areas.

乱

这些例子中，"乱"字有的是形容词，有的是动词。其实这个字并不好译，不同的地方含义不一样，翻译的时候英文也会不一样：mess, irregular, out of hand, haphazard。

原文：金融风险恐怕是最大的风险，因为我们有几十年的欠账，特别是 1993 年经济过热留下来的乱摊子。
译文：I'm afraid that the greatest risk is financial risk, because we

have decades of debts and we especially have the <u>mess</u> left behind by a certain degree of economic overheating in 1993.

原文：宁可慢一点，也不要搞<u>乱</u>了。
译文：Better to do it a bit more slowly than to let it get <u>out of hand</u>.

原文：我就担心<u>乱</u>盖房子。
译文：What I'm worried about in Sanya's urban development is the <u>haphazard</u> construction of buildings.

原文：把<u>乱</u>拆借、<u>乱</u>集资、<u>乱</u>融资的现象整顿过来了，这个成绩是有目共睹的。
译文：We rectified the <u>irregular</u> lending, <u>irregular</u> fund-raising, and <u>irregular</u> financing—the results are there for all to see.

抓

"抓"字往往给初学者出了难题，中文本身有一个动作，所以很多人都译为 grasp 或 seize，实际上，"抓"字有很多地方是 focus on 或 carry on。

原文：<u>抓</u>住和用好重要战略机遇期。
译文：<u>Seize</u> and make most of the opportunities in this important strategic period.

原文：狠<u>抓</u>科学技术进步。要<u>抓</u>好科研院所同企业的结合。
译文：We must <u>focus hard on</u> scientific and technological improvements. We must <u>do a good job of</u> integrating research institutes with enterprises.

原文：<u>抓</u>质量，不像<u>抓</u>速度、<u>抓</u>项目那样热火朝天。

译文：Focusing on quality isn't as red-hot as focusing on speed or on projects.

原文：我希望把退田还湖这项工作不停顿地搞下去，一抓到底。
译文：I hope the work of reverting farmlands to lakes can be carried on unceasingly all the way to the very end.

性

中文中很喜欢在词组后面加上一个"性"字，如：创造性、根本性、原则性、先进性、时代性等，给翻译制造了极大的麻烦。英文中很少有这类词汇，所以，要翻译好，唯一的办法是不要被中文所困扰。很多情况下，这个"性"是不用译的。

原文：推动中华优秀传统文化创造性转化、创新性发展。
译文：We must promote the creative evolution and development of fine traditional Chinese culture.

原文：以供给侧结构性改革为主线
译文：We should pursue supply-side structural reform as our main task.

原文：农业农村农民问题是关系国计民生的根本性问题。
译文：Issues relating to agriculture, rural areas, and rural people are fundamental to China as they directly concern our country's stability and our people's wellbeing.

原文：先进性和纯洁性是马克思主义政党的本质属性。
译文：A progressive nature and integrity are the essential features of Marxist political parties.

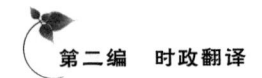

原文：增强党内政治生活的政治<u>性</u>、时代<u>性</u>、原则<u>性</u>、战斗<u>性</u>。

译文：Make political activities within the Party <u>more</u> political, <u>more</u> relevant to the current times, <u>more</u> principled, and <u>more</u> effective.

化

与"性"相似，中文里好像什么都可以"化"，于是有些译者就简单地给英文词加一个"zation"或"ized"，有<u>些</u>行，有<u>些</u>不行。必须根据不同的情况和语境，采用不用的译法。如"信息化"就不能译成"informationization"，而应该译成"IT application"或"IT development"。

原文：中国在今后相当长时期仍处于发展上升期，<u>工业化、信息化、城镇化、农业现代化</u>带来巨大国内市场空间。

译文：Its growth will continue in the foreseeable future as <u>industrialization, IT application, urbanization and agricultural modernization</u> greatly expand the domestic market.

原文：网络安全和信息<u>化</u>是一体之两翼、驱动之双轮。

译文：Cyber security and <u>IT application</u> are as important to China as wings are to a bird.

原文：锲而不舍推进马克思主义<u>中国化</u>、<u>时代化</u>、<u>大众化</u>，使马克思主义放射出更加灿烂的真理光芒。

译文：We must <u>adapt</u> Marxism <u>to the Chinese context</u> in <u>keeping with the times</u>, and increase its <u>appeal to the people</u>.

原文：实现党、国家、社会各项事务治理<u>制度化</u>、<u>规范化</u>、<u>程序化</u>。

译文：In this way, Party, state and social affairs will be administered <u>in accordance with rules, standards and procedures</u>.

观

"观"也属于上面的类别，是中文中常出现的，而在英文中少见的。从字面上看，可以译成 concept, viewpoint，但很多情况下不能套用，所以要翻译好这一字组成的词组，必须脱开原文，寻找符合英语习惯的译法。

原文：引导人们树立正确的<u>历史观</u>、<u>民族观</u>、<u>国家观</u>、<u>文化观</u>。
译文：See that the people develop an accurate <u>understanding of history, ethnicity, country, and culture.</u>

原文：引导我国人民树立和坚持正确的<u>历史观</u>、<u>民族观</u>、<u>国家观</u>、<u>文化观</u>，增强做中国人的骨气和底气。
译文：Help our people build up and persist in a correct <u>concept of history, national viewpoint, state outlook and cultural perspective</u>, so as to fortify the will of the Chinese people, who should be prouder of being Chinese.

原文：牢固树立正确的<u>世界观</u>、<u>权力观</u>、<u>事业观</u>，模范践行社会主义荣辱<u>观</u>。
译文：In developing a solid <u>worldview and a healthy outlook on power and career</u>, and in being model practitioners of the socialist <u>maxims</u> of honor and disgrace.

感

"感"也是中文中很常见的组词字，英文中没有这样的集合词，所以翻译的时候必须加词，如 sense of 等。

原文：从事外交工作的同志们要增强<u>责任感</u>、<u>使命感</u>、<u>紧迫感</u>。
译文：Those charged with this responsibility must have a <u>sense of mission and urgency.</u>

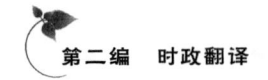

原文：增强人们的认同感和归属感。
译文：Enhance the people's sense of identity and of belonging.

原文：让人民群众有更多获得感。
译文：Give the people a stronger sense of gain.

原文：当领导干部就要有强烈的责任感。
译文：Officials should have a strong sense of responsibility.

原文：形成人人参与、人人尽力、人人都有成就感的生动局面。
译文：All the people participate in and dedicate themselves to shared development, and share a sense of accomplishment.

原文：时不我待，我们必须增强紧迫感。
译文：Time and tide wait for no one. We must have a sense of urgency.

力

这同样是一个组词中的常见字，也非常有中国特色，处理方法同其他字一样，可根据意思采用不同的译法。

原文：特别是进一步增强了全党、全军和全国人民的凝聚力。
译文：The entire Party, entire army and the people of the entire country have pulled closer together.

原文：不断增强国有经济活力、控制力、影响力。
译文：Incessantly increase its vitality, leveraging power and impact.

原文：我国低成本资源和要素投入形成的驱动力明显减弱。

译文：The driving forces generated by low-cost resources and factor inputs are evidently weakening.

原文：必须在推动发展的内生动力和活力上来一个根本性转变。
译文：We have to make a fundamental change to the internal forces driving our development and create new impetus.

原文：培育有国际影响力的行业领军企业。
译文：Encourage enterprises to become globally influential and lead their industries.

原文：金融是国家重要的核心竞争力。
译文：Finance is a core competitiveness of a nation.

原文：中国特色社会主义政治制度之所以行得通、有生命力、有效率，就是因为它是从中国的社会土壤中生长起来的。
译文：The strength of China's socialist political system, featuring Chinese characteristics-workable, full of vigor and vitality, and efficient—is that, past and present, it has grown on the Chinese soil.

形式主义

中文文章中，关于"主义"的词有很多，我们的译者一般在词后加上"ism"，而这里所指的"形式主义"，在英文中没有现成的对应的词，于是国内的译者就采用了"formalism"，这是一个在艺术、宗教、文学、科学领域里的"形式主义"，而非政治学里的"形式主义"。因此，只能变通，采用外国读者能懂的词语。

原文：尤其是一些党员干部中发生的贪污腐败、脱离群众、形式主义、官僚主义等问题，必须下大气力解决。
译文：In the new circumstances our Party faces many severe challen-

ges as well as many pressing issues within the Party that need to be addressed, particularly corruption, being divorced from the people, and <u>being satisfied merely with going through formalities</u> and bureaucracy on the part of some Party officials.

原文：新形势下，我们党面临着许多严峻挑战，党内存在着许多亟待解决的问题。尤其是一些党员干部中发生的贪污腐败、脱离群众、<u>形式主义</u>、官僚主义等问题，必须下大气力解决。

译文：We must make every effort to solve such problems. —This refers to <u>going through the motions</u>, excessive bureaucracy, self-indulgence, and extravagance.

原文：出台中央八项规定，严厉整治<u>形式主义</u>、官僚主义、享乐主义和奢靡之风，坚决反对特权。

译文：We adopted the eight-point decision on improving Party and government conduct, have taken tough action against <u>the practice of formalities for formalities' sake</u>, bureaucratism, hedonism, and extravagance, and have staunchly opposed privilege seeking. （十九大报告）

2. 数字化词汇的翻译

"数字化了的词汇"是非常令翻译头疼的，中文非常简洁、易记和概念化。而到英文里，由于不同的词组合在一起，他们很多是不能用一个数字来"统领"的，有的因为英文词的不同的搭配，无法组合在一起，还有的是词性的问题，如不能用数字来形容副词。"四个全面"，开始的时候有的媒体译成 four comprehensively，问题在于数字不能修饰副词，所以后来就改为：The Four-pronged Comprehensive Strategy；同样的还有：三严三实（Three Stricts and Three Earnests），后来译成了 The three guidelines for ethical behavior and the three basic rules of conduct；"四风"（Four decadences）后来译成了 four forms of decadence。有时候，也可以将内容也翻译出来：如："三股势力"

("three forces" of terrorism, separatism and extremism) 和 "实现两个根本性转变"(Fundamental transformation of economic system and economic growth model)。用黑体字标出来的是最后的或比较权威的译文。

"三严三实"
Three Stricts and Three Earnests
Ethical Standards for Officials
Three Guidelines for Ethical Behavior and Responsible Action
Three Guidelines for Ethical Behaviour and Three Basic Rules of Conduct

"四风"
Four decadences
Four Malfeasances
Four forms of decadence
Four Forms of Misconduct within the Party

四个全面
Four Comprehensives
The Four-Pronged Strategy
Four-Pronged Comprehensive Strategy

四个自信
Matters of confidence
"Four matters of confidence"
The "Four Areas of Confidence"
Confidence in our path, theory, system and culture

五位一体
Five-in-One Development Strategy

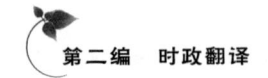

The Overall Plan for Development in Five Areas
The Five-sphere Integrated Plan（十九大报告）

五大发展理念
Five Concepts for Development
—创新发展 Innovation-Driven Development
—协调发展 Coordinated Development
—绿色发展 Green Development
—开放发展 Development for Global Progress
—共享发展 Development for the Benefit of All

五通
Five-Pronged Approach
—政策沟通　Policy Coordination
—设施联通　Connectivity of Infrastructure
—贸易畅通　Unimpeded Trade
—资金融通　Financial Integration
—民心相通　Closer People-to-People Ties

八项规定
Eight-point decision on improving Party and government conduct

3. 比喻类词汇

"补好位"

原文：同时，总有一部分群众由于劳动技能不适应、就业不充分、收入水平低等原因而面临住房困难，政府必须"补好位"，为困难群众提供基本住房保障。

译文：However, there are always people who have housing difficulties due to labor skill mismatch, being out of a job or low income, so the government must step in to provide them with basic housing.

"走神""散光"

原文：解决"四风"问题，要对准焦距、找准穴位、抓住要害，不能"走神"，不能"散光"。

译文：To solve the "four forms of decadence," we must set an accurate focus, locate the "acupoints," and firmly grasp the vitals, and we must not allow ourselves to be distracted.

"关系网""潜规则"

原文：是一些领导干部的私心杂念，是人们议论的"关系网"、"潜规则"。

译文：The reason is the selfishness of some leading officials, "relationship-ism" ("relationshipology") or some "hidden rules" that people dodge behind.

"缺钙""软骨病"

原文：形象地说，理想信念就是共产党人精神上的"钙"，没有理想信念，理想信念不坚定，精神上就会"缺钙"，就会得"软骨病"。现实生活中，一些党员、干部出这样那样的问题，说到底是信仰迷茫、精神迷失。

译文：Put figuratively, the ideals and convictions of Communists are the marrow of their faith. Without, or with weak, ideals or convictions, they would be deprived of their marrow and suffer from "lack of backbone". This has been proved true by the cases of some Party members and officials who acted improperly due to lack of ideals and confused faith.

"老好人"

原文：这种不求有功、但求无过的"圆滑官""老好人""推拉门""墙头草"多了，党和人民事业还怎么向前发展啊？

译文：How can the cause of the Party and the people proceed if there are a lot of "nice guys", people of "smooth character", those "who always pass the buck to others" or act like "weeds atop the wall" which swing in the wind?

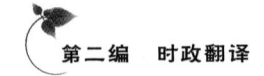

4. 特色词汇的翻译演变

书中出现了许多引人注目的新词和新的表达方式，在国内外政坛和媒体界引起了极大的反响。如何翻译好这些新词，在本书的翻译中占据了非常重要的位置。于是随着时间的推移，就出现了许多不同的版本。在比较这些版本的同时，译者不断地加深了对原文的理解，也不断地改进了英文译文。用黑体字标出来的是最后的或用得最广的译文。

"一带一路"
The Silk Road Economic Belt and the 21st Century Maritime Silk Road
Land & Maritime Silk Road Initiative
"One Belt and One Road" Initiative
"B&R" Initiative
New Silk Road Initiative
"Belt and Road" Initiative

摸着石头过河
Crossing the River by Feeling for Stones-Chinese approach to reform
The Chinese Wisdom of Crossing the River by Feeling for Stones

改革进入深水区
Deeper water zone
Uncharted waters
解析：
Deeper water 指：in a difficult situation; in trouble (Webster's); in trouble or difficulty (Oxford).

Uncharted waters 指：Of an area (of land or sea) not mapped or surveyed (Oxford).

打铁还需自身硬

To be turned into iron, the metal itself must be strong. （现场译员）

The metal itself must be hard to be turned into iron. （英国 BBC）

To forge iron, you need a strong hammer. （英国《每日电讯报》）

To forge iron, one must be strong. （CNN 以及《纽约时报》）

后来又出现了很多版本：

It needs good ore to make good iron.

It takes good iron to make good steel.

It takes good iron to make good products.

It takes a good blacksmith to make good steel.

It takes good iron to make good products.

It needs strong blacksmith to make good iron.

It needs harder hammer to make good iron.

To make good iron the hammer should be harder.

It takes good blacksmith to make good steel.

It takes good blacksmith to forge good tools. （《习近平谈治国理政》第二卷）

解析：

这里要明确几个关键词：（1）主体是"打铁人"还是"铁"本身；（2）打的是"铁矿石"还是"铁"；（3）打成的是"钢"还是"工具"。

打老虎拍苍蝇

In resolutely dealing with cases of corruption, we have caught "tigers" as well as "flies".

We should continue to catch "tigers" as well as "flies" —senior officials as well as junior ones guilty of corruption. （《习近平谈治国理政》

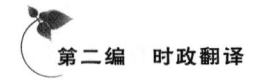

第一卷)

We have taken firm action to "take out tigers", "swat flies", and "hunt down foxes".（十九大报告）

人类命运共同体

Community with common destiny

Community of shared future for mankind

Global community of a shared future

Community with a shared future for humanity

解析：

Destiny：The inevitable or necessary fate to which a particular person or thing is destined; A predetermined course of events considered as something beyond human power or control. (American Heritage)

Share：to participate in, use, enjoy, or experience jointly with another or others.

民主党派

Democratic parties

Other political parties

解析：如果说八大民主党派是 democratic parties，那么共产党不就不是 democratic 吗？所以八大民主党派就改译成了 other political parties。

基层群众自治制度

Grassroots autonomy (autonomous system)

Community-level self governance

把权力关进制度的笼子里

Power must be "caged" by the system

Confining the exercise of power within an institutional cage

治大国若烹小鲜

Governing a country must be done carefully

Governing a country needs great care

Governing a country with a delicate touch

Governing a country must be handled with care

Governing a large state is like cooking a small fish—must be done carefully

依法治国

Rule of law

Law-based Governance

不忘初心

Never forget our original mission

Remain true to our original aspiration

十一　结语

时政类汉译英要注意的方面很多，上述只涉及用语，而且还只是一些典型的例子。在实际翻译中会遇到各式各样的问题，也应采用各式各样的处理办法，这就要求译者在实践中不断探索、不断总结，才能"悟出"汉译英的"真谛"。要提高这方面的能力，笔者有两点建议：

（1）学习国内权威的时政类译本，注意一些难点的翻译方法，同时对有些关键词汇的译法，保持跟踪其变化。

（2）随时注意英语国家有关中国的报道中一些表述方式和用语。"他山之石"可以用来改进我们的翻译，毕竟那是他们的母语，当然还要特别注意一些表述和用语的政治含义和背后的故事，这是翻译中的"政治"。

中国非洲研究院文库

主编 李新烽 白乐

译路峰景

Translators on Their Craft

——名家谈翻译

中

中国社会科学出版社

中册目录

（作者排序不分先后）

第一编　联合国翻译

陈　峰 | 联合国中文同声传译的特殊要求 / 3

胡茂亚 | 高级同传的职业生涯 / 16

刘达政 | 联合国审校培训谈话记录 / 50

徐亚男 | 联合国翻译及文件翻译的特点 / 87

尹晓宁 | 联合国文件译审经验谈 / 111
　　　　小议安理会决议翻译 / 125

赵兴民 | 联合国文件翻译
　　　　——译法的推敲、选择和统一 / 128

第二编　应用型翻译

常玉田 | 化繁为简，商务英汉翻译并不困难 / 147
　　　　化简为繁，商务汉英翻译亟待发展 / 159

陈瑞清 | 透过语料库提升新闻翻译能力 / 180

李克兴 | 对一部地方性法规翻译的透析 / 189

张卜天 | 我对科学史翻译的认识和体会 / 260

章思英 | 中华思想文化术语英译的原则及应用 / 269

第三编　大数据时代的翻译

王华树　李　智 | 人工智能时代的翻译技术发展 / 281

朱　珊 | 医学口译技术的新发展：远程视频口译 / 294

张成智　王华树 | 翻译学的技术转向 / 304

徐　彬 | 翻译生态中的翻译技术发展 / 320

崔启亮 | 人工智能时代高校翻译专业的翻译技术教学 / 332

赵毅慧 | 技术哲学视域下口译技术"名"与"实"探析 / 346

第一编
联合国翻译[*]

---

* 本章约稿过程中得到了北京外国语大学李长栓教授的协助,特此感谢。

1979年，随着北京外国语学院（现北京外国语大学）成立联合国译员训练班，一批又一批的学员前往联合国任职翻译。自此，中国为联合国输送了大量口笔译人才。在联合国多边外交的舞台上，他们的身影形成了一道亮丽的风景线。

联合国文件翻译有哪些不同于其他类型翻译的特点和原则？在联合国做同声传译"翻译官"是一种怎样的体验、面临什么样的挑战？联合国译文质量评定有哪些原则和标准？联合国文件审校有着怎样的程序及要求？

本编邀请了常年在联合国总部及各办事处任职的资深翻译、审校，介绍联合国的语言服务、部门设置、流程要求等，阐述联合国文件敏感度高、时效性强、涉及内容广等特点，并结合多年的经验心得，对联合国文件翻译技巧及相关的编辑、审校、文本处理方法进行了深层次剖析。在分享宏观方法、理论的同时，从词、句、语篇等方面进行了多维度探讨，辅以具体的译例讲评和经典译法的推敲论证过程。

在这里，读者也将走近同传前辈，接触真实的翻译场景。两位高级同声传译员以其亲身经历为例，介绍其在联合国的日常工作状态，解读联合国同声传译所涉及的政治敏感度及各国立场的分寸把握。通过大量的口译实战案例，读者可以了解到联合国同声传译所需的广阔的知识面和过硬的翻译技巧、所应具备的专业素质及应变能力等。

联合国中文同声传译的特殊要求

陈 峰

1971年10月25日，联合国在经过长期多个回合的激烈斗争之后，在联合国大会第1976次全会上按投票表决方式，以76票赞成、35票反对、17票弃权的压倒多数通过了由阿尔巴尼亚和阿尔及利亚（简称为"两阿"）牵头提出的关于《恢复中华人民共和国在联合国组织中的合法权利问题》的第2758号决议，这一立即生效的具有重大历史意义的决议承认中华人民共和国政府的代表为中国在联合国组织的唯一合法代表，并立即将蒋介石的代表从他们在联合国组织及其所属一切机构非法占据的席位上驱逐出去。中国非常重视和积极参与联合国这个多边外交舞台的各项活动，在多个会场用中文频频发言阐述中方立场，长期被忽略的中文作为联合国的正式语文之一，在联合国的地位也迅速提升，培养中文专业同声传译及笔译工作人员的紧迫性也随之凸显出来。成立联合国译员训练班的设想就是在这个背景下应运而生的。

1979年秋，联合国与中国外交部和教育部三方达成合作协议，借当时的北京外国语学院（现北京外国语大学）的宝地和师资开设联合国译员训练班（United Nations Interpreters and Translators Training Course），简称"译训班"，四年后改称联合国译员训练部（Programme），目的是为联合国培养科班出身的正式翻译，尤其是开始每届只限10名的同声传译（后几届随需求饱和而递减）。此举开了中国同声传译专业培养教育之先河，也是中国在改革开放之初为发展多边外交迈出的重大一步，对日后中国同声传译事业的全面发展树立了很高的标杆，奠定了扎实的基础。

合作三方商定将联合国译训班作为研究生课程，首届招生只向大学英语教师、外语工作者和外语研究生开放。跟现在大不一样的是，中国在1966年前的十七年里培养的外语研究生少之又少，如我就读本科的中山大学外语系在十七年里，只招收了三名学生。1978年才开始恢复招收少量研究生。所以，当时的研究生学历是很难迈过的门槛。1980年秋第二批招生时，译训班扩大招生面，允许"大学应届毕业生"报名应考。这时，学制只有三年的最后一届工农兵大学生——七六级学生甫毕业，所谓的"大学应届毕业生"即刚步入三年级第二学期的"文化大革命"后首届通过全国高考入学的七七级学生。招生简章规定，凡通过考试获录取者，一律获得大学本科毕业资格。

可以说，当教育部颁发译训班前两届招生简章时，"同声传译"对我们几乎所有学生来说，是头一回听过的新名词，更别说"同传"二字了，就连我们的大学老师也一头雾水，即使是参加译训班领导和教学的从北外抽调的精干老师（其中两人提前送到欧盟的前身——欧共体接受三个月的翻译培训）对中国能否按要求培养出合格的联合国同传译员，心里也没有几分把握。

经过三方积极合作，在全国范围优先招生，再经过历届师生们的刻苦奋战，作为中国第一个专业同声传译摇篮的联合国译员译训班终于拿出了一份份令人满意的答卷，先后共为联合国培养了十二批学员，为联合国输送了急需的大批口笔译人才，其中有一些早期毕业生在联合国"服役"期满回国后，成为中国外交等战线的干将。前三期毕业生在联合国"服务"五年后按当时中国政策规定回到外交部长期工作的，有现任中国驻美国大使崔天凯、前驻联合国常驻代表及现任对台办主任刘结一、现驻希腊大使章启月（刘结一夫人）、原外交部副部长及港澳办副主任何亚飞、驻伊朗大使庞森。

随着改革的进一步发展和涉外政策的放开，后来招入的毕业生大多留在联合国纽约总部、日内瓦、维也纳和内罗毕三个办事处和设在曼谷的亚太经社委员会（ESCAP）长期工作，直至退休。就讨论议题覆盖面和代表出席的政治层次而言，坐落在纽约的联合国总部最为重要。联合国译员训练班在中国办了十二期之后，圆满完成了其使命，同时也因联合国不再拨经费，遂于1993年停办，最后一期只有五名正式同传学员，包括曾在外交部原翻译室工作、后来在联合国工作过两年的朱彤和外交部翻译司上一任司长张建敏。现在的北外高翻学院就是在原译训班的师资、资料和教学方法基础上办起来的，甚至所用的教学大楼和配有同传间的三百人礼堂，都是当时联合国出资建成的。

四十年之后，在中国的大中城市里，人们对"同声传译"乃至"同传"早不陌生，甚至有不少人将其美誉为"金饭碗""金领"，在一些新闻报道中被断章取义、哗众取宠地描述为"时薪数千""日薪过万""一天的收入等于白领一个月的工资"，紧紧捉住了人们的眼球和胃口，使众多不知情者简单将此数目乘以一天八小时，一年二百五十多个工作日，结果是浮想联翩，或自叹不如，或趋之若鹜，或望子/女成龙。记得我一次前往一所中国名校的外国语学院，正好听到学院大楼门前路旁一位母亲在力劝即将参加高考的女儿：就报同传或外交专业，毕业后收入会很高的！

目前，中国国内设有同传教学课程和同传实验室的高校林立，英美欧澳也应如饥似渴的中国留学生的需求而先后开设了多个同传专业课程，京上广等地的自由职业或兼职同传早已成行成市，业者日众，甚至出现一些自誉为"九段"的译手。笔者本人也先后到过北外、上外和广外的高翻学院及中山大学翻译学院、美国马里兰大学等多所高校进行教学，对一些学生和翻译比赛参赛者的干劲和潜力留下了很深的印象。可以说，国内外一些高校和同行对同声传译的基本要求和基本训练方法早已熟悉，但对联合国的同声传译工作性质、规程和业务要求，不少抱有翻译志向的学生、在高校从事翻译教学的老师乃至国内外同传业者也许还是不甚了解。此文谨对联合国中英/法同传（目前有两名在职中法同传）的要求略为介绍一二。

同声传译作为一项专业，对翻译的基本素质、训练和经验有其最基本的要求，中国也相继出台了一些资质证书，近十几年来组织了一系列全国性比赛。不过，就对专业要求和招聘考试的难度而言，莫过于联合国的征聘考试。当历年从译训班毕业并通过招聘考试被列入联合国备用人员名单的历届毕业生基本使用殆尽之后，联合国于2005年开始每隔4—6年在全世界招考中文同声传译，以补充新血。2018—2019年举行的是第四次这种招聘考试，面向全球。每次报考者都有逾千人之众，第一次考试的参加人数甚至远超2000，但每次能闯过资格审查、笔试、口译考试和面试几关的幸运者都不超过两位数，为时一年后于2019年3月结束的招聘考试，经过重重筛选，最终仅录取八人。

联合国对同声传译的要求很高，这是其机构和工作性质及讨论问题的覆盖面所决定的。

许多人把联合国跟安理会简单等同起来，其实不然。联合国工作的三大支柱是世界和平与安全、发展和人权。落实到具体主题，则包括预防冲突、维和、重建和平、裁军、领土纷争、财务、金融、国际会计标准、海洋、减贫和扫贫、经济、贸易、卫生、妇女、儿童、环境、气候变化、老龄、残疾人、教育、卫生、工业、科技发展、两性平等、可再生能源、鱼类、难移民、法律、宗教、文化、新闻……不一而足，而每一项又可以再细分，每一分项都可以成为任何人毕生专攻的领域。所有这些领域又都囊括在含有17个总目标和169个指标的"2030可持续发展议程"里（可称为联合国的第二个"十五年计划"，第一个是2000—2015年的千年发展计划——Millennium Development Goals）。

就专职部门和机构而言，除了联合国的六大机关——联合国大会、安全理事会、经济及社会理事会、托管理事会、国际法院和秘书处之外（正在改革的秘书处就有现存的政治部、维和部、管理部、新闻部、大会事务部、外勤部、安保部及其他机构），联合国系统内还有多个预算和运作相对独立的基金和方案（funds and programmes），如联合国贸易和发展会议（UNCTAD）、国际贸易中心（ITC）、联合国国际药物管制规划署（UNDCP）、联合国环境规划署（UNEP）、联合国难民事务高级专员办事处（UNHCR）、联合国开发计划署（UNDP）、联合国资本发展基金（UNCDF）、联合国志愿人员（UNV）、联合国妇女发展基金会（UNIFEM）、联合国粮食计划署（WFP）、联合国水资源组织（UN WATER）、联合国人居署（UN HABITAT）、联合国儿童基金会（UNICEF）、联合国人口基金（UNFPA）、联合国人类住区规划署（UN Human Settlements Programme）；还有更加独立的专门机构（specialized agencies），包括联合国粮食及农业组织（FAO）、国际民用航空组织（ICAO）、国际农业发展基金、国际劳工组织（ILO）、国际货币基金组织（IMF）、国际海事组织（IMO）、国际电信联盟（ITU）、联合国教育、科学及文化组织（UNESCO）、联合国工业发展组织（UNIUDO）、世界旅游组织（UNWTO）、万国邮政联盟（IPU）、世界卫生组织（WHO）、世界知识产权组织（WIPO）、世界气象组织（WMO）、世贸组织（WTO），还有国际原子能机构（IAEA）、国际刑事法院（ICC）、国际海底管理局（ISA）、国际海洋法法庭（ITLOS）、禁止化学武器组织（OPCW）及世界银行集团。联大、安理会和经社理事会下设的其他办事处、常设委员会、制裁委员会、特设机构、工作组和研究所更是数不胜数。

可以毫不夸张地说，这些机构讨论和处理的题目包罗万象，远超出一般人的想象和知识范围。加上各国代表和特邀专家、发言嘉宾来自于不同的社会、文化和宗教背景，发言中所涉的历史、知识、立场、审视角度和阐释方式往往会俨然不同，甚至有时乍听起来令常人觉得难以捉摸，不可思议。要做到在任何时候都能瞬时理解、转换并用目标语言正确、完整地传递出任何有关信息、主张和词句，不啻是一大挑战，而这也是联合国同声传译有别于社会上或国家部委同行的地方之一。

记得我们在译训班学习时，联合国派来进行长期教学的词汇专家 Ian Hamilton 先生在第一堂课就跟我们强调，联合国的翻译必须成为 a walking encyclopedia（会走路的百科全书），不仅仅要了解 everything under the sun（世间一切），还要知晓 everything in the universe（宇宙万物），因为联合国关心讨论的问题不光从天上到地面，还涉及地下和深海乃至原子、中子、质子、粒子，而且也不仅限于我们这个星球——联合国就设有和平利用外层空间委员会（COPUOS），而裁军审议委员会、裁军谈判委员会现在每年都就防止外空军备竞赛、空间卫星碎片等问题进行异常激烈的辩论，不时会涉及核当量、卫星捆绑火箭、乏燃料、贫铀弹、中子等技术性问题。

就微观世界而言，记得有一次六委讨论深海探矿和海床洋底富钴锰铁结壳的相关发展前景问题。这种矿产资源我还比较熟悉，因为这是总部设在牙买加的国际海底管理局的工作重点之一，而我多次去该机构参加年会。但那天请到联合国总部的主讲专家着重讲述的是从深海海山具有极度高温的 hydrothermal vent（热液喷口）周围发现的新微生物、它们长期繁殖所产生的金属和其他多样性物质及这些生化物质用于药物生产的前景，里面涉及很多生物化学和医药词汇，而这些发言都是在没有事先跟口译员打招呼、不提供讲稿或提纲的情况下限时进行的。

跟外面同传不一样的是，我们在联合国的会议通常是前一天晚上才得知被分配到次日上午哪一场会工作，下午两点左右才知道当天下午三点被派往哪一场会（得知后有时还要从家驱车近一小时赶往联合国），而会议议程通常都是到会场后才能得到，即使有时能得到发言名单，基本上也是会议期间才提供的。有时一场会提早结束，翻译就会立即被调往另一个已开到一半的会议。会议高峰时期，有时半天同时召开十场会，一名翻译可能会被分配到任何一个会场。例如，一名翻译可能第一天上午被分到联大第一委员会（一委）翻小轻武器题目，下午在二委翻与布雷顿森林机构的对话会，次日上午在三委对付人权或艾滋病问题，下午在四委翻直布罗陀等非自治领地人民代表情绪激烈的请愿，第三天上午在五委参加涉及大量数字的联合国预算的讨论或谈判，下午翻六委的 BBNJ（国家管辖范围外生物多样性）有法律约束力文书的谈判……

所以，在联合国是不可能专攻一样的，而且也不像在同传市场那样提前几天甚至更长的时间得知某场或连续数日的同一专题活动，可以尽情做充分的查询和准备，提前跟客户索取讲稿和 PPT。在这种情况下，要从容应付突如其来的各种题目和无数背景各异的发言者，胜任每一场同传工作，就须有扎实的知识基础和实战经验，并在原有基础上毕生不断积累学习，辅以（在时间允许的情况下）抓紧有限的时间对重要和不熟悉主题进行搜寻，在会前少量时间里和会议期间快速翻阅分发的会议文件（如果有的话），重点熟悉相关人名、职务和个别关键词语。当然，也总会遇到你知识范围之外的内容，这就需要有灵机应变的能力（resourcefulness），尽快抓住意思，边干边学，及时妥当处理。所幸的是，我们平均每周做七场各为三小时的会，相当于七个半天，即每天都在做同传，日复一日，年复一年，常年下来，早就习以为常了。这也是跟一般同传不一样的地方。当然，除工作之外，平日不断学习，跟上世界的变化，也是力争处于不败之地的最佳保证之一。例如，几十年来，只要有可能，我就一直坚持听 BBC News Bulletin 和 Newshour 节目，尤其是早上开车上班的时候。

可见，要成为联合国同传队伍之译员，除中外语言和翻译技巧需过硬之外，广阔的知识面、相关中英或中法文词汇和长期的实践积累也是必不可少的。正因如此，近十几年直接从社会上招入的正式译员，往往都是在同传市场和外交部滚打多年，甚至十几二十年的佼佼者，鲜有刚出炉的研究生。这并不是说毕业生就没有机会了，而是意味着如果你开始一两次没有考进联合国，也不必气馁。只要持之以恒，在长期实践中不断提高，当你的技艺达到炉火纯青的程度后，如果改变想法想到联合国工作，或许会是水到渠成的事。

在国外，尤其是联合国、欧盟等机构，同声传译并不是吃青春饭，近年考入联合国的中文同传，就有年近半百的，而且由于基础扎实，经验丰富，很快就能胜任各项工作了。为应付联合国会议高峰时期的需要，联合国还拥有一支人数相当的 freelance 队伍，其中不乏 70 岁甚至 80 岁的退休同行，一些人的翻译质量甚至超过多数年轻人。

联合国成立之初就设有中、英、法、俄、西（班牙）语五种正式语文，随着 20 世纪 70 年代初油价飞涨和欧佩克组织在世界舞台的崛起，增加阿拉伯文的呼声日高。于是，联合国于 1973 年对宪章进行了历史上唯一一次修改，增加了阿拉伯文作为第六种工作语文。此后，在联合国绝大多数会议上，这六种语言并行，每场会议除英、法、俄、西语各配两名同传外，阿文和中文厢里则各有三名同传，这

第一编　联合国翻译

是因为阿文和中文需双向翻译，而前四种语言只需，也只允许译入译员本人的母语，只做单向翻译。作这种安排的原因是在联合国历史上几乎找不到一个母语是英、法、俄或西语的正式译员能胜任阿文或中文的同传翻译，无论是哪个方向；阿文和中文厢由于要进行双向翻译，整场会没有喘息之机，而其他四个语种，尤其是英文厢的同事则只要遇上发言者用相关的母语发言，就可关机休息，至少只要聆听跟会就行了。因此，联合国一般每场会议需分配十四名同传译员提供会议翻译服务。

　　当然，不可能期待译员们同时精通这六种语言，所以实际的做法往往是要进行接力。如一位讲阿拉伯语的代表发言时，我们中文厢会先等阿文厢的同事先译成英文或法文，而他们有一半人是只能译成法文的。如遇到这种情况，我们还要先等英文厢的同事"接力"将法文译成英文，我们中文厢再次接力将英文译成中文。而这一切都是在短短几秒内完成无缝衔接的。在原来就要求很高的基础上，这对每一道翻译的完整性和准确度进一步提高了要求。听说有一个区域组织对同传一次性译出率的要求是 90%。试想一下，按此译出率，经过三道翻译之后，原来的内容就只剩约 70% 了！这在联合国会议和针锋相对的外交谈判和交锋场合，是万万使不得的！记得一位同事有一次只是因为出于习惯将 S 国代表介绍自己国内的"disarmament"（裁军）译成了"nuclear disarmament"（核裁军），即误加了"核"一个词，结果被其敌对国抓住不放，行使答辩权指责 S 国家在否认数十年后，终于承认自己拥有核武器。接着造成连锁反应，S 国的友国纷纷起来也行使每个国家都享有的两次答辩权发言，支持 S 国，声讨其敌对国，最终这一字之差导致会议延长了一个半小时之久！

　　由此可见，在联合国这个国际多边外交大舞台上，政治敏感性之强是不言而喻的。在国名的翻译方面更是如此。例如，由于与希腊历史纠纷的原因，1991 年脱离南斯拉夫独立的马其顿在联合国长期使用的唯一正确名字只能是马其顿前南斯拉夫共和国（the Former Yugoslav Republic of Macedonia），否则希腊会马上提出抗议。2019 年 1 月 11 日马国通过宪法修正案，将国名易作"北马其顿共和国"，随即引起希腊联合政府的动荡。看来，这个长达27年的国名之争，还将持续下去，作为联合国的翻译，一不小心，就会掉进陷阱，引起不必要的风波。

缅甸的英文国名原为Burma，是大英帝国从1824年开始的一百二十多年殖民主义中使用的名字。缅甸于1948年获得独立之后，仍沿用这个名字，称为the Union of Burma，直至1989年政府决定要去掉旧殖民主义的痕迹，按本国语言的发音改成Myanmar，各国也就照用了。但是，从2010年前美英等国支持昂山素季领导的反对派试图推翻缅军政权起，这两国在公开发言和国家媒体报道时执意改回使用Burma，刻意贬损缅甸，英国有时还不阴不阳地同时并用两个名字：Myanmar（Burma）。2015年11月，西方极力支持的昂山素季领导的全国民主联盟最终赢得大选掌权后，英美随之改用Myanmar。但好景不长，随着美英就缅甸的若开邦等地骚乱及难民事件后开始对新政府、包括昂山素季施压，它们又恢复使用Burma来羞辱缅甸。在这种情况下，假如中国代表发言时，不知就里的中文翻译将国名译成Burma，那就意味着中国在这个问题上是站在美英一边了！其后果可想而知。

同样，两个朝鲜的英文译名也可能会成为陷阱。在联合国等国际场合，"韩国"通常译为Korea，正式国名"大韩民国"则译为Republic of Korea，缩写是ROK，不叫South Korea。"朝鲜"通常译为DPRK，即其正式全称"朝鲜人民民主共和国"People's Democratic Republic of Korea的英文缩写。绝不能在中国发言时将"朝鲜"译为North Korea，否则朝鲜代表马上就会举牌抗议了！相比之下，美国反而执意不说People's Democratic Republic of Korea，也不用government这个词，而是故意用North Korea和regime来表示鄙夷。据了解，2010年广州亚运会举行开幕式时，就因为韩国运动队的英文牌子没写对，朝鲜队拒不上场以示抗议，导致开幕式中断了很长一段时间，应该算是国际事故了。

我们初学英文时，或模仿英式发音，或偏好美剧英文，都是为了学好一口标准地道的英文。不过，既然联合国汇集了五湖四海的人，用非正统的英文口音发言者占了多数，即使非洲、印巴、孟加拉、新

第一编 联合国翻译

加坡等不少将英文列为官方语言的国家，其口音对中国不少学生甚至老师也是有一定挑战性的。我原来在中国外交部翻译室工作时，除专门负责跟英国、港英当局打交道的翻译工作及按正常分派临时负责某国来访或出访某国的翻译之外，还被我的顶头上司杨洁篪处长指定专门负责印巴等南亚地区国家谈判交往的翻译，就是因为该地区的口音、句法比较难懂。笔者也遇过一名非外交部翻译室翻译由于在电视直播的两会记者招待会上连续三次听不懂某一口音较重记者的一句提问而导致记者招待会暂停、自己败下阵来的窘境。

作为专业翻译，我们的责任是要听懂、听全每一个发言者的意思并尽可能全部传神地翻过来，切不可因为自己听力仍欠火候，无法听懂而责怪发言者。记得在译训班的一堂同传课上我们用泰国代表的发言做练习，老师回放一名学生的翻译时，中间长时间没了声音。她以为是这位同学没录上，又连放了两位同学的磁带，也同样出现连续空白。究其原因，全班同学一致声讨这个代表的英文"太烂"，而且口音重，无法翻下去，也不愿为他翻。老师严肃地对我们说，作为联合国翻译，我们的责任就是要努力听懂每一个发言者的意思并争取完整译出，真正起到沟通桥梁的作用，切不可停止翻译，也不可能告知听众：由于发言代表的英文语言质量差，我就无法或不愿翻出来了。这番话，我迄今铭记在心。

对国内不少同传学生和工作者来说，由于浸泡在英文环境的机会相对少，接触各类英文口音的机会更不多，因此英译中也许还是一大短板，在注意力同时分开使用、听力的"水龙头"被关小并有记忆、转换、传递同时干扰的情况下，无法听全听懂英文原文。在这种情况下，常出现的应付办法是翻译根据发言者的逻辑现编补缺，用足够的话语、字正腔圆的发音和流畅的语速加以掩饰美化，使听众折服，让客户满意。在联合国，这是大忌。殊不知，差之毫厘，谬以千里，严重时会带来产生外交纠纷的风险。上面一例足以为证。

Completeness（完整性）和 Accuracy（准确性）是联合国同传招聘考试的其中两大要求。建议有志者除了看英美剧和电影之外，也多接触和试译其他国家的发言，真正闯过同传而不是单听的听力关，在平时练习和实际工作中从难从严要求自己，绝不得过且过，方能争取做到"兵来将挡，水来土掩"，立于不败之地。

在联合国除了一些正式会议里能在会上或翻到一半时得到一些讲稿外，绝大部分发言都是口译在手中没有讲稿而发言者凭讲稿阅读的情况下现场翻译的，况且一些讲稿只有法文、西班牙文、俄文、阿拉伯文文本，对不懂这些语言的翻译来说也几乎无济于事。近二十年来，即使在全会一般性辩论和安理会作正式发言，美英这两个英语语言大国都是自己凭讲稿发言，原则上一概不提供英文讲稿。特朗普总统这两年在联大一般性辩论的两次发言也如是。近十几年，随着科技的飞跃发展，不少代表就在笔记本电脑或平板电脑上写好发言稿，在会上直接照念。由于联合国讨论的问题日益增多和细分，在已有193个会员国的基础上，近二十多年的趋势是越来越向民间社会、非政府组织、企业界、学术界等敞开大门，而会议室数目、会议时间和相关的会议服务资源是有限的，主席只好限定每个国家代表团发言时间为5分钟、3分钟甚至2分钟，民间社会代表的发言则更短，更充满激情，不讲究发言技巧，给翻译也增加了难度。有时，麦克风通过电脑系统控制，时间一到就自动关闭，即使对远道而来的部长们也毫无客气可言。而发言者则想尽可能多讲述自己的政策和立场，其结果是不少人都在像打机关枪似地飞快读稿，或是跳跃着念或随意增加修改，甚至连加拿大、新西兰这种母语为英语的国家代表有时都念得上气不接下气，而联合国的书面语比外面讲座的即席发言语句结构复杂，要难翻得多。在此情形下做高速无稿同传，难度之大可以想象。翻译机面提醒主席让发言者放慢速度的按键早已弃用。

鉴于发言速度不断加快这一不可阻挡的趋势，建议有志于报考联合国同传者不妨在保证质量的基础上，加大提高语速的练习力度和强度。

谈到语速，对汉译英的要求值得一提。中文与西方语言的主要差异之一是，中文比较简练，而西方语言音节相对较多。据统计，平均200个中文字译成英文后，会有320个音节。加上中英短语和句子结构不同，有时要等到听到后面才能开始译，因此，即使中文发言者以中速读稿发言，同传翻译能跟上速度也绝非易事，即使手中拿有英译稿跟读也是如此，更何况中国代表有时会根据会议情况对发言稿作口头增删更改。如不跟紧，是会很容易漏掉的。例如，中国担任安理会主席主持会议时说："感谢英国代表发言，请玻利维亚代表发言。"（17个音节），译成联合国的正式英文后，就成了"I thank the representative of the United Kingdom for her statement. I give the floor to the representative of the Plurinational State of Bolivia."（43个音节）。不论主席，还是下一位代表都不会等你，马上就接着发言了。而你还要尽快说完，以免占用英文频道，影响英文厢同事将西语译成中文，同时还需立即转换频道将英文译成中文，而这一切都必须在几秒钟内无缝完成。

  有些人刚到联合国觉得中文译员遇到中译英/法的格外重视态度是"如临大敌"，大可不必，认为自己在国内已经身经百战，即使不是刀枪不入，也是经过千锤百炼，处事不惊的了。殊不知，在外交场合对立场及措辞的表达是要求很严的，有时即使是改一个短语、一个词都须向国内报批。如经国内领导精心修改的内容，即使是一个短语或一个字到了翻译口中却被漏掉或译错了，岂不白费功夫甚至引起其他代表对中国立场的误解？况且，尽管在联合国多数会议里英译中的机会远比中译英要多得多，但每当中国代表发言时，全场，包括等着接力的阿、法、俄、西文厢同事都要依靠我们中文厢，一旦卡壳或译错则一错全错，甚至导致全场鸦雀无声了。加之，英、法文不是中国土生土长的翻译的母语，要使译出语达到不仅是一般母语、而且是联合国多边外交对话的层次，也是需要长期磨炼提高的。遇上中国某一时期常用的具有中国特色的说法，如"人类命运共同体""共建共治共享"，更要严格沿用几经推敲的标准译法。有些用词在国际上有特定的含义和商定的说法，如"残疾人"过去在中文叫"残废人"，直到20世纪80年代在邓朴方领导下的中国残疾人福利基金会（后改为中国残疾人联合会）积极努力，才改变了在国内外、包括联合国的译法。而英文的提法也从开初的 disabled people、the disabled 变为20世纪70年代左右改用的 the handicapped、handicapped people，到2007年3月20日通过的《联合国残疾人权利公约》经过反复协商讨论最终敲定的 persons with disabilities 或 people with disabilities。就这种词语而言，要认真熟悉，而不是任意发挥。

虽然国内中译英的机会较多，但如何通过浸入式的学习与模仿，通过（最好有人指点修改的）笔译练习进一步提升作为译出语的英文的水平，跟上形势发展，不失为提高自己业务水平或备考联合国的一种行之有效手段。

联合国不光有大量直属和附属机构，七十多年来也订立了大量公约、条约和协议，先后建立了数十个维和行动和特别政治团，涉及无数专有名词短语，包括军事用语。秘书处和各国代表在多次提及有关机构和短语时，为节省时间，避免冗长的重复，往往使用缩略语。这就需要同传译员平时尽可能熟记心中，会上脱口而出，不至于出现卡壳现象。举 PAROS 为例，不仅要知道它的英文全称是 prevention of an arms race in outer space，还要熟记中文译法——"防止外层空间军备竞赛"。再如，UNCLOS：United Nations Convention on the Law of the Sea（《联合国海洋法公约》，简称为《海法公约》）。还有 MINUSCA（United Nations Multilateral Integrated Stabilization Mission in the Central African Republic）联合国中非共和国多层面综合稳定团，简称：联中稳定团。试想，如遇上这种名字再加以展开分解，然后译成中文，可能早已错过后面一两句话了。缩略语也不仅限于机构和条约名称，经社类的例子有 LLDCs（Landlocked Developing Countries——内陆发展中国家），SIDS（Small Island Developing States——小岛屿发展中国家）。记得有一年进行招聘考试，一批考生出来后互问：录音里的 ECOSOC 是什么意思？这好比不知道安理会是什么一样。如果连跟安全理事会具有同等地位的经济及社会理事会（简称为：经社理事会）都不知晓，对联合国经社内容的熟悉程度也就可想而知了，进而对翻译质量的影响，也是不言而喻的。

联合国招考同声传译有一定的程序和要求，除以上介绍的几个比较特殊的关键点之外，限于文章篇幅，这里恕不作详细介绍。有兴趣者可参看联合国有关网页：https：//languagecareers. un. org/dgacm/Langs. nsf/page. xsp？key = Recruitment-Interpreters 或 https：//un. org。

高级同传的职业生涯

胡茂亚

"同声传译",也叫"会议口译",简称"同传"。自1983年我从北外"联合国译员训练班"的同传专业毕业以来,从事职业同传35年。最初也在国内为党和国家领导人做过"交替传译",为当时中国唯一外交季刊 *Foreign Affairs* 英文版做过笔译和审校。1990年应聘联合国,第一站是设在泰国曼谷的"联合国亚太经社会",七年后调往纽约总部,现任联合国会管部口译处中英"高级口译(Senior Interpreter)",除同传本职外也分管培训与考试。此前还创办并主持过上世纪末网上影响力最大的双语网站"汉英论坛"。

35年的职业生涯,自有讲不完的故事,会有机会和盘托出的。或许有人以为,既然是联合国总部的高级同传,应该重墨勾出纽约的辉煌,那才叫惊艳。我却不以为然,偏要由小及大、自下而上,这叫见微知著、每下愈况。于是,应组稿方要求并限于篇幅,先上一份开胃点心:《高级同传的职业生涯》之"亚太篇"。

一 小试锋芒

联合国的中文同传主要分布在五个服务地点:美国纽约总部(25—26位)、瑞士日内瓦办事处(13—14位)、奥地利维也纳办事处(4—5位)、肯尼亚内罗毕办事处(3—4位)和泰国曼谷亚太经社会(3位),共50位上下。前四处为全球性机构提供服务,唯有亚太经社会属于地区性机构。类似的还有非洲经委会,欧洲经委会,西亚北非经委会，拉美加勒比经委会等，但因为那里没有讲中文的成员，无须中文同传。同理，亚太经社会没有用阿拉伯文和西班牙文的成员，只用中、英、法、俄四种语文，而其他全球性机构均须提供阿、中、英、法、俄、西六种语文的同传服务。

20世纪90年代，应该是亚太经社会中文同传的黄金时段，这与当时会务科科长蒋亨达先生似有很大关系。蒋先生属于那种大陆人眼里的"台湾人"，台湾人眼里的"外省人"，1949年前后随父母去的台湾，后来留学美国，再后来改持中华人民共和国护照考进联合国秘书处，平常爱好舞文弄墨、吟诗作赋，双语功底扎实，甚至强过他的某些同辈口译。作为会务科的华人科长，他经常为前来亚太经社会参会或访问泰国的各级政要，比如国务院副总理兼外长钱其琛、国务委员兼科委主任宋健等，积极安排演讲或作专题报告，给在职同传开辟了难得的用武之地。

刚到曼谷不久，就赶上国务委员宋健来曼谷出席环境与发展会议，会后应邀给亚太经社会秘书处全体职员发表演讲并回答问题。蒋先生事先特别交代，演讲部分，宋自己宣读准备好的英文讲稿，但进入问答部分将用中文，需要同声传译，让我负责把宋的即兴答问同步译成英文，另配一位口译把听众的英文提问译成中文。宋的15分钟演讲，主题是科教兴国，可是听众似乎对后面的答问兴趣更浓，涉及国内的科技体制改革、科教人员的现状、工作条件、生活待遇，等等。用汉语答问毕竟比用英语念稿顺口得多，国务委员侃侃而谈，形象生动，有问必答，气氛活跃。本来只准备15分钟演讲再加15分钟的答问，可实际进行了将近两个小时，言者口若悬河，译者滔滔不绝，听者意犹未尽。会后听众的反馈也很热烈，还持续了好几天。

"你们才是真正的口译！"

第一反馈来自同行。英文厢的口译Tina（英国人）快步赶来中文厢道贺："Congratulations! You've got a very good accent!"（祝贺！你的口音很好听！）然后又补了一句："You guys are real interpreters, doing two-way, unlike us, only one-way!"（"你们才是真正的口译，做双向，不像我们只做单向！"）

第一编 联合国翻译

　　这也是事实。联合国六种正式语文，阿、中、英、法、俄、西。除阿文和中文外，另外四种同属欧洲语言，译员只做单向，将别的欧洲语言译成自己的母语，无须将母语译出去。比如在亚太工作的英国人 Tina，只需将法语、俄语译成英语即可，而在其他全球性服务地点，英文厢还会有西、法组合的搭档轮着将西文或法文译成英语（只不过亚太不用西文），而所有英语发言均由中、法、俄三语的口译分别译成各自的母语，在全球性服务地点还得加上阿语和西语。只有阿文和中文口译兼做双向，既要把外语译成母语，也须将母语译成外语，因此也只有阿文和中文每厢每次安排三位同传，而其他四种欧洲语言是每厢每次两位。既说明中文与欧洲语言的巨大差异，也揭示了中文口译难上加难的现实。

　　根据语言学家的广泛共识，"英法西俄"四种欧洲语言同属"印欧语系（Indo-European languages）"，阿文属于"闪含语系（Semito-Hamitic languages）"或称"亚非语系（Afro-Asiatic languages）"，中文属于"汉藏语系（Sino-Tibetan languages）"。如果把大的语系比作大树，那么同一语系中的不同语种可按地缘语源的远近亲疏分归不同的大小树枝，比如在印欧语系这棵大树中，法文西文同属拉丁分枝，英文归属日耳曼分枝，俄文另属斯拉夫分枝。鉴于欧洲大陆与中国大陆在幅员上的相似性，欧洲语言之间的关系其实类似中国各大方言块。中国要不是用表意方块字统一了书面语，而用拼音字母分别将各地互不相通的方言标出，那么，中国的语种会数倍于欧洲语种。在某种意义上讲，欧洲的不同语种，实际上类似中国的不同方言。

　　方言之间沟通的特点是：只要把握一些用语的发音差异，会有相互提示作用，而不用苦苦搜索对应词。比如英文的 administration，法文是 administration，西文是 administración，俄文是 администрация（发音 administratsiya），而中文呢？前面任何一个单词能给普通中国人什么提示吗？什么也没有，必须死记硬背这个单词。不仅没有提示，还得视不同的上下文使用不同的中文对应词：1. 行政（xingzheng）、2. 管理（guanli）、3. 施政（shizheng）、4. 当局（dangju），无论是汉字还是拼音，跟四大欧洲语言不仅毫无相似之处，而且不可能一一对应。再比如：

英文 admiral，法文 amiral，西文 almirante，俄文 адмирал（发音 admiral），中文：1. 海军上将（haijunshangjiang）、2. 海军总司令（haijunzongsiling）；

英文 arbitration，法文 arbitrage，西文 arbitraje，俄文 Арбитраж（发音 arbitrazh），中文：1. 仲裁（zhongcai）、2. 公断（gongduan）；

英文 communication，法文 communication，西文 comunicación，俄文 коммуникация（发音 kommunikatsiya），中文：1. 通讯（tongxun）、2. 沟通（goutong）、3. 来函（laihan）、4. 交通（jiaotong）；

英文 information，法文 information，西文 información，俄文 Информация（发音 Informatsiya），中文：1. 信息（xinxi）、2. 宣传（xuanchuan）、3. 新闻（xinwen）、4. 情报（qingbao）、5. 资料（ziliao）、6. 知情（zhiqing）；

英文 revolution，法文 révolution，西文 revolución，俄文 Революция（revolyutsiya），中文：1. 革命（geming）、2. 公转（gongzhuan）、3. 颠覆（dianfu）、4. 天翻地覆（tianfandifu）；

英文 terrorism，法文 terrorisme，西文 terrorismo，俄文 Терроризм（发音 terrorizm），中文：恐怖主义（kongbuzhuyi）

诚然，这并不意味着欧洲四语所有单词都这么相似，视地缘和语源的远近亲疏，相似度高低不等。同属拉丁分枝的法语和西语，词汇相似度（lexical similarity）普遍认为在75%上下；被划归日耳曼分枝的英语，直接借用至少10%的拉丁和20%的法语单词，60%的英语单词带希腊或拉丁词根，这个比重在政法科技词汇中甚至高达90%；象西葡意三语之间，德荷（兰）佛（拉芒）之间，以及北欧各小语之间，各说各话都能沟通，相当于用上海话与常州话对谈或者用贵州话跟四川话交流。也就斯拉夫分枝的俄语，相对于英法西三语，差异算大的，相似度不足10%，大致相当于汉语跟藏语之间的区别吧。

虽然欧洲四个语种的口译除母语外须掌握至少两种其他欧洲语言并把它们译入母语，但试想一下，如果一个北方人只需将上海话和四川话，或者至多再加广东话，译入普通话，都无须把普通话译回去，这份工作难度如何？即便类比差异较大的俄语，如果一个藏人只需听懂普通话，能把普通话和四川话译成藏语，却无须把藏语译回去，其工作强度又能如何？

因为与欧洲语言的差异太大，中文口译的难度是最大的，大于英法西俄就别提了，也大于阿文口译。阿文虽然与欧洲语言分属不同的语系，但因欧洲与西亚北非（欧洲称之为"中近东"）这两棵大树靠得太近，盘根错节，历史上频繁的物流、殖民、征战造成的文化土壤的相互交融及语系间的相互渗透，与遥居"远东"的汉藏语系没有可比性。华人自称"炎黄子孙"，而欧洲和西亚北非的同源宗教"犹—耶—回"的信众都认"亚伯拉罕（Abraham）＝易卜拉欣（Ibrahim）"为其祖先，只不过发音稍有出入而已。当以色列或欧美代表提及鸡同鸭讲、各说各话的"巴别塔（the Tower of Babel）"或者为地球保住劫后余生的"诺亚方舟（Noah's Ark）"等诸如此类的传统典故时，从小吟诵《古兰经》长大的阿文口译想都不用想，对应语汇脱口而出。而这些对于中文口译来讲，都是必须当学问去做的异域文化，平日少不了大量的阅读。

作为相对距离最远的语种，中文口译的难度本已够大，还要做双向，尤其是一会儿从外语译成母语，突然又得从母语译成外语，好比涡轮正在热转，突然逆转，用脑强度可想而知。Tina那句"你们才是真正的口译！"的感叹应该是肺腑之言。

但毕竟一向如此，似乎已是不争的事实，此刻又何必特别提及呢？这个问题，蒋亨达先生给出了答案。

"本想看你怎么出洋相的！"

"小胡啊，昨天下午可是出尽了风头啊？"蒋先生第二天一见面就冲我竖起了大拇指，"今天好多同事还在议论，没想到滔滔不绝的即兴讲话，中文厢能出那么好的英文，连英文厢都觉得有压力啊！她们说，你才是真正的口译！哈哈……"

"夸张了吧？"我觉得他的话带有玩笑色彩，"中文口译本来就该这样啊？自打有了同传，不是一直要做双向吗？有什么好大惊小怪的？"

"嗐，话虽这么说，小胡啊，其实几乎没人相信中文同传真的能够做好双向"，他接着说，"他们欧美人只管译入母语是对的。谁能真的做到双语一样强，双向都能同步做好口译呀？总归是一强一弱嘛。"

"那么从小在英语国家长大的呢？"

"那他们是英文强，中文弱，总是一强一弱，"看来蒋是用心观察过的，他接着说，"我儿子女儿都是美国长大的，大学毕业了，英文比我强一点，但中文差远了。没有深层的理解力，他们吃不了同传这碗饭。即便提高了中文理解力，也就勉强做点中译英吧，那英译中怎么办啊？还是做不了双向啊！"

"可是中文对欧美人来讲，确实很难，谁能指望他们来做中英双向啊？"我耸了耸肩，"只有国内培训机构才会有意识地集中加强弱项，培养出能做双向的口译呀？"

"不错，国内两会期间都有高层的记者会，为总理、外长提供服务的口译，质量算高的，但是，他们只是先听，用笔记下讲话内容，等发言人停下，才把记下的这段翻成英文，并不是在发言人讲话的同时译出外文。那个不叫同步翻译吧？"

"对，学名叫'交替传译'，发言与口译一前一后分段交替进行。口译只要记录做得好，是有一点斟酌加工余地的，比同声传译要来得从容一点。"

"反正我还没听到过真正的中到英同声翻译呢，更没听到过昨天下午那么流畅的同步英译。"

"不对呀，"我觉得奇怪，"那每年四月亚太经社会的年会，还有每月常开的例行常驻代表磋商，以及各个专题领域的实质性会议，中文厢不都提供双向口译服务吗？"

"嗨呀，谁不知道嘛？就因为普遍担心中文口译做不好双向，但凡正式会议，部级以上的发言都是事先译好的讲稿，口译照着念就行啦！"蒋摆了摆手接着说，"即便是大使以下级的发言，也会提前给口译一份中文讲稿，应该是有时间准备一下的。非正式会议呢，有时给，有时不给讲稿，不给讲稿的发言一般不会很长，都来不及听一听

第一编 联合国翻译

口译的英语到底怎么样。"

"那么类似昨天下午这样的演讲会呢,以前难道没人做过吗?"

"呵呵,这回可是因为你来了才敢安排哒,"蒋咯咯笑道,"给你发聘书之前啊,中国常驻团为了给你争个高一点的职级,把你吹得可好啦。说你在联合国录用考试中名列前三,在国内曾给最高首长做过翻译……"

这一点倒是没有说错。出国前,外交部干部司的黄泉生副处长也让我看过联合国录用考试的分数单,在联合国秘书处考试委员会主持的英到中和中到英双向同传考试中,只有三人的平均得分超过了90,而我是其中之一,中到英还获得单项最高分。在国内也确实得到了所在工作单位中国人民外交学会的重用,承担过本单位接待的外国政要会晤中国最高层时的口译任务。

"所以啊",蒋接着说,"既然来了一匹高头大驹,我们想试试到底是马还是骡,呵呵。说实话,一,我不相信真的有人能够做好中英双向同传;二,既然这么优秀,怎么会来小小的地区性机构?"

后一个问题好耳熟哇!可是,彼时彼刻还真的答不上来……,只觉得心里堵得慌:上本科的时候,也被同学问过,"既然你是高考状元,怎么会来江苏师范学院?"一发奋,大三就考上了北外的联合国译训班。可是毕业后到了外交学会,又被人问,"既然你是联合国同传前三名,怎么会来外交部的附属机关?你的其他同学呢?"是啊,与我同列前三的另两位早去了纽约总部,排名第四也稍后跟进,第五去了驻英使馆,第六、第七去了翻译室,第八、第九去了国际司……

如今应聘亚太经社会,再一次被问"怎么会?"诸如此类的问题真会与我白头偕老吗?倒也说不定哈?

见我发愣,蒋笑了笑,"哈哈,本想看你怎么出洋相的!"

蒋爱开玩笑,无论这最后一句是真是假,既然说出了口,即便为真,也就见光死了。打那以后,这位长我二十多岁的会务科长就成了我的忘年之交。他确信我一定下了一番苦功,否则不会拥有如此深厚的双语功底,从此他也可以放心安排来访政要在亚太经社会秘书处发表演讲了。

"大大出乎预料！"

中国常驻亚太经社会代表团是亚太口译的主要服务对象，其反馈意见权重较高。他们的杨代表两天后来秘书处大楼参加常代例行磋商，会后跟我聊起了国务委员的演讲，也对同传效果感叹了一番：

"本以为会很枯燥，至多一到两个问题就差不多了。倒不是说宋的口才不行，而是即便他说得再怎么好，再怎么风趣幽默，碰到生硬晦涩、残缺不全的同传效果，也会大打折扣，吊不起胃口。没想到，结果大大出乎预料！气氛热烈，提问踊跃，兴趣浓浓。你的口译还真的很传神，当谈及科教体制改革如何解决知识分子收入偏低的问题时，宋用了'允许科教人员工余兼职增加收入'，你立即用了'moonlighting'一词，非常地道而生动，气氛一下子就活了！"

杨代是"文化大革命"前的英文专业高才生，以前也曾当过高翻，俗话说"内行看门道"，鉴赏力非同一般。有他在场监听，同传的压力也挺大的。

"宋健出口成章，讲话文绉绉的，不好翻，"杨代说，"可是你处理得不错！比如说'仓廪实知礼仪，衣食足知荣辱'，你是怎么翻的来着？"

"Satisfied basic needs impart awareness of civility and sense of honor."

"两句变一句啊？"杨代笑了笑，"好！这样倒是为口译节省了宝贵时间，而且基本意思都在！"

"幸好平常注意积累，一些常见的老祖宗的至理名言、成语典故，基本上都独立译过，印象深刻。这句名言的译法，参照了英文句式'Unsatisfied needs motivate.'"

"难怪，"杨代说，"我说怎么老觉得你的一些译法跟汉英辞书上见到的好像不太一样。"

"噢，工具书毕竟是供中级以下学生参考的，现实中的话语千变万化，必须因境制宜……"

"没错，"杨代深有体会地说，"出了大学校门我基本上不用《汉英词典》，那里面的可用译法不多。比如宋健用的'揠苗助长'，你译成'Haste makes waste.'妙极！可惜《汉英词典》没收吧？还有

'没有规矩不成方圆''逆水行舟不进则退''夙夜在公',都很经典。快给我写下来!"

我掏出笔记本,在某张空页上写下了现场版"Nothing's achievable without rules(没有规矩不成方圆)"、"Just like sailing upstream, unless forging ahead, one will surely drift backwards(逆水行舟不进则退)"和"Work for the public good 24/7(夙夜在公)",然后撕下递给了他。

"要译好这类妙语警句,一定是需要大量阅读英文原著的,我知道。"

"是的,文史哲,诗词歌赋,需要大量的积累和储备,才能举一反三。一听到妙语或诗句,要以超光速从英文储备中检索出类似或相近的句式或意象,不求完全对应,凡可借鉴的词法句法,皆可移植改造,为我所用,这样整出的译法才能做到既贴切又地道。"

"能否举个例子?"杨代问,"比如说'恻隐之心人皆有之',请以这个为例说明你的解题思路。"

"嚯,大使这是想考我呀?"我笑了笑说,"'恻隐之心',用一个词表示即可,选个贴切的,compassion,可以吗?然后找出类似'人皆有之'的句式。我能想到的'凡是人都会怎样怎样'的英文句式是'To err is human(孰人无过/人皆犯错)'。那么把这一句的'To err'换成'Compassion'就能得出咱们所要的译法:Compassion is human(恻隐之心人皆有之)。"

"嗯,不错,既贴切又地道,"杨代连连点头。

成语俗话的口译能力当年也曾得到过联合国考官的认可。记得我们那期毕业的1983年夏天,联合国录用考试的评判和面谈也恰好全部结束。在庆典酒会上,有位唐姓考官与我碰杯并意味深长地说了声"纽约见!"我觉得好奇,就跟她多聊了几句考试情况。她说我考得不错,尤其是中到英,问我,"'无异于养虎遗患'你是怎么翻的还记得吗?"我说记得,"tantamount to courting disaster。""对了",她说,"就这个,评委们一致认为这种处理方式最适合同声传译,所以中到英给了你最高分!"听了这话,当时都有点不敢相信。要知道,进入前三的另两位都是北外读的本科,平均分名列第一的是高级外交官的女儿，从小跟老爸学的英语，另一位是由南京外校考入北外本科的，有着深厚的"童子功"，我的中到英怎么可能强过他们？！""没错，"唐老师说，"有几个嘴皮子确实挺快，可是即便翻得较全的那位，用'just like raising a tiger and suffering from it later on'对译'无异于养虎遗患'，把嘴塞得满满，哪能保证后面不丢东西？而你的译法不仅达意，而且从容，后面没丢东西。当然，还有的考生干脆就栽这儿了。能在瞬间明快译出成语，这类考生的发展前途绝对不容小觑。"

"的确，"杨代在听了我的"考联"花絮后叹道，"你那天的口译也是，不仅保留了演讲人原话的意境和语气，有的地方听上去甚至比原话更有灵性，所以效果才好。"

只知道此前为《外交季刊》笔译英文的时候，常常被夸"译文润饰了原文"，也不知道是真心还是客套，反正习以为常了。可是当下口译被夸"更有灵性"还是比较受用的。

"根据我的观察，"杨代若有所思地说，"一个优秀的口译，遇到诸如此类的挑战，往往会像鲨鱼嗅到血腥，精神为之一振，而表演欲较强的同传呢，更像'人来疯'式的童星，会把惟妙惟肖的传神口译当成自己又一场英语脱口秀，声情并茂、愈战愈勇。"

的确，那正是我当时的现场感受，越进入角色就越放松，好多地道英文表达得以脱口而出。

同传应该是全科通才

"不过，还有一点我觉得奇怪，"杨代接着说，"国务委员是科学家，讲了许多与科研相关的东西，什么'星火计划（Spark Program）'、'火炬计划（Torch Program）'、'数控（numerical control）'、'控制论（Cybernetics）'，这些当下的时髦用语你肯定背过，就不说了。就连'质能方程（mass-energy equation $E = mc^2$）'、'洛伦兹坐标变换（Lorentz transformation）'这么专的科学概念，中文都要动动脑筋查查资料才能搞懂，你却能用英文翻得条理清楚，有点不可思议啊？"

"这个没什么，我有理科背景……"接着给他讲了《我的高考故

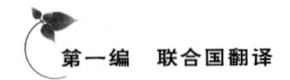

事》（详见附一）。

从小酷爱理科，中学时代破解数学难题是当游戏玩的。77年报考的是理科，临考前一天被告知只能参加文科考试，仓促上阵，加上必须考前填报志愿，阴差阳错进了外语系。即便是在本科第一年，依然没有放弃转校转系的梦想，还看过好几部英文版的数学、物理专著。这些经历都成了日后同传必备知识积累的一个重要方面，并在亚太小试锋芒中发挥了重要的作用。一个优秀的同传最好是全科通才，至少不能偏科。

二　口笔并用

联合国亚太经社会的语文科确实很小，四个语种，中、英、法、俄，分成四组，每组统管"口笔打"，口译（3）、笔译（3）、打字员（2）、资料助理（1），加上组长一共10人左右。每年四月份有个为期七至十天的亚太经社会年会，每月有个半天的常驻代表例行磋商，平均每月还有一个为期三至五天的实质性专题会议，涉及本地区经济金融、交通运输、环境保护、地质能源、人口与发展等问题，某些年份还有经济社会领域全球性会议的亚太区筹备会议，偶尔也会碰上前来泰国海滨胜地举行的联合国安理会"五常"部长级劝和促谈会议（详见第三章）。只要有会，口译便为会议提供同传服务，闭会期间，也得做笔译，把会前会后的一大堆文件译成中文，把中国代表团的讲稿和提案译成英文。

中文组当时的组长跟会务科蒋科长的背景差不多，还算识货，相当认可我的双语功底和笔译质量，不到一年，就让我负责修改、审定其他同事的笔译产品，让我得以集中更多时间和精力琢磨一些棘手的语言现象，发现并反思一些翻译质量问题。

"机译""艺译"

无论是修改同事的译文，还是参考已版译文，不难看出，有的翻译双语基本功扎实，且酷爱文字工作，把互译过程当成一门艺术而陶醉其中。也有为数不少的产出比较生硬，可读性不强，作业过程比较机械，译者仅把翻译当成"爬格子"的苦差，一切看在经济回报的份上，一砖一瓦往上垒，碰到不规则的空隙，拼凑一个碎块填上交差。不妨先看个例句：

UN-ESCAP welcomes the <u>resumption</u> of high-level dialogue between the Cambodian People's Party and the Coalition Government of Democratic Kampuchea to make further progress on key priorities such as the <u>constitutional review</u>, <u>DDR</u> of Khmer Rouge ex-combatants, preparations for one-person-one-vote elections in 1993, judicial reform and <u>support</u> for provincial security forces.

X 版：联合国亚太经社会欢迎<u>恢复</u>柬埔寨人民党和民主柬埔寨联合政府之间的高级别对话，以便在关键优先事项上取得进一步进展，如<u>宪法审查</u>、红色高棉前战斗员<u>解复返</u>、筹备在 1993 年举行一人一票选举、司法改革和为各省的安全部队提供<u>支助</u>。

这是比较典型的机械性翻译。理解没有问题，字词对应按联合国词库标准也算中规中矩，可是，联合国以外的中国人能够看懂听懂多少？即便懂了，感觉如何？

偶尔会在饭桌上碰到与会的中国代表，他们还算客气，夸咱久居海外的华侨还能写出这么好的中文非常了不起！寒暄中也会猜猜翻译的祖籍。有一回问我们一位同事："你的原籍是上海吧？"同事说："怎么会啊？我是北京人。"代表睁大了眼睛说，"哦，是吗？主要是听你把'资助'的'资'念成卷舌音'支'了，还以为您是上海人矫枉过正，把不该卷舌的卷了舌呢。"

也难怪，联合国以外谁用"支助"这个词嘛！白纸黑字扫一眼还能蒙混过关，权作"支持"与"协助"的新造复合词吧，口译照着念可不就得让人误会成发音问题了嘛。"支助"是联合国词库中用来对译英文"support"一词的，比如"外勤支助部（Department of Field Support）"。中国代表团的某位武官表示，类似情况军方的术语一般是"保障"，如"后勤保障（logistical support）"、为某集团军提供

"战地保障（field support）",等等。视不同上下文，"支持""配合""保障"可以对译英文的"support"。"外勤保障部（DFS）"就挺好。

还有这个"解复返"，中国代表初听也是一头雾水。译员自作聪明，一见"DDR（Disarmament, Demobilization, Reintegration）"就跟着英文把"解除武装、复员、重返社会"缩写成"解复返"。中国代表觉得，如果说全了，勉强能懂；如果非要缩写，按中文习惯，"复员"两字完全够用。综合客户反馈，另一位同事试着把上面的例句改了一下。

Z版：联合国亚太经社会欢迎柬埔寨人民党和民主柬埔寨联合政府<u>恢复</u>高级别对话，<u>以求重点领域再获进展</u>，如<u>修宪</u>、前红色高棉官兵的<u>复员</u>、筹备1993年一人一票选举、司法改革、为各省的安全部队提供<u>保障</u>等。

汉语地道多了。(1)"恢复"这个动词换了个位置，主语就明确了，不像X版那样搞不清到底谁主导了"恢复";(2)"以便在关键优先事项上取得进一步进展"改成了"以求重点领域再获进展"，也把欧式翻译腔汉化了好多;(3)"宪法审查""解复返""支助"也都分别改成了国人更容易听懂的"修宪""复员""保障"。

两个版本，一个比较机械生硬，犹如"机译"，另一个讲点遣词艺术，接近"艺译"。"机译"好比瓦工木匠只管按图纸垒砖架梁，缺口不规则或长度不够，就硬凑或拼接一下，而不管建筑工艺与整体美感。X版就停留在按字典词库堆砌对应字词的"机译"水平，基本上不懂修辞。有经验的翻译应该知道，字典只是助人理解词义的参考书，照搬字典释义的翻译不可能是好翻译。对职业翻译的要求怎么着也要比照搬字典的"机译"高出一筹吧？那么怎样才能完成由只顾垒砖架梁的瓦工木匠到兼顾工艺美学的建筑师的自我提升呢？

以"解复返"对译"DDR"为例，如果译者懂点中文修辞，或许知道"借代"。以部分代整体就是借代方法之一。在"解除武装、复员、重返社会（Disarmament, Demobilization, Reintegration）"这个全称中，聚焦最能兼顾整体含义的关键词"复员"并以此对译英文缩略语"DDR"，既满足了缩略的要求，又不至于让人一头雾水，况且国人对"复员"的理解基本上涵盖了那三个英文单词的意思。这就是表意文字的修辞特点。不宜效法表音文字以首字母缩写的手段，取词头汉字拼成缩写，略显机械生硬。表意文字的一个方块字与表音文字的一个字母也未必等值，勉强效法，貌似忠实源语，实际上背离了译语的修辞风格，所以受众才不知所云。

中到英的文稿翻译也一样，如果无法照搬源语修辞，转用译语修辞，有助于提高艺术含量，让译文更加准确地道。例如：

"此地无银三百两"在中文里是借典故比喻"欲盖弥彰"的一种修辞，多种版本的汉英词典都只是讲出典故并挑明寓意，如果搬进译文，既啰唆又含混。不妨转用译语的尾韵对仗（antithesis with a tail rhyme）将其译成"The more is concealed, the more is revealed"。"欲盖弥彰"更简单："Concealing is revealing."

当然，修辞种类很多，内容丰富，限于篇幅，这里不可能展开讨论。以上只是举例说明，如果懂点源语和译语的不同修辞特点，或能跳出"机译"的窠臼，向"艺译"不断靠拢，力求"完整准确、行文流畅、用语贴切、修辞得体"（衡量翻译质量的"胡氏十六字标准"）。

据说也有业内权威强调恪守字典词库译法的理论，好处是便于对应译法的统一，有利于提高翻译的自动化含量，省时省力，甚至可为今后人工智能（AI）翻译铺平道路。

这个思路主要源自负责自动化翻译程序的攻关小组，而这个小组基本上由欧洲语种的译界人士主导。如第一章所述，欧洲语种之间词汇相似度极高，用语对应度就更高了。他们强调恪守词库、统一译法，一点都不奇怪。可是中文与欧洲语种不仅毫无词汇相似度，而且对应度很低，假如也被他们误导，强调恪守词库、统一译法，让受众不知所云的产品必然层出不穷。

同行常说，"翻译是门遗憾的艺术"，每次产出，无论如何费尽心机，总会留下些许遗憾。可是再怎么遗憾，它毕竟是门"艺术"，把它交给擅长"高精尖""重脏毒"等技术活的机器人，前景到底如何？从时空上来看，这应该不是本篇探讨的命题。有兴趣的读者不妨参阅《附二：人工智能（AI）何时才能解放真人同传?》。

"哲译"、"官译"

有次修改同事翻译的中国代表团讲稿，发现其中"支持发展中国家的自主发展"被译成"support the autonomous development of developing countries"。觉得有点问题，问她为什么把"自主发展"译成"autonomous development"，她说是从联合国词库反查出来的，还把出处找了出来："lethal autonomous weapon systems（LAWS）——致命性自主武器系统"。她的理由是，既然"autonomous"在那里译成了"自主"，反之亦然，"自主"应该可以回译为"autonomous"。

这不是个修辞问题，甚至不能算明显的词汇问题，而是在不同政治背景中如何措辞的政策水平问题。在国际事务中，"自主"事关"主权"，没有一个 autonomous region（自治区）或 autonomous territory（自治领）可以享有"主权（sovereignty）"，而许多发展中国家是二战之后获得独立的，享有完整的主权。如果用"support their autonomous development"，是不是带有把这些独立的主权国家突然贬为"自治区"或"自治领"的嫌疑？比较敏感，不可随便混用。用"sovereign development"行不行？应该可以，至少不犯政治错误。国际上也确有"sovereign development funds（主权发展基金）"。比较保险的官译是"country-owned development（国家主导的发展，即'自主发展'）"。

还有一次去日内瓦出差，为"裁军谈判会议（Conference on Disarmament）"提供口译服务，拿到一篇事先翻好的中国代表团的政策性发言，发现前半部分有这么一句话：

"各方都应摒弃双重标准和<u>实用主义做法</u>，全面、忠实、平衡履行《不扩散核武器条约》义务。"

"All parties should abandon double standards and <u>pragmatism</u> and implement their respective NPT treaty obligations in a comprehensive, earnest and balanced manner."

最后一段收尾部又有这样的表态：

"各方必须直面现实问题，以积极<u>务实</u>的态度弥合分歧，在秉持协商一致原则的基础上，努力找到解决问题的思路。"

"All parties should face the reality, bridge gaps in a pragmatic and positive manner, and make efforts to find a solution by consensus."

同一篇英文讲稿，怎么会出现自相矛盾的口径？难道前面的"pragmatism"是负能量，应该摒弃，而后面"pragmatic manner"就是正能量，值得推崇？难道英文也跟中文似的，再怎么正面，再怎么必须去做，一旦成了"主义"，就物极必反，成为必须摒弃的负能量了？这两个英文单词真有相互抵触的反义关系吗？

显然不对。"pragmatic"是形容词，"务实的""实干的""注重实效的""实用主义的"，而"pragmatism"只是其名词形式"实用主义""务实作风""实用观点"等。同一篇英文讲话，怎么可以前面让人摒弃这种态度，后面又让人遵循这种态度呢？

正想动笔修改，同厢搭档发出了警示，"哎，那可不是咱们同事译的，是代表团定稿的官方译本！除打字错误和编辑疏漏外，官方口径是不能乱动的，必须沿用既定译法。"

这话没错，同传行规也讲"客户至上"。尽管中国代表团只是我们数以百计的客户之一，却是最大的主要客户。有问题可以提，但唯有客户拥有主导性话语权。在征得客户理解和同意之前必须服从"官译"。那么在发现问题时，反映一下总可以吧？

幸好当时日内瓦主管裁军的大使虚怀若谷、不耻下问，非常诚恳耐心地与我探讨了这个语言哲学问题，并最终接受了我的意见和建议。

中文讲稿问题不大，"实用主义"的通俗理解确实有点贬义，似有"不讲理想原则和道义，只讲实际效果和利益，对我有用就行"等通俗含义，而"务实"在中文里则是褒义的，似有"直面现实，实事求是，临渊羡鱼不如退而织网，喊破嗓子不如甩开膀子"等正面含义。摒弃前者，推崇后者，从"约定俗成"的角度来看，中文可以讲得通。

可是，中文"实用主义"的这层"通俗含义"，英文"pragmatism"却没有，至少字典里的定义是中性的，指的是源于美国的一种哲学流派,"五四运动"前后经胡适传到中国,被其概括为"少讲点主义,多干点实事"。也有西方政论家把咱们推崇的"实事求是"归类为"Pragmatism(实用主义)"。从这个意义上讲,"Pragmatism(实用主义)"跟咱们现在使用的"务实作风"本是同根生,翻成英文后,如果前面让人摒弃 Pragmatism,后面又推崇"pragmatic manner",相煎何太急?那么如此"煮豆燃豆萁"的内耗是怎么形成的呢?

约定俗成!化工从业人员冠之以学名的"乙醇",普罗大众俗称"酒精"——老酒之精髓;俗称"味精"的调料,学名"谷氨酸钠"……,好多生物、矿物、药材等,既有学名又有俗称,前者是行业术语,后者是大众用语。用"学名"听不懂,改用"俗称"茅塞顿开。行家总是少数,大众总是多数。在语言的"约定俗成"过程中,"俗称"往往碾压"学名"。好多用语历经"约定俗成"而变味走调的现象早已屡见不鲜。作为"学名"的"实用主义",本是课堂上和书本里的一个哲学概念,历经批判"非无产阶级思想"的烧烤,成了被劳动大众唾弃的鸡骨鱼刺,带上了负面的通俗含义,直到"白猫、黑猫"循腥而至,变废为宝,重新包装,方以正面俗称"务实作风"登堂入室。

中文"实用主义"的这段还俗履历,其英文搭档"pragmatism"无缘共享,倒是另一个英文单词"utilitarianism"心有灵犀。与1870年代前后在美国问世的"pragmatism"相比,"utilitarianism"要资深得多,整整早了一个世纪诞生于英国;虽然在中国被译作"功利主义",但因与"utilize(利用)"同根,又强调"utility(功用)"的最大化,经二百多年的约定俗成,更贴近中国代表讲稿中所用"实用主义"的通俗含义。

鉴此,给大使提了这样的建议:(1)既然与会者几乎人人主张以务实(pragmatic)态度推进核裁军和防扩散,而且中方自己也附议,那么用英文让人摒弃"pragmatism"似乎不妥,可否改成"utilitarianism"?(2)为防口译按字典定义机械对应,中文讲稿可否考虑将"实用主义"改成"功利主义"?(3)如果不太确定,是否可以删除

"实用主义"而仅用"摒弃双重标准"？

当时那位大使接受了建议的第一选项，英文讲稿把"pragmatism"改成了"utilitarianism"。此后几乎每年都有类似口径，同样的矛盾一经发现，我都会做出相应修改。然而，铁打的营盘流水的将，时至2017年4月，在一次联合国裁军审议委员会的年会上，同样的矛盾口径依然在中方发言的英文稿中再现。不过，再往后似有删除"摒弃实用主义"的趋势。截至本篇完稿阶段，2018年10月11日，中国代表团在73届联大第一委员会上有关裁军问题的政策性发言就没有再提那六个字。

无论是有关"自主"译法的政治敏感性，还是"实用主义"译法可能造成的自相矛盾，考验的是译者对语言现象的历史经纬和现实关联进行哲学思辨的能力，不仅学无止境，而且不可学而不思。

如果精通"修辞学"有助于从"机译"走向"艺译"，那么对语言现象的历史经纬和现实关联进行哲学思辨，并在此基础上拿出贴切而得体的译法，不妨称之为"哲译"。游离于"机译""艺译""哲译"之外的是"官译"。"官译"可"哲"可"艺"也可"机"，完全取决于把关人的水平，但无论如何，在特定环境中，其他"三译"原则上均须服从"官译"。

口译、笔译

套用英国哲学家培根的名言"读书使人充实，交谈使人机敏，写作使人严谨"（Reading makes a full man, conference a ready man, and writing an exact man），不妨这样界定两类翻译："口译机敏，笔译严谨"。口译反应敏捷，摇唇鼓舌，口若悬河；笔译老谋深算，沉着稳重，志在千里。

一个优秀的笔译能不能成为优秀的口译，不敢确定，只知道有位同届同学，笔译一流，如今是某重点大学校长，当年在北外联合国译训班分班之前的第一年，也得接受一点口译培训，着急的时候他是敲过语音厢玻璃板的："受不了啦！让我出去！"这或许跟个人的秉性有关。但是，一个优秀的口译，只要愿意，往往也能成为优秀的笔译。

第一编 联合国翻译

记得北外研究生宿舍某房间三位同窗，两位同传专业，一位笔译专业。学期结束前有项"文件翻译"作业，同传和笔译都得做。其中一位同传专业生没打底稿，译文直接写上方格稿纸，一气呵成，没被退稿誊清，得了A；那位笔译专业生和另一位同传专业生在交稿后都被退回重誊，因为译稿被改面目全非、哀鸿遍野，只能得B或B-。可见，并非所有同传都是当然的优秀笔译，"优秀"二字是关键。

那么假如有人既做口译又做笔译呢，两者到底是相互提携还是互为掣肘？

口译，尤其是同声传译，必须反应快，没有时间多想，言者一开口，口译最多滞后一句半句就得跟上，否则就会丢东西。难点在（1）发言速度；（2）言者口音；（3）文化特色浓重的妙语警句，如成语、谚语、典故、诗词歌赋等。一般来讲，年轻口译反应快，听觉分辨率也高，所以不怕速度和口音，就像新兵不怕机枪怕大炮，这里的大炮就是妙语警句。为防被大炮打懵而卡壳，多做笔译，熟悉题材，储备妙语警句双语对应，实战时方能遇事不慌。

不言而喻，会前会后的文件翻译有助于熟悉会议背景，大大提高口译质量。此外，我平常还搜集并翻译了许多文化特色浓重的成语、谚语，比如"不是修指甲，而是壮士断腕：not cosmetic manicure, but aggressive procedure of amputation"；"同呼吸，共命运：As we breathe the same air, so we share the same destiny"；"吃亏就是占便宜：'Less is more'或者'lose to win'"；等等。

会务科的蒋科长还经常拿些外国同事碰到的中文难题让我解决，有英文编辑科转来的释儒道名言警句，也有马来西亚、新加坡华人职员工作中碰到的中文典故、歇后语、双关语、诗词歌赋等。这里一向来者不拒，兵来将挡水来土掩。

有一回，亚太经社会的执行秘书（秘书处第一把手）访问中国时获赠一帧印有"墨梅图"的横幅，上有七绝一首，看不懂，求助于蒋先生，蒋先生就拿来让我翻：

墨梅	Ink Plum Blossoms
（元朝王冕）	（Wang Mian, Yuan Dynasty）
我家洗砚池边树，	Plum trees by the pond I wash inkstone,
朵朵花开淡墨痕。	Blossoms tinged with ink of a fine tone.
不要人夸颜色好，	Praises to seek is not the color meant,
只流清气满乾坤。	But fill up the world with purer scent.

蒋先生惊叹不已，说本来只想要个大意，没想到成就了一首脍炙人口的英文诗。他建议我出个《唐诗全集》或《宋词百首》之类的英译本，让世人受益。其实我已经翻译了上百首唐诗宋词，但不是为了出版，而是为了应对口译中可能遭遇的"炮弹"和"地雷"。

不懈的努力让"新兵"的弱项变成了强项。口译时成竹在胸，不再害怕大炮。同事们也乐意与我探讨如何翻译文化特色浓重的语言现象，常有妙译博得好评。

"新兵"变"老兵"，大炮是不怕了，可是"老兵"怕机枪啊！在解决"新兵"弱项的过程中却可能出现"老兵"弱项。中文组的组长及时指出了我在笔译方面功力细腻的潜在风险：虽然斟词酌句的版本精致典雅，但这种风格可能会减缓产出速度。非常中肯！

由于在钻研文化特色浓重的妙语译法方面倾注了大量的心血，一种语不惊人誓不休的完美主义倾向油然而生，使得我在做无稿同传时常常因搜索最佳版本而影响速度。儒家说"过犹不及"，西人说"完美是恰好的大敌（Perfect is the enemy of good.）"对最佳版本的不断搜索往往会影响同传的流利，而流利曾经是我的强项。换言之，在"新兵"的弱项变成强项的同时，也可能将其原先的强项变成弱项。这就是笔译对口译可能造成的一点消极影响。

作业双模（Dual MO）

在被提醒潜在风险之后，立即进行了调整，努力在做无稿同传时尽量降低标准，不断告诫自己：快，先出一个粗版！先出大意！"完美是恰好的大敌"！在有意识的不断操练过程中，逐步开发出一种"作业双模——Dual MO（*modus operandi*）"：精致 V 快捷（Elegant Vs

Express)。做带稿同传时,切换到"精致模式",提供尽可能完美的版本,否则坚持"快捷模式",跟牢发言者。这个"作业双模"非常奏效,克服了语不惊人誓不休的完美主义倾向对无稿同传的掣肘。

强项和弱项是相对的,会随难点的游移而不断演变。唯有三点不可动摇:(1)逆水行舟不进则退的觉悟;(2)随机调整不断校准的决心;(3)对本行的酷爱和敬业。这,才是永不言败的实力与自信的源泉。

三 机会难得

在亚太经社会工作一年之后,碰到了联合国系统内同传一辈子可遇不可求的充分展示才华的难得机会。联合国安全理事会五大常任理事国(中、法、苏、英、美,简称"五常")就政治解决柬埔寨问题举行的副外长级磋商于1991年9月初在泰国海滨胜地芭提雅举行,为期两天,共四场会。这是筹备1991年10月在巴黎重新召开柬埔寨问题国际会议的最后一次副外长级磋商。柬埔寨四方首脑,包括西哈努克亲王和洪森代总理,也参加了第二天下午的最后一场会。在"五常"撮合下柬四方就组建新的联合政府达成协议。会后,西哈努克亲王于9月14日率领由柬四方组成的柬埔寨代表团出席了联合国大会。期间,包括安理会"五常"在内的参加巴黎会议的18国外长和联合国秘书长代表与柬最高委员会成员就柬埔寨问题的政治解决达成了最后框架协议,为巴黎会议的脚本开光盖印。10月23日,全面政治解决柬埔寨问题的协定在巴黎签署,标志着延续13年之久的柬埔寨战乱从此结束。

"五常"副外长级磋商

之所以难得,不仅仅是见证光辉的历史,而是所有这一连串重大国际事件中,对同声传译来讲,最受考验的不是联合国总部给巴黎会议的最后脚本轰轰烈烈地背书盖章,也不是按脚本隆重上映有18国参演的巴黎大片,而是泰国芭提雅的"五常"副外长级磋商。这样的磋商,自己没有脚本,而是为巴黎会议商定最后脚本,艰苦谈判中的唇枪舌剑，别说译好的讲稿，就连没译的讲稿，哪怕只言片语的讲话要点，一个字没有！而我却有幸抓住了这个难得的机会。

因为是筹备巴黎国际会议，在泰国海滨胜地举行的"五常"副外长级磋商是由法国召集的。为节省开支，就地聘用同声传译，中文厢只聘两位，而不是通常的三位。这意味着我只能从亚太秘书处的另两位同传中带走一个搭档。当然选个双语功底强的。Z君语言天分不错，大都市外语附中打下的基础，从本科英语专业、北外译训班到外交部，一路走来，中英双语功力扎实。就他了！我俩提前一天从曼谷驱车来到海滨胜地芭提雅。

中国代表团团长是分管亚洲事务的副外长、东亚问题专家徐敦信。法文厢的口译同事对他的评价是"此人厉害！反应特快，一点不吃亏，对手话语中哪怕隐藏一丝暗刺，他都不会放过，立即做出精准回应。"给我留下的印象也的确如此。当然，这也间接认可了同传的质量，因为外文是由中文厢为徐副外长同步传译成中文的，其回应也是由中文厢用英文传译出去的。口译如果做不到完整准确，是达不到这种效果的。

谈判内容既全面又详细。军事层面，从红色高棉武装的整编（integration）、缴械后的集结点（cantonment）、如何清理武器窝藏点（weapons cashes），到各种武器种类，什么"迫击炮（mortars）"、"榴弹炮（howitzer）"、"高射炮（anti-aircraft guns）"、"自行火炮（self-propelled artillery）"、"多管火箭炮（multiple rocket launchers）"、"火箭筒（RPG）"，等等，几乎无所不谈。政治层面，从联合国驻柬临时权力机构（UNTAC）的职权范围（terms of reference）到1993年的选举制度，到底采取"领先者当选（first-past-the-post）"还是"比例代表制（proportional representation）"，等等，周密而细致。类似的艰苦谈判此前在国内也做过，但一般都是双边，而且是交替传译，谈判者先讲一段，等口译翻完后再讲下一段，比多边同声传译还是要相对从容许多。

通常情况下，中文厢有三位同传轮岗，每20分钟换一下，每小时转一圈，一场三小时的会，每人轮岗三个20分钟。但这回只有两

第一编　联合国翻译

位，只好每30分钟轮换一次，与其它外文厢一样。

队友发怵

第一天上午的会议，开头进展顺利，徐副外长多次发言，恰好都在我的30分钟轮岗时段内。随着会议的继续，我的搭档，中文厢的唯一队友，前面听着徐的发言大概觉得难以招架，当徐在我队友的30分钟轮岗时段内请求发言时，队友有点发怵，示意我接过话筒……

我毫不犹豫地打开话筒，把徐的发言传译成英文。此后，无论在我还是在他轮岗时段内，只要徐副外长发言，都由我做中到英。第二天上午在他的轮岗时段内我也曾示意可否不接而由他担纲自己任内的中到英，毕竟熟悉了一天嘛，该给他证明自己的机会。他犹豫了一下，还是示意我接过话筒。于是，这个模式一直持续到终场。

倒也谈不上什么"团队精神"，纯粹一种工作嗜好，根本不计较做多做少，就觉得这个我行，就愿多多表现，满足嗜好；如果碰上当天这样非我不可的情形，那就更添几分刺激。什么样的场面都能知难而上，迎头直面，难道不像其他同事那样担心砸锅吗？确有十分把握吗？真能做到百分百兵来将挡水来土掩吗？自己也讲不清。还是义无反顾，迎面而上。或有可能出现突然卡壳的情形，没听清，没听懂，或者恰巧撞上认知盲点，并非毫无可能，还是无所畏惧。为什么？因为自信满满：如果连我都可能卡壳，换个人又怎么可能幸免？这种信念一直支撑着我，从不畏缩。别人推脱的，我想都不会多想，甚至都不必硬着头皮，就知道责无旁贷。

柬埔寨问题，中国是主角之一，西哈努克亲王的坚强后盾。徐副外长频频发言，义正词严，但没有讲稿。口译除了会前可以参考一些有关柬埔寨和平进程的历史资料外，现场没有任何发言稿，连谈话要点或表态口径都没给。同传的表现获得了中外代表的一致好评。会后，中国代表团团长徐敦信副外长亲自与我们握手表示感谢和赞赏；法国主席还特别致信亚太经社会秘书处对口译的出色表现深表谢意。

傅莹讲了一个故事

更有意思的是，当时的中国代表团团长特别助理傅莹（后来成为中国历史上第二位女性副外长），美丽可人，笑容可掬，像我的知音姐姐，每逢会议茶息就来找我切磋交流，非常认可我的同传水平。傅莹曾是外交部翻译室的高翻，为党和国家领导人做口译，在北京时曾有过一次合作。能得到她的认可心里还是美滋滋的。交谈中，她给我讲了一个故事：

就这同一个副外长级磋商，上次会议曾在欧洲某地举行，聘请了当地的中英同传，可是每当徐副外长发言，口译说完"Mr. President（主席先生）"之后就开始磕巴，翻不下去，不得不当场撤换。可是换来换去还那样，说完"Mr. President（主席先生）"就语无伦次。没办法，当时跟着徐副外长参加会议的特别助理陈明明只好钻进同传厢专门负责把徐的中文发言译成英文，把陈给累得够呛。

陈明明也曾是外交部翻译室的高翻，后来曾任翻译室主任，在国内也曾与我有过一次合作。

傅莹表示庆幸，她在泰国没有成为陈明明第二。这么说来，为中国代表团团长配备的特别助理，之所以都曾是外交部翻译室的高翻，还是为可能出现的口译障碍备好了应急预案。万一亚太口译砸锅，傅莹就得披挂上阵！"凡事预则立，不预则废"，不得不佩服"中国智慧"。

"可是咱也是有备而来，"我跟她开玩笑，"彻底封杀了您故伎重演的机会！"

傅莹的故事对我的搭档也是一种安慰。"挺起胸膛，"我拍了拍队友的背，"看来呀，这样的场合招架不住，也挺正常。"把这么重要的磋商权当"不过是又一场联合国会议（Just another UN meeting）"是绝对不行的。成功永远属于有准备的人。

傅莹的故事也让我深信，中国代表团的欣赏和法国主席的感谢信，并非完全客套。尤其是法国主席，更有一个姿态给我留下深刻印象。

法国主席的罕见姿态

两天的磋商，中英同传的表现基本上可以大言不惭地用"天衣无缝"来形容：没有砸锅，没有卡壳，没有漏译，也没给傅莹这样的行家留下任何纠错或提词的机会。直到接近尾声的时候，作为中国代表团的政治协调员，傅莹用中文宣读了为本次磋商草拟的一份对外表态口径。当她念到"本次磋商取得了重要进展"时，我翻成了"This round of consultations has achieved important progress."此时傅莹轻声补了一个英文单词"significant"，意思是说，应该用"significant"，而不是"important"。因为这个对外表态口径是她用英文起草的，是供各方与会者共同使用的，傅莹觉得字字珠玑。虽然"important"和"significant"是同义词，都有"重要"的意思，但她要的是"significant"，从外交辞令来看，这个词也更有分寸感。我立刻重复了一遍，并把"important"改成了"significant"。就在傅莹发言结束后，法国主席提醒道，"咱们最好不要修正口译的措辞，他们只管给我们翻个大意，咱们听懂就行，反正具体措辞最终还是要以白纸黑字为准"。

主席如此袒护口译，奉劝代表不要修正口译措辞的姿态，这辈子就碰上这么一回！实在太罕见了。结合傅莹所讲故事，也就不难理解了。这位法国主席或许把上回欧洲某地中文厢的砸锅事件看作是弱不禁风的口译紧张造成的，因此对这回已有上乘表现的口译呵护有加，唯恐因修正措辞打乱同传节奏、压垮不堪重负的口译。其实这是多虑了。那么温存友善的知音姐姐，怎么可能吹毛求疵给人压力呢？肯定是与人为善，特想帮人一把嘛。况且即便碰上吹毛求疵的代表，经验丰富的同传也会虚怀若谷，恪守"客户至上"底线，情绪不会受到太大影响。

感恩外交部干部司

像这样为期两天的联合国安理会"五常"柬埔寨问题副外长级磋商，有别于联合国系统其他会议的地方有五大显著特征：

（1）范围小。只有安理会五个核大国。这意味着中到英权重高于任何其他联合国会议，至少是1/5，而不是平常安理会的1/15，更不是大会的1/193。

（2）级别高。在职副外长，而不是大使级。级别越高压力越大，金口玉言、字字珠玑，来不得半点疏漏。当然，联合国系统也常有国家元首政府首脑外长与会，但往往是按脚本上演的大戏，无非照本宣科，口译只管跟着朗读现成的英文译稿便是。因此，这里的"级别高"特指——

（3）完全无稿同传。不仅没有讲稿，也未提供任何谈话要点或表态口径。

（4）谈判内容具体而详细。不只是几次务虚表态，而是你来我往，唇枪舌剑的务实谈判。

（5）所涉议题中国关注度极高。事关东亚、东北亚、东南亚、南亚事务，如朝核、缅甸、印支三国、印巴冲突等，中国的作用举足轻重，中英同传的压力也就水涨船高。

在联合国系统，也有其他艰巨的专题会议，如国际贸易法、海洋法、国际制图、方案预算、科技促发展、金融、保险、环保、人居、裁军、人权、安理会（尤其是中国轮值主席的那个月），等等，各有各的难处，但同时满足上述五大特征的硬骨头会议应该不多。

记得在1996年拍摄的有关会议口译的一个专题纪录片中，当时纽约总部中文口译科的一位资深明星，提及最得意的故事也就是在某次历史性会议上安理会轮值主席李鹿野宣读的主席声明是由他念的英文稿：

（同期声）There are several things that make a meeting in the Security Council memorable or challenging. One is the actual event itself. I remember very much a meeting in the Summer of 1988 and that was when Ambassador Li Luye was presiding in the Security Council and he was reading a presidential statement which I was delivering in English which indicated that there was going to be a formal ceasefire between Iraq and Iran⋯⋯. As I was reading this, I really felt I was observing an important moment in history（有诸多因素使得安理会某场会议让人觉得难忘或艰巨。一个是实际事件本身。我清楚记得1988年夏天的一个会议，作为安理会轮值主席的李鹿野大使宣读一份主席声明，我用英文发表，表示伊拉克和伊朗之间将实现正式停火⋯⋯就在我念稿的时候，切实感到我正见证着一个重大历史时刻）.

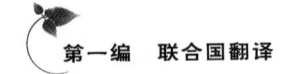

(David Calderwood's Documentary *The Interpreters*: *A Historical Perspective*, Euro-Pacific Film and Video Productions, Inc. for AIIC, 1996.)

这还是在1991年柬埔寨问题尘埃落定五年之后制作的纪录片。对中国和中英同传来讲,两伊战争的权重是无法与印支问题同日而语的。由此可见一斑。

身在曼谷,此前从未涉足安理会工作,在亚太工作也就一年多,就赶上这么难得的机会,是那些捷足先登纽约总部和日内瓦分部的学兄学姐学弟学妹难以想象的。他们或者还因论资排辈而难获类似机会,或者眼看到手的机会一不小心又飞了。事实上,在联合国系统内切实得到并抓牢这一难得机会的毕竟只是极个别年轻口译。真相残酷。

每每忆及这段傲人的经历,心里总是充满感恩:无论人事如何安排,天网恢恢,总把好钢用在刀刃上!在此特别鸣谢外交部干部司,尤其是当年的李洪均处长、黄泉生副处长,是你们的惩前毖后,挽救了这枚恃才傲物、桀骜不驯、头上长角、身上长刺的"废弃螺丝钉";是你们的先见之明,料定纽约没我的用武之地,日内瓦也会埋没我的才华,唯有曼谷才真正潜伏着如此难得的机会,单等胡某横空出世。你们的预言应验了!谢天谢地。

后 记

1996年下半年,蒋先生退休了,我也正准备调往纽约总部工作。忘年之交,知遇之恩……一度答不上来的"怎么会……",如今似乎有了点眉目,答案也似乎越来越清晰了……

"文理兼优的学霸,77级的南通高考状元,怎么会去江苏师范学院报到?"

"联合国口译考试的前三名,怎么会在外交部附属机关上班?"

"一流高翻、全国唯一英文版《外交季刊》的年轻审校,怎么会来小小的地区性机构？"

到纽约总部后，类似的问题果然再度翻新："这么优秀的同传，怎么会在同辈中最后一个评上高级职称？"

亲爱的蒋先生，很抱歉当时确实不知如何回答您的问题，如今晚辈试答如下：一切的一切，全拜"口译个性"所赐！人说"性格决定命运"，我说"个性成就素质"。如果货真价实的"高级同传"需要在坎坷与摔打中练就，那么上述看似矛盾的悲催遭遇，岂不恰似"口译个性"刻意自找？所以无怨无悔，反正这辈子也只想跟同传白头偕老。

听上去有点玄乎哈？那么什么叫"口译个性"呢？

曾经读过一篇老外写的有关"会议口译"的文章，里面是这样描述"口译个性"的："highly strung, temperamental, outspoken, and prima-donna-ish……"什么意思？

Highly strung：高度紧绷状态，神经质；（要不反应哪能那么快呀？）

Temperamental：情绪化，不安分，易冲动；（不冲一冲，妙语连珠哪能脱口而出啊？）

Outspoken：快人快语，直言不讳，不顾他人感受，心里藏不住事；（什么都深埋心底，用时还倒得出来嘛？）

Prima-donna-ish：原意是有点"老娘才是女一号"的情结，其实男女都适用，意指自命不凡，自大自傲自恋。（否则气势上哪能压得住阵脚？碰到部长首相国王就筛糠岂不阵脚大乱？还怎么做得好口译？）

任何一种个性，都是双刃剑：貌似敏锐率真的一面，本身就可能尖酸刻薄；貌似知书达理的一面，本身就可能自命清高；貌似勇往直前的一面，本身就可能冲动冒进……

想当年高考，在听说理科不能加试外语后，如果没有"一时冲动，就用英文填报了高考志愿"，那就一心一意报考了清华物理系；在得知必须改成文科志愿后，如果没有"再度冲动，把志愿全部草草改成了三所省内师范院校外语系"，那么无论是总分还是外语单科，进北大西语系应该没问题。所以，悲催的高考故事俨然是"一冲动丢清华，再冲动丢北大"的个性教训。

联合国录用考试名列前三，"中到英"单科第一，纽约总部的任用聘书都到了，如果不是恋爱问题上的一时冲动，也不至于滞留外交部附属机关……

眼看问题已经解决，可以应聘联合国了，又因为让我去的是日内瓦，而不是纽约，再度冲动，毒舌伤人，结果连日内瓦也去不成了，只好夹着尾巴去曼谷……，歪打正着那是偶然的后话。

来纽约后也是管不好自己的快嘴，一句"咱们这一行是纯智力活，一张嘴就能听出谁走了后门！"得罪了某位"在家靠父母在外靠朋友的"的"资深口译"，遭到他严词训斥，"在我退休之前，你甭想拿P5！（即'专业5级'——口译最高职称'Senior Interpreter'，所谓'高级口译'）"说完他转身就要扬长而去，还不忘回头再补一句，"白德伟，爱动特来克右！"弄得我一头雾水，"您说啥呀？我又不叫白德伟？"只见他额头青筋一跳，"你英文听不懂啊？怎么混进联合国哒？"这才恍然大悟，原来他补的那句是英文"By the way, I don't like you!（顺便告你，我不喜欢你！）"看来我的个性真的令人讨厌，不顾他人感受必然自作自受。

人生没有"如果"，个性本来就是一柄双刃剑。即便当初进了清华北大，又能怎样？以我的个性，会不会忘乎所以，不求上进？还能保有在江苏师院时的那份卧薪尝胆的倔强吗？即便一出北外联译班就赴纽约总部履新，谁知道二十出头的冲动青年何去何从？还能像在外交学会工作时那样"一切归零，从头做起，自证实力，顽强拼搏"吗？小小的亚太地区机构又怎么了？还不是给了你傲人的阅历？快人快语得罪人，也给自己添压力：不靠亲情不靠友情只靠纯粹的实力，付出数倍于他人的代价，去追求货真价实的终极目标，不正是"宝剑锋从磨砺出，梅花香自苦寒来"的真谛吗？

回首往事，人生的几个阶段，哪怕缺失其中一个坎坷，或许也造就不了今天这位货真价实的"高级同传"，至少，这篇"口译个性"成就"高级同传"的故事就得改写。所以，无悔无怨，个性不变，

因为我与同传有缘。如有来生，还求父母赐我敏锐率真的"口译个性"，还当实力雄厚、文理兼优、特立独行的"高级同传"。（完）

****

附一：我的高考故事

七七级高考，起先报的是理科，第一志愿清华物理系。从小学到高中，一向酷爱数理化，虽然学校教不了太多东西，但有的是时间，如今青少年爱玩的电子游戏，当时没有，破解数学难题就成了消磨时光的"游戏"。数理基础相当扎实，报考理科还是有把握的。

可是，毕竟是"文化大革命"后恢复高考的第一年，来不及筹备全国统考，只能由省市自治区各自为政，而江苏当年的高考政策跟我开了一个不大不小的玩笑：理科不考外语和史地，文科考史地不考理化，外语归入文科，外语专业的数学卷仅供参考不计入总分。

心有不甘，数理化虽强，但也希望学校知道我的英语程度，哪怕仅供参考不计入总分也行啊。可是，只要你报了理科就不可能加试外语。一时冲动，就用英文填报了高考志愿。当时的想法非常简单：既然加试外语已不可能，那就只能让表格里的外语供校方参考了。

就在临考前一天，接到了招生办打来的电话，让我过去重新填表。以为只要改用中文填表就行了，结果被告知只能改填文科志愿，因为他们的理解，用外文填写申请表就是希望加试外语，那么加试外语就只能填报文科志愿。我说不行，一直复习的是数理化，用英文填表时就已经放弃了加试外语，只想通过申请表里的英文让校方知道我的英语基础不错而已，依然坚持报考理科。

"很遗憾，"招生办主任无奈地告诉我，"已经把你作为文科考生报上去了，明天考场没你的理化卷，怎么办？"

那一刻犹如五雷轰顶，似乎天都塌下来了：史地一点没复习，作文一篇没练习，数学又不计入总分，这还考什么呀？再度冲动，把志愿全部草草改成了三所省内师范院校外语系。就这样，与江苏师范学院（苏州大学的前身）外语系结下了不解之缘。

· 45 ·

当年还有一个做法是必须考前填报志愿。假如按后来"语数外"考分加权，再加考后填报志愿，即便是临阵改报文科，我的总分也是足以让我在考后信心满满地填报任何一本高校的：数学卷全部顺利完成，可惜不计入总分；平日的广泛阅读和知识积累让我觉得史地卷居然满是常识性考题，没有一条漏答，应该也是满分或接近满分；英语更不用说，规定考时只用掉四分之一就完成了。虽然那年不公布考分，也不可能有什么全省排名，但至少在江苏南通外语类考生中我的名字确实排在第一。可是，既然必须考前填报志愿，又因冲动瞎填了志愿，考后就必须为自己的鲁莽负责；如果考上志愿学校而不去报到，将失去复考的机会（这也是当年的一项政策）。

附二：人工智能（AI）何时才能解放真人同传？

每次去洗牙，牙医都会跟我唠嗑：现在 AI 发展很快呀，就连围棋象棋，人类都被 AI 打败了，你们这个职业今后是不是要被 AI 取代呀？我说，有你们牙医自动化程度那么高吗？你看，你早就用上电脑助理了，开始只是牙床齿列图谱工程，现在连牙冠，都可以 3D 打印了，那就是机器代劳哇。客户的相关参数一旦搞定，输入机器，连洗牙植牙都可以让机器代劳，还不像人工那么轻重不一呢。

大凡可重复、可预设程序的高精度、高难度、高强度（"三高"）劳作，都可由机器代劳，而且比人工精准可靠。环卫工、搬运工、外科大夫、牙医、造导弹氢弹原子弹的、开汽车轮船飞机的、潜水员、指战员、播音员，他们的职业被 AI 取代的前景应该好于同传。

没错，围棋象棋，AI 已经打败了世界冠军，人们很容易据此类推：AI 也能取代真人同传。殊不知（1）棋谱总是有限并可以穷尽的，而人类语态则几乎是无限而不可穷尽的；天天有人讲话倒是没错，看似重复，但每篇讲话词法句法之千变万化是棋谱望尘莫及的，其精准度只有预输译文才能保证；可是谁能保证代表每次讲话都有可预输的译文呢？（2）虽说机器在逻辑联想方面获得了突破，但是人类话语除思维逻辑外，还有一大部分是感情和艺术的表述，即便 AI

得以完成90%的政法科技等逻辑语言的翻译工作,从"行百里者半九十"的角度看,其余10%也不是双倍的计算速度和十倍的记忆可以完成的。

人脑是最复杂的器官,而表述人脑活动的语言也简单不了多少。传说上帝阻止人类登天的一个绝招就是给人类建造的通天"巴别塔"施了点小小的法术,让快要登天的塔中人突然间各说各话不能沟通,于是自相残杀,不攻自败,谁也登不了天,永远不能跟上帝平起平坐。假如AI那么轻易攻克这么复杂的语言堡垒,不就等于打败了上帝,由巴别塔登天跟上帝平起平坐了?不是不可能,但这意味着又一个飞跃,质的飞跃。

通天"巴别塔"的神话只是一种比喻,所谓"跟上帝平起平坐",一是比喻跟上帝一样全知全能,也就是说,语言沟通差不多是"知"与"能"的最后堡垒,一旦攻破,便意味着人类无所不知无所不能;二是比喻一种未来的理想社会,比如说"娱乐社会",人类活得跟神仙皇帝一样逍遥自在,劳作都由AI承担,人类在娱乐中学习、工作、创造财富。而所有这一切都是以巴别塔内各说各话的问题得到解决为最后胜利日的。

所以,我会跟牙医说,等您获得彻底解放之后,我们就有盼头了。同声传译应该是"先天下之忧而忧,后天下之乐而乐","只有解放全人类才能最后解放自己"的一门"遗憾的艺术"。

由此可见,AI开发商如果聚焦前面提到的"三高"产业,投资回收期会短一点,而贸然开发口译机器人,还指望取代真人同传,那么现阶段不搞点小动作是很难回收资本的。所以AI同传开发商弄虚作假事件频发,一点也不新鲜。

当然,假以时日,总会不断改进的,欧洲方言之间互译的障碍可能会消除得快一点,大语系之间难一点,任重道远。大数据技术一旦普及,或可带来机器翻译的新飞跃。即便是艺译产品,只要上网,AI就能拿来仿真。比如这首徐志摩的诗作英译:

偶然

（作者：徐志摩；译者：胡茂亚）

我是天空里的一片云，

偶尔投影在你的波心；

你不必讶异，

更无须欢喜，

在转瞬间消灭了踪影。

你我相逢在黑夜的海上，

你有你的，我有我的，方向；

你记得也好，

最好你忘掉，

在这交会时互放的光亮。

By Fluke

（Poet：Xu Zhimo；Translator：Hu Maoya）

A piece of cloud I floated out of the blue,

By fluke to shroud thy wavy heart in hue;

No need to feel dizzy,

Less still to be giddy,

Gone in a flash without trace as I flew.

We met on the sea in a dark night,

On different courses left and right;

Good to keep in mind,

Better never rewind,

The blinding moment of sizzling light.

如果让现在的机器来译这样的诗作，它只能抓瞎。但是，到了大数据时代，AI 应该能够剽窃所有上网的各种版本，从情怀、意象、境界、到韵式、格律，都能以假乱真，尽管撞上现创文学作品还须装聋作哑。

然而，然而，又怎么样呢？AI主持的节目看过吗？看似取代了主持人，可是，收看AI主持的新闻你能坚持多久？"遗憾的艺术"再怎么遗憾，也毕竟是供人享受的一门"艺术"，期望值越来越高的人类会在艺术享受方面向AI妥协吗？这就意味着，完美的仿真工艺及相关科技也得同步跟上！还那句话，等人类经由通天"巴别塔"进入天国般的未来世界，AI必定彻底解放了真人同传。

"准备好了么？时刻准备着，为AI解放同传的伟大理想而奋斗！"

联合国审校培训谈话记录

刘达政

第一次谈话记录

审稿标准作业程序

这个座谈会的目的很简单，就是谈改稿问题——Revision。我们要讲的是 Pure Revision-ism。没有其他目的，主要是谈如何做好审校，让大家办法多一些。

处长要求参加座谈会的同事提供一些素材。我认真拜读了大家交出来的一些稿件，得益不少，初步有几点看法，可以跟大家说一说。

第一，我看大家都是很认真，很用心审稿的。我可以看到其中大家的辛苦之处，甚至在大家的笔触中也揣摩到大家有时感到十分无奈，有时觉得有心无力的心境。

第二，大家的审校办法真的很不一样，各有各法，各有千秋。不过，从大家不同的改法中，我的确看到一些问题。恕我用打趣的方式，用打老虎和打蚊子做例子说：有的看见蚊子拔宝剑，看到老虎绕路走。有的只跟蚊子打交道，根本不知道有没有老虎存在。有的一心打老虎，刻意用心，可是面对一大堆蚊子，好像一点办法也没有。有些偶然遇到野猪、豺狼，不晓得该打不该打。总之，大家的思路与手法相当不同，所用武器不一样，效果也很不一样。

第三，我发觉一些定稿还有不少该改动的地方。有些地方还可以商榷。当然，这是很自然不过的。任何定稿都可以一改再改。究其原因，或许是工作量太大，容易"挂万漏一"。不过，我认为，主要原因是对审稿的程序、要求不够清楚。审校策略不对头，也是一个因素。

我这次跟大家研讨的，不是简单的一字一词、逐句逐段的改稿法，而是从宏观的角度，讨论改稿的程序、方法、策略与态度。

好，导言说完了，让我言归正传。

大家都是老翻译了，起码有多年的翻译经验，所谓译而佳则审，现在都是四星上将了，我相信都有自己行之有效的一套理论，一套得心应手的译审办法。我今天谈的或许都是大家早就知道的道理，属于老生常谈，没有什么新鲜的东西，更没有什么了不起的理论。我今天的目的，也不是来挑战大家的理论和做法，而是想同大家讨论，设法建立一种标准的审校程序，以便在团队工作环境中，大家有一种默契，一个共同的依归。建立标准作业程序（SOP）的目的是列出必须进行的例行工作，尽量减少不明确的灰色地带，设法消除因各自我行我素而出现的不必要的误差和矛盾。

大家或许看过我在论坛写过的一些游戏文章。我在"校场一法"的短文中曾扼要指出：

> 审校的责任主要是按原稿核对译文，改正错误，填补漏译，雕琢文字，澄清含混，统一用语，检查译文是否符合惯例、体例和文法标准，进而宏观修饰，添补必要连词，删减多余赘字，优化段句结构，协调语气语调，加强文字节奏，务使译文完整交代原文意思，通篇通顺易懂，为读者接受。

这个定义是个罗列性定义，是根据经验尽量列出审校所涉的一般性工作内容。这个定义当然不可能是穷尽性的，相信在大家的审校实践中还会遇到其他一些特殊的工作。不过，一般来说，我认为这个定义是足够的。如果大家没有异议，接受这个定义，我们就可以据以盘点一下在审校实践中一定要完成的工作。

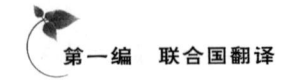

摸底

在审校实践中，接到一份译稿，首先要摸摸底，就是要了解情况。大家知道，情况不明，心中无数，先入为主，自以为是的确是审稿的坏习惯。根据我看底稿的经验，许多审校谬误都是不问情由，随便动笔的结果。许多误改都是由于改稿人不小心会错意，表错情。因此，我们拿到文件后，第一件应做的工作就是细心摸底。就好像我们拍照的人经常说的，按快门之前，首先要查看背景（Check background first）。摸清情况的工作分两部分。首先，要收拾心情，弄清楚手上的文件到底是谁写的，是什么性质的，是谈什么的，有没有参考文件，有何基本词汇、重点内容，有何难译之处。其次，要搞清楚这份文件有没有总负责人，有问题的时候，有没有可以商量、请教的人。有关组长有没有发出"最新指示"？如果你自己是负责人，准备工作就要做得更彻底一些。摸底的目的是做到心中有数，知道自己在做什么。如果你看过文件，知道是一份 note verbale，万一翻译不小心译错，你一眼就应当看得出来。这种心眼——有心人的眼——一定要练出来。如果你心中无数，只是靠逐字、逐行、逐句地核对，就很有可能会看漏眼。看文件不光靠眼睛，要用心。逻辑和 common sense 很重要。

掌握方向、拿捏分寸

心中有数之后，下一步就要定下审校的方向、策略。这个决定很重要。审校策略可有多种，例如句斟字酌、重点过细、只改错漏、兼改文章，等等。一般来说，规范性文字要句斟字酌，一些文书信件可重点过细，其余通顺达意就行。译得可以的只改错漏，文句不通的兼改文章。我们需要有一些专业判断的能力。我经常说，不同的仗要有不同的打法，不能千篇一律，靠一招无法走天涯。一些起草得非常马虎的来文，你跟他来个句斟字酌，是自讨苦吃。一些重要的案文，你来个蜻蜓点水，草草了事，日后肯定会为你带来麻烦。大方向定好了，你的工作就可以按部就班，逐步完成。我认为，快速读一下原文和译文是掌握方向和拿捏分寸的必要途径。如果不完成这个程序，没有审稿策略，你就是盲头苍蝇，只能靠误打误撞。一切改动，全凭兴之所至，容易出现偏差。打个比方，译稿就犹如是"灾区"，要清楚了解灾区情况，才可以决定如何"救灾"。下一场小雨，派三十万大军去排水，可以吗？一场大风雪，派两个人去扫街，行吗？有灾救灾，大灾大救，小灾小救，没有灾的就不浪费资源时间。千万不要拿了文件，就立即坐下来，看一句，改一句，一个钟头看三个 ESP。这样做会吃力不讨好，效率不一定高。做好审校准备工作可以省以后工序的时间，可以起事半功倍之效。审校工作可快可慢，可粗可细，有了全局观念，掌握了方向，制订了策略，就容易拿捏分寸。时间紧迫时可以抓大放小，不浪费精力在比较不重要的推敲之上。不要养成见到形容词、副词就"玩"它一下的习惯，这会浪费很多时间。Ambitious 译为眼光远大，你一定要将它改为雄心勃勃吗？Swiftly 译为快速，你一定要改为迅速吗？

当然，改多改少要灵活处理，不能丝毫不变通，因为说到底，按时完成任务最要紧。

改错补漏

定好审校方向策略，就要认真进行审校实践。我的经验是，稿子起码要过两遍。第一遍是改错、补漏。如有把握，一看到错漏便立即改掉，补上。如果暂时没有把握，可以存疑，先不要乱改，在旁边打个记号，以后该查的查，该问的问，设法解决。存疑的要求是，重视问题，没有一个问题可以放弃不理，不能说，算了，不管了：人名地名有没有查，引用文字有没有抄，用语有没有查 ChTerms，一些短语译法前后是否统一，新名词的译法有没有根据，等等。记得我做 PO 的时候，有同事回到家后，突然想到某一个词有更好的译法，立即打电话给我，请我到 Pool 帮他改。我认为这是非常专业、负责任的做法。

改稿的一个目的是"澄清含混，统一用语"。不能因为译文是谁谁谁译的，一定没有问题，就盲目信任，轻易放过。许多大错就是这样不经意造成的。事后才说，哎呀，想不到会这样，就晚了。自己译的稿子更不要轻易放过。

看第二遍时，重点是检查译文是否通顺易懂。这时应当站在读者的立场，挑剔译文。遇有疙瘩，想办法磨平。如有不顺的地方，想办法理顺，或加字，或减字，或颠倒字句，或缩短句子，或加标点符号，或将短句连起来，办法很多，不一而足，但都是可行的。读一遍，不需要太多时间。文件太长的，不要等译好几十页才通读，太长了容易疲劳，容易漏看，隔一两天通读一部分比较好。

很多同事现在已经在屏幕上改稿。在屏幕上改稿容易删错字，或者加字加错位置，误植同音字，打错字，等等。我个人认为，第二遍读稿应当打出来看，用笔改，好像换一个情景，换一个脑袋，换一双眼睛，容易看出本来看不出来的问题。当然，这种做法只供大家参考。每个人都有自己一套习惯做法，只要行得通就可以。条条大路通北京，不需要一定要走那条路。

优化文章方面，要适可而止，过犹不及，容易花太多时间，现在看来，没有必要。所谓 over-revised 现象之所以出现，主要是改稿人刻意或不经意地将别人的译稿改成自己的文章。文章顺眼不顺眼，应当有客观的标准，不能光靠主观。文句通，没有错，不需要随便改。有些联合国文件都是在通与不通之间的八股文章，不容易译好、改好。

反过来说，不能因为不主张随便乱改就干脆来个尽量不改，或者是由于怕得罪人，因人而异，看人动笔，遇到不敢得罪的，就蜻蜓点水，造成 under-revised 的现象。

为什么会 over-revise 或 under-revise 呢？我认为，主要是一切凭主观，没有标准作业程序的观念，不知道怎样做，做到怎样才算好，才可以交得出去，才不会有任何无谓的批评。如果大家实事求是，按照上述 SOP 走，就比较容易做到不过不失，心安理得，信心满满，不会有改稿恐惧症，不会怕译者来讨说法时无法解释。

Revision is EC-TOP-FUN

我以前提出过八字真言，其实是八个改稿的理由，可供各位参考采用。这八个理由是：错（E）文（C）词（T）漏（O）偏（P）重（F）统（U）精（N）。为了让大家容易记住，我刻意将次序安排，提出了 Revision is EC-TOP-FUN。审稿"很容易，最好玩"。这应该很好记！每个字的先后次序不重要，因为每个字所代表的工作都重要。每个字都做到，就可以说是尽了审校责任了。

如果愿意或准备同翻译切磋交流的话，这八个字母可用来做旁注，帮助你在切磋交流时记得问题在哪里，为什么要改，为什么要这样改，那样改。

错（Error）是指错解原文，原文看错了，译错了，没话说，一定要改。

文（Chinese）是指汉语修辞，句子不通、行文不顺、用词不当、误用标点、加盐加醋、过分渲染等，属于这类。

词（Terminology）为词条词语，该查的没查，该问的没问，所以要改。

漏（Omission）是漏译文字，漏一字，漏一句，漏一行，漏一段，漏就是漏，一定要补上。

偏（Preference），这是个人的偏爱喜好。天下文章谁最好？我们不是讲 top fun 吗？为了让审校多一点 fun，让他有发挥的余地，将就一下他，让他过瘾一下也是可以的。只要他肯花工夫，花时间，我一向主张，审校爱怎么改就怎么改，我们不要干涉审校的改稿自由。只要有道理，有时间，爱怎么改都可以。

重（Focus）是说有重点地改，画龙点睛地改。对于一些重要内容，多花点心血，做到精益求精。知道什么是重点，是一项本领。

统（Uniformity）是统一用语，要做到前后统一，各部分统一，与以前的文件统一。这是联合国的要求，我们的文件要采用联合国 terminology，要 conform to UN standards。

精（Nuance）是理解原文细腻内涵，做出必要的调整。改错、补漏容易，精雕细琢难。这往往是原文最难翻译的地方，也可能是译得最别扭的地方，需要用心、用时间磨。这要靠个人的功力，水平，无法划一要求。

评阅译文不难，只要记住 EC-TOP-FUN 这八字真言，就可以抓住问题，逐一解决。

我们的主要工作是翻译"会议文件"（parliamentary document）。翻译联合国会议文件的要求是信、达、雅，不是信、雅、达，不是雅、信、达，更不是雅、达、信。我们也不能接受达、雅、信，就算是达、信、雅，也不行。对于联合国文件，信是第一，达比雅还重要。如果大家对信、达、雅三个要求的先后位置有不同的理解，没有共识，我们就不可能有标准作业程序，我们的工作就不可能有个"谱"，结果就只能是各有重点，各行其是，各吹各的号。老实说，这种情况，的确存在。

有些审校认为，审校重点是改文章，能够化腐朽为神奇才是好。他们喜欢套用成语、妙句，想尽办法中化译文，认为只要通顺，随意加减文字是可以的。我们千万不要以为这种做法代表审校的最高水平。其实，如果长期采用这种方法，只会养成以词害意、不负责任的做法。

译而优则审是一般的规律。我一再指出，能升为审校的同事，应当都有自己翻译的一套。这一套能不能用于审校，需要有一个转化的过程。转化得好，审校就容易得心应手。转化得不好，就会觉得审校工作没有一个准，很难。今天向大家介绍的是一套程序、办法、概念。如果大家参照这套程序办法概念，认真总结自己翻译的一套，就很容易得出一套自己审校的准绳，当你发现，你的一套与别人的差不多，那就会有信心了。一个稿子你去审，或者别人去审，程序都是一样的，结果也差不多，那你就有谱了，就有标准了。我们需要的就是这种共同的标准程序办法。

有了这种程序办法，审校工作就可以按部就班，循序进行。如果接到文件，知道应当怎样做，如何进行，凡是该做的都做了，就算换了别人也只能这样做，那你就可以心安理得，于心无愧。如果大家认真实行，就会慢慢建立起一种专业标准。Professionalism 就是这样树立起来的。

今天讲的是审校的 SOP，只是一个笼统的提法，供大家参考。

第二次谈话记录

翻译职场的变化与对审校的专业要求

上一节我们笼统地谈到审校的内容、方法和程序。这一节我想跟大家讨论一下，在新的时代环境中，在新的职场氛围下，我们对审校责任的传统看法应有所改变，而且我们还有必要重新调整对审校业务的专业态度。简单地说，我们要明确了解新时代对审校工作提出的新要求，才能够把中文处的审校工作做好。

当前，根据管理当局的要求，中文处自译自审的文件要达到40%左右，才算达标。也就是说，审校要审的文件只有一半多一点。如果十个 P-5 的任务主要是审校，那么刨掉他们占去的份额，剩下来要 P-4 审的文件就不多了。中文处现在的人员编制是两头小，中间大，主力 P-4 骨干人数最多。P-4 的主要任务看来还是自译自审，审别人的稿件只是小部分工作。

今天我要强调的是，我们的职场（workplace）发生了很大的变化。既然发生了变化，对审校工作的要求变了，我们就要灵活面对。以前，我们都自视甚高，总以为自己是在创作坊里巧制艺术品，是艺术家。可现在不一样了，我们忽然发现，管理部门要求我们在大车间里集体生产大路货，我们都不过是工匠。我们的 reviser 只是负责管 QC 的。不对，其实，严格来说，连 quality control 都谈不上。因为如果真有权负责 QC，那是可以把次品、废品抓出来，打碎，丢掉，或者想办法处理的。审校连这个权力都没有，因为我们不能退稿。我们所能做的不过是 QA，Quality Assurance。我们只能尽力保证产品有一定的质量。再拿茶壶来打个比方，我们只是保证茶壶一眼看过去没有显著的瑕疵。壶嘴是通的，水倒得出来，跟壶口整齐服帖。手把够滑。壶可以平放。画的花不难看，过得去。商标贴上去了，标签也有了，就可以出货。总之，符合合格出厂的标准，就可以装箱放行。只要顾客没有投诉，没有退货，质量就算过关了。

记得 DGACM 陈健副秘书长曾经在 Town Hall Meeting 上公开表示，DGACM 的产品，生产要快（efficiency），出厂要及时（timeliness），成本要低（cost-effectiveness），只要保持一定的质量（consistent performance），就可以了。这就是说，我们以前津津乐道的捏艺术品的小作坊已不复存在了！我们现在不需要文学家、艺术家，只需要按规定做得够快又够好的翻译匠，或者更正确一些，够好又最快的工匠，请注意不是最好，够好就行了。我们的职场已经是一个流水线大工厂。我们都在做上下游的工作。我这样说不是要故意伤大家的心。我只是把事实真相讲出来。This is the truth. Can you handle the truth？我们要从面对这种事实出发，制定我们审校产品的标准。

现在，审校所做的是 Quality Assurance。QA 质量保证就是通过一系列活动，增加用户的信心，引导用户认为产品符合质量要求。我们中文处其实集体做出了这样的保证，不管是谁译的稿子，谁改的稿子，凡是中文处出去的文件都达到一定的质量标准。这个标准不是你的特殊标准，也不是我独有的标准。这个标准是要让我们的读者对我们的文件有信心的一种标准，也就是说使我们的文件可以为读者接受的一种标准。这不可能是最高、最美、最夯的标准。为什么不能问 Why not the best 呢？答案很简单，按照现在的情况、条件与要求，the UN cannot afford the best。这就是为什么 DGACM 不提 the best quality，只要求 consistent quality，consistent performance。质量一致，不要有时特好，偶尔特坏，这就是我们的标准。

换句话说，我们要承认，审校稿子只是文件处理工作中的一个必要环节、流程。审校的主要任务是把关，把关就是按照联合国的要求，保证出去的文件保持一定的质量水平。把关有必要的程序，该做的必须要做，该完成的必须完成。我们无法求最好，只能求够好，在当时条件限制下的最好。我们不能要求自己做不可能做得到的事。每天改多少页？这种速度能出精品吗？因此，我们要实事求是，不要好高骛远，理想过高。

现在的审校工作不再是个人创作，是个人按照集体规定的程序，保证出去的文件质量一致，没有大错，没有大漏，通顺易懂。审校只要保证文章通顺，不错、不漏、用词统一，就可以出厂放行。只要客户不提意见，就可以了。

为了证明我的论点，现在我介绍一下21世纪中国翻译界两个重要文件，一个是《中华人民共和国国家标准——翻译服务规范》。另一个是中国国家标准化管理委员会发布的《翻译服务译文质量要求》。都印好在这里，大家可以一人拿一份。

《中华人民共和国国家标准——翻译服务规范》（简称《翻译服务规范》）是2003年发布的，它开宗明义地指出，"翻译服务方的过程管理是保证翻译质量的有力措施"。注意"过程管理"这个词。翻译过程包括"业务接洽，翻译前的准备，翻译，审校，编辑，检验，顾客反馈意见，文档资料的管理，责任和保密等诸方面"。"要求翻译服务方加强对翻译过程中各个环节的管理，形成一个完整的质量保证体系和服务体系。"审校是翻译过程的一个环节。

在审校要求这部分，《翻译服务规范》是这样说的：

4.4.3.2 审校要求 审校应根据原文（复印件）和译稿进行逐字审核，并根据上下文统一专有词汇。对名称，数据，公式，量和单位均需认真审核，审核后的译文应内容准确，行文流畅。审核时，应使用与翻译有别的色笔，以示区别。4.4.3.3 审核内容 审核工作应包括以下内容：译文是否完整；内容和术语是否准确，文字表述是否符合要求；语法和辞法是否正确，语言用法是否恰当；是否遵守与顾客商定的有关译文质量的协议；译者的注释是否恰当；译文的格式，标点，符号是否正确。

现在国内许多翻译公司都根据ISO9002质量保障体系，制定一套严格的规章制度，对翻译过程的每一个环节进行控制，确保翻译质量。例如，一家公司这样说明它的翻译管理过程：

一、项目分析　收到项目时，我们将审阅文本的内容、计算字数，并进行任何必要的预处理。对于每一翻译项目，指定一名项目经理，负责项目实施与协调工作。

二、甄选翻译人员　物色在客户需要领域内具有专业知识背景、能够胜任翻译项目的译员。从获得资料的开始到交稿全过程进行质量的全面控制，做到质量高、速度快，急客户所需。

三、翻译　由资深翻译人员执笔。为了保持翻译质量和用词规范的统一，我们会及时组建若干翻译小组，分析各项要求，统一专业词汇，确定语言风格，译文格式要求等式。

四、编辑/二次校对　所有译件均须经过严格的文字和技术双重校对，彻底消除拼写、打字和语法上的错误，同时保证了用词贴切与一致性。

这些要求对我们都有参考意义。

还有一篇评论文章指出，《翻译服务规范》明确提出顾客满意度是衡量翻译服务质量的标准。原文如下：

《翻译服务规范》不仅是中国翻译史上第一部国家标准，也使我国一跃进入世界翻译标准化的先进行列。此外，《翻译服务规范》还具备以下几个特点：中国第一部以中文和英文版形式发布的推荐性国家标准；在中国国家标准系列中第一次引用"一致性声明"；以标准的形式向用户明示规范的翻译单位应为顾客提供什么样的服务；明确提出顾客满意度是衡量翻译服务质量的标准。

随着时间的推移，翻译服务国家标准的历史意义会愈加彰显。翻译服务国家标准的制定，开启了中国翻译服务标准化的进程；用法规的形式规范市场行为，体现了行业组织在现代经济形式下的作用。翻译服务标准化是推动翻译服务产业和翻译企业的制度创新的基本要素，其目的在于：服务标准化，管理程序化，翻译规范化。

一般对审校的要求是经验（资深翻译）、知识背景、仔细、认真、负责。中英文程度都是个 given。在联合国也一样，都 P-4 了，不能说程度不够，不能审稿。只要能认真按照审稿的要求仔细、负责地一一执行，有经验的翻译都可以做 QA 工作，即审校的工作。

因为审校是个工序，是个环节，是个过程，所以不能把它作为个人再创作或再创造的机会。审校是按规定保证别人的东西可以过关，不是把别人的译作改成最佳作品。同时要强调一点是：审校的专业对象是文件，不是人。审校对文件负责，不是对原作者负责。

我们再看一看译文质量评定和译文质量要求这两部分：

7　译文质量评定

7.1　译文质量评定的关联因素

a) 译文使用目的：1 类——作为正式文件、法律文书或出版文稿使用；2 类——作为一般文件和材料使用；3 类——作为参考资料使用；4 类——作为内容概要使用。b) 原文文体、风格和质量；c) 专业难度；d) 翻译时限。

7.2　译文质量评定的基本原则

以译文使用目的为基础，综合考虑其他关联因素。

7.3　译文质量约定范围

a) 译文使用目的；b) 译文使用专用名词和专业术语依据；c) 译文质量具体要求（参照本标准第 4、5、6 章）；d) 综合难度系数〔在综合考虑第 7.1 条 b)、c)、d) 的基础上确定〕；e) 合格标准（参照本标准 7.4 和附录 A）；f) 质量检测方法。

译文的质量评定要看译文使用的目的，这一点很重要，我们以后会更详细地谈。在这里，我们先看一看：

7.4　译文质量要求

根据翻译服务的特点，译文综合差错率一般不超过 1.5‰（不足千字按千字计算）；译文综合差错率的计算方法见附录 A。

8　译文质量检测方法

万字以上（含万字）的批量译稿可采用抽检，抽检范围一般为10%—30%；万字以下的译稿可采用全部检查；或按双方约定。

这里提到差错率，而且是综合差错率，表明内行都知道，无错不成译，凡译就一定会错，只要不超过千分之1.5，就算过得去！中文处有没有这方面的准则？要不要定一个译文综合差错率？千分之1.5能接受吗？现在我们的差错率低于还是超过这个千分率？

我们需不需要定一个联合国中文处的质量评定标准？

我赞成并鼓励大家研究一下这个问题，集体拟订一个翻译和审校的工作守则，制订一个大家都愿意依循的新游戏规则。例如，中文处可以制订一个审校和自译自审的规定。比方，我可以提出：

审校必做的十项工作

1. 格式已按规定统一，有问题已请教资深审校；

2. 人名、地名、官名已查过；

3. 有问题的名词术语均一一查过 ChTerm、字典或 google 过；

4. 用 dtsearch 查过，凡是已翻过的均一一抄录，不再 reinvent the wheel；

5. 不懂的、有疑难的问过，跟别人商量过；

6. 段落数目 check 过，数目字 check 过；

7. 仔细查过没有漏译；

8. 错别字已经改过，年月日核对过，决议号码核对过；

9. 译文文句不通的已尽量纠正；

10. 译错的、译得不好的已尽能力纠正。

这十项工作中，只有最后两种是需要靠个人的功力的。当然，功力是无止境的，是永远可以提高的，不能定一个客观的要求。个人功力非常重要，可是见仁见智，很难划一要求，只能尽力为之。不过，其余八项工序都是可以靠每个人认真仔细负责任地完成的。有些同事功力好，但不仔细，出来的文件差错率也很大。有些同事实力稍逊，但是细心，做事认真，差错率反而不高。如果说一个实力平平，但工作认真细致，另一个才高八斗，但粗心大意，你认为哪一个比较合适做审校？根据现代职场的要求，我看是前者会比较合管理当局的意，容易受到重用。如果在不断提高自己的中英文功力的同时，也不断强化认真负责、一丝不苟的工作态度，那就无往而不胜了。

我现在要问一个问题。是不是做足上面这些工序，我们的审校、自译自审工作就算完成任务了？我们就可以心安理得地交卷回家了？对于这个问题，我们必须要集体作出明确的回答。我不能越俎代庖，不能代大家回答。不过，按照我个人现在的看法，职场变了，要求变了，我们的审稿态度和工作方法也要跟着变。我们不能守着老皇历抱怨，只会说管理当局给我们的压力太大了！

我们要懂得如何因应情况，化解压力，按规定把工作做好，做到 performance 达 100%，同时令顾客满意，自己开心。

第三次谈话记录

联合国短小文件审校战略刍议

中文处每天都要处理一些短小文件，其中一些是特急件，有些是晚班才来的。这些文件包括信函、照会、讲话稿、立场说明、资料说明、图片说明、标题标语、海报、各种启事、通知、须知、来文、电报、陈述、单据、证书，种类繁多，形形色色。这些文件虽然短，但因为内容繁杂，五花八门，不容易译得妥帖。经过几十年的折腾，中文处的翻译已习得一种惰性，通常都用不变应万变的策略去应付这些乱七八糟的文件，就是说，大家都不再多想，都用直译法，但求一字不多，一字不少。但是，这样做能不能恰到好处呢？那就是众说纷纭，见仁见智，不一而足了。

对于这些稿子，中文处的审校们通常也只是萧规曹随，按老规矩办事，不愿逾越，不敢造次。结果，我们接受了一种基本上是照字译字的硬译法。

比如说：

第一编 联合国翻译

TO WHOM IT MAY CONCERN: THIS IS TO CERTIFY THAT M. S. /S. S. (NAME OF VESSEL) FLYING (NAME OF COUNTRY) FLAG, WILL NOT CALL AT ANY ISREALI PROT DURING THIS PRESENT VOYAGE, ACCORDING TO THE SCHEDULE, AND SO FAR AS WE KNOW THAT SHE IS NOT BLACK LISTED BY THE ARAB COUNTRIES. 给可能有关的人：兹证明该船舶（船名）悬挂（国家名）国旗，在本次航行期间，根据航行时间表，到目前为止我们所知，她不在阿拉伯国家的黑名单之中，也将不停靠任何以色列港口。

对不起，这不是我们中文处的译文，是我在网上找到的翻译范例。我再强调，这是供学习的范例！既然是范例，就是说这种译法已广为接受。大家不要笑，心里在笑的同事们，也请不要笑，我们中文处许多应用文的译法也跟这个差不多。我们不能五十步笑百步。

不过，这种广为接受的译法真的达意吗？能够"serve the purpose"吗？我一直认为，这种译法有点欠妥，有点牵强。我们的翻译理论界曾经有过关于异化、中化的辩论。但辩论归辩论，一到了翻译实践，大家为了方便起见，往往采取最直截了当的译法，就是见字译字。老实说，这种译文为我们的审校留下很大的改进空间。

除了死译硬译，译文不简洁之外，范例中的译文也有错。这份文件要证明两点：有关船只不停靠以色列港口，有关船舶未被列入黑名单。这里起码有两个问题。一个问题是，"AND SO FAR AS WE KNOW"到底管全部两点，还是只管后面一点？另一个问题是，"as far as"需要译为"到目前为止"吗？这都是我们这些审校需要做出判断的问题。

我认为，"To whom it may concern"译为"给可能有关的人"或者是"给有关人士"都有点怪怪的。我要强调，这两种译法都是被接受的译法。你不能说它错。不错，没有错，但是总觉得不够好。其实，只要稍微改变一下观念，转一下脑筋，不需要花太多时间，就可以译得好一些。例如敬启者：兹证明悬挂（某国）国旗的（某某）

号船在本次航行不会停靠任何以色列港口，又据我们所知，该船未被列入阿拉伯国家黑名单。

因为有前辈硬译的范文，翻译不敢另辟蹊径。审校看到这种译文，为了统一起见，往往也只能由他去也。对于这种译文，改还是不改，这就是审校经常面对的问题。

不过，我总认为，不同的仗有不同的打法。应用文有它本身的文体、规格、要求，就算是翻译过来的，也讲求一个"像"字。我认为，"给可能有关的人"就不像中文，不像中国人说的话，不像话就不好了。不好就要改。这是审校的基本责任。

举一个联合国文件的类似例子：

I have the honour to inform you that your letter dated 6 July 2009（S/2009/xxx）concerning your intention to appoint xxx as your Special Representative for Iraq and Head of the United Nations Assistance Mission in Iraq has been brought to the attention of the members of the Security Council. They take note of the intention expressed in your letter.

谨通知你，已提请安全理事会成员注意你2009年7月6日的信（S/2009/xxx）。你在信中表示拟任命xxx担任你的伊拉克问题特别代表和联合国伊拉克援助团团长。安理会成员注意到你在信中表明的意向。

这是安理会文件的标准译法。像前面的例子一样，也成了范例了。我总是觉得，而且一再主张，这种译法不妥、不足、不行。我们的审校要摆脱一些无形的束缚，放胆走出一条新路子来。

我认为，在我们的译文中，你你我我太多了，而且太过紧跟原文，结果中文不像中文，成了联合国的译八股。

我想，如果没有一些所谓范文的束缚，大家肯定会将这种短文译得活一点。例如：

阁下2009年7月6日来信（S/2009/xxx）表示拟任命xxx担

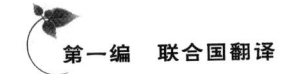

任伊拉克问题特别代表和联合国伊拉克援助团团长。已提请安全理事会成员注意此信。安理会成员注意到信中表明的拟议任命。谨此通知。

再举一个例子：

Following my letter dated 16 July 2009（S/2009/365）, I wish to draw your attention to two additional severe violations of resolution 1701（2006）that only exacerbate the incident that took place in Khirbat Slim on 14 July 2009.	[CHI]继我2009年7月16日的信（S/2009/365）之后，谨提请你注意另外两起严重违反第1701（2006）号决议的事件，这些事件只会加剧2009年7月14日发生在Khirbat Slim的事件。

"这些事件只会加剧2009年7月14日发生在Khirbat Slim的事件"。这种译法有没有问题？

为什么中文译文连字句顺序都要死跟原文呢？这一段我们不能全怪翻译。这个译文是经过审校的。我们的审校可以做得更好。

我会将这一段写成：

我曾于2009年7月16日写信给你（S/2009/365），提到严重违反第1701（2006）号决议的事件，现谨提请你注意另外两起事件，由于这些事态发展，2009年7月14日发生在Khirbat Slim的事件所产生的影响只会恶化。

又例如：

Upon instructions from my Government, I have the honour to inform you that on 24 June 2009, the Iraqi Government handed over to the Kuwaiti authorities 24 boxes containing two million, one hundred and twenty-one thousand and one hundred and sixty-six dinars and two hundred and thirty fils（2，121，166.230）of old Kuwaiti currency, postage stamps and travel cheques belonging to the Kuwaiti Central Bank.

奉我国政府指示，谨通知你，伊拉克政府已于2009年6月24日向科威特当局移交24箱财产，内含属于科威特中央银行的价值为2 121 166.230第纳尔的科威特旧币、邮票和旅行支票。

以上是审校改的版本。审校已经改得不错了，基本上是及格的。不过，有些小地方还是可以改进："财产""内含""价值为"等词都有问题，可以不用添加。

可以改为：

谨奉我国政府指示通知如下：伊拉克政府已于2009年6月24日向科威特当局移交24箱属于科威特中央银行的科威特旧货币、旧邮票和旧旅行支票，共计2 121 166.230第纳尔。

让我再举一个例子：

Peacekeeping has experienced serious setbacks. Today we face mounting difficulties in getting enough troops, the right equipment and adequate logistical support. Supply has not kept pace with demand.

（Secretary-General Ban Ki-Moon in address to Institute of International and European Affairs, Dublin, Ireland, 7 July 2009）

原译是这样的：

维持和平行动历经坎坷挫折。今天，我们在获得足够的部队、适当的装备和充足的后勤支助方面，面临日趋严重的困难。供应没有跟上需求。

（秘书长潘基文2009年7月7日在爱尔兰都柏林国际和欧洲事务研究所的讲话）

这份文件只要我们译秘书长的一句话。这种文件没头没尾,不好译。我们的目的,是把它四平八稳地摆好,译得像是权威人士讲的话。原译第一句试图摆脱原文桎梏,没有照字译字,不译 serious 这个字。可能是因为后面用了"严重的困难",这里就不好再用"严重"二字。后面两句却是紧跟原文,而且还重复用了两个"足"字。结果全局译文不够生动,简洁。

我会改成这样:

> 维和历经严重挫折。今天,我们难上加难,无法获得足够的部队、适当的装备和充分的后勤支助。供应跟不上需求。

第一句的"严重"二字还是可以用的,因为后面大可不必重复用这两个字。原译第一句有点太过刻意,加字太多,刀斧痕太深,效果不一定好。后面几句的翻译战略好像完全改了。因此,如果审校看到这样的译文,我认为是可以动一动的。花的时间也不会多。

我举这些例子,是想说明一点,应用文的翻译要注意文体,要灵活处理,不能照字译字。

我在网上找到这段文字,供大家参考:

> 翻译不仅要译出原文的意思,而且还要译出原文的语言文体风格。语言文体风格不仅包括因时间、地理、阶级、性别、职业、年龄、情景等所引起的语言变体(如各种方言、正式用语,非正式用语等),还包括各种体裁的作品(如科技文体,公文文体,新闻文体,口语体,书面语体等)。对文体的划分,语言学家仁者见仁,角度不同分类也就不一。本书中的应用文,指除了文学作品、科技英语、新闻报刊和论说文以外的一切文本,内容庞杂,形式多样,包括各类信函(如邀请信、祝贺信、慰问信、感谢信、介绍信、推荐信、商贸函电等)、各类公文(如法律文件、各类合同、政府公告、规章、决议、布告、通知、启事等)、各类广告(如商品广告、公益广告)及其他实用性文字(如证

书、条据、贺卡、名片等）。鉴于应用文范围较广，不同类别之间在文体上又有较大差异，本课这儿主要讨论公文体、商贸函电及广告文体的翻译。

文体风格非常重要，试看一些广告翻译：

例1：Just do it. 做就是了。

例2：The taste is great. 味道好极了。

例3：Can't Beat The Real Thing. 挡不住的诱惑！

例4：汲取生物精华，焕发生命潜能。

Essence of Living Beings

Energy for Life.

例5：有了南方，就有办法了。Where there is South, there is a way.

例6：百闻不如一尝。Tasting is Believing.

例7：Twogether. 双双对对一起来。

例8：名瑞 Famory

例9：To love, to laugh, to understand each other.

爱心，开心，相互交心。

例10：有目共赏——上海牌电视机

Shanghai TV——Seeing is believing

例11：岁月的小细纹不知不觉游走了。

Maxam erases years from your skin.

例12：天上彩虹，人间长虹。

Let the rainbow in the sky,

Send his twin brother to you——

To keep your spirit high.

例13：信誉第一，质量第一，效率第一，服务第一。

Prestige First, Quality First, Efficiency First and Service First.

例14：体积虽小，颇具功效。

Compact and Impact.

（讨论热烈，记录从缺）

我们当然可以评论这些翻译好还是不好，但厂家认为好就是了。

联合国有些海报的 slogan 也应当学用这种方法翻译，不宜死译硬译。

下面这一句改得不错：

Burkina Faso and Mali are the only non-KP participant states that share a border with Côte d'Ivoire.

原译：布基纳法索和马里是非金伯利进程参与国中仅有的两个与科特迪瓦接壤的国家。

修改：在与科特迪瓦接壤的国家中，只有布基纳法索和马里不是金伯利进程成员国。

要举的例子实在太多了，目的只有一个，就是说明短小文件的翻译要灵活变化，要讲策略，要注意文体。审校宜注意这方面的问题。

下面想从理论层面谈谈这个问题。

国内翻译界最近流行一种 70 年代源于德国的功能目的论（Skopos Theory of Translation）。将这个理论发扬光大的是费米尔（Hans Vermeer）。根据这个理论，翻译的最高法则是"目的法则"。翻译的目的不同，所采取的策略、方法也应不同。翻译的目的决定了译者的具体翻译方法。

功能翻译论的两种方法是：文献性翻译（documentary translation）和工具性翻译（instrumental translation）。

根据这个理论，文献性翻译有四种：

逐字翻译（word-for-word/interlinear translation）：再现原文的形态、词汇、句式。

字面翻译（literal/grammar translation）：再现原文形式。

语文学翻译（philological/learned translation）：结合字面翻译和文外解释，再现原文的形式和内容。

异化翻译（foreignizng/exorticing translation）：保留原文文化背景，为读者营造异国情调。

工具性翻译可分三种：

等功能翻译（equifunctional translation）：使读者获得原文功能。

异功能翻译（heterofunctional translation）：使读者获得与原文相似的功能。

相应翻译（homologous translation）：在目标语中再现原文语境功能，发挥原文相应效果。

这个理论提出，在翻译任何文件前，首先要分析原文的文本类型，然后采用适当的翻译方法。因为时间关系，我只能在这里提纲挈领地提到这个理论。联合国有各种类型的文件。我建议大家研究一下这个理论，学会应文体选择翻译策略。这对我们的审校工作有很大的助益。

第四次谈话记录

长文件审校要领

今天还是老生常谈，讲一讲通过长文件的译审反映出个人领导力与组织力问题。有同事问，什么时候讲具体一句一句如何改？这本来是我们这个座谈会的初衷。这个座谈会本来是为新晋升的审校举办的。你们不理解，认为不能只为少数人举办，都要参加。既然都来了，我便要改变初衷。对资深的审校来说，我没有更好的方法教大家如何改稿。讲也没用，只会浪费大家的时间。我认为，大家都会改，都能改，都有自己的改法。我没办法教你们怎样改，你们也不用我教。我很多意见都在论坛上发表了，有兴趣，请去参考（见 http：//uncti.net/pages/Lau_2/）。因为情况不断地变化，具体工作要你们自己掌握分寸。我们要研究的是程序、方法、态度、要领。具体如何改，改多少，要靠大家自己。

如果说审校短文件是考验资深翻译的个人功力和专业态度，那么审校长文件就是考验他的组织力与领导力。审短文件是考验三百米过硬功夫，审长文件是考验你会不会组织队伍打大仗。

长文件的审稿工作是审评大家的综合能力的一个重要渠道。大家一定要重视这方面的工作。要争取审定一个长文件，作为自己的"代

第一编 联合国翻译

表作"。总之,我们的兜里要有几个"过得去""信得过""引以为荣"的产品。

讲一个故事。1992年联合国在巴西里约举行环发会议,通过了一份《21世纪议程》。这是联合国有史以来最大规模的一次出差。我们中文处团队就有21人,由我本人带队。这也是我最后一次出差。据说因为这次出差耗资太大,浪费太多,联合国后来就不再组织这种大规模出差了。当然还有其他别的原因。不管怎样,为这次会议准备文件真是一个ordeal。我当时负责二委,所以有关会前文件我都尽量参与审稿。首先,我们花了很多人力和时间参与翻译了一本六文并列的环发词汇。这本词汇虽然大而无当,其门面作用比实际作用大,但通过一些基本词语的翻译,让我们有机会进一步了解环发的内容,对我们后来翻译《21世纪议程》也有助益。《21世纪议程》是一套几百页的文件。翻译过程是凌乱的,组织工作无法有条理。什么原因?第一,文件是分部分零碎送译的;第二,时间紧迫,本来不急的也成为急件;第三,人人上马,个个上阵,几十个翻译译出来的初稿分别由十几个审校改,时间急,各自为战。文件都是一章一章的来,每一章内容都不一样,没有机会组织团队合作,结果译文很不统一,也有许多错漏。我作为出差的带队,拿了这种"见不得人"的大杂烩文件,怎样去见人呢?唯一的办法,只好利用最后一个周末的机会,请pool帮忙,把打好的、未打好的稿子让我过一遍。工作量是相当大的,而且没有ESP。要过目的页数多,时间有限,我决定抓大放小,重点攻击。我把环发原则重审了一次,把所有章节的小标题统一。我只读中文,发现有问题才核对原文。译文不通顺的尽量理顺。反正是尽量发现问题,尽量纠正。自己能多发现一个问题,读者就会少发现一个问题。最后,不得已只好战战兢兢地把文件送出去了,不敢保证没有问题,但希望不会有很大的问题。文件在出差前就印出来了,却发现第一章第一段就有大错!一个double negation被译反了。其实不是译反了,是打字员没有看清楚审校的字,打漏了一个"不"字。这真是意想不到的。就是说,不管你如何努力,总是会出错的。出错了怎么办?我到了里约第一天,就发更正。我的更正成为整个环发会议的最早的几份文件之一！说不定是第一份文件呢！其实，这是令人脸红的事。我本来想在总部就出更正，但当时的 PO 不赞成。有老同事劝我不要出更正，说出更正就会让人家知道你译错了。不出更正，谁也不会知道。大概的意思是，错就是错了，who cares？我到了巴西，将在外，立即联系 Docs Control，出了更正，然后才觉得心安。

我啰唆这么多是为什么呢？只是想说明一点，有机会大家都要负责一个重要的长文件，不管你愿意不愿意，这个文件就成为你一切的代表。You own it, no matter what。如果说，Pool 发现你的定稿有一百几十个错误，请你拿回去再改，这种情况是一定会一传十，十传百，结果谁都会知道，老板也一定会知道。PO 肯定就会知道谁谁谁定稿容易出问题。一有了这种名声，那就是美国人爱说的，你就会 dig yourself a big hole，很难爬出来了。所以，我一再语重心长地跟大家说，把一份长文件交给你，首先是信任你，对你来说是一个机遇，但也是严重的挑战。你做得好，就是成绩。如果做得不好，一次起，两次止，人家就不再信任你了，那就会变成你的包袱、负担。到那个时候，要改变别人对你的看法，就不容易。

如果文件是请你一个人定稿，那是你表现硬实力的好机会。当然，根据功能目的论，你首先要清楚文章的内容、文体、性质，文件要到达的目的，然后决定审校的策略。如果是二人合作，多人共做，那也是你表现软实力的机会。懂得如何领导、组织、影响别人一起完成一项共同任务，是大本领。

不要老是认为文件不过是 ESP（estimated standard page）。人家会通过文件来看你！ESP 也可以是 Essence of Such a Person！

我建议大家争取机会，尽力审好一两份长文件，起码自己要满意。改多改少不重要，能够出大家"信得过"的产品，那才是最重要的。信得过，就是联合国经常挂在嘴边的 trust。别人 trust 你，你就能服人。老同事信得过你，把重要任务交给你；新同事服你，有问题找你商量。

另一个建议是，要总结做长文件的经验。要有自己的一套，要能讲出一套来。在你们的职业生涯中，这种经验总结一定会对你们有好

第一编 联合国翻译

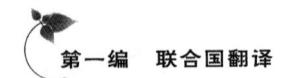

处，一定会用得着。

在审校长文件中，这几点也一样用得着。但还要强调一点，就是宜将精力花在重点之上。长文件的第一页不能有错，内容摘要译文要简洁，不能用太多长句，更不能不通不顺，不能让读者读一段就发现疙瘩一大堆。内文如有建议、结论等重要段落，要加倍努力将它改好。凡是认为日后会被引用的内容，都应花大力气将它弄好。如何掌握、拿捏，那就是经验。

秘书长的报告是反映我们中文处综合实力的一份文件。一定要译好、审好。如果有机会让你们审稿，那绝对是对你表示信任。一定要抓住机遇，好好表现。

就算是自译自审的文件，如果你拿到第一部分，我认为你就是带头人，你就应该主动联系拿其余各部分的同事，临时组成一个团队，相互沟通，彼此合作，按照商定的翻译目的，定出共同的翻译策略。能够影响别人，将大家组织起来，共同完成一项任务的人，就是领导。

领导是什么？领导是一个具有领导力的人。那什么是领导力？

大家都知道李开复是何许人也。李开复是这样谈领导力的：

> 在 21 世纪，当社会变革、国际交流、信息技术、个性发展等诸多挑战与机遇降临到社会分工的每一位参与者面前时，无论我们是否身处领导者的职位，都应该或多或少地具备某些领导力。
>
> 这是因为，领导力意味着我们总能从宏观和大局出发分析问题，在从事具体工作时保持自己的既定目标和使命不变；领导力也意味着我们可以更容易地跳出一人、一事的层面，用一种整体化的、均衡的思路应对更加复杂、多变的世界；领导力还意味着我们可以在关心自我需求的同时，也对自己与他人的关系给予更多的重视，并总是试图在不断的沟通中寻求一种更加平等、更加坦诚也更加有效率的解决方案……
>
> 如果非要给领导力下一个定义的话，我更愿意用比较简明的

语句把领导力描述成：

一种有关前瞻与规划、沟通与协调、真诚与均衡的艺术。

他补充指出：

新的世纪需要新的领导力，新的世纪需要我们使用一种更加平等、均衡，更加富有创造力的心态来认识、理解和实践领导力。

他认为领导力有几个重要方面：

· 宏观决策——前瞻与规划的艺术：愿景比管控更重要；信念比指标更重要；人才比战略更重要

· 管理行为——沟通与协调的艺术：团队比个人更重要；授权比命令更重要；平等比权威更重要

· 个人品质——真诚与均衡的艺术：均衡比魄力更重要；理智比激情更重要；真诚比体面更重要

我们做审校要有一定的领导力。审校工作虽然基本上是单干的，虽然是只对文件，不对人的，但是每个稿子都有活生生的作者，他们都会看你审过的稿子，都会对你的审校提意见。审校有时要领一群翻译共同完成任务。这时候没有领导力就不好办了。

我个人认为，对于我们审校来说，领导力内涵八种能力。审校要靠这八力才能把事情做好：

1. 统率力：能不能升帐登坛，主要看这个。不过，有这种能力，但不肯吃亏，斤斤计较，也不行。自我中心是拖后腿力。

2. 组织力：组织力是领导力的基础。组织力是懂得利用同事的才能，能够掌握时间，把问题简化，找出解决方法的能力。把问题情绪化、复杂化的能力是添乱力。

3. 创新力：能够利用理论知识和工艺技术，创造出新方法、新知识和新工艺的能力。拒绝接受新理论和新方法的态度是保守力。

4. 沟通力：提高执行力要从沟通开始，沟通的四个步骤是：引起注意；争取了解；接受信息；产生行动。固步自封，独居斗室，三步不出"贵房"的审校不会是好审校。

5. 谈判力：谈判力是有理、有利、有节的说服能力，要识大体、顾大局、讲道理、用技巧。审校随时要同别的审校或翻译商议或磋商，靠的是这种谈判力。

6. 观察力：是对外在情况发展的敏锐程度和掌握能力。审校不能埋头拉车，要抬头看路。知人善任、懂得分工，要靠观察力。

7. 决策力：了解情况、知己知彼、对症下药、解决问题的能力。In the final analysis, getting things done 是最重要的。如何应对客观环境，应付上面的要求，要靠决策力。

8. 总结力：归纳总结，概括要点，肯定成绩，寻找不足，提出经验教训，构建自己的知识体系。应该总结经验，分析问题，提出解决办法。

今天我绕了一大圈子，讲了很多，目的是要强调指出，我们做审校的，尤其是审阅多人合作的长文件的时候，要实施领导力。我说的领导是参与式的领导。不是权威式领导，也不是放任式的领导。

作为中文处的骨干，我们的审校要努力实行参与式领导。参与式领导的特点是：主动征求看法，认真倾听各方面的意见，平等待人，尊重他人，鼓励集体讨论，共同做出决定。

只有靠团队，靠集体才能做好工作。如果你能够领悟审校工作不只是改稿这么简单，你就是真正的审校了！

第五次谈话记录

决议和规范性文件

在20世纪70年代，我刚来联合国工作的时候，最怕做法律条文，因为读书时很少接触这方面的文件，对法律名词不熟悉，对法律文体很生疏，所以翻译起来特别吃力。记得我译了一个慢件，都是条文，不很长，译好之后，不敢交，花了一个星期猛读有关的书，磨磨蹭蹭，最后不得不硬着头皮交出去，结果还是被改得一塌糊涂，心里很不是滋味。

除了学法律出身的人，我们对法律不熟悉是正常的。学法律的也不一定懂得翻。不管你多聪明，多能干，法律方面的知识，写法律条文的能力，是要花时间浸出来的，不可能是先验的，无法靠小聪明。联合国文件往往涉及国际法，而且越来越多地涉及国家司法，包括宪法、行政法、刑事法律、经济法、司法制度、法律道德等问题。如果我们对这方面没有一点研究，自己连翻译这方面的文件都没有信心，我们怎么能去改别人的稿子呢？

所以我认为，不管你的专业和兴趣在哪里，升了P-4以后，一定要把法律课好好补上。补课的方法是看国内出版的法律杂志和书。我们手头上都应当有一本介绍国际法的书，有一本法律法规汇编。有空时读一读，增加一些法律知识，让自己熟悉法律术语行文，对我们的工作会有很大的好处。我认为在联合国工作，法律是必修课。法律文件最难译，有空要多读法律的书，平时要做好准备。

或许我们要养成一个习惯，把法律法规当做小说一样来读。不管他是什么法，如果你都能读得津津有味，那就说明你有了初步的法律修养。不能因为法律枯燥就不去碰它。你越不碰它，它就越成为你的弱点。在联合国做reviser，如果法律是你的弱点，那是非常难过的。法律常识不过硬，一定要想办法补救。

能不能说，我不喜欢法律，我不懂法律，我可以不译法律文件，拒绝改法律文件呢？我看不容易。联合国法律文件避无可避，总有一天你要负责定稿。这方面要平时练兵，无法临时抱佛脚。这是硬功夫，一定要练好，不能偷懒。

如果你看到一句译文："建议法庭发现他有罪"，你会不会觉得奇怪呢？原文应当是recommend the court to find him guilty. Find这个字是法律用语，不能译为"发现"。如果你今天才发现你不知道，那你就要加紧用功。

我们有没有认真研究过《联合国宪章》？《宪章》有一百多个译得不好的地方，大家都知道吗？《国际法院规约》有没有看过？很多

第一编 联合国翻译

专门机构都有《组织法》，有没有研究过？联合国通过的《千年宣言》，有没有仔细读过？有没有中英对照地读过？有没有发现可以改进的地方？

提到《千年宣言》，顺便说一下翻译《千年宣言》的故事。这个文件是世纪之交第一个重要文件，是要各国领袖签署的，所以联合国很重视。文件分部分送来，一改再改，几易其稿，不断送来更正。最后合成了一个草稿。其实，这个文件暗藏很多"地雷"，不少改动没有标出来。我们的译文也有不少问题，错、漏都有。这个文件在晚班时又送来更正本，晚班同事随便按章处理后，又出去了。本来有好几次机会理应都可以发现问题，但都一一错失了。结果怎样？文件出去后，处长接到电话，代表团不高兴，说这文件重要，首长要签字，肯定是要过目的，里头问题很多，怎样好意思请他看，有关问题要赶快解决。这个"馅饼"无端端又落在我头上，我只有一个周末的时间，要把它从头到尾修理好。这份文件虽然只有32段，但因为用词不一，文风不一，有更正的地方没有全改，所以修起来很吃力，基本上要全文逐句重新处理。

联合国有好多重要的决议。我建议大家选一些认真读一读，要中英对照着看。这也可以称为学习。不过，学习的角度要变。学的方法不是盲目紧跟，而是挑战权威，带着问题看。读多了，你发现的问题越多，你就更加知道翻译决议时要注意什么问题。我保证，你的翻译信心一定会成倍增长。

决议是重要的规范性文件，要尽量做到中文能够作准，最低限度译文不能有与原文不一致的内容。我认为翻译决议的指导方法是"先死后活"。能够直译最好直译，无法直译才想办法绕过去。我几年前发表过一份翻译决议的基本要求，可用作参考。

翻译决议的基本要求

1. 不错不漏、不增不减、通顺易懂、符合规范是基本要求。

2. 要严格依照格式，力求用语一致，有现成套语要采用，议程项目要查 A/xx/251，名词要查 ChTerm。有疑难要问，万勿闭门造车。

3. 为求前后统一，凡应抄录前译的务必查抄定本，切勿"重复创作"。

4. 电脑抄贴要小心，既不能多抄，也不得少贴，还要细心查看有无改动，尤其是数字。一般 L. 文件不能随便抄，要抄，抄定本。

5. 应届会议的 L. 文件多有审校过的定本，做 Rev. 文件或委员会报告时务必查看置于秘书室的文件夹，不宜随便剪用附来的文件。

6. 翻译决议的原则宜"先死后活"，注重形似，能直译则直译，尽量把表述方式也译出来。译文要严谨，概念要准确，用词注意分寸，文句宜简洁，非不得已，不写纠缠不清的长句子。宜慎用四字词，切忌过分中化，避免以词害意。"先死后活"不是说可死译成不通的中文，也不是说可以天马行空，随便意译、增减。

7. *号位置要放准，不能马虎。Item X of the Preliminary List *应译为"临时议程*项目 X"，不能把*号放在 X 后面，因为*号是指载有临时议程的文件，通常是脚注所说的 A/xx/150 号文件，不是项目 X。国名后的*号也不能马虎，点错了说不定会出政治问题。一般的*号放在标点符号之后。原文没有括号的尽量不要用括号。

8. 要逐段按 Edited text 修改。Edited text 往往会加上脚注，不能漏译。脚注要在送交文字处理股的硬拷贝上清楚注明。如有更正送来，一定要改。出售品编号中的 E 是指英文本，往往要改为 C，宜注意。

9. 提案国国名要细心核对，不能错，不能多，不能漏。审校同事也要细心核对，保证无错误。

10. 凡是分几个部分由几位同事翻译的决议草案，应由一位审校负责通读，检查错漏，统一用语。中文处一直实行审校问责制，但并不是说翻译可以完全不用负责。

当时的处长根据我的提法，亲自修订如下：

> 翻译决议的原则宜尽量紧扣原文，译文要严谨，概念要准确，注意用词分寸，文句宜简洁，慎用四字词，避免以词害意。紧扣原文，不等于机械死译，中文不通。在准确的基础上，力求文字之美，但不能天马行空，随便意译或增删。

我想，这应当是我们翻译决议的一个标准。

审校决议时，还有下列经验，供大家参考：

决议的标题很重要，不能马虎，一定要花时间定好。有问题找同事商量一下。不能译得不像标题，也不要太过刻意，切忌哗众取宠。

翻译有没有抄用旧决议。决议的序言部分甚至是执行部分的一些段落都可能炒冷饭，或者是抄录其他职司委员会的决议。要用 dtsearch 或其他方法查一查。大部分翻译都很负责，一般都查过的。只要 check 一下，证明查过了就可以了。

关键用语最好一字一译，实在没有办法才加字，但前后要统一。尤其是决议草案，要做到原文改一字，译文也可以改一字，亦步亦趋。"And"翻"和"，"or"译"或"，因为有时代表会建议将"and"改为"or"，我们就可以将"和"改为"或"。在翻决议时，最好一板一眼，不要自寻烦恼。

决议的句子有些是堆砌而成的，一个代表加一个短语，另一个代表加一个形容词，有时是硬加上去的，句子变得很长，很复杂，甚至不合文法，以至到了不好懂的地步。这时更要先死后活的译法，不然很容易出问题。在决议草案阶段，千万不要自以为是，耍小聪明，这最容易出问题。

决议文字不宜刻意中化，四字词、成语尽量少用。目的是要如实地将原文的表达方式反映出来。决议行文宜简洁，应删除所有多余的字。不拘泥，不吹毛求疵。不要心血来潮，偶得佳句，就来个半文不白的译法。反对标榜个人化的决议体，也反对标新立异，用太独特的用语，否则永远不能跟别人统一。

第六次谈话记录

沟通与反馈

我们不是学术机构，讲大道理没有用。对翻译质量的要求，我们无法实行绝对划一的学术标准，更不能谈最好、最高的标准。我向大家介绍翻译功能目的论，就是想让大家了解，这个问题是翻译界要共同面对的问题。现在行家的共识是，翻译产品的质量标准是活的，能动的，可变的，只有一点不变，就是顾客的满意度，顾客满意就是好。因此，如果P-4还有保证业务质量的任务，对中文处来说，大家的责任就是保证翻译产品能让消费者满意。

保质工作就是把关。把关，按照我们的理解，凡是认为过不了顾客、读者一关的，我们都要截留，要想办法补救、纠正。我们顾客和读者的要求是随着社会的进步，时代的变化不断调整的，因此我们把关的标准也要与时俱进。质量保证已成为一种能动、灵活因应、不断变化的相对标准。我们现在就需要学会用这种动态的活标准去把关。

这也是为什么我不敢、也不向大家推销我的具体标准和做法，只向大家介绍程序、方法和态度的原因。我要求自己的具体标准和做法恐怕也过时了，符合现在要求的做法需要你们大家去摸索总结，达成共识，集体推行。我介绍的EC-TOP-FUN改稿要领，以及十项改稿注意要点，都是为了提个醒，列一个提纲，方便大家通过实践，总结经验，形成一套对目前的情况有效的方法。

我要强调的是，这不应当是我们每个人个人的总结，应当是我们作为一分子的中文处集体的共同总结。我们要通过实践、研究、观摩与交流，让中文处成为一个learning institution，让中文处有一个institutional memory。注意：我说的是memory，不是tradition。传统这个东西往往有约束力，会过时，我们实在不需要过时的传统。而memory是可以随时加减、更新甚至重新reboot的。

什么是learning institution呢？一般译为学府，学校。但这样的译

第一编 联合国翻译

法没有译出它的全部意义,也不是我要说的意思。"学府""学校"等词语强调的是"学习的地方""做学问的地方"。学校的地方是老师教学生的地方。做学问的地方是教授带学生研究课题的地方,或者是教授清心寡欲,读书研究的地方。我们主要是一个生产基地,不是这两种地方。但学习对我们也很重要。现代人说的 learning institution 强调的是"有学习能力、能自我提升、可自我完善、解决问题能力越来越强的一个集体"。中文处同仁应当以此自许。

其实,一个有学习能力的单位也是一个积极进行传、帮、带的单位。在当前的情况下,P-4 是中文处的骨干,很大一部分传、帮、带的任务责无旁贷地落在 P-4 同事们的头上。为了做好传、帮、带的工作,P-4 之间互相观摩、交流非常重要。试想一下,如果我们的 P-4 都不交流,各干各的,一切靠上面指挥,中文处会不会不断进步呢?我们的 P-4 不能坐等上级指导,我认为,P-4 是主力军,要形成一种主动交流的风气。观摩交流的目的是达成共识,有了共识才有条件进行传、帮、带。

交流就是沟通。有人说,世界上最难办的事,是人与人之间的"沟通"。

一看到某人稿子有错,一见到某人,就第一时间抓住人家讨论,不管什么环境,即使是大庭广众,也"直论其非",搞得人家措手不及,不知如何是好。这种不顾面子的做法,恐怕是最无效的沟通。

以前我们有一个退稿办法。改好的稿子退回翻译看,希望大家自我学习。这是一厢情愿的做法。因为翻译不一定领会审校为什么要改,为什么要这样改,看来看去,不一定知道自己的问题在哪里。退稿一多,看不完,翻译只看有没有改,改了多少。改多了气一下,骂一通,改得不多则感到沾沾自喜。只此而已,起不了别的作用。一位老审校曾深有感触地告诉我,他花了不少时间改了一位新同事的稿子,诚心退还给他看,希望对他有帮助,结果发现被他用来垫锅底(真的垫在电饭锅的底下!),感到十分无奈,伤心极了。我除了苦笑一下,还能怎样?我认为,形式上走过场的退稿做法也不是有效的沟通。

我们需要的是有效的沟通、有效的交流。有效沟通（effective communication）的目的是解决问题，不能解决问题，反而制造问题的沟通称不上是有效的沟通。我们沟通的目的是交流翻译心得，通过交流，促进彼此互信，加强彼此的合作关系，为日后的进一步交流打好基础。沟通并不是找人说话而已，浪费时间，侃侃而谈，不等于有效沟通。

如果你爱主动跟人家交流，而人家不愿意同你交流，碍于情面，尽量敷衍你，你感觉到人家对你是敬而远之，避之则吉，那你就要反省一下，有没有"错在朕躬"？不能老是把责任推在不愿意同你交流的人。

有些同事本来积极传、帮、带，非常乐意交流，但经过一番努力，效果不彰，或许办法不对头，或许找错对象，有时感到不受欢迎，甚至还碰过一鼻子灰，心灰意懒，不愿意再折腾，唯有退回自己的小屋，搞独个儿的一统天下去了。这也是方法、态度不对头的结果。

我想评价一个 P-4 审校的综合业务能力的一个重要客观标准是，到底有没有、有多少后进主动向他求教？有没有、有多少后进愿意、乐意同他研究问题，因为他有办法帮助后进，能够同后进进行有效沟通，同事们感觉到同他谈有好处，能学到东西？

反过来说，如果一位 P-4，不管什么原因，没有人愿意跟他交流，没有人愿意听他的，或者认为同他谈是浪费时间，学不到东西，那他也不是一个成功的审校。所以，对大家来说，搞好传、帮、带，实在是一个必修的课题。沟通对于个人的发展也起着关键性的作用。善于用合理的方法沟通，有能力处理问题，解决问题，容易获得大家认同。

这方面，我还有什么经验可以跟大家分享的呢？首先，容许我倚老卖老，跟大家再啰唆几句。

"人之初，性本善"，大家本来都有童心，无猜、无忌，长大后就变得复杂起来了。

第一，必须先搞好关系，就是所谓的 establish rapport。现在流行讲和谐社会，establish rapport 是建立互信互谅和谐的可持续关系。没有这种关系，就谈不上影响别人。要想影响别人，首先要学会听，要听懂对方的观点，让对方有机会充分发挥意见。

第二，要有反过来被对方影响的心理准备。如果你抱着立场永不变的态度，那是无法跟别人交流的。你要影响别人，首先要开放自己，让别人也有影响你的可能。

第三，不能有上级训下级的态度。一切交流都应当是双向的，不能是单向的，更不能是从上到下的。翻译这个东西，上级不一定永远都对，P-3不一定不如P-4。交流是切磋，是平等的。

第四，主动找人交流，这是好事，但要对人家有帮助才好。如果怒气冲冲，跑到人家屋里，质问人家为什么这样翻，为什么不查，为什么不抄，那就不好了，只会结怨，不可能是有效的沟通方法。

第五，交流重要，但不是硬任务，没有指标，既不用急，也不必按时完成。

第六，要随时准备人家登门请教，要接待好；email 请教，也要回答好。

这些方面，你们肯定比我有更多第一线经验，我就不多谈了。现在谈一下如何评价别人的翻译。

跟人家谈翻译，要能谈出个所以然来。首先要有自己接受的一套策略，甚至理论。说话要有根据，让人家容易信服，起码认为你说的都是心得，有用。不能只抓住一两个名词的译法就上纲上线，为人家定罪名，让人家不得翻身。翻译的评价不能太主观，太片面。按照联合国的规定，起码要看五个方面：

这五个方面是 DGACM 对外包翻译适用的评价标准。当然，这五个标准也适用于内部的翻译：

1. Accuracy

2. Style

3. Attention to detail

4. Use of UN terminology

5. Conforming to UN Standards

准确无误是普遍要求，大家都明白，不必多言。这是对原文的理解够不够的问题。Attention to detail 也是翻译界对译作的普遍要求。这方面强调的是译者的工作态度，可以看出译者的性情、风格。文体格式 style 可以看出译者对中文的驾驭程度，以及对联合国文件的熟悉程度。其余两点看的是有没有按联合国的规矩、要求办事。联合国提供的词汇，e-folder，有没有利用？有没有抄用联合国的文件？等等。总之，联合国有自己的一套，翻译有没有采用？审评翻译的标准，实用的就是这些。

联合国要求评稿人在每一个 criterion 打分，采用的是 5 分制，1 分最低，5 分最高。

1. 有待提高：基本上不能满足最低期望，译文需大改，很费劲。

2. 很勉强：往往不能满足最低期望，译文错漏太多，不改出不去。

3. 尚可：accuracy 和 attention to detail 两方面满足要求，可以接受。错漏情况一般，纠正不难。

4. 良好：高于平均水平，译文往往能够满足甚至超过预期，accuracy 和 attention to detail 两方面没有问题，某些其他方面，如名词，还可以商榷。错漏不多。

5. 优越：所有方面达标，尤其是 attention to detail。错误极少，有错也不是大问题，很容易改正。

评稿人还要列出一些译文错漏、问题的例子。之后，还要提出具体意见。

我们日常看稿也可以用这些 criteria 作为准绳。虽然我们不需要为稿子打分，但可以做到心中有数。日子有功，稿子看多了，你自然会对每个人的长处、缺点，有一定的了解。这种全局了解就是大家进行传、帮、带，同后进切磋的基础。帮扶式交流的目的，是帮助人分析问题，了解弱点何在，指明努力方向，建议改进办法，最终是为了助人进步。

有同事跟我抱怨，说曾经很努力想同别人交流，但一提别人有错，人家就没有兴趣听。交流总是失败，觉得很无奈。当然，这是无效的沟通，以后真的不能这样交流了。我们跑到人家屋里，指指点点，不留情面，直斥其非，却期待对方感恩戴德，那只是妄想。要花很多时间建立良好关系，要用心经营，才能建立一种能够不留情面，指点别人的地位。心胸广阔，与人为善，助人为乐，不挤兑人，不搞小动作，靠真才实学才是正道。

总　结

　　这次所谓的培训，是美其名而已。我实在没有什么新鲜的东西可以提供给大家。不过是讲了些个人的观感。连今天这一讲，我讲了六次。第一次讲了审稿的作业程序，提出了 EC-TOP-FUN 审校要点。第二讲说了一下翻译职场的变化与我们的应对策略，说明我们的任务是做好 QA。第三讲，我通过短小文件的审校工作，介绍了翻译功能目的论，希望武装大家的头脑，说服大家，对不同的文件要有不同的翻译策略。第四讲，我借大文件的编审，讲了 P-4 要培养自己的领导力和组织力。第五讲，我通过谈决议和规范性文件，强调审校一定要读点法律，学会写法律条文。第六讲，今天这一讲是最后一讲，讲了如何沟通反馈，着重指出审校要晓得做人的工作，团结别人，助人进步。我提供的不过是 food for thought，希望能对大家有点帮助。也希望大家日后工作愉快。

联合国翻译及文件翻译的特点

徐亚男

随着全球化、一体化、信息化的发展，世界变成了地球村，国与国之间的相互依存度日益增大，国际组织的作用愈加明显。自成立 70 多年来，联合国为世界各国讨论全球面临的共同问题提供了一个平台。通过大会和安理会的决议，联合国为世界定规则、设议程，推动国际立法；通过秘书长的斡旋、维和部队的派遣、人道主义的援助，保护弱势群体的生命安全等行动，联合国在维护世界和平、促进社会发展、保障基本人权等方面发挥了重要作用。2000 年，通过《联合国千年宣言》提出了千年发展目标（MDG），把全球贫困水平降低一半。2015 年，193 个成员国制定了 17 个大项的"2030 可持续发展目标"。所有这些都离不开会议和文件，也就离不开同声传译和文件翻译。

一 翻译在联合国的位置

联合国宗旨和原则的落实，190 多个国家代表的沟通，离不开翻译服务。联合国秘书处有八大部，即经社部、外勤部、大会和会议管理部（简称大会部）、管理部、政治部、新闻部、维和部和安保部，如果不算联合国专门机构、基金、方案等，那么语言人才集中在大会部。大会部为联合国提供各种会议和语言服务，负责联合国文件翻译、会议同声传译等各项工作，集中了联合国六种官方语言（阿、中、英、法、俄、西）的口、笔译专业人员，集中了各国的高级翻译人才，是世界上规模庞大、实力雄厚、翻译经验丰富的专业翻译机构。大会部是联合国最大的一个部,它的工作对确保联合国完成使命、履行职责起到了至关重要的作用。翻译在联合国是一支不可或缺的队伍。

1. 联合国的语言服务

联合国是一个国际论坛,会员国和其他团体的代表在这里商讨当今世界面临的重大问题并提出解决办法,联合国的工作和运作离不开大会部的工作。大会部,负责为联合国总部及其分布在世界各地的联合国机构提供会议服务。联合国在其主要的办事处(duty stations),如日内瓦、维也纳、内罗毕、曼谷等,都设有语言服务机构,但各主要办事处在翻译的语种配备、专业设置、语言工作者的编制等方面则不尽相同。联合国总部的语言工作者,主要分属两个司,即文件司、会议和出版司。在文件司,除了六个语种的笔译人员以外,还有编辑、资料员、词汇专员、文本处理员等。在会议和出版司,从事语言工作的,主要是同声传译、逐字记录报告员。大会部在《联合国宪章》的崇高宗旨和原则的激励下开展工作。正因为语言服务对联合国履行使命起了极其重要的作用,第71届联合国大会于2017年5月24日通过了题为"专业翻译在实现各国互联互通及促进和平、了解和发展中的作用"的 A/RES/71/288 号决议,强调"语言专业人员在会议服务和实地工作中都对推动联合国的事业做出切实贡献,其中包括在维护和平与安全、维持和平、增进人权和促进可持续发展业务活动方面",决定"宣布9月30日为国际翻译日"。

联合国文件是联合国工作的最主要成果之一。从1945年的《联合国宪章》开始,联合国文件里面所载的信息资料、协议和决定,构成联合国在维持和平、发展、人权等方面开展工作的基础。每一个文件都经过起草、编辑、翻译、排版/校对/定版、印刷、分发等步骤,其中每一步都要达到最高专业标准,并且按时完成。整个过程有的要花几个星期,有的只有几天时间。有些高优先文件隔一天、甚至在几个钟头内就要印发。

2. 联合国总部不同的语言专业

联合国要求语言工作者对自己的母语必须有完美的掌握,并至少精通两种其他官方语文。联合国语言专业人员分布在纽约、日内瓦、维也纳、内罗毕联合国办事处以及在亚的斯亚贝巴、曼谷、贝鲁特和圣地亚哥的联合国区域委员会，其中，中文翻译主要在纽约、日内瓦、维也纳、内罗毕、曼谷等地工作。不管是从事同声传译，还是从事笔译，中文译员目前仍需做双向翻译，即：绝大多数时候从其他五种联合国官方语言译入中文，偶尔也需要从中文译入其他官方语言。为此，翻译的编制适当比其他不做双向翻译的要多几个。"专业翻译既是一个行业又是一门艺术，在维护《联合国宪章》的宗旨和原则，团结各国，促进对话、了解和合作，推动发展，加强世界和平与安全等方面发挥重要作用。"

口译

会议和出版司的核心职能是为由联合国大会和会议管理部负责提供服务的、在联合国总部及其他各地办事处举办的大会、安理会、经社理事会及其附属机构举办的会议提供阿语、汉语、英语、法语、俄语、西班牙语等六种语言之间转换的同声传译。同声传译为会议的召开以及审议工作的顺利进行起到了至关重要的作用。在纽约总部，6个语种的同声传译人员同属一个处，每一个语种为一个口译科，统一根据会议的场次分派工作。

笔译

文件是联合国所有会议的生命线。可以说，没有文件，联合国的工作就要停顿。文件司的核心职能是将所有正式文件、会议记录、总部的信函等翻译成阿文、中文、英文、法文、俄文和西班牙文。英文、法文、俄文和西班牙文翻译还须编写政府间机构会议的简要记录。文件译文必须简洁、清晰、流畅，并使用正确的语法和风格，使文件易于理解，因为联合国只提供六种语言的文件，致使193个会员国的代表大多不能使用母语来阅读文件。而且很多正式文件将作为正式记录长期保存。联合国各语文翻译处使用现代技术工具来支持其工作，如术语数据库、文档存储库、双语对齐工具、翻译记忆库管理器和语音识别软件等。此外，联合国不断改革，不断追求低成本、高产出的各种模式。就笔译而言，联合国一直在探讨使用远程翻译、外包

第一编 联合国翻译

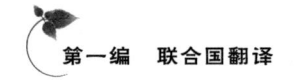

翻译等各种翻译模式。

逐字记录

逐字记录誊本是一些联合国机构（如安全理事会、大会、裁军审议委员会等机构）会议的正式纪录。这些记录有助于保留联合国的机构记忆。逐字记录也称为PV，以联合国六种官方语文（阿拉伯文、中文、英文、法文、俄文、西班牙文）同时提供。逐字记录员的职责是，参考书面陈述和录音记录，翻译和编辑代表的发言。逐字记录员结合运用记录、翻译、编辑和事实核对等技能，确保所有发言在实质内容上的准确性。其中，会议记录必须在几天之内发布，安理会会议的记录甚至要在第二天一早发布。因此，时限对逐字记录员造成很大压力。如果说，英文逐字记录人员很大程度上要把代表们的英文讲话逐字记录下来，其他语种的逐字记录员则大多根据英文记录翻译成本国语言。所有逐字记录职位都设在纽约联合国总部。

编辑

联合国所有文件在翻译和印发前都交由编辑进行编辑。在联合国总部，有两类编辑，即译前编辑和译后编辑。译前编辑的主要职责是，对文件的措辞和风格进行编辑，并做出标题和格式标记，以供文本处理员最后定版。编辑工作要遵守正式导则，有问题时要同原作者密切磋商。为此，译前编辑需根据联合国的有关规定，视情况纠正事实、逻辑、拼写和语法上的错误，确保事实、数字、引语、参考材料的正确，确保文字风格符合联合国的要求和规定。译后编辑，主要是对《联合国宪章》设立的机构所通过的决议和决定进行译后编辑，由六个语种的编辑在与笔译人员的密切合作下，对同一份文件进行称之为"一致化（concordance）"的特别审阅，确保要收入到联合国正式文件档案的文件，六个语种的版本从内容到用语的一致，确保同一文件的六个语种的文本等值。

词汇专员、词汇助理

词汇专员的主要职责是，进行调研和寻找资料，包括过去发表过的期刊、杂志等，帮助笔译员产出高质量的文件译文，确保联合国使用的语汇准确、合适、一致。他们需要每天查看文件，及时发现新提法、新语汇以及用词的不一致之处，特别是机构或组织的名称、功能名称、行政事务、预算事项以及其他各领域的事项，适时提供准确、简洁的术语。他们还需要指导其他联合国办事处和机构起草、翻译或编辑文件，提供建议和咨询意见，回答他们的询问。他们使用各种电子工具，特别是机器辅助翻译和数据库系统，建设和维护联合国的多语种术语数据库（UNTERM），以提高翻译的效率和产量。联合国多语种术语数据库应用很广，经常被媒体及一些国家的政府引用，有的还被纳入立法。

资料员、资料助理

资料员的任务，是透彻研究每一份提交的待译文件，并通过联合国正式文件系统（ODS）、专业部门数据库、联合国专门机构网站、非政府组织网站、政府间机构网站、各种词汇数据库等，核查待译文件是否引用了先前翻译过的文件或出版物的部分内容，并将调查研究的结果做成供六种语言翻译参考的"电子文件夹（e-folder）"，送各语文翻译处。这项工作不仅有助于确保联合国文件翻译的一致性及高质量，而且也为翻译和编辑等语言工作者节省了宝贵的时间。

文本处理员（text processing staff）

联合国一年到头产生大量的文件，其中绝大多数需要翻译，所有的文本在印发前都需经过文本处理股（text processing unit）的排版、核对、校对等最后工序，以供印刷。因此，设有六个语种的文本处理股，经过文本处理股的文件就可张贴到联合国网上的"正式文件系统（ODS）"。联合国总部每个语种的文本处理股每年处理的文件多达45万多页！随着文件翻译的改革，随着将原来平行处理文本的流程逐步改为线性工作流程，文本处理员的工作性质及内容也将发生相应变化。日内瓦办事处招聘通知（Job Opening：16-Language-UNOG-69414-Geneva）为我们提供了有关这个专业的相关信息：

——按照桌面发布版式，将复杂文档格式化，生成可用于扫描印刷的文本。确保文件的最终版本准确地揉进了编辑、笔译员和审校的修改，在内容上忠实于原文，在格式和版式上符合现行的编辑准则。

——确保双文本一致，确保使用计算机辅助翻译（CAT）、机器翻译（MT）及其他相关工作流程制作的翻译文本的翻译记忆质量高。

——履行校对职能，确保翻译初稿上的修改标记已经纳入正式文本。如发现译文有明显的错误或不一致情况，及时提醒主管当局。

——在主管和助理主管的指导下，更新并维护好宏指令，并根据需要创建模板和模型。

——作为文本处理团队的一员，设计最终译文文本的桌面出版版式，用于复制的硬拷贝以及电子传播，参加制作大会文件、其他文件、补充材料和出版物。

——对临时工作人员和初级工作人员就如何处理基本和较复杂文件进行培训和指导。

——按照要求的格式，编写待提交的更正，编辑相关文档。

二 联合国总部文件翻译

联合国大会部对笔译工作的要求，主要是：优质、高产、及时、效益。为此，译员需要不断提高自己的语言能力、扩大知识面、改进翻译技巧，语文翻译部门还需要不断改进翻译流程，合理组织翻译力量，结合使用工具和技术，启用各种翻译模式，在保证质量和及时出手的前提下，不断提高产量。

1. 文件翻译的流程

理想的流程，或者说，效益高、成本低的翻译流程，应该是线性流程（linear processing），而不是平行的翻译流程（parallel processing）。但在联合国总部多年以来实际执行的往往是平行的翻译流程，文件管理科将待译文件同时下发给编辑处、资料和词汇科、各语种翻译处，由于时限紧，各部门收到文件后立即着手工作，编辑员及资料员将经过编辑和做过资料的文本（edited and referenced texts）送各翻译处时，译员早已开始翻译有关文件了，只能回过头来再根据经过编辑和做过资料的文本进行适当修改，最后交文本处理股进行核对、校对和排版。随着文件翻译流程的改革，文本处理员的职责范围、工作内容、素质要求都随之有所改变。

2. 文件翻译使用的工具和技术

为提高效益，联合国经常研究改革组织翻译的方法、翻译流程，研究并开发新的翻译工具和技术。

通过使用翻译工具来提高产量和效率，是联合国经常考虑的一个问题。就输入译文而言，联合国总部于 2005 年 3 月彻底淘汰了听打模式，要求译员百分之百地使用电子手段将译文传送给文本处理股。为此，一部分译员选择自己操作键盘打出译文，还有一部分选择使用语音识别软件。由于中文不是语音语言（phonetic language），同音词太多，使用语音识别软件，很容易出现错别字，校对需要特别仔细，才能确保准确。联合国其他办事处，如日内瓦和肯尼亚，也有同事使用数字听打录音（digital dictation recording）等输入手段。为帮助翻译提高产量，联合国总部的译员使用计算机辅助翻译软件（CAT），如塔多思（Trados）等。不管使用什么样的 IT 技术，或使用什么样的翻译工具，都是既有利，也有弊。机器翻译肯定快，成本低，但也有陷阱。使用电脑辅助翻译软件的前提是，有相当数量的重复率高的待译文件，并已经建设了庞大的语料库。据此，大多数文件尚不适用使用电脑辅助软件。

三 联合国文件翻译的特点

翻译是一种跨语言、跨文化的人际沟通、文化交流的活动和过程。同时，翻译又是一个以知识和技能为主的行为。在实践中，翻译是译员的能力、译员所使用的翻译技巧、原文和译文等众多因素在某一特定语境下交叉影响所产生的结果。译员在翻译时采用的翻译方法以及翻译能力的发挥在不同的情况下会有所变化。影响译文质量的因素很多。首先，联合国对各类文件的书写和编撰有一定的规定。联合国的工作语言是英文或法文，很多文件起草人的母语并非是英文或法文，然而却要用英文或法文来起草文件。其次，联合国很多文件是谈判妥协的结果，为了在不同意见之间架起桥梁，跨越政治和国家（political and national）分歧的鸿沟，妥协文件的文字表述有时是故意

第一编　联合国翻译

模棱两可,有时还可能逻辑不通或文字不顺。再者,联合国绝大多数文件的时限都很紧。所有这些因素均对联合国文件翻译,包括对译员的要求、翻译方法、过程和质量,产生影响和制约。要做好联合国的文件翻译,译员必须具有超强的语言能力和翻译技巧,还必须具备高度的责任心、政治敏感性、广博的知识面和良好的知识结构。根据笔者个人感觉,初步总结了联合国文件翻译的一些特点。

第一,语种平等

联合国是一个倡导使用多语文、提倡语言平等的国际组织。联合国大会的决议明确表示:使用多种语文有助于实现《联合国宪章》提出的联合国目标。在日常运作中,阿拉伯文、中文、英文、法文、俄文和西班牙文六种语文被确定为安理会和联大及各委员会和小组委员会的正式语文。

语种平等,从笔译角度来理解,至少有两重意义。首先,提供等值的文件译本。联合国确定了六种官方语言,这就要求所有载入联合国官方记录(official record)的文件的六个语种的文本内容等值,用语一致,具有同等地位,以便确保各国代表看到的会议文件,包括决议、决定、公约、声明等,不管使用哪种文字,都具有相同的意思,不会产生不同的解读。然而,不是所有的词语在不同语言中都有完全相同意义的对应词。正如翻译理论家卡特福特所说,对应词的概念会产生问题,因为一个词在不同的语境下可以解释为不同的事物。选择对应词时,不仅要考虑词的本身意义,还要考虑它在上下文中的意思。而且,表达伦理、政治、感情的词语在不同的语言和文化中通常有不同的意思。有时候,尽管在其他语言和文化中存在同样的词,但不同的文化给这些词赋予的意思不尽相同。这使得在文化差异较大的两种语言之间进行翻译或转换,难度较大。这一个特点决定了联合国译后编辑进行"一致化"审阅的重要性。2008年8月4日,时任联合国大会部助理秘书长约翰尼斯·曼加沙在上海参加第十八届世界翻译大会期间接受中国网记者采访,他表示,"每种文件都有6种语言。在翻译时,必须保持统一。所以联合国的译员必须正确处理词汇,或'术语',确保每份文件的所有语言版本意思一致。不能出现某一语言的文本在意思上与其他语种的文本相冲突的情况"。

这方面的例子很多,比如,2008年初,经社理事会通过一项决议,提及先前通过的另一项决议。在具体用哪一个英文词来提及该项决议时,代表们产生了分歧。一部分代表希望用reaffirm,另一部分代表建议使用recall。前者强调"重申""再确定",含有再次承诺执行该项决议之意。而后者仅仅表示"回想起""记得"有这么一个决议,比"承诺"要轻得多。为了达成一致,最后提出的折中意见是将它改为"recognize",意为"承认"有这么一项决议。显然没有"reaffirm"所表达的承诺之意,又比"recall"要强。当该决议下发到各语文翻译处翻译时,有一个语种的一位译员认为,承认自己通过的决议,从逻辑上说不通,擅自改为"note"(注意到)。六个语种的文本散发后,就有代表向秘书处提出异议,要求改回"承认"。政治谈判时,特别是各方争论不休时,一些关键用词很微妙,有些用词超出了其本身意思,准确翻译至关重要。

其次,语种平等还意味着秘书处必须确保同一文件同时向与会代表提供六个语种的文本。如果先发放某些语种的文本,那就意味着某些国家的代表比另外一些国家的代表先拿到文件,先考虑对策和回应,那对晚获得文件的代表是不公平的。

第二,敏感度高

时任联合国大会和会议管理部的助理秘书长约翰尼斯·曼加沙曾于2008年在上海举行的第十八届世界翻译大会上说,"联合国的笔译和口译与在其他领域从事翻译工作有许多共同之处。但在像联合国那样由主权国家组成的政治组织中从事翻译工作有许多独特的特点,这些特点和特征是在私营部门的同行或甚至其他政治性不那么强的政府间组织的同行所不知的"。他在参会期间接受中国网采访时还说,"比起私人翻译公司或者政治性不那么重要的环境,在联合国从事口笔译的人员必须对这个机构的政治本质十分敏感。正如我说过的,联合国是由如此多的成员国组成的一个大家庭,所以在表述我们的政治观点时,我们的措辞要十分谨慎"。显然,联合国的很多文件具有政治性强、敏感度高的特点。翻译,通过提供翻译服务,协助各会员国代表进行有效、有意义的沟通和互动，确保国际组织顺利运作。因此，翻译必须提高自己的政治敏感度，才能成功履行自己的职责。

在联合国，很多谈判先进行非正式磋商，往往很敏感，进展很困难，不提供同声传译，代表们的沟通只用联合国的工作语文英语或法语进行。谈判过程中，各方不断对文本提出修正意见，塞进自己希望得到体现的东西，使得最后达成一致有待翻译的文件变得四不像，很多故意的模糊，但笔译人员并不在现场，不了解各方的观点及争论的焦点，却要准确无误地把握政治上的细微差别，反映各方的观点，难度可想而知。笔译人员不仅需要准确掌握原文的意思，而且要准确翻译原文中的模棱两可语言。否则，会员国代表经过艰苦谈判达成的脆弱一致，又可能因翻译不能准确把握细微差别或模糊语言而导致谈判失败。

这方面的例子太多了，仅举几例：

例1 "9·11"件之后，反恐是联合国的一个重要议题。安理会就一项有关反恐的决议草案进行非正式磋商时，其中聚焦的一个议题是反对任何国家向恐怖分子提供庇护所（denying safe haven to terrorists）。由于这种非正式磋商不提供同声传译，落实到文字时，却将"haven"写成了"heaven"。这两个英文单词读音相同，拼写中有一个字母之差，然而，这一个字母之差，意思却相差十万八千里。前者意为"庇护所或避难所"，而后者则是"天堂或天国"。

例2 1982年，英国与阿根廷为一个群岛（英国称之为福克兰群岛，阿根廷则称其为马尔维纳斯群岛）打了一仗，最后以英国战胜、阿根廷失败告终，但是该群岛的主权归属问题迄未解决。阿根廷战败后一直没有放弃对马岛主权的要求，英国则拒绝与阿根廷就马岛主权问题进行谈判。鉴于主权问题极其敏感，联合国对此类事情的一贯做法是，不采取立场，文件中凡遇到有关名称，提及两者。为此，2009年10月5日，秘书处通知各语文翻译处，重申有关此岛的文字处理办法：

The following is a reminder of Secretariat practice concerning references to the Falkland Islands (Malvinas).

秘书处提醒各处注意，秘书处对文件涉及福克兰群岛（即马尔维纳斯群岛）时应遵循的做法。

The rule, according to ST/CS/SER. A/42, is that the designation "Falkland Islands (Malvinas)" should be used in all documents "emanating from the Secretariat".

根据 ST/CS/SER. A/42 号文件的规定，所有秘书处发出的文件涉及福克兰群岛（即马尔维纳斯群岛）时都应称其为福克兰群岛（即马尔维纳斯群岛）。

这个例子说明，联合国的译员必须对涉及国家主权和领土完整等问题特别敏感，必须按照有关规定来处理。

例3　中东问题是第二次世界大战以来延续时间最长的一个地区热点问题，发生过四次大规模的中东战争，联合国为中东问题通过了很多决议，其中 occupied territories 这一短语，在决议中出现的频率非常高，在我们的媒体上都把它译为"被占领土"。联合国总部中文处一位资深审校曾表示，这样的译法实质上是淡化和模糊了领土的"被占领"性质。领土及边界争端是世界上最普遍、最复杂的争端之一，国际上解决此类争端的法律依据是《日内瓦第四公约》。《公约》将此译为"占领地"，即：通过武力而占领的土地，意思非常清楚。但中文的"被占领土"，根据意思可分为两个意群，即："被占"和"领土"。而"被占"又可理解为"被占有""被占用""被占领"，但这三个词所表示的拥有领土的性质是不同的，在法律上有不同的涵义。显然，仅仅把它译为"被占"，缺乏应有的明确性。为严谨起见，翻译正式文件时应将"occupied territories"译为"被占领的领土"。

例4　不同语言对名词"数"有不同的表达方法。联合国安理会为中东问题通过了几百个决议，决议的原文往往是英文，经常会提及"the parties to the Middle East dispute"。将它译为中文不困难：中东问题的争端各方。但有一次阿文翻译告诉我，对阿文来说，必须弄清楚到底是两方，还是多方，否则就无法下手。原来，阿文不像英文那样名词只有单、复数之分，阿文有三种表达名词的数的方法，即：单数、双数（dual plural）、复数（simple plural）。所以，在翻译"the parties to the Middle East dispute"时，需要弄清楚这里的"争端各方"是指"阿、以双方"，还是指"巴勒斯坦、其他阿拉伯国家、以色列、美国等在中东问题上有重大利益的西方国家、土耳其等在中东问题上受到影响的周边国家"？可见，在把其他语文翻译成阿文时，必须对名词的"数"有敏感度，弄清楚后再翻译。

例5　2006年3月安南秘书长作了一篇题为"Investing in the United Nations: for a stronger Organization worldwide"的报告，全文共八个部分，其中七部分的题目都以"investing in"开头，它们分别是：Investing in People; Investing in Leadership; Investing in Information and Communications Technology; Investing in New Ways of Delivering Service; Investing in Budget and Finance; Investing in Governance; and Investing in Change. 整个报告是谈联合国的改革，但题目偏偏是Invest。这个动词并非难以理解，但如果按照它的第一要义"投资"来翻译全文及各部分的题目的话，似乎又不合逻辑。能将它们分别译为："投资联合国""投资人""投资领导""投资信息和通信技术""投资提供服务的新方式""投资预算和财政""投资治理"和"投资变革"吗？总觉得，这篇改革报告不会号召会员国为联合国投资吧？行文似乎也不搭配呀！再说，把第一章的题目译为"投资人"，还会产生歧义，是投资于人，还是指投入资金的人？后来，负责为这个文件的翻译统稿的资深审校跟我说，他已经解决问题了。他认为，这里的"invest"应该指时间、金钱、精力等方方面面的投入。当时恰逢国内召开两会，温总理的政府工作报告，也讲改革，多处使用"着力加强"，他觉得两个报告的精神是一致的。于是，他把安南的改革报告译为"着力改革联合国：构建一个更强有力的世界性组织"。其他标题分别译为：着力加强人力资源建设、着力提高领导能力、着力提升信息和通信技术、着力推行改革。正当我们庆幸完成了翻译之时，又接到了一篇秘书处向大会推介秘书长改革报告的文件。在这份推介报告中，秘书长谈到，多年以来，在人力资源、领导素质、信息技术、体制等方面投资不足，呼吁会员国准备充分投资，来使联合国达到各国所期待的高效水平。这时我们才意识到，秘书长报告中说到"invest"，尽管可能多指资金、精力、人力等方方面面的投入，但他恐怕也要强调改革是要花钱的。

以上几例足以看出，翻译联合国文件，必须有政治敏感度。否则，不可能做到准确理解，翻译也不可能到位。

第三，时效性强

时效性强，是联合国文件翻译的又一特点。不管是做会前、会中，还是会后文件，都有非常严格的时间限制。时限紧，对做文件翻译的人来说，影响是多方面的。

首先，原文的质量会因起草者受制于时限而赶制的影响。原文质量高，容易翻译一些，而且还能促进翻译的热情和积极性。有一位翻译曾说，原文就不怎么样，既涩又啰唆，却要求译文准确漂亮？

其次，保密的要求有时会使本身时限紧的文件只能限定个别同事进行翻译，发挥不了团队作用，而承担翻译的同事迫于时间压力，无法反复推敲和互核，难免出错。如2005年3月安南秘书长提出的"大自由"报告，从保密角度考虑，规定每个语种只准指定两位同事翻译，必须在10天之内完成100多页文件的翻译。结果，出了不该出的错译，直到中国代表团提出，才修改。

再次，翻译队伍的结构也影响时效。有一次，安理会紧急磋商，以主席声明的形式体现磋商成果。这份主席声明的六个语种的文本，因交稿时间不同，而没能同时同步散发。当天，文管科科长发各语文翻译处一张纸条，上面注明：文管科发各处的具体时间（上午9：40），然而各语种的交稿时间并不一致，有早有晚，要求交稿较晚的几个处说明晚交原因。俄文最早，中文较晚。后来发现，中文与俄文的差别主要在于翻译的流程不同。俄文处的译员近几十年以来几乎没有新老交替，绝大多数具备自译自审资格，因此该处采用了自译自审的办法，只经过一道翻译，就出手。而中文处那几年退休人员比较集中，新同事比例相对较高，又是安理会的主席声明，经过了初译与审校两道工序，才交稿。时间自然花得多一些。

最后，不同语言之间的差异度与翻译的速度存在一定的关系。同是罗马语言之间的互译，与罗马语言与非罗马语言之间的互译相比，难易程度有所不同。前者相对容易一些，有助于提高翻译的速度。后者翻译的难度大一些，需要更多的时间进行琢磨，影响翻译速度。而联合国文件翻译的时效要求是不考虑语种的差异的。

第四，同步出稿

同步出稿，意味着所有六个语种的文本必须同时印发。尽管时效要求本身就需要一个文件的六个语种文本同时出手，同步出稿还对译员的语种提出了更高的要求。在联合国总部，尽管高达百分之九十好几的文件原文是英文，毕竟还是有一些文件的原文是联合国其他官方语言。而中文处同事绝大多数是学英文出身的，且大多数同事的第二外语是法文。如果碰到文件原文是阿文时，给各语文翻译处的截止日期是相同的，如果我们等英文处或法文处把文件从阿文译为英文或法文时才开始翻译，必然要耽误限期。记得2009年9月曾收到一份原文为阿文、长达574页的调查报告（联合国人权理事会有关以色列加沙地带涉嫌战争罪和反人类罪的调查报告）。这么长的文件，给的时限却很紧，尽管中文处个别同事作为第三或第四外语学过阿文，但要在这么短的时间内准确翻译这份文件，几乎不可能。等待有关翻译处按时出手后再开始将该报告翻译成中文，也不现实。只能紧急求助一家翻译公司帮忙，显然该公司的阿文译员不太熟悉联合国文件及文件翻译的要求，多处出现该查未查的现象，影响了该文件的翻译质量。如果中文翻译处有合理的语言搭配（language combination），如果像其他语文翻译处那样，中文处的每位翻译都除母语以外，还懂两种及两种以上联合国官方语言，并能用所学的联合国语言做翻译的话，保证同步出手的几率就大得多。

第五，涉及内容广

联合国的特殊性还表现在其机构的复杂和文件之多。它是成员国最多、下属机构、委员会和附属机构最多的一个国际组织，这就使得联合国系统的会议比其他国际组织多得多，讨论的议题广得多。在联合国从事翻译工作，不可能只翻译某一领域的文件，接触面广，专业性强。而我们现在的翻译大多是学外语、学翻译出身的，对于特别专业的文件，翻译起来会有困难。比如，反恐文件涉及很多法律知识，环保文件会涉及化学知识，经济类文件会涉及一些经济知识，凡此等等，要求翻译具有多方面的专业知识。

1. 法律文件用词非常严谨，需要真正了解、理解了关键词的实质含义再翻译。

以《残疾人权利国际公约》（*Convention on the Rights of Persons with Disabilities*）为例。翻译此类文件，准确性高，至关重要。该《公约》第12条第2段的原文：States Parties shall recognize that persons with disabilities enjoy <u>legal capacity</u> on an equal basis with others in all aspects of life. 译文：缔约国应当确认残疾人在生活的各方面在与其他人平等的基础上享有<u>法律权利能力</u>。原文中的"legal capacity"正是联合国审议这一款规定时的一个争论焦点。关键是如何理解这一英文表述？根据有关词典，这一短语指两者：legal capacity for rights，法律权利能力；legal capacity to act，法律行为能力。而残疾人包括肢体残疾以及智力缺陷两类人士。争论的焦点是如何看待有智力缺陷的人士的法律权利？有的代表团认为，智力缺陷人士应充分享受"法律权利能力"，而不应该受限于"法律行为能力"。按照现在的中文译法"法律权利能力"，那就完全排除了其"法律行为能力"的权力，也就无法翻译阿拉伯集团提出的意见了。阿拉伯集团在一次讨论会上提出了下面的意见：The Arab Group is opposed to this paragraph as a matter of principle because, in practice, legal capacity on an equal basis with others in all fields is a negation of the rights of persons with certain types of disabilities, especially those who are mentally disabled and whose disability does not allow them to enjoy legal capacity, particularly in matters of inheritance or finance. To stipulate legal capacity in an absolute manner will lead to the exploitation of persons with certain types of mental disabilities. Legal capacity also means legal responsibility before a court. 意思是：阿拉伯集团反对这一规定，这是原则问题，因为实际上，如果残疾人与其他人在各个方面都平等享有 legal capacity，那就意味着否定了有某种残疾的人士的权利，特别是有精神障碍人士的权利，因为精神障碍使得他

们无法享受 legal capacity，特别是涉及继承和财产问题。所以通过这种绝对的方式对 legal capacity 做出规定，将导致对有精神障碍人士的剥削和利用。而且 legal capacity 还意味着在法庭上的责任。既然英文短语 legal capacity 指两种情况，那么我们翻译就应该尽可能按照原意翻译，即：法律能力，而不应该将它窄化为"法律权利能力"。

再举一例。国际海洋法法庭曾连续几年在年度报告上提及孟加拉国和缅甸就孟加拉湾海洋划界的诉讼案一事。每次年度报告的原文都是：On 14 December 2009, proceedings were instituted before the Tribunal in relation to the delimitation of the maritime boundary in the Bay of Bengal between Bangladesh and Myanmar. 而年报的中文版却有几种不同的表述方法：

（1）2009/2010 的年度报告："2009 年 12 月 14 日，孟加拉国和缅甸就孟加拉湾海洋边界划界问题向法庭提起诉讼。"（据此译文，2009 年 12 月 14 日是孟缅双方提起诉讼的日子。）

（2）2010/2011 的年度报告："2009 年 12 月 14 日，为了孟加拉国和缅甸在孟加拉湾的海洋边界划界问题向法庭提起了诉讼。"（译文回避了主语，感觉句子不完整。）

（3）2011/2012 的年度报告："2009 年 12 月 14 日，法庭收到了针对孟加拉国和缅甸在孟加拉湾的海洋划界提出的诉讼（案件清单上的第 16 号案件）。"（据此译文，2009 年 12 月 14 日是法庭收到诉讼的日子。）

三个译文版本对事情的解读是不同的。查阅有关文件后发现事情的经过是，孟加拉国最初于 2009 年 10 月 8 日向法庭提交通知书，将该国与缅甸的海洋划界争端提交法庭；11 月 4 日，缅甸接受法庭的管辖权；12 月 13 日，孟加拉国书面确认接受法庭管辖权；于是，12 月 14 日法庭正式启动了该案的诉讼程序。显然，12 月 14 日不是孟加拉国提起诉讼的日子；其次，这也不是法庭收到诉讼的日子。问题的关键是，原文使用了被动语态，导致字面上看不出是谁提起诉讼的。原译试图避免"翻译腔"，尽可能不用或少用被动语态，又没有查清情况，想当然地翻译，就出错了。这句话中的一个关键词是"institute"，该词在法律诉讼语境下最常见的含义是"提起"，但在这里，使用了该词的普通含义，即"开始、启动"之义。据此，似可译为："2009年12月14日，针对孟加拉国和缅甸在孟加拉湾的海洋划界问题，法庭开始进行诉讼。"这个例子告诉我们，翻译涉及法律事务的文件，不仅要使用法律语言，了解法律，还需要了解情况。

2. 背景知识

翻译很多情况下是语境翻译（contextual translation），也就是说，必须了解讲话或行文的背景情况，才能准确把握。否则，误译很容易发生。还是通过例子来说话。

例1 2005年，联大四委通过了"Assistance in Mine Action"决议案，一开始译为"协助排雷行动"。有军事专家告诉我们，把它译为"排雷行动"是不准确的。他说，这里的"mine action"指扫雷、地雷库存销毁、地雷危险教育、地雷受害者的救助等方方面面的行动，不仅仅是"排雷行动"。如果我们就按原文来译，反而可以涵盖各种有关地雷的行动，所以译为"协助地雷行动"。这个例子充分说明，翻译必须了解所译的内容及相关知识。

例2 联合国经常为节省经费采取改革措施。其中一份改革文件有这么一句话：

To rationalize <u>country presence</u> through common premises and services

原译：通过共同房地和共同服务的做法，使<u>国家存在</u>合理化。

译文显然很怪，一个国家存在的合理化，不可能靠联合国机构的共同房地和共同服务的。事实上，联合国系统在一些国家可能设立了数个办事处，如联合国开发署、联合国难民署、联合国妇女、联合国教科文组织、联合国儿童基金会都可能在一个国家分别设立办事处，独立预算、独立办公。如果它们能够联署办公，共用办公设施、共同提供服务，那就可能节省经费和人力资源。了解了联合国这项改革措施及其背后的考虑，就可译为：**通过合署办公、联合服务的做法，使国别办事处的布局合理化。**

例3 联合国通过的国际公约，常常需要参加公约的成员国定期提交履约报告。2013年1月曾需要翻译图瓦卢向联合国有关委员会递交的履约报告，报告中谈到该国的经济状况时有这么一句话：The fishing licenses combined with dot TV revenue and the contribution from foreign reserves helped deliver an average annual growth rate of 4.3%. 原译：捕捞许可证，加上<u>点电视收入</u>和外汇储备，使得年均增长率达4.3%。

看了译文，使人感到不解，什么收入是"点电视收入"？经查，图瓦卢自然资源有限，比较贫穷，主要靠发放捕捞证等，收入有限。但它拥有互联网域名".tv"的版权，出售它的缩写域名的经营和使用权成为该国经济收入的重要来源之一。曾有一家美国公司与图瓦卢谈判，以在10年内支付5000万美元的代价换取这个缩写域名的经营权和使用权。所以，这里的tv，不是电视的缩写，而是图瓦卢国名的缩写。由此可见，dot TV revenue应该译为：出售.tv域名权的收入。

总之，知识面涵盖方方面面的知识，有专业知识，也有一般性知识，有语言知识，也有生活常识，还包括背景知识。所以，翻译需要使自己成为杂家，什么都了解一些，什么都有兴趣刨根问底，不断扩大自己的知识面。

第六，新概念、新词汇

联合国文件不光涉及的内容广，而且还经常提出新概念、理念和词汇。前秘书长安南曾在《改变世界的联合国理念》（*UN Ideas That Changed the World*）一书的序言中说："Many of the UN's contributions have been pioneering, or 'Ahead of the Curve,' as the title of the project's first volume put it. Sometimes these ideas have been accepted broadly and fairly quickly, such as goals to guide national and international development; in other cases, the UN has come up with what seemed at the time to be outlandish or controversial ideas or proposals, such as the need for concessional loans to poorer countries, special support for least developed countries, or debt relief—only to find that the ideas became mainstream after a decade or longer." 既然联合国的很多贡献是开创性的、前沿性的，那就意味着翻译很多时候需要翻译新理念、新词汇、新说法。事实也确实如此，下面仅举几例。

例 1 联合国三委主要审议社会问题,其中一个议题就是有关妇女和女童的问题。其中经常提及的一个概念是 gender mainstreaming。请看下面的一句话:

We recognize the importance of gender mainstreaming as a tool for achieving gender equality. We undertake to actively promote the mainstreaming of a gender perspective in the design, implementation, monitoring and evaluation of policies and programmes in all political, economic and social spheres.

原译:我们确认必须提高社会性别主流化实现两性平等。我们保证积极促进在政治、经济和社会领域各项政策和方案的制定、执行、监测和评估中使社会性别观点主流化。

这句话中的两个短语 gender equality 和 gender mainstreaming 是关键词,需要准确理解和贴切翻译。对于第一个短语,有几种不同的译法:男女平等、两性平等、性别平等、社会性别平等,分别代表了对女权主义及同性恋等思潮的不同态度或立场。在中国,全国妇联网站的学术研究文章有社会性别的提法。胡主席在世界妇女大会的发言《中国性别平等与妇女发展状况》里提的是性别平等。在第二个短语中,英文单词 mainstreaming 源自它的名词 mainstream,它既然是动名词形式,就要表达一个动作或一个过程。这个概念是 1985 年在联合国第三届世界妇女大会上首次提出,并于 1995 年联合国第四届世界妇女大会正式写入了《北京行动纲领》。1997 年联合国经社理事会的报告为这个词下的定义是:Mainstreaming a gender perspective is the process of assessing the implications for women and men of any planned action, including legislation, policies or programmes, in all areas and at all levels. It is a strategy for making women's as well as men's concerns and experiences an integral dimension of the design, implementation, monitoring and evaluation of policies and programmes in all political, economic and societal spheres so that women and men benefit equally and inequality is not perpetuated. The ultimate goal is to achieve gender equality. (所谓性别主流化是指在各个领域和各个层面上评估立法、政策、方案等行动对男

女双方的不同含义。作为一种策略方法，它使男女双方的关注和经验成为制定、实施、监督和评判政治、经济和社会领域所有政策方案的有机组成部分，从而使男女双方同等受益，使不平等不得继续。纳入主流的最终目标是实现男女平等）国内已经把这一译法接过来了。百度百科明确说，"社会性别主流化"这一概念提出，把性别问题纳入主流，强化性别发展目标，提供性别意识训练，确保在一切经济社会发展领域的性别平等。如果受众不是社会学家，而是普通老百姓，那么也不妨将"主流化"转义为重要、重视、头等重要等。从这个角度出发，似可译为：

我们认识到，重视性别平等是实现性别平等的一个重要工具。我们承诺，在制定、执行、监测和评估政治、经济和社会等领域的各项政策和方案时，积极推动把性别平等放在重要的位置。

例2　"inclusive financial system"，普惠金融的概念也是联合国系统率先在2005年提出来的，其基本含义是：能有效、全方位地为社会所有阶层和群体提供服务的金融体系。目前的金融体系并没有为社会所有的人群提供有效的服务，联合国希望通过小额信贷（或微型金融）的发展，促进这样的金融体系的建立。现在这个概念已经被很多人接受、引进。我们十八届三中全会也提出了要"发展普惠金融"。

例3　governance and good governance。这两个词已流行了一段时间，它们指一种治理模式。但国际上曾有人把所谓的"自由民主国家"描写成是具有"良政"（good governance）的国家，希望输出它们的治理模式，并以它们的治理模式作为标准来衡量其他国家，导致一些人不赞同将此词译为"良政"。2009年，联合国亚太经社理事会曾就此专门撰文，题目是"What Is Good Governance?"文章为governance下的定义是：the process of decision-making and the process by which decisions are implemented (or not implemented). Governance can be used in several contexts such as corporate governance, international governance, national governance and local governance. 可见，"治理"是中性的，它指决策和执行政策的过程。它适用于所有公共部门和私营部门的机

构，包括国际组织、国家政府、地方政府和公司等。

联合国文件中有关"治理"的一句话就是对此定义的一个注释：Strong management can only work if it responds to strong governance. These reforms are in danger of failing unless there is a trusting relationship between this institution's governance—the Member States' intergovernmental mechanisms—and its management, namely myself and my colleagues.（强有力的管理唯有与强有力的决策指导相呼应，才能有所作为。本组织的决策机构，即会员国的政府间机制，与本组织的管理部门，也即我和我的同事们，这两者之间必须有信任关系，不然，改革就面临失败的危险）这一段话非常清楚地说明了两点：第一，"治理"适用于国际组织；第二，"governance"指决策层、决策过程。联合国的"governance"就是"会员国的政府间机制"，它有别于实施决策的管理层。请看接下来的另一句话：Intergovernmental bodies would govern the Organization in the sense of making high-level decisions on priorities, policies and the overall allocation of resources by leaving operational details to be managed by the Secretariat.（政府间机构确定联合国的大政方针，就优先事项、政策及资源的统筹分配作出高层决策，而将业务运作的细节问题交由秘书处管理）这句话进一步明确了"治理"与"管理"之间的关系及区别。

文章还阐述了good governance的要件：男女平等参与、公平法律框架、确保法治、决策合规透明、及时响应要求、协调各方利益、追求共识、公平包容、高效、高度负责。文章的结论是，"良政是一个理想境界，全面彻底实现很不容易。目前还没有国家接近全面彻底实现这些目标，必须采取行动推进这一理念的实现"。

联合国提出了很多前沿的理念，在联合国从事翻译工作的同事必须与时俱进，加强学习，加深理解，才能准确把握新理念、新设想、新语汇，才能保证翻译准确。

第七，机构记忆的意识

联合国的许多议题几乎年年议，决议不断更新，新的决议经常要提及过去的决议或文件，这就要求在联合国做文件翻译，必须有机构记忆（institutional memory）的意识。在前面介绍资料员及资料助理时已经提到资料员的责任是做电子文件夹（e-folder），附上搜索文件中提及的过去的文件的链接或文件号，方便翻译引用。如果不查，而由译员直接翻译，难免就会出现引用的那段话两次翻译有差异的情况。但是，过去的译文也不能保证都是高质量的。所有的文件都是在时间的压力下赶出来的，难免影响译文的质量。因此，引用过去的文件时，需要再次斟酌，然而往往不给翻译重新斟酌的时间，也不计算翻译的工作量，使翻译感到左右为难。

更何况，语言有时会改变，翻译怎么办？比如韩国首都 Soul 的译法。过去一直译为"汉城"，现改为"首尔"。如果一份文件提及了韩国的首都，文件中引用了先前的文件也提及了这个首都，而引用的文件是在韩国改为"首尔"之前，那么引语中的首都便是"汉城"，而正文中的首都则是"首尔"，造成同一文件对同一个地名译为"汉城"和"首尔"不同的中文名称的困境。也许出路在于加注。

对中文翻译来说，机构记忆的要求让翻译处于两难境地的因素还包括：不同地区使用的中文不完全相同。在 1971 年恢复中华人民共和国在联合国的席位之前，是台湾占据了中国在联合国的席位，当时的翻译使用的是台湾地区的中文，与大陆的中文有所不同。如果文件中引用以前文件时照搬过去的译文，我们来自大陆的代表势必对有些语言感到别扭。

例 1 记得曾有一次听到文本处理员拿着一份文件高声询问中文译员，"扣应"是什么意思？后来发现英文原文是 call-in，意为：电台或电视台的电话热线节目，听众来电，电话交谈节目等。这份文件的审校是一位台湾同事，他使用了台湾的说法。

例 2 "9·11"事件之后，联合国专门成立了反恐办公室，联大对反恐也有很多决议和文件。其中一份文件谈到每半年要 review counter-terrorism work，翻译成：每半年对反恐工作进行一次检讨。我们听到"检讨"，会以为有问题了，或者做得不好，才需要检讨。而原文没有这些意思，表达了一个中性的概念，或者说是总结的意思。而这个中文词在台湾并没有这一意思。同样使用中文，有些词的含义不尽相同，也是情理之中，但我们的服务对象是来自中华人民共和国的代表，译员就有责任使用他们熟悉的语言。

例3 联合国有关人事文件，常常会使用英文词 reclassification 和 posts，分别译为："改叙"和"员额"。请看下面两句话：

A) Reclassifications of two general service level posts to the international professional level are proposed.

原译：提议将两个一般事务职等员额改叙为国际专业人员职等。

B) I ask the GA to revive its discussion of creating the post of Chief Information Technology Officer.

原译：我请求大会恢复讨论设立首席信息技术干事员额一事。

这两个词确实是汉语的词汇，但主要是在古汉语以及台湾等地使用。根据百度百科的解释，员额是新中国成立前的叫法，目前台湾依然沿用这个说法，就是额定人员编制的意思。如果有待翻译的文件引用了含有这两个词组的过去决议，是根据机构记忆照搬呢，还是改变过去的译法？是将引语按以前的译法，整个文件的其他地方出现这两个词时改变译法？目前，没有改变这两个词的译法。

随着IT技术的发展，新事物、新思维的出现，语言在不断发展。加上语言的简练、语言的互相借用，等等，也使语言不断演变。翻译联合国的文件，在语言的使用上，需要与时俱进，需要与国内接轨。

第八，联合国文件的风格

联合国文件主要包括会议文件、研究报告、会议记录、年鉴、期刊、决议、公约等，其中有许多是具有历史意义的文件，需要载入史册，或进入联合国的 official records。有的文件对会员国有约束性。文件翻译，首先必须严谨、准确。其次，必须使用联合国规定的文件撰写体例、格式。再者，应尽可能使用书面语言（逐字记录除外）。

此外，联合国条约、协定、公约等法律文件的中文翻译，还需符合现代汉语的规范，符合《中华人民共和国国家通用语言文字法》及相关法规和规范性文件的规定。这类文件中的章、节、条、款、项等的序号用中文数字依次表述，附件的序号用阿拉伯数字表述。

法律文件的中译文必须严谨，符合中文的行文习惯，尽可能使用法律用语，确保行文准确、明确、清晰、简洁。仅举两例。

例1 In the event that a person applying for citizenship is found to have ties with terrorism, such request is declined.

原译：申请公民资格的个人被发现与恐怖主义有关的，申请不予许可。

改译：任何个人一旦发现与恐怖主义有牵连，其公民资格的申请不予批准。

例2 The law provides for penalties against underreporting or misrepresenting the value of goods.

原译：法律规定对少报或谎报货物价值的行为进行处罚。

改译：对少报或谎报货物价值，法律有处罚规定。

总之，联合国文件翻译有其特点，它的敏感性、时效性和历史延续性等特点决定了翻译的难度。文件是联合国会议的生命线。笔译工作者直接为联合国的宏伟目标、崇高使命服务，为那些为世界人民服务的人服务。在联合国从事翻译工作，任务艰巨，使命崇高，值得自豪。

联合国文件译审经验谈

尹晓宁

一　加字

在翻译过程中，有时需要增加一些英文原文中没有的字词，让中文译文更符合逻辑，更加通顺，同时又不改变英文原文的含义。

例句 1

Nine out of ten cases go unpunished.

1. 十分之九的案件没有受到惩罚。
2. 十分之九案件的涉案者（罪犯）未受到惩罚。

译句 1 按英文原句翻译，懂英文的人或许觉得没有太大的问题。但是，不懂英文的人读这句话就会觉得有点别扭，因为案件不能受惩罚，只有人才能受惩罚。因此这里宜视上下文加上"涉案者"或"罪犯"。译句 2 加字后读起来既通顺又符合逻辑，而且没有改变英文的原意。

例句 2

Risk management in the Investment Management Division

1. 投资管理司的风险管理
2. 投资管理司的风险管理工作

这是联合国审计委员会报告中一个章节的标题。译句 1 按英文原句翻译，但中文译句可以有两个含义：一个是管理投资管理司的风险；另一个是投资管理司进行的风险管理。仅从字面上来看，大多数

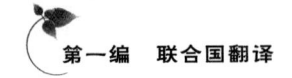

人可能会倾向于前一个含义。但报告有关章节的内容是指后一个含义。因此译句2加上了"工作"二字，避免产生歧义，准确地表达了英文的原意。

例句3

The Committee also calls for fostering sustainable development considerations and criteria in domestic investment, suggesting that it may be necessary to go beyond existing, often voluntary, standards.

1. 委员会还呼吁在国内投资中纳入可持续发展因素和标准，表示也许需要超越现有的往往是自愿性的标准。

2. 委员会还呼吁推动在国内投资过程中考虑可持续发展因素和标准，表示采用的标准可能需要高于现有的通常是自愿性的标准。

译句1后半句有点拗口，不容易读懂。译句2加上"采用的标准"后就变得通顺易懂。

例句4

Report on the United Nations Disengagement Observer Force for the period from 1 March to 20 May 2016

1. 关于联合国脱离接触观察员部队2016年3月1日至5月20日期间的报告

2. 关于联合国脱离接触观察员部队2016年3月1日至5月20日期间情况的报告

译句1中"关于联合国……期间的报告"读起来不容易理解，特别是对不懂英文的人来说。译句2加了"情况"二字，读起来易懂，而且也符合原文的含义。

二 减字（省略不译）

英文有许多介词或短语，它们起表明连接句子不同部分和相互之间关系的作用。翻译时有时需要把它们译成中文，有时则不需要。

例句1

Report of the Secretary-General on the progress made with regard to stabilization and restoration of constitutional order in Guinea-Bissau

1. 秘书长关于几内亚比绍在稳定和恢复宪政秩序方面取得的进展的报告

2. 秘书长关于几内亚比绍实现稳定和恢复宪政秩序进展的报告

译句 1 把英文每个字都译出来了，译句 2 则没有翻译动词"made"和介词短语"with regard to"，但效果和译句 1 是一样的，读起来更通顺，更没有翻译腔。"stabilization"译成实现稳定更好，它虽然是一个名词，但实际上起动名词的作用，是指一个过程。

例句 2

Structure of the Investment Management Division in respect of making investment decisions

1. 投资管理司在作出投资决定方面的结构

2. 投资管理司的投资决策结构

译句 1 的译文虽然没有错，但读起来翻译腔十足，显得很啰唆。译句 2 没有把英文的每个字都译出来，但读起来通顺简练，符合中文表述习惯，也符合英文的原意。

例句 3

Productive and sustainable employment

1. 可持续和生产性就业

2. 可持续生产性就业

英文连接词"and"有时可以不译。在英文句子中，它经常起连接动词、名词、形容词和短语的作用，因此不能省略。但在翻译成中文时，有时是可以省略不译的，省略不译后中文反而更加简练，上面译句 2 就是一例。

例句 4

They require that civilian police officers show respect and courtesy.

1. 它们规定，民警要表现出尊重和礼貌。

2. 它们规定，民警要待人有礼。

三 改变句子各个部分的排列顺序

例句 1

In letters dated 15 March 2007, the Committee replied to communications received from the International Air Transport Association and the Permanent Mission of Uganda to the United Nations, which had sought guidance on specific cases of cooperation with the Government of the Democratic People's Republic of Korea after the adoption of resolution 1718 (2006).

1. 委员会在 2007 年 3 月 15 日的信中对国际航空运输协会（空运协会）和乌干达常驻联合国代表团的来文进行了答复，这两份来文就通过第 1718（2006）号决议后，与朝鲜民主主义人民共和国的具体合作案例寻求指导。

2. 国际航空运输协会和乌干达常驻联合国代表团致函委员会，要求委员会就第 1718（2006）号决议通过后同朝鲜民主主义人民共和国进行具体合作的事项提供指导，委员会在 2007 年 3 月 15 日的信中对此做了答复。

译句 1 采用了英文原句的结构，因此需要重复"来文"两字，显得啰唆，而且重点不突出。译句 2 把 which 从句放在前面，表明前因后果，读起来通顺，重点突出。

例句 2

The Board has serious concerns over the appropriateness of the UN's longstanding accounting treatment of disbursements to non-governmental organisations whereby such disbursements are immediately recognised as expenditure, rather than advances.

1. 审计委员会对联合国长期对支付给非政府组织的款项进行的会计处理深表关切，这种做法是立即把支付记为支出，而不是预支。

2. 长期以来，联合国在向非政府组织支付款项后立即将其记为支出而不是预支，审计委员会对这种会计处理是否妥当深表关切。

译句 1 采用了英文原句各部分的排列顺序，结果不得不加字和进行重复。译句 2 先翻译句子的后一部分，改变了原句的排列顺序，但读起来更通顺，更有逻辑。

四　改变词性

在翻译过程中，可以改变英文字词的词性，例如把动词改成名词，把名词改成动词，把形容词改成副词等，以便增加译文的可读性和准确性。

例句 1

…to develop and improve mechanisms that involve the youth in the design and implementation of their own activities

1. 设立和改进机制，让青年参与自己活动的制定和执行
2. 设立和改进让青年自己规划和开展活动的机制

译句 2 把英文名词 design 和 implementation 变成了动词。

例句 2

It meets annually for three or four working days, supplemented by ad hoc informal half-day sessions every three months.

1. 每年举行为期 3 至 4 个工作日的会议，由每三个月举行为期一天的非正式特设会议补充。
2. 每年召开会议，时间为 3 个或 4 个工作日，另外每三个月召开一次非正式特别会议，时间半天。

译句 1 基本是英文原句的逐字翻译，读起来翻译腔十足。译句 2 虽然长一点，但更加符合中文习惯，通顺易懂，虽然把 supplemented 变成了"另外"，但没有改变原句的意思。

例句 3

Noting a letter dated 16 July from the Libyan National Authority for the Chemical Weapons Convention to the OPCW Director-General informing the Secretariat of the movement of all of its remaining chemical weapons to a storage site in the north of the country.

1. 注意到利比亚国家化学武器公约管理局 7 月 16 日给禁化武组

织总干事的信,其中通知秘书处它已将剩余的所有化学武器运送到该国北部的存放地点。

2. 注意到利比亚国家化学武器公约管理局7月16日写信给禁化武组织总干事,通知秘书处它已将剩余的所有化学武器运送到该国北部的存放地点。

译句2把名词letter变成了动词,译为"写信",这样既没有改变英文句子的原意,也使得译句更加通顺。

五 重复

例句1

The mantra of doing more with less was unsustainable and did not address the complexity of the threat.

1. "少花钱多办事"的口号是不可持续的,没有处理这一威胁的复杂性。

2. "少花钱多办事"的口号是不可持续的,它没有考虑到威胁的复杂性。

译句1读到后半部分时会觉得有点摸不着头脑,前半句与后半句之间好像没有什么关系。译句2加了"它"字,重复一下,读起来就通顺多了。

例句2

The Commission, which reports to the Economic and Social Council, provides the work of the secretariat with overall direction.

1. 经委会向经济及社会理事会报告工作,全面领导其秘书处的工作。

2. 经委会向经济及社会理事会报告工作,全面领导经委会秘书处的工作。

译句1没有表明秘书处的从属关系,读者无法确定是经委会的秘书处还是理事会的秘书处。译句2重复了经委会,确定了这一关系。

六　不拘泥于字面意义

好的笔译在翻译过程中不会拘泥于英文的字面意思，而是吃透了英文的含义，用符合中文习惯的方式表述出来。

例句 1

… where he was issued with Eritrean travel documents with false names.

1. …那里他获得带有虚假姓名的厄立特里亚旅行文件。
2. …他在那里获得不是他本名的厄立特里亚旅行证件。

在译句 2 中，译者没有按 false name 的字面意思来翻译，而是采用了其他方式来表述相同的意思，比译成"虚假名字"或"假名"好，也完全符合英文的原意。

例句 2

Delays by member organizations in the submission of documents in cases of separation and death in service.

1. 成员组织在参与人离职和在职死亡案件中延误发送文件。
2. 成员组织在参与人离职和在职死亡时未及时提交文件。

在译句 2 中，译者没有按 delay 的字面意思去翻译，而是把它译成"未及时"，用另一种方式表达了延误的意思，读起来更通顺一些。

例句 3

However, the Secretariat had made every effort to obviate the need to draw upon contingency funding.

1. 不过，秘书处尽最大努力，消除提取意外开支准备金的必要性。
2. 但秘书处尽最大努力，避免出现要动用意外开支准备金的情况。

译句 1 的翻译腔十足，"消除……的必要性"读起来拗口。译句 2 没有逐字翻译，而是采用符合中文习惯的方式表达了同一意思。

例句 4

The Organization faced severe financial challenges, with a glaring discrepancy between its limited financial resources and the need to strengthen its role.

1. 联合国面临严重财务挑战，它的财务资源有限，但又需要加强它的作用，差距很大。

2. 联合国需要加强它的作用，但财务资源有限，力不从心，面临着重大财务挑战。

译句1基本上跟着英文走，结果头重脚轻，"差距很大"指的是什么不是很清楚。译句2理顺了句子各部分的关系，逻辑清楚，通顺易懂。

例句 5

An ambulance rushes a wounded child to a hospital. A hungry family receives a warm meal. A battered woman finds free shelter. In scenes of human suffering around the world, hope comes thanks to volunteers who give their time, skills and resources to others in need.

1. 一辆救护车载着一名受伤儿童向医院疾驶。一个饥饿的家庭得到一顿热饭。一名被虐待的妇女得到安身居所。由于志愿人员将他们的时间、技能和资源给予需要援助的人，世界各地人类痛苦的场面中出现了希望。

2. 一辆疾驶的救护车把一名受伤儿童送往医院。一个饥饿的家庭吃上一顿热饭。一名遭受家暴的妇女找到免费住处。志愿人员把他们的时间、技能和资源奉献给需要援助的人，给世界各地身陷苦难的人带来了希望。

译句1前面译得还可以，但最后一句话译得死板，逐字翻译了英文原文，读起来有点费劲。有时我们翻译完之后，需要脱离英文原稿，把译文通读一遍。如果读得不通顺，或者读不下去，或者发现前后逻辑有问题，那多半是没有翻译好，或没有完整吃准英文的原意。译句1多少就是这种情况。译句2没有拘泥于每个字词的翻译，特别是在第二句话中，而是把握了英文的含义，用符合中文习惯的表述方式来表达，这样读起来通顺流畅，一气呵成。

七　注意上下文和背景（Context）

在把英文译成中文时，很重要的一点是注意背景和上下文，英文一个字可以有不同的译法，有时需要看上下文来选择哪一个译法最合适。

例句 1

联合国秘书长在环境日发表了致辞，致辞的第一句话是：

Two weeks ago, I visited the Arctic.

1. 两周前，我访问了北极。
2. 两周前，我去了北极。

英文 visit 一字很简单，用得很多。中文可译成"参观，访问，拜访，视察"，在译成"访问"时，一般用于正式场合，例如李克强总理访问了日本；在译成"参观"时，可以用于非正式场合，例如我参观了北京博物馆。

译句 1 把 visit 译成"访问"没有错，但访问在此处似乎不太合适。首先，联合国秘书长通常是对国家或城市进行访问，一般有人接待。北极既不是国家，基本没有人居住，也没有人接待，所以用访问会感觉比较怪。我们自己一般也不会说，我昨天访问了长城，而会说我昨天去爬了长城，或我昨天去长城了。但英文完全可以说：I visited the Great Wall yesterday。

译句 2 把 visit 译为"去"，在这句话中更为得当。其实英文定义中有这一层含义：To go or come to。所以在翻译过程中需要根据背景和上下文来选择最好的译法，而不是简单地选择最常见的译法。

翻译很重要的一点是吃准英文字词的含义，一个英文字可以有不同的含义，有些是常用的，有些并不常用，或与常用的含义略有不同。这时就需要我们选用最贴切的含义来翻译。如果我们采用最常用的含义放在句子里觉得不那么贴切，我们就需要去查一下字典，看有无其他的含义，而且最好是查全英字典，而不是英汉字典，因为大多数英汉字典的注释不是那么全，或不能完全表达英文的含义。

例句 2

Monthly assessments by former Presidents of the work of the Security Council for the period from 1 August 2014 to 31 July 2015

1. 2014 年 8 月 1 日至 2015 年 7 月 31 日期间历任主席对安全理事会工作的每月评估。

2. 2014 年 8 月 1 日至 2015 年 7 月 31 日期间历任主席对安全理事会当月工作的评估。

英文 monthly 通常译为"每月，月"。乍看译句 1 的译法似乎没有问题，但此处把 monthly assessments 译为"每月评估"不当。安理会成员轮流担任安理会主席，每月轮换一次。在任期结束后，主席按惯例要编写一份评估，说明安理会在这一个月中处理了哪些事项，通过了哪些安理会决议和主席声明。在这里译成"每月"意思不清楚，读者不清楚是泛指，还是特指。应该按译句 2 的做法，译成"当月"，即指安理会成员担任主席的那个月。

例句 3

The laboratory analysis did not provide sufficient evidence to confirm the exact composition of the toxic substance used, but strongly supported the use of chlorine or a chlorine derivative.

1. 实验室分析没有提供足够的证据来证实所使用的有毒物质的确切组成，而是强烈支持使用氯或氯衍生物。

2. 实验室分析没有提供足够的证据来证实所用有毒物质的确切成份，但明确印证使用了氯或氯衍生物。

英文 support 通常译成"支持"，但它也有其他的译法，要视上下文来决定。support 在这里是指 to furnish corroborating evidence for。译句 1 没有采用这一含义，而是采用了最常见的含义，所以译成"支持"。译句 2 则采用了正确的含义，译成"印证"。

例句 4

Climate change is the pre-eminent geopolitical issue of our time. It rewrites the global equation for development, peace and prosperity. It threatens markets, economies and development gains. It can deplete food and water supplies, provoke conflict and migration, destabilize fragile societies and even topple governments.

Hyperbole?

Hyperbole 是一个字的问句，是紧跟上面最后一句话的。中文一般把它译成夸张。下面是4个译法：

1. 这是夸张吗？
2. 这样说夸张吗？
3. 这是夸大事实吗？
4. 这是危言耸听吗？

4个译法不同，表述方式也不同。译句1是直译，译句2文字做了改动，读起来更通顺一些，译句3和译句4没有直译，而是参照上下文，试图用符合中文的方式把原句的含义翻译出来。译句4在这里可能更为贴切一些。

句子的翻译也是这样，不能只满足于字面上的翻译，只是简单地把每个英文字译成中文，而是要根据上下文，吃准句子的含义，用符合中文习惯的方式把含义表达出来。好的翻译不是把英文逐字翻译成中文，而是用中文完整准确地表达出英文原文的含义。

八 摆脱英文句子结构的束缚

我们在翻译过程中很容易受英文原句结构的影响，有时会不知不觉地采用英文的句子结构。在多数情况下，如果英文句子不长，结构不复杂，这不会有很大的问题。但在句子长和结构复杂时，就需要弄清句子各部分之间的关系，用符合中文的表述方式翻译出来。

例句1

The people of the CAR must see that the rule of law matters no matter who they are or what they believe, from leaders to individual combatants.

1. 中非共和国人民必须认识到法治至关重要，不管他们是谁或信仰为何，也不管他们是领导人还是战斗人员。

2. 中非共和国人民必须看清，从领导人到每个战斗人员，无论是谁或其信仰为何，法治至关重要。

3. 中非共和国人民，无论是谁，不管是领导人还是战士，也无论他们信奉什么，都必须认识到法治的重要性。

这句话的英文并不是很好，但意思很清楚，不会有误解。译句1基本采用英文原句的结构，这种译法的缺点是"不管他们……"从句与修饰的对象"中非共和国人民"断开了，读起来缺乏连贯性。译句2试图做出改进，但还是不那么成功，"必须看清"与"法治至关重要"又被断开了。译句3是在抓住全句各部分之间的联系的基础上进行翻译的结果，虽然结构上似乎与英文原句不太一样，但准确地把含义翻译出来，中文也很通顺。

例句 2

The training is conducted inside in a small room with basic facilities and outside in rural scrubland.

1. 训练是在一个小房间内进行的，内有一些基本的设施，训练并在农村灌木区进行。

2. 训练是在一个有基本设施的小房间内和农村灌木区进行的。

译句1沿用了英语的句子结构，译者为了避免产生误解，还重复了"训练"一词，整个译句读起来比较松散，不够通顺。译句2则采用符合中文习惯的方式把原句的含义完整表达出来，读起来简练通顺。

例句 3

The training clearly shows instruction with regard to both the manufacture and setting of improvised explosive devices made from rudimentary and easily available materials, such as watch parts.

1. 训练明确显示了从基本和容易获得的材料（如手表部件）制造并设置简易爆炸装置方面的指导。

2. 训练明确讲授了怎样用容易获得的简易材料，例如手表部件，来制造和设置简易爆炸装置。

译句1基本上是对英文原句的逐字翻译，读起来有点拗口，不读到最后不知道是在说什么。译句 2 则是把名词 instruction 变成动词，调换了 rudimentary 和 easily available 这两个字的位置，读起来通顺明了。

例句 4

(The failure to protect biodiversity should be a wake-up call.) Business as usual is not an option.

1. （生物多样性未得到保护应该引起警觉。）照旧行事不是可取的选择。

2. （生物多样性未得到保护应该引起警觉。）不能选择照旧行事。

3. （生物多样性未得到保护应该引起警觉。）不能再照常行事了。

4. （生物多样性未得到保护应该引起警觉。）不能再无动于衷了。

译句 1 和 2 都没有摆脱英文原句用语的束缚，译句 3 和 4 没有按照英文来逐字翻译，而是试图用符合中文习惯的方式来表述。根据上下文，译句 4 或许比译句 3 好一些。

例句 5

In response, the Fund stated that…

1. 作为回应，基金称……

2. 基金答复说……

译句 2 没有沿用英文的结构，采用了符合中文习惯的表述，简练通顺。

九　形容词 its 和 their 的翻译

形容词 its, his, her 和 their 通常用来表明 it, he, she 和 they 的从属关系。它们在英文中用得很多。中文虽然也有相应的形容词，例如"它的、他的、她的、它们的和他们的"，但在实际行文中用得并不多。中文通常通过上下文来判断或表明从属关系。例如，"他们和表弟摆起小桌子，开始打扑克"，而一般不会说"他们和他们的表弟摆起小桌子，开始打扑克"。但把这句话译成英文时，就需要加 their："they set up the table with their cousin and started to play cards"。这就是

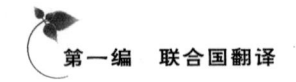

中英文的差别。

在联合国文件翻译中，its 和 their 的出现频率很高，在很多情况下把它们译成"其"，例如：

> According to a global average of the survey results, 89 per cent of participants indicated that the electronic availability of documents had "positively impacted" their work during the meetings, whereas 11 per cent indicated that there had been "no impact" on their work.
>
> 调查结果的全球平均数显示，89%的与会者表示提供电子文件对其会议期间的工作产生了"积极影响"，11%的参与者表示对其工作"没有影响"。

但如果我们按照中文的习惯，把"其"省略掉，就会发现这并不影响我们的理解，而且行文顺畅得多：

> 调查结果的全球平均数显示，89%的参与者表示提供电子文件对会议期间的工作产生了"积极影响"，11%的参与者表示对工作"没有影响"。

小议安理会决议翻译

尹晓宁

安全理事会是联合国的一个主要机构，负责处理国际和平与安全问题，具体而言，处理危及和平的战争、领土争端和武装冲突问题。

安理会每年通过的决议数目不一，视提交安理会审议的事项多少而定。内容大多涉及一些国内武装冲突和联合国维和行动，但也会涉及国际突发事件，例如恐怖袭击事件。

安理会的决议通常由安理会成员提出，提交安理会讨论后通过。在讨论过程中会出现不同意见，这时就需要就决议的措辞进行磋商，有时字词的改动非常微妙，一字之差，表达的意思就不一样。

例如，安理会2014年就马来西亚航空公司MH17号航班被击落一事通过了一个决议。决议中有一句话，英文是："Condemns in the strongest terms the downing of Malaysia Airlines flight MH17 on 17 July in Donetsk Oblast, Ukraine resulting in the tragic loss of 298 lives"。但在这项决议通过前讨论的草案中，这句话的英文是："Condemns in the strongest terms the shooting *downing* of Malaysia Airlines flight MH17 on 17 July in Donetsk Oblast, Ukraine resulting in the tragic loss of 298 lives"。

之所以把决议草案中的"shooting"删除，把"down"变成动词，是因为西方国家认为飞机是被俄制导弹击落的，但俄罗斯认为在没有调查清楚之前，不能断定飞机是导弹击落的，也可能有其他原因。因此在磋商过程中坚持做出这一改动。"down"作为动词使用时，含义为"to go or come down"，中国代表团提出中文必须译成"坠落"。

但是在中文译文中体现这一改动时，发现有些不好办。原译文是

"最强烈谴责7月17日马来西亚航空公司MH17航班飞机在乌克兰的顿涅茨克州被击落"。如果简单地把"被击落"改成"坠落",这句话就变成"最强烈谴责7月17日马来西亚航空公司MH17航班飞机在乌克兰的顿涅茨克州坠落",中文读起来有点别扭,而且"谴责……飞机……坠落",从逻辑上似乎也说不通。由于"downing"只能译成"坠落",只好从其他方面想办法,让译文通顺并符合逻辑。最后的译文是"最强烈谴责7月17日有人致使马来西亚航空公司MH17航班飞机在乌克兰的顿涅茨克州坠落"。

还有一个例子。安全理事会2012年3月通过了一项主席声明,在最初的主席声明草稿中有一句话:The Security Council welcomes the appointment of Joint Special Envoy for the United Nations and the League of Arab States, Kofi Annan, in accordance with the General Assembly resolution A/RES/66/253 of 16 February 2012 and relevant resolutions of the League of Arab States.

但在草稿通过成为正式声明时,"in accordance with the General Assembly resolution…"变成了"following the General Assembly resolution…"。

这给翻译带来了问题,从声明草稿的句子来看,"following"一字似乎同"in accordance"的含义差不多:"to go in the direction of; be guided by",可以译成"依循"或"按照",但安理会为什么要做这一改动呢?这是因为follow还有一个含义,就是"to come or go after"。安理会之所以做出这一改动,是希望采用这一含义,因为安理会认为安南担任特使并不是大会决议任命的。在处理国际和平与安全问题上,安理会处于首要地位。如果说安理会地位不高于大会,起码也是地位相同。采用第一个含义,会让人觉得安南是大会做出决议任命的,但实际上并不是这样,任命必须得到安理会的同意才行。所以中文也做出相应的改动,译成:"安全理事会欢迎在大会2012年2月16日第66/253号决议和阿拉伯国家联盟相关决议之后任命科菲·安南为联合国和阿拉伯国家联盟联合特使。"

从上面两个例子可以看出,翻译安理会决议时,不仅需要吃准英文，而且需要了解决议的背景。有些改动的原因是显而易见的，有些并不是那么明显。但凡有改动，必定有它的原因，我们只有知道了原因，才能译好，译准。

联合国文件翻译

——译法的推敲、选择和统一

赵兴民[*]

随着电脑和互联网的普遍使用,联合国语文部门笔译员的工作发生了巨大变化。但无论工作方式和工具发生多大变化,笔译工作的一个基本特点没有变,笔译员仍然经常面对各种不同的译法,需要进行反复推敲,甚至进行讨论,最后做出选择。近几年来,笔译员广泛使用联合国自主开发的 eLUNa 机助翻译平台[①]以及各种在线翻译工具和参考资源。因语料库的包收并蓄特点,在翻译过程中遇到的译法多样性问题越来越明显,对译法进行推敲、讨论、选择以及在整个部门内进行统一的任务也越来越重。为了适应这种变化,也是为了从根本上保证文件翻译的质量,语文部门各中文翻译单位相应地加强了译法的讨论、协调和统一工作,取得了积极的成果。

笔者所在的日内瓦中文科同样鼓励笔译员讨论翻译问题,对不同译法进行比较和研究,及时与纽约、维也纳、内罗毕其他地点的同事联系和协调,已经形成经常性做法。在联系和协调方面,各地的术语员展示了最高水准的专业精神,发挥了最为关键的作用,令人钦佩。本文结合自己的亲身体会,对这方面所做的努力做一点简单的整理和介绍,读者可从中一窥联合国文件翻译过程中可能遇到的多种翻译问

---

[*] 作者谨向在起草本文过程中给予宝贵帮助的所有朋友(同事)表示真诚感谢。感谢名单见文后。

[①] 关于 eLUNa 的介绍,见 https://cms.unov.org/meta/Media/Default/Files/eLuna%20Quick%20Reference%20Guide%20v1.0%2011%20Feb%202014_edited.pdf。

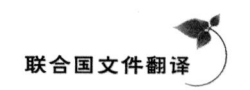

题以及可能存在的解决之道，或许能得到一些关于翻译工作的有益启示。

一　简单的脚注可成为棘手的翻译问题

在人权理事会和各个人权条约机构印发的多种文件中，经常在封面有一个简单的脚注，即 The present document is being issued without formal editing，意思不难理解，但曾经出现过的译法五花八门，笔者试着从桌面 dtSearch 搜索引擎里搜索了前后出现过的各种译法，大致上可归类为下列 10 种：

  本报告未经正式编辑印发。
  本文件未经正式编辑而印发。
  本文件印发前未经正式编辑。
  本文件印发时未经正式编辑。

  本文件未经正式编辑而分发。
  本文件未经正式编辑发布。
  本文件未经正式编辑出版。
  本文件在送交前未经正式编辑。
  本报告印发时未经正式编辑。
  本报告未经正式编辑而印发。

大家对这些译法进行了讨论，达成了基本的共识。第一种译法"本报告未经正式编辑印发"意思完整，只是"编辑"和"印发"两者之间似缺少一个字，读起来不够顺。第二种译法加了一个"而"字，即"本文件未经正式编辑而印发"，大家觉得这个译法最为准确、完整、通顺。实际上搜索结果也显示，这是在文件里出现最多的译法。接下来的两种译法缺点在于稍微改变了意思的侧重点。在第五至第八种译法中，issued 分别被译为"分发""发布""出版""送交",都不准确。在最后两种译法中,将 document 译为"报告"不准确,须知"文件"包括了"报告",两者的含义有区别。在人权文件当中,既有 common core document forming part of the reports of States parties(作为缔约国报告一部分的共同核心文件),又有 periodic reports of States parties(缔约国定期报告),还有 replies from the States parties(缔约国的答复),译者在翻译时须留意这些文件的区别。

脚注虽小,但能看出译者是否细心。譬如还有译者粗心地将 The present document was not edited before being sent to the United Nations translation services 译成"按照已通知各缔约国的报告处理办法,本文件在送交联合国翻译部门前未经正式编辑"。其实应译为"本文件在送交联合国翻译部门之前未经编辑"。这是将英文误读成了另一句:In accordance with the information transmitted to States parties regarding the processing of their reports, the present document was not formally edited before being sent to the United Nations translation services。上述三句不同的英文是人权文件中经常在封面出现的三个不同脚注。

二 Evidence before international courts and tribunals 的翻译

国际法委员会 2017 年报告①的附件 B 标题是"Evidence before international courts and tribunals",这个标题的翻译成为一个重要话题,如何翻译将影响委员会未来处理的一个新专题的名称,并且在好长时间里将会使用这个重要短语。这个短语在报告草稿不同章节里出现过,但译法不统一。

最初看到的译法至少有两个:"国际法院和法庭的证据"和"提交国际法院和法庭的证据"。两个译法都值得再推敲,主要是 international courts and tribunals 均为复数,泛指"国际性法院和法庭",而"国际法院"(International Court of Justice)为专有名词,应将两者区

---

① 见 http://legal.un.org/ilc/reports/2017/.

分开。另外,"提交"通常用作及物动词,后面经常跟提交的东西(文件、申请、证据等),故"提交法院……的证据"有可能产生歧义,既可理解为"向法院提交证据",也可理解为"提交属于法院的证据"。加上"给"字可消除歧义,但读起来显得不够简练。"国际法院和法庭的证据"更简练,但除了上面说的"国际法院"为专有名词外,这个译法的含义比较模糊:"法院的证据"可理解成"属于法院的证据"或"法院提供的证据",这和原文意思有出入。附件B说的是国际性法院和法庭应如何处理诉讼当事方提供的证据,即如何为这些法院和法庭确定证据规则。征求许多同事的意见之后,得到了更多的可能译法。各种译法详列如下:

> 国际法院和法庭的证据
> 国际性法院和法庭的证据
> 提交国际法院和法庭的证据
> 提交给国际性法院和法庭的证据
> 向国际性法院和法庭提交的证据
> 向国际性法院和法庭提供的证据
> 国际性法院和法庭收到的证据
> 国际性法院和法庭审理的证据
> 国际性法院和法庭处理的证据
> 国际性法院和法庭的证据管理

这些译法似乎都有其道理,值得细细分析、推敲。经过讨论、分析、推敲之后,得出了以下几点结论:

1. 对于 **international courts and tribunals**,大家一致同意应与"国际法院"加以区别,采用"**国际性法院和法庭**"的译法。

2. 共识程度最高的是"**向国际性法院和法庭提交的证据**"这一译法。"提供"与"提交"相近,但后者更正式一些。这个译法比较能够反映附件B的内容侧重点:更偏向于为证据提交方订立规范。

3. "**提交给国际性法院和法庭的证据**"是得到一定认可的另一译

法。其优点是比较中性,动作含义不强。加上"给"字(或者"至"字)有用,能使意思清楚。

4. "国际性法院和法庭收到的证据"是最初提议过的另一种译法。但有同事提到,"收到"一词有局限性,难以充分反映附件 B 的侧重点。同样,动词"处理""采纳"等也有局限性,其含义过于具体。

5. "国际性法院和法庭的证据",有同事认为可继续采用,虽缺点是含义模糊,但优点是可包含这一专题的方方面面,方便与其他词语搭配。

一个看似简单的短语竟然存在着这么多的可能性。最后,根据多数同事的意见和倾向,"向国际性法院和法庭提交的证据"被确定为正式的译法。

三　Istanbul Protocol 的译法

在翻译关于酷刑问题的文件时经常会遇到一个词,叫 Istanbul Protocol。[①] 在很长一段时间里,无论在中文文件中,还是在联合国中文词汇中,Istanbul Protocol 一直被误译,译作《伊斯坦布尔议定书》,而按照中文工具书中通常的定义,"议定书"是:

> 条约的一种。已签订条约的国家对条约的解释、补充、修改以及有关某些技术性问题所达成的书面协议。有的附在正式条约后面,有的可作为单独文件。对某些达成一致意见的会议记录,也称为议定书。[②]

在联合国 2003 年出版的中文本《多边条约最后条款手册》[③] 所

[①] 见 https://www.ohchr.org/Documents/Publications/training8Rev1en.pdf.

[②] 见汉语词典 http://cd.hwxnet.com/view/ailopaeimhldndhd.html;在线汉语字典 http://xh.5156edu.com/html5/49377.html.

[③] 见 https://treaties.un.org/doc/source/publications/FC/Chinese.pdf.

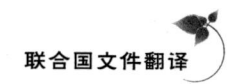

附词汇表中,"议定书"的定义是:

在条约法和惯例范畴内,议定书具有与条约相同的法律性质。议定书一词被经常用来说明除带标题的条约或公约之外不太正式的协定。一般情况下,议定书修正、补充或澄清某项多边条约。议定书通常开放供母协定缔约方参加。不过,近来各国谈判达成了若干议定书没有遵循这项原则。议定书的优点在于,尽管它与母协定相联系,但仍能更详尽地专注于该项协定的某个具体方面。

对应的英文定义是:[①]

A protocol, in the context of treaty law and practice, has the same legal characteristics as a treaty. The term protocol is often used to describe agreements of a less formal nature than those entitled treaty or convention. Generally, a protocol amends, supplements or clarifies a multilateral treaty. A protocol is normally open to participation by the parties to the parent agreement. However, in recent times States have negotiated a number of protocols that do not follow this principle. The advantage of a protocol is that, while it is linked to the parent agreement, it can focus on a specific aspect of that agreement in greater detail.

那么 Istanbul Protocol 是一个什么文件呢?从联合国在线术语库 UNTERM 中可查到完整名称和文件出处。英、法、中文全称和简称分别是:

Manual on the Effective Investigation and Documentation of Torture

---

① 见 https://treaties.un.org/doc/source/publications/fc/english.pdf.

and Other Cruel, Inhuman or Degrading Treatment or Punishment

Istanbul Protocol

http：//www. ohchr. org/Documents/Publications/training8Rev1en. pdf.

Manuel pour enquêter efficacement sur la torture et autres peines ou traitements cruels, inhumains ou dégradants

Protocole d'Istanbul

https：//www. unog. ch/80256EDD006B8954/（httpAssets）/E066772062845CECC1257E92004DEE48/ \$ file/1. 2. 18_ Protocol + d'Istanbul. pdf.

《酷刑和其他残忍、不人道或有辱人格的待遇或处罚的有效调查和文件记录手册》

《伊斯坦布尔议定书》（这里是旧译法）

http：//www. ohchr. org/Documents/Publications/training8Rev1ch. pdf.

查看该文件的实际内容，可知 Istanbul Protocol 是一本手册，一本规程，不是议定书。恰巧英文 Protocol 还有另一个含义：

A code of correct conduct：*safety protocols*；*academic protocol.* [1]（中文通常译为"规程"）

有趣的是，Istanbul Protocol 的样板是 Minnesota Protocol[2]，即 The United Nations Manual on the Effective Prevention and Investigation of Extra-legal, Arbitrary and Summary Executions。介绍 Minnesota Protocol 的

---

[1] 见 https：//www. thefreedictionary. com/protocol.
[2] 见 https：//www. ohchr. org/Documents/Publications/MinnesotaProtocol. pdf.

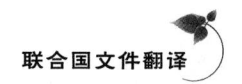

Wikipedia 网页里有一处专门说明为何用 protocol 一词：

The use of the term "Protocol" reflects the forensic medicine element of the document rather than its legal status.[①]

Istanbul Protocol 起草者中相当一部分为医学界和法医界人士（见该文件所介绍的参与撰写人员），故使用 protocol （"规程"）一词更接近于他们的专业用语习惯。另外，Istanbul Protocol 这本手册前言里有一句话很有启发性：

The guidelines contained in this manual are not presented as a fixed protocol.
Les directives contenues dans le présent manuel ne doivent pas être envisagées comme un protocole rigide.
本手册所载的这些准则，并非作为一成不变的议定书加以规定。（中文原译）

这句话的意思显然是说，本手册所载的这些准则（指南）不应视作固定不变的规程。如果是议定书的话，便具有约束力，缔约国有义务遵守。议定书的修订需要经过缔约国商定的程序。而这部规程的起草和修订未涉及任何国家的正式参与。经过反复讨论，大家最终同意将 Istanbul Protocol 改译为《伊斯坦布尔规程》并纳入联合国词库中。同样地，Minnesota Protocol 也由《明尼苏达议定书》改译为《明尼苏达规程》。

四　fair trial 的译法

在联合国人权文件中，经常出现 fair trial 这个词组。这个词组有

[①] 见 https：//en. wikipedia. org/wiki/Minnesota_ Protocol.

两个最常见的译法，一是"公正审判"，一是"公平审判"。如果在互联网上搜索"联合国、人权、公平审判"和"联合国、人权、公正审判"这两组词，两者都大量出现，数量不相上下。在联合国词库里，fair trial 一词的译法在纽约词库里是"公平审判"，在日内瓦词库里是"公正审判"。可见这两个词组的译法不统一反映了普遍的语言现实。经同事提醒，并在两地术语员的协调之下，我们对这个词组的译法进行了反复讨论，最后达成了译法上的共识。

按照英文释义，fair 更接近中文里的"公平"，例如 fair 的基本定义是：Treating people equally without favouritism or discrimination. "the group has achieved fair and equal representation for all its members"; "a fairer distribution of wealth".① 在联合国人权文件中，最早出现"fair"一词的地方是 1948 年联合国大会通过的《世界人权宣言》。该宣言第十条的英文和中文分别是：

> Everyone is entitled in full equality to a fair and public hearing by an independent and impartial tribunal, in the determination of his rights and obligations and of any criminal charge against him.
>
> 人人完全平等地有权由一个独立而无偏倚的法庭进行公正的和公开的审讯，以确定他的权利和义务并判定对他提出的任何刑事指控。(fair 译成了"公正")

另外，1966 年联合国大会通过的《公民权利和政治权利国际公约》第十四条重复了 a fair and public hearing 这一短语，中文同样将 fair 译成了"公正"。第十四条提道：

> In the determination of any criminal charge against him, or of his rights and obligations in a suit at law, everyone shall be entitled to a fair and public hearing by a competent, independent and impartial tri-

---

① 见 https://en.oxforddictionaries.com/definition/fair.

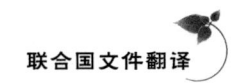

bunal established by law.

  在判定对任何人提出的任何刑事指控或确定他在一件诉讼案中的权利和义务时，人人有资格由一个依法设立的合格的、独立的和无偏倚的法庭进行公正的和公开的审讯。

  如果直接引用上述宣言和公约的中文本，a fair and public hearing 的译文无疑是"公正的和公开的审讯"。fair trial 是基于上述人权文书而产生的概念，在联合国禁止任意拘留、禁止酷刑、维护法官和律师独立性等专题文件中大量出现。然而，在大量人权文件中，并非每次都直接引用上述宣言和公约的文字，这就为"公平审判"的译法打开了大门，因为按照字面意义翻译，"公平"确实更接近 fair 的本义。

  "公正审判"不仅出现在人权国际文书和一般人权文件中，而且也是国内政府部门、法律从业者以及法律学者常用的概念。[①] 故将 fair trial 译为"公正审判"是完全站得住的。但是，国内学者所言"公正审判"完全对应 fair trial 的含义吗？或者说，fair trial 只能译为"公正审判"吗？答案是否定的，因为无论在联合国文件当中，还是在国内法律学者的文章里，"公平审判"和"公正审判"两种说法大量作为同义词使用或混用。[②] 这至少反映两种情况，一是有的学者（译者）认为"公平审判"更准确地反映 fair trial 的确切含义，二是人们在使用时把这两者当成一回事而不再细究。

  严格地说，暂不论上述宣言和公约的原始译法，对"公平"与"公正"两个概念区分一下是有必要的。"公正"意近 just，例如 a just and lasting peace "公正持久的和平"。"公平审判"侧重于程序公

  [①] 见国务院新闻办公室《中国人权法治化保障的新进展》白皮书，http://www.scio.gov.cn/zfbps/32832/Document/1613514/1613514.htm；熊秋红《公正审判权的国际标准与中国实践》，http://www.iolaw.org.cn/showArticle.aspx?id=4827；樊崇义《论联合国公正审判标准与我国刑事审判程序改革》，http://pkulaw.cn/(S(21ctss45i13hjxjvmt44tijw))/fulltext_form.aspx?Gid=1509951080&Db=qikan.

  [②] 见韩成军《民事行政检察监督与公平审判权的实现》，http://article.chinalawinfo.com:81/article_print.asp?articleid=78095；冷霞《从维护司法权威到保证公平审判》，http://www.legaldaily.com.cn/fxjy/content/2016-11/30/content_6900348.htm?node=70702.

· 137 ·

平，双方平等，任何一方都不受偏袒，其目的是实现真正的公正（正义 justice）。在现实中，"公平"和"公正"也并列使用：a fair and just trial，即"公平、公正的审判"。

很有意思的是，吴忠民先生在《关于公正、公平、平等的差异之辨析》文章中对"公正""公平""平等"这三个概念进行了详细的比较和分析。就"公正"和"公平"两者的区别，他作了清楚的概括：

> 在英文当中，公正为 justice，公平为 fairness，写法的不同说明了两者之间是有细微差别的。英文 justice（公正、正义）一词尽管也包括公平尺度的意思，但其重点是在公正、正义的价值观方面；英文 fairness（公平）一词的侧重点则在于公平尺度。无独有偶，在中国古人那里，公正（正义）同公平这两个词语也是有细微差别的。正义就是正当的、公正的道理，往往同"义"或"直"相连；公平则是"一碗水端平"的意思。①

在官方话语当中，"公开""公平""公正"也往往并列使用，这也验证了"公平"与"公正"是有区别的。例如中国最高法院院长要求"确保大案要案依法公开、公平、公正审判"。②

因此，可以说，fair 从词义到平时的用法，都与"公平"更对应，"公平审判"也完全符合 fair trial 的本来意思。那么如何处理两种译法的不一致呢？"公正审判"作为一项重要人权概念，其译为"公正"有《世界人权宣言》和《公民权利和政治权利国际公约》作根据，国内法律语言也大量使用这一说法，这给我们的翻译工作造成了一定的困难。词汇有必要反映这两种情况，寻找一个两者兼顾的处理办法。经过反复讨论，最后总部负责词汇的同事决定更新以下 3 个词条并添加备注，作为两者兼顾的处理办法：

---

① 见 http://opinion.people.com.cn/GB/8213/56588/56589/3949611.html.
② 见 http://13176419589.com/List.asp？C-1-2437.html.

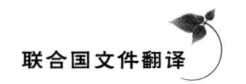

fair trial：公正审判，公平审判（备用译法）

附注：

《公民权利和政治权利国际公约》和《世界人权宣言》都提到"公正审讯"，国内法律法规包括《中华人民共和国刑事诉讼法》和《中华人民共和国行政诉讼法》等也使用"公正审判"，故在上述语境中建议译为"公正审判"。当需要与 impartial/just 区分时，可译为"公平审判"（2018 年 2 月）。

right to a fair trial：公正审判权

附注：

《公民权利和政治权利国际公约》和《世界人权宣言》都提到"公正审讯"，在明确指向人权的语境中建议译为"公正审判（权）"（2018 年 2 月）。另见 fair trial。

fair and just trial：公平公正审判

五　中文术语统一指南

联合国术语数据库[①]对于译文和译法的统一发挥着越来越重要的作用，它不仅是语文部门工作人员常用的参考工具，也越来越多地为外部人员使用。为了协调语文部门各中文单位所用译法的统一，笔者受委托于 2018 年 1 月与多位同事合作共同起草了一份"联合国术语数据库中文术语统一指南（草稿）"。指南在前言里提到，"本指南由纽约总部中文处和日内瓦中文科以及两地的术语员在总结以往术语工作良好做法的基础上共同拟订，用以促进联合国术语数据库（简称"联合国术语库"或 UNTERM）中的中文术语的进一步统一"。在起草指南时参考了纽约中文处信息中心于 2016 年 12 月 28 日更新过的"书名号暂定用法"、《标点符号用法》（国家标准 GB/T 15834－2011，2011 年）、《出版物上数字用法》（国家标准 GB/T 15835－

---

① 见 https：//unterm.un.org/UNTERM/portal/welcome.

2011，2011 年）。在起草后广泛征求了各工作地点的翻译同事的意见，对草稿的内容基本上达成了共识。

指南分为"一般指南"和"具体指南"两部分。"一般指南"共有 11 条，概述了词汇统一方面的一些指导性原则，因篇幅不长，抄录于下：

1. 术语的翻译和统一遵循"准确"、"通顺"等联合国文件一般翻译要求。

2. 为保持术语的稳定，对新译法的确立及现有译法的修改采取谨慎做法。

3. 术语的添加、翻译和修改充分考虑擅长有关专业领域的人员的意见。

4. 译法尚在演变或不能准确地表达原义或容易引起误解或误用的一般性词语可暂不收入。

5. 对译法进行修改时，注明修改的原因、时间及提议修改的人员或工作地点。

6. 对用途广泛或影响重要的术语的翻译或译法修改，尽可能广泛征求意见。

7. 在对译法进行选择时，首先考虑准确性和通顺性，其次考虑通行程度、出现的先后等。

8. 若准确性无问题，则通行的优先。判定通行程度依据联合国正式文件、中国大陆官方文件、官方媒体、主流学术界等的使用情况。

9. 在通行程度无明显区别时，先出现的译法优先于后出现的译法。

10. 译法难以作出选择而必须作出选择时，可采取磋商、意见调查或投票表决等多种方式加以确定。

11. 按照具体指南无法确定译法时，则按照一般指南确定。

"具体指南"列出了词汇统一方面的具体做法，并附有实例。现

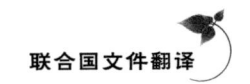

择要介绍一些具体指南。

1. 关于人名和地名翻译

指南建议遵循中国大陆官方媒体采用的人名和地名翻译方法。人名翻译优先参考新华社译名室编的《世界人名翻译大词典》和《参考消息》译名发布网站（http://www.cankaoxiaoxi.com/ym/ymfb/），地名翻译优先参考中国地名委员会编的《外国地名译名手册》。并具体举例如下：

Forest Alliance of British Columbia
UNOG：不列颠哥伦比亚森林联盟
UNHQ：英属哥伦比亚森林联盟
统一为：不列颠哥伦比亚森林联盟
注：British Columbia 有多种译法，大陆为"不列颠哥伦比亚"，BC 官网为"卑诗"，港台为"卑诗"。应优先参考《外国地名译名手册》。

2. 关于如何处理联合国译法与中国常驻联合国代表团译法不一致的情况

指南建议以两种方式处理：代表团要求采用其译法的，在磋商之后并在确信不妨碍意思准确的前提下予以采用，并尽可能注明适用范围；代表团未要求采用其译法的，则维持联合国译法不变。例如：

regular migration，正常移民（不用"正规移民"）
irregular migration，非正常移民（不用"非正规移民"）
注：代表团要求用"正常"。两个译法都可接受，这里涉及用词习惯不同。注明适用于所有关于 migration 的文件。

本条尤其适用于联合国决议中译法或多年沿用的固定表达与中国代表团译法不一致的情况。联合国有几十年延续下来的用语传统，用语具有很强的系统性和连续性，更改一处往往会牵涉多处。更新用语并推广新用语都会影响到用语的系统性和连续性，同时还涉及许多人力物力成本。因此，在面对是否更新用语特别是重要用语的问题时，需要格外谨慎，仔细地权衡利弊。

3. 关于如何处理联合国译法与大陆官方、官媒或学术界用法不一致的情况

从纵向一致性角度，指南建议通常维持联合国译法不变。联合国文书文件名称依据联合国条约库①中已有的作准文本或联大决议通过的原始文本。例如：

原文：Declaration on Principles of International Law concerning Friendly Relations and Cooperation among States in accordance with the Charter of the United Nations

原译法：关于各国依联合国宪章建立友好关系及合作之国际法原则之宣言

经过改动的译法：关于各国依联合国宪章建立友好关系与合作的国际法原则宣言

注：使用1970年联合国大会第2625号决议通过的《关于各国依联合国宪章建立友好关系及合作之国际法原则之宣言》原标题。

但指南也注意到一些特例，例如：《公民权利和政治权利国际公约》（原译《公民及政治权利国际盟约》）和《经济、社会及文化权利国际公约》（原译《经济、社会、文化权利国际盟约》）是经中国代表团正式要求后进行的特别修改。

从横向一致性角度，对于中国大陆官方媒体或学术界一致使用而且影响广泛的更新词语，指南建议酌情相应更新联合国译法。例如2010年、2012年、2013年、2016年举行的四次 Nuclear Security Summit，原译"核保安峰会"，按国内官媒称法改译为"核安全峰会"。

---

① 见 https：//treaties. un. org/.

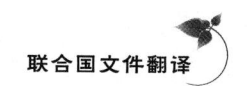

4. 关于如何对待其他国际组织或联合国各专门机构的公约中文名称

指南建议以该组织/机构的正式版本为准，遇到特别情况时按一般指南确定。例如：

Abolition of Forced Labour Convention
ILO：废除强迫劳动公约
UNHQ/UNOG：废止强迫劳动公约
统一为：废除强迫劳动公约
注：采用劳工组织的正式译法。

术语统一指南反映了在术语统一方面的普遍共识，有望为译法的推敲、选择和统一起到良好的促进作用。术语统一指南仍在不断地修订和完善之中。随着术语统一程度的提高，联合国术语库必将具有越来越高的参考价值，不仅为语文部门内翻译人员越来越多地使用，也会为联合国以外的翻译人员越来越多地使用。

结　语

译法的讨论、推敲、选择、统一是联合国笔译工作的一个重要方面。它既反映了翻译工作的一个基本的内在特点，也因这些活动的力度和范围，反映了目前联合国笔译工作的挑战性和复杂性。这些活动对于笔译员个人来说具有重要意义。每个笔译员需要因应工作方式和工具的变化，更有意识地关注译法的推敲和选择，更积极地钻研译法问题，为译法的协调和统一做出自己的贡献。这也是提升翻译能力和水平、担负起更艰巨翻译任务所要求的。这些活动对于语文部门（以及一般翻译机构、翻译公司等）的管理者来说也同样具有重要意义。这些活动关系到翻译工作的整体质量和翻译团队的建设和发展。如何鼓励每位翻译人员积极关注、参与译法的讨论，提升译法判断能力，特别是审稿定稿能力，是管理者值得认真思考的重要问题。

第一编 联合国翻译

* * *

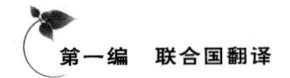

作者致谢

  在起草、修改本文过程中，作者得到了联合国纽约总部中文处陶红锋先生、熊朝晖女士、袁桑梓女士和联合国日内瓦办事处中文科王慧明先生的慷慨帮助。上述朋友（同事）审读了初稿和修改稿并提出了宝贵的意见，这些意见反映了他们丰富的翻译经验和词汇管理经验。本文所用的一些实例即源自他们发起的讨论或由他们所整理。慧明还是术语统一指南草稿的起草人之一。作者谨向他们表示真诚的感谢。没有这些朋友（同事）的支持，本文是很难完成的。从纽约总部中文处退休的老同学蔡力坚先生从一开始便给作者以鼓励，并抽空审读了修改稿，作者在此也表示由衷的感谢。本文在很大程度上反映了语文部门众多朋友（同事）的集体劳动和智慧。本文可能包含的任何错误或不当都归作者本人负责。

第二编
应用型翻译

应用型翻译是翻译中的一大类型。不同于文学体裁的翻译，应用型翻译更加注重实用性和实践性。译者不仅需要拥有出色的语言翻译能力，还需具备突出的专业知识、实务技能和相关行业领域的背景知识。有调查表明，我国高层次应用型翻译人才在质量和数量上与市场需求之间存在严重的脱节现象。高端应用型翻译人才短缺已在某种程度上成为制约中国文化"走出去"的一大因素。造成此现状的原因是多方面的。其中，与传统翻译教材体系与翻译课程设置重语言能力、轻专业知识，重文学翻译、轻实务技能有很大关联。

本书设置的"应用型翻译"，按照不同文体，分为商务翻译、新闻翻译、法律翻译、科学史翻译、文化术语翻译等专题。受邀撰稿的几位学者均为在各领域深耕多年的资深译者，积累了大量的本行业专业知识及翻译经验。他们分别以课堂练习、网络语料库、地方性法规、科学史译著、中华思想文化术语传播工程等为讨论对象，围绕相关领域翻译技巧展开论述。

这些翻译技巧有着很强的针对性与特殊性，然而，也有着"放之四海而皆准"的通用性与普遍性，读者不仅可以从中学习到每种应用文体对应的语言特点与翻译方法，而且也可从中提炼出一些普遍适用于一般类型翻译的方法策略，从而全方位提升翻译能力。

化繁为简，商务英汉翻译并不困难

常玉田

本文以及下一篇"化简为繁，商务汉英翻译亟待发展"，撰写目的是借例句例段的对比分析，试图说明目标学生只求分数高，自我要求低；学未能致用，作业急就章，能够完成课程预期任务的比例极低；教师和国家相关的行政管理人士似有必要尽快推进教学及管理改革。为此目的，例句分析中屡有旁敲侧击，下文最后一节斗胆抛砖，均请见谅。

下面先就英译汉试做一点举证，最后联系商务特征稍作议论，目的都是试图向目标读者群提出一些参考性建议。选择这篇英语文章[1]为例，一是因为难度极低，二是其内容（个人财务管理）与目标学生的相关性比较大。每个例句例段的译文（除"改译"版之外）均为英语专业在职研究生一年级学生。他们有文有理，都已大学毕业，来自四面八方，似可认为具有一定的代表性。

本文对希望引起注意的翻译方法[2]和技巧使用了引号，便于读者很快地与笔者的叙述及讲评文字区别开。

---

[1] 这篇文章的英语原文请见英国《卫报》2016年4月4日网络版，原标题 Is the fear of a financial education widening the wealth gap in America？直译是："对金融教育的担忧是否在扩大美国的贫富鸿沟？"，意译似可改为"美国金融教育欠缺，贫富鸿沟越来越大"，作者是财经记者 Suzanne McGee（苏珊·麦克吉）。

[2] 本文及下文所谓"方法"和"技巧"是指笔者在《商务英汉翻译（本科）》《商务汉英翻译（本科）》（对外经济贸易大学出版社）教材中详加举证的翻译方法。

第二编　应用型翻译

一　译对关键词

笔者认为，英译汉以句子为翻译单位，翻译过程中最好能够先词后句，明白每个词在某个上下文中的确切"词义"，尔后形成一个完整的"语意"即句子——这正是翻译工作本身。

一篇文章之中，大部分词语是可以"直译"的，但少部分需要根据上下文细心"演绎并选择"；就同一篇文章，你能译出的部分，其他大多数人也是能够做到的，所以关注那些需要花些心思和工夫的部分就十分关键。请看第一段——只有一句话：

例1. Survey finds older educators are more apprehensive about financial literacy while **millennial teachers** seem more ready to talk about money in the classroom.

译文：一项调查发现，在课堂上谈论理财或有关金钱的话题，年纪大的教师顾虑多一些，而八零后、九零后老师们似乎更乐意谈起。

原文中黑体的 millennial 一词不算"商务"术语，但如何准确译出仍属本节主题之内。多数学生译为"千禧年教师"，可能会引起歧义，可以是公元2000年（甚至1999年）入职的教师，也可以说那一年在职的教师，甚至可以是某些小众的自号或自诩。次多的学生译为"千禧一代教师"，仍然失之含糊。

笔者认为翻译重在"语意"，不在于词义即词语的字面意义——但目标学生最为擅长的多为词语。在网上可以看到该词的多数解释指"1980年后出生并在2000年左右步入成年阶段的人"（英语解释略），少数人可能因此而译成了"出生于1984—1995年的教师"，译文行文中显得啰唆；似可"演绎"一下译成"八零后教师""九零后教师"。如能联系原文具体的"上下文"，能够注意到 millennial teachers 在"意思"上是与 older educators 对应的，表达上在此基础上适度演绎，

· 148 ·

译为"年轻教师""青年教师"甚至"新一代教师"似乎"就低不就高",有利于译文的目标读者。

顺着这个思路来看,ready 与 apprehensive 呼应,talk about money in the classroom 与 financial literacy 是一回事,证据都是对比连词 while。就以 older educators are more apprehensive about financial literacy 来说,"老一辈的教育工作者更关注金融素养""年长的教育工作者越来越忧虑金融教育""老教师在课堂上关于金钱方面说的越来越多"之类的译文,似乎难以与全句或段落的主旨相呼应,即"意思"不对。其中的关键词 apprehensive 应当理解为与八零后或九零后教师相比,年纪大一些的教师不那么 ready to talk about money in the classroom,并不是"忧虑"。翻译时若能从"意思"入手,联系一个词所在的上下文前后呼应,并对具体的词意适当演绎,则更为容易形成易懂的译文。这便是英译汉应当"化繁为简"的翻译理念,采用的是"合并同类项"的技巧。

例 2. If, by the time students finish middle school, they do not **fear balancing a checking account**, that's great.

译文:(课堂上教会学生一些金融知识,)如果他们中学毕业时不害怕(到银行)存钱取钱,这不是好事儿吗。

本例是第三段的头一句。黑体部分的译文多是"担心账户里的余额","担心活期存款的平衡","担心平衡一个支票账户","担心去平衡活期存款账户",共同特征是字面对应,原文的"意思"不够清楚;若与前半句的介词短语构成的状语联系起来,句意便是错的。翻译本来是向不懂英文的中国人提供服务的,但这样的译文难以达成目的。假如学生联系自己跟银行打交道的经历,原文的黑体部分其实不过是"害怕(到银行)存钱取钱"之意而已。不是父母每月惦记着存或汇、学生随用随取,而是全由学生自己掌控,账上钱多了就另存定期或作其他投资,钱少了就借贷充作收入,包括向父母借钱。语言服务上,说清楚这一"意思"是本句翻译的分内之事;社会服务方面，倘若我们的高中毕业生都能做到，当然"that's great"。另请注意黑体部分可以译作"借款或还贷"，但不可译为"借款还贷"或"借贷还款"，后两者在有些读者那里可能产生歧义。

例3. Ideally, by the time they graduate high school, young adults should be skeptics about **offers** that seem too good to be true, like those interest-only mortgages.

本例是第四段的头一句。请看几个典型的译文（下划线为笔者所加，是谓重大问题）：

译文1：理想状态下，在高中毕业的时候，年轻的他们应该会怀疑像付息抵押贷款等一些<u>福利</u>的真实性。

译文2：最理想的是，到<u>大学毕业</u>的时候，有些<u>工作岗位</u>似乎看起来太好了，就像只支付利息的抵押贷款一样，毕业生要有怀疑的态度。

译文3：理想情况下，当他们高中毕业的时候，刚成年的年轻人应该对那些似乎好到<u>令人难以置信的工作机会</u>持怀疑态度，<u>就像抵押贷款的那些利息</u>。

译文4：理想的情况是，在他们高中毕业的时候，年轻人应该对那<u>些看起来并非属实的</u>，好的令人难以置信<u>的比如</u>那些只付利息的抵押贷款的信息持怀疑态度。

原文中的黑体词 offers 一词是个多义词，的确常作"工作机会"讲，而准确判断词义并选择恰当词语的依据是上下文。这些译者显然看到了前面的 they graduate high school，所以以己度人（根据国内找工作时爱做的考量）提出了"福利""工作""工作机会"和"工作岗位"的译法。但原文随即便有 like those interest-only mortgages 的举例，可见译文2和3是见树不见林了。笔者的改译根据上下文（同时适度联系生活实际）做了"具体化"处理而译为"银行促销活动"，

· 150 ·

句型上将表明原文作者态度的 ideally 移到了句末：

译文 5：假如他们在高中毕业的时候，对一些似乎好得令人难以置信的银行促销活动就懂得怀疑的话，比如说只付利息就能拿到抵押贷款之类，那就太理想了。

译文 6：银行或其他金融机构会有一些促销活动，优惠条件似乎好得令人难以置信，比如说只付利息就能拿到抵押贷款之类。假如学生在高中毕业的时候对这类活动就懂得怀疑的话，那就太理想了。

第二个改译为什么要拿"银行或其他金融机构"做主语呢？因为全篇都在讨论要不要以及如何教学生学会理财，而 offers that seem too good to be true, like those interest-only mortgages 只能是银行或其他金融机构做的事情。从句型层面来讲，译文 6 的第一句采取的翻译技巧是"时间顺序"，常规方法则是"分译"。下面的例 4 为第五段的第一句，原文是：

例 4. Unsurprisingly, **millennials who came of age** in the midst of the financial crisis are usually the biggest **champions of financial education**.

译文 1：<u>经历过金融危机的千禧一代</u>无疑是金融教育最大的<u>受益者</u>。

译文 2：不出所料，<u>金融危机期间的一代人</u>是<u>金融教育最大的冠军</u>。

译文 3：不出所料，千禧一代，他们<u>生于</u>金融危机期间，因此他们是财务教育的最大<u>拥护者</u>。

译文 4：在经历金融危机期间<u>获利最多金融教育的赢家</u>，无疑是那些<u>千禧年间长大的孩子们</u>。

前两个译文都漏译了第一处黑体部分 millennials who came of age,

· 151 ·

而这是个关键信息。其他两个译文也不对。原因应当是没有就 came of age 查阅词典、未能就 millennials 联系上下文。原文 millennials 复指第一段出现过的 millennial teachers，系作者临时借用，在现有的上下文里应当是容易判断的。教学中反复举证的译对的"秘籍"之一便是"上下文至关重要"，应当随时联系特定的上下文查阅词典，并思考关键词的具体含义，即"先词后句"。

同一句中第二处黑体部分 champions of financial education 呼应第一段第一句中的 millennial teachers seem more ready to talk about money in the classroom，随后在本段第二句又一次提出了解释：Younger teachers seem more ready to see the school as a place to teach about money。两句均可说明 champions 的具体含义，但"冠军"和"赢家"之类的译文完全脱离了原句的上下文，"受益者"和"拥护者"稍微贴边，但难以体现原文 champions 在这一语境中的确切含义，仍属具体化不够。改译如下：

译文 5：在上次金融危机期间成年的人/青年教师，通常认可（对青少年进行）理财教育。这一点并不出人意料。

改译文利用"合并同类项"消除了上述不同词语表达相同意思时容易出现的食洋不化问题。这么做称为"化繁为简"，更大的好处体现在阅读全文时容易实现前后参照，文气贯通。译文中的斜线表示可以任选其一；当然还会有其他词语可选。该段第一句中的"认可"还可演绎为赞成、肯定、倡导、鼓励、推崇甚至身体力行等其他词语。

例 5. As the financial crisis painfully proved, **education** does not stop at graduation.

译文 1：金融危机惨痛的证明，教育不能停步于学校毕业。

译文 2：金融危机深刻地说明教育并不止于从学校毕业的那一刻。

· 152 ·

译文3：经济危机带给我们的教训是，<u>教育</u>不能只停留在在校期间。

译文4：<u>随着金融危机的痛苦证明</u>，<u>教育工作</u>并不会仅仅止步于毕业。

本例为第六段的第一句。句中黑体词 education，大多数学生译为"教育"，少部分译为"教育工作"。其实该词复指第一段的 financial literacy 和 talk about money in the classroom 以及第五段的 financial education 和 teach about money，是英语文章中常见的篇章衔接，这里应当加词复述。所有学生译文的问题在于，大部分词语多为照词直译，自然难以化解原文使用不同词语表达相同意思的典型翻译问题。

译文5：金融危机这个惨痛的教训告诉我们，理财教育不应在学生毕业的时候就停止。

译文6：这次／上次金融危机的惨痛教训说明，并不是大学毕业后就用不着学习理财了。

原文的定冠词究竟译为"这一次"还是"上一次"，判断依据仍然是上下文，即整篇文章所处的广义上下文。此外，本例主句在译文5及译文6之外还可采取"反译"方法译作"大学毕业之后也一样需要学习理财"之类。

二　句型须调整

上节开头笔者所写的第二段也适用于句子层面。

英文原文第一段只有一个句子，多数学生译文紧跟原文的语序，结果并不复杂的一个句子译得难以形成两类教师的对照。参考译文将共同的部分合并形成状语，然后就两类教师的行为分别罗列，突出了"语意重心"。

原文第二段是一个稍显复杂的并列句：

例 6. The alarmingly wide wealth gap in the United States has no simple fix, but **knowing the difference between a stock and a bond, whether a mortgage is a good deal or toxic, and the calculus of repaying a loan are** small, significant steps toward bringing 90% of Americans closer to their wealthy fellows.

译文：美国财富差距惊人，可也没有什么简单的解决办法。但90%的美国人了解一些股票与债券的区别、知道抵押贷款是好是坏、算计一下如何偿还房贷，在拉近与（那10%的）富人的距离方面都是虽然不大但却重要的步骤。

学生的多数译文断句不当，应当是没有看懂原文所致。典型的译文是"在美国的惊人的财富差距没有简单的解决办法，但知道股票与债券的区别，无论抵押贷款是好是坏，还是还贷利率小，这些都促使90%的美国人向成为富人迈出了重要的步骤"，特征在于把黑体部分的三个分句各自直译，与后面的 small, significant steps 无法构成完整的句意，形成的译文有词无句——是译了，但一来不是原文的"意思"，二来译文本身的"意思"也不好懂。少数译文是对的，但照搬了原文的句型，读起来感觉很累，如果是口译则译员急切之下难以妥善安排，听众也会感觉吃力。

英语表述中可以省略的地方就会省略，如能从"意思"上理解原文，似可注意到 whether 和 the calculus 之前均省略了 knowing 一词，证据便是谓语系动词是复数形式的 are。上列笔者提出的译文对原文 alarmingly wide wealth gap 采取了"词序颠倒"的技巧，句型上实现了分译，表达上便于一看就懂、一听就懂。对原文的 knowing 采用了"词语分译"即重复译出的方法，同时"一词多译"（重复译出 knowing 的同时分译成了"了解"和"懂得"两个词），显得活泼一些。译文对原文的 90% of Americans 采取了"人物提前"的翻译技巧，安排译文的语序便会顺畅得多。此外，对 small, significant steps 做了"加词解释"。有些学生愿意在译对之后进一步修饰译文，这些方法和技巧也许都值得参考一二。

例 7. If, by the time they're in their mid-teens, they can grasp the magic of **compounding—that savings accumulate because every penny an investment earns can create a profit of its own**—then they might do what's better, and set aside **a retirement account that is sheltered from taxes**.

译文 1：如果在青少年时期，他们能掌握借钱生钱的奥妙——由于一笔投资赚的每一分钱都会产生利润/利息，所以储蓄可以攒钱——那么他们就能拿这钱做（比当初花掉）更好的事情，还可以开一个不用缴纳（利息）所得税的用于退休金（管理的）账户。

译文 2：在他们青少年时教会他们懂得借钱生钱的奥妙，告诉他们存在银行里的每一笔钱都会生息，所以储蓄可以攒钱，拿这个钱就能做（比花掉）更好的事情。他们还可以（趁早）开设一个退休金账户，而退休账户是不用缴纳（收益）所得税的。

本例是原文第三段的第二句。两个破折号之间的部分解释了什么叫 compounding。多数学生照搬了原文的句型，典型译文是"……他们可以掌握复利的魔力—储蓄积累，因为投资每一分钱都可以赚取创造利润—那么他们可能会做得更好"。其中较大的问题有两个，一是破折号的主要语法作用为解释，但有的译文是一个半角的英文连字符，有的是两个，有的是只占一个全角字符的横线，这些都不是规范的汉语破折号（这种现象在学生的译作中十分普遍）。二是"复利"是 compounding 的直译，"储蓄积累"是 savings accumulate 的直译，其间的相互复指即短语间衔接不够显性化，译文仍然是有词无句，读者难以一看就懂。

笔者不是说不能沿用原文的句型，而是说不可以只翻不译；正面的说法其实十分简单：应当把原文的"意思"交代清楚。参考译文 1 试图对"能直译就直译"的直译法作一示范，译文 2 则希望印证"联系上下文稍作演绎"的意译法。括号内的文字为解释，为的是向学生示意加词衔接。此外，对最后一句中 is sheltered from taxes，两个参考译文都采取了"反译"法。

例 8. That's no guarantee that they'll land a job and make enough to retire on, or even to pay off their student loans. But it should at least help prevent mistakes that could cost them dearly.

译文 1：懂得这样的知识并不能保证他们能找到工作，不能保证就能挣到足够的钱等着退休，甚至也不能保证他们能够及时/及早偿还助学贷款，但至少有利于他们避免犯下（乱花钱之类的）代价高昂的错误。

这是第四段中的第二句，学生选用的句型多因紧跟原文而读来费力。比较好的做法可以是本段前一句简评的反动：根据上下文，关注具体的"意思"，而不是在字面上亦步亦趋。参考译文 1 再次示范"能直译就直译"的方法，主要的变通体现为对句中主语 that 的具体化，也是复指即加词解释，重复译出 no guarantee，对 make enough to retire on 增加动词构成连动结构。下面的第二种译文采取了"以人为本"技巧中的"增加主语"方法以及重复性加词（最为明显的是"错误"二字）手法，联系实际生活常识作了意译上的努力：

译文 2：懂得这样的知识并不能保证他们能找到工作，就能挣到足够的钱等着退休，甚至也不能保证他们能够按期偿还助学贷款，但至少有利于他们避免犯错误，而乱花钱之类的错误，其代价会是高昂的。

三 所谓"商务"

商务英译汉以信息传递为本，关注具体的"意思"并正确表达应为题中应有之义，这里建议的方法是不用或减少语法分析，从语意（亦即翻译的本来目的）入手，翻译的是"意思"，而不仅仅是"词"

或"句",旨在说明即便是貌似专业的商务英语翻译,方法上仍然需要回归常识,关注细节,由词到句,最终会发现:专业问题一样可以轻松化解。

"商务"这一概念涵盖极广,比如说上述例句例段所涉的金融行业,从"专业"的视角来看包括银行业务、金融市场、外汇管理、证券、期货、汇市、基金、黄金、债券、理财等,可以拓展到预算、货币、利率、价格、工资、储蓄、消费等领域,甚至进而细化到账户管理、客户管理、记账系统、结算、电汇、交易,就连信托、资本运营、财务策划、国际融资之类也应归入。[①] 其中银行业务通常分为资产、负债和中间业务三大类,而其中负债类包括对公存款、储蓄存款、同业存款等。本文涉及的只是其中与储蓄存款稍有关联的几个细节。

对于某一个体来说,以上任何一个小类均可是个专业,需要数年甚至数十年的时间投入方可认为是入了行。语言是内容的载体,学习者需要掌握的是工具,英译汉应当以内容为本,需要解决的是正确理解英语原文和正确使用汉语表达译文两大问题。本文所举例句即属典型,翻译讨论应当回归本行,侧重探讨在这类题材的英译汉中的常见问题。如能仔细阅读,似可发现前面两节从词语和句型两个方面所做的简略分析已然解决了大部分翻译问题。

所谓的商务英语专业方面的一些问题,无论哪个行业哪个题材,总会涉及一些术语和相关知识,但解决方案并非另有一套,只不过是常见方法和技巧的适度延伸而已。比如说例 6 的 the difference between a stock and a bond, a mortgage 和 the calculus of repaying a loan 都是商务词汇,但只要查阅词典都是可以直译的。例 2（原文第三段）正面讨论中学理财教育的好处,翻译方面出现的词语问题在于黑体部分 fear balancing。部分学生把 balancing 当成了普通名词,典型译文是"担心……余额"。另一部分学生倒是意识到了这是一个现在分词,只是

[①] 常玉田,《全国翻译硕士专业学位（MTI）系列规划教材·经贸实务英译汉》,对外经济贸易大学出版社 2014 年版,第 135 页。

"平衡……账户"之类仍然词不达意、语焉不详。两种译法都是未能正确解析词语,同时未能关照具体"语意"的结果,实质上还是在单词对译。其实只需把该词理解为动词,与 fear 连用,同时联系一下银行的寻常业务稍作"具体化",完全可以类比汉语的连动结构,那么得出"害怕/担心(不会/不懂如何)存钱还款/取钱消费)"这类陈述性译文就是水到渠成的了。

同在第三段的 the magic of compounding—that savings accumulate because every penny an investment earns can create a profit of its own 一句,若想译对,方法仍然是先查词典,其次需要断句(即"先词后句"),其中尤为关键的在于确认所有的动作——无论原文表示动作的动词形式是什么(具体的上下文),其后建议结合实际生活常识(广义的上下文),即可正确判断词语相互之间的关系(前面两节针对那些例句的简评中"上下文"三个字出现了十六次)。假如从未办理过个人银行业务,那在阅读这方面的汉语文章时可能都会感到困难,那么做好这类题材的英译汉显然就会困难得多。

初学翻译的人士似可趁早选定一个行业,较多地从同一题材的数篇英语文章开始关注商务。正确辨识词语并准确断句是手段,译文体现原文的业务内容才是目的。商务英译汉以信息转达为宗旨,只有真正看懂原文才有可能。无论词语是日常词汇还是专业词汇,其判断依据都是上下文,而上下文的概念是动态的。目标学生一直以学习词语为主要方法,可能对上下文观察不够。

由此可见,"商务"可以相当专业,所谓的"专业英语"其实不容易真正专业起来。英语专业的学生听过三十几个课时的英汉对照式讲课,就想登堂入室谈何容易。只凭为了高考而已经背会的词语来对对碰,未能投入相应的脑力劳动,则即便这次选文那样的文章(算不上多么专业的"金融英语")也不容易译对。实际上,全国翻译资格考试二三级及相当级别的其他英译汉考试题,无论是社会化评估还是在校期末考试,所涉专业内容并不多么高深。多数考生译得不对不好(参阅后面文章的第四节),不是原文某类商务内容多么专业,而是学生没有把翻译当成专业。

化简为繁，商务汉英翻译亟待发展

常玉田

本文以及上一篇文字的目标读者是三大群体。一是在校英语专业学生。二是大专及以上英语教师、毕业一两年且需要使用英语的在职人士。三是与英语有关的教育管理人士。当然，主要是供各类学生及其他自行对号入座的人士参考。

本文对几个例句做了一点对比分析，但撰写目的与上一篇《化繁为简，商务英汉翻译并不困难》一样都不在于翻译本身，而是试图说明翻译的大学教与学两方面问题重重，急需引起各方关注。

一 选择译文句型

下面例句的选择沿袭前一篇的业务主题，以目标学生应知应会的简单的内容为主。

"金融"范畴金融财会之类可以归入"商务"类的文本所涉内容兹事体大，表述严谨而条款具体，要求译者在翻译时尽量做到专有名词准确、概念术语正确、金额数量精确、其他词类选择恰当。那么学生在翻译这类内容时表现如何呢？先看一个例句：

例1. 我特想买的那件化妆品<u>没货</u>了，下周才<u>补货</u>。[①]
D1. **I feel like cosmetics that are out of stock** and it will replen-

---

[①] 例句摘自拙著《商务汉英翻译（本科）》，对外经济贸易大学出版社2012年10月

ish until next week.

D2. I want to buy **that cosmetics goods** especially, **while which will be made up** next week

D3. I am **in particularly** desire to buy **that cosmetics which is out of stock, the** replenishment will only be available next week.

D4. The **cosmetics what** I especially want to buy is out of stock now, and new stocks will be replenished next week.

D5. **That piece of cosmetic** that I especially want **to buy out of stock,** and **next week will replenish** stock of the cosmetic.

本文例句的译文除了例2之外均为英语专业本科三年级学生所做。各个译文均保留了"原生态",大小写、标点符号等均为学生原文。每项前面的字母为笔者所加,表示笔者的打分,D表示"错",C表示"差",B表示"对",A则表示"又对又好"。汉语原文的下划线和译文的黑体标记均为笔者所加,下划线提示的是笔者简评中主要的议论对象,黑体标记了英语译文中存在的问题。但因问题类型多且出现频率高,简评中恕难面面俱到。

笔者认为,汉译英最好能够先句后词。前三个译文都跟着汉语原文"我特想买"展开;D4句型选择得当,只是基础知识不足,出现了关系代词失误。其他黑体部分均为重大错误,恕不一一指出。与本节主题相关的只有一点:句型选择得当,叙述容易流畅。

A1. That toilet ware /beauty water (that) I wanted was sold out. I'll go and buy one next week.

A2. That cosmetic product /case of cosmetics (that) I wanted is now out of stock. They said they'd have it (stocked) next week.

A3. That lipstick /perfume /XX brand name (that) I wanted has been running short of stock. They'd restock next week.

斜杠表示可以相互替换(即可以从中择一),括号表示可以省略。

产品名称方面，A1 意为普通产品，A2 为说话人双方知道但译者不知道的某一产品，A3 为某一具体的产品，包括品牌产品。三个 A 类译文特意采取了三种句型，以为示意。

产品名称和句型两个方面均比上面五个译文多样化；这便是标题中所谓的"化简为繁"——汉译英的重要技巧。倘若有人问起，我怎么知道"化妆品"可以有这么多的译法（其实还有其他的译法，只是本文对目标学生的要求定位于"力争在大学毕业时达到高中二年级"，故此仅在学生译文基础上做修改）？笔者的答复是：方法是多看英语原文，体会汉英两种语言的差异，观察期刊上的别人的译法，多做练习，然后反复修改译文。但就是不要把它当作一门学问，不要像对待物理化学那样，更不要把它看作高考复习过程的继续。

例 2. 受上述消息刺激，该公司股票昨天大幅<u>高开</u>，收盘<u>上涨</u>4.56%，居<u>创业板</u>涨幅榜第二。

D. **Stimulated** by the news above, **this company's stocks** grew sharply, **raising 4.56% yesterday**, ranking at **second place** in the Growth Enterprises Market.

C1. **Stimulated** by the news, **the company's stock | opened sharply higher** and closed up 4.56 percent yesterday, ranking second **on GEM**.

C2. **Stimulated** by the news, **the shares** of the company surged yesterday and closed 4.56 percent higher, which ranked the second **on growth** enterprise board (GEB).

C3. **Stimulated** by the news, the corporation's stock **opened higher** yesterday, and its closing price surged **for** 4.56 percent, ranking second on the Growth Enterprises Market.

如上所说，英语译文中存在的问题以黑体标记；如果不同的议论对象恰巧连在了一起，则用分隔符"｜"予以标记。下同。

本例的译文是英语专业研一学生提交的。连同三个 C 类译文，共同的问题在于 stimulated by the news, the company's stock …这种句型；只有同时既懂汉语又懂英语的人才明白这些译文的前一部分是"该公司股票受上述消息刺激"的直译，本质上仍然是单词对译。假如摆正主谓结构的话便是 the company's stock was stimulated by the news，其动宾搭配 to stimulate a stock 十分罕见，在 Yahoo 上也没有查到——按说英语国家表达这个意思的场合是很多的。汉语表达可能天人合一（所谓"意合"），但英语也许更为讲究形式逻辑。

译文 A 采用了寻常的及物动词和阅读考试材料中常见的句式，试图示意目标学生：尽量优先采用简单的句型，首先确保语意正确。同时，该译文演示了汉语流水句译成英语"枝形吊灯结构"的方法——汉语原文动词连用且顺序递进，而英文译文则采取功能动词句、从句（可以省略）、形容词短语独立结构，句型上是"化简为繁"。

A. The news brought a sharp rise /gain /pickup /increase /surge /upsurge /upswing /in the company's stock price yesterday, (which was) closing at 4.56 percent higher than the day before, a growth ranking second on the Growth Enterprises Board.

二　注意一词多译

可以注意到汉语的字词总数少，语意表述比较含糊，而英语词汇量大，同义词多；汉译英时在词语层面上一样需要"化简为繁"，即同一个汉字（或词）可以对应许多个英语单词，解决的办法便是根据上下文"一词多译"。例 1 的"化妆品"、例 2 的"上涨"、例 3 的"机电产品"、例 4 的"交费（方式）"等都是这样。学生的问题源于学习英语的方法；详见第四节项下的"呼唤改变学习方法"小节。

"一词多译"还表现为主谓搭配、动宾搭配方面的多样化。比如说例 1 中 D 类译文对"补货"的译法相对单一，例 2 项下的"股票（大幅）高开"一说，前四个译文的黑体部分（D 中的 stocks grew sharply，"raising"加百分比，C1 的第二处黑体部分 opened sharply higher，一是 opened sharply，二是 opened higher）等，均属搭配不当。例 4 中 D2 和 D3 共同的问题也有词语搭配问题。同一个句子里，用了 such as，就不可以再用 etc. 或 and so on——课堂上反复讲过的。与此同时，英语的许多词语，按照词典来查询词意简单直白，但其词义还是具体的，因而搭配应当是背单词之后需要补课的重大内容。下面再看两个例句。

例3. <u>我国</u> | <u>机电产品</u>今年前9个月出口为<u>6543亿美元</u>。

为了简化议题并节省空间，突出演示原文下划线部分的翻译问题，下列译文中除了前面两个译文之外，原有的表示"今年前9个月"的部分已经删除，以省略号代替。

D1. In the first three quarters of the year, the exports of China's mechanical and **electric products have reached** | $654.3 billion.

D2. In the first nine months of this year, the export value of mechanical and electronic products of **our country** | **has increased to 654.3 billion US dollars**.

D3. …, **our country's** volume of export of mechanical and electrical products **has reached USD 6,543,000,000,000**.

D4. The exports of mechanical and electrical products of **our country** … reached 654.30 billion dollars.

D5. The total export value of **our country's** mechanical and electrical products was **654,300 million dollars** …

希望借助于这个句子说明以下几个词语层面上的问题。基础英语应用能力方面，所列五个 D 类译文至少在四个方面出现了问题：货币名称、数量词、动词时态和叙述对象的准确表达。其中，货币名称问题，D1、D4 和 D5 都没有说明"$"或"dollar"是哪个国家的货币。货币名称为 dollar 的国家和地区有美国、加拿大、澳大利亚、新西兰、新加坡、中国香港等；我们的译文一旦发表或发布，这些国家和地区的人会有自己各自不同的解读。A 类译文特意使用了两种货币符号。数量词问题如 D3；规范写法是大于"百万"这个数量单位的数词要使用 million 或 billion 为计算单位，不再使用阿拉伯数字"000，000"的形式。也许最为简单的提醒是：如能在所有 D 类和 A 类译文之间多次进行仔细的比较，即可一次解决这两个方面的主要问题。

时态问题比较简单。译文 D1 至 D3 都使用了完成时态，这是不对的。表达"今年前 9 个月"的意思，无论事件发生的时间是用 D1 还是 D2 那样的表达，句子的主要谓语动词都应当是一般过去时。译文 B 倒是用了过去时，可选择的时间又是 by the end of this September。一般情况下，这样的时间短语需要与过去完成时连用。该问题尽管简单，却很普遍，性质也比较严重，值得留意——实际上，在平时练习和期末考试的译文中，这种时态混乱现象是相当常见的。

D2 至 D4 都把"我国"译成了 our country。这么说的话就会叙述对象不清。商务活动中的汉译英，我们译文的读者是不确定的，他们阅读我们的译文的地点也是不确定的，所以"我国"译为 our country，交际效果极差。只有采用 China 这样的具体国家的名称，才有利于明确译文所叙述的对象——无论目标读者是什么人、在什么时间、什么地点开始阅读，我们的译文所承载的信息是准确的、时新的，交际意义才是有效的。类似于"我厂""我市""我省""我公司"之类的汉语表述十分常见，在国内使用汉语对同胞这么讲没有任何问题，但是使用英语进行国际沟通就需要适当多一些考虑——这是译文由"对"到"又对又好"的必备"素质"。下面的译文比较好：

A1. …, China exported about US $ 654. 3 billion of electromechanical products.

A2. …, the exports of China's machinery and electronic products are US $ 654. 3 billion.

A3. …, mechanical and electrical products China exported totaled about US＄654.3 billion.

　　A4. …, the export value of China's mechanical and electronic products reached USD654.3 billion.

　　A5. …, exports of China's machinery and electronic products were (valued) US＄654.3 billion.

　　A6. …, the exports of mechanical and electrical products from China valued USD654.3 billion.

　　A7. China's export of mechanical and electrical products reached USD654.3 billion …

　　A8. Export of mechanical and electrical products from China … was USD654.3 billion.

　　A9. The total export of China's mechanical and electrical products is worth USD654.3 billion …

　　A10. China exported mechanical and electronic products … worth about USD654.3 billion.

　　这里捎带着讲一下译文多样化。例如"机电产品"的译法即有译文 A1、A2、A3 和 A4 四种，这些表达都是对的。就本例中其他方面的多样化而言，请自行观察所给的 10 个 A 类译文，应当有所发现。再看一个与词语选择有关的例子，业务内容方面仍属个人"金融"范畴：

　　例4. 手机<u>交</u>费有多种方式，例如预付费、按月划扣，等等。

　　D1. There is **various way** of paying cell phone fees, like **paying before** or paying monthly.

　　D2. There are many ways to pay a **telephone** bill, **such as** prepayment, monthly **deduction** ｜ and so on.

　　D3. There are **plenty of ways of recharging cell phones, such as** prepayment, monthly deduction, etc.

　　D4. There are many ways to recharge mobile phones, for example,

· 165 ·

prepayment and monthly **deduction**.

D5. There are many **models of mobile payment**, such as advance payment and monthly payment **deduction**.

我们的工业生产、行政办公、社会生活中必需的绝大多数工具，其原创均在国外。提及这一点与许多微博、微信圈的政治类文化类时文论争无关，议题其实十分单纯：汉译英其实是比较好做的——仅仅还原成英语国家的人们已经说了许多年的形式即可。以上译文的问题性质没变，仍然是单词对译。比如说 D3 和 D4 中的 recharging cell phones 是指给手机充电，不是充值。在上下文清楚的前提下，recharge 可以理解为"充值"，且表达方式多样，但其要件是 recharge 的直接宾语不是 mobile phones。D5 中的 mobile payment 如今另有词义，即字面意思：移动支付。

推荐的方法仅仅是：查找并照抄——比如说这个例句中，手机充值卡后面（以及类似地方）大多附有汉英双语的指示语。之所以应当这么做，是因为国内的运营商的此类英语文本，实际上复制的是英美国家同行的同类文本，而我们在做的汉译英，仅仅是学会人家的表达，以便日后与人交流。做得到做不到是以后的事，这里推荐的方法只是努力的开端。

A1. There are different ways / methods / plans / schemes for cellphone users to pay for their (roaming service) bills, including prepaid or paying monthly (options).

A2. There are many ways / methods / plans / schemes of paying cell phone bills / for buying eligible plans, such as prepayment, monthly deductions / top-up and others.

新华社的吴月辉先生讲授的英语新闻写作课上，讲座之一的标题是 You Are What You Read，能够说明问题。请注意这里的"阅读"不是目标学生在大学里按要求学习的阅读，在从事汉译英和英语写作时那种阅读远远不够，必须针对需要从事的实际工作另行阅读，从中寻找适合的表达方式。

三　商务英语并不特殊

多年来国内英语教学的局面似可概括为：名目繁多，却又分类混乱：按用途来分有中考英语、高考英语、考研英语、留学英语、面试英语之类；按课程科目分，常见的有商务英语、科技英语、医学英语、法律英语之类；按英语程度来分有幼儿英语、小学英语、高中英语、大学英语、研究生英语之类（另外一个分类方式是初级英语、中级英语、高级英语等）；按使用场所又有课堂英语、校园英语、社交英语、公交英语之类，甚至客厅英语、门童英语、饭店情景英语、购物服务英语之类。此外还有按学习方式、按教材系列、按出版社营销理念、按职业划分……，诸如此类，不一而足。笔者收集到的这类名称已经超过了200个，命名依据庞杂而难以归类。

其中，笔者认为，"商务英语"涵盖最广。即便是科技英语、医学英语之类，任一文章，但凡涉及原料采买、机械加工、人员配备、包装运输、市场营销、产品出售，则大部分叙述均属商务。所以说，"商务英语"要比上述分类的范畴都会大一些。目睹眼下，市场大体上是国际化的，是全民参与的，时间上连续不断，空间上向无界限——如果有，抬高或降低关税，签订双边或多边协议便就又没有进出壁垒了。

所以说，对于英语的教与学来说，以上分类意义不大。正像许多术语一样，"商务英语"也要结合具体语境来区分。有意义的宏观分类，可以是高等院校的正规课程，也可以是社会办学中的一个班级，还可以是企业内部临时办班；可以是高端培训，也可以是入门发轫；可以是口语练习（是的，坊间即有名为"高级商务英语"的简单口语教材），也可以是阅读写作；可以是业务尖子进一步专项进修，也可以是英语出身又要结合某种商务应用；可以是专业英语，也可以是机场迎送……有意义的微观分类可以区别管理与业务，区别咨询与物流，区别理论类与实务类，区别进口与出口，区别参加展览与密室洽谈……这些都是商务英语，交钱拿学分便是课程，交钱听讲解便是商务英语培训，没人教便是自学；你在实务工作中用到了英语，你便是商务英语工作者；你阅读这类内容便是商务英语学生……

在公司里为各类客户做的业务翻译，是应有尽有，诸如政府法规、行业综述、技术标准、工艺标准、专利技术、材料描述、法律文件、经销合同、零部件目录、使用说明书、维修手册、设备操作手册、项目招投标、调研报告、财经分析等，真可谓五花八门。总之，涉及的具体内容十分广泛，不同的企业、不同的工种、不同的就业人士，对培训的要求也不相同。

经贸翻译也好，商务翻译也好，较为显著的特点在于其学科交叉性和知识复合性。在眼下的大经贸各个行业中，题材和体裁包括各种公文、市场行情、经济报道、商务信函、股市分析、法律合同、票据文书、商务谈判笔译部分、图文书稿、文字广告等实用性文字材料，翻译工作流程包括翻译、摘译、编译、校译，另一分类方式中的口译，其本身又包括翻译、同传（许多情况下实际上是把笔译稿念出声来）、交传等。

但是英语语言方面，语法、词法和修辞等语言现象只能体现在具体的句子中。从语言教学规律和人们学习过程来看，各个专业类别之间并无不同，都一样需要积累词汇量，都要查阅词典，有时还需查询网络，把握上下文以确定词义，按照汉语读者的接受度来选择译文，等等；商务英语范畴里的英译汉，同一般题材的英汉翻译在方法上并无区别。总之，要结合具体，回归常识，就事论事；关注词义，具体对待；化繁为简，庶几服务对象能够一听就懂。

也许打个比方更能说明白笔者的意思：某男士，道地的中国人，现在化工公司工作，他，可曾学过"化工汉语"？某女士，道地的中国人，现在服装行业工作，她可曾学过"服装汉语"或"纺织中文"？对比一下域外情况，道理是一样的：某某男士，道地的美国人，现在一家投行工作，他，可曾学过 Financial English？某某女士，道地的英国人，现在旅游公司工作，她可曾专门学过 Tourism English？

回到本文主题上来：从前叫"专业英语"，是对的；现在叫"商务英语"，也是对的；明天叫"什么专业也不是专业"，还是极有可能的。商务英语并不特殊，"商务"就在词句之间。前面四个例句的汉语原文中的下划线词语均属"商务"词语。没有接触过的也许会觉得很难，但对于在相关业界有所经历的人来说，就不会多么困难了。

四　英语教学亟待改革

上一篇《化繁为简，商务英汉翻译并不困难》及本文的开头，笔者都给自己提出了一个文章主题之外的"任务"，也就是在讨论这两篇小文所涉翻译的同时，试图借此方寸之地，不揣浅陋，就如何提高翻译教学质量发出一点微弱的书生之见。下面摘要谈谈。

英语教学局面混乱。我国各项英语考试标准各异，教学与测试目标分离，各阶段教学目标不连贯。大家都有类似的感受：英语考试种类繁多，中考高考之后，大学要考四六级，上研究生要参加研究生英语考试，出国要参加出国英语考试，参加工作后评职称要参加职称英语考试，公派留学要参加全国外语水平考试，如想申请国外学校，托福、GRE、GMAT、雅思，还有A-Level……林林总总，不可胜数。考试数量多、种类多，考试功能也各不相同，加之缺乏统一的标准，各种考试的结果无法相互比较，考生可能需要参加多个能力要求相近的考试，重复应考，花费大量时间和精力。

高考阶段结束之后的英语教学诸元应当归类为主观题，如何评判质量（也就是打分）一直缺乏统一而具体的判断依据，迄今为止一直依靠教师个人或者小集体，一时一地的局限性十分明显，两校、多校、两地、多地、两个学期、多个学期、两次、多次考试，按照任一维度综合来看，遵循的标准未必同一，不同的教师可能侧重点大不一样。高考中的翻译题本就区分度不大，考研翻译的评分标准、过程及评阅质量问题极多，考上的多数是幸运，少数是本事，普遍是由于客观题铺垫充分，翻译能力强的反而不容易得到录取。

目前国内英语教学缺失切合实际的标准，各类考试分级（词汇表为代表）指导性不足，考级客观性差。特征是各行其是，宏观管理缺失，课文分级、考试命题、评分依据方面随意性强，与"英语大国"的名号不相适应。现有初中、高中、高职、大专、大学、研究生、博士生大都自成体系，亟须打通，现有英语内容和级别分类亟须协调。即将推出的《中国英语能力等级量表》代表了一种努力，但若考试为王的局面不改变，一时难以判断实施前景如何。

漫话校园内外气象。校园围墙之内，从事情的本质来讲，国内高校英语的教学是一部分中国教师，把自己理解的英语应试当成了英语，把地域性英语消费当成了英语国家的英语。

高中生把高考看作攀登珠峰，一旦登顶成功，因为有高分为证，进了校园之后傲慢占了上风，无知成了特征，懒得学习成了流行。

实际情况（笔者认为是"常识"）是：咱们学的那个英语，不是海外企业、域外生存所用的英语，而是国产消费品，不是 English，而是"鹦哥痢稀"。

校园围墙之外，无论是作为集体的中国企业，还是作为个体的国内涉外实体的从业人员（包括大多数业绩佼佼的业务高手），在国际市场上的话语权从整体上来讲，目前还是很小的。这个问题构成了在国际市场上，"中国买啥啥涨、中国卖啥啥跌"，以及我国出口一直"增产不增收""增量大但增值小"这一现状的重大限制性因素之一。

笔者认为，在市场、消费者和营销策略三个方面，只有营销语言掌握在我们自己手里，但是我们中国企业正是在这个方面差得很远。谨举中国机电出口厂商的自我介绍和出口产品的使用说明这两个方面为例，依据笔者收集的各种文案来看，中国外销产品的使用说明书存在着不说明、不明说、说不明这三大特点，其英文版还需加上没说对、没说清、没有沟通效果这么三条。

笔者认为，商务英语的应用方面，现有政府对外宣传、机构对外联络、企业对外营销工作中存在着"三个三分之一"现象，即三分之一做得好，三分之一的英语部分不如没有，三分之一的勉强算作直译，恐怕谈不上在国际市场上展开营销的价值。

同样是在校园围墙之外，外企和中企聘用海归及其同类型人士，往往反衬我们的学生不够给力。

外国专家不太搭理我们的主体工作，现有教学理论多为跟着老外专家玩儿虚的，未见真正解决国内学生的问题。

笔者认为，学术文章和专家"专著"可以赶超欧美，但是解决不了中国企业真正走向国际的高效营销问题，解决不了官方部门在国际上有效表达（没人信）的问题，解决不了中国机构在国际上的话语权问题。

在这整个应力场中，我们的教学和科研似乎是那个最弱的环节。

主要原因之一在于教育部以及院校管理部门以行政君临教学，之二在于教师自己甘于充当这种体制的附庸，对学生（准职员）、对企业的需求关注不足。

这两篇文章中的例句，笔者教材中的近三万个例句，参与的在校学生是英语专业本科高年级和研究生，那么，这些个例句、例文，是过于难了么？正在撰写硕士论文的研究生，正在发展壮大的博士大军中，是否有人愿就上述问题，结合这两篇小文及笔者教材中反映的各类问题，在其论文中提出自己的合理解释以及解决方案？

上述发问是在分析例句过程中时不时就会冒出来的，借此机会呼请后来人，是真实的提问，是诚恳的邀约；可以证明，亦可证伪。砖块就此抛出，静待瑰宝耀眼；期盼本土高明，能为国内企业跨海越洋，能为在校学生有所准备，指点几条轻松宜人的大路来。

目标学生急需改变。笔者在大学教商务英语，每次期末考试阅卷完毕，总有某种似曾相识的感觉：一切均与此前同一课程类似。所谓类似，主要是指学生在英汉互译及英语写作方面的问题——前一篇有关英译汉及本文有关汉译英的两文中的例句，多少能够佐证，笔者迄今出版的27本教材，例句（每个均有数个译文；本文例句亦复如是）取材绝大多数来自历年学生的期末考试试卷，更可随时为证。无论学生程度如何，无论来自何地，但均高度同质化，相同的问题普遍存在：大家只是在低水平重复。

笔者多年来一直参加全国翻译资格考试的阅卷工作，从中发现始终是翻译错的多、对的少；对的同质化高，错的千奇百怪；每次考试通过率比较低，才百分之十几；通过的绝大多数人得分只有六十来分。实际上，全国翻译资格考试三级及相当级别的其他英译汉考试题，无论是社会化评估还是在校期末考试，所涉专业内容其实并不是特别高深。

通过二级的学生兴致勃勃，关心的是如何通过一级，似乎不太在意那三十多分的问题何在。但在公司里做翻译，我们可能需要这么考虑：无论已经译了多少篇，无论译得多么好，只要有几个地方错了，老板就可以全盘否定，公司上下努力几个星期的结果就可能是赔本，同事们就可以在我们的背后指指点点好几个星期，且经年不忘。回到学生身上，应当把那三十多分的问题搞搞清楚——而这，需要相当于获得那六十来分的数倍的精力和时间投入。

在英语教学这个市场（笔者不是说赞同教育产业化，而是承认现实）上，消费产品的是学生，只是教育消费不同于食品消费的地方在于教育是一种再生产活动，不是一次性消费，因而只能是学生自己关注自家的利益尔后方有可能有所作为。翻译需要学习，翻译应当重在"意思"，这样的翻译才有意义，掌握翻译方法才能服务于自己的职业发展预期，或至少相协调。假如足够的学生关心自己的权益即上学这件事的投资收益，才有可能推动教学机构有所变革。

前一篇文章《化繁为简，商务英汉翻译并不困难》末尾提到，"商务"可以相当专业，但"商务英语"并不容易做到"专业"；商务英语专业的学生阅读三十多个课时的英汉对照读物，就想登堂入室谈何容易。据此建议第一个目标读者群体及早注意到学校英语教育的不足，想已意识到了在校考试大体上等同于专四专八之类的考试（只需考场上草草急就几百字，即可得到一个不错的分数，但你看不到试卷，不太了解评分依据，极有可能不知道自己错在何处），吁请能够意识到专四专八之类的考试难以等同于企事业单位的实务翻译，能够及早主动实施某种自我改革、自我开放。

当然客观上的限制性因素存在且关系重大，例如学校教育准备不足，工作环境中参与对外沟通的机会少、业务过程中涉外交流的压力其实不够大，等等。现实中企业需求殷切，因而在主观上，在常说的"软实力"上，我们能够有所作为的余地极大，甚至还存在着企业营销资源尚未涉及的领域，完全可以实现一些仅仅通过个人努力就能达到的改进或改善。希望学生能够先学会如何为自己服务，再试着为社会服务。

与 AI 翻译技术赛跑。这里必须首先明确两类不同的机辅翻译。一是在某些专业领域，经过专业训练的机器翻译可以达到相当高的准确率，机器翻译技术和工具可发挥极大的作用。二是多数学生使用的机器翻译往往是面向大众的免费服务，而这种机器翻译设计的目的只是帮助人们快速了解某一外语表达的文本的主要信息。笔者认为，迄今为止，在产品名词、服务项目等简单列表方面，机辅翻译有利于提高效率，但多数句子、文章的翻译还不能指望机器，至少暂时不应拿网上免费的机器翻译的结果当作自己的译文直接交给教师或考官或老板或客户——问题是许多学生眼下正在这么做。

学生的小心思路人皆知：需要的话随时可以上网得到免费的翻译版本，且自以为得计。只是大多数学生表现出来的翻译能力，正是比较简单的机器翻译目前已经能够达到的，而机器的速度是学生的千百倍。换句话说，学生学习英语十几年之后，主要的翻译能力只相当于一个免费的电脑程序或手机小插件。

笔者想说的有两点。迄今为止，机器的翻译能力，正是学生以为自己达到即可满足的那种能力；但机器翻译方兴未艾，AI 翻译技术一日千里。如果志在参与机辅翻译技术的开发及营销，所涉若干个专业哪个都养人，应当趁早确定一两个行业并学好那个行业，做好准备。如果希望利用机辅翻译从事翻译工作，则建议尽早确定一两个行业并学好那个行业，同时建立自己的语料库，学习使用机辅翻译技术及其工具。假如是第二个如果，建议早日放弃现在的小聪明，开始仔细观察各类译文的修改过程，以批评性思维总结别人的经验教训，进而真正学会机器暂时学不会的翻译方法和技巧，为以后利用机辅翻译软件做好方法和技术上的准备。

在操作层面上，从我们个人来说，在许多具体而微的情况下，话语权问题的实质其实构成了我们职业生涯的基础，因而也就是个根本的问题，这便体现在是否熟悉场上的游戏规则，是否能够使用对方（入场早、因而话语权比较大的竞争对手和业务伙伴）的语言来进行有效的沟通，从而在战术上加强我方的谈判态势，从软实力层面上增强我方业务的增值实力。这些，都是 AI 技术不容易做到的地方。所以说，老生常谈的"扬长避短"，在这个技术逞强的时代，仍然是个人获得比较优势和核心竞争力的必经之路。

呼唤变革教学方法。在英语教学这一市场上，提供产品的是各类学校，只是由于市场准入问题，实际竞争并不很大；有些学生已然出国留学，但因人口基数太大，由此形成的对学校的压力可以忽略不计。

对于本文的第二个目标读者群体即大专及以上英语教师来说，学生的英语基础和学习能动性都不太好，总课时只有三四十个课时，怎样才能让学生真正学到些东西呢？笔者很悲观，认为学生不学，谁也没辙；家长要和谐，只得继续高分打发走人。

两篇文章十几个例句，难以得出令人信服的结论；但篇幅有限，暂且跨越式地推测一下，学生的表现应当与其学习英语阅读的方式和阅读习惯密切相关。英语学了十几年，多数情况下以背单词为主要学习方式，以测试词语为主要的考试考查方式，且每个题还准备了四个选项。阅读时遇到生词，便会翻看电子词典、小型词典，或课文所附词汇表。查到那个单词的汉语译文之后，便将英汉两个词联系起来。这些课程的练习题考试题是都做对了，但整个原文并没有看懂，或者是半懂不懂。因此说，这种做法在阅读类（包括许多"专业"课程，实际上是泛读）课程教学中是对的，但待到需要汉译英或英语写作时，先看到（汉译英）或想到（英语写作）所需要的汉字词语，于是联系与这个中文词语对应的英语单词，然后写在英语句子里。问题就在这里——单词对译，有词无句。

少数情况下（所谓的语言类"专业"课程，包括翻译和英语写作），大多采取英译汉方式，特征是先来一两篇源于国外的英语文本（报刊文章、信函、课文、著作章节、合同等等），接着是单词注释、语法解释，授课中大多采用"遇词抄字典、逢句抄语法、难句英译汉"的讲法，然后是介词填空、单句翻译和模仿式写作，追随着应试教育体制下已然形成的集体八股化。多数教材给出了正确的译文，学生是通过阅读现成的译文而"看懂了"原文。

这两种情况显然是大面积存在的，急需教师与管理人员正面对待。教师方面，若愿以个人为改革单位努力，也许今后的学生有可能会从英语的学习者变为使用者。从笔者有限的教学经历看，督促学生做到学生分内之事，有三种做法十分有效。一是练习、考试均为四五人一组（但各做各的），降低相互抄袭或"参考"的机会，二是要求学生解释为什么那么译（或写）且事先反复声明要对解释本身打分（学生的解释附在译文中间，只需提及事先确定的方法名称，不需占用课堂时间），三是事先说明教师的批改版将保留他们的姓名且将批改版全部发给大家。

中外企业对未来的职员的英语能力需求殷切，但在校学生的确存在一些问题，而老外的相关理论不适用——这，就是教师的机会。关键在于：在糊弄好行政部门的同时，是不是愿意立足于企业的现实需求，结合学科发展，真正解决学生的种种问题。笔者认为，解决他们的问题也是在满足教师自己的长远利益。

教学相长，云云，命运共同体，云云——笔者知道有魔术，但也知道没有魔法。

没有魔法，但有方法。问题是：如果老外讲方法，很快就会组织研讨会，拍好多照片，发好多新闻，形成论文集。

但由老土讲方法，大体上只能呼吁一下，然后，然后就没有然后了。

这不是污蔑，这是事实。搞明白这一简单事实本身，即可找到英语教学的创新之路——教学教师的出路，也是学生学以致用的活路。

以上所讲，是书呆子话么？是痴人说梦么？

目前来看，可能性极大。但假如足够的人愿意做且真做了一些事，如果做的时间足够长，英语教学是会出现一些改变的。

尽量减少语法分析。笔者认为，学生在翻译课上的学习目的和考

第二编　应用型翻译

试目的都应该是学会做翻译。课堂上以语法分析为主要授课内容，时不时要求他们也做语法分析，实际上增加了师生双方的负担，而其效果已经证明既没有学好翻译，还抑制了继续学习的兴趣。

笔者认为，编书人可能需要这么归类、编排和讲述，教师可能需要这么归类、讲解，研究人员还可能更加详尽地分类、描述，甚至创造新的语言学术语以便穷尽所有的语言现象，但学习翻译的学生不需要。

笔者认为，似可放弃这类在精读课上磨炼出来的语法分析模式，不要关心句子成分的语法术语或标签，应当主要地关注原文的"意思"——在具体的上下文里的具体意思。

前面讲过，无论是哪个级别的英汉互译考试，包括全国翻译资格考试，拿来请考生做题的材料，绝大多数文本的内容都是目标学生所学范围之内的，并未发现多么"专业"。笔者认为，多数英译汉句子无须分析、讲解语法，回归常识即可译出。也就是说，只需认识英语原文的词语，只需关注"意思"，不作语法分析也能理解原文。笔者已经出版的教材可资证明。

笔者认为，多数汉译英的句子，在正确理解原文之后，更无须语法分析，仅仅联系一下英语译文的目标读者在同样情况下怎么表达同样的意思（通过先修课程的阅读而积累；问题是现有的阅读课本身也已变形变态了），即可完成翻译的表达阶段。学生知道一些常用的语法术语是有必要的，但过多过细的英语语法分析反而有可能异化学生的译文表达。

笔者认为，更为重要的是，实际工作中遇到的句子是多种多样的，我们的任务是学会如何翻译，不是如何描述，尤其不是按照某个教师或流派的方式去描述。

适度掺杂教学内容。教师可以有所作为的还可以考虑在一个班一个年级（在现有体制下一个教师也难以自行推广）从教材改革开始。这主要是指汉译英课程。现在大多数汉译英教材及教辅材料，多以各级领导人讲话、政府文件、外交官说辞为主，政治正确，指向性极强，只是学生方面认真对待的不多；学生一时学不会，学会了还容易过时。至关重要的是：毕业之后到社会，在商言商见老外，大抵上都是具体的业务内容（参见第三节第三至五段）。

说教材题材不太合适的依据，一是笔者阅读过的别人发表的论文，二是书店里看到的教材。总体感觉是教学方面针对性不够。在课程教学这个微观的现实世界里，以下三点是与本节主题密切关联的客观存在：每章一种专业内容的课文形式空间逼仄，所选原文的类型、数量、时效性必然有限；选文应用语境不同于实际工作的业务内容，即便真的全部掌握也难以学以致用；目标学生中相当比例的人，阅读几篇课文都投入不够，作业和开卷考试尚且敷衍了事，哪里谈得上成为合格的"专业翻译"。

行政管理君临天下。目前在国内，英语教学资源极度不平衡是事实。学生需求多样化是事实。教学管理机构行政一刀切也是事实。三者之中只有最后一家可以灵活一点点，但恰恰是它未见作为，不肯变革。

国内本科多数实质上没有大四教学，二年制研究生实质上没有二年级。这不是气话，不是偏激，而是对实际教学现状的概括。

这个现状事关教师，事关管理。一篇小文显然难以说明问题，但至少笔者努力了。回到英汉互译的主题上来，这是目标学生翻译质量普遍比较差的根本原因之一。

显而易见，就本文的第三个目标群体即行政管理部门而言，不宜继续满足于统计各项指标，而是需要直面目前国际事务和商务实务的现实需求，教学内容应当紧密贴近国际市场的运营实务，尽快帮助目标学生解决入世、入职、入行、入门、入手这样的教育问题，最起码应当做到知道如何入国问禁、入境问俗，知道什么场合发出什么信息，知道什么事情应当采用什么方法，知道同一个信息应当选择什么媒介（有些事情可以发邮件，有些事情必须当面谈），既不是等着对方提出四个选择之后从中挑一个，也不是一概把领导的秘书写的一篇文字译成英语然后以领导的名义发出去。

笔者认为，学习商务英语的终极目标是学以致用，是服务社会。无论是为了译对还是为了译好，都是为了服务翻译工作的业主——考试时的考官,等译稿的编辑,出了钱的企业,或者是付了费的当事人。这便是翻译工作、翻译教学和翻译学习的终极目的。语言教学和语言应用应当服务于社会,至少应当服务于业主。

现有的商务英语教学,学生在校三四年,通过了四六级、专四专八等考试,与实际应用能力只有一毛二分钱的关系。英语教学管理改革目前仍然是打雷期,尚未见到排云布雾,不知雨水何时落下,新苗苗壮出土更是遥遥无期。

书生冒昧"顶层设计"。小标题之所以加了引号,是说自知算不上顶层设计,仅仅是抛砖引玉而已。笔者情知本节的每一个议题,都是若干篇论文、若干个国家级课题也说不清的,所以"抛砖引玉"是诚恳的表白。

改革思路当然一定有许多,其中之一应当是回归常识:英语是英美澳加新等国的语言,不是中国各地教师的英语,更不是行政部门及其临时召集的专家几次会议确定的英语。但确定依据似可考虑:以中国人使用英语为依据来确定词语频率,至少是可能的方向,而不应该是老外的复制和简化,也不是词汇表的多重排列,更不是不同学校和机构的各行其是。

笔者因此谨慎地提出,与其大规模、低水平地重复,不如尝试实行分类教学。笔者确属善意,这里只提设想,留待业界批评。

可能的假设之一,至少长远来看,是否可以把全部学生一分为三。三分之二(具体比例完全可以讨论,且应当各地不同、经常调整)的人不用学英语,或者说只需学习几十句口语,会打招呼会问路即可。六分之一的人要学英语,但只是为了阅读,以看懂为目标,以行业为范围。目前的英语教学许多情况下能够达到这个目标,但各方成本的确过于高昂,学生的应用能力的确十分低下。其余的六分之一的学生,学英语是为了行业应用,对他们的教学需要大规模的改革。

可能的假设之二,对这最后一批六分之一的人,似可引导趁早确定行业大框架,鼓励自主阅读,通过一篇又一篇的英语文章和故事睁眼看世界,从中可以获得充分的乐趣,恢复阅读的趣味性,见识英语表达的多样性。这么做的同时增强英语语感,在一定量的积累之后,汉译英和英语写作便可自然而然地水到渠成了——自己就可判断哪个句子看着不对劲儿，就会像讲汉语、写汉语那样地讲英语、写英语了。

可能的假设之三，改变目前英语教学困境的可能路径之一，最大也最重要的是：容许学生自行选择对英语的投入，将个人职业规划尽早落实到位，同时在资源配置上充分满足。这么做最大的阻力是现有的行政管理体制——可能需要让渡相当一部分的权力、权利、权益。

假如以上三个假设可以作为项目来展开研究，则"英语内容分类和能力分级研究"就会比较关键。从这个角度来审视即将推出的《中国英语能力等级量表》，笔者认为力有不逮，关键在于考虑目标学生的利益远远不够。

按照笔者的改革思路，当务之急是提高译对的比例。假如行政管理部门、教学人员和学生协同合力，能在数年之后把译对的比例提高到一定的比例，比如说三分之二，则目前译对方面已在前列的学生，可望同期进步，会把译好的比例一起抬高，比如说提高百分之二三。考虑到毛入学率已然很高，这个百分之二三的增量就很可观了。届时在这些译对方面无虞、译好方面尚可探讨的学生群体中"研究"各个专业的翻译问题，那显然有利于整体提高对内引进国外各类软硬件的英译汉质量，提高对外传播中的汉译英质量。

反过来讲一样：如果大面积做不到译对，讨论多少遍、举证多少篇都难以实现质的增量与增值。

笔者建议其实中庸，即直面翻译工作，英译汉，把为了高考而学的汉语暂放一边，把那十亿以上的中国人每天使用的语言学好，以期提供他们喜闻乐见的中文译文；汉译英，在为了高考而学的英语基础上，把那英语国家的人已然用了无数年的现时英语学好，表达方式多抄抄海外，以期提供他们大体上能够看懂的英文译文，而不是自言自语。

透过语料库提升新闻翻译能力

陈瑞清

新闻翻译（news translation）属于传媒翻译（media translation）的一环。传媒语言具备各种特色，例如具体陈述、言简意赅、客观准确、通俗易懂、直接、质朴、丰富的语言表达、个别媒体的体例，等等（朱增朴，1993；冯健，1996；郑宝璇，2004）。这些特色自然也必须在新闻翻译的过程及结果中体现出来。

翻译研究在20世纪90年代初期引入语料库语言学（corpus linguistics）方法，用于翻译文本普遍性（translation universal）的研究，证明翻译是一种独特文体，具备显化（explicitation）、简化（simplification）、正规化（normalization）等特色（Baker，1993；Chen，2006）。随着电脑处理能力不断提升、网络普及化、翻译本地化产业的出现，以及语料库规模与日俱增等诸多因素的推波助澜，翻译教学及实践工作在近20年来也积极引入各种语料库作为辅助工具，为整个翻译过程提供更多的参考资源（Bendazolli，2014；Zanettin et al.，2003）。本文利用一篇CNN英文新闻的汉译文本讲解如何透过语料库协助译者做好翻译，在译文里体现前述传媒语言的各种特色。

英文新闻原文：
The worms that invade your brain
作者：Meera Senthilingam, for CNN
来源：CNN网站（https：//www.cnn.com/2015/01/20/health/tapeworms-invade-brain/index.html）

出版日期：2015 年 1 月 20 日

Once you consume them, they can move throughout your body—your eyes, your tissues and most commonly your brain. They leave doctors puzzled in their wake as they migrate and settle to feed on the body they're invading; a classic parasite, but this one can get into your head.

"It had moved from one side of the brain to the other... very few things move in the brain," says Dr. Effrossyni Gkrania-Klotsas about a British man found to have a tapeworm moving inside his brain in 2013. This form of tapeworm had never been seen before in the United Kingdom.

The patient, who was of Chinese descent, had recently visited China, which along with South Korea, Japan and Thailand, has more regular occurrences of the parasite known as Spirometra erinaceieuropaei. Four years earlier the man had first experienced symptoms, such as headaches, which the team of doctors at Addenbrookes Hospital, in Cambridge, had treated as tuberculosis. But then he returned.

"When he reappeared, he had new symptoms," says Gkrania-Klotsas. The worm was now pushing on a new part of his brain, causing seizures and weakness in his legs. The condition associated with his infection was in fact Sparganosis. There is no known drug to effectively treat the infection meaning that upon diagnosis doctors had to be quick to remove the worm surgically.

* * * * * * * * * * * * *

译文初稿（翻译问题点以下划线标示并编号，同时辅以脚注说明）：

<u>侵入你大脑的蠕虫</u>①

一旦你吃了<u>它们，它们</u>②可以在你身体各处移动——你的眼睛、你的组织、最常见的是你的<u>大脑</u>③。它们<u>移动并停留</u>④下来从寄主身上吸取养分，让医生为之困惑。<u>它们</u>⑤是一种典型的寄生虫，<u>但这种虫却能够进入你的头部</u>⑥。

"<u>它已经</u>⑦从大脑的一侧移到了另一侧。很少有东西能在大脑里<u>移动</u>⑧，"Effrossyni Gkrania-Klotsas <u>医生说</u>。她指的是一个在 2013 年被发现有一条绦虫在他大脑里移动的英国男人。在英国从未发现这类型的绦虫⑨。

该病患是华裔，最近⑩到过中国。中国、韩国、日本和泰国都是经常发现这种被称为刺猬绦虫（Spirometra erinaceieuropaei）的寄生虫的地方。四年前⑪，该病患第一次出现如头痛这样的症状，被位于剑桥的阿登布鲁克医院的医生团队当做结核病进行治疗⑫。但后来该病患又回到医院了⑬。

"再次出现时，他有了新的症状，"Gkrania-Klotsas 说⑭。当时寄生虫正在推压⑮他大脑的一个新部位，引起抽搐和大腿无力。他所感染的疾病就是裂头蚴症。没有已知的药物⑯能有效地治疗这种感染，这意味着⑰在诊断之后，医生必须很快地通过手术将寄生虫取出⑱。

* * * * * * * * * * * * * *

译文评论：直译或意译？

任何翻译过程中，译者最常纠结的莫过于直译或意译的抉择。有经验的译者与翻译学家都建议这两种方法应该适当并用，或视语境择一使用。翻译本来就不纯粹是一种二分法的文字艺术，直译或意译没有绝对的好与坏，端看译出的效果而定。而所谓的效果，是译者为读者而创造的，因此译者下笔前有必要先揣摩读者对译文的接受度（acceptability）。

新闻文章日日更新，在目前的网络时代属于"速食"文类，一般读者通常不会细嚼慢咽，因此译者在行文时必须掌握新闻翻译"紧凑、精准、简洁"这几个大原则。这就有赖译者做好以下几件事情：（1）先读透英语新闻的原文，（2）妥善运用直译及意译各自具备的优点，（3）尽量避免冗长绕口的句子结构，（4）适时在译文中补充背景知识，（5）以通顺流畅的文笔为读者译出符合原意又精简的新闻译文，（6）尽量降低读者在阅读过程中的理解障碍。

本译文注释①"侵入你……"及注释⑧"很少有……"，就是典型应该使用意译而非直译的例子。原译采用直译，未添加任何补充信息，或许是为了忠于原文，但也因此导致译文读起来拗口，不像地道的中文，读者必须从上下文去揣摩这两句话的含义。如果译者调整一下语序及用词，适当采用意译手段，例如"入侵人脑的蠕虫"及"然而人脑里几乎没有可移动的物质"，读者的理解顿时提升了，也达到前述新闻文体言简意赅、通俗易懂的基本原则。

　　译文注释④、⑨、⑬、⑯、⑰也可以采用意译手法来化解理解的中断情形。其方法通常是调整语序或是在某个直译的词之前加入修饰的短语，也就是透过结构变化以及"加词不加意"的方法来保证原意的确实传达，但又不添油加醋。以注释⑯为例，大可译成"此一传染病目前并无特效药"或是"此一传染病目前无药可医"。这种意译手段既保留原意，又符合汉语行文结构，读来似乎更流畅些。

　　一般而言，若直译可以传达原文意思，读起来也通顺，还是可以采用的（本译文大多使用直译）。许多新闻的翻译往往为了赶稿省时，通常采用直译法，这也无可厚非。意译则是在直译不通顺或读来拗口的情况下，透过译者的巧手进行改造，在不改变原意及风格的方针下让译文"重生"，此一过程往往较为费劲费时，需要译者多花心思。一则新闻译好之后，不妨多读两遍，挑出因为直译而出现不通顺的地方加以润饰、调整，让新闻译文的读者轻松阅读，快速掌握世界大事的动态，此乃新闻翻译的最主要功能。

来自语料库的观点

　　注释④的例子（"移动并停留"）很适合用语料库的概念来进一步说明文字搭配（collocation）的规范性。虽然读者肯定看得懂"移动并停留"的意思，但读起来总是不像中文，也就是有所谓的"翻译腔"（translationese）；此外，这个短句里又是"动"又是"停"的，也容易干扰阅读。何以见得？翻译腔主要起因于译文的文字组合与顺序有别于母语读者的阅读习惯，也就是说话者与生俱来的语言直觉（intuition）。以往我们只觉得有些译文读来拗口或别扭，但总是无法用科学化的方法来佐证。20世纪50年代开始兴起的语料库语言学（Corpus Linguistics），倒是给了我们一个实用的科学工具，可以用来检视翻译文本的可读性（readability）。所谓语料库（corpus），就是经过系统化收集的大型语言文本资料库，并且可以透过语料检索工具（concordancer）进行细腻的搜寻与排列，关键词以明显颜色标注并列于检索列中间。如今的网络里储存着数以万亿计的文字资料，实际上就是现成的海量级语料库，而谷歌或百度等搜索引擎则有如语料检索工具，让我们一窥人类文字的无穷奥秘。语料库就像文字万花筒一样，可以帮助我们瞬间观察各种文字的规律。

以"移动并停留"为例，根据北京大学中国语言学研究中心现代汉语语料库（http：//ccl.pku.edu.cn：8080/ccl_corpus/）查询结果显示，"移动并停留"这一动词组合并不存在，代表它是罕用词，母语人士并不常使用。若只查询"移动并"一词，该语料库含有21条例句，列举如下：

……起模糊，如我们在照相时，照相机在曝光时的	移动并	不会使我们看到一个模糊的东西。相应地，很多……	上下文
……的下方。平时由于静摩擦力，板块之间的相互	移动并	不明显，但当能量积累到一定时候时，板块突然……	上下文
……面，是一个装着一条假肢，只能缓慢而吃力地	移动并	且身躯略显沉重的中年人。	上下文
……所欲地操纵那些土地，他身体下方的泥土开始	移动并	且重塑着形态，随即击碎了他身上的树根，彻底……	上下文
……预计，该热带低气压中心将继续向西偏北方向	移动并	于25日在云南东部境内逐步减弱消失。受其影……	上下文
……种反巡航导弹的武器名曰"针式-S"，可以	移动并	使用全新制导系统，打击目标的准确大大高于原……	上下文
……在特定的条件下，它可以向周围的毛发根部	移动并	发挥作用。	上下文
……万的微丝蚴。这些幼虫随血流可以在人体各处	移动并	发育为成虫，当其进入眼部器官时则容易导致失……	上下文
……目前已进入我国新疆境内，将继续向东南方向	移动并	影响我国大部地区。	上下文
……为每秒钟两三次，在光环的推进下，水滴开始	移动并	急剧加速。	上下文

续表

……敏捷，可以挥手、点头、走路、跳舞、全方位	移动并	感应障碍物等。它身上设置的摄录机和显示屏，……	上下文
……大鳌虾的形态，研制出一种能在海滩地区平稳	移动并	探寻地雷和水雷的机器人。	上下文
……要低于原先的价格，假定刀片供给曲线的适当	移动并	未使小刀的均衡数量改变，那么刀片的价格将在……	上下文
……家邦达里认为，从总体上看，地球北部磁极的	移动并	未加剧。此外，这种移动不会对人体和自然界造……	上下文
【技】用来擦在皮肤上的美容产品，能够	移动并	清除那些使皮肤黯淡无光的死皮层	上下文
兽脚类恐龙属食肉动物，它能用两腿迅速	移动并	称霸地球。研究者认为，这种动物随着时间的推……	上下文
……样的细胞内含物中。这种小袋子能裹着黑色素	移动并	穿过黑色素细胞膜，之后进入负责生成毛发和皮……	上下文
【浮船坞】可以在水上	移动并	能沉浮的凹形船坞，用来修理船只。	上下文
【浮船坞】可以在水上	移动并	能沉浮的凹形船坞，用来修理船只。	上下文
……晨进入东海东南部海域，而后继续向偏西方向	移动并	逐渐向台湾北部沿海靠近。	上下文
……案的一个角，过一会儿后，两个图案会向彼此	移动并	重合在一起。这时候，中心方块会显得从纸页上……	上下文

从上述例句可以看出"移动并"后方紧接的词语颇为多样，若仅看动词则有"使用""发挥""发育""影响""感应""清除"等，而且都是与"移动"不同属性的动词。原译里的"移动并停留"属于意义完全相反的动词，会影响读者的认知，这或许是导致翻译腔的主因。如果这个词组及整句原文在翻译时改为"<u>这些蠕虫在人脑里四处移动，最后找到合适地点寄居下来，开始从寄主身上吸取养分</u>"，整个语流瞬间归化（domesticated）成为中文母语者习惯的行文模式，

读来肯定有另一番感受,不再受到翻译腔的干扰。所以,透过语料这种"干货",我们看到"移动并"的直觉用法,也可借此比对翻译文本里的用词是否恰当,为"翻译腔"进行较为科学化的验证,堪称是颇为实用的翻译辅助工具。

再来看看注释②的"吃了它们",这四个字看似平常,但读来总是有点奇怪,关键就在于译文将它摆在第一句话里,没有一个先行词(antecedent)就使用代名词"它们",导致读者一头雾水。首先,"吃了它们"这个词组在北大将近6亿字的现代汉语语料库里只出现区区两次(显示如下),属于极为罕用的词组。再者,在这两个例句里,"它们"前面均先出现了先行词("肉"与"果子"),让读者有了心理准备,因此读来不唐突。基于这个理由,译文如果可以改成"有一种寄生虫一旦入侵人体,便会……",那么读起来就会自然多了。

……看见鱼呀肉呀眼睛是冷的,你见什么眼睛都亮,恨不得生	吃了它们	呢。"	上下文
……丑怪们的果子,一气吃了个够。她却不知这果子的魔力,	吃了它们	之后,她将时时渴望着它们,然而,世界上只有因渴望这些……	上下文

结　论

一般而言,传统的翻译过程及成品大多仰赖译者本身的浩瀚知识及流畅文笔,偶尔佐以词典、专家意见及网络等翻译工具及资源的查询来解答疑惑。有了电脑语料库之后,译者仿佛多了一项海量的语言实例宝库,可以随时辅助自己的语言直觉。如前所言,新闻翻译讲求具体陈述、言简意赅、客观准确、通俗易懂、直接、质朴、丰富的语言表达等特点,这就要求译者必须善加利用各种辅助工具来达到这些目标。网络上有许多现成的单语及双语语料库,除了前面提及的北大现代汉语语料库之外、还有 Linguee（https：//www.linguee.com/）、Tmxmall（https：//www.tmxmall.com/）、北京外国语大学语料库（http：//111.200.194.212/cqp/）、英国的 Sketch Engine（https：//www.sketchengine.eu/）等。往后我们会有更多文章来探讨如何利用这些语料库让翻译工作更为顺利及顺手。

注释

① 这是个典型逐字直译的例子，完全采用英语结构。
② 两个相同词语连续出现在同一个句子里。
③ brain 一字该译成"大脑""小脑"还是"脑部"？
④ 采用英语原文里的双动词结构（migrate and settle）。
⑤ 一个段落里使用太多"它们"。
⑥ 没有把"寄生脑部"的独特性翻译出来。
⑦ 段落开头就用"已经"，读来略显唐突。
⑧ 结构与语义上的直译。
⑨ 宜整句调到前面翻译；译句的重组。
⑩ "最近"在中文里是短期的概念，与后头的"四年前"似乎不匹配。
⑪ 与前句的"最近"不匹配。
⑫ "进行治疗"听来类似事实的陈述，而非已发生之情事。
⑬ 直译，与前文缺乏连贯。
⑭ 宜将说话者移至句前。
⑮ 选词问题。
⑯ 直译。
⑰ 直译。
⑱ 隐含的"唯一的治疗方法"意思未译出。

参考文献

［1］朱增朴：《文化传播论》，中国广播电视出版社 1993 年版。
［2］冯健主编：《中国新闻实用大辞典》，新华出版社 1996 年版。
［3］郑宝璇：《传媒翻译》。香港：香港城市大学出版社 2004 年版。
［4］Baker, Mona. (1993). Corpus Linguistics and Translation Studies: Implications and Applications. In M. Baker, G. Francis & E. Tognini-Bonelli (Eds.), *Text and Technology: In Honour of John Sinclair* (pp. 233–250). Amsterdam & Philadelphia: John Benjamins.

[5] Bendazolli, Claudio. (2014). Corpus-based Interpreting Studies (CIS) in the Web 2.0 Era. Invited talk as keynote speaker at the 10th China National Conference and International Forum on Interpreting Studies: the Way Forward-University of Xiamen (China).

[6] Chen. (2006). *Explicitation Through the Use of Connectives in Translated Chinese: A Corpus-Based Study*. Doctoral Dissertation. Manchester: University of Manchester.

[7] Zanettin, F., S. Bernardini, et al., Eds. (2003). (Corpora in Translator Education) Manchester, St. Jerome.

对一部地方性法规翻译的透析

李克兴

一 导言

在法律翻译领域，我们经常可以读到对一些简短的法律语段或短篇翻译的评注。但这类评注的篇幅都比较短，涉及法律翻译的问题非常有限，往往只见"树木"，不见"森林"，无法帮助读者对法律翻译形成较系统的看法以及获得较全面的知识和技能。

今次利用本著作体例所允许的篇幅，选择一个完整的法律语篇，对法律汉译英中常见的问题展开较系统的讨论，并根据笔者几十年来在法律翻译领域探索过程中积累的经验和获得的理论见解，为解决法律翻译的特殊疑难提出建议或提供解决方案。

原文选自近年出台的、目前尚未被正式译成英文的地方性法规——《上海市公共信用信息归集和使用管理试行办法》。这个法规篇幅不算太长，但翻译过程中碰到的问题不少。原译文由一名具有翻译专业硕士生程度的译者提供。译文水准相当不错：句子通顺，语言流畅，表达清晰，译文的语法也都基本正确，对原文的推敲和忠实程度，都已经到了字斟句酌、无一遗漏的程度。按一般的翻译要求衡量，的确不失为一篇好译文。但是，从专业的法律翻译视角来看，仍然存在不少的改善空间。

笔者除在本文尾部提供经反复推敲的参考译文之外，主要针对其他译者在翻译同类语篇或文句时也可能遇到的问题展开"旁征博引"

式的讨论，目的是让读者对原译文改与不改、以及为何那样改，不但"知其然"，而且也"知其所以然"；同时笔者还将演示一些在较短的法律语篇翻译中无法展开的法律翻译原则实际应用的案例（如法律翻译的同一律原则等）。所以，这是对一部完整的地方性法律语篇汉英翻译的"透析"——比较有穿透性的透彻的分析。

二　原文

上海市公共信用信息归集和使用管理试行办法

第一条（目的和依据）

为规范公共信用信息的归集和使用，优化公共信用信息服务，根据国家有关规定，结合本市实际，制定本试行办法。

第二条（适用范围）

本市行政区域内公共信用信息的归集、使用和相关管理活动，适用本试行办法。

第三条（定义）

本试行办法所称公共信用信息，是指行政机关以及依据法律、法规负有公共事务职能的组织（以下统称"信息提供主体"）在履行职责过程中产生或掌握的、可用于识别信息主体信用状况的数据和资料。

第四条（原则）

公共信用信息的归集和使用，应当遵循"合法、安全、及时、有效"的原则，不得危害国家秘密，不得侵犯商业秘密和个人隐私，要切实维护信息主体的合法权益。

第五条（管理职责）

市经济信息化部门是本市公共信用信息归集和使用工作的主管部门，负责上海市公共信用信息服务平台（以下简称"市信用平台"）的业务指导和监督管理。

第六条（信用平台）

市公共信用信息服务中心（以下简称"市信用中心"）承担市信用平台的建设、运行和维护工作，负责归集公共信用信息，提供信息查询、异议处理等服务。

第七条（信息目录）

本市公共信用信息实行目录管理。公共信用信息目录由市经济信息化部门组织编制并公布。信息提供主体应当按照公共信用信息目录，向市信用平台提供信息，并制订本单位公共信用信息记录、提供、使用的相关标准规范。

纳入公共信用信息目录的主要包括：工商登记、社会组织登记、税务登记、组织机构代码登记、身份登记、社保登记等登记类信息事项，资质认定、执业许可、职业资格等资质类信息事项，行政处罚、禁入限制、责任事故处理以及弄虚作假、违反告知承诺记录等监管类信息事项。

公共信用信息目录使用组织机构代码、公民身份号码等，作为识别信息主体的标识码。纳入公共信用信息目录的公共信用信息分为公开信息和授权查询信息。

第八条（信息归集）

市法人信息共享和应用系统、市实有人口管理和服务信息系统应当对接市信用平台，稳定、及时地提供信息。

对市法人信息共享和应用系统、市实有人口管理和服务信息系统未归集的公共信用信息，信息提供主体应当按月向市信用平台提供，逐步实现联网实时提供和动态更新维护。

第九条（信息查询）

市信用平台面向社会提供查询服务。

通过市信用平台查询公共信用信息的，应当提供本人有效身份证明。所查信息属于公开信息的，无需信息主体授权；属于授权查询信息的，应当提供信息主体的书面授权证明。

登记类、资质类信息长期提供查询，其他类别信息自信息主体的行为或者事件终止之日起 5 年内提供查询，信息提供主体根据国家或者本市有关规定设定查询期限的除外。

第十条（鼓励查询使用）

行政机关查询公共信用信息应当符合履行本单位行政职责的实际

需要。鼓励在行政管理、政府采购、招标投标、表彰奖励、资金支持、人员录用晋升等工作中查询使用公共信用信息，有关情况纳入绩效考核。

鼓励信用服务机构查询使用公共信用信息，为政府工作、市场交易、个人生活和工作提供信用服务。

第十一条（异议申请）

信息主体认为市信用平台记载的本人公共信用信息存在错误的，可以向市信用中心书面提出异议申请并提供相关证据材料。

第十二条（异议处理）

市信用中心应当在收到异议申请之日起2个工作日内进行信息比对。市信用平台记载的信息与信息来源确有不一致的，市信用中心应当予以更正，并通知异议申请人。市信用平台记载的信息与信息来源一致的，市信用中心应当将异议申请转至信息提供主体。

信息提供主体应当在收到异议申请之日起20个工作日内进行核查，对确有错误的信息予以更正，并告知市信用中心。市信用中心应当及时将处理结果通知异议申请人。

第十三条（权益保护）

异议申请正在处理过程中，或者异议申请已处理完毕但信息主体仍然有异议的，市信用中心提供信息查询时应当予以标注。

信息提供主体未按规定核查异议信息并将处理结果告知市信用中心的，市信用中心不再向社会提供该信息的查询。

第十四条（信息管理）

市信用中心应当制定并公布相关服务和安全管理规范。开展公共信用信息的存储、比对、整理等活动，应当严格遵守各项规范。

任何单位和个人不得以不正当手段归集公共信用信息，不得篡改、虚构公共信用信息，不得违规披露、泄露或者使用公共信用信息。

第十五条（安全管理）

市信用中心应当严格执行国家计算机信息系统安全保护工作的有关规定，建立健全信息安全管理制度，采取技术手段，确保公共信用信息的安全。

市信用中心应当建立公共信用信息归集和查询日志,并长期保存。

第十六条(施行日期)

本试行办法自 2014 年 6 月 1 日起施行,有效期至 2016 年 5 月 31 日。①

为方便阅读和展开讨论,我们将该法规以及原译文分为三个部分,对其中的翻译问题以注解和评论的形式逐一加以讨论,凡画线部分均属英文法律写作中值得读者留意的专门表达方式。

三 对第一部分译文的评注

原文:	原译文:
上海市公共信用信息归集和使用管理试行办法	*Trial Measures*[1] of the *Shanghai Municipality* for the Administration of the Collection and Utilization of Public Credit Information
第一条(目的和依据) 为规范公共信用信息的归集和使用,优化公共信用信息服务,根据国家有关规定,结合本市实际,制定本试行办法。	Article 1 Object and Basis These Trial Measures are formulated in order to regulate the collection and utilization of Public Credit Information and optimize the Public Credit Information service *pursuant to* relevant laws of *the nation*[2] and in light of the actual situation of this Municipality.
第二条(适用范围) 本市行政区域内公共信用信息的归集、使用和相关管理活动,适用本试行办法。	Article 2 Application Scope These Trial Measures apply to the collection, utilization and any related administration activities of Public Credit Information within the administrative area of this Municipality.
第三条(定义) 本试行办法所称公共信用信息,是指行政机关以及依据法律、法规负有公共事务职能的组织(以下统称"信息提供主体")在履行职责过程中产生或掌握的、可用于识别信息主体信用状况的数据和资料。	Article 3 Definition In these Trial Measures, "Public Credit Information" *shall mean data and material* that can be utilized to identify the credit standing of the subject of the information, which *is*[3] generated or obtained by any administrative authorities or organizations that have the functions of conducting public affairs *pursuant to*[4] any laws or regulations (*hereafter referred to* as "Supplier of Information") in the performance of their duties.

---

① http://www.shanghai.gov.cn/shanghai/node2314/node2319/node12344/u26ai39266.html.

第二编　应用型翻译

续表

原文：	原译文：
第四条（原则） 公共信用信息的归集和使用，应当遵循"合法、安全、及时、有效"的原则，不得危害国家秘密，不得侵犯商业秘密和个人隐私，要切实维护信息主体的合法权益。	Article 4 Principles The collection and utilization of Public Credit Information shall be conducted in adherence to the principles of legality, security, timeliness and effectiveness, and shall not endanger the *security* of any *state* secret, infringe any commercial secret or invade any individual privacy, and shall earnestly protect the rights and interests of the subject of the information.
第五条（管理职责） 市经济信息化部门是本市公共信用信息归集和使用工作的主管部门，负责上海市公共信用信息服务平台（以下简称"市信用平台"）的业务指导和监督管理。	Article 5 Administrative Responsibility *The Municipal Department of Economy and Informatization*[5] is the competent authority for the collection and utilization of Public Credit Information in this Municipality, and is responsible for guiding, supervising and administrating the operations of the Shanghai Municipality Public Credit Information Service Platform (*hereafter referred to* as the "Municipal Credit Platform")[6].

1. 英文中定冠词与不定冠词的用法是 ESL 学生、学者永远的"痛"。很多人学了一辈子英文还是不能准确掌握其用法。不在英语母语环境里长大或长期生活，有谁声称自己真正掌握、并且每次都能准确应用（尤其是在口语环境中）定冠词和不定冠词，那一定是言过其实。在这一篇译文里，定冠词 the 的使用是一个很大的问题，一般而言，只有在新闻类文章中，标题上的定冠词是可以，也应该省略的——因为新闻标题的字数受到严格限制。那么，作为这部地方性法律的名称或标题 Trial Measures…之前是否一定要加上定冠词？原则上，一定要加，因为这是专有法律名，而不是泛指任何一部法律法规。但作为一部法律或法规的标题，由于目录编排上的技术原因，又必须予以省略。一个国家的法律都是浩繁叠卷的，如果多数法律都用 The 开头，那就无法排序或编纂目录。所以，在英文法律汇编目录中你会看到按字母顺序编排的法律名称是这样的：

Bills of Exchange Ordinance

Defamation Ordinance

Separation and Maintenance Orders Ordinance

而在任何文章中引用某一部法律，则须加上定冠词，如写成 This Ordinance may be cited as <u>the</u> Bills of Exchange Ordinance. 即必须在该法律名称上加上一个定冠词。又如：

(1A) In determining the period of 48 hours specified in sub-paragraph (1) there shall be disregarded—

(a) any Saturday or Sunday; (b) Christmas Day; (c) Good Friday; (d) any day that is a bank holiday under <u>the Banking and Financial Dealings Act 1971</u> in the part of the United Kingdom in which the cash is seized; (e) any day prescribed under section 8 (2) of <u>the Criminal Procedure (Scotland) Act 1995</u> as a court holiday in the sheriff court district in which the cash is seized[①].

但作为单独一部法律，上一段中提及的法律标题或名称中的定冠词是省略的：

Banking and Financial Dealings Act 1971
1971 CHAPTER 80

An Act to make new provision in place of <u>the</u> Bank Holidays Act 1871, to confer power to suspend financial and other dealings on bank holidays or other days, and to amend the law relating to bills of exchange and promissory notes with reference to the maturity of bills and notes and other matters affected by the closing of banks on Saturdays, and for purposes connected therewith[②].

---

① https://www.legislation.gov.uk/ukpga/2001/24/schedule/1.
② https://www.legislation.gov.uk/ukpga/1971/80.

综上所述，原译没有在 Trial Measures…之前加上定冠词 The 是对的，所以笔者未作任何改动，但读者必须知道原译者这样处理一部法律的标题是有原因的，而在别处引用该法规时必须在 Trial Measures…之前添加一个 The。

那么在翻译"国家有关规定"时，要不要使用定冠词呢？这里国家规定虽然没有具体指哪一套规定，但不是指任何规定，而是指"有关"的法律，所以译文 relevant laws 之前应加上定冠词 the，尤其值得注意的是：当其中的 laws 之前或之后还有其他修饰词时，就更应该加上定冠词。如：the relevant legislation of each state and territory...

就这类似乎模棱两可的名词是否需要加定冠词的疑惑，有几个简单的方法可以帮助读者：

需要加定冠词的第一种情况：前文已经提及、有关名词的性质或身份已为读者所知：例如：（1）A truck slowly approached. An officer noticed the truck contained several garbage cans.① 该段中的第二个 truck 需要加定冠词是因为该 truck 已经在前句中提及。

第二种情况：有关名词后面跟着修饰语词，读者已知该名词的性质或身份。如：（2）The driver of the truck appeared nervous. 即使该句跟上例的句子毫无关系，没有上文，该 driver 之前也必须加定冠词 the，因为该词之后有限制性短语 of the truck，指的是该卡车的司机。

第三种情况：有关名词后面跟着限制性定语从句。例如：（3）What happens if the driver who hit me has no insurance? 在该句子中，driver 之前也必须加定冠词，因为它后面跟了一个限定它的定语从句"who hit…"。同样，在（4）The defendant who represents himself in court has won the case 一句中，defendant 之前加了定冠词，是因为 who represents himself in court 为修饰 defendant 的定语从句。

第四种情况：特指名词（a specific noun）之前必须加定冠词 the。

---

① 本节的例句，除另外注明出处的外，均来自 Enne Enquist, Laurel Currie Oates, *Just Writing: Grammar, Punctuation, and Style for the Legal Writer* (2nd Edition), New York: Aspen Publishers, 2005, pp. 284－295。

究竟哪个是特指名词？最简单的界定办法是用"哪一个？"（Which one or ones?）对其进行提问。如果是特指的，一定有明确答案。以上文出现的句子中的名词为例，如：

例句（1）中：Which truck? 肯定是 contained several garbage cans 的那辆 truck。

例句（2）中：Which driver? 肯定是：The driver of the truck.

例句（3）中：Which driver? 肯定是：who hit me.

例句（4）中：Which defendant? 肯定是：who represents himself in court.

如果有具体答案的，就需要加定冠词 the。如果答案是"任何一个""所有""我不知道究竟是哪一个"或者"不是前面提到的那个"，那么该名词就是不需要加定冠词的非特指或类指名词（a generic noun）。

但是，如果有关名词之后跟的是定义性质（define）而非限制性质的短语或定语从句，则该名词之前必须用不定冠词 a 或 an。例如：A contract that has all of its terms in writing is a formal contract. 该句中的 that has all of…只是给前者 contract 下定义，而非设定限制，所以此处须用不定冠词 a。

此外，大多数单数的专有名，如人名、街道名、公园名、城市名、国家名、洲名不需要加定冠词。Smith（人名）went to Africa（洲名）last year. He visited Kenya（国名）and spent several weeks in Tsavo West National Park（公园名）which is about 500 miles away from Nairobi（城市名），the capital city of the Republic of Kenya. 后两个定冠词符合上条特指事物的规定。自然状态的国家名、城市名一般不需要加定冠词，如 China, Korea, America, New York City, Los Angeles City；有政治定性的国家名，或者说其后有 of 修饰的国家名、城市名甚或机构名均须加定冠词，如 the Republic of Korea, the University of California, the City of New York, the City of Los Angeles。

2. 这里所涉及的只是一个大小写和同义词的辨识问题。毫无疑问，nation，state 以及 country 都指"国家"。在大部分情况下，该三词可以作为同义词使用，普通英汉词典里提供的例句还很难帮助读者区分三者的异同。但是，在法律英文中，其用法还真的有很大区别：state 主要从政治组织与结构角度解作"国家"，通常指独立国家或主权国家，如 the State of Israel 译作"以色列国"，a one-party state 为"一党统治的国家"；而 nation 解作"国家"时往往带有一定的感情色彩，指的是由一群有共同起源、相同语言、文化或历史背景，居住在特定地域，由一个政府领导的"国家"，所以，该词也解作"民族"，因此在翻译时，nation 除了译成"国家"外，还往往被翻译成"民族"；而 state 译作"国家"时几乎不带感情色彩，如果一个国家基本上是由一个民族构成的，通常称作"a nation-state"（民族—国家）。不过，在美国，一个非常重要的机构跟 state 有关，这就是 the State Department，为"美国国务院"。此外，美国人提起 state，一般指"州"；在印度则指"邦"。country 译作"国家"时较容易分辨，主要指领土概念上的国家，如 the Scandinavian countries（斯堪的纳维亚国家），developing countries（发展中国家）；当然，country 还可以作形容词使用，意思与 urban 相反，与 rural 相同，即"乡下的""农村的"。就本段的翻译而言：nation 显然不妥，合适的选词应该是 state，但必须将首字母大写为 the State。

3. In these Trial Measures, "Public Credit Information" *shall* mean *data and material* that can be utilized to identify the credit standing of the subject of the information, which *is* generated or obtained by any administrative authorities or organizations that have the functions of conducting public affairs *pursuant to* any laws or regulations (hereafter referred to as "Supplier of Information") in the performance of their duties—对于此句的问题，我们先不谈情态动词 shall 的使用和翻译（因为相同的问题在下文中还会遇到若干次），首先我们探讨一下短语 *data and material* 之前需要不需要加定冠词 the。在评注 1 中我们已经比较系统地介绍过定冠词使用的一些基本规则。很明显，此处的从句并非泛泛地用来定义 data

and material 的，它是很具体的特殊的数据和资料，指的是"行政机关以及依据法律、法规负有公共事务职能的组织在履行职责过程中产生或掌握的、可用于识别信息主体信用状况的数据和资料"，在用英文表达时用的是一个限制性的定语从句——that can be utilized to identify the credit standing of the subject of the information，所以，根据上述第 3 节名词之后跟定语从句该名词之前也必须加定冠词的语法规矩，该译文短语 data and material 必须加定冠词 the。

此外，该短语的直接定语从句之后还跟了另一个非限制性定语从句——which *is* generated or obtained by any administrative authorities or organizations，其中动词 is 是个小小的语法失误，应该将其改作 are，因为"1 加 1 等于 2"，作为主语的 data 与 material 相加，是复数，其谓语动词无疑要用 are；再且，从逻辑的角度去分析，data 是复数，material 是单数，这样的组合似乎有些不伦不类，建议将两者均改为复数：data and materials。

4. *pursuant to* 用在此处，语法上并没有错，其作用相当于 in accordance with。但法律英语中始终有一个近年来一直争论的文风问题。传统派的法律文本写手，即律师和法律专业人士所坚持的"师爷文风"（lawyerism）遭到了强力的批判，教授写作的英文系教授提倡用普通英文写作法律文件，但英美法律界仍然我行我素，时至今日很多法律文本依然写得如同天书，即使是在英美国家受过高等教育的专业人士甚至也无法读懂普通法律文本。这其中的原因之一就是法律专业行内在写作中用了大量的在普通英文中已经废弃的"法律行话"（legalese）。

此处使用的 pursuant to 正是其中之一。对该类用词应该采取何种态度？笔者在一本专著中有详细论述，摘录相关部分，不但可以帮助读者确立对法律行话的态度，而且也可以学会如何正确使用法律文本中最常用的短语：pursuant to/in pursuance of; in accordance with/according to; under。

前两个短语（pursuant to/in pursuance of 和 in accordance with/according to）与 under 一样，在法律英文中只表达一个笼统的、指导性

或程序性的"按照""根据"或"依法"的意思。例如：

（1）The Hong Kong Special Administrative Region shall, <u>in accordance with law</u>, protect the right of individuals and legal persons to the acquisition, use, disposal and inheritance of property and their right to compensation for lawful deprivation of their property.①

（2）Persons with professional qualifications or qualifications for professional practice obtained prior to the establishment of the Hong Kong Special Administrative Region may retain their previous qualifications <u>in accordance with the relevant regulations and codes of practice</u>.②

（3）The court may, on the application of a member of a specified corporation, grant leave for the purpose of subsection (1) if the court is satisfied that——except where leave is granted by the court <u>under</u> section 168BD (4), the member has served a written notice on the specified corporation <u>in accordance with</u> section 168BD.（如指明法团的成员提出申请，而法院信纳——……［除非法院已根据第168BD（4）条批予许可）该成员已按照第168BD条送达书面通知予该指明法团，法院为施行第（1）款可批予许可］③

很明显，以上三个例子中的 in accordance with 均无明显的强制性，例（1）中的 law 前面甚至连一个定冠词 the 都没有，可见此处的"依法"只是一个泛泛的程序性的要求，而不是要明确遵守哪一部或哪一条法律；例（2）中的 regulations and codes，都是复数，也可见需要遵守的是一些非常笼统的内容，而该两词之前的修饰词 relevant

---

① *Basic Law of Hong Kong*, Article 105.
② *Basic Law of Hong Kong*, Article 142.
③ Laws of Hong Kong, Cap. 32, *Company Ordinance*. 该语段的原译文是"法院可应该申请而为施行第（1）款批予许可。"显然译文有误，"可应该"属于两个性质不同的情态动词，故笔者根据原文将其订正为"法院为施行第（1）款可批予许可"。

（相关），更增加了需要遵守的"行规"（regulations and codes of practice）的模糊性（只是相关的行规，而不是具体哪一条行规）。例2条文中用了一个 in accordance with 以及另一个功能与其几乎完全相同的 under，而且该两词之后所跟的几乎是完全相同的法律条文 [（section 168BD（4）与 section 168BD)]，其译文也是同义的"根据"和"按照"——可见该两词，无论英文还是中文，都是等义的，可以互换使用。该两词均属介词性质，本身没有明显的强制性，只是"指导"相关部门（"法院"）和人士（"该成员"）按章办事而已。如果上述例子中的三个 in accordance with，皆用 in compliance with 或 in conformity with 去取代，语法上完全成立，但对"依法"的要求就更加严格了。所以，法律条文中一般性的"依法"要求，用 in accordance with the law/law 就可以了。《中华人民共和国公司法》中大量的"依法"及"依照（某法）"就是按此形式翻译的，以下略举数例为证：

（4）第一百九十一条 公司被<u>依法</u>宣告破产的，<u>依照</u>有关企业破产的法律实施破产清算。（Article 191 Where a company is declared bankrupt <u>in accordance with the law</u>, the company's bankruptcy①liquidation shall be carried out <u>in accordance with</u> the relevant applicable laws)②

（5）第一百九十二条 本法所称外国公司是指<u>依照</u>外国法律在中国境外设立的公司。（Article 192 A foreign company referred to herein means a company registered and established outside China <u>under foreign laws</u>)③

（6）第一百六十五条 公司应当在每一会计年度终了时编制财务会计报告，并<u>依法</u>经会计师事务所审计。财务会计报告应当<u>依照</u>法律、行政法规和国务院财政部门的规定制作。（Article 165 A

---

① 《中华人民共和国公司法》，http://baike.baidu.com/view/670653.htm.
② 同上。
③ 同上。

company shall prepare its financial and accounting reports at the end of each fiscal year, which shall be audited by an accounting firm <u>in accordance with the law</u>. The financial and accounting reports shall be compiled <u>pursuant to</u> relevant laws, administrative regulations and relevant regulations set forth by the finance authority under the State Council)①

（7）第六条……法律、行政法规规定设立公司必须报经批准的，应当在公司登记前<u>依法</u>办理批准手续。（Article 6…Where laws, administrative rules and regulations provide that incorporation of companies must be subject to examination and approval, the procedures of examination and approval shall be completed <u>according to</u> law prior to the registration of such companies)②

从以上最后两例还可以看出，在语义、语用或语法功能上，pursuant to, according to 与 under, in accordance 完全相同。四者之间可以相互替代，所表达意思完全不变。但是，必须注意到，在语域上它们之间存在巨大差别。在法律文本中，一般来说，under 并非是一个普通词，即便在收罗词条数量巨大、陆谷孙主编的《英汉大字典》中，under 也没有"根据/依据"的解释。只有在法律字典中，这个司空见惯的词才有本文所需要的解释。用语域高低去衡量，under 甚至高于 in accordance with，因为后者毕竟还可以用于普通文本。不过，表示"按照/根据/依据"概念的 in accordance with 的语域又高于口语词 according to。在法律文本中使用口语化的 according to，会使句子显得类似普通英文，降低其正式程度。正因为如此，在香港最常用的法律《公司条例》中，表达"按照"概念的 in accordance with 被用了142次，而 according to 只用了18次。③ 可见在法律文本中，要表达"按

---

① 《中华人民共和国公司法》，http://baike.baidu.com/view/670653.htm.
② 同上。
③ 李克兴：《高级法律翻译与写作》，北京大学出版社2013年版，第111—126页。

照"的概念，简洁的 according to 不是首选词。

法律写作提倡使用正式、庄重的书面语体。为表达程序性、指示性的"按照""依照""根据"的词义，in accordance with 以及 under 在一系列的同义和近义词中最为恰当。但 under 与 pursuant to 的语用功能（搭配的灵活性或黏附性）均没有 in accordance with 那么强大，因为 pursuant to 与 under 有一个共同点：即跟随其后的基本上只能是具有法律性质的文件；而跟随 in accordance with 之后的可以是任何性质的内容，未必一定是法律文件。不过，在法律文本中使用 pursuant to，会使语体上更加"法律"、也更加古雅；使用 in pursuance of 的，则更有过之，如：A non-governmental intermediary institution shall practice independently and impartially in pursuance of the law. No enterprise or individual may interfere with its normal work.① （非官方的中介机构应当依法独立、公正地执业。企业和个人不得干预其正常的执业行为。）可以这样说，在现今的法律文本中使用 pursuant to 是相当陈旧的作文风格，使用 in pursuance of 则可谓已经"背时"，即便在律师界使用该词的人也越来越少。

现代的英语教育专家都反对在英文写作中继续使用 pursuant to 这个词，认为该词是典型的"师爷"用词，即使在英美法律界也有较高的反对使用的声音。一位前律师、现在从事法律写作教学的美国教授这样写道：

> I despise the phrase "pursuant to." It's not evil or even really bad, but it is used almost exclusively by lawyers. So it's a phrase that says to the reader, "a lawyer wrote this." And I don't want that message to be a part of my writing. Granted that for most of my writing, the reader knows I'm a lawyer. Still, I dislike displaying the fact that way. When I was practicing law, I worked for a lawyer who on occasion put "pursuant to" into a letter I had written. I did the first draft, and he revised it for his

---

① http：//www.showxiu.com/fan_yi/pursuance/.

own signature, so he had the right to add "pursuant to." But it bothered me, and I developed a strong negative reaction to the phrase. It's not rational with me, I know. I went so far as to banish it from my vocabulary in about 1991. I haven't used it since. And I criticize it in my books and writing whenever I can. It does carry multiple meanings: "under" and "according to," will often be more precise. ①

但语言是最民主的。在这一行里,如果大多数人还都在使用或喜欢使用某个词,你明知这是不良文风,你也无法扭转局面。在此,我们的目标是要学会辨别哪些是律师或法律界专用的行话词语,哪些是语域较低的口语用词(在写作和翻译中尽可能避免使用这两种极端用词),以便清楚地认识什么是当今流行的、典型的法律语体。在法律写作或翻译工作中,如果文本或译本的主要阅读对象不是普通民众,而是律师、法官等专业人士,适当使用 pursuant to 这一类属于行话性质的用词也未尝不可——虽然提倡简明英文,但翻译的服务对象也是一个不可忽视的因素,因为翻译毕竟还是一个服务性质的行业,必须顾及服务对象的喜好。但如果文本的读者是普通民众(如与民生息息相关的商业性法律文件、法律条文或属于普通民事活动性质的合同),不时使用律师界的行话或专用词语,就会使文本显得迂腐、文体不合时宜,给文本的使用者增添不必要的理解难度。所以,学习法律翻译或法律写作的人士要对当代法律语言保持敏锐的触角,通过鉴别比较,把握常用词语使用的尺度,以便在法律文本的制作过程中不但会用精确的词语,还会用适当的文体去表达法律思想。

5. The Municipal Department of Economy and Informatization(市经济信息化部门):本注主要涉及两个问题:"化"的翻译和法律文本专有名词的处理办法。

自 20 世纪 80 年代初中国提出建设"四化"或实现"四个现代化"目标以来,中国公文语言中便繁衍出大量的以"化"为词根的

---

① http://www.utexas.edu/law/faculty/wschiess/legalwriting/2005/04/pursuant-to.html.

特色短语和句式。就翻译而言，英文中以—ization 结尾的词，长期以来是中文里含"化"的名词短语的对应翻译。但最近，随着中国公文领域翻译策略的变化，翻译水平的提高，"化"词的翻译越来越多样化，越来越出神入"化"。例如：

军队革命化、现代化、正规化建设继续加强，国防实力和军队防卫作战能力提高。The programs of revolutionizing, modernizing and standardizing the armed forces have been further implemented thus uplifting our nation's military position for defense and the combat readiness of our troops. ①

以"化"为词根的特色短语和句式有：

农业信息化　to apply IT extensively to agricultural development
政府管理信息化　to promote IT for government administration
科技成果市场化、产业化　gear scientific and technological achievements to the market/ commercialize scientific and technological achievements
粮食主销售区要加快粮食流通市场化进程　the main grain-consuming areas should accelerate the pace of market-oriented grain distribution
中国经济逐步市场化　continue the gradual marketization of the Chinese economy
三大决策法律化　gives the forces of law to the three major policy decisions
经济全球化 economic globalization
多极化 multi-polarization/ trend toward multipolarity
民主化 democratization ②

不难看出：英文中以-ization 结尾的词，仍然是汉语里含"化"

---

① 《汉译英时事政经用语选登》，《中国翻译》2004 年第 11 期，第 93 页。
② 王弄笙：《汉英翻译中的 CHINGLISH》，《中国翻译》2000 年第 2 期。

的短语的主要对应翻译，上述例句中就有：marketization，globalization，multi-polarization，democratization。但汉语原文中出现"化"的内容，未必一定要翻译成-ization。如 trend toward multipolarity（多极化）、market-oriented grain distribution（粮食流通市场化）、gear scientific and technological achievements to the market（科技成果市场化）、to promote IT for government administration［（促进）政府管理信息］，等等，都还是不错的翻译。

所以，"化"的翻译也要根据具体情况而定，主要原则还是译文要符合原意并且容易被读者正确理解。就本法规中的"市经济信息化部门"而言，指的是上海市的一个信息科技服务部门，负责将该市经济活动的数据用信息化的手段加以处理。如果将"信息化"一词直译成 informatization 反而不容易让目标语读者准确获知该部门的具体职能。因此，不妨将部门翻译成 The Municipal IT Department for Economy。而原译 The Municipal Department of Economy and Informatization 中的 informatization 不但难解，而且容易误导：似乎这个部门有两项功能，一是经济部门（Department of Economy），二是科技部门（Department of Informatization）。

第二个问题涉及专有名词的翻译。众所周知，法律翻译的基本原则不但要忠实于原文，译文要准确，而且要尽可能达到精确的水准。而使用近义词或同义词表达相同的法律思想，效果必然适得其反，因为这样会促使读者或文本的使用者不必要地怀疑或猜测不同词语之间可能存在的差别。所以，《法律文体》一书的作者 Henry Weihofen 特别强调用相同的词表达相同的法律思想：

…exactness often demands repeating the same term to express the same idea. Where that is true, never be afraid of using the same word over and over again. Many more sentences are spoiled by trying to avoid repetition than by repetition.[①]

---

① Henry、Weihofen：《法律文体》，法律出版社 2000 年版。

对一部地方性法规翻译的透析

更明确地说，此处提出的是法律翻译的同一性原则，即用同一词汇表达同一法律概念或思想。就本法律文本而言，凡重复出现的具有法律概念或属于专有名词性质的词汇，都应该自始至终用相同的词汇去表达。如果在着手进行翻译之前，能将这些词的对应译文确定下来，不但能提升翻译速度，而且对保证整个文本的翻译质量都具有事半功倍的作用。以下是本法律语篇中重复出现的法律概念词和专有名词。

法律概念词和专有名词	出现的频率	建议采用的英文译文
试行办法	5	the Trial Procedures
公共信用信息	32	public credit information
公共信用信息的归集和使用	2	Collection and Use of Public Credit Information
信息提供主体	7	the information provider
市经济信息化部门	2	the Municipal IT Department for Economy
市信用平台	10	the Municipal Credit Platform
公共信用信息目录	5	Information Directory
法人信息共享和应用系统	2	the Municipal Legal Person Information Sharing and Application System
市实有人口管理和服务信息系统	2	the Municipal Information System for Actual Population Management and Service
信息主体	8	the information subject
异议申请	8	dispute application
国家计算机信息系统安全保护工作的有关规定①	1	the Regulations for Safety Protection of Computer Information Systems of the State

译者应对以上（同样适用于其他法律文本）重复率高的专用词的

---

① 北大法网已有定译，见 http://www.lawinfochina.com/display.aspx? lib=law&id=12136&CGid=.

翻译细加推敲，在正式动手翻译正文之前就有"定译"，这样可以避免不必要的一词多译的现象。这一规矩对有多名译者参与的长篇翻译工作尤其重要，否则大家各自为战会给最后负责统稿的人员增添许多额外的工作量。

6. …hereafter referred to as the "Municipal Credit Platform"——此注的问题涉及古旧词的使用。

频繁使用古旧词（archaic words）是法律英文的最大特点之一。公认的古旧词主要指英文口语中已经消踪匿迹几百年，一般以 here-, there-以及 where-为词根的副词，但也包括在日常英文中罕见、只在法律英文中出现、近乎迂腐的所谓正式词。法律文本中常用的古旧词主要有：

Aforementioned	undersigned
herein	so as
heretofore	whereas
thereon	hereinafter
aforesaid	thereafter
hereunder	wherefore
thereto	hereinabove
forthwith	thereas
herewith	whereto
hereto	hereinbefore
theretofore	thereby
hereafter	whereupon
notwithstanding	hereof
thereupon	thereof
hereby	witnesseth
pursuant to	whereby

这类词在法律文本中之所以频繁使用，其主要目的一般有两个：a. 为了避免用词的重复，以及 b. 制作出"古色古香"，只有律师或法律专业人士才能读懂的"精英语言"文本。但在提倡用"简明英语"写作的时代，它的合理性受到极大质疑。在当代法律的写作实践

中，我们建议以四条原则去处理古旧词①：

第一，反对使用：因为这类词汇在普通现代人的词汇中（尤其是口语中）已经消失几百年了。时代在进步，语言在发展，民间在反对，政府在呼吁，这种词汇阻碍交流，业界不应该反其道而行之。但你反不反对，业界习以为常，还是有大批人照用。因此，考虑到现状，提出第二条原则：

第二，读者理解和认可原则：如果文本的目标读者主要是法律专业人士，尤其是老一辈法律专业人士，可以"投其所好"，适当使用（但绝不能连篇累牍地滥用）；但如果主流读者是非法律专业（公司的业务主管，尤其是普通民众）应尽可能避免使用。总之，在用词上尽可能让主流目标读者明白，得到他们的认可；

第三，用词经济原则：由于这类古旧词基本上都是由一个副词加一个或多个介词构成的（如 thereafter, hereinafter），所以即便目标读者是法律专业人士，使用该类词时如果只能避免重复两到三个词，还是不应该使用（因为该类词本身就是由两个或三个单词构成的），如果用了 hereinabove, heretobefore, 而该两词分别所表达的只是 the above 与 previously 的意思，那该使用就不符合用词经济的原则，就得不偿失，因为在法律文本中适当重复前述之词无伤大雅。

第四，用词可重复原则——英文法律文本以往大量使用以 here, there, where 为词根的古旧词，其中一个原因是为了避免重复，避免重提前面已经罗列的事项。但在法律写作中，最高的准则是表达的精确性，为了达到精确表达的目的，用相同的词汇表达相同的法律概念是天经地义的，前面所引 Weihofen 的一段话更为这一原则提供了颇有说服力的支持："…exactness often demands repeating the same term to express the same idea. Where that is true, never be afraid of using the same word over and over again. Many more sentences are spoiled by trying to a-

---

① 李克兴：《论英文法律文本中古旧词的使用原则——兼评中国法律译本中滥用古旧词的现象》，《中国翻译》2010 年第 4 期。

void repetition than by repetition.①"

但具体而言,在什么情况下,古旧词的使用才是可以接受的?可以这样说,如果使用一个古旧词能够避免重复至少三个以上的词汇,该古旧词的使用至少是经济的,从增进文本简洁性这一获益角度而论是可以接受的。例如:

> Article 206　Where the company engages in any business activities unrelated to the liquidation, it shall be warned by the company registration authority and its income derived <u>therefrom</u> shall be confiscated.②

在这段条文中,古旧词 therefrom 的使用使作者省去了 from engaging in any business activities unrelated to the liquidation 这么一个冗长的短语。如按照普通英文的表达方式,将该句重写成 Where the company engages in any business activities unrelated to the liquidation, it shall be warned by the company registration authority and its income derived from engaging in such business activities shall be confiscated. 它的意思才完整、正确、清晰。但相比较而言,用了 therefrom 这个古旧词,该句就显得特别简洁,而且也不给读者带来太多的理解上的困惑。

就本注的古旧词而言,更正规的陈旧写法应该是 hereinafter referred to as,而不是 hereafter referred to as,意指"本法规内的以后部分";但可以省略为 referred to as the Municipal Credit Platform;更可以一步到位精简成 Municipal Credit Platform——这是简明英文中的写法。试想,如果本法规中有数以十计的"以下统称",而译者一概用古旧词将其一字不漏地译为 hereinafter referred to as⋯,读者要以多大的耐心去阅读译文文本?而采用目前越来越流行的简明写法,不但让读者

---

① Henry、Weihofen:《法律文体》,法律出版社 2000 年版。
② *The Company Law of the People's Republic of China*, www.china.org.cn/english/government/207344.htm.

"赏心悦目",更主要的原因是这样简洁的译文不会产生任何误导:谁都明白后者是前者的简称。

四 对第二部分译文的评注

原文:	原译文:
第六条(信用平台) 市公共信用信息服务中心(以下简称"市信用中心")承担市信用平台的建设、运行和维护工作,负责归集公共信用信息,提供信息查询、异议处理等服务。	Article 6 Credit Platform The Municipal Public Credit Information Centre (*hereafter referred to as the "Municipal Credit Centre"*) undertakes the construction, operation and maintenance work of the Municipal Credit Platform, and is responsible for collecting Public Credit Information and providing information inquiry and objection handling services.
第七条(信息目录) 本市公共信用信息实行目录管理。公共信用信息目录由市经济信息化部门组织编制并公布。信息提供主体应当按照公共信用信息目录,向市信用平台提供信息,并制订本单位公共信用信息记录、提供、使用的相关标准规范。 纳入公共信用信息目录的主要包括:工商登记、社会组织登记、税务登记、组织机构代码登记、身份登记、社保登记等登记类信息事项,资质认定、执业许可、职业资格等资质类信息事项,行政处罚、禁入限制、责任事故处理以及弄虚作假、违反告知承诺记录等监管类信息事项。 公共信用信息目录使用组织机构代码、公民身份号码等,作为识别信息主体的标识码。纳入公共信用信息目录的公共信用信息分为公开信息和授权查询信息。	Article 7 Information Catalogue Public Credit Information in this Municipality *shall be subjected to*[7] the catalogue administration. A Public Credit Information Catalogue shall be compiled and publicized by the Municipal Department of Economy and Informatization. A Supplier of Information shall provide information to the Municipal Credit Platform in accordance with the Public Credit Information Catalogue, and formulate the related standard specifications for the record, provision or utilization of its Public Credit Information. Information that is to be brought into the Public Credit Information Catalogue *shall mainly include*[8]: registration information such as industrial and commercial registration, social organizations' registration, tax registration, organization code registration, identity registration and social security registration; qualification information such as accreditation, practicing licence and professional qualifications; regulatory information such as administrative penalties, *restrictions to enter*, handling results of liability accidents and records of deceptions or *violation of inform-and pledge agreements*.[9] *The Public Credit Information Catalogue shall utilize*[10] an organization's institution code or an individual's citizen identification number as the identification code for identifying the subject of the information. *Public Credit Information that is to be brought into the Public Credit Information Catalogue*[11] shall be divided into 2 categories: Public Information and Query-authorization Information.

续表

原文：	原译文：
第八条（信息归集） 市法人信息共享和应用系统、市实有人口管理和服务信息系统应当对接市信用平台，稳定、及时地提供信息。 对市法人信息共享和应用系统、市实有人口管理和服务信息系统未归集的公共信用信息，信息提供主体应当按月向市信用平台提供，逐步实现联网实时提供和动态更新维护。	Article 8 Information Collection The Municipal System of Sharing and Using Legal Entity Information and the Municipal Information System of Services to and Administration of Shanghai Inhabitants shall be integrated to the Municipal Credit Platform, and shall supply information *on a stably and timely basis* [12]. Regarding the information that has not been collected by the Municipal System of Sharing and Using Legal Entity Information or the Municipal Information System of Services to and Administration of Shanghai Inhabitants, a Supplier of Information shall supply such information to the Municipal Credit Platform on a monthly basis, and shall progressively enable real-time networked information production as well as dynamic updates and maintenance.
第九条（信息查询） 市信用平台面向社会提供查询服务。 通过市信用平台查询公共信用信息的，应当提供本人有效身份证明。所查信息属于公开信息的，无需信息主体授权；属于授权查询信息的，应当提供信息主体的书面授权证明。 登记类、资质类信息长期提供查询，其他类别信息自信息主体的行为或者事件终止之日起5年内提供查询，信息提供主体根据国家或者本市有关规定设定查询期限的除外。	Article 9 Information Inquiry The Municipal Credit Platform provides information inquiry services to the public. When a person conducts an information inquiry via the Municipal Credit Platform, *he or she* [13] shall provide *his or her* valid identity documents. If the information inquired falls into the category of Public Information, *the person does not have to* obtain the authorisation of the subject of the information. If the information falls into the category of Query-authorisation Information, *the person has to* [14] provide a written authorization certification issued by the subject of the information. Registration information and qualification information shall be available for inquiry for a long term. Information that falls into other categories shall be available for inquiry for five (5) years after the subject of the information *concludes the relevant activity or event*, [15] unless a Supplier of Information has set a term for the inquiry *pursuant to relevant regulations* of the *state* or this Municipality.
第十条（鼓励查询使用） 行政机关查询公共信用信息应当符合履行本单位行政职责的实际需要。 鼓励在行政管理、政府采购、招标投标、表彰奖励、资金支持、人员录用晋升等工作中查询使用公共信用信息，有关情况纳入绩效考核。	Article 10 Encouraging Inquiry and Utilization An administrative authority shall conduct an inquiry of Public Credit Information in consistent with *its actual needs of the authority* [16] in the performance of its administrative duties. The inquiry and utilization of Public Credit Information *are encouraged* in activities such as administration, government procurement, tender and bid, commendation and award, financial support as well as staff recruitment and promotion, and the relevant information obtained *is taken into account* [17] in the performance appraisal.

续表

原文：	原译文：
鼓励信用服务机构查询使用公共信用信息，为政府工作、市场交易、个人生活和工作提供信用服务。	Organizations that provide credit services *are encouraged* to inquire and utilize Public Credit Information in order to provide credit services for government work, market transactions and personal life and work.

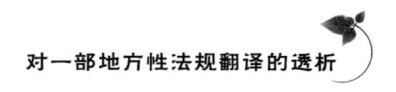

7. Public Credit Information in this Municipality *shall be subjected to* the catalogue administration. 斜体字 *shall be subjected to* 存在两个问题：第一，subject to 在法律文本中的正确用法。第二，shall 用在此处是一个多余的词。

Subject to 的词性多变，功能强大，造句灵活，用途广泛，在法律文本中频繁使用，翻译此词也有相当的难度。它可以是名词、也可以是动词，还可以是形容词。作名词用，该词意为"主题/题目/学科/臣民"；作动词用，意为"使臣服"。但这些都不是法律文本中的主流用法；所以本节不讨论该词以名词或动词形式出现的用法，只讨论以形容词词性出现在法律文本中的（be）subject to 的用法和译法。后一种用法在法律文本中非常普遍，相反在普通英文中，倒较少有人使用。作形容词使用时（常与 be 连用），该短语意为"臣服的/受支配的/受制于/取决于……的"，但在法律文本中通常用来表示"遵照""依从""必须符合"的概念，尤其当其后跟着某个法律文件时。

例如：The general manager has authority to decide, <u>subject to</u> the approval of the board of directors（总经理有权决定，<u>但必须得到</u>董事会批准）。又如：Psychotherapy <u>must be subject to</u> statutory regulation: the only way to remove abusive or incompetent practitioners is the force of the law.[①]（心理治疗<u>必须受法规规</u>管：执法是清除那些胡来或不称职的治疗师的唯一办法）；但是，subject to 之前即使不加 must 或 shall，也同样蕴含一定要服从或必须符合的强制意味，例如：We are all <u>subject to the laws of our country</u>（我们都<u>必须遵守</u>国家的法律）。又如：This a-

---

① www.guardian.co.uk/.../2009/.../psychotherapy-regulation.

greement and its construction, validity and effect is entered into in the State of Maryland, USA and <u>is subject to</u> the laws thereof with the exception of its conflict of laws provisions.① (本合同在美国马里兰州签订，本合同及其解释、合法性和生效——除其中的法律冲突条款之外，均受该州法律规管)

所以，在一般情况下，即当该词与（连）系动词 be 配合作谓语使用时，可将其翻译成"必须遵守"；而当由该词构成的短语作为后置状语使用时，也同样可翻译成"必须遵守"，但它是一个带转折语气的、如同但书（proviso）一般的附加条件。例如：Employee shall perform the duties consistent with his role as President and Chief Executive Officer, <u>subject to</u> direction from THE COMPANY's Board of Directors. (雇员应当履行与其作为公司总裁和首席执行官角色相符的职责，但<u>仍然必须遵循</u>公司董事会的指示)

但是，由该词构成的短语作为前置状语（放在主句或法律行为之前）使用时，其用法相当于 depending on，可翻译成"……受制于"或"在符合（不抵触）……规定下"等，表示一种以此为前提的条件，例如：

> For the purposes of this Ordinance, a company shall, <u>subject to the provisions of subsection (6)</u>, be deemed to be a subsidiary of another company, if—(就本条例而言，<u>在不抵触第（6）款的条文下</u>，一间公司须当作为另一间公司的附属公司，如——)②。
>
> Subject to the provisions of subsections (2) and (3), where a term of imprisonment is imposed by a magistrate in respect of the non-payment of any sum of money adjudged to be paid by a conviction or order, that term shall, on payment of a part of such sum to any person authorized by a magistrate to receive it, be reduced by a number of

---

① http://www.isprs.org/specials/announc PDF/registration_law.pdf.
② Laws of Hong Kong, Cap. 32, *Company Ordinance*.

days bearing as nearly as possible the same proportion to the total number of days in the term as the sum paid bears to the sum adjudged to be paid. (在不抵触第（2）及（3）款的条文下，凡有人因不缴付根据定罪或命令而判决须缴付的款项，而被裁判官判处一段监禁期，则在该笔款项的一部分付予获裁判官授权的受款人后，其监禁期得以缩减，而缩减的日数占监禁期总日数比例尽量与已付款项在判决须缴付款项中所占比例相同)①

<u>Subject to this section</u>, where an order is made under section 12AA in respect of pecuniary resources or property held by a person other than the person convicted, that other person may, within 28 days after the date of making the order, appeal against the order of the Court of Appeal. (<u>在符合本条的规定下</u>，凡法庭根据第 12AA 条对并非被定罪的人持有的金钱资源或财产作出命令，该人可在命令作出的日期后 28 天内就该命令向上诉法院提出上诉)②

通过对大量的包含该短语的来自法律文本的例句的分析，我们可以很有把握地作出以下判断：subject to 如出现在主句或法律行为之前，那么它多半是前提性质的条件；若出现在句子结尾部分，则更有可能是但书式（通常是由 provided that 引导的条件从句）的附加限制；但在绝大多数情况下，两者其后所跟的都是某个法律文本的名称，或其他的明确条件或限制。例如：

Sections 143 to 149 and section 150 shall apply to all bodies corporate incorporated outside Hong Kong which have a place of business in Hong Kong or have at any time had a place of business therein as if they were companies registered under this Ordinance, <u>but subject to such (if any) adaptations and modifications as may be specified by reg-</u>

---

① Laws of Hong Kong, Cap. 227, *Magistrates Ordinance*.
② Laws of Hong Kong, Cap. 201, *Prevention of Bribery Ordinance*, Art. 12AB [1].

第二编　应用型翻译

ulations made by the Financial Secretary. （第 143 至 149 条及第 150 条，适用于所有在香港以外成立而在香港有一个营业地点或曾于任何时间在香港有一个营业地点的法人团体，犹如该等法人团体是根据本条例注册的公司一样，<u>但须受由财政司司长订立的规例所指明的修改及变通所规限</u>）①

The provisions of section 8 with respect to applications to the court for the cancellation of alterations to the objects of a private company and matters consequential on the passing of resolutions for such alterations shall, so far as applicable, apply to an alteration made under this section by a company that, had it been formed under this Ordinance, would be a private company, <u>subject to</u> the following modifications——（第 8 条中关于向法院提出申请要求取消任何私人公司宗旨的修改及关于因通过该等修改决议而相应引起的事宜的条文，在适用范围内，适用于假若根据本条例而成立便会是一间私人公司的公司根据本条所作出的修改，<u>但须经下述变通</u>——）②

在以上两例中，由 subject to 构成的短语都置于主句的法律行为（均为 shall…apply to）之后，所以该两短语均应翻译成但书式的条件状语——"但须受/经……"，而正因为它们是但书式的状语，即便原文 subject to 之前并无 but 这个介词作转折用途，翻译成汉语时也都应在该转折句之前加一个"但"（如以上最后一例所示），这一点与 provided that 引导的但书的翻译规范是相同的（所以我们称这类结构为但书式状语）。

8. Information…*shall mainly include*…：本句的翻译问题与前一部分第三条译文中的问题一样（Public Credit Information *shall* mean…），都涉到英文法律文本中最有争议的情态动词的使用。英文法律文本中用得最多的情态动词是 shall。以香港最权威的英文法律文本《基本

---

① Laws of Hong Kong, Cap. 32, *Company Ordinance*.
② Ibid..

法》为例：160 条法律条文中居然用了 244 个 shall，平均计算，几乎每一条条文都用了 1.5 个（而其他情态动词如 must 总共用了 13 次，may 78 次，will 2 次；should 1 次）。可见，shall 在表述法律思想时起着多么重要的作用。

但如何正确使用 shall，一直是英美法律界长期争论的问题，也是最令法律从业人员感到困惑的问题。在此简扼提出一些结论性的建议（有关 shall 的详细用法、译法见李克兴《法律翻译：理论与实践》①第六章）。首先，无论有多少人反对使用，shall 仍然是表示法律义务的最佳词汇选择。理由如下：

（1）Shall 功能上的优越性：法律义务，尤其是合同中规定的义务，蕴含将来需要履行和被要求履行的行为，shall 既含有所需的情态性和人情味（温和强制），又有表示将来的功能（即其原始功能——当与第一人称主语连用时），故 shall 在表述法律义务（尤其是合同中双方商定的义务）时，有"一箭双雕"的功用。

（2）Shall 比较上的优越性：虽然它的含义与 must, will, be to do sth, be obliged/obligated to, be under (an) obligation to, be required to, have a duty to, be responsible to, be held responsible to, be liable to 等短语的功用近似，但使用 must 语气太强硬；使用 will 语气太弱，况且 will 与第三人称主语连用主要表示将来时态，此外也表示意愿或同意做某事，如 The tenant will keep the property in good repair——表示租客愿意对房产作适当的维修，并没有强制租客去维修房产。而在法律文本中，事实上也有纯粹的意愿或将来的状态需要用 will 去表述，所以不应让 will 身兼数职，去"承担"法律文本中繁重的义务表述的功能（这往往是各类合同以及法律条款的中心任务）。Be to do sth 尽管有命令的含义，但主要表示将来的安排，专门赋予其表示法律文本中的义务也有些"越俎代庖"。

而后面的若干短语［be obliged/obligated to, be under (an) obligation to, be required to, have a duty to, be responsible to, be held responsi-

---

① 李克兴：《法律翻译：理论与实践》，北京大学出版社 2007 年版。

ble to, be liable to〕又不及 shall 简洁,再且这些短语大部分必须以被动语态的方式才能表示义务,而被动语态又是英文写作中尽可能需要避免的表达方式。

(3) Shall 在业界有被滥用上的"优势":数十年来,英、美、加、澳、新的法律界和语言教育界有无数人、无数文章提倡用 must、will 取代 shall 以表示法律义务,但没有取得成功,法律界依然故我、我行我素地使用、甚至滥用 shall。语言是一种民主的行为,靠倡议或命令很难扭转局面,所以当用 shall 表述法律义务的深厚"群众基础"(律师行)仍然没有改变时,我们唯一能做的就是因势利导:告诉人们如何正确使用 shall,而不是强制用户必须用什么词。

(4) 其实,如果法律文本中含有可以用 has a duty to(有义务,应当)的地方,用 shall 去取代是最合适不过的。而要求更严格、需要特别强调、适合用 be required to 的地方,或违反就会有严重后果的情形,用 must 去表达更为合适。

另一个情态动词 may,一般情况下不会错用,它表示 be permitted to,即允许你做,你可以做,但你未必一定要做,如 Buyer may inspect the property. 购房者可以去察看物业,这是他的权利,但他可以不去做。

在英文所有的情态动词中 shall 是最难用的,也最难翻译成恰当中文,它至少有八种以上的译法。① 在法律文本中 shall 最常见的被滥用的情形是不问青红皂白、在主句谓语动词之前随意加上一个 shall,尤其常见的滥用是在下定义的句子的谓语动词之前加上一个 shall,如 Driver <u>shall</u> include any person actually driving a motor vehicle at any given time and any person in charge thereof for the purpose of driving whenever the same is stationary on any road;……其次是叠床架屋式的滥用:在本身已经能表达法律义务的动词之前加 shall,如 shall have a duty to、shall be required to。

---

① 李克兴:《英语法律文本中主要情态动词的作用及其翻译》,《中国翻译》2007 年第 6 期。

通过分析以下各例句，读者可以更清晰地了解在那些情形下 shall 用得对还是不对：

The owner of an animal classified as "dangerous" <u>shall</u> keep that animal in wire mesh enclosure as defined in subsection 34（q）and <u>shall not</u> allow that animal outside its enclosure unless it is on a leash capable of restraining it or is being transported in a secure cage.［被列为"危险"类动物的主人<u>须</u>将该动物圈禁在34（q）款界定的金属丝网笼内，除了该动物被拴在能够约束得住的绳链上或被关在安全笼子内运输时，否则动物主人<u>不得</u>将该动物放出笼］

在以上语段中两个 shall 用得都是正确的：因为动物属于危险类别的，所以主人有法律责任将动物用绳链约束住或关在特定规格的笼子内以确保周围其他生命的安全。而在以下的句子情形中，shall 都是被滥用的：

'Vehicle' <u>shall</u> mean…

This option <u>shall</u> expire at noon on March 1, 2014.

The tenant <u>shall</u> have the right to immediate occupancy of the premises.

Buyer <u>shall</u> have the duty to make payment within 10 days of delivery.

The Employer <u>shall be responsible for</u> paying for liability, property damage, and comprehensive insurance.

在法律主体（legal subject）或行为者没有义务承担或没有强制其承担的法律条款中，使用 shall 都是滥用；对无灵主语（inanimate subject，不包括"法人"）使用 shall 更不符合逻辑。以上第一句是下定义，没有任何强制任何人或要求谁承担义务；第二句主语与第一句中的相同，是个无灵主语，不可强制无灵主语做任何事，该句纯粹表示将来时态，期权（股票）将在何时到期，所以根本不可使用 shall；为了更清晰地表示将来时态，不妨在动词 expire 之前加一个表示将来状态的情态动词 will。第三句表达的是法律主体享有的权利而不是义务或法律责任。第四句不用 shall 就已经能够表达义务（have the duty）；如果要用 shall，就不再需要使用 the duty 这个短语了，例如：Buyer shall make payment within 10 days of delivery 与 Buyer has the duty to make payment within 10 days of delivery 所表达的法律概念是完全相同的。同样，第五句的 shall 也属多余，be responsible 已经把责任强加给了主语，再加一个强制性的 shall 并不能增强强制性。

但不得不指出，以上五个例句中，对前两个例句我们可以将其标签为典型的误用，无论从语法还是逻辑上都是不可接受的；后三者则是可以容忍的职业性滥用，因为相当多的法律文本作者仍然在熟视无睹般地使用，美英等国较新出炉的法律条文中仍然不乏这类句子，例如：（1）He shall have the same powers and privileges as a member of that force. （2）Subject to any express limitations in the durable power of attorney for health care, an attorney in fact shall have all the rights, powers and authority related to… （3）State Parties to the present Charter shall have the duty to promote and ensure through teaching, education and publication, the respect of the rights and… （4）A person appointed under this paragraph shall not be responsible to the applicant whose interests he is appointed to represent.① （5）It shall also be the duty of the Employee to direct, assign, reassign and evaluate all of the employees of the Employer consistent with policies, ordinances, charter, state and federal law.② 以上 5 个例句中的 shall 都没有任何实质性意义，至多只起到一个标记的作用：这是法律文本。那么，在从事法律文本的写作或翻译时，是否应该继续使用：笔者的主张与前述的关于古旧词使用的观点一样，是投其所

---

① https://www.google.com.hk/search? q = shall + have + the + duty + to.
② ICMA MODEL EMPLOYMENT AGREEMENT 2012，https://icma.org/Documents/Document/Document/5345.

好：因为翻译属于服务性行业，如果你的翻译服务对象或主流读者是法律专业人士，用——因为他们喜欢，这是他们的语言风格；如果是广大普通民众，如果整个文本的写作风格要用"简明英文"（如政府公文），不用，毕竟这是不良文风。

经过上文的详细论述，本注中的 *shall* 究竟是否滥用，读者应该早有答案。

9. ……行政处罚、<u>禁入限制</u>、责任事故处理以及弄虚作假、违反<u>告知承诺</u>记录等监管类信息事项。（…regulatory information such as administrative penalties, restrictions to enter, handling results of liability accidents and records of deceptions or violation of inform-and pledge agreements）

法律翻译有若干原则需要遵守。当然首要原则是准确性和精确性原则。毫无疑问，任何法律性质的文本都要翻译得准确无误，但如果是工具性的、会被反复引用的、关系到广大民众的法律条文，如宪法、民法、刑法、刑事诉讼法、公司法，甚至合同文本，还要使译文达到精确的程度，否则涉法者或当事人很容易因不同语言文本中法律概念上的歧义或解读差异而发生纠纷，并有可能因这类文字问题而闹到公堂对簿。但要使所有法律文本的翻译都达到精确程度，谈何容易。为达此目的，不少译者在翻译的过程中咬文嚼字，甚至死抠字眼，致使译文佶屈聱牙、不堪卒读。其实，并非一切法律文本都需要译到精确程度的。如果文本属于准法律性质，诸如公司内部的规章制度之类的，使译文达至准确程度就已经是务实的作业态度了。

这里讲的是法律翻译的第一原则，即准确性和精确性原则。与这一条原则相辅相成的原则还有译名一致性和同一性原则，因为后者可以帮助译者实现前者的目标。前面相关部分已经讨论过同一性原则：即在同一个法律文本中，所有相同的法律概念必须用相同的词汇去表达，不可用同义词或近义词取而代之；而一致性原则指翻译具有特定法律概念的词语时，尽可能使用其管辖法律文本中已有定译的译法——除非有特殊需要，否则不可标新立异，更不可自创译名或译法。如果翻译合同法中的某些法律概念，而这些概念在民法或合同法或公司法中已有定译，那就应该采用民法中的译法，因为在民事活动中，民法必然是一个法律体系中管辖或统领其他民事法律（如公司法、合同法）的更高一级的法律文本，下级法律文本中的词语概念要尽可能与其保持一致。

就本注而言，有两个特殊的法律概念——<u>告知承诺</u>以及<u>禁入限制</u>，在翻译时必须遵循一致性原则。对这两个词语的翻译，不同的译者，可以有数以十计的不同译法。但是，如果译者稍作研究或查询，就会发现上海市以前曾颁布过另一个相关的地方性法规，即《上海市行政审批告知承诺试行办法》。该法规在网上也有正式的英文版本，称作 Trial Procedures of Shanghai Municipality on <u>Notification-commitment</u> in Administrative Examination and Approval。① 既然已有官方的定译，而且也没有明显的错误，本法规的译者就不应该自创新的译名（inform-and pledge agreements）。所以，将有关片语译成 violation of notification-commitment（违反告知承诺）即可。

另一个片语——禁入限制，网上或文献中没有现成的英文译本，而仅从其汉语字面意思上看，可以有五种不同的解读：（1）某些行业如博彩（赌博/彩票）、网吧行业，是禁止或限制外资或外国企业涉足的；（2）某些大城市会限制外地车辆在繁忙时段进入市区，有些市区街道又会禁止某些重型车辆或马车或拖拉机之类的农用车辆进入；（3）某些行业，如证券行，会禁止曾有违规记录的交易员或券证商在多少年内不得重新进入该行业从业；（4）当然，还有其他的种种内部掌控的禁入限制，如有犯罪前科的人士，不得从事某些保密或保安部门的工作。但就上海市的情况而言，最有可能的是以下一种解读：（5）某些违规企业，如未按规定期限履行年度报告公示义务，而被载入经营异常名录的"黑名单"，当这些公司想再同政府打交道，涉足政府采购、工程招投标、国有土地出让、银行信贷等方面活动时，就

---

① 北大法律英文网，http://www.lawinfochina.com/display.aspx?lib=law&id=13471&CGid=.

有各种限制或被禁止进入。①

经过这番研究，该片语的确切意思已经基本明确，它应该跟国务院新颁发的《企业信息公示暂行条例》第十八条中的禁入和限制概念是一致的："县级以上地方人民政府及其有关部门应当建立健全信用约束机制，在政府采购、工程招投标、国有土地出让、授予荣誉称号等工作中，将企业信息作为重要考虑因素，对被列入经营异常名录或者严重违法企业名单的企业依法予以<u>限制或者禁入</u>。"所以，该片语以译成 the delinquent enterprises restricted and banned by law from doing business with government 是最为切合原意的。而原译 restrictions to enter，仅仅是个忠实于字面意思、但令人不知所云的"死译"而已。

10. *The Public Credit Information Catalogue shall utilize an organization's institution code or an individual's citizen identification number as the identification code for identifying the subject of the information.* 在上文的注 8 中，我们讨论过不可强制无灵主语承担任何法律义务，因此在无灵主语之后使用 shall + 行为动词，是不符合逻辑的表述方式，也是对 shall 的滥用。很显然，该句的主语 *The Public Credit Information Catalogue* 是个无灵主语，强制该"目录"去使用（utilize）某机构，甚为不妥。但可以以被动方式表达相同的概念：Organization codes and resident identity numbers shall be used in the directories of public credit information as identification codes for identifying information subjects.

11. *Public Credit Information that is to be brought into the Public Credit Information Catalogue shall be divided into 2 categories*：与前面讨论过的定冠词使用问题相关。从汉语原文看，"纳入公共信用信息目录的公共信用信息"不再是普通的公共信用信息，而是已有专门定义的信息；从英文译文看，*that is to be brought into the Public Credit Information Catalogue* 显然不是泛泛的定义性质的句子，而是一个限制性的定语从句；所以主语 Public Credit Information 之前必须加定冠词 the。

---

① http：//bbs. fobshanghai. com/thread-5384760-1-1. html.

12. …shall supply information *on a stably and timely basis.* 此处不过是一个小小的语法失误：basis 是个名词，用 timely 去修饰，并没有错，因为该词可以作为形容词，也可以作为副词；但 stably 是个副词，不能用来修饰名词，故应改作 stable。

13. When a person conducts an information inquiry via the Municipal Credit Platform, *he or she*…法律主要是"律"人，即对人或法人作出种种戒律或规定，所以法律条文必然涉及人。根据惯例，在一般情况下，即在非特殊情况下（如有关法律实施对象仅仅涉及女性），法律的主体都为单数形式的 he。而这个男性性别也包括女性。为避免引起不必要的纠纷，有些法律或合同在定义条款中还专门包括以下诸如此类的句子："He" includes "he" and "she". "His" includes "his" and "her". "Him" includes "him" and "her". Unless the context otherwise requires in this AGREEMENT, the masculine gender shall include the female gender and vice versa and any gender shall include the other genders. （除本协议上下文另有说明，男性性别的词应包括女性，反之亦然，任何性别的词应包括其他的性别的词）Unless the context otherwise requires: a word singular and plural in number shall be deemed to include the other. （除上下文另有说明：单复数词均应视为包括单数和复数）

如在较新出炉的《2001 年英国反恐法》中，所有的 a person，any person 以及所涉及的公职人员，性别一律为男性。例如：A person who fails to remove an item worn by him when required to do so by a constable in the exercise of his power under this section shall be liable, on summary conviction, to imprisonment for a term not exceeding one month or to a fine not exceeding level 3 on the standard scale or both.① 在该法律条文中，无论是涉案的 a person 还是处理案件的 a constable 都是男性。又如：A person is guilty of an offence if he discloses any information or

---

① Anti-Terrorism, Crime and Security Act 2001: http://www.ihrc.org.uk/publications/briefings/7057-briefing-anti-terrorism-crime-and-security-act-2001.

thing the disclosure of which might prejudice the security of any nuclear site or of any nuclear material— (a) with the intention of prejudicing that security; or (b) being reckless as to whether the disclosure might prejudice that security.① 同样，该涉案人士也是男性。如果要客观一些，使之在逻辑上无懈可击，该 a person 之后的代词或物主代词就必须是 he or she 以及 his 或 her，如此一来在表述上就变得不胜其烦（繁）。所以，在法律文本中，单数男性自动包括女性（甚至中性）和复数，已经是英美法律界约定俗成了的惯例。而本句的翻译恰好没有将这一惯例考虑进去。由此可见，译者对法律英文的惯用表达方式似乎还比较生疏。

14. 属于授权查询信息的，应当提供信息主体的书面授权证明：If the information falls into the category of Query-authorisation Information, *the person has to* provide a written authorization certification issued by the subject of the information. 从语法上以及翻译标准角度衡量，这样的英译几乎无可挑剔。但同样，这句的翻译违背了法律翻译译名同一性的原则。根据译界惯例，汉语法律条文中的应当，表示法律义务，与英文中的 shall 是最对应的。因此，此句的 has to 须由 shall 来取而代之；此外，严格说来，译者为该无主句寻找的主语并不十分恰当，the person 定义不明，语焉不详，还不如以被动语态的方式加以处理：a written authorization from the information subject *shall be produced* for any authorized information. 一般而言，被动语态句是不提倡使用的，但在行为者不明或不可知的情况下，还是可以使用的——有关这一点，我们在下文涉及有关被动语态句在法律文本中使用的讨论中再作详细讲解。

15. Information that falls into other categories shall be available for inquiry for five (5) years after the subject of the information *concludes the relevant activity or event*, unless a Supplier of Information has set a term for the inquiry *pursuant to relevant regulations* of the *state* or this Municipality. 与上

---

① http://www.legislation.gov.uk/ukpga/2001/24/schedule/1/paragraph/11.

注相同，在翻译"其他类别信息自信息主体的行为或者事件终止之日起 5 年内提供查询，信息提供主体根据国家或者本市有关规定设定查询期限的除外"句子中的时间状语（斜体部分）时，译者也做了一件事倍功半的工作：为"行为或者事件"的制造者找了主语。其实这完全没有必要，因为行为可以是行为者的作为，但事件未必就是该行为者制造的，在很多情形下他可能只是被动地卷入事件，如一场交通事故。再说，译文中的 *concludes the relevant activity or event* 的词语搭配也不甚妥当。所以，该句还是不提行为者、以被动语态的形式表达更容易处理：Inquiry service for other information *shall be provided* for a period of 5 years commencing from the date when the act of the information subject or the incident involving him terminated, except for the inquiry service with the period set differently by information provider in accordance with the relevant provisions of the State or the Municipality.

16. An administrative authority shall conduct an Inquiry of Public Credit Information in consistent with *its actual needs of the authority* in the performance of its administrative duties. 同样，这句在表达上存在一个小小的、不容易被觉察的语法失误：短语 *its actual needs of the authority* 中的 *of the authority* 是不必要的，因为 its 已经具有 *of the authority* 的语法功用。此外，汉译英的译者还应该注意到：使用代词（he）、物主代词（his）或宾格人称代词（him）时，其之前必须先有其所指代的名词的出现（见以下句子中的黑体部分），例如：The party is not permitted to buy more than its actual needs 以及 The environment or natural home where **a wild animal** lives is called its habitat. Just like humans, **wild animals** have specific requirements that they get at home.①

就本句而言，正确表达应该是：An administrative authority shall conduct inquiry of Public Credit Information in consistent with *its actual*

---

① http://www.clemson.edu/extension/natural_resources/wildlife/publications/fs14_habitat_requirements.html.

needs when performing its administrative duties.

17. 鼓励在行政管理、政府采购、招标投标、表彰奖励、资金支持、人员录用晋升等工作中查询使用公共信用信息，有关情况纳入绩效考核。鼓励信用服务机构查询使用公共信用信息，为政府工作、市场交易、个人生活和工作提供信用服务。The inquiry and utilization of Public Credit Information *are encouraged* in activities such as administration, government procurement, tender and bid, commendation and award, financial support as well as staff recruitment and promotion, and the relevant information obtained *is taken into account* in the performance appraisal. Organizations that provide credit services *are encouraged* to inquire and utilize Public Credit Information *in order to* provide credit services for government work, market transactions and personal life and work.

在这段译文中，读者必然注意到三个被动语态句。对比原文，这三个被动语态句似乎十分忠实于原文。但根据惯例——汉语法律语言的表达惯例和翻译惯例，应该在每句的谓语动词之前加上情态动词 shall。如果不加 shall，就如译者所译的，读者会读出一个仅仅陈述事实、不带任何强制要求的信息，这就是说，做以下这几件事是受到鼓励的或被考虑到的。但事实上政府是通过立法的手段要求有关机构做这些事情。所以，在解读原文时，应该在各谓语动词之前加上被省略的"应当"。本段可译为：

Inquiry and use of public credit information *shall be encouraged* in activities such as administrative management, government procurement, tendering and bidding, commendation and rewarding, financial support and staff recruitment and promotion; and the relevant information obtained *shall be taken into consideration* in making a performance appraisal. Credit service agencies *shall also be encouraged* to inquire and use public credit information when providing credit service for government work, market transactions, personal life and work.

五　对第三部分译文的评注

原文：	原译文：
第十一条（异议申请） 信息主体认为市信用平台记载的本人公共信用信息存在错误的，可以向市信用中心书面提出异议申请并提供相关证据材料。	**Article 11 Objection Application** If a subject of the information considers that the Public Credit Information related to *him or her* recorded in the Municipal Credit Platform contains errors, *he or she* [18] may submit a written application for objection to the Municipal Credit Centre and provide relevant evidence.
第十二条（异议处理） 市信用中心应当在收到异议申请之日起 2 个工作日内进行信息比对。市信用平台记载的信息与信息来源确有不一致的，市信用中心应当予以更正，并通知异议申请人。市信用平台记载的信息与信息来源一致的，市信用中心应当将异议申请转至信息提供主体。 信息提供主体应当在收到异议申请之日起 20 个工作日内进行核查，对确有错误的信息予以更正，并告知市信用中心。市信用中心应当及时将处理结果通知异议申请人。	**Article 12 Objection Handling** The Municipal Credit Centre shall conduct a comparison on the information within two (2) workdays after receiving an application for objection. If the information recorded in the Municipal Credit Platform is inconsistent with the source of the information, the Municipal Credit Centre shall correct the information and *notify* the applicant *about* the objection. If the information recorded in the Municipal Credit Platform is consistent with the source of the information, the Municipal Credit Centre shall transfer the application for objection to the Supplier of Information. The Supplier of Information shall conduct a review within twenty (20) workdays after receiving the application for objection, and shall correct the information that does contain errors and notify the Municipal Credit Centre. The Municipal Credit Centre shall *notify the result to* [19] the applicant of the objection in due course.
第十三条（权益保护） 异议申请正在处理过程中，或者异议申请已处理完毕但信息主体仍然有异议的，市信用中心提供信息查询时应当予以标注。 信息提供主体未按规定核查异议信息并将处理结果告知市信用中心的，市信用中心不再向社会提供该信息的查询。	**Article 13 Rights and Interests Protection** *In the event that* [20] an application for objection is being processed, or that the handling of an objection has been completed but the subject of the information still have objections, the Municipal Credit Centre shall *annotate* these conditions when providing the information for inquiry. *In the event that* a Supplier of Information fails to review a piece of information with demurral in accordance with the relevant provisions and *notify* the Municipal Credit Centre *about* the result of the review, the Municipal Credit Centre *will no longer provide* [21] such information for inquiry to the public.

续表

原文：	原译文：
第十四条（信息管理） 市信用中心应当制定并公布相关服务和安全管理规范。开展公共信用信息的存储、比对、整理等活动，应当严格遵守各项规范。 任何单位和个人不得以不正当手段归集公共信用信息，不得篡改、虚构公共信用信息，不得违规披露、泄露或者使用公共信用信息。	Article 14 Information Administration The Municipal Credit Centre shall formulate and publicize relevant service and *security* administration standards. *A person must strictly comply with* [22] all the standards when conducting activities such as storage, comparison or collation of Public Credit Information. An organization and individual *must not* [23] collect any Public Credit Information through *unjust* measures, or distort or fabricate any Public Credit Information, or disclose, divulge or utilize any Public Credit Information in violation of any regulatory provisions. [24]
第十五条（安全管理） 市信用中心应当严格执行国家计算机信息系统安全保护工作的有关规定，建立健全信息安全管理制度，采取技术手段，确保公共信用信息的安全。 市信用中心应当建立公共信用信息归集和查询日志，并长期保存。	Article 15 *Security* Administration The Municipal Credit Centre shall strictly *comply with* the relevant provisions of the *state* on the *security* protection work of computer information system, and shall establish a sound information *security* administration system and ensure the *security*[25] of the Public Credit Information *by taking technical methods*. The Municipal Credit Centre shall establish a journal for the collection and inquiry of Public Credit Information, and shall keep the journal for a long term.
第十六条（施行日期） 本试行办法自 2014 年 6 月 1 日起施行，有效期至 2016 年 5 月 31 日。	Article 16 Starting Date These Trial Measures will start[26] on 1 June 2014, and will remain valid until 31 May 2016.

18. 该句无错，只是需要注意一些法律翻译或法律英文表达的惯例。前面注 13 已经提到：法律的主体或泛指的行为者都为单数形式的 he，而这个单数形式的男性性别既包括女性，也包括复数形式。所以此处如此精细的表达纯属多余。

If a subject of the information considers that the Public Credit Information related to *him or her* recorded in the Municipal Credit Platform contains errors, *he or she* [18] may submit a written application for objection to the Municipal Credit Centre and provide relevant evidence. 信息主体认为市信用平台记载的本人公共信用信息存在错误的，可以向市信用中心书面提

出异议申请并提供相关证据材料。

Consider, think, believe, deem, regard 等动词均含有"认为"之意。但它们之间仍然有细微的差异：consider 指经过仔细思考后作出的决定。think 指按照自己的意见提出看法。believe 通常指根据真实性而形成的观点。deem 是非常正式的用词，指以某种特定方式看待事物，强调作判断而不是思考。Regard 词义上与 deem 相同，但正式程度较低。后三者在惯用法上还有一个共同的特征，即没有进行时态。经过比较，在该语境中表达"认为"的最合适用词是 believe。

19. The Municipal Credit Centre shall *notify the result to* the applicant of the objection in due course. 此句涉及一个动词的习惯用法问题：notify sb. of sth. 是正确的表达法。例如：I have notified them of my arrival. 所以，此句应该改为：The Municipal Credit Centre shall promptly *notify the applicant of* the objection of the result. 上一段的 *notify* the applicant *about* the objection，也应依此类改。

20. *In the event that an* application for objection is being processed, or that the handling of an objection has been completed but the subject of the information still *have objections*, the Municipal Credit Centre shall *annotate* these conditions when providing the information for inquiry.

此句译文小问题一大堆：have objections，是语法上的疏忽，该分句的主语（the subject）为单数，所以谓语动词应为 has，同时 objections 应改为单数形式，从写作逻辑上看也更加合理一些：不能解决了一个问题，又冒出一大堆，再说，原文也并没有这种暗示。至于 annotate 的问题，不在于该词是否与"标注"的意思对等，而是在于该英文词"太学术"——指的是对一段文章或正文用评论注解、历史注解，或者解释注解、脚注、眉批或者附注加以说明。[①] 这条文中的"标注"，无非是做一个特殊记号，标明该信息有异议而已，所以 annotate 用在此处是大词小用、似是而非。但本注的重点是在条件句的引导词的使用上。

---

① 王正元：《英语同义词辨析大词典》，国防工业出版社 1994 年版，第 52 页。

条件句是法律文本，尤其是法律条文和合同条款中最重要的句型。法律文本中的条件句按其引导词区分总共有六类，相关引导词主要有 if, where, when, should, providing 与 provided that 以及 in case 与 in the event that。如果是严谨的作者，在写作法律文本的条件时该用哪一个引导词，区分还是很明显的。

一般来讲，if 引导最一般的条件，即在通常情况下都会发生的情形；如果条件比例笼统、宽泛，属于状况（case, circumstance, situation）性质的，一般用 where（置放在句首）去引导，在 where 引导的条件句之下一层面，还可以有多重由 if 引导的子条件句，再且，where 引导的条件句一般都较为正式；when 多半引导在将来某一时段会发生的条件（将来条件）；should 则引导假设性的条件，在销售合同中用得比较多；providing 与 provided that 作为条件句引导词已经过时，在较陈旧的法律文本中用得比较多，这两短语已经被英文教师列入废弃的古旧词行列，所以，读者要谨慎使用，最好是避免。in case 与 in the event that 一般都用来引导发生概率极低或"偶发事件"的条件，不过，in the event that（in the event of）引导的条件句不但发生概率低，还有一些明显的额外特点，如事件性质严重，通常还都是不幸的事件。

既然本文译者在其这两段的译文中频繁使用了 in the event that，不妨在此透过一些例句重点讨论一下这最后一类条件句的特点。虽然这两个短语在普通文体的翻译中，没有定译，译成"如果""万一""一旦"或者"若"的，随处可见；但在法律文件中，如果撰写人用词严谨的话，译成"万一""一旦"较为妥帖。例如：In case the house burns down, we'll get the insurance money.（万一房子烧掉，我们会得到保险公司的赔偿。）值得留意的是，虽然该两短语之后跟的都是一个完整的从句，但就该两短语结构而言，in case 之后一定不可跟代词 that，再带出一个完整的从句；如果要引出一个从句，必须直接跟在 in case 之后；而 in the event that 这个短语的构成正好相反，其中的 that 在较规范的法律文句中一般不可省略。

此外，这两个短语均各有一个变种：即 in case of、in the event of；

第二编　应用型翻译

与 in case 以及 in the event that 不同之处是，这两个变种短语之后只跟名词，不跟从句。就翻译而言，两者相同。例如：Always keep a bucket of water handy, <u>in case of</u> fire.（附近要常备一桶水，以防万一失火。）<u>In the event of</u> emergency we may make off.（万一发生紧急情况，我们可以逃走。）又如：<u>In the event that</u> any provision of this Agreement is declared invalid or void by statute or judicial decision, or when an appropriate administrative agency has issued a final decision, such action shall not invalidate the entire Agreement. <u>万一</u>本合约的任何条款被法令或司法机构判定无效，或者有关的行政机构已经作出最终决定，整个合约不得因为这类诉讼而失效。

总之，发生火灾或紧急情况，或合同的某个条款被法令或司法机构判定无效，都属于较罕见的状况，所以，在这些句子中所用的条件句引导词是表示"万一"情态的 in case of 和 in the event of。但还有两种情形是需要用 in the event that/in the event of 来表达的：即不幸之事件或大事件。例如：

　　Where a private company has only one member and that member is the sole director of the company, the company may in general meeting, notwithstanding anything in its articles, nominate a person (other than a body corporate) who has attained the age of 18 years as a reserve director of the company to act in the place of <u>the sole director in the event of his death</u>.［凡某私人公司只有一名成员而该成员是该公司的唯一董事，则不论该公司的章程细则载有任何条文，该公司可在大会上提名一名年满18岁的人（须不属法人团体）为该公司的备任董事，<u>一旦唯一董事去世</u>，即代替他行事］①

　　<u>In the event that</u> the Standing Committee of the National People's Congress <u>decides to declare a state of war</u> or, by reason of turmoil within the Hong Kong Special Administrative Region which endangers na-

---

① Laws of Hong Kong, Cap. 32, *Company Ordinance*.

tional unity or security and is beyond the control of the government of the Region, decides that the Region is in a state of emergency, the Central People's Government may issue an order applying the relevant national laws in the Region. （全国人民代表大会常务委员会决定宣布战争状态或因香港特别行政区区内发生香港特别行政区政府不能控制的危机国家统一或安全的动乱而决定香港特别行政区进入紧急状态，中央人民政府可发布命令将有关全国性法律在香港特别行政区施行）①

对于一家公司而言，唯一的董事死亡，毫无疑问是一件大事并且是非常不幸的事件；同样，一个地区发生战争或进入紧急状态（尤其是在香港这样一个法治比较完善的地区），是非常不寻常的现象，也绝对是大事件和不幸事件。所以，英文文本中用 in the event that 作为该假设条件句的引导词是最合适不过的；如果用 in case 去引导，句子的语体就显得不够正式。其他引导词，如 if, when, where, should 也都不够合适，只有 in the event that 才够分量将可能发生的大事件引导出来，如果是英译汉，最好译成"万一"和"一旦"。

最后必须指出，in case 及 in case of 在美国英语里较常使用；而 in the event that 及 in the event of 则在英美法律英语文本中都广泛使用。在提倡使用简明英语的时代，不少语言教育专家认为 in the event that 词风浮夸且冗长，建议一律以短小精干的 if 来替代，但法律文本的主流制作者和使用者，即律师行业，并不理会这类建议。作为新一代法律文字工作者或译者，我们必须注意到：法律语言逐步走向简明和大众化，是必然的趋势。如果用 if 就能充分表达有关的法律理念，那么就不应该使用其他的条件句引导词，更不应该使用 in the event that 这个冗长的短语；只有在文本正式程度非常高、要表述的条件是假设性的大事件、偶发事件和不幸事件时，才考虑使用该短语。

21. The Municipal Credit Centre *will no longer provide* such information

---

① 《中华人民共和国香港特别行政区基本法》第 18 条。

for inquiry to the public（市信用中心不再向社会提供该信息的查询）。

国外有句法律谚语："法无明文禁止即可为",换句话说,法律没有明确规定禁止的事人们都可以做,而政府只能做法律规定做的事,也就是说法律没有明确赋予政府的权利政府是不能做的。由此也可以推及:法律文本中有很大一部分句子属于禁令:禁止人们或政府做这做那。

汉语法律文本中一般用"不得"来表述;但有些禁令比较温和,如本条,用"不再"来表述。如果该句的翻译是在普通文本中,以上的译法倒也无任何不妥:"不再向社会提供该信息的查询"——*will no longer provide* such information for inquiry to the public,译文算得上准确规范。但是,该句的真正主语并非是文本作者,提供或不提供该信息的查询自己做不了主。要知道,该文本的作者是上海市政府的决策机构或立法部门。该部门规定市信用中心不再向社会提供,因此这仍然是一条禁令,但不是自始至终的禁令,含"既往不咎,下不为例"的语意,所以从语气上讲是相当温和的（故未纳入下文将展开较详细讨论的标准禁令的范畴）。

在法律英文中表述禁令的方式很多,但极少有用情态动词 will + not/ no longer 的形式来表述的。只是这条禁令并不是非常严厉的禁令,故用一个 shall + not 或者 shall no longer,译成 the Municipal Credit Center shall no longer provide the general public with inquiry of the said information,就可以恰当地表达该禁令的内涵以及应有的语体。至于法律英文中禁令的语气强弱,我们在本单元的注23,一并作详细阐述。

22. *A person must strictly comply with* all the standards when conducting activities such as storage, comparison or collation of Public Credit Information. （开展公共信用信息的存储、比对、整理等活动,应当严格遵守各项规范）

从语法上分析,该句译文可以说无懈可击。但其实译者在翻译无主语句的过程中,所循的逻辑是错误的。有经验的译者一般都知道 the meaning of a word lies in its context（词义根据语境来确定）。语境即上下文。在实践中译者通常都是根据上文而不是下文确定词义的,在寻找无主语句的主语时，顺序也是如此。但要确定该句子中的主语，即法律行为者，译者必须阅读下一段的内容——"任何单位和个人不得以不正当手段归集公共信用信息，不得篡改、虚构公共信用信息，不得违规披露、泄露或者使用公共信用信息"。读完之后，读者自然会得知前句的主语，即"归集公共信用信息"者，可能是"单位和个人"，只有这些行为者才会对信息进行"存储、比对、整理等"，所以，原译者将这一句的主语界定为 a person 是不妥当的，应该是"任何单位"。由于该地方法规的实施对象主要是"行政机关以及依据法律、法规负有公共事务职能的组织"，而不是"个人"（因为个人无此义务，也少有途径，且更不可能客观地提供"公共信用信息"）。但与其这样推断，毋宁避开主语。若以被动语态的形式表达，则可轻而易举处理这一难题：When conducting activities such as storing, comparing or sorting out public credit information, the relevant standards shall be strictly observed，如此一来，难以说得清楚的动作行为者就不需要出现在句子中。

在日常英语的使用中，无论是书面语还是口语，英文教育专家都竭力反对使用被动语态。但恰好有两个领域——科技与法律，将被动语态当作"宝"一样频繁使用。这一点受到当今英语教育专家的批评。但无可否认，被动语态在一定的场合或条件下还是可以使用的：

（1）行为人完全不重要或不可知，或者作者要强调的是行为受体（a person or a thing receiving the action）的状态。如：

  a. Goods were stolen during the transit.
  b. Toxins were found in the river.

在 a 句中，陈述货物在运输过程中被偷，但谁偷并不重要，而且可能根本就不可知。b 句只是陈述河流中发现了污染物这个事实，至于是谁发现的并不重要。这两个句子的重点并不是放在行为者身上，主题是两个事实：货物被偷以及河流被污染，所以采用被动语态是合适的。

（2）事件或消息的性质完全负面或需要强调的是结果或后果而不是行为的本身。如：

The company was suited several times during the past year. (LeClercq: 47 – 48)

Johnson was struck and killed in a car accident.

此两句强调的都是不幸的事实，至于"被谁告上法庭"或"被谁撞死"并不是作者要表达的重点，所以被动语态用得顺理成章。

（3）最后一种状况属于委婉的表达方式，如有意不让行为者"抛头露面"。例如，法官庭审时决定将面前的罪犯判处死刑，他决不会直面亲为，把自己的判决用主动语态表达出来，因为用主动语态，该有关表述一般会是这样的：

I have decided that you should die. (Brody, et al.: 97)

很显然，这一主动语态的表述方式太直接、也太无情，尽管这是一个无情的决定。任何一个法官都不想如此直白地告诉被告人是我决定让你去死的。而此时被动语态就派上了用场：

I have decided that you should be executed. 或者 The death penalty shall be imposed. (Brody, et al.: 97)

这样的表述语气上就显得较为委婉（第二句似乎与作出该决定的法官毫无关系）。所以，当法律文本的作者决定采用被动语态时，应该都有特殊的考虑；而总体上被动语态应少用、慎用。

还需要补充一点：被动语态在科技英文中广泛使用的另一个主要原因是：科学最强调事物的客观性，使用被动语态可以使描述减少主观色彩，增强客观性，此外，通过隐去不必要的人称主语可以使句子更加简洁。

本条的翻译还涉及两个情态动词的使用问题：译者在翻译本段两个"应当"（"市信用中心应当制定并公布相关服务和安全管理规范。开展公共信用信息的存储、比对、整理等活动，应当严格遵守各项规范"）时，采用了区别对待的办法（一个翻译成 shall，另一个翻译成 must），其实这违反了法律翻译同一性原则："应当"在汉语法律文本中是一个有特别意义的表达义务的情态用词，如果将该词换成"必须"，那么对该义务的强调程度就完全不一样了。再说，"遵守各项规范"已经有"严格"这个副词在修饰，所以，翻译时，应该"一视同仁"，将两个"应当"一律翻译成 shall。

为何 shall 与汉语法律文本中的"应当"对应，而 must 跟"必须"对应，笔者在《中国翻译》的论文和另一本论述法律翻译的专著中均有详细论述（李克兴：2006，2007），以下简述相关观点：

首先，我们将 shall 与 must 的用法和译法作些对比。这样我们就可以看出在法律篇章中两者在语义及语用上的差别。

在法律翻译文献中，shall 最常被翻译成"须""必须"，"应""应当"以及"可"和"将"等。根据汉语对有关强制词或情态动词的定义，法律界权威译文的用词规律以及学术界用词习惯，可以这样界定："必须"语气最强，强制性最高；"须"可以看成是"必须"的省略形式，强制性次之；"应"强制性更次之，与"应当"等同，可以看成是"应当"的省略体；"可"已失去任何强制性，表示一种许可或选择权利；"将"则是将来时态的辅助词，只有时间概念上的含义，没有任何强制意味。而法律英语中的 shall，现今几乎众所周知，当作为情态动词与第三人称一起使用时，主要表示义务、职责。毫无疑问，从理论上讲，当 shall 用作表示命令、义务和职责时，将其翻译成"必须"，是成立的。但在法律草拟专家和该领域的翻译专家的实践中，尤其是在具权威性法律文献的翻译实践中，以 must 而不是 shall 对应"必须"的惯例似乎早已确立：

（1）The Chief Executive of the Hong Kong Special Administrative Region must be a person of integrity, dedicated to his/her duties.（香

港特别行政区行政长官必须廉洁奉公、尽忠职守)①

(2) Public servants serving in all government departments of the Hong Kong Special Administrative Region must be permanent residents of the Region…Public servants must be dedicated to their duties and be responsible to the Government of the Hong Kong Special Administrative Region. (在香港特别行政区政府各部门任职的公务人员必须是香港特别行政区永久性居民。……公务人员必须尽忠职守，对香港特别行政区政府负责)②

权威性的双语法律条文（或译文）（《中华人民共和国香港特别行政区基本法》，简称"基本法"）在处理 shall 一词时，选词取向是很清楚的：凡中文版条文用"必须"之处，英文版一定不用 shall 来表达，而基本上是用 must；反之，在"基本法"英文版中出现的 shall，在中文条文中一律不用"必须"，而是分别用"应"或"须"及其他形式来表达。

倘若我们对比一下中华人民共和国涉外法规的原文本与翻译文本，这种让"应当"对应 shall 以及让"必须"对应 must 的选词取向则更加明显：

(3) "任何单位或个人实施他人专利的，除本法第十四条规定的以外，都必须与专利权人订立书面实施许可合同，向专利权人支付专利使用费。……专利权的所有单位或者持有单位应当对职务发明创造的发明人或者设计人给予奖励。" (Except as provided for in Article 14 of this law, any entity or individual exploiting the patent of another must conclude a written licensing contract with the patentee and pay the patentee a fee for the exploitation of its or his patent. … The entity owning or holding the patent right on a job-related invention-

---

① 《中华人民共和国香港特别行政区基本法》第18条。
② 同上。

creation shall reward the inventor or designer)①

这项法律规定与常理是完全吻合的：任何人利用他人发明的专利，必须与专利权人订合同，并有所付出。否则，那就是侵权，是犯法行为。但专利权持有单位是否一定要给予专利的职务发明人任何个人奖励，则不用必须去强制。倘若该发明人领的是单位的工资，住的是单位的房子，用的是单位的设备，而且又是利用正常上班时间搞的创造发明，有关单位未必一定要给予奖励。但作为国家鼓励创造发明的政策，单位应当给予有关个人适当奖励，只有这样才能进一步提高个人从事创造发明的积极性。所以，上例原文用"必须"和"应当"，合情合理。译文则用 must 对应"必须"，shall 对应"应当"，更无可非议。翻译中选词如此具有区别性，体现了法律翻译的严谨和准确性。

下面我们再来看一下被国内翻译权威和法律专家反复重译达十次之多、代表中国法律翻译最高水准的《中华人民共和国宪法》英文版。英文版的宪法条文句子中所用的情态动词、一般动词时态和选词标准是很有规律可循的。在情态动词方面，凡中文条文中有"必须"之处，英文译文基本上都用 must 来表述。中文版中共有 18 个"必须"，英文版中则用了 17 个基本对等的 must。例如：

（4）……一切法律、行政法规和地方性法规都不得同宪法相抵触。一切国家机关的武装力量、各政党和各社会团体、各企业事业组织都必须遵守宪法和法律。一切违反宪法和法律的行为，必须予以追究。(…No law or administrative or local rules and regulations shall contravene the constitution. All state organs, the armed forces, all political parties and public organizations and all enterprises and undertakings must abide by the Constitution and the law. All acts in violation

---

① 《中华人民共和国专利法》：http://www.china.org.cn/china/LegislationsForm2001-2010/2011-02/12/content_ 21908261.htm.

of the Constitution and the law <u>must</u> be investigated)①

（5）中华人民共和国公民必须遵守宪法和法律，保守国家机密，爱护公共财产，遵守劳动纪律，遵守公共秩序，尊重社会公德。（Citizens of the People's Republic of China <u>must</u> abide by the Constitution and the law, keep state secrets, protect public property and observe labour discipline and public order and respect social ethics)②

虽然我们可以在其他一些法律条文的中译本中找到 shall 或 may 被译成"必须"的例证，但那种译法毕竟比较偶然和业余，而且文本的权威性也比较低。可以这样说，在所有具双语版本的法律中，尤其是有汉英对照的文本中，"基本法"和《中华人民共和国宪法》恐怕是最具权威性的，其原文本和英译本中的用词选字自然也是最经仔细推敲的。因此，这两个法律文本的选词标准及其译本中的选词取向和翻译规矩，对从事汉英翻译工作者、语言文字工作者、甚至法律界人士都应有指导意义。在以上例3中，"必须"和"应当"应该如何英译，汉英法律专家的选词取向，更是一目了然。所以，笔者建议：法律英文中的 shall 不应译成"必须"，而应把"必须"的任务留给 must 去完成。

23. An organization and individual *must not* collect any Public Credit Information through *unjust* measures, or distort or fabricate any Public Credit Information, or disclose, divulge or utilize any Public Credit Information in violation of any regulatory provisions. （任何单位和个人<u>不得</u>以不正当手段归集公共信用信息，<u>不得</u>篡改、虚构公共信用信息，<u>不得</u>违规披露、泄露或者使用公共信用信息）

本条文的翻译又涉及法律禁令的表达方式问题。在汉语中，法律

---

① 《中华人民共和国宪法》：http://www1.chinaculture.org/library/2008-02/14/content_22429.htm.

② 同上。

的禁令的表达方式非常有限，最主要的是"不得"。但就在同一英文法律条文或合同条款中，"不得"也有许多不同的表达方式。如果是一个训练有素的法律文本的作者或译者，他会选择最恰当的表达方式。

常用的由情态动词的否定形式构成的表达禁令方式有三类：（1）must not + verb；（2）shall not + verb；以及（3）may not + verb。在后两个类别的基础上，还发展出以下几大变种：No…shall + verb，No…may + verb 以及 Neither…shall + verb, nor…shall + verb（偶尔还有 shall no longer + verb），和 Neither…may + verb, nor…may + verb。除此之外，还有几个较不常用，但作用相同的次级变种：即 shall + verb + no more than…, Under no circumstances may + verb, Nothing + verb 或 Nothing may + verb 以及 Nothing shall + verb，等等。

就英译汉而言，含有以上情态动词否定形式的句式都可以译成"某人不得做某事"。因此，"不得"是翻译以上这一系列否定形式的情态动词的对等词。只有当这些否定形式跟一些本身就能表示权利、责任和义务的动词短语配搭在一起时翻译上才有例外，才需要根据汉语表达习惯酌情处理。

至于禁令不同表达方式的语气强弱如何排列，我们可以通过对一些权威法律文本中的有关用法加以比较，而得出一些可以指导我们翻译实践的指引：

A judge <u>shall not</u> allow family, social, political, or other relationships to influence the judge's judicial conduct or… For example, a judge <u>must not</u> use the judge's judicial position to gain advantage in a civil suit involving…①

在这一段的两个否定词中，立法人显然特别要禁止后一种行为，因为在现代社会，清廉对于法官来说是一项极为重要的品德和操行。

---

① http://legis.wisconsin.gov/rsb/scr/5600.pdf.

如果法官在审理民事案件时利用职位获取利益，岂非成了贪官污吏？而前者——法官不得让家庭、社会、政治或其他各种关系影响其判案行为，相对说来，其危害程度或其违反行为所造成的后果之恶劣程度，则稍逊；而且那往往也是难免的。法官如果审理一件涉及的当事人的政治观点与自己的观点相类似或与亲朋好友可能有关的案件，难免会有所偏颇，真正能做到不偏不倚，甚至"大义灭亲"的清官恐怕还是不多。所以，为此法理上还有"避嫌"这一补救措施以防止有关法官在审理这类案件时徇私舞弊。

Guidelines For The Conduct Of Sponsored Research：A sponsor shall not ordinarily participate in the selection of persons to work on a project, and individuals employed by the… Contracts must not allow the use of the University's name for commercial purposes unless such use has been…①

这一条指引对大学受资助的研究项目在用人及与协作单位使用大学名义的问题上作了规定。很显然，某研究项目的资助人不得参与他所资助的项目需要雇用的研究人员的遴选工作。有这样的规定，可以使项目的负责人有更大的自主权，使他能从专业的角度出发，做到任人唯贤，以顺利完成他所负责的研究任务；但让出钱的人，在用人上有一定的发言权，也是人之常情。所以这条规定用的是 shall not 这个最一般的否定形式；可见其禁止程度是十分有限的，况且，该有关句子中还用了一个有明显的让步语气的 ordinarily 副词去修饰。就是说，在"一般情况下"不可以让资助人参与研究人员的选拔，但在特殊情况下，还是可以"网开一面"的。而另一方面，以一所大学名义从事营商活动，把大学的招牌当作生财之道，理所当然要予以严厉禁止，否则大学的名声可能会因此而受玷污，所以文内用了最严厉的情态动词 must not。

Malicious Software：Users must not intentionally introduce or use malicious software such as computer viruses, Trojan horses, or worms… Users may not deliberately interfere with other users accessing NERSC or other sys-

---

① http：//www. aub. edu. lb/ogc/research/Pages/procedural. aspx.

tem…①

这一例句恰好将 must not 与 may not 的禁止严厉程度作了比较。如果有人故意干扰他人使用电脑,给他人进入某个系统造成困难,这是不允许的,因为这是损人利己行为,系统的主人会因此而遭受用户的投诉;但若有人蓄意将一些极为严重的电脑病毒,如特洛伊木马(Trojan)或蠕虫病毒(worm)等带入电脑系统,那是破坏行为,可能造成系统的瘫痪,严重者甚至会造成不可估量的经济损失,甚至国与国之间的外交上的纠纷(如 2014 年底美国与朝鲜就美国索尼公司电脑系统遭受所谓黑客入侵事件发生纠纷)。所以,该项禁令规定必须用 must not 去强调。

从上述三个例子中我们可以清楚看出,在表达禁令的句式中,must not 语气最强,may not 语气次之,shall not 语气较弱。由于以上这三个句子来自互联网,也许有人会怀疑该三个例句的权威性和代表性。为此,让我们看一下被国内翻译权威和法律专家反复重译达十次之多、代表中国法律翻译最高水准的《中华人民共和国宪法》英文版中的例子。英文版的宪法条文句子中所用的情态动词、一般动词时态以及表述禁令的句式和选词标准是很有规律可循的。三个主要情态动词的否定形式——shall not、may not 以及 must not 都在宪法英文版的条文中反复出现过。例如:

第六十五条 ……全国人民代表大会常务委员会的组成人员不得担任国家行政机关、审判机关和检察机关的职务。(Article 65. …<u>No</u> one on the Standing Committee of the National People's Congress <u>shall</u> hold any post in any of the administrative, judicial or procuratorial organs of the state)②

第五条 ……一切法律、行政法规和地方性法规都不得同宪法相抵触。(Article 5. …<u>No</u> law or administrative or local rules and regulations

---

① https://www.olcf.ornl.gov/computing-resources/data-management/data-management-user-guide/.

② 《中华人民共和国宪法》,http://www.hkhrm.org.hk/english/law/const04.html.

shall contravene the constitution)①

第五十一条 中华人民共和国公民在行使自由和权利的时候，不得损害国家的、社会的、集体的利益和其他公民的合法的自由和权利。(Article 51. The exercise by citizens of the People's Republic of China of their freedoms and rights <u>may not</u> infringe upon the interests of the state, of society and of the collective, or upon the lawful freedoms and rights of other citizens)

第三十六条 ……任何人<u>不得</u>利用宗教进行破坏社会秩序、损害公民身体健康、妨碍国家教育制度的活动。(Article 36. <u>No</u> one <u>may</u> make use of religion to engage in activities that disrupt public order, impair the health of citizens or interfere with the educational system of the state. Religious bodies and religious affairs are not subject to any foreign domination)②

第五十四条 中华人民共和国公民有维护祖国的安全、荣誉和利益的义务，<u>不得</u>有危害祖国的安全、荣誉和利益的行为。(Article 54. It is the duty of citizens of the People's Republic of China to safeguard the security, honour and interests of the motherland; they <u>must not</u> commit acts detrimental to the security, honour and interests of the motherland)③

就例（4）而言，全国人民代表大会常务委员会的组成人员担任或不担任国家行政机关、审判机关和检察机关的职务，这只是一个职务冲突问题，只要是好人或合资格的人，卸下人大职务，还是可以担任国家行政机关或其他司法职务的。因此违反这项禁令的性质并不是十分严重，故英文版用了以 shall 为基础的（No…shall + verb）禁令表述方式。就例（6）而言，如有人在行使自己的公民权利时，侵犯他人的自由和合法权利，那就会直接使他人利益受损，这种损人利己行为的性质当然比前者严重，所以在英文版本中用了 may not + verb

---

① 《中华人民共和国宪法》，http：//www.hkhrm.org.hk/english/law/const04.html.
② 同上。
③ 同上。

的形式去表述。就例（7）而言，如有人利用宗教，从事破坏社会秩序、损害公民身体健康、妨碍国家教育制度的活动，后果就更加严重，因此为了禁止此类行为的发生，在英文版的表述中将否定词 no 前置，以 No…may + verb 的强调句的否定形式来加以禁止。最后，就例（8）而言，如果有人做出直接危害国家安全、荣誉和利益的行为——这在刑法上是可以定死罪的行为，那么其性质之严重就非同一般，因为在中国，众所周知，无论在什么情况下，国家利益总是高于一切的。所以，英文版用了禁止程度最严厉的 must not + verb 的形式去表述。

从以上权威法律文本例句中表述禁令所使用的情态动词（及其各种搭配形式）的选词取向上，我们再一次清楚看出：must not + verb 禁止含意最强；No…may + verb 次之；may + not + verb 更次之；No…shall + verb 禁止含意较弱；shall…not + verb 禁止含意最一般。

就否定或禁止的语气来讲，将 No 置于句首的否定句，比标准的否定或禁止句式较为强烈，这就是说，将例（5）的No law or administrative or local rules and regulations shall contravene the constitution. 与 Law or administrative or local rules and regulations shall not contravene the constitution. 相比较，前者在语气上更为强烈。同样，No + may + verb 的表达形式在语气上也比 may + not + verb 较为强烈。这与一般语法书、修辞书上介绍的有关倒装句修辞手段的作用是一致的：将否定词置于句首通常都会达到加强句子否定语气的效果。

接着，我们来看一下用以表示禁令的一个变种：

Only vehicles that are operational and currently registered in the State of California <u>may</u> park in this space. Any vehicle that is leaking any substance <u>must not</u> be parked anywhere on the premises…<u>Under no circumstances may</u> TENANT withhold rent unless said item constitutes a substantial breach of the warrantee of habitability as stated in Code of Civil Procedure Section 1174. 2. [1]

---

[1] http：//www.lectlaw.com/forms/f091.htm.

其实，以上的有关变种句子可以改写成以下形式而意思不变、禁止语气基本不变：Under whatever circumstances, TENANT may not withhold rent…对于将自己的房屋租予他人居住的房东而言，极不能容忍的事是收不到房租，所以原文用了 Under no circumstance may TENANT withhold…这么一个倒装形式的否定句去表达。但是，作为房东，最不能容忍的事恐怕还是房客不可逆转地损坏或破坏自己的房产：将泄漏液体的车辆停放在出租公寓，一定会造成环境的污染，破坏居住环境，甚至造成其他房客的投诉乃至索赔。所以，该租约条文用 must not 去禁止有严重后果的行为；而用超乎寻常的语气（Under no circumstances + may + verb）去阻止"霸王房客"的出现。由此可见，must not 禁止语气高于一切，Under no circumstances + may + verb 仅次于前者，但又高于 No + may + verb。

最后一个变种，即 Nothing + verb, Nothing + may + verb 以及 Nothing + shall + verb，严格说来，不属于法律英语中用情态动词表示禁令的句式，因为这三个句子的主语都已固定，而且是相同的，所以它们不属于一种句式。句式的特点必须是可以套用其他不同的主语及谓语，重新造句。我们之所以把它列入本文，因为它们也是法律英文中常用的一种禁令，可以使读者对法律英语的禁令语句类型有一个全面的了解。

至此，我们可以对法律英文中表述禁令的方式，按照其否定的语气由严到宽、由强到弱的不同程度作如下排列（李克兴：2007）：

must not + verb,
Under no circumstances may… + verb,
No… + may + verb,
may not + verb,
neither (nor) … + may + verb,
No… shall + verb,
shall + verb + no more than,
shall not + verb,

Neither (nor) … shall + verb,
Nothing may (shall) + verb

一个有经验的对语言有敏锐触觉的作者或译者，可以感知在同一情境之下，虽然是用相同词语（就汉语而言）表述的禁令，其宽严程度也有很大的不同。例如，如果要制定几条课堂规矩：教师在讲课期间，学生不得阅览与该课目无关的资料；不得打瞌睡；不得饮用食品；不得大声喧哗；不得使用手机，等等。越排在后面的几条，受禁止的程度越严格。如用法律英文去表述，must not + verb 的句式一定会用在最后两条上。

在介绍完法律翻译的一些相关知识之后，我们可以回过头来讨论上文有关禁令的翻译。该禁令条文由三个子禁令组成："任何单位和个人<u>不得</u>以不正当手段归集公共信用信息，<u>不得</u>篡改、虚构公共信用信息，<u>不得</u>违规披露、泄露或者使用公共信用信息。"其中第一个禁令的内容（以不正当手段归集公共信用信息）和最后一个禁令的内容（违规披露、泄露或者使用公共信用信息）属于违规性质；而第二个禁令的内容（篡改、虚构公共信用信息）则是违法性质，情节相当恶劣，因为这种做法会陷害人。所以，翻译时可按照上文的禁令指引选择不同的表达方式：

<u>Neither</u> individuals <u>nor</u> units may collect public credit information through improper means. They <u>must not</u> falsify or fabricate public credit information. They <u>may not</u> disclose, divulge or use public credit information in violation of any state laws or municipal regulations. （……不得<u>违规</u>披露、泄露或者使用公共信用信息）

读者可能注意到：原文"违规"似乎被超额翻译——in violation of any state laws or municipal regulations，但懂中国法律、懂立法人意图（intent）的译者，都会如此解读。在此语境下所谓的"违规"，不但包括违反上海市的有关规定，也包括违反国家的任何法律。

24. An organization and individual *must not* collect any Public Credit Information through *unjust* measures, or distort or fabricate any Public Credit Information, or disclose, divulge or utilize any Public Credit Information in violation of any regulatory provisions.

虽然，上注对该条款的禁令表述问题作了超详细论述，该注还涉及法律文本译者时常会碰到的、令其困惑的连词"和""或""和/或"和"或者"的使用问题。如果译者仅仅会对号入座，那有时候译文就会非常没有逻辑。例如，译者将上文的"任何单位和个人"翻译成 Any organization and individual 就不如翻译成 Any individual or organization 更加符合逻辑。道理很简单，"单位以不正当手段归集公共信用信息"属违规，"个人以不正当手段归集公共信用信息"也属违规，此条文的真实意思并非禁止两个行为者共同作出此违规行为。此外，在汉语中，众所周知："或"是"或者"的缩写，但会用心观察法律用词特点的读者一定会注意到，在法律文本中，如果要表达"二选一"必须使用"或者"而不是"或"，以体现文体的正式程度。还值得附带一提的是英文教育界反对使用 and/or 的用法，认为使用此词是"迂腐"（stilted），① 所以至少在普通英文中，切不可使用。关于该连词的相关用法，作者在另一部专著中有详细论述，在此简介其观点。

Or, and 以及特殊连词 and/or 的用法及建议：

这是一个汉语中原本没有对应词的连接词。近年往往被翻译成"和/或"。但在英文中，即使是道地的语言高手也未必会用。首先，and/or 是法律文本撰写人，尤其是律师惯用的体现"师爷"风格的用词，任何法律文本的教科书都反对使用。（Brody, et al.：79；Adams：2001）

And/or 究竟是什么意思？逻辑上可以这样解释：如果是 X and/or Y，意思为 X，或 Y，或 X 以及 Y（即两者）（Adams：110）。

但在实际使用上，并没有那么简单，因为 or 本身是英文中一个

---

① http://www.thefreedictionary.com/and%2For.

具有争议性质的连词。如果母亲告诉孩子，You may have "ice cream or cake"，孩子只能二选一，不能兼得。如果母亲告诉孩子，You may go outside to "roller-skate or ride bike,"孩子可以二选一，也可以两者兼做。所以该词的常规用法有时存在"不可理喻"的歧义性。其歧义性同样存在于以下句子中。通过分析以下银行贷款中的条款，我们可以真正领会并学会如何正确使用该连词，避免造成歧义。

If a debtor fails to make a payment when due, the bank may：

（1）sell the collateral or

（2）assess late fees of 5% of the amount missed.

银行可以出售债务人（debtor）的担保品（collateral），是否还可以向债务人收取相当于未付贷款额5%的迟付金（late fees）？根据上文规定，债务人认为银行只可以采取其中的一项措施，而银行则认为可以"双管齐下"。问题在于其中的 or 是一个可以作模棱两可解释的词汇。

如果明确规定银行只可以采取其中一项措施的，上句应该写成：

If a debtor fails to make a payment when due, the bank may either：

（1）sell the collateral or

（2）assess late fees of 5% of the amount missed.

如果允许银行可以同时采取两项措施的，应写成：

If a debtor fails to make a payment when due, the bank may：

（1）sell the collateral,

（2）assess late fees of 5% of the amount missed, or

（3）（do）both.

如果有两个以上选择，而只允许银行选择其中一项措施的，可以这样写：

If a debtor fails to make a payment when due, the bank may only pursue one of the following options：

（1）sell the collateral,

（2）assess late fees of 5% of the amount missed, or

(3) declare the full amount of the indebtedness due and payable immediately.

如果允许银行采取其中一项或多项或全部措施的，可以这样写：

If a debtor fails to make a payment when due, the bank may exercise one or more of the following options:

(1) sell the collateral,

(2) assess late fees of 5% of the amount missed, or

(3) declare the full amount of the indebtedness due and payable immediately.

And 通常指在一项选择之外再加上另一项选择。在普通英文中，如父母对孩子说，Put on your socks and shoes! 遵命的孩子是既要着袜、也要穿鞋。但有时该词也同样模棱两可，例如：

If a debtor fails to make a payment when due, the bank may:

(1) sell the collateral,

(2) assess late fees of 5% of the amount missed, and

(3) declare the full amount of the indebtedness due and payable immediately. (Brody, et al.: 77-78)

既然银行有权行施这三项措施的全部，它当然也有权只行施其中的一项，而且债务人也会非常乐意银行这样做。在此情形中，语境和逻辑都告诉我们，and 与 or 意思相同。但有时语境并不能帮上什么忙，例如：

Retired and disabled people are entitled to government surplus food.

读完这个带有 and 连接词的规定，到底有权利享受政府剩余食品的人士必须是退休同时又是残疾人士？还是只要退休或者残疾就可以享受？读者从以上例句的字面上得不到答案。And 给你的同样是一个"模棱两可"的选择，读者只能靠语境和逻辑作适当的推理，才可确定该 and 究竟是二选一，还是必须符合其所连接的两项要求，即既是退休人士又患有残疾。

法律文本的写作原则上是要把意思写得清清楚楚的，否则，法律条文或合同条款就不具备可执行性（unenforceable）。所以，要避免给读者这类模棱两可的解读，作者不妨多用一两个词，例如：

Only people who are both retired and disabled are entitled to government surplus food（达到这两项要求才有资格享受政府的剩余食品）。

或者：

Either retired people or disabled people are entitled to government surplus food.（只需达到其中一项要求便有资格）（Brody, et al.：78）

小结：如前所述，在现行的法律文本中，and/or 不但用法混乱，歧义多多，而且非常容易将两个不可能组合在一起的事物"拉郎配"（Mellinkoff：28），因此应尽力避免使用 and/or。如果所有列出的项目都必须包括在内的，不妨用 X or Y or both，或者加个 only, all 或 together——所用的 or 或 and 就不会再有歧义了。此外，如果要连接三项或三项以上的事物，还可以用 one or more of…, any or all (of) …的短语去表述。例如：

  This Agreement may be executed in <u>one or more</u> counterparts with each such counterpart deemed to be an original hereof and all of such counterparts deemed to be one and the same Agreement.① （本协议可签署生效一份或多份副本，每份副本视为协议原本，所有此类副本视为完全一致的协议）

  This Agreement supersedes <u>any or all</u> prior agreements, written or oral, between Party A and Party B, and constitutes the complete agreement between the parties.（本协议替代甲方和乙方之间以前的所有书面或是口头的协议）

25. 该评注涉及一个非常精妙的同义词辨析问题。读者必然注意到该条规定涉及四个"安全"：安全管理市信用中心应当严格执行国家计算机信息系统安全保护工作的有关规定，建立健全信息安全管理制度，采取技术手段，确保公共信用信息的安全。译者将这

---

① www.contractstandards.com/contract-structure/.../counterparts.

四个"安全"一律译成 security：*Security* Administration The Municipal Credit Centre shall strictly *comply with* the relevant provisions of the *state* on the *security* protection work of computer information system, and shall establish a sound information *security* administration system and ensure the *security* of the Public Credit Information *by taking technical methods*. 就原文而言，如果是一个"望字生义"的读者，一定会将四个"安全"一视同仁。其实，英汉两种语言都存在大量的一词多义的词（语），这些词（语）只能在语境中和与其他词语的特殊搭配中才可确切地解读。

在本条中，四个"安全"的意思并不完全相同。而英文中的 security 与 safety 也只是广义上的同义词。两词有时被"串联"在一起，构成实质上只表达一个意思、类似于法律文本中的配对词（legal pair），例如：Quick and easy access to the full line of Honeywell products and services focused on safety and security. ① 就其区别而已，即便询问母语人士、甚至语言专家，未必有人能讲得清楚。母语人士甚至无奈地感慨：

My dictionaries say "safety is security" and "security is safety." So I'm confused. ②

其实，从大量的有词语搭配、有语境的句子中观察，该两词的差别还是很明显的。例如：The University of the Sunshine Coast is committed to the safety of all students, staff and visitors. Your personal safety is Security's top priority. ③

可见 security 主要指保安性质的安全，如为某人物或设施而采取的安全或保安措施，以防范危险发生、保障他人人身或财物的安全。而

---

① http://honeywell.com/Products-Services/Pages/scanning-mobile-productivity.aspx.
② http://forum.wordreference.com/showthread.php?t=1203758&langid=22.
③ http://www.usc.edu.au/explore/campus/security-and-safety.

safety 则指受到保护、免受伤害或发生危险、保证其安全的状态。如 National Highway Traffic Safety Administration，Federal Motor Carrier Safety Administration，The Maritime Safety Administration of the People's Republic of China（中华人民共和国海事局）等，都是为了安全（交通、车辆以及航海安全）而实施行政管理的机构；然而，The United States Social Security Administration（SSA）则是为保障美国民众的基本民生问题而设立的政府机构。National Security Agency/Central Security Service 之类的机构也都是提供保安或保护的机构。简而言之，security 是指"防范、抵御外来的、有意的威胁"，或为保护他人安全、使其免受危险、忧虑而采取的保护措施；safety 是个较中性的词，指本义上的安全，如果此地不安全（not safe），要有 security、要采取保安措施才能得到安全。例如：He is involved in local road campaigns to improve road safety. 如何提升当地道路的安全？设立车辆登记或关卡制度、拒绝无证或外地车辆进入，等等，都是为提升 road safety 而可以采取的 security 措施。就翻译而言，该两词并列出现时翻译成"安全与保安"（时常简称为"安保"），各自单独出现时均可翻译成"安全"。

　　至此，以上四个"安全"是否同属一个概念，已经很清楚："国家计算机信息系统安全保护工作"以及"确保公共信用信息的安全"两个片语中的"安全"，属于 safety 的范畴，因为是需要采取措施去保护的；其他两个则属 security 的范畴。译者将以上四个"安全"一视同仁，是欠妥当的。再说，根据译名一致性、下级译文中的译名采用上一级法律文件中既定译名的原则，译者为该处的"安全"自创译名也是不妥的，"国家计算机信息系统安全保护工作"的相关规定，早已有现成译文——Regulations for Safety Protection of Computer Information Systems of the State，[①] 译者适当做点研究工作，照搬已有的译名就可以了。

　　26. 每一个立法文件都有一个施行日期，甚至还可能有有效期或

[①] 北大法律英文网：http://www.lawinfochina.com/display.aspx? lib = law&id = 12136&CGid = .

终止日期。将"(施行日期)本试行办法自 XXX 起施行,有效期至 XXX"翻译成 Starting Date These Trial Measures will start on XXX, and remain valid until XXX,的确没有任何问题,用简明英文的标准去衡量,甚至还值得赞赏,因为传统的法律写手一定会写成 Commencement Date: These Trial Measures shall *commence* as of the date of 1 June 2014, and shall remain valid until 31 May 2016. 其实,法律英语界一直在争论"师爷语言风格"的问题,传统派一定认为 starting date, start 等词是"不登大雅之堂"的,很多译者在译文文本中用了这类小词,等文件回到律师手中,他们一定会把这类词改成前者。这是他们的喜好,译者无力回天。但当代的法律文本的译者必须认识到法律语言的发展趋势:用词越来越平民化,简明英语越来越流行。如较新近出炉的英国反恐法,有关法令生效的表述跟普通英文中的表述几乎没有区别(除了情态动词 shall):This Act (apart from this section) shall come into force on…①当然,若使用另一个同义词——shall take effect on…,也无任何不妥。

六 结语及参考译文

关于法律的汉英翻译,要说的基本上都说了。但 Easier said than done——知之非难,行之不易:既然是对一部法律的"透析",在经过以上的详细讨论、分析之后,最有用的结语应该是提出一份可供读者研读和借鉴的参考译文:

原文:	参考译文:
上海市公共信用信息归集和使用管理试行办法	Trial Measures of Shanghai Municipality for the Administration on Collecting and Utilizing Public Credit Information

---

① http://www.legislation.gov.uk/ukpga/2006/11/section/39.

对一部地方性法规翻译的透析

续表

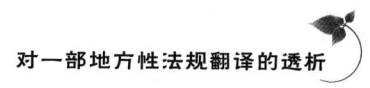

原文：	参考译文：
第一条（目的和依据） 为规范公共信用信息的归集和使用，优化公共信用信息服务，根据国家有关规定，结合本市实际，制定本试行办法。	Article 1 (Purpose and Basis) <u>With a view to</u> regulating the collection and use of public credit information and optimizing the service of public credit information, the Trial Procedures are formulated in accordance with the relevant provisions of the State and in consideration of the actual circumstances of Shanghai Municipality.
第二条（适用范围） 本市行政区域内公共信用信息的归集、使用和相关管理活动，适用本试行办法。	Article 2 (Scope of Application) The Trial Procedures are applicable to the collection, use and related administrative activities of public credit information in the administrative region of Shanghai Municipality.
第三条（定义） 本试行办法所称公共信用信息，是指行政机关以及依据法律、法规负有公共事务职能的组织（以下统称"信息提供主体"）在履行职责过程中产生或掌握的、可用于识别信息主体信用状况的数据和资料。	Article 3 (Definition) The term "public credit information" used in the Trial Procedures refers to the data and materials that arise or are obtained in the course of <u>discharging their duties</u> by the administrative organs or institutions <u>in charge of</u> public affairs in accordance with relevant laws and regulations ("information provider"), and may be used to identify the <u>credit standing</u> of the information subject.
第四条（原则） 公共信用信息的归集和使用，应当遵循"合法、安全、及时、有效"的原则，不得危害国家秘密，不得侵犯商业秘密和个人隐私，要切实维护信息主体的合法权益。	Article 4 (Principle) The principle of "being lawful, safe, timely and effective" shall <u>be complied with</u> in the collection and use of public credit information. <u>No</u> State secrets <u>shall</u> be jeopardized. <u>Nor shall</u> any commercial secrets or personal privacies be infringed. The lawful <u>rights and interests</u> of the information subject shall be protected in an earnest manner.
第五条（管理职责） 市经济信息化部门是本市公共信用信息归集和使用工作的主管部门，负责上海市公共信用信息服务平台（以下简称"市信用平台"）的业务指导和监督管理。	Article 5 (Management Responsibility) The Municipal IT Department for Economy is the <u>competent authority in charge of</u> the collection and use of the municipal public credit information, directing and supervising the operation of the Public Credit Information Service Platform of Shanghai Municipality ("the Municipal Credit Platform").
第六条（信用平台） 市公共信用信息服务中心（以下简称"市信用中心"）承担市信用平台的建设、运行和维护工作，负责归集公共信用信息，提供信息查询、异议处理等服务。	Article 6 (Credit Platform) The Municipal Public Credit Information Service Center ("the Municipal Credit Center") <u>undertakes</u> the construction, operation and maintenance of the Municipal Credit Center, collects public credit information and provides services including information inquiry and dispute handling.

续表

原文：	参考译文：
第七条（信息目录） 本市公共信用信息实行目录管理。公共信用信息目录由市经济信息化部门组织编制并公布。信息提供主体应当按照公共信用信息目录，向市信用平台提供信息，并制订本单位公共信用信息记录、提供、使用的相关标准规范。 纳入公共信用信息目录的主要包括：工商登记、社会组织登记、税务登记、组织机构代码登记、身份登记、社保登记等登记类信息事项，资质认定、执业许可、职业资格等资质类信息事项，行政处罚、禁入限制、责任事故处理以及弄虚作假、违反告知承诺记录等监管类信息事项。 公共信用信息目录使用组织机构代码、公民身份号码等，作为识别信息主体的标识码。纳入公共信用信息目录的公共信用信息分为公开信息和授权查询信息。	Article 7　(Information Directory) A system of directory management shall be implemented for the municipal public credit information. The directories of public credit information shall <u>be compiled and promulgated</u> by the Municipal IT Department for Economy. The information provider shall provide the Municipal Credit Platform with information in accordance with the directories of public credit information and formulate related standards for recording, providing and using its public credit information. The directories of public credit information mainly include information items such as industrial and commercial registration, social organization registration, tax registration, organization code registration, identity registration and social security registration; qualifications awarded or licenses granted for occupational or professional practices; and also regulatory information items such as administrative penalties, the delinquent enterprises restricted and banned by law from doing business with the government, settlement record of liability accidents, the companies committing fraud or breaching notification-commitment. Organization codes and resident identity numbers shall be used in the directories of public credit information as identification codes for identifying information subjects. Public credit information included in the directories of public credit information is divided into public information for inquiry and authorized information for inquiry.
第八条（信息归集） 市法人信息共享和应用系统、市实有人口管理和服务信息系统应当对接市信用平台，稳定、及时地提供信息。 对市法人信息共享和应用系统、市实有人口管理和服务信息系统未归集的公共信用信息，信息提供主体应当按月向市信用平台提供，逐步实现联网实时提供和动态更新维护。	Article 8　(Information Collection) The Municipal Legal Person Information Sharing and Application System and the Municipal Information System for Actual Population Management and Service shall be connected with the Municipal Credit Platform so as to provide information in a steady and timely manner. Information providers shall monthly provide the Municipal Credit Platform with any public credit information not collected by the Municipal Legal Person Information Sharing and Application System or the Municipal Information System for Actual Population Management and Service so as to gradually achieve the goal of providing <u>real time</u> information service by networking and dynamic updating and maintenance.

续表

原文：	参考译文：
第九条（信息查询） 市信用平台面向社会提供查询服务。 通过市信用平台查询公共信用信息的，应当提供本人有效身份证明。所查信息属于公开信息的，无需信息主体授权；属于授权查询信息的，应当提供信息主体的书面授权证明。 登记类、资质类信息长期提供查询，其他类别信息自信息主体的行为或者事件终止之日起5年内提供查询，信息提供主体根据国家或者本市有关规定设定查询期限的除外。	Article 9　（Information Inquiry） The Municipal Credit Platform provides the general public with inquiry service. Anyone who inquires about public credit information shall produce his own valid identification. Where the information to be inquired about falls <u>in the domain of</u> public information, the information subject's authorization may be waived; whereas a written authorization from the information subject shall be produced for any authorized information. Inquiry service for information concerning registration and qualification shall be provided on a long-term basis; inquiry service for other information shall be provided for a period of 5 years <u>commencing from</u> the date when the act of the information subject or the incident involving him has terminated, except for the inquiry service with the period set differently by information provider in accordance with the relevant provisions of the State or the Municipality.
第十条（鼓励查询使用） 行政机关查询公共信用信息应当符合履行本单位行政职责的实际需要。 鼓励在行政管理、政府采购、招标投标、表彰奖励、资金支持、人员录用晋升等工作中查询使用公共信用信息，有关情况纳入绩效考核。 鼓励信用服务机构查询使用公共信用信息，为政府工作、市场交易、个人生活和工作提供信用服务。	Article 10　（Encouraging Inquiry and Use） <u>Where</u> an administrative organ <u>inquires about</u> public credit information, it shall meet the requirement of actual needs for performing its administrative duties. Inquiry and use of public credit information shall be encouraged in activities such as administrative management, government procurement, tendering and bidding, commendation and rewarding, financial aid and staff recruitment and promotion; and the relevant information obtained shall <u>be taken into consideration</u> in making a performance appraisal. Credit service agencies shall also be encouraged to inquire and use public credit information when providing credit service for government work, market transactions, personal life and work.
第十一条（异议申请） 信息主体认为市信用平台记载的本人公共信用信息存在错误的，可以向市信用中心书面提出异议申请并提供相关证据材料。	Article 11　（Disputes Filing） <u>Where</u> an information subject believes that any credit information recorded in the Municipal Credit Platform concerning him contains errors, he may file a written application to protest the discrepancy with the Municipal Credit Center and provide relevant materials to evidence the discrepancy.

续表

原文：	参考译文：
第十二条（异议处理） 市信用中心应当在收到异议申请之日起 2 个工作日内进行信息比对。市信用平台记载的信息与信息来源确有不一致的，市信用中心应当予以更正，并通知异议申请人。市信用平台记载的信息与信息来源一致的，市信用中心应当将异议申请转至信息提供主体。 信息提供主体应当在收到异议申请之日起 20 个工作日内进行核查，对确有错误的信息予以更正，并告知市信用中心。市信用中心应当及时将处理结果通知异议申请人。	Article 12　（Dispute Handling） The Municipal Credit Center shall, within 2 working days as of the date when it receives the application, make information comparisons. If the information recorded in the Municipal Credit Platform is indeed inconsistent with the source information, the Municipal Credit Center shall <u>make a correction</u> and notify the dispute applicant for the correction. If the information recorded in the Municipal Credit Platform is <u>consistent with</u> the source information, the Municipal Credit Center shall forward the dispute application to the source information provider. The information provider shall, within 20 working days as of the date receiving the dispute application, <u>check and correct</u> the information if it indeed contains errors, and notify the Municipal Credit Center of the correction. The Municipal Credit Center shall promptly notify the dispute applicant of the result of the correction.
第十三条（权益保护） 异议申请正在处理过程中，或者异议申请已处理完毕但信息主体仍然有异议的，市信用中心提供信息查询时应当予以标注。 信息提供主体未按规定核查异议信息并将处理结果告知市信用中心的，市信用中心不再向社会提供该信息的查询。	Article 13　（Protection of Rights and Interests） When the dispute application is being handled or the information subject *disagrees to* the result of the handling upon its completion, the Municipal Credit Center shall have the information tagged with a special mark for inquiry. <u>In case</u> the information provider fails to verify the disputing information or <u>notify</u> the Municipal Credit Center <u>of</u> the result of its handling of the dispute in accordance with this provision, the Municipal Credit Center shall no longer provide the general public with inquiry of the said information.
第十四条（信息管理） 市信用中心应当制定并公布相关服务和安全管理规范。开展公共信用信息的存储、比对、整理等活动，应当严格遵守各项规范。 任何单位和个人不得以不正当手段归集公共信用信息，不得篡改、虚构公共信用信息，不得违规披露、泄露或者使用公共信用信息。	Article 14　（Information Management） The Municipal Credit Center shall <u>formulate and promulgate</u> relevant standards for providing service and safety management of public credit information. When conducting activities such as storing, comparing or sorting out public credit information, the relevant standards shall <u>be strictly observed</u>. <u>Neither</u> individuals <u>nor</u> units may collect public credit information through improper means. They must not falsify or fabricate public credit information. They may not disclose, divulge or use public credit information <u>in violation of</u> any provisions of the State or the Municipality.

续表

原文：	参考译文：
第十五条（安全管理） 市信用中心应当严格执行国家计算机信息系统安全保护工作的有关规定，建立健全信息安全管理制度，采取技术手段，确保公共信用信息的安全。 市信用中心应当建立公共信用信息归集和查询日志，并长期保存。	Article 15　（Safety Management） The Municipal Credit Center shall strictly implement the relevant Regulations for Safety Protection of Computer Information Systems of the State, establish an information security management system and <u>ensure the safety</u> of public credit information with proper technology. The Municipal Credit Center shall <u>set up a log</u> for collection and inquiry of public credit information and keep it on a long-term basis.
第十六条（施行日期） 本试行办法自 2014 年 6 月 1 日起施行，有效期至 2016 年 5 月 31 日。	Article 16　（Implementation Date） The Trial Procedures shall <u>take effect</u> on June 1, 2014 and remain valid until May 31, 2016.

参考文献

［1］李克兴：《法律翻译：理论与实践》，北京大学出版社 2007 年版。

［2］李克兴：《高级法律翻译与写作》，北京大学出版社 2013 年版。

［3］李克兴：《法律英语条件句的写作和翻译》，《中国翻译》2008 年第 4 期。

［4］李克兴：《英语法律文本中主要情态动词的作用及其翻译》，《中国翻译》2007 年第 6 期。

［5］Adams, Brody, www.weagree.com.

［6］Enne Enquist, Laurel Currie Oates, Just Writing: *Grammar, Punctuation, and Style for the Legal Writer* ［M］. (2nd Edition), New York: Aspen Publishers, 2005.

［7］Martha Faulk & Irving M. Mebler, *The Element of Legal Writing* ［M］. New York: Macmillan Publishing Company, 1994.

［8］Susan L. Brody, Jane Rutherford, Laurel A. Vietzen, and John C. Dernbach, *Legal Drafting* ［M］. New York: Aspen Publishers, 1994.

［9］Terri LeClercq, *Legal Writing Style* ［M］. New York: Aspen Law and Business, 2000.

［10］Veda R. Charrow, Myra K. Erhardt, *Clear & Effective Legal Writing* ［M］. Boston: Little, Brown and Company, 1986.

我对科学史翻译的认识和体会

张卜天

一 我为什么要翻译科学史

现代科学的兴起堪称世界现代史上最重大的事件,对人类现代文明的塑造起着极为关键的作用。现代人的喜怒哀乐、现代社会不断涌现的观念思潮和种种现象,都与科学变革有着直接关系。每个人都被现代化的洪流裹挟着前进,但往往置身其中而浑然不觉。毋庸置疑,对于现代文明和现代性的塑造,近代以来的科学技术起着最大的作用。在西方思想史上,许多新观念的产生都与科学的变革有直接或平行的关系。可以说,后世建立的一切人文社会学科都蕴含着一种基本动机:要么迎合科学,要么对抗科学。在不少人眼中,科学已然成为历史的中心,是最独特、最重要的人类成就,是人类进步的唯一体现。不深入了解科学的发展及其思想背景,就很难看清人类思想发展的契机和原动力,也很难理解现代性的根源。

汉语里的"科学"是日本学者西周时懋 1874 年用来翻译法文词 science 时生造的一个词,它随着西学东渐而传入中国。在现代汉语的语境下,它主要指自然科学。因此对中国而言,"科学"是一种外来的东西,植根于西方文化传统的核心之处。现代科学的传入乃是中国数千年未有之大变局的中枢,它打破了中国传统学术的基本框架,彻底改变了中国思想文化的面貌,极大地冲击了中国的政治、经济、文化和社会生活,导致了中华文明全方位的重构。如今,科学作为一种新的"意识形态"和"世界观",已经融入了中国人的主流文化血脉。

在近代中国走向现代化的过程中,对中国传统文化的评价问题一直是一个极为引人注目的问题。五四时期的启蒙思想家普遍认为,传统文化基本上一无是处,是阻碍我们走向现代文明的拦路虎、绊脚石,应当彻底否定,而传统文化之所以一无是处,主要是因为它没有科学。到了20世纪50年代,英国生物化学家李约瑟发问,中国古代有发达的科学技术,为什么近代科学没有在中国诞生呢?这很符合中国人的爱国主义心理,因为李约瑟问题暗示,中国曾经有发达的科学,只是后来由于种种原因衰落了。到了90年代,新一代的科学史家和科学哲学家开始质疑李约瑟问题,特别是追问"中国古代究竟有没有科学",引发了热烈的争论。也有少数人意识到,李约瑟问题在某种意义上也许是个伪问题,因为世界各个文明都没有出现西方近代意义上的科学,所以中国没有诞生近代科学是正常的。我们只对于不正常的事情才需要问为什么,对于正常的事情则不需要问为什么。因此,更应该追问的是为什么只有西方产生了近代科学,特别是自那以后,科学事业为什么能够稳定、持续地发展,而丝毫没有衰落的迹象。在理解科学方面,中国人最大的误解就是没有真正意识到科学的独特性。我们通常认为,科学是一种全人类都普遍具有的能力——技术能力,或者发达的智力。正因为没有认识到科学的独特性,所以就容易误认为中国古代其实也是有科学的——中国人既然是人,当然有技术、有智力,因而有科学。这种错误的科学观妨碍了我们反省自己的文化。

追根溯源乃是历史研究的基本任务,而研究西方近现代科学的起源更是西方科学史的基本任务。在我看来,通过科学来认识西方文明和现代性的特质、思索人类的未来,理解现代科学是如何在西方文明这一母体中孕育出来的,是我们这个时代的迫切需要,也是科学史研究对于中国最重要的意义。长期以来,我们对作为西方文化组成部分的科学缺乏深入认识,对科学的看法过于简单粗陋,比如至今仍然意识不到基督教神学对现代科学的兴起产生了莫大的推动作用,误以为

第二编 应用型翻译

科学从一开始就在寻找客观"自然规律",等等。此外,科学史在中国的学科分类体系中从属于理学,也导致这门学科难以起到沟通科学与人文的作用。

近几十年来,中国学术界就西方政治、社会、文化、伦理角度的现代性反思已经有了一定基础,但来自西方科学视角的反思严重滞后。明末以降,西学东渐,西方科技著作陆续被译成汉语。20世纪80年代以来,更有一批西方传统科学哲学著作陆续得到译介。然而在此过程中,一个关键环节始终阙如,那就是对西方科学之起源的深入理解和反思。直到20世纪末,中国学者才开始有意识地在西方文明的背景下研究科学的孕育和发展过程,着手系统译介早已蔚为大观的西方科学思想史著作。然而我国的西方科学史研究才刚刚起步,无论是先天还是后天都有很大不足,与国际上有极大差距。在任何一个时代,某个思想领域的复兴都是从翻译引介经典著作开始的。面对西方已经开展了一百多年的科学史学术研究,目前我们只能沉下心来,老老实实从一点一滴学起。在中国目前的图书市场上,西方科学史领域的书籍是最为稀缺的品种之一,优秀作品更是凤毛麟角,这与西方科学史文献的汗牛充栋形成了强烈反差。在这种情况下,最紧迫的任务是尽快翻译出一批高质量的经典著作,尽可能地扩展我们的视野,搭建起科学史研究的基本学术平台,再在这个基础上进一步开展更深入的研究。

我所做的科学史翻译工作正是服务于这项事业,可以说它是对那场虽已持续数百年但还远未结束的西学东渐运动的继续深化。就西方科学史领域而言,可以说目前国内翻译到什么程度,多数国内学者的眼界和水平才可能达到什么程度。从事科学史翻译的人才非常稀缺,一个原因是西方科学史这个学科本身带来的,译者需要具备一定的理科背景和哲学、宗教、历史背景,还涉及希腊语、拉丁语、德语、法语、意大利语等不同语种,翻译需要投入大量时间和精力。另一个原因是,学术翻译不仅稿费低廉,而且在各个高校和科研机构也不算学术成果,对于职称晋升没有帮助。译者不仅要热爱这个行当,还要有很强的奉献精神。

二 我对科学史翻译书目的选择

我已经翻译的科学史书籍是从英文和德文译成中文,主要涉及科学与哲学、宗教的关系,特别是聚焦于科学革命和现代科学的起源。我目前独自主编和翻译三个译丛,分别是湖南科技出版社的"科学源流译丛",以及商务印书馆的"科学史译丛"和"世界科普名著译丛"。根据我对科学史价值的上述理解,我对译作的遴选侧重于以下几个方面(各个方面并不相互排斥,而是彼此关联):

1. 将科学现象置于西方文明的大背景中,从思想史和观念史角度切入,探讨人、神和自然的关系变迁背后折射出的世界观转变以及现代世界观的形成,着力揭示科学所植根的哲学、宗教及文化等思想渊源。

这方面已经译出的书主要有戴克斯特豪斯的《世界图景的机械化》,亚历山大·柯瓦雷的《从封闭世界到无限宇宙》《牛顿研究》,格兰特的《近代科学在中世纪的基础》,科恩的《新物理学的诞生》和《自然科学与社会科学的互动》,林德伯格的《西方科学的起源》,巴特菲尔德的《现代科学的起源》,普林西比的《科学革命》,吉莱斯皮的《现代性的神学起源》,伯特的《近代物理科学的形而上学基础》,韦斯特福尔的《近代科学的建构》,奥斯勒的《重构世界:从中世纪到近代欧洲的自然、上帝与人类认识》,瓦格纳的《中世纪的自由七艺》,《雅各布·克莱因思想史文集》等。

2. 注重科学与人类终极意义和道德价值的关系。在现代以前,对人生意义和价值的思考很少脱离对宇宙本性的理解,但后来科学领域与道德、宗教领域逐渐分离。研究这种分离过程如何发生,必将启发对当代各种问题的思考。

这方面已经译出的书主要有彼得·哈里森的《科学与宗教的领地》《圣经、新教与自然科学的兴起》,即将翻译哈里森的另一本代表作《人的堕落与科学的基础》。

3. 注重对科学技术和现代工业文明的反思和批判。在西方历史上，科学技术绝非只受到赞美和弘扬，对其弊端的认识和警惕其实一直贯穿西方思想发展进程始终。中国对这一深厚的批判传统仍不甚了解，它对当代中国的意义也毋庸讳言。

这方面已经译出的书主要有皮埃尔·阿多的《伊西斯的面纱》，哈里斯的《无限与视角》等。

4. 注重西方神秘学（esotericism）传统。这个鱼龙混杂的领域类似于中国的术数或玄学，包含魔法、巫术、炼金术、占星学、灵知主义、赫尔墨斯主义及其他许多内容，中国人对它十分陌生。事实上，神秘学传统可谓西方思想文化中足以与"理性""信仰"三足鼎立的重要传统，与科学技术传统有密切的关系。不了解神秘学传统，我们对西方科学、技术、宗教、文学、艺术等的理解就无法真正深入。

这方面已经译出的书主要有乌特·哈内赫拉夫的《西方神秘学指津》，普林西比的《炼金术的秘密》，赫胥黎的《长青哲学》等。

5. 借助西方科学史研究来促进对中国文化的理解和反思。从某种角度来说，中国的科学"思想史"研究才刚刚开始，中国"科""技"背后的"术""道"层面值得深究。在什么意义上能在中国语境下谈论和使用"科学""技术""宗教""自然"等一系列来自西方的概念，都是亟待界定和深思的论题。东西方文化只有互相参照，才能更清楚地看到各自的优点和缺点。只有本着"求异存同"而非"求同存异"的精神来比较中西方的科技与文明，才能更好地认识中西方各自的特质。

这方面已经译出的书主要有李约瑟的《文明的滴定》、荣格和卫礼贤的《金花的秘密》等。对我来说，研究西方，最终是为了回到中国。我希望通过中西比较，在传统文化中发掘出数千年文化传承的脉络，为自己也为国人找到安身立命的"土壤"。

6. 一些科学经典原著，这方面已经译出的书主要有哥白尼的《天球运行论》、开普勒的《世界的和谐》等。

7. 此外我还翻译了一些普及性作品，比如爱因斯坦的《狭义与广义相对论浅说》《物理学的进化》《我的世界观》，薛定谔的《生命是什么》《自然与希腊人 科学与人文主义》，伽莫夫的《从一到无穷大》，艾萨克森的《爱因斯坦：生活和宇宙》，马丁·戴维斯的《逻辑的引擎》，格雷厄姆·劳顿的《万物起源》，洛西的《科学哲学的历史导论》，《韦洛克拉丁语教程》，罗伯特·所罗门的《大问题：简明哲学导论》等。其中《大问题》仍然是中国市面上最好的哲学导论著作，被中国的许多高校用作哲学的教科书和考研参考书。

三　我的翻译体会

我最大的翻译体会有这样几点：1. 翻译最重要的是认真、细致、责任心。对于看不懂的术语，不能随随便便放过去，而要通过查阅词典和互联网，或者向作者或别人请教，尽可能准确地理解原文的意思，必要时要创造新的译法。比如在翻译《科学与宗教的领地》和《近代科学在中世纪的基础》等著作的过程中，我都曾与作者通过一二百封电子邮件讨论大大小小的问题，有时甚至会发现原书中的一些错误。作者们都在百忙之中耐心地一一作答，令我非常感激。2. 对于一部优秀的科学史译作来说，现代汉语的表达能力和专业能力同等重要。就我个人而言，草稿译出后，用在校对打磨方面的时间一般来说至少要占一半。对于同一段原文，看得差不多懂的人可能有很多，但能用流畅准确的中文表达出来的人却并不多。我崇尚简洁，讨厌冗余，清晰、简练、流畅是科学史著作翻译应该达到的标准。3. 翻译不能有丝毫偷懒，多花一分钟时间，就能多译出几个字。因此我不得不和时间赛跑，要牺牲掉自己的其他爱好。觉得译不动的时候，要咬紧牙关坚持下去。不过乐趣在于，翻译一本书自己不仅能学到很多东西，一本好书也能引发读者的共鸣。看到读者受益，觉得辛苦付出也就得到了回报。

我翻译的第一本书是亚历山大·柯瓦雷（Alexandre Koyré，1892 – 1964）的《牛顿研究》，中译本出版于2003年。从那时起，我便走上了一条科学思想史翻译的不归路。柯瓦雷是科学思想史学派的代表人物，强调自然的数学化在科学革命过程中扮演的关键角色。不知不觉中，我后来又翻译了柯瓦雷的《从封闭世界到无限宇宙》，以及 20 世纪研究近代科学起源的另外两位重要科学思想史家——埃德温·阿瑟·伯特（Edwin Arthur Burtt，1892–1989）和爱德华·扬·戴克斯特豪斯（Eduard Jan Dijksterhuis，1892–1965）的代表作，即《近代物理科学的形而上学基础》和《世界图景的机械化》。这些科学思想史著作都认为近代科学的决定性特征是自然的数学化，这种观点对 20 世纪的科学史研究产生了巨大影响。在翻译这些著作之前，中国学界只知道萨顿等实证主义科学史家以及默顿等科学社会史家，几乎完全不知道科学思想史学派的存在。

戴克斯特豪斯的经典著作《世界图景的机械化》的翻译经历给我留下了极深的印象。这本巨著以机械论观念的产生和对自然的数学描述为主线，细致而深入地探讨了从古希腊到牛顿两千多年的数理科学思想发展，鞭辟入里地分析了使经典物理科学得以产生的各种思想脉络和源流。全书几乎没有什么废话，显得紧凑异常，许多地方可谓字字珠玑。这使得全书读起来比较"干"，没有一句话能随随便便带过。它不仅篇幅巨大，内容艰深，而且长句甚多，并不容易翻译。荷兰语引导从句很方便，这往往导致文中的句子很长，中译文必须尽可能地将其拆成散句，并按照汉语习惯进行打磨。由于我不懂荷兰文，无法直接从原文翻译，所以只能依据英译本和德译本转译。好在荷兰语与德语区别很小，借助荷英、荷汉词典，基本能够看懂。我的方案是，先由英译本译出草稿，再逐字逐句根据德译本进行对照。如果英译本和德译本有明显的不一致（有太多这样的地方），还要对照荷兰文原文来判断哪个译本更加准确。戴克斯特豪斯与英译者有过不少通信，英译本也得到了作者的肯定（并且对荷兰文本作了不少改动），但事实上，英译本和德译本都有译得不够准确的地方。在这些情况下，我有时会做脚注进行说明，有时则径直按照我认为比较正确或合理的译法译出。这使我比通常的翻译多花了近一倍的时间。

西欧中世纪自然哲学是《世界图景的机械化》中写的最精彩的部分之一。在此书（以及爱德华·格兰特的《近代科学在中世纪的基础》）的中译本出版之前，能用中文读到的中世纪自然哲学研究近乎空白,像托马斯·布雷德沃丁(Thomas Bradwardine,约 1300 – 约 1349)、威廉·海特斯伯里(William Heytesbury,1313 – 1372/3)和理查德·斯万斯海德(Richard Swineshead,活跃于约 1340 – 1355)、让·布里丹(Jean Buridan,约 1300 – 约 1358)、萨克森的阿尔伯特(Albert of Saxony,约 1316 – 1390)和尼古拉·奥雷姆(Nicole Oresme,约 1320 – 1382)等中世纪自然哲学家,以及像安内莉泽·迈尔(Anneliese Maier,1905 – 1971)这样研究中世纪自然哲学的重要科学史家几乎不为中国学界所知。此外,《世界图景的机械化》不回避任何繁难之处,书中讨论的许多概念都是中国学界非常陌生的,比如中世纪自然哲学讨论运动的本性时使用的关键概念 forma fluens 和 fluxus formae,讨论质的量化时使用的关键概念 latitudines formarum,以及罗吉尔·培根光学中的重要概念 species,在此之前从未进入过中国学界的视野。对于这些概念,我必须创造新的译法,使之能够尽可能准确地表达其原义。

对于一些关键概念,有时必须坚定地修改一些约定俗成的误译,比如我曾经重新翻译了哥白尼的《天球运行论》,为汉语学界贡献了这部经典著作的第二个中译本。其中一个关键修改是第一次把已经沿用了数十年的旧译标题"天体运行论"改成了"天球运行论"。因为哥白尼所说的 orbium 并不是我们所理解的"天体",而是古代天文学家假想的带动天体运行的透明的"天球"。今天我们不承认"天球"的存在,便想当然地把这个词译成了"天体"。不过,这个误译并不是中国人首创的。1879 年出版的由德国人门泽尔(Carl Ludolf Menzzer)翻译的德译本便把书名译成了 Über die Kreisbewegungen der Weltkörper,这里的 Weltkörper 意思就是"天体"(heavenly bodies)。20 世纪出现的英文译本没有重犯这一错误。第一个英文译本是瓦里斯(Charles Glenn Wallis)于 1939 年推出的,译名是 On the revolutions of the celestial spheres,后来纳入《西方世界的伟大著作》(Great Books of the Western World)第 16 卷,改称 On the revolutions of heavenly spheres。1978 年,由罗森(Edward Rowen)翻译和注释的英译本出版,定名为 On the revolutions of the heavenly spheres。同年出版的德文新译本译名为 Vom Umschwung der himmlischen Kugelschalen，改正了门泽尔版书名的误译。事实上，"天体"还是"天球"，这一字之差，关系到评价科学理论时应有的历史态度，也关系到我们在反省近代科学时所能够达到的理论深度。

　　以上便是我对科学史翻译的一些粗浅的认识和体会。翻译本质上是分享。对于"分享"，我有种天然的喜好，特别希望把自己认为好的东西告诉别人。关于翻译，我没有什么经验可以总结，如果一定要总结的话，我只能说翻译是一个熟能生巧的过程，而且贵在坚持。我没有给自己定过具体目标，只是希望有尽可能多的闲暇时间，一本接一本不停译下去。翻译就像走路，每一步付出的代价都不大，坚持下来却可以走很远。我愿意用毕生精力为中国的科学史研究和思想文化建设做出自己应有的贡献。

中华思想文化术语英译的
原则及应用

章思英

"中华思想文化术语"是指由中华民族主体所创造或构建，凝聚、浓缩了中华哲学思想、人文精神、思维方式、价值观念，以词或短语形式固化的概念和文化核心词。中华思想文化术语是中华民族几千年来对自然、社会进行探索和理性思考的结晶，代表着中华思想文化的精髓和基因，体现了中华民族内在的精神追求、共通的价值观念和独特的思维方式。随着中国综合国力的增强和国际影响力的提升，国际社会比以往任何时候都更加关注中国、阅读中国、倾听中国，越来越多的外国友人渴望了解中华思想文化及其术语。遗憾的是，中华思想文化术语的国际传播却远远不能适应时代发展的需求，一方面，中华思想文化术语的整理、诠释缺乏全面整体的规划，很多思想文化术语的诠释还停留在高端学术研讨的层面，没有考虑国际传播工作的特殊要求；另一方面，由于我们没能以中华传统思想文化术语为基础构建起系统的、有一定影响力的中国对外话语体系，在与世界其他文明的对话中，我们经常使用的主要还是西方话语或者按西方话语标准来对我们自己的思想文化及其术语进行诠释、剪裁甚至取舍。即使我们使用中华传统思想文化术语，也往往由于对话方不知道我们在说什么，而难以理解这些术语的确切内涵或深层寓意，因此很难实现中西文明之间的平等对话和相互借鉴。中西方历史文化传统的不同，加之政治、经济、宗教等多重因素的影响，还有汉语与西方语言从传统到形式的巨大差异，都成为影响中华思想文化术语对外传播的天然障碍。

2014年初，为做好中华思想文化术语传播工作，经国务院批准，设立"中华思想文化术语传播工程"（以下简称"术语工程"）。工程主要分为两大部分：一是术语的整理与诠释，二是术语的英译。本文主要讨论术语的英译原则以及应用。

一 译文应准确理解与体现术语的思想文化内涵

"术语工程"的目的是对外传播中华思想文化，准确理解并翻译原文是最基本的原则，或者说译文必须准确体现原文的内涵，即术语的思想文化内涵。

（一）注意作为术语的思想文化内涵与其作为普通语文词的含义的差别。以"良知"为例，"良知"的语文义是"良心"，《现代汉语词典》（第6版）对"良心"的释义为："本指人天生的善良的心地，后多指内心对是非、善恶的正确认识，特别是跟自己的行为相关的。"与之对应的英文词是conscience，但是否可以直接这样翻译呢？作为思想文化术语，"良知"的基本含义是"人天生所具有的道德本性与道德上的认识和实践能力"，它还包括"亲爱父母、尊敬兄长""天理"等具体内容，这些又都是conscience所不具有的。鉴于"良知"的基本含义以及"良知说"是孟子性善论及阳明心学的重要内容，我们在音译的基础上括注了意译词conscience，以体现"良知"的主要内涵。

（二）不强求字面义的对应。以"化干戈为玉帛"为例："'干'和'戈'是用于防御和进攻的两种武器，借指战争、武力冲突；'玉'和'帛'指圭、璋等玉器和束帛……用于表示和平共处之意。"译审组采用了两个并列的翻译方式：Beat Swords into Plowshares / Turn War into Peace。前一个译文是地道的英语谚语，sword和plowshare分别象征战争与和平，与"化干戈为玉帛"有异曲同工之妙；后一个译文是典型的意译。两种译法都较好地体现了原文的内涵。

（三）谨防形同义异时的误译。以"上帝"为例，一般读者都熟知"上帝"是英语 God 的中译，是基督教传入中国后，基督教教士对其所崇奉之神 God 的译称。但实际上，"上帝"是个土生土长的中国古词语，作为思想文化术语，它有两个主要含义：其一，上古传说中指主宰宇宙万事万物的最高天神，也叫"天帝"。其二，指帝国或王朝的最高统治者，即帝王、君主，包括远古或死去的帝王、君主，犹言"天子"。显然，这样的"上帝"绝不能直接回译为 God，否则极有可能误导英语读者。根据"上帝"在中国传统思想文化中的含义，译审组最后确定译文为 Supreme Ruler / Ruler of Heaven，从而较好地传达了这一术语的基本内涵，避免了英语读者可能产生的误解。

（四）尽可能避免译文表意不明。以"般若"为例。这是一个源于佛教的术语，源自梵文音译。译审组经过讨论，没有采用音译，而是将其译为 Buddhist Wisdom，因为只有这样翻译才最接近"般若"的本义。"般若"释义的最后一句话是："这种智慧本身无形无相，不可言说，仅能依赖各种方便法门而有所领悟。"其中的"方便法门"如何翻译呢？最先，我们译为：It can be understood and gained only through skillful means of Buddhism。从字面上看，将"方便法门"翻译为 skillful means of Buddhism 并不错，但意思并不清晰。后经过向哲学组和精通英文的佛学专家反复咨询，根据他们的解释，我们将译文修改为：It can only be achieved by undertaking a variety of accessible Buddhist practices。用通俗的话说，"方便法门"就是"易于达到的佛教修行方式"。显然后一种翻译比前一种意思要清晰。

二 译文应体现术语在具体语境中的含义，不强求术语译文的唯一性

每条术语都包括术语条目、释义、引例三部分。术语的引例，不同于语文词典中的例句，后者的功能是引证某个词语在语言中的实际应用，而术语的引例有四个功能：第一，说明术语的来源；第二，补释义之不足；第三，引证古人的权威解释；第四，展示术语经常在国

际文化交流中出现的典型语境。在引例中，术语会因出现的语境不同而具体含义也会发生变化，那么，术语的英译自然也要相应地随之改变，这也是我们为什么没有用 example 或 example sentence 而用 citation 的原因。我们的处理原则是，术语在引例中的具体含义与术语的基本含义不完全相同时，在翻译时不强求译文完全一致。

仍以"良知"为例。对"良知"这条术语，我们采用的是音译加括注意译的方式，即 liangzhi（conscience）。而在该条目的两个引例中，"良知"却有更灵活的含义，英语译文也须表达出这样的含义。

【引例】1：所不虑而知者，良知也。（《孟子·尽心上》）

英语译文：What is known without thinking is the innate knowledge of goodness. (*Mencius*)

【引例】2：天理即是良知。（《传习录》卷下）

英语译文：Principles of Heaven and conscience are the same in essence. (*Records of Great Learning*)

在【引例】1 中，"良知"的意思是"天生的道德知识和道德能力"，孟子认为它是每个人都具备的善良本性，因此我们将其中的"良知"译为 innate knowledge of goodness。而在【引例】2 中，王阳明用"天理"解释"良知"，是说"天理"和"良知"在本质上是一致的，一切事物及其规律都包含在"良知"中，这样的含义似乎更接近英文的 conscience。术语出现的语境不同，对术语的英语翻译也应有所变化。中华思想文化的博大精深也体现在术语的内涵异常丰富而且深层含义灵活多变，一种译法很难涵盖这些思想文化术语的全部内容，因此可以有多个译法，尤其是要根据术语在具体语境中的含义选择最合适的译法。

三　在参考汉学家及前人翻译成果的基础上进行创新翻译，避免误译

自 16 世纪利玛窦翻译"四书"，迄今已有数千种中华思想文化典籍被译成英语及其他语言，西方汉学家论述中华思想文化的著作也非

常丰富，其中蕴藏着大量的术语英译方面的资源，这些是我们今天从事术语英译工作时的重要参考。"术语工程"还特别邀请了艾恺（Guy Salvatore Alitto）、安乐哲（Roger T. Ames）、韩安德（Harry Anders Hansson）、魏查理（Charles Willemen）等九位资深汉学家参与译文审订，他们精通英汉双语，通晓中西方文化差异，在订正错讹、提高译文质量方面发挥了不可替代的作用。

（一）汉学家在审订译文时，有时会对译文重新翻译。以"兴观群怨"为例，这是孔子用来概括《诗经》四种主要功能的术语："'兴'指通过作品的欣赏引发联想，激发欣赏者对于社会人生的思考与志趣提升；'观'是通过作品认识自然与社会人生的各种状况，透视政治得失；'群'是围绕作品与别人展开讨论，交流思想感情；'怨'是表达对社会时政的不满，宣泄内心的情感。"如此丰富的思想文化内涵，仅浓缩为四个汉字，而在英语里很难用同样简练的语言表达。最先我们的译文是：Stimulating the Mind, Being Used for the Purpose of Self-contemplation, Teaching the Art of Sociability, and Showing How to Regulate Feelings of Resentment。应该说这个译文较为准确、完整地表达了术语的内涵，缺点是行文冗长，与汉语的言简意赅相去甚远。"术语工程"特邀汉学家、芝加哥大学历史学教授艾恺先生在审订时指出，"对英语读者来说，这样就不像一个'词'的翻译，而像一整个句子"。他建议用四个关键词来翻译以上内容：Stimulation, Contemplation, Sociability, and Criticism。艾恺先生认为翻译应该是"整体意义的传译而非逐字翻译"，这也正是"术语工程"译审专家在审稿、定稿时遵循的翻译的普遍原则之一。这样简明扼要的翻译例子还有"修齐治平"（Self-cultivation, Family Regulation, State Governance, Bringing Peace to All Under Heaven）、"温柔敦厚"（Mild, Gentle, Sincere, and Broadminded）等，虽然这些不都由汉学家直接翻译，但多是经他们审订认可的译文。

（二）汉学家在审订译文时，往往会关注到一些中国学者习以为常而外国读者可能产生疑惑的内容。如术语"怀远以德"的引例：

第二编　应用型翻译

　　　　管仲言于齐侯曰：臣闻之，招携以礼，怀远以德，德礼不易，无人不怀。(《左传·僖公七年》)

　　引例中的"齐侯"指的是齐桓公，译者最先也是按照"齐桓公"翻译的，即 Duke Huan of Qi。这样翻译并不算错。汉学家韩安德先生审稿时指出，虽然"齐侯"就是"齐桓公"，但原文是"齐侯"，则应翻译为"侯"（marquis），不应翻译为"公"（duke），因此我们按照引例的原文改为 Marquis of Qi，同时在"齐侯"之后括注"齐桓公"。至于齐桓公该不该称"公"，问题就太复杂了，虽然根据春秋时期的历史以及相关典籍的记载，称"齐侯"为"齐桓公"也是可以的，但最大程度贴近中文文本是我们进行英译的一个基本原则，这个原则不要轻易改变。

　　韩安德先生还建议，中国古代贵族爵位的翻译，可以采用英语的对应头衔，即：公（duke）、侯（marquis）、伯（earl/count）、子（viscount）、男（baron）。但他也指出，这样的对译并不是所有人都赞同，毕竟中国古代社会不同于欧洲中世纪社会。作为一种约定俗成的翻译，一般读者可以接受，而专家或专业读者是能理解二者之间差异的。

　　（三）在借鉴已有翻译成果方面，用得最多的是典籍名称的翻译。因为每条术语都有 1—3 个引例，每个引例都注明了文献出处，这就涉及大量古籍名称的翻译。许多典籍名称已有约定俗成的英译，如《论语》(*The Analects*)、《易》(*The Book of Changes*)、《春秋》(*The Spring and Autumn Annals*) 等。但也有不少引例选自不很常见的典籍，或者旧有书名翻译不很准确而需要重译。如张载的《正蒙》，书名出自《周易》蒙卦的象辞"蒙以养正"。"蒙"是蒙昧，"正"是使其正，意思是使蒙昧者归于正道，所谓"养其蒙使正者，圣人之功也"，就是用圣人的思想来"正蒙"。因此，经过斟酌，我们将《正蒙》译为 *Enlightenment Through Confucian Teachings*，使书名的深层含义得以体现出来。再以《国语》为例，约定俗成的译名有 *Discourse on the States*（张震久、袁宪军 1994：326），而《国语》主要记载的是春

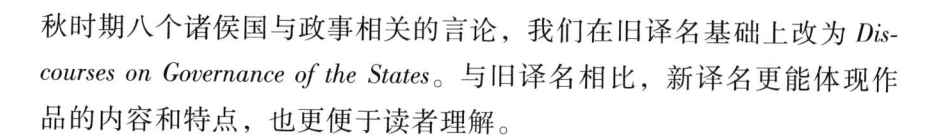

秋时期八个诸侯国与政事相关的言论，我们在旧译名基础上改为 *Discourses on Governance of the States*。与旧译名相比，新译名更能体现作品的内容和特点，也更便于读者理解。

四 当意译不能涵盖术语的全部含义或难以表达术语的基本含义时，采用音译

在开始确立翻译原则时，是否采取音译，在多大程度上使用音译，专家们也有过一番激烈的争论。一派观点认为，中华思想文化术语有其独特的思想文化内涵，英语中往往没有与之对应或基本对应的单词、词组或短语，难以传达出中华思想文化术语的全部含义或深层含义，因而主张多用音译，甚至将音译提升到"文化主权"的高度来认识。经过广泛征询学界及译界专家、汉学家以及从事对外传播工作的专业人士的意见，大家一致认为，要想更广泛地传播中华思想文化，让外国读者更方便地了解中华思想文化术语，应该是：能意译的尽量意译，不能意译的再取音译，或用音译 + 意译的方式。一些最核心的思想文化术语，如"道""德""理""气""太极""阴阳""境界""象""趣"等往往高度浓缩了中华民族的哲学思想、人文精神、价值观念、思维方式等内容，在英语中确实难以找到相对应的词、词组或短语，因此音译自然成为不二之选，而且其中有些术语的音译已经为西方读者所熟知。在《中华思想文化术语》第 1 辑（《中华思想文化术语》编委会 2015a）100 条中有 34 个术语、第 2 辑（《中华思想文化术语》编委会 2015b）100 条中有 17 个术语，分别采用了纯音译或音译 + 意译的方式。

以"五行"为例，常见的英译是（the）five elements，这个翻译并不错。但在术语工程中，哲学专家列出了"五行"有三种含义："其一，指五种最基本的事物或构成万物的五种元素，即金、木、水、火、土。……其二，五行进一步被抽象为理解万物和世界的基本框架，万物都可以纳入到五行的范畴中，并因此被赋予不同的性质。其三，指五种道德行为……指仁、义、礼、智、圣。"five elements 只能

表达第一个含义，无法涵盖第二、三两个含义，因此只能采用音译，即 wuxing。

再以"有无"为例。"'有无'有三种不同含义：其一，指个体事物的不同部分，实有的部分为'有'，空虚的部分为'无'；其二，指个体事物在生成、存在、消亡过程中的不同阶段或状态，既有之后、未消亡之前的状态为'有'，未有之前与既终之后的状态为'无'；其三，有形、有名的具体事物或其总和为'有'，超越一切个体事物的无形、无名的本体或本原为'无'。"根据"有无"的释义，译者采用了音译+意译的方式：you（being）and wu（non-being）。有些学术著作，如冯友兰（2015：176）《中国哲学简史》："天下万物生于有，有生于无。All things in the world come into being from Being (*You*) and Being comes into being from Non-being (*Wu*)。"《老子如是说：道德经新注新译》："天下万物生于有，有生于无。All things under Heaven are born of Being, Being is born of Non-being。"在定稿前征求专家意见时，"术语工程"学术委员、中国社会科学院哲学所研究员王柯平指出："在西方哲学中，Being（'是'或'在'）是一个形而上学本体论概念，是看不见摸不着、只能用思想来推理的永恒实在。Non-being 则是现象界可见可摸的东西，但不是实在的东西。前者为本，后者为末。上述译文，在西方读者看来，正好本末倒置。"王柯平的见解[①]是基于他对老子哲学思想和西方哲学的研究与比较。因此王柯平建议将"有"翻译为 being-with-form，将"无"翻译为 being-without-form，而不是 being 和 non-being。译审组根据他的意见，考虑到中国哲学本不同于西方哲学，经过与哲学组讨论后，只保留了音译，删除了括注中的意译，以期最大限度避免英语读者可能产生的误读、误解。

需要指出的是，在中华思想文化术语的翻译中，音译是不可避免的，但音译术语能否为外国读者接受并理解，并不以我们的意志为转移，相信随着中华思想文化术语的广泛传播和中国对外话语体系的建立，这些音译术语也能像 dao、taiji、yinyang 等一样，逐渐为外国读者接受和理解。

五　结语

"中华思想文化术语传播"~是一项大型基础文化工程，术语英译中碰到的问题自然也是千差万别的。我们的翻译过程，就是不断碰到问题、不断解决问题的过程。随着"术语工程"的推进和翻译成果的累增，我们的翻译原则和应用办法也将逐步完善。

中华思想文化术语的翻译，在跨越语言障碍之外，还须克服文化上的巨大差异。中华思想文化术语是可以翻译的，但也是很难翻译的。术语的英译过程本身就是中西文化碰撞、交流、融合的过程，绝不应过分强调中华思想文化的独特性而认为其不能译、不应译，从而错失用英文向外国大众传播中华思想文化的良机。我们在忠实中文文本，做到准确、达意的同时，也应尽最大努力使译文贴近英语母语、符合英语母语的表达习惯，在两种不同的语言文化之间寻求一种最有效的沟通方式。随着时间的推移和中外文明平等对话的加强，我们自己也会对中华传统思想文化有更深入的理解。

注　释

① 参见王柯平的《老子思想新释》，外文出版社1998年版。

参考文献

[1] 冯友兰：《中国哲学简史》，赵复三译，外语教学与研究出版社2015年版。

[2] 张震久、袁宪军主编：《汉英中国专有名称和术语简明词典》，北京大学出版社1994年版。

[3] 中国社会科学院语言研究所词典编辑室：《现代汉语词典》（第6版），商务印书馆2012年版。

[4] 《中华思想文化术语》编委会：《中华思想文化术语1》，外语教学与研究出版社2015a年版。

[5] 《中华思想文化术语》编委会：《中华思想文化术语2》，外语教学与研究出版社2015b年版。

第三编
大数据时代的翻译[*]

[*] 本编序言由广东外语外贸大学"云山青年学者"王华树撰写。特此感谢其协助本编约稿、组稿。

纵观人类发展长河，技术是激发社会活力的最重要因素。20世纪，以蒸汽技术为代表的第一次工业革命几乎改变了一切，如今以人工智能为代表的第四次工业革命在不远的未来将改变整个世界。诸如语音识别、神经网络机器翻译、AI同传等技术突飞猛进，人工智能技术广泛应用于语言服务领域之中。从个体用户的移动终端，到语言服务企业的云翻译平台，翻译技术不断推陈出新。新技术、新概念、新现象层出不穷，传统翻译理论面临着新的挑战，并亟待对此形成系统化的理论反思。

翻译技术已经渗透到翻译实践的诸多方面，但尚未迎来其理论上的创新，仍有许多基础问题急需理论思考和突破。例如，翻译技术的内涵是什么？翻译技术的发展趋势如何？翻译技术给翻译学带来了哪些改变？翻译技术如何影响翻译教育？在这样的背景下，翻译技术系列文章旨在集中探讨人工智能时代的翻译技术，激发学界对翻译技术与翻译教育以及翻译研究的深度讨论，进而推动翻译理论的协同创新和翻译学科的不断完善。

本编共收录国内翻译技术研究学者的六篇文章，透过多维视角探讨翻译技术的概念、趋势、影响、教育、模式和学理等诸多方面，揭示翻译技术的全貌，相信一定有助于推动当代翻译教学、实践和研究的与时俱进。

人工智能时代的翻译技术发展

王华树 李 智

一 引言

人工智能时代技术发展速度惊人，随着人工智能、神经网络、深度学习技术不断融入，翻译技术从最初的机器翻译发展到依托云技术、大数据的翻译平台。小至手机的翻译APP大至翻译行业乃至语言服务领域中的云翻译平台，翻译技术不断推陈出新，迭代更替。20世纪中期，机器翻译仅能满足英俄互译的军用需求，而今机器翻译使用普遍，且支持多语种、多方向。机器翻译与语音识别、语音生成、字幕技术等多种技术相结合，产生机器口译等多种融合翻译技术。2018年3月"翻译自动化用户协会（TAUS）亚洲峰会"提供了人工同传和机器同传，全球首次在真实交际环境下测试机器同声传译。同年4月，在博鳌亚洲论坛上，现场发言被实时译成中英双语字幕，与会者通过手机程序可以回看、收听和记录嘉宾演讲的双语内容。这些都是翻译技术的大胆尝试与创新。

在Google Scholar 上以 "translation technology" "machine translation" "computer-aided translation" 和 "computer assisted translation" 为检索词，1967—1992[①]年共有13条文献，1993—2003年共有101条

[①] 陈善伟在 The Routledge Encyclopedia of Translation Technology 中将翻译技术发展界定为四个时期：1967—1983年为翻译技术萌芽期，1984—1992年为稳定发展期，1993—2003年为快速发展期，2004—2013年为全球发展期。本文检索文献时，参照上述时间范围。

文献，2004—2017年共有929条文献，近13年的文献相当于过去40多年文献总和的90%，仅2017年当年的搜索结果就达到了137条，比2003年之前的文献总和还多。在中国知网（CNKI）检索相同时间段收录的文献，也呈现出类似现象，但国内从2007年起文献数量逐年大幅度增加。可见随着翻译技术的快速发展，国内外研究者对翻译技术的研究愈加关注。在新时代背景下，翻译技术涵盖哪些方面？翻译技术与翻译活动有什么本质关系？如何从不同视角考察翻译技术的分类？翻译技术面临怎样的发展趋势？这些都是翻译技术研究的热点话题。

二 翻译技术的内涵

时代的发展和研究的推动，翻译技术经历了一次又一次的变迁，那么翻译技术到底是什么？翻译与计算机的关系始于机器翻译，但翻译技术的真正繁荣的标志是电子词典和术语数据库的发展，以及互联网和计算机辅助翻译工具的出现（Alcina，2008），在解读翻译技术内涵时，国内外学者主要从机器翻译和计算机辅助翻译（CAT）等角度进行阐释。

Hutchins & Somers（1992：148）认为机器翻译就是几乎无人工参与，完全由机器独立完成的高质量翻译。

Bowker（2002：4-9）认为翻译技术是指人工翻译、机器翻译和计算机辅助翻译中使用的各种技术，包括基本计算机工具的使用以及专用翻译工具。机器翻译与计算机辅助翻译的区别在于翻译任务中，"谁起到主要作用"。

Quah（2006：6）认为"机器辅助翻译"（Machine-aided Translation，MAT）与"计算机辅助翻译"（Computer-aided Translation，CAT）无明显差别；MAT应用于工具开发领域；CAT应用于翻译研究及本地化领域，应包括翻译工具、语言工具及翻译记忆系统、电子词典和语料库检索工具等。

陈善伟（2004：258）认为翻译科技①为翻译研究的一部分，专门研究翻译电脑化所涉及问题与技巧。

冯志伟（2007）认为机器翻译（machine translation）是使用电子计算机把源语言（source language）翻译成目标语言（target language）。

徐彬等（2007）、钱多秀（2011）、张霄军等（2013）都认为CAT技术有广义和狭义之分。徐彬认为广义CAT涵盖所有能够在翻译过程中提供辅助支持的软、硬件技术，狭义CAT是指专门为提高翻译效率、优化翻译流程而设计的辅助翻译软件。张霄军认为广义的CAT指在语言、翻译、文化交流中提高效率的电子工具，狭义CAT指利用翻译记忆技术提高翻译工作效率的系统。

从国内外学者对机器翻译和计算机辅助翻译的内涵解读中可知，机器翻译是由计算机独自完成源语言与目标语言之间的转换，而计算机辅助翻译技术则是由人作为翻译的能动者，通过利用多种技术与工具完成语言间转换过程。随着时代的发展，上述两种范畴已经无法全部涵盖翻译技术的内涵，笔者尝试在前人的基础上对翻译技术内涵进行更加具体深入的解读：翻译技术是指翻译服务人员在翻译过程中综合应用的各种技术，包括译前的格式转换、资源提取、字数统计、重复率分析、任务分析、术语提取、重复片段抽取技术、预翻译技术等，译中的辅助拼写、辅助输入、电子词典和平行语料库查询及验证、翻译记忆匹配、术语识别等，译后的质量检查、翻译格式转换、译后排版、翻译产品语言测试以及语言资产管理等技术。这些技术基本上涵盖了翻译服务人员在翻译过程中可能用到的技术（王华树，2015；2017）。

三 翻译技术的分类

翻译技术的分类方法因其分类标准而不同，可依照翻译自动化程度、翻译流程、翻译技术功能、翻译过程等进行分类。

Hutchins & Somers（1992：148）基于翻译自动化的程度，将翻

---

① 陈善伟将 translation technology 译为翻译科技，本文将此词译为翻译技术。

译技术分为全自动高质量机器翻译、人工辅助机器翻译、机器辅助人工翻译和人工翻译。该分类下机器自动化程度依次降低，人工参与度依次升高。Bowker（2002：7）将翻译技术分为三类：人工翻译、计算机辅助翻译和机器翻译。人工翻译使用包括文字处理、拼写与语法检查、电子资源（光盘）和互联网等翻译技术与工具；计算机辅助翻译技术包括数据获取、语料库分析、术语管理、翻译记忆、本地化与网页翻译和诊断评估等；机器翻译则主要为机器翻译系统。

Melby（1998）按照译前、译中和译后的翻译流程，从术语层和语段层将主要的翻译技术分为八种。术语层技术分为四类，包括：备选术语提取（译前）、术语研究（译前）、自动术语查询（译中）、术语一致性检查和非允许术语检查（译后）；语段层技术分为四类，包括：新文本分割和原文本双语文本对齐与索引（译前）、翻译记忆查询（译中）、机器翻译（译中）、丢失片段检查及格式语法检查（译后）。王华树（2015；2017）对各种翻译技术分类时，结合翻译项目流程中的主要阶段（如图1），在 Melby 的基本术语层和语段层的基础上，增加了伪翻译、预翻译、译后编辑、本地化排版、本地化测试、语言资产维护等技术。

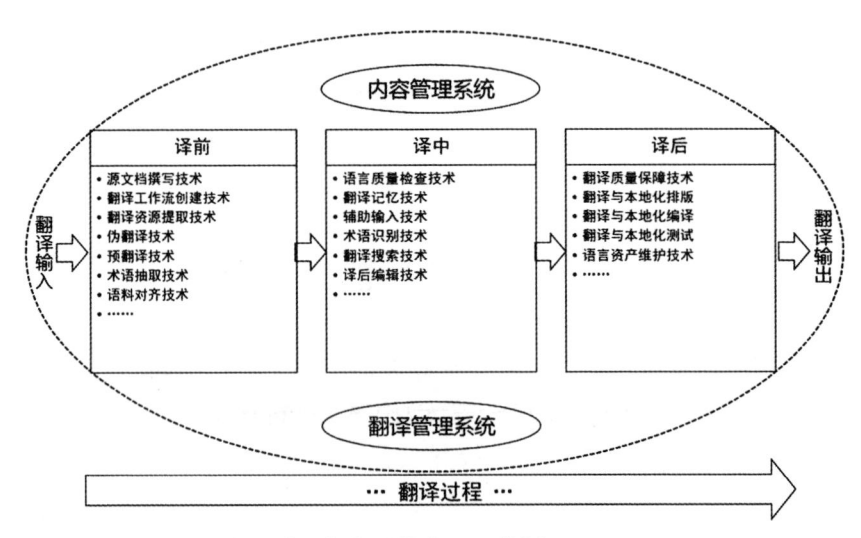

图1　翻译过程与翻译技术（王华树，2015；2017）

Alcina（2008）按译员使用的工具（tool）和可利用的资源（resource）将翻译技术分为五类：计算机设备（computer equipment）、交流及文件传输工具（communication and documentation tools）、文字编辑与桌面排版（text editing and desktop publishing）、语言工具与资源（language tools and resources）和翻译工具（translation tools）。计算机设备是指运行系统、各种数据输入与输出的技术支持、外设和基本软件等；交流及文件传输工具是指译员与客户沟通所使用电脑和在线工具，获取信息的各种网站及服务终端；文字编辑与桌面排版包括用来撰写、编辑、修改的文字处理器；语言工具与资源，是指收集语言及数据的技术工具和信息来源。Christensen et al.（2017）认为翻译技术主要包括 Alcina 提到的"交流及文件传输工具""语言工具与资源"和"翻译工具"。ISO 17100：2015（E）依照不同的翻译技术功能，将翻译技术归类为内容管理系统、写作技术、桌面排版、文字处理软件、翻译管理系统、翻译记忆工具和计算机辅助翻译、质量保证工具、双语编辑工具、本地化工具、机器翻译、术语管理系统、项目管理软件、语音文本识别软件等多种翻译技术。

Austermühl（2007）在 Holmes 翻译过程模型的基础上，在接受（reception）、转化（transfer）和重构（formulation）三个阶段引入翻译技术（如图2），如机器翻译、术语技术、电子词典技术、知识库、语料库和文件管理等，将翻译技术与翻译过程有机结合。

纵观翻译技术的分类，可知翻译技术发展与认识不断深化，从最初在文本翻译过程（译前、译中和译后）中探讨翻译记忆、术语技术和语料库技术等技术，到翻译项目、本地化、语言服务等概念出现，新的技术接续出现，技术的分类趋向于依功能和项目流程划分，且范畴更加宽泛。

四 翻译技术的本质属性

在现代汉语词典中，翻译是指"把一种语言文字的意义用另一种语言文字表达出来（也指方言与民族共同语、方言与方言、古代语与

第三编　大数据时代的翻译

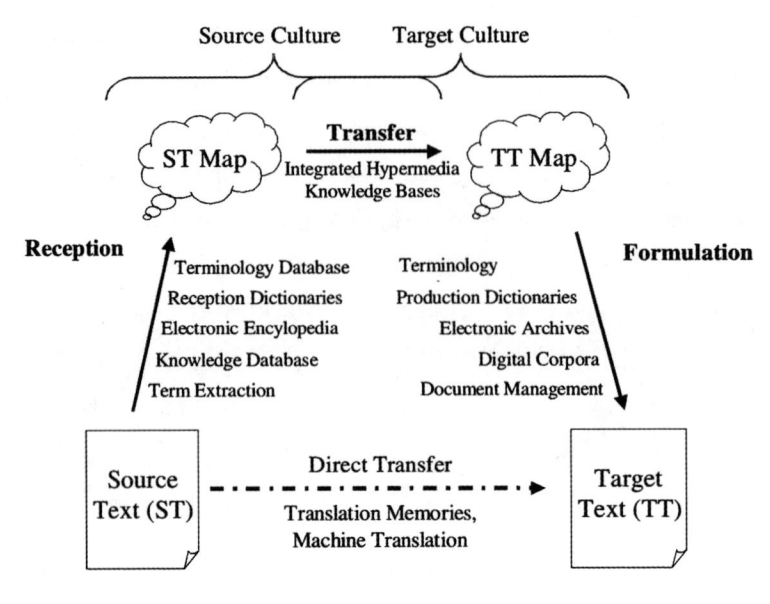

```
           Source Culture    Target Culture
                ┌───────┐   ┌───────┐
              ST Map    Transfer    TT Map
                   Integrated Hypermedia
                   Knowledge Bases

Reception                                        Formulation
         Terminology Database    Terminology
         Reception Dictionaries  Production Dictionaries
         Electronic Encyclopedia Electronic Archives
         Knowledge Database      Digital Corpora
         Term Extraction         Document Management

    Source              Direct Transfer           Target
    Text (ST)    ----Translation Memories,----→  Text (TT)
                     Machine Translation
```

图 2　引入翻译技术的 Holmes 翻译过程（Austermühl，2007）

现代语之间一种用另一种表达）；把代表语言文字的符号或数码用语言文字表达出来"。《牛津英语词典》将 translation 定义为"the process of changing something that is written or spoken into another language"（把一种书面或口头的语言转换成另一种语言的过程）。技术，从辩证唯物主义角度看，在"本质上揭示出人对自然的能动关系，人的生活的直接生产过程，以及人的社会生活过程和由此产生的精神观念的直接生产过程"（李树业，2014：150）。从上述对翻译和技术的解释中可发现，翻译与技术之间存在着相似的社会属性与自然属性。翻译的社会属性主要体现在翻译动作的发出者即人（翻译主体）根据客观需求对翻译的动作承受者即翻译任务（翻译客体）进行能动性改造，因此两者的社会属性主要都体现在人对客观存在的能动性改造。翻译与技术相似的自然属性在于两者本身都在不断变化与延伸。技术的变化是不言而喻的。在翻译中，翻译主体、翻译过程和翻译客体，随着社会进步、语言发展，都在不断进行变化与拓展，如翻译客体从传统的文本拓展到视频翻译、本地化翻译等多种类型。

相似的社会属性和自然属性让翻译与技术结合成为可能，结合后的翻译技术也同样具备社会属性和自然属性。在翻译过程中，在技术本身和承载技术的软件和硬件都是翻译技术系统中实体要素的表现形式，是完成翻译任务必不可少或相辅相成的工具及手段。这些都体现了翻译技术的自然属性。翻译技术辅助翻译主体能动性改造翻译客体，有机地将翻译主体与翻译客体进行匹配，辅助翻译主体优化翻译过程，一方面揭示出翻译技术与翻译主体之间的投射性、交互性、工具性关系，另一方面也体现了翻译技术对翻译客体、翻译流程之间的间接改造关系。这些都是翻译技术的社会属性。

翻译技术并不是孤立于其他翻译要素的独立存在，其自然属性与社会属性揭示出翻译技术实质上是智力要素、实体要素和协作要素的有机统一。翻译主体的能力及其计算机化或人工智能化的表征构成翻译技术的智力要素；完成或者辅助完成翻译任务所需的工具、设备等构成翻译技术的实体要素；有效配置前两个要素进行交互作用，从而完成翻译任务的方式、状态、规则等程序性知识和认知协调能力构成翻译技术的协作要素。上述三个要素相辅相成，使翻译主体、翻译客体、翻译流程与翻译技术有机结合，构成不可分割的整体，可以说是一个完整的系统。

五 翻译技术的系统构成

理论生物学家贝塔朗菲（Ludwig von Bertalanffy）认为"系统是相互作用的多元素的复合体"（贝塔朗菲，1987：31），系统要素之间相互关联，构成了一个统一的整体，并且任何事物都可视为一个系统，每个系统都由一系列子系统构成，各子系统之间相互作用、相互影响。

随着社会对专门语言服务需求的增多，现代语言服务从传统的口、笔译服务延伸到机器翻译、译后编辑、本地化工程、技术写作、多语文档排版、本地化测试、本地化项目管理、情报编译、本地化与国际化教育、研究、培训和咨询等内容（Common Sense Advisory，2015），不同的业务类型不仅需要在特定的流程中使用多种技术与工具，而且需要它们共同发挥作用。因此，技术和工具可以视为技术系统中的组成要素，要按照翻译项目类型和项目需求，动态地融合在翻译活动中。技术的功用不尽相同，在翻译过程中彼此相互联系、相互影响，共同为完成翻译活动而服务，由此形成了一个动态的翻译技术系统。

王华树（2016）根据系统要素与翻译本身的远近关系，将翻译过程中的各种技术划分为核心技术、关联技术和基础技术（或支撑技术）。每种技术在翻译活动中既独立发挥作用（如图3所示），又为完成翻译目标发挥整体功效。

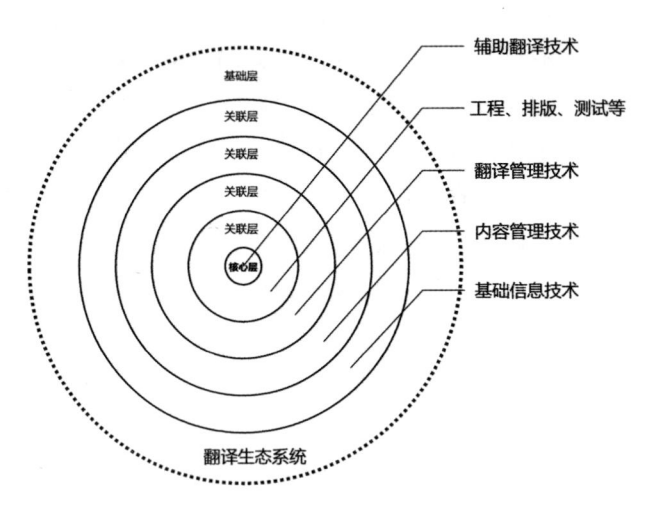

图3 翻译技术系统的构成（王华树，2016）

核心技术、关联技术和基础技术（或支撑技术）等子系统共同组成翻译技术系统。翻译是翻译活动的核心内容，因此整个翻译过程围绕着翻译产品（或服务）的语言转换任务而展开。直接实现翻译转换的技术是此技术系统中的核心技术，即核心要素，这是决定翻译技术性质的根本要素；如果此种要素缺失，那么整个翻译技术系统之间的结构就会瓦解，翻译技术系统便无从谈起。具体来说，辅助翻译技术是与翻译直接相关的核心技术。与核心技术联系紧密的是翻译工程、排版、测试和管理等技术，可统称为关联技术。工程技术在翻译和本地化流程中处于翻译之前和之后的两个环节，即进一步对核心翻译技术提供支持和保障，为翻译的实现提供先决条件和后置条件，并在翻译过程中与其他技术相互作用。翻译测试和翻译排版等技术从翻译过程的不同环节和不同层面为翻译提供技术支持。翻译管理技术贯穿于翻译流程始终，既关照某个翻译流程的细节（如译前的术语管理），又起到统摄全局的作用（如翻译全局的术语管理）；内容管理技术为翻译内容创建、存储、提取和优化做基础性、全局性的准备，属于更为宏观的子系统；基础信息技术是指在翻译活动中提供底层基础技术支持的信息技术，如编码转换、文字处理、语料处理、文档转换、通信技术、互联网、数据库以及其他电子资源等，在翻译技术系统中属于技术子系统，在功能上发挥基础支撑作用。由此，从基础到核心再到关联层次，上述技术在翻译活动过程中形成了相对完整的翻译技术系统。

六 翻译技术未来发展趋势

在人工智能技术驱动之下，翻译分工日趋细化，社会需求持续增长，翻译技术获得长足发展，呈现以下发展趋势：

（1）专业化。翻译技术专业化主要体现在技术工具专业化和领域资源专业化。如前文所述，在语言服务企业中，每个项目都有专业的流程和工序，不同流程和工序需要不同的翻译技术，如译前通常运用专门的字数统计、OCR 识别、文件转换、文件分割等工具对文件进行处理。另外，语言服务领域不断拓展，在医疗、科技、法律、政府、制造、教育、保险、金融、软件、安全等领域语言服务需求不断增加。在翻译实践中，针对上述领域的机器翻译、语料库、术语库和专门的辅助翻译工具已经非常常见。

（2）集成化。2016 年 SDL 翻译技术洞察调查研究[①]显示，80%的公司和机构更倾向于集成式软件。人工整合不同翻译工具时花费的时间越多，工作效率越低，因此集成多种功能的翻译软件可大大提高

---

① 《2016 年研究：翻译技术洞察执行摘要》，SDL，2018 - 08 - 27，https：//www.sdltrados.cn/cn/download/translation-technology-insights-executive-summary/103906/.

翻译工作效率。目前辅助翻译技术正向功能集成化和项目流程集成化方向发展。CAT 从最初基本的模糊匹配和编辑功能，发展到可以进行自动文本输入、自动拼写检查、批量质量保证，甚至到即时通信、多引擎机器翻译、翻译项目切分、项目打包、财务信息统计、过程监控、语言资产管理等。这些功能超越翻译本身，将翻译流程各环节（技术写作、术语管理、文档管理、内容管理、产品发布等）所需技术集成在一起，大大提高了翻译项目参与者的工作效率。

（3）智能化。技术发展与集成使翻译技术从最初仅能处理文字的机器翻译、计算机辅助翻译软件逐渐发展成自动化程度高、兼容多系统、接纳多格式、多类型翻译任务的智能化软件。传统的辅助翻译软件、术语管理软件系统兼容性越来越广泛，不仅可以在 Windows 系统下使用，还可以在 MAC 系统甚至安卓系统下使用，而且接受的文本格式越来越多，文字处理及标注功能越来越全面。随着语音识别、语音合成、图片识别、AR 技术、视觉识别等技术的发展，翻译技术的智能化程度越来越高，如集成了机器翻译、语音识别和语音合成等技术的各种翻译机、翻译耳机、出国翻译 APP，甚至翻译机器人；集成了 AR 技术、图片识别和机器翻译的图片翻译；集成视觉识别、陀螺仪传感、语音识别、语音合成等技术的手语翻译手套、翻译手环等。

（4）云端化。在大数据、云计算、人工智能等技术的推动下，翻译技术从单机版走向网络协作和云端，从单一的 PC 平台走向云端化的智能终端。以云计算为依托，可快速搭建定制化的机器翻译系统，并且实现跨系统、跨设备、无安装的互联网服务访问。云端化主要目的是能够让参与翻译项目的各角色访问到所需的数据源，包括数据库、内容库、邮件库、网站、文件系统等，解决来自各级管理部门对业务信息的统一访问、利用的需求，尤其适用于迅速增长的海量数据生产和查询，有助于解决多人协作、异地访问、在线编辑、移动办公等问题。云端化的翻译技术种类较多，如在线的语料库、记忆库、术语库和项目管理系统等。

（5）泛在化。目前翻译技术已不再局限于桌面终端，用户可以通过手持设备、可穿戴设备、其他常规或非常规设备，无障碍地享用计算能力和信息资源。BYOD（Bring Your Own Device 或 Become Your Office Device）既可指携带自己的设备（个人电脑、手机、平板等）办公，还可以指通过安装所需的 APP 实现资源访问，如在个人设备上安装辅助翻译软件、术语软件、在线翻译软件、翻译管理平台等，实现随时随地查看、访问相关信息，进行多语言交流和翻译。很多翻译平台提供的 API 服务，可接入多种设备，如手机 APP、视频对话设备、车载设备、智能眼镜、智能手表等。另外，技术泛在化趋势在口译技术中更加明显，硬件的限制变得越来越小。不难发现，随着口译管理平台和口译交付平台的发展，很多远程口译、电话口译等模式已经实现了多终端访问，口译员可按约定的时间，不受地点和硬件限制，使用自己的电脑、平板、手机、耳机等设备提供口译服务。语言服务正在逐渐走向即时的、动态的、碎片化的微模式。

（6）平台化。多种翻译技术不断集成，云端技术不断发展，两者相互结合，形成了多功能的翻译平台。目前已经开发出的多种协作翻译平台，如 LingoTek、MemSource Cloud、SDL GroupShare、XTM Cloud 等，实现了翻译流程的标准化、规模化、一体化以及全球资源调配、协作与共享。平台化翻译协作模式已成为当今大型语言服务企业（LSP）主要的业务模式，越来越多的企业采用内外结合的方式，借助全球社区资源在短时间内提供更多的语种支持。另外，翻译众包平台（如 Flitto、Trycan、虫洞翻翻等）、综合性翻译平台（九九译、云译汇、译马网），通过基于位置的服务、在线沟通平台等进行即时互动，依靠网络、大数据对客户需求、项目特点、译员特点进行双向自动匹配，合理分配资源，实现了从线上到线上和线上到线下（主要指口译）的翻译项目交易。

（7）生态化。翻译技术不仅是一个有机的系统，而且是语言服务生态中的重要组成。首先，翻译主体运用翻译技术，进行翻译实践，优化翻译流程，使得技术融入语言服务的方方面面。其次，翻译技术是翻译实践中各个角色与整个服务链紧密相连的重要纽带，是不可或缺的重要环节。再次，翻译技术与语言服务生态系统相互促进。翻译技术辅助译员高质、高效地实现多领域、多形式、多种类的语言服务。语言服务中产生的大数据及新的技术需求,也不断推动翻译技术进步,完善翻译技术系统,两者相互促进,协同发展,使整个语言服务生态有机地运作。

七 结语

人工智能时代,翻译技术是数字人文主义下的翻译人文和技术的融合,是时代和语言服务行业对翻译从业者的技术要求,是翻译生态系统的重要组成。在语言服务市场需求巨大的背景下,翻译技术快速发展,功能在不断改善,专业化、集成化、智能化、云端化、泛在化、平台化和生态化等趋势日益凸显。在我们接纳翻译技术,拥抱翻译技术的同时,不可忽视翻译技术给传统的翻译带来的本质、范畴、过程、行为、伦理等方面的冲击和影响,面对这些我们需要在更广阔的研究领域进行深刻反思。

(本文原载于《外国语言与文化》2020 年第 1 期,收录于本书时略有删减)

参考文献

[1] Alcina, A. Translation Technologies: Scope, Tools and Resources [J]. *Target. International Journal of Translation Studies*, 2008, 20 (1): 79 – 102.

[2] Austermühl, F. *Electronic Tools for Translators* [M]. New York: Routledge, 2007.

[3] Bowker, L. *Computer-Aided Translation Technology: A Practical Introduction* [M]. Ottawa: University of Ottawa Press, 2002.

[4] Chan, S. *A Dictionary of Translation Technology* [M]. Hong Kong: Chinese University Press, 2004.

[5] Chan, S. *The Routledge Encyclopedia of Translation Technology* [C]. New York: Routledge, 2015.

[6] Christensen, T. P., Flanagan, M., Schjoldager, A. Mapping Translation Technology Research in Translation Studies. An Introduction to the Thematic Section [J].

HERMES-Journal of Language and Communication in Business（56）：7 - 20.

［7］ Common Sense Advisory. *The Language Services Market* 2014 ［R］. Common Sense Advisory, 2015.

［8］ Hutchins, W. J. and Somers, H. L. *An Introduction to Machine Translation* ［M］. London：Academic Press, 1992.

［9］ ISO（International Organization for Standardization）. ISO 17100：2015 Translation Services-Requirements for Translation Services ［S］. ISO, 2015.

［10］ Melby, A. K. Eight Types of Translation Technology ［J］. *American Translators Association*, 1998：4 - 9.

［11］ 贝塔朗菲：《一般系统论——基础、发展和应用》，林康义、魏宏森等译，清华大学出版社1987年版。

［12］ 崔启亮：《本地化服务的翻译技术与工具》，《译苑新谭》2015年第7期，第194—200页。

［13］ 冯志伟：《信息时代的翻译工具》，《北华大学学报》（社会科学版）2007年第6期，第68—75页。

［14］ 李树业：《自然辩证法概论》，天津大学出版社2014年版。

［15］ 钱多秀：《计算机辅助翻译》，外语教学与研究出版社2011年版。

［16］ 王华树：《计算机辅助翻译实践》，国防工业出版社2015年版。

［17］ 王华树：《系统论视域下的翻译技术课程建设》，《当代外语研究》2016年第3期，第53—57、94页。

［18］ 王华树：《翻译技术教程》，商务印书馆/上海外语音像出版社2017年版。

［19］ 王华树、郝冠清：《现代翻译协作中的术语管理技术》，《中国科技翻译》2016年第1期，第18—21页。

［20］ 王华树、张成智：《语言服务行业翻译管理系统探究》，《东方翻译》2015年第4期，第16—21页。

［21］ 王华树、冷冰冰、崔启亮：《信息化时代应用翻译研究体系的再研究》，《上海翻译》2013年第1期，第7—13页。

［22］ 王明新、崔启亮、王志涛：《翻译生态学视角下的语言服务产业链》，《中国科技翻译》2013年第26卷第4期，第58—60页。

［23］ 张霄军、王华树、吴徽徽：《计算机辅助翻译：理论与实践》，陕西师范大学出版社2013年版。

医学口译技术的新发展：
远程视频口译

朱 珊

一 引言

远程口译（Remote Interpreting）早在20世纪60年代就已发端，当时称为"媒体口译"，即为直播电视节目进行同声传译。自20世纪70年代起，开始出现利用卫星设备传输信号的视频会议的远程口译形式。

自1973年起，澳大利亚移民部门便在医学口译服务中采用了远程电话口译的形式（Braun，2015）。这种现象在多语言背景的人口结构的国家较为常见，比如美国、加拿大、新西兰以及欧洲各国。随着现代通信技术的进步，技术质量的提高、技术成本的下降以及口译员薪酬的增加，远程视频口译（Video Remote Interpreting，以下简称VRI）在医学口译场景中的优势逐渐凸显，形成广阔的市场前景，并随着人工智能和翻译技术的突破而不断向前发展。Boostlingo、Indemand等语言服务商专门设计了针对医疗场景的远程口译视频设备并提供相关服务项目。

在Web of Science翻译和口译主题下，对"Medical Interpreting，VRI"进行检索，没有出现相关文献。将检索范围扩大到"Interpreting，VRI"，仅有一篇文献，Assessment of the Efficiency of Language Interpreter Services in a Busy Surgical and Procedural Practice（Burkle et al，2017）。该文研究的重点是语言服务在外科手术中的效率问题，对远程视频口译虽有提及，但未展开深入的研究。以"医学口译、远程视频口译"和"医学口译、VRI"为主题在 CNKI 分别进行检索，相关文献为零。将检索范围扩大到"远程口译"，共有 13 篇文献，其中 5 篇涉及远程口译教学的研究，3 篇是针对国外社区口译的研究，2 篇介绍信息技术对翻译的影响，3 篇是口译实践报告。以上文献仅有 1 篇与医学口译相关，《"互联网与医学"论坛汉英模拟交传中的衔接与连贯实践报告》（李可心，2016）。该报告的侧重点是医学交传的技巧与能力，与远程视频口译无关。

通过文献梳理可知，虽然远程视频口译在海外业界已经数见不鲜，但国内外学者对于其在医学口译场景中的应用及发展前景的研究寥寥无几，亟待后来学者填补空缺。下文将对医学远程口译的概念、译前准备、主要优点、前景展望、面临的挑战和引发的启示分别展开论述。

二 基本概念

谈到医学远程视频口译的概念，先从医学口译和远程口译分别说起。医学口译是在医生和患者进行口头交际时的一种翻译活动，工作地点通常在医院、诊所、体检中心等各种医疗机构，所进行的口译类型一般为交替传译、同声传译、视译等。美国医学口译委员会（the National Council on Interpreting in Health Care）将医学口译定义为"一种发生在任何一种医学背景下的口译形式，包括医生办公室、诊所、医院、医生来家的探访及对公共医学知识的展示，尤其是发生在医生和患者之间的交谈"（何静，2010）。

从口译技能角度讲，远程口译是指在电话、卫星或网络等远程通信设备辅助下，口译人员进行的非现场的口译工作。根据技术形式，远程口译包括电话口译和视频口译两大类；根据口译方式，常见的远程口译有同声传译、交替传译等；根据领域划分，又分为法庭口译、医学口译、社区口译等欧美国家常见的远程口译形式。

医学远程视频口译是指在远程可视设备辅助下，医学口译员不必出现在医疗场所的现场，只需按照步骤在家或口译服务呼叫中心等非医疗场所提供口译服务。

三　译前准备

由于远程视频口译对译员和视频辅助设备都有一定的要求，因此口译员在开始工作前需要做好充分的译前准备。

（1）熟练掌握和使用硬件和软件

目前常用的设备有两类：由专业服务商提供的辅助终端设备，或一台配备网络摄像头、麦克风、耳机和安装了相关软件的电脑。受到不稳定连接、噪音、移动产生的不确定因素等影响，大部分VRI服务商不推荐使用手机作为终端设备。

（2）检查网络状况

根据Boostlingo[①]测试的结果，远程视频口译推荐2Mbps以上带宽或4G连接，最小为1Mbps，不建议使用3G连接，可能造成医患与口译员通信质量不佳。

（3）选定工作场所

远程视频口译对工作环境的光线、背景等有一定要求。口译员面对镜头时，宜采用前光（front-lit）或侧光（side-lit）方位，切勿逆光，保证对方清晰地看到口译员的面部和肢体。另外，口译员应选择合适的背景墙，身体与墙面保持一定距离，保持工作环境安静舒适。

四　主要优点

随着通信技术的日臻成熟，远程视频口译在空间、时间、语言、成本等方面的优势逐渐凸显，主要体现在以下四个方面。

---

① 一家创新口译平台公司，总部位于美国洛杉矶，为语言服务业提供整合的口译平台和供应链管理系统。

(1) 空间的灵活性

在医学口译场景中，要素人员主要包括译员和有沟通需求的医患双方。当这三者处在不同场所时，无法实现面对面的现场口译，阻碍了有效的双语交流。远程视频口译在空间上具有灵活性，要素三方人员不受所在场所限制，不拘泥于地理位置的统一性。有时病人与医生在医疗现场，口译员远程，比如诊所问诊；有时口译员与病患在医疗现场，医生远程，比如交通事故现场救助；有时患者在医疗现场，口译员和医生远程，比如重大疾病国际专家会诊；有时病人、患者和译员三方均不在同一场所，比如跨国医疗美容咨询等。

(2) 服务的及时性

由于不受地理位置的约束，远程视频口译员能够"及时地"为医患提供口译服务，有效弥补了现场口译"耗时费钱"的缺点。欧美许多移民、难民接收国和翻译需求较大的医疗团体和国际组织配备了在线的口译人员，通过远程视频设备提供及时便捷的口译服务。当医院出现外国患者时，医生如果无法与患者进行有效的语言沟通，可以马上连线专业译员，搭建医患沟通平台。相比传统的面对面口译，远程口译效率更高，大大缩短了病人候诊和就医时间。

(3) 副语言的可视性

与电话口译相比，远程视频口译具有明显的可视化优势。医生和患者交流时的肢体语言具有重要的语篇意义，口译员借助这类副语言工具进行语义理解。如果无法全景看到医疗现场的非言语动作，口译员会产生理解障碍，从而影响翻译的准确性。在远程视频设备辅助下，译员可以通过非语言元素获得完整的交流信息，也可与医患进行直接交流来干涉语流或者反馈信息，对口译错误进行及时纠正。对于译出率和准确性要求较高的医学口译而言，远程视频口译是较为理想的远程口译形式。

(4) 成本的稳定性

对于医疗机构而言，远程视频口译成本相对固定，不受译员差旅费用、报酬波动等因素的影响。口译需求方一次性投资视频设备，保持基本维护并对医疗人员进行设备使用培训，即可持续地享受远程口译服务。

对于口译员而言，由于远程口译减少了差旅耗时，译员的有效工作时间明显增多、工作效率明显提高，口译的经济成本相应下降，有助于口译员的薪酬维持在一个相对稳定的水平。

五 前景展望

远程视频口译自20世纪八九十年代开始在医学领域出现，相较于传统口译的发展历史来看，它还是一股新兴的口译力量，适合在人口结构复杂、流动性强、语种多样的国家和地区推广和应用，具有广泛的市场前景。

（1）多语言的医疗场景

远程视频口译规模性的发展归功于欧美国家、专业医学团体和国际组织，这是欧美人口迁移和发展的历史和现状决定的。2017年，美国约有7000万人在家使用非英语的母语，其中仅有不到10%的人英语听说读写的能力可以达到良好水平（Erika，2017）。对于新移民和年龄较大的移民来说，语言障碍和翻译需求尤其明显，而且呈现出持续增长趋势（Shin & Bruno，2013）。在欧洲，欧盟各成员国之间的联系频繁，跨境医疗活动往来不断。虽然大部分人具有多语言背景，但是在外交话语权影响下，加之大量难民纷纷涌入，导致欧洲医学远程视频口译需求不断增长。另外，欧美口译员薪酬水平普遍较高，译员的差旅费用、翻译报酬等因素促使医学口译需求逐渐转向远程视频口译（Sabine，2017）。

（2）偏远的医疗场所

Common Sense Advisory[①]对购买远程视频口译服务动机进行了市场调查。结果显示，在预设的六个动机当中，"优于电话口译，操作程序更加便捷"（Increased user-friendliness over telephone interpretation）

---

① Common Sense Advisory 是一家市场调查公司，总部位于美国西雅图，为客户提供口笔译、本地化、全球化等市场分析服务。

和"可用于偏远地区,口译员无须亲临现场"(Access in remote areas that typically don't have access to an in-person interpreter)是最主要的两个动机,在30份调查样本中占比率最高,分别为4.5。

表1　　　　　　　购买远程视频口译服务的动机

Motives for Buying Video Remote Interpreting	Average Ranking of Response
Availability of interpreters round-the-clock	2.3
Faster and easier than getting an on-site interpreter	2.7
Lower cost than in-person interpretation	2.9
Ensures availability of interpreters for low-demand languages	4.0
Increased user-friendliness over telephone interpretation	4.5
Access in remote areas that typically don't have access to an in-person interpreter	4.5

资料来源:Common Sense Advisory(2014)。

(3)精准的医疗行为

具体到医疗行为,许多治疗过程需要医生和患者之间保持语言和肢体双重交流,口译的内容包括了语言和非语言要素,其中的非语言要素必须全方位展现在远程口译员面前,以便于进行精准的传译。例如,在对脑部肿瘤患者实施唤醒开颅术时,病人要处于清醒状态,医生通过和病人进行文字语言、辨识图片等交流,探测出大脑内哪些部位是"禁区",防止在切除肿瘤时误切这些重要功能区,进而避免术后瘫痪、失语等后果(李彩莲,2015)。在远程视频设备辅助下,口译员可清晰地看到暴露的手术视野，并对患者在术中唤醒期间的肢体应答和语言反应进行准确的传译。由此可见，远程视频口译作为一种口译模态的演变形式，在医学领域具有广阔的前景。

六　面临挑战

上文提到，远程视频口译具备许多优点，是近些年及未来受欢迎的医学口译形式。但不可否认的是，相较面对面的口译形式，远程视频口译仍存在一些问题，有待进一步的探讨和改进。

（1）远程口译的不安全因素

保密原则是医学口译员应当遵循的执业原则之一，在译前、译中和译后，译员要严格遵循高度保密的原则（朱珊，2015）。口译所涉及的内容对非现场人员保密，与正在发生的口译活动无关的信息无须翻译，如医生的私人信息等；译员不得有意向他人提供患者的个人信息，如患病情况、电话号码、医保卡号、家庭住址等。

在远程视频口译中，译员的工作环境相对开放，镜头以外的范围容易受到其他因素的干扰，如何保障病患交流的私密性、实现医学口译的保密原则值得思考。

（2）通信设备的不稳定因素

如何保障医患和口译员三方的通信畅通是远程视频口译的技术难点。比如，在通信技术相对落后或信号不稳定的国家和地区，远程口译的声音和图像质量无法得到保障，可能出现信号中断、连接不畅或声音不清等现象。这种情况对正在进行的手术或急诊会造成不可预估的恶劣后果。

（3）行业机构的质疑因素

部分职业口译组织对远程口译持有负面态度。国际会议口译员协会（AIIC, International Association of Conference Interpreters）发布的《会议口译新技术准则》中明确提到，"要警惕将译员置于显示器前远程口译而远离听众的这种会议的诱惑"，认为远程口译是"不可接受的"（AIIC, 2012）。

七 启示

远程视频口译在医学口译场景中的应用具备翻译新兴语境的诸多特性。这不仅对传统的面对面的口译形式发起挑战，还对医学口译从业者和口译技术使用者提出了更高的要求，译员在职业能力、主体观念等方面需要进一步的提升和转变。另外，政策制定者和行业管理者也要在顶层设计方面提供相应的保障。

（1）译员专业能力的提升

在远程视频条件下，医学口译员工作的场所由传统的原子物理场所转向电子的计算机与互联网的医学场所；翻译对象也从医学的纸质文字、面对面交流等拓展到各种医学电子文本，包括文本聊天、视频聊天、超文本等（陈昕，2015）。这些变化对译者的口译能力提出了更高的要求，尤其是与翻译能力相关的数字素养（digital literacy），不但要求译者对数字媒介、信息在数字环境下的创造和配送具备理解和驾驭能力，还需要译者具备与软件本地化、网站本地化、国际化相关的翻译能力和使用各种辅助口译工具的能力。

（2）译员主体观念的转变

翻译工程师和技术研发人员能清晰准确地预见创新对行业的影响和潜在冲击。但技术的使用者往往需要更长的时间才能认识到这一点，而且通常先要经过一些抵制。当抵制来自从业者组织时，新实践模式的建立和推广就更加困难。影响通信方式的技术变革必将对翻译职业产生影响，其程度之深足可催生新型语言服务的诞生，医学远程视频口译便是其中之一。风物长宜放眼量，译员需打破年龄、专业、认知等界限，关注行业技术动向，紧跟技术发展，深入了解技术作用和适用领域，积极与同行交流经验，利用技术代替繁重、重复单调的工作，从而提高口译质量和效率（王华树、李智、李德凤，2018）。

（3）科学研究和顶层设计的有效结合

医学远程视频口译在欧美国家的发展，离不开科研机构的理论与实证研究支持以及政府层面的政策支持。为了保证远程口译的信度和效度，欧美国家不仅从实践上推广这种新兴口译模式来发展力量，还组织高校和研究机构进行理论和实证研究。政府在肯定其研究成果的基础上制定政策扶持行业的有效有序和高品质发展（Cynthia，2014）。

2000年美国健康与公共事业部（Department of Health and Human Services）规定联邦财政必须资助为LEP（Limited English Proficient）人士提供语言服务，2003年更详细地提出了口译员的雇佣细则及合格口译员的标准。执业资格认证成为进入医学口译行业的敲门砖。截止到2018年，国际医学口译员协会（IMIA，International Medical Interpreters Association）注册的会员已达2000余名，涉及语种多达70余个。①广为人知的认证机构还包括国家医学口译认证会（NBCMI，the National Board of Certification for Medical Interpreters）、麻省医学口译协会证书委员会（MMIA，Massachusetts Medical Interpreting Association Certification Committee）等。由于远程口译入门的门槛较高，除了普通口译认证，医学口译员还需取得专业领域的资质证书，增加专业型人才集中使用从而提高专业领域口译的准确性。

国际上，近半成的医学口译服务需求商要求口译员持有相关证书（穆雷、沈慧芝、邹兵，2017）。遗憾的是，当前我国还没有专门针对医学口译或远程视频口译服务的翻译资格证书，相关资格认定有待进一步落实。

企盼本文为莳菲之采，引发深入的思考和研究，不当之处敬请指正。

参考文献

[1] AIIC. *Code for the Use of New Technologies in Conference Interpretation* [EB/OL]. 2012（05）：22. http：//aiic. net/page/120/code-for-the-use-of-new-technologies-in-conference-interpretation/lang/1.

[2] Braun, S. *Remote Interpreting* [A]. in H. Mikkelsonand R. Jourdenais (eds.).

---

① http：//www. imiaweb. org/about/default. asp.

Routledge Handbook of lnterpreting［C］. New York：Routledge，2015.

［3］ Cynthia G. （ed.）. *Assessing Legal Interpreter Quality Through Testing and Certification：The Qualitas Project*［M］. Alicante：Universidad de Alicante，2014.

［4］ Erika，P. *Interpreter Perspective of In-person，Telephonicand Video Conference Medical Interpretation in Clinical Encounters*［J］. Patient Education and Counselling，2017（2）：226 – 232.

［5］ Hagan，M. and Ashworth，D. *Translation-mediated Communication in a Digital World：Facing the Challenges of Globalization and Localization*［M］. Clevedon：Multilingual Matters，2002.

［6］ Sabine，B. *What a Micro-analytical Investigation of Additions and Expansions in Remote Interpreting Can Tell Us about Interpreters' Participation in a Shared Virtual Space*［J］. Journal of Pragmatics，2017（I）：165 – 177.

［7］ Shin，H. and Bruno，R. *Language Use and English-Speaking Ability：2000*［R］. Census Bureau，2003.

［8］ 陈昕：《13 年前的预言：信息技术对翻译的冲击——〈数字化世界以翻译为媒介的交际〉评介》，《东方翻译》2015 年第 1 期，第 92—95 页。

［9］ 何静：《医疗口译的发展及现状》，《河南职工医学院学报》2010 年第 22 卷第 3 期，第 261 页。

［10］ 刘春伟、蔡小红：《欧美远程口译发展对我国口译人才培养模式的启示》，《语言教育》2017 年第 5 卷第 4 期，第 15—18 页。

［11］ 李彩莲：《开颅术中唤醒障碍护理配合》，《医学理论与实践》2015 年第 28 卷第 20 期，第 2843—2844 页。

［12］ 穆雷、沈慧芝、邹兵：《面向国际语言服务业的翻译人才能力特征研究——基于全球语言服务供应商 100 强的调研分析》，《上海翻译》2017 年第 1 期，第 8—16 页。

［13］ 王华树：《大数据时代的翻译技术发展及其启示》，《东方翻译》2016 年第 4 期，第 18—20 页。

［14］ 王华树、李智、李德凤：《口译员技术应用能力实证研究：问题与对策》，《上海翻译》2018 年第 5 期。

［15］ 朱珊：《医学口译的行业现状及执业原则》，《中国翻译》2015 年第 2 期，第 108—112 页。

翻译学的技术转向

张成智　王华树

一　引言

随着自然语言处理和 IT 技术的突飞猛进，以及快速扩张的市场对于翻译服务的巨大需求，翻译技术在 21 世纪发展迅速，它不仅大幅提高了翻译速度和效率，对翻译实践乃至翻译行业都产生了深远的影响。诚如陈善伟（2015：1）所言，翻译技术早已成为翻译实践的规范、翻译研究的重要部分、翻译教学的新范式和翻译行业的主流趋势。过去数十年，翻译学先后经历了六七十年代的语言学转向，以及八九十年代的文化转向。但由于时代的原因，两者都没有涉及翻译技术。

二　文献综述

20 世纪 60—70 年代，以雅可布逊（Roman Jakobson）、奈达（Eugene A. Nida）、卡特福特（J. C. Catford）、纽马克（Peter Newmark）等为代表的学者"把翻译问题纳入到语言学的研究领域，从比较语言学、应用语言学、社会语言学、语义学、符号学、交际学等角度，提出了相对严谨的翻译理论和方法，开拓出了翻译研究的新领域，给传统的翻译研究注入了新的内容"（谢天振，2003：110）。其共同特点是借用语言学的理论研究翻译问题，这就是翻译学的语言转向。1990年，Bassnett和Lefevere（1990：4）在《翻译、历史与文化》一书的导言中指出，"以往语言学派研究翻译时把词作为翻译单位，后来进步到以文本为翻译单位，而现在应该转向以文化为翻译单位"。这篇导言被视为翻译学文化转向的标志。曹明伦（2007：89）指出文化转向使翻译研究的内容和对象"不再局限于翻译行为、翻译活动及其结果之优劣本身，而是转向了或多或少与之有关的整个人类文化的方方面面"；这一转向拓宽了翻译研究的视野，丰富了翻译研究的方法，使翻译研究的重心发生转移。语言学转向和文化转向在翻译学界广受认可，但遗憾的是，这两大转向都没有提及翻译技术。

斯内尔-霍恩比（Snell-Hornby，2006：56）指出了另外两个转向：实证研究转向（empirical turn）和全球化转向（globalization turn）。前者指译界出现了越来越多的实证研究。后者指从20世纪90年代开始并延续至今的IT技术的迅猛发展极大地改变了译者的日常工作。在全球化转向中，霍恩比提到了翻译技术，不过她更多的是强调全球化对翻译的影响，而没有谈及翻译技术给翻译学带来的巨大变革。

Cronin（2010：188）最早提出了技术转向（technological turn）这一概念。他指出，翻译学之所以出现技术转向，不是因为相邻学科的理论发展，而是翻译实践所推动的。这导致传统的翻译和译者的地位需要重新审视。遗憾的是，Cronin并没有论述技术转向的证据及其影响。张霄军、贺莺（2015：74-77）回顾了第20届世界翻译大会的主题和与会文章，指出技术为口笔译工作者和术语专家的工作带来了极大的便利，翻译技术改变了译者的工作模式，并认为翻译学出现了技术转向。不过因为是会议侧记，他们同样没有论述技术转向的证据及其影响。有鉴于此，本文将详细论述翻译学技术转向的证据及其影响。

三 翻译技术转向的定义

翻译技术从广义上讲包括人工翻译、机器翻译，以及计算机辅助翻译中使用的各种技术，例如文字处理软件、电子资源，以及在翻译中所使用的软件，如语料分析工具和术语管理软件等（Bowker，2002：5－9）。狭义上讲，翻译技术分为四类：（1）翻译记忆，目的在于帮助译者循环使用并借鉴前期的翻译工作；（2）翻译管理系统，包括翻译项目管理、翻译结果导出；（3）术语管理软件，旨在保证术语一致性等（Choudhury & McConnell，2013）；（4）质量保障工具。平时我们所说的计算机辅助翻译（CAT）技术即主要包含这四个类别。

翻译学的技术转向是指随着信息技术、计算语言学、术语学等学科发展，翻译实践发生了从纯人工翻译，到人工翻译与信息技术相结合的变化，从而引发翻译理论研究的变革。严格说来，语言学转向是指用语言学的理论阐释翻译中的语言现象，这与其说是翻译学的一次转向，毋宁说是语言学的一次扩张。文化转向扩大了翻译研究的对象，但是"在一定范围内造成了学科概念混淆和学术理路混乱，致使有些翻译理论和翻译实践的关系变得模糊不清"（曹明伦，2007：1），使翻译理论与实践之间出现了辛格（Singh，2005：66）所见之鸿沟，这道鸿沟让翻译实践陷入困境，把翻译理论研究逼进"死胡同"（张南峰，1995：15），自然也阻碍了翻译学科的发展。技术转向则不同，因为翻译技术发于实践，兴于实践，并反哺理论，是理论与实践之间天然的黏合剂，使翻译理论与实践之间的鸿沟得以弥合，从而夯实翻译学的学科基础。它还意味着新研究对象的出现——翻译技术，比如CAT教学，翻译记忆、术语管理、翻译质量保障、翻译项目管理、翻译行业等一些在传统的翻译学中不存在，或者长期以来不被翻译学者重视的领域，这极大地改变了由Holmes首倡的翻译学图谱。同时它还引入了一个全新的研究视角——语言服务的视角，从而给应用翻译研究开创了广阔的天地。Cronin（2010）认为，技术转向是当今世界翻译实践发生巨大变革的一个结果。

四 翻译学技术转向之证据

1. 翻译软件大量涌现

翻译技术的发展可分为四个阶段：萌芽时期（1981—1988），成长时期（1988—1993），快速成长时期（1993—2003），以及全球发展时期（2003 至今）（陈善伟，2012）。Trados 是翻译技术领域的杰出代表，其成长见证了翻译技术发展的进程。表1展示了 Trados 系列产品推出时间及版本演进史。

表1　　　　　　　　　Trados **产品推出时间及版本史**

1984	Trados	2006	SDL Trados 2006
1990	MultiTerm	2007	SDL Trados 2007
1994	Workbench	2009	SDL Trados 2009
1997	WinAlign	2011	SDL Trados 2011
2001	Trados 5	2013	SDL Trados 2014
2003	Trados 6	2014	SDL Trados 2015
2005	被 SDL 收购	2016	SDL Trados 2017

如表1所示，Trados 诞生于1984年，在1984—2001年，平均每3.6年发布升级产品，从2001年至今，其发展速度呈加快趋势，尽管2005年被 SDL 收购，仍然保持平均每两年就发布新款升级产品的高速态势。就在笔者执笔之际，SDL Trados 2019 也刚刚发布。显然，翻译技术的发展已经愈加稳定迅速。

1984年，Trados 发布之时，它是当时唯一的一款 CAT 软件。如今 CAT 工具已经遍地开花，CAT 软件的数量也成倍增加。据陈善伟（2014：35）统计，截至2012年，商用 CAT 工具已达86种之多，从1984年至2012年的28年间，平均每年有3种 CAT 工具面世，同时，有19种 CAT 工具在激烈的市场竞争中被淘汰。预计在未来几十年，这种发展势头仍将继续。

2. 翻译软件广泛使用

翻译技术目前在全球语言服务行业广泛采用，已成为翻译人士高产高效完成业务的必备工具。2005年，Fulford 与 Granell-Zafra 对391名英国自由译者所做调查显示，28% 的受访者使用 CAT 工具（如

Trados、Dejavu、SDLX 和 Transit 等），大约半数受访者对 CAT 完全陌生；5% 的受访者使用过机器翻译，75% 的受访者对机器翻译完全陌生；只有 2% 的受访者使用过本地化工具（比如 Alchemy Catalyst，Passolo 等）。2008 年北京奥运会开幕前夕，传神翻译公司和中科院科技翻译协会联合发布了《2007 中国地区译员生存状况调查报告》，该报告显示，61% 的译者在翻译过程中使用辅助翻译软件。2013 年，Jared 对 Proz 网站（Proz. com）的职业译者做了一项调查，调查显示，88% 受访者使用至少一种 CAT 工具，剩余 12% 的受访者虽然没有使用 CAT 工具，但他们之中的大多数曾经试过 CAT 工具，只有 3.8% 的受访者从来没有使用过。从 28% 到 88%，这些数字变化表明，CAT 工具过去十年以来越来越受到译者和行业的欢迎。

从另一方面来讲，翻译记忆已经成为专业译员必备技术，专业译员普遍利用 CAT、MT、听写/语音识别工具等来提高翻译效率。笔者曾在 2013 年 5 月浏览了全球知名翻译资源网站 proz. com 的首页和第二页共计 50 个工作机会。这 50 个工作涵盖了多个语言对，例如英法、英意、英德、英爱（爱沙尼亚语），英语译阿萨姆语等；其中 18 个工作要求使用 CAT，约占总数的 36%。另据《2011 年企业语言服务人才需求分析及启示》报告显示，高达 77.30% 的企业强调人才的翻译技术和工具能力，Trados 已经是必备工具，其他专业工具的应用也日渐广泛（王传英，2012：67—70）。

3. 开设 CAT 课程高校越来越多

2002 年，香港中文大学翻译系开设了第一个 CAT 硕士学位（陈善伟，2012）。在美国，蒙特雷高翻学院和肯特州立大学很早就在其翻译硕士学位中开设了计算机辅助翻译的相关课程，例如计算机辅助翻译、术语管理和本地化等。在欧洲，2005 年欧盟翻译硕士（EMT）开始开设计算机辅助翻译相关的课程（贺显斌，2009：46）。目前国外共有数十所高校开设有翻译技术相关的课程（王华树，2013：26）。2004 年钱多秀就在北京航空航天大学开设了计算机辅助翻译的课程（钱多秀，2011：1）；2006 年北京大学在内地率先创立了 CAT

硕士学位，并开设了一系列 CAT 相关课程，例如 CAT 技术及其应用、术语学、本地化与国际化工程、翻译项目管理等。2007 年，我国设立翻译硕士学位（MTI），目前共有 206 所高校开设了 MTI 学位。MTI 的教学目标是培养具有实践技能的专业化口笔译者，以满足市场的需求，为满足此目标，各高校纷纷开设翻译技术相关课程，比如 CAT 工具应用，术语管理，翻译项目管理等课程（苗菊、王少爽，2010：66）。2012 年 4 月，中国翻译协会和全国翻译专业学位研究生教育指导委员会在全国高等院校翻译专业师资培训模块中，增加了翻译和本地化技术以及项目管理等内容。这说明翻译技术在翻译教学和译者培训方面越来越受到人们的重视。

4. 翻译技术相关研究日益增加

2018 年 9 月，笔者以计算机辅助翻译为关键词，在中国知网（CNKI）共查到 464 篇相关文献。文献的年度分布图见表 2。

表 2　　　　　　　　CAT 论文年度分布　　　　　　　　（篇）

年份	1980	1981—88	1989	1990	1991	1992	1993—94	1995	1996
数量	1	0	1	0	2	1	0	1	1
年份	1997	1998	1999	2000	2001	2002	2003	2004	2005
数量	1	0	8	5	3	8	3	6	6
年份	2006	2007	2008	2009	2010	2011	2012	2013	2014
数量	10	8	10	20	25	19	40	42	44
年份	2015	2016	2017	2018					
数量	67	70	62	22					

表 2 表明，国内学者对翻译技术的关注从 1980 年开始，以 Bruderer 与徐志敏（1980）合作的《机器和机器辅助翻译的目前情况》一文为标志，该文简要介绍了当时计算机辅助翻译的基本情况。第二篇文章则是路光泰（1989）所撰的《现代化的翻译工具——〈石油物探计算机辅助翻译系统〉》，该文主要介绍了由 Transtar 为石油业开

第三编　大数据时代的翻译

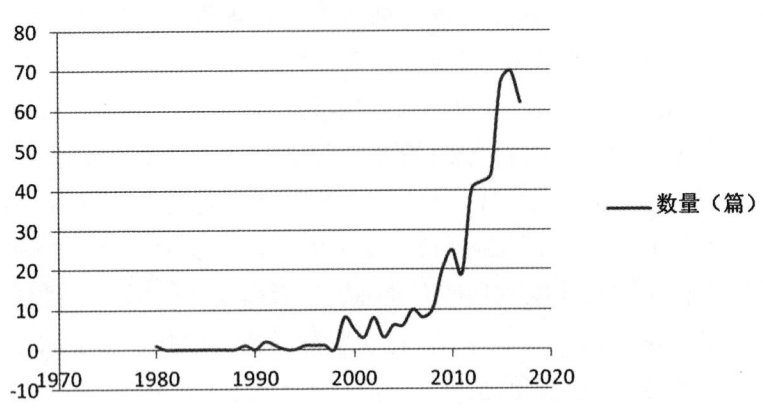

```
数量（篇）
```

图 1　翻译技术年度关注度趋势

发的一款计算机辅助翻译软件。图 1 能更加直观地说明，自从 20 世纪 80 年代以来国内学者对翻译技术关注度的变化。从 1980 年至 1998 年，国内学者对翻译技术有一些零星的关注，19 年间一共只有 7 篇论文与计算机辅助翻译相关。1999 年出现了一个拐点，这一年有 8 篇相关文章发表。之后，计算机辅助翻译相关的研究文献开始逐年增多，且呈逐年递增的迅速上升趋势，这说明计算机辅助翻译相关研究正受到翻译界越来越多学者的关注。早期的文献以介绍国外研究进展和评介翻译软件为主，近期研究主题则更加多元深入，例如利用计算机辅助翻译技术展开教学、进行翻译实践、构建双语语料库等，这表明翻译界对翻译技术的研究更加深入、广泛。

2015 年 4 月，笔者以"translation technology"作为标题关键词，在 SSCI（1983 年至今）检索出 75 篇文献。其中最早的文献要追溯到 1983 年，是一篇报道 Alps 使用计算机技术变革语言翻译的短文（Anonymous，1983：72）。图 2 清晰地表明，与国内基本一致，国际学界对翻译技术的关注大约从 20 世纪 80 年代开始，进入 90 年代以后，尤其是 1996 年以后，翻译技术受到越来越多的关注。而研究也日益深入和多元化。

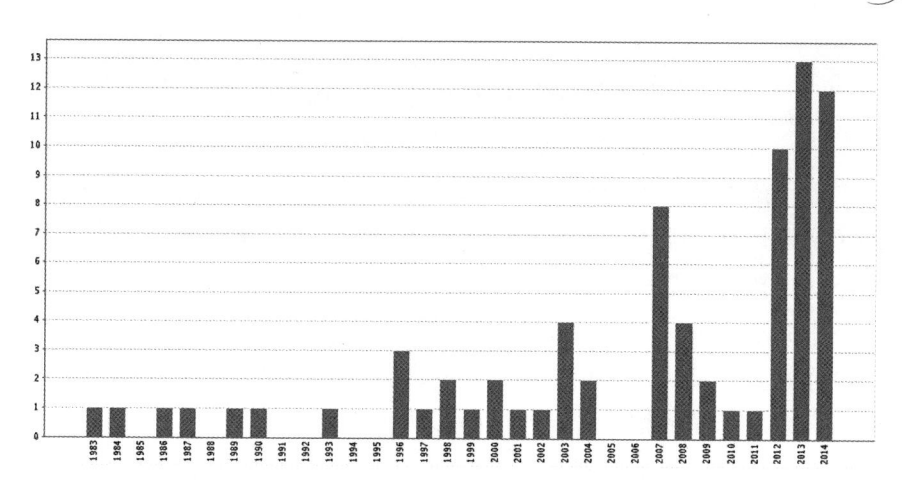

图2　SSCI 翻译技术相关文献年度分布

与此同时，翻译学界也出现了一批翻译技术相关的著作，如 Austermuhl（2001）的 *Electronic Tools for Translators*；Bowker（2002）的 *Computer-Aided Translation Technology A Practical Introduction*；Somer（2003）的 *Computers and Translation-A Translators Guide*；Quah（2008）的 *Translation and Technology*，陈善伟的 *A Dictionary of Translation Technology*（2014）和 *Routledge Encyclopedia of Translation Technology*（2015）等，崔启亮、王华伟（2005）的《软件本地化——本地化行业透视与实务指南》，钱多秀（2011）的《计算机辅助翻译》，以及王华树（2015）的《计算机辅助翻译实践》等。重点刊登翻译技术或与翻译技术密切相关的学术期刊也相继涌现，比如国外的 Machine Translation、Terminology、Multilingual、Localization World、The Journal of Internationalization and Localization，国内崔启亮主编的《全球化和本地化》等杂志。这些都表明，翻译技术已经受到越来越多学者的关注和重视。

技术转向的证据林林总总，罗列证据终究难以穷尽。以上证据涵盖了翻译学的各个主要分支，包括翻译行业、翻译史、翻译实践、理论研究、译者培训等，形成了一个比较完整的证据链。据此可以说明翻译学正发生技术转向。

五 翻译学技术转向的影响

翻译技术实现了翻译的全球化，颠覆了传统的翻译实践、教学，乃至翻译研究（陈善伟，2015：1）。它给当代翻译学带来了巨大的变革、也拓宽了翻译学的领域。Munday（2012：268）坦言，尽管翻译技术并不代表一种新的理论模型，但是技术的出现和普及已经改变了翻译的实践模式，影响了翻译研究，从而对翻译理论产生影响。具体而言，翻译学的技术转向产生的影响体现在以下几个方面：

第一，它重构了翻译学的学科框架。根据 Holmes（2000：172 - 185）的描述，Toury（2001：10）绘制了翻译学的图谱，如图 3 所示。

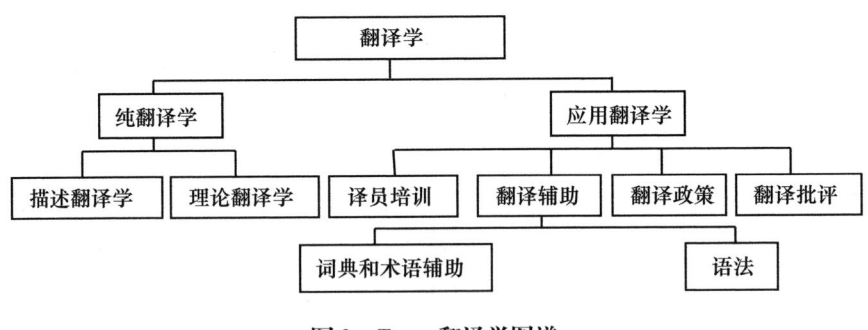

```
                          翻译学
                 ┌──────────┴──────────┐
              纯翻译学              应用翻译学
           ┌─────┴─────┐    ┌────┬────┬────┬────┐
        描述翻译学 理论翻译学 译员培训 翻译辅助 翻译政策 翻译批评
                                │               │
                          词典和术语辅助        语法
```

图 3　Toury 翻译学图谱

该图谱将翻译学分为两个主要分支：纯翻译研究和应用翻译研究。可惜两者都没有提及翻译技术。翻译辅助（Translation aids）与翻译技术似乎相关，但 Holmes（2000：181 - 182）把它分成了两类：词典和术语辅助（lexicographic & terminology aids）以及语法（grammar），两者都和当前的翻译技术存在天壤之别。Quah（2006：42）拓展了 Holmes 图谱中关于应用翻译学（applied translation studies）的部分，她特别强调了翻译技术，如图 4 所示。

一个显著的变化是 Quah 把翻译辅助（translation aids）替换成翻译技术，因为她认为翻译辅助不再局限为词典和术语辅助以及语法，

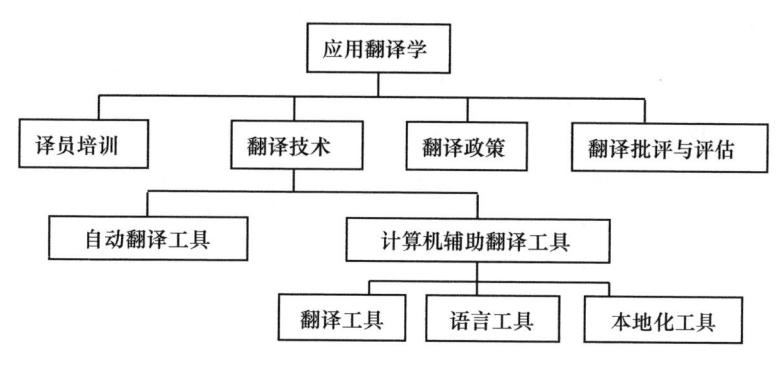

图 4　Quah 的应用翻译研究图谱

而应当反映翻译行业的最近进展和趋势。显然，翻译技术的发展已经改变了翻译学的学科框架。

第二，技术转向给传统的翻译定义造成了冲击。传统的翻译定义大多没有考虑翻译技术的因素，如唐代贾公彦的"译即易，谓换易言语使相解也"（《周礼义疏》）和宋代赞宁的"译之言易也，谓以所有易所无也"（《译经篇》），到卡特福德的翻译即"用目标语中等值的文本材料去替换源语中的文本材料"（Catford，1965：20），奈达的翻译即"在目标语中创造出与源语信息最为接近且自然贴切的对等语"（Nida & Taber，2004：12），乃至雅各布森（1959.232 – 239）所提出并被广为接受的语内翻译、语际翻译、符际翻译，甚至《现代汉语词典》所给出的定义，"把一种语言文字的意义用另一种语言文字表达出来（也指方言与民族共同语，方言与方言，古代语与现代语之间一种用另一种表达）；把代表语言文字的符号或数码用语言文字表达出来"等。这些定义都没有考虑到，也不可能考虑到翻译技术对翻译的重大意义。在翻译技术的影响下，翻译的定义也应当加入更多科技的内涵。陈善伟（2014：325 – 326）认为，所谓翻译，应当是在科技辅助下将一种语言转换成另一种语言。这一定义固然有值得商榷之处，但是，为了彰显翻译实践中译者对翻译技术的使用和依赖，为了强调翻译技术给翻译实践带来的巨大变革，这一定义颇具启发意义。

第三，翻译技术重新定义了翻译能力。王华树（2016，121 –

157)首次系统论述了翻译技术能力,他指出,"翻译技术能力是翻译能力的重要拓展"。在信息技术时代,译者需要加强自身翻译技术能力,高校和培训机构应当培养具备翻译技术能力的翻译人才。翻译能力在过去主要指译者的双语能力和跨文化能力。随着CAT工具在翻译实践中的广泛应用,译者应用翻译技术的能力变得日益重要。未来的翻译将取决于两个因素,译者掌握翻译技术的能力以及翻译技术的发展。一名优秀的译者不仅应当具备相应的双语能力、跨文化能力,还应当掌握相当的翻译技术,以提高其翻译效率和质量,进而提高其翻译产出。这对于译员培训以及翻译教学也产生了巨大的影响,例如教学目标、教学方法、课程设计和考核等。

第四,技术转向为翻译研究也带来了新的视角——语言服务。在语言服务行业的视角下,传统翻译中的质量、标准、流程等,受到了客户要求、客户满意度与市场要求的多重挑战。事实上,曹明伦(2007:112)早就呼吁,"在这个全球化的时代,在文化转向后的今天,我们还有必要进一步明确翻译的基本概念,探究翻译概念之发展,明确翻译活动的性质,重新厘定翻译之定义,甚至重新审视翻译的目的、任务及其标准"。虽然曹明伦先生的呼吁针对的是因文化转向而引发的一系列翻译研究乱象,与翻译技术的发展没有关系。但是翻译学的技术转向将语言服务的视角引入翻译学研究,对传统的一些基本概念和定义造成冲击,并进一步丰富了一系列翻译基本概念的内涵和层次,这在某种程度上和曹明伦先生的呼吁正相契合。这虽然有一定的偶然性,但也确是翻译学科发展的必然。

第五,翻译学的技术转向引入了新的研究主题,如语言服务、翻译行业、翻译记忆、术语管理、翻译项目管理、翻译质量保障等翻译技术相关主题。与此同时,翻译技术对语料库的应用,也导致语料库翻译学的兴起。此外,翻译学的技术转向给翻译学带入了一系列新的术语,比如翻译记忆、模糊匹配、匹配率、本地化、译后编辑,等等。这些术语的出现改变了翻译研讨及翻译实践的方式(陈善伟,2014:327)。新的研究主题和新的术语,自然增加了翻译学的理论纵深与宽度。

第六，翻译技术促进了译者角色发生了变化，翻译的主体不再局限于译者个人。快速发展的翻译技术促进语言服务高度社会化分工，现代语言服务中不仅仅需要译者承担翻译工作，还需要项目经理、客户、审校、术语专家、技术支持等不同的角色在多个流程中通过技术手段协同发挥作用。这一定程度拓展了译者主体性研究的空间，丰富了翻译主体性研究的内容。

第七，它给翻译行业带来了巨大的变革。在当代翻译市场，翻译工作的每一个流程都离不开翻译技术的辅助，翻译技术的出现甚至改变了翻译的流程，乃至商业模式等。从字数统计、报价、译前处理、翻译项目管理、术语提取、术语管理、翻译质量保障、译后处理等，翻译技术已经在当代翻译行业中发挥着重要的作用。依靠翻译技术的帮助，不同语言对的译者即便身处地球的不同角落，也可以共同完成同一个翻译项目，分享各自的翻译记忆和术语库。此外，翻译技术的发展也催生了一批市场巨头，如 SDL Trados、Lionbridge、TransPerfect 等。对译者而言，翻译技术已经成为获得工作机会的一个优势条件。另一个显著的变革是翻译实践模式的改变。在漫长的人类历史长河上，翻译一直是完全由人工完成的。20 世纪 90 年代，计算机开始得到广泛应用。如今，绝大部分翻译都是在电脑上完成的。进入 21 世纪，CAT 日趋流行。它大幅提高了翻译速度，保障了翻译质量，适应了世界经济一体化的趋势，满足了市场的庞大需求。从人工干预的角度来看，现在所有的翻译几乎都是在计算机辅助下的翻译行为（陈善伟，2012：2）。译者靠一支笔、一张纸工作的时代已经远去了。计算机辅助翻译的时代已经来临。

第八，技术转向有助于弥合翻译理论和翻译实践之间的鸿沟。翻译理论和实践之间长期以来存在一道鸿沟。这道鸿沟就是金圣华（2002：8）所说的水火不容之态，"做翻译的讨厌理论，谈理论的不懂翻译，互相排斥，彼此敌视，甚至到了水火不容的地步"，就是劳陇（2003：653）所言的脱节之弊，"当前翻译界最严重的问题就是理论与实践脱节的问题"，就是孙艺风（2004：11）所指的分道扬镳之势，"有人以为理论与实践的关系历来就不大和睦，翻译理论与翻译实践之间的过节就更多了，乃至呈分道扬镳之势"。实际上，理论和实践的剥离使得翻译学的处境十分尴尬。正如阿尔比（Albir，1990：11）指出："现代翻译研究每每借助于其他学科，但研究者似乎忘了应该从翻译实践本身去审视翻译。"技术转向发源于翻译实践，蓬勃于竞争残酷的语言服务市场，在无数翻译公司职员和译者手中得到弘扬，又反哺翻译学，因而，它是翻译理论与实践之间天然的黏合剂。技术转向不仅有助于弥合翻译理论和翻译实践之间的鸿沟，还将有利于促成翻译理论研究回归于翻译实践本身，这对于不断泛滥的文化转向，及其对翻译学造成的混淆和困扰也算一次返璞归真。

第九，技术转向对翻译人才培养也提出了新的要求。在硬件上，相关单位应尽快建立计算机辅助翻译实验室；在软件上，要增强相关师资储备，增加翻译技术教学模块，与此同时，还要加强校企合作，通过真实项目推动翻译教学，避免从理论到理论，避免纸上谈兵；在意识上，翻译专业教师应当尽快适应技术转向，密切关注翻译技术的发展，积极应对技术转向带来的各种挑战。

六 结论

与翻译学的其他转向不同，技术转向是 IT 技术迅猛发展以及市场需求共同作用的结果。它不仅给翻译学带来了全新的视角，扩展了翻译学的研究范围，引入了新的术语、研究话题，重新定义了翻译和翻译能力，而且对翻译行业和翻译实践产生了巨大的影响，对翻译人才培养也提出了新的挑战和要求。同时，翻译技术也是翻译理论与实践、学术研究和翻译行业之间的一个实用链接。翻译学的技术转向丰富了翻译学科的视野，进一步夯实了翻译学的学科基础。

（本文原载于《翻译界》2016 年第二辑，收录时略有改动）

参考文献

[1] 曹明伦：《翻译之道：理论与实践》，河北大学出版社 2007 年版。

［2］崔启亮、王华伟：《软件本地化——本地化行业透视与实务指南》，电子工业出版社 2005 年版。

［3］传神联合：《中国地区译员生存状况调查报告》，传神联合信息技术有限公司 2007 年版。

［4］路光泰：《现代化的翻译工具——〈石油物探计算机辅助翻译系统〉》，《石油地球物理勘探》1989 年第 3 期。

［5］贺显斌：《欧盟笔译硕士对中国翻译教学的启示》，《上海翻译》2009 年第 1 期。

［6］Bruderer, H. E.、徐志敏：《机器和机器辅助翻译的目前情况》，《国外自动化》1980 年第 3 期。

［7］金圣华：《认识翻译真面目》，香港：天地图书有限公司 2002 年版。

［8］劳陇：《翻译教学的出路——理论与实践相结合》，杨自俭、刘学云：《翻译新论》，湖北教育出版社 2003 年版。

［9］苗菊、王少爽：《翻译行业的职业趋向对翻译硕士专业（MTI）教育的启示》，《外语与外语教学》2010 年第 3 期。

［10］王华树：《语言服务技术视角下的 MTI 技术课程体系建设》，《中国翻译》2013 年第 6 期。

［11］王华树：《系统论视域下的现代翻译技术研究》，北京师范大学，2016 年。

［12］陈善伟：《翻译科技新视野》，清华大学出版社 2014 年版。

［13］钱多秀：《计算机辅助翻译》，外语教学与研究出版社 2011 年版。

［14］孙艺风：《视角·阐释·文化：文学翻译与翻译理论》，清华大学出版社 2004 年版。

［15］王传英：《2011 年企业语言服务人才需求分析及启示》，《中国翻译》2012 年第 1 期。

［16］谢天振：《当代西方翻译研究的三大突破和两大转向》，《四川外语学院学报》2003 年第 9 期。

［17］张南峰：《走出死胡同，建立翻译学》，《中国翻译》1995 年第 4 期。

［18］张霄军、贺莺：《翻译的技术转向——第 20 届世界翻译大会侧记》，《中国翻译》2014 年第 6 期。

［19］Albir, Amparo Hurtado, La notion de fidélité en traduction, Paris：Didier Erudition, 1990.

［20］Anonymous. Alps Is Using Computer-Technology To Revolutionize Language

Translation [J]. Office Administration And Automation, 1983 (7).

[21] Austermuhl, Frank. *Electronic Tools for Translators* [M]. St. Jerome Publishing 2001.

[22] Bassnett, & Lefèvre. *Translation, History, and Culture* [M]. London: Pinter Publisher, 1990.

[23] Bowker, L. Computer-aided Translation Technology: A Practical Introduction [M]. Ottawa: University of Ottawa Press, 2002.

[24] Catford, J. C. *A Linguistic Theory of Translation* [M]. Oxford: Oxford University Press, 1965.

[25] Choudhury, R., & McConnell, B. *Translation Technology Landscape Report* [R]. De Rijp: TAUS BV, 2013.

[26] Cronin, M. *The Translation Crowd* [J]. Revista Tradumatica, 2010 (8).

[27] Fulford, H., & Granell-Zafra, J. *Translation and Technology: a Study of UK Freelance Translators* [J]. The Journal of Specialised Translation, 2005 (4).

[28] Holmes, J. The Name and Nature of Translation Studies [A]. In L. Venuti (Ed.), *The Translation Studies Reader* [C]. London: Routledge, 2010.

[29] Holmes, S. J. *Translated! Papers on Literary and Translation Studies* [M]. Beijing: Foreign Language Teaching And Research Press, 2010.

[30] Jared. *CAT tool use by translators: who is using?* [OL] Retrieved 20130506, from http://prozcomblog.com/2013/03/22/cat-tool-use-by-translators-who-is-using/, 2013.

[31] Jakobson, Roman. On Linguistic Aspects of Translation [A]. Brower, Reuben. Eds. On Translation [C]. Cambridge, Mass.: Harvard University Press, 1959.

[32] Jeremy Munday. *Introducing Translation Studies* (3rd Edition) [M]. Abingdon: Routledge, 2012.

[33] Nida, Eugene A. & Charles R. Taber. *The Theory and Practice of Translation* [M], Shanghai: SFLEP, 2004.

[34] Quah, C. K. *Translation and Technology* [M]. New York: Palgrave Macmillan, 2006.

[35] ProZ.com Members. State of the Industry: Freelance Translators in 2012 [R]. ProZ.com, 2012.

[36] Singh, Rajendra. Unsafe at Any Speed? Some Unfinished Reflections on the "Cultural Turn" in Translation Studies, in St-Pierre, Paul and Prafulla C. Kar (eds), *In Translation: Reflections, Refractions, Transformation* [C], Delhi: Pencraft International, 2005.

[37] Sin-Wai Chan. *A Dictionary of Translation Technology* [M]. Hong Kong: The Chinese University Press, 2004.

[38] Sin-Wai Chan. *Routledge Encyclopedia of Translation Technology* [C]. London: Routledge, 2015.

[39] Sin-Wai Chan. Translation Technology: Past, Present and Future [A]. Paper presented at the 2012 LTTC International Conference: The Making of a Translator, Taipei, 2012.

[40] Snell-Hornby, M. S. *The Turns of Translation Studies* [M]. Amsterdam: John Benjamins Publishing Company, 2006.

[41] Somer, Harold. Computers and Translation: A Translator's Guide: John Benjamins Publishing Co, 2003.

[42] Toury, G. *Descriptive Translation Studies—And Beyond* [M]. Shanghai: Shanghai Foreign Language Education Press, 2001.

翻译生态中的翻译技术发展

徐 彬

一 翻译技术的变迁

翻译工作中所采用的技术的进步主要体现在工具的改进上。翻译史上，翻译工具主要经历了三次变化。第一次是伴随造纸术的发明而带来的书写工具革新，为笔译活动提供了便利。第二次是伴随个人电脑的兴起，笔译译员普遍经历了"换笔"的过程，生产工具由纸笔变为个人电脑加文字处理软件。目前，广大译员正在经历第三次工具的革新，由借助一般性的电脑软件（文字处理和电子工具书等）辅助翻译，变为借助专门设计的计算机辅助翻译工具进行翻译，进一步提高翻译的效率。

当代翻译技术的代表有两种，一是初期研发受到挫折并为用户所诟病，但研发从未停止，且在近年来取得了重大突破并重新赢得译者重视的机器翻译（Machine Translation，缩写为MT）技术，另一种是另辟蹊径，着眼于使用当前成熟的技术为译者提供信息自动化检索服务的计算机辅助翻译技术（Computer Aided Translation，缩写为CAT）。

MT技术概念的提出与研发，实际上早于CAT。陈善伟（2014：1）指出，"1947年，即电脑问世翌年，洛克菲勒基金会的瓦伦·韦弗与［……］安德鲁·唐纳德·布思是最早提议用新发明的电脑来翻译自然语言的两位学者"。但是早期限于计算机的计算能力不足，加上研究者对于语言本质的认识不足，导致1966年《语言与机器：

电脑在翻译和语言学中的应用》报告指出："机器翻译没有实时或可预见的用处。"（National Research Council，1966：32）1990年代末期，中国国内软件市场上涌现出了几款MT产品，MT经历了一次民用推广的热潮。但是，当时的这一批MT产品主要是基于规则的机器翻译引擎，翻译的效果欠佳，反而让普通用户对机器翻译的可用性产生了更多的怀疑。"近10年［指1990年代］的机器翻译新方法并没有从根本上提高机器翻译系统的译文质量。［……］总而言之必须承认目前的机器翻译并没有产生比70年代的机器翻译系统有重大进步的质量提高。"（Hutchins，1999）可以说，直到基于统计的谷歌翻译正式推出之前，市场上所能见到的MT产品都存在明显的局限性，当时一些研究者所提出的"机器翻译（MT）+译后编辑"的办法，经一些用户实践检验，也被认为是缺乏实用的价值。

相比之下，基于翻译记忆技术的CAT的发展，则较为顺利。翻译记忆的概念在20世纪70年代末至80年代才开始确立（陈善伟，2014：3），但是在短短的二三十年中得到了长足发展。尤其是自2010年前后至今，CAT的技术路线臻于成熟，新的CAT软件层出不穷，综合性能越来越强大。当代的许多CAT应用软件，为译者提供的帮助，已经不再局限于术语查询和重复句子的循环利用上，而是演变成了从项目管理，到网络查询，再到网络协同等覆盖宏观及微观的多层次、多方面的综合系统，能明显改善翻译流程，提高翻译效率。

近年来CAT的发展出现了一个新的现象：越来越多的CAT工具添加了查询引用多种MT引擎的插件。这是因为，新一代采用了基于统计的算法的MT系统，在大数据（云端大规模多语种平行语料库等）以及高性能云计算（不是基于用户端的电脑，而是采用远距离云计算）的支持下，翻译的质量达到了前所未有的高度，尤其是在各种专名的翻译方面，准确度极高，能为人工翻译提供许多有益的借鉴（徐彬，2010a：90—91）。国内外有多位研究者证明，熟练的译者采用在机器翻译的基础上进行后期编辑的工作方式，可以大大提高翻译的效率［参见（徐彬，2010b）、（王正、孙东云，2009）、（徐彬、郭红梅，2015）］。2016年以来，随着神经网络机器翻译的发展，机器翻译所提供的自动译文在句子的流畅性方面也有了巨大的进步,能够为从事译后编辑的译者提供更好的编辑基础,使得基于译后编辑的翻译效率进一步提高。

二 CAT 成为翻译外生态环境的重要元素

谈及"翻译"和"生态",需要区分对待两个概念。一个是由中国学者胡庚申等提出的"生态翻译学",它"侧重翻译本体研究,明确提出译者为翻译活动的中心,站在译者角度对翻译的本质、过程、标准、原则和方法以及翻译现象等做出新的描述和解读,同时又以生态学视角对各翻译理论及翻译生态系统进行综观整合"。(张丽云,2011)另一个概念是 Michael Cronin 首先提出的"翻译生态(学)",它关注的主要是翻译主体和客体所处的外在的生态环境,这也是本文提及"翻译生态"所采用的含义。Michael Cronin 在《翻译与全球化》一书中指出,生态翻译就是"一种翻译实践,该实践控制着弱势语言的使用者和译者,该译什么,什么时候译,怎么译;并强调一元化和地方化的同等重要性"(Cronin, 2003: 165 – 172)。与之相呼应,方梦之指出,翻译生态是"翻译主体之间及其与外界环境之间相互联系、相互作用的状态。也就是说,翻译主体在其周围环境的生存和工作状态"(方梦之,2011)。此外,方梦之指出,翻译生态环境可定义为"影响翻译主体生存和发展的一切外界条件的总和。[……]外界环境可包括与翻译活动有关的自然环境、语言文化环境、社会政治环境等"(方梦之,2011)。本文从"翻译生态"的角度来考察翻译技术的发展以及其与译者的互动关系。方梦之的定义虽未指出翻译技术工具是翻译生态环境的一部分,但考察翻译技术工具的属性,我们可以认定,翻译技术工具是翻译的"外生态环境"的重要元素,其地位与作用,在整个的当代翻译生态环境中正变得越来越重要。

应用性电脑辅助翻译研究的课题应包括词典编纂、译员训练、翻译职业、翻译语料库、翻译业务和翻译市场。(陈善伟,2014:317)其中,译员训练、翻译职业、翻译语料库和翻译业务等方面,都和

CAT 技术密不可分。而在翻译产业的实践中我们也可以发现，在竞争激烈的翻译服务市场上，能否有效利用 CAT 技术，已经成为翻译服务企业的"存亡之道"。结合本文开始对翻译技术工具的演变的论述，可以看出，现代的 CAT 技术已经成为翻译生态环境中最为重要的元素之一。

早在 CAT 和 MT 技术成熟并推广开来之前，通用的电脑应用软件，比如文字处理、网络搜索、语料库工具等，早已成为几乎所有译者和翻译研究者工具箱中的标准配置。虽然目前仍有少数译者的工作习惯仍是先手写译稿，然后打字录入。但即便在这些人中，也无人再否认文字处理技术的重要性，并且不得不向生态环境压力"屈服"，在书写完成初稿后，亲自录入或付费雇用他人录入，因为已经没有出版社仍会接受手写稿了。现如今，通用的电脑应用软件与 CAT 和 MT 一起，构成了当代译者（包括翻译研究者）的重要生存手段，是翻译生态环境中具有突出地位的元素。对于译者而言，翻译技术可以分成三个层次的内容，如图 1 所示。

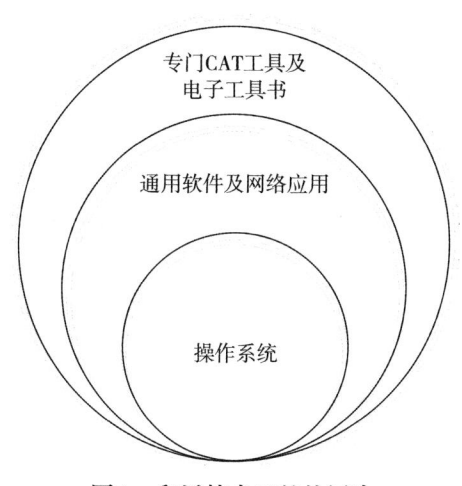

专门CAT工具及电子工具书

通用软件及网络应用

操作系统

图 1　翻译技术工具的层次

具体到翻译生态圈中数字化技术工具的变迁，笔者认为其演化可以分为三个阶段：

（1）自 1980 年代末，个人电脑渐渐进入家庭开始，文字处理等基本电脑应用获得普及，使越来越多的文字翻译工作者"换笔"，开始采用文字处理软件处理译稿，逐渐提升了效率；

（2）自 2000 年代中期开始，由信息革命和全球化所推动，CAT 的理念和相应的工具得到推广普及，就职于翻译公司的专业译员最先体验了专业 CAT 工具给翻译效率带来的重大推动；这一时期，CAT 的设计不断改进，理念渐趋成熟，相应的软件种类也不断增加。这一阶段的 CAT 软件呈现出了独立界面渐成主流、价格下降、支持的文档格式增加，以及网络化、协同化等特点。此外，这一阶段的 CAT 软件在用户界面、综合功能、对多种计算平台的支持以及稳定性等多个方面取得了进步，达到了很高的成熟度，为译者提供了越来越多的强大的机辅翻译工具。（徐彬，2015）

（3）2010 年以来，云计算兴起，市场上出现了能够高效协同的在线 CAT 工具，使得大空间、大范围的协作成为可能。

通过对上述翻译生态圈中的数字化工具的发展过程的观察和分析，我们发现，有三个突出的原因，使得翻译技术在 2010 年之后，成为当代译员的生态圈中不可或缺的因素。

（1）开源和免费软件的发展。从 1990 年代末以来，随着 CAT 开发理念的成熟，涌现出来了很多开源和免费软件。这些软件大大降低了用户"尝试"的门槛，使得熟悉电脑操作，善于摸索新软件的用法的用户，有机会接触并接受 CAT 的理念，感受到 CAT 为翻译带来的便捷。

（2）多平台/跨平台工具的涌现。目前用户基数较大的操作系统有 Windows、MacOS，以及 Linux。这三种平台的软件不能通用。早期，绝大多数的 CAT 软件是针对 Windows 平台开发的，限制了其他平台用户的使用。2000 年以来，出现了一些能在 Windows 平台以外的操作系统上安装使用的 CAT 软件。这些软件，有的是针对其他平台重新开发的，有的是借助 Java 实现了跨平台应用，也有的是网络版软件，直接通过浏览器使用，很好地解决了跨平台的问题。

（3）翻译技术理念的推广。2010 年以来，随着 MTI 教育的发展，越来越多的高校翻译教师认识到翻译技术的重要性；与此同时，国内的一些翻译技术沙龙也应运而生，讨论传播翻译技术。这种自下而上的需求，和自上而下的推广很好地结合了起来。

经过近几年的技术推广，也基于翻译技术本身的发展，翻译技术的开发、应用、传播等，已经成为翻译生态圈中必不可少的要素。

三　CAT 与云计算的结合

云计算的概念在 1960 年代即已提出，指的是把计算能力作为一种像水和电一样的公用事业提供给用户，这种理念就是云计算思想的起源。所谓的"云"，其实是网络、互联网的一种比喻说法。

根据百度百科，"云计算（cloud computing）是基于互联网的相关服务的增加、使用和交付模式，通常涉及通过互联网来提供动态易扩展且经常是虚拟化的资源"（百度百科）。

云存储则是在云计算的概念上发展出来的一个新的概念，是指"通过集群应用、网格技术或分布式文件系统等功能，将网络中大量各种不同类型的存储设备通过应用软件集合起来协同工作，共同对外提供数据存储和业务访问功能的一个系统"（百度百科）。

目前的 CAT 云计算解决方案，尚处于技术研发的早期阶段，代表性应用大体可以分为四种类型。

（1）单纯云端协同创作工具

这一类的代表应用是译言网的协作工具（http：//co. yeeyan. com/）。该协作工具的用法非常简单，用户新建协作后，只需提交一篇长文，其内容将被分成多个小块；此时其他用户可以加入协作，任选段落去输入译文，内容会自动保存。该工具提供即时聊天室，多名译者之间能够实时的在线交流和沟通。但是，这一平台并不提供术语查询、翻译记忆查询等任何标准的 CAT 都具备的功能，所以，只能算是一种单纯的针对翻译活动而设计的协同创作工具。

（2）轻量级云端 CAT

这一类的代表应用有谷歌译者工具包（http：//translate.

google. com/toolkit）、Wordfast Anywhere（http：//anywhere. wordfast. com/）、Matecat（https：//www. matecat. com/）等。这几款应用完全免费，主要针对个人译者和小型团队协作，不提供项目管理等复杂功能，但是提供翻译记忆库和术语库的查询，多数还同时提供 MT 引用接口，专注于译中过程，即译文的生产过程。

（3）混合模式 CAT

代表应用是 Memsource（https：//www. memsource. com/en）。这款 CAT 包括两个部分，一是云端的翻译项目管理平台，用户需创建账号，创建项目并上传文档，并在此管理译前、译后的工作；此外，它提供一款免费的桌面端软件，用于打开经过预处理的翻译中间文件，整个译中过程是在用户的桌面端完成的。

（4）综合翻译管理系统

这一类云端 CAT 的代表应用有 Wordbee（http：//www. wordbee. com/）和 Lingotek（http：//www. lingotek. com/）等。其典型特征是提供融合了内容管理、翻译管理、译者管理，甚至即时通信等为一体的综合翻译管理系统，覆盖整个翻译服务的项目运营层面的活动。

可以想见，随着用户数量的增加，开发者和用户的互动会随之增加，未来可能会继续涌现新的云端 CAT 的模式，比如，借助社交网络"朋友圈"实现迅捷众包翻译的云翻译平台、以智能手机等小屏幕为导向设计的便携版 CAT 平台等。这些平台还极有可能充分融合语音输入、高性能 MT 等技术。此外，现有的模式也会不断完善，以应对多样化的需求。

四 云翻译软件发展趋势与翻译生态

除了上述在传统的个人计算基础上的优化改进之外，这一阶段翻译技术工具最显著的变化是向"云端"的迁移，也就是把云计算与云存储技术应用到翻译流程中，形成一种新的"云翻译软件"，或称"云翻译应用"。

随着云计算和云存储应用的推广，翻译技术也开始朝向"云端"

迁移，因为基于云计算的翻译协作模式应用灵活，易于部署，用户无需具备高级的网络管理技能便可部署应用，在翻译时实时共享翻译记忆库和术语库，并且项目的负责人（项目经理）可以实时掌控项目的进度。此外，云翻译软件无需复杂的安装，无需专门的网络硬件，无需聘请网管部署调试服务器，更新更及时，这些都是它的优势。

目前，云翻译应用的主要技术趋势表现在：

（1）利用云端大数据改善 MT

在基于本地计算的时代，个人电脑很难拥有足够的存储空间和计算能力，难以胜任超大规模的语料库的处理和应用。进入云计算时代之后，像谷歌这样的大型 IT 公司则可以有足够的资源搜集足量的语料，利用其超强的集群计算机和服务器等处理超大规模的语料数据，并把这种计算能力和处理结果作为一种服务进行销售，或是免费提供给用户（调用谷歌机器翻译的商业应用开发接口需要付费，但是其网页翻译及谷歌译者工具包等则是免费的）。

由于意识到了谷歌、必应（Bing）等机器翻译的价值，从 2009 年开始，多款 CAT 软件加入了调用这些 MT 的自动翻译结果的功能。笔者的研究也表明，结合高质量的机器翻译（MT）以及译后编辑（PE），采用"机器翻译 + 机辅工具 + 译后编辑（MT + CAT + PE）"的模式对于一些非技术文本的翻译也有应用价值。（徐彬、郭红梅，2015）

（2）结合云存储支持翻译协作

云存储技术、工具和服务的出现，为翻译文档的异地存储、备份、同步等带来了巨大的便利。合理利用这些工具，译员可以方便地备份翻译文档和资源文档，并实现便捷的多计算终端和异地存储及访问服务，甚至可以进一步实现网络办公以及实时翻译协同。这些技术产品的代表有 SkyDrive、Dropbox，以及国产的百度云、坚果云盘等。近来，国产云存储的免费空间都出现了大幅度的扩容，其中百度云的存储容量达到了 TB 级，超过了很多家庭电脑的存储空间，加上网速和服务器响应速度的提高，使云存储更加实用，特别适合涉及平面设计、出版等大数据量翻译项目的团队协作使用。比如，在笔者带领团队参与翻译的 DK 公司的《中国》旅游手册的这个项目中，原始文件是 InDesign 的排版文件，全书共 800 多页，每个偶数和奇数的对开页是一个 InDesign 排版文件，每个文件占用的磁盘空间都在 1MB 以上，全书的排版文件总共要占用 1GB 以上的空间，使用传统的电子邮件等方式传输文档极其不便。为了及时在团队成员之间传输并分享这些文件，笔者当时采用了 Dropbox 这款云存储产品。（徐彬、郭红梅，2012）

（3）基于云计算开发 CAT 应用

随着云计算深入人心，一些开发商提供了完全基于云计算的翻译工具，其中典型的代表有谷歌译者工具包、Wordbee、Memsource、Wordfast Anywhere 等。这些工具基本上都基于浏览器运行，为用户提供翻译管理的各种功能，用户电脑只是作为一种操作终端，主要的计算和存储都是在服务器端进行的。这样做的好处，是用户无需复杂的安装、维护、升级等操作，只需使用或租用这些网络翻译平台。这种基于浏览器和服务器的服务（B/S）把对译者的技术要求降到了最低，同时，它可以大大降低翻译服务机构搭建服务器来建立自己的网络化翻译系统的成本。由于这些服务是通过互联网发布的，这就意味着翻译服务机构，在租用"CAT 云"之后，可以快捷地部署这种应用，让居住在不同地区的译员方便地加入到同一个项目中来。

此外，谷歌文档、微软的 Office Live 网络文档、Zoho 网络办公套件等云计算工具，也可以为暂时未掌握 CAT 工具的译者提供在"云端"的文本处理工具，从而实现移动办公，无论身处何地，只要有无线网络接入，即可进行协同化的翻译。

目前用户对云端 CAT 主要的忧虑在于文档的保密性和网络安全性等方面。对于保密问题，用户需要综合考虑翻译项目涉及的保密级别、保密协议以及云端 CAT 服务商所能提供的保密保障水平；而从网络安全的角度说，提供云端 CAT 的公司，往往比一般的语言服务企业拥有更高水平的网络和 IT 安全专家，其实能更有效地防御黑客恶意袭击或窃取商业文档。

（4）语音识别与 CAT 结合

语音识别技术，"也被称为自动语音识别 Automatic Speech Recognition，（ASR），其目标是将人类的语音中的词汇内容转换为计算机可读的输入，例如按键、二进制编码或者字符序列"（Wikipedia）。长期以来，受限于个人电脑的计算能力，语音识别软件运行缓慢，识别精度不够高。尤其是最适合使用也最迫切需要使用语音识别的小型化计算设备（比如掌上电脑、智能手机等），更是缺乏足够的存储空间和计算能力，无法有效利用语音识别技术。然而，随着云计算的普及以及高速无线接入价格的降低，语音识别近两年已经成为智能手机上最炙手可热的应用。像苹果手机等的 Siri，以及安卓平台上的"讯飞语音输入法"等，借助云计算，都可以达到高精度的语音识别。其原理，是将用户的语音压缩传递给云端的集群计算机，由高速计算中心完成语音识别计算，然后将计算结果（识别的文字）发给手持设备，在这个过程中，用户的手持设备并不承担计算任务，也无需存储大规模的语音匹配模型。由于云端计算机可以存储极其庞大的模型库，并具有超高速的计算能力，因此可以提供精度很高的语音识别结果。经笔者验证，对于内容熟悉或较为简单的文本，翻译的时候完全可以利用智能手机的语音输入功能，采用"视译→语音识别（听写）"的模式，结合智能手机和平板电脑，实现翻译工具的轻型化、移动化。笔者预计，在不远的将来，甚至会出现专门针对移动计算设备优化的轻量级 CAT，而且最有可能的是，这种 CAT 是基于浏览器的云计算翻译平台。

（5）云计算支撑众包翻译

"众包"翻译自英文的 crowdsourcing 一词，这个词是美国计算机杂志《连线》的记者 Howe 在题为"众包的兴起"一文中首次使用的，更多指纯粹出于兴趣爱好或临时为之或业余尝试的人提供某种市场化的服务。国内的字幕组的翻译，即是众包翻译的一种表现。众包并不总是免费的，但是相比于传统雇佣固定员工的模式，购买众包的模式的服务，其花费肯定会少得多。众包的优势是"成本低，调动了潜在的生产资源，提高了生产效率，还能满足用户个性化的需求。"（陆艳，2012）

云计算技术进一步改善了众包翻译实现的软硬件环境。国内的

第三编　大数据时代的翻译

"译言网"之类的网站，正是一种众包翻译的产物。在长期运行的基础上，译言网专门推出了翻译协作平台，供出版社等机构用户发布翻译项目，招募多位译者协同翻译。

类似的例子是"搜狐视频"网站，在这里，一集新的美剧，往往是在美国播出后几个小时之内，就已经配上了翻译质量颇佳的中文字幕，这也要多亏了云计算平台的出现以及众包翻译理念的实施。可以说，云计算使得翻译技术生态环境实现了一次大的跃迁，从相互孤立、相对隔离的"生态孤岛"，转变成了经由无所不在的互联网相互连通的具有完整生态链的生态圈。在这个生态环境中，除了翻译水平之外，译员的 CAT 技术、网络技术、社交网络适应性等应用水平，对译员生存的影响越来越大。

五　结语

方梦之指出："译者和翻译研究者要取得成功，有两个必要条件，一是译者要具备适应环境的能力。[……] 第二是译者与翻译生态场其他主体的和谐共存。"（方梦之，2011）云计算和云存储为译者构建了全新的翻译技术生境。一系列基于云计算的 CAT 工具，外加 QQ 等即时通讯软件以及电子支付手段的普及，使得大规模大空间跨度的翻译协作成为可能。在云计算的技术日益普及，而"数字化技术"变得无所不在并越来越成为人类生存的第四维（即在原来的三维空间之外，增加了虚拟现实空间这一维度）的情况下，译者的生存能力必将越来越多地取决于其对于现代化的翻译生态圈的适应性。具体而言，新时代的译者，需要有扎实的计算机应用能力，这包括操作系统应用、信息搜索能力，以及通用办公软件的高级应用能力；能够接受、适应新的 CAT 软件，尤其是云计算环境下的翻译协作平台；还要善于分析判断不同 MT 系统的优势和劣势，具有良好的译后编辑能力。

参考文献

[1] Cronin, M. *Translation and globalization* [J]. Routledge, 2013.

［2］Hutchins, J. *Retrospect and prospect in computer-based translation* ［A］. In Machine Translation Summit VII, 13th-17th September 1999, Kent Ridge Labs, Singapore. Proceedings of MT Summit VII: MT in the great translation era. Tokyo: AAMT, 1999: 30-34.

［3］National Research Council. *Language and Machines: Computers in Translation and Linguistics* ［R］. Washington: The National Academies Press, 1966.

［4］陈善伟：《翻译科技新视野》，清华大学出版社2014年版。

［5］方梦之：《论翻译生态环境》，《上海翻译》2011年第1期，第1—5页。

［6］陆艳：《众包翻译模式研究》，《上海翻译》2012年第3期，第74—78页。

［7］王正、孙东云：《统计机器翻译系统在网络翻译教学中的应用》，《上海翻译》2009年第1期，第61—65页。

［8］徐彬：《翻译新视野：计算机辅助翻译研究》，山东教育出版社2010年版。

［9］徐彬：《计算机辅助翻译教学——设计与实施》，《上海翻译》2010年第4期，第45—49页。

［10］徐彬：《CAT的演进与中国CAT教学研究发展》，*Journal of Translation Technology* 2015年第1期。

［11］徐彬、郭红梅：《出版翻译中的项目管理》，《中国翻译》2012年第1期，第71—75页。

［12］徐彬、郭红梅：《基于计算机翻译技术的非技术文本翻译实践》，《中国翻译》2015年第1期，第71—76页。

［13］徐彬、郭红梅、国晓立：《21世纪的计算机辅助翻译工具》，《山东外语教学》2007年第4期，第79—86页。

［14］张丽云：《口译研究的新视角——生态口译模式》，《外语电化教学》2011年第2期，第76—80页。

人工智能时代高校翻译专业的翻译技术教学

崔启亮

人类社会进入技术驱动的时代，人工智能、大数据、云计算成为推动社会变革的外部力量。翻译行业也在技术变革浪潮中不断发展，翻译技术能力已经成为翻译能力的组成部分。高校翻译教学需要加强翻译技术课程教学，提高学生的翻译技术能力。

一 人工智能推动的翻译技术发展

翻译技术是指翻译人员在翻译过程中综合应用的各种技术。翻译技术随着信息技术的进步和翻译需求的发展不断演变。从翻译技术在翻译实践应用的角度，可以将翻译技术分为机器翻译技术、计算机辅助翻译技术、翻译管理技术。

机器翻译技术和计算机辅助翻译技术是译者将原文翻译成译文的过程中应用的技术，翻译管理技术是翻译项目管理者（以翻译项目经理为代表）在管理项目过程中应用的技术。机器翻译（Machine Translation，MT）技术是使用计算机系统自动将文本或言语从一种自然语言转换成另一种自然语言的技术。计算机辅助翻译（Computer Aided Translation，CAT）技术是为了提高翻译的效率和质量，应用计算机信息技术对需要翻译的内容进行存储、检索和应用的技术。翻译管理（Translation Management）技术是翻译项目管理者在项目启动、计划、实施、结尾等项目生命周期内，用于项目需求分析、任务分解、资源分配、进度设计、质量评价、沟通交流、风险管理等任务运用的技术。

与翻译记忆技术和翻译管理技术相比,机器翻译技术是最早发展和应用的翻译技术,但是机器翻译技术发展较为曲折,1954年至1966年,是机器翻译技术发展的初期,当时的机器翻译技术采用语言规则进行机器翻译,称为"基于规则的机器翻译"。1954年美国乔治敦大学(Georgetown University)与 IBM 公司合作,使用 IBM – 701 计算机首次完成了英俄机器翻译试验,从而拉开了机器翻译研究的序幕。那时的机器翻译专家对机器翻译的发展比较乐观,但是由于彼时机器翻译的译文质量很差,1966年美国语言自动处理咨询委员会(ALPAC)发布"语言与机器"的调查报告后,机器翻译技术的发展进入停滞时期(1966年—1976年)。

1976年至1990年既是机器翻译技术复苏的年代,也是计算机辅助翻译技术诞生和快速发展的年代。1991年瑞士翻译技术公司 STAR 发布了 Transit 1.0,这是全球第一款计算机辅助翻译商业软件,1992年德国翻译技术公司 TRADOS 发布了该公司第一款计算机辅助翻译软件 Trados 商业版本。翻译技术专家分析了全自动高质量机器翻译失败的教训,开始进行以翻译记忆(Translation Memory,TM)为核心的计算机辅助翻译技术的研究,开发了翻译记忆库计算和检索的内容匹配(Match)技术,将译者翻译过程中输入的译文和原文组成翻译记忆库,译者在翻译新句子时,CAT 系统自动检索翻译记忆库,如果有可以应用的译文,推送给译者应用或参考。

1990年至2016年既是机器翻译繁荣发展的时代,也是计算机辅助翻译技术发展和成熟的时代。随着互联网技术的发展,网络可用语料数量增加,计算机软件和硬件的计算能力快速发展,数据驱动的统计机器翻译技术成为主流技术,与语言规则的机器翻译系统相比,统计机器翻译的译文质量有了较大幅度的提高。与此同时,软件本地化需求的不断增加,推动了计算机辅助翻译的翻译记忆技术、术语识别与检索技术、语料对齐技术、译文质量保证技术的发展,CAT 软件种类不断增加,并且在翻译项目中大量应用。CAT 软件中通过应用程序接口（API）连接各种机器翻译系统，译者在翻译过程中可以通过应用翻译记忆、机器翻译、译后编辑（Post-editing，PE）等方式，即"TM + MT + PE"方式，保持翻译工作的效率和质量。这个时期也是翻译管理技术从诞生到快速发展的阶段，随着翻译需求的不断增长，需要翻译的内容不断增加，需要翻译的语种不断增加，个体译者和单个公司已经无法适应大规模、多语种、专业化翻译项目的要求，相应地公司化、项目化、流程化的翻译方式成为新的翻译管理方式，为了保持项目文件流、信息流、数据流有效管理，翻译管理技术诞生并快速发展。翻译管理系统（Translation Management System，TMS）和全球化管理系统（Globalization Management System，GMS）开始产品化和应用。

2016 年至今是翻译技术高速发展的时期。人工智能技术发展迅速，机器翻译是人工智能技术分支之一，也进入了高速发展时期。2016 年，谷歌公司发布了神经机器翻译（Neural Machine Translation，NMT）产品，与统计机器翻译相比，神经机器翻译的译文质量有了较大提高。对于特定领域（新闻、通讯等）的定制训练的机器翻译系统，机器翻译的译文质量的准确度和流利度较高，如果对机器翻译的译文进行人工译后编辑（PE），花费较小代价即可获得高质量的译文。在开源技术推动下，全球机器翻译技术厂商纷纷推出神经机器翻译系统，并且在信息情报翻译、信息检索、实时口译、跨境电商翻译中快速应用。与此同时，计算机辅助翻译技术也在翻译行业得到广泛应用，CAT 工具集成了更多的机器翻译系统。在大数据和云计算的推动下，CAT 和 TMS 的云服务模式成为当今翻译技术的主流。

当前，人工智能、大数据、云计算是推动翻译技术发展的外部技术，CAT 与 MT 互相影响和融合，CAT 通过 API 与 MT 系统连接。MT 技术内部不断优化，Transformer 成为最新 NMT 的算法，MT 的译文质量还将继续提高。开始出现以机器翻译为主，结合 CAT 的术语管理技术的人机交互翻译技术。与此同时，TMS 系统云端化成为主流，并且集成各种 CAT 技术和机器翻译技术。

二　翻译技术发展对翻译工作的影响

人工智能和大数据时代的翻译技术改变了翻译行业的传统形态,深刻影响着翻译行业、翻译企业、翻译职业和翻译专业。翻译技术影响和改变着翻译能力、翻译方式和翻译教育。

翻译技术已经成为语言服务公司和跨国企业的翻译部门的技术基础设施的组成部分。语言资产库、语言与翻译技术、信息管理系统是企业技术基础设施的主要部分。语言资产库包括翻译记忆库、行业术语库、行业知识库、风格规范库、技术标准库都以各种翻译和信息技术为基础。语言与翻译技术可以包括翻译技术、术语管理技术、语言工程技术和质量保证技术等。信息管理系统包括翻译管理系统、语言资产系统、知识管理系统、供应商管理系统、客户管理系统(崔启亮,2017:231)。翻译技术影响企业翻译服务的效率、服务方式和服务能力,是翻译服务先进生产要素的代表。

翻译技术的发展,特别是机器翻译技术的进步,将改变翻译的效率和成本,革新翻译服务的形式和内容,将促进语言服务行业的结构转换和升级,也将淘汰落后于社会需求的翻译方式。信息化时代的译者不仅需要良好的语言能力、翻译专业能力、还需要良好的翻译技术应用能力。翻译技术应用能力是译者翻译能力的组成部分。翻译公司和翻译从业者都需要重视、学习和应用翻译技术,以提高服务能力。对于那些运营管理和项目管理能力弱,翻译技术应用能力低的翻译公司,将会遇到资源、客户、技术的挑战,甚至被市场淘汰。

翻译技术已经渗透到翻译项目管理的各个环节,对翻译的完成产生重要的影响。集成了机器翻译、辅助翻译和项目管理的云翻译管理和生产平台,能够实现资源智能匹配、定制和优化流程、语言资产重复利用、实时进度监控、实时质量度量与呈现,通过 TM + MT + PE 的翻译技术应用,提高翻译行业和机构的服务效率与质量。

翻译技术在行业和企业的广泛和深入应用,推动高校翻译专业教育的发展,高校翻译教学应该重视信息技术和翻译技术在翻译教学中的应用。传统的翻译教育采用"语言+相关专业知识"的教学模式，翻译教学以文本为对象，忽视翻译技术教学，无法培养符合市场需求的现代译者。信息化和翻译技术在翻译市场上广泛应用，要求高校翻译人才培养面向新技术的发展，面向市场需求。翻译专业的学生应该了解信息化时代翻译技术应用流程和环节，熟练掌握多种翻译技术和工具，能够高效地解决翻译实践和翻译工作中相关的技术问题。

翻译技术对翻译行业、翻译企业、翻译职业和翻译专业的影响是全面的、多层次的、不断提高的。面向时代，顺势而为，积极拥抱翻译技术，将技术与行业发展，职业发展和专业发展相结合，将翻译技术内化于翻译业务和人才培养，才能与时俱进，在新时代翻译发展中立于不败之地。

三 高校翻译技术教学存在的问题

开设翻译专业的高校担负着为社会培养合格翻译人才的责任，翻译人才的培养需要满足社会的需求。在人工智能大力发展的时代，社会对翻译人才的需求有了新的发展，其中要求翻译人才具备良好的信息素养，具有良好的翻译技术与工具应用能力。对比欧美高校翻译专业的课程设置，根据对全国195所开设翻译专业硕士（MTI）高校的调查（崔启亮，2017），结合过去十多年在语言服务企业的工作经历，发现当前国内翻译专业的高校在翻译技术教学中存在很多问题，最突出的问题是当前高校翻译技术教学与社会需求不匹配，教学与实践脱节现象严重。

1. 对翻译技术教学的重要性认识不足

当前翻译专业的高校领导和教师对翻译技术教学的重要性认识不足，对翻译技术在语言服务行业的应用了解较少，对译者翻译能力还仅限于外语能力、文本转换能力、跨文化交际能力的理解，没有认识到翻译技术应用能力是翻译能力的组成部分。实际上翻译技术和工具已经在语言服务行业广泛应用，成为企业信息基础设施之一。根据中国翻译协会（2016）发布的语言服务行业发展报告，中国91.1%的语言服务企业使用 SDL Trados，56.8% 的企业使用 memoQ。57.7% 的客户方企业使用 memoQ，30.4% 的企业使用 SDL Trados。语言服务企业关于翻译类职位的招聘，都要求应聘者熟练应用一种或多种计算机辅助翻译工具。

相对而言，高校教育体系比较封闭，绝大多数高校的教师较少与企业联系，这是造成校企信息不对称的原因之一。由于翻译专业的高校领导和任课教师对社会需求了解不足，大部分老师都是外语专业，对翻译技术和软件知之甚少，对翻译技术的类型和翻译应用了解很少，由此产生了很多错误的认识。比较典型的错误包括：（1）认为翻译技术就是机器翻译，或者计算机辅助翻译就是机器翻译，或者计算机辅助翻译就是 Trados，形成错误和片面的认识。（2）认为翻译技术教学就是教几个软件，例如 Trados，memoQ 等，或者认为 CAT 软件操作很简单，不需要教师专门教，学生工作后几天就能学会。（3）认为翻译专业的外语能力和文本理解与表达能力是最重要的，翻译技术课程可有可无，或者只能是一个学期的选修课。

高校教师对翻译技术的错误认识还有其他表现，例如，认为翻译技术很高深，教师和学生不懂编程，无法学会。这是因为教师对翻译技术原理、内容及其应用不了解造成的，是导致当前翻译专业高校的翻译技术课程教学效果较差的主要原因。思维决定认识，认识影响行动。不解决高校教师对翻译技术的认识问题，就无法根本改变当前高校翻译技术课程教学的问题。

2. 高校紧缺熟悉翻译技术应用的教师

我国高校开设本科翻译专业（BTI）开始于 2006 年，翻译专业硕士（MTI）开始于 2007 年。经过十多年的发展，截止到 2019 年 5 月，全国开设 BTI 的高校达到 281 所，开设 MTI 的高校达到 249 所。在翻译专业高校数量快速发展的同时，高校翻译专业教师数量增长并不明显，由于 BTI 和 MTI 都开设在外国语学院系，院系老师绝大多数是外语专业出身，研究方向大部分是语言学和外国文学，对翻译专业既缺乏实践经验，也缺乏理论研究经验。少数老师以翻译理论研究为方向，也指导应用语言学下的翻译研究方向的研究生（MA），也兼职从事过翻译工作，但是对于培养翻译实践型和应用型人才的翻译专业教学缺乏经验。

在翻译技术教学方面，缺乏具有翻译行业实践经验，精通各种翻译技术与软件，熟练应用软件解决翻译实践项目，熟悉高校翻译教学的老师。这是历史原因造成的，因为翻译专业属于新设立的学科，教师储备不足是正常现象。当前熟练掌握翻译技术者大部分都在企业，但是，当前高校由于对企业进高校担任专职教师的门槛设置较高，例如，要求应聘者必须具有博士学历，高级职称以上，具有高级别的学术科研成果，而且提供的薪资待遇与企业相比没有吸引力，由此导致企业人士无法进入高校，或者不愿意到高校工作，而只能以校外兼职代课老师的身份从事教学。企业人士对高校教学没有积极性，因此，缺乏具有经验翻译技术师资的问题短期内无法全面解决。

王华树等（2018：77）针对全国249所开设MTI的院校的翻译课程开展情况进行调查，来自224所MTI高校的老师参加了调查，调查数据显示，125所高校开设了翻译技术课程（占55.8%），99所高校没有开设（占44.2%）；未能开设翻译技术课程的主要原因是缺乏专业的翻译技术教师（占76.77%），其他原因包括没有配套的软硬件资源（56.57%），没有可供开设的学分（24.24%）以及少数高校领导认为没有必要（13.13%）。由此可见，影响高校开设翻译技术课程的最大原因是缺少熟悉翻译技术课程的教师。

3. 高校翻译技术教学的硬件与软件不配套

翻译技术教学需要在实验室进行，实验室需要安装各种翻译软件，在云翻译和协同翻译时代，许多软件是互联网方式运行的，需要实验室良好的网络和硬件设备。王华树等（2018：78）对全国MTI高校翻译技术教学调查显示：49.55%的高校建立了翻译技术实验室，50.45%的高校未建立实验室。当前尽管不少翻译专业院校已经有了计算机辅助翻译实验室，但是，仍然有一些院校没有计算机辅助翻译实验室，课堂教学老师采用投影仪理论讲解，学生缺乏足够的练习，学习效果很差。

对于那些已经有了计算机辅助翻译实验室的院校，存在的问题主要是购买的翻译技术软件未有效使用，原因是缺乏熟练使用翻译软件的老师，造成软件和硬件的浪费。另外的问题是高校用的大部分是单机版的软件，而市场主流的是云端互联网的软件，造成教学和市场需求的脱节。在多人协同翻译的时代，翻译管理系统软件成为翻译项目必需的配置，但是很多翻译专业院校的实验室都是计算机辅助翻译工具，而对翻译管理系统（TMS）软件没有采购。

4. 高校翻译技术教学的教材与教学方法问题

翻译专业的翻译技术教材已经不是大的问题，因为近 5 年来国内外出版的各种计算机辅助翻译教材十多本，分别适合翻译本科和翻译硕士学习。但是，由于翻译技术课程教学需要翻译案例，需要详细的操作，需要工具与案例实现相结合。当前计算机辅助翻译教材绝大多数是纸质印刷教材，理论较多，案例不多，与翻译项目案例紧密结合的更少，因此，翻译技术教材无法满足翻译技术教学的需要。此外，由于翻译技术和翻译软件更新换代较快，翻译技术教材的内容在出版几年后就已经落后于市场需求，例如，SDL Trados Studio 2019 已经于 2018 年 8 月 9 日发布了，市面上计算机辅助翻译教材有的还在讲解 SDL Trados Studio 2011。理想的翻译技术教材应该是纸质教材 + 网络在线视频课件 + 针对性翻译案例与练习，当前国内这样的教材几乎还没有。

翻译技术教学方法也是限制当前翻译技术教学效果的一个问题。翻译技术课程的特征之一是要学生多思考、多操作、多解决翻译项目的实际问题，而不是老师满堂灌。翻译技术课程教学中，我们发现老师讲得越多，学生学习效果越不好，因为学生在课堂上没有进行操作，理解不深，理解不牢，容易遗忘。另一个问题是当前不少大学的计算机辅助翻译课程教学是老师在课堂上演示如何操作软件，学生们看得眼花缭乱，却不明白为什么这么操作，也没有机会在课堂练习，课下练习遇到问题，老师没有及时帮助解决。其结果是，学生没有学会软件的应用，或者学得太死，不会举一反三、触类旁通。

四 高校翻译技术教学的改进策略

我国翻译专业高校的翻译技术教学是随着翻译本科和翻译硕士专业开设而不断普及的，周兴华（2013），徐彬（2014，2017），黄海瑛、刘军平（2015），王华树（2018）等从事翻译技术教学的老师通过论文介绍了各自的翻译技术教学经验，值得开设翻译技术课程的翻译专业高校老师参考。针对当前翻译专业高校翻译技术课程存在的问题，结合翻译技术课程特点，翻译专业学生的知识结构，翻译专业的培养目标，社会对翻译专业学生的能力要求，提出以下改进策略。

1. 高校教师转变思想观念，提高对翻译技术教学重要性的认识

没有正确的观念，不了解市场对翻译专业人才技术能力的要求，缺乏对翻译技术能力重要性的认识，将无法改变当前翻译专业高校翻译技术教学落后于社会需求的问题。可以通过加强和深化校企合作，使高校教师特别是院校领导认识到翻译技术是提高翻译专业学生专业能力的基础课程，从而对加强翻译技术教学有紧迫感和责任感，才能采取措施提高翻译技术课程教学质量，例如，引进和培养翻译技术教师，加强计算机辅助翻译实验室的软硬件建设，将翻译技术课程设置为必修课，提高课程学分。

翻译技术课程的教学应该从翻译本科开始学习，本科生学习能力强，开设翻译技术课程可以帮助学生提高信息素养，为今后研究生阶段或者工作之后的实践打好基础。如果等到研究生阶段学生才开始学习翻译技术，由于研究生阶段的学时较短（绝大多数大学的MTI学制2年），课程压力大，将影响翻译技术课程的学习效果。理想情况下，翻译专业的学生在本科阶段学习翻译技术课程的基础知识，在翻译专业硕士研究生阶段学习翻译技术的高级应用，特别是在各种类型的翻译项目中提高翻译技术的应用能力。

对外经济贸易大学英语学院的翻译技术课程就是在"注重基础，本硕衔接"的教学原则下进行的。该校翻译本科学生在大学三年级学

习"机辅翻译"课程，1个学期，48课时，3个学分，在安装了各种翻译软件的计算机辅助翻译实验室上课，课程内容包括了解翻译技术分类、广义的计算机辅助翻译工具和狭义计算机辅助翻译工具。学校的翻译硕士专业研究生的"机辅商务翻译"课程重视提高学生翻译技术思维能力，通过小组合作，以翻译任务的案例驱动教学，师生配合，通过翻译技术与翻译任务结合，完成翻译任务。

2. 与时俱进开展翻译技术教学，将"计算机辅助翻译"课名改为"翻译技术应用"

在人工智能、云技术、大数据迅速发展和在语言服务企业广泛深入应用的现实场景下，计算机辅助翻译、机器翻译、翻译项目管理等翻译技术已经互相融合，翻译专业高校的"计算机辅助翻译"课程名称需要修改为"翻译技术应用"课程，这样才能名正言顺，课程内容才能与时俱进。

"翻译技术应用"课程的名称包括两个方面的含义：第一，课程不仅仅学些计算机辅助翻译技术，而是将计算机辅助翻译、机器翻译、翻译管理结合。第二，学习翻译技术重在应用于翻译项目实践，不是为了学习技术而学习技术，也不是学习翻译软件设计和编程技术，而是突出技术的实践应用。翻译技术的学习内容要不断升级，以适应市场对翻译技术能力的要求，例如，加强机器翻译、译前编辑、译后编辑的学习。加强多媒体材料的学习，电子游戏、视频翻译、移动应用APP和网站本地化的学习。

在学习的具体内容和要求上，要针对对象学生的知识基础，因材施教。本科生重视翻译技术基础的学习，目的是提高学生的学习兴趣，培养翻译技术的基本功，例如信息搜索能力、简单语料库的构建、使用翻译工具翻译不同类型文档的翻译能力。对于翻译硕士专业研究生的学习，重点是提高团队合作翻译实践应用，提高项目管理的技术能力。另外，研究生的翻译技术课程学习应重视翻译技术前沿技术学习，例如云翻译技术，机器翻译的译后编辑能力，多媒体本地化的翻译技术能力。

3. 加强翻译技术教师团队建设，提高教师翻译技术应用能力

当前翻译专业高校缺乏翻译技术教师是影响翻译技术教学的最大问题，院校领导必须通过各种途径提高翻译技术教师的教学能力。一方面，从现有教师中选拔和培养具有翻译技术教学兴趣和潜力的教师，特别是年轻教师，他们学习能力强，善于接受新事物，不惧怕翻译技术和工具。另一方面，通过从企业和国外高校引进翻译技术教师，充实到当前高校的翻译技术教学队伍中。应该注意到当前企业和国外高校具有丰富的翻译技术应用基础的人才，大部分没有博士学位，为此，高校可以采取特殊人才引进的方式，例如，要求这些人才进校后5年内考取博士。除了引进专职翻译技术老师之外，比较可行的方式是聘请企业翻译技术人士以校外教师、校外导师的名义参与高校翻译技术课程教学。

翻译专业高校领导要创造条件鼓励翻译技术老师不断提高翻译教学能力，鼓励和安排翻译技术老师到国外和企业长期访学、进修和实习。例如，鼓励老师到英国、爱尔兰、德国、美国等国家开设翻译技术教学和研究较好的大学进行访学和进修。参加中国翻译协会每年暑假组织的全国翻译高校师资培训班的"翻译技术与本地化、项目管理"课程学习，参加中国翻译协会语言服务行业创业创新（LSCAT），上海文化贸易语言服务基地等组织的翻译技术培训。鼓励翻译技术老师参加翻译技术有关的沙龙、会议、论坛和讲座等交流活动，例如世界翻译教育联盟翻译技术教学研究会（WITTA TTES）组织的在线翻译技术讲座。鼓励高校老师到语言服务企业的翻译技术岗位实习，要对老师的这些学习和实习出台鼓励措施，例如，工作量统计、绩效考核、时间安排和费用报销等工作。

在培养翻译技术教师方面，应注意跨学科教师的培养，引进和培养软件工程、本地化、自然语言处理专业方向的人才。这些人才具有良好的技术素养，在教学环境下，通过创造条件和自我努力，可以很快提高翻译行业和专业能力。而不是鼓励语言学和大学英语专业的老师作为翻译技术教师的主体，因为语言学和外语专业的老师，特别是年龄偏大的老师，学习翻译技术课程比较吃力，学习慢，理解力差，积极性不高。

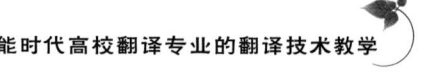

4. 加强高校翻译技术实验室建设，软件和硬件应同步更新

教师、实验室、教材和案例是提高翻译技术课程学习效果的三个方面。当前翻译专业高校翻译技术实验室（通常称为"计算机辅助翻译实验室"）建设比较落后。根据前面调查的数据，50.45% 的 MTI 高校未建立实验室，这将成为翻译技术教学的瓶颈。这些学校应该尽快建立翻译技术实验室，包括软件、硬件和网络的采购、安装、调试和应用。

对于已经建立了翻译技术实验室的高校，应该对照当前市场翻译技术和工具的发展现状，检查哪些软件还没有采购或者升级，哪些软件需要淘汰了。根据调查，当前 CAT 软件种类繁多，高校应该采购有代表性的软件，以便在投入和产出方面做好平衡。还应该加强服务器版和云端翻译软件的采购，而不是像以前那样以采购单机版软件为主。另外，应该保持硬件采购和软件采购平衡发展，以前不少大学重视硬件采购，软件采购不重视，计算机配置很高，但是软件版本很陈旧，这样的实验室建设中看不中用，造成浪费，应该避免。

5. 加强翻译教材和课件开发，注重翻译技术课程与翻译实践课程衔接与融合

由于翻译技术和翻译软件的快速发展，纸质翻译教材只是翻译技术教学的参考，翻译技术教学应该采用电子课件为主，电子课件的内容应该包括教学用的幻灯片（PPT）文件，翻译案例的电子文件，课前和课后的预习和练习材料。并且根据技术的发展，不断更新升级课件内容。提倡应用在线网络教学平台，在线翻译实践平台，通过课堂面对面讲课、网络慕课、网络微课、翻转课堂、翻译技术工作坊等形式进行讲课，让学习不受时空限制，教师可以随时了解学生的学习情况，学生可以随时与教师和同学交流。

当前翻译技术课程教学与其他翻译课程教学衔接不良是影响翻译技术教学效果的另一个因素。翻译技术课程经常成为独立于其他翻译课程的一门课程，特别是特定领域的专业课程教学，例如，财经翻译、新闻翻译、科技翻译、工程翻译、法律翻译和文学翻译等课程的教学，绝大部分教师仍然是传统的文本文字翻译教学，教师不懂翻译

技术，也不要求（甚至禁止）学生使用翻译软件，结果学生在翻译技术课程上学到的技术和软件，由于无法经常应用到其他翻译课程中，时间久了就忘记了软件的应用。因此，可以通过翻译项目工作坊，将各类专业翻译知识与翻译技术技能相结合，提高翻译技术应用能力。另外，翻译技术教师可以向专业翻译课程教师普及翻译技术的基础知识，引导这些教师在教学和布置作业时，鼓励学生使用翻译技术和工具学习。

五 结语

人工智能、大数据、云计算构成的信息技术革命正在改变着各个行业的现在和未来，在机器翻译、计算机辅助翻译和翻译管理技术大力发展和应用的时代，翻译技术教学需要与时俱进，立足现实，放眼未来。当前翻译专业高校的翻译技术教学存在对翻译技术教学重视不足、翻译技术教师缺乏、翻译技术实验室软硬件滞后、翻译教材课件和教学方法无法适应未来社会对翻译人才技术素养的需要的问题。解决这些问题，需要全局分析，系统推进，改变教学内容和方法，加强翻译技术教师队伍，加强翻译技术实验室建设，加强翻译技术课件开发，积极采用线上线下多种教学方式。

参考文献

[1] 崔启亮：《本地化项目管理》，对外经济贸易大学出版社2017年版。

[2] 崔启亮、王华树、吴萍：《全国翻译硕士专业学位研究生教育与就业调查报告》，对外经济贸易大学出版社2017年版。

[3] 黄海瑛、刘军平：《计算机辅助翻译课程设置与技能体系研究》，《上海翻译》2015年第2期，第48—53页。

[4] 王华树、李德凤、李丽青：《翻译专业硕士（MTI）翻译技术教学研究：问题与对策》，《外语电化教学》2018年第3期，第76—82页。

[5] 徐彬、郭红梅：《翻译技术教学新谈》，《当代外语研究》2017年第5期，第96—101页。

［6］徐彬：《翻译技术教学新思考》，《北京航空航天大学学报》（社会科学版）2014年第6期，第107—111页。

［7］周兴华：《计算机辅助翻译教学：方法与资源》，《中国翻译》2013年第4期，第91—95页。

［8］中国翻译协会：《2016中国语言服务行业发展报告》，外文出版社2017年版。

技术哲学视域下口译技术"名"与"实"探析

赵毅慧

一 引言

21世纪以来,翻译与技术日益关联、相互渗透,翻译实践及翻译研究呈现信息化、技术化、本地化、职业化、项目化等新样态、新特征(傅敬民,2015)。随着移动互联网、云计算、大数据以及人工智能的升级换代,语音识别、语义分析、语音合成等自然语言处理技术日趋成熟,不断向以翻译为代表的现代语言服务领域深度融合。就业界而言,翻译行业单兵作战、一笔一词典的现象已不复存在,取而代之的是团队协作、项目运营、机助翻译、机译+译后编辑等现代翻译产业实践模态,对由来已久的翻译生态进行着革命性的重构,也使翻译研究进入真正意义上的"技术转向"时代(technological turn)(Cronin,2010;王宁,2016;陶李春,2016)。

从翻译学科内部来看,现代技术的融合和应用需要对相关翻译概念进行元反思。霍姆斯(Holmes,1998/2000:182)提出的翻译研究框架将"翻译辅助工具"(translation aids)作为应用翻译学的一个研究方向。在之后的数十年里,技术改变翻译已成为不容小觑的事实,对翻译实践范式、研究内容、研究方法等正在产生前所未有的影响,翻译产业、翻译教育乃至翻译研究领域聚焦技术问题的趋势日益形成,综合运用计算语言学、人工智能、数学逻辑等多学科知识和原理进行复杂的跨学科研究是人工智能时代翻译研究的内在要求和发展方向（王华树、冷冰冰、崔启亮，2013；张威，2013；刘满芸，2016）。从学科外部来看，信息技术革命是翻译研究进入"技术转向"的外在条件。"科学技术发展的最新成果已经应用到翻译领域，计算机辅助翻译甚至机器翻译已成为大规模语言服务的主要方式"（仲伟合，2015：11）。

口译技术是口译研究领域的一个新兴方向，更是翻译产业界和学术界关注的热点问题（Pöchhacker，2004）。反观口译技术的演进轨迹，探索口译技术的本质内涵，是拓展、深化应用翻译学研究内容的学术要求。基于此，本文首先梳理口译技术的哲学基础然后探讨口译技术的存在理据，界定口译技术的本质内涵，论述口译技术的多元价值，以期形成对口译技术"名"与"实"的整体认识，以期对口译技术的深入研究和应用转化有所借鉴。

二 口译技术的哲学依据

霍姆斯（Holmes，1998/2000）的翻译研究框架将"翻译辅助工具"、翻译教学、翻译政策、翻译批评确定为应用翻译学的主要研究对象。仲伟合、王斌华（2010）提出将"口译辅助工具"纳入应用口译研究范畴，赋予其不可或缺的学科定位。然而，迄今，口译技术研究尚似一片荒原，其概念研究、对象研究以及方法研究仍处于相对贫瘠状态（Pöchhacker，2004）。以往的相关研究主要有两个显著特点：其一，为数不多的研究主要以"远程口译""电视/电话口译""口译培训技术"等微观主题为研究对象，呈现碎片化特征；其二，有关翻译技术的探讨总体倾向于"技术工具说"，侧重口笔译相关辅助工具的推介，缺乏对辅助工具与翻译过程交互关系的理论和效用研究（Braun & Taylor，2012a；Gomes，2002；Orlando，2010）。在大数据、云计算、和人工智能主导的背景下，交互性和智能性口笔译技术推陈出新，呈现以人工口译为主、机辅口译和机器口译渗透性参与的新图景，技术的工具属性和人文属性也随之日益彰显。鉴于此，传统的"技术工具说""技术辅助说"已不能全面揭示技术与口译之间的内在关系。那么,口译技术为何必要?何为口译技术?口译技术有何价值?这些基础性问题是建构口译技术概念框架的关键所在,有必要借鉴技术哲学的核心思想进行较为系统的探索。

1877年德国哲学家卡普所著的《技术哲学纲要》是技术哲学诞生的标志(许良,2004)。技术哲学从人与自然角度出发,追问技术的存在,探究技术的本质,发现技术的价值,揭示技术与人、与社会、与自然的关系,涉及技术的本体论、认识论和价值论等不同维度(赵建军,1998)。技术是技术哲学反思的核心对象。从个体角度来看,技术是技能、技艺、技巧;从内容角度来看,技术是知识体系,表现为原理、方法、规范、指南、工艺流程、操作规则等;从实体角度来看,技术是改造自然的实体性物质手段。迄今,学术界从不同角度对技术进行了界定,先后提出了"人类器官投影说""技术手段说""技术中介说"等主要观点(米切姆,1999)。法国科学家狄德罗的技术观最具影响力,他认为:"技术是为了完成某一特定目的而共同协作组成的各种工具、方法、手段和规则体系。"这一定义体现了技术的目的性、社会协作性、工具性、规则性以及知识系统性(转引自姜振寰,2009)。从技术哲学视角来看,技术是智力要素、实体要素和协作要素交互性集成的产物。其中,人的智力要素是核心,是生发实体要素和协作要素的根本;实体要素是智力要素的产物,是人类改造世界的途径和手段;协作要素是中介,连接智力要素与实体要素,促使智力要素发挥其再创造能力,进而产出新的实体要素。上述观点构成本文探究口译技术的本质内涵、构建口译技术名实关系的哲学基础。

三 口译技术之"名"

名为实所指,实为名所依,"名实相符"是指事物的命名与其实质所指之间的一致性关系。事物的"名"与"实"关涉其外在表征与本质内涵的对应关系。中国经典著作《名实论》[1]有言:"审其名实,慎其所谓。"也就是说,一切命名、语词,以及概念都是对实体的称谓和概括。已知"此"实,已经不是"此"的实(性质变化),或者已知"此"的实已经不在这里(空间变化),就不能再用"此"的名来称谓;"彼"名亦然(曾祥云,2012)。随着"实"的动态演变,"名"也应与之准确对照。就口译技术而言,以往的口译与技术大多聚焦现实层面的某个或某些特定现象,缺少形而上和形而下的贯通思考,尚未形成名实相符的对应结构。

  技术与口译的结合由来已久,并呈现多样化的特征。20世纪20年代,电气工程师格丹·芬勒(Gordan Finlay)发明了基于电声传输系统的同声传译设备,以解决传统口译耗时过长问题,创立了国际会议同声传译的新模式。20世纪中期,纽伦堡审判和东京审判引入了先进的口译设备(即同声传译设备),极大地提高了国际审判的效率和口译的准确性,开启了大规模同声传译的历史序幕(宋莹、谭江华,2016)。20世纪90年代,电信技术和数字化信息处理技术迅猛发展,催生了远程口译、电话口译等口译形式。进入21世纪以来,新技术、新工具广泛应用于译员实践和培训领域(Gomes,2002;Stoll,2009;Orlando,2010;Jiang,2013;Fantinuoli,2013),主要表现为五种类型:(1)工具型,如移动同声传译设备(如 bidule system)、投影口译(projected interpreting);(2)交互型,如言语自动识别(ASR)、交传电子笔记设备、录音与笔记同步的智能笔(smart pen)、口译信息存储设备等;(3)资源型,如大型会议真实语料库、多领域知识库和术语库等;(4)集成型,如译员工作综合平台 Interplex、德国美因茨大学开发的 InterpretBank 等;(5)培训型,如在线口笔译及术语培训系统 OLITT、IVY、EU Speech Repository 2.0 等。近年来,随着语音识别、语义分析、情感识别、语音合成等自然语言处理技术的日益成熟,技术与口译的融合水平显著提升,微软、谷歌、科大讯飞等顶尖技术研发机构相继推出 Skype Translator、Google Translate 等实时语音翻译软件,并在旅游、社交、信息资讯等特定领域得到广泛应用。技术进步不断催生新的口译方式,扩大口译的应用范围,"技术与口译融合对职业口译具有巨大影响"(Pöchhacker,2004:144)。上述诸多现象是"翻译辅助工具"概念的拓展性外部表现，共同构成"口译技术"立名的历史和现实基础。

事物的本质是其立"名"、正"名"的驱动力。根据技术哲学关于技术概念的阐释，技术包括生产活动所需的智力因素、实体要素以及发挥两者最大效能的协作要素。以往的研究大多聚焦现实层面的某个或某些特定现象，对口译与技术的内在关系缺乏形而上的思考和抽象，没有形成名实相符的话语体系。从学理上来讲，确立"口译技术"的名实关系应是翻译学界关注的一个基础性问题。"口译技术"的立"名"不仅需要技术哲学思想的观照，还应反映口译与技术之间的本质关系。从自下而上的角度对碎片化的现象和特征进行整合，才能生成"名副其实"的表述形式。"翻译辅助工具"（Holmes, 1988）、"译者工具"（translators' tools）（Austermuhl, 2001）以及"翻译工具子能力"（instrumental competence）（PACTE, 2003）是翻译技术（translation technologies）概念在人工翻译界面的呈现（Quah, 2006）。从更宽广的历史视阈来看，翻译技术化先后经历了理想主义（1950s—1970s）、工具主义（1970s—1990s）、人本主义（2000—2015）等不同哲学思潮主导的发展阶段，先后创生了基于规则、基于统计以及基于神经网络的翻译技术。这一演变过程表明，在不同时期技术与翻译的融合方式和水平有所不同，分别呈现出工具化、交互化、智能化等阶段性特征。结合翻译分类学的研究成果，本文认为，翻译技术的内涵需要重新界定，应兼顾笔译技术和口译技术两种形态。翻译技术是上位概念，涵盖笔译技术和口译技术两种形态。从用途来看，口译技术可以分为工具性、资源型、管理型、及教育型等子类；从模态角度，口译技术又可分为人工口译技术、交互口译技术、智能口译技术等子类。各子类以不同方式配置、优化智力要素、实体要素和协调要素，使其协作发挥最大效用，共同构成具有层级性、连贯性、自足性的口译技术系统。

四 口译技术之"实"

所谓"实"是指事物自身固有的质的规定性，是决定某事物是该事物而不是他物的实质或本质。"夫名，实谓也。知此之非此也，知此之不在此也，则不谓也知彼之非彼也，知彼之不在彼也，则不谓也"（转引自曾祥云，2012），换言之，一切名称、概念都是对实体、实质的称谓和概括。"实"是第一性的客观存在，"名"是第二性的主观意识（概念）和称说陈述（名称）（杨文，2005）。口译技术之"实"是口译技术立"名"、正"名"的内在依据。探索口译技术之"实"，需要对其存在理据、本质内涵和价值效用进行多维度反思。

1. 口译技术的理据

追问事物的本质是哲学反思的主要任务之一。"为了达到这个本质，或者至少接近本质，我们必须穿过正确的东西寻找真正的东西。"（邵伊博尔德，1993：7）本体论研究事物存在的前提，对事物本体的正确认识是哲学思辨的起点。探索口译技术的存在依据是认识其内在本质的起始要求，可从学科内、外部两个层面寻找可能的解释。

口译的复杂性是口译技术存在的内在要求。口译是一项极具挑战性的跨语言、跨文化社会认知活动，要求译员具备超常的专业素质和身心素质（仲伟合，2012）。从信息加工理论来看，口译是信息获取、信息加工、信息传播的一体化过程，需要译员具备听辨、理解、转换和产出等一系列认知加工能力（Gile，1995）。准确听辨信息、即时存储信息、激活长期记忆、协调认知过程是口译过程的关键环节，口译质量的高低在很大程度上取决于"任务要求（行为标准）与译者资质的相融度"（Pöchhacker，2004：166），由此可见，口译结果与口译主体之间离不开认知中介的有效连接，即口译能力。口译是听辨、理解、和产出的过程，有效的听辨和理解是基于已有知识和经验的结果。然而，译员个体的知识和经验是有限的，当口译活动所需的认识负荷大于译员个体认知加工能力时，就会遇到料所不及的挑战，陷于听不清、记不住、译不出的困境。普遍存在于口译过程的认知加工难题使相应技术手段的研发和应用成为不可或缺的选项。卡普在《技术哲学纲要》一书中提出"人体器官投影说"，他将技术比喻为人体器官的客体，视技术为人体器官在形式和功能上的延伸和强化

（转引自姜振寰，2009）。这一哲学观点揭示了技术与人的相互关系，为口译技术存在的必然性提供了充足的解释。从这一观点出发，口译技术可视为译员能力的延伸和强化，运用技术手段和工具，延伸、升级、集成不同专家译员的翻译能力，采用人机交互或自动口译模式，可完成一般个体译员难及的口译任务。从根本上讲，口译的复杂性与译员个体的局限性构成了口译主体与客体之间的矛盾关系，口译技术是译员能力的延伸和强化，译员与技术的合理融合是解决这一矛盾的有效手段。

　　技术的可及性是口译技术存在的外在条件。近年来，计算语言学、计算机科学、信息传播学、语言工程学等关联学科迅猛发展，机器翻译、语音识别、人工智能等技术应运而生。这些技术的集成和应用可在不同层面、不同程度上解决不同类型的口译问题（Whitelock & Kilby, 1995；Quah, 2006）。第一，移动互联网使跨时空的语言联通成为可能，可生成信息搜索、识别、分析和获取的基础架构；大数据蕴含海量、多样化、高速可及的信息，可为口译活动提供全程信息支持；复杂多样的数学计算模型则可实现从人类智能到人工智能的联通和转移。第二，语音识别通过语音特征提取、声学模型计算、语言模型计算等途径生成文字表达，有助于解决噪音干扰、语速过快、语音变体等因素造成的听辨失效或低效问题；机器翻译通过深层神经网络学习、模拟自然语言处理、语义分析等手段高效加工、转换、产出语音信息，可解决知识储备不足造成的听懂译不出、听不懂译不出等困难。语音合成技术可将机器翻译产出的文本转换为语音形式，既可辅助译员即时应对复杂的口译问题，也可在一定范围内满足机器口译的需求。第三，术语库、翻译记忆库、双语平行语料库、译员综合工作平台、会议口译语料库（视频＋语音）以及专业人士社交平台等是译员检索信息、管理术语、知识、语料以及市场资源的支持性手段。除此之外，口译教学辅助技术为口译学习者提供口译训练资源、口译实战环境（VR，虚拟现实）、真实口译语料以及口译在线评价体系等，可为专业口译培训提供最优化的教学资料和教学环境。

　　由此可见，口译的复杂性和技术的可及性构成口译技术存在的内在和外在条件，口译技术在内部要素和外部要素双重作用下应运而生。随着技术的集约化程度不断提升，口译与技术的融合将趋于精准化和智能化，甚至会出现以技术为主、人工为辅的口译技术4.0时代。

2. 口译技术的内涵

研究一切存在的最终本性为本体论，研究如何认识存在则为认识论，表现为存在的内涵和定义（邬焜，2005）。从技术哲学角度认识口译技术，有助于生成对口译技术内涵的合理解释。

口译是一项复杂的跨语言、跨文化的交际活动，完成口译任务需要诸多口译"技"与"术"的集成。Pöchhacker（2004：10）指出："口译是翻译的一种类型，是在源语一次性表达的基础上向其他语言所作的一次性转换，其目的是实现跨语言、跨文化的即时性交际活动。"一方面，译员需要具备相应的智力能力，即"双语能力、口译技巧、言外知识、口译规范及职业准则等"（仲伟合，2010：8）。另一方面，口译活动对信息获取的精准度和信息传输的清晰度要求颇高，对口译设备具有一定的依存度。由此可见，口译属于多任务共时处理的工作模式，是协调、管理多重要素的复杂过程。口译过程的复杂性对译员能力的内、外部发展提出了诉求，一方面，要求译员不断优化自身的能力结构，以适应口译任务的动态变化，另一方面，需要付诸相应的技术手段，模拟、延伸乃至集成译员能力，创建机器辅助或自动口译模式，以提高口译工作质量和效率。例如，计算机技术、术语库、大数据、云存储等现代设备和软件可以解决术语和知识资源不足的问题。有些设备甚至可以直接介入口译过程（如智能笔、Sim-consec等），实时辅助译员完成口译任务。现有的实时语音翻译（如Skype Translator，Google Translator、科大讯飞多语种实时翻译机等）、移动终端翻译APP等技术手段口译工作模态多样化，使跨文化、跨语言交际活动在零译员的环境下成为可能。随着技术要素的介入，口译主体、口译模态开始呈现多元化的格局。无论人工口译、机助口译，还是自动口译，"技"和"术"贯穿始终地发挥着主导作用。

从技术哲学的视角来看，口译技术实质上是智力要素、实体要素和协作要素的有机统一。具体而言，译员能力及其计算机化或人工智能化的表征构成口译技术的智力要素；完成或者辅助完成口译任务所需的工具、设备等构成口译技术的实体要素；控制前两个要素有效配置、交互作用从而完成口译任务的方式、状态、规则等程序性知识和认知协调能力构成口译技术的协作要素。上述三个要素相辅相成，自成一体，共同构成口译技术的本质内涵。

3. 口译技术的价值

技术的价值问题是技术哲学的重要组成部分，涉及技术的评价与选择、技术与人、技术与社会、技术与自然的关系等主要内容（许良，2004）。技术价值负荷说认为：技术并非独立于其物理过程、人，及社会而自我封闭的事物，而是特定社会中人与自然关系的一种载体，体现当时社会的价值观和发展水平（拉普，1986）。依托互联网、大数据、自然语言处理以及人工智能等现代技术，口译技术通过澄清、模拟乃至拓展人类口译思维过程，试图解决口译的质量和效率问题，从而实现解放译员、服务社会的目的。口译技术是技术实体与人类智慧的有机融合，承载着工具价值与人文价值双重意义。

口译技术的工具价值主要体现技术在人与实体技术交互、合作，并共同完成口译任务过程中的有用性。从发展规律和功能性角度来看，口译技术在口译活动中分别起到了工具性（instrumental）、交互性（interactive），及智能性（intelligent）的有效作用。人工口译（HI）模态下，人是完成口译的核心主体，口译设备、工具等实体技术则起到支架性和工具性功能，为口译活动搭建信息即时传输的物理环境。此外，译员还可能在译前准备和译后管理中使用信息检索、翻译软件、术语管理软件、文件管理软件等硬、软件工具，从而更高效、更精准地完成信息检索、术语管理、专业领域知识快速学习、专业知识管理、多模态口译语料管理，以及口译技能及语言能力提升等需求（王华树、张静，2015）。机助口译（CAI）模态下，人和机器共同构成完成口译任务的二元主体，口译任务是在人与机器的互动过程中完成的，口译技术的价值也在人与机器的交互过程中体现。一方面，译员仍需承担口译过程的主要任务，完成从听辨、理解、转换、到表达的全过程；另一方面，机器可以参与口译过程的不同环节，为译员提供参考性原语语音识别文本、原语录音文本、双语术语表达，乃至参考译文文本。口译任务在人机交互过程中完成，口译技术的价值也在人机交互中得以彰显。其中，人在口译任务中体现主导性价值，机器在口译中体现辅助性价值，二者合作共同发挥交互性价值。智能化口译（MI）模态下，人与机器的角色发生"翻转"，口译主体从以人为主转变为以机器为主，二者的功能与价值也随之发生相应的变化。机器成为完成口译任务的主角，通过深度学习和海量语料的训练，机器可以"模仿"译员的口译认知过程，以集成芯片和硬件为载体，独立完成原语语音信息接收、语音特征提取和识别、神经网络机器翻译、语音合成，及语音输出的全部过程。智能化的机器口译是对人工口译的集成性应用，可替代人工口译重复性劳动投入，其价值体现为对人一定程度的解放。然而，这并非预示口译活动中人的价值的丧失。相反，人将发挥包括高阶思维、情感认知、文化识别，以及机器监控等更为重要和必要的作用。因此，即使在以机器为主导的智能化口译模态下，人的智能仍无以比拟，人的价值仍无可替代。

  口译技术的人文性主要体现为口译技术与人之间的价值关系。人工口译环境下，现代信息技术的应用建构了以口译为中枢的跨言语交际环境，从而保证了口译信息的有效接收和传输，在很大程度上消解了影响口译质量的环境因素，对译员有效发挥主观能动性具有积极的作用，体现了口译技术的"使能性"。机助口译环境下，译员自身的有限性和技术的支撑性呈现高度互补的特点。一方面，技术具有语言和知识的集成功能，有助于弥补译员知识结构和言语能力的不足；另一方面，技术具有超时空的信息传播功能，电话口译、远程口译等机助口译形式，可跨地域共时提供多语种口译服务，也可减少人员流动可能引发的巨额成本。机助口译不仅有助于增强译员的口译能力，还可助力国际传播的效率化，体现了口译技术的"助能性"。智能口译环境下，作为人类智能的聚集性和延伸性载体，机器成为口译行为的主体。一方面，特定领域的机器口译可以节省大量人工口译带来的经济和劳动投入，另一方面，机器口译可泛在化使用的特征也拓展了口译服务的适用范围及领域。从以上两个方面来看，智能口译表现出一定程度超越人类智慧和可及空间的"超能性"。整体而言，口译技术与人的关系呈现人工化、去人工化及再人工化的发展轨迹（Alonso & Calvo，2015）。在处理人与口译技术的关系时应注意以下两个方面：一方面，要将"技术助人，技术赋能"的人本价值观最大化，实现人机二元合体优于译员单一主体的效应，规避过度技术化和过度工具化，以及由此引发的技术人文性缺失的负面认识。另一方面，要避免完全"去人工化"的人机脱离状态，强调译员在人机交互，乃至机器口译过程中的高阶智慧。正如胡开宝（2016：10—14）指出的："机器翻译与人工翻译并非矛盾、零和的关系，而是相辅相成、相互促进的关系。"

五 结语

在信息技术日新月异的当下，口译活动的主体呈现多元化特征，人工口译、机助口译、机器口译等形式构成口译模态的新景图。从技术哲学视角来看，口译技术是完成口译任务所需的智力要素、实体要素和协调要素的集合，体现了技术的工具性和人文性，对口译能力与口译技术的内在关系也有一定的解释力。口译技术的"名"与"实"是口译技术研究的出发点，正确认识口译技术的本质内涵对于口译技术的系统研究具有一定的学术意义。在翻译研究技术转向的宏观背景下，建立口译技术概念框架有助于消解唯技术论、技术无用论、技术恐惧论等片面观点，对口译理论的发展和口译技术的应用具有一定的借鉴价值。

（原载于《外语教学》2017年11月第38卷第6期）

注　释

1. 《公孙龙子·名实论》

公孙龙（前325—前250）是战国中后期名家巨擘。他总结先秦名家思想，发挥名家"正名实"专长，撰古代逻辑名篇《名实论》，论述"物、实、位、正、名"等逻辑哲学范畴和有鲜明逻辑语义学特色的正名原则，奠定了"正名"的本体论哲学基础。

参考文献

［1］ Alonso, E. & Calvo, E. Developing a Blueprint got a Technology-mediated Approach to Translation Studies ［J］. Meta, 2015（1）：134 – 157.

［2］ Austermuhl, Frank. *Electronic Tools for Translator* ［M］. Manchester：St. Jerome. 2001.

［3］ Braun, S. & Taylor, J. L. *Videoconferencing and Interpreting in Legal Proceedings* ［M］. Cambridge：Intersentia. 2012.

［4］ Cronin, M. The Translation Crowd. *Tradumatica*. Visited on 5 December 2012, < http：//www. raco. cat/index. php/Tradumatica/article/view/225900 >.

［5］ Fantinuoli, C. *InterpretBank：Design and Implementation of a Terminology and Knowledge Management Software for Conference Interpreters* ［M］. Berlin：Epubli. 2013.

［6］ Gile, D. *Basic Concepts and Models for Interpreter and Translator Training* ［M］. Amsterdam：John Benjamins, 1995.

［7］ Gomes, M. Digitally Mastered Consecutive：An Interview with Michele Ferrari ［J］. *Lingua Franca：Le Bulletin de L' Interprétation au Parlement Européen*. 2002（6）：6 – 10.

［8］ Holmes, James S. The Name and Nature of Translation Studies ［A］. In L. Venuti（eds.）*The Translation Studies Reader* ［C］. London：Routledge. 1988/2000. 172 – 185.

［9］ Jiang, H. The Interpreter's Glossary in Simultaneous Interpreting：A Survey ［J］. *Interpreting*. 2013（1）：74 – 93.

［10］ Jumpelt, W. The Conference Interpreter's Working Environment under the New ISO and IEC Standards ［J］. *Meta*. 1985（1）：82 – 90.

［11］ Orlando, M. Digital Pen Technology and Consecutive Interpreting：Another Dimension in Note-taking Training and Assessment［J］. *The Interpreters' Newsletter.* 2010（15）：71 - 86.

［12］PACTE. Building a Translation Competence Model［A］. In F. Alves (eds.) *Triangulating Translation*［C］. Amsterdam：John Benjamins, 2003：43 - 66.

［13］Pöchhacker, F. *Introducing Interpreting Studies*［M］. London and New York：Routledge, 2004.

［14］Quah, C. K. *Translation and Technology*［M］. London：Palbrave Macmillan. 2006.

［15］Stoll, C. New Technologies in Conference Interpretation：Interpreting and Videoconferences. *Medias*［J］. 2009：439 - 448.

［16］White, J. S. & K. Kilby. *Linguistic and Computational Techniques in Machine Translation System Design*, 2rd edition［M］. London：University College London Press. 1995.

［17］冯志伟：《机器翻译研究》，中国对外翻译出版公司2004年版。

［18］傅敬民：《翻译技术的发展与翻译教学》，《外语电化教学》2015年，第37—41页。

［19］F. 拉普：《技术哲学导论》，辽宁科学技术出版社1986年版，第46页。

［20］冈特·邵伊博尔德：《海格尔分析哲学的技术》，宋祖良译，中国社会科学出版社1993年版。

［21］胡开宝、李翼：《机器翻译特征及其与人工翻译关系的研究》，《中国翻译》2016年第5期，第10—14页。

［22］姜振寰：《技术哲学概论》，人民出版社2009年版。

［23］［美］卡尔·米切姆：《技术哲学概论》，殷登祥、曹南燕译，天津科学技术出版社1999年版。

［24］刘满芸：《翻译技术时代翻译模式的裂变与重构》，《中国科技翻译》2016年第4期，第17—20页。

［25］宋莹、覃江华：《纽伦堡审判与东京审判法庭口译制度比较分析》，《中国科技翻译》2016年第4期，第55—57页。

［26］陶李春：《道技融合、学以为用《计算机辅助翻译实践》评价》，《外语教学》2016年第5期，第111—113页。

［27］许良：《技术哲学概论》，复旦大学出版社2004年版。

［28］王华树、冷冰冰、崔启亮：《信息化时代应用翻译研究体系的再研究》，

《上海》2013 年第 1 期,第 7—13 页。

[29] 王华树、张静:《信息化时代口译译员的技术能力研究》,《北京第二外国语》(学院学报) 2015 年第 10 期,第 25—32 页。

[30] 王宁:《全球化时代的翻译及翻译研究:定义、功能及未来走向》,《外语教学》2016 年第 5 期,第 88—93 页。

[31] 邬焜:《信息哲学:理论、体系、方法》,商务印书馆 2005 年版。

[32] 杨文:《公孙龙"名实论"的逻辑哲学意义》,《南通大学学报》2005 年第 4 期,第 2226 页。

[33] 张威:《新世纪口译研究的热点与策略》,《中国外语》2013 年第 6 期,第 77—82 页。

[34] 曾祥云:《〈公孙龙子·名实论〉疏解》,《中南林业科技大学学报》(社科版) 2012 年第 6 期,第 29—32 页。

[35] 赵建军:《技术哲学的演进及其在中国的发展》,《华侨大学学报》(哲学社科版) 1998 年第 2 期,第 11—17 页。

[36] 仲伟合、王斌华:《口译研究的"名"与"实"—口译研究的学科理论建构之一》,《中国翻译》2010 年第 5 期,第 7—12 页。

[37] 仲伟合等:《口译研究方法论》,外语教学与研究出版社 2012 年版。

[38] 仲伟合:《对翻译重新定位与定义应该考虑的几个因素》,《中国翻译》2015 年第 5 期,第 10—11 页。

中国非洲研究院文库

主编 李新烽 白乐

译路峰景

Translators on Their Craft

——名家谈翻译

下

中国社会科学出版社

下册目录

(作者排序不分先后)

第一编　文学翻译

曹明伦　｜　莎士比亚诗作译后絮语　/　3

傅　浩　｜　译诗者的几不要　/　24
怎样译诗：兼评《英诗汉译学》
——2010年5月14日在宁波大学演讲　/　28

辜正坤　｜　从莎士比亚商籁体诗翻译看翻译对策　/　47
对西方汉学家《关雎》英译之批评　/　55

陆建德　｜　外国文学的翻译传播与中国的新文化运动　/　66

罗选民　｜　衍译：诗歌翻译的涅槃　/　80

申　丹　｜　叙事"隐性进程"对翻译的挑战　/　95

王东风　｜　五四初期西诗汉译的六个误区及其对中国新诗的误导　/　112
以逗代步，找回丢失的节奏
——从 The Isles of Greece 的重译看英诗格律的可译性理据　/　136

下册目录

第二编　访谈实录·老一辈前贤

吴　刚　｜　他的心为翻译而跳动
　　　　　　——方平先生访谈录　／　159

潘佳宁　｜　心存敬畏，译无止境
　　　　　　——俄罗斯文学资深翻译家高莽访谈录　／　167

许　钧　｜　"翻译之为用大矣哉"
　　　　　　——季羡林、许钧对谈　／　176

李绍青　｜　翻译以忠实为第一要务
　　　　　　——江枫先生学术访谈录　／　182

白　乐　｜　走过"行人寥落的小径"
　　　　　　——访著名翻译家、中国社会科学院荣誉学部委员李文俊　／　198

丁振琴　｜　英诗汉译的原则、策略及其他
　　　　　　——诗人翻译家屠岸先生访谈录　／　209

李新烽　白　乐　｜　"随心所欲"，穿越译林70年
　　　　　　——与著名翻译家、北京大学教授许渊冲对话　／　221

刘荣跃　｜　"译坛巨匠"是怎样炼成的？
　　　　　　——歌德金质奖章获得者杨武能教授专访　／　232

第三编　译人研究·老一辈前贤

金圣华　｜　从"傅译"到"译傅"
　　　　　　——兼谈文学翻译中的"探骊"与"得珠"　／　249
　　　　　　余光中：三"者"合一的翻译家　／　272

下册目录

罗选民 ｜ 论钱锺书的文学翻译观 ／ 291

张绪强 ｜ 罗郁正谈翻译 ／ 311

桂清扬 ｜ 绿原留给我们怎样的文化遗产
　　　　——"七月"学人翻译研究之一 ／ 315

马信芳 ｜ 柳鸣九：法国文学奋进不止的推石者 ／ 336

杨维春　徐真华 ｜ 罗新璋：通天塔的求索
　　　　——他是著名的法国文学翻译家　他是自信的
　　　　中国译学阐释者 ／ 347

徐振亚 ｜ 我所认识的草婴先生 ／ 353

附录 ／ 363

后记 ／ 372

第一编
文学翻译

作为一种融入译者审美意向和历史存在的艺术创造产物，文学翻译这一富于译者情感、意志、审美、想象力的跨文化双重交际活动，古往今来吸引着大量文人墨士。然而，在赋予人们精神洗礼的喜悦的同时，文学翻译也伴随着化茧成蝶的艰辛。

由于存在较强的"不可译性"，文学翻译是一件"知其不可为而为之"的事情。茅盾等人在不同场合都提到过文学翻译的艰辛。他在驳斥一些作家重创作、轻翻译时曾感慨，"翻译的困难实在不下于创作，或且难过创作"。将美国作家福克纳作品引入中国的老一辈翻译家李文俊，在翻译福克纳作品时，一天只能翻译数百个字。在翻译有"天书"之称的《芬尼根的守灵夜》之前，译者戴从容用了近两年的时间做准备。着手翻译后，她常常自感身陷迷宫，处处皆谜。

在文学翻译实践中，应如何还原原作面貌、再现原作风格？译作在译词、译意、译味的同时，怎样传达出原作想要表达的思想、情感及态度？译文能否"夺原文之美以争鲜"？

本书特设"文学翻译"专题，对文学翻译尤其是诗歌翻译的理论与对策展开讨论。受邀学者多年深耕于文学翻译领域教学与研究，对文学翻译的思想风格、译作形式、美学特征等有颇深理解。结合莎士比亚译作等西方作品翻译心得，学者分别围绕英诗汉译理论、文学作品译介传播、译诗格律诗体、叙事"隐性进程"等话题展开讨论。译稿前字斟句酌的考证与推敲、译后细致入微的润饰和改动，将带给读者无穷的思考与启发。

莎士比亚诗作译后絮语

曹明伦

　　从 1994 年到 2011 年，笔者在不同时期陆续翻译了莎士比亚的全部诗作[①]。《十四行诗集》是应漓江出版社邀约，于 1994 年 3 月至 7 月翻译的，由该社于 1995 年 7 月以"莎士比亚十四行诗全集"为书名出版，1996 年 3 月重印，两次共印 2 万册（重印时增补了李赋宁先生的序言）；2008 年 9 月，河北大学出版社以"莎士比亚十四行诗集"为书名出版了此书的修订版，首印 3 千册，2011 年 2 月重印 3 千册；2016 年 9 月，译林出版社将拙译《十四行诗集》编入其重版的《莎士比亚全集》第 12 卷。长诗《维纳斯与阿多尼》也是应漓江出版社邀约翻译的，翻译时间是 1994 年 8 月至 9 月，由该社于 1995 年 8 月出版，印数为 6 千册。长诗《鲁克丽丝受辱记》、短诗《女王颂》[②]和《让声音最亮的鸟儿歌唱》[③]都是应外语教学与研究出版社之邀于 2009 年 1 月签约后陆续翻译的，《鲁克丽丝受辱记》译于 2010 年和 2011 年的两个暑期。《女王颂》和《让声音最亮的鸟儿歌唱》译于 2011 年 8 月中旬。除《十四行诗集》之外，其余拙译莎翁诗作于 2016 年 4 月由外语教学与研究出版社编入其《莎士比亚全集》（英汉双语本）诗歌卷出版。

　　多年来，在拙译莎诗被编辑出版的过程中，各出版社编辑都曾就我的译稿向我提出过一些问题和建议，而在拙译付梓发行之后，读者（包括我的学生）也就拙译莎诗向我提出过一些问题。虽然提问者和建议者的角度各不相同，但所提出的问题和建议都关涉我翻译时的决策过程，即我形成最终译稿前的考证和推敲、挑选和剔除，以及修订版的润饰和改动,归结成一个问题:就是我为什么要这样译,而不那样译?在答复这些问题和建议的时候我常常想:要是能让更多的人了解这些交流内容该有多好!因为正如纽马克所说:"人们可以把一次翻译活动比作一座冰山,最后的译文仅仅是浮在水面的一角(即印在书页上的可见部分),译者所进行的全部活动,那十倍于冰山一角的水下部分,则往往不为读者所见。"(Newmark,2001:12)而对于那些想进一步了解译作的读者,对于那些需要对译文进行评判的学者,以及对于那些欲对译者主体性进行探究,甚至想破解译者大脑这个黑匣子的探索者,要是能窥视一眼这座冰山的水下部分,或是借爱伦·坡在其《创作哲学》中用的比喻,瞥一眼正式演出前的幕后场景(Poe,1984:14),那对他们的了解、评判、探究和破解也许会有一定的启发。

鉴于此,笔者从回复上述提问者和建议者的电子邮件中挑出一些大家也许会关注或可能觉得有趣的内容,稍加补充,辑成一篇,但因内容比较零散,缺乏系统,而且我的回复也具有一家之言的片面性,故称"译后絮语",仅供感兴趣的读者参考。

一 莎翁诗作汉译的用韵问题

这是被问得最多的一个问题,而且若分别对比我的个别回复,其说辞也显得最自相矛盾。例如,曾有人问我,既然是翻译给中国读者读,拙译《十四行诗》为什么要步中国读者并不熟悉的原韵?我当时简单回答说:十四行诗是英诗中格律最为严谨的一种诗体,莎士比亚的十四行诗被称作"莎士比亚体",要是不步原韵,就名不副实了。可后来当某出版社编辑建议拙译《维纳斯与阿多尼》改步原韵,并发来其"编校尝试稿"与我相商时,我却不通商量,固执己见地回信道:"拜读了先生'怀着敬畏之心,字斟句酌,精益求精,打磨出的高质量译本'……先生依 ABABCC 原韵打磨的译稿堪称优秀,但拙译不能修改。既然译者署我的名,读者读到的就应该是我的译文……我不主张译千行以上长诗步中国读者不熟悉的英诗原韵(如

《维纳斯与阿都尼》的 ABABCC 和《鲁克丽丝受辱记》的 ABAB-BCC），这原因说来话长，在此不赘述。但请相信，我重构这两部长诗的韵式也是怀着敬畏之心，平斟仄酌，力求精益求精的，这从附件中的两份用韵表就可见一斑（表中'正'字每一划代表一个节诗，《维纳斯与阿都尼》用韵表的第 1 栏说明拙译有 8 节押了发花韵，第 5 栏则说明有 29 节押了衣欺韵）。我翻译每部长诗都会同时制作一份用韵表，用以提醒自己已翻译部分的用韵情况，从而平衡使用《现代诗韵》通押的十三辙各韵部，因为我历来主张翻译长诗要讲究'用韵丰富'，借用'韵部的感情色彩'和巧用'偶通谐韵'等。"

同一名译者翻译同一个外国诗人的诗，一会儿要步原韵，一会儿要重构韵式，这的确令一般读者和研究者都感到矛盾。但正如上面那封回信所示，因时间精力有限，笔者每次回答一个具体问题都只能就事论事，点到为止，不可能对每个人都细说原委。今借"译后絮语"这个机会，就絮叨絮叨这说来话长的原因。

除翻译莎士比亚的全部诗作 5000 余行之外，笔者还翻译出版过英国伊丽莎白时代的两部十四行诗集（斯宾塞的《小爱神》和锡德尼的《爱星者与星》）共 3000 余行、司各特的 3 部长诗（《湖上夫人》《玛米恩》和《最后一个吟游诗人的歌》）共 13000 余行、弗罗斯特的 437 首诗共 16000 余行、爱伦·坡的 63 首诗共 3000 余行，以及其他英美诗人的各类短诗 100 余首，此外还读过一些谈论英诗格律和音韵的书籍，因此对英诗诗体格律略有了解。简而言之，像我们的唐诗宋词一样，传统英诗也有严谨的格律韵律，正如有学者指出："如果不基于某种韵律规则，英语诗歌便不可能成熟。"（Kimbrough, 1983：161）就莎士比亚的诗歌作品而论，《维纳斯与阿多尼》用的是六行诗体（每节 6 行），其尾韵是 ABABCC。《鲁克丽丝受辱记》用的是七行诗体（每节 7 行），其尾韵是 ABABBCC（这种韵式又称"皇家韵"，因苏格兰国王詹姆斯一世曾用这种韵式写诗）。同伊丽莎白时代大多数英语十四行诗一样，莎士比亚的十四行诗也是由 3 节隔行押韵的四行诗加一个叠韵的对句构成，每行 5 音步 10 音节抑扬格，其韵式是 ABAB CDCD EFEF GG，这种韵式后来被称为"莎士比亚体"

（不同于斯宾塞写《小爱神》用的 ABAB BCBC CDCD EE，也不同于锡德尼写《爱星者与星》用得最多的 ABBA ABBA CDCD EE）。《让声音最亮的鸟儿歌唱》和《女王颂》用的都是四音步扬抑格诗句，前者的尾韵是 ABBA CDDC⋯，后者则是 AABBCCDD⋯。

　　翻译外国诗歌是否应该步原韵，这历来是中国翻译家和学者探讨的一个问题。早在 1984 年，笔者在与人合作编注《英诗金库》（*The Golden Treasury of the Best Songs and Lyrical Poems in the English Language*）时，就在为四川人民出版社编译室草拟并向全国一百多名译者发出的约稿信中提出了自己的译诗原则：在神似的基础上争取最大限度的形似。笔者历来认为："译介外国文学作品一方面是要为本民族读者提供读之有益的读物，另一方面则是要为本民族作家提供可资借鉴的文本，而要实现这一目的，就不仅要译出原作的思想内容，同时还要译出其文体风格。"（曹明伦，2009：18）不少中外学者和翻译家也持这种观点，如纽马克在论及文学作品的翻译时说："译者必须珍惜原作的形式⋯⋯如果形式被歪曲，思想内容也会随之变形"（Newmark，1982：64）；奈达认为："翻译应该忠实地再现原文内容，同时也应该尽可能地再现原文形式"（Nida，2001：277）；有中国学者在论及诗歌翻译时也指出，"不少人认为形式不那么重要，只努力追求神似，殊不知原作的形也在'原汁原味'之中，不尊重原作的形式，岂能妄谈忠实"（王宝童，2005：35）。

　　要译出原诗的文体风格，就应该保持原诗的节数和行数，并尽可能重现原诗的节奏和韵式，因为原诗的内容和形式之间往往都具有统一和谐的美学特征，例如《维纳斯与阿多尼》和《鲁克丽丝受辱记》都是浪漫叙事长诗，而六行诗体和七行诗体都适合浪漫叙事（cf. Bate，2008：2396）。不过笔者也注意到，即便格律最为严谨的十四行诗也常有"变格"甚至"破格"，如莎士比亚十四行诗第 99 首就多出了 1 行（共 15 行），第 126 首不是莎士比亚体，而是英雄双行体；斯宾塞的《小爱神》第 8 首也不是斯宾塞体，而是莎士比亚体。锡德尼《爱星者与星》中的"变格"情况更为普遍，108 首诗中有 6 首使用了六音步诗行（hexameter），而不是英国十四行诗通常的五音步诗行（pentameter）。笔者同时也注意到，这些"变格"或"破格"并非随意为之，而是因内容需要引起的形式变化。

基于上述认识，我主张中文译者应尽可能再现英语诗的格律韵律；但为了保证译诗语言自然流畅，我也反对削足适履，因韵害义，如果翻译时出现内容和形式不能兼顾的情况，我赞同奈达的建议，"舍弃的应该是形式，而非内容"（Nida，2001：277）。所以，我译《维纳斯与阿多尼》和《鲁克丽丝受辱记》保持了原诗的节数和行数，基本上保持了原诗的节奏，但未囿于前者 ABABCC 和后者 ABAB-BCC 的韵式，因为若模仿原诗韵式，那么在短短的 6 行或 7 行译诗中就分别要用 3 韵，而且每节末行的韵脚与前两个偶行的尾字不在一个韵部，这样做的实际效果就等于没有押韵，而"韵是诗歌所以为诗歌的必备要素……用韵是将诗歌格律化的一种手段"（王志清，2012：23），译诗若舍弃诗歌的必备要素，译文读者就难以体味原诗音韵和谐、节奏鲜明的特点。所以，翻译这两部叙事诗，我延续了当年翻译司各特三部长诗的策略，基本上是每节（偶尔每两节）押一韵，押在偶行，对每节 7 行的《鲁克丽丝受辱记》则多韵一行。用韵基本依照《现代诗韵》划分的 13 个韵部，而且每部长诗都根据内容精心配韵，尽可能做到用韵丰富，避免给读者造成审美疲劳。

拙译《十四行诗集》和两首短诗除保持原诗节奏外，都保持了原诗的韵式。翻译十四行诗步原韵的必要性上文已陈述。两首短诗步原韵则可谓顺其自然，《让声音最亮的鸟儿歌唱》所用的"ABBA CDDC…"韵式与中国古典诗歌中不常用的抱韵相同，闻一多的《忘掉她》和徐志摩的《朝雾里的小草花》用的就是这种韵式。至于《女王颂》用的"AABBCCDD…"，在汉语诗歌中也古今有之，古有李煜的《虞美人》等，今则有陕北民歌"信天游"和内蒙古民歌"爬山调"等。

另外值得一说的是，某出版社编辑曾屡屡指出拙译莎诗偶行末尾用字"身"（shēn）和"称"（chēng）、"禽"（qín）和"静"（jìng）等"不押韵"。开始我还以"保持原译""根声通韵"简单应之，最后却不得不详细解释说："我主张译诗可押通韵（更宽的韵），而'根韵'（en、in、un、ün）与'声韵'（eng、ing）通押是最常见的

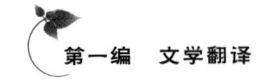

通韵现象，语言学家秦似（1917—1986）在《现代诗韵》中有详论。其实，国人创作诗歌和唱词也常押通韵，如王国维《读史·十二》'西域纵横尽百城，/张陈远略逊甘英。/千秋壮观君知否？/黑海东头望大秦'，其中起韵行（首行）和两个偶行的尾字'城'（chéng）、'英'（yīng）、'秦'（qín）通押；又如鲁迅《赠日本歌人》'春江好景依然在，/远国征人此际行。/莫向遥天望歌舞，/西游演了是封神'，其中偶行尾字'行'（xíng）和'神'（shén）通押；再如白桦长诗《孔雀》相见歌'含泪的云飘去了，/月亮就是大地的银灯；/听我唱支歌吧，年轻的朋友们！/叮咚的流水就是我的琴'，其中偶行尾字'灯'（dēng）和'琴'（qín）通押；另如京剧《红灯记》唱词'我家的表叔数不清，/没有大事不登门，/虽说是亲眷又不相认，/可他比亲眷还要亲'，其中各行尾字'清'（qīng）、'门'（mén）、'认'（rèn）、'亲'（qīn）通押。"

有学者在评述《维纳斯与阿多尼》的5个中译本时说："曹明伦的译文采用了非常严整的六行体形式来翻译莎翁的作品，而且基本上做到了偶行押韵；语言相较于之前的译本来说也更通俗易懂，具有中国现代格律体诗的形式和音乐审美特质。"（熊辉，2014：160）我认为，这个评价是客观公允的，因译文"基本押韵""通俗易懂"和像原文一样"具有音乐审美特质"，这些都是我的主观追求。

二 莎翁诗作汉译的加注问题

针对文学作品的翻译，我曾提出过为译文附加注释的六条原则"1、当注必注，不偷懒懈怠；2、点到为止，不画蛇添足；3、准确精当，不误导读者；4、客观合理，不为注而注；5、随文注释，方便读者；6、标记清楚，体例统一。"（曹明伦，2005：88）

然而，对拙译莎翁诗作所附加的译注，出版社编辑提出的要求却似乎不讲原则，有人要求我精简注释，有人要求我增加译注，有人则对我的个别译注提出质疑。针对这三种情况，我从与他们交流的信件中各取一例，再谈谈译者对译文加注的考虑。

有出版社针对我的莎士比亚《十四行诗集》译稿来信说："译稿中注释较多，有的版面上注释会显得太满，可能影响读者的阅读体验，注释是否可以适当精简？"我回信并加附件解释道："正如附件一第33页所言：'曹译本的特点在于译文既确切，又通畅，读来颇有诗趣。另外，译者增加了数十条注释，引用《圣经》和希腊罗马神话的故事和典故，帮助读者更深刻地理解原文，值得称赞'（李赋宁，1996：33）。拙文《翻译中的历史语境和文化语境——莎士比亚十四行诗汉译疑难探究》（附件二）说明了这些注释的必要性，同时也说明了这些注释能加深读者的阅读体验。可以这样说，这些注释可谓我对莎翁十四行诗汉译的特殊贡献，也是拙译版本的价值所在，所以请务必保留。形式是为内容服务的，相信贵社的版本也能像拙译在其他出版社的版本一样处理好注释的排版。"

实事求是地讲，李赋宁先生所说的"值得称赞"并非谬赞，在"增加了数十条注释"的拙译出版之前，中文版莎士比亚十四行诗中的确有不少中国读者百思不得其解的地方。例如第151首前两行："Love is too young to know what *conscience* is，/ Yet who knows not conscience is born of love？"拙译之前的中译本或译成"爱神太幼小，他不懂什么是良心……"，或译成"爱神太年轻，不懂良心是什么……"，而且都未加任何注释。读这种中译文的读者常常发问：为什么太年轻就不懂良心是什么？难道年幼就没有良心？通过认真细致的考证，我把这两行翻译成"爱神尚年幼，不懂良知是什么，/可谁不知晓良知是由爱心唤醒？"，然后加注说明：原文中的 conscience 一语双关，因为伊丽莎白时代的英国文人常把它分解成 con + science，con 在法语中意思是"阴户"，science 来自拉丁语 scientia，意思是"专门知识"（expert knowledge），故当时的英语读者很容易把 conscience 读成 con-science（关于性的知识），这就相当于中国读者把"良知"读成"关于良辰春宵的知识"，从而把这两行诗解读为"爱神尚年幼，不懂性欲是什么/可谁不知晓性欲是由爱心唤醒？"有了这样的注释，藏在该诗3—4行中的隐喻也就昭然若揭，那言外之意就是"请别说我不懂 con-science（良知），以免我用 con-science（性知识）来证明你的风流"。

由此可见，此诗不加此注，中国读者根本没法读懂。

我后来得知，那家出版社之所以要求删减注释，仅仅是美编为了其设计的版面美观，于是我继续沟通，据理力争，最后双方妥协，达成协议，把原来附在每首诗后面的译注一并移至书末。对出版者而言，保证了版面美观；对我而言，虽有违"随文注释，方便读者"之原则，但毕竟保住了"当注必注"这条底线。

要求我增加注释的那家出版社也是针对原文中的双关和隐喻。众所周知，莎翁笔下的双关和隐喻不胜枚举，英语读者大多都能从中获得阅读乐趣和审美快感。可中国译者都知道，因语言差异和文化殊隔，很多隐喻和双关都不可能直接翻译，只有加注解释才能让译文读者了解原文的妙处，如上文所说 conscience 暗喻 con-science（knowledge of sex）。不过加注解释犹似"嚼饭与人"，译者通常都是不得已才为之，因为对文学作品的读者而言，这等于取消了他们自己的审美体验，剥夺了他们自己的审美快感。所以只要可能，译者应尽量让译文读者自己从译文中去读出原文隐喻和双关的寓意，吟味其连珠妙语，感悟其横生妙趣，欣赏其精妙艺术。当然，要做到这点，就需要译者对译文读者的认知语境作出准确判断。概而言之，注与不注，取决于译者的这项判断是否准确。例如：

拙译《维纳斯与阿多尼》第 229 行至 234 行是："'小傻瓜'，她说，'既然我把你／关在了这道象牙般的围栏之内，／我就是一座鹿苑，你是我的鹿：你可上山峰吃草，或下幽谷饮水；／请先上这唇坡，但若嫌坡高地燥，／请往下进深沟，那儿涌泉甘美。'"这是爱神维纳斯把她强追的美少年阿多尼搂入其"象牙般的"怀中后对他说的一段情话。我相信中国读者对诗中的"栏""峰""谷""坡""沟""泉"等隐喻都能心领神会，都能读懂这是"春心荡漾""意乱情迷"的爱神在诱惑那位"不谙世故""不解风情"的少年。可有出版社编辑要求我对这节诗加注，并特别强调"尤其是一些双关语或具多重含义的说法"。对此建议我回信曰："委婉自有含蓄之妙，其实拙译一道'唇坡'已把峰、谷、沟、泉点破。"若非要加注解释这是在用地形地貌暗喻体形体貌，此处的"山峰"暗喻乳房，"幽谷"暗喻乳沟，

"深沟"和"涌泉"又暗喻什么什么,那可真就成了鸠摩罗什说的:"嚼饭与人,非徒失味,乃令呕哕也。"(释慧皎,1992:53)实际上,我觉得这节拙译唯一没有曲尽其妙之处乃"你是我的鹿",因原文 thou shalt be my deer 中的 deer(鹿)与 dear(亲爱的)发音相同,所以原文读者能读出另一层意思"你是我的爱"。故此我专门为这个没法翻译的双关加了一注:"英文 deer(鹿)和 dear(亲爱的)发音相同,此类双关语在本诗中使用较频繁,中译文难以传达其妙。"

《鲁克丽丝受辱记》第 1487—1488 行原文是:"Here friend by friend in bloody channel lies, /And friend to friend gives unadvised wounds";我的译文是:"浸血的壕沟里朋友们尸陈纵横,/兄弟阋墙,自相残杀,同室操刀。"这描写的是特洛亚城被攻陷后的惨状。考虑到部分中国读者对希腊神话传说不很熟悉,我加注解释说:"在延续 10 年的战争期间,希腊人和特洛亚人虽在战场上以仇敌身份厮杀,休战时却往往以朋友身份交往;两军将领中有的还有血缘关系,如赫克托耳和大埃阿斯就是亲表兄弟。参见《特洛伊罗斯与克瑞西达》皇家版第 4 幕第 5 场第 134—135 行(河滨版为 120—121 行)。"但有人提醒说我的译文和注释都与其他译本大相径庭,有人则针对我的注释批注说:"脚注文字有疑问。"

的确,在许多中国人心目中,两军对垒的希腊人和特洛亚人只能是仇敌,所以甭说有读者和编辑对"朋友相残、兄弟阋墙"质疑,就连有些译者对原文中的"friend by friend"和"friend to friend"也不太理解,如有人就把这两行译成"自己人和自己人一同辗转于血的沟渠,/自己人把自己人无意中伤害了"[④];有人把这两行译成"这是朋友挨着朋友倒卧在血泊之间,/这是朋友给朋友无意中捅出的创伤"[⑤];还有人把这两行译成"朋友偎靠着朋友,都在血泊中横躺,/朋友面对着朋友,无意中互相斫伤",并加脚注解释说:"希腊人攻破特洛亚城和此后的巷战都是在夜间进行的,混战中难分敌友。"[⑥]

然而,了解希腊神话传说的读者,尤其是熟知木马计破城那段故事的读者,肯定都会发现,上述译者的这个脚注并非在解释原文的背景,而是在为其译文自圆其说。因为特洛亚这段故事从来都是这样讲

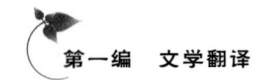

的：战斗虽在深夜进行，可无数的火把和蔓延的大火把全城照得如同白昼，希腊人根本不用担心在黑暗中分不清敌我，而是专挑特洛亚人中最高贵的英雄砍杀，如阿喀琉斯的儿子涅俄普托勒摩斯为了替父报仇，刻意追杀了普里阿摩斯的四个儿子和国王本人。他们心明眼亮，甚至没误杀主张同希腊人媾和的特洛亚领袖人物安忒诺耳，而是对他和他的家人刀下留情（斯威布，1958：600—602）。至于战斗的双方既是敌人又是兄弟朋友，这至少是我儿时读希腊神话传说时令我最为着迷的地方。正如拙译脚注所释，双方"在战场上以仇敌身份厮杀，休战时却往往以朋友身份交往；两军将领中有的还有血缘关系"。例如，希腊英雄阿喀琉斯在杀死特洛亚守军统帅赫克托耳的前夜，还在希腊营地举行的宴会上对后者说"Tomorrow do I meet thee, fell as death; /Tonight all friends（明天我定会与你杀个你死我活，/但今晚咱们全都是朋友）"；又如赫克托耳曾在阵前对希腊将领大埃阿斯说"Thou art, great lord, my father's sister's son, /A cousin-german to great Priam's seed（将军，你是我父王的妹妹的儿子，/是伟大的普里阿摩斯的儿子的亲表兄弟）"，他俩还在阵前交换礼物，前者送对手一柄宝剑，后者则回赠一条腰带；再如特洛亚盟军将领格劳科斯（Claucus）和希腊英雄狄俄墨得斯（Diomedes）也是世交，曾在战场上互换铠甲；更有甚者，杀死希腊将领特勒波勒摩斯（Tlepolemus）的特洛亚盟军大将萨耳珀冬（Sarpedon）居然是他的叔父（前者是赫剌克勒斯之子、宙斯之孙，后者是宙斯与欧罗巴之子）。由此可见，不熟悉这些故事或传说，加之不知道 unadvised 的基本意思是鲁莽或轻率，不知道 friend 在当时（甚至在今天的苏格兰英语中）还有 kinsman（男性亲戚）的意思，一般人的确很难理解莎翁笔下的 friend to friend gives unadvised wounds（朋友相争、手足相残），而将其译成"自己人把自己人无意中伤害了""这是朋友给朋友无意中捅出的创伤"或"朋友面对着朋友，无意中互相斫伤"，一方面歪曲了原作的故事内容，另一方面则淡化了莎翁作品中的反战倾向和人文主义精神。

如上文中可见，我在注释中请读者互文参阅莎翁其他作品时，都会明确指示某剧（或某诗）X 幕 X 场 X 行（或 XX 行）。可曾有出版社为压缩版面，来信问我："因为各个版本的页面不同，这里的注释是否可以不用精确到第 XX 行？"我回信答复说："莎剧原文和莎诗一样，各权威版本都会每隔 5 行就标出行数，学者言及（或读者查阅）莎剧（或莎诗）内容都是根据 X 幕 X 场 X 行（或 XX 行），所以尽管各个版本页面不同（甚至剧目的排列顺序也不同），只要说清 X 幕 X 场 X 行，大家都能准确地找到原文（或中译文版本的大致页面）。我刚才再次核实，此注言及的内容在 Riverside 版和 Royal 版中都是第 1 幕第 1 场第 9—11 行。另：若不精确到行数，几乎等于注犹未注，例如拙译第 142 首第一个脚注提醒参阅的'《罗密欧与朱丽叶》第 5 幕第 3 场第 114—115 行'，该场河滨版有 310 行，皇家版有 320 行，若不精确到（或大致标明）行数，意欲查阅的读者就太费工夫了。"

三　莎翁诗作汉译的译名问题

我曾经说过：译名统一不仅是翻译家的任务，也是当代翻译理论家的责任。一般说来，翻译家都深知"一名之立，旬月踟蹰"的甘苦，故多译笔谨慎，善于继承和借鉴（曹明伦，2013：186）。以翻译莎翁两部叙事长诗为例，《维纳斯与阿多尼》取材于希腊神话，《鲁克丽丝受辱记》则取材于古罗马诗人奥维德的《岁时纪》，所以对诗中出现的诸多希腊罗马人名，我都基本遵循商务印书馆 1985 版《神话辞典》翻译。这一是因为该辞典中的"神话人物专名均从希腊、拉丁原名按罗念生同志《希腊拉丁专名译音表》（1957 年）译出"（黄鸿森，1985：I），二是因为楚图南翻译的《希腊的神话和传说》、水建馥翻译的《伊利亚特的故事》，以及黄建辛等翻译的《奥德赛的故事》等也都在译者"前记""后记"或"例言"中说明，其专有名的翻译也是根据罗念生《希腊拉丁专名译音表》，"与人民文学出版社已出版的古希腊神话、史诗、悲剧、戏剧等译本中的译名完全相同"（黄建辛，1956：8），"不致因译名歧出，而造成识别上的困难"（水建馥，1957：7）。

然而，近年有些出版社对"译名歧出，识别困难"似乎不以为然，对专有名的翻译缺乏原则，每每要求译者另起炉灶，重新译名。例如，莎翁十四行诗第 153 首第 1 行"Cupid laid by his brand, and fell asleep"，读者多年来读到的拙译都是"丘比特放下他的火炬酣然睡去"，可有家欲再版拙译的出版社在"编校建议"中建议我把"丘比特"改译成"丘必特"。对此建议我回信说："请保持原译。《简明不列颠百科全书》译'丘比特'，《神话辞典》译'丘比特'或'丘必德'。多年来我的全部译作中都统一翻译成'丘比特'。"又如，《鲁克丽丝受辱记》第 1079—1080 行原文是"By this, lamenting Philomel had ended/ The well-tuned warble of her nightly sorrow"，我将其翻译成"悲伤的菲洛墨拉此时强压悲忧，/止住了她夜莺般如泣如诉的歌喉"，并加注简述了希腊神话中雅典公主菲洛墨拉受辱后变夜莺的故事。可有家出版社在校样中把"菲洛墨拉"改成"菲洛梅尔"。对此我回信坚持道："请保持原译。Philomel（Φιλομήλα）应按希腊拉丁语发音译名。商务印书馆 1985 年版《神话辞典》译作'菲洛墨拉'（该辞典神话人物专名均从罗念生《希腊拉丁专名译音表》译出），'菲洛墨拉'这个译名早已为中国读者广泛接受，用此名上网检索，满目皆是这个神话故事，而用'菲洛梅尔'检索的结果则几乎与神话无涉。"

另外，有些出版社对专有名的翻译似乎又只讲原则性，毫无灵活性。例如莎翁 Venus and Adonis 这部长诗，拙译为《维纳斯与阿多尼》，可至少有两家出版社都差点儿把我的"阿多尼"改成"阿多尼斯"。他们似乎都没感觉到我把 Adonis 翻译成"阿多尼"的良苦用心，没体会到这个译名是我小心翼翼地推敲和颇费思量地取舍的结果。我当然知道"阿多尼斯"是上述《神话辞典》的规范译名，但我也非常清楚，以中国大陆读者对莎士比亚这部长诗的认知过程来看，他们数十年来依次读到的是前辈译家曹鸿昭的《维娜丝与亚当尼》（1940）、方平的《维纳斯与阿童妮》（1952）和张谷若的《维纳斯与阿都尼》（1978），其中张译作为补充部分收入人民文学出版社根据朱生豪译本校订并完善的 1978 年版《莎士比亚全集》，在读者中的影响甚为广泛。张谷若译"阿都尼"时罗念生的《希腊拉丁专名译音表》早已发布,可人民文学出版社为何不把"阿都尼"改成"阿多尼斯"呢?我认为原因有三:一是从"亚当尼""阿童妮"到"阿都尼",这个希腊美少年的中文名字已基本接近"阿多尼斯"这个规范译名,因此不会造成读者识别上的困难(不会增加中国读者的认知成本);二是人文社编辑和三位前辈翻译家一样,都知道汉译拉丁人名不译词尾辅音"s"的情况非常普遍,如古罗马皇帝 Augustus 通译"奥古斯都",Tiberius 通译"提比略",古罗马历史学家 Tacitus 通译"塔西佗",Livius 通译"李维",以及朱光潜把 Phaedrus 译成"斐德若",等等;第三个原因(也是最重要的原因)就是我给一家出版社回信时所说的:"把 Adonis 译成'阿多尼'而不译成'阿多尼斯',我还有一个更重要的考虑。想必当年曹鸿昭先生译'亚当尼',方平先生译'阿童妮',以及张谷若先生译'阿都尼',也都和我的考虑一样:即译成三个汉字(三音节)而不是四个汉字(四音节)是为了长诗正文的音韵节奏(Adonis 在原诗中共出现 16 次/分别出现在 16 行诗中)。换一种说法,若把这首长诗比作一曲长歌,曹译《维纳斯与阿多尼》是按'阿多尼'这个三音节名谱的曲,现在曲谱不变,硬往词中加字,势必破坏整体上的音韵效果。试比较曹译'阿多尼正陷在爱神的怀抱'和贵社编校修改的'阿多尼斯此刻陷入爱神的怀抱',后一句就像我经常批评的那种译文,'音节单一,欠奇偶对照……连用 5 个双音节,滴答—滴答—滴答—滴答—滴答,单调得令人难受'。"(曹明伦,2004:90)

  除人名之外,译者对个别物名的精妙处理似乎也难为出版社新一代编辑和青年学子领悟。如《维纳斯与阿多尼》有一段写维纳斯以为阿多尼已经死去后对死神的抱怨。原文第 941—942 行是:Thy mark is feeble age, but thy false *dart* /Mistakes that aim and cleaves an infant's heart;拙译是:"你的目标本是衰老,但你的镰刀/却错过目标劈开了一位少年的心。"原文第 945—948 行是:The Destinies will curse thee for this stroke—/ They bid thee crop a weed, thou pluck'st a flower:/ Love's golden arrow at him should have fled, And not Death's ebon *dart*, to strike dead. 拙译是:"命运女神会因这一刀而把你诅咒,/本叫你刈除

衰草,你却割了娇花。/本来应是爱神的金箭向他射去,/而不该是死神的镰刀把他砍杀。"

对我把 dart 改写成"镰刀",一家出版社的编辑和我指导的一名博士研究生先后向我提出了质疑和询问。编辑在拙稿的前一个"镰刀"后批注问:"原注:dart = arrow。为何译作'镰刀'?死神有时似乎手持'剑'";在后一处则批注说:"是否是'镰刀'?存疑。"对这两个批注,我都只用了"保持原译"四个字作答,没有解释原因。但对学生的询问,我就只能履行"解惑"之天职了。

学生来信曰:"先生下午好!细读 Venus and Adonis 各译本时发现一个有趣的问题,即各译本对 Death's dart 这一意象的汉译。大多数译本依据原文注释 dart 即 arrow 将其译作'死神之箭',也有方平译本将其译作'死神的标枪',而您的漓江版、外研版均将其译成'死神的镰刀'。我认为有必要考证一下。目前我能够做的是把此诗放到英诗的神话传统中考证,将此诗放到莎士比亚诗歌,甚至作品这一更宽广的整体语境中考证。但我想先生译名一贯发扬'旬月踟蹰'的精神,译此名之前必定还有词源训诂的功夫在里面。只是根据我手上可用的各种工具书无法实现这一层面的考证,还望先生指点迷津。"

我回信说:"莎翁在这里让死神使用 dart,显然是考虑要与下一行的 heart 押韵……单就这个词来说,此处的 dart 既不是箭(arrow),亦非镰刀(scythe),而是方平先生翻译的标枪(javelin)。但在西方文化中,死神的形象乃一身披斗篷、手持沙漏和镰刀的骷髅,人一旦成熟便会被收割,所以莎翁在其十四行诗第 12 首中说'时间的镰刀谁也没法抵挡'(And nothing 'gainst Time's scythe can make defence),在第 60 首中又说'芸芸众生都难逃时间的镰刀'(And nothing stands but for his scythe to mow)。我把《维纳斯与阿多尼》第 941 行和 948 行中的 dart 改译成镰刀,微观上是要让'死神的镰刀'与'爱神的金箭'形成对应,使'刈衰草'和'割娇花'顺理成章(箭和标枪显然都不是割草的工具),宏观上则是要把莎士比亚的诗歌作为一个有机体呈现(时间的镰刀即死神的镰刀)。波波维奇在阐释其'变换表达'(Shift of Expression)理论时曾指出:'译者变换表达方式,并不是因为想要改变原作,而是因为想尽可能地忠实于原作,想从整体上呈现作为一个有机体的原作'(Popovič,1970:80)。另:您手边的资料肯定无法实现您写论文需要做的许多考证,这就是图书馆存在的原因。不过单就某位莎诗译者为何把'Death's dart'翻译成'死神的镰刀'这个问题,除了你所说的'放到莎士比亚诗歌,甚至作品这一更宽广的整体语境中考证'之外,还有必要将其放入该译者所有的莎诗译作中去对比考证。"

四 关于莎诗中圣经引文的翻译问题

《圣经》是西方文学艺术的源泉之一。莎翁诗作大量援经引典,单从《圣经》引典借字就达20余处。这些引典借字或援古证今,借题发挥,或据事类义,由此述彼,令典故所在的诗行简练含蓄,意蕴深厚,令典故所在的诗篇"情深而不诡,事信而不诞,体约而不芜,文丽而不淫"(《文心雕龙·宗经》)。对长期浸淫于基督教文化语境中的西方读者来说,这些引典借字能让他们更深刻地领悟诗人表达的感情、观念和阐释的事理;但由于中西文化差异,中文译者若不对这些典故加以注释,读者就可能遇到阅读障碍,或至少难以体味莎翁诗句的深刻内涵。例如莎翁十四行诗第105首第1—2行原文是:Let not my love be call'd idolatry,/Nor my beloved as an idol show,看到idolatry和idol,英美读者很容易联想到《圣经》中耶和华让摩西晓谕世人"Turn ye not unto idols"(勿崇拜偶像)的那段训谕,从而更深刻地理解诗人的寓意:爱在于内心真诚,不在于表面形式。但中国读者读到"请别把我的爱叫做偶像崇拜,/别把我的爱友视为一尊神像",恐怕就很难想到"偶像"和"神像"的寓意了。所以我为此加注道:"《圣经·旧约·利未记》第19章第4节中耶和华让摩西晓谕世人:'勿弃我而崇拜偶像,勿铸神像并膜拜之,我乃耶和华你们的神。'"

在翻译英美文学作品的过程中,我发现近代英美作家诗人引用或借用《圣经》字句多以1611年詹姆斯一世钦定本(King James Version)为准,莎翁当年引用的虽是《日内瓦圣经》(Geneva Bible,

1560），但据笔者多年的翻译经验验证，其引用的内容均与钦定本相应的内容吻合。所以数十年来，我加注用《圣经》上下文解释正文引用字句时也都是以钦定本英文为准，并结合上下文精心翻译。可最近有家出版社提出了这样的要求：引自《圣经》的文字必须用"和合本"⑦的中译文。如《维纳斯与阿多尼》第 1001—1002 行的原文是：Then, gentle shadow—truth I must confess—/I rail'd on thee, fearing my love's decease，我的译文是：所以温柔的死荫哟，实话实说，/我骂你是因为我怕我爱人已丧命。这是维纳斯责骂死神一通后发现阿多尼还没死时说的话。原文对死神的称谓是"shadow"，英美读者当然一见 shadow 就会联想到《圣经》中经常被引用的"the *shadow of death*"（死荫之幽谷）那段话，而不少中国读者对"死荫"之说可能就不知其由来了，于是我加注解释道："死荫：其原文 shadow 出自《圣经·旧约·诗篇》第23篇第4节（虽然我穿行于死荫之幽谷，但我不怕罹祸，因为你与我同在，你会用牧杖引我，用权杖护我）。"然而，某家出版社编辑针对我这条注释批注道："脚注引自《圣经》的文字须与《圣经》'和合本'一致，切勿自译。"对此批注我回复说："请保持本诗译者的译文。引自《圣经》的文字应该与《圣经》原文的内容与风格保持一致，而不是与某个中译本一致。我从不知道有《圣经》引文'切勿自译'的规定，须知'和合本'中有很多字句都难与世界名著的文字兼容，本人多年来对 *Bible* 引文从来都是自译。"

说"和合本"中有很多字句难与世界名著的文字兼容，我是有根据的，相信从事文学翻译的译者都有过这种体会。我们知道，英语《圣经》钦定本由数十名资深学者奉旨合作翻译而成。它既是一部宗教经典，又是一部文学巨著。虽说"钦定本"英译文出自多人之手，加之新旧约各篇原文写成于不同的历史时期，全书语言风格并不完全统一（如《旧约》诸"记"之古朴简洁、庄重典雅，《新约》诸"福音书"之生动形象、寓意深刻），但《圣经》毕竟是要供神父牧师宣讲的，所以无论新旧约，其语言都有节奏鲜明、声律和谐的特点，而作为可配乐吟诵的《诗篇》，则更是讲究音韵节奏。以上述脚注中提到的第 23 篇第 4 节为例,"钦定本"原文是:Yea, though I walk through the valley of the *shadow of death*, I will fear no evils; for thou art with me; your rod and your staff—they comfort me。吟诵此节英译文,读者能感受到其音韵之和谐,节奏之铿锵,从而能更深刻地感受大卫作为上帝信徒的坚定信仰和作为以色列君王的豪迈气概。但"和合本"此节的中译文是:"我虽然行过死荫的幽谷,也不怕遭害,因为你与我同在,你的杖,你的竿,都安慰我。"吟诵这样的译文,谁能感受到音韵和谐,典雅庄重?以音韵而言,第二和第三停顿处的"害""在"同韵同声(都是去声),读者若对声调稍敏感,读起来肯定会觉得单调,甚至觉得刺耳。以庄重而论,如果说"行过""遭害"等措辞还差强人意,那么"你的杖,你的竿,都安慰我"像赞美诗吗?这样的译文别说庄重典雅,恐怕连传情达意都没到位,甚至会让读者不知所云。

其实,《自学版圣经》(*Self-Study Bible*)对此节末行中的 rod 和 staff 都有清楚的注解,rod 意为"instrument of authority; used also by shepherds for counting, guiding, rescuing and protecting sheep(行使权威的器具,亦是牧人用以清点,引导,救援,保护羊群的器具)";staff 则为"instrument of support(施援之器)"(Hoerber, 1987:807)。而根据《圣经解读索引》(*Analytical Concordance to the Bible*),此行中的 comfort 意思是 encourage(Young, 1964:188)。结合《自学版圣经》对 rod 和 staff 的解释,我认为 encourage 在此处应取其"to give help or patronage to"之义,即《韦氏第三版新国际英语大词典》(*Webster's Third New International Dictionary of English Language*)中 encourage 这个词条的第 3 义项,也就是陆谷孙《英汉大词典》中 encourage 这个词条的第 2 义项。实际上,comfort 这个词本身也有 assist、help 或"帮助""支持"的意思(分别见《韦氏第三版新国际英语大词典》动词第 2 义项和《英汉大词典》动词第 4 义项)。鉴于这些考证,再结合《诗篇》第 23 篇上下文,于是有了拙译"虽然我穿行于死荫之幽谷,但我不怕罹祸,因为你与我同在,你会用牧杖引我,用权杖护我"。如前所述,有学者评说拙译《维纳斯与阿多尼》"具有中国现

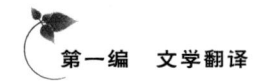

代格律体诗的形式和音乐审美特质"（熊辉，2014：160）。我认为，较之"和合本"译文，拙译脚注中的《圣经》引文与正文的"审美特质"更相匹配。当然，拙译引文并非不可置疑，不可改进，"和合本"译文也并非完全不能借用，但规定必须用"遭害"来取代"罹祸"，或用"你的杖，你的竿，都安慰我"来取代"你会用牧杖引我，用权杖护我"，那就让人匪夷所思了。

结　语

以上絮语说明，一次翻译活动真像纽马克比喻的一座冰山，公众所读到的译本仅仅是可以看见的冰山一角，而译者所做的绝大部分工作则是不为公众所见的水下部分。由于公众对译者的翻译过程（剖毫析芒的考证、小心翼翼的推敲、颇费思量的取舍、殚思竭虑的修订）了解不多，所以我们常常见到一些主观臆测的批评、不得要领的建议，莫名其妙的质疑，甚至弄巧成拙的"编校者改动"（见翻译家傅浩2015年博文《谁动了我的译文？》）。或许正因为这个原因，纽马克才提醒我们：应尝试从译者本人的角度看待译文……了解译者的翻译目的和翻译过程，尽力弄清楚译者为什么要那样译……有些时候，一些在外人看来与原文不相符的地方，也许是译者有意为之（Newmark, 2001：186-187）；所以巴斯内特才提倡"要系统研究不同时期不同地域的翻译家关于翻译的陈述"，并认为这样的研究"不仅能使我们了解翻译家所遵循的翻译标准……而且能让我们了解作为一种文本行为（a textual act）的翻译状态"（Bassnett, 1991：xiii）。我希望读者（尤其是批评家和译稿编辑）能重视这两位学者的提醒和提倡。同时我也希望，翻译家们也多向公众披露自己翻译时的决策过程，让人们更多地了解翻译活动这座冰山的水下部分。

（原载于《中国翻译》2017年第3期，收录于本书时有增补和修订）

注　释

① 最新研究证明，曾归于莎翁名下的诗集 The Passionate Pilgrim（国内译作《激情漂泊者》和《爱情的礼赞》）中只有5首十四行诗出自莎士比亚之手（后编入《十四行诗集》），该集中的其他诗和多年来一直归于莎翁名下的长诗 A Lover's Complaint（《情女怨》）以及另外一些体裁杂陈的短诗都不是莎士比亚的作品（cf. Bate, 2008: 2397）。

② 《女王颂》（To the Queen）直到1972年才以手稿的形式被人发现，于2007年首次编入皇家版《莎士比亚全集》。《女王颂》原稿写在一个信封背面，据贝特教授考证，莎士比亚剧团曾于1599年2月20日（那天是忏悔星期二，即基督教四旬斋首日之前的那天）在王宫上演新剧《皆大欢喜》（As You Like It），此诗便是莎士比亚为该次演出临时草就的"收场白"。

③ 《让声音最亮的鸟儿歌唱》（Let the Bird of Loudest Lay）原诗并无标题，后来通常以《凤凰和斑鸠》（Phoenix and Turtle）为人所知。

④ 见内蒙古文化出版社1995年版《莎士比亚全集》（下卷）第969页。

⑤ 见译林出版社2016年版《莎士比亚全集》（第12卷）第142页。

⑥ 见漓江出版社1992年版《贞女劫》第95页。

⑦ "和合本"指1919年在上海问世的中文版《新旧约全书》（官话和合译本），此前中国已有外国传教士翻译的多种中文《圣经》译本，如北方有施约瑟等翻译的官话译本，南方则有杨格非翻译的官话译本。1890年，在上海举行的一次宣教会上，与会各方就统一中文圣经译本达成协议，决定将南北两部官话圣经合并（和合），并据1885年出版的 Holy Bible: Revised Version 进行修订，该项工作于1918年完成，次年问世的版本又称"国语和合译本"。本文中那位编辑提到的"和合本"指中国基督教协会于2000年在南京印发的《圣经》（简化字现代标点和合本）。

参考文献

[1] 曹明伦：《散文体译文的音韵节奏》，《中国翻译》2004年第4期，第89—90页。

[2] 曹明伦：《谈谈译文的注释》，《中国翻译》2005年第1期，第88—89页。

[3] 曹明伦：《关于译诗和新诗的一点思考》，载吉狄马加《现实与物质的超越——第二届青海湖国际诗歌节诗人作品集》，青海人民出版社2009年版，第18—19页。

第一编 文学翻译

［4］曹明伦：《翻译之道：理论与实践》（修订版），上海外语教育出版社 2013 年版。

［5］黄建辛、荣开珏（译）：《奥德赛的故事》，中国青年出版社 1956 年版。

［6］黄鸿森、温乃铮：《译者例言》，载鲍特文尼克等《神话辞典》，商务印书馆 1985 年版，第 I—II 页。

［7］李赋宁：《甜蜜的十四行诗》，《名作欣赏》1996 年第 3 期，第 32—33 页。

［8］释慧皎：《高僧传》，中华书局 1992 年版。

［9］水建馥（译）：《伊利亚特的故事》，中国青年出版社 1957 年版。

［10］斯威布：《希腊的神话和传说》（楚图南译），人民文学出版社 1958 年版。

［11］王宝童：《也谈诗歌翻译——兼论黄杲炘先生的"三兼顾"译诗法》，《中国翻译》2005 年第 1 期，第 35—40 页。

［12］王志清：《新诗评论：怎的都不谈格律》，《文学报》2012 年 11 月 15 日（23）。

［13］熊辉：《论莎士比亚长诗〈维纳斯和阿多尼斯〉在中国的翻译》，《广东社会科学》2014 年第 3 期，第 154—161 页。

［14］Bassnett, Susan. *Translation Studies*（Revised Edition）［M］. London and New York：Routledge, 1991.

［15］Bate, Jonathan & Eric Rasmussen. Poems and Sonnets［A］. Jonathan Bate & Eric Rasmussen. *William Shakespeare Complete Works*［C］. Beijing：Foreign Language Teaching and Research Press, 2008. 2393–2397.

［16］Hoerber Robert G. *Concordia Self-Study Bible*［C］. St Louis：Concordia Publishing House, 1987.

［17］Kimbrough, Robert. *Sir Philip Sidney：Selected Prose and Poetry*［M］. Madison：The University of Wisconsin, 1983.

［18］Newmark, Peter. *A Textbook of Translation*［M］. Shanghai：Shanghai Foreign Language Education Press, 2001.

［19］Newmark, Peter. *Approaches To Translation*［M］. Oxford and New York：Pergamon Press, 1982.

［20］Nida, Eugene A. *Language and Culture：Contexts in Translating*,［M］. Shanghai：Shanghai Foreign Language Education press, 2001.

［21］Poe, Edgar Allan. The Philosophy of Composition［A］. G. R. Thompson. *Edgar Allan Poe：Essays and Reviews*［C］. New York：Literary Classics of the United States, Inc. 1984. 13 – 25.

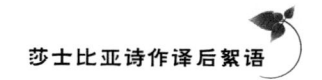

[22] Popovič, Anton. The Concept "Shift of Expression" in Translation Analysis [A]. James S. Holmes, et al. *The Nature of Translation: Essays on the Theory and Practice of Literary Translation* [C]. The Hague: Mouton, 1970, pp. 78 – 87.

[23] Young, Robert. *Analytical Concordance to the Bible* [M]. Grand Rapids, Michigan: William B. Eerdmans publishing Company, 1974.

译诗者的几不要

傅 浩

不要突出自己，试图站到原作者的前面。译是述，不是作；是模仿，不是创造。翻译的创造性体现在如何逼近原作而非背离原作上。所谓超越原作是一种谬论，一种妄想。

不要轻易"化"掉原文句式。句式的安排会显示句子的重心所在。如果改变句式而不能还原句子的重心位置，句子的意思（包括语气、语感）就会改变。虽说"胡语尽倒"，但不同的语序也反映着不同的强调。关键在于是否能找到重心，且以相应的句式表现出来。不要轻易改变句子的语法成分。

不要试图用旧文体（例如文言文）翻译旧作品（例如莎士比亚的作品）。单纯以相近时代的文体来对应翻译是迂腐的做法。如果不是在同一文本中有不同文体，就没有必要模拟不同文体。原作无论古今，都应采用译者最擅长的当代文体来翻译，因为译作是面向当代读者，而非已故的旧时代读者的。基督教《圣经》在各语种中的译本都是采用当代文体，而且不断更新。

不要试图使译文"有文采"。喜欢搬弄辞藻、使用成语等陈词滥调是初学者的常见表现，往往是为了掩饰准确达意的能力之不足。好的文体应以准确平易为尚。为此目的，不妨熔从文言到俗语、从普通话到方言等各种词语于一炉，原则上优先用简不用繁，用今不用古。

不要完全依赖双语（翻译）词典（例如英汉词典）。因为双语词典只有简单的词语对译，而省略了关键的词语释义，多少会影响到对词义的理解和选择。而且，使用双语词典等于借助了词典编纂者的译

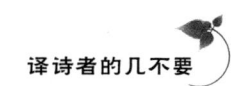

文，不能算是严格意义上的原创翻译。所以，除了翻译科技术语之外，翻译时尽量使用单语（原文）词典为上。判定一个译者的水平高低，就看他能否全程用单语词典（例如《牛津英语词典》OED）来翻译。

不要轻易尝试翻译自己不熟悉的题材。除翻译外，译者最好至少有一门自己感兴趣甚至研究有素的专业领域，否则仅以翻译为职业，无所不译，就成了翻译匠了。而"匠气"在任何艺术领域都是贬义词，含义是平庸、量产和没有灵魂。好的译者往往只在自己熟悉的专业领域里耕耘，不轻易涉猎不熟悉的领域，哪怕是同一领域内的不同题材，例如文学中不同作家的作品，因为要熟悉一个作家的思想和风格是需要下一番研究工夫的。

不要轻易尝试所谓"逆译"，即从母语到非母语的翻译，除非有母语和非母语彼此互补的译者或作者合作。诗人叶芝说："除了用母语，任何人都无法带着乐感和活力进行思考和写作。"的确，一个人即便在非母语环境中生活多年，其非母语表达能力也未必纯正地道。国内出版的逆译作品就往往因为遣词造句不符合译语习惯而遭到以译语为母语的读者嘲笑。所谓"顺译"，即从非母语到母语的翻译，才理应是译者的拿手好戏。如果说一个人的外语比母语还好，那不是夸奖，而是贬损，因为那意味着两者都不好。

不要以为会用母语写诗就能译好诗。有些外语水平低下的诗人对原文意思的理解错谬百出，却以片面追求译文的"语感"而沾沾自喜，可谓欺世盗名。既能用母语又能用非母语熟练写诗和互译者才堪称真正的诗人译者。

不要相信诗不可译之类的鬼话。如果诗不可译，那就什么东西都是不可译的。也不要相信诗就是翻译中失去的东西之类的鬼话。恰恰相反，诗是翻译中幸存下来的东西，失去的大都是被过滤掉的非诗的渣滓。

不要把诗译成散文。散文可以释义，可以变通，可以得意忘言；诗则言意合一，不可分割。所以译诗要尽可能"照搬"原文的意象、体式，甚至句式。

不要把各种体式的诗统统译成一种体式，例如自由体。一个好译者应该是性格演员，演啥像啥，而不应是本色演员，演啥都像自己，千人一面。体式是形式最明显的表现，不应熟视无睹。

不要相信翻译有多元标准。翻译只有一个标准，那就是原文。原文犹如箭靶，正中靶心的就是最好的译文，其余只能算是次好的和不好的。信、达、雅之类三分说法是一体三面，一到俱到，一不到俱不到。至于多元，只能是就风格而言，如果说标准多元，就无标准可言了。

不要惑于直译和意译的二分说法。因为二者不是对立的两极，而是一为基准，一为偏离。所谓直译，是指相应措辞的语义和语法意义甚至句式都最贴近原文的译法。意译则是换一种说法，即用不同的措辞和句式表达相近的意思。若以直译为基准，意译就是偏离，而且这种偏离的形态是无限的，犹如围绕一个圆心画的圆。意译往往被低水平译者用为挡箭牌。好的译文应该以直译为常规或正轨，若遇有用直译实在无法处理之处，不妨暂时有所偏离，采用意译，换一种说法，然后仍应回到直译。

不要惑于异化和归化的二分说法。这实际上是"直译说"和"意译说"的变体。直译即导致异化，意译则倾向归化。细分起来，在措辞和句法等语言方面宜归化，即尽量采用译语中固有的习惯说法，以维护语言传统；在文化知识方面则宜异化，即尽量保留源语文化中特有的意象、现象、概念等，以利于输入新知。

不要迷信一般翻译学理论。理论无助于提高动手能力。动手能力是在实践中练出来的，理论也是从实践经验中总结出来的。正如鲁迅所说的，写小说不能靠什么《小说法程》，做翻译也不能靠什么《翻译法程》。仿陆放翁的句式说，汝果欲学译，工夫在译外。尽量提高两种语言的阅读写作能力、熟悉各种文类文体才是当务之急。翻译实践者的经验谈、有关翻译技巧以及具体文本批评之类的论著值得甄别参考。

不要弄巧。翻译几乎无巧可弄。与视觉艺术相比，创作犹如绘画，可以随心所欲，自由发挥，主观表现，有无限的创造空间；翻译

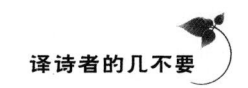

则似摄影，只能瞄准对象，调整焦距，客观再现，再创造的空间有限。与其说翻译是一门艺术，不如说翻译是一门手艺。有手艺的人都知道，熟能生巧，宁拙勿巧。

怎样译诗：兼评《英诗汉译学》

——2010 年 5 月 14 日在宁波大学演讲

傅　浩

首先，限定一下所讲内容的范围。题目是"怎样译诗"，但由于时间关系，主要讲英语格律诗的汉译问题。希望能够以小见大，触及一些普遍性的道理。

一　诗的格律：音步的格式与顿的格式

一般来说，诗是有节奏的语篇或文本，即用韵文写成的。翻译诗，首先要懂得诗的格律。《英诗汉译学》是我国译界前辈黄杲炘先生的一部专著。我们且从这本书里借用一组现成的例子，来说明英语诗和汉语诗的节奏概念。原文是大家都很熟悉的莎士比亚《十四行诗集》第十八首的前四行：

```
 - /   - /    - /    - /    - /
Shall I | compare | thee to | a sum | mer'sday?        a
           (caesura)
 - /   - /     - /   - /     - /
Thou art | more love | ly and | more tem | perate.      b
(caesura)
 - /    - /    - /    - /    - /
Rough winds | do shake | the dar | ling buds | of May,  a
```

```
  -    /    -    /    -    /    -    /    -    /
And sum | mer's lease | hath all | too short | a date: b
```

英语诗的节奏是由 metre 规定的。metre 也叫 measure，就是度量的意思。一行英诗的 metre 可以分成若干个 foot。foot，有的人译成"音步"，有的人译成"音尺"。我觉得，虽然现在"音步"更流行一些，但是"音尺"可能更准确一点，因为 foot 和 metre 都是长度单位嘛。音乐里面可以把一个乐句分成若干个小节，一个小节就相当于一个 foot，其时值是固定的，但拍子数量可以是不定的。同样，一个 foot 也可以有若干个音节，数量和性质也可以不定，也就是说，可以有不同的格式。英语里常见的有抑扬格（iambus，或译轻重格）、抑抑扬格（anapaest）、扬抑格（trochee）、扬抑抑格（dactyl）和扬扬格（spondee）等音步格式，但没有一个概括的统称。我姑且名之曰"步格"。一定数量的 foot（一般是步格相同的）就构成某种 metre，其中音步的安排是有规律的。现在 metre 的汉译法五花八门，我觉得都不甚得要领。相对于步格，我姑且把它译成"步式"，即音步安排模式之略。以上这段诗每行都是用五个前轻后重的二音步组成的，这叫 iambic pentametre，即抑扬（或轻重）格五音步式。诸如此类对诗的节奏及韵式等所作的人为规定就统称格律。

诗有格律，散文则无。既然原诗是有格律的，那翻译的时候，有人就主张要尽量也翻译成诗，而不是散文。现在较通行的一种译法叫做"以顿代步"。有人认为，用汉语说话不是一个字一个字长短一样地发音，像幼儿园的孩子们那样说"老——师——好——"，而是一个词一个词地说，词与词之间有一定间隔停顿。这样的以词或词组为基本单位形成的语意或语音组就叫做"顿"。现在一般译者所谓的"顿"只略相当于英语中的 foot，尤其在现代汉语诗里，一顿之中既没有轻重或长短音的分别，也不讲究音调的平仄（调式），只是音节的组合而已。所以我们只能以顿的音节数量勉强作为划分顿格的依据，而无法像在英语中那样同时规定其音节性质（音强），例如二字（音）格顿和三字（音）格顿。韵文节奏与散文节奏的区别在于顿的

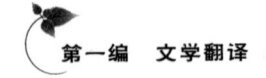

安排有无规律性。韵文有顿式，散文则无。严格地讲，使用韵文节奏的才算格律诗，使用散文节奏或"弹性节奏"（sprung rhythm）的则是散文和自由诗。

以下的译文所用即"以顿代步"法，每行均划分为五顿：

能不能 | 让我 | 来把你 | 比拟作 | 夏日？a
你可是 | 更加 | 温和， | 更加 | 可爱：b
狂风 | 会吹落 | 五月里 | 开的 | 好花儿，a
夏季的 | 生命 | 又未免 | 结束得 | 太快：b
——屠岸译（1982）

可以看出，其中三字格顿和二字格顿参差错落，排列并无规律可言。原文却一律是抑扬格二音步式。

还有所谓"字数相等"译法，即译文的字数等于原文的音节数。原文每行十个音节，译文就用十个汉字（即十个汉语音节）来对应：

我怎样 | 能把你 | 比做 | 夏天？a
你比她 | 更可爱 | 也更 | 温和。b
五月的 | 娇蕾 | 有暴风 | 震颤，a
夏季的 | 寿命 | 很短 | 就渡过。b
——戴镏龄译（1978）

以及"字数相应"译法，即原文每行十个音节，但译文每行用了十二个汉字，比原文多出两个音节，但也还是整齐的，所以叫"相应"。

我怎么 | 能够 | 把你 | 来比作 | 夏天？a
你不独 | 比它 | 可爱 | 也比它 | 温婉：b
狂风 | 把五月 | 宠爱的 | 娇蕊 | 作践，a
夏天 | 出赁的 | 期限 | 又未免 | 太短。b
——梁宗岱译（1981）

黄先生认为以上这三种译法难度都还不够大。他提出更高的标准，要求"兼顾顿数与字数"，即字数和顿数都要整齐。例如以下两种译文，都是每行五顿、十二个字。

我可要 | 将你 | 比作 | 初夏的 | 清辉？a（32232）
你却 | 焕耀得 | 更可爱， | 也更 | 温婉；b（23322）
狂风 | 震撼 | 五月天 | 眷宠的 | 嫩蕊，a（22332）
孟夏的 | 良时 | 便会 | 变得 | 太短暂。b（32223）
——孙大雨译（1996）

你说 | 我是否 | 能拿 | 夏天 | 同你比？a（23223）
夏天 | 可不像 | 你这样 | 可爱 | 温婉；b（23322）
娇宠的 | 蓓蕾 | 经不起 | 五月 | 风急，a（32322）
而夏天 | 这季节 | 又是 | 多么 | 短暂。b（33222）
——黄杲炘译（2007）

以上四种译法："以顿代步""字数相等""字数相应""兼顾顿数与字数"，又都同属于"诗体移植"一类译法。另外还有两种译法：所谓"民族化"译法和"自由化"译法。"民族化"译法就是用译语中的传统格律诗体来译：

怎好 | 将卿 | 比夏天？a
夏天 | 逊尔 | 婉而甜：a
娇蕾 | 五月 | 狂风撼，b
此季 | 为期 | 短可怜！a

——柏丽译（1984）

以上是七言体。还有一种仿词曲体（既没有词牌也没有曲牌的自度曲式的东西）：

第一编 文学翻译

试问，| 或可 | 将君 | 比夏日？a
君更 | 温婉 | 多丽质；a
五月 | 娇蕾，| 难堪 | 无情 | 风急；a
夏日 | 赁期 | 苦短，| 只在 | 瞬时；b

——辜正坤译（1990）

按照传统诗词格律，一般平仄声字不互押韵。若按现代韵法，则以上两例韵式均为 aaaa。

所谓"自由化"译法即每行字数和顿数都与原诗没有对应关系。例如：

我可能 | 把你 | 和夏天 | 相比拟？a
你比 | 夏天 | 更可爱 | 更温和：b
狂风 | 会把 | 五月的 | 花苞 | 吹落地，a
夏天 | 也嫌 | 太短促，| 匆匆 | 而过。b

——梁实秋译（1968）

前两行每行四顿，后两行每行五顿，不整齐；每行字数也不一样多，也不整齐。

现在我们来看看他这几种分类是否合理。"以顿代步"只是以每行同样的顿数替代原诗的音步数而已，而字数或音节数可以不一样，各顿的音节（字）数也可以不等，这实际上是"弹性节奏"，更准确的叫法应该是"顿数相等"译法。"字数相等"的戴译，不仅字数相等，顿数也相应，只不过每行是四顿而已，完全有理由算是"兼顾顿数与字数"译法。"字数相应"的梁译每行十二个字、五顿，兼顾了字数和顿数，仅就引用的这四行而言，跟黄译和孙译的"兼顾"译法毫无二致。黄先生之所以把梁译归为"字数相应"译法，理由也许是后面未引的几行顿数有参差。但是，仅就这四行来看，完全就是"兼顾顿数与字数"译法嘛。黄译和孙译的"兼顾"译法也都是每行十二个字、五顿，只兼顾了译文顿数与字数的整齐而已，而没有顾到

怎样译诗：兼评《英诗汉译学》

顿的安排的规律性。也就是说，其顿的安排都是没有规律的，例如孙译的第一行是32232，第二行是23322，第三行是22332，第四行是32223，这跟原文的每行都是22222就有出入了。黄译也有同样的问题。这样看来，所谓"兼顾"译法的节奏只不过相当于自由诗的"弹性节奏"（即每个音步或顿里的音节数是不固定的）而已。这种译法往往只做到了顿数与原文的音步数相等，字数也只是"相应"而已，与原文音节数无关，故与"以顿代步"译法并无本质区别，只可视为以字数的整齐"补偿"原作的格律而已，所以称之为"以顿代步—补偿"译法，或者干脆叫"顿数相等—字数相应"译法才更准确。

再者，黄先生自称他"首创"的这种"兼顾顿数与字数"的译法是"迄今最严格的译诗要求"，恐怕不然。孙大雨的译文不是更早嘛。若论严格，我们或可再极端一些，试试能否更进一步，不仅兼顾顿数与字数，而且兼顾顿式。

  可否 | 把你 | 比作 | 夏季 | 一天？a (22222)
  你是 | 人更 | 美妙 | 心更 | 美好。b (22222)
  阵风 | 会把 | 五月 | 娇蕾 | 摇撼，a (22222)
  夏季 | 租期 | 也嫌 | 时日 | 太少。b (22222)
         ——傅浩译（2010）

以上译文每行都是十个字（音节）、五个二字（音）顿，与原诗格律完全对等。第二行原文"lovely"和"temperate"分别暗示外貌和性情的可爱，所以译文稍加了一点诠释之词。如果我们觉得它的节奏俗，有卞之琳先生所谓"哼唱型节奏（吟调）"之嫌，也不妨稍微放松一下，给每行多加一个字，使之略显"参差"：

  可否 | 把你 | 比作 | 夏季的 | 一日？a (22232)
  你竟是 | 更加 | 明媚 | 更加 | 温和。b (32222)
  阵风 | 粗暴 | 摇撼 | 五月的 | 娇蕾，a (22232)

第一编　文学翻译

夏季的 | 租期 | 拥有 | 时日 | 无多。b（32222）

——傅浩译（2010）

这个译文为什么也给人以形式整齐、节奏规律的感觉呢？因为第一、三行的顿的安排即顿式是一样的，都是22232；第二、四则都是32222。也就是说，相互押韵的奇数行和偶数行的节奏是相互对位呼应的。就像音乐的旋律一样，节奏是要靠顿与顿之间、行与行之间的呼应或周期性的复现才得以体现的。值得一提的是，这里对第二行又做了不同的处理。原文"lovely"和"temperate"兼可形容天气之美和女人之美，所以译文用"明媚"和"温和"来对译，也同样是双关效果。而前引的译文有些就只顾到形容人，而没有顾到天气。另外，"a summer's day"不是译作"夏天"，就是译作"夏日"，与原文意思还是有些出入的。前面说过，顿安排有规律重复的，才是韵文。而前引译文大都看似整齐，其实是散文或自由诗的节奏，并不是韵文的节奏，因为其顿的安排是没有规律的。

其实，传统诗都是兼顾了字数、顿数和顿式的。这就是为什么传统诗读起来朗朗上口的原因。上引柏丽译文是每行七个字（音）、三顿，顿式是223。所以，所谓"民族化"译法就可以说比"兼顾"法更整齐，是兼顾了字数、顿数和顿式的译法。再看所谓"自由化"译法。上引梁实秋译文，其实也并不完全"自由"。前两行是每行四顿，后两行是每行五顿，可见译者也是用了心思，有意识努力想让每行字数或顿数接近，而且模拟了原诗韵式。只不过由于能力不逮，或别的什么原因，未能成功做到整齐如算子而已。

我觉得，黄先生的分类法一是分类欠精确，一是命名欠科学。例如"民族化"这个提法就不是很好。"民族"是社会—政治学或人类学的一个术语，用在翻译学里不是很合适。还有一个缺点是举例欠恰当。例如梁宗岱译文的前四句完全可以看作"兼顾顿数与字数"译法，而不仅仅是"字数相应"译法。

那么，真正应模拟而且可比拟的东西是什么呢？我认为，不是不同语言各自外在的特点，而是内在共有的规律性的东西。模拟应当是平行对应内在的规律（理），而不是机械照搬外在的特点（事）。理可相通，事有不同。可比拟的内在共有的规律性的东西是什么呢？即格律诗每行是整齐的（音节数相同），最小节奏单位（音步或顿）的安排是有规律性的。至于说具体每行多少个字或音节，那只是外在的特点，并无关紧要，重要的是要根据译文每行的容量来加减。斤斤于数顿数与字数的"兼顾"法的要求恰恰印证了这一点。它实际上只做到了顿数相等、字数相应，并非严格意义上的"兼顾"。我循着它的思路更推进一步的做法旨在说明，它并不是"最严格的译诗要求"；我还可以做到更整齐。但我并不以之为唯一的译法，也不要求人人都按照同样的标准来译。

我们再举一个例子来强调说明韵文节奏与散文节奏的不同。还是从《英诗汉译学》中借用的例子——H. W. Longfellow 的 "A Psalm of Life" 的前四行：

/ － / －   / －   / －
Tell me | not in | mournful | numbers, a
/ － / － / － /
Life is | but an | empty | dream! b
/ －/ / －/
For the | soul is | dead that | slumbers, a
－ / / / －/
And things | are not | what they | seem. b

别对我 | 唱那种 | 悲切的 | 诗 a（3331）
说人生 | 不过是 | 虚幻的 | 梦！b（3331）
因为 | 昏睡的 | 灵魂 | 无异死，a（2323）
而事物 | 与表象 | 并不 | 相同。b（3322）

——黄杲炘译

原文的基本节奏是扬抑（重轻）格四音步式。偶数行最后一个音步少一个音节，可以看作一个空拍。末行前两步是抑扬（轻重）格，属于拗变（variation）。整体还是很整齐的。黄译每行都是四顿、十个字。前两行顿式是一样的，都是3331，可能是偶然的，因为后两行是不同的，分别是2323和3322。可见，后两行不是韵文节奏，因为它们没有规律，也没有呼应。我也试译了一下：

　　不要 | 对我 | 悲伤 | 吟唱：a（2222）
　　"人生 | 不过 | 一场 | 梦！" b（2221）
　　灵魂 | 昏睡 | 无异 | 死亡, a（2222）
　　表象 | 实质 | 并不 | 同。b（2221）

——傅浩译

可以看出，译文中奇数行和偶数行是有规律相对应的。而且，偶数行最后一个一字（单音）顿对应原诗的单音步，可谓与原文亦步亦趋，同属韵文节奏。下面再看一位名叫威妥玛的外国传教士的译文：

　　勿以 | 忧诗言　a（23）
　　人生 | 若虚梦　b（23）
　　性灵睡 | 即与死 | 无异　c（332）
　　不仅 | 形骸 | 尚有 | 灵在　c（2222）

前两行勉强符合中国传统诗的格律，但后两行完全是散文节奏，332和2222，毫无规律和呼应可言，各行也不押韵（后两行当属偶然）。与前引黄译并无本质区别，只不过黄译后两行更整齐而已。若说威译的节奏完全是散文节奏，那么黄译的充其量只是自由诗常用的"弹性节奏"。一位叫董恂的中国人把威妥玛的译文改写成七言诗：

　　莫将 | 烦恼 | 著诗篇　a（223）
　　百岁 | 原如 | 一觉眠　a（223）

梦短 | 梦长 | 同是梦　b（223）
独留 | 真气 | 满坤乾　a（223）

每行都是223，这就完全符合传统七言近体诗的格律了。

无论是在汉语还是在外语中，韵文节奏都意味着每行（句）音步或顿的安排是有规律的，而且相应行的音步或顿是对位呼应的，这样才能形成规律性的复现。散文节奏则是杂乱无序的。至于行与行之间的对位呼应形成的规律性复现，我们不妨再进一步举例说明。英诗中iambic pentametre或别的格律大都每行顿式相同，行行呼应，反而不易令人注意到其呼应效果。而古希腊诗中的萨福体（Sapphic），每行步格不同的音步参差排列，不是一律用一种音步，但行与行之间的音步安排是相互呼应的。

```
    / -  /  // - -  /   -  /  -
    Then to | me so | lying a | wake a | vision
    / -  /   /     / - -   /   -   /   -
    Came with | out sleep | over the | seas and | touched me,
    / -  /    /      /  - -   /    -   /  -
    Softly | touched mine | eyelids and | lips; and | I too,
    / - - / -
    Full of the | vision.
```
——A. C. Swinbourne

前三行都是长短 | 长长 | 长短短 | 长短 | 长短（或重轻 | 重重 | 重轻轻 | 重轻 | 重轻）。虽然一行之中的音步排列没有规律，但是经过连续三行的复现就形成了呼应，有了规律，就成了韵文。在实际创作中，我们大可以在iambic pentametre的格律框架之中把某个音步的音节排列格式调换一下，比如说把轻重格换成重轻格或重重格，这叫拗变（variation），是可以允许的。但是一般不可以随便改变音步的音节数，若把某行中某个二音节音步变成三音节音步，那就不叫iambic pentametre 了，因为那破坏了与其他行的对位呼应。由上例可见，行间对位在不同格音步参差排列的诗行中更容易看得清楚。在现代汉语中，韵文的平仄格式已不再讲究，字（音节）数在顿格的区分问题上就显得更加重要了。我们可以借用飞白先生《诗律学》里所引的一首甘肃"花儿"为例，说明汉语中可比拟的情况。

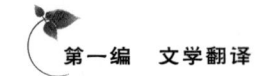

青石头 | 栏杆 | 玉石头 | 桥，a（3231）
蓝石头 | 底里的 | 牡丹；b（332）
生下的 | 俊来 | 长下的 | 好，a（3231）
还说是 | 阿哥的 | 眼馋。B（332）

它的奇数行是一种顿式，偶数行是另一种顿式，交相呼应，参差中有整齐，也同样形成了韵文节奏。如果它不讲究这个规律的话，念起来就不上口，就不是韵文了，就成了散文了。韵文与散文的节奏区别就在于顿的安排有无规律。严格地讲，使用韵文节奏的才算是格律诗，而使用散文节奏或者是"弹性节奏"的是自由诗。这样看来，黄先生所谓的"兼顾"译法本质上也只能算是一种准"自由化"译法，因为从诗的最根本的节奏模式来看，它还是自由诗，而不是格律诗。

二　译诗的几种方法：我的分类

正所谓不破不立，有破亦须有立。我们刚才已指出，黄先生对译诗的分类颇有不合理之处。下面我就提出我的分类法。

译诗法的分类，可以分别从几个方面讲。一个是声律方面。黄先生的着眼点就仅限于声律方面。声律方面我们只需分三大类。第一类是"自由"译法，即完全不顾原诗的形式。这底下可以细分为两种，一种是逐行式自由译法。其结果是自由诗或分行的散文。另一种是逐句式自由译法。结果是不分行的散文，跟原诗的格律形式毫无关系。第二类，我们称之为"置换"译法，就是用译语里现成的传统诗体来置换原诗的诗体形式，这相当于黄先生所谓的"民族化"译法。第三类叫"模拟"译法，即依样模拟原诗的形式。这底下又可分成若干种：其一是"顿数整齐"式，略相当于"以顿代步"法。但我们只提出译文自身顿数整齐，并不要求与原文音步数相等。其二是"音节数整齐"式，略相当于"字数相应"法，即每行用同样的音节数，但不必等于原文音节数。其三是"顿数与音节数均齐"式，相当于黄先生的"兼顾"译法，但不要求顿数与原诗音步数相等。其四是"音节数、顿数均齐兼顿式有序"式，就是我刚才尝试的译法。在声律方面，大体分为这三类就够了。所谓以"以顿代步""字数相等""字数相应"和"兼顾顿数和字数"译法，黄先生把它们分成了独立的四类，其实只是五十步和百步的区别，并无质的区别。

　　此外，还可以从修辞方面分类。修辞方面我们分成两类，一类是"表层"译法，一类是"深层"译法。诗是讲究修辞、富有形象的语篇（figurative discourse）。也就是说，话不直说，言此而意彼，一般都有不止一层意思。表层结构（事）与深层意蕴（理），犹如血肉之于筋骨。也可以说，诗即暗喻。不破坏表层结构，即保留原喻体，把喻旨留给读者去领会，是为"表层"译法；破坏原喻体，挖掘其中喻旨，以抽象的理（概念）代替具体的事（物、象），或以其他的事代替原文的事，是为"深层"译法。深层译法又可细分为"意象剥离"和"意象置换"两种。"表层"译法略相当于过去所谓的"直译"或"字译"，或者许渊冲先生所谓的"等化"。"深层"译法略相当于"意译"或"曲译"。"意象剥离"相当于许先生所谓的"浅化"，即原诗有意象，译文不用意象，而用一种抽象的诠释把其中含义译出来；"意象置换"则相当于他所谓的"深化"，即另用一种意象来替换原诗的意象。

　　还可以从句法方面分，重点在于如何处理句法（syntax）与行法（lineation）的关系。可以分成"逐句"译法（以句子为单位，不理会原诗分行，在译文中重新分行）和"逐行"译法（依照原诗的行为单位译出，再重新调整行句关系）。

　　从风格方面可略分为"拉近"译法和"推远"译法。（1）拉近译法：时间上贴近译者当代日常用语，平行对应源语的当代风格，类似空间上的所谓"归化"；（2）推远译法：时间上揣摩源语当代读者对原作的观感，在译语中有意模拟类似的距离感，如用 archaism 译古旧作品，类似空间上的所谓"异化"。像前面的"民族化"译法就是"推远"译法。莎士比亚的诗对于源语现代读者是有距离感的，中国传统格律诗对译语现代读者也是有距离感的。"拉近"译法则不管是什么时代的，哪怕是荷马史诗，我们也要用现代读者接受的现代口语来译，译文是为当代读者服务的。如我们的《诗经》也是当时的口语，译者就应当揣摩当时人说口语的感觉，而以自己时代的口语平行模拟之。

三　表层与深层译法举隅

由于时间关系，我只详细地讲一下修辞方面的译法。我们先来看一个例子：

I ne | ver lost | as much | but twice,　a
And that | was in | the sod.　　b
Twice have | I stood | a beg | gar[①]　c
Before | the door | of God!　b

Angels | —twice des | cending　d
Reimbursed | my store—　e

[①] 黄杲炘先生认为此处我把"行末一个轻音节 gar 划成了音步"是"违背了音步划分的基本常识"（《也谈怎样译诗——兼答傅浩先生》，《东方翻译》2011 年第 5 期），并质问"有这样分析音步的诗律学吗？"在此我可以肯定地回答说："有！" Laurence Perrine 与 Thomas R. Arp 合著 *Sound and Sense: An Introduction to Poetry* 第八版（Harcourt Brace, 1992）第 193 页分析 W. B. Yeats 诗 "Down by the Salley Gardens" 即如此："Down by | the sal | ley gar | dens ˣ | my love | and I | did meet. |"这是谣曲诗节的两行连排。第一行末"dens"是轻读音节，后面实际有一空拍（用"x"表示），而空拍通常被视为不发声的重读音节。Yeats 诗其余各行均是如此。而上引 Emily Dickinson 诗第三行也是同样道理。

怎样译诗：兼评《英诗汉译学》

Burglar! | Banker | —Father!　f
I am poor | once more!　　e

——Emily Dickinson

  这首诗是什么意思呢？从表层上看，是说"我"做生意亏损了。像这么大的损失，以前也有过两次，而且损失都埋在土里面了。"我"一无所有了，就去向上帝（神）乞求经济援助。上帝答应了"我"的请求，两次派天使下凡，来给"我"开的小店理赔或贷款。"我"现在又一次破产了，不得不再度向上帝求援。这次，乞求声中不免流露出一些怨恨之情。"Burglar""Banker""Father"都是"我"对上帝的称呼。上帝既是窃贼，又是银行家（可能兼营保险业），掌握着生杀予夺的大权。如此而已吗？显然不是。上帝并不真是银行家或窃贼。这只是比喻。那么比喻之下深层的意思是什么呢？其实，这整首诗就是一个暗喻，拿做生意赔本来比喻丧亲之痛。"我"每次丧失至爱亲朋，就寻求上帝的安慰。但也正是上帝褫夺了我的亲人。这个呼语"Burglar"就是对上帝的控诉，相当于"You Burglar!"（"你这个盗贼！"）。就像我们的传统所说的，人死了是被老天爷收走了，西方人也乐于相信，亲人死了，是上天堂了，到上帝那里去了。上帝同时又是个"Banker"，能给我以精神和情感的抚慰。

  我们应该怎么译呢？是把表层的意思译出来，让读者自己去领会深层意蕴呢？还是撇开表层的意思，而把深层的意思翻腾出来呢？我的原则是：以表层译法为常规（norm），以深层译法为偏离（deviation，无论"深化"或"浅化"）。偏离就意味着有所诠释（paraphrase），有更多译者自己主观的东西在里头，也有所选择，可能只译了原意的某一部分、某一方面。我觉得深层的译法要慎用，不得已才为之。下面来看我用表层译法译出的译文：

这么大 | 损失 | 只有过 | 两回，　a
所有 | 全都 | 入了土。　b（223）
两回， | 我站在 | 神的 | 门口　c

· 41 ·

一如 | 乞丐 | 去求助！　b（223）

天使， | 降临过 | 两回　d
给小店 | 送赔款—— 　e（33）
窃贼！ | 银行家—— | 天父啊！　f
我如今 | 又破产！ 　e（33）

——傅浩译

韵式仿照原诗，顿数跟原文一样：第一行四顿，第二行三顿，第三行也是四顿，第四行也是三顿，第五行三顿，第六行两顿，第七行又是三顿，第八行又是两顿。偶数行押韵，顿式相互呼应，即223和223，33和33，这样念起来也是有一定规律的。我们再看深层译法：

我两度遭到浩劫，
被黄土埋掉至爱；
两度被沦为乞丐，
站立在上帝门外。

幸天使两度降临，
抚慰我惨痛的心；
强盗又到！慷慨的天父啊，
又一次我落入苦境！

——佚名译

这位译者把"lost"译成"浩劫"。浩劫就不仅仅是个人经济损失，而是天灾人祸之类的集体大事了，这就有点儿偏离原意了。"被黄土埋掉至爱"是把深层的意思挖掘显露出来了。原文并没有可对应的"至爱"一词。我们用"入了土"一语来暗示人死入土为安就足够了，而这个译文就把读者的想象空间给剥夺了。"两度被沦为乞丐"，有点儿语病。"沦为"是不及物动词，不能用被动态，"两度沦为乞丐"就可以了。"站立在上帝门外。"这没错。"幸天使两度降临，／抚慰我惨痛的心；"完全把开店和赔款的意象给抛弃了，与原文无法对应。原诗是一个扩大了的暗喻（enlarged metaphor），各个意象都是互相呼应的。"损失""小店""赔款""银行家""窃贼""破产"等构成一个统一场景，具有一致性。这位译者不止一次以自己的解释替代了原诗意象，就破坏了这种一致性。"强盗又到！慷慨的天父啊"，这是把"强盗"和"天父"当成两回事了。诗一般都讲究呼应，不会前面没有铺垫，突然又冒出一个新东西来。原文"Burglar"实指前文提到过的"God"，而且，此词的确切含义是入室行窃的窃贼，与"my store"有关。译为（打劫的）"强盗"不仅不正确，也与语境无关。这个"强盗"来得太突然。"Banker"译为"慷慨的"，又丢失了一个具体意象，而抽象化了。"又一次我落入苦境"，"苦境"又是一般化了，"苦境"有种种的"苦境"，到底是哪种呢？其实"I am poor again"，意谓"我"又遭窃了，损失了，变穷了，很具体。这个译文把原诗的比喻整个儿破坏了。译者基本上用自己的抽象诠释替代了原诗的具体意象。他的理解有错吗？也可以说没有大错。但是他把诗的"血肉"解剖掉了，把"筋骨"暴露出来了，这就错了。

下面再看 W. B. Yeats 的一首诗：

When You Are Old

When you are old and grey and full of sleep,
And nodding by the fire, take down this book,
And slowly read, and dream of the soft look
Your eyes had once, and of their shadows deep;

How many loved your moments of glad grace,
And loved your beauty with love false or true,
But one man loved the pilgrim soul in you,
And loved the sorrows of your changing face;

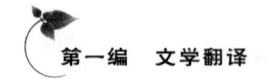

And bending down beside the glowing bars,
Murmur, a little sadly, how Love fled
And paced upon the mountains overhead
And hid his face amid a crowd of stars.

——W. B. Yeats

当你年迈时

当你年迈，鬓衰，睡意沉沉，
火旁打盹之时，取下这本书，
慢慢诵读，梦忆从前你双眸
神色柔和，眼波中倒影深深；

多少人爱你风韵妩媚的时光，
爱你的美丽出自假意或真情，
而惟有一人爱你灵魂的至诚，
爱你渐衰的脸上愁苦的风霜；

然后弓着身子在炽红的炉边，
忧伤地低诉：爱神如何逃走，
在头顶之上群山巅信步漫游，
把他的面孔隐没在繁星中间。

——傅浩译

我初次译此诗是在大三的时候。上面的译文已经过无数次修改，这次来讲座之前又做了一次修改。我译诗往往纯以神行，不拘小节，对于形式犹如洗扑克牌一样，整顿整齐而已，只求各行均齐，而无论字数多寡。与声效相较，我更偏好视觉的整齐。我的"秘诀"是，只注意诗行字数的整齐，字数一整齐，顿数也就大致整齐了。我认为标点符号应占一个音节，算一空拍，所以有时字数或顿数的统计难免与别人的数法有出入，但印刷效果还是整齐的。实际上，我的译诗并非完全自由，而是以模拟为主的。严格的模拟"非不能也，是不为也"，因为我觉得气韵生动更为重要，不主张过分以形害神。这首诗以表层译法为主，唯有第七行"灵魂的至诚"一语是意象剥离式的深层译法。原诗意象是"the pilgrim soul in you"，表层意思是"你体内的朝圣者的灵魂"。这对于汉语读者来说就比较费解了，那么我就试图抓住其中一个主要含义——"至诚"，即从原诗具体的意象中抽出一个概念，既为了简洁，又为了凑韵。第八行"风霜"一语可以说是添加的一个蛇足，也可以说是意象置换式的深层译法，因为原诗是没有这个意象的。原诗是"the sorrows of your changing face"——"你正在改变的面容上的一些忧伤"。我觉得，原诗"sorrows"这个词一来抽象，二来译成汉语字数不够，就另外加了一个"风霜"，取自汉语"饱经风霜"这一成语。似乎意蕴并没有增多，只是多了一个具体的意象，而且符合汉语的习惯。如果说"爱你渐衰的脸上众多的愁苦"，就没有原文那么美了，就有所欠缺了。全诗仅有这两处用的是深层译法，其余部分都用的是表层译法。我觉得这样的结合是较合理或成功的。

四　结束语

例子就讲到这儿，最后我们还是回到副标题上，再说说《英诗汉译学》。这本书是 2007 年问世的，我是 2009 年才读到的，没来得及专门写一个书评，因为书评是重时效性的，只好借这个机会谈谈我的看法。此书总结了英诗汉译方法的一个方面，即声律的处理问题，提倡一种较严格的模拟原诗形式的译法，的确具有一种树立标杆的作用。但此书更像是一篇长篇论文，始终只讨论了一个问题，即声律问题，而且通篇似乎都是在为作者所倡译法作辩护或宣传。举例繁多，而理论不足。至于译诗的其他重要方面，如修辞、句法、风格等，都少有涉及。下篇"汉译英诗格律简谱"全无必要。其实只要把规律性的东西总结出来就够了，何必举那么多的例子。所以此书之名为

"学",不免稍嫌大而无当,不如题为"英诗汉译声律论",才庶几名副其实。最重要的是,如前所论,作者仅提出兼顾顿数与字数,但没有考虑到顿格顿式,所以他所提倡的格律诗译法还不完善。

南北朝时期的沈约提出"四声八病"说,"以为在昔词人,累千载而不寤"时,大多数时人并不认可,直到百年以后的唐代才发展出严格讲究平仄格律的近体诗;1931年朱光潜写出《诗论》(1943年发表),辟专章论"顿"时,"顿"的"重要从前人似很少注意过",直到现在,"以顿代步"的方法才逐渐被少数译诗行家所认可,被应用到诗歌翻译及创作中;1989年我写出《新诗格律建设之我见》(1991年发表),提出"顿格"(只不过当时兼指格、式,二者未进一步细分)及相关概念时,顿格和顿式的重要性可能极少人注意到,至今似乎仍极少有人在诗歌翻译或创作实践中自觉运用。不讲究顿格和顿式,就不能算真正的格律诗,而只能是自由诗甚至散文的节奏。看来,新诗格律的成熟还有很长的路要走。

(朱秀芳根据录音整理;傅浩校订)

(原载《东方翻译》2011年第1期,此本有所修订)

参考文献

[1] 卞之琳:《人与诗:忆旧说新》,三联书店1984年版。
[2] 海岸(选编):《中西诗歌翻译百年论集》,上海外语教育出版社2007年版。
[3] 黄杲炘:《英诗汉译学》,上海外语教育出版社2007年版。
[4] 朱光潜:《朱光潜美学文集》第二卷,上海文艺出版社1982年版。

从莎士比亚商籁体诗翻译
看翻译对策

辜正坤

莎士比亚商籁体诗简介

莎士比亚《商籁体诗集》（又译《十四行诗集》）大约创作于1590年和1598年之间，初版于1609年，是由伦敦的出版商人托马斯·索普独家印行的，共收诗154首，是莎诗集最早、最完全的"第一四开本"。1640年，又出了一个本森的新版本，少收了8首，诗的顺序亦做了若干更动。17世纪，没有出现过其他版本。《商籁体诗集》在莎学界引起巨大的兴趣和争论，有关它的许多谜至今未曾解开。

比较流行的看法是，从第1首到第126首，是诗人写给他的男友，一位美貌的贵族青年的；从127首到第152首，是写给一位黑肤女郎的；最后两首及中间个别几首与故事无关。"朋友说"和"黑女郎说"是英国莎学家马隆和斯蒂文斯在1780年提出的。在此之前，人们相信这些诗的大部或全部都是歌颂爱人（女性）的。然而"朋友说"虽流传极广，反对者也大有人在。如19世纪初的英国诗人兼莎评家柯勒律治就坚持认为莎氏商籁体诗全部都是呈献给作者所爱的一个女人的。根据我个人多年的研究，我的结论是：（1）莎士比亚商籁体诗的绝大部分是献给女性的，但不止一位女性；（2）其中的一位女性不是别人，正是那位赫赫有名的伊丽莎白女王；（3）剩下

第一编　文学翻译

的一小部分则是献给两位男朋友的，一位是伊丽莎白女王的宠臣艾塞克斯伯爵，另一位是艾塞克斯的心腹（也是莎士比亚的庇护人）扫桑普顿伯爵。

综观154首商籁体诗，其主题不外描写时间、友谊、爱情、艺术（诗）。往往若干首成一诗组，表现同一题材。粗粗一读，难免给人一种重复感，似乎是诗人随心所欲的练笔之作。但因为诗本身的结构技巧和语言技巧都很高，所以几乎每首诗都有独立存在的审美价值。从诗中的描写的确可以窥见诗人灵魂深处的东西，其人格无异是被较彻底地曝了一次光。这些诗使我们感到，诗人同我们一样，是实实在在的人，充满了激情与苦恼。一方面表现为对善的执着，对恶的鞭挞，对爱情和友谊的憧憬与追求；另一方面又表现为对现实的不满，对理想破灭的厌恨，对道德负罪感的反抗。透过那些闪闪烁烁，或真诚或虚饰的诗行，我们感到诗人的人格的各个方面——崇高与卑劣、伟大与渺小、自矜与自卑——都凸现在诗的屏幕上。我们可以感触到，在全部诗中占统治地位的，归根结底是一个"爱"字（第105首）。在否定中世纪黑暗时代的禁欲主义和神权的基础上，人文主义赞扬人的个性，宣称人生而平等，赋予了人和人的生存以全部重要性和新的意义。莎诗处处浸透了这种精神，处处充满对生活的歌颂和怀疑，对人的本质的歌颂与怀疑，对自我的歌颂与怀疑。在第105首诗中，诗人宣称，他的诗将永远歌颂真、善、美，永远歌颂这三者合一的现象——他的爱友，这实际上等于说，他所歌颂的最高目标就是爱，而真、善、美都最终统一在爱里。

商籁体诗这种艺术形式在莎士比亚手中得到了新的发展。商籁体诗体源于意大利。彼得拉克是最早的著名的商籁体诗作者。他的商籁体诗，由两个四行组和两个三行组构成，其韵式为 abba bccb ded ede。16世纪初叶，英国贵族萨瑞伯爵亨利·霍沃德和托马斯·魏阿特爵士把这种诗体移植到了英国，其形式略有变化。莎氏商籁体诗体的韵式同于萨瑞伯爵的第一种韵式：abab cdcd efef gg。后来此式遂称为"莎士比亚式"或"英国式"。莎士比亚在运用这个诗体时，极为得心应手。主要表现为语汇丰富，用词洗练，比喻新颖，结构巧妙，音调铿锵悦耳。而其最擅长的是最后两行诗，往往构思奇诡，语出惊人，既是全诗点睛之作，又自成一联警语格言。如第2首："如此，你纵然已衰老，美却会重生，／你纵然血已冰凉，也自会借体重温。"第11首："她刻你是要把你作为一枚圆章，／多多盖印，岂可让圆章徒有虚名！"第28首："然而白昼却一天天使我忧心加重，／夜晚则一晚晚使我愁思更浓。"第29首："但记住你柔情招来财无限，／纵帝王屈尊就我，不与换江山。"第74首："我这微躯所值全赖有内在之魂，／忠魂化诗句，长伴你度过余生。"第87首："好一场春梦里与你情深意浓，／梦里王位在，醒觉万事空。"第135首："别，别无情拒绝求爱的风流种，／想万欲无非是欲，我的欲有甚不同？"商籁体诗在16世纪的英国曾盛极一时，名家辈出，除上述萨瑞、魏阿特之外，锡得尼、斯本塞、但尼尔等人，都获得了很高的成就。莎士比亚之后，密尔顿、华兹华斯、雪莱、济慈、勃朗宁夫人、奥顿等算得上后起之秀。但在整个英国商籁体诗乃至世界商籁体诗的创作中，莎士比亚的商籁体诗是一座高峰，当得起空前绝后的美称。

关于莎士比亚商籁体诗的翻译对策问题

翻译莎士比亚商籁体诗有几点值得讨论。第一，书名翻译问题。"商籁体诗"又译"十四行诗"，虽然它的译法比"十四行诗"的译法要早，但近数十年来，"十四行诗"的译法却成了流行的译法。两个译法固然各有其长，但我比较赞成"商籁体诗"这种译法。"十四行诗"这种译法的优点是使人一下就知道此诗体是由十四行组成，有点像汉诗的"五言诗""七言诗"这类命名。然而，汉诗的五言、七言诗还分古体（例如五古、七古）绝句、律诗之类，以示更具体的体裁，而"十四行诗"的译法还太单一，无法暗示出该诗体的具体的格律区别，不懂内情的人大概以为诗歌只要排列成十四行，就叫"十四行诗"了，其实西方的十四行诗体，格律相当复杂，非一言可尽（参阅下文）。转而看"商籁体诗"的译法，就觉得原译者确

第一编 文学翻译

实译得妙。首先，"商"字妙，叫人立刻联想到商音，联想到宫、商、角、羽、徵这种传统音律，从而联想到诗歌的音乐性；其次，"籁"字亦妙，让人立刻想到"天籁"之音；此外，"体"字亦妙，让人立刻知道这是一种特殊的诗体，有助于强化读者对诗歌形式特征的敏感性。不过，最妙的是，"商籁体"本身就是英文 Sonnet 的译音，而且译得非常逼肖原文的发音。在专门术语的翻译上能这样音、形、义三者兼顾，确实难得。所以，此次出版莎士比亚诗集的时候，仍以旧译名"商籁体"作书名，用意是让读者多一点欣赏莎士比亚诗歌的角度，不是要取代"十四行诗"这种译法。因为二者可以并行，相得益彰，算是让好的书名翻译尚能重现光彩。第二，莎士比亚商籁体诗措辞通常十分华丽，所以译诗也须相应华丽，才能与原作辞气相合。如果译得太朴质，虽也算一种风格，终究有背原作诗风。如果译得太古奥，在当今白话盛行的时候，显然是不适宜的。我的做法是不译成古体诗，但注重词汇用语须雅致，与大白话保持适当的距离。第三，莎士比亚在商籁体诗中喜用双关语，尤其是有关性方面的双关语。这是翻译中最难的部分。如果一点不反映出莎士比亚商籁体诗的这个特点，那么无疑是在一定的程度上歪曲了莎士比亚，同时从这一特点也可以看出伊丽莎白时代的某种世俗风气；但如果过分渲染了莎诗的这一特点，则对于普通中国人来说，又未免有伤风化。所以我总是很小心地对待这个问题，尽量用比较隐晦的双关语来模拟传达莎士比亚商籁体诗中的性暗示，同时也考虑到中国人的接受能力。第四，莎士比亚的商籁体诗的韵式是比较严格的，基本上采用的是 ababcdcdefefgg 形式。在翻译的时候是否也采用这个韵式？我的回答是，可以用原诗的韵式译，也可以用符合中国人审美习惯的韵式来译。现行已有的译本，多半都是力图仿照原诗的韵式来译的。这种做法的意图固然很好，但是否是英诗汉译的唯一模式或最佳模式，还有待进一步探讨。由于诗歌的音美在大多数的情况下属于不可译因素，所以我以为也可以不照搬原诗的韵式，而不妨在讲明原诗韵式的情况下，用中国诗的韵式来创造一种音美，力求译诗音美效果的强烈程度能和原诗接近。

外国诗一般间行押韵（我称之为"多元韵式"），取 ababcdcd... 型较多；而中国诗取 aaba 型较多（即双行一定押韵，且往往是同一个韵，我称之为"一元韵式"）。在翻译的时候，译者往往分为三派，一是完全按照原诗的办法间行押韵，一派是略作修正按中国的方式押韵，一派是根本不押韵。应该说三派各有利弊。第一派的利在于尊重了原诗的间行押韵特点，在音美方面部分地照顾了原诗，其弊则在于此种韵脚不为传统的中国读者所熟悉，他们读这样的译诗只感到其形式特别，却难以觉得其韵律美。第二派的利在于尊重中国诗的传统，照顾了中国读者的审美习惯，所以往往能在音美方面获得成功。其弊则在于未完全按原诗的格式押韵，在音似意义上降低了近似度。第三派由于不受韵律的限制，在遣词造句方面可以自由些，故在内容方面较其他两派更容易近似于原作，其弊在于缺乏音美。现举莎翁商籁体诗第 44 首译文二种作为第一派和第二派译法的例证：

第 97 首

与君别离后，多像是过冬天，
你是时光流转中惟一的欢乐！
我觉得好冷，日子好黑暗！
好一派岁暮荒寒的景色！
这离别其实是在夏天；
凸了肚皮的丰盛的秋季
承受着春天纵乐的负担，
像丈夫死后遗在腹内的子息：
不过对于我，这子孙的繁衍
只是生一个无父孤儿的指望；
因为夏天的欢乐都在你的身畔，
你一去，鸟儿都停了歌唱：
即使歌唱，也是无精打采，
使得树叶变色，生怕冬天要来。

（梁实秋 译）

第 97 首

你是这飞逝年华中的快乐与期盼,
一旦离开了你,日子便宛若冬寒。
瑟缩的冰冷攫住了我,天色多么阴暗!
四望一片萧疏,满目是岁末的凋残。
可是这离别的日子分明是在夏日
或孕育着富饶充实的秋天,
浪荡春情已经结下莹莹硕果,
好像良人的遗孀,胎动小腹圆。
然而这丰盈的果实在我眼中,
只是亡人的孤儿,无父的遗产。
夏天和夏天之乐都听你支配,
你一旦离去,连小鸟也缄口不言。
它们即便启开歌喉,只吐出声声哀怨,
使绿叶疑隆冬之将至,愁色罩苍颜。

(辜正坤 译)

从译诗中可以看出,梁译属于第一派译风,想用 ababcdcdefefgg 的韵式译,除了第 1、3 行与第 9、11 行在押韵上重复之外,其余均间行押韵,力摹莎氏的原诗押韵格式。梁译在这个方面基本上是成功的。但如果为中国读者着想,则上诗的押韵在音美方面就未必美了。读者习惯了传统的中国一元韵式,难以从英诗的二元韵式中得到美感。在汉诗中,当"明月出天山"一出现,我们往往本能地记住"山"是 an(安)韵,因此,当"苍茫云海间"的"间"字一出现时,正和我们的心理期待相同,我们有一种很舒服的感觉,并期待在第四行重新碰到这个 an 音。所以当"长风几万里/吹度玉门关"的"关"字一出时,人人觉得胸腔里无处不熨帖,无处不舒服。可是读梁译时,由于第一行是"想"结尾,第二行是"我"结尾,是二元韵式,读者不习惯于把两种发音都同时记住,顶多记住"想"

"方"的韵脚效果（ang"昂"韵），可是刚记住这点，下面又换了韵，读者完全给弄糊涂了，他得另起炉灶，培养起新的韵脚感，并且仍然是二重的！由于绝大多数中国读者没有这种审美心理习惯，所以这种韵式在译诗的音美方面难以取得成功。但这种译法本身也是有功劳的，因为这为中国读者在一定的程度上显示出莎翁商籁体诗原有的押韵格式。

辜译则属于第二派译风，由于采用了符合传统中国诗中较通行的一韵到底的韵式，故显得流畅、中听一些。这种韵似乎行行都在提醒读者：这是诗。当然，辜译亦有弊：即未传达莎诗原有韵式。利弊相较，我以为多元韵式（间行韵，如梁译）总使读者觉得自己好像在阅读散文似的，虽也算得一种风格，却不如一元韵式音调铿锵，所以其音美效果在汉译中不太理想。当然，梁译法和辜译法对于诗歌翻译均有利弊，可以互补生辉，而不必独尊一家一法。至于第三种译法，道理十分明白，这里就不再举例了。这些译法与所谓失之东隅，收之桑榆的译法相通，全译不可能，则取半可译；半可译尚不能，就取意译、神译、创译，力争形有失而援神补，神有亏而图形胜，自能左右逢源，译笔生辉。这一点中外汉诗英译译者的做法可以参考，他们多半是并不太顾及汉诗本身的押韵格式。例如汉诗一韵到底，译成英语诗后则常常根据情况换韵，很少有能够从头到尾也采用一元韵式的，尤其是当汉诗比较长时，在英译诗中要做到一韵到底，基本上是不可能的。所以，从客观情况来看，翻译诗歌时，根据母语的具体条件灵活处理韵式，这是理所当然的事情。

翻译莎士比亚商籁体诗对笔者来说是一种享受。在翻译之前，笔者曾阅读过梁宗岱、屠岸和梁实秋等先生的译本。梁译相当严谨，规行矩步，尽量扣紧原诗，译诗是成功的；缺点是过分拘谨，句式较板滞，似乎缺乏莎士比亚原诗那种华美律动的诗风。屠译在用语通顺流畅方面下过很大的工夫，读起来颇具诗味，是相当成功的译本，也是我很喜欢的一个译本。不过在屠译中莎士比亚原诗的华美风格有所减弱，有若干双关语似乎故意不曾加以处理。梁实秋先生的译本则比前两家都朴素，开了另一种译风，加上对诗行中的语言难点有注解，所

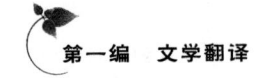

以既有可读性，也有学术性。缺点是语风过于浅白，诗味不及前两家浓郁。总起来说，这几个译本都起过很大的作用，功劳是很大的。拙译则是试图另辟蹊径，补苴罅漏，以期让莎士比亚商籁体诗多一种供读者鉴赏的面目，结果如何，则尚待读者的评判。

（原为《汉英对照莎士比亚十四行诗集》所写的前言。见《莎士比亚十四行诗集》，辜正坤译，北京大学出版社1998年版。）

对西方汉学家《关雎》英译之批评

辜正坤

中西诗坛会通的桥梁是翻译。遗憾的是,能建构这座桥梁的能工巧匠实在罕见。不过大体说来,近百年来的中西诗对译也取得了相当的成就,其中犹以英诗汉译的成就值得称道。这里想以一个具体事例谈谈的是汉诗通过西方人翻译后究竟是个什么样子。

1915年,庞德(Ezra Pound)的汉诗英译《神州集》(*Cathay*)问世,美国诗歌界很快掀起一股中国热,各种汉诗词英译本层见叠出,蔚为大观,成为美国新诗歌运动的主要外来动力,其影响之大,"可能是无可估量的"。[1] 这种通过翻译而一度雄踞美国诗坛的中国诗使得美国人惊呼"我的灵魂吻到了不朽的中国之魂,我感到我们西方人全是野蛮人,洋鬼子,我们几乎不懂什么叫'诗'"。[2] 其中一些译诗集长期以来被用作欧美各大学权威性的中国文学教材,但以现在的眼光来看,这些译诗的很大一部分在忠实性方面是大成问题的。下面仅就《关雎》一诗的几种外国专家的英译作些探讨,以见当时美国读者接受的是什么样的"不朽的"中国诗。

关　雎

关关雎鸠　在河之洲
窈窕淑女　君子好逑

---

[1] David Lattimore, *Rediscovering Cathy*, Parnassus, Spring-Summer, 1973, p. 9.
[2] 转引自赵毅衡《远游的诗神》,四川人民出版社1985年版,第22页。

参差荇菜　左右流之
窈窕淑女　寤寐求之
求之不得　寤寐思服
悠哉悠哉　辗转反侧
参差荇菜　左右采之
窈窕淑女　琴瑟友之
参差荇菜　左右芼之
窈窕淑女　钟鼓乐之

Ode（Kwan ts'eu）

Tr. *James Legge*

Kwan kwan go the ospreys.
On the islet in the river,
The modest, retiring, virtuous, young lady: —
For our prince a good mate she.

Here long, there short, is the duckweed,
To the left, to the right, borne about by the current.
The modest, retiring, virtuous, young lady: —
Waking and sleeping, he sought her.

He sought her and found her not,
And waking and sleeping he thought about her.
Long he thought; oh! long and anxiously;
On his side, on his back, he turned, and back again.

Here long, there short, is the duckweed;
On the left, on the right, we gather it,
The modest, retiring, virtuous, young lady: —
With lutes, small and large, let us give her friendly welcome.

Here long, there short, is the duckweed;
On the left, on the right, we cook and present it.
The modest, retiring, virtuous young lady: —
With bells and drums let us show our delight in her.

【批】

Legge 译标题不用 Osprey 而用 Ode 再于括号内加注（Kwan ts'eu），意在使读者将象声词"关关"与下文第一行的 Kwan-Kwan 联系起来，用心甚苦。但因为只从发音方面照顾一个"关"字，却将更重要的东西丢掉了："关雎"之名，实际上暗示着全诗主旨，译文不直译而作 Ode 实在是一大败笔。在中国人眼中，雎鸠求鱼象征男子求女，然而"雎鸠贞洁慎匹"，① 是典型的中国式恋爱观。这些对于欧美人来说，正是难以理喻之处。可以说没看懂标题寓意，译诗先就败了一半。此处的补救办法，可采取直译加脚注。

第 1 行：Kwan-kwan 为雎鸠的叫声，或解为"雌雄相应之和声"。译文取音译法，妙。但此句重在用"关关"表达雎鸠求爱时的欢叫，如用动词 go，诗趣大减。倒不如索性将 Kwan-kwan 作动词用，译作 The ospreys kwan-kwan/On the islet in the river。下加脚注：Kwan-Kwan, the calling of the ospreys。

第 3 行：译者对"窈窕"一词把握不住，于是叠床架屋，连用了 4 个形容词来修饰 lady，但没有一个得当。"窈窕"实际上就是指娴雅美好的样子，直言之，也就是说姑娘文静而又漂亮，用不着转弯抹角地说她是 modest, retiring, virtuous, young, 等等。事实上欧美人称赞一个姑娘，也多半只用 lovely, pretty, nice 或 beautiful 之类词中的一两个就行了，没有这么做作和啰唆。又，lady 的用法也值得讨论。《关雎》属《国风》，"凡《诗》之所谓《风》者，多出里巷歌谣之

---

① 《韩诗章句》。

作,所谓男女相与歌咏,名言其情者也"。① 所以,这里的"女"当指劳动女子,年龄也不会大,称 lady 似乎有些典雅,不若称 girl 更合民歌风味,可译作 the lovely girl。

第 4 行:译"君子"为 prince(王子),亦可商榷。译者显按旧说译,认为"君子"指"文王",而"女"则指文王之"国妃大如人为处子时而言之";要不然就是按字典逐字查阅译出:"君"可作"王"解,"君子"自然就是"国王的儿子"(prince)了。鄙意以为,此处的"君子"恐怕还是作古代中国男子的美称解恰当些,颇类乎英、美人的 gentleman。又,原诗"好逑",意为"爱慕而愿结成配偶"之谓。译者把动词"好"译成了形容词 good,大谬。全句就成了"她是我们王子的好伴侣"。

第 9 行:"不得"译文为 found her not,误。"不得"是"得不到",不是"找不到"。

第 14 行:"左右采之",指的是"淑女"左右采择荇菜,译文 we gather it,we 字误,可改为 she。

第 18 行:"左右芼之",指的也应是采择或烹煮荇菜,译文 we cook and present it,we 字欠妥,当为 she。

第 20 行:"钟鼓乐之",意为"敲钟击鼓,奏乐聚此女,使她快乐"。译文 with…show our delight in her 与原意不大合。Legge 显然不知道这是婚礼,只当是一个王子喜欢一个女子,于是将她迎进宫来,击鼓奏乐,大家都高兴高兴,至于是否结婚,却是另一个问题。所以,此行及第 16 行译文都未言明,而这行译诗分别用了宾格代词 us 和属格代词 our 来代替 me 和 my,更说明 Legge 的理解大成问题。译此类诗行,如果译者实在无法确定句中的代词指代何人,译文也就不必一定要加上一个代词,否则往往流为大弊。人称一错,则通篇皆错。

总评:综上所述,Legge 此译文实属下乘之作,信、达、雅没一条合格,以许渊冲教授三美论(意美、形美、音美)范之,更见鄙

---

① 朱熹语,见《诗集传序》。

陋。但 Legge 对此诗用力甚勤，又另外译成格律体，读来倒也音韵铿锵悦耳，文字也较此篇为胜，而意思却与原作相距更远，可看作同题材的创作，说是翻译，实在不敢恭维。①

我们再看汉诗英译名家 Arthur Waley 的译文：

Song

Tr. *Arthur Waley*

'Fair, fair', cry the ospreys
On the island in the river.
Lively is this noble lady,
Fit bride for our lord.

In paches grows the water mallow;
To left and right one must seek it.
Shy was this noble lady;
Day and night he sought her.

Sought her and could not get her;
Day and night he grieved.
Long thoughts, oh, long unhappy thoughts,
Now on his back, now tossing on to his side.

In patches grows the water mallow;
To left and right one must gather it.
Shy is this noble lady;
With great zither and little we hearten her.

In patches grows the water mallow;

---

① 译文取自吕叔湘编《中诗英译比录》第 2 页。

第一编 文学翻译

  To left and right one must choose it.
    Shy is this noble lady;
  With gongs and drums we will gladden her.

【批】

标题：同上 Legge 译文。

第 1 行：将"关关"译作"fair, fair"也算是很大胆的了，但雎鸠的叫声与 fair 发音实在相去太远，这样处理，终嫌做作。Cry 一字较 Legge 译文质切一些。

第 2 行："洲"是水中陆地，恐不会很大，用 island 不如用 islet 好，这点，Legge 译文又强一些。

第 3 行：比 Legge 译文高明得多，但 noble lady 依然不佳，见前释。

第 4 行：此句译文，病同 Legge 译文。

第 5 行："参差"意为有高低之别，译文 in patches 却是"凌乱不堪"的意思，不确，宜译作 long and short 之类。第 13、17 行亦类此。

第 6 行：译文 must 与原文语气不肖。

第 7 行：译文 shy 是译者想当然地加上的，与原文不合。况且"窈窕淑女"一行第一节中已译出，译者理应重复，以保持原诗风格；现在为求下文说得通，强加一 shy 字，错得就厉害了。

第 8 行：sought 译错。原作的"求之"是"追求她"，但追求的方式是"君子"式的，即白天、黑夜都思念她，所谓"意密体疏"①者是也。而读了这译文，给人的印象却是"这位高贵的小姐十分害羞，而他白天、黑夜追逐她"。这几乎和现代花花公子无甚区别了。

第 12 行："辗转反侧"是指夜晚在床上翻来覆去地睡不着，译文 Now on his back, now tossing on to his side，未有点明时间或暗示时间的词语，纯粹直译，读来使人莫名其妙。

第 16 行：代词 we，不好。hearten 是"使…振作，打起精神"的

---

① 《宋玉对楚王问》。

意思，此处亦不当。既然忧愁的是男方，用不着使女方振作。

第 20 行：we 字不好。gladden her 虽字面上达意，但看不出是他们二人在举行婚礼，这点 Waley 与 Legge 都没有理解正确。

总评：Waley 译诗就风格而言（句式、音节），比 Legge 更接近原文，但具体译法上，却意译的时候多，直译的时候少。Legge 则往往直译过了头，而意译不足。Waley 译文诗味要浓一些，对某些重复诗行的处理还是颇见匠心的。如"左右流之""左右采之""左右芼之"中的动词分别译作 seek，gather，choose，似在暗示对配偶的选择要慎重，所谓"雎鸠贞洁慎匹"，虽然译得稍稍走了样，其遣字方式却说明他对汉诗的修辞手法有些研究，比之 Legge，自然技高一筹。

Witter Bynner 在美国诗歌界推为汉诗英译泰斗，《关雎》居三百篇之首，他自然不会放过不译，下面即是他的译文：

The Pure-Hearted Girl

Tr. *Witter Bynner*

On the river-island—

The ospreys are echoing us

Where is the pure-hearted girl

To be our princess?

Long lotus, short lotus,

Leaning with the current,

Turns like our prince in his quest

For the pure-hearted girl.

He has sought and not found her,

Awake, he has thought of her,

Asleep, he has dreamed of her,

Dreamed and tossed in his sleep.

Long lotus, short lotus,

Pluck it to left and right,

And make ready with lutes and with harps

第一编 文学翻译

> For the pure-hearted girl.
> Long lotus, short lotus,
> Cook it for a welcome,
> And be ready with bells and with drums
> For the pure-hearted girl.

【批】

标题：译作 The Pure-Hearted Girl（心灵纯洁的姑娘），这就把重心放在女方身上了，不如直译"关雎"之名以暗示诗旨为佳。

第1、2行：既无须趁韵，译文这里颠倒原来的语序似无必要。echoing us 把关雎之名暗示的东西和盘托出，稍嫌直露，而 us 指代的是谁？十分模糊。

第3、4行：将原文陈述句改作疑问句已经不妥，又冠以 where 一词，大背原诗。用 pure-hearted 来译"窈窕"也不当，恐怕打动男主人公的首先是她的外表（秀丽），其次是她的举止，"文静"；他们还未深交，怎见得他就认定她是"心灵纯洁的姑娘"？意译过火了。

第5行：将"荇菜"译作 lotus（荷花），不对。可译作 water plants，cresses 或 duckweed 之类。

第7、8行：译文将 lotus 作主语用，错。而且将"寤寐"一词完全扔掉不管，也不对。

第9行："不得"误译成 not found her。

第10行至第12行：译文以排比句式托意另起炉灶，诗味浓极了，可说是超过原诗；但舍掉了"悠哉悠哉"，终属不妥。又，第12行的 Dreamed 应去掉，才不致与"辗转反侧"发生龃龉。因为"辗转反侧"是睡不着觉的意思，既然未睡着，梦从何处来？此句可改作：At night he tossed in his sleep，当更佳。3 个"A"音置于3行诗句首，把"悠哉悠哉"的语气传达出来了。

第13行至第20行：病同上注。

总评：Bynner 比前二者译诗更自由，诗味也更浓郁（也许这就是他的译诗受欢迎的主要原因之一），但意思离原作却更远，文字功夫显然在二者之上。作为诗读,是不错的;作为译作,却是失败的。Bynner 译作历来为人称道,其代表性汉诗英译集《群玉山头》(*The Jade Mountains*)中虽不乏妙译精品,但这首《关雎》英译作为译作来看,委实不大高明。相形之下,三者之中,倒是 Waley 的翻译靠得住些。但三者都有一个最明显的通病,就是用语堆砌太过,把民歌体的明快、质朴的风味弄得荡然无存,与其说他们的译作像古代"里巷歌谣之作",倒不如说像是现代才子舞文弄墨的蹩脚恋诗。

这样的汉诗译文,居然能令美国人为之雀跃,一方面固然由于汉诗虽屡经粉饰篡改而仍有其魅力在,另一方面恐怕也由于美国人天性中的文化自卑感(Cultural inferiority)在作怪吧。美国人对于扎根于英伦三岛的所谓文化传统颇有些格格不入之感,同时又苦于自己缺乏咱们天朝的乌龟壳一样的东西可以用来炫耀文字的古老、历史的悠久,所以老想着在别的什么文明古国里挖掘点东西来,促成本国的文艺复兴式运动,或至少用来装点一下门面。这从埃兹拉·庞德 1915 年在 *Poetry*(《诗刊》)上发表的一篇文章即可看出端倪来。他认为中国诗是一个宝库,"今后一个世纪将从中找寻动力,恰如文艺复兴时期从希腊人那里寻找动力一样"。有了这种心理因素,美国人先就戴了一副有色眼镜来读中国诗译本,硬要吃力地从浅显的诗行中琢磨出微言大义,从拙劣的译文中醒悟出盛唐诗的精微奥妙来。其实他们对中国诗的顶礼膜拜,常常是单相思者的自作多情,他们从译文中看到的汉诗词的所谓美,如果是真实的话,不妨说与汉诗词本身的美相隔了一大截。这道理很简单:译文失真处太多。

即此一端,便可看出以科学态度系统翻译介绍我国诗歌的重要性:应该让外国人尽可能准确地了解中国诗词的真面目。如上述《关雎》译文,与原作的差距不能说不大,说英美人读了它们就了解了《诗经》的真面目,恐怕没有几个中国人会首肯。

鄙意以为,翻译《关雎》,首先得抓住《关雎》属"里巷歌谣之作"这一特点,以民歌体译之,否则必入歧途。若详言之,则至少应注意以下五点,才有可能产生贴切的译诗来。

第一,情感需朴质。"诗三百,一言以蔽之,思无邪。"译笔不可

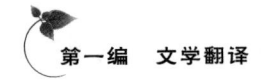

渲染太过,背离古诗所谓温柔敦厚之旨,情绪若太张扬,则失汉诗含蓄之长。

第二,用语亦应简朴,忌藻饰,重天籁。

第三,节奏宜明快,不宜拖沓。每行字数以少为上,达意即可,冗句为病。

第四,保留原诗的基本修辞方式,如比兴手法、重复法等。

第五,最好能押韵。纵然难押全韵,near rhyme, imperfect rhyme 也无不可,总比素体诗强些:因为这是民歌,民歌不押韵,如何能歌之?

现据以上五点,将《关雎》试译如下,供读者参考:

OSPREYS

Tr. *Gu Zhengkun*

Hark! The ospreys merrily call
On the islet off the river shore.
The girl is lovely and slenderly tall,
Whom the gentleman would adore.

The water plants are long and short,
Here and there they can be sought;
The lovely girl is slenderly tall,
Day and night he would her recall.

The first courtship comes to bay,
He longs for her wildly night and day.
The lingering longing grips him tight,
He tosses, unable to sleep at night.

The water plants are long and short,
Here and there they can be caught;

The lovely girl with frail appeal,
He'll be friend with zither and zeal.

The water plants are long and short,
Here and there they can be stored.
The lovely girl is slenderly tall,
With bells and drums he wins her after all.

［首次刊载于《北京大学研究生学刊》1986 年第 3 期（笔名古申），曾获北京大学研究生五四科研论文一等奖，摘要刊载于《四川师范大学学报》1986 年第 6 期］

外国文学的翻译传播与
中国的新文化运动

陆建德

  清末民初以来，域外文学的译介对新文化运动起到巨大的推进作用，现代文学的奠基人鲁迅、茅盾、郭沫若、巴金、冰心、曹禺等往往也是翻译家。特别是鲁迅先生通过翻译和创作，不断地把"为人生的文学"介绍给中国读者。回顾这一历史并予以积极的评价，对当代中国文学的繁荣发展也是有意义的。

  最近，在某些文化领域出现了一个情况，那就是特别强调小孩子要穿汉服，要行弟子礼，要背《三字经》《千字文》等。就个人而言，我并不确定是不是应该这样做。我觉得有一点很重要的是，一百年来，新文化运动这条路能走出来是非常不容易的，我们要珍惜新文化运动的传统。在好些年之前，我曾对新文化运动中有些激进的方面作过一些批评。比如说当时有人要废除汉字，这是很流行的。1907年，吴稚晖、李石曾、张静江这些国民党元老在巴黎办了一个杂志叫《新世纪》，当时他们就有这样的说法。到了《新青年》创办以后，又慢慢地形成了一种风气，那就是大家提倡说"万国新语"，"万国新语"就是世界语，叫"Esperanto"，汉字应该慢慢地走出历史舞台。这种说法是非常极端的，我在不同的地方都批评过。但是总的来说，新文化运动还是有大量的贡献在今天是不应该被遗忘的。我们的现代文学、我们的整个新文化运动和翻译、介绍外国文学是分不开的。

  大家去看看鲁迅，《鲁迅全集》里是不含鲁迅的翻译作品的。就目前而言，《鲁迅全集》最好的版本是人民文学出版社 2005 年版的，一共18本，大家都很熟。但是，还有一些不是很权威的其他版本，它们把鲁迅的翻译著作也都放进去了。大家去看一下鲁迅做的翻译，鲁迅所翻译的外国小说，不管长篇、短篇还是儿童故事，加在一起远远超过他自己的文学创作。所以，鲁迅还是一个翻译家。鲁迅为什么这么积极地从事翻译？鲁迅对于翻译的迷恋，或者说他感到翻译对中国文化界而言是一个特别重要的事业的这种想法，是他同时代的很多人所共有的。翻译从1880年代和1890年代开始以后，就像是燎原烈火一样熊熊燃烧，在整个中国不可遏制。我们可以看出，从晚清开始，中国大批的新式文人都有一个非常开阔的胸襟，他们对世界不是排拒的，他们有一个很宽广的胸怀，是拥抱世界的。我觉得这种姿态一直到现在还是很重要。我并不是说，"拥抱了世界"就要忘记自己的文学传统，并不是这样。因为，用一个开放的心态去拥抱世界，反而会使你的文化传统变得不断与时俱进，使其拥有更强大的生命力和自我校正力。

2015年是《新青年》创刊一百周年，我们想一下当时胡适、陈独秀他们在《新青年》上发表的文章，陈独秀当时为什么要拉出一个"大口径的大炮"对传统文学进行猛轰？为什么？因为他觉得中国的传统文学在某些方面不够接地气。比如陈独秀当时批评的是那些无病呻吟的贵族文学及山林文学，这些都是他攻击的目标，他希望有"为人生的文学"。所以，鲁迅先生通过他自己的翻译和创作，不断地把"为人生的文学"介绍给中国读者。鲁迅先生不仅是中国新文化运动的主将，他还是中国现代文学史上最杰出的翻译家之一。

刚才我说到，翻译在19世纪末的中国变成了一个伟大的事业，当时的人们觉得一定要去了解外国，知道外国文学是怎么样的、外国人是怎么样的、他们有什么样的价值？他们跟我们的价值有什么是共通的，有什么是不一样的？哪一些方面我们可以借鉴，哪一些方面我们可以学习？林琴南（就是林纾）在这方面的工作是做得特别多的。他最开始的时候是翻译《茶花女》，后来他翻译《黑奴吁天录》，《黑奴吁天录》就是他在杭州翻译的。《黑奴吁天录》翻译出版以后，鲁迅刚到日本去，他家里的朋友还把这本书寄给他。鲁迅在《黑奴吁天

第一编 文学翻译

录》这样的著作里面看到了中国的缩影。这本书里讲到了两种黑奴：一种黑奴是逆来顺受的，像 Uncle Tom，他是虔诚的教徒，他不反抗；但是在《黑奴吁天录》里还有一位年轻的混血黑人，他坚决地反抗，离开了美国逃到了加拿大去。林琴南在翻译时有意地要形成一种对照，说明还有一种反抗的黑奴，他希望这种反抗的黑奴的形象能够激励中国人，希望大家能关心自己的民族、国家，不甘愿成为奴隶。鲁迅先生在日本读到这本书后，对他的启示是非常具体的，就是我们中国人应该如何。那个时候的翻译一方面是文学的翻译，但与此同时又是一个政治、文化的视野，它是要唤醒国人，让他们意识到自己的民族、国家处于危难之中，如果继续这样浑浑噩噩地下去，何时才能不做奴隶？

早期的翻译有特别多的政治内涵。林琴南就把他翻译《黑奴吁天录》的目的交代得清清楚楚。《黑奴吁天录》前面写前言，后面还写跋，都有着它的政治目的。《黑奴吁天录》原书里面有很多基督教的说教，林琴南基本上都去掉了，他觉得跟中国的现实不太合，作用不大。所以他更强调《黑奴吁天录》里那位年轻的黑人的英武气概，这种英武气概对当时的中国人而言特别重要。

我们发现，1900 年以后的几年，浙江到日本去留学的人特别多。比如在绍兴，秋瑾就是其中之一。对秋瑾他们来说，他们当时留学日本非常想学的是"军国民主义"。"军国民主义"就是强调"尚武"。他们觉得中国的文学太"文弱"，读书人又耻于当兵，这是不合理的。我们大家想想，中国传统的戏剧里面，有这么一个模式，那就是女孩子喜欢的大都是读书人，然后这些读书人去发愤读书并考取状元后荣归故里，大家都要抛绣球，我们要看的是读书的成就；要是武艺高强的武士的话，可能女士就不喜欢。像我们的《三国》《水浒》等小说里面，很多英雄都是单身。秋瑾那个时代的人突然意识到，如果过分崇尚文学，我们的民族就会变得比较文弱，所以他们要提倡"军国民主义"。当然，如果"军国民主义"发展到极端，就会变成日本式的军国主义，这是非常不好的。但这对当时的国民来说，对当时的读书人来说，是一剂猛药，使大家清醒。林琴南翻译的作品里面，有一些也讲到了战争,他甚至也翻译了日本人的小说,其中就讲到日本人在日俄战争期间,要把俄军打败,必须抢占旅顺一带的军事基地。林琴南就认为,日军打仗不惧死亡,每个人都是为了自己的国家在打仗,一百个人哪怕是九十九个都阵亡了,只要有最后一个人存留下来,战胜了,就是日本胜。林琴南翻译这些作品是为了唤醒、激励当时的国民。因为晚清时候的中国人国家观念比较淡薄,几乎不大有国家观念。所以,当八国联军进攻中国的时候,很多中国民工甚至要去讨一个活干干,侵略军要在中国找民工是特别容易的。

到了鲁迅的那个年代又稍微发生了一些变化。我们知道,鲁迅一到日本去后,就马上开始练习翻译。他早期的一些作品,翻译、编写和创作是混杂在一起的。鲁迅到日本不久后就开始写作,有一部作品叫《斯巴达之魂》。《斯巴达之魂》的中心思想其实和秋瑾他们所仰慕的"军国民主义"是差不多的,它讲的是一个古希腊的故事,古希腊的雅典城邦比较重视文教,在它边上还有一个城邦叫斯巴达。斯巴达人的生活比较艰苦朴素,但是他们有一些特别优秀的传统,比如说他们有一个共同体的观念。说到共同体这个观念我还要特别强调,就是中国传统文学里面共同体的观念是不强的。我们有家的观念,有国的观念,但是家和国之间应该有一个连接,这个连接的东西我们现在把它叫作社会。如果要叫英文的话,除了"society"以外,还有一个特别重要的词可能平时我们不是很强调的,叫"community"。"community"我们称它为共同体,叫社区,它是超越家庭的,也就是说我们要对共同体内的任何人都友好。但这种精神我们现在是缺失的,是做得不够的。对于我们中国人来说,我们现在所面临的很多问题,归根结底是因为我们对陌生人不够友好。所以有时候我们强调家的观念不能过分,强调家的观念过分了就会导致只对自己的宗亲好,但对陌生人、对异姓就不好。像现在的产品造假问题,其实都是这样,因为那些人不觉得生活在大的社区里的陌生人也是他们的同胞,他们也要为同胞的利益负起相应的责任,这种观念可能对于现在的中国人来说还是比较淡。鲁迅先生创作的《斯巴达之魂》讲了一个什么故事呢?就是讲斯巴达这个小城邦遭遇了八十万人的波斯军队的入

第一编 文学翻译

侵,斯巴达这个小城邦就汇集起三百勇士,到一个重要的关隘去防守波斯军队并最终全部牺牲的故事。鲁迅他也要用这样一个故事来激励普通中国人的爱国心。在那个故事里面有几个场景还是非常感人的,就是在斯巴达三百勇士里面,有一位眼睛瞎了,于是得以活下来。他回到家以后,他夫人觉得非常耻辱,因为她觉得她丈夫是活着回来,但其他人都牺牲了,他为此非常难过,然后他自杀了。这个故事有点极端,我丝毫没有劝大家去学习的意思。但是我们要看一下,他们对于共同体是如此忠诚,一个幸存者的家人觉得其同胞都战死了而自己的亲人没有牺牲,很难为情。所以鲁迅在1903年到日本去了之后不久就根据日文的材料编写、翻译这样的一个故事。

当然,鲁迅后来也有所改变,过了几年他又写了《摩罗诗力说》,这本书介绍了英国浪漫主义诗人像拜伦、雪莱,还介绍了东欧几个比较小的国家的诗人如何反抗殖民帝国主义的统治。所以,这本书可以说是中国现代文学批评的源头性的著作,鲁迅用了大量的外国的例子来鼓励一种反抗社会的精神,是要"猛进而不退转"的,他希望用这样的一种精神来激励大家。

我们再回顾一下晚清,当时有一首诗是非常有名的,叫《哀希腊》。《哀希腊》是英国浪漫主义诗人拜伦长诗《唐璜》里的一章。因为在文艺复兴后的很长一段时间,希腊及南欧的有些地方是被奥斯曼帝国控制的。奥斯曼帝国的中心在君士坦丁堡,就是土耳其今天的伊斯坦布尔。奥斯曼帝国是在亚洲的最西端,隔了一个海峡对面就是南欧,南欧很多地方也是被它所控制的。所以不光是希腊,包括巴尔干半岛的一些国家都是奥斯曼帝国的殖民地。我们看拜伦的照片,他是英国的贵族,作为一名诗人他三十几岁就病逝了,他到巴尔干半岛去组织军队抵抗殖民统治,因为当地有伊斯兰教的信仰,所以他照片上是包着头巾的。拜伦在他的诗里面哀悼19世纪初期的希腊的命运,这首诗就是 *The Isles of Greece*,这个英文诗特别有名。好几位都翻译过这首诗,最有名的可能是马君武这些,他们都说:"哪里是你原来的荣光,你现在居然变成了奴隶。"他们翻译这首诗的真正意思其实是要激励中国人不要做奴隶,要争取自己民族的独立。在晚清,当时的文人们除了用希腊这个例子外,还经常讨论印度,因为印度是英国殖民地;同时还经常说到波兰,因为波兰是俄国的殖民地,文学作品的翻译和当时整个背景下大的政治话语是分不开来的。

到了鲁迅先生的时代,他们的翻译就有一些新的变化出现了。因为在晚清的时候,像林琴南、梁启超、严复等,他们特别强调"群"的观念,就是"group"或"community"。但鲁迅先生他们开始翻译的时候,他从《摩罗诗力说》之后开始比较突出"个人",喜欢尼采式的"超人",而这个"个人"可能和当时的社会是格格不入的,他是敢于顶天立地反抗整个社会。五四青年的翻译作品里面比较突出"个人",五四运动、新文化运动发现了"个人"。我们现在研究时也会说,鲁迅他们认为中国当时最大的问题是没有特别杰出的个人。但我的观点可能会和他们有一点点不一样,中国传统的文人,传统的诗文,从《楚辞》开始就是有一个传统,总是有一个孤零零的文人对抗着整个黑暗的世界,从屈原开始就不断有这样的模式出现,后来的一代代诗人也在重复着这样的神话。比如这个诗人是特别优秀的,却没有被当时的政权所认可,他觉得他的才能要被浪费。他看到他自己应该是一棵参天大树,是一棵松树,应该到朝廷里去做宰相,但他觉得自己在涧底没有人关注。最终是高坡上的小草,长势很不好的植物,凭借比较高地势占得了优势,他们不断享受着阳光的照拂,享受着君王的宠爱。这在中国的文学中是特别多的,就是有一个失意的个人对抗整个社会。所以,五四时期这种孤零零的个人形象就出得特别多。但是,我们所说的这种"孤零零的个人"和中国传统文学上那种众人皆醉我独醒的模式有一点不一样,那就是它有一点尼采式的超人思想,好比我有一个巨大的意志,使我敢于藐视庸众。就好像他们当时翻译易卜生的一个剧本叫《国民公敌》,如题所示,里面有一个角色是当时所有人都是反对的,但所有人并不一定是对的,有可能真理就掌握在这样少数人的手里。所以五四时期对这样的大人物特别崇敬,而这种崇敬背后其实就是一种个人主义的无政府主义。鲁迅称其为"个人的无治主义"。鲁迅先生当时受到了一位叫斯蒂纳的作家的影响,他和19世纪末俄国的无政府主义有一定的联系,就是说这样

第一编 文学翻译

的个人是和社会坚决不合作的。中国的传统失意文人把自己看得独一无二,是参天大树,要到朝廷去做大官;但五四时期的这些雄伟的个人是不一样的,他们是和社会不合作。所以鲁迅先生一直到20世纪20年代初期的时候,还翻译过俄国当时一位非常极端的作家叫阿尔志跋绥夫的一部作品叫《工人绥惠略夫》。这部作品讲一个死刑犯绥惠略夫反抗沙皇政府,他在警察的追捕下躲进剧院,并在里面向观众开枪,最终被警察逮住。他看起来有点像一匹"独狼",是一个孤零零的恐怖分子。鲁迅有一段时期是很为这种个人的无治主义所吸引的。所以我说到1907年的时候就有在法国、日本的中国留学生鼓吹这种主义,在日本东京鼓吹的是刘师培和他的太太何震。鲁迅先生在留日时期对无政府主义的兴趣是很浓的。所以有一阵我觉得五四时期的无政府主义有发现个人的因素,有积极因素但也稍微有一些令人不安的成分。这些庞大的个人常反抗社会,为着反抗而反抗。但鲁迅先生在20年代中期发生了一些转变,这也为他在1930年正式加入"左联"作了铺垫。因为在鲁迅先生早期的大量信笺、随感录里面,他都是看不起"庸众"的,他把他们叫作"mob",英文里就是"群氓"的意思。但到了20年代中期以后,他慢慢地对民众有了更多的同情。所以到了30年代左右,他在跟一些所谓的莎士比亚专家辩论时就不再简单地站在所谓"庸众"的对立面,他能用更积极的眼光来看待群众,也正是这一积极的改变促使他后来走向了左翼。所以鲁迅当时还翻译了大量的苏联文学理论,尤倾心于苏联成立前后的布尔什维克主义的文学思潮,于是他后来就写下了《祝中俄文字之交》。《祝中俄文字之交》和他前期所翻译的大量的俄国文学作品也是有关系的。像刚才我讲到《工人绥惠略夫》时,我们也能看出当时俄国民众的生活是极端困苦,但是鲁迅能从俄罗斯人面对痛苦的情况下看到他们的伟大,鲁迅一般很少表扬人,却会说"伟大的俄罗斯民众",他的思想开始一点点变化,对普通民众有了好感。所以鲁迅也开始翻译十月革命以后的新文学,他所翻译《死魂灵》这种革命文学又成了30年代左翼文学的活水源头。因此,我们会看到,外国文学的译介和中国现代文学的发展形成了一个多方面的互动,自1907年开始就一直是这样。当然，鲁迅还翻译了爱罗先珂的童话、剧本及日本的一些文学批评方面的书籍。我觉得我们对这些文学批评所作的研究是不够的，因为有的文学批评里牵涉大量的欧洲文学理论和文学家，在这些方面我觉得我们还可以进一步推进。鲁迅先生翻译的面很广，他还翻译过不少荷兰的文学作品，对中国翻译事业的贡献极大。

除了鲁迅之外，我们可以想一想中国现代文学有哪一些奠基人。林琴南我觉得他主要是用古文创作，是一位翻译家，但他对中国白话文学的贡献是有限的。当然，他在1898年写过一个特别重要的诗集，叫《闽中新乐府》，这是特别重要的。但除此之外，我们还可以想一想，中国新文学史的奠基人有哪几位？茅盾、郭沫若、巴金、冰心、曹禺，哪一位不是翻译家？每一位中国现代文学的奠基人都是翻译家，这个情况在其他国家是极少见的。像我这样年纪的人还有幸看到一些前辈学者，比如我在外国文学研究所时见过冯至先生，他是研究德国文学的，他翻译了大量的德国文学作品，鲁迅先生又说他是当时中国最优秀的抒情诗人。冯至先生一直到20世纪90年代才去世，他是外国文学研究所的所长。外国文学研究所还有其他诗人，比如卞之琳，他翻译的作品是特别多的，他把莎士比亚的四个悲剧作品都翻译出来了，他还翻译了大量法国小说和英国诗歌，他自己是诗人。当时外文所还有一位李健吾先生，李健吾先生的笔名叫刘西渭，他写了大量的剧本，但他是研究法国文学的。这样的例子还可以举出来。现在健在的杨绛先生，她已经过104岁了，杨绛先生也是翻译家。而且后来我们还可以看到，比如像卞之琳先生、冯至先生他们的翻译不一定有一个明确的政治目的或者政治信仰，借此进行传播。比如冯至先生，他翻译时主要看重一部作品的文学地位，而且他还引进了十四行诗这种诗体并加以创作，特别优秀，最终又被德国人翻回成德文，这是非常有趣的现象。然后像卞之琳先生他们就受英国现代派影响比较大，像艾略特、奥登等。因为像卞之琳这批中国诗人他们在三四十年代写作时特别强调"非个人性"，用英文说比较好理解叫"impersonality"，对中国诗人是很有意义的。中国的传统诗人喜欢伤春，喜欢悲秋，喜欢登高，喜欢抛洒眼泪，有很多诗歌是属于无病呻吟的。但我们看中国现代像卞之琳一派的诗人，他们对感情是非常节制的，是不外露感情的。梁实秋受此影响也很大，他到美国去留学，他在20年代的时候就强调"文学的纪律"，这是一个古典主义的概念，就是不放纵自己的感情，有太多的个人成分。这种理想也反映在学衡派身上。学衡派相比较而言对翻译的贡献少一些，但他们都是美国留学生，这些文人一方面有一个宏大的西学背景，一方面又想用西学来维护中国的传统，但他们也不是典型意义上的旧派的中国文人，他们是在对西方文学格局了解的立场上来维护中国文学的传统。实际上吴宓是外文系的老师，如果我们去看他讲文学与人生，其实他基本上讲的是外国文学作品，小说和诗歌都有。所以我感到很奇怪，在民国的时候，外文系的学生是文学创作的先锋。在北京大学，胡适实际上是在教英国文学，国文系的一些老师像马裕藻是做小学的，就是训诂、音韵，他们跟文学创作的关系不大，与文学创作大的反而是外文系的学生。比如胡适在北大既教英国文学又教哲学，因为辜鸿铭以前是教英国诗歌的，后来外文系有一个学生做了清华大学的校长，就是罗家伦。然后有人就反映说辜鸿铭的英国文学上得不好，他一下说这个诗就是中国文学的《大雅》，一下说这个诗就是中国文学的《小雅》，在学生抱怨下辜鸿铭就离开了北大，他的英国诗歌课就由胡适来教。所以，我们可以看到一个很有趣的现象，比如说林语堂，实际上他是英文老师，徐志摩也是教英文的，其他像陈西滢等都是这样。但鲁迅先生不是，鲁迅先生兼课一直是讲中国小说史，但他在外国文学方面，不管是翻译实践还是文学理论，他是站在特别前沿的，有一个比较眼光，所以做得特别出色。

　　再回到我刚才的这个话题，刚才我讲到，清末特别是民初，出现了大量的杂志，翻译和创作两个是齐头并进的。比如说我们现在说到茅盾，我们大多认为他是中国现代长篇小说最杰出的作者之一，但他在编《小说月刊》的时候，刊登有大量的外国文学作品。茅盾的英文也相当不错，他能判断林琴南翻译的作品和原文是不是相近。巴金服膺于法国的无政府主义，他和法国的无政府主义向来有深厚的渊源，所以他特别热衷于法国无政府主义者的著作。所有的这些我都感到很奇怪，他们一边从事小说的创作，一边进行翻译。老舍翻译的东西就杂一些。老舍在英国伦敦大学教中文，和外国人也有一些交往。有一位英国现代派作家叫康拉德，擅长写海洋题材的小说。老舍特别喜欢康拉德，我觉得这是很有趣的，因为康拉德的海洋小说里面总是讲一批海员，他们在水手长、二副、大副、船长等的带领下面对很多艰难险阻，小小的群体战胜了很多自然界的灾害，使他们的大船平稳地行驶在辽阔的海洋上。老舍对这一方面很感兴趣，他的英文是很好的。新中国成立之后，老舍还翻译过萧伯纳的戏剧《苹果车》。冰心也是燕京大学英文系的，英文很好。所以我们可以看到那个时候这种现象特别多。郭沫若我就不说了，创造社像这样的人才又有一大批。郭沫若是我们中国社会科学院的首任院长，他翻译方面的才能我就不说了，而且就他早期写的白话诗而言，我觉得他也是在有意识地学习外国文学。

中国早期的现代文学奠基人，他们都是把翻译、阅读外国作品跟自己的文学作品有机地结合在一起。当时钱玄同看鲁迅先生在搜集碑帖，有充裕的时间，就让他给《新青年》写东西，所以他写了《狂人日记》。《狂人日记》完全是从俄罗斯文学里脱胎出来的，因为果戈里写过一篇同样题目的短篇小说。果戈里的小说中，这个狂人的精神病是一点点走向深化，最终一步步走到无可救药；鲁迅小说中的这个狂人最开始时就确定了，最后他将这整个作品变成是讨伐中国几千年封建社会的檄文，最终得出的结论是这个社会是几千年来吃人的社会，是一个很重要的社会。鲁迅先生其他还有很多作品，他一直和翻译有一个互动，现在学界对这方面的发掘越来越多，我们可以看得出这之间其实有一个互文性。

所以，中国现代文学自来到世上开始，就明显地带着世界文学的烙印。鲁迅先生到了 30 年代的时候就想办一个杂志，就叫《译文》。这个《译文》就是专门用来登载翻译的文学作品，但是当时的条件不允许。一直到了 40 年代，研究法国文学的傅雷先生想在上海办一个杂志叫《世界文学》，结果仍是不了了之。到了 1953 年，新中国成立后，局势稍稍安宁，外国文学的研究又重新踏上正轨，在北京创办

第一编　文学翻译

了一个杂志叫《译文》。《译文》杂志到了 50 年代后期的时候改名为《世界文学》。《译文》的第一任主编就是茅盾先生。所以我们会看到，在整个中国现代文学发展的过程中，不管是从林琴南那个时候开始，还是从《新青年》创刊时算起，最终它都是把世界文学放在一个非常突出的位置上，但并不是说有了世界文学的概念就脱离了本土的背景，其中这其实有一个积极的消化理由，就是将其变成我们自己文学创作的基地。说到文学，我们很大程度上想到的就是小说创作，小说创作在中国传统文学里面不是这么重要的，中国传统文学是重视诗文的。中国传统的小说有很多连作者是谁大家都不是很在意，小说要取得今天这样的地位，在很大程度上得益于外国文学的翻译。也正是通过翻译，小说成了一个很崇高的文学类型，最有才的人才会去创作，原来中国古代不是这样的。所以小说第一次有了独立的地位，而且它的地位绝对不低于诗文。郑振铎先生在林琴南逝世以后，在写纪念林琴南先生的文章中指出了这一点。

和翻译一并兴起的还有胡适和郭沫若等所提倡的白话诗。白话诗我们一直使用延续到了现在。当然，我们现在会说，当代的中国文学研究者要写现当代文学史的时候，有一种新的声音，那就是怎么样来关注新文化运动以后旧体诗词的写作？这是一种新趋向。所以，有不少学者在这方面投入了相当的精力，来发掘一些很好的旧体诗人和旧体词人。但是这并不能撼动新诗所形成的新的传统。

再看中国现代文学中的戏剧。曹禺先生创作了不少戏剧，他的这些戏剧有不少美国戏剧的影子。尤其是美国二三十年代一位得诺贝尔文学奖的戏剧家，叫尤金·奥尼尔，他对曹禺的影响是特别大的。当然，曹禺后来作品不多，但后续作品的模式基本上还是这样，和中国传统叙事不一样，哪怕像老舍这些作家也是一样。刚才我说到了老舍先生翻译萧伯纳的作品，他也是有意义地进行一个创造性的借用，然后来从事他的戏剧创作，但是他的戏剧创作又很富有"京味"。

我刚才说到的是小说、诗歌、戏剧，另外一个门类就是散文。我们现在说的散文和中国传统文学中的文是不一样的。更多的是英文和法文说的"essay"。鲁迅先生通过大量翻译日文著作，其实也是在不断地讨论"essay"这个门类。所以，散文写作后来也成了中国文学一个庞大的分支。我们现在四个主要的文学类型，就是在现代文学发展的时候奠定了基础。我们现在还生活在那个传统之下。但是我要说，这样的传统，我们不应去否认它，千万不要有一种想法说最好这一百年不存在，然后能和这之前的文人有一个无缝对接，以为对接之后我们就能确认自己不受污染的文化身份了。我觉得这样的想法可能不仅是偏颇的，而且可能还是危险的。鲁迅先生要是发现这样的情况，一定会极其极其失望。鲁迅先生有一个焦虑，我自己和几位同事交流的时候也有这样一个共识。鲁迅先生中文的书实在是读得太多了，古文太好了，他对于我们自身可能存在的问题的认识太透彻了。他正是在这种基础上曾经说过一些过于激愤的话，包括"不读中国书"，实际上我觉得根本不是这样，我们看鲁迅先生在代课、在教育部任职所赚来的钱都用到了哪里？他主要是用来买书，他买大量的外文书，也买大量的中国典籍。我们如果到北京的鲁迅博物馆去看看就会发现，其实他不仅很懂中国的古籍，而且买的也是特别地多。但是他希望青年有一个向前看的眼光，不要太多地被自己的文化传统所拖累了。但我觉得这一点上他可能不一定对，因为我们的传统它有一个继承翻新的过程。比如说在当今的中国我们现在已经在科技上取得了一定的成就，在物质基础上达到了一定的水平，我们在对自己的文化传统进行重新温习的时候，会有一种不可遏制的亲切感，和1915年陈独秀他们写《文学革命论》的时候有一种不同的心境。我们处于一种更安全的环境，我们可以用一种更积极的态度来发掘中国古代文学里面很多积极的因素，使它们和我们现当代的其他元素相结合，形成一种新的传统。但是这种新的传统如果真要顺利形成的话，还需要一个前提，那就是需要我们所有的人要非常善于比较。我觉得鲁迅先生在这方面给予了我们很多启示。原来我们看中国文化，它们和国外的学术传统相比有一个巨大的差别，这个差别就是我们觉得自己的文化就是中心，没必要学外文，这和唐代时去取经已是完全不一样了。因为我们在后来漫长的岁月里面，只有越南、朝鲜、日本等国的人到中国来学习汉字、购买汉籍，然后他们回到自己的国家继续传播汉字

第一编　文学翻译

文化。就是中国传统的士大夫不太去关注其他人怎么样。最近中国古典文学学术界有一个新的倾向，比如清华大学的葛兆光先生、南京大学的张伯伟先生开始关注海外的汉籍，比如在越南、朝鲜、日本用汉字写的书籍，尤其是关注这些书籍里面记载的这些国家的人到中国来看到了什么？他们是怎么评价中国的？原来我们的士大夫对这些不感兴趣，现在中国底气足了，也更开放了，所以他们对于这方面感兴趣。所以现在我们可以用比较的眼光看世界，我们不仅要比较汉字文化圈里面其他旁支文化的人是怎么看我们的，而且我们更要懂得外文，我们还要看外国的人和我们形成了什么样的差别。和日本、韩国相比，中国在这方面是有点吃亏的，因为我们这种比较的意识发展得是比较晚的，比日本晚。日本在明治维新的时候就已经会用非常敏锐的眼光进行比较了，而且日本在比较中并不是将自己作为固定的一极。而在中国一直是"中外"比较，好像外国都是一样的，其实它们是不一样的；或者说"中西"，好像中国是简单的一极，西方是铁板一块。其实我对西方的了解是特别不够的，所以当谈到西方的时候我觉得它们的差别非常之大，很难一概而论。这个原因就在于我们的观察不细腻，我们比较的工夫不够，日本在这方面是做得比中国厉害的。所以，我们现在还需要有这种非常敏锐的比较的眼光。这种比较眼光是怎么得来的呢？它是通过将中国文学和外国文学一起参照起来读，这样的收获会很大。包括现在我觉得我们的古典文学研究界现在有一种趋向，就是它跟海外汉学界的互动也更多了。千万不要小看海外汉学界，我对我们研究古代文学的学者永远要强调这句话。首先海外汉学界有一个学术特点是我们不具备的，英国、美国、法国、德国这些地方所有懂中文的汉学家他们的日文是非常好的。他们觉得你不懂日文你研究的汉学是不好的，因为日本汉学的研究是特别好的。我们如果去看日本对中国的很多具体的研究，不管是历史还是什么，比如说像上海古籍出版社出版的《冈村繁全集》，王元化先生为他写的前言，这些学者对中国史料的熟悉程度是让人敬佩的。所以，海外的汉学家研究中国历史、中国文学，研究中国古代任何东西，他们不仅要懂中文也要懂日文，但我们在这方面做得不够。有一些海外的研究者，对我们经典的翻译实际上充分体现了他们对我们经典研究的高度。翻译是一种解说，要想成功地翻译一部作品，必须要有大量的版本学功夫和扎实的考证。我们平时阅读我们熟悉的作品，读过去就是了，但翻译就不是。比如英国有一个翻译家叫 David Hawkes，他翻译《红楼梦》特别著名。正是他的翻译使《红楼梦》由企鹅出版社出版，在世界上有相当影响。他另外还翻译中国的《楚辞》，实际上他对《楚辞》的研究是做得非常深透的。现在美国又有人在做这项工作，哈佛大学的宇文所安跟普林斯顿大学的 Martin Kern 又在翻译新的《楚辞》版本。他们翻译新的《楚辞》版本其实背后有大量的工作是对文字进行解释。因为对《楚辞》文本字词的解释在国内有时候也没有一个统一的结论。比如说汉学家史蒂夫·欧文又翻译完了杜甫的诗集，这是很了不起的。我希望这些东西最终都能促进我们的交流。如果我们说中国文学只有中国人懂，其他人不懂，这是一个很可怕的前提。文化之间最终是有壁垒的，但实际上有大量的文学不管是中国的还是外国的，都是人类所共享的。所以意识到这个前提之后，我们千万不要说到国外的东西就产生一种抵拒的心情。我们还是要像我们习总书记那样，就是不管对中国本土的文化传统还是外国文学，都保持一种新鲜、活泼的兴趣。让我们的学生毕业以后，都能让这种兴趣像一堆火一样，不断地在燃烧，然后这种燃烧就会照亮我们的生命，让我们永远都有一种幸福感。

所以，我再次希望大家不管自己是中文系的还是外文系的，都一定要有一种决心，既要熟悉一种文学，也要多多地像鲁迅先生那样，去关注其他的文学，而且把其他的文学同样地作为自己创作和学习的资源，最终利用自己的勤奋和才能将这种资源使用到极致。

我今天就先讲到这里，谢谢大家！

（根据绍兴文理学院风则江大讲堂讲座录音整理，2015 年 11 月）

衍译：诗歌翻译的涅槃

罗选民

一 引言

翻译难，又以诗歌翻译为最难。故19世纪英国诗人雪莱在《诗辩》一文中说："诗人的语言总是牵涉声音中某种一致与和谐的重现，假若没有这重现，诗也不成其为诗了。……这种重现之重要，正不亚于语词本身。此所以译诗是徒劳无益的。"（参见伍蠡甫，1979：52）他甚至这样比喻："倘使把紫罗兰扔进熔炉以求发现其鲜艳芬芳丽质的做法是聪明的话，那么企图把诗人的创作从一种语言移入到另外一种语言也成了聪明的做法。"（雷纳·韦勒克，1997：157）20世纪美国诗人弗罗斯特更是声称：诗就是"在翻译中丧失掉的东西"（转引自钱锺书，2002：143）。如果诗歌难译，那么论述诗歌翻译也绝非易事。通常，只有集诗人与翻译家于一身者方有资格讨论这个话题。然而，精通外文和谙熟诗道之人如凤毛麟角。

即便有之，也未必愿意讨论诗歌翻译，做费力不讨好的事情。所以，中国自近现代以来，能为人津津乐道的论译诗者，除朱湘、闻一多、郭沫若、梁宗岱、王佐良、屠岸、许渊冲、江枫等以外，并不多见。

诗不可译，不等于不能译。老子的《道德经》中有语："道可道，非常'道'；名可名，非常'名'。"（参见章一，1994：2）用到翻译之中，便是"译可译，非常'译'"。原（元）文是一，一生二，二生三，无穷衍变。任何希望诗歌能够为另一种语言所复制的想法都是天真和愚蠢的。如人一样，任何翻译都会存在缺陷。但这不妨碍它追求真、善、美的境界。犹如佛法所言，一花一世界，一木一浮生。任何一诗的翻译，都是原作的延续，都是对前译本的扬弃。庞德的《地铁站》（Altieri，2006：31）诗虽只有短短两行（The apparition of these faces in the crowd：/Petals on a wet, black bough.），却招来众多汉译者，如郑敏、颜元叔、余光中、流沙河、赵毅衡、裘小龙等。这些译本，有不同的阐释和不同的艺术表现，借用德国学者本雅明的话来说，都是"原作后起的生命"（Benjamin，1969）。

二 衍译的提出

如何译诗？关于这一问题，我们可以审视英国学者德莱登（Dryden）提出的翻译三分法：直译（metaphrase）、意译（paraphrase）和拟作（imitation）。德氏的观点发表在 1680 年的《奥维德诗简》（Ovid's Epistles）中。在该文中，"他引用了剧作家本·琼生（Ben Johnson）的《诗之艺术》作为'直译不可行'的例子，又取考利（Cowley）对品达（Pindar）《颂歌》的翻译，以说明拟作的这种随意增删的做法，只有才华横溢的译者才能达到。他主张折中的意译，避免死扣原文字眼或肆意改动原意，对一直以来纠缠不清的直译意译之争，提供了一个崭新的解决办法"（陈德鸿、张南峰，2000：1），这个评论比较符合英国文学的现实。

德氏本人倾向意译，对于直译持保留态度，对拟作持反对态度。在他看来，拟作是对原文的不忠，只有才华横溢的译者才有资格拟作，才有资格随意增删，弥补原文之不足。在绝大多数情况下，拟作都是一件臭名昭著的事情（陈德鸿、张南峰，2000：3）。

德氏之所以对拟作持谨慎态度，与他所处时代有关。在中世纪，人们崇尚经典，对前贤顶礼膜拜。这种心理甚至可以与女性的贞操、官员的忠诚相提并论，翻译标准几乎成为道德标准。赫拉克利特（参见冯契，1992：1698）曾言，"一个人不可能两次踏入同一条河流"，翻译和语言的转换又何尝不是如此。由于诗歌翻译活动受制于两种不同的文化、两种不同的心智（mentality），所以，原文不可盲（蛮）从，译本非原本。20世纪新批评的解读方法、互文性理论、解构主义思想更加证明了这一点，这些论述对德氏的理论产生了有力的冲击。

　　如果仔细分析，不难发现，德氏三分法中的"直译"并非中国译学讨论中的直译，在某种程度上是"死译"或"硬译"。周作人曾举例说明"死译"或"硬译"，如将"He is lying on his back"译成"他躺在他的背上"或"他坦腹高卧"，前者是死译，后者是胡译（周作人，2009：472）。德氏的"拟作"意指改写，不为译界推崇。这样一来，采取意译是必然之举。

　　德氏的方法移植到中国来，可以解决诗歌翻译问题吗？否。在中国的佛教翻译传统中，直译与意译之争一直是此起彼伏，或并行不悖。在这一点上，西方与中国是有区别的。西方的意译有一个基本的特征，这就是德莱登本人也说到的，用另外一种方式去叙述，而且，西方意译的同义词是paraphrase，由此而来的译文常常大于原文。这些都不为诗人所接受，有违那些构成诗歌的要素。

　　我希望在中国的语境中这样去描述翻译的三分法：直译、意译和衍译（拟作）。直译是指尽量保持原文的句式，而不是机械地字字照译。在直译中，译者躲在作者之后，基本采用字从句比的翻译，力求保持原作的形式和意义；在意译中，译者与作者并肩，在服从原文基本内容的前提下，允许译文的结构变化和语义增删。德氏提到的"拟作"，中译名出自谭载喜（1991：154）。谭之所以这样译，也许是因为该翻译与创作颇为相似。尽管相似，但它还不是创作，在本质上应该属于翻译。所以，我更倾向用"衍译"来指代"拟作"。在衍译中，译者是作者的代言人，深谙诗道，摄纳诗之精髓，其创造性在翻译中得到恣意发挥。对三种翻译法的重新界定和描述有助于我们讨论诗歌翻译问题。

　　在对待三种翻译方法的问题上，我的观点是：在通常的情况下，直译为先，意译为次。唯有直译，原语的异质和原文的精神能够得到最大限度的保留，原文的文化能得到传播。当然，我讲的直译不是绝对的，而是指以直译为主的翻译。一般说来，任何译文都是直译中有意译，意译中也会有直译。

但是，在特殊文类如诗歌的翻译中，我们需要采取衍译的方法。因为，诗歌翻译是一种艺术，在很大程度上是一种再创作。如果亦步亦趋，其结果只会适得其反。故英国诗人翻译家菲茨杰拉德感叹："宁为活麻雀，不做死老鹰。"（参见黄克孙，2003）但是我们衍译并非不要诗歌的形式。因为诗之结构在某种程度上是构成诗的重要部分，如果弃之不顾，衍译就没有"度"可言，从而导致诗歌翻译的有名无实。

那么，读者可能问：意译与衍译有什么区别？意译主要表现在译文的内容与原文一致，在结构方面做有原则的调整和改变。衍译则不同，主要指尽量尊重原文的固有形式的基础上，力求译文与原文在精神上达到契合。直译、意译通常针对一般的翻译，译"义"为其主要目的，追求忠实和通顺的效果；而衍译主要针对艺术性的翻译，译"意"为其主要目的，追求"意象"和"化境"的效果。自然科学著作、社会科学著作等都可采用直译加意译；诗歌翻译则要以衍译为主，直译辅之。

那么读者可能继而发问：为何不提倡意译呢？意译的英文为paraphrase，即重述。重述者，常常以熟悉的话语来阐释新生事物，采用这种做法，诗之清新与灵动将会荡然无存。当然，如果翻译文本需要的是讯息功能，那么意译是可以接受的，甚至是需要提倡的；但如果翻译文本需要的是诗性功能，那么，衍译无疑是最佳的选择。[①]

三 诗歌的衍译

通常我的翻译主张是"直译为先，意译为次"，之所以提倡在诗歌翻译中采用衍译法，是因为诗歌翻译有别于其他类型的翻译，形式固然是构成诗歌的重要因素，但诗歌更加追求意境、意象、乐感和神

---

① 讯息功能、诗性功能这两个术语源自俄国形式主义代表人物雅各布森。参见 Roman Jacobson（1959/2004）。

韵。诗歌翻译是一门登峰造极的艺术,所以,说诗歌翻译是一种"再创造"是十分合适的。这也正是我提倡诗歌翻译要采用衍译策略的重要原因。诗歌的衍译指在尊重原诗固有形式的前提下,译者充分发挥诗人的才能,浸润在两种不同的语言和文化之间,孵化新的诗作,其译作在精神上与原作一致,但诗歌已脱胎换骨,没有留下翻译的"挣扎"痕迹,即达到钱锺书先生所说的"化境"。

以往对诗歌翻译的讨论很多是从形式开始的,如以格律诗译格律诗,以自由诗译格律诗,以格律诗译自由诗。通常,自由诗宜用自由诗来翻译,如果有不一样,那一定是译者的个人风格、时代局限或某种特定目的而造成的。这类翻译可以作为一种特定现象来研究,但不可作为诗歌翻译之普遍标准。

还有,同一首诗是可以有多种译法的。如叶芝的"The Coming Wisdom with Time",是一首英国的哲理诗,但从形式上看,它又很像中国的四行七言诗。故我曾经用直译和衍译两种手法来翻译这首诗:

原文:

The Coming of Wisdom with Time

Though leaves are many, the root is one;
Through all the lying days of my youth
I swayed my leaves and flowers in the sun;
Now I may wither into the truth.

(W. B. Yeats,2007)

译文 1:
虽然叶茂,根只有一个,
青春伴着虚伪和谎言度过。
阳光下迎风婆娑的花叶,
在真理的获取中慢慢凋落。

译文 2:
一根之上万叶青,

映阳红花舞缤纷。
岁月似水铅华尽,
荣去枯来显本真。

原文是一首哲理诗,看似平实无华,实则意境深远,耐人寻味。诗人没有用大字眼,全诗中唯有 lying 一词有多重意义:既指年轻好胜,常常言不由衷,故用"虚伪"概括,又指年轻时的怠惰,浪费光阴。根据本诗的主旨,译文 1 直译取前义。由于叶芝的诗歌是四行,而且诗行长度相当,故译文 2 的翻译采用了中国的七言诗体。这可以看作是体裁互文①的表现,虽然在内容上也有些保留。但如果诗歌是另外一种西方特有的形式,那我们的翻译要尽量保留原来的形式。为了说明这一点,我们再取法国诗人阿波利奈尔的《米那博桥》两节的两种翻译为例,看衍译如何能够更好地发挥作用。

Le Pont Mirabeau[②]

Sous le pont Mirabeau coule la Seine

Et nos amours

Faut-il qu'il m'en souvienne

La joie venait toujours après la peine

Vienne la nuit sonne l'heure

Les jours s'en vont je demeure

Les mains dans les mains restons face a face

Tandis que sous

Le pont de nos bras passé

Des eternels regards l'onde si lasse

Vienne la nuit sonne l'heure

---

① "体裁是以规约的方式来表达特定的语篇行为。……体裁是语言表现的规约形式,反映了特定社会语境中参与者的目的和手段。"参见 Hatin, B.(1997)

② [法] 弗朗索瓦兹等编著,钱培鑫、陈伟译注:《法国文学大手笔》,上海译文出版社 2002 年版,第 147 页。

第一编　文学翻译

Les jours s'en vont je demeure
(Guilaume Apollinaire)

　　这首诗的译本很多,最著名的译者有罗大冈和沈宝基。前者的翻译基本上以直译为主,在形式和意象方面均保留原来的风格,而后者则采取了衍译手法,即在形式上与原诗吻合,而在意象方面则尽量贴近中国古典诗词,力求在中法两种文化之间寻求最大的互文效果。他们的译文如下:

　　罗译[①]:
　　弥拉桥下赛纳河滔滔滚滚,
　　象河水一样流过我们的爱情。
　　往事又何必回首,
　　为了欢乐总得先吃尽苦头。
　　时间已到,夜幕沉沉,
　　日月如梭,照我孤影。
　　我们手牵手,面对面,
　　永恒的目光在注视
　　手臂挽成的桥下边
　　疲乏的波纹在流逝。
　　时间已到,夜幕沉沉,
　　日月如梭,照我孤影。

　　沈译:
　　桥下赛纳水悠悠剪不断
　　旧时欢爱
　　何苦萦萦记胸怀

[①] 该诗有多个译本,闻家驷的《蜜腊波桥》、戴望舒的《米腊波桥》、郑克鲁的《米拉波桥》、沈宝基的《米博拉桥》,此处是罗大冈翻译的《弥拉桥》。

· 86 ·

苦尽毕竟有甘来

一任它日落暮钟残

年华虽逝身尚在

你我手携手面对面

交臂似桥心相连

多时凝视桥下水

水中人面情脉脉意绵绵

一任它日落暮钟残

年华虽逝身尚在

(参见佘协斌、张森宽，2005：530-531)

阿波利奈尔是法国现代主义诗人、诗坛革新者。他在诗歌创作中取消标点，创造了楼梯式诗体。上面这首诗，便是出自阿氏的经典之作。柳鸣九先生甚至将他的留法散文集叫《米拉波桥下的流水》，标题出自该诗的第一句，它具有"法国人形容时光流逝的最富有诗情画意的比喻"。[①] 阿氏诗歌意味深长，颇有刻骨铭心的效果。这些特质如果不能在译文中得到保留，那么译文再优美也称不上合格的翻译。在遵循形式方面，沈宝基的翻译比罗大冈的翻译有过之而无不及。罗译在最后两行均将原文的一个小句化做两个，而沈译依然以一句来处理。两种处理在形式上都保留了西化的效果。在押韵方面，第一节两人同原文，都随意一些；而在第二节，罗译紧扣原文，采取 abab cc 的韵脚，而沈宝基有所调整，采用了 abaa cd 的韵脚。在意象处理上，沈宝基显然采用了衍译的方式。诗歌原标题有桥的名字，沈在诗行翻译中略去桥名（Mirabeau），直述桥下"赛纳水"之悠悠，如情人之挚爱，一个"剪不断"，把中国古典诗词的意象巧妙地融合在西方的诗歌之中，取到了意想不到的互文效果。沈在意象的处理上多采用隐喻，译文语言是诗化的（而罗译基本上采用明喻，语言太直白，故诗味略有不足），以"日落暮钟残"来比喻"光阴（日月如梭）之飞

[①] 柳鸣九：《米拉波桥下的流水》，中国电影出版社 2001 年版，第 1 页。

逝",真可谓达到了中国古典文论中所说的"得鱼忘筌""得意忘言"的境界。我想,就是在这样的翻译的互文中,法国诗人和中国译者超越时空成为知音,成为知己。

四 鲁拜集：衍译与创作

衍译是诗歌翻译的涅槃。衍译可以让译者的主观能动性得到极致的发挥,文学翻译和文学创作也会因此得到丰满和创新。关于这一点,我们可以从《鲁拜集》(The Rubaiyat)的翻译中得到证实。

《鲁拜集》出自11世纪波斯天才诗人海亚姆(Omar Khayyam)之手。由于诗人同时是鼎鼎有名的天文学家、数学家,其辉煌的科学成就掩盖了其非凡的创作天才。鲁拜(四行诗)乃诗人闲暇之作,生机勃勃,充满创造力,但由于宗教观点不同而遭到压制,作品在诗人生前和身后很长一段时间里默默无闻。直到700多年后,才被英国诗人菲茨杰拉德发现,并衍译为英文,震撼世界文坛。波斯诗人的才华因此大放异彩,菲氏也因其传神的翻译而闻名遐迩。该英文译本后来成为世界八十五种语言的翻译"摹本"(参照邵斌,2011,前言)。《鲁拜集》译本语种之多,堪与《圣经》媲美。菲氏创造性地把那些原本零零散散的四行诗编织在一起,构成了一个连续的、浑然一体的精美诗集。101首译诗,环环相扣,着墨始于苏丹塔楼的朝霞,落笔于波斯草地的月光,生动而忠实地传达了波斯文学的精神。译文之美,以至于《诺顿英国文学选集》(Greerblatt et al., The Norton Anthology of English Literature, 2006)破例将其收入,从而跻身英国文学的神圣殿堂。

英文版《鲁拜集》也是中国学者翻译最多的诗作之一,胡适、郭沫若、李霁野、梁实秋等名家都曾翻译过《鲁拜集》,闻一多(1984)更是就《鲁拜集》的翻译问题撰写专文《莪默伽亚谟之绝句》。可以毫不夸张地说,我国外文系的知名学者几乎没有不知晓《鲁拜集》的。

20世纪50年代初,一位马来西亚华裔青年漂洋过海,赴麻省理工学院求学。在海轮上，他读到菲氏英译《鲁拜集》时，感情竟如同大西洋的波涛，汹涌澎湃，产生一种强烈的翻译愿望。这位青年名叫黄克孙，是麻省理工学院理论物理学方向的博士生。黄先生用不到三年的时间，便获物理学博士学位。求学期间，他还用七言绝句衍译了《鲁拜集》，油印诗稿在中国留学生中广为传阅。① 此诗集1956年由启明书局刊行，但译本很快绝迹（参见苏正隆，2003）。2003年，我在台湾师范大学做客座教授，与书林公司董事长苏正隆先生过往甚密。苏先生告知，他几经周折，凭旧刊上的英文名Kerson Huang和在麻省理工学院任教的黄克孙教授取得联系，于是有了书林公司2003年新版汉译《鲁拜集》的问世。

与《鲁拜集》的波斯原作者海亚姆一样，黄先生也是一位著名科学家，② 他的汉译《鲁拜集》，在华文圈引起了极大反响，好评如潮。台湾淡江大学外文系教授宋美璍如是评说："译者对两种语言的掌握的确令人叹服……更时有神来之笔，能赋予异域之诗情以华夏之采饰。自珈音经费译到黄译，是一则文学的轮迴再生。" 钱锺书先生更是作如下赞誉："黄先生译诗雅贴比美Fitzgerald原译。Fitzgerald书札中论译事屡云'宁为活麻雀，不做死老鹰'（better a live sparrow than a dead eagle），况活鹰乎？"③ 能得到钱锺书先生如此高的评价，黄译之精湛由此可鉴。让我们取《鲁拜集》第9首，看黄先生超凡入圣的衍译：

Each morn a thousand Roses brings, you say:
Yes, but where leaves the Rose of Yesterday?
And this first Summer month that brings the Rose

---

① 我手头有黄先生赠送的油印诗集译本和台湾出版的译本。2004年和2007年，黄克孙先生两次应杨振宁先生之邀，来清华做短期访问教授。我的学生因此有幸聆听黄先生谈诗歌翻译。

② 黄克孙先生20世纪50年代从麻省理工学院获博士学位后，去了普林斯顿高等研究中心，曾与杨振宁先生一起做研究。

③ 宋美璍、钱锺书先生的短评参见书林出版有限公司《鲁拜集》（2003）封底。

第一编　文学翻译

> Shall take Jamshyd and Kaikobad away.
> 　　　　　　　　Omar Khayyam, Rubaiyat

> 闻道新红又吐葩，
> 昨宵玫瑰落谁家。
> 潇潇风信潇潇雨，
> 带得花来又葬花。

（黄克孙译，2003）

原文中 Jamshyd，又称 Jamshid，指古波斯王；Kaikobad 是波斯第二王朝的开朝君王。黄先生用花开花落来比喻朝代更替、政权兴亡，与《红楼梦》中黛玉以葬花来感叹人生如出一辙，取得了强烈的互文效果。如改用波斯外来语镶嵌于诗中，不但诗歌的首尾不能相顾，而且诗歌韵味也会消失殆尽。

笔者在翻译教学中，常常贯彻"直译为先，意译为次，直译与意译并行"的翻译原则。讲到诗歌、戏剧等艺术性很强的翻译时，常常鼓励学生衍译，甚至鼓励学生在打好翻译基础的前提下，进行诗歌创作。因为，衍译处在创作的临界线上。我之所以这样做，是因为在20世纪上半叶，有成就的作家和诗人无不是一边翻译一边创作的，以清华外文系为例，就有梁实秋、孙大雨、朱湘、钱锺书、杨绛、曹禺、穆旦、王佐良等。反观如今中国的外文系（外语学院），基本上变成了一个工具院系，文学已不是年轻人的爱好，教师也以传授技能为己任。外文系学者即便做翻译，也不过是以翻译为终极目标而已，为翻译而翻译，没有评论和批评，遑论文学创作。时下，中文和外文变成了"两张皮"，这些都是不应该的，对一些重点综合性大学来说，更是不应该。培养翻译家和文学家应该也是外文系的目标和责任。我希望外文系的教师在教学中，能发现一些学生，热爱语言，热爱文学，热爱翻译，热爱创作，使翻译和写作能成为他们未来生活中的重要部分。

在开设翻译课时，我要求选课学生读过中国的古典和现代诗歌，选修过英美文学和西方文化等课程，且有很好的英汉语基本功。具体到诗歌翻译教学中，互文性则是我教学的重点。我们的翻译是给中国读者看的，好的诗歌翻译应该像英俊漂亮的"混血儿"，让读者有耳目一新的感觉。在这一点上，互文性很有作用。它能够让译者注重互文本，避免一味地发挥母语特长而忽视原文的特色；它能够帮助译者从原文的囚禁中解脱出来，避免亦步亦趋的拙劣模仿。下面是我指导学生做《鲁拜集》诗歌翻译的几个例句，算得上诗歌翻译教学的实验成果，供同仁批评：

原文：
For "Is" and "Is not" with rule and line,
And "Up" and "Down" by logic I define,
Of all that one should care to fathom,
Was never deep in anything but wine.

　　　　　　　　　——Omar Khayyam, Rubaiyat[①]

译文1：
孰是孰非唯尺诺，
吾辨泾渭理中说。
纵有千红君细品，
金樽美酒最堪酌。

译文2：
莫论是与非，
不计短与长。
人生图一醉，
莫为俗世忙。

---

① 英文参见黄克孙译《鲁拜集》第56首，台北：书林出版有限公司2003年版。黄克孙先生的译文是："是非原在有无中，竭想穷思总是空。借问一心何所好，满杯春酒漾娇红。"

第一编　文学翻译

译文3：
循规蹈矩理自清，
何须事事苦辨明？
笑看众人惹尘埃，
我自美酒杯中寻。

译文4：
是是非非皆有定，
碌碌众生求正名。
且当愁思云中影，
笑傲江湖酒一瓶。

译文5：
规矩方圆论是非，
上下求索探真伪。
路遥旨深力卑微，
唯恋美酒金樽杯。

译文6：
是是非非，规规矩矩；
沉沉浮浮，吾欲罢还休；
寻寻觅觅，悲悲戚戚，
世间万物，酒中见分明。

上述是学生翻译习作之一例，学生对原文的理解有不一样，故出现多种风格迥异的译文，这是正常的。在动笔翻译前，每个学生在阅读原诗时都充分调动自己的知识储备，都会融合自己的理解，从而产生了上述翻译的差异性，不过，翻译质量的优良之分，依然可以鉴定。如第一首翻译，在理解和表达方面都做得比较好。以"孰是""孰非"来翻译"is"和"is not"，在音韵上都十分贴切。在诗歌中用"理"来翻译"logic"比用通用的"逻辑"要好，更贴切。取"泾渭"来指涉"up and down"，用"千红"来指涉"all that"，都译得十分巧妙。"fathom"通常用来测量水深，与译文"细品"合义，只是在中国诗歌的语境中，与"千红"关联的茶，不细细品尝，不得其中之味。学生译文之六在翻译处理上有些过，如果是从事创作，可以鼓励。但如果是翻译，还是得收敛一些。其他几首，可能在某些局部有遗憾，但整体效果上还是不错的。

一个有趣的现象是，在指导学生翻译练习时，我通常只给学生诗歌，而不告诉其出处，更不交代背景。这样学生就只能依靠语言符号和语义标记来思考翻译，从而获得了不同的翻译文本。可以看出，不仅学生翻译之间有差别，就拿学生译文与黄克孙先生译文对照，也是大不一样。这恰恰是我希望看到的。这种情况恰恰说明了人文科学与自然科学甚至社会科学的区别，正是因为文本的差异性，文学和诗歌艺术才脍炙人口，充满魅力，翻译也因此而获得新生。

五 结语

诗歌的衍译要尊重原诗固有形式，让译者有充分发挥才能的空间，取两种不同的语言和文化为参照，孵化诗才，力争让译作在精神上与原作保持一致。做到这一点不容易，首先要求译者有正确的翻译策略，有严谨的翻译作风，有精益求精的态度，只有这样才能产生出神入化的译文，在这种译诗中，原文已脱胎换骨，没有留下翻译的"挣扎"痕迹，而是达到了钱锺书先生所说的"化境"。好一个衍译，诗歌翻译因此而延异，翻译评论也因此而激活，艺术的生命也因此而焕发青春。

参考文献

[1] Altieri, C. 2006. The Art of Twentieth-Century American Poetry: Modernism and After. Blackwell Publishing. p. 31.

[2] Benjamin, W. 1969. "The task of the translator". In Illuminations. Harcourt, Brace & World, Inc. pp. 69–82.

[3] Greenblatt, S. et al. (eds.). 2006. The Norton Anthology of English Literature Vol. 2). Norton & Company.

第一编　文学翻译

[4] Hatin, B. 1997. "Intertextual intrusions: Toward a framework for harnessing the power of the absent text in translation".

[5] In K. Simmes (ed.). Translating Sensitive Texts: Linguistic Aspect. Amsterdam-Atlanta: GA. p. 35.

[6] Jacobson, R. 1959 /2004. "On linguistic aspects of translation". In Venuti (ed.). The Translation Studies Reader. 2nd edition, London and New York: Routledge.

[7] Yeats, W. B. 2007. The Green Helmet and Other Poems. Kessinger Publishing.

[8] 陈德鸿、张南峰:《西方翻译理论精选》,香港:香港城市大学出版社2000年版。

[9] 冯契:《哲学大辞典》,上海辞书出版社1992年版。

[10] 黄克孙译:《鲁拜集》,台北:书林出版有限公司2003年版。

[11] 《老子》,湖南出版社1994年版。

[12] 雷纳·韦勒克:《近代文学批评史》,杨自伍译,上海译文出版社1997年版。

[13] 钱锺书:《七缀集》,生活·读书·新知三联书店2002年版。

[14] 钱锺书、林纾:《翻译论集》,罗新璋、陈应年编,商务印书馆2009年版。

[15] 苏正隆:《鲁拜集》序,台北:书林出版有限公司2003年版。

[16] 邵斌:《诗歌创意翻译研究:以〈鲁拜集〉翻译为个案》,浙江大学出版社2011年版。

[17] 佘协斌、张森宽:《沈宝基译诗译文选》,安徽文艺出版社2005年版。

[18] 谭载喜:《西方翻译理论简史》,商务印书馆1991年版。

[19] 闻一多:《莪默伽亚谟之绝句》,载中国翻译工作者协会《翻译通讯》编辑部编,《翻译研究论文集》,外语教学与研究出版社1984年版。

[20] 伍蠡甫:《西方文论选》,上海译文出版社1979年版。

[21] 雪莱:《诗辩》,载伍蠡甫主编,《西方文论选》,上海译文出版社1979年版。

[22] 周作人:《陀螺》序,《翻译论集》(修订版),罗新璋、陈应年编,商务印书馆2009年版。

叙事"隐性进程"对翻译的挑战

申 丹

一 引言

长期以来，虚构叙事作品的翻译一直围绕情节发展展开，译者聚焦于原文中的情节、与情节相关的人物形象、故事背景和表达方式。翻译研究者关注的往往也是与这些叙事成分相关的翻译目的、翻译选择、翻译过程和译文的接受与传播。然而，笔者发现，在不少叙事作品的情节背后，存在一股从头到尾与情节并列前行的叙事暗流。它不同于以往学界所探讨的情节本身的深层意义，一直被文学批评界和翻译研究界的学者所忽略。笔者将这股叙事暗流命名为叙事的"隐性进程"（申丹，2013）；在国际上，则将之称为"covert progression"（Shen，2013；2014）。隐性进程在情节背后的存在对文学翻译提出了新的挑战。同样的文字在这两种叙事运动中或表达出不同的主题意义，塑造出相异的人物形象；或具有不同程度的重要性。对于情节发展无关紧要的文本成分，对于"隐性进程"则可能至关重要，反之亦然。从情节发展来看十分出色的翻译，从隐性进程的角度观察则可能存在较大问题。这给文学翻译研究增加了一个新的层面。

自20世纪80年代文化转向以来，中外译学界均将注意力转向了影响和制约译文生成和接受传播的各种文本外因素，这在很大程度上弥补了以往翻译研究的不足，但同时也在很大程度上忽略了文学翻译中应如何争取尽量正确理解原文的问题。解构主义、女性主义和后殖民主义等分支对翻译忠实性的挑战,也加重了这种忽略。然而,在文学翻译中,首先应该尽可能地了解原文丰富复杂的内涵,在此基础上,译者可以争取较好地传递原文的意义,也可以出于各种实用和意识形态目的对原文进行改动和操控。无论是什么情况,尽量正确理解原文丰富复杂的意义是翻译成功的一大前提。本文对于如何理解和翻译隐性叙事进程的探讨,目的之一即是帮助弥补文化转向以来对文本关注的不足。

本文聚焦于四个短篇故事中的隐性进程对文学翻译提出的挑战:凯瑟琳·曼斯菲尔德的《苍蝇》和《心理》,凯特·肖邦的《一双丝袜》,以及埃德加·爱伦·坡的《泄密的心》。翻译这些作品的译者均旨在较好地传递原文的意义。从情节发展来看,这些译文令人相当满意;然而,若从情节背后隐性进程的角度来观察,译文则存在不同程度的问题。

二 《苍蝇》中的隐性进程与翻译

曼斯菲尔德的《苍蝇》(1922)是其最著名的作品之一,情节可以概括为:退了休也中过风的伍迪菲尔德先生每周二去一趟老板的办公室,拜访这位老朋友。这次,他告诉老板他女儿到比利时给自己阵亡儿子上坟时,看到了近处老板阵亡儿子的坟墓。伍先生走后,老板回忆起儿子的一生和失去儿子的痛苦。他看到一只苍蝇掉到了墨水壶里,挣扎着想爬出来。老板先用笔把苍蝇挑出来,而当苍蝇正想飞走时,老板改变了主意,反复往苍蝇身上滴墨水,直到苍蝇死去。老板突然感到极为不幸和害怕,也忘了自己刚才在想什么。这一情节发展围绕战争、死亡、悲伤、无助、施害/受害、苍蝇的象征意义等展开。在这一情节进程的后面,存在一个隐性进程,朝着另外一个方向走,可以概括为:在作品开头,看上去对情节发展无关紧要的文本成分交互作用,暗暗聚焦于对老板虚荣心的反讽。随着隐性叙事进程的推进,老板中了风的老朋友、整修一新的办公室、女人、老员工、老板的儿子和苍蝇都暗暗成了反讽老板虚荣自傲的工具,构成一股贯穿全文的道德反讽暗流。笔者另文(申丹,2012)从头到尾详细追踪了《苍蝇》的隐性叙事进程;在此,仅选取作品的开头和结尾来看隐性进程对翻译的挑战。这是开篇第一句:

> (例1)"Y' are very snug in here," piped old Mr. Woodifield, and he peered out of the great, green-leather armchair by his friend the boss's desk as a baby peers out of its pram. (Mansfield, 1984a: 529)

作品以直接引语"你在这儿可真舒服啊(Y' are very snug in here)"开头,显得突兀,在读者阅读心理中占据突出位置。按道理,伍德菲尔德自己觉得舒服才会发出感叹,作品第一句排除自我的"你在这儿"显得不合情理,而且以此开篇也颇显突兀。这句话突出的是伍先生对老板的羡慕,与稍后的叙述评论相呼应:"事实上,老板对自己的办公室是十分得意的;他喜欢人家称赞他的办公室,尤其是听老伍德菲尔德这么说。"(Mansfield, 1984a: 530)作品开篇突如其来的"你在这儿可真舒服啊"在情节发展中无关紧要,但在以反讽老板的虚荣自傲为目标的隐性进程中则十分重要。让我们看看陈良廷的译文:

> 伍德菲尔德老先生在一个当老板的朋友那儿作客,他坐在办公桌旁边一张绿皮大扶手椅上,探头探脑的,就像小宝宝坐在摇篮车里往外探头探脑一样,他尖声说:"这儿可真舒服啊。"(1983: 262)

获授"中国资深翻译家"称号的陈先生是经验丰富的翻译大家。从情节发展来看,译文传神、相当到位。然而,从隐性进程的角度来观察,译文则存在较大问题。曼斯菲尔德为了衬托老板的虚荣自傲而刻意置于篇首的直接引语被译者根据翻译规范后置,从而在读者的阅

· 97 ·

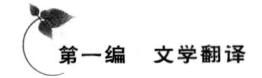

读心理中不再显得突出。对于隐性进程非常重要的第二人称代词"你"("你在这儿可真舒服啊")在译文中被删除。在隐性进程中"你在这儿可真舒服啊"表达的是伍先生对老板的羡慕,而译文中的"这儿可真舒服啊"则是伍先生对自己的舒适发出的感叹,因此在很大程度上失去了反讽老板虚荣自傲的作用,对于隐性进程的表达有一定损伤。

这是作品的最后一段:

(例2)"Bring me some fresh blotting-paper," he said sternly, "and look sharp about it." And while **the old dog padded away** he fell to wondering what it was he had been thinking about before. What was it? It was…He took out his handkerchief and passed it inside his collar. **For the life of him he could not remember**.(Mansfield, 1984a: 533,黑体为引者所加)

作品以老板的健忘作为结尾,这与"苍蝇"的标题看上去无关,与战争、死亡、悲伤等情节发展的主题意义也无甚关联。但是,对于反讽老板虚荣自傲的隐性叙事进程则有着至关重要的作用。请比较作品中间的一段:

(例3)"There was something I wanted to tell you," said old Woodifield, and his eyes grew dim remembering. "Now what was it? I had it in my mind when I started out this morning." His hands began to tremble, and patches of red showed above his beard. Poor old chap, he's on his last pins, thought the boss.(Mansfield, 1984a: 531)

此处,面对伍先生的健忘,老板的优越感达到了顶点,居高临下地想着"可怜的老家伙活不长了(Poor old chap, he's on his last pins)"。在作品的开头,老板面对伍先生的病弱洋洋自得:"他坐镇在办公室中央,眼看着这个虚弱的老头子围着围脖儿,自己深深地、实实在在地感到心满意足了（a feeling of deep, solid satisfaction）。"（Mansfield，1984a：529）因为虚荣心作祟，老板看到中了风的老朋友虚弱无助，不是感到同情，而是因能反衬出自己的强健而格外洋洋自得。曼斯菲尔德反讽性地采用了"deep"和"solid"来修饰老板这种自私的虚荣心。如果说伍先生的健忘给了老板极强的优越感的话，我们在作品的最后一段却看到了老板与伍先生相似的困境和窘迫。例3中的伍先生因为想不起来而着急，"在胡子上方出现了块块红斑（patches of red showed above his beard）"，而例2中的老板也因为想不起来而着急，身上冒出了冷汗，只好"掏出手绢，在领子里擦擦脖子"。曼斯菲尔德刻意采用了完全一样的词语"what was it?（是什么来着?）"来凸现两人健忘的相似，并且采用了"无论如何（for the life of）"来强调老板的健忘。作品的最后一句在读者的阅读心理中位置显著。作品很突兀地以"他无论如何想不起来了"戛然终结，突出了老板的健忘。这是对老板虚荣自傲的强烈反讽：他跟伍先生同样健忘，没有理由把自己摆到居高临下的优越位置上。此外，在这一结尾段中，办公室的老雇员被称为"老狗（old dog）"。请看作品前文中的相关描写：

（例4）while the grey-haired office messenger, watching him, dodged in and out of his cubby-hole like a dog that expects to be taken for a run.（Mansfield，1984a：531）

虽然此处的视角是叙述者的，但将老员工描述成"一条狗（a dog）"则是叙述者对老板自傲眼光的戏仿。在老板眼里，头发灰白的老员工只不过是一条狗，而此处的"躲躲闪闪（dodged）"和结尾处的"轻轻退出（padded away）"也反映出老员工的低三下四，这显然是为了迎合老板的虚荣自傲。让我们看看陈良廷先生是如何翻译结尾段的：

"给我拿点干净的吸墨纸来，"他严厉地说，"快去。"老头

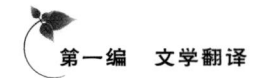

儿轻轻退出去了。他又纳闷起来，刚才他在想什么呢？是什么事情来着？是……原来……他掏出手绢，在领子里擦擦脖子。他有生以来第一回记不得了。(1983：268)

从情节发展来看，译文令人满意。但从隐性进程的角度来观察，译文则存在明显缺陷。颇具反讽意味的"the old dog"被翻译成了中性的"老头儿"，从而失去了反讽老板自傲的功能。对于隐性进程起着重要作用的强调性状语"无论如何（For the life of）"被翻译成时间状语"有生以来第一回"。原文中的隐性进程旨在暗暗强调老板与他看不起的伍先生同样健忘，以此来反讽他的自傲。译文表达的则是老板以前从不健忘，这次是唯一的例外——这显然不同于中过风的伍先生的经常健忘。这样的改动使作品的结尾失去了反讽老板自傲的作用，对隐性进程造成较大损伤。

三　《心理》中的隐性进程与翻译

曼斯菲尔德的《心理》发表于1919年，近一个世纪以来，中外批评家对其情节发展进行了各种大同小异的总结，这是其中的一种：

《心理》描述了一对作家恋人的相会。这是时尚的"现代型"的恋人，力图达到以"纯洁"友谊为基础的理性相爱的理想境界。故事聚焦于这种分裂：一方面是两人心摇神荡的激情相恋和复杂情感，另一方面则是两人平静无波的柏拉图式的精神恋爱理想。(Dunbar，1997：100-101)

尽管表述不同，但批评家们达成了一种共识：在《心理》的情节发展中，男女主人公相互激情暗恋却竭力保持柏拉图式的纯洁友谊。然而，在情节背后的隐性进程里，我们看到的则是女主人公单相思，不断把自己的激情暗恋投射到并未动情的男主人公身上。笔者另文（申丹，2015a）从头到尾追踪了《心理》中情节背后的隐性进程。

在此，我们仅选取一个片段来探讨隐性进程给翻译带来的新挑战。

　　She lighted the lamp under its broad orange shade, pulled the curtains, and drew up the tea table. Two birds sang in the kettle; the fire fluttered. **He sat up clasping his knees**. It was delightful—this business of having tea—and she always had delicious things to eat—little sharp sandwiches, short sweet almond fingers, and a dark, rich cake tasting of rum—but **it was an interruption**. He wanted it over, the table pushed away, **their two chairs drawn up to the light**, and the moment came when he took out his pipe, filled it, and said, pressing the tobacco tight into the bowl: "I have been thinking over what you said last time and it seems to me⋯" Yes, that was what he waited for and so did she. Yes, while <u>she shook the teapot hot and dry over the spirit flame</u> <u>she saw those other two</u>, him, leaning back, taking <u>his ease among the cushions, and her, curled up *en escargot* in the blue shell arm-chair.</u>（Mansfield, 1984b: 318 - 319，黑体和下划线为引者所加）

　　（译文 A）她点起了那橘色罩子的灯，扯拢了窗幕，摆好了茶桌子。水壶里两只小鸟唱起来了，火焰震跃着。他坐起来，两手扳住膝头。吃茶固是一桩有趣味的事，——她这里常有好东西吃——尖小的夹饼，短而甜的杏仁条儿，浓厚的黑糕带着一点酒味——虽然如此，吃茶究竟是一桩打岔。他巴不得茶早完了，桌子挪开了，他们的两只椅子挪近了炉火，那时候，他摸出他的烟斗，装上烟叶，一面用手指去压紧斗杯里的茶叶，一面说："我们上回说的话，后来我曾想过，我以为⋯⋯"是的，那是他渴望的，也是她渴想的。是的，当她摇动那酒精灯上的小壶的时候，她看见了他们俩的影子，——他很适意地倒在那一堆软垫上，她盘蜷在那浅蓝的坐椅上。（胡适，2014：146）[1]

　　（译文 B）她站在昏黄的阴影中把灯点亮，拉上窗帘，搬出茶几。水壶上两只鸟嘴在叫，火光一明一灭地闪烁着。他双手抱

· 101 ·

第一编 文学翻译

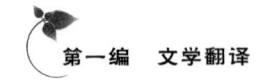

膝坐在那里。喝茶这种活儿是很惬意的。她还总是弄些好吃的东西——比如味道很冲的小块三明治，小个甜杏仁棒，还有一种黑郎姆酒味的糕饼。这不过是一种消遣。他只想这件事赶快结束，然后推开桌子，两把椅子对着灯光摆开，这时他拿出烟斗，装满烟，把烟草结结实实地压到烟斗里，然后说："我一直在想你上次对我说的那些话，我觉得好像……"是啊，他一直等待的就是这个，她也在等着这个时刻。她摇晃着茶杯让水冷却，抑制着心灵的火焰。看这两个人，他背靠沙发样子很放松，她呢，像蜗牛一样蜷缩在蓝色贝壳手扶椅中。（杨向荣，1999：39）

在情节发展中，我们看到相互暗恋的男女双方的思想活动。然而，在情节背后的隐性进程里，我们则仅仅看到女方的心理活动（从"It was delightful"开始，我们就进入了女方的内心世界）。在女方看来，喝茶是对两人充满爱意的潜心交流的"一种干扰（an interruption）"，因此希望尽快喝完。她把这种愿望投射到男方脑海里，幻想着"他只想[喝茶]这件事马上结束……"。对于隐性进程至关重要的是"she saw those other two（她看到了另外那两位）"这一表述。"另外那两位"回指"He wanted… their two chairs drawn up to the light（他只想……他们的两把椅子对着灯光摆开）"之后，坐在椅子上的男女双方。这一回指明确无误地表明前文中的"他只想……"是女主人公投射到男主人公脑海里的，此时她在延续那一幻想。让我们比较一下现实中和女方幻想中两人的行为：

现实中的两人：	与此同时，女方幻想中的两人：
他双手抱膝端坐在那里等候喝茶。	他已喝完茶，向后靠在椅子的靠垫上，很放松，准备交谈。
她拿着茶壶在酒精火焰上晃动[把壶烤干烤热]，准备冲水沏茶	她已喝完茶，像蜗牛一样蜷缩在扶手椅中，准备交谈

如果仅仅看情节发展，两种译文均令人满意地传递了原文的主题意义和人物形象；但从隐性进程的角度来观察，两者则不尽人意。在（A）中，译者将"she saw those other two"翻译成"她看见了他们俩的影子"。由于"影子"一词为新信息，因此失去了回指功能。无论观察多么仔细，读者都无法洞察到前文中的"他只想……"实际上是女方投射到男方身上的幻觉。在（B）中，译者则将女主人公的眼光"she saw those other two..."转换成了叙述者的眼光"看这两个人……"，同时也把幻想中的事情转换成了正在眼前发生的事情，因此也无法看到隐性进程。总体来看，由于长期批评传统的影响，两种译文仅仅围绕情节发展进行翻译选择，其结果是隐性进程在两种译文中均不复存在。

笔者另文（申丹，2015a）详细探讨了曼斯菲尔德在《心理》中如何制造了情节发展与隐性进程这一虚一实、一假一真、明暗相映的双重叙事运动。情节发展中男女主人公的"实际"言行反衬出隐性进程里女主人公的相关幻觉；情节发展中两人的相互激情暗恋反衬出隐性进程里女主人公单方面的相思相恋；情节发展中视角在男女主人公之间的来回变换，也反衬出隐性进程里固定不变的女主人公视角。如果仅仅看到情节发展（把女方投射到男方身上的幻觉当成实际发生的事），就难以看到两人之间的性格差异；而如果能看到隐性进程，就能看到性情呆板、缺乏想象力的男主人公与性情浪漫、想象力极为丰富的女主人公之间的截然对照。正是通过这种多层次的反衬对照，曼氏极其微妙又富有戏剧性地揭示出单相思女主人公的性格特征和心理状态。在翻译中，如果不能传递情节背后的隐性进程，就难以再现作者通过双重叙事运动有意创造的双重人物形象、双重视角模式和由此产生的丰富的主题意义和卓越的艺术价值。

隐性进程对作品标题的翻译也提出了挑战。标题的原文是"Psychology"，该词可译为"心理"，也可译为"心理学"。民国时期的胡适采用了"心理"，而当代中国翻译界和学术界则一致采用了"心理学"。作品的男主人公是小说家，在与身为剧作家的女主人公交谈时，提到自己在考虑是否把下一部小说写成心理小说，并与之探讨心理

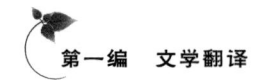

学、精神分析与文学创作的关系。如果仅仅看情节发展,可以译成"心理学"。然而,作品的隐性进程聚焦于单相思女主人公的心理状况,标题仅适于翻译成"心理"。此外,情节发展本身也着重揭示男女主人公的心理状态和心理游戏。如果综合考虑,译成"心理"更为合乎情理。

四 《一双丝袜》中的隐性进程与翻译

肖邦的《一双丝袜》(1897)是19世纪和20世纪之交"美国文学中的最佳短篇小说之一"(Koloski,1996:73)。批评界一直从女性主义的角度对这一作品的情节发展加以解读,围绕传统的贤妻良母角色对女性的束缚,女性在家庭责任与自我实现矛盾中的挣扎与觉醒,女性主体意识的建构等方面展开;也有批评家从消费主义或消费文化对人物的影响和操控这一角度展开探讨(Stein,2004;Arner,2009)。然而,在以女性主义和消费主义为主导的情节发展的背后,还存在一个以自然主义为主导的隐性叙事进程,可以概括为:出身于富裕家庭的女主人公在嫁给贫穷的丈夫并成为多个孩子的母亲后,行为举止和心理状态变得和贫家主妇完全一样。她意外得到15美元,这笔偶然之得给了她一种婚后就失去了的重要感。到商场后,她的手无意中触碰到了精美的丝袜,在外部诱惑和内部冲动之下,她给自己买了一双丝袜,接着又给自己买了婚前穿戴的那种时尚的鞋、手套、昂贵的杂志,到婚前经常光顾的高档餐厅用餐,还到剧院看演出。在这些外在环境因素的作用下,她的行为举止和心理状态都迅速向婚前那种富有阶层回归,她想保留这种状况,但只能奢望永远生活在这种梦幻般的境遇里。在这一隐性进程中,占据中心位置的是个人与环境的关系——环境变化对人物心态和行为所产生的决定性影响。女主人公既不代表受男权社会压迫的女性,也不代表受消费文化影响的购物者,而是代表受环境变化左右的个体。对于隐性进程至关重要的是从情节发展来看貌似偏离主旨的一些文字,譬如下面这一片段中的黑体字:

The neighbors sometimes talked of **certain "better days" that little Mrs. Sommers had known** before she had ever thought of being Mrs. Sommers.（Chopin，1996：56，黑体为引者所加）

无论是从女性主义还是从消费主义的角度看情节发展，这些文字都无关紧要，甚或离题；但在自然主义的隐性进程中，这些文字则至关重要。隐性进程强调的是环境决定论：萨默斯太太曾身为富家女，婚后成为贫家妇，在意外得到15美元之后，她得以像婚前那样消费，而她的心态随着环境因素的变化彻底发生变化（详见申丹，2015b）。这是文中第一次提到萨默斯太太婚前的日子，在隐性进程中占据重要地位，需要直接点出萨太太曾身为富家女的身份。"know"这个词的意思之一是"经历；体验"，商务印书馆出版的《最新高级英汉词典》（2007）给出了这样的例句和翻译："He's known better days"（他可过过好日子）；"He knew poverty and sorrow in his early life"（他在早年生活中经受过困苦）。请看下面的译文：

邻居们时不时聊起过去的"好时光"。那种好时光，萨默斯太太是见识过的，那还是早在她想到成为萨默斯太太以前的事。（杨瑛美，1997：158）

从情节发展来看，把原文中的"certain 'better days' that little Mrs. Sommers had known"翻译成"那种好时光，萨默斯太太是见识过的"没有任何问题。但从隐性进程的角度来观察，则需要翻译成"过过那种好日子"或者"享受过那种好日子"，这样才能明确点出女主人公曾身为富家女。此外，无论是从隐性进程还是从情节发展来观察，也值得保留修饰女主人公的形容词"little"。这一作品以"Little Mrs. Sommers"开头，形容词"Little"作为开篇第一词，在读者的阅读心理中位置突出。这个词有可能一方面客观形容人物身材的纤小，另一方面则带有象征意义。在自然主义的隐性进程中，该词暗指女主人公像其他人一样，受环境变化左右。从女性主义情节发展的角

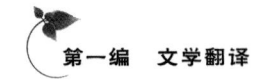

度看，这一形容词则暗指女主人公像类似的女性一样，由于"过多的自我牺牲导致其自我隐身的状况"（Valentine and Palmer, 1987: 62 - 63）；从消费主义的角度来说，该词可暗指消费文化中的购物者受消费意识形态的操控。综合来看，更为合适的译法是"小小的萨默斯太太享受过那种好日子"。

五 《泄密的心》中的隐性进程与翻译

坡的《泄密的心》（1843）的情节发展可以概括为：一个神经质的主人公——叙述者讲述了自己对同居一屋的老头的谋杀。他认为那从不曾伤害过他，也从不曾侮辱过他的老头长了只秃鹰眼，使他难以忍受。在午夜打开老头的门，暗暗侦查了一周之后，他进入老头的房间将其杀害，并肢解了尸体，埋在地板下。当警察来搜查时，他十分紧张地听到了地板下老头心脏愈来愈大的跳动声，终于忍受不了而承认了自己的罪行。在围绕"我"对老头的谋杀展开的情节后面，有一个围绕其虚伪伪装和无意识的自我道德谴责展开的隐性叙事进程，这股叙事暗流构成贯穿作品始终的戏剧性反讽（详见 Shen, 2014: 32 - 49）。对于隐性进程而言，最为重要的是作品最后一段中笔者用黑体标示的文字：

"**Villains**!" I shrieked, "**dissemble no more**! I admit the deed! —tear up the planks! here, here! —It is the beating of his hideous heart!"（Poe, 1984a: 559）

这是作品最后的文字。在埃德加·爱伦·坡的美学思想中，作品的结局是最为重要的。他认为作者应该随时想着作品的结局，全文都"必须朝着结局发展"（Poe, 1984b: 13）。对于围绕谋杀展开的情节来说，最为重要的是与标题直接呼应的最后一句"It is the beating of his hideous heart!（这是他可怕的心在跳动!）"。而对于情节背后的隐性进程而言，最为重要的则是"Villains! dissemble no more!（恶棍!

别再装了!)"。主人公—叙述者在整个谋杀过程中都进行了处心积虑的伪装并对自己的伪装自鸣得意。正是因为他自己一直在佯装,所以在结局处他怀疑警察听到了埋在地板下的老头的心跳声,却佯装不知,而实际上在这个怪诞的故事世界里,只有自称听觉格外敏感、可以听见天堂和地狱之声的这位凶手才有可能听到被害老头的心跳。他对警察的怒喝:"恶棍!别再装了!"是一种无意识的自我道德谴责——实际上只有他一人在佯装,他把自己的虚伪佯装投射到了警察身上,因此他对警察的怒喝构成强烈的戏剧性反讽。

让我们看看曹明伦的译文:

"你们这群恶棍!"我尖声嚷道,"别再装聋作哑!"(1995:625)

曹明伦不仅是经验丰富的高水平译者,而且十分坚持"以忠实为取向的翻译标准"(曹明伦,2006)。就情节发展而言,译文十分到位。但在添加了人称代词"你们"和把"dissemble no more"具体化成"装聋作哑"之后,就整个破坏了围绕凶手无意识的自我道德谴责展开的隐性叙事进程。原文中出自凶手之口的"恶棍(Villains)"在指称上可以包括凶手本人,也实际上仅仅指向凶手本人——他是这个故事世界里唯一虚伪佯装的恶棍,而添加了人称代词"你们"之后,恰恰排除了对凶手本人的指涉。此外,在把"dissemble"具体化成"装聋作哑"之后,也完全排除了对凶手本人的指涉,因为他的佯装始终没有"装聋作哑"的成分;在作品的结局处,他还一再提高自己的嗓门,力图用自己的声音来掩盖受害者的心跳,佯装无辜。在翻译"Villains! dissemble no more!"时,曹明伦做出了忠实于情节的具体化翻译选择,但却由于这一符合翻译规范的局部的具体化,而整个失去了围绕凶手无意识的自我道德谴责展开的隐性叙事进程,失去了其表达的具有很高艺术价值的贯穿全文的戏剧性道德反讽。

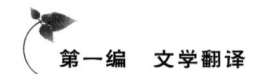

六　应对"隐性进程"新挑战的策略

面对不少叙事作品中存在的隐性进程，我们需要采取相应的对策。就译者而言，如果翻译目的是较好地传递原文的主题意义和人物形象，则需要在以下几方面做出努力。

第一，译者首先作为原作品的读者，要打破长期以来批评传统的束缚，改变以往仅仅关注情节发展的思维定式，着力探索在情节的背后是否还存在一股并行的叙事暗流。

第二，如果译者通过细致反复的阅读成功捕捉了这股暗流，就需要格外注意对之至关重要而对于情节发展无关紧要的文本成分。这些成分有可能是词语选择（如《泄密的心》的"Villians"或《一双丝袜》的"had known"）、句式结构（如《苍蝇》的开头句型）、文本逻辑（如《心理》"those other two"的前文指涉），还有可能体现在原作品的其他写作方式中。译者应将这些内容标记为翻译过程中需着重考虑的文本细节和特点。

第三，翻译过程中，需要从头到尾都注意选择既能表达情节中的意义又能表达隐性进程中的意义的语言成分，并从词语的安排、句型的构建、结构的调整、逻辑的契合、文风的塑造、注释的添加等多方面入手，着力同时传递这两种并列前行、贯穿全文的叙事运动。

第四，充分利用中文的特点和优势来翻译原作品中的隐性进程。例如，在坡的《泄密的心》中，原文中的"Villians"为明确的复数形式，这在英文中是无可避免的，而中文中的名词没有复数标记，"恶棍"一词可以指数人，也可以仅指一人。此处选用"恶棍"一词，就可以更好地传递隐性进程中凶手无意识自我谴责的效果。

从翻译学的角度来看，需要系统深入地开展隐性进程翻译的研究。就含有隐性进程的作品而言，需要将针对情节建立的翻译标准和规范改为针对情节发展和隐性进程双重叙事运动的标准和规范。为了建立并保持这一规范，在翻译教学课堂、教科书和教学方法中增加相关内容,并使讲授翻译技巧和翻译理论的教师充分意识到双重叙事运动翻译的重要性。在文学评论和翻译理论互相影响互相促进的文学翻译研究领域里,在文学译者的亲身实践和努力下,使隐性进程的翻译成为一种自觉意识,得到足够的重视和不断推进。

七 结语

从古至今,中外文学评论界和翻译界均围绕情节展开对虚构叙事作品的阐释、翻译或翻译研究。然而,在不少虚构叙事作品中,存在与情节并行的贯穿文本始终的隐性进程。如果在翻译中看不到这股叙事暗流,就难以较好地传递作品丰富复杂的主题意义;就很可能会失去人物形象的一个重要层面,甚或失去作者意在塑造的真正的人物形象和人物之间的关系(如《心理》);也会在很大程度上失去原作重要的审美价值。隐性进程的存在对翻译实践、翻译研究和翻译标准均提出了新的挑战。从现有标准来看相当到位的翻译,从隐性进程的角度来观察,则可能存在较大缺陷。若要应对这样的挑战,在翻译时,我们需要有意探索是否在原文情节发展的背后还存在一股并行的叙事暗流。如果发现这股暗流,我们需要采取必要的应对策略。此外,面对这样的挑战,我们还需要调整翻译研究的范围和对象,制定新的翻译标准,推出新的翻译规范。无论翻译的目的和策略是什么,在面对具有双重叙事运动的作品时,观察到情节背后的隐性进程并采取相关应对措施是翻译成功的重要前提。

(原载于《外语研究》2015年第1期)

注 释

1. 胡适采用了忠实于原文的译法,但仅完成了原文一半文字的翻译。

参考文献

[1] Arner, R. D. 2009. On first looking (and looking once again) into Chopin's fiction

[C] // B. Koloski. *Awakenings*: *The Story of the Kate Chopin Revival*. Baton Rouge: Louisiana State University Press: 112 – 130.

[2] Chopin, K. 1996. A pair of silk stockings [C] // Kate Chopin. *A Pair of Silk Stockings and Other Stories*. New York: Dover Publications: 55 – 59.

[3] Dunbar, P. 1997. *Radical Mansfield* [M]. Basingstoke: Macmillan.

[4] Koloski, B. 1996. *Kate Chopin*: *A Study of the Short Fiction* [M]. New York: Twayne.

[5] Mansfield, K. 1984a. The fly [C] // A. Alpers. *The Stories of Katherine Mansfield*. Auckland: Oxford University Press: 529 – 533.

[6] Mansfield, K. 1984b. Psychology [C] // A. Alpers. *The Stories of Katherine Mansfield*. Auckland: Oxford University Press: 318 – 323.

[7] Poe, E. A. 1984a. The tell-tale heart [C] // *Edgar Allan Poe*: *Poetry and Tales*. New York: Literary Classics of the United States: 555 – 559.

[8] Poe, E. A. 1984b. The philosophy of composition [C] // G. R. Thompson, *Essays and Reviews by Edgar Allan Poe*. New York: Literary Classics of the United States: 13 – 25.

[9] Shen, D. 2013. Covert progression behind plot development [J]. *Poetics Today* 34 (1 – 2): 147 – 176.

[10] Shen, D. 2014. *Style and Rhetoric of Short Narrative Fiction*: *Covert Progressions Behind Overt Plots* [M]. New York and London: Routledge.

[11] Stein, A. 2004. Kate Chopin's 'A pair of silk stockings': The marital burden and the lure of consumerism [J]. *Mississippi Quarterly* 57 (3): 357 – 368.

[12] Valentine, K. B. and J. L. Palmer. 1987. The rhetoric of nineteenth-century feminism in Kate Chopin's 'A pair of silk stockings' [J]. *Weber Studies* 4 (2): 59 – 67.

[13] 曹明伦译:《泄密的心》,《爱伦·坡集:诗歌与故事》上册,生活·读书·新知三联书店 1995 年版,第 619—625 页。

[14] 曹明伦:《论以忠实为取向的翻译标准》,《中国翻译》2006 年第 4 期,第 12—19 页。

[15] 陈良廷译:《苍蝇》,陈良廷、郑启吟等译,《曼斯菲尔德短篇小说选》,上海译文出版社 1983 年版,第 262—268 页。

[16] 胡适译:《心理》,《胡适译文集:外国短篇小说》,上海译文出版社 2014

年版，第 145—148 页。

[17] 申丹：《叙事动力被忽略的另一面——以〈苍蝇〉中的"隐性进程"为例》，《外国文学评论》2012 年第 2 期，第 119—137 页。

[18] 申丹：《何为叙事的隐性进程？如何发现这股叙事暗流？》，《外国文学研究》2013 年第 5 期，第 47—53 页。

[19] 申丹：《双向暗恋背后的单向投射：曼斯菲尔德〈心理〉中的隐性叙事进程》，《外国文学》2015a 年第 1 期。

[20] 申丹：《女性主义和消费主义背后的自然主义：肖邦〈一双丝袜〉中的隐性叙事进程》，《外国文学评论》2015b 年第 1 期。

[21] 杨向荣译：《心理》，《曼斯菲尔德短篇小说选》，外文出版社 1999 年版，第 37—47 页。

[22] 杨瑛美译：《一双丝袜》，萧邦著：《觉醒》，辽宁教育出版社 1997 年版，第 157—162 页。

五四初期西诗汉译的六个误区
及其对中国新诗的误导

王东风

朱自清在《中国新文学大系·诗集》的导言中对五四新诗的起源有一个定论，他说，对新诗"最大的影响是外国的影响"。① 这也一直是学术界的共识。从翻译学的角度看，这影响必定是通过诗歌翻译这个媒介而发生的。但让了解西方诗歌的人感到困惑的是，新诗与西方诗歌并不是很像。回顾五四时期新诗萌芽之初的西诗汉译，我们会清楚地看到，当时的（尤其是胡适的）诗歌理念和诗歌翻译方法对于后来的新诗发展和西诗汉译的方法具有纪元性的影响，其中存在着一系列明显的误区。这些误区不仅定义了新诗曾经和目前的困惑，也导致西诗汉译曾经和目前所存在的种种争议。从今天的角度回看当时的诗歌翻译，至少可以看出六个很明显的误区——

误区之一：理念上的矛盾

新诗运动的主要发起人胡适认为，"西洋的文学方法，比我们的文学，实在完备得多，高明得多，不可不取例"。② 至于应该怎么学，他也提出了一个办法："我们如果真要研究文学的方法，不可不赶紧

---

① 朱自清：《中国新文学大系·诗集》导言，载赵家璧编《中国新文学大系》第八集，上海文艺出版社1935年版，第1页。
② 胡适：《建设的文学革命论》，《新青年》1918年第4卷第4号，第304页。

翻译西洋的文学名著,做我们的模范。"① 但与此同时,他又提出了著名的"八不主义":

一、不做"言之无物"的文字。

二、不做"无病呻吟"的文字。

三、不用典。

四、不用套语烂调。

五、不重对偶,文须废骈,诗须废律。

六、不做不合文法的文字。

七、不摹仿古人。

八、不避俗话俗字。②

由此不难看出胡适在理念上的一个矛盾:既然要向"西洋的文学"学习,怎么又会提出这八条禁忌?因为这八条几乎条条都是反西方诗学的。虽然我们从中似乎可以看出美国印象派(今多作"意象派")的影子,但从时间上看,胡适的"八不主义"形成于他日记中的《印象派诗人的六条原理》③之前。由其日记可见,他的"八不主义"最初见于他1916年8月21日的日记,而《印象派诗人的六条原理》则见于他同年12月26日的日记。他在这篇日记中录下了《纽约时报》上的一篇关于印象派诗歌主张的文章,并将其译成了中文。在日记的结尾处,他写道:"此派所主张与我所主张多相同之处。"④ 即便胡适在写这篇日记之前,就已经了解了"印象派"的诗歌主张,以他的学识而言,他也是不会把"印象派"等同于整个"西洋的文学"的,而从胡适翻译的英语诗歌来看,能入他法眼的也并不是印象派的诗歌,而恰恰都是些没有"废律"的英诗。他的第一部新诗诗

---

① 胡适:《建设的文学革命论》,第305页。黑体着重为引者所加。

② 胡适《建设的文学革命论》,第289—290页。

③ 胡适:《印象派诗人的六条原理》,载胡适《胡适留学日记》下,安徽教育出版社1999年版,第443—446页。

④ 胡适《印象派诗人的六条原理》,第446页。

第一编 文学翻译

集《尝试集》上所收录的四首译诗就没有一首是"印象派"的诗歌，如胡适在新文化运动之前翻译的拜伦的《哀希腊歌》（1914），以下是该诗的第一节的原文和译文：

The Isles of Greece, the Isles of Greece!	嗟汝希腊之群岛兮，
Where burning Sappho loved and sung,	实文教武术之所肇始。
Where grew the arts of war and peace,	诗媛沙浮尝咏歌于斯兮，
Where Delos rose, and Phoebus sprung!	亦羲和、素娥之故里。
Eternal summer gilds them yet,	今惟长夏之骄阳兮，
But all, except their Sun, is set.	纷灿烂其如初。
	我徘徊以忧伤兮，
	哀旧烈之无余！①

原文是严谨的格律体，译文则用归化的方式以骚体对应。原文的主要诗学形态特征如行数、缩行形态、音步（抑扬格四音步）、韵式（ababcc）等，在译文中均没有体现出来，因此从诗的角度上来看，译文读者与其说读到的是拜伦的诗，不如说是胡适借原文的内容而作的骚体诗。虽然这一归化的翻译方法表现出译者对原文诗学形态的不尊重，但起码对诗学和中国的诗学传统还是有一点尊重的，因为如此译法还算是以诗译诗。但《关不住了》这首被胡适称为"新诗的纪元"的译诗之中，他对中西诗学传统均是一副漠视的态度。以下是该诗第一节的原文和译文：

I said, "I have shut my heart,	我说"我把心收起，
As one shuts an open door,	像人家把门关了，
That Love may starve therein	叫'爱情'生生的饿死，
And trouble me no more."	也许不再和我为难了。"②

---

① 裴仑：《哀希腊歌》，胡适译，载胡适编《尝试集》，人民文学出版社2000年版，第95、101页。
② Sara Teasdale：《关不住了》，胡适译，《新青年》1919年第6卷第3号，第280页。

原文的韵式和节奏在译文中均没有被体现出来，尤其不同的是"了"字韵的使用，该韵的特点是"了"字前的字押韵，即"关"和"难"，这种韵式并非是原文的特征。这样的翻译方法以及由此译法而体现出来的诗体对于后来的诗歌翻译和新诗创作具有很大的误导性。就这首被称为"新诗的纪元"的译诗而言，其忠实原文的地方，除了内容，主要都是些不存在翻译困难的地方，如分行、分节、标点。不忠实原文的地方则集中在诗体方面，如韵式和音步。这种自由化的、无视原文格律的译诗方法为后来的西诗汉译树立了一个榜样，主流的西诗汉译方法均因此而定调，其影响至今犹在。

这正是胡适在向西方诗歌学习时理念上的一个误区：一方面声称要通过翻译向西方诗歌学习，一方面却又在翻译时没有把原文的主要诗体特征体现出来。居然把本用来要求新诗创作的"诗须废律"用到了翻译之上。这显然是混淆了作诗和译诗的差异。

之所以会出现这样一个理念上的矛盾，更深层的原因是胡适并没有意识到，中国诗歌究竟要向他所翻译的那些西方诗歌学习什么？论节奏，西方诗有节奏，中国诗也并不是没有，其丰富程度并不亚于西方诗歌，最后中国新诗果然没有套用在西方诗歌中占主导地位的节奏；论押韵，西方诗歌和中国诗歌也都有，最终新诗也并没有挪用西方诗歌的主要韵式，如英雄偶句体的韵式、十四行诗的韵式，等等；论诗体，中国的诗体形态也并不比西方诗歌的诗体少，若把词体算进来，则远比西方的诗体多。但有几种西方诗体中国诗人不是很擅长，突出的是史诗类的长篇叙事诗，这种诗体中国诗人倒也很快就学会了，但却始终没有成为白话新诗的主角；至于西方最经典的几种诗体，如英雄偶句体、十四行诗等，并没有真正落户于中国。新诗倒很像是西方的自由诗，不少人也都以为这绝对是受了西方自由诗的影响。但从翻译和翻译史的角度看，在胡适所说的"新诗的纪元"开始时，也就是白话自由诗出现时，西方的自由诗（如惠特曼等的诗）还没有被翻译过来，翻译过来的大多是格律诗，只是在翻译的时候被处理成了自由诗。所以，中国的白话新诗，作为一种诗体，究竟是受了西方诗歌的影响，还是受了有诗学缺陷的译本的影响，是我们必须要面对的问题。俗话说，当局者迷，旁观者清。这一问题西方学者早就注意到了。美国汉学家宇文所安认为，"中国的新诗"，还有印度的新诗和日本的新诗，都是本土诗人"通过阅读西方诗歌的译本，有时候是很烂的译本，而形成的"。①

误区之二：语言上的误解

胡适发动新诗运动的想法除了理念上的矛盾之外，他对语言的认识也显得颇为勉强。他认为，西方语言也有文言和白话之分。文言就是拉丁文，即欧洲各国曾经的书面语言，白话就是欧洲各国的语言。他认为，马丁·路德把圣经译成德文，这是德国文化中的白话文运动；英国的威克列夫把圣经译成"伦敦附近一带的方言"，即"中部土语"，"赵叟"（即乔叟）用"中部土语"写诗作文，这便是英国的白话文运动。从此，拉丁文不再成为欧洲各国的书面语。胡适觉得，中国也可以跟着学，即用口语取代文言的书面语地位，用口语作诗，这样就可以摆脱传统的束缚，开创出崭新的文化气象。当时的国人对于西方的文化和语言了解甚少，胡适留学美国多年，他那么说，大家也只能那么信。他在《文学改良刍议》中是这么说的：

> 欧洲中古时，各国皆有俚语，而以拉丁文为文言，凡著作书籍皆用之，如吾国之以文言著书也。其后意大利有但丁诸文豪，始以其国俚语著作。诸国踵兴，国语亦代起。路得创新教始以德文译旧约新约，遂开德文学之先。英法诸国亦复如是。今世通用之英文新旧约乃一六一一年译本，距今才三百年耳。故今日欧洲诸国之文学，在当日皆为俚语。迨诸文豪兴，始以"活文学"代拉丁之死文学。有活文学而后有言文合一之国语也。②

---

① Stephen Owen, "What Is World Poetry", in *The New Republic*, November, 1990, p.29.
② 胡适《文学改良刍议》，《新青年》1917 年第 2 卷第 5 号。（该期页码为每篇重新编号）

但胡适没有意识到的是,拉丁文和欧洲各国的语言之间的差别与汉语文言和白话的差别是不一样的。拉丁文与欧洲各国语言都是拼音文字,或称表音文字,均属一词多义的语言。拉丁文的书面语地位被各国语言取代之后,各国语言的拼音文字的性质并没有改变,因此以往拉丁文用什么格律作诗,换成其他语言并不影响对拉丁文诗学传统的继承。英国诗人与批评家霍布斯鲍姆指出,英语中的素体诗(blank verse)就是受了意大利诗人维吉尔(Virgil)的拉丁语史诗《埃涅伊德》(Aeneid)的影响而产生的,[①]而拉丁语中的素体诗则是从希腊史诗中继承过来的。英语素体诗的主要特征是不押韵,但有明显可感的节奏,即抑扬格五音步,而这抑扬格的格律DNA也同样是源自希腊,后被拉丁语诗歌克隆,最终才进入英语诗歌。再说十四行诗,这种诗体虽起源于意大利托斯卡纳方言,并在诗人彼特拉克和但丁的推动下迅速走红,但那些只用拉丁语写诗的诗人还是创作了大量的拉丁语十四行诗,而对于熟知拉丁语却未必很懂意大利托斯卡纳方言的欧洲其他国家的诗人来说,拉丁语十四行诗对他们的影响力不可低估。

但汉语文言和白话之间就没有拉丁文和欧洲各国语言之间的语言条件:文言是以单音节字为主要单位,白话是以双音节词为主要单位,因此白话就很难把文言的诗歌格律继承下来,此其一;单音节字一字多义的情况远比双/多音节词多,用后者作诗,诗的联想性和意境感就远不如前者,此其二。胡适就试过用五言和七言来做白话诗,结果那感觉就像是打油诗,因此很快就被他自己否定了。不过,按他的标准,凡诗有律者也就必定不是白话诗了,因为他要求的白话诗是要"废律"的。不难看出,胡适只注意到了欧洲书面语曾经有过由拉丁文向各国语言转移的历史,但却忽略了欧洲语言与汉语之间的语言条件上的差异。

胡适的第一批原创白话诗(即《白话诗八首》)发表在他用白话

[①] Philip Hobsbaum, *Metre, Rhythm and Verse Form*, London and New York: Routledge, 1996, p. 10.

第一编　文学翻译

译诗之前。这里面的诗要么是五言,要么是七言,但与近体诗的相同之处顶多就是这每行的字数,其他格律规则基本上被抛弃,如"那时我更不长进,／往往喝酒不顾命""你心里爱他,／莫说不爱他"。① 胡适自己也觉得,这样的诗"实在不过是一些洗刷过的旧诗"。② 从中国传统诗学的角度看,这简直是在糟蹋诗。但对他来说,这应该是一个很有价值的实验,它实际上证明了他最想证明的东西,即白话文不能用来作中国传统上的格律诗,这样他就可以理直气壮地"废律",并放手开创中国新诗的新纪元了。

至此,我们可以看到胡适新诗建构逻辑链上的一个缺环:西方的所谓"文言"被所谓"白话"取代之后,诗歌创作与对传统的继承之间并没出现胡适新诗实验中所出现的那种"文言"与"白话"不相容的现象。因此,西方诗歌在被所谓的"白话"接力之后,始终是在继承之中有创新的道路上发展,而中国的新诗横空出世之后,很快就断开了与传统的关联,呈一枝独撑的局面。其中语言上的原因值得我们深思。

误区之三:语体上的错位

胡适认为欧洲诗人用其本国语言作诗是用口语、俚语、土语替换了作为书面语的拉丁语,因此汉语也可以用当时的口语来替换作为书面语的文言。听他一面之词,似乎有点道理,因为在拉丁语作为书面语的时代,欧洲各国的语言确实只能用作日常的口语交际,但胡适并没有认真考证过,当欧洲诗人用其本国语言作诗的时候,那语言真的就如同口语中的大白话那样吗?我们先来看看胡适《尝试集》中的一首原创诗,是他1920年献给他夫人的一首生日诗《我们的双生日》:

---

① 胡适《白话诗八首》,《新青年》1917年第2卷第6号。(该期页码为每篇重新编号)

② 胡适:《〈尝试集〉再版自序》,载胡适编《尝试集》,人民文学出版社2000年版,第181页。

他干涉我病里看书，
常说，"你又不要命了！"
我也恼他干涉我，
常说："你闹，我更要病了！"
我们常常这样吵嘴——
每回吵过也就好了。
今天是我们的双生日，
我们订约，今天不许吵了！
我可忍不住要做一首生日诗，
他喊道："哼！又做什么诗了！"
要不是我抢得快，
这首诗早被他撕了。①

  这首诗横着写似乎更顺眼。笔者不敢断言，西诗之中就没有此等口语诗，但却敢断言，这种高度口语化的"诗"绝不是西方诗歌的典型形态，更不是欧洲各国诗人抛弃拉丁文而用本国语言作诗的典型形态，因为当时弃拉丁文而用本国语言作诗的诗人完全清楚诗歌语言与日常口语之间的差异，也完全清楚诗歌体与散文体之间的差异。他们抛弃的是拉丁文，即作诗的语种，但并没有抛弃诗学，即作诗的理念。自亚里士多德以降在西方形成的诗学思想，早已成为西方诗学的基本价值观。换句话说，西方诗歌在从拉丁文走向各国自己的语言时，变革的只是语种而已，格律诗还是格律诗，虽有种种变化和革新，但诗的基本格律元素一个也没有丢。自由诗作为一种独立的诗体那时还没有。以用抑扬格建构音步这种在西诗中最主要的格律元素而言（亚里士多德在他的《诗学》里就曾多次提到这种格律元素②），在欧洲各国诗人转用本国语言作诗时，就非常坚定地继承了下来，直

---

  ① 胡适：《我们的双生日》，载胡适编《尝试集》，人民文学出版社2000年版，第72页。

  ② See Aristotle. *The Poetics of Aristotle*, Tr. S. H. Butcher, London & New York: MacMillan, 1902, pp. 9, 17, 19.

到今天仍在广泛使用。前引胡适所提到的但丁，其文学创作是意大利文艺复兴的一个重要支点。值得注意的是，但丁虽然用意大利的方言而不是拉丁语写十四行诗，但其目的并不是要"废律"，也不是要彻底颠覆传统诗学；十四行诗本身就是一种诗律严谨的诗体，而但丁在写十四行诗的时候，对拉丁语诗歌传统的一个重要继承就是节奏，这种对传统的继承也正是意大利文艺复兴的一个基调，而文艺复兴时期的文学创作的一个诗学基调就是重视修辞，强调语言形式相对独立的审美价值和对实用性内容的支持。因此，当欧洲各地方言取代了拉丁语的书面语地位之后，诗歌创作的基调仍然是继承之中求变化求发展。这一点与五四时期的诗歌革命的理念有明显的不同，如与此相对应的中国古诗中最主要的格律元素之一的平仄，就被五四新诗坚定地抛弃了，这直接导致新诗找不到被读者甚至被新诗诗人们自己所认可的节奏的问题。

我们不妨来看看被胡适视为西方文言向白话变革时的楷模"赵叟"的"白话"诗是一个什么样的情况，以下是他的诗歌代表作 *The Book of the Duchess*（《公爵夫人记》）中的前八行：

> I have gret wonder, be this lyght,
> How that I live, for day ne nyght
> I may nat slepe wel nigh noght,
> I have so many an ydel thought
> Purely for defaute of slepe
> That, by my trouthe, I take no kepe
> Of nothing, how hit cometh or gooth,
> Ne me nis nothing leef nor looth. [①]

不难看出，乔叟这首在胡适看来应该是白话诗的诗与胡适体的白

[①] Geoffrey Chaucer, *The Book of the Duchess*, In *The Works of Geoffrey Chaucer*, 2nd edition, ed. F. N. Robinson, London: Oxford University Press, 1957, p. 267.

话诗有一个明显的不同,即乔叟的诗有着比较严谨的格律:该诗是抑扬格四音步,韵式是 aabbccdd,节奏十分明显,并非是"我手写我口"那种随意的散体。这种严谨的格律显然不是口头随便就能说得出来的大白话。而胡适的那首诗则除了那古怪的"了"字韵之外则根本谈不上有什么格律,口语特征过于明显。

我们再来看看乔叟在向外国诗歌学习时的翻译态度。以下是法国诗歌 Roman de la Rose《玫瑰传奇》的原文和乔叟的译文 The Romaunt of the Rose:

(maintes) genz dient que en songes	Many men sayn that in sweueninges
N'a se fables non et menconges;	Ther nys but fables and lesynges;
Mes l'en puet tex songes songier	But men may some sweuen[es] sene
Qui ne sont mie mencongier,	Whiche hardely that false ne bene
…	…①

原文每行的音节数是 8 个(法语诗歌节奏的最小单位是音节),韵式是 aabb,乔叟的译文亦如法炮制,音节数与韵式均与原文完全一致。不难看出,乔叟向外国文学学习时,态度是非常谦虚的,所用的语言材料虽然是英国方言,但却有明显的艺术提炼,严谨的格律如同点金石一样将这种口语方言点化为不朽的诗篇,这与自然状态下的口语体有着质的区别,也与胡适为了口语入诗而故意抹去原文格律的翻译方法有着明显的不同。

可见,西方诗歌在由拉丁文向各国语言转换时,并没有发生像五四新诗萌芽时那样混淆口语与诗歌语言的现象,也未发生在向别国文学学习时不尊重原文格律的情况。欧洲在试图摆脱拉丁语束缚的时候,意大利的皮特拉克和但丁、英国的乔叟确实是用本民族的方言来

---

① Ronald Sutherland, *The Romaunt of the Rose and Le Roman de la Rose*, Berkely and Los Angeles: University of California Press, 1967, p. 40.

创作十四行诗的，但用的只是方言的词汇，而不是按口语体的自然语言的形态入诗，诗的格律形态还是十分考究的。皮特拉克和但丁的十四行诗直接继承了古希腊诗歌利用音节的长短建构音步的做法，因为意大利语同希腊语一样，音节有长短之分，而英国诗人则根据英语的语言特点，将按音节长短来建构音步的希腊语和拉丁语诗律规则改造成按音节的轻重来制造音步，因为英语的音节没有明显的长短之分。

但胡适在未作仔细论证的情况下，就简单地套用他凭想象而找到的依据，致使有心要效法西方诗歌的中国新诗未能与自身传统和被视为楷模的西方诗歌形成一个良好的对接，一夜之间即以"先天不足的早产儿"的姿态呱呱坠地。一个很明显的悖论是：既然大家都认为中国新诗是受了西方的影响，那么在西方几大代表性诗体之中，中国现当代诗坛为何仅自由体独大？

误区之四：体裁上的失配

虽然西方格律诗和中国五四初期的自由体译诗在体裁上都属于诗歌，但在诗歌这个体裁之内，格律诗和自由诗属于诗歌这个体裁之下两个不同的次体裁或次范畴。孙大雨甚至认为，自由诗是诗歌的一种"变体"，"是诗与散文两大领域、两大表现方式交界处的一些地带，一些现象，不是和正常的诗（即所谓格律诗）占同等重要地位的、势均力敌的表现方式"。[①] 而五四初期翻译的西方诗歌大多是格律诗，但却大多被翻译成了自由诗。就体裁而言，二者处在诗歌这个体裁连续统的两级之上：一端是有严格形式规则限制的格律体，一端是完全没有形式规则限制的自由体，因此体裁或诗体上的失配十分明显。这一现象一直流行了下来。何其芳对这一现象的评价是：

> 现在翻译的诗，许多都是把原来的格律诗的形式翻译成没有规律的节奏和韵脚的自由诗的形式，把原来优美的诗的语言翻译

---

① 孙大雨《诗歌底格律》，《复旦学报》1956年第2期，第2页。

成平庸的散文的语言。①

这一问题的源头显然要追溯到当时的译者对英语格律诗所采用的翻译方法上去，尤其是胡适，他在翻译的方法上所表现出来的无限自由，为后来者提供了一种无视原文诗学形态的自由式翻译的范式。这一范式不久就在其他的译者那里以更加自由的方式体现了出来。以下是柳无忌1922年翻译的 The Isles of Greece《哀希腊歌》中的第一节：

> 希腊的群岛，希腊的群岛！
> 那里热情的莎妩爱着歌着，
> 那里扬起战争与和平的艺术，——
> 那里涌现了迪罗，生长着飞勃！
> 永恒的盛夏仍旧照耀群岛，
> 但是，除了太阳外，万般都已销歇。②

原文（见上文）是一四行缩行，抑扬格四音步，韵式是ababcc，但这些格律元素在译文中基本上"都已销歇"。

再看在五四时期的"诗圣"徐志摩"一九二二年八月前译"的柯勒律治的 Love 第一节：

All thoughts, all passions, all delights,	思想，热情，快乐，
Whatever stirs this mortal frame,	凡能激动这形骸，
All are but ministers of Love,	都（无非）是恋爱的臣属，
And feed his sacred flame.	增（助长）她神圣的火焰。③

---

① 何其芳：《关于写诗和读诗》，作家出版社1956年版，第46页。
② 柳无忌：《从磨剑室到燕子龛——纪念南社两大诗人苏曼殊与柳亚子》，台北：时报出版社1986年版，第247页。
③ 柯勒律治：《爱情》，徐志摩译，载韩石山编《徐志摩全集》第七卷·翻译作品（一），天津人民出版社2005年版，第178页。

第一编 文学翻译

原文也是格律诗，第一、二、三行为抑扬格四音步，第四行缩行并变化为抑扬格三音步，韵式是 abcb。但译文则无韵、无律、无格，且增加了原文没有的形态特征：原文只有第四行缩行，但译文是第二、四行缩行；原文没有使用括号，译文却用了两处。除了内容，可以说原文中有的译文中没有，原文中没有的译文则无中生有。

无独有偶，五四时期被称作"诗怪"的李金发也译过一首题为 *Amour*（爱情）的法语诗，系法国象征派诗人"Paul Verlaine"（魏尔伦）的长诗 *Amour* 中的一章，以下是该诗的第二节原文和李金发的译文：

Ton rire éclatait	你的笑如此其明澈，
Sans gêne et sans art,	无拘促亦无美饰，
Franc, sonore et libre.	清晰，阴沈及自由，
Tel, au bois qui vibre,	这些，在摇曳的林下，
Un oiseau qui part	鸟儿走过
Trillant son motet. ①	正震动他的音响。②

原文每行五个音节，韵式是 abccba，格律形态很明显，但在李金发的翻译中，原文的格律元素都不见了，与徐志摩的《爱情》一样，该译文也完全是自由诗。

就翻译而言，新诗诗人写新诗，爱怎么自由就怎么自由，那是他们的自由，但作为诗歌翻译者，既然译的是格律诗，如果对翻译还有准确体现的追求的话，起码不应该用自由诗的体裁去翻译格律体。既然要向西方诗歌学习，总要让译文读者知道人家的格律诗的真面目到底是什么样的吧。结果，绝大多数不知情的人都以为西方人写诗就跟

---

① Paul Verlaine, "Lucien Létinois XXIV", in Paul Verlaine, *Selected Poems*, New York: Oxford University Press, 2009, p. 166.

② Paul Verlaine, "XXIV（amour）"，李金发译，载李金发编《微雨》，北新书局1925年版，第221页。

· 124 ·

五四时期的自由体新诗一样，还有一部分不知情的人则以为，五四初期的诗歌翻译译的都是西方的自由诗。但实际情况并非如此，在当时的西方诗歌界，写自由诗的也是极少数，根本不是当时西方诗歌的主流。卞之琳就曾不无痛心地指责那些不尊重原诗艺术性、随心所欲的译诗"在中国诗界造成了广泛而久远的错觉，误以为西方从古到今写诗都不拘形式，以借鉴而分行写所谓的'诗'"。①

误区之五：诗律上的无措

上文的分析显示，五四初期的西诗汉译在对待原诗格律问题上普遍采取爱理不理或不予理睬的态度，从而在西诗汉译过程中导致西方诗歌的诗体特征未得到有意识、有系统的保留。这一现象投射在被翻译的西方诗歌上，就可以清楚地看出当时对待西诗那种在诗律上手足无措的混乱。以拜伦的 *The Isles of Greece* 为例，这首诗在中国的翻译可以说见证了"诗界革命"的前世和今生。在胡适发表《文学改良刍议》之前，这首诗首先是梁启超在1902年用曲牌体翻译的：

（沉醉东风）……咳，希腊啊！希腊啊！你本是平和时代的爱娇，你本是战争时代的天骄，"撒芷波"歌声高，女诗人热情好，更有那"德罗士""菲波士"（两神名）荣光常照。此地是艺文旧垒，技术中潮，即今在否，算除却太阳光线，万般没了。②

然后马君武在1905年用七言古歌行重译，以下是该译的第一节：

希腊岛，希腊岛，
诗人沙孚安在哉？

---

① 卞之琳《翻译对于中国现代诗的功过》，载《卞之琳集》，中国社会科学出版社2009年版，第283页。
② 梁启超《新中国未来记》，载柳无忌《从磨剑室到燕子龛——纪念南社两大诗人苏曼殊与柳亚子》，台北：时报出版社1986年版，第227页。

爱国之诗传最早。
战争平和万千术,
其术皆自希腊出。
德娄飞布两英雄,
渊源皆是希腊族。
吁嗟乎!
漫说年年夏日长,
万般消歇剩斜阳。①

1906 年苏曼殊用五言体再译:

巍巍希腊都,
生长奢浮好。
情文何斐亹,
茶辐思灵保。
征伐和亲策,
陵夷不自葆。
长夏尚滔滔,
颓阳照空岛。②

1914 年胡适用骚体又译了一次(见上文)。

从翻译方法的角度讲,把西方格律诗译成汉语古体诗,属于美国翻译学家奈达所说的"动态等值",或"功能等值"。这种译法的特点是不求同形,但求"等效"(equivalent effect),③ 实际上求的是译

---

① 马君武译《哀希腊歌》,载柳无忌《从磨剑室到燕子龛——纪念南社两大诗人苏曼殊与柳亚子》,台北:时报出版社 1986 年版,第 229—230 页。
② 苏曼殊译《哀希腊》,载柳无忌《从磨剑室到燕子龛——纪念南社两大诗人苏曼殊与柳亚子》,台北:时报出版社 1986 年版,第 233—234 页。
③ Eugene A. Nida, *Toward a Science of Translating*, Shanghai:Shanghai Foreign Language Education Press, 2004, pp. 159–160.

文读者与原文读者在阅读反应上的一致性。新诗运动之前的此类等效式译法实际上反映了译者的一种读者关怀，他们希望这种以诗译诗的努力起码能让读者在读译文时有诗的联想，因为他们深知，在中国这样一个堪称诗国的国度，人们在经历了长时间的闭关锁国之后，对西方的诗歌可以说是一无所知，因此若采用形式对应的译法，译文必定会遭受读者的抗拒。但如此翻译我们的读者读了是否真的获得了与原文读者同样的反应，我们不得而知，但理性的思考必定会对此表示怀疑。果然，深受解构主义影响的文化翻译学派后来对奈达的这种结构主义等值观提出了严厉的挑战。斯奈尔－霍恩比认为跨语跨文化的读者同等反应是不可能通过这种变形式的译法实现得了的，形变则意变。她觉得奈达的这个观点简直就是"幻想"（illusion）。① 德国功能派翻译理论也认为文学翻译不应忽视形式的功能诉求。赖斯根据不同文本类型的功能的不同，提出了不同的翻译策略。她认为，文学文本的主要功能是表情功能（expressive function），对应的翻译策略应该是"形式取向"的（form-focused），信息类文本的翻译是"内容取向"的（form-oriented），而只有像演讲、广告这样的呼唤类文本才是"效果取向"的（effect-oriented）。②

不过，几年后，胡适突然顿悟，诗风陡转，提出了"诗须废律"的主张，并开始用既不是中国格律体又不是西诗格律体的胡式自由押韵体来翻译英语格律诗，如上文所引的《关不住了》。很快，他的这种对自由的追求又进一步影响了其他的译者。上文所引的柳无忌1922年的译文就干脆自由得什么格律也不要了。

从德国功能派的角度看，此种译法显然是内容取向的，原文的表情功能因此而没有充分地体现出来，因此理论上讲并不符合文学这一文本类型的功能诉求。

多年后，新月派开始思考新诗的格律问题，这一思考也实时地体

---

① See Mary Snell-Hornby, *Translation Studies: An Integrated Approach*, Amsterdam/Philadelphia: John Benjamins, 1988, pp. 13 – 22.
② See Katharina Reiss, *Translation Criticism: the Potentials & Limitations*, Trans. Erroll F. Rhodes, Shanghai: Shanghai Foreign Language Education Press, 2004, p. 26.

第一编　文学翻译

现在了诗歌翻译之中。以下是闻一多 1927 年翻译的 *The Isles of Greece* 的第一节：

> 希腊之‖群岛‖，希腊之‖群岛‖！
> 　你们那儿‖莎浮‖唱过‖爱情的歌‖，
> 那儿‖萌芽了‖武术‖和文教‖，
> 　突兴了‖菲巴‖，还崛起了‖德罗‖！
> 如今‖夏日‖给你们‖镀着金光‖，
> 　恐怕什么‖都堕落了‖，除却‖太阳‖？①

相比较之下，就拜伦的这首诗而言，闻一多的译文是最接近原文诗律的，尤其是在押韵和节奏这两个核心格律元素上。押韵对于汉语来说不是难事，英语格律诗对于汉译最大的困扰就是原文用音步所营造的节奏。而在闻一多看来"格律就是 form。试问取消了 form，还有没有艺术？上面又讲到格律就是节奏。讲到这一层更可以明了格律的重要；因为世上只有节奏比较简单的散文，决不能有没有节奏的诗"。② 闻一多对于节奏的讨论后来演变成了"以顿代步"式的译法。以上译文的节奏便可以看作是每行四顿。虽然"顿律"不如后来的卞之琳严谨，但若有意识按四顿去断句，还是断得出来的。然而，一个不可回避的事实是：新诗诗人们对顿的长度没有严格的限定，一个字到五个字都可以是一顿，而顿长不一的诗行与音步整齐划一的诗行在节奏上绝对不是同步的。朱光潜对顿长不一的诗歌节奏的评价是："各顿的字数相差往往很远，拉调子读起来，也很难产生有规律的节奏。"③

不过，此种译法尊重原文的形式及形式之中所蕴含的主要功能，

---

① 拜伦《希腊之群岛》，闻一多译，载孙党伯、袁謇正编《闻一多全集》第一卷，湖北人民出版社 1993 年版，第 300 页。原载 1927 年 11 月 19 日上海《时事新报·文艺周刊》第 11 期。引文中的切分符号为引者所加。

② 闻一多：《诗的格律》，载孙党伯、袁謇正编《闻一多全集》第二卷，湖北人民出版社 1993 年版，第 140 页。

③ 朱光潜：《诗论》，生活·读书·新知三联书店 2012 年版，第 239 页。

从德国功能派的角度看，是符合文学文本的功能诉求的，虽然对节奏的体现还没有一步到位，但其努力的方向是正确的。事实也证明，闻一多以后的诗歌翻译路线基本上是形式取向的，至少形成了一个有韵必译的趋势。

就格律这一诗学元素而言，新诗运动初期的诗歌翻译的基本策略是：音步基本不理，音调（抑扬）完全不理，音韵（韵式）爱理不理。呈"三音不全"状。

误区之六：功能上的混乱

上一节的讨论已经涉及功能的概念。从西方诗学的角度看，文学与非文学在功能上是有明显区别的：文学的主要功能是诗学功能，非文学的主要功能则不是诗学功能，而是其他功能，如信息功能等。但五四新诗发生的深层原因并非纯诗学的诉求，意识形态的促动极为明显，因此当时的诗歌创作和诗歌翻译都不可避免地落入了"文以载道"的怪圈。虽然五四新文化运动之初是反对"文以载道"、主张文学独立的，但不久这一秀才造反的幼稚就被轰轰烈烈的革命大潮给冲得无影无踪了，旧的"文以载道"被新的"文以载道"所取代，封建的旧"道"被宣传革命的新"道"所取代。于是，诗便成了宣传革命思想的工具。在这样的背景下，诗的诗学功能就在很大程度上让位于信息功能了，诗歌翻译自然不能幸免。

胡适在他的新诗建构中所提出的一系列的观点体现了他重"思想"轻诗学的明确态度。《文学改良刍议》中提出的"八事"之第一事便是"须言之有物"，其实这"物"就是"道"，只不过是胡适心目中特定的道而已。有了这第一事，随后其他七"事"也就理所当然地几乎全都是对诗学功能的打压。

胡适把"言之有物"的"物"归结为"情感"与"思想"，认为"文学无此二物，便如无灵魂无脑筋之美人"。[①] 从他的"诗须废

---

① 胡适：《文学改良刍议》。

律"的主张看，他这是把情感/思想与诗学形式对立起来了。而这一观点绝对不是他声称要学习的西方文学的"高明"之处。我们可以从诗学的角度来反问一下，难道仅有情感有思想，写出来的东西就可以入诗了？当然，新诗诗人的逻辑是，我说是诗，那就是诗，如上面所引的胡适的那首写给妻子的诗。在他看来，那就是诗，而且应该还是"言之有物"的诗。其实，从诗学的角度看，有思想有情感，还远远不能成诗，必须还要按诗学的规则去写，才有可能成诗。像文天祥那首气吞山河之诗"人生自古谁无死，留取丹心照汗青"，若按胡适的理念去写就成了"自古以来，人终不免一死！但死得要有意义，倘若能为国尽忠，死后仍可光照千秋，青史留名"。① 这译文也可以说是要思想有思想要情感有情感，而且是白话口语，没有格律，按胡适的标准，一定是好诗，但至今人们传唱的仍是文天祥的原诗。

陈独秀当时一眼就看出了胡适的"言之有物"中"文以载道"的"流弊"。他在与胡适的"通信"中对这一观点就提出了不同的看法：

> 若以求"言之有物"，**其流弊毋**同于"文以载道"之说。以文学为手段为器械，必附他物以生存。**窃以为文学之作品，与应用文字作用不同**。其**美感**与**伎俩**，所谓文学美术自身独立存在之价值，是否可以轻松抹杀，岂无研究之余地。②

诗学里的一个常识是：文学之所以是文学，并不在于它说了什么很深的道理，也不在于它表达了什么很强的情感，而是在于它是否具有文学的品质。俄国著名诗学家罗曼·雅各布森说，诗学就是要研究那些"使语言信息成为艺术作品的东西"。③ 而那"东西"正是陈独

---

① 网上无名氏译文，http://wenwen.sogou.com/z/q123804037.htm.
② 《新青年》1916年第2卷第2号"通信"栏。黑体着重为引者所加。
③ Roman Jakobson, "Closing statement: Linguistics and poetics", in Jean Jacques Weber, (ed.), *The Stylistics Reader: From Roman Jakobson to the present*, London · New York · Sydney · Auckland: Arnald, 1996, p. 10.

秀所说的"美感",用诗学的术语说就是"文学性",[①] 而那"伎俩",诗学理论则认为是对标准语言的反常化(defamiliarization)运用,由此而生成的变异会产生一种能吸引人眼球(即前景化)的品质,文学性或文学的"美感"即由此而生。美国文学评论家斯坦利·费什对雅各布森的这句话还有一个挺有名的回应:"不管那东西是什么,反正不应该是把艺术作品变成语言信息的东西。"[②]

诗学理论表明,符合诗学原理的语言表达,即便是没有什么深刻的内容、强烈的感情,也照样会有文学性,如"两个黄鹂鸣翠柳,/一行白鹭上青天"之类的诗。文天祥的原诗和网上的语内翻译之所以在诗学价值上有明显差异,就是因为,前者的语言运用符合文学性建构的诗学原理,而后者则只是一段语言信息。而从以上提到的一系列案例看来,五四初期白话译诗的一个突出的特点就是重内容轻形式,这正是一种"把艺术作品变成语言信息"的现象。

其实,在诗学看来,情感/思想与格律并不矛盾。美国诗歌理论家布鲁克斯与华伦就认为,诗是宣泄情感最充分的手段,而"节奏是所有生命与活动的根本,因此理所当然地与情感的体验和表达密切相关",[③] 而诗的节奏就必然与格律密切相关。至于"思想"方面,西方诗学也并不排斥,但主张诗歌自有诗歌独特的表现方法,而且诗是表达感情和思想最有力的方式,因为情感和思想只有被诗化,才会具有不同寻常的视觉和听觉冲击力。所谓"诗性""诗意"等在中国传统诗学中属于只能意会不可言传的"东西",在西方诗学里就是以反常化、前景化为特征的"文学性",而在诗歌里就突出地表现为格律,当然还有其他一系列变异手段,只不过那些变异手段很多是与其他文学体裁共享的。因此,翻译格律诗,若也像胡适提倡的那样"诗

---

① See Boris. M. Èjxenbaum, "The Theory of the Formal Method", in Ladislav Matejka & Kristyna Pomorska, *Readings in Russian Poetics*, Ann Arbor: Michigan Slavic, 1978, p. 8.

② Stanley Fish, *Is There A Text in This Class?: The Authority of Interpretive Communities*. Cambridge, Massachusetts: Harvard University Press, 1980, pp. 105 – 106.

③ Cleanth Brooks & Robert Penn Warren, *Understanding Poetry*, Beijing: Foreign Language Teaching and Research Press, 2004, p. 2.

第一编　文学翻译

须废律",那原诗的"文学性"或"诗性"也就所剩无几了,正如文天祥那首诗的网上译文一样。

当然,在诗学的讨论中,如果一味排斥内容在文学作品中的地位显然也是一种天真的、不切实际的行为。文学,尤其是诗歌,不可能简约成一连串反常化的、前景化的语言表达。中国文学从古代一直走来,到了五四那个临界点,人们需要一种新的文学表达方式,因此对于文学所负载的内容有突破那个临界点的需求也是很正常的,这本身就是一种诗学行动。若仅从文学进化的角度看,完全是有理由的。但把这个进化过程的诗歌革命定性为是受了西方诗歌的影响,就有点简单化了。从当代翻译学的角度看,本土文学进化的需求对当时的翻译活动施加了偏离原文诗学形态的操纵力。所译出来的译文,维持不变的是内容,变来变去的是形式,这一现象本身就说明了当时的翻译是重内容而轻形式的。用西方诗学的话语来说,这分明就是重信息功能,轻诗学功能。若按西方文学的理念来翻译诗歌,自然是信息内容不变,诗学形式也尽可能地不变,起码韵式要接近,节奏不能太离谱。但大量证据表明,以胡适为代表的一批新诗革命的弄潮儿,用他们心中白话新诗的模样改装了西方格律诗,然后再以译文的形式告诉国人,这就是西方诗歌。当我们接受了他们的译文和说法之后,自然会觉得白话新诗的产生是受了西方诗歌的影响。误解由此而生。

一般而言,翻译中弃形式而保内容的情况多发生在形式与内容只能取其一的时候,但纵观五四时期的诗歌翻译,重内容轻形式明显是一种主导的翻译方法,而并不是因为出于形式与内容只能取其一的无奈。以押韵为例,在译法以自由式为主、诗体以自由体为主的诗歌翻译中,押韵其实是很容易做到的,因为自由式的译法可以让句长不受约束,自由体的译法则让押韵不必像近体诗那样严格,这些条件均可以让译者很容易地找到所需的韵脚。西诗的另一核心格律元素音步也并非在汉语中真的就找不到功能对应体:英语格律诗以双音节音步(disyllabic feet)为主,中国格律诗以二字逗或二字顿为主,现代汉语以双音节字为主,这种语言条件为体现原文的节奏提供了充足的语言学理据。仍以 The Isles of Greece 第一节的翻译为例：原文是抑扬格四音步，因此每节的节奏结构实际上是一个方块状，理想的翻译应该是以两个字为一音组，每行四个音组，八个字：

希腊群岛，希腊群岛！
萨福如火歌美情浓
文治卓越兵法精妙，
提洛昂立飞布神勇！
长夏无尽群岛煌煌，
万般皆沦仅余残阳。①

译文用二字逗对应原文的双声音步，在保留了原文节奏的同时，并没有影响原文意义的传达，韵式也体现完好。然而，在当时革命热情高涨的文坛，如此翻译有违新文化运动领袖"诗须废律"的号召，会被认为是离经叛道的守旧行为，因此当时的译者即便是有心忠实于原文，也没几个人胆敢或愿意这么做。当年朱湘就曾尝试过用以字代音节的方式翻译过英语的十四行诗，卞之琳对此有如下评价：

凡是凭音组（顿、拍）均齐、匀称建行的格律诗，各行音节（汉文单字）数不一定却也往往一致，**就有可能同被误嘲为"方块诗"受到排斥**，……②

卞之琳的评价从一个侧面反映出了当时的诗歌价值观对"方块诗"的排斥，而这种排斥也正是轻视诗学功能的一种表现。

---

① 拜伦《希腊群岛》，王东风译，《译林》2014 年第 5 期，第 24 页。该译诗共 96 行，全部用二字逗（即两个字为一音组）译出，以对应原文的抑扬双声音步。
② 卞之琳《翻译对于中国现代诗的功过》，载《卞之琳集》，中国社会科学出版社 2009 年版，第 287 页。黑体着重为引者所加。

结语：误区的误导

用白话自由体翻译的西方诗歌和用白话体创作的新诗，虽然存在着这样或那样的问题，但却因为迎合了当时大多数人的语言能力，而有力地推动了白话文的发展。然而，五四初期西诗汉译的种种误区却对新诗的健康发展产生了诸多不利的影响，相应的负面影响主要有以下几点：

1. 理论上没有系统地研究西方诗学，实践上未能在翻译中系统地体现西方诗歌的诗体特征，导致有心向西方诗歌学习的中国新诗共同体未能对西方诗歌的艺术构成有一个系统而全面的认识，新诗创作理念被明显有诗学缺陷的译本所误导；

2. 胡适在宣扬西方的所谓白话文运动时，客观上掩盖了中西语言条件上的差异，也掩盖了西方所谓白话文诗歌对拉丁文诗歌传统的良好继承，造成新诗发展过程中对中国传统诗歌艺术传统几乎是全面的排斥，从而未能像西方白话文诗歌那样在立足传统的基础之上稳健发展；

3. 混淆口语体与诗歌体的语体差异，不经诗化提炼的口语体的大量使用导致白话新诗既没有获得西方诗歌的韵味，又丢掉了自身延续千年的诗感；

4. 让不懂西方诗歌的人认为西方的诗歌传统和主流就是自由诗；

5. 忽视格律建构，在无视西方诗歌利用音调的轻重（抑扬）来建构节奏的技法的同时，完全抛弃了汉语利用字调的错综（平仄）来营造诗歌节奏的技法，在抛弃中国传统诗歌韵式的同时，没有系统引进和接受西方诗歌的经典韵式；

6. 重说理，轻形式，从而造成日后新诗发展中观念诗占主流地位的局面，诗歌的艺术性被严重忽略。

中国新诗之所以会发展到如今这种独立诗坛、无格无律的局面，均与五四初期西诗汉译的种种误区有着千丝万缕的联系。回看新诗萌芽之初的翻译运作，尤其是当时在通过翻译向西方诗歌学习时所存在的种种认识误区，可以从一个不同的角度帮助我们重新认识新诗，重新认识围绕新诗的种种争议。

（原载于《外国文学评论》2015 年第 2 期）

以逗代步，找回丢失的节奏[*]

——从 *The Isles of Greece* 的重译看英诗格律的可译性理据

王东风

拜伦的名作 *Don Juan*（《唐璜》）中有一段著名的插曲叫 *The Isles of Greece*（中译名有多种，一般多沿用苏曼殊的译名"哀希腊"），因为该诗的忧国忧民情怀很是符合中国清末民初知识精英的心态，所以备受关注。自梁启超首译片段之后，该诗不断被重译，译者大多是文化名人。但综观各类译文，笔者发现，各门各派的译法总是与原文的诗学形态保持着一定的距离，要么过于归化，要么过于散体，总觉得是个遗憾。此次重译意在尝试进一步在诗形与诗意上更接近于原文，一改以往以散体为主的译法，尽可能地以原诗的律体形态重现原文的风采。作为一名翻译研究者，此次重译的目的主要是验证英诗格律在汉译时的可译性限度究竟是否到了不可译的程度。翻译方法的重点是要把现行的"以顿代步"对节奏转换的尺度进一步收紧，看看是否还能形意兼顾地完成诗歌翻译的这个被认为是不可能的任务。

一 格律的纠结

首先，我们先来了解一下这首诗原文的诗学形式。下面是该诗的

---

[*] 本文系 2013 年国家社科基金项目"五四时期西诗汉译的诗学与文化批评研究"（13BWW013）的阶段性成果之一。

第一节：

> The isles of Greece, the Isles of Greece!
> Where burning Sappho loved and sung,
> Where grew the arts of war and peace,
> Where Delos rose, and Phoebus sprung!
> Eternal summer gilds them yet,
> But all, except their sun, is set.

原文的格律特征如下：

节律：十六节，各节以空行间隔，没有编号；
行律：每节六行，二四行缩行；
音律：抑扬格；
步律：四音步；
韵律：ababcc。

所谓"律"者，规律也。一种现象有规律地出现，就形成了具有风格特征的重复，这就是节奏（rhythm）的理据。本文重点讨论步律的翻译转换问题，兼顾音律。

在以上这五律之中，格律的核心元素主要是后三律，即音律、步律和韵律，翻译困难也集中体现在这三律上，而节律和行律则基本无翻译困难。

英语格律诗外表上看是长短句形态，但内在节奏却往往是均齐的，尤其是这首诗，如果取消缩行并用符号来表示该诗的节拍的话，原文实际上也是一个方块诗。以下用"－"表示"抑"，用"＋"表示"扬"：

－＋－＋－＋－＋
－＋－＋－＋－＋

第一编 文学翻译

－＋－＋－＋－＋
－＋－＋－＋－＋
－＋－＋－＋－＋
－＋－＋－＋－＋
－＋－＋－＋－＋
－＋－＋－＋－＋

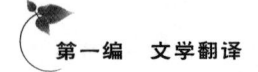

西诗汉译经历了三个发展阶段。拜伦的这首诗的汉译就见证了英语格律诗在中国的这三个翻译历程。

第一个是本土化阶段,即用中国传统诗体来归化原文诗体的阶段,时区大致从董恂翻译朗费罗的《人生颂》到胡适的《文学改良刍议》(1917),也就是19世纪60年代到20世纪的第一个10年,历时50年左右。*The Isles of Greece* 最早是梁启超(1902)用曲牌体所做的翻译:

> 咳,希腊啊!希腊啊!你本是平和时代的爱娇,你本是战争时代的天骄,"撒芷波"歌声高,女诗人热情好,更有那"德罗士""菲波士"两神名荣光常照。此地是艺文旧垒,技术中潮,即今在否,算除却太阳光线,万般没了。(梁启超,2009:198)

马君武(1905)用的是七言古歌行:

希腊岛,希腊岛,
诗人沙孚安在哉?
爱国之诗传最早。
战争平和万千术,
其术皆自希腊出。
德娄飞布两英雄,
渊源皆是希腊族。

吁嗟乎!
漫说年年夏日长,
万般消歇剩斜阳。(马君武,1986:229—230)

苏曼殊(1906)用的是五言:

巍巍希腊都,
生长奢浮好。
情文何斐亹,
茶辐思灵保。
征伐和亲策,
陵夷不自葆。
长夏尚滔滔,
颓阳照空岛。(苏曼殊,1986:233—234)

胡适(1914)用的是骚体:

嗟汝希腊之群岛兮,
实文教武术之所肇始。
诗嫒沙浮尝咏歌于斯兮,
亦羲和、素娥之故里。
今惟长夏之骄阳兮,
纷灿烂其如初。
我徘徊以忧伤兮,
哀旧烈之无余!(胡适,2000:93)

这几首归化的译诗在翻译理念上的一个共同特征是:尊重原文的意思,尊重本土的诗歌传统,但不尊重原文的格律形式,马、苏和胡的译文仅尊重原文的节律,其他四律都不管,而梁译则五律都不顾。

第一编　文学翻译

新文化运动之后，这首诗的译文形态由此种长袍马褂加老态龙钟状摇身一变变成了活力四射的文学青年。下面是柳无忌（1922）的译文：

> 希腊的群岛，希腊的群岛！
> 那里热情的莎妩爱着歌着，
> 那里扬起战争与和平的艺术，——
> 那里涌现了迪罗，生长着飞勃！
> 永恒的盛夏仍旧照耀群岛，
> 但是，除了太阳外，万般都已销歇。（柳无忌，1986：247）

译文只译出了原文的意思，即便是行律和节律也没有与原文完全一致：行律方面，译文取消了二四行的缩行；节律方面，译文增加了分节编号。这是西诗汉译的第二个阶段，即自由化阶段。除了译法很"自由"外，所用的诗体也是"自由体"。自由化阶段大致盛行于20世纪20年代，比较精确一点的起点是胡适的第一首新体译诗《老洛伯》（1918），该译有韵，但并不是原文的韵式，而且节奏是自由化的。自由化阶段的译诗主要受胡适的"诗须废律"（1918：290）的号召影响。

第三个阶段是"顿代化"（以顿代步）阶段，最具代表性的译者是卞之琳。这一阶段的特点是尊重原文的韵律和步律。这一阶段大致始于20世纪20年代末，其形成得益于新月派对新诗格律的探讨，尤其是闻一多对诗歌格律的理论探索，受其影响而形成的"以顿代步"的诗歌翻译方法一直盛行至今。以下是"以顿代步"的杰出代表卞之琳的译文：

> 希腊群岛啊，希腊群岛！
> 　　从前有火热的萨福唱情歌，
> 从前长文治武功的花草
> 　　涌出过德罗斯，跳出过阿波罗

夏天来镀金，还长久灿烂
除了太阳，什么都落了山！（卞之琳，1996：137）

再看另一位著名诗歌翻译家杨德豫20世纪70年代的译文：

希腊群岛啊，希腊群岛！
　你有过萨福歌唱爱情，
你有过隆重的武功文教，
　太阳神从你的提洛岛诞生！
长夏的阳光还灿烂如金——
除了太阳，一切都沉沦！（杨德豫，1996：245）

"顿代化"的译文有两个鲜明的特点：首先是一定会体现原文的韵律，其次是用自然的音组或意组作为节奏单元有意识地体现原文的步律。卞之琳和杨德豫不愧是"以顿代步"的高手，就此节而言，他们的译文中顿数基本上都控制在两到三个字，只是顿长不一，忽二忽三，因此与原文等长的步律并不一样。其实，像卞之琳和杨德豫这样的译诗高手，他们要是采用等长的"顿"（即两字一顿）的方法来翻译，绝对不是难事，但他们之所以没有这么做，正是因为他们定义了或者认同了用自然的音组来建"顿"的方法，这也正是新诗运动以降所形成的新诗节奏观在诗歌翻译中的体现。

其实，就诗歌而言，真正的诗意并不完全是内容取向的，而是诗学取向的，而既然是诗学取向的，也就必定是形式取向的。无论多么精辟的思想和奇妙的意境，若没有诗学形式的完美包装，也不能称作诗。因此，凡有诗意之处，必有语言形式的反常化（defamiliarized）运作，因为语言的诗学艺术就来源于此。无论是诗歌创作，还是诗歌翻译，重内容轻格律必然会导致语言形式的散体化，难以聚起诗的灵气。纵观古今中外，好诗必定离不开绝美的形式。如"床前明月光，／疑是地上霜。／举头望明月，／低头思故乡"，之所以有诗意并非只是内容表达了思乡的情绪，词语的意象、节奏的律动、视觉的对称、听觉的悦耳才是诗意的真正凝聚力,这一切均是语言的反常化运用使然。如果把这四行诗的意思,用正常化的说话方式分行写出来:

>床前的月光很明亮,
>以为是地上下了一层霜。
>抬头望着明亮的月亮,
>低头思念着故乡。

其诗意是否堪比用反常化的语言表达所营造的境界,公道自在人心。可见,诗意,从诗学的角度看,一定要有符合诗学原理的形式建构,甚至有时纯粹就是形式取向的,如"两个黄鹂鸣翠柳,一行白鹭上青天",用大白话说出来,就一点意思也没有了。所以,诗所造就出来的诗意和意境,归根到底是因乎诗学形式,否则何必叫诗?

二 节奏的理据

节奏来自于有规律的重复,音、形、意的重复均可构成节奏。但诗歌理论所论的节奏专指诗行中的节奏,即英文的 rhythm,指诗行之中由音组为时间单位(time-units)而组成的节奏单元。这种时间单位在英语中叫音步(foot;另译"音尺"),在汉语中主要有四种说法,即逗、音组、意组、顿。节奏单元之间的关系规则性越强,节奏感就越强。

从节奏的角度看,"以顿代步"本来就是用来解决翻译中的节奏问题的,但却始终争议不断,根本原因在于顿的"尺寸"不一,因此顿与顿之间的关系在规则性上就明显要弱于英语格律诗中音步与音步之间的关系,二者的节奏并不同步。当初人们在定义顿的时候,是以自然的音组来做参照的,如此,顿的尺寸必然长短不一。这种以自然的音组来建顿的方式,其实与原文的节奏结构的理据并不一样。以

The Isles of Greece 为例，原文的节奏是抑扬格四音步，即"一二∥一二∥一二∥一二∥"，这显然不是"自然的"节奏，而是人为的、人工的。这也正是顿和音步不能合拍的原因所在：译文以自然来对应原文的非自然。解决这一问题的唯一办法就是用等长的节奏来对应原文等长的音步。

闻一多被公认为是新诗格律的奠基人。他对于古今中西诗歌的节奏有过开创性的研究。他把中国古诗诗行中的节奏称为"逗"，并指出"分逗之法本无甚可研究者，是以前人从未道及。惟其功用甚大，离之几不能成诗，余故特细论之"（1989：154）。他对中英诗歌的节奏进行了比较，把英语诗歌的行内节奏单位 foot 译为"音尺"，认为"在中诗里，音尺实是逗"（同上）。他又进一步指出：

> 中国诗不论古近体，五言则前两字一逗，末三字一逗；七言则前四字每两字一逗，末三字一逗。……韩愈独于七古句中，颠倒逗之次序，以末之**三字逗**置于句首，以首之**两字逗**置句末……（同上：155；黑体着重为引者所加）

上述引文出自闻一多 1922 年写于其蜜月的《律诗底研究》。不过，在他以后的诗论中，他就很少用"逗"了，同样的概念他用的是"音尺"；"两字逗"与"三字逗"也被改成了"二字尺"和"三字尺"（详见闻一多，1993）。

朱光潜对"逗"也颇有研究：

> 中国诗一句常分若干"逗"（或"顿"），逗有表示节奏的作用，近于法文诗的"逗"（cesure）和英文诗的"步"。……五言句常分两逗，……七言句通常分三逗，……（2012：174）

古诗中的逗以二字逗为主。这一点，毫无疑问，仅凭我们对古诗的记忆即可认定。王力就说过：

第一编　文学翻译

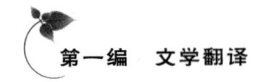

律句的节奏，是以每两个音节（即两个字）作为一个节奏单位的。如果是三字句、五字句和七字句，则最后一个字单独成为一个节奏单位。（王力，2001：134；黑体着重为引者所加）

对于五言和七言诗的分逗之法，王力与闻一多、朱光潜虽有分歧，但二字逗作为律诗的主要节奏单位则是不争的事实。这种二字逗的节奏单位在诗行中呈规则性排列，以七言诗为例，其排列方式主要是二二三或二二二一。从朱光潜的讨论中不难看出，逗与顿本来是一回事。但后来，在新诗格律的讨论中，逗逐渐被顿所取代。于是，逗便成了描述古诗节奏的术语，顿则成了新诗的节奏。在此基础之上，卞之琳便提出了"以顿代步"的译诗方法。至此，顿与逗的差异也就凸显出来了。在新诗中，尤其是在顿代化的译诗中，一字顿和四五个字一顿的情况非常普遍，更重要的是排列方式没有规则。朱光潜对顿长不一的诗歌节奏的评价是："各顿的字数相差往往很远，拉调子读起来，也很难产生有规律的节奏。"（同上：239）顿代化的翻译原本是想体现原文的节奏，但最终却因"顿长不一"连"有规律的节奏"都没有实现，这实在值得我们反思。由此我们可以看出，随着诗歌创作、诗歌翻译和相关理论的发展，本来是一回事的逗与顿，就变成不同的概念了。

既然中国古诗中的逗以二字逗为主，我们就可以利用这个传统，将其改造成诗歌翻译的规则，对其做进一步的界定，使其符合诗歌翻译的要求。由于绝大多数英语格律都是抑扬双声音步（disyllabic foot）的，因此，理论上讲，我们就可以用二字逗来对应原文的双声音步，故称"以逗代步"，简称"逗代化"。笔者尝试将此原则应用于实践，用逗代化的方式将96行的 *The Isles of Greece* 全文译出，自我感觉并没有过多地因形而害义。用此法译出原诗，作为译者，可以对读者坦言，原文的节奏大致就是这样了，而且读者也一定读得出来这个节奏。以下是用逗代化翻译的该诗前五节：

以逗代步，找回丢失的节奏

The isles of Greece, the Isles of Greece!	希腊群岛，希腊群岛！
Where burning Sappho loved and sung,	萨福如火歌美情浓，①
Where grew the arts of war and peace,	文治卓越兵法精妙，
Where Delos rose, and Phoebus sprung!	提洛昂立飞布神勇！②
Eternal summer gilds them yet,	长夏无尽群岛煌煌，
But all, except their sun, is set.	万般皆沦仅余残阳。
The Scian and the Teian muse,	西奥才情德安妙思，③
The hero's harp, the lover's lute,	英雄竖琴恋人琵琶，
Have found the fame your shores refuse;	昔日盛名难泊故里；
Their place of birth alone is mute	诗人之乡一言不发，
To sounds which echo further west	任由大音缭绕在西，
Than your sires' "Islands of the Blest."	远越祖辈"福岛仙地"。④
The mountains look on Marathon—	群山绵绵遥望马城——⑤
And Marathon looks on the sea;	马城静静遥望大海；
And musing there an hour alone,	我自沉思良久无声，
I dream'd that Greece might still be free;	梦想希腊自由宛在：
For standing on the Persians' grave,	脚踏波斯将士坟墓，
I could not deem myself a slave.	岂料我已国亡成奴。

---

① 萨福（约前630年或者612年—约前592年或者560年）：古希腊著名的女抒情诗人，写过大量情诗、婚歌、颂神诗、铭辞等，尤以情诗著称。

② 提洛：希腊基克拉泽斯群岛中的一个岛屿，在希腊神话中，它是女神勒托的居住地，在这里她生育了太阳神阿波罗和月亮女神阿耳忒弥斯。飞布：太阳神阿波罗的别称，"飞布"系沿用马君武的译法，另有多种译法。

③ 西奥：指希腊的西奥岛（Chio），古称Scio，相传是古希腊著名诗人荷马的出生地。德安：古希腊一地名，相传是古希腊著名诗人阿那克瑞翁的出生地。这两个地名在此借指两位大诗人荷马与阿那克瑞翁。

④ "福岛仙地"：相传为古希腊英雄死后归隐的西洋（Western Ocean）极乐之地。

⑤ 马城：即希腊名城马拉松。公元前490年，波斯国王大流士一世亲率波斯军队入侵希腊，在雅典城东北60公里的马拉松平原登陆。雅典军队在米太亚得将军的指挥下，以少胜多，大败波斯军。这次战役波斯军队死亡6400人，而希腊只牺牲192人。

第一编 文学翻译

A king sate on the rocky brow	帝王安坐高崖眉端，①
Which looks o'er sea-born Salamis;	俯瞰萨都浴浪海滨；②
And ships, by thousands, lay below,	海面密布千帆战船，
And men in nations; —all were his!	列国兵士唯命是尊！
He counted them at break of day—	破晓点兵万千气派——
And when the sun set where were they?	日落时分魂兮何在？
And where are they? and where art thou,	魂兮何在？故国何方？
My country? On thy voiceless shore	海岸延绵悄无声息，
The heroic lay is tuneless now—	英雄诗行无人吟唱——③
The heroic bosom beats no more!	英雄情怀不再奋激！
And must thy lyre, so long divine,	琴瑟天籁妙音悠久，
Degenerate into hands like mine?	岂能落入我等拙手？

（全文可参见拜伦，2014；王东风译：24—27）

不难看出，以二字逗来对应原文的抑扬格并非不可能。如此翻译，兼顾了原文的节律、行律、步律、韵律。

不过，仍剩下一个遗憾未了——音律。原文的音律是抑扬格，目前所有的汉译英语格律诗对于这一诗学元素都是放弃的。其实，就中国的诗歌格律而言，并非不存在与抑扬格相对应的格律元素。这个元素就是"平仄"。胡适就曾说过，十四行诗中的抑扬格就是"'平仄'调（Iambic）"（胡适，1948：499）。英国著名汉学家和汉英翻译家亚

---

① 帝王：指波斯国王薛西斯一世（Xerxes；约前519年—前465年），又译泽克西斯一世或泽尔士一世（前485年—前465年在位），大流士一世之子。公元480年，率大军侵入希腊。萨拉米斯海战时，志在必得的薛西斯把指挥权交给下属，自己登高观战。

② 萨都：即萨拉米斯城，古代塞浦路斯东海岸的一个重要城邦。著名的萨拉米斯海战就发生在这里的萨拉米斯湾。此役波斯国王薛西斯率大军数十万、战船逾千艘，而希腊海军却只有三百多艘战船，但在萨拉米斯海战中，他们以少胜多，设计诱敌，不到一天几乎全歼波斯海军。

③ 英雄诗行：西方的一种诗体，因多用以歌颂英雄，故名。

瑟·威利也持这一观点,他认为"中诗底平仄等于英诗底浮切（Stress）——平为浮音（Unaccented Syllable），仄为切音（Accented Syllable）"（转引自闻一多，1989：154）。但闻一多则坚持认为，抑扬与平仄不是一回事。不可否认，就音响特点而言，二者确实不是一回事：抑扬的节奏理据是音的轻重，平仄的节奏理据则是调的错综。但从节奏的构成来看，二者却有着相同的功能诉求，因为抑扬之所以能成为节奏单位，是因为"抑"与"扬"的音高有差异，可以形成音差，于是一旦具有音差的语音组合呈有规律的重复，就会形成节奏，如同音乐里的二拍节奏"蹦擦∥蹦擦∥蹦擦∥蹦擦∥"。而平仄的诗学原理与此基本相同，"平"与"仄"有音调的错综，这也是一种音差，其有规律的组合最终也形成与抑扬同样的诗学效果——节奏。从这个角度看，平仄与抑扬存在着功能对应的理据。只不过在具体的语音组合模式上，英诗与汉诗各有其特点，以英诗的抑扬格为例，其音差变化是一音一变：抑扬抑扬抑扬抑扬，节奏是"一二"到底，汉语七律中的"平仄"则是两两变化、韵脚处缺一音节"平平仄仄平平仄"，节奏是"二二三"或"二二二一"，但对行交错，且还有"一三五不论，二四六分明"的变体。以七律与 *The Isles of Greece* 这种抑扬格四音步的结构相比，前者每行是七个音节，三逗，两短一长，或按王力的分法是四逗，三长一短；后者每行是八音节，每行四音步匀速推进，与我们非常熟悉的七音节组合其实只多一个音节，存在形式对应的理据。既然有理据，也就排除了不可译的可能。试以"平仄平仄平仄平仄"的模式来译原诗的第一节：

  希腊群岛，希腊群岛！
    莎馥如火歌美情重，
  文治卓越兵法精妙，
    提洛昂立飞布神勇！
  长夏无尽群岛如曜，
  浮世沉堕残日高照。

第一编 文学翻译

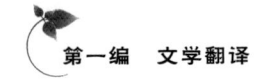

可见，以"平仄"对"抑扬"并非译不出来，只是难度系数又加大了很多。从技术上讲，"平仄"与"抑扬"毫无疑义属于卡特福德所说的"在功能上具有相关性的情境特征"（Catford，1965：94），因此从功能的角度看，不属于不可译范畴。至于如此翻译的实际可行性如何，以及这一音响组合的审美效果是否真的明显可感，则还需要一定的实证检验才能下结论，其中涉及一系列复杂的因素和条件，本文对此暂且只能点到为止。

相对而言，"逗代化"的可行性显然要大得多。其定义如下：

> 以逗代步，简称逗代化，是指在翻译英语格律诗时，以等长的"逗"作为节奏单位，以应对原文等长的"音步"，主要是指以"二字逗"对原文的双声音步。

可见，若继续沿用"顿"的术语，势必会造成概念的混乱，因为顿对字数和排列规则没有严格限制，而逗则是有限定的。此外，定义中之所以说"主要是指以'二字逗'对原文的双声音步"，这是因为绝大部分的英语格律诗是抑扬格的，其次是扬抑格，都是双声音步的，因此逗代化可以成为汉译英语格律诗的一种主要方法。笔者用这种方法也全文翻译了雪莱的《西风颂》和随机抽取的几首莎士比亚十四行诗，都可以译出来。可见，用二字逗来翻译双声音步的格律诗是完全可行的。但有一个问题还需要讨论一下：既然用二字逗来翻译双声音步是可行的，那么这是不是就意味着英语诗中的三声音步（trisyllabic foot，如抑抑扬格、扬抑抑格和抑扬抑格）就理所当然地要用三字逗来翻译呢？理论上讲，这确实是可行的，实际上也译得出来，但必须指出的是，在英语文化中，完全用三声音步写出来的严肃的诗几乎没有。霍布斯鲍姆（Philip Hobsbaum）就曾明确地指出：

> 应该强调的是，我们很少（rarely）能碰到一个完全是抑抑扬格的，或完全是扬扬抑格的，或完全是抑扬抑格的诗行。三声音步的诗行一般都是混合型的。（1996：2）

布鲁厄（Robert Frederick Brewer）也认为：

  三声音步很少被我们的诗人所用，其原因可想而知，因为这种音步需要不断地使用两个轻读和短促的音节和一个重读音节，而我们的语言则无法提供足够的这方面资源。这样的结构比双声音步诗歌更加复杂和雕琢，其节奏因为有明显的重读要求，因而会显得单调，难怪长诗都不用三声音步。用于这种诗的手段有多种，音步的变化、音节的省略和增加与其说是例外，不如说是规则。（1950：48—49）

  因此，从诗律学（versification）的角度看，英语中严谨的格律诗并不使用三声音步，因此其译法与本文所探讨的格律诗的译法无关。由于"三声音步的诗行一般都是混合型的"，因此其节奏模型实际上与自由诗无异，翻译时的节奏建构也就没有那么苛刻了，基本上以自由诗的节奏来翻译即可。考虑到英语格律诗绝大部分是双声音步的，因此用以二字逗为主的逗代法来作为英语格律诗翻译的主要方法还是有充分理由的。

  诗歌之中最有诗学价值的元素就是节奏，朱光潜称之为诗的"命脉"（2012：158），闻一多称之为"诗的内在的精神"（闻一多，1993：144），"诗之所以能激发情感，完全在它的节奏；节奏便是格律"（同上，138—139）。

三　量化的尺度

  其实，像拙译《希腊群岛》这样的译法，并非没有先例。高健就曾用同样的方法翻译过华兹华斯的 *Daffodils*，以下是其译文的第一节：

   我像天上一片孤云，
   轻轻飘过幽谷小山，
   突然瞥见簇簇一群，

第一编　文学翻译

一群美丽金黄水仙；
绿荫之下，碧湖之旁，
个个风前妙舞低昂。（转引自黄杲炘，2007a：91）

译文每行四逗，每两字一逗；原诗也同样是抑扬格四音步。黄杲炘认为这样的译诗很"少见"，理由"首先当然是可行性问题"，另一个原因是因为节奏总是这样重复，"难免让人感到单调和疲劳"（同上：92）。其实，黄杲炘自己也曾用这种方法翻译过一个译例：

醒醒！太阳已把满天星斗
赶得纷纷飞出夜的田畴，
叫夜随同星星逃出天空，
阳光之剑射上苏丹塔楼。（1999）

该译的原文是奥尔玛-哈亚姆的《柔巴依》的第一节，原诗为抑扬格五音步，译文每两个字一个节奏单元，正是笔者所定义的"以逗代步"的译法，但黄杲炘认为这只是一种"字数相等"的译法，且并不是一个理想的译法。他主张的是"字数相应"与"以顿代步""兼顾"式译法（2007a：77）。他所谓"字数相应"，是指如果原文音节数是均齐的，译文的字数也应该均齐，但不必与原文字数"相等"，如"翻译五音步十音节英诗时，十二个汉字是较好选择"（同上：44）。他在 2007 年出版的《英诗汉译学》里就指出，"字数相等"只是向"字数相应"译法发展的一个必然阶段。实际上，黄杲炘本人在理论和实践上均并不主张"顿"就必须是等长的。以下是他对"顿"的定义：

节奏以"顿"（即"音组"）为单位，一个顿大多有二三个字组成（少数由一字或四字构成），与英语中由二三个音节构成的音步在长度上和容量上大致相当，因此可要求在"以顿代步"及复制原作韵式的同时，适当掌握译诗诗行中的字数，使之与原

作中的音节数相应,……(黄杲炘,1997:XXVI—XXVII)

按黄杲炘的定义,"顿"以二三字为主,但一个或四个字也可以。由此推论,翻译时即便顿数、字数与原文音步数、音节数相同,译文各顿内的字数则仍有可能不同,也就是诗行内各"顿"的长度是可以不一样的,如用此法翻译四音步诗,译文的节奏就有可能出现"一‖一二三‖一二‖一二‖"这样的情况。由此定义也可见,上面黄杲炘的这首译例,就存在着一定的偶然性,而且他也并不主张这么译。后来,在他的《英诗汉译论》中,即便是在讨论"字数相等"的译法时,我们也找不到这个译例了。而且,他在讨论这节诗的翻译时,说他曾"经历过几次小改动",并展示了这几次改动,但就连这些"小改动"中,也未见上面的这个译例了,足见其对这种译法的态度。对于这首译诗,他说他在几易其稿之后,"终于成了下面这样":

醒醒吧!太阳已经把满天星斗
赶得纷纷飞离了黑夜的田畴,
叫夜色也随同星星逃出天庭;
阳光之箭已射中苏丹的塔楼。(2007a:130)

这才是他的定稿,也是最能体现他翻译思想的典型译法。该诗所对应的原诗的格律是抑扬格五音步,十个音节,译文是每行五顿十二个字,但因为"顿"不是等长的,因此内在节奏并不像原文那么均衡,一会儿两拍一会儿三拍,且不是规律性重复,以下是一二行的节奏模型:

一二三‖一二‖一二三‖一二‖一二‖
一二‖一二‖一二三‖一二三‖一二‖

再看黄杲炘用这种"顿数相等与字数相应"的方法翻译的另一首诗:

还是随老哈亚姆来吧,开柯巴
和凯姆斯鲁的命运别去记挂;
让鲁斯吐姆任意去横冲直撞,
让哈蒂姆·泰喊开饭;你别管他。(2007b:40)

  原文仍是五音步十个音节,译文仍是每行十二个字。按以顿代步的规矩,译文应该每行五顿。由该译诗可以更加明显地看出,顿长若不均齐,诗行均齐的意义并不大,不仅内在的节奏并不像原文那样呈均齐重复状,而且还会因为这种不均齐而造成"断顿"困难,让不懂以顿代步的读者根本读不出译者想要的五顿节奏。这样的问题,几乎每行都有,如第一行中的"还是随",是读成一顿还是读成两顿?按五顿要求,得断成"还是‖随‖",如此,此行的节奏就成了"一二‖一‖一二三四‖一二‖一二三四‖",其中一拍、二拍、三拍、四拍的顿都出现了,如此,原文五音步的那种两拍一顿的节奏感在译文中就体现不出来了。这种现象在顿代化的译诗中是一个普遍现象。因此,要真正解决节奏合拍的问题,就必须要对节奏单位做出等长的量化限定才行。

  相比较而言,逗代化的方法不仅要求逗数、字数与原文音步数、音节数相同,而且还要求逗内的字数也与原文音步内的音节数相同。按此法所译之诗就不再会有让外行读不出节奏(不会读)、听者听不出来节奏的问题了,因此无论在视觉形式,还是节奏形式上,都更加贴近原文。至于译文是不是会显得节奏单调,那也得看原文是个什么节奏。毕竟是翻译,而不是创作。也许,英语格律诗的读者也会觉得单调,所以后来才兴起了自由诗。但我们翻译的毕竟不是后来的自由诗,何必在人家本来就很"单调"的时候,非得要把它弄得那么自由呢?原诗形式之中,其实不仅有表面的诗学性,还有内在的历史性。理想的翻译,当然是越接近越好。

  英诗之中的音步,就像是音乐的节拍,那节拍是两拍的也好,三拍的也好,一旦限定,节拍必须等长,否则就会走调,若是跳舞,则肯定会踩脚。至于按逗代化的方法译者译不译得出来,译不译得好,那是译者个人的能力问题,而不是汉语本身的系统问题。

就汉语本身的系统而言,现代汉语词汇以双音节词为主,且有强烈的双音节化的倾向,如足球运动员"C.罗纳尔多"被简化成"C罗"、网球运动员"德约科维奇"被简化成"小德"、"美利坚合众国"被简化成"美国",等等。而英语格律诗以抑扬双声音步为主,因此现代汉语就具备了用双音节词应对英诗抑扬格的语言条件。此外,汉语本身属于重意合的语言,重意合的语言的一个特点是虚字用得比较少,而古汉语又比现代汉语用得更少,古诗之中虚字的使用则少之又少。由于现代汉语是从古汉语演变而来,当代中国人对于古代经典诗又特别钟情,所以在实际的诗歌翻译时,意合法的使用可以大大压缩虚字的使用,这一方面可以为逗代法争取最小的表意结构空间,另一方面也可以使译诗的诗意大大凝练,使其脱离非格律诗的散漫。

顿代化和逗代化都是用来应对原文的"步律"的翻译方法,不同的方法对原文的格律保真度也不同。就格律翻译的保真度而言,我们可以从理论上区分出五种方法,对应为五个等级。它们分别是:

平仄化
逗代化
顿代化
自由化
本土化

其中的定律是:方法等级越往上走,原文格律保真度越高;方法越往下走,原文格律保真度越低。

这五种方法和等级主要是针对与原文格律的相似度而言的,并不是说用高等级的译法译出来的诗就一定比低等级的译法译得好。每个等级每种方法都有可能译出绝美之诗篇,而用高等级的方法,如果译者的语言和诗学功力不够，则完全有可能译出很蹩脚的诗，就像我们见到的无数号称是七律，其实读起来像打油诗的劣作一样。

  The Isles of Greece 的汉译本已经有不少，但从格律上讲，大多就是本文所说的那几种形态。已存在的各种译本说明，同一个原文可以有多种可能的译法，未来肯定还会有更好的译本出现。拙译只是这无数种可能中的一种，希望能起到抛砖引玉引的作用。以拙译的现在状态看，尚远未达到诗学的最高境界，明显还可以进一步提高的地方就有好几处，如用"以平仄对抑扬"的方法只译了一节；押韵方面则还可以严格按韵书的要求来做，甚至像近体诗那样只押平声韵；语言表达方面，也许还有更准确且更精美的表达方式在冥冥之中没有被开发出来。但笔者深知自己的身份并非是诗人和诗歌翻译家，而只是一名翻译研究者，诗歌翻译能力有限，此次重译该诗的实际目的是验证逗代化的可行性，只是在这一过程中发现了平仄化这一更高一层的目标的潜在可能性。

四　结语

  由上述讨论可见，英诗之中的三个核心格律元素在汉语中均存在可译性的理据。不过，证明了理据的存在，并不意味着所有的格律诗都可以得到"五音俱全"的完美体现，毕竟译者的能力是有差异的，而且是有限的。以笔者为例，我可以用平仄化的方法译出该诗的第一节，但未必能全部译出；虽然我用逗代化的方法译出了若干英语格律诗，但并不意味着我有能力用这种方法译出所有的格律诗。但我译不出来，不等于别人不行。既然这些方法有其存在的理据，理论上讲就有实现的可能性。

  译者的终极追求是真。诗歌翻译若只追求意义的真，抛弃诗歌形式的真，那译文向读者所展示的真就是掺了杂质的，艺术上也是不完整的。卞之琳就曾不无痛心地指责那些不尊重原诗艺术性、随心所欲的译诗"在中国诗界造成了广泛而久远的错觉，误以为西方从古到今写诗都不拘形式，以借鉴而分行写所谓的'诗'"（2009：283）。

有关《希腊群岛》的重译，要说的、可说的还有很多，但篇幅有限，有关译诗的其他方面的问题，将另文再做探讨。

（原载于《外语教学与研究》2014 年第 6 期）

参考文献

［1］ Brewer, R. 1950. *The Art of Versification and the Technicalities of Poetry*［M］. Edinburgh：John Grant Booksellers.

［2］ Hobsbaum, P. 1996. *Meter, Rhythm and Verse Form*［M］. London and New York：Routledge.

［3］ 拜伦：《希腊群岛》，王东风译，《译林》2014 年第 5 期。

［4］ 卞之琳（编译）：《英国诗选：莎士比亚至奥顿》（英汉对照），商务印书馆 1996 年版。

［5］ 卞之琳：《翻译对于中国现代诗的功过》，载卞之琳（编）《卞之琳集》，中国社会科学出版社 2009 年版，第 281—297 页。

［6］ 胡适：《哀希腊歌》，载胡适《尝试集》，人民文学出版社 2000 年版，第 93—108 页。

［7］ 胡适：《建设的文学革命论》，《新青年》1918 年第 4 卷第 4 号，第 289—306 页。

［8］ 胡适：《世界会十周年以诗祝之》，载胡适（编）《胡适留学日记》第二册，商务印书馆 1948 年版，第 495—500 页。

［9］ 黄杲炘（译）：《英国抒情诗选》，上海译文出版社 1997 年版。

［10］ 黄杲炘：《英语格律诗汉译标准的量化及其应用》，《中国翻译》1999 年第 6 期，第 14—18 页。

［11］ 黄杲炘：《英诗汉译学》，上海外语教育出版社 2007a 年版。

［12］ 黄杲炘（译）：《柔巴依集》，湖北教育出版社 2007b 年版。

［13］ 梁启超：《新中国未来记》节选，载罗新璋、陈应年（编）《翻译论集》（修订本），商务印书馆 2009 年版，第 198—201 页。

［14］ 柳无忌（编）：《从磨剑室到燕子龛——纪念南社两大诗人苏曼殊与柳亚子》，台北：时报出版社 1986 年版。

［15］ 马君武：《哀希腊歌》，载柳无忌（编）《从磨剑室到燕子龛——纪念南社两大诗人苏曼殊与柳亚子》，1986 年版，第 229—232 页。

第一编　文学翻译

［16］苏曼殊:《哀希腊》,载柳无忌（编）《从磨剑室到燕子龛——纪念南社两大诗人苏曼殊与柳亚子》,1986年版,第233—235页。

［17］闻一多:《律诗底研究》,载孙敦恒（编）《闻一多集外集》,教育科学出版社1989年版,第139—172页。

［18］闻一多:《诗的格律》,载《闻一多全集·文艺评论·散文杂文》,湖北人民出版社1993年版,第137—144页。

［19］杨德豫（译）:《拜伦抒情诗选》（英汉对照）,湖南文艺出版社1996年版。

［20］朱光潜:《诗论》,生活·读书·新知三联书店2012年版。

第二编
访谈实录·老一辈前贤

他的心为翻译而跳动

——方平先生访谈录

吴 刚[*]

方平（1921—2008），原名陆吉平，我国著名的翻译家、莎学家，外国文学和比较文学研究者。祖籍苏州。生于上海。曾任中国莎士比亚研究会会长，国际莎士比亚协会执行理事，上海师范大学外国文学硕士研究生导师，北京大学、青岛大学客座教授。从1952年翻译莎士比亚长诗《维纳斯与阿董尼》起，方平就投身对莎士比亚的研究，获得中国"莎学泰斗"的美誉。他是继曹禺先生之后，中国莎士比亚研究会的第二任会长；也是中国进入国际莎士比亚协会执行委员会的第一人。翻译莎士比亚戏剧20余种，主编《新莎士比亚全集》，翻译《十日谈》《白朗宁夫人爱情十四行诗集》《呼啸山庄》等。著有《和莎士比亚交个朋友吧》《三个从家庭出走的妇女》《为什么顶楼上藏着一个疯女人》《他不知道自己是一个诗人》等。

值《东方翻译》创刊之际，编辑部（下简称"《东》"）对沪上知名老翻译家方平先生（下简称"方"）进行了一次专访。方先生的寓所坐落在复兴西路一幢闹中取静的公寓大楼内。我们进门之后，方先生首先向我们简要介绍了他现在看书养生、含饴弄孙的日常生活，并带我们参观了他工作与生活的场所。方先生今年已经八十岁高龄

---

[*] 吴刚，上海外国语大学高级翻译学院副院长、教授，上海市翻译家协会会员。

了，但依然精神矍铄，步履稳健，声音洪亮，谈锋甚健。在书房里，他如数家珍地向我们展示了他多年以来收藏的各种版本的中外文莎士比亚著作及国内包括港台地区出版的各种莎著译本。其中当然也少不了他耗费多年心血以诗体译成的厚厚十二卷的《新莎士比亚全集》。望着这满满一书橱的收藏，我们心中不禁对这位将自己的一生都献给了翻译事业的老翻译家油然而生了一股浓浓的敬佩之情。

《东》：方老，您好。首先跟您介绍一下我们这本新创刊的杂志。我们的杂志名叫《东方翻译》，是由上海市文联主办、上海翻译家协会和上海外国语大学高翻学院承办的；内容既包括翻译理论方面的学术研讨，也包括翻译实践方面的心得交流以及对译坛、译事和译家的介绍。我们计划设立一个专门的栏目，对目前沪上乃至全国的一些翻译实践、翻译批评和翻译理论研究的名家进行访谈，倾听他们对翻译的思考。首期我们就选择您作为我们的采访对象。

方：谢谢，谢谢，真是太荣幸了。我要谢谢你们办了这样一本杂志，让我们搞翻译的人又多了一个可以交流的地方。

《东》：方老，您是一位翻译实践方面的大家，您在莎剧翻译方面的成就是有目共睹的，但从您以前一些谈论翻译的文章来看，您好像对翻译研究或是翻译理论也有相当的兴趣。

方：我自己是搞实践为主的，对翻译理论其实只懂得一点皮毛，现在各地有很多翻译方面的杂志，出版后都会给我寄一本来，那上面的理论文章我也是偶尔才翻翻，有许多我也看不懂。

《东》：您谦虚了。从您的文章中我们觉得您对从事理论研究的学者表现出了很大的理解与尊重，这一点在与您年龄或资历相仿的人当中似乎是很突出的。

方：那是因为我的确从那些从事理论研究的学者们身上得过益。我翻莎士比亚的戏剧就参考了许多研究莎士比亚的学者的研究成果，这其中不仅有考据方面的，也有一些谈到了怎样在新的时代里解读莎士比亚，以怎样的观念来指导莎翁作品的翻译。在我参加的有关莎士比亚的国际会议上，就有不少是非英语国家的翻译家和学者谈他们在翻译莎士比亚的过程中遇到的问题，他们总结出的一些规律和理论对于中国的莎士比亚研究有很大的启示。

《东》：您那些提到翻译理论研究的文章给我们留下这样一个印象，那就是您有着相当宽阔的学术视野和开放的思想。您能跟我们谈谈您具体是怎样看待翻译理论研究的吗？

方：我相信翻译理论的研究对于提高翻译实践的水平是会带来好处的，这种好处有时不一定是直接的、可见的，我们千万不要太功利。了解一点翻译理论，哪怕只是浏览一下别人的研究成果，有时会给译者带来一种境界上的提升，对原文的理解会加深，在翻译方法上也能有更多的选择。再退一步讲，即使翻译理论研究对翻译实践没有实际的好处，它也是一项独立的有价值的事业，应当得到所有人的尊重。我觉得，搞翻译实践的人应当要和搞翻译理论研究的学者多接触，多交流，多从他们那里了解一些有用的信息，这样做绝对是有百利而无一弊的。

《东》：您的这种宽阔的学术视野是否和您担任中国莎学会会长，国际莎士比亚协会执委，经常参加国际学术会议有关？

方：大概吧，经常走出去看看就不会固步自封，夜郎自大了。国外有很多翻译家本身也是研究理论的专家，两方面的功力都很深，在学术会议上两边的交流非常融洽，有时根本不分彼此。其实我身边的一些朋友、一些翻译家，他们对于翻译理论也是挺感兴趣的。

《东》：方老，您的翻译生涯跨越了几十年，您能根据自己的经历给我们谈谈翻译者在不同时代的地位吗？

方：我们以前翻译都是出于兴趣的，也没有想过要当翻译家。我读书的时候就开始翻译了，根本没想过要发表，就是为了锻炼一下自己的能力。等有翻译作品正式发表的时候，其实已经翻了很多东西了。以前那些学徒时代的习作有些后来拿出来发表了，当然又经过了认真的修改，有些就扔在抽屉里，一直也没有发表。我年轻的时候，社会上的文学气氛还是比较浓的，外国的文学作品介绍进来的很多，专门发表译文的杂志也有好几本，知名的翻译家也不少。

《东》：当时的一些翻译家好像都在翻译作品方面形成了自己的特

色，比如傅雷翻译巴尔扎克，朱生豪翻译莎士比亚等，是不是他们能根据自己的兴趣挑选原本呢？

方：一般而言，译者是没有什么挑选权利的，即使有的话，那只是少数几个顶尖的，大多数人的情况不是这样的。朱生豪当时是世界书局的编辑，也是先翻了几部得到认可后，世界书局预支他一点稿费，他一点点翻下去的。不过，钱也不多，日子还是过得相当艰苦。能按照自己的心意选择原本来翻译的很少，算得上是凤毛麟角。出版社会向一些译者约稿。解放后也基本如此，都是出版社定的选题，找译者来翻。我和王科一翻《十日谈》也是出版社约的稿。

《东》：您是从意大利文翻译的吗？

方：不是，是从英文版翻的。当时英国已经出了很好的足本了。

《东》：您在一篇文章里提到，"文化大革命"时期您在家里偷偷摸摸地翻莎士比亚。

方：对，当时基本上没有什么翻译的东西了，英美国家的文学作品绝大多数都不能出了，不少翻译家还因为以前的作品而受到了批判。不过莎士比亚的命运还算好，没有受到彻底的批判，因为马克思和恩格斯都对莎士比亚有过很高的评价，这都是在马恩全集里明明白白写着的。不过即便如此，也没有什么人敢随便去动，因为毕竟是外国的东西，当时只要是和外国沾边的都让人谈虎色变啊。我是因为对翻译、对莎士比亚太喜欢了，实在忍不住，就偷偷地在家里翻，当时根本也没想过将来会不会出版，纯粹是出于兴趣，那情形的确就跟做贼一样。

《东》："文化大革命"结束后又迎来了一个翻译外国文学的高峰，您当时一定心情很舒畅吧？

方：对，当时是出了很多外国文学的书，其实有很多是"文化大革命"前就翻好的，当时只是重印而已。也有新译的。和"文化大革命"期间相比当然是心情舒畅多了，但也有新的苦恼。我一直觉得《新莎士比亚全集》交稿的时间太短，虽然和出版社其他的项目比起来已经算长的了，但要是按我的心意，再改个十年也不嫌多，现在的版本中我还是有不少地方感到有遗憾的。

《东》：您现在手头上还有什么东西在做吗？

方：我是二十年前退休的，退休以后翻译就越做越少了，最近几年基本没有在翻什么了。不过真的要是有什么能让我感兴趣的东西，我大概还是会翻的。

《东》：您对现在翻译界的状况有什么看法呢？

方：早几年我还偶尔参加一些会，但现在这些活动也基本不参加了，所以对于现在翻译界的状况我没有发言权。

《东》：前一阵子《文汇报》上有一组关于翻译者稿酬的争鸣文章，引发了人们对译者地位的讨论。您对这个问题是怎么看的呢？

方：说到译者的地位，我倒有几句话说。翻译从来就不是一项能让人发大财的营生，文学翻译尤其如此。即便是那些翻译大家，他们在经济上的所得也是和他们在翻译事业上的艰苦付出不成比例的。翻译者的成就感不是从收入上得来的，是在翻译的过程中获得的，是从工作中得到他的自我肯定、自我安慰的。我在翻莎剧的时候，有时候翻到妙处，会有一种如见其人，如闻其声，想要手舞足蹈参与其中的感觉，这大概就是翻译能带给译者的至高享受了吧。

《东》：译者在生存上的压力会不会对文学翻译事业造成什么影响呢？

方：我觉得，虽然文学翻译不大受重视，经济收入也不可观，但这并不妨碍文学翻译成为一项高尚的事业，它对译者在修养、知识面和语言水平等方面都有着很高的要求。只有出于纯粹的兴趣，喜爱自己翻译的作品，才有可能奉献出高水平的，能被读者记住的译作。搞文学翻译的人自己一定要尊重自己，只有自己尊重自己了，别人才会尊重你。

《东》：方老，您对翻译事业的这种纯粹的态度真的让我们感到很钦佩。时代虽然进步了，但是老一辈翻译家身上这种忘我追求的精神其实是我们永远也不能舍弃的传统，是一笔后人应当好好继承的精神财富。那么，根据您多年的翻译实践，您对文学翻译在方法上有什么总结吗？

方：在对待文学翻译的态度上，我一直推崇卞之琳先生提出的

"亦步亦趋"的翻译观，也就是说对原作的艺术形式要给予最大可能的尊重。忠实是译者的最大美德，译者要尊重的不仅是原作的内容，也要尊重原作的艺术形式。当然，任何翻译方法或观念都不应当是绝对的，也不可能是完美的。傅雷先生提出过求神似不求形似的观念，而他实践这一观念的译作也笔墨酣畅，如行云流水，给读者带来了很大的艺术享受。但小说和戏剧，尤其是莎士比亚这样的素体诗剧还是有着不小差别的。卞之琳先生的《哈姆雷特》译得音韵铿锵，充分体现了莎翁原作在诗体上的艺术感染力，像这种存形求神、神在形中的翻译同样展现了一种高卓的翻译境界。

《东》：在更宏观的层面上，您对翻译事业的理解有过什么样的变化吗？

方：我觉得在翻译这项事业中新与旧也有着辩证法。时代是不断进步的，新的东西不断出现，对翻译都会带来影响，翻译也必须要变，要跟上时代。我过去到国外开一次莎士比亚会议，就能接触到不少莎士比亚研究的新成果，这些都会给我的翻译带来好处，让我对莎士比亚作品的理解产生新的启发。

《东》：记得您在一篇文章中提到，您看了一场莎剧的现场演出，结果对您的莎剧翻译很有启发。

方：对，那是1998年8月，我在参加"国际莎译"执委会会议期间到伦敦新落成不久的新"环球剧场"去看了在那里演出的《威尼斯商人》。那场演出给我留下了很深刻的印象，一切都是尽力还原莎士比亚时代演出时的原貌，所以使我对当时的情境有了一个非常感性的认识，以后我无论是在翻译还是自己诵读莎士比亚的剧作时，眼前都会浮现出那个剧场，那场演出的景象，我就想象演员们念着我的译文在台上演出，对于译文应该达到什么样的效果似乎一下子清楚明白了许多。可惜一些以前完成的译作已经没有精力再回过去修改一遍了，只能成为永远的遗憾了。

《东》：一些新的媒体和技术的出现也对翻译造成了不小的影响，您对此有什么看法吗？

方：你是指电脑吧，听说用网络查资料很快，这些新东西我没怎么用过，如果这东西出现得再早一点的话，相信对我的翻译一定能带来很大的帮助。这些都是新的东西。翻译里也有不变的东西。虽然说有各种各样的翻译观，有时也会产生争论，但总的目标总是想把翻译这项事业做好，相信实际的情况也应该是越做越好了吧。通过译者的二度创作，尽可能地还原原作的艺术美，这一点我想应该是不会变的吧。搞文学翻译的人要对翻译感兴趣，对自己所从事的事业要投入，这应该也是不能变的，否则翻出来的东西是不会好的。

《东》：您说得很对，时代的发展与科技的进步的确给翻译带来了很大的便利，译者所处的环境有了很大的变化，有些关于翻译的观念也受到了冲击，但对待翻译事业的认真态度应该是不能变的。方老，那么您对文学经典的重译问题是怎么看的呢？

方：重译当然是可以的，也是有必要的。我回头看看自己几十年前翻译的东西，想改动的地方就非常多。语言是在不断发展的，有些以前没有办法翻的东西，现在可能已经不成问题了。我好像写过一篇文章谈过这个问题（按：方平先生所指的应为其写于1997年的《可以被超越，不会被淘汰——谈文学翻译的艺术生命力》一文，内中举了《理查三世》中"To make the perfect period of this peace"一句，方先生认为过去可以译作"使眼前的和解功德圆满"，现在则完全可以照字面译成"使眼前的和解画上圆满的句号"）。

《东》：尤金·奈达认为，再好的译本也只有50年的寿命，您对此是怎么看的呢？

方：我觉得这话说得太绝对了一点。每个译本在时代和观念上或多或少都会打上时代的烙印，几十年后的人也许会看不惯或看不懂了，但我认为时代特色有时恰恰也会成为一个译本的价值所在。而另一方面，好的译者凭借其深厚的艺术功力，也有可能使其译作超越时代，获得长久的生命力。既然莎士比亚的作品今天读来依然能让人感到津津有味，那么好的译本为什么就一定要被淘汰呢？所以我觉得重译是有必要的，因为每个时代都有其自己的要求。

《东》：重译是否应当以超越以前的译作为目标呢？

方：重译的作品有可能超越以前的译作，但这并不意味着以前的译作就必然被取代了，被淘汰了，再也没有自己的价值了。语言或许会过时，但译者对原作的阐释，译者在翻译的过程中所体现出的爱是永远值得品味的。就拿严复来说吧，他翻的很多著作，有许多提法都已经过时了，但他对中国翻译事业的贡献，他在翻译这些作品的过程中所体现的精神是不会过时的，而且这些也都是要读他的译本才能深刻体会到的。

《东》：根据您多年来翻译莎士比亚的经验，您认为中国的莎士比亚翻译在宏观上有什么发展方向呢？

方：从文体上来讲，现在散文体和诗体的译本都已经有了，应该不会再有新的形式出现了。但语言的发展是没有止境的，所以将来肯定还会出现更好的译本的。而且，学术界对莎士比亚的研究一直在进行，并且取得了不少有价值的成果，莎士比亚翻译的一个方向就是要反映这些研究的成果。

《东》：您对下一辈的翻译者有什么寄语吗？

方：文学翻译是一门艺术，有其独特的美和艺术价值，对这种美和价值的追求也是永远没有尽头的，所以从事这项事业的年轻人大有可为，而且我相信他们肯定可以比我们做得更好，年轻人总是最有希望的。我希望中国的翻译者们能一代更胜一代，把中国的翻译事业推向一个又一个高峰，创造出更多的精品和经典之作。搞文学翻译，一是要有兴趣，二是要静得下心来，有了这两点就一定能成功。

（原载于《东方翻译》2009年第1期）

心存敬畏，译无止境

——俄罗斯文学资深翻译家高莽访谈录

潘佳宁*

高莽（1926—2017），黑龙江哈尔滨人，曾用笔名乌兰汗。翻译家、画家，离休前为《世界文学》杂志主编。1943年毕业于哈尔滨市基督教青年会。历任哈尔滨市中苏友好协会、东北中苏友好协会翻译、编辑，中苏友好协会总会联络部干事，《世界文学》杂志编辑、主任、主编，编审。1943年开始发表作品。1954年加入中国作家协会。在中苏友好协会工作期间，先后为茅盾、巴金、老舍、田汉、梅兰芳等多位文化界名人担任口译；七十余年翻译生涯中，将大量俄罗斯文学作品译介到中国，如《保罗·柯察金》《普希金诗集》《人与事》《安娜·阿赫玛托娃诗集》等30余部。1997年获俄罗斯总统授予的友谊勋章。2004年被中国译协授予"资深翻译家"荣誉称号，2011年9月被中国译协授予"翻译文化终身成就奖"。

作为翻译学的重要组成部分，翻译史研究对翻译理论的发展和建构，起着回顾、总结、批评、反观和推进的作用。早在1953年国际翻译家联盟成立之初，作为翻译活动的主体——翻译家便走进了翻译史研究的视野，成为翻译史研究的新课题。西班牙学者安东尼·皮姆

---

* 潘佳宁：辽宁大学文学博士，讲师。研究方向：中国当代翻译家口述史研究、中国典籍外译研究。

(1998)在《翻译史研究方法》一书中明确指出，翻译史研究应注重译者，即以人为本；只有通过人（译者）及其社会环境，才能理解为什么译作产生于那个特定的时代和地点。在我国，翻译家研究的历史源远流长，南朝梁代僧佑的《出三藏记集》和慧皎的《梁高僧传》是目前为止最早的关于中国翻译家的文字记载。20世纪90年代至今，我国的翻译家研究已经取得了一定的成绩。在翻译家研究对象方面，出现了从零散的个体研究向翻译家群体研究转向的趋势；研究角度也从之前的史料梳理转向了更加深入和系统的研究。（穆雷，2003）

本文采访的高莽先生，1926年生于哈尔滨，是我国当代著名俄罗斯文学翻译家，从事俄罗斯文学翻译七十余载，笔耕不辍，硕果累累，先后出版译著30余本，获得"俄罗斯当代文学作品最佳中文翻译奖""资深翻译家"和"翻译文化终身成就奖"等诸多殊荣。2014年11月24日，笔者就俄罗斯文学翻译相关问题，对高莽先生进行访谈。以下为访谈内容的文字整理，经高莽先生改定。

潘佳宁（以下简称为"潘"）：高先生您好！感谢您能接受"中国当代翻译家口述史研究"的访谈。据我所知，您已经从事翻译70余年了，而且在口译、笔译方面都取得了骄人的成绩，也获得了无数的殊荣。按照访谈的惯例，想请您先回忆一下您的翻译生涯，也顺便谈谈您对翻译的感悟。

高莽（以下简称为"高"）：你这个研究的切入角度很好，新中国成立后的翻译事业曾经空前繁荣，是继东汉佛经翻译、明清科技翻译和五四西学翻译之后的又一次翻译高潮。许多跟我年纪相仿的同志，从事翻译工作一辈子，都亲身经历了这次高潮，还接触过诸如曹靖华、戈宝权等老一辈翻译家们，他们对翻译的理解和感悟是应该被记录下来的，这对于我国翻译史和翻译理论的研究都是非常有价值的。

我做口译是从1945年进入哈尔滨友协工作开始，到1962年离开北京友协总会基本结束。60年代初，中苏两国关系发生了变化，友协的工作也在全国大形势下进行了调整，我被调到《世界文学》杂志去做编辑，从那时起，口译工作基本就不做了，前后有18年左右。

我个人对口译工作的感悟是：作为口译员，首先要准确、翔实地将说话人的内容传达给对方，还应该尽量使译出语容易被对方理解和接受，尽量做到归化。最好的口译员应该让对话双方顺畅地交谈，又感觉不到译员的存在。此外，口译工作者还需要扎实的语言功底，比如要经常更新储备的词汇。因为语言是不断变化的，新词每天都在衍生，不同语境下蕴含的词义也日新月异，如果储备词汇过时了，就很难准确地传达和转述了。第三，口译工作要求即时性，无论是交传还是同传，译员都要在听清楚说话人的内容后，迅速进行口译。在实际工作中，有的讲话人语速很快，有的则慢；有的清晰，有的含糊；还有些带有口音，所以口译员要保持精力的高度集中，那是需要相当的体力才能完成的。

至于笔译，应该从1943年我翻译屠格涅夫①的散文诗算起。当时我还在学校读书，无意间读到他的散文诗《曾是多么美，多么鲜的一些玫瑰……》（как хороши, как свежи были розы…），觉得诗里的语言特别美就翻译了，这篇译文后来在哈尔滨的《大北新报》上发表了。笔译工作就是从那时开始，直到现在还在翻，不知不觉有70多年了。

潘：那就请您先谈谈这首散文诗的翻译吧。屠格涅夫是俄罗斯批判现实主义的代表人物，他的作品语言绮丽，意境深远，擅长以写实手法描写自然，留给读者广袤的想象空间，是世界文坛顶级的大师。傅雷认为，作为文学翻译者，要有丰富的人生经验，才能充分地理解作品的妙处，进而跟在伟大的作家后面，把他的心曲诉说给读者听（1957）。您当年只有十七岁，无论从人生阅历、文学修养、还是驾驭语言的能力方面，都与原作者存在相当的距离，您是如何通过译文，传达原作中深邃的思想意境的？

高：现在看来，当时应该是出于一种"初生牛犊不怕虎"的热情吧。《玫瑰》这首散文诗是屠格涅夫晚年艺术造诣达到巅峰时期的作

---

① 屠格涅夫（1818—1883），俄国19世纪诗人和剧作家，创作始于诗歌而止于散文诗。他的创作为俄国文学的发展做出了巨大贡献。

品，诗中通过一位老人在异国他乡的思乡情愫，表达作者内心对家乡的热爱和眷恋。而这种孤独恰好与我内心的另一种孤独产生了共鸣。我童年生活的哈尔滨是敌伪满统治的沦陷区，日本人通过奴化教育破坏了中国的文字和教育，更摧残了沦陷区人民的精神和气质。这样畸形的生长环境让我一下子就被诗中弥漫的孤独和无奈打动了，这样的感同身受也许是一种缘分吧。

潘：借用南京大学许钧教授的一句话，"翻译是一种历史的奇遇"。屠格涅夫的散文诗，经过半个世纪之久，被一位十七岁的中国小伙子翻译，这真是一场历史的奇遇。后来您是否重新审视当年的译文？随着您阅历的丰富和翻译水平的提高，再看昔日的译文有没有不同的感悟？

高：年轻时觉得翻译无非就是两种语言的转变，一点不难；但翻译的年头越久，越觉得翻译不可随意，不仅需要精通两种文字，而且要了解两种文化的底蕴。戈宝权先生曾经跟我讲，他到老年的时候不敢翻译了，我当时还以为他是谦虚。如今我也到了他那个年龄，越发理解那种如履薄冰的感觉了。随着年龄、经历增长和语言水平的提高，之后翻译的都要比这篇成熟。无论从语言韵律的把握，还是原作思想内容的传达都比当年的译文进步许多，但我并没有做任何改动。这并不代表当年的译文多么完美。比如"曾是多么美多么鲜的一些玫瑰……"这个标题的翻译，我当年的译文是完全依照原文，一字不差地翻译。现在看来，其实许多数词和语气词是可以省略的。不但可以保留原作的文学风格，而且更符合中文的行文习惯。但我还是保留了昔日译作的青涩，现在读一读觉得很有趣，至少是我翻译人生的起点。

潘：钱锺书先生的"化境"？

高：是的。

潘：之前回忆口译工作时您也曾提到的"归化和异化"理论。能否结合您七十余年的翻译经验，谈谈您对翻译理论的理解？比如严复的"信""达""雅"？您觉得翻译理论与翻译实践之间孰重孰轻？

高："信""达""雅"我以前是奉若神明的，觉得这就是翻译要遵循的金科玉律。"信""达""雅"三个字概括了译文质量的三个层次，影响了中国翻译界一百余年。但后来随着实践的累积，我渐渐觉得严复的翻译标准还可以延伸，就是要加上翻译家的创造。"信""达""雅"都以原文为尊，而视译文为原文的附属和奴仆。但在翻译过程中，特别是文学翻译，译者的改写和再创造是不可或缺的。好的翻译就像重新创作一样。创作不易，翻译的难度也绝不低于创作。比如林纾翻译《茶花女》，林纾不懂外文，却翻译了40多部世界名著，而且译笔流畅。尽管翻译界对林纾翻译现象褒贬不一，但能让这些经典文学走进中国读者的视线，而且耳熟能详，我们不能否认林纾先生在其中发挥的重要作用。

潘：您所指的"再创造"是"创造性叛逆"么？

高：可以这么说吧。

潘："创造性叛逆"最早是法国社会文学家埃斯卡皮在《文学社会学》中针对文学交际提出的，埃斯卡皮认为文学翻译总是一种创造性叛逆，但同时埃斯卡皮也表示，这种创造性不是任意的，译者必须忠实于原文，不允许对原文内容任意增删、篡改，以致损伤原文意境（1971）。这么看，林氏翻译应该不属于创造性叛逆的范畴吧。

高：但是译者的创造却给了原作新的生命力，让文学作品为更多的读者所接受，同时也使译本有了独立的艺术价值，肯定了译者的主体性，这在文学翻译中是非常重要的。当然，文学翻译的创造不能完全脱离原文，肆意妄为。作为译者，既要对译文读者负责，更要对原文的作者负责。

潘：抱歉刚才打断您，请您继续谈谈翻译理论与翻译实践之间的关系。

高：我认为理论来自实践，反过来，在实践中总结出来的翻译理论又可以指导实践，两者相辅相成，互为因果。但必须说明的是，包括文学创作和文学翻译在内的一些文学活动，本质上都应该属于艺术。作为译者，除了需要具备扎实的语言基础外，还要拥有足够的艺术想象力和翻译冲动，这与原作者创作文学作品所需的创作灵感和激情一样重要。因此，文学翻译在某种程度上讲，是一种艺术，而非技术。加之文学作品种类繁多，各体裁之间的语言风格和行文特点又不尽相同，因此文学翻译的理论应该是不断变化发展的，应该是"译无定法"的，千万不能为翻译理论所桎梏，画地为牢、固步自封。这是我个人的观点，未必正确，我们这一代人，翻译实践做得多，但对翻译理论的总结却做得很少，也许是时代和社会环境造成的。

潘：在您之前，我也采访过一些与您同时代的翻译家，他们的情况也与您大致相同；而且这种现象我在阅读1950—1952年出版的《翻译通报》和1979—1985年出版的《翻译通讯》中发表的论文时也发现了。许多老一辈翻译家都具有丰富的翻译实践经验，却少有对翻译思想和方法进行归纳和总结；而诸位所擅长的翻译实践，恰恰是目前高校从事翻译学研究的学者们所迫切需要的。如果能让翻译实践家与翻译理论家相互取长补短，一定对中国翻译理论的梳理与创新具有积极的推动作用。

高："你这个"翻译实践家"和"翻译理论家"的说法很准确，术业有专攻嘛。

潘：您过奖了！下一个问题想请您谈谈不同文体翻译之间的区别。据我所知，您翻译过许多不同体裁的文学作品，比如剧本、诗歌和散文。不同体裁的文学作品翻译之间有什么不同？

高：对我而言，剧本相对容易一些。因为人物对话较多，而且舞台表演所用的语言更接近口语。首先为了增加舞台表演的感染力和加强与观众的互动，剧本翻译要保留口语化的特点。其次，剧本的翻译要结合舞台表演的需要，人物对话的长度和节奏要适合表演，因此，翻译的句子不宜过长。总之，剧本翻译的语言既要让演员表演时朗朗上口，还要从观众的角度考虑，尽量做到通俗易懂。

诗歌翻译方面，许渊冲先生是专家，他的"三美原则"即"意美""音美"和"形美"总结得非常精妙，三者若能达到统一，应该是诗歌翻译的最高境界。对于诗歌翻译，我认为由于中文与西方语言在语法结构和遣词用句等方面都存在很大差异，所以译诗未必一定要追求字数上的完全对等，更重要的是译文必须要有韵律，读起来要有音腔、音韵。其次，诗歌是高度凝练的文学作品，古今中外的诗家都非常重视炼字，往往一个词，甚至一个字就能妙笔生辉，画龙点睛；而且要想让译文读者接受并欣赏原诗中的意境，必须汲取中国的文化和美学元素。所以翻译诗歌要字斟句酌，反复修改，因为一字之差，韵味就相隔千里。

翻译散文诗是我个人喜爱，因为这种文学形式是介于散文与诗歌之间的一种文体，而且兼容了诗歌和散文的文学特征。散文诗不但是凝练的散文，也是自由的诗歌。我翻译屠格涅夫的散文诗时，眼前总能浮现出一个逼真的画面，在领略原作者用语言勾勒出的美景之余，好像屠格涅夫就站在我面前，跟我讲述他的心声。所以我喜欢翻译散文诗，这是一种妙不可言的感觉，是美的感悟、再现和分享。

潘：这种感觉跟柏拉图的"诗兴迷狂说"很像。您在翻译散文诗的过程中，首先进入原文所呈现的虚幻世界，然后再把您见到的画面和对作者思想的感悟用中文表述出来，可以这样说么？

高：可以这样说，但我想补充一点，就是作为一名优秀的翻译，一定要在语言功底和文学造诣方面与原作者水平相当，译文才能与原文相得益彰。之所以这样说，因为我的中文功底就不好。记得当年翻译帕斯捷尔纳克的自传体随笔《安全保护证》和散文体自传《人与事》时，就遇到了困难。为此，我特意邀请了老翻译家桴鸣[①]来协助翻译。帕斯捷尔纳克的语言大都结构复杂，大套小，长套短；语言风格也很像五四运动前的文学风格，不追求文字的简练，句式结构十分庞杂。而且用词喜欢取古义、旧义。桴鸣先生认为，帕斯捷尔纳克的语言如同麻花，句子长，意思层次多，而且全都拧在一起。翻译中，我尽量再现原文的语言风格，但桴鸣先生仍觉得我的译文缺乏原文的艰涩和复杂。现在想起来，如果能有季羡林、钱锺书那样深厚的中文和国学修养，翻译起来就会游刃有余了。

潘：您太谦虚了！一般您翻译文学作品要经过几道工序？这个问

[①] 桴鸣，原名徐立群（1918—1999），俄语翻译家。先后在东北书店、东北中苏友好协会、中央编译局工作。代表译作有《茹尔宾一家》《断头台》等。

题能否结合您的具体翻译经历来谈?

高：我翻译文学作品经常都要七八遍才肯交稿。第一件事就是通读原作，基本掌握原文的内容和情感意境之后才动笔翻译。翻译过程中借助工具书对一些词进行校正；一稿后再参照原文，确认翻译的准确性；再之后就是反复读译文，对每句话、每个词进一步加工润色。比如我当年翻译阿赫马托娃①的《爱——阿赫马托娃诗集》。阿赫马托娃十分讲究诗学，翻译中我对每一句话都仔细推敲、反复修改。加之我年轻时曾经因为翻译一份联共（布）中央委员会关于阿赫马托娃的决议而误会过这位伟大的女诗人，我感觉自己愧对她，为当年自己的无知和对她毫无根据的批判而感到深深的愧疚。出于种种原因，在翻译中我尽量表达她原创中的全部艺术特色，包括诗的形式、韵律，算是一种补偿吧，但翻译速度就可想而知了。

再有我不会用电脑，译文要反复誊抄；校对时遇到不满意的地方还要在原处打补丁进行修改，所以经常惹得出版社反复敦促。但即便如此，我也不允许自己把不满意的作品交出去，那样是对原作者、读者和自己不负责。

潘：作为一位资深翻译家，您在翻译中还能如此句栉字比，冥心钩考，这种严肃认真的态度非常值得我们敬佩和学习。最后请您为年轻的翻译工作者提些建议和期望。

高：我认为，作为一名翻译，首先必须喜爱这份职业，要有淡泊名利和严肃认真的工作态度。我经常提醒自己，千万不要让一部重要的文学作品被我的译文糟蹋了。再有就是要心存敬畏，对原作负责，对读者负责。翻译是一门艺术、是一座跨越文化的桥梁，也是一个学贯中西、博古通今的知识体系，译无止境。无论你的翻译技法如何娴熟，语言文化积淀如何深厚，时代在发展，文学在变化，没有谁敢说自己的哪篇译文就是完美无瑕的。我们应该不断向更高的目标冲击。

---

① 阿赫马托娃（1989—1966），俄罗斯女诗人，代表作长诗《安魂曲》，被誉为"俄罗斯诗歌的月亮"。

潘：感谢高先生分享您精彩的翻译人生和对翻译的真知灼见，我受益匪浅。再次感谢高先生。

高：也谢谢你的精心准备，你我共勉。

［原载于《翻译论坛》2015 年第 3 期，本文系辽宁省教育厅社会科学基金项目（W2014148）阶段性成果］

参考文献

［1］Anthony Pym, *Method in Translation History*, Manchester：St. Jerome Publishing Ltd., 1998, pp. xxxiii - xxiv.

［2］Escarpit, R., *The Sociolology of Literature*, trans. E. Pick, London：Cass, 1971, p. 137.

［3］傅敏：《傅雷谈翻译》，当代世界出版社 2006 年版，第 3—4 页。

［4］穆雷、诗怡：《翻译主体的"发现"与"研究"——兼评中国翻译家研究》，《中国翻译》2003 年第 1 期，第 12—18 页。

［5］钱钟书：《文学翻译的最高标准》，载于《翻译理论与翻译技巧论文集》，中国对外翻译出版公司 1983 年版，第 25—126 页。

［6］谢天振：《论文学翻译的创造性叛逆》，《外国语》1992 年第 1 期，第 30—37 页。

"翻译之为用大矣哉"
——季羡林、许钧对谈

许 钧[*]

季羡林（1911—2009），中国山东省聊城市临清人，字希逋，又字齐奘。北京大学终身教授，国际著名东方学大师、语言学家、文学家、国学家、佛学家、史学家、教育家和社会活动家。历任中国科学院哲学社会科学学部委员、聊城大学名誉校长、北京大学副校长、中国社会科学院南亚研究所所长。通英文、德文、梵文、巴利文，能阅俄文、法文，尤精于吐火罗文，是世界上仅有的精于此语言的几位学者之一。生前曾撰文三辞桂冠：国学大师、学界泰斗、国宝。此外，他还是我国著名翻译家，一生译著颇多，为东西方文化交流做出了巨大贡献。在丰富而漫长的翻译实践中，季羡林积累了许多对文学翻译的独到见解。他曾多次表达对于翻译工作的重视和热爱，并呼吁政府设立"国家翻译奖"。

许钧：在北京举行的亚洲翻译家论坛，日本、韩国、印度以及一些阿拉伯国家都派代表参加了交流。会上，就翻译在人类思想文化交流中的作用、翻译的理论研究与当代社会的翻译策略等问题进行了探讨。今天，我有幸当面向先生请教一些与翻译有关的问题，不胜感激。我想提的第一个问题与翻译的作用有关。现在社会上，人们似乎有一种成见，认为翻译很容易，不少人看不起翻译。对这个问题，先

---

[*] 许钧，浙江大学文科资深教授、教育部长江学者特聘教授，1999年获法国政府颁发的"法兰西金质教育勋章"，2012年获中国翻译协会"翻译事业特别贡献奖"。

生怎么看？

季羡林：关于翻译，人们确实有不少看法，也有人小视翻译。但依我看，翻译并不是一件很容易的事，相反，它很困难。在这方面，我自己就有切身的体会。比如我译《罗摩衍那》，单就这个书名的翻译，就涉及许多问题，需要认真考虑。首先遇到的是译音的问题。在翻译史上，特别是佛经翻译，中外和尚在译音方面都很慎重，这是出于对宗教功果的考虑。因此，他们务求译音要准确，一点也不能马虎。"罗摩衍那"这四个译音的最后确定，我就是因为考虑到准确性，考虑到这四个音与原音比较接近。译出了准确的音还不够，我还考虑到文体问题，"罗摩衍那"这四个字中，在汉字里有几个不常见的字，是不是要改掉呢？我想，这部书本身就是古色古香的，书名中保留几个古色古香的字，读者也许一看就有所会意，这不更好吗？可见，不要说大的方面的翻译，就一个书名，就要考虑多方面的因素，可见翻译确实是不容易的。

许钧：季先生，您刚才说到，在翻译中，您还考虑到文体问题。我记得在罗新璋编的《翻译论集》中，有您的一篇论翻译的文章，其中讨论了《罗摩衍那》的译文文体问题。关于翻译中的文体问题，中外翻译理论研究者有过不少思考、探讨，还有过争论，比如原文是古体诗，翻译过来是不是一定要用古体呢？要是没有对应的文体怎么办？小说翻译也如此，比如用古法写的小说，是否一定要以相应的古汉语来译呢？

季羡林：这些问题，确实应该提出来，在翻译中，也有探讨的必要，但具体到《罗摩衍那》的翻译，一开始我并没有过多考虑该用怎样的文体进行翻译。鲁迅说过："诗须有形式，要易记，易懂，易唱，动听，但格式不要太严。要有韵，但不必依旧诗韵，只要顺口就好。"我当时就想译成这样的诗。但有个疑问，用这样的诗体译史诗妥当吗？最好是以中国古体长篇叙事抒情诗，如以《孔雀东南飞》为样板，把原诗译成类似七绝那样的民歌体。印度史诗，就其本质而言，本来就是伶工说唱的东西，这样译，更能表达原诗的精神与风采。我进行了尝试，想把诗译成七绝，但很困难，后来，译到六篇下一半的时候，我还是回过头来，用类似七言绝句的民歌体来翻译。所以说，我译的《罗摩衍那》，前后的文体是不够统一的，究竟哪一种更好，还需要讨论。这也从另一个角度说明，翻译是十分困难的，中国的翻译工作要发展，无论在理论与实践方面，都要进一步努力。

许钧：就具体的翻译来说，困难确实很多，也许是翻译太难的缘故。有的人认为翻译几乎是不可能的；还有一些语言学家，如新洪堡学派，还在理论上论证人类思想交流的不可能性。这样一来，翻译的可能性和作用也就被彻底抹杀了。您对这个问题怎么看？

季羡林：我想，理论探讨，应该以事实为依据。翻译如果不可能，怎么中西方能有那么悠久的翻译史？翻译如果不可能，人类各民族怎么相互交流，相互沟通？别的国家我不说，无论从翻译的历史长短来看，还是从翻译作品的数量来看，还是从翻译的影响来看，中国都是个"翻译大国"。实际上，早在先秦时代，中国就已经有翻译活动了。不同的国家或民族之间，如果有往来、有交流的需要，就需要翻译。否则，思想就无法沟通，文化就难以交流，人类社会也就难以前进。

许钧：您刚才谈到"沟通"与"交流"，我想，就翻译的目的而言，能否说寻求沟通，促进交流，是翻译的目的或任务所在。人类的交流是多方面的，有物质方面的，也有精神方面的。季先生，这几年来您一直在思考东西方文化的关系问题，比如在21世纪，东方文化将处于一个怎么样的位置，特别是您所说的"人类文化的演变和走向问题"。我想，翻译对于促进人类文化的交流，其作用是不可忽视的。

季羡林：这里涉及一个重要的研究课题，就是翻译对文化的发展到底有何重要意义。英国的汤因比说没有任何文明是能永存的。我本人把文化（文明）的发展分为五个阶段：诞生，成长，繁荣，衰竭，消逝。问题是，既然任何文化都不能永存，都是一个发展过程，那为什么中华文化竟能成为例外呢？为什么中华文化竟延续不断一直存在到今天呢？我想，这里面是因为翻译在起作用。我曾在一篇文章中说过，若拿河流来作比较，中华文化这一条长河，有水满的时候，也有水少的时候，但却从未枯竭。原因就是有新水注入，注入的次数大大小小是颇多的，最大的有两次，一次是从印度来的水，一次是从西方来的水。而这两次的大注入依靠的都是翻译。中华文化之所以能长葆青春，万应灵药就是翻译。翻译之为用大矣哉！

许钧：在人类思想与文化交流中，看来怎么强调翻译的作用都不为过。翻译的作用不仅对中国文化如此，对其他文化也如此；翻译，不但能保证一个民族文化的延续，还能拓展它的生命。目前，我们国家正在改革开放，与世界其他国家的交流日益频繁，扩大，翻译越来越显示出它的作用，但目前，翻译界的情况似乎并不尽如人意，有不少问题存在，我在《书与人》上读过您的一篇文章，您对目前翻译界出现的一些问题提出了批评，甚至用了"危机"两个字。

季羡林：翻译可以在文化交流中起大作用，但作用可以是积极的，也可以是消极的，这要看翻译本身能否站得住脚。翻译首先有个道德的问题，有个风气的问题。翻译什么？怎么翻译？这些问题都不能回避。我们要选择翻译对我们中华文明有益的东西，还要把我们中华文明的精华介绍出去。现在的翻译风气不好，有的翻译很不负责。曾经有一位同志，把他翻译的东西给我看，中文倒还不错，可一对原文，问题太大了，许多原文都没有读懂。理解错了，匆匆翻译过来，会有什么效果？这种翻译态度应该批评，现在看来，翻译界这种情况不是少数，几乎成了一种风气，对原文不负责任，怎么能对读者负责任呢？这是一种欺骗。从文化交流方面来看，把别人的东西都介绍错了，这怎么交流？所以我说这样下去，是一种危机，必须注意。

许钧：这个问题确实存在。南京的赵瑞蕻先生也跟我谈起过您的看法。他非常赞同，翻译风气不好，对翻译质量肯定没有保证。在这个意义上说，一个好的翻译，首先要有端正的译风、译德。除了您刚才说的问题之外，我觉得目前还有一个不好的现象，那就是复译成风，形成了滥译。我们在讨论《红与黑》的汉译时，发现在复译的幌子下，有的人甚至抄袭。现在的《红与黑》汉译本中，有好几个有抄袭之嫌。表面上看，翻译很繁荣，许多世界文学名著有几个，甚至十几个译本，但这种繁荣的背后，确实存在着危机。季先生，您看面对这种情况，应该怎么办？

季羡林：这需要有翻译批评。我想，翻译事业要发展，要健康地发展，真正起到促进中华文明发展的作用，就不能没有翻译批评。现在批评很少，担负不起应有的职责来。这方面，必须大力加强才行。翻译的批评十分重要，不好的风气，不健康的翻译道德，如果不批评，任其泛滥，那怎么行？在30年代，鲁迅说过，翻译出了问题，翻译出版出了问题，翻译批评界有很大的责任。所以，我呼吁，现在要加强翻译批评，发挥批评应有的作用。

许钧： 翻译批评确实非常有必要，但做翻译批评，非常困难，有人说，费力不讨好。在目前商品经济大潮中，"利"字当头，能赚到钱就行。复译这么多，其中就有个"利"字在作怪。批评的作用在"利"的面前显得苍白。从理论角度看，翻译批评还有个标准的问题，好的翻译怎么衡量？

季羡林： 翻译批评应该有个轻重缓急。翻译界有什么样的问题，首先要提出来，指出它的危害性，引起大家的注意。这怎么能说起不到作用呢？相信大多数人是能够明辨是非的。关键，我看是在译者本身。一个好的译者，应该有认真的态度。至于翻译得好不好，水平高不高，这是另一个性质的问题。我刚才谈到，翻译很难，但只要努力，有的困难是可以克服的。翻译批评，在这个方面也可以大有作为。进行翻译的对比，探讨翻译的方法，都是很有益的。只要批评得有道理，对译者就会有启发，就会有作用。

许钧： 我觉得，目前翻译界，还有一个非常值得重视的问题，那就是翻译人才的培养。第二次世界大战之后，尤其是50年代以来，西方不少国家开设了翻译学校，兴办翻译专业，培养专门的翻译人才。比如法国，就有世界著名的巴黎高等翻译学院，培养了不少优秀的翻译人才。另外，像香港，对翻译人才的培养也很重视。香港的大学现在基本都开设了翻译课程，比如香港中文大学，设立了翻译学系。像我们中国这样的国家，对翻译人才的培养确实应该向更科学、更系统的方向发展。我跟不少同行交换过看法，目前，最大的障碍，是翻译学科在我们国家还没有得到真正的承认，或者换句话说，翻译学科还没有获得应有的位置。名不正，言不顺，翻译人才的培养得不到保证。我们希望季先生能呼吁一下。

季羡林：翻译人才的培养确实非常重要。不可否认，解放以来，我们国家通过各种不同形式，采取不同手段，培养了不少外语人才和翻译人才。在历史上，中国也有过影响比较大的翻译机构。我想，设立翻译专业还是有必要的，这对培养专门的翻译人才有好处。我以前就有这方面的设想，相信随着历史的发展，随着人们对翻译的认识的提高，随着翻译理论研究的不断深入，翻译学科的作用也会被人们渐渐认识，这样，它的地位就会得到承认了。

许钧：谢谢季先生的指教。我们翻译教学界这些年一直在努力，希望在中国能早日确立翻译学科的地位。我想最后再请季先生对我国年轻一代的翻译工作者提一点希望。

季羡林：我还是想说，翻译之为用大矣哉，需要一代又一代的翻译工作者在实践和理论上不断努力，把翻译事业做好！

（1998 年 2 月初稿）

（原载于许钧等著《文学翻译的理论与实践：翻译对话录》，译林出版社 2010 年版）

翻译以忠实为第一要务

——江枫先生学术访谈录

李绍青[*]

江枫（1929—2017），原名吴云森，安徽歙县人，曾就读于清华大学外文系和北京大学中文系。中国社会科学院资深研究员，清华大学人文学院外语系兼职教授，当代中国著名翻译家、文艺理论家，中国作家协会会员，享受国务院政府特殊津贴专家。"彩虹翻译终身成就奖"外译中唯一得主，中国译协"翻译文化终身成就奖"获得者。江枫翻译了大量国外著名文学作品，尤其是英国著名浪漫主义诗人雪莱及美国狄金森、惠特曼等诗人的作品。译著有《雪莱诗选》《狄金森诗选》《雪莱抒情诗全集》《十九世纪文学主流》（合译）、《雪莱抒情诗选》（英汉对照本）、《美国现代诗抄》《南斯拉夫马其顿诗选》等。《雪莱诗选》出版后获得一致好评。《狄金森诗选》的出版，使他成为我国全面系统介绍美国文学史上杰出女诗人艾米莉·狄金森的第一人。

本文是对"彩虹翻译终身成就奖"唯一得主、"翻译文化终身成就奖"获得者江枫教授的访谈录。在访谈中，江枫先生阐明了其"形似而后神似"的翻译主张，回答了李绍青代表英语学子们对于诗歌翻译共同关心的一些问题，对于文学翻译具有十分重要的借鉴意义。

---

[*] 李绍青，华北理工大学外国语言文学专业副教授，中央统战部主管中文核心期刊《教育与职业》特约记者、《英语世界》之"语言与文化"专栏作家。

李：江老师，您好！谢谢您在百忙之中接受晚辈的采访。看过了中央电视台《翻译人生》系列片中您的专辑，我更加渴望有幸得见师尊，今天终于如愿。

"如果冬天来了，春天还会远吗？"是您翻译雪莱《西风颂》的神来之笔。作为中国家喻户晓的名句，它曾鼓舞了不计其数身处逆境的中国人。也正是通过您的手，让雪莱的诗有了更多中国文字的优美和意境。另一方面，雪莱译诗也使您声名鹊起。您的雪莱诗译本是世界上最好的雪莱诗汉译本，是一座无法超越的山峰，被认为是中国翻译界新水平的标志。学生首先请您谈一谈您和雪莱诗歌的不解之缘。

江：我读到的第一首雪莱诗，是我就读于西南联大附中时在英语读本上读到的《爱的哲学》；使我对雪莱其人有所了解的第一部传记，是法国传记作家安德烈·莫洛瓦的《雪莱传》（Ariel）。后来由于偶然的机会我从旧书摊上购得一本当时援华美军军用版的袖珍本《雪莱诗选》，其中的每一首诗都深深吸引着我。这些诗，在一个少年的心上，有些，似和煦的清风，有些，似晶莹的晨露，有些，似炽热的火种，不禁诱发了我要一窥全豹的愿望，也使我逐渐萌动了尝试着加以翻译的念头。在对诗人雪莱生平有所了解后，更深为雪莱其人正直、善良、执着理想，历尽坎坷而不改其志的人格魅力所吸引。我译的第一首雪莱诗，是发表在我和一个同学合办的一个文艺刊物《晨星》（昆明，1946）上的《西风颂》。原件已在1955年遗失，但是依稀的印象还有。1949年2月，在迎接北平解放的活动告一段落后，我投笔从戎，"投入火热的战斗"，踏上解放战争的战场时，行军背包里也总带着一本牛津大学版的《雪莱诗全集》，我汉译《雪莱诗选》初稿，只是利用军旅生活有限余暇试译的积累。

1956年9月，我以转业军人的身份作为调干生就读于北大中文系。1957年，我曾把译稿整理出来，拿去给我的好友时任人民文学出版社编辑的清华同学张奇看看。他建议我再多译一些，特别主张把长诗《阿多尼》包括在内。后来他告诉我，郭沫若得知我在译雪莱而表示愿意合作，我谢绝了这番好意，我宁愿自得其乐。译诗，也像写诗，最大的愉快莫过于看到自己的作品按照自己的构思和趣味最终完成。1957

年秋，我被一对线人夫妇诬陷入狱，在铁窗下葬送了此生美好的五年青春。直到1963年进入北京编译社以后，才又有可能继续业余译诗。当我重新整理译稿时，我希望，我的译诗能忠实地传达雪莱的意境，是雪莱诗符合汉语新诗规律的再现，应该力求形神兼似。

直到1980年10月，我的第一本《雪莱诗选》（湖南人民出版社出版）终于问世。这一译本首先是在诗歌读者中引起了热烈的反响，诗人杨山在他从重庆写给湖南人民出版社的信里以激动的口吻诉说："山城的读者奔走相告。"艾青和臧克家等大诗人都很喜欢这个译本。尽管当时已有人民文学出版社出版发行查良铮译《雪莱抒情诗选》，追求形神兼备的《雪莱诗选》江译本首印5000册，不久便售罄，虽过年加印30000，第三年又加印60000，一再加印还是供不应求。从此，译诗的稿约，特别是译介美国诗歌的稿约，多了起来，1984年10月，我的也是汉语的第一本《狄金森诗选》出版。

李：卞之琳先生曾说："江枫译诗为五四以来所未有。"也有人说，您译的雪莱《致云雀》影响了几代人，已成为华语译林中的瑰宝；您的狄金森诗译文《篱笆那边》《你无法扑灭一种火》载入人教版《高中语文》。您翻译的《狄金森诗选》最接近狄金森原诗质朴、洁净、清丽的风格。蒋子丹、竹林等几位作家把江译狄金森诗句"昨天已经古老"作为小说的标题，正因为这言简意赅的译诗诗句，具有广阔丰富的潜在内涵。您不但是一位外国诗歌的翻译专家，而且您"形似而后神似"的翻译主张，曾经被认为是中国翻译界影响最大的翻译观点之一，如今已形成完整体系的中国学派翻译理论。您诗歌翻译的成功是否受益于您个人独特的翻译理论指导？究竟什么是"形似而后神似"？是不是"先形似、后神似"？

江：我译雪莱，是因为喜爱雪莱，喜欢诗。我从不曾想过要以翻译作为自己的事业，把我喜爱的雪莱诗按照我的理解，尽可能准确地译成尽可能好的汉语诗，也就满足了，发表在我自己编的刊物上，是为了让我的读者分享我从中获得的喜悦、启迪和鼓舞。开始译时，没有理论，只凭感觉。只是在《雪莱诗选》出版而获得了赞誉，一家外国文学研究刊物要我撰文谈论体会，经过认真总结，我才开始把我的实践经验归结为:"译诗,必须力求形神皆似。"译雪莱,使我懂得对作者负责也对读者负责的严肃译诗,追求"形神兼备",译过艾米莉·狄金森和其他一些现当代英语诗歌,又使我进一步坚定了这种认识,并且进一步体会到"形似而后神似"。在全国第一届英语诗歌翻译研讨会上我以此为题的发言得到了多数与会者的认同。说明我的感觉没有欺骗我,实践出真知,"我的理论就是'形似而后神似',而且我用我的实践证明"。

  诗之成为诗,往往并不在于说了些什么,而在于是怎样说的。诗,作为一种文学样式,除了一般都有一定的音乐性之外,还在于必然是形式与内容的高度统一。由于这种高度统一,诗,特别是好诗,一旦成型,便不可有一个字的移易,中外诗歌全都一样。

  有时,对于诗,特别是现当代新诗,形式就是内容。就这一点而论,诗之作为语言艺术,要比其他任何一种文学样式都更接近作为视觉艺术或空间艺术的绘画、作为听觉艺术或时间艺术的音乐;有时,犹有过之。译诗,就不仅仅应该译出原作说了些什么,更重要的是,应该译出原作是怎样说的;而诗,不译出原作是怎样说的,就译不出作为诗而说了些什么的原作。

  无论是写诗还是译诗,作为一种语言艺术,也像其他门类的艺术一样,都要凭借一定的形式表现和传达内容,通过一定的形象把握和反映现实;因为神以形存,立形方能传神。译诗,就是用新的语言复制原作的语言形式,以传原作之神。就形式对于诗歌的重要性而论,译作对于原作,最大限度的忠实,就是最大限度的形似,反之,最大限度的形似,也就是最大限度的忠实。"译,无信不立。翻译,是一种社会行为,不忠实,便没有社会价值。力求忠实,是翻译工作的最低标准。忠实的文学翻译,既忠实于原作内容,更忠实于原作之艺术形式,以再现原作的神韵。"

  关于"形似、神似""先后"的问题,应该理解,这里的先后,不是时间空间的先后,而是形而上语境下的先后,是修辞意义上的先后。形神不可分割,神与形同在,分开来说,只是为了便于分析,先,是优先,后,是后果。"形似而后神似"是说,只要形似,自然神似：similarity implies fidelity。

李：您的"形似而后神似"是否师承于卞之琳的"以似致信"？

江：如果要用一句话来回答，我就要说：否！我译诗只是因为我喜欢诗、写诗，开始译诗以前从不曾学过翻译，更不曾专门研究过任何人的译诗和译诗理论。对于译诗理论，我可以说无所师承，甚至，曾经毫不关心。然而，换一个角度回顾，一切值得学习的优秀诗文、正确主张无不是我师。

卞之琳先生主张"未经过艺术过程者不能成为艺术品，我们相信内容与外形不可分离"。1983年问世的《英国诗选》是他个人半个多世纪以来译诗艺术理论与实践的结晶，而且是我国整个翻译界译诗艺术成长过程中的最重要的里程碑之一。他主张以自由诗译自由诗，以格律诗译格律诗，力求保持原作面貌，以复制出类似的效果。

我把他的译论概括为："亦步亦趋，刻意求似，以似致信。求似，处于核心位置。这个似，理想的标准自然是形神兼备，而在方法上，由于诗歌艺术的规律性特点，如果一定要分先后，首先是力求形似。形似，而后神似，得形，方可传神。"并以卞之琳以"似"致"信"的成功译例，证明了只有覆盖一切艺术手段的形式近似，才能保证内容神似，有多大程度的形似，就有多大程度的神似。

但是，我对卞之琳译论的研究和概括，是在我发表"形似而后神似"之后，而且，是从我对"形似而后神似"的理解去理解，正如以上引文所示，我是以我对"形似而后神似"的理解加以补充和阐述。而在理解和论述两方面，我和卞先生又略有不同。

我们都同意翻译的最高职责是忠实，而且仅仅是忠实。卞先生认为"信、达、雅之无稽"，他说，作为翻译的标准，所谓"信、达、雅"，只有一个"信"字可取。不错，信，也就是忠实。由于是不同语言之间的转换，再忠实的译文也不可能等同于原作。最大程度的忠实，也只能是最大限度的形似。译诗的过程是立形以传神的过程，形似也就神似；神，与形同在。卞之琳所主张的"亦步亦趋、可以求似、以似致信"是一条行之有效的译诗正道。这也就是对于"形似而后神似"的承认，对于"形神兼备"译文的追求。但是，"达"与

"雅"，也不可完全忽略不计。

当我经过一段摸索，终于体会到"译诗，必须力求形神皆似"，甚至，"形似而后神似"，把这样的体会写成文字时，曾以为是我的独特体会，到我应袁可嘉先生之邀撰文祝贺卞先生八十华诞而仔细研读了他的相关著述时才发现，卞之琳早就说过了对于"形式近似"的"刻意追求"，虽然，不曾从理论上阐明其规律性。但卞先生有关于"破'信达雅'说"之说，对于中国翻译理论的贡献，毫不亚于"'信达雅'说"提出之初的历史功绩。但是，其主要功绩，并不在于破"'信、达、雅'教条"，而在于突出一个"信"字，而且正确地揭示了致"信"之道，并以切实的实践证明了这种主张的正确和有效。

这就是我所说的"殊途同归"：严肃而追求完美的文学翻译，不论出发于何处，要取得成功，最终都不得不走到这同一条路上来，那就是：形似而后神似。

李：学生现有一个困惑：裴多菲《自由与爱情》的匈牙利原文：

Szabadság, szerelem！
E kettö kell nekem.
Szerelmemért föláldozom
Az életet,
Szabadságért föláldozom
Szerelmemet.

本为六行诗，在1929年由"左联五烈士"之一的我国著名诗人殷夫（白莽）翻译时对原诗的面貌作了较大的改动。

生命诚可贵，
爱情价更高；
若为自由故，
两者皆可抛。

此四句五言律诗，符合中国语言习惯，是目前流传最广的版本。读起来朗朗上口，为国人广为传诵。恕我斗胆说，这似乎与您的"形似而后神似"矛盾啊！

江：你的问题不合逻辑，"广为流传"和"形似而后神似"就像井水和河水，互不相干，彼此之间谈不上矛盾不矛盾。因为"广为流传"的是这样一首诗，没有人追究是不是译诗、原作什么样。而作为译诗，不求形似、单求神似而获得成功者，断无一例！

尽管有人认为殷夫以五言四句所译就是一例，然而，尽管这首译诗可以被认为是一首好诗，却已不是对于裴多菲原作的翻译。裴多菲在那首原来是递进结构的六行短诗中，本来是说，"生命和爱情，两样我都要，但是为了爱情，我可以不要命，而为了自由，连爱情也可以不要"。这首诗证明，他是一个19世纪浪漫主义影响下的欧洲诗人，而殷夫的译作，却具有20世纪中国"五四"青年的气质。其所以未能准确地传达裴多菲在那首诗里说了些什么，最重要的原因正在于未能尊重裴多菲是怎么说的。

我要补充一句，即使是遵循"形似而后神似"理念和方法而且达到了"形神兼备"的译文，也未必会"广为流传"，如果原作平庸、低劣，如《红楼梦》中薛蟠的大作。

李：按照"形似而后神似"的原则，格律诗如何外译中或中译外呢？

江：尽管我认为"以顿代步、悉依原韵"，是以汉语格律诗译英语格律诗的最佳方案，但是我不主张过分拘泥格律；因为两种语言的词与词、顿与步的容量不同，要求顿与步在数量上对等，难免不得不削足适履而牺牲部分内容，或是用同义反复和增加虚词、衬字来添足顿数而稀释诗歌语言，同时，汉语顿读存在着某种程度的随意性；而一定要依原作韵式，有时就不得不易词就韵，从而难免以词害意；更何况有些原作本身就不严守格律而常常破格，为什么译作倒要比原作更加严格，而且要以牺牲或损害内容和其他更重要的形式手段为其代价？有时，破格能产生出色的艺术效果。译诗也应该允许破格，对于原有格律，既要尽可能以相应的格律加以再现或移植，又不可过分拘泥。诗歌的格律，有些与内容一致，如惠特曼的《船长，哦，我的船长》；而在多数情况下都是装饰性的：就像我国的七言、五言和绝句、律诗之类的韵脚与平仄要求，和丰富多彩的内容毫不相干，只能赋予对象以一定的外貌，产生某种音乐性的伴奏效果。格律不是语言形式的全部，甚至不是语言形式的主要部分，因为相同的格律适用于千差万别的内容。在一般情况下，格律只为诗歌提供一个节奏框架，多数的头韵、脚韵、行内韵，只起装饰性作用。对于和内容结为一体而不可分的形式部分，则必须力求其忠实再现，损害了形式也就损害了内容。

所谓语言形式，应该包括使诗得以成为一种审美对象的全部媒介和手段，特别是和营造诗歌形象和诗歌意境密切相关的语言成分、结构和修辞手段。一首诗赖以存在的全部语言材料全都属于语言形式的范畴，都应该在翻译中尽可能加以再现或移植。格律固然也是形式的一部分，但更重要的是有造型能力的修辞手段和形象语言。

STOPPING BY WOODS ON A SNOWY EVENING

by Robert Frost

Whose woods these are I think I know

His house is in the village though;

He will not see me stopping here

To watch his woods fill up with snow.

My little horse must think it queer

To stop without a farmhouse near

Between the woods and frozen lake

The darkest evening of the year.

He gives his harness bells a shake

To ask if there is some mistake;

The only other sound's the sweep

Of easy wind and downy flake.

The woods are lovely, dark and deep.

But I have promises to keep,

And miles to go before I sleep,

And miles to go before I sleep.

雪夜林边

[题目省略了"stopping（暂住）"，给了读者想象的余地，渲染了诗中神秘气氛。]

这是｜谁的｜树林｜我想｜我清楚，　　　[u]

他家｜就在｜那边｜村子里边｜住；　　　[u]

他不会｜看见｜我｜在这里｜停下来，　　[ai]

观赏｜白雪｜覆盖住｜他的｜林木。　　　[u]

(第1小节押姑苏韵[u]，属弱韵，声音细微窄小，蕴涵低沉的感情，正好表现"我"在雪夜不愿去农舍而在树林边停下的烦闷心情。)

我的｜小马｜，一定｜觉得｜奇怪，　　　ai

在这｜一年｜最黑的｜一个｜黑夜，　　　e

在树林｜和｜封冻的｜湖泊｜之间，　　　an

停在｜近处｜不见｜农舍的｜野外。　　　ai

(第2小节押怀来韵[ai]，声音比较柔和，表现了"我"和小马无言的交流，气氛比较轻松。)

他｜抖了｜一抖｜挽具上的｜铃串，　　　an

在问｜是否｜有什么｜差错｜出现。　　　an

仅有的｜回响｜，只是｜轻风｜一阵，　　en

和｜白絮般｜飘飘｜落下的｜雪片。　　　an

(第3小节押响亮的言前韵[an]，但韵式不齐，因为这一小节有铃串的响声、小马的"问话"和大自然的"轻风作答"。)

这｜树林｜可爱｜、阴暗｜、幽深，　　　en

但是｜我有｜约定的｜事｜要完成。　　　eng

睡前｜，还要｜再赶｜几哩｜路程，　　**eng**

睡前｜，还要｜再赶｜几哩｜路程。　　**eng**

这是弗罗斯特的一首著名的有韵格律诗，抑扬格 4 音步诗行，4 行一节，韵式：AABA BCBB CDCC DDDD，译文以 4 个字以下的词为一顿以再现原诗的一个音步，并遵照原作韵式押韵，就以一首汉语格律新诗译出了一首英语格律新诗，以顿代步，保存了语言的节奏，悉依原韵，就不仅再现了原作的音乐性，而且，再现了原作韵式所营造的徐缓推进和行行复行行之后的疲惫、困倦情境。

1. 意象移植

直译法如实地、准确地再现了原诗的意象，如：snowy evening→雪夜、wood→树林、the darkest evening→最黑的一个黑夜、village→村子、farmhouse→农舍、little horse→小马、harness bells→挽具上的铃串、frozen lake→封冻的湖泊、sweep of easy wind→轻风一阵、sleep→睡。只有 downy flake 结合语境意译为"白絮般飘飘落下的雪片"。

2. 结构移植

这是一首抑扬格（iambic）4 音步诗（tetrameter）诗，共 4 个诗节，每小节 4 行，每行都有 8 个音节，呈"轻重轻重"的节奏。诗的结构平稳，有助于表达诗中人物比较平稳的心态。江译几乎将原诗的结构完整地移植了过来：译诗 4 小节，共 16 行，每行有 5 个音步，虽然比原诗每行多 1 个音步，但译诗每行的音步相等，节奏相当。"以顿代步、悉依原韵"，是以汉语格律诗译英语格律诗的最佳方案，但是我不主张过分拘泥格律；因为两种语言的词与词、顿与步的容量不同，要求顿与步在数量上对等，难免削足适履而牺牲部分内容，或是用同义反复和增加虚词、衬字来添足顿数而稀释诗歌语言。

3. 韵律移植

弗罗斯特十分看重"音韵意义"（sound sense）。在这首诗中，弗洛斯特创造了一种几乎难以重复的韵式——原诗的韵式为 AABA BBCB CCDC DDDD，清清爽爽、朗朗上口，毫不矫揉造作，每个词、每一韵极自然，极妥帖，好像它们天生就应该这样组合。有趣的是，第 1 段第 3 行的韵转到第 2 段，就像每一段的第 3 行伸出一个钩让下一段的第 1 行挂上，创造了一种连续的链接形式，到了第

4 段 DDDD，诗人将钩子收了回来，押了全韵。前几节的韵脚，相应于联想引起联想，第四节的，和最后两行单调的重复，则暗示疲惫困倦。而我的韵式为 AABA BCDB DDED EEEE。虽未能与原诗完全一致，但也能"使每一段伸出一个钩让下一段挂上"，获得音连意联的效果。

Poetry is simply made of metaphor.（诗，简直是用隐喻写成的）这是 Robert Frost 说过的一句话，一个写诗的秘诀，一句诗人实话。有时，整个一首诗也就是一个隐喻或比喻。比喻，是诗歌翻译中必须特别重视，尽可能译得准确的结构成分。如果能把每一首诗全都当作比喻，如果再进一步把每个实词都看成比喻，并恰如其分地落实在新的译文里，就可以说离成功不远了。对于《雪夜林边》这首诗，我就是这样理解这样翻译的。

中译外如王之涣《登鹳雀楼》：

白日依山尽，/黄河入海流。/欲穷千里目，/更上一层楼。

英译文本很多，J. TURNER 的译文较为理想：

As daylight fades along the hill,
The yellow river joins the sea.
To gaze unto infinity,
Go mount another storey still.

Turner 首先把握住了原文是怎样说的，在译文中运用相应的语言手段再现了原作的说法，从而营造了与原作相仿佛的意境，说出了原作之所想说。显然，他懂得诗歌是通过形象说话的。动词 fade 用的传神；join 把"入"字准确地译了出来；而以 Go mount another storey still 译"更上一层楼"，也保留了原文的形象，表达了象内以至象外之意。而 To gaze unto infinity, 这样一个目的状语再现了"欲穷千里目"句的语势，从而引起一个期待，造成一个悬念。Turner 的译文追求形似而达到了形神皆似。

也有人把"白日"直接译为 white sun，则更为准确传神，比 daylight 强，因为"白"在这里并不仅仅描述颜色，还暗示太阳的位置，只有升上顶空的太阳才会是白色。

近年来，赵彦春教授的《英韵三字经》在国内外译坛引起了轰动。有别于其他十二种译本，赵译《三字经》以"三词格偶韵体"来阐释"三字经"，不仅在形式上与原著完全吻合，在音节和押韵方面更是丝丝入扣，简洁精练、意蕴深刻、音韵和谐、朗朗上口，达到了中译外方向"形似而后神似"的顶峰。美国官方在特朗普出访期间单单选择了赵彦春的《英韵三字经》版本，这绝非偶然。开篇第一节脍炙人口、引人入胜：

人之初，　　性本善。　　性相近，　　习相远。
Man on earth,　　Good at birth.　　The same nature,　　Varies on nurture.

译者的创造性在于逼真地再现原作中内容与形式和谐统一的艺术形象。诚如赵彦春所说："翻译并非简单的文辞对应，而应深入到中西文化之源，根据诗体特征，瞻前顾后，左右逢源，而达至译文的圆满调和。"如能紧扣原文而不失其宏旨，绝不作变通、引申、控，毕竟原文本"形"与"神"是"你中有我，我中有你"。

李：记得鲁迅曾说过："译诗，真是吃力不讨好的事。""不论直译或意译，诗歌能翻译出原诗的原汁原味吗？"《扬子江诗刊》主编黄东成先生对此持否定态度。

江：鲁迅还说过"汉字不灭，中国必亡"，你也相信？世界上又有几个诗歌翻译家是为了讨好谁而译诗的？黄东成引用这句话，是拉了大旗却当不得虎皮。鲁迅有时也说错话或经不起推敲的话。雪莱说过译诗"徒劳"，然而他本人却是付出过大量这种"徒劳"劳动的出色诗歌翻译家。译诗既然是在两种语言之间进行，语言改变了，就不能不引起译作，即使是最忠实的译作，有别于原作的差异，而绝不可能完全等同于原作。

一定要求完全等同，就是无理的苛求，因为，即使是绘画中的临摹，使用相同材料和几可乱真的临摹之作，甚至同一画家自己的复制之作，也不可能完全等同于原作，何况译诗所用的已是完全不同的材料；如果据此立论，断言诗不可译，则有两种情况：或是译诗而知其难者极言译诗之难；另一种是从不译诗、不知译诗甘苦或是译诗无成、知难而退者的解嘲之说。

事实上由于不同的语言都是人类社会生活的产物，不同民族的社会生活虽然各有其独特的个性，但也存在着相同或相通的共性，不同民族人民的思想感情可以相通也可以沟通，所以，才会有大量成功的范例证实诗是可译的，尤其好诗是可译的；绝对不可译的，只是完全或主要依存于某种语言或文字特性所作的语言文字游戏，严格地说，那一般不是诗，至少不会是好诗。

不论黄东成先生所问"诗歌能翻译出原诗的原汁原味吗"是何所指而言，我都可以回答他，遵循"形似而后神似"的理念、达到"形神兼备"的译诗，肯定就会是译出了原诗原汁原味的译诗。黄先生能说"如果冬天来了，春天还会远吗？"没有译出"If Winter comes, can Spring be far behind?"的原汁原味么？你认为这句译文是神来之笔，其实不然。雪莱是以一句朴素的英语道出了一个朴素的真理，我只是以一句朴素的汉语忠实地译出了雪莱的诗句。形神兼备的译文，往往妙若神来之笔。

李：什么样的人才能译诗？只有诗人才能译诗吗？

江：我基本上同意"只有诗人才能译诗"，更准确的说法应该是，"在译入语和译出语的修养完全相等时，只有诗人才能把诗译好"。但是诗人，甚至著名诗人，却不一定都能把诗译好。写诗可以放纵灵感、别出心裁；译诗，却必须尊重原作的严格制约。像邮票诗写得还可以的诗人余光中，所译艾米莉·狄金森 Soul Selects Her Own Society 的译文，却令人吃惊地表现出对于诗之为诗的无知和英语理解能力之低下：

The Soul selects her own Society-	灵魂选择她自己的朋友，
Then-shuts the Door	然后将房门关死；
To her divine Majority-	请莫再闯进她那神圣的
Present no more-	济济多士的圈子。
Unmoved-she notes the Chariots-pausing	她漠然静听着高轩驷马
At her low Gate-	停在她矮小的门前；
Unmoved-an Emperor be kneeling	她漠然让一个帝王跪倒
Upon her Mat-	在她的草垫上面。
I've known her-from an ample Nation	我曾见她自泱泱的大国，
Choose One-	单单选中了一人；
Then-close the Valves of her Attention-	然后闭上她留意的花瓣，
Like Stone-	像石头一样顽硬。

不能正确理解，又不尊重原作形式，结果必然失败。从理论上上讲，什么人都可以译诗。译好、译坏就要看译者的修养和追求。唯有忠实地再现原作之形，方能传神地再现原作的信息和情趣。

艾米丽·狄金森以这个姓名于 1981 年第一次出现在中国读者面前至今 33 年了，已经从不为人知、渐为人知、广为人知而成了几乎是中国唯一家喻户晓的外国女诗人。1981 年以前，袁水拍、余光中和我，都译过、发表过她的诗歌译文，但是，都不称她为狄金森，都没有产生多大影响。狄金森，在中国，是一夜成名的，是在 1981 年《诗刊》发表了江枫用这个名字所译"狄金森诗 5 首"的那一期发行以后，立刻便在年轻读者中引起了热烈反响。著名作家王蒙曾告诉我狄金森故居收藏了狄金森诗各种译本，我的汉译本陈列在中央。后来我在译本上签了名。

李：2014 年 11 月 22 日至 24 日中国首届狄金森国际研讨会大会在复旦大学召开，作为与会特约贵宾，您觉得狄金森研究与翻译有何最新成果？

江：三十多年来，外文学教学界涌现了一整批研究狄金森的学者，刘守兰教授是他们中间杰出的代表，她的《狄金森研究》，至今没有任何类似的成果能够超越。目前，狄金森诗歌的中译本已达20余种，但总体来看翻译质量有待提高，翻译批评亟须深入。最大的问题在于，狄金森的相当一部分诗作无视常轨，风格凝缩险怪，晦涩难懂，翻译起来自然很容易出现偏差，或抹去原诗的个性风格，若无专家提供必要的注释和解说，仅靠光秃秃的中译本根本无法理解和欣赏。本次会议打破了文学翻译界长期以来理论和实践各自为政的局面，尝试融翻译研究和实践于一体，力争突破狄金森翻译和研究中的上述难点。值得庆贺的倒是王柏华、曾轶峰、胡秋冉合译，阿尔弗雷德·哈贝格所著《我的战争都埋在书里：艾米莉·狄金森传》的出版。中国广大喜爱狄金森的读者、研究和翻译狄金森诗文的学者，从此有了一部较为丰满的中文狄金森传记，对于认识和理解狄金森其人其文都是莫大的贡献，大有助于对狄金森作品进行不可避免的传记性解读，再加上 Emily Dickinson Archive，尤其是其中的 Lexicon，狄金森的翻译和研究工作者，就有了有效的利器。

我国确实有过卞之琳所称"译诗的成年"，但是，仅从狄金森诗歌的翻译表现来看，荣华不再，而且不只是诗歌，一个时期以来，出现了质量从成年向幼稚倒退的趋势，成了文化腐败一例。原因不止一端，一方面是教育失败，另一方面是出版商唯利是图。"翻译无非是创造性叛逆"成了学问，"解构忠实"成了理论主流，翻译还好得了吗？当翻译、出版，成了商业行为，评论，成了广告和公关活动，而掌握着出版发行物质手段和权力的出版商，为牟利驱动而缺乏辨别真伪美丑的能力、组稿编稿审稿的资质，就不能不生产出成列车的垃圾，有些垃圾骗人金钱，有些垃圾害人性命。

对于狄金森的翻译和研究，要取得较好的成绩，还要靠实际参与者自身踏实的努力。我在艾默斯特书店里看到，历年都有新成果问世，全都是独创性贡献。如果翻译，总是以复译掩盖抄袭，如果写论文，总要根据外来某种主义，就会永远匍匐在地，寸步难移！若能记住并且实践杜甫对李白的一句评语：清新庾开府，俊逸鲍参军！写诗，译诗，论说，从形式到内容都能做到清新俊逸，就一定会有出息。

成绩，到目前为止，很难令人满意，但是我并不悲观，毕竟，昨天已经古老，我从汹涌的反腐大潮所向看到了希望。在这次会议的鼓舞下，不要嫌我太老，我还愿意和有共同爱好的朋友们为了我们共同的爱好一道努力，争取再出一个及格的狄金森诗集译本。

李：作为中国当代译介外国诗歌的大师和影响卓著的翻译理论家，您深受翻译界的推崇和全国学子的爱戴，请问您的座右铭是什么？

江：屈原《离骚》中的一句话："亦余心之所善兮，虽九死其犹未悔。"——为了实现心中理想，虽历九死而始终不悔。（For the ideal that I hold dear to my heart, I'd never repent even after nine deaths）

（原载于《江苏外语教学研究》2015 年第 4 期，收录于本书时有修订）

走过"行人寥落的小径"
——访著名翻译家、中国社会科学院荣誉学部委员李文俊

白 乐

李文俊,著名翻译家、中国社会科学院荣誉学部委员,原籍广东中山,1930年生于上海,1952年毕业于复旦大学新闻系,曾在《译文》与《世界文学》工作,1988—1993年任《世界文学》主编,曾任中国翻译协会副会长、中国加拿大研究会副会长等职,著有《美国文学简史》(合作)、《妇女画廊》《纵浪大化集》《福克纳评传》等,译有多种美英文学作品,包括福克纳的《喧哗与骚动》《我弥留之际》《去吧,摩西》《押沙龙,押沙龙!》等,编有《福克纳评论集》《世界反法西斯文学书系·英美卷》《世界经典散文新编·北美洲卷》《外国文学名著插图大典》等,1994年获中国作协"中美文学交流奖",2011年获中国译协"翻译文化终身成就奖"。

他的多部译著在改革开放后的中国产生深远影响,莫言、余华、苏童、赵玫等中国当代作家都曾谈及对其译作的钟爱;他的名字与福克纳紧密联系在一起,并在不经意中为汉语语料库"贡献"了一个经典词组——喧哗与骚动;他最早将卡夫卡作品译介至中国,也是海明威、塞林格、麦卡勒斯、门罗、艾略特等人作品的传神译者。他,就是著名翻译家李文俊。

6月初的一天,记者有幸拜访了现年88岁的李文俊先生。上午

10点，怀着崇敬与景仰的心情，记者如约来到李先生家中。身着条纹衬衫的他看起来依旧精神矍铄，走起路来腿脚还算轻快。他自称家中购物还得靠他骑自行车前挂后夹。"今年三月份手写译了两本儿童诗，就停笔了。眼睛里长了一个包，看书不大方便，不过还是能看得见。"李先生笑着说道，"能活到现在也算上帝对我的恩赐了"。

"慧眼"识到卡夫卡

《中国社会科学报》：早在少年时代，您就喜爱外国文学。那时的您是如何与文学翻译结缘的？

李文俊：我的父亲是上海英商洋行的一个职员。抗战时期，日本人占领上海的时候，他失业在家，在暑假用《青鸟》英译注释本给我补习英语。抗战胜利后，路边地摊上也有一些过期的美国杂志廉价出售，我从中找一些电影资料，编译一些小文章，投给某家晚报，没想到给登了出来，但拿回来的稿费也仅够坐公共汽车和买一包花生米了。我最早对翻译的兴趣，可能便是从那会儿开始萌生的吧。

1952年我于复旦大学新闻系毕业，在这之前出于"课余爱好"译了两本书。一本是与同学三人合译的长篇小说《最后的边疆》，出版时我还是在校生。另一本合译《没有被征服的人》一年后出版，当时我已进了作协《译文》编辑部，也就是《世界文学》的前身（后并入中国社科院外文所）。这可以视作我翻译生涯的开端。

《中国社会科学报》：卡夫卡作品由您最早翻译并引入中国，《变形记》出版后引起很大反响，之后国内迅速掀起了卡夫卡热。许多国内作家都曾谈到最初读到卡夫卡作品时的心灵震动，并因此影响其文学创作。当时卡夫卡的名字对国内的德语翻译家都很陌生，您是如何"慧眼"识到这位作家的？

李文俊：我从英美报刊上看到西方对卡夫卡很重视，称他是现代派文学的鼻祖。当时英国一个著名作家将卡夫卡作品从德文翻译成了英文，因此我写了一些有关卡夫卡的介绍，不过那个时期只能内部印发。我也让单位去买卡夫卡的英译本，读后觉得与一般的外国小说迥异。后来上海译文出版社问我有什么可以译的作品，我说可以翻译卡夫卡作品，于是便译了包括《变形记》在内的卡夫卡几个较重要的短篇小说。后来我也请出我那位学德语的太太，她对照德文版本校了一遍。1979年，《世界文学》复刊后第一期发表了我翻译的卡夫卡的《变形记》。这部作品引介至中国后受到很大关注，我也跟着有了点儿小名气。后来德文圈的人也都开始重视卡夫卡，比如叶廷芳写了《卡夫卡评传》，德文版卡夫卡作品集也都由高中甫译成中文出版了。

"我喜欢福克纳的落落寡合"

《中国社会科学报》：在您译介的作者中，可以说您与福克纳的缘分最深。您译的《喧哗与骚动》出版后，福克纳在中国产生了大范围影响，您的中译本也成为我国外国文学领域的研究对象。您曾说，从事福克纳作品翻译，打的是一场"一个人的战争"，选择的是一条"行人寥落的小径"。那么您当初选择福克纳作品是缘于什么？

李文俊：20世纪80年代初在中国，福克纳作品介绍基本上还是个空白，国内知道他名字的人可谓"寥若晨星"。既然其作品应该译介又没有别人来做，那就由我自己来承担这项工作吧。我最早知道福克纳是得益于编辑界的老前辈赵家璧，他于1936年出版的一本研究美国现代小说的专著《新传统》，里面有一章专门评介了福克纳。

我之前对于美国南方文学还算有些基础，这也有助于我对福克纳作品的译介。小时候我读过马克·吐温的作品，50年代译过欧斯金·考德威尔的作品，后来也译过卡森·麦卡勒斯的小说《伤心咖啡馆之歌》，70年代末80年代初还读过一些南方黑人作家的作品。

在正式着手翻译福克纳作品之前，我先是编写了《福克纳评论集》，为《中国大百科全书·外国文学》与《美国文学简史》撰写了有关福克纳的条目和篇章。随着对福克纳的日益熟悉，我自然而然产生了一种要译介他作品的责任感。

袁可嘉先生当时正编一部《外国现代派文学作品选》，他邀请我译了《喧哗与骚动》中关于"昆丁"的部分。后来，人民文学出版社的施咸荣又约我将"班吉"的部分译出。再后来全书也就一点点译出来了。想不到从此之后，我与福克纳结下了不解之缘。

· 200 ·

《中国社会科学报》：您决定翻译福克纳之后，据说杨宪益和钱锺书先生都不看好您的选择？钱锺书在给您的回信中曾说："翻译福克纳恐怕吃力不讨好。你的勇气和耐心值得上帝保佑。"可否讲讲当时的情形？

李文俊：他俩反对的情况还不完全一样。杨宪益喜欢的那套文学是英国文人式的俏皮、机智与风趣。当时我坐在他旁边，他问我最近在翻译什么作品，听我说是福克纳后，他直言说这个作家不行，他认为福克纳根本不必介绍。当然他读过的福克纳作品可能不多，除了《圣殿》，这部作品讲的是一些下层社会强盗、赌徒的故事。我估计他读了这一本就读不下去了。

钱锺书先生对此是另外一种想法。他认为福克纳有自己的风格，他也能够理解这种风格。钱先生读过福克纳的许多作品，知道历史上的英美作家也有擅长"意识流"写法的，比如弗吉尼亚·伍尔芙、詹姆斯·乔伊斯，更早一些的劳伦斯·斯特恩。他明白这样的写作路子是存在的，也是可以翻译的。可是你这小青年是否具备足够的才能胜任这样的译作呢？他有些怀疑，但也不反对。他尊重我想做的事情，但会告诉我这项工作有很大的难度。后来我断断续续、打打停停，勉力译出《喧哗与骚动》后，他表示这很不容易。

另外，萧乾译过《尤利西斯》，他知道"意识流"这类手法很难译。我译完《去吧，摩西》后将书寄给他，他来信鼓励我，说我译得"很有味道"。

《中国社会科学报》：当时福克纳尚未引起文坛瞩目，而您依旧坚定地选择翻译他的作品。您对于福克纳是否有一种别样的情怀？

李文俊：我觉得那个时期他在美国挺受孤立的，受到很多冷落讥讽。许多美国的大知识分子比如大学教授不怎么瞧得上他，认为他"土"。我就有一些打抱不平，觉得"土"又怎样？我们中国一贯重视"乡土作家"，我认为在中国介绍他的作品完全是名正言顺的。

对于福克纳，我有一种亲和感。福克纳是南方人，我也是南方人——虽然我们身处不同国家。他作品中对美国南方风光的描写，比如茂盛的阔绿叶，让我联想到自己的家乡。福克纳作品多写旧家族的没落，我这人感情上也比较怀旧与保守。我曾经说过："我喜欢福克纳的落落寡合，他的矜持、他的孤独和礁石般地不理会潮流。"而且，在我看来，写大家庭没落的悲哀比表现成功者的发迹或情场得意更具美学价值。

福克纳不仅仅是"意识流"作家

《中国社会科学报》：您曾说，大概总有两年，《喧哗与骚动》日日夜夜纠缠着您——有时是美梦，有时却又是噩梦。福克纳的写作手法以晦涩、艰深和抽象著称，这是造成他的作品翻译难度较大的主要原因。您如何理解并概括这部作品中福克纳的写作手法？

李文俊：多视角叙事是作品的一大特色。书中四个章节分别是从四个人物的角度叙述的，每个人物的身份、立场、思想感情与智力水平迥异。在四段叙述中，每个人物分别塑造自己、别的叙述者与其他有关人物的形象。我曾将这种手法喻为形成多种序列的数学上的排列组合，或是古兵法家指挥下灵活多变的八卦阵。这好比要求一个演员同台演生旦净末丑，既要进入角色，又要超脱角色。

另一个典型特征是"意识流"手法。一是时间顺序、逻辑层次混乱。《喧哗与骚动》中，人物脑海中的细节与事件并不是按常规的时序与逻辑次序出现的，而是此起彼伏，跳跃性大，刚在说一件事，很快又切换到另一件。时序的难以确定也造成了意义上的朦胧不清，可谓"剪不断，理还乱"。二是文法修辞方面的异常。"多级瀑布"式的复杂长句纠缠不清，子句套子句，大分叉下面还有小分叉。美国作家康拉德·艾肯曾这样描述福克纳小说里蔓生的子句："它们使人联想起小时候玩的灿烂的中国彩色套蛋，打开来是蛋里藏蛋，一个比一个精细而小巧……似乎要使每个句子成为一个微观世界。"

《中国社会科学报》：处理这样的长句确实很困难！为了让读者更好地理解原文，您在《喧哗与骚动》中加了很多注释。写好这些注释得花很大功夫，也一定需要查阅大量的工具书吧？

李文俊：初译此书时，我生怕看惯现实主义风格的我国读者适应不了作品中的现代派表现方式，因此在译文中共加了400多个注。但后来觉得说得太清楚反倒有违作者的原意,而且欣赏文学作品毕竟不是学术研究,事事深究未免太累,我也无意把一己看法强加于人。因此在译者前言中加了一句:初次阅读时可以先不看注,以免破坏自己的第一印象。

我在加拿大短期待过,在多伦多大学、约克大学与研究福克纳的学者有一些接触,因此借机会向他们请教。我在那里买了很多有关福克纳研究的书,也在图书馆复印了有关福克纳的材料。可以说确实下了一番功夫——很多名家的论文一篇篇看。

我还搜集、阅读过不少福克纳研究的专著与工具书,包括人物词典、南方语汇词典及各种手册,并阅读了福克纳亲友的回忆录,曾写信向钱锺书先生请教拉丁文典故问题,也得到了冯亦代先生的帮忙,他千方百计托香港友人为我找来参考书。

1982年交了《喧哗与骚动》译稿后,我多次拜访多伦多大学的迈克尔·米尔盖特(Michael Millgate)教授,他是《威廉·福克纳的成就》一书的作者。从他那里我得到了福克纳生前的一些资料,并在他的协助下寻访到了福克纳的足迹——他曾在位于多伦多大学威克利夫学院二层楼上临霍斯金街的某个房间居住过。

《中国社会科学报》:您在评述福克纳写作手法时也曾说过,其实福克纳是位能够驾驭多种风格文体的语言艺术家,他的表现手法不止"意识流"这一种。比如,他的语言风格除了晦涩与沉闷,也有一些幽默情调。

李文俊:是的。许多人将福克纳归为"意识流"作家,似乎他只会"意识流"这一种技法,并且这种观点在我国外国文学界流行了很长一段时间。但事实上,福克纳掌握的不仅仅是"意识流"一种手段,单把他的写作手法看作"意识流"有失偏颇,我认为称他为"美国南方文学作家"更合适。

幽默的确是福克纳的风格特色之一,而且包含了多个层次的感情色彩。他的作品中有阴郁、悲剧性的一面,但同时也有幽默、滑稽的一面。他比别人更敏感一些,很多写作手法在他的笔下都推进了一步——似乎有一个全知全能的上帝在看着这个世界,洞察着人物的心理。他的作品受到那个时期美国南方文学的影响，有一种"边疆幽默"。一些故事写得生动热闹，笑料迭起，但却不乏深厚的历史底蕴和对人性的深刻剖析。

《中国社会科学报》：获得诺贝尔文学奖之后，福克纳名声大噪。现如今福克纳研究在美国乃至世界已成显学——被称为"福学"。

李文俊：是的。我听常年待在美国的陶洁教授说，福克纳在当今美国的影响依然很大。热门的奥普拉脱口秀节目推荐的暑期阅读书单中包括福克纳的好几部著作，观众们都纷纷去读他的书，因此福克纳近些年又红了一阵。他在当前的美国影响还未褪去。继福克纳之后，美国涌现出的一些小说家中并没有十分杰出的人物——除了也获得诺贝尔文学奖的犹太裔人索尔·贝娄，其他人的影响力都不如福克纳，21世纪至今就没有美国人得诺贝尔文学奖了。一些美国评论家曾说，美国有那么多优秀作家，不应该把诺贝尔文学奖授予这么一个写酒鬼和娼妓的人，一些主流报纸如《纽约时报》也都这么说，但后来美国社会逐渐意识到并承认福克纳是个重要作家。

美国著名文学批评家哈罗德·布鲁姆在其著作《西方正典——伟大作家和不朽作品》中，推荐了他心目中的经典作家及其作品，推荐书目最多的是福克纳，共8本。他曾写到，回过头来看，美国最重要的作家中，19世纪有梅尔维尔、霍桑等人，而20世纪的重要作家就是福克纳。

布鲁姆等人是较有先见之明的一批学者，不过20世纪30年代的时候就有人肯定福克纳了，40年代时，法国知识分子十分重视福克纳，美国国内受此影响也进一步承认他。尤其是美国南方文学流派代表人物，如美国著名诗人、评论家罗伯特·潘·沃伦等写了很多重要文章肯定福克纳。马尔科姆·考利作为20世纪美国最优秀的评论家之一，对于肯定福克纳在美国的地位起到了关键作用。在1946年出版的考利编辑并为之作序的《袖珍本福克纳文集》中，考利指出了福克纳作品的伟大意义。沃伦对此高度评价，认为也许只有这本文集可以给福克纳的名声一个转折点。

《中国社会科学报》：在福克纳所有作品中，《押沙龙，押沙龙!》

是公认的史诗意味最强烈，最为复杂、艰深的一部。您65岁时开始译这部作品，勇气令人钦佩。这同时也耗费了您大量的心力。您曾谈到，光是开头第一句，就费了好几天功夫才把它"摆平"。每天都在"苦熬"（endure，这正是福克纳爱用的一个词）中度过。

李文俊：是的，这部作品最难译。书中很多长句没有标点符号，或整段只有一个逗点，该大写的地方也不大写。我每天只能译一小段甚至一个长句，第二天再反复修改。我想没有足够的耐心与毅力，真的很难完成这部译作。

我译完这部作品后，由于过度劳累突发心肌梗塞，医院下达了五次病危通知。医生给我电击心脏，到第五次时心脏才重新跳动。人生有几大关，这是一个关口。还记得当时刚写完一本《福克纳评传》，住病房时仍通过电话与浙江文艺出版社的责编核实校样细节问题。

盼能尽量拓宽戏路的老戏骨

《中国社会科学报》：法国的福克纳专家莫里斯·库安德鲁译过多部"福著"，唯独未译《押沙龙，押沙龙!》，他称此为"平生最遗憾的事情"。您译了也可以算是无憾了吧？

李文俊：福克纳的作品我译了六部，他的精品我基本都已译了，也可算足矣。我对得起这位大师了。一个人能做的事情有限，我也得留点精力做轻松的事情。后来有点儿气力后，我又编写了《福克纳画传》，编译了《福克纳随笔全编》《威廉·福克纳》（人文版）等，开始译少儿文学，比如《秘密花园》等另一种路子的作品。

《中国社会科学报》：说到这个，您曾说，您这样做，有点像是盼能尽量拓宽自己戏路的老戏骨。您后来也译了艾略特及简·奥斯汀等其他作家的作品。

李文俊：是的。我希望人们提到我的时候不仅想到福克纳——固然福克纳对于我而言是最为重要的作家。艾略特的诗剧《大教堂凶杀案》是无韵诗，我用了几个月的时间译了出来，这是我晚年比较得意的译作。后来我也喜欢上英国古典风格的作品，因此与我最初的合作者合译了简·奥斯汀的代表作《爱玛》。我也译了加拿大女作家艾丽丝·门罗的《逃离》，并应邀复译了海明威的《老人与海》。

《中国社会科学报》：谈到《逃离》，2013年艾丽丝·门罗获得诺贝尔文学奖后，您也受到了广泛关注。听说当时诺贝尔文学奖消息公布的第二天，您接了上百个采访电话？

李文俊：是的，当时接电话累到没力气说话，吃饭的时候还没吃一口就来一个电话。这部小说集译得还挺顺利。总共十余篇，过去《世界文学》也发表过其中的两篇小说译文，我后来把那两篇也重译了一遍，再后来就译出了全书。与福克纳的作品相比，《逃离》容易多了，就跟胡同口儿中国老太太讲陈年往事差不多嘛，都是普通人的生活。门罗本人大学没毕业，后来自己开书店，做了小书店的"老板娘"，但她很有文学才能。

好的译者要有很多套路

《中国社会科学报》：您曾说，做翻译的人最好不要自作聪明。如果原文是"丑"的，就按"丑"的译。这让我想到俄罗斯现实主义作家果戈里有关翻译的"透明说"："理想的译者应成为一块玻璃，透明得让读者感觉不到他的存在。"对于一些有瑕疵和漏洞的原文，应如何处理？译者是否可以加入自己的理解与风格？

李文俊：我想还是要尽量遵循原作。一种情况是译者所认为的原文瑕疵或许是作者有意而为之，是作者想要表达的另一种"意图"，译者可能未洞察到原文的真正用意，这种情况译者最好尊重原文。比如福克纳的标点符号使用也许不合规格，在语文老师那里肯定是通不过的，但自有其道理和魅力。除了气氛得到渲染，也有一种历史与当前之间、已知与未知之间的张力。以前他的文学地位还不够稳固时，美国出版社的编辑也会改动他的标点、文法甚至删去大段文字，然而这种做法后来被证明是鲁莽与欠妥的。

另一种情况是原文明显有欠完善的地方。比如我在译福克纳作品时会遇到拼法错误，但我也采取仅在"编校说明"中予以注明的办法，而不在正文中纠正它。我宁愿原来是错的也跟着错。另外，我之前很喜欢作家狄更斯，但现在发觉有的地方他写得并不理想。狄更斯作为 19 世纪作家，他所积淀的知识，所经历的历史事件，有相应的局限性。狄更斯是多产作家，到后期的时候，一些连载作品无法保证足够的质量。但译者最好不要对其进行改善，最多在译著的序言、后记或注解中，委婉地说明。狄更斯的早期作品比如《匹克威克外传》《大卫·科波菲尔》等还是不错，后期作品《董贝父子》本来指定让杨绛翻译，但她译了 7 万字就没能接着译下去。一个原因是她觉得年纪大了，译不动了，另一个原因可能是她认为《董贝父子》写得不够出彩。她更欣赏的还是狄更斯早期的作品。后来她便请"年轻人"薛鸿时接着译了下去。

《中国社会科学报》：您在谈及文学翻译批评时曾写到，开展文学翻译批评，不能只是抠语法、词组、事实、典故的含义，更为重要的是一些深层次的宏观问题。如何理解这一点？

李文俊：中国写文学翻译批评的人往往拘泥于从语法、词组、事实、典故等细节去考察译文，稍稍偏离一点就认为译者没理解透原文，但我们应该从总体入手去审视译作的质量，并参照译者所处的整个大时代，进而分析他所说的话、所写的文字应该是怎样的。如果只是套用批改学生卷子的方法去审查译文，就把文学翻译理解得过于简单了，更不能由于个别篇章的错译就给译文扣上一顶"错误百出"的帽子。语法是否得当、词义是否准确固然重要，但不是唯一的评判标准。译文对原文精神的把握程度如何、所用的风格是否贴切、是否传达出作者原本的感情与态度等，都是更为深刻的问题。钱锺书先生曾说，林纾译文可能舛错很多，但文采斐然，不失为精彩的译文。需要注意的是，译文在形式上不能完全拘泥于原文的结构。如果过于拘泥原文，一定不是好的译文，那就是"硬译"了——鲁迅主张"硬译"，但现在证明这样做效果并不见佳。

《中国社会科学报》：许多人说，一名优秀的翻译家，必须是一个知识杂家或专家。您是否赞同？对于中国译界，您有何寄语？

李文俊：如果你下决心要做好一件在历史上能够存留一定时期的事情，那就既要做一个什么都懂一点的杂家，也要做一个在某个领域有所建树的专家。比如翻译某位作家的作品，你首先得研究他的基本情况、兴趣爱好、艺术倾向、文字特点，这样才可能做得优秀。好的译者要有很多套路，可以踢从各个方向、角度飞来的球，各个方向、角度的球也都能防得住，需要有这个本事。对于文学翻译而言，平时要注重不同作家语言的各种手法，从高雅到俚俗各层面的语言，都应成为译者"箱底"里的存货。

歌德曾说，翻译是半个先知。译者做的不仅仅是传达原意，更是为提高国人的文化、知识、思想水平作出贡献。清末以来，一批又一批中国翻译家为此作出了不懈的努力。以傅雷、汝龙等为代表的老一辈前贤以法国巴尔扎克、俄罗斯契诃夫、托尔斯泰等现实主义作家译介为主，他们那一代人完成其使命后，我们这一代再接着将中国的文学翻译事业向前推进一步，完成20世纪初到20世纪中叶的现代派作品译介。一代人只能做一代人尽力而为的事情。现在已有比我年轻的人重译我译过的"福著"，我自知不属那些忍不住要压制"新松"的"恶竹"（典出杜甫"登楼将赴成都草堂途中"所作一诗）。

（原载于《中国社会科学报》2018年7月26日第1501期）

英诗汉译的原则、策略及其他

——诗人翻译家屠岸先生访谈录

丁振琴[*]

屠岸（1923—2017），本名蒋璧厚。我国著名诗人、翻译家、出版家。江苏常州人。1946年肄业于上海交通大学。曾任人民文学出版社总编辑、编审。中国作协第四届理事，第五、六、七届名誉委员。中国诗歌学会副会长。1941年开始发表作品，从事诗歌创作和诗歌翻译，先后出版了《萱荫阁诗抄》《屠岸十四行诗》《哑歌人的自白——屠岸诗选》《诗爱者的自白——屠岸的散文和散文诗》等作品，以及《倾听人类灵魂的声音》《诗论·文论·剧论》《霜降文存》等文艺评论和随笔。1950年出版的由屠岸翻译的《莎士比亚十四行诗集》，为中国首部莎士比亚十四行诗全集。另译有《济慈诗选》《英国历代诗歌选》（上下卷）、《莎士比亚诗歌全编》等。

屠岸先生是我国著名诗人、翻译家、出版家和文艺评论家。他自青少年时期即开始创作和翻译诗歌，如今可谓著作等身，成就斐然。他翻译的《莎士比亚十四行诗集》是第一个莎翁十四行诗的中文全译本，1950年初版后又陆续再版十多次，发行地包括香港和台湾，发行量迄今已逾六十万册（许昫，2016）。他翻译的《济慈诗

---

[*] 丁振琴，北京师范大学外国语言文学学院讲师，主要研究方向为翻译理论与实践、英语语言教学。

选》圆满调和，忠实而不乏诗美，于 2001 年获第二届"鲁迅文学奖全国优秀文学翻译彩虹奖"。他翻译的《英国历代诗歌选》囊括了 155 位诗人的 583 首作品，上起中世纪民间歌谣，下迄当代诗人希尼、阿米蒂奇等，真正"能反映英国诗歌（以抒情诗为主）的发展轨迹"（屠岸，2007：612），堪称英国诗歌翻译的"集大成之作"（北塔，2007）。他翻译的儿童诗歌，如《一个孩子的诗园》（与夫人方谷绣合译）、《英美儿童诗一百首》等，童趣盎然，诗味浓郁，多首被收入著名青少年读物《阅读与作文》《高中生之友》《同学少年》《小学生》等。他翻译的现代主义诗歌，如《英语现代主义诗选》《我知道他存在——狄金森诗歌选》（与章燕合译）等，"忠实而灵动，谨严而神妙，精雕细琢，炉火纯青，近乎完美地传达了原诗的意境与韵味"（北塔，2012：1）。因为在翻译领域的突出贡献，屠岸先生于 2010 年荣获中国翻译协会颁发的表彰翻译家个人的最高荣誉奖项——"翻译文化终身成就奖"。

现年 94 岁高龄的屠岸先生，依然笔耕不辍，活跃在中国讲坛和译苑。笔者不久前有幸前往拜访老先生，就英诗汉译的原则、策略、原作的选择和翻译的目的等问题向先生求教。先生结合自己翻译诗歌的经验，对上述问题做了详尽的解答，并给年轻一代译诗者提供了一些宝贵的建议。以下是笔者根据录音整理的访谈实录。

1. 英诗汉译的原则

丁振琴（以下简称"丁"）：1940 年，您年仅 17 岁时，翻译了第一首英文诗——罗伯特·路易斯·斯蒂文森的《安魂师》。自那时至今日，您的译诗生涯已持续了 70 多年。在这 70 多年的译诗生涯中，您是否有贯穿始终的核心的翻译原则？

屠岸先生（以下简称"屠"）：有的。其中一个就是严复提出的"信、达、雅"原则。我认为这三者中，"信"是根本，"达"和"雅"是两个侧面。"信"就是要忠实于原文的内容、精神，并尽力忠实于原文的形式；"达"就是通顺畅达，使读者能够听懂看懂；至于"雅"，按照严复原来的意思，是要用"汉以前字法句法"。严复深受桐城派古文大师吴汝纶的影响,所以他的译文具有桐城派古文的味道。但是现在,我们翻译时大多用白话,即使用文言文,也不一定用桐城派古文,所以我认为对"雅"的理解应该灵活一些。在我看来,"雅"就是要在译文中体现原文的风格。比如翻译莎士比亚的历史剧《约翰王》,莎剧台词大都是素体诗(blank verse),我便也用诗体来翻译;剧本原文中有贵族也有平民,二者的语言风格肯定不一样,如果把贵族的语言翻译成平民的语言就不符合贵族的身份,反过来也一样。总之,在新的时代,我们要灵活理解"雅",可以赋予它新的阐释。

我还非常信奉另一个原则,即英国浪漫主义诗人济慈提出的 negative capability。这是一个诗学概念,我把它译为"客体感受力"。济慈在书信中论述过这个概念,他认为诗人在诗歌创作的过程中应该放弃自我,放弃思维定式,全身心地投入到客体(吟咏的对象)中去,将主体的自己和客体的对象融为一体。这比较类似于王国维所讲的"无我之境"。当然,"无我"并非真正地没有了"自我","感受"只能从"我"开始,由"我"来体现"客体感受力"的这个"力"。"无我"只是强调要放弃思维定式,抛开自我,全身心地去感受吟咏对象。我认为这一诗歌创作原则也适用于诗歌翻译,因为译者同样需要这种"客体感受力"。换句话说,译者在翻译过程中同样需要放弃自己固有的思维定式,融入到原文中,拥抱原文,拥抱原作者,全身心地去体会原文的文字、思想和意境,体会原作者的创作情绪。只有这样,译者才能把原文的精神实质用另外一种语言表达出来。依据这种原则来翻译,且翻译得成功的话,译作就是"二度创作",是译者的灵魂与作者的灵魂相拥抱、相融合后产生的宁馨儿,是两个灵魂交融升华的结晶。优秀的翻译,如傅雷翻译的巴尔扎克的《高老头》,朱生豪翻译的莎士比亚戏剧都体现出了这种"客体感受力",体现了译者对原文作者、内容、精神等的拥抱。

丁:据我了解,您是第一位把济慈提出的 negative capability 引入翻译领域的,这无疑更加丰富了我国的诗歌翻译理论。另外,您的诗歌创作,尤其是早年的诗歌创作,还呈现出一种 classical restraint(古典的抑制），这也是一个诗学概念吧？它对您的诗歌翻译是否也有影响？

屠：多承谬赞。Classical restraint 是英国一些诗人所奉行的一种诗学原则。在我国，也有诗人奉行这一原则，比如吴汶。吴汶在中国诗歌史上不太出名，但我很佩服他，他的诗集中的每一首诗都有一个意境，反映了20世纪30年代的中国，即半封建半殖民地的中国小资产阶级的一种没落的心态，其中又有一种乡恋，就是对他那个家族、他所处的那个环境的一种怀旧、依恋。读他的诗，你会感觉回到了那个时代和那个环境。他的诗不是非常开放的，而是象征的、优柔的，诗中所抒发的情感是内蕴的、内含的；诗的韵味又是古典的，不是浪漫的，更不是后现代的。所以说，他的诗中体现了这种 classical restraint，对我早年的诗歌创作有着极为深刻的影响。

这个诗学概念也潜移默化地影响着我的诗歌翻译。表现在什么地方呢？就是要抑制自己的主观情感，去努力理解原作者的情感、体验原作者的创作情绪，把原作中的那种精神实质表现在译文里，而不是用自己的才情去掩盖原作者从而使译作与原作相比变得面目全非。译者以自己的才情掩盖原作者的情况是存在的，比如庞德译的汉武帝刘彻怀念李夫人的诗《落叶哀蝉曲》。庞德的译诗作为一首诗，堪称好诗；但作为一首译诗，未必值得仿效，因为它与原作的距离太大，我们几乎从中看不到汉武帝的形象和风格，我们看到的只是庞德的形象和风格。还有他译的李白的《长干行》，是一首地道的意象派诗歌，从中也很难见到李白的风格。在国内，也有这样的例子，比如郭沫若转译的菲茨拉德英译波斯诗人莪默·伽亚谟的《鲁拜集》。闻一多在《莪默伽亚谟之绝句》中曾这样批评郭沫若的译文："郭君每一动笔我们总可以看出一个粗心大意不修边幅的天才乱跳乱舞游戏于纸墨之间，一笔点成了明珠艳卉，一笔又洒出些马勃牛溲……"当然，对于文学翻译，尤其是诗歌翻译，不论译者怎样忠实于原作，译作和原作之间总会存在着距离，百分之百原汁原味的诗歌翻译是不存在的。任何译家的译诗，都不可能完全排除译家个人的气质和风格。优秀的诗歌翻译作品是在不可避免地留有译者个人气质的同时尽可能多地保存原作的精神实质的产物，这当中必然要有一种抑制在里面。

2. 英诗汉译的策略

丁：总体来看，您的译诗可以分为三大类：英语传统格律诗、英语儿童诗和英语现代主义诗歌。您译这三类诗歌的策略分别是怎样的呢？

屠：首先，我译这三类诗歌时，有统一的原则，即前面提到的信达雅、客体感受力和古典的抑制。至于翻译策略，我基本上是以格律诗译格律诗，以自由诗译自由诗，尽力传递所译诗歌的原貌。

先来说说格律诗的翻译吧。我是大翻译家卞之琳先生的私淑弟子，我十分信奉他关于英语格律诗的翻译方法，即"以顿代步"，"韵式依原诗"，"亦步亦趋"。"以顿代步"的方法首先由孙大雨提出，他用汉语的"音组"（即音顿、顿）代替英语的"音步"（foot），但没有做到等行。后来，卞之琳完善了这一方法，做到严格等行。我译英语格律诗时，是按照卞之琳的方法来做的。举个例子，比如济慈的《希腊古瓮颂》原诗第一节：

> Thou still unravished bride of quietness,
> Thou foster-child of silence and slow time,
> Sylvan historian, who canst thus express
> A flowery tale more sweetly than our rhyme:
> What leaf-fring'd legend haunts about thy shape
> Of deities or mortals, or of both,
> In Tempe or the dales of Arcady?
> What men or gods are these? What maidens loth?
> What mad pursuit? What struggle to escape?
> What pipes and timbrels? What wild ecstasy?

我的译文是这样的：

> 你——"宁静"的保持着童贞的新娘，
> "沉默"和漫长的"时间"领养的少女，

山林的历史家，你如此美妙地叙讲
如花的故事，胜过我们的诗句：
绿叶镶边的传说在你身上缠，
讲的可是神，或人，或神人在一道，
活跃在滕陂，或者阿卡狄谷地？
什么人，什么神？什么样的姑娘不情愿？
怎样疯狂的追求？竭力的脱逃？
什么笛、铃鼓？怎样忘情的狂喜？

这一节诗原文为 10 行，译文不多不少，也是 10 行，就是严格等行。原诗的韵式是 ababcdedce，译文韵式略有改动，但基本依原诗，为 ababcdecde。原诗每行均为"轻重格（或抑扬格）五音步"（iambic pentametre），一个音步由两个音节（syllable）组成，前音节轻读，后音节重读。如第一行（|用于分音步，˘表示轻读，‾表示重读）：

Thŏu stīll | ŭnrā | vĭshed brīde | ŏf quī | ĕt nēss
（五音步）

译文用 5 个音顿代替原文的 5 个音步，每个音顿包含一或二或三个音（即汉字，汉字是一字一音），其中有一个音重读，但轻读和重读的位置不拘。（如果规定位置，会使翻译成为不可能）如第一行的译文（|用于分音步，˘表示轻读，‾表示重读，ʹ表示次重读）：

你——|"宁静"的|保持着|童贞的|新娘
（五间顿）

这里还有一点需要注意，中文虽不像英文那样有严格的轻重音之分，但中文有平仄。那是不是原诗的轻重要按中文的平仄来翻译呢？事实上，这个太难了。卞之琳先生也认为，在这一点上，能做到，是锦上添花，但不可能完全做到。所以，所谓"亦步亦趋"也只能是尽力而为，有时还需要灵活一些。翻译中总会丢失一些东西，这是不可避免的。

丁：根据黄杲炘（2007）的研究，在英诗汉译的发展进程中，对于英语诗歌的翻译大约有五种方法："民族化"译法、"自由化"译法、"字数相应"译法、"以顿代步"译法和"兼顾顿数与字数"译法。您对这些译法怎么看？

屠：首先，英诗译成中文可不可以用"民族化"译法？也就是说，可不可以用中国古体诗来译英诗？应该说是可以的，比如拜伦的《哀希腊》，就曾有多位译者用中国古体诗来译，有苏曼殊的五言译文、马君武的七言歌行译文、胡适的骚体译文等。我不反对这种译法，但对于今天的读者来讲，我还是赞成用比较晓畅的白话文来译，让今天的读者更容易接受。

关于"自由化"译法，也就是用自由诗来译英语格律诗，我认为应该宽松一点，不能说我用现代格律诗译英语格律诗就是唯一的办法，其他的译法我都瞧不起，毕竟每个人的趣味和审美都不一样。如果译者把一首英文格律诗翻译成中文的自由诗，但很有诗味，那也算是一种翻译的方法，也应该尊重；如果他是草率行事，游戏笔墨，那就不行了。

关于"字数相应"译法，我知道梁宗岱以及菲律宾华人施颖州多用这种方法来翻译英诗。他们的做法我是尊重的，但有的地方读起来很牵强，不顺畅。用格律诗来束缚自己的思想，这不是我所愿意采取的方法。

比如莎士比亚十四行诗第18首诗的第一行"Shall I compare thee to a summer's day?"原诗这一行有10个音节，5个音步，我译成"我能否把你比做夏季的一天？"是5个音顿，但不是按"字数相应"的译法，原文是10个音节，我没有用10个汉字来替代，我用12个汉字。我只能用"音顿"和原诗的"音步"来相对，不能用中文字数与原诗的音节数相对，因为那样太束缚了，不能舒展开。我觉得用"以顿代步"译法可以给译者更多的自由。当然，它也有一定的束缚，因为它不能像自由诗那样自由，它还是格律诗。但因为原文就是格律诗，我还是想尽力保留原诗的格律。

关于"兼顾顿数与字数"译法，这是黄杲炘后来提出的。他这个要求我觉得太严格了，我做不到，但是我很佩服他。这种译诗有的读起来可能磕磕碰碰，有点别扭，但他对英诗汉译的这种试探我是很尊重的。

丁：闻一多先生曾说格律诗创作是"戴着镣铐跳舞"，有些译家认为用汉语格律诗译英语诗歌更是如此。您对此怎么看？

屠：关于这一点，我很欣赏吴钧陶说过的一句话，他说这不是"戴着镣铐跳舞"，应该说是"按照音乐的节拍和节奏跳舞，它可以使舞姿更美"。我认为，格律诗一方面是束缚，另一方面也可以激发作者和译者炼字炼意，使作品的语文浓缩而有张力，内容凝练而有意蕴。而且，即使刚开始你觉得是"戴着镣铐跳舞"，但等到运用熟练，你会跳得很自然，"镣铐"会不翼而飞，变成一种"自由"，你可以舞得更得心应手，潇洒美妙。这种在不自由中获取的自由，在规范中提炼出的自由，往往是真正意义上的自由。

丁：您觉得"以顿代步，韵式依原诗"的翻译策略有没有什么缺憾呢？

屠：每一种翻译策略都有正的和负的两个方面，太阳也有黑斑，"以顿代步"的译法肯定有缺憾，就好像是"戴着镣铐跳舞"的那个镣铐，有一点束缚。关键在于译者的本事，您"戴着镣铐跳舞"，但是非常合乎节拍，把原作的神韵都传达出来了，那个镣铐也就不翼而飞了。当然，用"以顿代步"的译法，有时也会出现"削足适履"或者"抻足适履"的情况。为了保留原诗的形式，有时不得已要牺牲一点内容，但一定要注意："削"掉的必须是次要的东西，必须是为了烘托诗意才去"削"；"抻"来的东西同样也必须是为了烘托诗意，不能成为累赘。这掌握起来的确很难，但是译者还是应该知难而上，尽最大努力做到形神兼备。

丁：您译英语儿童诗时，采取的策略依然是"以顿代步，韵式依原诗"，但似乎特别注意用词要符合儿童的心理，是这样吗？

屠：是的。译英语儿童诗时，节奏、韵式主要还是依原诗，但不能太死板。儿童诗要读起来琅琅上口，不能忽视音韵。中国的儿歌节奏感很强，用韵也很讲究，我译儿童诗时，曾用心向中国的儿歌学

· 216 ·

习。此外，译儿童诗时，还要特别考虑句法、结构，甚至用词，要考虑儿童的接受力，不能拘泥于原诗。比如，米尔恩有一首诗，内容是讲孩子不愿意受大人的管束，想要自由自在，题目叫 Independence。这个词的本意是"独立、自主"。但如果把题目译成"独立"，实在不符合儿童的心理特点。我把它译成"谁也管不着"，把一个字变为一个句子，比较口语化，也比较符合孩子的口吻。我认为这样的译文不拘泥于原诗字义，却与原诗的风格更接近了。译儿童诗最重要的是要译出那种儿童情趣，让儿童能够接受，能充分领略诗中节奏和音韵的美感，让他们读你译成的中文儿童诗时能感到愉悦和开心，就像济慈那句名诗所言："美的事物是一种永恒的愉悦。"

丁：英语现代主义诗歌与传统格律诗有很大的差别，大多不用尾韵，您译现代主义诗歌时采取怎样的策略呢？还是用汉语的"音顿"去代替原诗的"音步"吗？

屠：英语现代主义诗歌是对 19 世纪英语诗歌的一种反叛，这个反叛当中有一种新的创造，体现一种新的诗歌的意蕴。译英语现代主义诗歌要特别注意体现这种意蕴。现代主义诗歌很多都是自由诗，我主要用自由诗去译自由诗。但要注意，这个自由诗也有韵，不是传统格律诗的那种韵，它的韵是像海浪那样有节奏感的，但不用韵脚，比如艾略特的《荒原》《阿尔弗雷德·普鲁弗罗克的情歌》等，都没有尾韵，但有节奏，我译的时候还是用"顿"去代替原诗的"音步"，把它译成一种有节奏的诗。

丁：您在译诗过程中非常注意原诗的音韵和节奏，您同时也认为诗歌的音乐美与绘画美是统一的，诗的意象和诗的音乐常常融合在一起。您在翻译过程中，对原诗中的意象一般都怎样处理呢？

屠：我一般用直译的方法，尽力保留原诗的意象。当然有时也会遇到不可转换的意象，那就只好加注，或找近似的意象来替代。这种时候要特别注意中西文化的碰撞，不要用民族文化色彩太浓重的意象去译。比如英国诗人纳希的诗《春》的第一行："Spring, the sweet Spring, is the year's pleasant king"，这句话的大意是："春光，可爱的春光，一年中快乐的君王。"郭沫若将其译为"春，甘美之春，一年之中的尧舜"。用"尧舜"替代原诗中 king 这个意象并不妥当，因为纳希没有接触过中国历史和中国文化，怎么可能会用"尧舜"来比喻春天呢？这样的意象转换容易使读者产生民族传统文化错乱的感觉，不可取。我认为翻译作品应该是另一种文字的原作，不应该是"荒诞派"作品，尤其是涉及意象转换的时候，要特别注意中西文化之间的碰撞。

3. 原作的选择和翻译的目的

丁：我国的诗歌翻译活动始自清末，从一开始就打上了意识形态的烙印，在原作选择、处理和翻译目的方面带有明显的价值取向（张旭，2012）。您在选择原作时，一般都基于怎样的标准？您翻译诗歌的目的是什么？是否也会受到意识形态的影响？

屠：意识形态对翻译作品的选择的确有很大影响。清末民初之时，我国正处于落后受辱的境况，为了启迪民智、自强更新，众译者选取的外国诗歌，大多是那些充满革命性、揭露社会不平与黑暗的诗歌，如拜伦、胡德（也译作虎特）等人的作品，以及弱小国家诗人如印度的泰戈尔、波斯的莪默·伽亚谟等人的作品。这一传统在我国后来诗歌翻译史的很长时期内都留有印记。我在20世纪40年代选译惠特曼的诗集《鼓声》时，也有一种政治倾向。这部诗集中所选的诗大多以美国南北战争为背景。惠特曼歌颂北方以林肯总统为首的联邦政府，反对坚持蓄奴制的"南方联盟"。我选择这部诗集的意图是要"借洋喻中"，表示对北方（即延安、西柏坡）的支持，对南方（即南京）的反对，并预示共产党必胜，蒋介石必败。50年代到70年代这段时间，意识形态对文学翻译的影响尤为明显，特别是"文化大革命"时期，对外国文学译本的出版有很多禁锢。1978年底，党的十一届三中全会决定实行改革开放政策之后，这种种禁锢才逐渐被打破，我国的文学翻译事业才迎来了春天。

此外，无论过去还是现在，都有一种翻译选择是为了商业利益，译者会选择一些流行作品来译。但这不是我的选择，我一定要选在文学史上有定评的、优秀的，甚至是经典的作品，比如我翻译的惠特曼的诗集，莎士比亚十四行诗，英国浪漫派的华兹华斯、柯勒律治、济慈、拜伦、雪莱等的诗歌，都是在文学史上有定评的第一流的作品。有一些非常流行的作品，但如果品位不高，我一概不去翻译。当然，到了20世纪，现代主义和后现代主义（post-modernism）诗歌中，有一些非常杰出的作品，我也翻译，比如说艾略特、叶芝等的诗歌。我在译著《英国历代诗歌选》中翻译了500多首英语诗，选的都是优秀的作品，有一些是中国读者不太熟悉的，例如英国文学史上的一些女诗人，还有一些边缘诗人，但他们的作品非常优秀，我也翻译过来了。我选择原作还有一个标准，就是一定要选择我喜爱的、能打动我的诗歌作品，因为只有这样的作品我才能译好。

至于翻译诗歌的目的，刚才提到，我译惠特曼的《鼓声》是有一种政治倾向的，但那也是唯一一次。以后的译诗主要是出自我对于诗歌的喜爱，当然还有一个目的是促进中外文化、文学的交流。另外，诗歌的宗旨可以说是"真善美"，"真善美"从一种语言翻译到另一种语言，它的影响便扩大了。我在英诗汉译过程中，把英语诗歌中的"真善美"移植到汉语接受者当中来，使得英语诗歌中"真善美"的影响扩大，这也是我翻译诗歌的一个重要目的。

4. 给年轻译诗者的建议

丁：目前，我国翻译界译者水平参差不齐，译作质量良莠掺杂，诗歌翻译尤为如此。您作为老一辈资深诗歌翻译家，能否给年轻一代译诗者提一些建议？

屠：首先，要严格要求自己，对源语和译语都要下苦功夫，努力提高自己语言和文化的修养。其次，一定要选择好你翻译的对象，要选择优秀的、传递真善美的，甚至是经典的作品，不要从商业的利益来考虑，有一些流行的东西可能卖得好，但是它没有长久的生命力，你的劳动终将白费。再次，要用心地来翻译，可以按照一些原则，比如说"信达雅"等，要记住你翻译的目的不是名和利，不是那一点稿费，而是传递文化，传递一种真善美的精神。另外，在翻译方法上，我认为格律诗可以采取"以顿代步，韵式依原诗"的译法；如果是自由诗，要注意掌握原诗的节奏、气势和精神。我还是建议以格律诗译格律诗，自由诗译自由诗，尽力传递诗歌原本的那种面貌。

丁：还有最后一个问题：早在 17 世纪，英国诗人兼翻译理论家德莱顿就曾提出"诗人译诗"的主张；18 世纪末，爱尔兰翻译理论家泰特勒也提出了类似主张。他们的观点在翻译界似乎已成为共识。真的只有诗人才能译诗吗？

屠：我想这不是绝对的。有人认为诗人译诗能译得更出色，大概是因为诗人具有创作诗歌的经验，因此更容易体会到原作者的创作情绪，并很好地把这种情绪体现在译文中。这样的例子很多，比如卞之琳、戴望舒、郑敏、绿原、吴钧陶等。但也有一些著名译者，并不从事诗歌创作，他们的译作却同样优秀。比如杨德豫，他本人并不写诗，但他的英诗汉译水平很高，他译的拜伦抒情诗和华兹华斯的诗歌都是首屈一指的，几乎没有人能够超越。还有黄杲炘、江枫、方平等，他们都很少写诗，但英诗汉译的水平却都很高。所以，我认为诗人译诗能译得更好，这没错，但不绝对，有些译家，本人不写诗或很少写诗，但具有诗人气质，同样能翻译出优秀的诗歌作品。你们年轻人朝气蓬勃、风华正茂，正值学习的好时候，只要精通英汉两种语言，深谙诗的三昧，用心地去翻译，一定能译出好的作品！

（原载于《中国翻译》2017 年第 3 期）

参考文献

[1] 北塔：《英语诗歌翻译的集大成者——读屠岸选译〈英国历代诗歌选〉》，《中华读书报》2007 年 8 月 1 日第 18 版。

[2] 北塔：《英语现代主义诗选》，河南文艺出版社 2012 年版。

[3] 黄杲炘：《英诗汉译学》，上海外语教育出版社 2007 年版。

[4] 屠岸：《英国历代诗歌选》（下册），译林出版社 2007 年版。

[5] 许旸：《93 岁屠岸翻译莎翁，与原诗贴心拥抱》，《文汇报》2016 年 4 月 22 日第 10 版。

[6] 张旭：《中国英诗汉译诗论——1937 年以前部分》，湖南人民出版社 2012 年版。

"随心所欲",穿越译林 70 年

——与著名翻译家、北京大学教授许渊冲对话

李新烽 白 乐

许渊冲,北京大学教授,中国当代著名翻译家。1921 年生于江西南昌。1938 年考入国立西南联合大学外文系,师从钱锺书、闻一多、冯友兰、柳无忌、吴宓等学术大家。1944 年考入清华大学外国文学研究所,后赴法国巴黎大学留学。他是目前中国唯一能在古典诗词和英法韵文之间进行互译的专家,被誉为"诗译英法唯一人"。已出版译著 120 余本,包括《诗经》《楚辞》《老子》《论语》《唐诗三百首》《宋词三百首》《西厢记》《红与黑》等。2010 年,继季羡林、杨宪益之后,许渊冲获"中国翻译文化终身成就奖"。2014 年获国际翻译界最高奖项——"北极光"杰出文学翻译奖,系首位获此殊荣的亚洲翻译家。

他示意我们喝沏好的绿茶,自己则端起特制的红糖茶水呷了一口,脸上露出满意、惬意、得意的笑容:"他们不让我喝红糖水,说是不利于健康长寿,可我每天都喝,我活到 95 岁了,说明这个红糖茶水适合我。"

去拜访许渊冲的前一天,他夜里两点才就寝。当记者笑言"长寿的秘诀是早睡早起,少饮糖水,您打破了这个规律"时,许渊冲不无幽默地回答:"我也有我的规律,我的规律就是随心所欲。"

他视"随心所欲"为生活的规律,更为翻译的定律:"翻译不能以时间算,要随心所欲。每天都要做,不做不行。让我的思想被别人

知道，这很有趣味。"

眼前的这位老人，一谈到自己的翻译理念便滔滔不绝，眼里放射着矍铄而笃定的光彩。

创"三美"理论 从心所欲不逾矩

提起许渊冲的翻译理论，最著名的当属中诗英译的"三美论"，即意美、音美、形美。朱光潜认为，这个理论不但可以应用于译诗，也可以应用于写诗。在许渊冲书桌的正上方，悬挂着一幅他自己创作、老友题笔的书法："译古今诗词，翻世界名著，创三美理论，饮彤霞晓露。"

采访中，许渊冲不断提到"美"这个字。在他看来，翻译是两种语言之间的竞赛，为充分发挥"目的语"的优势，译文甚至可以超过原文。当记者表示，许多翻译家认为译文不能"夺原文之美以争鲜"时，许渊冲笑着说："贝多芬说过，为了更美，没有什么清规戒律不可以打破。我这100多本书都是按照这个原则翻译的。"

《中国社会科学报》："从心所欲不逾矩"是您重要的翻译指导思想。翻译界一直讨论的基本问题，如直译与意译、形似与神似、忠实与创造、借鉴与超越等，都可视为在"不逾矩"与"从心所欲"之间找寻平衡。结合您英译中国诗词的经验，应如何理解这一点？

许渊冲：英文是科学理念，中文是艺术理念。二者都是"精"，但"精"的方向不同。中文精简（concise），英文精确（precise）。翻译的过程也即调和二者矛盾的过程。

朱光潜与钱锺书先生认为，艺术的最高境界是"从心所欲不逾矩"。"从心所欲"是发挥主观能动性，"不逾矩"是遵循客观规律。在翻译实践中，我将"从心所欲"作为积极条件，"不逾矩"作为消极条件。在不违反客观规律的前提下，尽量发挥主观能动性。

如毛泽东诗词《为女民兵题词》中的"不爱红装爱武装"，我译为"To face the powder and not to powder the face"，既保留了原诗的对仗工整，也体现出其中的革命主义气概。大学期间，我在英国报纸上看到 face the powder（面对硝烟）、powder the face（涂脂抹粉）这两个表达法，后来应用于这句翻译。美国俄亥俄大学诗人恩格尔（Paul Engle）及其夫人聂华苓将这句译为"They love uniforms, not gay dresses"（我们喜爱制服，不喜爱花哨的衣服），就字面而言，已经翻得不错。但这只是"不逾矩"，未达到"从心所欲"，只翻译出了"字"，未翻译出"义"。这句说的是"武装"，载的是"革命"。

再如，《诗经》里最著名的千古丽句"昔我往矣，杨柳依依；今我来思，雨雪霏霏"传达了反战思想。可解释为："当我去打仗的时候，杨柳对我依依不舍，连杨柳都舍不得我去打仗；我好不容易打仗回来了，天又下着大雨大雪，压得我喘不过气来。"屠岸英译为：When I left here/Willows lean near/I come at last/The snow falls fast. 他将"杨柳依依"译为 Willows lean near（杨柳靠过来），"雨雪霏霏"译为 The snow falls fast（雪下得很大），是按字面翻的。意思尚可，但深层意味丢失了。许译英文为：When I left here/Willows shed tear/I come back now/Snow bends the bough."垂柳"的英文为 weeping willow（垂泪的柳树）。在这里将"杨柳依依"译为 Willows shed tear（杨柳流泪），表达出了杨柳垂泪的依依不舍之情，也暗含作者的反战思想。将"雨雪霏霏"译为 Snow bends the bough（雪压弯了树枝），体现出了雪下得很大，也暗喻雨雪像战争一样压弯了还乡人的腰肢。既押韵又准确，也传情。

许译法文里，"雨雪霏霏"译为 en fleur。这里借用了中国的唐诗典故"千树万树梨花开"这一描写雪景的名句，用雪花怒放之景，反衬还乡人哀思之情。景语也变为情语了。

王国维曰：一切景语皆情语。中国诗词"说一指二"，描写的是风景，抒发的是人的感情。这是中国诗词的伟大。要做到"从心所欲不逾矩"，就需要把"说一指二"翻译出来。

"三部曲"追忆往昔　吸收百家之长

在西南联大的读书时光是许渊冲一生的重要起点。回忆录三部曲《追忆逝水年华》《续忆逝水年华》《联大人九歌》满载着他对峥嵘往昔的眷恋。

采访中，许渊冲从书架上拿出这三本书，佐证他的求学记忆。"《追忆逝水年华》全面回忆了我的联大生活。我的同学杨振宁给这本书作了英文序。老伴儿将其翻译过来作为中文序。"谈及联大诸多良师益友对自己翻译事业及人生价值观的影响，许渊冲表示："我是吸收百家之长。哪家有用吸收哪家。"

《中国社会科学报》：您曾多次提到钱锺书对您的勉励。您和钱先生都翻译过毛泽东诗词，但他将您的译文称为"不忠实的美人"。如何理解这一点？

许渊冲：钱锺书妙语惊人，他就是个天才。他教我的时候28岁，只比我大10岁，就已出版了多部著作。有些很普通的话，经他一翻译，往往胜过原文。"吃一堑，长一智"这句本来是交给金岳霖译的。金岳霖的英文算是非常不错了，但是他被难倒了，于是去请教钱锺书。钱锺书不假思索，脱口而出："A fall into the pit/A gain in your wit."这非常难，但他立即就想到了。原文只是对仗，具有形美。译文不但对仗，还押韵；不但有形美，还有音美。

我翻译毛泽东诗词的时候，钱先生第一个站出来支持我，他作为毛诗的官方译者，认为我的成就很高，这非常难得。但我和他在"求真"和"求美"的翻译理念方面存在分歧。他把我的译本比作"有色玻璃"，他个人更倾向于"无色玻璃"。事实上，经我研究后，得出不存在"无色玻璃"译文的结论。

我常写信向钱锺书请教毛泽东诗词的翻译。他在回信中写道："无色玻璃般的翻译会得罪诗，而有色玻璃般的翻译又会得罪译。我进退两难，承认失败，只好把这看作是两害相权择其轻的问题……翻译出来的诗很可能不是歪诗就是坏诗。"他理智上求"真"，情感上爱"美"。为解决这个矛盾，他有时采取消极的办法，不求有功，但求无过。

正因为如此，他认为一些诗词是不可翻译的。比如，刘禹锡的《竹枝词》里"东边日出西边雨，道是无情却有情"这句，他认为不好翻。我将其翻译如下：The west is veiled in rain, the east enjoys sunshine/My gallant is as deep in love as the day is fine. 还原成汉语是说：西边笼罩在阴雨中，而东边沐浴在阳光下。情郎对我是否有情？那就要问天晴不晴了。

翻译毛泽东《西江月·井冈山》中的"早已森严壁垒，更加众志成城。黄洋界上炮声隆，报道敌军宵遁"，我模仿钱锺书"吃一堑，长一智"的做法，采用双声叠韵来体现诗词之美：Our ranks as firm as rock/Our wills form a new wall/The cannon roared at Huangyang Block/The foe fled at night-fall. 这句是说：我们的队伍像岩石一样坚强，我们的意志形成了新的长城。炮声响彻在黄洋界上，敌人在夜幕的掩护下逃遁。除传达意美，也传达了音美。钱锺书的"A fall into the pit/A gain in your wit"只是 pit 和 wit 押韵，但 fall 和 gain 无关联。我翻译的这两句除 rock 与 block、wall 与 fall 押韵，rank 和 rock、firm 与 form、foe 与 fled 也押头韵。

我运用了钱锺书的翻译办法，但用得更广，译出了他认为不可译的诗句。钱锺书认为这句译文我超过他了。现在看来，你要整个超过他很难，但在某一点上可以超过他。他在给我的信中赞成美国诗人罗伯特·弗罗斯特（Robert Frost）的那句话：诗是翻译中失掉的东西（Poetry is what gets lost in translation）。但我认为诗是翻译中失而复得的东西。如果是失大于得，那就要"以创补失"了。

《中国社会科学报》：您在西南联大外文系就读时，吴宓曾教授过您《欧洲文学史》等课程，冯友兰讲授《新理学》等哲学课程。他们对于您的翻译理念有着怎样的启发？

许渊冲：进联大以前，我坚持鲁迅的"信"。那时候鲁迅刚出版《死魂灵》。我喜欢他的杂文和散文。小时候我欣赏《阿Q正传》，其他作品如《故乡》当时还理解不了。他在杂文中批评别人的翻译，通常都很犀利。但是他过于坚持"直译"，《死魂灵》是字对字翻译的典型。

单从作品的俄文名称而言，有两层含义，一层是魂灵，另一层是农奴。在这部小说里应理解为后者。从作品内容上讲，在19世纪的俄国，农奴数量是地主财富的象征。当时有个人打肿脸充胖子，没钱却要说自己农奴多，因此他只能通过购买死农奴魂灵这一低成本方式来增加财富。因此我建议将书名译为《农奴魂》。

进联大之后，我的第一课是听吴宓讲翻译。吴宓主张意译，跟鲁迅意见相反。他为外文系讲翻译时说：真境与实境迥异，而幻境之高者即为真境。他的观点是，翻译是对真境的模仿，要通过现象看本质。在他的启发下，我认为将这本小说译为《农奴魂》比《死魂灵》要妥。

《中国社会科学报》：湖南文艺出版社认为您的译文胜过傅雷，因此邀您重译罗曼·罗兰的《约翰·克里斯朵夫》。您认为傅雷的思想还需要发展。这种"发展"体现在哪些方面？

许渊冲：傅雷提出过两条翻译原则：一是神似重于形似，二是在最大限度内保持原文句法。在他重神似时，往往出现妙译，但在他保持原文句法时，往往出现败笔。我重译他的作品时，选择扬长避短。

傅雷的《高老头》译本第五页中有一句："你可以看到一个晴雨表，下雨的时候有一个教士出现。"这里的"教士"属于误译，应译为"顶篷"。顶篷的法文是capucine，教士的法文是capucin，只有一个字母不同，但意义相差甚远。可能是翻译笔误，也可能是印刷错误。我在法国留学时见过这种晴雨表，表的上方有一个小顶篷，天晴时收起，下雨时才展开。另外，傅译《高老头》最后一页上，有一句是："（欧金）欲火炎炎的眼睛停在王杜姆广场和安伐里特宫的穹窿之间。"我的译文是："他的眼睛贪婪地注视着汪汤广场上拿破仑的胜利标柱，一直望到残废军人院这位英雄的死亡之宫。"拿破仑墓地的描写，在这句话中是隐含的核心内容，但傅译未译出。这会造成读者的理解障碍：为何欧金会有欲火炎炎的目光？

我的西南联大校友许光锐曾是个痴狂的傅雷迷。他读了我重译的《约翰·克里斯朵夫》后，一字一句地将我的译本与傅雷的《约翰·克里斯朵夫》做了对比，认为前者更胜一筹。我尊重傅雷的翻译，但我可以说，我全面胜过了傅雷。他好的，我继承；他错的，我修正。

"译贯中西"三阶段　真理越辩越明

采访中,许渊冲这样总结自己的一生:"30岁、60岁、90岁构成了我人生的三个分水岭。前30年是学生时代,从小学到大学,再到留学;30岁回国,当时正值抗美援朝,抗法援越,调到解放军外国语学院待了30年,其间主要翻译毛泽东诗词,既翻英,又翻法,但'文化大革命'中被认为是歪曲毛泽东思想,因此挨过100鞭子;60岁后调入北大,才允许我自由发挥,因此我的很多成绩是60岁之后才出的。"

在多年的翻译生涯中,因为坚持"意译"的理念,也因为直率的性格,许渊冲与国内不少翻译家曾展开过论战。对此,他回应道:"我不怕辩论,真理是越辩越明的。"

正是这种较真的态度,赋予了许渊冲超乎常人的毅力、定力与魄力。目前,许渊冲正在践行自己在"北极光"盛誉之后的宏伟计划:5年之内译完莎士比亚全集。继梁实秋、朱生豪、卞之琳、方平等人之后,他再次挑战这项浩大的工程。"全集译作已经出版了六本,还有两本已向出版社交稿了。"许渊冲告诉记者。

2016年4月12日伦敦国际书展开幕式上,由许渊冲翻译的《莎士比亚悲剧六种》(企鹅出版社)展出。同时展出的还有他中译英的汤显祖的《牡丹亭》。

《中国社会科学报》:您的几部莎士比亚译本名称较之前均有变动。可否解释其中的缘由?

许渊冲:《哈梦莱》与《哈姆雷特》比较,我认为用"梦"更好,它有梦想、幻想之义,只有我一个人用这个字。《麦克白》我改为了《马克白》。从汉语姓氏上讲,"麦"和"马"都可行,但"马"比"麦"多一些;从内容上讲,"马"包含有骑马的将军之义。《安东尼与克柳葩》与之前的《安东尼与克利奥帕特拉》比,更具有"美"的特征。如果要追求"真",二者其实都不是100%的"真",但前者可以在"美"的角度做得更好。《皆大欢喜》我改为《如愿》,因为有些坏人并不欢喜。

《中国社会科学报》：在谈到古诗英译时，王佐良曾说："至今英美译得比较成功的中国诗绝大多数是不押韵的。"因此，他在译诗押韵问题上与您有过辩论。

许渊冲：王佐良是反对我的第一人。他比我大五岁、高三班，他是公费留英第一名，我是自费留法第四名。但这并不代表什么。与他发生争论时我刚毕业，但他已经毕业好几年了。

（许夫人照君在一旁说道："许先生当时在翻译讨论会上就跟他指着鼻子干起来了。"）

许渊冲：是的。我希望他将唐诗译为韵文，但他不同意押韵，因此他最终没加入《唐诗三百首》的翻译队伍。我们最早的分歧是从瓦雷里的诗《风灵》该直译还是意译开始的。其中有一句诗的意思是"灵感来无影，去无踪，就像美人换内衣露出胸脯的那一刹那"。王佐良赞美的译文是"无影也无踪，换内衣露胸，两件一刹那"。我的译文是"无影也无踪，更衣一刹那，隐约见酥胸"。我认为王佐良用的"胸部"一词一点儿也不美，它既可指男也可指女。我用的"酥胸"具有朦胧美，但被王佐良说成是"鸳鸯蝴蝶派"。

《中国社会科学报》：另外，其他翻译家如江枫、陆谷孙、冯亦代等人是否也都和您唱过反调？

许渊冲：江枫主张先形似、后神似，陆谷孙、冯亦代都重直译，我在这一点上和他们有分歧。

批评我的人很多，因为批评我很容易，人家认为我不"忠实"。因此，我在新中国成立后前30年里一直受压抑，只在"百花齐放"的短暂时期出过四本书：英国诗人德莱顿的诗剧《一切为了爱情》（英译中）、法国作家罗曼·罗兰的小说《哥拉·布勒尼翁》（法译中）、《毛泽东诗词》（中译英）、秦兆阳的《农村散记》（中译法）。但这四本书都受到过批判。《一切为了爱情》是我在大学期间翻译的，也是我的第一本译作，后来拍成电影叫《埃及艳后》，但题目被认为是宣扬爱情至上；罗曼·罗兰的小说被指责主张个人奋斗，不合时代潮流；翻译毛泽东诗词，被指责有名利思想；《农村散记》主题很好，但秦兆阳后来被批判，我翻译他的作品，也跟着挨批。

《中国社会科学报》：其实，翻译界对于"译诗是否要押韵"一直争论不休。将诗词译为分行散文是国内多年流行的方法。在您看来，原诗押韵，译者便有责任译成韵文。但这样是否会造成"因韵害义"的问题？

许渊冲：为了追求押韵而破坏原文意思的情况是存在的，但这是为了更美。"真"和"美"，二者应如何取舍？"真"是第一层楼，"美"是第二层楼。只要不违反"真"，就尽量"美"。把一国创造的美，转化为全世界的美，是最大的乐趣。如果把诗歌翻译成散文，无疑会破坏原诗的风格。我在《唐诗150首》英文序言里说过："散体译文即令达意，风格已殊，慎之又慎，还会流弊丛生。"

从另一角度来看，如果原诗做到了"三美"，而译文只是达意，并未通过押韵来传达原诗的音韵之美、格调之美，即便翻译得再精确，也违背了"忠实"这一翻译的首要原则。

语赐青年"三忠告"　　情系中华文化

许渊冲在多个场合强调，诗词英译是中国文化走向世界的重要一步。他将"让文学翻译成为翻译文学"作为一生的理想。

1941年，太平洋战争爆发，在读大三的许渊冲被征调至美国志愿空军大队"飞虎队"任机要翻译。在一次欢迎"飞虎队"队长陈纳德的招待会上，"三民主义"这一翻译难倒了全场。许渊冲灵机一动，"Of the people, by the people, for the people"脱口而出，从而化解了宾主双方的尴尬。这也是许渊冲第一次尝到沟通中西文化的喜悦。

"当时西南联大外文系的30几个男生都被调去充当翻译。我当时的外文水平并不是最出色的，但已经出了风头。"谈起这段崭露头角的经历，许渊冲言语间充满着自豪，"我在高二时背了30篇英语短文，从此外文成绩跃居而上。其中就有林肯'民有、民治、民享'的表达法。那次翻译便派上了用场"。

每天背一句、造一句、翻一句——这是许渊冲送给当代青年翻译的三个忠告。"这些句子要真正自己得意。但要经过很多不得意才能得意。10年的时间可以积累很多，一辈子会受益无穷。"

《中国社会科学报》：如您所言，诗词英译对于中国文化走向世界功不可没。然而，美国汉学家宇文所安（Stephen Owen）有这样一个观点：中国政府正在花钱把中文典籍翻译成英语，但这项工作绝不可能奏效。没有人会读这些英文译本。中国可以更明智地使用其资源，译者始终都应该把外语翻译成自己的母语。这种观点也得到许多中国读者的赞成。您怎么看？

许渊冲：宇文所安这段言论刊登在《英语世界》2015年第三期上。《英语世界》接着反问道："你读到过任何一本由外国译者从其母语翻译成汉语的文学经典吗？"没有。但这只是说明中西语言的难度不同：中文是象形文字，具有意美、音美、形美；英文是拼音文字，一般只有意美和音美。英文说一是一，说二是二，言等于意，是一种科学的语言；中文可以说一指二，举一反三，意在言外，是一种艺术的文字。外国译者把只有"二美"的科学语言译成具有"三美"且历史悠久的艺术语言，实现达意已经十分不易，要做到传情更是难上加难。但并不能反过来说：中国译者不能把后者译为前者。

宇文所安被称为"美国汉学界的翘楚和公认的领军人物"。可这样一位"领军人物"在翻译《杜甫全集》时，却存在许多对字句的误读。如杜甫《江汉》中"古来有老马，不必取长途"，他把典故老马识途中的"老马"译成了"姓马的年老官员"。再如，李白《月下独酌》"暂伴月将影，行乐须及春"中，"行乐须及春"本是春天应该及时行乐的意思，宇文所安却错误地译为：我们发现的快乐一定会延长到春天为止。这两处例子在中国人看来都是常识，但外国译者却存在严重的曲解，并且这样的错误外国读者很难识别出来，只能由中国人来挑错。

汉学家译者中，我不只批评宇文所安一人，还批评英国伦敦大学格雷厄姆（A. C. Graham）教授。在其英译的《晚唐诗》序言中，他说："我们几乎不能让中国人去翻译唐诗。"事实却是，他英译的李商隐诗错误百出。这也从反面印证了徐志摩所说的："中国诗只有中国人才能译好。"

典籍英译关乎中国文化梦能否实现这一大是大非问题。中国翻译界要在国际译坛赢得话语权，首先要树立自信，克服自己不如人的心理。国内有人说，中国翻译理论落后西方至少20年，这就是不自信的表现，影响了中国翻译学派的发展。以上例证表明，中国人的英译水准完全可以胜过英美人。

《中国社会科学报》：您认为，两千多年前，中国传统文化精髓如孔子和老子思想就提供了中国翻译理论的源头活水。如何理解这一点？

许渊冲：中国学派的译论主要源自儒家和道家思想。"从心所欲不逾矩"这一儒家思想是文学翻译的艺术论。而孔子提出的"学而时习之，不亦说乎"可视为文学翻译的实践论。

老子的"信言不美，美言不信"提出了文学翻译中"信"与"美"的矛盾，这可视为文学翻译的本体论或矛盾论。同时，老子所言"道可道，非常道；名可名，非常名"可以解决这一矛盾。前半句之意"道理是可以说出来的道理，但不一定是我们常常所说的道理"，应用在文学翻译上，即翻译之道是可以知道的，但不一定是大家常说的对等之道，而可能是创新之道、优化之道。后半句之意"天下的万事万物都可以有个名字，但名字只是符号，并不等于实物"，用它来解释文学翻译，一层意思是原文文字是描写现实的，但文字并不等同于现实，两者仍有距离；另一层意思是译文是反映原文的，但并不等同于原文，有可能比原文更贴近现实。

两千多年前的孔子、老子思想充满着哲学智慧。要建设文化强国，建设翻译强国是其中应有之义。而后人应当铭记的是继承古典，不忘过去。同时，既要继承，也要发展；既要古为今用，又要洋为中用。中华文化博大精深，源远流长，应对人类作出更大贡献。我们在继承中华优秀传统文化的同时，也要使之发扬光大，造福人类。换言之，翻译是文化交流的桥梁，其作用理应受到广泛重视。而要成为一名好翻译，首先要学好自己的优秀文化，进而从中不断汲取丰富的营养。翻译要深深扎根于中华文化的沃土中。

（原载于《中国社会科学报》2016年8月18日第1032期）

"译坛巨匠"是怎样炼成的?

——歌德金质奖章获得者杨武能教授专访

刘荣跃[*]

杨武能（1938— ），著名德语翻译家、四川大学博士生导师，中国译协名誉理事、中国外国文学学会理事、四川省作协主席团委员。享受政府特殊津贴。1960年开始发表作品。1983年加入中国作家协会。译著有《浮士德》《魔山》等经典作品30余种，论著《歌德与中国》《走近歌德》等5部，编著《歌德文集》等十余种，散文随笔集有《圆梦初记》《感受德意志》等，另有《杨武能译文集》（11卷）。《走近歌德》等译著多次获得省部级以上奖励。2000年荣获联邦德国总统颁授的"国家功勋奖章"，2001年获"联邦德国洪堡奖金"，2013年获世界歌德研究领域的最高奖"歌德金质奖章"。2018年荣获"翻译文化终身成就奖"。本文是杨武能获得"歌德金质奖章"后接受的访谈。

歌德金质奖章价值几何？

刘： 再次祝贺杨教授获得"歌德金质奖章"。有人讲这个奖价值不亚于诺贝尔奖的单项奖，您怎么看？

杨： 我认为可以这么讲。这么讲，会使国人精神为之一振，从此对完全陌生的歌德金质奖章刮目相看。当然，"比喻难免跛脚"，拿

---

[*] 刘荣跃，中国翻译协会专家会员，中国作家协会会员。以"翻译经典杰作，译介研究欧文，写作散文随笔"为宗旨。已翻译出版个人译著33部，主编近40部（套）。

歌德金质奖章比诺奖也是。只不过承认这点,并非说前者不配比后者。恰恰相反,我倒认为前者比后者更难能可贵,因为歌德金质奖章具有诺奖没有的世界唯一性、学术权威性,还有不言而喻的评选公正性——举世公认,德国魏玛的国际歌德学会,是歌德研究领域的最高权威。更不用讲,在人类文化史上的地位和影响,区区诺贝尔跟歌德根本不可同日而语,人们之所以对诺奖津津乐道,只是因为它给的钱多,相反歌德金质奖章仅仅是个没有一毛钱的学术荣誉。

刘:国际歌德学会为什么把这一崇高奖励和荣誉授予您?

杨:我很荣幸,成了全世界第五十七位和中国第一位获得这一奖项的歌德学者。鉴于我研究、译介歌德的成就和贡献,国际歌德学会视我为中国歌德学者的杰出代表。我的成就和贡献,最重要的有多卷本译著《歌德精品集》,论著《歌德与中国》《走近歌德》和德文版的 Goethe in China,以及主编和主译的百年来中国第一套《歌德文集》(14卷),还有我培养了中国头两位研究歌德的博士,发起并协助建立了中国第一个歌德研究所……一句话,我的歌德金质奖章,是几十年实打实的艰苦劳作换来的。

刘:您研究歌德多年,可否给我们讲一讲您眼中的歌德。一个德国诗人,为何值得我们如此研究?

杨:我写过一篇论文题名"思想家歌德",并于2003年应邀以同一题目到中国现代文学馆和中央电视台合办的"百家讲坛"开讲。简言之,人类历史上像歌德似的大诗人、大文豪兼大思想家屈指可数。他的思想蕴含在其海量的作品里——特别是《浮士德》以及《歌德谈话录》——这些作品思想深邃、博大而高尚,真叫说不完道不尽。所以歌德永远值得研究,永远常讲常新。所以已有160年历史的魏玛国际歌德学会仍然生气勃勃,还要授予一个中国人歌德金质奖章,以期促进中国的歌德译介和研究。

您是德语界的"傅雷"?

刘:我们知道您出生在重庆,后来念的是南京大学德语系,然后"误打误撞"成了"德译界的傅雷"?

杨：我生在重庆，长在重庆，但仍自视为四川人；巴蜀文化从古至今血肉相连，不会因为行政区划变更而分割开来。作为文化人，我拜司马相如、苏轼等为祖宗，视郭沫若、巴金等为先辈。

说我成为翻译界的一个人物是"误打误撞"，不准确，不恰当，不对不对。我是早有预谋，真是早有预谋！若一定要用好记好听的四字词组来归纳，倒不如讲我之所以成为文学翻译家是走投无路，因祸得福！

生长在长江边上的重庆崽儿爱做梦。早在20世纪50年代初，因为色弱不能学理工，我在重庆一中念高中时便受语文老师王晓岑和俄语老师许文戎影响、启发，确立了成为文学翻译家进而当作家的志愿和理想。我很有头脑啊，给自己规划了一条实际而安全的曲线成才之路，你说是不是？

至于称我"德语界的傅雷"，我得讲：傅雷先生是我国文学翻译界的一块丰碑，一座高峰，称我"德语界的傅雷"是对我的赞誉，我深感荣幸。我景仰傅雷，立志做文学翻译家也是受了他的影响；但尽管如此，我仍旧不是傅雷。傅雷前辈只是我的榜样和标杆，不是我的顶点和终极追求。我比他年轻整整三十岁，到今天已经比他多活了五十多年，再说我生活的时代和所处的社会环境，比他那个时候优越得多。因此我怎么可以只是傅雷，怎么能甘于只是傅雷，而不越"雷池"一步，继续向前，向上，向前，向上！我要真甘于只是傅雷，那歌德金质奖章和中国译协的翻译文化终身成就奖发给我，不就选错了人吗？

因此我不是傅雷，我是杨武能，我是巴蜀译翁，就是巴蜀译翁！

刘：我注意到您反复强调自己是"巴蜀译翁"，可您的翻译成就是全国性乃至世界性的，请问您为什么还要自号"巴蜀译翁"，巴蜀之于您成为翻译大家和取得今天的成就，有什么特殊意义吗？

杨：我出生在山城重庆，生就筋骨强健，惯于吃苦耐劳，翻山越岭，就像我最崇拜的老祖宗苏东坡一样善于苦中寻乐，面对嫉妒、冷遇、排挤、打压等通通不在乎；且自幼饱吸巴蜀文化——博大、深邃、肥美的巴蜀文化的乳汁、养料，两者如此幸运地结合、融合在一起，便成就了今天的我。没有前者，哪有六十年锲而不舍、以苦为乐的坚守坚持？没有后者，哪来造就一个集作家、学者于一身的翻译大家的才情、天赋？巴蜀译翁是我近些年使用的笔名，也可以讲我给自己取的号。巴蜀译翁这个名号应该讲意蕴深邃而丰富，不仅仅饱含着我对故土的感恩之情，也展现出本人非同寻常的抱负，也就是要成为上述巴蜀先贤前辈承继者的非凡而高远的抱负。实现这一抱负谈何容易！但虽不能至，心向往之。能在某些个方面实现其二三，也就不枉此生喽！

刘：您初入大学，刚开始挑战德语有没有一些难忘的故事？是否和现在的外语系学生一样经历过痛苦的背单词阶段？

杨：我进大学先学的是俄语。1956年秋天让一辆接新生的无蓬货车拉到了重庆北温泉山上的西南俄专。亏得在重庆一中打下了牢实的俄语基础，一年便学完了两年的课程。眼看还有一年就要提前毕业，谁知天有不测风云：牢不可破的中苏友好关系破裂了，学俄语的人面临着僧多粥少的窘境。于是不得不转学，东出夔门到千里之外的南京大学学习日耳曼学也就是德国语言文学，从此跟德国和德国文化结下了不解之缘。这是我做梦也没想过的，事后证明却因祸得福，就跟不能学理工才学外语因祸得福一样。

您还问初学德语的感受，我只想说，学好了有六个格的俄语再学只有四个格的德语，那真叫小菜一碟。再加上我有一套独特的学习方法，感到的就只是学习的快乐，没有什么痛苦可言。

刘：您大二就尝试搞翻译，1958年在《人民日报》发表了非洲民间童话《为什么谁都有一丁点儿聪明？》这篇译作，能讲一下这个翻译背景吗？

杨：还在二年级，我便开始在课余搞起翻译来。如此急不可待，除去受到教师中一批成就斐然的翻译家如张威廉、何如等的启迪和激励，还有个人主观的原因：从长远讲，我想实现自己高中时期立下的当文学翻译家的理想，可眼前更迫切而实际的考虑，则是赚稿费缓解家庭经济的困窘。我在上海《文汇读书周报》发表了一组"译坛杂忆"，详细谈了早期"种自留地"拿稿费的情况，以及后来如何在亦师亦友、相濡以沫的恩师叶逢植指引下，不断在李文俊、张佩芬任编辑的《世界文学》刊发德语文学经典的译作，连蹦带跳地冲上了译坛。

刘：南大毕业后您分配回到四川外语学院任教。教学任务繁重，还继续翻译吗？

杨：1962 年毕业回到由西南俄专升格成的四川外语学院，头两年还在《世界文学》发表了《普劳图斯在修女院中》和《一片绿叶》等德语古典名著的翻译。可是好景不长，再往后选题怎么都适应不了多变的政治形势，就连审毕待刊的诸如自然主义大师豪普特曼的短篇小说，无产阶级作家魏纳特的诗歌、散文，也统统发不出来啦。1965 年，《世界文学》这份由鲁迅创刊的中国唯一一家外国文学刊物干脆停刊，我的文学翻译梦眼看着化为泡影，身心遂堕入了黑暗而漫长的冬夜。

刘："文化大革命"期间，您有没有受到影响？

杨：简单讲，我被抄了家，被勒令扫厕所，只是倔强的我又吵又骂，一跑了之。我之所以挨整，是因为川外那时既无学术，更没权威，好歹发表过一些翻译作品的我就凑合着当了"权威"。不过并非上头正式定性，只是一伙革命群众的自发行动。反动的罪名也不过"黑五类"狗崽子呀，藏毒、贩毒呀——证据就是书架上的《燕山夜话》《艺海拾贝》，以及我译的《莱辛寓言》等。

刘："文化大革命"结束后呢？您是否重登译坛，遭逢了新的贵人？

杨：所幸严冬终于过去。约莫在 1978 年初春时节，我便按捺不住给人民文学出版社写了封自荐信，希望领取一点儿译介德语文学的任务。不久接获回函，称"你给孙玮同志的信，收到了，"还讲该社正"计划编印一部德国古典短篇小说……你手头如有适当材料，希望能为我们选译几篇"，云云。回函人却不晓得是谁。

那年头儿，能得到国家出版社的认可和约稿，绝非小事。受宠若惊的我不敢怠慢，立马给不知名的编辑同志寄去十来个选题，并且不知天高地厚地提出：能否把《德国古典短篇小说》整部书的编选和翻译工作统统交给我？

约莫一个月后，我忐忑不安地拆开回函，欣喜的是编辑并未对我的冒昧和"贪婪"表现丝毫讶异，而是讲："谢谢你的帮助……希望你把你准备翻译的和已经译出的篇目告诉我们，并立即动笔翻译下去。"

不久，我到北京参加社科院硕士研究生复试，顺便拜访了心目中的圣地人民文学出版社。在朝内大街166号二楼一间十分简朴的小办公室，出来接待我的是位五十来岁的瘦小男同志，一身洗得泛白的学生服，脸上架着副黑框近视眼镜，整个人平凡简朴得一如那办公室。他自我介绍就是那个跟我通信的编辑，名字叫绿原。

"绿原？诗人绿原吗？"我惊喜地问。——"不敢不敢，犯错误啦。"语气平和、含蓄，却难掩些许的无奈和尴尬。

第二年4月下旬，小说选的翻译、集稿接近尾声，共选收了德国、奥地利、瑞士三国的德语短篇小说34篇，其中20篇系我自行翻译。按照我的提议，小说集定名为《德语国家短篇小说选》。

看着面前的一大沓稿子，绿原提出得有一篇序言，并要我说说这序应该如何写。我有条不紊地讲出自己的想法，心里却琢磨，这序嘛肯定该由他或其他权威、前辈执笔，问我想法只为做做参考罢了。谁知绿原听完立即说道："好，这序就由你写，你已经考虑得挺周到、成熟了嘛！"语气一改平素的委婉、平和，坚定果决得似乎根本不存在商量余地。

乍暖还寒的20世纪80年代末，依然盛行论资排辈，人们遵从权威近乎于迷信。我虽年逾不惑，却是德语文学圈里一个小毛头，做梦也不敢想能替国家出版社一部厚达700多页的大作写序，须知那可是僭越呀！

我写的序很快交稿，书也在一年多后的1981年2月印出来了。叫我做梦也没想到的是，不仅序署了我的名，而且书的编选者也成了杨武能！

在出书相对容易的今天，对于已是"著作等身"的我来说，此事应该讲稀松平常，不足挂齿；可在"一本书主义"尚未过时的当年，却真个非同小可！即使就在今天，它对我也有非同寻常的意义。它是我文墨生涯弄出的第一本书，而且像模像样，犹记得我的恩师叶逢植手捧着这部国家顶级出版社印行的"大编",惊喜、欣慰、艳羡之情真个溢于言表!

紧接着,我又斗胆向绿原要求重译郭沫若译过的世界名著《少年维特之烦恼》,同样得到了他和孙绳武同志的认可,并顺利地在1981年底出了书。1982年是歌德逝世150周年,杨译"维特"生逢其时,一出版便大受欢迎,广为流传,不断地再版、重印,成了郭老译本之后最受瞩目和欢迎的本子,总印数早已超过百万册。自此我便在译坛"崭露头角",译著成了各出版社争抢的对象,得以在南京译林、桂林漓江、上海译文等社,推出《施笃姆诗意小说选》《特雷庇姑娘》和《纳尔齐斯与歌尔德蒙》等产生了一定影响的译著。

然而,在我的译著《少年维特之烦恼》和《德语国家短篇小说选》等奠基之作中,绿原没有留下任何印记,表现了一个编辑家的高风亮节。

刘:杨教授,广西师范大学出版社2003年出版的《杨武能译文集》,不仅受到读者欢迎,也引起翻译界和学术界高度关注。著名翻译理论家谢天振教授认为,在我国的翻译、出版、文学和学术领域,这是一件标志着"自《傅雷译文集》出版以来翻译文学意识进一步觉醒"的大事。这是第一次拿您跟中国译坛巨擘傅雷相提并论吗?

杨:不错,后来还有中国社会科学院名誉学部委员柳鸣九老师也这么提过,并且给了我文学翻译巨匠的称誉,我在此感谢师友们对我的鼓励。

刘:再说您的译文集吧。记得《译林》老主编李景端先生有一篇文章,在盛赞《杨武能译文集》之余指出,作为名家译文集,在书前还应该有一篇介绍您翻译观、翻译美学和翻译理念的文章。您同意李先生的意见吗?

杨:感谢景端先生对我译文集的高度评价并指出其不足。我认为他的话很有道理。之所以留下这个遗憾,倒不是我没有自己的翻译理念,没有自己关于文学翻译的美学思考。自从1958年开始业余做文学翻译,我便深知文学翻译工作者必须具有一定的理论素养,清楚文学翻译的本质，知道翻译家必须具备怎样的学识和素养，知道译作必须达到怎样的要求。我主张文学翻译家必须同时是学者和作家，文学翻译的成果必须是文学，即翻译文学。所以我在翻译实践的余暇也关注理论的发展，也进行有关文学翻译的规律和理论的思考。我说的学者不仅仅指翻译家要研究他所翻译的作家、作品乃至所涉及的文学、文化，也指他应该研究自己所从事的工作本身，也就是在从事翻译实践的同时也进行译学研究，对自己这一事业的方方面面都要有所认识，都要了然于心。否则，不足以成为译界高手、巨擘。

刘：您在自己的翻译和学术生涯中，有过不少的"第一"，好些个富有理论价值的提法都出自您，您可不可以比较深入地讲一讲？

杨：请21原谅，在回答这个问题之前，我再简单讲讲《杨武能译文集》。值得注意的是它也是一项"第一"，即我国健在的翻译家出版的第一个十卷以上的大型"译文集"；原定十四卷，受著作权限制实际成书十一卷。正在准备的新的《杨武能译文集》会多达甚至超过二十卷，也就是越过"雷池"了。当然光多不说明全部问题，其他方面还值得比较、研究。这就是译学界的事了，不容我自说自话。

再谈译论研究方面出自我的所谓"第一"，回想起来好像倒也有那么几个。不过在列举之前必须声明：本人孤陋寡闻，它们是不是真的由我第一个提出来的，还得学界同仁判定；再说都是些显而易见的道理，我不提别人也会提，就算我率先提出来了，也没什么了不起。

既然你要我讲，我就大致按时间顺序，回顾、列举一下：

20世纪80年代中期，还是南京大学研究生的许钧发起并主持一次译学研讨会，我应邀发言，提出了"文学翻译＝阐释、接受与再创造的循环"，率先把西方的阐释学和接受理论引入了我国的翻译研究，并在《中国翻译》发表了相关论文《阐释、接受与再创造的循环——文学翻译断想》[①]，文中还提出了"翻译家必须同时是学者和

[①] 《中国翻译》1987年第6期。

作家"的观点。

1991 年，在珠海白藤湖举行的海峡两岸四地翻译研讨会上，我提出翻译家是文学翻译活动的主体，因此翻译研究不能只纠缠直译意译的高下和"信、达、雅"这些老问题，而必须研究译事活动的主体翻译家，并在《中国翻译》发表了相关论文《尴尬与自如　傲慢与自卑——文学翻译家心理人格漫说》①，这实际上是"文学翻译主体论"的发轫。

1996 年，在香港中文大学的海峡两岸四地翻译研讨会上，我提出译即释的命题，论证、阐明翻译乃是一种特殊意义的阐释，全面、深入、直观的阐释，并发表了相关论文《翻译・解释・阐释》②。

进入 21 世纪，我又发表了《漫谈文学翻译主体》③ 和《再谈文学翻译主体》④，进一步申说我率先提出的"文学翻译主体论"，斗胆地否定了译者只能绝对服从原作者，译文只能对原文"亦步亦趋"的传统观点，给译家拓展了发挥主观能动性和创造性的空间。

关于翻译特别是文学翻译，几十年来我写过若干"断想"，全收在巴蜀书社出版的《三叶集》里。但归纳起来，主要还是讲的翻译家是文学翻译活动的主体这个问题。可不可以讲我是"文学翻译主体论"的创立者呢？"文学翻译主体论"是我的主要理论建树呢？我自己没法也不敢做出判断。但是我可以讲，我作为译者，自我意识或者说主体意识是比较强、比较明确的。我敢说杰出的翻译家没有一个不是如此，否则哪来再创造，哪来艺术？因此我不喜欢"亦步亦趋"的硬译、死译，而欣赏郭沫若的神韵译，傅雷、傅惟慈似的臻于钱锺书所谓化境的翻译。许渊冲前辈是一位主体意识特别强的译坛巨擘，敢于直言不讳地主张译文与原文竞赛，令我佩服，尽管对他的主张有所保留，认为它仅仅适用于少之又少的翻译大家，不可概而言之。

理论问题三言两语说不清楚，咱们还是谈些实际的吧，好不好？

---

① 《中国翻译》1993 年第 2 期。
② Conference on Translation：Studies In Translating into Chinese，香港，1998 年。
③ 《译林》2000 年第 3 期。
④ 《中国翻译》2003 年第 3 期。

刘：好的，郭沫若是公认的天才，他近百年前翻译了《少年维特之烦恼》和《浮士德》，后来您再译时有没感到压力？您对名著重译有何看法？

杨：名著重译是现实的需要。事实上，是有新意和提高的、富于创造的高水平重译，不断赋予外国名著以新的生命；随着新的名译佳译的出现，外国名著才一次一次获得新生。正是我大胆、成功地重译了郭老译过的《少年维特之烦恼》，才使歌德这部杰作在中国重新活了过来，火了起来，三十多年各种版本数不胜数，总印数早已经超过两百万册。我重译的《浮士德》效果也不错，一些年来在豆瓣网络读书平台热度不减。

刘：半个多世纪翻译生涯的酸甜苦辣有哪些？还有您翻译的《格林童话全集》，是您的译作里再版次数最多的，也是千百万孩子和家长的最爱。当年的翻译背景可否说一下？

杨：半个多世纪做文学翻译可谓尝尽了酸甜苦辣。至今难以忘怀的是《格林童话全集》的苦译。二十多年来译林等多家出版社推出了数十种不同装帧设计的版本，摆在一起跟成排成群的孩子似的，叫生养他们的父亲我看在眼里油然生出幸福感。可是谁又知道当年译者受了多大的苦啊！

不错，这是民间儿童文学，内容不深奥，文字也浅显，但却厚厚两册，译成汉语多达五十余万字。想当年，计算机汉字处理刚起步，我不得不一笔一笔地写！每天这么译啊写啊，一坐就是八九个小时。终于熬到全集的后半部分，一天却突然脖颈发僵，手腕颤抖，躺着站着只觉得天旋地转，头晕目眩——后来长了见识，才知道是闹颈椎病啦！

出生前和出生后不一般的经历、景况，都决定《格林童话全集》是我最疼爱的孩子。所以每当有见利忘义之徒伤害他，我都会挺身而出，拼命护卫，用我译者的笔破例写了《格林童话辩诬》《捍卫世界文化遗产，为格林童话正名》等论辩文章，揭露所谓《成人格林童话》或《令人战栗的格林童话》的卑劣骗术。这样做赢得了广大读者的支持和尊敬，却招来制黄贩黄者的仇恨：他们的"大作"下了架,财路断了,于是网上鬼鬼祟祟地出现了一两个"坚决抵制杨某翻译的《格林童话全集》"的帖子。不过"抵制"云云纯属妄想,无损我孩子的一根毫毛。

除去《格林童话全集》,托马斯·曼的长篇杰作《魔山》的翻译也让我备尝艰辛,为此我写了《我译〈魔山〉二十年》,说来话长,就不讲了。

刘:您觉得翻译的最高境界是什么?自己有没有达到这种境界?

杨:您大概注意到了,我多次说过文学翻译的成果首先必须是文学,也就是说译作必须富有文学的一切美质。只有这样,文学翻译作品才能成为翻译文学,才能够流传久远,进入本民族文学遗产宝库。强调一下,文学翻译与翻译文学两个概念虽关系密切,却并非一回事,后者是前者高水平的、成功的结果。

刘:作为译者,您是不是也有自己的风格呢?

杨:当然有,上面说的追求美文,就可以理解为我的风格。在我看来,译者的风格与原著和原作者的风格并不矛盾,相反,有个性的译者倒是能更好地适应原著和原作者的风格。

刘:可万一遇到您适应不了的作家作品,怎么办?

杨:不是万一,而是常常。遇到这种情况,只好不译。我很赞赏傅雷前辈尽量选取与自己气质、风格相近的作家来译的主张,因为这样才能扬长避短,相得益彰。

刘:国内的众多译者,您最钦佩哪几位,以及他们的哪些作品,为什么?

杨:已故的翻译家中,我最钦佩傅雷和丽尼,所以称我"德译界的傅雷"我深感荣幸。丽尼成功地译过屠格涅夫的《贵族之家》,傅雷的佳译众所周知。我认为他们达到了钱锺书先生所说的"化境",读起来真的让人感受到读中文佳作的愉悦。德语翻译家我佩服田德望,他最大的成就是从意大利语翻译了《神曲》;他从德语译的作品不是很多,其中《三个正直的制梳匠》等凯勒中篇小说则不输傅译。还有就是傅惟慈,他英译成就更大,从德语翻译的《布登勃洛克一家》问世几十年来没人敢重译。还有张玉书译的《论浪漫派》也很

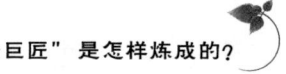

棒。我的老师张威廉和钱春绮等前辈贡献巨大,我尊敬他们,却不欣赏他们对原著"亦步亦趋"的译风。有人把我的恩师冯至推崇为至今无人企及的翻译大家,其实是严重的误解,老师有知恐怕自己也不会同意。他引以为傲的是他乃一位诗人,学者已在其次,翻译家他自己则很少提及。

歌德研究的"杨武能阶段"

刘: 您在40岁的时候,为何还要报考冯至的硕士研究生?冯至先生又给了您哪些影响?

杨: 1978年,四十岁,已当了讲师,我却抛妻别女,冒着考不上回原单位丢人现眼的风险,报考了中国社会科学院的研究生。既为摆脱仍盛行成分论的川外,更为实现自己成名成家的抱负。您问冯至老师给了我哪些影响,我回答这影响要说多巨大就有多巨大,要说多深远就有多深远!一句话吧,第二次冲出夔门师从冯至研究歌德,彻底改变了我的人生!

前边我提到过一些我生命中的贵人,应该讲冯至才是我一生中遇到的最大贵人。我永远感激教导、指引、提携我的叶逢植、李文俊、绿原等前辈,视他们为良师益友;可冯至呢,在我心目中地位更加崇高、神圣,我敬他如严师慈父。德国人称博士生导师为"博士父亲"(Doktorvater),中国人讲"一日为师,终身为父";冯至老师教了我三年,三年后还一直关心我,提携我,说他是我的严师慈父一点不勉强。想知道律己待人都可谓严格、严厉的老人家何以对我慈爱、温情,就请读一读《厚实温暖的大手》这篇我二十年前含泪写成的文字〔见《圆梦初记》(四川文艺出版社的修订本更名为《译海逐梦录》)及省内外的多种散文集〕。

刘: 提到杨武能,现在不仅是指翻译家,还是歌德研究专家。您怎么会在翻译的时候想到进行学术研究?

杨: 当研究生就得搞研究,特别是在社科院,研究更是正业和主业,翻译什么的则摆不到台面上,也就是不算成果。我呢则把研究与翻译结合起来,翻译《少年维特之烦恼》就研究"维特",不但在

《读书》发表了《漫话维特》等文章，写硕士论文的题目也是"论《维特》和'维特热'"。如此一来不只是两不误，而且相辅相成，相得益彰。很多朋友包括外国朋友都惊讶我怎么既有巨量的译著，又有好多部学术著作，问我是不是很少睡觉、休闲。他们不知道我的窍门就是翻译什么研究什么，研究什么翻译什么，贯彻了自己翻译家、学者、作家"三位一体"的理念。

刘：我再问问，北京求学期间您和冯亦代、董乐山、傅惟慈、李文俊等译坛巨星成了好友，可否说说与他们交往的故事？

杨：说起来太多，傅惟慈、李文俊已在《圆梦初记》和"译坛杂忆"写过，这里单讲冯亦代。冯先生是我"北京哥们儿"的老大。第一次见他在李文俊家里。得知我是社科院冯至专攻歌德的研究生，身为《读书》副主编的他就试探地问我，能不能给《读书》写篇歌德，并讲："冯至咱们是请不动，那就约您写吧。"听他口气，知道他跟我的导师关系不怎么样；尽管如此，还是答应了他的约稿，并很快送了两篇习作到他手里。不久文章都登出来了，其中一篇《漫话维特》还上了刊物封面的要目，从此开始了我跟这家顶级人文学科杂志长达五六年的关系。当时的我学术研究刚起步，对一个后生小子来说，连连在《读书》发文章真可谓"闪亮登场"，影响非凡。记得1982年3月号上的一篇《维特与现代中国文学》，竟让香港《大公报》一篇作者署名唐琼的文章称我教授，比我实际获得这个头衔早了四年。冯亦代先生也称得上我学术发展道路上的一位贵人。

刘：德语界老前辈严宝瑜教授把歌德在中国的传播分成三个阶段，第一为郭沫若阶段；第二为冯至阶段；第三为杨武能阶段。可否给我们介绍一下这三个阶段的主要特点和成果？

杨：郭老代表的第一阶段功绩主要在翻译介绍歌德；冯至代表的第二阶段贡献主要在研究方面；以我为代表的第三阶段翻译、研究并重，总体观之，成就也远超前两个阶段。原因是时代条件好得多，翻译者和研究者也多得多了。严宝瑜教授德高望重，地位超脱，心直口快，能够实事求是，他的说法和分法合乎实际。

刘：您的《歌德与中国》不但得到导师的肯定，连钱锺书、季美林都给予高度评价，可否说说当时的写作情况？

杨：美国学界有句话叫"不发表，就发霉"。中国也一样，特别是像社科院这样的单位，因此当研究生的我已感到巨大压力。1980年，我制订了一个发表论文的战略计划，即抓住1982年歌德逝世150周年发表论文的大好时机，确定题目，搜集资料，埋在北图柏林寺旧藏馆等处的故纸堆中，拼死拼活写出《歌德在中国》和《张闻天论〈浮士德〉》等一系列文章，发表在《社会科学战线》和《人民日报》等权威报刊上。一年多时间，我就成了研究歌德与中国相互影响的权威专家，应邀出席了在海德堡召开的"歌德与中国·中国与歌德"国际学术讨论会，并以"歌德与中国"为课题，争得了世界范围内竞争的博士后洪堡研究奖学金，从此站到了国际学术舞台的前沿。我歪打正着，由北京三联出版的《歌德与中国》被视为中德比较文学开先河之作。最后还应曹顺庆教授邀请，领衔为川大文学院申报比较文学与世界文学博士点，申报成功后便当上了博士生导师。

不过对于季羡林先生在序里对《歌德与中国》的谬赞，我内心既感激又惭愧，因为拙作远远不如他老人家期许的那么深刻，那么"振聋发聩"。所以我已着手修订这部二十多年前的旧作，并准备了不少插图，以使新版更上一层楼，力争使我的老师和读者满意。

刘：面对等身的译作和纷至沓来的各种荣誉，杨老师却说自己是"中国翻译文化终身成就奖"最"年轻"的获奖者。最后，我想问问杨老师，回望来路，您如何看待自己六十多年的翻译劳作？展望将来，您又有什么特别的计划？

杨：回眸半个多世纪前走上的文学翻译之路，虽说是不得已的、走投无路的选择，且一路上阴晴无定，风风雨雨，曲曲折折，坎坎坷坷，备尝艰辛，饱受磨难，却幸运地坚持走到了今天。途中确曾感受过大悲大喜，大苦大乐，因而极少有虚度年华的落寞、怅惘、空虚。我无怨无悔，深感幸福。为此，我真心感激鼓励、帮助、提携过我的众多师友，也感激某些嫉妒、排挤、暗算、打击过我，因而也锤炼、磨砺了我的同事同行。但我特别要感激自己生活的这个风云激荡的伟大时代，是它搭建起宏伟的背景和宽阔的舞台，提供了同台表演的形形色色、正面反面的演员，使我一个原本不足道的小角色的表演也不失精彩，不缺浪漫传奇。

要问将来嘛，我不会再翻译《浮士德》《魔山》甚至《格林童话全集》这样的大部头，巴蜀译翁毕竟老了，但还有一些小小的心愿准备实现。例如 E. T. A. 霍夫曼是影响深远、广泛的德语文学大家，我很喜欢他那些弥漫着魔幻气息的，堪与聊斋志异相比的中短篇小说，虽已翻译出版了《胡桃夹子》等三篇，但还不足以成为像样的集子；还有瑞士杰出的中短篇小说家凯勒、迈耶尔的作品也是，我都希望再译一些，使其结集出版时像模像样。

至于那两三个打算组织带领朋友、学生一起完成的翻译工程，因为正跟顶级的大出版社洽商，很抱歉，还不便向您透露。

就此打住吧，八十衰翁我招架不住喽！

（原载于《中国翻译》2014 年第 5 期，收录于本书时有修订）

第三编
译人研究·老一辈前贤

从"傅译"到"译傅"
——兼谈文学翻译中的"探骊"与"得珠"

金圣华[*]

（一）

夫千金之珠，必在九重之渊，而骊龙颔下。

《庄子·列御寇》

要得千金之珠，必涉探骊之险，潜泳者需身怀绝技，谙熟水性，奋不顾身，跃入深渊，方能真正有所收获。倘若只知在崖边逡巡往回，审视山石乱堆，察看草木怒生，绕场三匝，徒有威武之表，而无上阵之实，则无论如何不能自封为探骊专家，更遑论得珠而返？

（二）

二零零二年十二月，筹划多时的《傅雷全集》，由中国辽宁教育出版社隆重推出，全集共二十卷，举凡傅雷的译作、著作、家书、书信、遗稿等，全部收编在内。宏富的内容，配以珍贵的图片及手稿，使这位以译介法国经典名著而为人熟知的大译家，终于以著译皆能、

---

[*] 金圣华，香港中文大学荣誉院士，香港翻译学会荣誉会长。主要译作有《小酒馆的悲歌》《海隅逐客》《傅雷英法文家书中译》（收编在《傅雷家书》中）等。

百艺精通的全貌,呈现在读者眼前。

傅雷不仅是闻名遐迩的翻译家,才华横溢的著作家,"贯通中西文化的艺术批评家;更是一位成绩卓著的教育家"。① 他的多重身份与才艺,充分表现在《傅雷全集》所收录的作品之中。这些作品涵盖的范围极广,既有译作,亦有著作,共计有关小说、传记、艺术、政论等译作三十六部,译文二十五篇;除《世界美术名作二十讲》和《贝多芬的作品及其精神》之外,涉及文学、美术、音乐、政论等文章一百三十六篇,还有家书一百七十五通及致友人书二百六十五通,② 不但集《傅雷译文集》及《傅雷文集》之长,也尽量辑录阙佚,使读者披卷摩挲,得窥全豹。

在历来出版的傅译之中,享誉最隆及影响最广的乃罗曼·罗兰及巴尔扎克的作品,而译家用力最深的当推后者的杰构。傅译巴尔扎克的小说,前后共计十五部,除在"文化大革命"中佚失的《猫儿打球号》之外,十四部作品在译坛上闪烁生辉,历久不衰。《高老头》《欧也妮·葛朗台》《幻灭》《贝姨》等名译,已经昂然进入华文创作的殿堂,并列其中,而毫不逊色。

傅雷的翻译生涯,自一九二九年发表《圣扬乔而夫的传说》起,至一九六六年"文化大革命"中愤而弃世止,前后经历三十七年,而傅雷的译著共计五百余万言。在这时久量多、幅员广阔的煌煌大业及浩瀚天地之中,巴尔扎克作品的翻译,始终占有中心的地位。根据傅雷自己所言,远在一九三八年已经开始打巴尔扎克的主意,可是迟至一九四四年,才开始动手翻译第一部巴氏的小说,即《亚尔培·萨伐龙》,至一九四六年则译竣出版,前后历时八年之久。③ 一九三八年,傅雷刚届而立之年,真正质量并重的大部头译作尚未面世,仅在一九三七年出版了《约翰·克利斯朵夫》第一卷,以及早前的一些零星译作而已,至一九四四年着手翻译巴尔扎克时,在译作方面,已

---

① 罗新璋:《出版说明》,载《傅雷全集》1,辽宁教育出版社2002年版,第V页。
② 罗新璋:《出版说明》,载《傅雷全集》1,第V页。
③ 金圣华:《傅雷翻译巴尔扎克的心路历程》,载金圣华、黄国彬主编《因难见巧:名家翻译经验谈》,三联书店(香港)有限公司1996年版,第192页。

译毕《约翰·克利斯朵夫》全集，并重译《贝多芬传》、翻译杜哈曼的《文明》；在艺术方面，与黄宾虹结为莫逆之交，书信往返不断，并于一九四四年在沪举办"黄宾虹八秩诞辰书画展览会"，刊印《黄宾虹先生山水画册》及《黄宾虹书展特刊》，在特刊上撰写《观画答客问》一文，介绍黄老画艺。同年，傅雷亦翻译了脍炙人口的巴氏名著《高老头》一书。在音乐方面，傅雷于一九四六年为意大利音乐家，亦即傅聪钢琴老师梅·百器举办"追悼音乐会"。此外，由一九四二年至一九四五年，曾与志同道合的好友共组茶话会，畅论文艺、科技等学术专题，参加者有姜椿芳、周煦良、沈知白、雷垣、宋奇、周梦白等十余人。[①] 由此可见，傅雷至此在思想感情、学术修养、著译风格等各方面，都已臻成熟完备、蓄势待发的阶段，正抖擞精神，准备在长途漫漫、千山万水的译道上迈步前进。

在拙文《傅雷与巴尔扎克》《傅译〈高老头〉的艺术》《傅雷翻译巴尔扎克的心路历程》中，已先后将译者傅雷与原作者巴尔扎克两人从性情、气质，对生命、文学的看法，对工作的态度与习惯等各方面来加以研究，并以客观与主观的因素，仔细分析傅雷选译巴尔扎克的原由，剖析译者在翻译前、翻译中及翻译后的种种摸索经营及自省求进的过程，故此处不赘。值得注意的是，由于全集的面世，读者可以充分认识到傅雷是一位在音乐、美术、文学、建筑、戏剧，甚至出版、古物保管等各方面，面面兼具、事事留心的通才，这也是造就他成为翻译专家的先天条件，令他在翻译气势澎湃的杰作如《人间喜剧》时，可以得心应手，游刃有余，而不致如某些文化修养不足的译者一般，在巴尔扎克营造的巍巍巨构中捉襟见肘，彷徨失措。

傅雷是个爱惜笔墨、努力不懈的翻译家，凡是自己的译作，都一改再改，精益求精，即以《高老头》为例，亦前后翻译三次，主要的原因，不但是因为自身语文的造诣不断提高，也因为在漫长的译途

[①] 傅敏、罗新璋：《傅雷年谱》，载金圣华主编《傅雷与他的世界》，三联书店（香港）有限公司1994年版，第314—316页。

中，对翻译的认知已有所不同。

先说语文的造诣。众所周知，傅雷的文字以流畅优美见称，不论书信或翻译，都是现代文学中的精品，足以成为研究的对象、学习的模板，但是傅译之所以家喻户晓，为人称道，也不是一蹴而就的。我们且看他第一篇发表的译作《圣扬乔而夫的传说》，不论造句遣辞或标点符号，都有明显的欧化痕迹：

> 奥倍莱，虔敬地，同情于她的幻想，不时用言语劝慰她，鼓励她，在诗中为她唱出春之消息，歌咏她现实生活的诗景，她机械地首肯着……直到灯火摇落，报告安息的时间已经来到的时分。①

这篇作品译于一九二九年，当时白话文的发展，尚未成熟，而傅雷的翻译技巧，也刚在摸索之中，因此译文的质素自然不够理想，许多同期译家的作品都有这种倾向。日后，傅雷在不断的实习与努力中，逐渐体会到中西文化的异同。他认为两种语文的表达方式往往南辕北辙，因此一方面怕"太浓厚的中国地方色彩会妨碍原作的地方色彩"，而对使用方言有所顾忌；另一方面又怕"纯粹用普通话吧，淡而无味，生趣索然，不能作为艺术工具"，②译家时常以如何掌握译文的风格自苦，认为要"形成和谐完整的风格，更有赖长期的艺术熏陶。……文字问题基本也是个艺术眼光的问题；要提高译文，先得有个客观标准，分得出文章的好坏"。③由此可见，傅雷在译途上是不断自淬自励、反复思考内省的。他在一遍又一遍的重译之中，往往把自己的旧作改得体无完肤，不留情面的程度，远远超过任何最为严苛的编审者或评论家。我们大可以说，这位潜泳者，在涉险探骊的过程中既非毫无准备、冒昧入水；亦非避重就轻、临渊却步。且看傅雷在一九五一年九月《高老头》重译本的序言中，已"相当全面而深刻

---

① 《傅雷全集》15，辽宁教育出版社2002年版，第339页。
② 傅雷：《翻译经验点滴》，原载《文艺报》1957年第10期，见《傅雷全集》17，辽宁教育出版社2002年版，第226页。
③ 傅雷：《翻译经验点滴》，第226页。

从"傅译"到"译傅"

地总结了一个翻译者在具体的翻译活动中所能遭遇的不同或差异……傅雷还透过这多方面的'不同',看到这些'不同'之间所产生的相互影响,认识到语言层面与社会、文化及思想方面之间的差异的互动关系"。[①] 因此,他是个从实践中得出理论,又以理论不断改进实践的翻译家。

傅雷在漫长的翻译生涯中,一面译,一面思索,一面改进,一面再思索。虽然从表面上看来,似乎并未留下太多纯粹讨论翻译的文章,但在致友人(如林以亮)的书信中,在其他谈论音乐、艺术的文章里,都可以发现不少线索,足以汇集为融会贯通、自成体系的译论,而傅雷在翻译各种有关音乐、艺术、文学、戏剧的文章里,又受到滋润与启发,在思想境界与语言技巧方面不断得到提升,从而沃养了文学翻译的园地,使之绿意盎然,平添无穷无尽的原创力与生命力。

傅雷对自己的译文,曾提出以"行文流畅、用字丰富、色彩变化"为指标,[②] 而在拙文《傅译〈高老头〉的艺术》中,亦曾对傅译特色作过剖析,此处再尝试从译家其他的译著之中,探溯这些特色的源头。

先说"行文流畅"的特点。如上文所述,傅雷早期的译文,与后期的杰作,在行文流畅方面,实在有显著的分别,傅译专家罗新璋对此曾经发表如下的评论:

> 《罗丹艺术论》,先生译于一九三一、三二年冬春之际,距"五四"新文化运动十二年,当时白话文尚处于形成时期。以今天眼光看,译稿文字带有白话文由是脱胎而来的文言痕迹:个别字眼显得老旧,文白夹杂,有不够和谐之弊,行文也不及后期傅译那样流畅,朗朗上口。但尽管有这些不足,拭去尘翳,仍不失为刘老(本文作者注:即刘海粟)所称的"明珠",看出一代译

[①] 许钧:《翻译论》,湖北教育出版社2003年版,第328页。
[②] 傅雷:《论文学翻译书》,载罗新璋编《翻译论集》,商务印书馆1984年版,第694页。

界巨匠在很年轻时已显露的不凡译才。由是有所感矣。①

傅雷对自己的文字技巧要求甚严,终其一生,都在悉心改进,刻意求工。"琢磨文字的那部分工作尤其使我长年感到苦闷。中国人的思想方式和西方人的距离多么远。……不在精神上彻底融化,光是硬生生的照字面搬过来,不但原文完全丧失了美感,连意义都晦涩难解,叫读者莫名其妙。"②

傅雷对于自己翻译作品中语言运用及表达方式的要求,在长子钢琴家傅聪长年累月、磨练琴艺如苦行僧的岁月中,再次得到了体现与发扬。傅雷于一九五五年曾将傅聪业师杰维茨基教授所撰《关于表达肖邦作品的一些感想》一文译出,其中提到"至于肖邦作品的内容和它的表现方法,可以说是用最凝练最简洁的形式,表现出最强烈的情绪的精华"。③ 在某种意义上来看,这也可说是傅雷在翻译法国名家经典作品时的一种自我期许吧!

有关"用字丰富"的特点,我们可以从傅译《艺术哲学》一书见到端倪。法国史学家兼艺评家丹纳(一八二八年至一八九三年)这部著作,傅雷早于一九二九年负笈法国时就有意翻译,然而当时只译就第一编第一章,一九五八年至一九五九年,方全书译竣。丹纳博学多才,精通多国文字,足迹遍及英、比、荷、德多国,并曾应巴黎美术学校之聘,教授美术史,其后一生又以书斋生活为主,在这些经历上,与傅雷颇有些相似之处。④ 傅雷对丹纳这部著作,相当重视,由于一九五九年译毕后,出版社搁置一年零八月,尚未付印,故特于一九六一年初,用一个多月功夫,以毛笔抄录该书第四编《希腊的雕塑》(共六万余字)寄予傅聪,以提高其艺术修养。在这篇谈雕塑的文章中,亦涉及有关语言及文学的问题:

---

① 《傅雷全集》14,辽宁教育出版社2002年版,第106页。
② 傅雷:《翻译经验点滴》,原载《文艺报》1957年第10期,见《傅雷全集》17,辽宁教育出版社2002年版,第226页。
③ 《傅雷全集》15,辽宁教育出版社2002年版,第426页。
④ 《傅雷全集》16,辽宁教育出版社2002年版,第3页。

从"傅译"到"译傅"

  所有我们的哲学和科学的词汇,几乎都是外来的;要运用确当,非懂希腊文和拉丁文不可;而我们往往运用不当。这个专门的词汇有许多术语混进日常的谈话和文学的写作;所以我们现在的谈话和思索,所依据的是笨重而难以操纵的字眼。我们把那些字的现成的,照原来配搭好的格式拿过,凭着习惯说出去,不知道轻重,也不知道细微的区别;我们不能充分表达心里的意思。作家要花到十五年功夫才学会写作,不是说写出有才气的文章,那是学不来的,而是写得清楚,连贯,恰当,精密。他必须把一万到一万二千个字和各种辞藻加以钻研,消化,注意字与词的来源,血统,关系,然后把自己所有的观念和思想按照一个别出心裁的方案重新建造。如果不下过这番功夫而对于权利,责任,美,国家,一切人类重大的利益发表议论,就要暗中摸索,摇晃不定,陷入浮夸空泛的字句,响亮的滥调,抽象而死板的公式。①

  傅雷对此显然十分认同,他在同年四月十五日写给傅聪的英文函件中,就提醒儿子在使用英文时对造句遣辞,要多加留意:

  我得提醒聪在写和讲英文时要小心些,我当然不在乎也不责怪你信中的文法错误,你没时间去斟酌文字风格,你的思想比下笔快,而且又时常匆匆忙忙或在飞机上写信,你不必理会我们,不过在你的日常会话中,就得润饰一下,选用比较多样化的形容词、名词及句法,尽可能避免冗赘的字眼及辞句,别毫无变化的说「多妙」或「多了不起」,你大可选用「宏伟」,「堂皇」,「神奇」,「神圣」,「超凡」,「至高」,「圣洁」,「辉煌」,「卓越」,「灿烂」,「精妙」,「令人赞赏」,「好」,「佳」,「美」等等字眼,使你的表达方式更多姿多彩,更能表现出感情、感觉、感受及思想的各种层次,就如在演奏音乐一般。要是你不在乎好好选择字眼,长此以往,思想就会变得混沌、单

---

① 《傅雷全集》16,辽宁教育出版社2002年版,第251页。

调、呆滞、没有色彩、没有生命。再没有什么比我们的语言更能影响思想的方式了。

（一九六一年四月十五日，译自英文）①

运用语言要层次分明与用字丰富，这是傅雷对儿子的要求，也是对自己译文的要求，对一切艺术形式表现方法的要求。

有关"色彩变化"的特点，傅雷早在四十年代初就有体会，于《黄宾虹书画展特刊》的《观画答客问》一文中，曾有以下的论述：

> 笔者，点也线也。墨者，色彩也。笔犹骨骼，墨犹皮肉。笔求其刚，以柔出之；求其拙，以古行之；在于因时制宜。墨求其润，不落轻浮；求其腴，不同臃肿；随境参酌，要与笔相水乳。物之见出轻重向背明晦者，赖墨；表郁勃之气者，墨；状明秀之容者，墨。笔所以示画之品格，墨亦未尝不表画之品格；墨所以见画之丰神，笔亦未尝不见画之丰神。虽有内外表里之分，精神气息，初无二致。干黑浓淡湿，谓为墨之五彩；是墨之为用宽广，效果无穷，不让丹青。且唯善用墨者善敷色，其理一也。②

傅雷谈论的虽是"用墨之道"，但是在层次分寸的掌握上，亦可运用于翻译的技法上。

丹纳《艺术哲学》其他各章，亦谈到风格的形成，语言的特性③、建筑学中日光的层次、空间的深度，以及艺术品里色彩的力量等问题④，尤其是色彩，更着意描述：

> 色彩之于形象有如伴奏之于歌词；不但如此，有时色彩竟是歌词而形象只是伴奏；色彩从附属品一变而为主体。但不论色彩

---

① 《傅雷家书》，生活·读书·新知三联书店1988年版，第245—246页。
② 《傅雷全集》18，辽宁教育出版社2002年版，第203—204页。
③ 《傅雷全集》16，辽宁教育出版社2002年版，第341—342页。
④ 《傅雷全集》16，第348—349页。

的作用是附属的，是主要的，还是和其它的原素相等，总是一股特殊的力量；而为了表现特征，色彩的效果应当和其余的效果一致。①

其实色彩的运用，岂止于艺术品而已，这种浓淡分明，层次井然的技法，对傅雷翻译理论的肌理脉络，亦产生了一定的影响。

傅雷最为人熟知的译论，即为"重神似不重形似"，这是他在一九五一年于《高老头》重译本序言中提出的主张。其实，早在一九三四年编撰的《世界美术名作二十讲》第八讲《米开朗琪罗（下）》之中，已可见端倪。文中谈到米氏对美的观念与众不同，他"要抓住传统，撷取传统中最深奥的意义，把自己的内生活去体验，再在雕塑上唱出他的《神曲》。在此，米开朗琪罗成为雕塑上的'但丁'了。……他从来不愿在他的艺术品中搀入些什么肖像的成分，他只要雕像中有伟人的气息"。② 要"气息"而不要"肖像"，这不是"重神似不重形似"的最佳诠释吗？

在前述《观画答客问》一文中，傅雷再一次点出艺术作品之中，"神似"与"形似"的差异所在：

客：黄公之画甚草率，与时下作风迥异。岂必草率而后见笔墨耶？

曰：噫！子犹未知笔墨，未知画也。此道固非旦夕所能悟，更非俄顷可能辨。且草率果何谓乎？苦指不工整言：须知画之工拙，与形之整齐无涉。若言形似有亏：须知画非写实。

客：山水不以天地为本乎？何相去若是之远！画非写实乎？可画岂皆空中楼阁！

曰：山水乃图自然之性，非剽窃其形。画不写万物之貌，乃传其内涵之神。若以形似为贵：则名山大川，观览不遑；真本具

---

① 《傅雷全集》16，辽宁教育出版社 2002 年版，第 348 页。
② 《傅雷全集》18，辽宁教育出版社 2002 年版，第 57 页。

在，何劳图写？摄影而外，兼有电影；非惟巨纤无遗，抑且连绵不断；以言逼真，至此而极；更何贵乎丹青点染？①

傅雷是位艺评家，也是一位翻译家，他对艺术的看法，是"师古人、师造化"，这也是傅聪日后在音乐演奏中所领悟的道理。傅雷又说：

> 夫写貌物情，撼发人思：抒情之谓也。然非具烟霞啸傲之志，渔樵隐逸之怀，难以言胸襟。不读万卷书，不行万里路，难以言境界。襟怀鄙陋，境界逼压，难以言画。作画然，观画亦然。子以草率为言，是仍囿于形迹，未具慧眼所致。若能悉心揣摩，细加体会，必能见形若草草，实则规矩森严；物形或未尽肖，物理始终在握；是草率即工也。倘或形式工整，而生机灭绝；貌或逼真，而意趣索然；是整齐即死也。此中区别，今之学人，知者绝鲜；故斤斤焉拘于迹象，惟细密精致是务；竭尽巧思，转工转远；取貌遗神，心劳日拙；尚得谓为艺术乎？②

这一段文字极其重要，傅雷谈的是艺术，但却把翻译中的"神"与"形"，把重现原著神髓的活译与拘泥于字面意义的死译两者之间的区别，阐述得清清楚楚。傅雷的艺术观与翻译观其实是前后连贯、一脉相承的，论者假如不悉心细读傅雷的种种论著，并与其译作仔细参照、互相印证，就难以了解傅雷在文学翻译中探骊得珠的前因与后果。

（三）

历来研究傅雷的专著不少，如金梅的《傅雷传》，叶永烈的《傅

---

① 《傅雷全集》18，辽宁教育出版社2002年版，第204页。
② 《傅雷全集》18，第204页。

雷一家》①，拙编《傅雷与他的世界》等，评论傅译的文章则更多，如许钧教授的一系列文章等②，但是真正有幸翻译大译家本身作品的译者，相信应该只有罗新璋及本文作者两人。

一九七九年底，我远赴巴黎进修，当时拟以巴尔扎克及其译者傅雷为题，撰写论文。由于需要搜集大量原始资料，经名作家及傅雷故友宋淇先生介绍，我于一九八〇年初由巴黎前往伦敦，拜望卜居当地的傅聪及其正在造访的胞弟傅敏两人。

承蒙傅氏昆仲不吝赐教，并慨允借出大批珍贵版本、手稿、信件、数据，研究得以顺利进行。一九八三年完成论文后，返港继续执教，此时，正值增补本《傅雷家书》在筹划出版中，家书里有许多信件，是傅雷以英、法文写给傅聪当年的新婚妻子弥拉（亦即名小提琴家梅纽因之女）的，由于涉及英、法两种文字，这翻译的重任，就因缘际会，落在我的身上。

傅雷英、法文家书的中译，首先编收于由北京三联书店于一九八四年出版的《傅雷家书》中。这时候，以译者的资历来说，我已在香港中文大学执教十九年，于一九七三年成立的翻译系中执教十一年，并出版了讨论翻译的专著及一些译作。尽管如此，我着手翻译傅雷家书时，仍然战战兢兢，颇有如临深渊、如履薄冰之感，原因不言自明。傅雷是闻名遐迩的大译家，如今要把他的英、法文信件，还原为中文，再并列在其他原以中文撰写的家书之中，珠玉在前，译文即使不能与原文同样文采斐然，亦不应暗淡无光，哑然失色，更不能读来佶屈聱牙，变成以瑕掩瑜的点点斑迹。文学翻译是一项艰苦的工作，恰似探骊之前，必须在各方面做足准备功夫，方可入水涉险。

正如傅雷翻译巴尔扎克一般，译者在动笔之前，除了吃透原文，精研数据之外，最重要的两个步骤，就是如何定调及如何掌握原著的

---

① 金梅：《傅雷传》，湖南文艺出版社1996年版；叶永烈：《傅雷一家》，天津人民出版社1992年版；金圣华主编：《傅雷与他的世界》，三联书店（香港）有限公司1994年版。
② 肖红、许钧：《试论傅雷的翻译观》，《四川外语学院学报》2002年第3期；许钧：《作者、译者和读者共鸣与视界融合——文本再创造的个案批评》，《中国翻译》2002年第3期；许钧：《"形"与"神"辨》，《外国语》2003年第2期。

神韵氛围。

先说如何定调。译者翻译前需要仔细领悟原著的风格,翻阅译入语中其他相类的作品,研读作者的语言技巧,悉心揣摩,互相参照,才能有所体会与借鉴,此所以傅雷译巴尔扎克之前,往往要先阅读《红楼梦》与老舍作品的原因。[①] 翻译傅雷英、法文作品,由于作者不论外语造诣有多深,在思想境界、思维方式等各方面,始终受到中国文化的影响,因此,译者实际上是将作者的外语还原为中文,故定调时,应该参阅的主要是傅雷本身的文字。《傅雷家书》中的文字情真意挚,傅雷当年执笔时,并未想到将来作出版之用,故信中语言以自然亲切为主,但傅雷毕竟为大译家,下笔行文,信手拈来,粲然成章,绝不会冗长累赘,流于俗套。《傅雷家书》出版后,"传诵一时,一再加印,增补至五版,营销数突破百万,成为傅雷著作中最有影响的一本书。……'文化大革命'后的新读者,往往通过家书才认识傅雷,甚至把书信家傅雷置于翻译家傅雷之上"。[②] 译傅雷英、法文家书时,首要之事,就是通读作者所有其他的中文家书,从中学习,例如对某些事物的看法观点,对某些词汇句法的驱遣运用,作者必然有一番独特的惯例及规则,翻译时需细心体会,咀嚼再三,亦步亦趋,方能尽职。

其次,是如何掌握原著神韵及氛围,亦即是如何领悟原著中所表达意境与所营造气氛的问题。翻译与写作相同,都是一种创作性的行为,在落笔之前,往往需要一段长时期使含蕴心中的点滴美感经验酝酿发酵,方能产生甘醇,芳香四溢。傅雷在四年留法生涯中,曾经潜心苦读,精研法国名著;前往罗浮宫美术史学校及梭邦艺术讲座听讲;参观各地美术馆;拜会艺术大师马蒂斯;也曾与好友遍游瑞士、比利时、意大利等地,沐受自然美景的洗礼。这种读万卷书行万里路的经历当年渗入傅雷的心坎深处,因而日后在家书中就情不自禁流露

---

① 《傅雷致宋淇函,1953年2月7日》,载金圣华、黄国彬主编《因难见巧:名家翻译经验谈》,三联书店(香港)有限公司1996年版,第201—202页。

② 罗新璋:《出版说明》,载《傅雷全集》1,辽宁教育出版社2002年版,第XIII页。

出来。傅雷热爱巴黎,他在回国数十年后,对之依然念念不忘,于是就在一九六三年给儿媳弥拉写了如下一段剖白:

> 看到你描绘参观罗浮宫的片段,我为之激动不已,我曾经在这座伟大的博物馆中,为学习与欣赏而消磨过无数时光。得知往日熏黑蒙尘的蒙娜莉萨像,如今经过科学的清理,已经焕然一新,真是一大喜讯,我多么喜爱从香榭丽舍大道一端的协和广场直达凯旋门的这段全景!我也永远不能忘记桥上的夜色,尤其是电灯与煤气灯光相互交织,在塞纳—马恩省河上形成瑰丽的倒影,水中波光粼粼,白色与瑰色相间(电灯光与煤气灯光),我每次坐公共汽车经过桥上,绝不会不尽情浏览。告诉我,孩子,当地是否风光依旧?
>
> (《傅雷家书》,1963年10月14日,译自法文)[1]

我当年翻译傅雷家书时,正好在负笈巴黎数载之后,巴黎的一树一木,一景一物,犹历历在目,心驰神往。傅雷的家书,令我读后感同身受,勾起了遥念巴黎的思绪,因而就顺理成章译出了如上的文字。作者与译者在对名都的共同依恋中,自然而然找到了心灵互通的和弦。

白先勇曾经在一篇讲辞中,提到小说中"人"与"地"的问题,他认为"对有些作者而言,地点可以决定小说的风格。有些作者把某个地方写得很成功,换另一个地方就不成了。"由此之故,鲁迅写绍兴,老舍写北京,张爱玲写上海,就显得特别得心应手。[2] 一处地方,对作者来说,往往带"有历史象征上的意义,不仅是地理上的名词"。[3] 而与一地有关的人物故事,山水景色,也就成为创作时穿插全局的主线,营造氛围的础石。可以说,"地方"乃创作的"原乡",

---

[1] 《傅雷家书》,生活·读书·新知三联书店1988年版,第374页。
[2] 白先勇:《谈小说中的"人"与"地"》,《明报月刊》2002年1月,第73页。
[3] 白先勇:《谈小说中的"人"与"地"》,第74页。

两者息息相关，不可分割。其实，岂止创作而已，文学翻译之中，亦有"地缘"的因素。举例来说，论名著名译，我们一定会想起乔志高（高克毅）翻译的《大亨小传》(*The Great Gatsby*)。费兹杰罗这本脍炙人口的小说，至今为止，有好几个中译版本，但以乔译最为人称道，译者自己对此却十分谦逊，他说："单讲费兹杰罗这本书，拿拙译跟别的译作相比，总使我觉得有点不公平。撇开语文修养不谈，本人在美国，尤其在纽约，待了如此之久，耳濡目染所得以至旧梦重温的情绪，在译书过程中到处可以派上用场……"不错，书中提到的歌，译者耳熟能详；描绘的"中央公园"，译者于抗战胜利后曾陪当年的女伴、日后的夫人并肩坐敞篷车蹓跶过；书中的一景一地，译者不是足迹踏过，就是驾车穿过……"种种回忆都叫我跟本书发生共鸣"，乔先生继道："翻一本小说有这一类的'准备'，怎么能期望一般中文译者都办得到呢？"① 固然，一般译者翻译一本原著时，未必能亲临书中描绘的场所或背景，浸淫在当地的文化氛围之中，但是许多出色的译品却往往有这种机缘。曾经负笈京都，在当地亭台楼阁、古刹名园感受四季风貌的林文月，倾注五年半心血译出《源氏物语》；曾经游学翡冷翠，在阿诺河畔，听流水潺潺，遥想诗人但丁当年邂逅初恋情人贝缇丽彩情景的黄国彬，以十八载漫长译程，完成《神曲》的中译。这些，都是不可多得的"地缘"，傅雷之与巴尔扎克，又何尝不是如此？

  傅雷于一九二七年十二月三十一日赴法，经过数十日的海上航程，于翌年二月三日在马赛上岸，再转往巴黎。② 傅雷在《法行通信》中写道："我们住的是第五区，有名的学生区域。巴黎大学的文科理科都在这区内"，"抵巴的第二日，就逢星期，饭后郑君陪我去逛了一次 Jardin Luxembourg ……以后每逢饭后未到大学校上课的时间，他们总是在那边散步的……我也常跟着他们……今早乘便独自

---

  ① 乔志高：《恍如昨日》，香港：天地图书有限公司2003年版，第342页。
  ② 陈子善：《傅雷先生的〈法行通信〉》，载金圣华主编《傅雷与他的世界》，三联书店（香港）有限公司1994年版，第226页。

去绕了一转,在静默中得有思索观察的余暇,不觉受到了不少的感触"。① 傅雷当年造访之地,亦是我留法时常到之处。梭邦大学中古趣盎然的庭院回廊,气氛肃穆的剧院讲堂,卢森堡公园中的遍地栗树、玲珑雕像,盛夏浓荫与深秋残叶,都是镂刻心中、历久弥新的场景,从我流连忘返的日子,从傅雷负笈法国的往昔,从巴尔扎克写作的年代,从巴氏笔下《人间喜剧》搬演的岁月,即一脉相承,由来已久。原作者与译者,译者与其研究者及日后的译者,就凭借冥冥之中的一线牵引,结下了一代又一代的文缘与译缘。

一九五八年,傅雷被错划为右派分子,自此闭门谢客,长年累月,埋首翻译于书斋中。平时往来的朋友极少,能够接触的信息更极为有限,精神上的苦闷,唯有与万里之外的长子傅聪书信往返,才能得到纾解。翻译傅雷家书时,必须要注意作者当年的精神状态与心灵渴求,方能译出信中难以遏制的强烈感情和绵绵心意。

傅雷在多年的鱼雁往返之中,把长子傅聪当作精神上的知己,艺术上的同道中人,此外,为了使儿子婚后琴瑟和鸣,他认为必须向儿媳灌输精神教育,故写信给弥拉时,总不忘循循善诱,谆谆教诲,但另一方面又不能絮絮不休,失诸唠叨,因此,信中的遣词用字,都特别留神。傅雷长年累月伏案翻译巴尔扎克,少不了在思想感情方面受到巴氏的深刻影响。致儿媳的信中,不时引用巴氏的著作,以为借鉴,例如建议小两口阅读巴尔扎克的《奥诺丽娜》,以免重蹈书中人感情纠葛的覆辙;提醒两人撙节用度,量入为出,因巴尔扎克贫困一世,为债所逼等。② 傅雷亦在信中提到艺术家的孤寂,他说:"人类有史以来,理想主义者永远属于少数,也永远不会真正快乐,艺术家固然可怜,但是没有他们的努力与痛苦,人类也许会变得更渺小,更可悲。"(《傅雷家书》,1962 年 11 月 25 日,译自英文)。这一番肺腑之言,在傅雷埋首书斋、潜心译著时,应早已有所体会:"新的巴尔

---

① 金圣华:《傅雷与巴尔扎克》,载金圣华主编《傅雷与他的世界》,三联书店(香港)有限公司 1994 年版,第 280—281 页。

② 金圣华:《傅雷与巴尔扎克》,第 285 页。

第三编 译人研究·老一辈前贤

扎克译了一半，约旧历年底完工……近一个月天气奇好，看看窗外真是诱惑很大，恨不得出门一次。但因工作进展太慢，只得硬压下去。"（《傅雷家书》，1954年11月1日）巴尔扎克当年饱受经济拮据之苦，往往须手不停挥，以稿费还债。据说因为《高老头》脱稿在即，作家居然把与情人韩斯加夫人的约会之期也延误了。而我当年盛暑只身在巴黎巴尔扎克故居伏案研读时，听窗外远处人声隐约，望眼前书桌日影斑驳，室中静穆，巴尔扎克的《人间喜剧》陈列四壁，傅雷的译著搁置手旁，思潮起伏，岂能不深切体会到有史以来古今中外艺术家的孤寂与奉献？这种感受，又怎会不流露在日后所译傅雷家书的字里行间？

译《傅雷家书》，前后花费不少时间，所幸译竣后得到傅氏昆仲的肯定。傅聪尤其说有时几乎分不清哪些是原信，哪些是译作，这无疑是最令人鼓舞的评语，使我感念在心，因而在漫长译途上倍添勇气。

《傅雷家书》自一九八一年初版后，广受欢迎，一版再版。一九八四年的增补版中摘编了我所翻译的十七封英文信及六封法文信。至一九八七年《傅雷家书》刊印第三版，循各界读者热烈要求，除重新整理摘编外，欲将家书中所有的外文逐字译注，这译注的工作，也就顺理成章由我负责。有关译注的过程，曾在拙文《译注〈傅雷家书〉的一些体会》中详细叙述，此处不赘。总结来说，全书需译注之处，约有七八百项之多，工作量极大，除需将内容分门别类、仔细研究之外，最困难的是把单字词组还原成中文，再一个个"镶嵌"在前文后语中，当时曾经说过，"整个译注过程，就像受托重镶一件价值不菲的珍饰，卸下颗颗红宝，换上粒粒绿玉，但整件作品必须尽量保持原有的光彩，以免愧对原主"。[①] 由于这种先天的制约，这种将"翻译应注意语境"的特性推至极限的情况，整个译注的过程变得困难重重，而解决之后，也特别感到如释重负的喜悦。当日文章发表后，获得不少回响，宋淇先生曾致长函鼓励。对于译注中的一些尝试，例如"kind"一字的译法（《傅雷家书》，1961年7月7日），亦

---

① 《傅雷家书》增订第五版，生活·读书·新知三联书店1999年版，第339页。

引起专栏作家的垂注。傅雷在该信中向儿子傅聪提及儿媳弥拉少不更事，收到家姑礼物后毫无表示，不知言谢，希望做儿子的能从旁提点——"但这事你得非常和缓地向她提出，也别露出是我信中嗔怪她，只作为你自己发觉这样不大好，不够 kind，不合乎做人之道。"①此处"kind"一字很难掌握，不能径译为"客气""仁慈""贤惠""温柔"等词汇，经再三考虑，译为"周到"，以与上下文互相呼应。司徒华先生在专栏《三言堂》中特别讨论这个译法，认为值得商榷。他表示"周到"是形诸外的行为，而"kind"则涉及"有诸内而形诸外的表现"，故建议译为"谦厚"。②但是纵观全文，正因为傅雷不欲直接批评儿媳，而要儿子从旁婉转提点，故在家书中避重就轻，用了一个英文字"kind"，倘若还原为"谦厚"，全句就变成"不够谦厚"，如此说法，语气过重，似有指责之嫌，与原意就有出入了。无论如何，用"周到"或是"谦厚"，见仁见智，难有定论，但通篇译注《傅雷家书》之难，由此可见一斑。

一九九六年，傅聪重访波兰，发现当年傅雷写给傅聪波籍钢琴老师杰维茨基教授的十四封法文信。这批信件一直收藏在波兰，从未公开发表过，于是，在一九九七年初由傅敏来函嘱我译成中文，以便收录在一九九八年由安徽文艺出版社刊印的《傅雷文集》中。

这批函件写于一九五四年至一九六二年，前后跨越八年之久。接受任务之初，首先要考虑的是定调的问题。《傅雷家书》数百通都是用白话写成的，父子或翁媳之间的通讯，真情流露，自然畅顺，完全不见咬文嚼字的痕迹。傅雷与儿子业师杰维茨基的书信往返，却礼仪周全，进退有据，不论语调或行文，都特别谨慎与用心。以文体来说，傅雷当年写给儿子的家书或好友的信件，都不宜成为仿效对象，唯有致忘年交黄宾虹的函件，方可借鉴；以内容来说，翻译前自然得再三通读《傅雷家书》，以求彼此呼应，前后连贯。译这批信件，虽不足两万字，但前后历时数月，完成后，曾将经过情况详述于拙文

---

① 《傅雷家书》增订第五版，生活·读书·新知三联书店1999年版，第343页。
② 司徒华：《"周到"和"谦厚"》，《明报》2000年9月23日。

《译傅雷致杰维茨基函件有感》之中，发表于一九九八年六月北京三联书店的《读书》期刊中，此处不赘。唯有当时在文中曾提及完成初译后，携稿赴欧，以便在旅途上随时校阅修改。自罗马返港途中，遇到气流，航机颠簸不堪，九霄惊魂之际，心中所虑的竟不是个人安危，而是怕万一不幸出事，散落人间的将是尚未成形的译稿片片，措辞欠佳，行文乏善，岂非愧对原作，难辞其咎？这一段文字发自内心，谁知竟遭当时的编者删除，如今补陈于此，以表明一名认真执着的译者，对本身译作的期许与要求，更何况傅译字斟句酌，呕心沥血，译傅又岂能掉以轻心，草率从事？

一九九九年，著名小提琴家伊虚提·梅纽因与世长辞，遗孀狄阿娜夫人把一批傅雷当年写给亲家的法文函件交回傅聪。这批信件约十封，写于一九六一年至一九六六年。内容除闲话家常外，还涉及对人生的看法及对艺术的追求等，颇多启发。这些信件亦是从未公开发表过的，我有幸再次应邀将之译成中文，首先发表于二〇〇〇年第六期的《收获》期刊中。

这次翻译，尽管积累了不少的经验，却又有一番崭新的体会。八十年代初译傅雷法、英文家书时，由于书信对象是傅聪及弥拉，故全部采用白话文译出；一九九七年译致杰维茨基函，由于致函对象是德高望重的傅聪业师，故主要以文言文译出。这次书信的对象是梅纽因伉俪；信件往返的两方是亲家，地位相等，关系密切，然毕竟一为中、一为西，两者之间，不论所处环境或文化背景，都大不相同。梅纽因固然在西方音乐界中闻名遐迩，地位显赫，但傅雷往来的朋友，亦多为文化界、音乐界或艺术界的杰出人士，故此两者在人情关系上是姻亲，在思想境界上，却是志同道合、气味相投的朋友。要在字里行间译出两者平起平坐、既亲切又客气的关系，要分辨谈小儿女身边琐事及论大宇宙人生境界的不同笔调，译者必须借助一种文白相糅的体裁，这种体裁，在傅雷致友人（如刘抗、成家复、朱嘉棣等）书中，常见采用。[①]

[①] 《傅雷文集》（书信卷上），安徽文艺出版社1998年版，第8—29页、第141—144页。

傅雷本身，正如其同时代的许多文学大家一般，擅于运用文言、白话、半文言等多种文体，视不同场合，不同语境而分别采用之。中文里对远近、亲疏、尊卑、长幼的对象，即使涉及同一题材，亦有种种不同的说法。而亲友之间的称呼，更五花八门，不一而足。傅雷在法文信中，称呼梅纽因伉俪时，只有"Cher Ami, Chers Amis, Mes chers Amis"等几种方式，如按字直译，就变成"亲爱的朋友，亲爱的朋友们，我的亲爱的朋友们"，此等中文，如何能出自翻译大家的手笔？"Cher Ami"是写给亲家梅纽因的，"Chers Amis"则是写给梅纽因伉俪的，故此，我按情况译为"伊虚提如晤"及"伊虚提、狄阿娜双鉴"，这也是傅雷在其它致友人书中常用的起首语。

在翻译的过程之中，心中仿佛有一把无形的尺，时时刻刻都在量度、在拉长缩短、收紧放松。正如余光中先生所言，"很多人以为白话取代了文言之后，文言就全废了，其实文言并未作废，而是以成语的身份留了下来，其简练工整可补白话的不足，可在白话的基调上适时将句法或节奏收紧，如此一紧一松，骈散互济，文章才有变化，才能起波澜"。① 翻译傅雷的文字，当然不能不注意行文的变化起伏。翻译致梅纽因函件时，前后九易其稿，译文中文气的拉紧与放松，文白的驱遣与调配，正是译者的用心所在。

傅雷在一九六二年一月七日的函件中，谈到自己翻译巴尔扎克名著《幻灭》的情况，以及跟梅纽因的关系：

Je puis maintenant travailler un peu plus de 8 heures par jour; mais *LES ILLUSIONS PERDUES* de Balzac est une grande oeuvre qui me coûte beaucoup de peine à traduire. Je vis journellement avec les personnages fictifs presque aussi intimement que leur créateur: je me trouve souvent dans l'état d'un somnambule.

Nous nous félicitons toujours qu'une fois liés par nos chers enfants, nous nous sommes devenus de si bons amis en si peu de temps…Il

---

① 余光中：《成语和格言》，《香江文坛》2004年4月号，第27页。

nous semble en effet qu'on se connaît depuis de longues années déjà.

这段文字，可用白话文直译如下：

> 目前我可以每天工作八个多小时，但是巴尔扎克的《幻灭》是一部伟大的作品，令我译得十分辛苦。我每天跟书中人物一起生活，亲密得简直可以跟他们的创造者比较：我发现自己经常处于一种梦游的状态之中。
>
> 我们因为我们亲爱的子女的关系，而连接在一起，我们在这么短的时间之内变为这么好的朋友，真是值得庆幸。……你跟我好像是认识了许多年的朋友似的。

最后的定稿翻译如下：

> 目前我每日可工作约八小时，然而巴尔扎克《幻灭》一书，诚为巨构，译来颇为伤神。如今与书中人物朝夕与共，亲密程度几可与其创造者相较。目前可谓经常处于一种梦游状态也。
>
> 因姻亲关系，我们能在如此短时间之内变成莫逆之交，实属万幸。……你我之间确有相交经年之感。

这一前一后两种译法，显然有许多不同之处：前译松散，后译紧凑；前译带有许多代名词如"我们""他们""我"，许多量词如"一部""许多年""八个多小时"等，在后译中都已删除不见。

观乎傅雷自己的译著，若以最初的作品及成熟期的作品相比较，则渐趋精练简约的风格，宛然可见。许多知名的译者，在修改旧译时都有这种趋向，[①] 可见现代汉语的发展，从民初的一味西化，弃文倡白，已经演化至今日的"中西兼容，文白并存"了。

[①] 张嘉伦：《以余译〈梵谷传〉为例论白话文语法的欧化问题》，台湾东海大学中国文学研究所硕士学位论文，1993 年。

此外，后译中增加了不少四字结构如"朝夕与共""莫逆之交""实属万幸""相交经年"等。用四字结构或成语，当然必须小心分辨，如原拟用现成的"一见如故"来译"on se connaît depuis de longues années"，但由于傅雷终其一生，都未曾有缘与亲家梅纽因相见，故此处并不适用。

在傅雷致梅纽因函件中，有一封是傅夫人朱梅馥写给梅纽因夫人狄阿娜的（朱梅馥一九六一年二月二十三日致狄阿娜函）。这是两亲家母之间的通讯，内容涉及一些女性的话题，好比如何抚养子女、如何将庶出视如己出等①，由于两者为姻亲，然而又素未谋面，故其关系既亲切又疏远，再加傅夫人在函首为迟覆致歉，并自谦外文欠佳，在函末又赞扬狄阿娜及其长子杰勒德才华卓越，这一抑一扬之间，既要保持身份，不可过谦；又要表示诚意，不能溢美，因此，翻译时对于语调及文气的掌握，煞费功夫。

翻译朱梅馥信件有几种考虑：其一，除了在《傅雷家书》中可以发现朱梅馥一两封信件之外，没有其它书信或文章可供参考，因此，颇难定调；其二，朱梅馥在信中说："为表达畅顺起见，此信我先以中文撰写，再由外子译成英文。"因此，这封由傅雷译出的信件，实际上，已带有傅文风格；其三，即使能看到中文原件，但朱梅馥与傅雷长年共处，相濡以沫，不但照顾夫婿起居生活，且为之抄誊稿件，打点一切，故后期连字体也跟傅雷十分相似，更遑论思想感情方面的默契与共鸣了。

由此上述原因，译朱梅馥信件经过几重转折：首先，因为内容涉及女性之间闲话家常，曾尝试完全以白话译出，结果译文显得十分松散；其后，因为要贴近傅雷语调，故以文言应变拉紧，结果译文读来过分拘谨；最后，在文言基础上再加以调整放松，总算得到自认为比较可以接受的结果，定稿译文如下：

来信所言，使我思潮起伏。我深切了解要将一个不是己出的

---

① 狄阿娜夫人为弥拉的后母。

孩子抚养成人，确非易事，个中困难且随时存在，随处可见。即使亲生骨肉，亦无法时时知道如何对待。不同年龄必然会带来不同看法与感受，加以现代生活纷扰，发展迅速，使我们与年轻人之间更增隔阂。

（朱梅馥一九六一年二月二十三日函）

总结我翻译傅雷的经验，除了要研习背景资料，查阅参考文献，以客观描述的角度来研究傅雷的种种翻译活动之外，最要紧的仍然是潜心钻研其译著文字本身。俗语说，"不入虎穴，焉得虎子"，其实，亦可改为"不入深渊，焉可探骊"。与其临渊羡"珠"，不如投身其中，如此方知水之冷暖深浅，己之虚实短长，至于"得珠"与否，那就要看译者本身的功力与机遇了。无论如何，只顾纸上谈兵，而毫无实战经验，又如何能运筹帷幄，决胜于千里之外？

（四）

从研究傅译到翻译傅雷，使我在过程中深切体会到文学翻译是巍巍高山，也是九重深渊，越登高，越深入，越感自身能力之有限，"译然后知不足"[①]，诚然是过来人语。傅译专家罗新璋为研究大师的译风，曾经把傅译逐字逐句抄录在法文原著上，前后足足抄了九个月，共二百五十四万八千字。罗氏今日之能卓然成家，可说是由来非易也。当然，我们未必人人皆有罗新璋的苦学精神与毅力，但假如要研究傅雷，对其洋洋五百万言的译作避而不谈，煌煌二十大卷的全集视若无睹，再引进多少外国理论，套用多少现代学说，亦无济于事。

同理，谈杨宪益与戴乃迭而不涉其数千万言译著，讨论梁实秋而对其所译莎士比亚全集不屑一顾，都是避重就轻、绕道而行的弊端。近年来，学术界似乎有种方兴未艾的趋势，认为研究翻译，凡与之有

[①] 罗新璋语，见金圣华《认识翻译真面目》，香港：天地图书有限公司2002年版，第108页。

关的一切问题，都可讨论，唯独译作本身，却恍如禁区，不可涉足。外国译论固然有其长处，足以借鉴，但倘若不加厘清，全盘照搬，却未必是正确的方向。

　　学术界从早期只谈译作本身，只重文本分析，不涉其它背景资料的倾向，一变而为今时今日之只谈译作外围，不涉译作本身的潮流，不啻是从一极荡向另一极、矫枉过正的做法。一般年轻的学子，更将文本视为畏途，凡撰写论文或研究大纲时，只知把某一套舶来理论奉如圭臬，自囿其中，不敢越雷池半步。他们往往提出翻译经验不科学、不深入、不全面、易流于琐屑主观等人云亦云、似是而非的说法。其实，理论与实践，两者并无冲突，不论采取何种立场，在处理数据时只有主从先后之分，而无互相排斥之理。不论从事翻译研究或翻译实践，都应了解理论与实践之间不是隔岸相望，而是中流相遇的关系。固步自封、划地为王的做法，在学术研究中不足为训。

　　在文学翻译的过程中，要探骊得珠，没有偷工减料的可能，勘地形、观天象、思前想后，固然重要，但不顾基本功，不跃入深渊，沉潜其中，又怎能成功而返？

余光中：三"者"合一的翻译家

金圣华

余光中在其璀璨的文学生涯之中，诗、散文、翻译、评论、编辑五者兼顾，各呈姿采，但论者提到余教授时，总称之为"诗人余光中""散文家余光中"，至于有关其翻译方面的成就，却鲜有涉及。[①]其实，余光中早在大学期间就开始翻译，数十年来，译出经典名著凡十余册，再加上丰硕精辟的译论，真可谓洋洋大观。余光中虽然自谦翻译只是"写作之余的别业"，然而，这"别业"余绪，比起许多当行本色翻译家的毕生成就，不论规模或影响，都有过之而无不及。

"译者其实是不写论文的学者，没有创作的作家。也就是说，译者必定相当饱学，也必定擅于运用语文，并且不止一种，而是两种以上：其一他要能尽窥其妙；其二他要能运用自如。造就一位译者，实非易事，所以译者虽然满街走，真正够格的译家并不多见。"这段话，是余光中教授在《作者、学者、译者》一文中提出的。[②] 不错，坊间的译者多如过江之鲫，一般人只要能操两种语言，不论是否精通畅晓，即可执笔翻译，并以译者自居，但译坛中真正译作等身，能成名称家的，却如凤毛麟角，寥寥可数。

以下试从翻译的经验与幅度、翻译的态度与见解、译作的特色与

[①] 黄维梁曾著专文《余光中"英译中"之所得——试论其翻译成果与翻译理论》评论余光中的翻译成就，见黄维梁编《璀璨的五采笔》，台北：九歌出版社1994年版，第417页。

[②] 1994年台北举行"外国文学中译国际研讨会"，余光中出任主讲嘉宾，特撰《作者，学者，译者》一文作专题演讲。

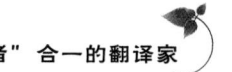

风格、译事的倡导与推动等各方面,来综述余光中的翻译成就,剖析其译论与译著间知行合一的关系,并彰显其如何身体力行,展现出"作者、学者、译者"三者合一的翻译大家所特有的气魄与风范。

一 翻译的经验与幅度

余光中是专注研究、擅写论文的学者;勤于笔耕、不断创作的作家,由这样的学者兼作家来从事翻译工作,的确是最理想的人选。一般来说,学者治学之际,移译西书、评介西学以为佐证的比比皆是;而作家创作之余,偶拾译笔、以为调剂消遣者,亦为数甚多,然而"别业"终非"正务",真正能对翻译另眼相看、情有独钟、锲而不舍、矢志不渝的学者作家,余光中可说是佼佼者了。

余光中的翻译生涯,起步得很早,于大学期间就已执译笔。[①]《老人和大海》(*The Old Man and the Sea*)于 1952 年开始连载于《大华晚报》,1957 年由重光文艺出版社出版发行;脍炙人口的《梵谷传》初译于 1957 年,译文亦先连载于《大华晚报》,后出版于重光文艺(此书重译于 1976 年,历时一载,于 1977 年完成,新译本于 1978 年由大地出版社出版)。余光中第一本诗集《舟子的悲歌》,则出版于 1952 年,辑录 1949 年至 1952 年间的作品。[②] 因此,翻译之于创作,即使不算同步启程,也称得上形影相随了。

在余氏长达四十余载的文学生涯之中,翻译与创作,就如两股坚韧不断的锦线,以梅花间竹的方式,在瑰丽斑斓的画面中,织出巧夺天工的双面绣。自 1960 年代初开始,余光中不但写诗吟诗,也论诗译诗,而他的译诗是双向进行的,不但外译中,也中译外。一般文学翻译多以外语译成母语为主流,理由很简单,文学翻译所要求于译者的,是对外语的充分理解,对母语的娴熟运用。对外语的了解,还涉

[①] 余光中:《作者,学者,译者》,"外国文学中译国际研讨会"专题演讲。
[②] 见黄维梁编《璀璨的五采笔:余光中作品评论集》(台北:九歌出版社 1994 年版)及《火浴的凤凰——余光中作品评论集》(台北:纯文学出版社 1986 年版)两书,书中详列出《余光中著作编译目录》。

及语言背后的文化精神、社会习俗，这是一个学者的工作；对母语的运用，则包括造句遣词的推敲、各种文体的掌握，这就关乎作者的功力了。余光中固然是外译中的高手，但中译外也得心应手，应付裕如。这种左右逢源、两者兼能的本领，在当今译坛中，实不多见。究其原因，自然与其学问素养大有关系。余光中早岁毕业于台大外文系，然而中文造诣也极深，用他自己的话语——"在民族诗歌的接力赛中，我手里这一棒是远从李白和苏轼的那头传过来的"，最可以看出他秉承中国传统的渊源。另外，他又说："我出身于外文系，又教了二十多年英诗，从莎士比亚到丁尼生，从叶芝到佛洛斯特，那'抑扬五步格'的节奏，那倒装或穿插的句法，弥尔顿的功架，华兹华斯的旷远，济慈的精致，惠特曼的浩然，早已渗入了我的感性尤其是听觉的深处。"① 因此，余光中译诗，可说是一种锻炼："说得文些，好像是在临帖，说得武些，简直就是用中文作兵器，天天跟那些西方武士近身搏斗一般。"② 如此经年累月浸淫砥砺，翻译之功，乃愈见深厚。

余光中所译名家诗，结集出版者外译中包括《英诗译注》（1960年）、《美国诗选》（1961年）、《英美现代诗选》（1968年）、《土耳其现代诗选》（1984年）；中译英则有 New Chinese Poetry（《中国新诗选》）（1960年）、Acres of Barbed Wire《满田的铁丝网》（1971年）、The Night Watchman（《守夜人》）（1992年）等这些译著，时间上跨越三十余年，数量上更达数百首之多，这期间，余光中出版了十多本诗集，写了将近八百首诗，诗风亦迭经变迁，瑰丽多姿，由此可以想见译作与创作之间，彼此观照，互相辉映，那种穿针引线、千丝万缕的关系与影响，是多么复杂、多么深刻！

除了译诗之外，余光中于1972年出版翻译小说《录事巴托比》（Bartleby the Scrivener），1977年出版《梵谷传》重译本。1984年更

---

① 见余光中《先我而飞——诗歌选集自序》，载《余光中诗歌选集》第一辑，时代文艺出版社1997年版，第3页。

② 见余光中《先我而飞——诗歌选集自序》。

余光中：三"者"合一的翻译家

进入戏剧翻译的领域，出版了王尔德的《不可儿戏》（*The Importance of Being Earnest*），1992年出版《温夫人的扇子》（*Lady Windermere's Fan*），1995年则出版《理想丈夫》（*An Ideal Husband*）。余光中写诗，写散文，但从未尝试过小说或戏剧的创作，这两种文类的翻译，多少在他文学版图上增添了两幅新拓的领土，使其开展的艺术天地，显得更加辽阔与宽广。

余光中的翻译经验是丰富而全面的。从纵的方面检说，其翻译生涯绵长而持久，绝非客串玩票式的浅尝即止；从横的方面来看，余光中翻译的十多种作品之中，包括诗、小说、传记与戏剧等多种文类，而来自英国、美国、中国、印度、西班牙、土耳其的不同作者，又往往风格殊异，海明威的朴实简劲及王尔德的风雅精警，可说是两个最具代表性的极端。就如一幅庞大繁复的拼图，要使细致的小块一一就位，各安其所，若非译者具有高深的学养，卓越的文才，则绝难成事。因此，余光中译品的幅度之大，并非常人可及，而从如此丰富的翻译经验归纳出来的理论，也就更显得字字珠玑，言出有据了。

二 翻译的态度与见解

余光中虽然一再谦称翻译只是自己"写作之余的别业"，但是他从事"别业"的态度却是十分认真与审慎的。翻译，在这位文坛巨子的心目当中，绝非微不足道的小技，而是传播文化的大道。在写于1985年的《翻译乃大道》一文中，余先生曾经剖白过："我这一生对翻译的态度，是认真追求，而非逢场作戏。迄今我已译过十本书……其实，我的'译绩'也不限于那十本书，因为在我的论文里，每逢引用英文的译文，几乎都是自己动手来译。"[①] 由此可见，翻译之于余光中，是一种持之以恒的工作，全神贯注的经营。

以广义来说，余光中认为创作本身也是一种"翻译"，因为"作

---

① 见余光中《翻译乃大道》，载《余光中散文选集》第四辑，时代文艺出版社1997年版，第7页。

者要'翻译'自己的经验成文字",这经历跟译者"翻译"时的心路历程相仿。不过,作家创作时,须全心捕捉虚无缥缈的感受,将一纵即逝的灵感定型落实,其过程是由"混沌趋向明确,由芜杂趋向清纯",① 换句话说,创作式的"翻译"可说是无中生有,化虚为实;而译者的"翻译",却早已有范本在侧,任凭一己才情卓越,也无法如天马行空,恣意发挥。"不过,译者动心运笔之际,也不无与创作相通之处。"② 因为译者在原文的理解与译文的表达之间,在取舍辞藻、斟酌句序之际,还有极大的空间,足以调度驱遣,善加选择。因此,翻译与创作,在某一层意义上,是息息相关,彼此相通的。正因为如此,余光中认识翻译,尤其是文学翻译,是一门艺术,而非科学。

余光中的翻译艺术观,自然而然影响到他对翻译的认知与见解。他以为译事虽难,译程虽苦,但翻译本身仍然充满乐趣,妙处无穷。首先,从一个学者的立场来说,他认为要精读一部名著,翻译是最彻底的办法。这一点,许多学者兼译者都有同感。翻译《源氏物语》的林文月教授就说过:"翻译是我精读文章的最有效方法。经由翻译,我才能厘清懂得的部分与暧昧朦胧之处。因为必须在白纸上落下黑字,含混不得。"③ 不但如此,余光中认为翻译还可以解忧,因为一旦开始译书,就好比让原作者神灵附体,译者自此跟伟大的心灵日夜相对,朝夕与共,两者在精神上的契合,超越时空,到了合二为一、无分彼此的地步,这种感情,极其净化,极其纯挚。余光中初译《梵谷传》,三十多万字的巨著,前后译了 11 个月,那时的经历,十分动人:"那是我青年时代遭受重大挫折的一段日子。动手译书之初,我身心俱疲,自觉像一条起锚远征的破船,能不能抵达彼岸,毫无把握。不久,梵谷附灵在我的身上,成了我的'第二自己'("alter ego")。我暂时抛开目前的烦恼,去担梵谷之忧,去陪他下煤矿,割

---

① 见余光中《作者,学者,译者》。
② 见余光中《作者,学者,译者》。
③ 见金圣华《桥畔闲眺》,台北:月房子出版社 1995 年版,第 32 页。

耳朵，住疯人院，自杀。梵谷死了，我的'第二自己'不再附身，但是'第一自己'却解除了烦忧，恢复了宁静。那真是一大自涤，无比净化。"① 这就是艺术上所谓感情抒发（catharsis）的最佳写照。有趣的是，在此处，余光中提到附在自己身上的是梵谷的灵魂，而非原作者史东（Irving Stone）的灵魂，可能是因为原著是本传记体的小说，或小说体的传记，梵谷是笼罩全书的主角，性格鲜明，形象凸出，而操笔写传的作者，虽然文笔流畅，节奏明快，他的个性，反而隐而不显了。译王尔德当然是另外一回事，这一遭，译者与原作者直接对话，互相较量："王尔德写得眉飞色舞，我也译得眉开眼笑"，②能令译者动容的，自然不是剧中的主角任真，而是才思敏捷、下笔成趣的戏剧家了。翻译对译者的影响，并不限于翻译期间，往往还点点滴滴渗入译者的思维深处。1978年夏，余光中往北欧一行，途经巴黎，虽则匆匆一日，仿如过客，但竟然浮想联翩，在心中泛起梵谷的种种行状——"我想起了《梵谷传》巴黎的那一章，怎么译者自己都到了五章里来了呢？"③ 这种身历其境、心神俱醉的代入感，发生于重译《梵谷传》后一年，若非译者翻译时曾经全力以赴，形同创作，以作家敏锐的心灵、感性的笔触，捕捉洋溢原著的诗情，描绘含蕴其中的风貌，那书中的情景，又怎会如此触动心弦，重现眼前？

翻译固然可以令人解愁忘忧，乐在其中，但译者介于原著与译作之间，进退两难、兼顾不暇的苦楚，余光中也深有体会。有关翻译，他的妙喻极多，往往以寥寥数字把翻译的真谛一语道破。首先，他认为大翻译家都是"文学的媒婆"，道行高，能力强，可将"两种并非一见钟情，甚至是冤家的文字，配成情投意合的一对佳偶。"④ 其实，

---

① 见余光中《何以解忧》，载《余光中散文选集》第四辑，时代文艺出版社1997年版，第487—488页。文集中提到Van Gough时，依中国大陆译为"凡高"，此处还原为余译之"梵谷"，下同。
② 见余光中《何以解忧》，载《余光中散文选集》第四辑，时代文艺出版社1997年版。
③ 见余光中《北欧行》，《余光中散文选集》第三辑，时代文艺出版社1997年版，第529页。
④ 见余光中《翻译与批评》，《余光中散文选集》第一辑，时代文艺出版社1997年版，第303页。

见诸坊间许多滥竽充数的劣译,这种禀赋特殊的"媒婆",恐怕少之又少。一般的"媒婆",只有乱点鸳鸯谱的能耐,手中撮合的尽是一对对同床异梦的怨偶,话不投机的冤家,真正能心意契合、灵犀相通的佳偶,简直是百中无一。因此,余光中又提出译者如巫师的比喻。他认为倘若原作者是神灵,那么译者就是巫师,"其任务是把神谕传给凡人。译者介于神人之间,既要通天意,又得说人话,真是'左右为巫难'"。① 就因为如此,译者不免疲于奔命,虽竭尽己能,仍然落得个两面不讨好的地步!

怎么样才能曲传"天意",尽道"人话"?换言之,真正上佳的译品,应该看来像翻译?抑或读来像创作?这就涉及翻译理论中历时已久、争执不下的关键问题了。提倡"直译"的译者,认为应尽量保持原著的异国情调;倡导"意译"的译者,却认为译文应读来如创作一般自然流畅,不着痕迹。其实,"直译"或"意译"的二分法,未免把翻译的进退两难过分简化了。余光中提出鸠摩罗什"翻译为嚼饭喂人"的比喻,并转化为译文"生"与"烂"的问题。他说:"译文太迁就原文,可谓之'生',俗称直译;太迁就译文所属语言,可谓之'烂',俗称意译。"② 他认为理想的译文,既不能生,也不必烂,够熟就好。但是这种恰到好处的火候,又岂是初译者就能掌握到家的?观乎余光中,既有学者的尊严与自重,又有作家的才具与自信,因此,执笔翻译时,才不会顺从生硬刻板的直译,也不会仿效率性而为的意译。他更不屑如庞德一般,假翻译之名,行创作之实,把自己意欲抒发的诗情,改头换面,寄托在移植自异域的作品之中。余光中的翻译,一丝不苟,严谨审慎,短如一首诗,长至三十万言的鸿篇巨制,都体现出他服膺的原则与信念。在翻译的领域中,余光中可说是位贯彻始终的理论家,身体力行的实践者。

---

① 见金圣华《桥畔闲眺》,台北:月房子出版社1995年版,第30—31页。
② 见金圣华《桥畔闲眺》,第7页。

三　译作的特色与风格

余光中的翻译，蔚然成家，充满独有的风格与特色，举其要者，有下列各项。

首先，余光中的译品，自年轻时的少作，迄成名后的力作，数十年来，始终不脱"学者之译"的本色。所谓"学者之译"，译者必然在翻译时，以传播文化、译介名著为己任。这样的译者，时常会在译文前后，加上序跋，或在译文每一章节或段落之后附系批注，有时译文之详尽严肃，竟"令人有阅读课本的感觉"。[①] 余光中认为任何作品，译得再好，倘若没有"序言交代，总令人觉得唐突无凭。译者如果通不过学者这一关，终难服人"。[②] 因此，他的译品，往往以前序后跋、附录批注衬托，而呈现出牡丹绿叶、相得益彰的风貌。举例来说，最早出版的《老人和大海》，译者曾在序中指出原著的错误："据海明威自己说，他曾先后读此书达二百遍之多；所谓千锤百炼，炉火纯青，自不待言，不过其中至少有一个字——一个星的名字——恐怕是写错了。我是指本书44页中的'莱吉尔'（'Rigel'）一字。"译者接着提到这颗星中文叫做参宿七，继而再将"参宿七之不见于新大陆九月之晚空"的前因后果，以大段篇幅，仔细剖析。[③] 余氏这种治学求真的态度，在《梵谷传》中也一再表现，例如梵谷重返巴黎，再遇画家罗特列克，提到后者亦因精神失常而进过疯人院一段，译者在行中加注曰："按罗特列克曾因失恋酗酒而进过疯人院，他家里特派专人终日跟踪监护。但此时才1890年，此事尚未发生，实系原作

[①]　林文月译日本古典文学作品，以译笔优雅、治学严谨著称，所有译作，都附加大量批注，例如《枕草子》第188段至191段的文本只有一、两行，但批注共有28条。见金圣华编《〈伊势物语〉之翻译及其笺注》，载《翻译学术会议：外交中译研究与探讨》，香港：香港中文大学翻译系，1998年，第90页。
[②]　见余光中《作者，学者，译者》一文。
[③]　余光中：《序言》，载余光中译《老人与大海》，台北：重光文艺出版社1958年版，第3页。

者史东之误。"① 由此可见，一位严肃认真的译者，在翻译的过程中，绝不会给原作者牵着鼻子走。遇到原著有误时，余光中既不会把译文改头换面，大动手术；也不会眼开眼闭，以讹传讹，而是以审慎负责的态度，在批注中把谬误一一指出，妥为修正。

余光中的《英诗译注》本身就是译、注并行、翻译与解说兼备的作品。译者翻译之余，对原诗的内容、作者的生平，以及诗作的背景都详加剖析，令读者大有裨益。《英美现代诗选》则更进一步，书前有译者长序，对译诗之道，多有阐发；而翻译每位诗人的原作之前，必定先介绍其生平事迹、思想脉络、创作渊源及作品特色，然后再涉及个别诗作，夹译夹叙，甚至还不时作出自我批评。例如译叶慈〈为吾女祈祷〉一诗时，译者指出"全诗十节，韵脚依次为 AABBCDDC。译文因之，惜未能工"。② 这种躬身自省、力求完美的态度，的确尽显谦谦学者虚怀若谷的胸襟与气度。

余氏译品的前序后跋，往往可以独立成章，成为一篇淋漓大笔的论文或跌宕恣肆的散文。《梵谷传》新译本的长序——《从惨褐到灿黄》（1977年）可以跟《破画欲出的淋漓之气——梵谷逝世百周年祭》（1990年）、《梵谷的向日葵》（1990年）、《壮丽的祭典——梵谷逝世百年回顾大展记盛》（1990年）等文，相提并论，先后呼应；王尔德的喜剧，虽然主要为剧院观众而译，但《不可儿戏》的序文《一跤绊到逻辑外》及译后《与王尔德拔河记》；加上附于《温夫人的扇子》译本中的《一笑百年扇底风》，以及《理想丈夫》译后——《百年的掌声》，却足以单独结集，成为论者研究王尔德喜剧的珍贵资料。余光中的译作，不论是诗、小说或戏剧，都不是仅仅译来供读者茶余饭后消遣之用的，他曾经说过，总要比"翻译做得多一点"。譬如《梵谷传》书后，还把书中提过的艺术一一列表说明，其目的在于提倡艺术，因此，译著的对象，除了对文学有兴趣的读者之外，

---

① 见余光中《梵谷传（下）》，台北：大地出版社1995年版，第633页。
② 余光中译著：《英美现代诗选》，台北：时报文化出版公司1980年版，第66页。

还扩大到艺术爱好者的层面了。①

  对于原文风格的掌握与处理，余光中深切体会到"翻译不同文类，有不同诠释"的道理，因而采取了"分别对付，逐个击破"的战术。他认为译诗是相当感性的，一不留神，便易越轨。因此，他主张译诗应尽量注意原文的格式与音律之美，译文体裁以贴近原文为依归。凡是韵律诗译出来必然押韵，译自由诗则不然。② 不同诗人的风格，如爱伦坡擅头韵，佛洛斯特爱用单音节的前置词和副词，艾略特喜复音节的名词等，③ 译者必须小心领会，细加分辨，这样，译者的风格就不会笼罩原文了。至于译小说，余光中对付海明威、梅尔维尔以及传记家史东的手法，都各有不同，但基本上却有一个共通之处，就是对原文句法的尊重。他说："原文的一句，一定译成一句，不会断成两句。我的句子不会在原文的句号之前停顿，多出一个句号。至于长句切短，我最多加个分号，我是相当忠实于句法的。"④ 余光中的这番话，在《录事巴托比》的译本之中，最可以得到印证。《录事》一书由香港今日世界社出版，全书不见序跋，这是余译之中鲜有的情况，然而全书是以中、英双语形式出版的，最足以显示出译者对原著句法亦步亦趋的"贴近"程度。原文中有一段如下：

  He lives, then, on ginger-nuts, thought I; never eats a dinner, properly speaking; he must be a vegetarian then; but no; he never eats even vegetables, he eats nothing but ginger-nuts.

余氏中译如下：

  那么他就靠姜饼为生了，我想；正确地说，从不用膳的；那

---

 ① 本文作者于1998年7月5日曾在香港对余光中就翻译问题作一专访，详见1998年10月号《明报月刊》刊载之《余光中的"别业"——翻译》一文。
 ② 《余光中的"别业"——翻译》，《明报月刊》1998年10月号。
 ③ 余光中译著：《英美现代诗选》，台北：时报文化出版公司1980年版，第205页。
 ④ 余光中译著：《英美现代诗选》，台北：时报文化出版公司1980年版。

他该是估吃素的了；又不是的，他从不吃蔬菜，只吃姜饼。①

这段话译来既合乎中国语法，又贴近原文句法，余光中对自己提倡的翻译原则，倒的确是言出必行的。

尽管如此，原作者与译者的风格是否相近，对翻译的难易，也起了不少作用。余光中认为笔下风格多变、各种皆擅的译者，翻译起不同风格的原著来，自然最得心应手，更有调度回旋的余地；反之，则捉襟见肘，周转不灵。余氏自认24岁的少作《老人和大海》，译得过分文雅，译文之于原文，似乎在"水手的手上加了一副手套"；假如如今重译，年已70的译者，再战63岁的作者海明威，当可有所不同。② 余氏又觉得《梵谷传》，因原著风格明朗，较易对付；译梅尔维尔，则偶尔需"耐着性子，跟着他走"；至于译王尔德，就不必过分操心了。③

王尔德的翻译，其实是另外一个领域，即戏剧的翻译。在《不可儿戏》的译后，余光中讲得十分清楚："我译此书，不但是为中国的读者，也为中国的观众和演员。所以这一次我的翻译原则是：读者顺眼、观众入耳，演员上口……希望我的译本是活生生的舞台剧，不是死板板的书斋剧。"④ 这一"活生生"的要求，使译本也活泼灵动起来，原作的如珠妙语、犀利词锋、精警双关、对仗语法，都成为考验译者功力的重重关卡，译者在此不得不使出浑身解数，以便冲锋陷阵，过关斩将。所幸余光中的文字向以文采斐然，才思敏捷见称，对付起王尔德来，也就如鱼得水，棋逢敌手。有时候，由于中文"对仗工整"的特性，译来甚至比原著更浑然天成。⑤

由于余光中是才气横溢、能诗擅文的大作家，翻译时，译者自身的风格，必然会展现在译作之中，而形成一种独特的余译体。余光中

---

① 余光中译：《录事巴托比》，香港：今日世界出版社1972年版，第31—32页。
② 《余光中的"别业"——翻译》，《明报月刊》1998年10月号。
③ 《余光中的"别业"——翻译》，《明报月刊》1998年10月号。
④ 余光中译：《不可儿戏》，香港：山边社1984年版，第134页。
⑤ 《余光中的"别业"——翻译》，《明报月刊》1998年10月号。

的译品,可以"声色俱全,神形兼备"来形容。所谓的"声色俱全",是指余译之中特有的音律节奏之感,色彩变化之美。如所周知,余光中喜爱音乐,从古典乐到摇滚乐,无所不嗜。而余氏写诗,也最重音律。他曾经说过:"我和音乐之间的关系,还需要交代一下。……节奏感与音调感可能因人而有小异,但是诗人而缺乏一只敏感的耳朵,是不可思议的。音调之高低,节奏之舒疾,句法之长短,语气之正反顺逆,这些,都是诗人必须常加试验并且善为把握的。"[1] 余氏译诗时,以诗人特有的语感与节奏来字斟句酌,反复诵吟,因此译出的成品,自然别具神韵。这一点,翻阅余氏所有翻译的诗作,必可有所体会,此处不赘。余光中与宋淇都曾经提到"译诗一如钓鱼",[2] 译诗而无诗才,钓起之鱼,必为皮肉皆无的残骸,而非骨肉俱全的佳品。余译诗作之音律铿锵,节奏分明,译者身兼作者之长,岂非无因。

余光中译品之"色彩变化",最能体现在《梵谷传》的重译本中。论者尝以为傅雷译品以"行文流畅、用字丰富、色彩变化"见称,其中"色彩变化"一项,喻其译法变化多端,同一词汇出现在不同语境之中,必然悉心处理,细辨歧义。余光中行文的"色彩变化",除上述意义之外,更表现在他散文创作的设色手法之中。余光中散文的设色可谓"百彩纷陈,瑰然大观"。[3] 作家文字的璀璨雄奇,缤纷夺目,一旦化入译作之中,就出现了以下的句子:

> 可是使他伸手翼蔽自己愕视的双眼的,却是四野的色彩。天空蓝得如此强烈;蓝得硬朗,苛刻,深湛,简直不是蓝色,完全没有色彩了。展开在他脚下的这一片绿田,可谓绿色之精,且中了魔。燃烧的柠檬黄的阳光,血红的土地,蒙马茹山头那朵白得

---

[1] 见余光中《〈白玉苦瓜〉后记》,《余光中诗歌选》第二辑,时代文艺出版社1997年版,第302页。

[2] 余光中译注:《英诗译注》,台北:文星书店1965年版,第1页;林以亮编:《美国诗选》,香港:今日世界出版社1961年版,第2页。

[3] 何杏枫,《论余光中散文的设色》,载《问学初探》,香港:香港中文大学中国语言及文学系,1994年,第93页。

夺目的孤云，永远是一片鲜玫瑰红的果园……这种种彩色都令人难以置信。他怎么画得出来呢？就算他把这些移置到调色板上去，又怎能使人相信世上真有这些色彩呢？柠檬黄、蓝、绿、红、玫瑰红；大自然挟五种残酷的浓淡表现法暴动了起来。①

且看另一位译者的作品：

不过，促使他伸手去摸自己被迷惑的双眼的却是乡间的色彩。天空是如此浓烈的蓝色，那样凝重、深沉，竟至根本不是蓝色而全然成了黑色；在他下面伸展开去的田野是最纯粹的绿色，非常非常的绿；太阳那炽烈的柠檬黄色；土地的血红色；蒙特梅哲山上寂寞的浮云那耀眼的白色；果园里那永葆新鲜的玫瑰色……这样的色彩是令人难以置信的。他如何能把它们画下来呢？即令他能把这些色彩搬到他的调色板上，他又怎能让人相信它们的存在呢？柠檬黄、蓝、绿、红、玫瑰，大自然信手把这五种颜色摆在一起，形成了这种使人难受的色彩情调。②

此处姑不论两译孰高孰低，然而余译对色彩的描绘，的确较为生动，较有气势，似乎把梵谷画中令人观之而"蠢蠢欲动、气蟠胸臆"的感觉，③ 如实勾画出来了。

翻译的"神形兼备"，当然是历来译者努力以赴的最高要求，毕生追求的最终目标。如前所述，余光中译诗则讲求原诗的格律，译文则恪守原文的句法，在"形"的保留上，的确竭尽已能，甚至远超过许多其他的名家。但是，余光中对"神"的要求，也十分严格。他说："我做译者一向守一个原则：要译原意，不要译原文。只顾表面的原文，不顾后面的原意，就会流于直译、硬译、死译，最理想的

---

① 余光中：《梵谷传（下）》，台北：大地出版社1995年版，第505页。
② 常涛译：《梵谷传》，北京出版社1983年版，第419页。
③ 《梵谷传》中的译者按语，载《梵谷传（下）》，台北：大地出版社1995年版，第525页。

翻译当然是既达原意,又存原文。"① 偶尔,也有力不从心,难以两全的时候,这关头,余光中"只好就径达原意,不顾原文表面的说法了。"② 王尔德戏剧的翻译,为了顾及观众的现场反应,往往出现这种情况,余光中权衡之下,就时常作出舍形重神的选择。他在《不可儿戏》译后解释道:"因此本书的译笔和我译其它文体时大异其趣。读我译诗的人,本身可能就是诗人,或者是个小小学者。将来在台下看这戏的,却是大众,至少是小众了。我的译文必须调整到适度的口语化,听起来才像话。"③ 余光中曾谓译者如作者,手中必须有多把刷子,才能应付不同文体。观乎上述一番话,余氏挥动手中众刷时,是极有分寸的,完全以文本的特质,读者的类别,在神形取舍方面,做出适度合理的调整。

尽管如此,余氏的译文始终保持"中西兼容、文白并存"的特色。余光中早期承受中国古典文学熏陶之余,曾经锐意革新,尝试"把中国的文字压缩,捶扁,拉长,磨利,把它拆开又拼拢,折来又迭去,为了试验它的速度、密度和弹性。"④ 不过,他更明白"株守传统最多成为孝子,一味西化,必然沦为浪子,不过浪子若能回头,就有希望调和古今,贯串中外,做一个真有出息的子孙。学了西方的冶金术,还得回来开自己的金矿。"⑤ 正因为如此,余光中的译文,从早期的"相当西化"已经演进为后期的"中西兼容"了。余氏曾把欧式句法分为"良性"及"恶性"两种。对恶性西化,他口诛笔伐,深恶痛绝,在《中西文学之比较》(1967年)、《翻译和创作》(1969年)、《变通的艺术——思果著〈翻译研究〉读后》(1973年)、《哀中文之式微》(1976年)、《论中文之西化》(1979年)、《中文的常态与变态》(1987年)等文中,曾把种种劣译典型,列举

---

① 余光中译:《不可儿戏》,香港:山边社1984年版,第133页。
② 余光中译:《不可儿戏》,第133页。
③ 余光中译:《不可儿戏》,第134—135页。
④ 见余光中《〈逍遥游〉后记》,《余光中散文选集》第一辑,时代文艺出版社1997年版,第470页。
⑤ 见余光中《先我而飞——诗歌选集自序》一文,载《余光中诗歌选集》第一辑,时代文艺出版社1997年版。

说明,并严加批评。然而这些译病,例如"们"字的滥用,副词词尾"然、地"的重复、抽象名词"化、度、性"的泛滥、被动式"被"字的僵化,修饰语"的"字的堆砌①等,往往在《梵谷传》初译中频频出现,在重译本中却一一改善了。② 余光中初译《梵谷传》于1957年,重译于1977年,经过20年的磨练,译笔自有不同,这跟译者创作的风格渐趋圆熟老练,大有关系。无独有偶,傅雷翻译《高老头》凡三次,依次为1946年,1951年及1963年,在重译本中,也刻意把初译中"的的不休"或"它它不绝"的毛病,逐一克服。余氏重译《梵谷传》而耗时一年,修改万处;傅雷三改《高老头》而废寝忘食,呕心沥血,名家对自己译著精益求精、煞费苦心的态度,令人感动。

余译的另一特色,是"文白并存",这与译者的文风大有关系。余光中曾谓"在白话文的译文里,正如在白话文的创作里一样,遇到紧张关头,需要非常句法、压缩字词、工整对仗等,则用文言来加强、扭紧、调配、当更具功效。这种白以为常、文以应变的综合语法,我自己在诗和散文的创作里,行之已久,而在翻译时也随机运用,以求逼近原文之老练浑成。"③ 余光中这种文白糅合的风格,在40年的翻译生涯中,十余本的译著里,持续出现,历久不衰,使余氏译文在处理原文冗长迂回的句法中,占尽下笔利落的优势。我们可以从早期到后期的各种译本中找到例证。先说《老人和大海》。这本海明威的名著,译作不少。余光中虽说自己当时年轻,在创作天地里见过的世面不多,因此译得太文,但是这部小说描写老人在大海中与巨鱼搏斗,过程充满动感,而动作词的翻译,向来是初学者视为畏途的难关,倘若译者完全以欧化语法加白话词汇来译海明威,则译文必

---

① 余光中对"的"字的累赘用法,曾着专文《的的不休》,发表于香港中文大学1996年主办的学术研讨会上,载《翻译学术会议:外交中译研究与探讨》,香港:香港中文大学翻译系,1998年,第1—13页。
② 见张嘉伦,《以余译〈梵谷传〉为例论白话文语法的欧化问题》,台中:台湾东海大学中国文学研究所硕士论文,1993年。
③ 见余光中《的的不休》一文,载《翻译学术会议:外交中译研究与探讨》,香港:香港中文大学翻译系,1998年。

然拉杂拖沓，累赘不堪，原本生动活泼的场面，也会变得疲弱乏力，了无生气。在余译本中，发现如下的句子："于是大鱼垂死奋斗，破水而出，跃入半空"（译本页56），"他仰视天空、远眺大鱼，又熟视太阳"（页57），"它向上疾升，毫无忌惮，终于冲破蓝色的水面，暴露在阳光之下。"（页59），"可是不久它已寻着，或者只追到一痕气息，它便顺着船迹，努力疾泳。"（页60），"接着他系好帆脚索，使布帆盛满微风，把小船带上归路。"（页66）。我们在译文中，明显见到对仗工整的痕迹，以文配白的句法。这种风格，文雅之余，却出奇地捕捉了原著中强烈的动感，再现出海明威明快的笔锋。《录事巴托比》一书，充满各式各类的抽象名词，不啻译林中随地蔓生的杂草，丛丛堆堆，阻挡前路。梅尔维尔的文风，跟海明威截然不同，长句连连，转弯抹角，叫译者无所适从。余光中处理的方法，往往借助文言徐疾有致的特色，来压缩长句，扭紧语气，使译文念来畅顺无阻。举例来说，原文"Like a very ghost, agreeably to the laws of magical invocation, at the third summons, he appeared at the entrance of his hermitage"（页35），余译为"应验了巫术招魂三呼始显的法则，他活像一个幽灵，出现在隐士居的入口。"（页36）。换一个生手，翻译这样的原文，恐怕要搏斗良久，纠缠不清了。《梵谷传》是余光中下了苦功重译的作品，因此，不论写情写景，译来都舒畅自如，迹近创作。且看这样的句子："傍晚此时，墓地无人，万籁俱寂"（页50），"次日垂暮之际，文生独立窗前，俯览全院。"（页51），"又自问自答，把文生溺于滔滔不休的独白"（页642），"这种完美而幽静的宁静，已近乎身后的岑寂。"（页643）。余光中译文的独特风格，在此彰显无遗。至于王尔德的喜剧，翻译时当然以口语为主，但原作的如珠妙语，似锦隽言，若非译者古典根基深厚，长于驱遣文字，擅于调配精句，则难竟全功。

四　译事的倡导与推动

余光中毕生在翻译上沉浸的时间与倾注的心血，不下于创作。40

年来，他不但为译介名著而苦心孤诣，为培植后学而循循善诱，更在长年探索中积累了宝贵的经验，发展出一套清晰明确的译论。此外，他更著书立说，为提高翻译的地位而大声疾呼。

余先生认为翻译负有传播文化的重任，岂可小看，因此，他有这样的感慨："大学教师申请升等，规定不得提交翻译。这规定当然有理，可是千万教师里面，对本行真有创见的人并不很多，结果所提论文往往东抄西袭，或改头换面，或移殖器官，对作者和审查者真是一大浪费。"① 接着他又提出自己对翻译的见解："其实踏踏实实的翻译远胜于拼拼凑凑的创作。如果玄奘、鸠摩罗什、圣吉洛姆、马丁·路得等译家来求教授之职，我会毫不考虑地优先录用，而把可疑的二流学者压在后面。"②

余光中由于深切体会到历来译者饱受漠视与冷落之苦，不惜挺身为译者请命。1972年，他因希腊九位缪斯之中，无一司翻译而不平；③ 1985年，他质问在各类文学奖项充斥台湾之际，何以"译者独憔悴"？他认为文化机构应设立一个翻译奖，对翻译家的成就予以肯定与重视。④ 到了1988年，"梁实秋文学奖"正式设立，分散文与翻译两组，由余教授出掌翻译组选题及评审的工作。在第一届"评审委员的话"中，余先生特别阐明设奖的意义："中华日报主办的这次翻译奖，是以梁实秋先生的名义为号召，意义更为深长。梁实秋是新文学运动以来有数的翻译大家，不但独立译出莎士比亚的全集，而且把其它西洋名著，诸如《沉思录》《西塞罗文录》《咆哮山庄》《百兽图》等13种，先后中译过来，更在晚年编译了厚逾两千六百页的《英国文学选》一巨册。以他的名义设立的这个翻译奖……可为文坛

---

① 见余光中《译者独憔悴》，《余光中散文选集》第四辑，时代文艺出版社1997年版，第10页。
② 见余光中《译者独憔悴》，《余光中散文选集》第四辑，时代文艺出版社1997年版，第10页。
③ 见余光中《翻译和创作》，《余光中散文选集》第二辑，时代文艺出版社1997年版，第293页。
④ 见余光中《译者独憔悴》，《余光中散文选集》第四辑，时代文艺出版社1997年版，第10页。

开一风气，并为译界提高士气。"① 就为了要提高译界的士气，余教授不辞劳苦，不畏艰辛，担下了繁重的任务。首先是选题，为了题目程度适中、深浅恰当，余教授往往以苦行僧的态度"整日沉吟，踟蹰再三"；② 接着，向主办当局建议评审委员名单。委员必须要翻译界知名学者，且为推动翻译热心人士，余教授自设奖以来，年年筹划邀约同道中人，诚非易事；然后是审阅数百篇参赛稿件，沙中淘金、去芜存菁；最后一关，就是召开评审会议，由各委员闭门终日，埋头苦读，反复研究，再三审阅，终于选出名副其实的得奖佳作。余教授这种认真严肃，一丝不苟的态度，的确可说是译界楷模，其实本身早已应获得翻译终身成就奖了。

除了对翻译直接的推动之外，余先生还指出译圃足以终身耕耘、历久不瘠的长处。第一，翻译可以"少年译作中年改"，正如余光中之重译《梵谷译》；傅雷之再译《约翰·克利斯朵夫》、三译《高老头》；第二，翻译不受年龄的限制，创作或有江郎才尽的时候，翻译却无文思枯涸的可能。文坛中勇闯译林，老当益壮的猛将，数之不尽，中外皆然。因此，余光中表明将来退休之后，有意完成"未竟之业"，再译几部画家的传记，"其中必不可缺艾尔·格瑞科的一部"。③ 如所周知，余先生对格瑞科心向往之，为了译他的传记，更潜心学习西班牙文。④ 这种不惜一切、矢志从原文直接翻译，以求真存全的心意，跟杨绛当年翻译《堂·吉诃德》的情况，有点相似。根据杨绛所述，当初接获译《堂·吉诃德》的任务时，已年近五十，为了怕"摸不住原著的味儿"，她拒从英文或法文转译，而决定从头学西班牙文，"但凭着一股拼劲硬啃了两年，总算掌握了这门外语"。⑤ 不过

---

① 《金合欢——梁实秋文学得奖作品集》，台北：中华日报1988年版，第122页。
② 《璀璨的五采笔：余光中作品评论集》，台北：九歌出版社1994年版，第437页。
③ 见余光中《〈从徐霞客到梵谷〉自序》，《余光中散文选》第四辑，时代文艺出版社1997年版，第318页。
④ 余光中：《何以解忧》，《余光中散文选》第三辑，时代文艺出版社1997年版，第486页。
⑤ 田蕙兰、马光裕、陈珂玉选编：《钱锺书、杨绛研究资料集》，华中师范大学出版社1990年版，第537—538页。

等到全书译完，却已经花了十多年宝贵光阴了。

余先生曾谓："诗、散文、批评、翻译是我写作生命的四度空间。……我曾说自己以乐为诗，以诗为文，以文为批评，以创作为翻译。"① 又说，退休之后，如有闲暇要译个痛快，除上述格瑞科传之外，还要译罗特列克，窦纳等画家的传记，以及缪尔的《自传》等。② 身为余译的忠实读者，且让我们拭目以待吧！

值此余光中先生欢庆七秩华诞之际，我们远在香港，临海遥祝，但愿他如松柏常青，永远沐受缪司的恩宠。像余先生这样一位运笔如椽、文思泉涌的大家，我们绝不愿他轻言退休；我们也深信，即使他当真决定告别学府，也必然难有闲暇余兴来专注翻译。我们只盼望学者精研之际，作家挥洒之余，能如往常一般，继续眷顾翻译的"别业"，除了诗人的作品，画家的传记之外，为我们译出更多其它类型的经典名著，包括早已列入翻译名单的《白鲸记》，以及文学或译学专论。我们之所以盼望余先生能涉及理论的翻译，并结集出版，是为了使往后的学者，在撰写论文、引证西学之时，能有所依据，不再在文章中喋喋嚅嚅，絮絮聒聒，故弄玄虚，不知所云。目前的学术界已饱受恶性欧化及拙劣译文之害，久而久之，往往积非成是，为丑为美，中文的纯净与优雅，早已破坏殆尽了。我们需要的就是像余光中先生这般身兼学者与作者之长的翻译大家，在译著与译论中，现身说法，泽被后进，为学府与文坛作出巨大的贡献。

(原载于苏其康主编《结网与诗风：余光中先生七十寿庆论文集》，台北：九歌出版社1999年版)

---

① 见余光中《四窟小记》，《余光中散文选》第四辑，时代文艺出版社1997年版，第129页。

② 见余光中《四窟小记》，《余光中散文选》第四辑，时代文艺出版社1997年版，第132页。

论钱锺书的文学翻译观

罗选民[*]

引 言

钱锺书[①]的"化境"论在我国译论史上占据着重要的地位,译界对钱锺书所著译论的探讨也从未停止,每年都有不少相关文章刊出。目前译界对于钱锺书的翻译观也存在着不同理解,特别是针对"化境"一说,存在各种解读,众说纷纭:有褒扬其美学价值,有批评其神秘虚无,有探寻其内在的中国传统思想文化根源者,还有人将其与西方翻译理论相结合而对其进行现代性的阐释与转化。钱先生这个看似简单的"化"字,实则意蕴深远。笔者认为,要真正理解"化境",就不能将"化境"与《林纾的翻译》一文的具体语境相割裂,更不能将"化境"与钱锺书先生其他有关翻译的论述相隔离。本文拟从整体观的角度重新解读钱锺书先生从"信"到"不隔"再到"化境"的有扬有弃、与中国文论一脉相传的文学翻译观。

---

[*] 罗选民,广西大学君武学者讲席教授,外国语学院院长。中国英汉语比较研究会会长,澳大利亚国家科学研究基金委员会(ARC)人文艺术部外籍委员。

[①] 本文除部分参考文献用出版书籍中所印发名字(钱钟书)外,通篇采用钱锺书一名,特此说明。

钱锺书的翻译实践

2006年，我曾拜访杨绛先生，提到想设立一个"钱锺书翻译奖"。然而杨先生的回答却是：钱先生不做翻译。钱锺书先生到底做不做翻译成为要澄清的第一个问题，因为我们的确很难从图书馆找到一本钱锺书署名的译著。但是，如果钱锺书不做翻译，他有关翻译的论述就难以让人信服。钱锺书先生到底做不做翻译？聂友军曾在《中国比较文学》上撰文"钱锺书翻译实践论"，但译例分析局限于钱锺书的学术论著《管锥编》，主要对其中一些散论的翻译抑或成语的翻译做了分析（参见聂友军，2008：33—46）。如果拿这个来证明钱锺书做过翻译实践显然是缺乏说服力的。为此，笔者进行了调研，搜索了有关资料，发现钱先生是做过不少翻译实践的。

首先，众所周知，钱锺书参加了新中国成立后《毛泽东选集》和《毛泽东诗词》的翻译工作。1950年8月钱锺书被借调到中共中央毛泽东选集英译委员会参加《毛泽东选集》的翻译工作（参见吴学昭，2008：251—252），《毛泽东选集》第一卷至第四卷灌注了钱先生的大量心血。据统计，钱锺书负责的翻译有：《星星之火，可以燎原》《政治问题及边界党的任务》《为动员一切力量争取抗战胜利而斗争》。钱锺书负责审校的文章有：《湖南农民问题考察报告》《发刊词》《改造我们的学习》《中国革命与中国共产党》《关于纠正党内非无产阶级的不正确倾向问题》《上海太原失陷以后抗日民族革命战争形势与任务》《红色边区的经济建设》等（王冰，2002：75）。在20世纪50年代初期那个特定的时代，翻译伟大领袖的选集就好像翻译《圣经》一样——领袖话语的翻译必须有一个权威的版本，但翻译时对原文意义的最终阐释，译文的定稿却往往并不是一个人能够胜任的事情。翻译《毛泽东选集》这种政治性较强的著作在当时尤其如此。在这种情形下，一般都是集体翻译、集体定稿。笔者曾经作为专家被邀参加了北京市政府有关"北京精神"（爱国 创新 包容 厚德）的翻译定稿的讨论："创新"该翻译成"creativeness"还是"innovation"？

"厚德"该翻译成"virtue"还是"moral"？虽然一共只有八个字，翻译起来却并非易事，近二十名专家一块讨论了一下午也没有达成一致的意见。难怪严复在《〈天演论〉译例言》中感叹："一名之立，旬月踟蹰"（参见严复，1984：136），此时感受尤深。翻译是经国之伟业一说并非夸张，它容不得半点的闪失，特别是关系到中国国家形象的翻译，更得要认认真真、踏踏实实才能把它做好。

后来成立的《毛泽东诗词》定稿小组也一样，都是由多人组成，翻译历时很长，钱锺书也是该定稿小组的成员之一。据叶君健的回忆，1960年成立《毛泽东诗词》英译定稿小组，袁水拍为组长，成员就有乔冠华、叶君健、钱锺书，任务是修订或重译全部毛诗，最后出单行本，叶君健和钱锺书的主要任务就是做翻译和译文的润色（叶君健，1991：7）。该译本最终于1976年由外文出版社出版，后来也成了外文出版社出版法、德、日、意、西和世界语等几种译本的蓝本。可见钱锺书先生在那个特殊的时期为了服从国家的需要，做了很多的翻译实践，做出了很大的贡献。只是因为集体作业的缘故，他的业绩、他的名字不为人晓。

当然，钱锺书还是有一些发表于各期刊与报纸上的译作。其中比较完整的译文包括海因立许·海涅的《精印本〈堂·吉诃德〉引言》[①]，左拉于1870年5月13日刊登在《号召报》的一篇小短文《关于巴尔扎克》[②] 等。1962年8月15日的《文汇报》也刊登了钱锺书先生摘译的《弗·德·桑克梯斯文论三则》[③]。1979年由中国社会科学出版社出版的《外国理论家作家论形象思维》，其上编中的古典理论批评家和作家部分由钱锺书、杨绛、柳鸣九和刘若端选译；下编中西欧及美国现代理论家和作家部分由钱锺书和杨绛选译。

---

① 译文原载于人民文学出版社出版的《文学研究集刊》1956年版。
② 译文原载于人民文学出版社1957年出版的《古典文艺理论译丛》第二辑。
③ 其中《论但丁》译自罗索（L. Russo）编的《意大利作家论》上册选载的德·桑克梯斯《意大利文学史》，《论亚历桑德罗·孟佐尼（Alessandro Manzoni）》译自罗索编《意大利作家论》下册选载的德·桑克梯斯《十九世纪意大利文学史》，《论吉亚古谨·来欧巴地（Giacomo Leopardi）》译自比尼（W. Bini）编的《历代批评家对于意大利经典作家的评价》第二册，引德·桑克梯斯的《叔本华与来欧巴地》。

此外，如果我们再梳理那些散见于钱锺书学术著作中的英、法、德、意等诸多外文引语的翻译，那一定是蔚为奇观的。比如，钱氏在《管锥编》中引用了一千多个作家超过一千七百条的名言警句，涉及英、法、德、意大利、拉丁和西班牙语在内的六种语言，基本都是用文言文翻译，地道的文言文几乎让读者分辨不出哪些地方是根据外文原著译来的。最后，除了自己翻译，钱锺书还帮人校对译稿，比如杨绛先生翻译的《吉尔·布拉斯》，杨必翻译的《剥削世家》都是由他帮忙校稿的。

钱锺书到底做不做翻译？我想还有其本人的说辞可作为依据：根据罗新璋的回忆，他在拜访钱锺书先生时说自己在外文局搞了十七年翻译，结果走得还不愉快；钱先生回答说，他也搞了十七年翻译（指"文革"前十七年）（转引自金圣华，2002：107）。然而，仔细深思杨绛先生所说的钱锺书不做翻译，我想杨先生是用高标准来衡量的。她认为做翻译的学人，应该是译作等身，把自己大量的时间都投在文学翻译之上。我想这些的确是钱锺书所不具备的。他是"不得已的时候"才去做翻译，除了服从组织分配翻译了《毛泽东选集》和《毛泽东诗词》，他基本是按组织的需要而做翻译，再就是因理论需要而做译介，自己的学术研究中需要引用，因此，他的翻译总的来说是编译和摘译比较多。钱锺书有关翻译的论述被学界作为经典来阅读，这也绝不是偶然。钱先生的译文和他的译论一样零散，却值得我们好好整理和研究。正如罗新璋先生所说的那样，钱氏的译论与译文，以少少胜多多，值得我们认真研究，举一反三（参见罗新璋，2013：80）。

有关钱锺书文学翻译观之分歧

根据中国知网的统计，至2015年6月25日，主题为钱锺书翻译的文章有148篇，其译论的影响之大，由此可见。学界对钱锺书先生的译论研究主要集中在《林纾的翻译》一文上，而对该文的讨论大都停留在"化境"说之上。然而，译界对"化境"的理解一直都是见仁见智，各种解读，众说纷纭。首先，"化境"到底是翻译时应该遵守的标准还是翻译中不可企及的理想？有学者将"化境"看成是翻译必须遵循的标准，比如谭建香、唐述宗（2010）认为将"化境"定为翻译的最高理想具有一定的时代局限性，"化境"说只能是继"信、达、雅"之后的又一新的翻译标准。有学者认为"化境"并不能作为翻译的标准，比如陈福康（2000：419）认为"化"虽指出了翻译艺术的极致，然而似乎不能将此"化"字作为翻译的标准和原则。蔡新乐（2001）警告"不能盲目地接受钱锺书的'化境'思想"，"化境"论只能是"愿望的自我欺骗"，是"对翻译行为本身的否定"。黄汉平（2003：28）更是指出很多人中了钱先生"障眼法"的圈套，其实"化境"不过是个可望而不可即的理想，一个不切合实际的幻想。就这个问题，我想钱先生早在1985年就给予了答案——那年，钱先生在修订《林纾的翻译》一文时，就将"文学翻译的最高标准是化"中的"标准"两字换成了"理想"，而且文中也一再强调了彻底和全部的"化"是不可能实现的理想。

学界的另一个争论焦点却不容忽视，那就是"化境"与传统译论的关系。有学者认为"化境"是中国传统翻译思想的延续，有学者却认定"化境"实际上是对传统"忠信"论的反叛。罗新璋先生在其《我国自成体系的翻译理论》中就将我国传统的翻译思想归结为"案本—求信—神似—化境"，认为"化"既是对"信达雅"的一个突破，更是对"译事三难"馀绪的一种发展，因而认定"化境"是传统译论的一部分（罗新璋，2013：49）；冯世则（2001）也通过解读钱锺书《译事三难》一文，认定钱锺书对严说虽持异议但仍同意"信"为翻译的唯一原则；朱志瑜（2001）也撰文回顾了由傅雷和钱锺书分别提出的"神似"和"化境"之说在中国翻译理论发展史上的演变过程，将傅、钱两人之说合称为"神化"说。然而，近年来很多学者对此似乎持不同的看法。郑海凌（2001）认为钱锺书的"化境"说强调了译者的创造性，从而修正了传统译论中"求信"的美学原则；张佩瑶（2009：28）也认为钱先生的说法蕴藏着无穷的话语能量，甚至可以用来推翻基于忠信的翻译观，但较好的做法是把他的思想中无穷的能量释放出来，视他的文章为一种对忠信以外翻译观的肯定，从而拓展翻译的概念。崔永禄（2006：48）认为钱先生虽提出了"化境"翻译理论，但却发现它只是可望而不可即，包括林纾的翻译在内的现实翻译中充满了和原文的背离，这就足以使忠实原文为核心内容的中国传统译论出现断裂。

因此，很多学者开始将钱锺书的化境与西方各种翻译理论和思想相结合，对其进行现代意义上的阐释与转化。有学者将钱氏翻译观与西方的翻译理论家如奈达相提并论，认为"化境"说与奈达的"动态对等"虽处于不同时期，却有着"异曲同工之妙"（朱宏清，2001）；也有不少学者将钱锺书的译学理论与西方哲学思想如德里达、海德格尔等学说相结合（黄汉平，2003；蔡新乐，2005），认为钱锺书的翻译思想从根本上来说是反传统的，他比西方以德里达为代表的解构主义学派更早地形成了一种中国式的解构翻译思想。黄汉平甚至还认为钱在《林纾的翻译》一文中所阐发的翻译思想与当代"多元系统论"多有不谋而合之处，还有学者将钱先生的"化境"等同于施莱尔马赫的"归化"（崔永禄，2006；葛中俊，2012）。

"化境"到底在中国传统译论中处于什么样的位置？是对传统的延续还是对传统的彻底反叛？可以肯定的是钱锺书在写《译事三难》时至少对"信"是持支持态度的，那么其之前在《林纾的翻译》一文中却用"某种程度的'讹'又是不能避免的毛病"来为林纾的漏译误译开脱，甚至赞扬他的主动性和创造性，称林译"讹"中最具特色的成分正是出于林纾本人的明知故犯，也恰恰是这部分的"讹"能起一些抗腐作用。那么是钱锺书先生的观点前后矛盾，还是他对"信"的态度发生了根本性的改变？如果他的"化境"论是反对"信"的，那么为什么他会在其后的《译事三难》中又肯定了"信"的原则。要回答这个问题，还只能返回文本的语境中，从钱锺书的有关翻译论述着手，从整体观的角度来审视钱锺书先生的文学翻译观，从钱先生自己的论述中去寻找答案。因此，对于《林纾的翻译》一文的考察，不但要注意该文章写作的背景与动机，还应考虑该文与钱先生其他译论的关系，既要考虑钱先生的世界性的视野，又要考虑其中国传统思想的渊源，不能简单地否认传统的因素，更不宜将他的翻译理论与外国理论捆绑在一起。

如钱锺书和德里达都坚持翻译无法替代原作，但它独立存在，它与原作的关系是互补关系，而非依附关系。本雅明、德曼等以"后起的生命"来比喻译作，而钱锺书借佛教语以"投胎转世"来形容译作，两者何其相似。但解构主义强调文字的"延异"，因为延异将无限的持续，故翻译的忠实性不复存在。在这一点上，钱锺书显然与解构主义分道扬镳。虽然钱锺书不承认绝对的忠实，但认为"信"是翻译的基本要求，译作依原文"义旨"与"风格"来得以传递被看作是"信"的必要条件。

文学翻译观之整体解读

钱锺书有关翻译讨论的文献大致可以分为四类：译论专文、谈译片段、涉译序跋和论译书札。其中有关翻译的文章有：1934年发表在《学文》月刊第一卷第三期的《论不隔》；1934年发表在英文杂志《中国评论家》（The Chinese Critic）第七期的 "A Chapter in the History of Chinese Translation"①；1948年在《书林季刊》（Philobiblon）上发表的英文文章 "An Early Chinese Version of Longfellow's 'Psalm of Life'"②；1948年发表的《谈艺录》上不止一次谈到翻译问题；1964年发表在《文学研究集刊》的《论林纾的翻译》③；1979年《管锥编》出版，书中有关翻译的文章有《译事三难》《翻译术开宗明义》《译诗》《译音字望文穿凿》等。此外，钱锺书对翻译的灼见还出现在其诗和诗序之中。钱锺书虽然没有以鸿篇巨制来探讨翻译，但他对于翻译的重大问题都有着独到而精辟的论述。学贯中西的他表现出一

---

① 文中谈到了中国思想解放和晚清时期最重要的翻译理论和实践家严复，该文中的基本观点在后来的《管锥编》中没有改变。
② 1982年，钱应张隆溪之邀，将其翻译整理成中文文章《汉译第一首英语诗〈人生颂〉及有关二三事》，发表在香港《抖擞》杂志第1期上。
③ 后有修改，收入《七缀集》。

种深锐的洞察力，睿智而科学地借鉴和吸收外来思想。因此，钱的翻译观虽有西方学说的影响，但在很大程度上仍是对既有传统的继承和扬弃。钱锺书的《林纾的翻译》一文本身就是从中国的典籍《说文解字》开始谈起的——翻译之"讹"就可追溯到佛经翻译时道安的"五失本"之说，并在此基础上提出"失本成译"，认为"此本不失，便不成翻译"。他所提出的翻译的"媒、诱"功能，也和中国传统翻译理论中所说的"通、达"说相通；甚至"化境"说也是从"信"与"不隔"一脉相承发展而来。

一 从"信""不隔"到"化"：译之理想

在《林纾的翻译》一文的开篇，钱锺书就从清代文字学者许慎的一段训诂出发，汲取中国古代哲学之"化"的精髓，借鉴古典美学和传统文论中的意境和境界概念，鞭辟入里、高屋建瓴地道出，"化"是文学翻译的理想境界。该文是钱锺书有关翻译论述的最具代表性的一篇论文，在中国翻译史上具有很重要的地位。

境界是我国古典美学中的概念，王国维在托名樊志厚的《人间词乙稿序》中曾说"文学之工不工，亦视其意境之有无与其深浅而已。"（王国维，2011：44）在文学艺术中，境界非客观可见的物或环境，而是彻觉彻悟并且凝练于心的某种品质，这种品质必须通过直感与反复揣摩方能达到。"化"的最高境界表现在豁然开朗、洞察入微、物中有我、我中有物、互相融化的状态之中。所以，"化境"说并不是一个简单的翻译标准，而是钱氏心目中文学艺术与翻译的最高理想。翻译"化境"论的形成，与钱先生早年提出的"不隔说"有着一脉相承的关系，与钱先生对"信"的态度也是一致的——"不隔"与"化境"的第一要件就是"信"。真正的"信"，在钱锺书眼中却并非一种亘古不变的标准，而是一种"从心所欲而不逾矩"的境界。境界说是钱锺书文学翻译思想的主要特点，它将"信""不隔"与"化"串在了一起。

1934年，钱锺书在《学文》月刊上发表了《论不隔》，他借用了王国维的"不隔"说作为"好的翻译"和"好的文艺作品"的评价标准。钱锺书说,"在翻译学里,'不隔'的正面就是'达',严复《〈天演论〉绪例》所谓'信达雅'的'达',翻译学里的'达'的标准推广到一切艺术便变成了美学上所谓'传达'说(theory of communication)——作者把所感受的经验,所认识的价值,用语言文字,或其他媒介物来传给读者"(钱钟书,2002:111)。因此,"不隔"说涉及翻译以及文学创作两个方面,一是艺术化的翻译;一是翻译化的艺术。在艺术化的翻译里,"不隔指的是与原文的风格不隔","不隔并不是把深沉的事物写到浅显易解,原来浅显的写来依然浅显,原来深沉的写到让读者看出它的深沉,甚至于原来糊涂的也能写得让读者看清楚它的糊涂"(钱钟书,2002:114),因此,"好的翻译,我们读了如读原文"(钱钟书,2002:113)。这种强调译作与原作之间绝对透明,绝对不隔的观点,与我国传统的以"信"为本的翻译观念基本是一致的。钱先生在其后提出的"化境"说里,同样要求译者忠实于原作——"把作品从一国文字转变为另一国文字,既不能因语文习惯的差异而露出生硬牵强的痕迹,又能完全保存原作的风味,那就算得入于'化境'。……换句话说,译本对原作应该忠实得以至于读起来不像译本"(钱钟书,1985:2)。由此看来,入化的翻译,也同样强调译作对原作的忠实性和透明性。"信"成为"不隔"和"化"的第一要素,要达到"不隔"或者"化"的境界,首先必须得忠实于原文。

然而,从"信""不隔"到"化境",在钱先生看来并非是翻译所要遵循的标准,而是要追求的理想境界。钱锺书指出,严复并不想把"信达雅"作为翻译标准,相反,在翻译《天演论》时,为了让译文被当时的士大夫阶层所接受,他并没有做到对原作的绝对忠实。正如其在《〈天演论〉译例言》中开宗明义地指出:"译事三难:信、达、雅。求其信,已大难矣!顾信矣不达,虽译犹不译也,则达尚焉"(严复,1984:136)。要达到与原作百分之百的"信"实际上是不可能的,因而其在《〈天演论〉译例言》中强调,"题曰达指,不云笔译,取便发挥,实非正法。什法师[1]有云:学我者病。来者方多,

---

[1] 即鸠摩罗什。

幸勿以是书为口实也"（严复，1984：136）。译界历来诟病严氏没有遵循自己所提出的信达雅标准，这恐怕是后人强解严意所致。钱先生对"信"的定义是"依义旨以传，而能如风格以出，斯之谓信"，"信之必得意忘言，则解人难索"（钱钟书，1979a：1101）。翻译的时候，得意忘言，这是钱锺书的理想境界。钱先生曾引江西先辈谈艺要旨，择吕东莱语："学诗当识活法。活法者，规矩具备，而出于规矩之外，变化不测，而不背于规矩。"（转引自周振甫、冀勤，2013：291）只有真正做到了"随心所欲而不逾矩"才是达到了翻译的最高境界。同样，钱先生提出好的翻译是"不隔"，也不是将"不隔"看成是一个标准，他认为"'不隔'不是一桩事物，不是一个境界，是一种状态（state），一种透明洞澈的状态'纯洁的空明'，譬之于光天化日；在这种状态之中，作者所写的事物和境界得以无遮隐地暴露在读者的眼前"（钱钟书，2002：113—114）。"境界"说在钱锺书的"化境"中得到了延续与升华。正如钱先生所强调的那样，"化境"是翻译的最高理想。

"化"也是我国古代的一个哲学概念。《庄子·齐物论》中"物化"是指物我界限的消融，万物融合为一（庄周，2008：16）。《荀子·正名》有语："……状变而实无别而为异者，谓之化；有化而无别，谓之一实"（荀况 2002：159）。在翻译中，"化"是指译作在原作基础上的"状变"而"实无别"，即流失的是无法保存的形式，保存的是内容和精华。与基于"信"的传统翻译观相比，"化"呈现了一种相关但不相同的特点——所以，"化境说"可以看作"信"的一个变奏曲；不同的是钱先生虽然认为化境是翻译的理想，但他并没有以此为绝对标准，因为彻底的"化"是不可实现的理想。钱先生曾用 17 世纪英国人乔治·萨维尔（George Savile）的比喻"投胎转世"（the transmigration of souls）来解释"化境"——"躯壳换了一个，而精神姿致依然故我"（钱钟书，1985：2）。这种投胎转世出现在钱锺书评黄克孙译《鲁拜集》之中，"黄先生译诗雅贴比美 Fitzgerald 原译。Fitzgerald 书札中论译事屡云'宁为活麻雀，不做死老鹰'（better a live sparrow than a dead eagle），况活鹰乎？"① 做翻译的时候字比句次、亦步亦趋，只为了追求与原文对应，这样做就只能是只"死老鹰"；而尽量保持原文与意义，虽在形式或风格上有所欠缺，虽不是"活鹰"却也是只"活麻雀"。当然，如果既能不流露生硬牵强的痕迹又能完全保存原作的风味，那就是真正的"活鹰"，达到了"入化"的境界了。能达到这种境界的少之又少，在钱锺书的眼中，黄译《鲁拜集》可算得上一例。

二 从"失本成译"到"讹"：译之本质

在"化境"论中，讹与译不可分割，讹是译之本质。"一国文字和另一国文字之间必然有距离，译者的理解和文风跟原作品的内容和形式之间也不会没有距离，而且译者的体会和他自己的表达能力之间还时常有距离。"（钱钟书，1985：2）"因此，译文总有失真和走样的地方，在意义或口吻上违背或不很贴合原文"（钱钟书，1985：3）。这就是"讹"，钱锺书指出，某种程度的"讹"是不可避免的毛病。有关"讹"的讨论，也并非钱先生首创，它至少可追溯至释道安在《摩诃钵罗若波罗蜜经钞序》中提出的"译梵为秦"，有"五失本"，"三不易"。钱锺书在《管锥编》第四册《翻译术开宗明义》中对该文推崇备至，认为"吾国翻译术开宗明义，首推此篇"，并对"五失本"做了详细的探讨：

> "五失本"之一曰："梵语尽倒，而使从秦"；而安《鞞婆沙序》曰："遂案本而传，不合有损言游字；时改倒句，余尽实录也"，又《比丘大戒序》曰："于是案梵文书，惟有言倒时从顺耳。"故知"本"有非"失"不可者，此"本"不"失"，便不成翻译。[……]"改倒"失梵语之本，而不"从顺"又失译秦之"本"。[……] 则梵自有其"雅"与"文"，译者以梵之"质"润色而为秦之"文"，自是"失本"，以梵之"文"损色

---

① 关于钱锺书先生的短评，可参见台北书林出版有限公司《鲁拜集》（2003）封底。

而为秦之"质",亦"失本"耳。[……]真译者无可奈何之事。(钱钟书1970b:1263—1264)

各种语言都有其自己的特点,各国也有各自的文体风格。钱先生并非不同意忠实的译作,他不同意的是那些为了忠实而过分拘泥于原文的译作。在钱锺书的理念中,"忠实"不是评判译作优劣的唯一标准,"失"是一种常态,无失不成译,"失"乃翻译文本的固有属性。然而,虽然"讹"是不可避免的毛病,却不能因噎废食,不可译不等于不能译。有些文本不可译但是我们还是能译,之所以能译,那就是要在"讹"上面来做文章,来达到我们的目的。比如他在《翻译术开宗明义》一文中就列举了大量古今中外对于翻译的比喻:西洋谚语所谓"翻译者即反逆者"(Traduttore traditore);塞万提斯谓"翻译如翻转花毯,仅得见背";叔本华谓"翻译如以此种乐器演奏原为他种乐器所谱之曲调";伏尔泰谓翻译乃是从板刻复制中睹原画色彩;鸠摩罗什之"嚼饭与人",赞宁之"翻也者,如翻锦绮,背面俱花,但其花有左右不同耳";此外还有"葡萄酒之被水""乳之投水""驴蒙狮皮""沸水煮过之杨梅",等等(参见钱钟书,1984a:28—31)。钱先生此处希望说明翻译的复杂性和翻译者所处的困境,但这并不等于承认翻译可以背叛原作,大胆自由地篡改原文。翻译之"讹"虽不可避免,然而译者仍要认真执行翻译的任务,尽量克服译之"讹",向译之"化"无限靠拢。这才是钱先生论述的真谛所在。

按照钱先生的分析,"讹"大致可以分为四种:(1)有粗心大意而为之的;(2)不负责任而为之的;(3)不得已而为之的;(4)有意而为之的。按照钱先生的观点,第一、二种"讹"是可以而且必须避免的,第三种"讹"之所以不得已,是因为一来两国的语言、文化和习惯存在差异;二来翻译这门艺业的特点决定它不能像做文学研究一样去做——"原作里没有一个字可以滑过溜过,没有一处困难可以支吾扯淡"(钱钟书,1985:7);钱先生提到的第四种"讹"通常出现在天资独厚的译者身上,比如林纾。"[林纾]在翻译时,碰到他认为是原作的弱笔或败笔,不免手痒难熬,抢过作者的笔代他去写。"（钱钟书，1985：5）。需要指出的是，这伴随第四种"讹"出现的译者，是可遇不可求的，常常是天才之代言人，所以，我们不能把这种情形当作普世的标准而推广之。而且，"讹"通常只出现在文学翻译之中，我们不能将其推广到一切的翻译范畴之中。这些恐怕是我们在学习钱钟书的文学翻译理论时应该注意的。

由于"讹"给翻译所带来了种种干预，如何辩证地去看待这个问题就显得尤为重要。钱先生指出，一方面，作为翻译，这种增补是不足为训的；另一方面，他又认为从修辞学或者文章作法来说，它常常可以启发思维和心智（参见钱钟书，1985：5）。钱钟书与前人不同之处在于其能够辩证地看待"讹"——以前但凡提到译之"失本"时，都是持批评抑或惋惜无奈之否定态度。然而，钱先生却不同，他不但辩证地将"讹"分成可以避免的"讹"和无法避免的"讹"，而且看到了"讹"能带来的某些积极的作用——"媒"和"诱"。

钱钟书一方面提出"化境"为翻译的最高理想，另一方面又认为全部的"化"是不可实现的。"盖谓'义'不显露而亦可游移，'诂'不'通''达'而亦无定准，如舍利珠之随人见色，如庐山之'横看成岭侧成峰'。"（钱钟书，1984c：610）不同的读者对文本的解读本来就千差万别，要达到"化境"又谈何容易。然而，如果认真分析钱先生的"化境"观，分析他对"讹"做出的种种分析，我们可以将其对译本的评价分为三种：等化、欠化、超化。"等化"就是钱先生所说的完全达到的化，也就是如他所说的既没有生硬牵强的痕迹又能完全保存原作的风味的译作，这样的等化虽不能说是绝无仅有，但在绝大多数情况下只是不可实现的理想。"欠化"是译本之常态，正如钱先生所说，由于语言之间的差异，"讹"又是不可避免的，完全的"化"是不可能真正实现，所以绝大多数译本都只能是"欠化"的翻译（这也是持不可译论者的核心理据）。"欠化"翻译在钱钟书看来，虽不如原作，却起着"媒"与"诱"的作用。这种"隔雾看花"似的翻译，往往还能诱导人们去学外文，读原作，缔结文学姻缘。超化则是译本的非常态形式即钱先生所特指的那类超越原作的译本，林纾先生的那些明知故犯的添改就是属于这一类。然而，这样的"小孩子的放肆率真"也只可偶然为之，毕竟翻译并不是儿戏，而是承担着社会道义与责任。钱先生非常客观地分析了林纾之所以有这种改写冲动的原因——中国历来就有重创作、轻翻译的传统，因此林纾重视的是其翻译时的"古文"写作，而非翻译本身，他甚至不乐意被人称为"译才"，其改写的冲动是被自己重创作轻翻译的心结所操控。有意思的是，后人和学界最推崇林纾的还是他的翻译。钱先生对林译的评价是非常客观和中肯的，尽管对这类创造性的翻译持些许宽容的态度，但还是忍不住告诫大家，"正确认识翻译的性质、认真执行翻译的任务，能写作的翻译者就会有克己工夫，抑止不适当的写作冲动"（钱钟书，1985：5）。

三　从"通、达"到"媒、诱"：译之功能

有关翻译的功能，早在《礼记·王制》中就有记载——"五方之民，言语不通，嗜欲不同。达其志，通其欲，东方曰寄，南方曰象，西方曰狄鞮，北方曰译"（参见陈福注，1987：74）。不过由于当时对于翻译功能的认识还停留在语言与意义的层面，翻译的最主要作用只是"达其志，通其欲"。不通异域之言，因而需要译者加以传达，使其通而晓之，但翻译在文化交流层面的作用不曾得到考虑。钱锺书没有拘泥于对照原文的语言得失，而是从文化交流的角度客观中肯地评价了林纾翻译的意义，从而将翻译的功能提到了文化交通史的高度，这正是钱先生的"媒、诱"说在翻译领域的贡献。"彻底和全部的'化'是不可实现的理想，某些方面、某种程度的'讹'又是不能避免的毛病，于是'媒'和'诱'产生了新的意义。"（钱钟书，1985：3）翻译的重要功能在于"做媒"，"它是个居间者或联络员，介绍大家去认识外国作品，诱导大家去爱好外国作品，仿佛做媒似的，使国与国之间缔结了'文学因缘'"（钱钟书，1985：3）。"缔结姻缘"看重的不是某个作者或者是某个读者之间的融洽，而是国家与国家之间、文化与文化之间的交流与理解，这就是钱锺书的高明所在。翻译不仅仅是一种文字的转换，翻译还是一种社会和文化行为，是文化传播的桥梁，是经国之伟业。自 21 世纪初始，当今世界翻译

与翻译研究的日益兴旺,在中国甚至成为显学的事实,恰恰说明了这个问题。反观当今世界,不同的语言社团之间、国家与国家之间会因为意识形态的差异、经济利益的纠纷、宗教信仰的不同、军事力量的悬殊等种种因素而发生纷争甚至战争,如整个太平洋地区危机四伏,这恰恰证明钱锺书的英明。而翻译在他看来,则是"缔结了国与国之间唯一的较少反目、吵嘴、分手、挥拳等危险的'因缘'"(钱钟书,1985:3)。

"好译本"的作用是消灭自己,挑动一些人的好奇心去学外文,弃译本读原作,起的是"居间"的作用;"坏翻译"的作用则是"离间"读者,摧灭他们对原作的兴趣,最终导致译作和原作同遭抛弃。从原文到译文,全部的"化"只能是理想,只能向它靠近,却永远无法企及,这就是为什么一部作品可以不断地被重译的原因。译文是原文的后起生命(the after life),这种重生通常只能通过"讹"来实现。文学翻译的创造性也就体现在这里了。文学翻译如果是流于形式,亦步亦趋,其结果只能是"离间"读者的。但是如果你能够充分认识翻译的功能,在通达之上,充分发挥"媒""诱"的作用,进行创造性的文学翻译,此时你就是"居间"者。你的译作可能令译文读者为之动情,甚至马上就找原文去看。这样的译文便达到了钱锺书所推崇的境界——"既不能因语文习惯的差异而露出生硬牵强的痕迹,又能完全保存原作的风味"。我们取拜伦的诗作"她走在美的光彩中"为例:

译文
  她走在美的光彩中,象夜晚
  皎洁无云而且繁星满天;
  明与暗的最美妙的色泽
  在她的仪容和秋波里呈现:
  耀目的白天只嫌光线过强,
  它比那光亮柔和且幽暗。

(查良铮译,1982:45)

原文

She walks in beauty, like the night
Of cloudless climes and starry skies;
And all that's best of dark and bright
Meet in her aspect and her eyes;
Thus mellow'd to that tender light
Which heaven to gaudy day denies.

(Lord Byron, 1967: 13)

短短几行译文，确实能起到居间作用，确实能勾起读者去阅读原文的冲动，去开展一段中外文学的因缘，从中去品味那由"通、达"到"媒、诱"所带来的美感。

中国文化和文学的兼容性强，在20世纪，尤其是在上半叶，一大批中国最优秀的知识分子，如罗念生、查良铮、梁实秋、傅雷、杨宪益、杨绛等，把翻译外国文学作为己任，优秀译作蔚为大观。他们在丰富外国文学的同时，也丰富了中国文学。我们可以大胆断言，几乎找不出一个没有读过那些优秀译本并从中汲取营养的中国著名作家。莫言获诺贝尔奖与他在青少年时期大量阅读世界名著的译本不无关系。近年来，中国文学的外译呈现蓬勃发展之势，在这些译著中，有起到"居间"作用的，也可能有更多的起到"离间"作用的。如何把握翻译中"讹"的度，如何通过合理的"媒"和"诱"，使通达的译本达到"化境"，这是我们需要研究的课题，是我们要奋斗的目标。钱锺书先生的精辟论述无疑能起到重要的启迪作用。

古今中外，起到"居间"作用的好译本不胜枚举，但我们切要警惕"戴着假面具"的"好译本"，这些译本会给文化交流带来误解，导致文化间沟通不畅。近来网络上有则讨论军阀张宗昌诗歌的热帖，[①]说的是有一位酷爱中文的外国朋友，很喜欢中国的美食和诗歌，他提

---

① 参见 http://bbs.tianya.cn/post-worldlook - 606428 - 1.shtml? event = share | share-douban。

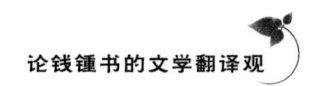

到自己非常崇拜孔子故乡的一位中国近代爱国诗人，名叫庄重禅（音译），还即兴用汉语给中国友人朗诵了一首这位诗人的诗：

  遥远的泰山，展现出阴暗的身影；
  厚重的基础，支撑起浅薄的高层；
  假如某一天，有人将那乾坤颠倒；
  陈旧的传统，必将遭逢地裂山崩。

他说这首诗是从英译文回译成中文的，虽然不是原文，但意思应该差不多，蕴含着非常深刻的寓意。诗歌的英译文为：

  Seen from after, the gloomy Mount Tai is
  Narrow on the top and wider on the bottom.
  If we turn the Mount Tai upside down,
  The top will become wider and the bottom narrower.

发帖的网友根据这位外国朋友的描述，对诗人进行了查证，结果发现这首诗乃出自人称"混世魔王"的奉系军阀张宗昌之手。中文原诗为：

  游泰山
  远看泰山黑糊糊，
  上头细来下头粗。
  有朝一日倒过来，
  下头细来上头粗。

相信读者读到这里不禁愕然，如果说这样的诗歌变成了代表中国文化的好作品，那中国文化走向世界该从何谈起？虽然这个案例不能全部怪罪于译文的质量，但却给我们以心灵的震撼，值得深思。显然，这位西方学者的回译做法（望文生义）在文化传输的过程中能博得一些中外读者的关注甚至是赞扬，但他的译文表现出来的不是真正的中国，不是真正的中国文化，也不是原来的文本，所以不能提倡。中国文化的对外传输应是一个庞大的系统工程，来不得半点的虚假。所以，钱先生笔下的翻译之"通、达"和"媒、诱"功能的真正实现除了翻译本身之外，还应考虑加强西方读者对真正的中国文化的通识能力，而这必将诉诸翻译与其他学科（如传播学、叙事学、符号学等）的"联姻"，这种"联姻"将是以翻译为媒介的中国文化与西方文化"缔结姻缘"的助推器和催化剂。

结　语

钱锺书的译论是中国译论的重要组成部分，钱先生的翻译论述虽零散，却鞭辟入里、交互映发，与他宏大庞杂的学术著作融为一体，创造了一个独特的翻译话语空间。钱锺书（2007：540）在《管锥编》中曾说道"夫'译'一名'通事'，尤以'通'为职志"。"通"为打通不同语言之壁垒，疏通不同文化之隔阂，他将翻译之功能立于文化交通史的高度。"译""诱""媒""讹""化"道出了译之功能，译之本质和译之理想，字字珠玑，意味深长。钱锺书先生的译论蕴藏着"东海西海"之"心理"，"南学北学"之"道术"。[①] 他的译论值得我们追根究源，不断挖掘。

（原载于《亚太跨学科翻译研究》2015年第1期）

参考文献

［1］奥玛珈音：《鲁拜集》，黄克孙译，台北：书林出版有限公司2003年版。

［2］拜伦：《拜伦诗选》，查良铮译，上海译文出版社1982年版。

---

① 钱锺书先生在其《谈艺录·序》中谈道："东海西海，心理攸同；南学北学，道术未裂。"参见钱锺书《钱锺书集·谈艺录》（上卷），生活·读书·新知三联书店2001年版，第1页。

［3］蔡新乐：《文学翻译的艺术哲学》，河南大学出版社 2001 年版。

［4］蔡新乐：《让诗意进入翻译理论研究——从海德格尔的"非对象性的思"看钱锺书的"不隔"说》，《中南大学学报》2005 年第 5 期。

［5］陈福康：《中国译学理论史稿》，上海外语教育出版社 2000 年版。

［6］陈澔注：《礼记》，上海古籍出版社 1987 年版。

［7］崔永禄：《传统的断裂——围绕钱锺书先生"化境"理论的思考》，《外语与外语教学》2006 年第 3 期。

［8］冯世则：《解读严复、鲁迅、钱锺书三家言："信、达、雅"》，《清华大学学报》（哲学社会科学版）2001 年第 2 期。

［9］葛中俊：《"失本成译"和译之"化境"：钱锺书的翻译文本观》，《同济大学学报》2012 年第 4 期。

［10］黄汉平：《文学翻译"删节"和"增补"原作现象的文化透视——兼论钱锺书〈林纾的翻译〉》，《中国翻译》2003 年第 4 期。

［11］金圣华：《认识翻译真面目》，香港：天地图书有限公司 2002 年版。

［12］李文革、王瑞芳：《中国式的"解构"翻译思想——重释钱锺书的"化境说"》，《海南大学学报》（人文社会科学版）2010 年版。

［13］罗新璋、陈应年：《翻译论集》，商务印书馆 2009 年版。

［14］罗新璋《译艺发端》，湖南人民出版社 2013 年版。

［15］聂友军：《钱钟书翻译实践论》，《中国比较文学》2008 年第 3 期。

［16］钱钟书（1979a）：《一〇一全三国文卷七五 译事三难——"漱石枕流"》，《管锥编》（第三册），中华书局 1979 年版。

［17］钱钟书（1979b）：《一六一全晋文卷一五八"有待"——翻译术开宗明义》，《管锥编》（第四册），中华书局 1979 年版。

［18］钱钟书：《林纾的翻译》，《中国翻译》1985 年第 11 期。

［19］钱钟书：《钱钟书集·谈艺录》（上卷），生活·读书·新知三联书店 2001 年版。

［20］钱钟书：《论不隔》，《写在人生边上·人生边上的边上·石语》，生活·读书·新知三联书店 2002 年版。

［21］钱锺书：《钱锺书集·管锥编》（一），生活·读书·新知三联书店 2007 年版。

［22］谭建香、唐述宗：《钱锺书先生"化境"说之我见》，《语言与翻译》2010 年第 1 期。

[23] 王冰:《钱锺书英译"毛选"》,《炎黄春秋》2002 年第 9 期。
[24] 王国维:《人间词话》,中国人民大学出版社 2011 年版。
[25] 吴学昭:《听杨绛谈往事》,生活·读书·新知三联书店 2008 年版。
[26] 荀况:《荀子》,中国华侨出版社 2002 年版。
[27] 严复:《〈天演论〉译例言》,罗新璋编《翻译论集》,商务印书馆 1984 年版。
[28] 叶君健:《毛泽东诗词的翻译——一段回忆》,《中国翻译》1991 年第 4 期。
[29] 张佩瑶:《钱锺书对翻译概念的阐释及其对翻译研究的启示》,《中国翻译》2009 年第 5 期。
[30] 郑海凌:《钱锺书"化境说"的创新意识》,《北京师范大学学报》2001 年第 3 期。
[31] 周振甫、冀勤:《钱锺书〈谈艺录〉读本》,中央编译出版社 2013 年版。
[32] 朱宏清:《从〈林纾的翻译〉看钱锺书先生的翻译观》,《东南大学学报》2001 年第 2 期。
[33] 朱志瑜:《中国传统翻译思想:神话说(前期)》,《中国翻译》2001 年第 2 期。
[34] 庄周:《庄子》,时代文艺出版社 2008 年版。
[35] Coleman, Elliott, ed., 1967, *Poems of Byron, Keats and Shelley*, New York: Garden City Doubleday.

罗郁正谈翻译

张绪强*

罗郁正是一位美籍华人汉学家。他 1922 年出生于福建福州，1947 年上海圣约翰大学毕业后，赴哈佛大学和威斯康星大学学习英国文学和比较文学专业，分别获得硕士、博士学位。1952 年，他入亚拉巴马州的斯蒂尔曼学院英文系任教英国文学。1967 年，受聘为印第安纳大学东亚语文教授，后担任该系主任兼东亚研究中心主任，获终身教授职衔。此外，他还担任斯坦福大学、密歇根州西密歇根大学、爱荷华大学东方研究学院、新加坡国立大学、山东大学等高校的客座教授。罗先生毕生专注于中国古典诗词的外译，在美国出版《辛弃疾研究》《葵晔集》《待麟集》等专著和译作。他与柳无忌合作编译的《葵晔集》被选作多所大专院校的文学教材，成为流行美国的汉诗畅销书；二人的翻译独具一格，代表了当时汉诗英译的较高水平，著名翻译家许渊冲认为他们二人是中国诗歌翻译方面"70 年代最重要的译者"。

罗郁正以中国诗词外译为业，为我国古典文化在西方的传播作出了突出贡献。改革开放后，特别是 1979 年中美正式建交以来，罗郁正又积极致力于中美官方和民间交流，并在其中扮演了重要角色。1979 年，他首次回国访问。此后，又曾多次率团回国。1992 年，其时已从印第安纳大学退休的罗郁正应东北师范大学林志纯先生邀请，在长春短期逗留，进行学术交流。罗郁正于这一年 10 月 29 日到达东北师范大学，次日为师生作了有关诗词翻译的学术报告，介绍了他的翻译方法。

---

* 张绪强，历史学博士，西南大学历史文化学院讲师，研究方向为西方古典文学。

罗郁正认为，中诗英译者应该做到三点：第一，绝不拘泥于"形似"。不主张翻译中国诗歌的译者强求译文的押韵，为了押韵而故意省略译文所需要而原文所罕见的定冠词或不定冠词，甚至把原诗一句一句地拆开，分成两三行英语翻译，是不妥当的；最理想的翻译还是要以"神似"为目标，而绝不是"形似"所能创造出来的。第二，确确实实地弄懂原文，就是英文所谓的 source language。中华民族的语言三千多年来不断地在改变，诗歌的语言也会随着发生变化，这就要求译者要借助参考书切实弄懂原文的意思，避免望文生义产生错误。第三，彻底地尊重"译文"的文字，就是英文所谓的 target language——包括译文的文法及其他修辞方式。译者要注重语言上的锤炼，把中国诗歌译成英文，绝不要用"洋泾浜英语"（pidgin English），而要用人人都能接受的"惯用英语"（idiomatic English），不能让读者感到他们所读的作品，不仅是一篇译文，而且还是一篇外国人所写的译文。要做到这一点，译者必须专心研究译文文字；可能的话，还必须要把译文文字视为自己出生以后所说的语言。

罗郁正还特别指出，文字并不是一连串的"字义信号"而已，而一定会包含一个民族文化所遗留下来的宗教信仰、忌讳（taboo）及其他社会风俗。因此，要使译文流畅通顺——就是严复先生提倡的"达"（fluency）——译者必须不迷信 book knowledge（指从书本上所得到的知识），而要投身实践，增加生活体验，以学习地道的"活的语言"，这样才能避免令人生厌的"翻译腔"，做到文笔流利、语言自然。

其实，在此次报告之前，罗郁正曾发表论文《从"玉箸"谈到"牛皮纸"》，加入到当时翻译界著名的翻译方法大论战中。论战之初，许渊冲撰文提出："翻译是两种语言的竞赛，文学翻译更是两种文化的竞赛。译作和原作都可以比作绘画，所以译作不能只临摹原作，还要临摹原作所临摹的模特。"这一提法对罗郁正而言，一定如骨在喉，不吐不快，必须站出来说明自己的想法。

罗郁正并不赞同许渊冲将古典诗词押韵翻译的做法，在他看来，翻译应是从两种民族的文字中用折中办法——中庸之道——创造出来的艺术，翻译绝不能"拟化工而迥巧，夺原文之美以争鲜"。体现在中国诗歌英译方面，就是要清楚认识中西方诗歌的差异，在翻译中再现原诗的精髓。他认为，中国诗歌经历了三千年的演化，形成了多种形式、格律和风格，并在其演化中与音乐紧密联系。汉语的单音节发音决定了中国诗歌不同于英文诗歌的乐感、节奏。句法结构方面，古汉语句子中常见的主语省略为诗歌增加了独特的风味，这在英文诗歌中是极罕见的。主题思想方面，分别、友情所占的比例比爱情更大，这也表现了中西方社会习俗的差异，中国诗歌从最初开始便从平民百姓和文人群体中汲取灵感，反映人民的生活和活动。儒家、道家、佛教思想的浸淫造成了中国诗歌的复杂性，也是理解中国诗歌必须具备的背景知识。种种因素决定中国诗歌与英文诗歌存在很大的区别，中英诗歌翻译存在很多文化方面的因素。例如，中国诗歌重"含蓄"，"含蓄"即英语所谓的 implicitness，在翻译中国诗歌时，应该把诗歌的"含蓄"摆在比押韵更高的位置上。中国诗中最忌的一件事就是说得太明白，因此翻译时要尽量保留原诗的"含蓄"之美。

  罗郁正在汉诗英译时特别强调"神似"的重要，同样，在译英诗时，"神似"仍然是其翻译的基本要求。1992 年 10 月长春之行时，他曾翻译威廉·华滋尔的《威斯敏司德桥上有感》。

    大地上没有比这儿更漂亮的角落；
    只有麻木的灵魂才会忽略
    这样庄严华贵的景象：
    眼前的伦敦城刚披上新装——
    清晨的阳光。会声地、赤裸裸地
    樯橹、宝塔、宫宇、剧院、寺庙栉比相连地躺卧；
    坦荡荡地融入原野和天空。
    在一尘不染的空中闪着银光。
    初升的太阳从来没有这样
    浸出一片山谷、岩石或丘陵，
    我没见过也不曾体验过如此的安宁！

第三编 译人研究·老一辈前贤

《威斯敏斯德桥上有感》

就是那一条河也在随意流逝。
上帝啊！一间一间的房舍都好像在睡眠中，
连那么猛烈的心跳也寂静下来。

（原载于《中国社会科学报》2015年10月12日第820期）

绿原留给我们怎样的文化遗产

——"七月"学人翻译研究之一

桂清扬[*]

2009年我国翻译界多位大师仙逝,其中有季羡林(享年98岁)、绿原(享年87岁)、杨宪益(享年95岁)、杨乐云(享年90岁)等。在这些翻译家中,有的耳熟能详,有的难免有些陌生。绿原似乎属于后者。我在发表于《中国翻译》的一篇文章中这样写道:"2000年8月4日,绿原出现在中央电视台'东方之子'栏目里,我看到了他,看到了他的夫人罗惠。我感到惊喜和欣慰,因为绿原先生作为半个世纪的'隐身人',终于亮相于'东方时空'了。"(桂清扬,2007:68)

绿原(1922—2009),原名刘仁甫,另有笔名刘半九,作家、诗人、翻译家、编辑出版家,湖北黄陂人。绿原去世后,复旦大学教授陈思和在接受一家新闻媒体采访时说:"从去年王元化、贾植芳先生过世之后,'七月派'这一代诗人一路凋谢过来,一个时代也真正结束了。""七月派"是中国现代文学史上一个队伍整齐、贡献卓著、影响深远的文学流派。绿原在《试叩命运之门——关于胡风"三十万言"的回忆与思考》一文中,谈及自己习诗乃至为诗而受难的经过:"我从上世纪40年代初起,受到胡风先生的帮助,开始从事诗歌创作;到50年代被划为'胡风分子',又从1955年起,被'隔离反省'7年,接着作为'牛鬼蛇神'被监督改造18年。"(绿原,2002:25)

---

[*] 桂清扬,浙江外国语学院英语语言文化学院翻译系教授,浙江外国语学院首届学术委员会委员,主要研究方向为应用语言学、翻译学、语料库语言学等。

历史在筛选一切，也包括鲁迅、胡风和绿原。问题是筛选之后，仍应追问：他们是怎么走过来的？我们又应继承一份怎样的文化财富和精神遗产？

因为绿原，一份 *China Daily* 我珍藏了近 30 年

我手头有一份 1986 年 9 月 29 日的 *China Daily*（中国日报），几十年来一直伴随着我。上面刊有一篇关于绿原的专题报道，大标题为 Poet survives years of struggle, still writing（为诗受难多年，仍笔耕不止），两个小标题为：July School（七月派）和 Translations（绿原译事）。在新中国建立前与建立之初并无"七月派"这一称谓，直至上世纪 80 年代在文学史上才有"七月派"一说，且以七月派的 20 位诗人的代表作合集《白色花》的出版为主要标志。近期读了绿原先生在《书屋》发表的《答王伟明问》一文（王伟明系香港《诗风》编审、双月刊《诗》主编），其中有关于"七月派"的介绍："'七月派'（包括目前所指的'七月诗派'）是跨三四十年代、长久活跃在中国现代文坛上的一个作家群，无论从集体的还是个人的角度来说，都拥有坚实的可以触摸的创作成果，是在文学史上抹煞不了的。但，又如引文所述，它毕竟只是一个历史的存在，其成员今后不但不能以个人成就代表历史上的'七月派'，更不必担心自己进一步发展所取得的荣誉会遭到历史上的'七月派'的掠美或牵连：这是每一个饱经沧桑的中国读者都能明白的道理。"（绿原，2007a：466—467）

那么，我和绿原先生又有什么关系呢？一份报纸竟然让我珍藏了近 30 年！

此话题绕不开家父桂向明。《杂文月刊》执行主编吴营洲曾在 2005 年 9 月 27 日《人民日报》上发表了一篇写家父的文章《人淡如菊》。他写道："桂向明曾说：'此生无大过，惟一值得大书特书的是，能和胡风等高贵灵魂亲近，并蒙受七月派余泽。'"（吴营洲，2005：15）桂向明和七月派成员一样，都有着"鲁迅情结"和"胡风缘"。据《胡风全集》第 10 卷记载，桂向明名字在胡风日记中出现的年份介于 1952 年 8 月至 1954 年 5 月，书信来往共计 11 次，其中胡风收信 8 次，回信 3 次。胡风女儿晓风在《"小"人物？大尊严》一文中叙述道："桂向明、胡显中、刘振辉，曾不同程度地受到'胡风案'的牵连，且相互之间有着关联。桂向明这个名字，当今的文艺界并不陌生，是著名诗人和散文家。胡显中则是著作甚丰的经济学家和社会学家。只有刘振辉早逝，已离世二十多年了！"（晓风，2010）我在《我们家的"七月派"情结——为怀念绿原先生而作》一文中写过这么一段文字："2002 年 4 月，曾卓去世时，家父悲痛欲绝，神情恍惚数月，他们都是'钟情的人'！所以，此次绿原先生谢世，考虑到家父健康状况不佳，我们都不敢马上告诉他。绿原是'胡风集团骨干分子'，家父是'胡风影响分子'。他们都'为诗而受难'！"（桂清扬，2010：16）桂向明在《绿原，诗之骄子》一文中特别指出："不但在 1952 年读到《童话》，还认识了诗的作者绿原，从此开始半个世纪的学诗生涯，不知是诗误了我还是我误了诗，至今仍在稿纸上忘乎所以地涂抹。"（桂向明，2009：20）。桂向明由曾卓和绿原推荐加入中国作家协会，并于 2009 年荣获中国文联授予的"新中国 60 周年文学艺术奖"。

由于绿原除了写诗，还从事外国文学研究和文学翻译工作，我在心理距离上自然离他更近一些。我曾用七八年的时间研究他的诗、他的诗论、他的译作和他的译论，在《中国翻译》上发表了封面文章《跨文化传播意义上的经典译作——关于绿原〈浮士德〉译本的思考》。家父告诉我，绿原先生给他去信，说"公子基础扎实，拟过阵子给他写一长信"。但后来老人家因健康原因和精力不济，终未成文。那些年我去北京开会的机会不算少，但每次想登门拜访绿原先生，都被家父劝阻了。未能与蜚声中外的诗人和翻译家绿原谋面，乃我三生遗憾！我珍藏的《中国日报》的出版日期是 1986 年 9 月 29 日，而绿原先生去世的日期是 2009 年 9 月 29 日。这纯属巧合，不可能有什么因果关系，但 9 月 29 日这个日子却长期储存于我的记忆中，不时触及和弹拨我怀念的神经。今年是绿原先生逝世 5 周年，我深深地怀念他！

第三编　译人研究·老一辈前贤

因为绿原，中国人首次荣膺斯特鲁加国际诗歌节金环奖

20 岁出版诗集《童话》，24 岁被郭沫若誉为"九缪斯"之一，逝世后又获得屠岸"译笔长挥歌德里尔克，诗思并驾艾青闻一多"的高度评价（屠岸，2009），这个人不会是别人，只能是绿原。贾植芳先生曾以"车之两轮，鸟之两翼"来形容文学翻译与文学创作之间的关系。他自己既是作家，又是翻译家（宋炳辉，2010：36）。绿原首先是一位诗人，诗人译诗，译诗为诗，所以本文从他的诗歌创作入手。

据袁伯康在《思念绿原》中回忆："1941 年我 15 岁，出版家范用介绍我到三联书店前身之一的读书出版社当店员，之后认识了阿垅、路翎、化铁、邹荻帆、绿原、冀汸、冯白鲁、云天等《七月》及《诗垦地》的诗人和作家。……这些朋友常来书店看书，他们神态、个性、风格各异，自有一种特色。……绿原平静、庄重、似有所思，他穿着脚趾都快要露出来的旧皮鞋，那模样，谁也想象不出，他会有那样丰富的想象力和那样独特的诗歌表现方法。"（刘若琴，2010：53）。

七月诗派，如绿原在《萤》中的诗句所说，找到"自己的灯塔，自己的路"（绿原，2007b：34）。这个灯塔就是鲁迅，他们共同崇奉鲁迅的文学之路。周恩来曾赞扬说：《七月》是"一个作大运动战的兵团"（胡风，1999：624）。"在继承以往新诗的传统，紧跟时代的脚步，把握现实脉搏的过程中，'七月诗派'发展并超越了 20 世纪二三十年代中国新诗的创作实践，丰富了诗歌现实生活和情感表现的空间和力度。"（张立群，2013：7）

七月诗派的道路亦即绿原的诗歌之路。绿原出版的代表诗集有：《童话》（1942）、《又是一个起点》（1948）、《集合》（1951）、《人之诗》（1983）、《人之诗续编》（1983）、《另一支歌》（1985）、《我们走向海》（1990）、《绿原自选诗》（1998）、《绿原短诗选》（中英对照，2001）、《向时间走去——绿原短诗新编》（2012）等。在中国现当代新诗的长廊里，绿原的诗歌无疑是一个不容忽视的存在。《诗刊》在上世纪 90 年代初曾辟"经典名作"专栏，每期推出一位名家。前 10 期中就有 7 位是七月派诗人，而绿原首当其选。北京大学

孙玉石教授认为：绿原是"一个'人'的战斗者"（孙玉石，2009：3）。牛汉曾经回忆："1947年冬天，我从纱厂林立的沪西一个弄堂走过，听到一个中学教室里传出女教师朗读《终点，又是一个起点》因激动而颤抖的声音，我伫立在窗外，感动得流出了眼泪"（牛汉，1986：74）。

我们注意到，牛汉在同一篇文章中又说："从诗的角度来说，我倒觉得绿原诗里一直有着一种时起时伏、若明若暗的理念化倾向"（同上：76），并以绿原的长诗《歌德二三事》作为例证。陈丙莹在《绿原论》中指出："有的论者认为哲理化是绿原诗歌的致命伤。事实上恰恰相反，绿原政治诗的独创性正在于他把哲理的艺术引入革命诗、新诗。我们还没有见到有哪一个诗人像绿原这样重视哲理，大量地运用哲理，如此成功地把哲理诗化。"（陈丙莹，1987：294）"卞之琳的《鱼目集》，冯至的《十四行集》，开拓了新诗思辨玄学哲理性的传统，绿原《又是一个起点》等代表的，则是个人生命的哲学沉思之外更多现实政治的哲理感悟。走出了卞之琳的限囿，又脱离了冯至的影子，绿原诗中存在一个独立的不变的情愫特点，则是使新诗的抒情，如何在更为强烈观照现实同时进行富有深层哲理韵味的艺术探索。绿原对于20世纪中国新诗的这一份独特贡献，也必将因此而进入历史永久的记忆了！"（孙玉石，2009：3）诗的最高境界是哲学，当然哲学不是诗，而是诗化了的哲学。真正的思想家应该是诗人哲学家，而真正的诗人应该是哲学家诗人。一个封闭的有体系的哲学家只能属于某个时代，而有哲学思考的文学家和诗人，对社会的影响和启迪是无限跨时空的。我想，绿原就是这样一位哲学家诗人。

绿原晚年频频问鼎海内外大奖，1998年荣获第37届斯特鲁加国际诗歌节金环奖，2003年荣获首届国际诗人笔会"中国当代诗魂"金奖，2007年荣获首届"中坤国际诗歌奖"。马其顿共和国的斯特鲁加诗歌节把"国际桂冠诗人奖"颁发给为人类做出杰出文化贡献的世界各国大诗人，其中许多是诺贝尔奖和但丁奖的得主。中国只有绿原一人获此国际大奖。领奖之后，绿原站在斯特鲁加美丽的诗桥上向公众宣告："这个奖不仅是属于我个人的，更是属于中国诗人们的，是属于中国人民的，是属于我的祖国的，我将和代表团的同志一起，把这个奖带回国，呈送给我的祖国和人民。"2007 年 8 月 27 日在中国现代文学馆举行了《绿原文集》出版座谈讨论会暨捐赠仪式，武汉出版社向文学馆捐赠《绿原文集》（六卷），绿原个人则向文学馆捐赠了第 37 届斯特鲁加国际诗歌节金环奖。

因为绿原，《浮士德》"问鼎"首届鲁迅文学奖优秀文学翻译彩虹奖

我与绿原女儿刘若琴女士进行过多次访谈式交流，她就绿原先生的外语学习和翻译活动，作了如下介绍："我父亲自小学习英语，他的大哥（年长 19 岁）自己英语很好（曾当过远征军的翻译），对幼弟学习要求很严，因此打下了他学习外语的基础。他 17 岁时尝试英译鲁迅先生的《聪明人和傻子和奴才》，译文颇受老师和长兄的称赞。40 年代又在重庆复旦大学专修过英语，并从盛澄华教授学习法语。21 岁时翻译了王尔德的《狱中记》；24 岁翻译桑德堡诗《致肖斯塔科维奇》，刊于胡风主编《希望》第二集第 3 期；25 岁翻译惠特曼、桑德堡的诗及维尔哈仑的戏剧《黎明》，陆续刊于《大刚报》副刊《大江》，其中《黎明》又于 1950 年由海燕书店出版。1950 年创作了英文小说《一个新女性》，在上海《密勒氏评论报》发表，同时翻译了保加利亚诗人普查诺夫诗选。解放初，举国学俄语，他业余在中苏友协附设俄语训练班学到能阅读的水平。1954 年从俄语译《契诃夫论》，从英语译德国童话《冷酷的心》。1955 年的胡风集团案发生，他被单身囚禁，强制自己学习了德语，也使自己的后半生与翻译结缘。"

我在《中央宣传部关于胡风及胡风集团骨干分子的著作和翻译书籍的处理办法的通知》（1955 年 7 月 28 日）中发现，绿原被禁的著作和译著有：《集合》《大虎和二虎》（以上是泥土社出版）、《又是一个起点》（海燕书店出版）、《从一九四九年算起》（新文艺出版社出版）、《黎明》（梵尔哈仑著，海燕书店出版）、《文学与人民》（乔瑞里等著，武汉通俗图书出版社出版）、《苏联作家谈创作》（薇拉·

潘诺娃等著，中南人民艺术出版社出版）。由此可见，"不管作品（包括翻译作品）的思想内容如何，只要作者在政治上被认为是'异端'，其所有作品就会被查禁"（谢泳，2004：56）。

绿原曾被单身监禁达 7 年之久，"沉沦到了人生的底层"（绿原，2007b：327）。他认为，自己之所以遭此厄运，皆在于文艺思想上的"反马克思主义"，何不好好学学德语，认真读几本马克思主义经典原著，弄明白自己究竟是怎样在"文艺与政治的歧途"失足的？胡风也曾因不满足于看马列著作的译文，请中国人民大学马列主义教研室主任谢韬帮助查找原著，后者因此成为"胡风反革命分子"，坐牢 10 年。绿原下决心像茨威格的小说《象棋的故事》中的主人公在狱中自学象棋一样，抓紧每分每秒研修德语。他在《自己救自己》一诗中写道："我不再发誓不再受任何誓言的约束不再沉溺于赌徒的谬误不再相信任何概率不再指望任何救世主不再期待被救出去于是——大海是我的——时间是我的——我自己是我的于是——我自由了！"（同上：306）

1962 年 6 月 5 日，绿原监禁结束，由原单位中宣部安排至人民文学出版社编译所。据绿原回忆："编译所是出版社近年在编辑部之外成立的一个专门容纳'高知'的机构，既有一些知名的学者、翻译家，如金人、许磊然、蒋路等，又有一些同样知名的当时尚未落实政策的'问题人物'，如萧乾、舒芜、顾学颉等"（绿原，2005：192）。这里每人各搞一摊，绿原先接替冯雪峰编制"五四"时期新诗目录。后来，又为编辑部外国文学编辑室审阅德语文学翻译稿，为李健吾担任主编的《外国古典文艺理论译丛》翻译德语古典美学文论（里普斯、海涅、叔本华、黑格尔等）。"我兢兢业业翻出来的几篇译稿，由适夷同志转交外文所叶所长，再由叶送给该所专家钱锺书先生审定，然后一篇篇以'刘半九'的化名发表在该刊上。"（绿原，2005：192）

绿原还为朱光潜译的《拉奥孔》写过修改意见。冯至先生去世前于病榻上撰写的美文《肃然起敬》提及此事："一九六五年，朱光潜根据德文原本译出莱辛的美学名著《拉奥孔》。译稿由我工作的单位介绍给人民文学出版社。不久，出版社编辑部回信同意出版，对译文也提了一些意见。意见相当中肯。问意见是谁提的，回答说是绿原。当时我很惊讶，我只知道绿原是诗人，抗日战争时期在重庆复旦大学专修英语，从来没听说他懂得德语。进一步了解，才知道他从一九五五年至一九六二年因胡风冤案失却人身自由，在监狱中面对四壁自修学会了德语。"（冯至，1999：38—39）这位被鲁迅誉为"中国最杰出的抒情诗人"的话语如此平和温存，令人感慨。但更让人万分感动的是，绿原当年头上还戴着"胡风骨干分子"的帽子，朱光潜先生又是冯至先生的同事兼朋友，在这样的背景下，冯至先生摒去了"政治是非"，实事求是地处理了相关学术问题。

冯至先生在《肃然起敬》中感慨的译界三人分别是朱生豪、绿原和钱春绮。朱生豪是让中国人亲近世界文豪莎士比亚的一代"译界楷模"，而绿原和钱春绮则被誉为"中国译介德国诗歌的两大巨擘"，素有"南钱北绿"之称。

绿原先生重译的《浮士德》1998年荣膺首届鲁迅文学奖优秀文学翻译彩虹奖。他又于2007年荣获首届中坤国际诗歌奖C奖（诗歌翻译奖），获奖理由是："以翻译德文作品为主，勇于向德语文学史上最经典的诗人诸如歌德、海涅、里尔克等人进军，翻译了他们的诸多诗选，直至攻下巨著《浮士德》。"

中国德语文学研究会副会长、北京外国语大学博士生导师韩瑞祥教授欣喜之余撰文评述道："绿原先生的译文无论从整体的把握和由此而决定的形式的转换还是语言的融贯上来看，译出了歌德的风格，译出了原作的神韵，是近年来我国德语文学译介中一部难得的杰作。""绿原先生的《浮士德》译本借鉴于先行者的甘苦，扬其长，弃其短，在'奔向《浮士德》真谛的这场接力赛'（绿原语）中迈出了令人赞叹的一大步。"（韩瑞祥，1998：35—37）

目前似乎仍存在一种异议：绿原的译本的确权威，不过，《浮士德》是诗剧，他却译成了散文，不能不说是一种遗憾。关于绿原先生为何要采用诗体与散文体相结合的方式翻译诗剧《浮士德》，我曾在《跨文化传播意义上的经典译作——关于绿原〈浮士德〉译本的思考》一文中作了一些粗浅分析，故此不赘。但仍然想重提一下《浮士德》翻译史上的一个事实：法国天才诗人杰拉（Gerard de Nerva,1808—1850）曾推出《浮士德》上卷的法译本。"杰拉的法译本尽管大部分用散文，歌德却称赞他译得很成功。他说，'我对《浮士德》德文本已看得不耐烦了，这部法译本却使全剧再显得新鲜隽永'。"（艾克曼，1978：201）

关于《浮士德》及其翻译，关于广泛意义上的文学翻译（包括诗歌翻译），绿原先生都有自己的深刻理解，也有较成熟的翻译思想和翻译原则，值得我们学习、研究和借鉴。如同德国著名诗人里尔克在《给青年诗人的十封信》中对年轻诗人提出忠告一样，作为首批受颁中国"资深翻译家"证书的绿原，晚年曾寄语年轻的文学翻译工作者："出于有限的鉴赏经验，我想向译诗家们建议：且用更精炼、更自然的语言译格律诗，最好用口语译现代自由诗，力求把一篇外国诗作为一个诗的整体介绍过来。因此，一忌机械迁就原作结构，以致破坏汉语规律；二忌生造格律，转移读者注意力，从而掩盖了原作固有的诗意；三忌套用中国旧诗词的格律和词汇，把原作完全中国化，把一点异国情调消磨殆尽——这三忌之所以为忌，道理很简单，就因为它们把一首诗变成了非诗，在爱动脑筋的读者那里通不过。"（海岸，2007：260）。这是长文《"夜里猫都是灰的"吗？——一个读者关于译诗的几点浅见》里的一小段，全文后来辑入海岸主编的《中西诗歌翻译百年论集》。

我因有研究翻译过程的欲望，曾向刘若琴咨询过绿原先生的翻译手稿问题。她的回复可资感兴趣的读者参考："我父亲的翻译手稿还未能全面清理，我发现有的手稿不完全是我父亲的亲笔。《浮士德》和《里尔克诗集》为大部头，他请我母亲（作者注：罗惠女士，曾任报社编辑。本人的研究多次得到老人的鼓励与支持）帮他做了大量的抄稿工作，可能给出版社的是他的亲笔，留在家里的很多是我母亲的笔迹，但内容与给出版社的应该一致。目前我所见到的主要手稿情况：《浮士德》罗惠抄稿，有绿原的补充手迹；《里尔克诗选》罗惠抄稿与绿原手稿均有；《叔本华散文选》绿原手稿；《雷丁儿童诗选》

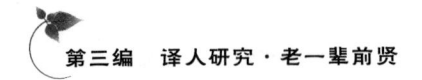

绿原手稿复印件。"

因为绿原，我们拥有歌德金质奖获得者杨武能，拥有经典的《冯至文集》

人民文学出版社中国现代文学与文化编辑室主任王培元撰文指出："绿原审读朱光潜翻译的莱辛《拉奥孔》后，有人在想：'这个在狱中自学德语的人，德语水平究竟如何呢？'外文所把他译的文字古怪的让波尔的《美学入门》的一章，送给著名学者钱锺书审阅。钱阅后写了这样的评语：'译得很忠实，有些地方颇传神。'"（王培元，2007：80）非常感谢该社资深编辑张福生为我们保存了绿原先生49年前《关于拉奥孔译文的情况及处理意见》极其珍贵的手稿。处理意见由6部分组成，谨摘录第二部分，聊备一格：

> 译文一般说，相当成熟、老练。但按原文推敲，粗疏、随便、不严谨、不确切处，还是很多的。同时，还可看出，译者基本上是英译本为蓝本。不但原文中一些艰字难句，大都是按照英译本解决的，因此英译本的一些缺点和错误，也往往出现在译文中；甚至译文中有些错误，竟不是由于误解原文，而是由于误解了英译的正确文字（例如：把 sieben Hufen 译作 "三张牛皮"，即由于只看英译、未看原文、同时没有了解英文 hide 的另一意义而来，详见附件第9页）。不过，这个英译本还是比较忠实的，和原文出入不大，因此译文这方面问题尚不严重。

张福生感慨地说："这篇审读报告完全可以作为我自己写审稿报告的范本：它条理清楚，千头万绪的复杂问题讲得明白易懂，每一条都写有充分的论据，而且遣词用字也十分讲究。"（张福生，2010：33—34）

绿原的编辑思想和编辑精神无疑融入了"人文社"的编辑传统，同时也和鲁迅、胡风的编辑传统一脉相承。绿原曾经说过，胡风不是一个单纯编刊物的人，他之所以要花费大量的精力来编刊物，就是因为希望通过刊物寻找、团结和培养新兴的文艺力量，推出一批鲁迅先生所期待的"闯将"。诚然，绿原不是刊物主编，但他作为出版社的外国文学编辑和后来的副总编辑，不仅热心培养了一批编辑骨干，也出色地扶植了一批诗人、作家、翻译家和文学批评家。

著名德国文学史研究专家余匡复在《绿原印象》一文中指出："我国德语界今天较为知名的人物中，有不少得到过他的帮助。二十世纪七十年代末，我北大的同班同学张玉书译好了海涅的《论浪漫派》，张玉书投稿上海某出版社，遭退稿，说海涅此书论文不像论文，散文不像散文，不宜发表云云。殊不知海涅这部名作正体现了诗人论同时代诗人的理论作品的特点：诗一样的散文般的论文，或论文式的诗一般的散文。这部书稿绿原读到之后，当即决定由人民文学出版社出。此书后来广获好评，译文经常为人所引用。后来人文社出版四卷本海涅选集，绿原也大胆任用张玉书担任选集主编。"（刘若琴，2010：130—132）。他又指出："杨武能是个知名的德语文学研究者和翻译者，他的第一部有名气的翻译作品便是歌德的《少年维特之烦恼》。几十年前，郭沫若的《少年维特之烦恼》译本早已经出版了，而且流传很广，此后便再无其他译本问世，似乎郭译已不可超越，但绿原却大胆接受杨的译稿。后来杨的译作一印再印，数量大大超过郭沫若的译本，杨武能也因这个译本走上译坛，应该说是绿原为他铺平了道路。我在工作中也得到过绿原的许多指点，他在肯定我的《德国文学史》初稿的同时，指出我对德国浪漫派的评价有失公允，'德国浪漫主义文学'这一章应予重写，并指出：作为一部文学史应加强德国哲学与德国文学的关系、德国哲学对德国文学的影响的论述。后来我修改初稿时，很多地方都接受了他的指教。"（同上）

圈内人知悉，杨武能2000年荣膺约翰尼斯·劳总统颁授的德国国家功勋奖章，2001年荣获终身成就奖性质的洪堡奖金，2013年成为中国首位歌德金质奖获得者。据称，歌德金质奖是世界歌德研究领域的"最高奖励和荣誉"。恩格斯称歌德为"最伟大的德国人"。杨武能和绿原都是《浮士德》的译者，同是歌德的知音。绿原去世后，杨武能在多篇文章（或多个媒体）中抒发自己对绿原的感激之情。

他在《"吉人天相"：忆绿原》一文中动情地写道："今天撰写此文，则为怀念于我亦师亦友的绿原；继叶逢植和冯至两位恩师之后，他是给过我最多温暖和阳光的'天'啊。"须知，《德语国家短篇小说选》《少年维特的烦恼》和《德语国家中篇小说选》"堪称厚重而具有一定文化学术价值的译著，真不知倾注了绿原多少心血，但却没有留下丝毫他个人的印记。"（同上）稍后，他在发表于《东方翻译》上的《五十回眸——有苦有乐，无怨无悔》一文中，再次称绿原是自己"五十年文学翻译生涯中"的"一大'贵人'"（杨武能，2011：44—54）。

我们为不计其数的受惠于绿原先生的专家学者欢欣鼓舞，而绿原与冯至彼此引以为志同道合的精神知己，更是令人羡慕不已。在外国文学领域，与绿原在精神上最为接近的无疑是冯至先生，他们俩对浮士德精神的领会拥有更多的共同语言。1986年上海文艺出版社出版了冯至先生的《论歌德》一书，绿原认真阅读，并写出心得。他意识到"歌德确是一棵大树，他的浩瀚的业绩有如枝叶茂密的树干，巍然屹立于古人与来者之间，永远跨越时空的距离，以新的意义和新的面貌出现在每个时代和每个国度的读者面前"（绿原，2005：21）。冯至说："从绝望中不断地产生积极的努力，是歌德最伟大的力量。"（冯至，1999：38—39）这一见解引起绿原强烈的共鸣。冯至还说："人们一旦从长年的忧患中醒来，还要设法恢复元气，向往辽远的光明，到那时，恐怕歌德对于全人类（不只是对于他自己的民族）还不失为是最好的人的榜样里的一个。"（同上）这一远见，绿原也完全赞同，并认为应当把歌德的"责任感""节制观"和"断念观"视为人类文化的宝贵财富（刘若琴，2010：130—132）。

歌德是绿原和冯至之间情感与智慧的纽带。下面一封信是冯至先生写给绿原的，足见他们的相知有素和百般信任。

绿原同志：

　　我有一件事恳求你，不知你能否同意。

　　数年前，袁可嘉同志受青年出版社之托，编一部西方主要国家的诗选，按语别和时间排列。他曾叫我编德语诗歌部分。我曾为此草拟一份选目，并请北大的同志们译出了一些。我记得也曾将选目寄给你请你审阅。（冯先生旁注："选目"很草率，还须修改。）这件事在我这里放了两三年，没有继续进行。最近可嘉找我，说出版社一再催他在今年内编好。我近来身体不好，"债务"积累一大堆，难于应付。我想请求你偏劳，把这摊子接下来，不知可否？我希望你万勿推辞。（冯先生旁注：选诗约一千五百行左右。）

敬礼！

冯至 一九八九．二．二十六

冯至先生去世后，《冯至文集》是在绿原的实际主持下完成的，并于2001年获第5届国家图书奖。冯至女儿女婿冯姚平夫妇曾给绿原先生送去获奖证书复印件。

绿原在人民文学出版社工作期间，亲手编发过许多著名的书稿。最值得一提的，是他组织翻译的勃兰兑斯的六卷本巨著《十九世纪文学主流》。他既是组织者，又是责任编辑，又是第二分册《德国的浪漫派》的译者，还是全书出版前言的撰写者。绿原不止一次把该书称为世界文学史中的"大"书。

因为绿原，我们认识到"断念"是一种生命的至善境界

刘若琴在《又是一片碧绿——怀念父亲绿原》一文中说："父亲终于走了，结束了病痛的折磨，也结束了多难的一生。回忆他生前的境遇，我不能不惊异，在人的柔弱的胸腔里如何能盛装那么多的苦难，而在一个又一个的逆境中，不知他又是如何挺过来的。"（刘若琴，2010：229）资深编辑张福生也撰写了怀念文字："应该说，我对绿原先生是了解的。但有时又觉得不尽如此。绿原先生对于我，始终像是一本厚厚的我无法完全读懂的书，一个令我敬畏的值得永远珍藏心底的谜。"（刘若琴，2010：157）以"五四"以来中国自由主义知识分子研究闻名遐迩的谢泳教授深刻指出："他们最终没有被打垮，与他们的意志相对其他知识分子而言比较坚定有关。'胡风分子'重返文坛后再度表现出创作实力,这与他们的文化素养分不开。"(谢泳,2004:56—64)

笔者认为,在这个话语层面上,绿原的"文化素养"应该包括:中国传统、鲁迅精神、歌德"断念观"以及他个人的文化认知能力和处世态度,而"断念观"实际上成了其中的主基调之一。和贾植芳一样,绿原也是"喝鲁迅奶长大的"一代学人。20世纪80年代绿原在介绍自己的《我们走向海》和《高速夜行车》两首诗时曾说:"它们试图表现的正是我毕生景仰的、鲁迅在《过客》中以特异笔触表现过的那种排除万难、一往无前的精神……"(绿原,1998:84)记得2000年绿原做客中央电视台"东方时空"栏目时,还特别提到"断念"一词,并数次以"断念"为题作诗,如《断念》《断念——记一位长者的告诫》等。那么,何谓"断念"呢?

歌德说:"谁不能承担绝望,谁就一定活不下去。"他曾给一位朋友写信说:"人有许多皮要脱去,直到他能把握住自己和世界上的事物时为止。确实地告诉你说,我在不住的断念里生活着。这却是一个更高的力的意志。"(王充闾,2008:111)刘若琴告诉我们:"在涉猎德语文学的多年中,父亲发现歌德精神和鲁迅精神是一致的,二者可以相互补充。老专家冯至先生说过:'从绝望中不断地产生积极的努力,是歌德最伟大的力量。'这一见解引起父亲深深的共鸣。歌德针对人的绝望提出过断念(die Entsagung)这样一种高级修养手段,父亲的理解是:所谓'断念'决不是无可奈何地听天由命,而是自愿地主动地、虽然不无痛苦地承受客观现实加于自身的种种艰辛和矛盾,并且自愿地作为人类整体的一分子,安于自己的痛苦地位,达到忘我境界,隐约感到美与光明缓缓从自己内心流出。歌德有一条著名箴言:'在一切德行之上的是:永远努力向上,与自己搏斗,永不满足地追求更伟大的纯洁,智慧,善和爱。'这箴言不仅曾经长期压在父亲书桌的玻璃板下,更是他时常鼓励自己的座右铭。"(刘若琴,2010:234)

冯至在《肃然起敬》一文中说:"联想绿原在失去人身自由的七

年内写的一首诗《又一名哥伦布》和1970年在牛棚里写的《重读圣经》，既表达了坚定的意志，也蕴含着深刻的体会和睿智的情思，我曾反复吟诵，一唱三叹。我对他在困苦中甚至在灾难中的那种艰苦卓绝的精神肃然起敬。"（冯至，1999：38—39）。可以说，是中国文化传统、鲁迅精神和歌德"断念"观共同锻造了绿原坚韧不拔的性格和智慧。陈思和教授指出：绿原在他的长篇回忆《胡风与我》中，就曾记述了自己所经历这个"痛苦的惶惑"过程，而最终促使他形成了自己的抉择的，固然有"中国知识分子为人的道德"的因素，但更主要的原因却再简单不过：一是"我所经历的事实本身"，一是"对于胡风和一些文艺领导之间的文艺见解的分歧，我始终认为胡风是对的。这个分歧不经过平等的讨论，就以一方的意见为结论，我始终认为是解决不了问题的"（石剑峰，2009：B12）。

1970年，沦落到人生底层的48岁的绿原写了《断念》一诗，从否定中进一步肯定了对诗的信念。在那焚琴煮鹤的年代，诗人们不能用笔来写诗，甘愿用生命来写诗！正如他在一首诗里所说："须知不是我得天独厚，而是大自然的公平：让一切不幸的缺陷都赋有相应的特异功能。说来你也不会相信，这就是世上出诗人的原因。"（绿原，2007b）也正如绿原曾感叹过的里尔克的诗句——"你是变化着的形体，/永远寂寞地耸立于命运……"（绿原，2006：201）

2007年8月29日绿原致辞《绿原文集》的出版："在历史的新时期，为了抓紧流逝如水的光阴，我常常不由自主地试图与时间赛跑。""今年我已八十有五，今后一息尚存，仍当继续努力。"他曾自誓："只要我活下去，总想再写下去；只要我再写下去，总想写得好些。"（绿原，2013：283—284）在晚年他还学习用电脑写作，在键盘上整整驰骋了十个年头。诗评家高嵩在《雪线以上的孤攀者——绿原诗断议》一文中如此评价绿原的诗："它在当代世界诗坛是一座孤峰！它的身边，只有风，只有云彩！在现代西方诗坛上，已经没有条件产生诗的巅峰，只有当代中国的历史条件才能把它孕育出来！"（高嵩，2002：98）

绿原发表在《诗刊》上的长诗《歌德二三事》被译成德语，深受德国诗人和读者的喜爱和赞赏。借用其中的诗句可以对绿原作进一步的理解："他身上有一个'否定的精灵'/永远催促他/通过'断念'/挣脱自己的皮囊/永远不失败/因为永远不好胜/永远不示弱/因为永远不逞强/……他尽了一个诗人的本分/他一生忠于他的诗神/像蜂，像蚕，像开放的花朵/为同时代的人类/吐尽了大自然的甜蜜、色彩和芬芳。"（绿原，2007c：197—205）

　　绿原曾以"刘半九"为笔名发表翻译作品。这个笔名来自一个古老的成语——行百里者半九十，就是说，对于一百里来说，走了九十里，还只是走了一半。绿原以此激励和鞭策自己。《半九别集》中有篇短文叫《勤奋说》，绿原认为，人生苦短，人首先应爱惜时间，因而"勤奋"就是他人生中"最珍贵的感悟"。他也曾借助"昙花"感叹生命之短暂，同时坚信美的永恒。本来，一个离休老人写点诗、搞点短篇翻译也说得过去，但绿原在年近70岁时，仍然向自己提出了挑战——接受人民文学出版社的建议，重译《浮士德》。

　　罗惠在《几多风雨，几度春秋》一文中告诉我们："《浮士德》交稿后，他又接受了出版社翻译《里尔克诗选》的委托。我希望他能休息休息，不要太赶时间，他叹口气说：我还能有多少时间呢？"（罗惠，2010：17）继《里尔克诗选》之后，他又翻译出版了《叔本华散文选》《爱德华三世·两位贵亲戚：新被裁定的两部莎士比亚疑剧》《日安课本——雷丁儿童诗选》《顽童捣蛋记》等书籍，以及与人合译的《易卜生诗选》《歌德诗选》《海涅诗歌精选》《茨威格散文选》《里尔克散文选》等。

　　翻译是一件很难的事情，对很多译者来说，并不是用心翻译，就可以翻出好译本的。当年朱生豪翻译莎翁，把命都赔了进去；傅雷翻译巴尔扎克，眼睛几乎瞎掉。歌德的《浮士德》完成于80岁，绿原则在70高龄开始翻译这部巨著，简直是皓首穷经，把生命内在的不满足发挥到极致，并化为受惠者千千万万的《浮士德》汉译珍藏本！于是，我想起了英语中的 swan song（"绝唱""天鹅之歌"）一词。传说天鹅在临死之前会发出它一生当中最凄美的叫声，也许是因为它知道自己时间不多了，所以要把握这最后的时光，将它最美好的一面毫无保留地完全表现出来。

我曾携着参赛征文《奔向〈浮士德〉真谛的接力赛——绿原和他的〈浮士德〉译本》出席沪上翻译家、诗人、艺术家交流盛会——"译海听诗——2009第十八届金秋诗歌译作欣赏朗诵会"。会上还向"阅读经典文学，走近诗歌翻译家——让我感动的那首（些）译诗"征文活动的获奖者颁奖。本人获优胜奖，并作为获奖者代表发言。我说道："遗憾的是，绿原老人已于今年9月29日逝世。我想，如果他还健在，老人家今天一定会来到我们中间！"

中国出版集团公司总裁聂震宁曾给予绿原高度而客观的评价："他的创作、他的翻译、他的出版，其中任何一项放在某一个人身上，都值得敬仰，都会受到人们赞颂，可是他却集创作、翻译、出版于一身，他不勤奋是不可能的，他不奉献是不可能的。……我们要学习他永不满足的学习精神，这种学习精神应该视为一种神奇的传说，过去我经常讲这个故事，以后我还会经常跟编辑出版人员讲这个故事。"（刘若琴，2010：8）

一生矢志"航海"，完成"绝顶之旅"

绿原是携着诗走向大海的，所以，我们不难看出他一生作为诗人航海家形象的前后一致性：《航海》（1948）——"人活着/像航海/你的恨，你的风暴/你的爱，你的云彩"；《又一名哥伦布》（1959）——枯坐单身囚室，诗人的诗思穿越五百年的中西时空，将自己想象成为20世纪的哥伦布，迫切希望在牢狱的灰暗生活中找到自己心中的"新大陆"；《归属》（2007）也是大海——"要以长江为榜样：/虽起源于一条清浅的小溪/却以大海的浩荡为归属"；告别诗《再见》（2008）——"再见，村边小河和河上的小桥/再见，穿过小桥在河上划的小船/再见，在小桥上向小船招手的伙伴/再见，我不肯躲避、又其奈我何的暴风雨/再见，可望而不可及、索性不去了的彼岸。"

诗歌是绿原看世界的生命瞳孔，也是他生命的原点。应该说，这位终身执着的诗人航海家，已经胜利地到达了他心目中的艺术彼岸，出色地完成了他的"绝顶之旅"(绿原长诗《绝顶之旅》)。正如全国政协常委、中国作协名誉副主席翟泰丰在《绿原文集》出版座谈会上致辞《为时代而歌唱》中所说的:"他具有常人难有的可贵的执着的艺术追求精神。为了这个'追求',不惧飓风狂飙,他甚至去探觅'在旷野的那边'的狂暴、残酷、危险,以获求艺术的真谛;为了追求,他百折不挠,哪怕'到头来走投无路/除了高山,深水,火砖,钉板/非爬不可,非蹚不可,非踏不可,非滚不可';为了追求,他以绝顶的韧劲,走过艺术的绝顶之旅,他'爬走了白昼,还在爬/爬走了黑夜,还在爬/爬走了苍鹰,还在爬/爬走了羚羊,还在爬';甚至他决心爬到'没有了一切除了自己除了/自己没有实现的梦想除了/自己最后一点无从/发挥的力量还在爬……终于爬到/一个自己从没有来过,先行者/也没有来过的/地点'。这就是诗人特有的艺术个性。他要爬到'绝顶',而这个'绝顶'未曾有过先行者,是一片待开垦的处女地,于是他到了'自己没有实现的梦想'之地,开垦又一座梦境中的诗境高峰!"(刘若琴,2010:3—4)

是的,绿原作为我国20世纪卓越的诗人、优秀的翻译家和出色的编辑出版家,凭着这罕见的"三套车",已完美地实现了他人生的"绝顶之旅";而在绿原的这一"绝顶之旅"中,我们不会忘记他的战友和伙伴,不会忘记他的爱妻罗惠女士。绿原曾在《我们的金婚纪念》一文中写道:"她后来在一再因我而起的横祸之中,从没有过'误适匪人'之叹,更没有在客观压力下弃我而去,这显然又不仅仅是由于爱……"(绿原,1999:274)七月派作家的妻子们一如当年俄国的十二月党人的妻子,正是这样一群崇高温良的女子!

承接精神遗产,学习真文人风范

七月派的每一位成员都是值得文学史重新评估的人,我们应站在更高的层面上去理解、评价和学习更高意义上的人。关于如何学习、学习什么,如何阐释"绿原现象",本文仅作了粗浅的探讨,试图提供一个研究视角。绿原致辞《绿原文集》出版时说:"我是当代中国一名普通的文化人,同自己的人民、自己的祖国一起走过风风雨雨的岁月，见证了中国历史上的挫折、停滞和进步。在苦难的旧中国，我曾力尽绵薄，为民族的解放、为古老的祖国走向新生歌唱过，虽然至今觉得远远没有为她歌唱够。"（绿原，2013：283—284）世界的绿原和绿原的中国！于绿原先生，我们不仅要认真具体地研究其人其事其作品，体验这位具有哲学家大脑、秉承浮士德精神的诗人航海家"绝顶之旅"中的苦与乐、风暴与云彩，更要学习绿原等老一辈中华知识分子的真学者风范，接过他们留下的精神遗产和接力棒，在中西文化的双轨道上努力前行，积极开拓，不断进取！

（原载于《东方翻译》2014 年第 3 期）

参考文献

[1] 艾克曼：《歌德谈话录》，朱光潜译，人民文学出版社 1978 年版。

[2] 陈丙莹：《绿原论》，《中国现代文学研究丛刊》1987 年第 4 期，第 293—294 页。

[3] 冯至：《冯至全集》（第五卷），河北教育出版社 1999 年版。

[4] 高嵩：《雪线以上的孤攀者——绿原诗断议》，《黄河文学》2002 年第 4 期。第 96—98 页。

[5] 桂清扬：《跨文化传播意义上的经典译作——关于绿原〈浮士德〉译本的思考》，《中国翻译》2007 年第 6 期，第 67—71 页。

[6] 桂清扬：《我们家的"七月派"情结——为怀念绿原先生而作》，《芳草地》2010 年第 2 期，第 14—20 页。

[7] 桂向明：《涂鸦集》，中国文化出版社 2009 年版。

[8] 海岸：《中西诗歌翻译百年论集》，上海外语教育出版社 2007 年版。

[9] 韩瑞样：《文学翻译贵在整体把握——读绿原先生《浮士德》译本随感》，《中国翻译》1998 年第 5 期，第 35—37 页。

[10] 胡风：《胡风全集》（第 6 卷），湖北人民出版社 1999 年版。

[11] 刘若琴：《歌浓如酒 人淡如菊：绿原研究纪念集》，人民文学出版社 2010 年版。

[12] 罗惠：《几多风雨，几度春秋》，《新文学史料》2005 年第 1 期，第 4—18 页。

第三编 译人研究·老一辈前贤

[13] 绿原：《漫忆楼适夷同志——为纪念他的百年诞辰而写》，《新文学史料》2005年第1期，第192—196页。

[14] 绿原：《试叩命运之门——关于"三十万言"的回忆与思考》，《新文学史料》2002年第4期，第25—38页。

[15] 绿原：《寻芳草集》，中央编译出版社2005年版。

[16] 绿原：《未烧书》，时代文艺出版社1999年版。

[17] 绿原：《绿原自选诗》，人民文学出版社1998年版。

[18] 绿原：《里尔克诗选》，人民文学出版社2006年版。

[19] 绿原：《沧桑片羽》，青岛出版社2013年版。

[20] 绿原（2007a）：《绿原文集》（第三卷），武汉出版社2007年版。

[21] 绿原（2007b）：《绿原文集》（第一卷），武汉出版社2007年版。

[22] 绿原：《绿原文集》（第二卷），武汉出版社2007年版。

[23] 牛汉：《学诗手记》，生活·读书·新知三联书店1986年版。

[24] 石剑峰：《人必须用诗寻找理性的光》，《东方早报》2009年9月30日第B12版。

[25] 宋炳辉：《作为翻译家的贾植芳：贾植芳先生二周年祭》，《东方翻译》2010年第4期，第36—40页。

[26] 孙玉石：《怀念一个永远闪光的诗人》，《中华读书报》2009年11月11日第3版。

[27] 屠岸：《师友绿原》，2009年11月16日，http：//www.chinawriter.com.cn/wxpl/2009/2009－11－16/79169.html。

[28] 谢泳：《解读一份文件——以〈中央宣传部关于胡风及胡风集团骨干分子的著作和翻译书籍的处理办法的通知〉为例》，《南方文坛》2004年第1期，第56—64页。

[29] 王充闾：《歌德：断念》，《人民文学》2008年第4期，第109—115页。

[30] 王培元：《绿原：诗之花在炼狱里怒放》，《美文》2007年第8期，第78—84页。

[31] 吴营洲：《人淡如菊》，《人民日报》2005年9月27日第15版。

[32] 晓风：《"小"人物·大尊严》，2009年9月26日，http：//wyh.ecnu.edu.cn/e/action/ShowInfo.php？classid＝184&id＝759。

[33] 杨武能：《五十回眸——有苦有乐，无怨无悔》，《东方翻译》2011年第3期，第44—54页。

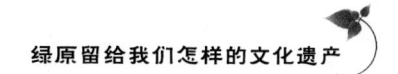

［34］张福生:《我心目中的绿原先生》,《新文学史料》2010年第2期,第33—41页。

［35］张立群:《"七月诗派"的考辨和其笔下的"祖国"》,《文艺报》2013年7月29日第7版。

柳鸣九：法国文学奋进不止的推石者

马信芳[*]

这是一份多有遗漏的书目——

学术专著：三卷本《法国文学史》（主编、主要撰写者）、《走近雨果》等3种；

评论文集：《理史集》《从选择到反抗》《法国二十世纪文学散论》《世界最佳情态小说欣赏》《世界最佳性态小说欣赏》《凯旋门前的桐叶》等10种；

散文集：《巴黎散记》《巴黎名士印象记》《翰林院内外》等5种；

翻译与编选：《雨果文学论文选》《莫泊桑短篇小说选》《磨坊文札》《局外人》《萨特研究》《法国心理小说名著选》《法国浪漫派作品选》《法国自然主义作品选》等20种；

主编项目：《雨果文集》（二十卷）、《加缪全集》（四卷）、《西方文艺思潮论丛》（七辑）、《法国二十世纪文学丛书》（七十种）等20种。《外国文学名家精选书系》（六十卷）、《世界短篇小说精品文库》（十八卷）……

上面洋洋洒洒所列的就是我国著名学者、理论批评家、翻译家、散文家柳鸣九先生的专著、编著和译作。何谓"著作等身"，柳先生可算一位，且是名副其实。有人做过统计，若将这些书单本地堆累起来，比他还要高……

---

[*] 马信芳，《上海采风月刊》资源记者。

多年来，柳鸣九在外国文学领域中纵横驰骋、在相关研究学科中独领风骚，这些成绩的取得，不仅需要他有广博的东西方文化知识，更需要有坚韧不拔的精神与持之以恒的毅力。

希腊神话中有"西绪福斯推石上山"的故事，原本这是诸神对西绪福斯进行无效无望劳动的惩罚，但柳鸣九却以"有为人生"对此作新的诠释。

他说："正是人的有所作为，推动了人类的进步……最深刻、最有力的彻悟，是西绪福斯推石上山的有所作为性的彻悟。个体人在推石上山时所要付出的艰辛，足以使他内心感到充实。当然，西绪福斯推石上山也有不同的境界与层次，当其理想目标、坚毅精神、艰苦奋发达到了促进人类进步的境界与层次时，其人生即为充实的人生，即为超越死亡线上的不朽的人生。"

那天，我连线北京，请教柳先生，他是怎样走上法国文学研究这条"推石"之路的？他直言相告："1957年我从北京大学西语系毕业后，被分配和后转入的单位就是研究外国文学的。"柳鸣九说得十分轻松简单，其实熟知学术研究的人都知道，搞好一门学科谈何容易，更不用说，将它保持领先地位。要治好一门学问，仅有学识不够，还需有勇气，方才能走向成功的彼岸。

在以后多次交谈中，我越发感到，柳先生集那种既淡泊名利，却又追求学术完美的精神于一身。他在外国文学研究领域就是一位锲而不舍、奋进不止的"推石者"，同时更以促进人类精神文明进步作为自己"充实的人生"。

三卷史书，二十年艰辛

法兰西民族是一个创造了灿烂文化与悠久文明的伟大民族，作为它光辉文化的一部分，法国文学以其多姿多彩和敢为人先而著称于世。自林琴南在一个世纪前首先译介小仲马的《茶花女》以来，由于各种条件的限制，到了20世纪70年代初，还没有一部由中国学者编写的法国文学史供大家阅读研究。在文学研究领域，编写文学史一直被视为高层次、高难度、也具有重要学术文化意义的项目，是柳鸣九担当起这一历史重任。

回忆起这段往事，柳鸣九记忆犹新。其实在"文化大革命"前，当时意识形态部门主管文化艺术的领导周扬，就向社科院外国文学研究所提出编写 20 世纪欧洲文学史的任务，甚至说，对文学研究所而言，能否编写出文学史来，是一件"生死存亡的大事"，此话有点危言耸听，不过确实强调了这一学术研究工作的重要。

对这个指示，外文所闻风而动，立即上马，柳鸣九受命担任"学术秘书"。然而从策划、统筹、拟定提纲、查阅资料到进入写作，都面临着这样一个问题：要把这本法国文学史写成一部什么样思想倾向、什么样文化态度的书。这在当时是一个非常严峻的问题，甚至会影响一个人的命运。

但是刚刚启动，"文化大革命"就开始了。从运动之初的"暴风骤雨"，到人类历史各个时代的思想文化就统统被"扫进历史垃圾堆"，经过十年地毯式的轰炸，整个思想文化领域一片焦土，寸草不生，只存在"一曲国际歌，八个样板戏"的大统一。而柳鸣九就是在这炽热可怕的时代洪流中，开始撰写法国文学史。

柳鸣九说，在写法国文学史之初，他就怀着强烈的逆反情绪，决意反当时的思想标准而行之，坚决破除"四人帮"对待文化遗产的"彻底批判论"。但他并没有走得"太远"，不过是以马克思、恩格斯对古希腊时期与文艺复兴时期的艺术、启蒙主义文论，19 世纪现实主义文学的那些充满热情的评述为准绳，采取一种马克思主义经典的文化历史观的立场，这在当时就已经很背离政治了。

到 1976 年"四人帮"垮台的时候，编写工作已完成了相当一部分，与原来只一卷的计划相比，编写的规模大大地扩充了，仅中世纪到 18 世纪，就已经达到了一卷的规模。于是就决定按"略古详今"的原则，将后来的 19 世纪至 20 世纪再写成两卷。

值得一提的是，在其写作过程中，他受到了前辈大家们的关注和指导，他还记得西学史专家、他的老师朱光潜先生曾对编写文学史提出的意见。这位 1962 年就出版了中国最具开拓意义的史学著作——《西方美学史》的大家，就曾告诫柳鸣九，写文学史为要引导读者遍游一个文学国度，所以，首先要把文学史客观事实介绍得比较全面、真实、清楚，然后才作评价与议论。合格的文学史应该像一本好的地图指南、一本好的导游图，如果达不到这样的水平，那就不要去硬写。

前辈的忠告，对柳鸣九是压力也是激励，使柳鸣九下定决心要写出一部在规模、广度与深度上都像样的文学史。"重视文学发展与作家作品的客观实际，并尽可能加以贴切、准确的描述"，此成为柳鸣九编写文学史的主导思想。

从酝酿到写作到出版，整整历经了20年。柳鸣九以不懈的努力，终于向我们学界奉献出一部填补空白的《法国文学史》。该书分上、中、下三卷，内容从中世纪一直到20世纪初期。全书共计一百一十余万字，分别于1979年、1981年、1991年由人民文学出版社出版。尤为称道的是，该书荣获了国家图书奖提名奖，其成就得到公认，其研究成果已被大量引用与借鉴。

柳鸣九对法国文学译介与研究的另一重大贡献是，由他主编了目前国内唯一一套巨型的当代国外文学丛书——《法国二十世纪文学丛书》（七十种）。他以深厚的学术功底和独特的研究方法，为这套丛书的几乎每一部（除三四种外）撰写了评论作为序言，完成了用几十篇序言论说一百多部20世纪法国文学名著佳作的壮举。显得与众不同的是，他的这些序言，都是对一个个具体的作家、具体的作品进行具体的研究与评价，很少奢谈主义、新潮、边缘、实验等时髦术语。他将当代世界思想文化，文学艺术实践中的那些原始的现象、具体的成果、独立的作品进行深入的研究与分析，把理论思潮、作家作品研究与作品译介三者紧密结合起来，是研究20世纪外国文学不可多得的资料。

更值得一提的是，20世纪的法兰西仍是世界文学思潮、流派、理论形态的发祥地。作为中国著名法国文学专家、对法国文学与理论问题有系统的研究和精辟的见解的柳鸣九，还走出国门，亲自来到法国，会见了萨特的终身伴侣波伏瓦，以及尤瑟纳尔、罗伯—葛里耶、纳塔莉·萨洛特、布托、巴赞、罗杰·格勒尼埃等著名文学大家，并与他们一一展开了平等而有深度的学术对话，而这一切，柳鸣九用其擅长的散文笔调直录了下来，既有对法国当代文学的透彻理解，对当代经典作家作品的真知灼见，也有对这些法国当代文学的名士有个性的观察与描绘，文笔洒脱自然，这就是他撰写的《巴黎名士印象记》《巴黎对话录》。这无疑为研究当代法国文学提供了第一手资料，"可贵的文史资料、明达的文学评论、生动的性格写生"，学界由此对其作出了赞评。

为萨特进入中国代办"签证"

20世纪法国声誉最高的思想家、哲学家、文学家和社会活动家——萨特，在如今中国对于这个名字已是十分熟悉。30年前，就是柳鸣九第一个将他介绍给中国读者。

我问他，当时为什么要"引进"萨特？柳鸣九说："首先，当然是因为他在法国二十世纪精神文化领域中超重级的分量。他不仅在小说、戏剧、政论、传记文学方面均有丰厚的业绩，是诺贝尔文学奖的获得者，而且以思辨的深刻穿透力与强大论证使其标签式的存在主义哲理具有了全球影响与世界声誉，成为了整整一个历史阶段的流行时尚，此外，他还是一个举足投手均有世界影响的社会活动家、政治思想家、时代的弄潮者。在我的眼里，萨特划时代的重要性正在于他的精神灵智性，而不在其创作的技艺性，因此，在我后来出版的《法国二十世纪文学史观》第二卷中，曾把他作为二十世纪哲理文学中的一道'灵光'。"

然而，真正要把这位20世纪哲理文学中的巨人引进中国，在当时却并非是件容易事。让我们先回到1978年，这是一个不平常的年份。那年柳鸣九44岁，经历了"文革"，他对原来心目中好些神圣的人与事有了"清醒的认识"，开始从钱锺书的《宋诗选》评述里那种仰观历史伟人时的理性距离感中学得若干东西，用来面对时代社会中巍峨的庙堂人事，不再有青年时期那种经常心潮澎湃、热泪盈眶的天真与轻信。

按柳鸣九的说法，这时飞来了一个有点划时代意义的事件：中国

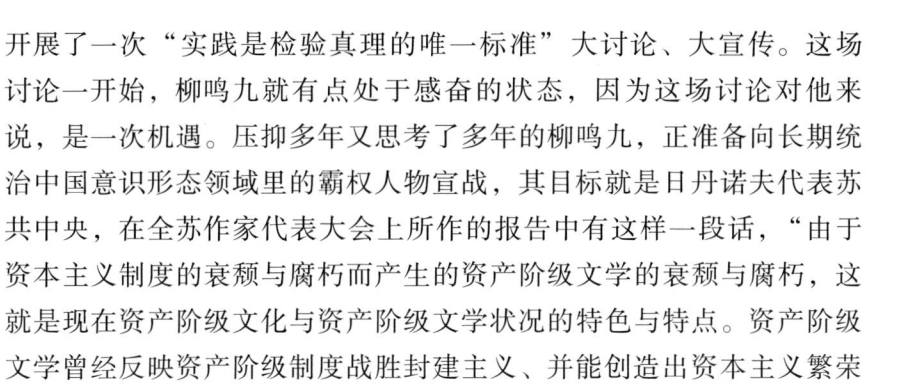

开展了一次"实践是检验真理的唯一标准"大讨论、大宣传。这场讨论一开始，柳鸣九就有点处于感奋的状态，因为这场讨论对他来说，是一次机遇。压抑多年又思考了多年的柳鸣九，正准备向长期统治中国意识形态领域里的霸权人物宣战，其目标就是日丹诺夫代表苏共中央，在全苏作家代表大会上所作的报告中有这样一段话，"由于资本主义制度的衰颓与腐朽而产生的资产阶级文学的衰颓与腐朽，这就是现在资产阶级文化与资产阶级文学状况的特色与特点。资产阶级文学曾经反映资产阶级制度战胜封建主义、并能创造出资本主义繁荣时期的伟大作品，但这样的时代是一去不复返了。现在，无论题材和才能，无论作者和主人公，都是普遍地在堕落……沉湎于神秘主义和僧侣主义，迷醉于色情文学和春宫画片，这就是资产阶级文化衰颓与腐朽的特征。资产阶级文学家把自己的笔出卖给资本家和资产阶级政府，它的著名人物，现在是盗贼、侦探、娼妓和流氓"。这便是知名的日丹诺夫论断。

这篇演讲很早就译为中文，自1930年代被引入我国后，便成为中国革命文艺界的理论经典，新中国成立后更是被当作思想文化工作的指导准则，而西方文学正是在这论断下统统被斥之为反动、颓废、腐朽。柳鸣九这次要"讨伐"的就是这个一贯享有神圣庙堂地位的庞然大物。因为他知道，这个"拦路虎"不解决，在中国就无法开展对外国文学的译介和研究。

机会来了，"全国外国文学工作会议"将在广州举行。消息传来，而此时他的领导、外文所所长冯至还告诉他，他已被所里推为作大会专题发言。高兴的柳鸣九为此准备了几个月。

11月，大会正式揭幕。这是"四人帮"垮台后全国第一次，也是新中国成立后第一次规模巨大的"西学"会议，中国学术文化界从事"西学"的名家大儒：冯至、朱光潜、季羡林、杨宪益、叶君健、卞之琳、李健吾、伍蠡甫、赵萝蕤、金克林、戈宝权、杨周翰、李赋宁、草婴、辛未艾、赵瑞蕻、蒋路、楼适夷、绿原、罗大冈、王佐良、吴富恒、吴岩、孙绳武等悉数到会。名流会聚，济济一堂，竟有二百多人。意识形态领域里的高层人物周扬、梅益、姜椿芳等也出席了会议。

就在这众多专家面前，胸有成竹的柳鸣九以西方现当代文艺各方面的客观状况，其主要文学流派、重要作家、作品在思想内容与艺术风格上的真正特点、意义与价值的论述，令人信服地从五方面"颠覆"日丹诺夫长期的论断。这是日丹诺夫这块压在文化学术界头上的巨石在新中国成立后第一次受到的正面冲击。当堂朱光潜等十几位德高望重的师长就表示了热情赞许与鼓励。朱光潜还特意将柳鸣九引荐给周扬同志。

然而，在意识形态领域里，以维持精神道德秩序为己任，惯于批点挥斥者不乏其人，就在上述"檄文"发表的第二年，即 1980 年，在外国文学研究会第二届（成都）年会上，就有人声色俱厉地提出了指责，"批日丹诺夫就是搞臭马列主义"，来势甚为凶猛。柳鸣九当时在场，他没有上台申辩，却决定采取另一个更大规模的"反驳"行为。因为他知道，在我国学界，之所以有不少人跟在日丹诺夫后面乱批、瞎批，而且不能容忍对日丹诺夫的质疑，其重要的原因就是他们对西方文学艺术、学术文化的实际情况根本不了解，或了解甚少。

于是，他计划加大力度做这方面的工作。1980 年，萨特逝世。针对国内长期对萨特的极为不公正的评价，他挺身而出，在《读书》杂志上发表悼念文章《给萨特以历史地位》，这是社会主义中国第一篇对萨特进行了全面、公正评价的文章。接着，他决定创办并主编一套以提供西方文学的客观资料（包括作品文本、作家资料、思潮流派有关资料以及时代社会、背景资料）为宗旨的丛刊。他将这个丛刊定为"法国现当代文学研究资料丛刊"，其创刊号就以萨特为内容，即 1981 年出版的《萨特研究》。

该书翻译了萨特三部作品与三篇重要文论的文本全文，分述了萨特其他八部重要作品的内容提要，编写了相当详尽的萨特生平创作年表与相关两个作家即波伏瓦与加缪的资料，报道了萨特逝世后法国与世界各国的反应与评论，翻译了法国国内重要作家、批评家论述萨特的专著与文章。柳鸣九还特意写了长达两三万字的序言，《读书》上的那篇文章《给萨特以历史地位》成为该序的第一部分。该书的篇幅近五十万字，构成了一本萨特的小百科全书。《萨特研究》出版后,大受读者,特别是文化知识青年的欢迎,一时颇有"洛阳纸贵"之势。

然而,想不到的事还是发生了。1982年,国内开始"清污",萨特与当时流行的"蛤蟆镜""喇叭裤"被并列为三大"精神污染"。《萨特研究》一书在全国受到了批判,并被禁止出版,该书的序言更成为一批"左撇子"猛烈抨击的目标,其批判文章之多,其用语之严厉苛刻,实为"文化大革命"之后所罕见。

但是,中国毕竟是进入了改革开放的时代,事过一两年,雨过天晴,到1985年,《萨特研究》又被准许重新再版。柳鸣九说,这就是我"为萨特在文化上堂而皇之地进入中国而替他代办'签证'"的客观经历,这个故事既是我个人的,也是公众的,它展现了近二三十年来中国学术文化领域的一个侧面,它反映了我们时代的真实,也启示着我们时代值得深思的真理。

雨果奇观,雨果其人

在柳鸣九译介法国文学作品中,其规模最大的就是由他主编并被称为"雨果奇观"的《雨果文集》。

2002年1月5日,由中国法国文学研究会、中国作家协会等十八家单位联合举办的"雨果诞生二百周年纪念大会"上,柳鸣九作为中国法国文学研究会会长全程主持和参与,他发表了《雨果与中国》的演讲。借此机会,已当了十多年的老会长在纪念雨果两百年之际收官退下,他感慨道:自己也算做了点实在事,觉得可以了……

柳鸣九此话说得问心无愧,雨果是他法国文学研究中另一大项目,为此殚心竭虑,度过了多少不眠之夜。他告诉我,一部法国文学史,维克多·雨果是一页重要而灿烂的篇章。他是法国文学史上最伟大的作家之一,一生几乎跨越整个19世纪,文学生涯达60年之久,其浪漫主义作品对读者具有永久的魅力。作为创造了文学艺术奇观的超人,雨果最显著的标志是他的罕见的才能。仅看这几个例子就足够了:15岁时,三个星期就完成了中篇小说《布格—雅加尔》,此作后来被评为"在好些地方堪与梅里美的优秀短篇媲美"(安德烈·莫洛亚语）；17岁时办刊物，任主编，一年多时间里写了120篇文学评论与22首诗，这些文章"旁征博引，表现出真才实学"，其中不少篇至今仍熠熠生光；举世公认的杰作《巴黎圣母院》只用了6个月时间就写完；去世前不久，他仍表现出"惊人的口才"，甚至在临终弥留之际，他还吟出一句警句式的诗，几乎所有的传记都不能不加引用。

柳鸣九以他对雨果长期的研究后认为，雨果作品的核心是他的人道主义。他有一种"慈悲为怀"的精神。正因为这样，他才写得出像《悲惨世界》和《巴黎圣母院》这样感人的作品。对年轻女工芳汀的同情，对钟楼怪人的同情，对纯洁的爱斯梅拉达的同情，他完全是把这些受难者同统治阶级的强权、重压，或是教会的黑暗对立起来，对恶势力摧残穷人表示出一种义愤感。所以雨果是人类精神文化领域里真正的伟人。柳鸣九说，他被介绍到中国有一百多年了。20世纪初，在中国新文化史上起过关键作用的一些大师，像林琴南、苏曼殊、鲁迅，都翻译过《悲惨世界》。林琴南翻译的叫《哀史》，苏曼殊翻译的叫《惨世界》，鲁迅翻译的叫《哀尘》，但都只翻译了一部分。后来陆陆续续面开始扩大，李健吾、沈宝基、陈瘦竹等人开始翻译雨果的诗歌和戏剧。新中国成立后的五六十年代出了《悲惨世界》比较完整的译本，但还是差了一卷。

雨果在中国，读者认识他一般缘于他的著名小说，其实他文学创作的另一个成就却是他的诗歌。柳鸣九介绍说，雨果的诗歌作品是朝向一个比较崇高、一种常人没有的精神境界，而不是趋向于某个虚无缥缈的天国。浪漫精神、英雄主义、人类整个历史的大的变动，都被他写入他的诗里，气派之恢弘，理想之高远，他人所不及。另一方面，雨果又非常脚踏实地，他是世界文学史上最深入社会现实的诗人之一。比如拿破仑第三雾月政变的街头战，小孩受伤、被打死的情况，他都写到诗里。他还爱写自己身边的事情，写自己的亲情。他对孙子辈的感情描绘是非常感人的，有一本诗集就叫《做祖父的艺术》。正因为这样，雨果在法国诗坛有着如天神、王者一般的至高无上的地位。

1998年是我国雨果译介与研究工作中最重要的一年。这年，柳鸣九编选了一部《雨果精选集》（山东文艺出版社），主编了一套二十卷、近一千万字的《雨果文集》(河北教育出版社)。这两部文集中收录的雨果作品,可以说是对近百年来雨果译介的大展示和大检阅,具有文化积累的重大意义。柳鸣九为此撰写了长达九万字的序言,包括总序和分序,集雨果研究之大成,对雨果的思想及作品进行了前所未有的精辟独到的分析评论,可以说是一个世纪来雨果学研究的阶段性大总结。雨果著作的编译出版,体现了中国人对雨果的崇高敬意与巨大热情,它所呈现的雨果奇观的概貌与雨果存在精神的价值,在民族文化积累与精神文明建设中,将永远具有昭示的意义。

让加缪永显"巨型的灵光"

51年前的1月4日,法国作家加缪在意外的车祸中去世,这个噩耗成为欧美当天各大报的醒目标题,甚至是头版头条。20世纪伟大的作家、时任法国文化部长的马尔罗这样对他盖棺论定,"二十多年来,加缪的作品始终与追求正义紧密相连";即使是曾经与加缪反目成仇的萨特,也表示了沉痛的哀悼,作出这样的评论,"他在本世纪顶住了历史潮流,独自继承着源远流长的醒世文学,他怀着顽强、严格、纯洁、肃穆、热情的人道主义,向当今时代的种种粗俗丑陋发起了胜负难卜的宣战";西蒙娜·德·波伏瓦在得知这个噩耗后,即使服下已长期不用的安眠药也无法入眠,而冒着一月份寒冷的细雨在巴黎街头徘徊……

所有这些,说明了世界与人类对加缪在意的程度,标志着他文学地位的重要、他存在的显著性,对于这位20世纪最为年轻的诺贝尔奖获得者,柳鸣九要把他介绍给中国读者。为此,他首先对加缪开始进行研究。在对其思想和精神文化的思维与见识进行考量后,对他如何获得文学最高奖进行了全方位的研究。加缪完全从事文学创作的岁月并不长,他英年早逝,在有生之年又长期、大量地从事政治社会实践活动,且健康情况并不理想。从他开始写作的1935年到逝世,正如马尔罗所说,不过二十多年,但他到达了世界文学成就的顶峰,这个不长的攀登轨迹应该说是相当辉煌的。他是靠什么攀登到了世界文学成就的高峰?

柳鸣九几乎读完了加缪的所有作品及国际学界对其的评介。于是他把加缪概括为法国20世纪文学史上的一道"巨型的灵光",指出,要发射出强度的灵光,首先自己就必须是思想的、精神的火炬,而这正是加缪作为文学家首要的资质与品格。他巨大的、无穷的精神力量,就来自他根植于人类历史上最强大、最久远的精神传统人道主义,特别是继承了法国17世纪大思想家巴斯喀关于人生存与命运的哲理,把它加以发扬光大、丰富深化,特别难得的是,不仅使之具有了完整深邃的理论形态,而且还表现在、充盈在生动丰满的文学形象中,凝现为一部一部传世不朽的文学杰作。这完整的理论形态,不妨直白简单称为关于人存在荒诞性的哲理,它全面涉及人的生存状态、存在意识与存在方式。

柳鸣九不是生活在真空里,可贵的是他在体察社会、关注民生中深感世界优秀文化对于人类的需要。他说,我们不能不注意到,在中国GDP大幅提升、外汇储备巨额增加、国有企业纷纷在海外进行并购与开拓的过程中,文化领域中却出现了物质主义横流、功利主义张扬、精神倾滑、人文弱化的迹象,文化积累性图书市场的萎缩,"看图识字"倾向的出现,恶搞文化、媚俗文化的流行,等等,以致我们经常不知道有价值的严肃文化是否会碰到什么尴尬与意外。

这或许成为他主编另一套大型译作——《加缪全集》的原因。对抗过人世的荒谬与虚无,加缪碑文上写着,"在这儿我领悟了人们所说的光荣,就是无拘无束地爱的权利"。所以,柳鸣九说,在这样的背景下,加缪显得弥足珍贵。他的努力得到上海译文出版社的给力支持。当年出版的《加缪全集》分为四卷:一卷小说、一卷戏剧、两卷散文,以法国伽利玛出版社权威的七星丛书版为文本依据,除《局外人》《鼠疫》《西西弗神话》等脍炙人口的作品以外,还翻译了他所有剧作,以及包括政论和文论在内的全部散文作品。这是华语出版界有史以来收罗最全、译本也最权威的加缪作品总集。这标志着中国学术文化界对加缪的认知与热情,同样,展示了柳鸣九对当代法国文学译介和研究的又一大成果。

(原载于《东方翻译》2011年第5期)

罗新璋：通天塔的求索
——他是著名的法国文学翻译家
他是自信的中国译学阐释者

杨维春[*]　徐真华[**]

在学界，罗新璋先生有着多重受人尊敬的身份：他是傅雷翻译的研究者、弘扬者和践行者，素以"傅译传人"著称；他是誉满译坛的翻译理论家，发表了《我国自成体系的翻译理论》《钱锺书的译艺谈》《翻译发微》和《中外翻译观之"似"与"等"》等论文；他是著名的法国文学翻译家，创铸了《红与黑》《列那狐的故事》和《特利斯当与伊瑟》等翻译文学经典；他还从事图书编撰工作，校对了《傅雷译文集》，编撰了《翻译论集》和《古文大略》等图书。从罗先生的翻译理念中挖掘和阐发传统译论的当代价值，从他的译者生涯中继承和发展译界前辈的优良传统，对于推动我国的翻译实践有着重要的意义。

《红与黑》：数易其稿成就精品

罗先生的翻译生涯与他本人的职业紧密相连。大学毕业后到国际书店工作，罗先生利用休息时间阅读傅雷、李健吾和杨绛等人的译作，抄写傅雷的译文，以此弥补被"用非所学"而荒废的专业知识。

---

[*] 杨维春，湘潭大学副教授，外国语学院副院长，研究方向为法国现当代小说和翻译文学。
[**] 徐真华，广东外语外贸大学资深教授，浙江越秀外国语学院校长。研究方向为法国现当代文学、高等教育教理。

几年间，他抄了 255 万字的傅雷译作，这是效仿、学习的阶段。随后，他任职于外文局，在《中国文学》从事中译法的工作，这 17 年是他的起步、积累阶段。离开外文局到中国社会科学院外文所工作起，罗先生进入了翻译的发展、成熟阶段。他陆续翻译了《红与黑》《列那狐的故事》《特利斯当与伊瑟》《栗树下的晚餐》《不朽作家福楼拜》《黛莱丝·戴克茹》《莫洛亚女性小说》和《艺术之路》等作品，还翻译了《金字塔感言》《多尔市演讲辞》和《文学史会议上的讲话》等文章。

《红与黑》是罗先生用力最勤、影响最大的译作。他精读几十次而数易其稿，交稿后又修改了两次，如此打磨终于成就精品，引起译界关注。张成柱认为罗译是"不带一点'翻译腔'的精彩传神译文"。罗国林觉得罗译"较之以前的译本有很大的提高，甚至有相当大的突破，而较之同时期出版的译本又最富特色"，并且"较之傅雷的译作，依我看，已有某些超胜之处"。

柳鸣九、罗国林、李玉民等法国文学翻译家均表示因为罗译而放弃了翻译《红与黑》的念头。柳鸣九说："我生平有一志，只想译出《红与黑》来，但得知他（罗新璋）在翻译《红与黑》后，我心服口服，从此断了这个念想。"罗国林表示，有出版社约他重译《红与黑》，他没有接受，理由是"有罗新璋的译本在先"。当然，罗译在语言、风格上也招致多方批评，认为其存在翻译过度的问题。罗译因此成为 20 世纪 90 年代中期我国译界《红与黑》大讨论的主要评论对象之一，参与、推动了《红与黑》在中国的经典化历程，至今依然是《红与黑》及其译本研究的主要关注对象。在几十本《红与黑》中译本中，罗译被公认为翘楚，被多家出版社一版再版，成为我国翻译文学的一部经典之作。

传承创新：弘扬傅雷翻译思想

如前所述，罗先生的翻译是从效仿、学习傅译而起步的。他从大四起就与傅雷通信，探讨翻译之道，先后收到近十封傅雷的亲笔书信。他极力保护了这些信件，从而为傅雷的翻译思想留下了证据和资料。罗先生以《读傅雷译品随感》为滥觞，先后发表多篇文章阐述傅雷的翻译思想和精神品质，傅译因此成为他学术理念最为重要的一部分。

罗先生认为，傅雷的翻译生涯可以分为新中国成立前后两个阶段，以《欧也妮·葛朗台》为标志，傅雷译事成熟、译风形成、译论提出，在文学翻译界自成一家。傅雷之所以取得如此成功，罗先生认为主要有三个原因：首先靠传神之法。因为"在直译、硬译、意译、传神、等效诸种译法中，数传神成就最高"，而"文学翻译的枢要，亦在传神一说"。落实到源语输入和译语输出这两个具体的翻译过程，傅雷的"传神"首先在于对原文"心领神会，化为我有"的透彻理解。其次是在表达功夫上对中法两国语言文字、艺术风格的融会贯通："译文必须为纯粹之中文，无生硬拗口之病。"罗先生还注意到傅译成功背后的译者原因：崇高神圣的使命感和精益求精的倾力重译。作为"五四"后的知识分子，傅雷怀揣着"挽救一个萎靡而自私的民族"的翻译动机和精神动力，以高度的热忱，不断切磋打磨，力求精益求精，铸就了《高老头》和《约翰·克利斯朵夫》等一大批历久弥新的翻译名著。罗先生还注意到，出现傅雷这样一位大翻译家与当时的翻译环境、译者群体和译学研究有着重要关系。同时，在谈到《约翰·克利斯朵夫》时，他认为傅雷是"拿来了一种可贵的异质：力的颂扬"，作品"一直予人强烈的感应"，指出强大的精神感召力也是该作品影响深远的一个重要因素。

罗先生的字里行间流露出对傅雷由衷的膜拜、忘年的默契和考据之后的钦佩。基于这些情感，他率先垂范，对傅雷的思想展开缜密解读，希望在译界弘扬傅雷精神。罗先生似为傅译的"不叛之臣"，但对傅译并非一味褒扬袒护。他认为傅雷的译著也存在"大醇而小疵"，如在展现每位作家的艺术个性上仍有差距，《文明》等作品也存在着一些翻译上的缺憾。这些都表明，他的学术批评是客观和公允的。

翻译：一种"特殊的艺术创造"

罗新璋在丰富的翻译实践中，形成了极具特色的翻译理念。他认为翻译是一种"特殊的艺术创造",并将"近代之翻译文学"置于王国维所谓"楚之骚,汉之赋,六代之骈语,唐之诗,宋之词,元之曲"这样"一代之文学"的地位。在翻译界,谢天振曾呼吁扭转翻译文学在民族文学和外国文学中的"弃儿"地位,认为"翻译文学是民族文学或国别文学的一个组成部分";罗先生则更进一步,认为翻译文学在近代以来居于中国文学的主流地位,从而充分肯定了翻译的创造性成果。他延续了王国维的学术观点,认为"元之曲"之后当是"明清之小说,近代之翻译文学",此观点颇有见地,堪称学术创新。

"三非说"是罗先生翻译理念的高度概括。"外译中,非外译'外'"强调只有使用纯粹的中文进行创作才算翻译;"文学翻译,非文字翻译"强调翻译应该工于语言技艺,化之以求文学效果,实现从语言转换到文学融会的跨越;"精确非精彩"讲求的是翻译不能止步于忠实原则,而应该精益求精,实现精确之上的精彩。"精确"和"精彩"既是翻译之难,也是翻译所求。他强调翻译质量取胜的关键是翻译技巧,尤其突出译者领悟的作用,指出翻译需要译者"译时妙悟,悟而后译,依实而华",从而达到传神之效。

文化自信:勾画中国译学的蓝图

20世纪80年代初,罗先生受邀编撰《翻译论集》,在此材料基础上形成了序言《我国自成体系的翻译理论》,随后还发表了一系列论文。这些论文对我国译学追本溯源、条分缕析,为我们徐徐展开了中国传统译论的恢宏画卷。

罗先生指出,我国早在远古时期就有翻译活动,有文字记载的翻译史绵延于汉末以来的1700余年间,可以分为"汉唐以来""近代和五四时期""新中国成立以后"这三个历史阶段。在对上至《周礼》《礼记》、汉六朝,下至唐宋、近代、现当代的中国翻译历史的梳理中,罗先生将我国传统译论凝练为"案本—求信—神似—化境"八个字。在此基础上,他加进梁启超的递进说、林语堂的并列说、艾思奇的主次说、周作人的打分说、鲁迅的信顺说和朱光潜的近似说,为我们勾勒出一张"我国翻译思想简表"。罗先生还指出,我国"翻译思想的发展呈螺旋形上升,往往后发前至,同时又有所扬弃,一层深于一层,一环高于一环",从而形成独具特色、自成一体的理论体系。

在探讨我国传统翻译思想的过程中,罗先生首先注意到我国译论学理的首创性。他认为我国不仅译著丰赡,而且译论深厚。在分析唐代贾公彦的"译者易也,谓换易言语使相解也"时,他指出:"译之言易,使之相解,即意涵相同之形式变易,实属探本之论。从时间上,可奉为世界上第一条翻译定义,在学理上,或为世界第一翻译定义。"其次是他概括出我国译论的独特性。罗先生认为我国译学有四个特点:一是立足于翻译实际,从本体论立论;二是感悟所得的实践品格;三是体会式的精辟独到;四是必将走向世界。再次是他指出了我国译论与国际主流学术观点的契合性。针对20世纪80年代末期"言必称奈达"的现象,他瞄准奈达的等值与等效理论,指出中国传统译论中的信达雅、神似与化境等理论虽然概念提法不同,但是在"等值""等效"等问题上也有所涉及,可谓与国际译坛"旗鼓相当"。

罗先生仔细研究了以鸠摩罗什、钱锺书、严复、傅雷和朱生豪为代表的中国翻译家,他们的翻译成果使他在翻译理论方面满怀自信。他深信中国译学必在国际话语体系中占得一席,中国译学的发展既要靠传统译论这一"酵母",也要在国际上"敢于言我"。当然,罗先生也指出,由于自有的特征,中国译学要"走出去",首先需要跨越的正是翻译关。

可以说,罗先生在中国翻译学界第一次旗帜鲜明地呈现了源远流长又阶段分明的中国翻译史、灿烂卓著又独具特色的中国翻译思想史、海纳百川又臻于完善的中国翻译批评史。尤其是《我国自成体系的翻译理论》一文,为中国的翻译研究勾画出一幅自成体系的蓝图,这如同向译界发出的宣言,极大地鼓舞了他们的士气。改革开放之初,中国的翻译研究要么是沿袭"之前以传统文论和古典美学为主要理论资源的路向",要么是言必称西方,奉奈达、雅各布逊、霍尔姆斯、纽马克、科勒和勒弗维尔等西方学者的理论为圭臬。即便是30

年后的今天，我国译学界总体上仍然唯西方马首是瞻，是西方译论的追随者和消费者。在这样的历史背景下，罗先生以其独特的学术眼光、可佩的学者胆识和坚定的学理自信发出了这样一份宣言书，呼吁重视、挖掘、弘扬我国传统译论。并且，罗先生早在1982年就预见到"正在形成一门新兴的学科——翻译学"，而我国于2005年开设翻译本科专业，现已形成本科、（专业）硕士和博士这一完整的翻译专业人才培养体系。现在看来，这些观点无疑是振聋发聩、引人深思的，具有深远的现实意义和历史意义。

（原载于《中国社会科学报》2017年5月11日）

我所认识的草婴先生

徐振亚[*]

1982年春天,我有幸第一次见到了心仪已久的草婴先生。

四月姑苏,绿意渐浓。第二次全国俄罗斯文学研讨会在紧邻网师园的苏州饭店召开。此前在武汉举行的第一次全国俄罗斯文学研讨会气氛活跃,思想解放,吹来一股清风和暖意。大家普遍预料第二次研讨会将有新的气象,盼望俄苏文学研究能像江南的春色,早日呈现莺飞草长、百花争艳的局面。我第一次参加这样高规格的研讨会,心情既兴奋,又充满期待。兴奋是因为可以见到那些久闻大名、却无缘谋面的学者和专家,期待是因为相信他们会冲破教条的束缚,打碎极"左"的枷锁,发表真知灼见,让我获得增长见识、开阔眼界的机会。而我自己刚涉足俄苏文学研究,根基浅薄,向大会提交的论文不知会有怎样的反应,就像一名小学生把一份作业交给老师,不知会打什么样的分数,心里不免惴惴。

在苏州下了火车,只见站台上挂着一块不起眼的横幅:"苏州会议接待处"。怎么连苏联文学研讨会的正式名称也不亮明呢?不免令人纳闷,甚至产生一丝异样和神秘的感觉。第二天大会开幕,主持者在定调报告中特地宣布了几条纪律,其中印象最深的是,强调这次会议是讨论文学的学术会议,不谈政治,因此不能议论苏联是否是社会主义国家;向会议提交的论文一律不得公开发表,谁发表谁负责。这

---

[*] 徐振亚,华东师范大学俄语系教授,上海翻译家协会副会长。主要译著有《交换》《另一种生活》《火灾》《芙蓉》等。

些规定，一下子使会议气氛变得紧张起来。我孤陋寡闻，不知道究竟出了什么事。后来知道，原来前不久哈尔滨的《文艺百家》杂志刊登了一篇探讨苏联社会性质的文章，违背了中央的外交方针，引起美国总统卡特的猜疑，因此该杂志被勒令停刊，杂志负责人也受了处分。

为了把握这次研讨会的方向，不再"擦枪走火"，不仅有中宣部大员在会上直接坐镇，还成立了会议的临时党组。记得有一位东北的教授，在会上只是客观介绍了苏联文学中的"反英雄"倾向，就有一位北京的教授，也是临时党组成员上台严加批判。这样的阵势让我相当紧张，暗暗提醒自己千万别乱说。

会议开幕当天下午，安排小组讨论，领会贯彻大会的意图。我被安排在第二组，草婴先生也在这个组。这是我第一次见到先生。他就坐在我对面，中间只隔一张桌子，我有机会零距离地仔细观察他。只见他中等身材，不胖也不瘦，皮肤白皙，戴一副茶色眼镜，目光中透出平和、自信和坚毅，三七分的头发纹丝不乱，上身一件格子花呢夹克，脚下是一双棕色皮鞋，这样的衣着打扮既得体又随意，典型的上海文人派头，与其他与会者迥然不同。京城来的文学官员和权威们大多西装革履，一本正经，显得底气十足，外省市的与会者基本是黑灰两色的中山装，多少带点土气。

小组讨论的时候，几位积极分子表态坚决遵守大会的纪律。接着，草婴先生发言。他先介绍了自己走上文学翻译道路的过程，以及在这条路上遇到的坎坷和磨难。我发现他的普通话有明显的宁波口音，语速不紧不慢，条理特别清晰，娓娓道来，几乎没有一句多余的话。谈到自己在"文化大革命"中的遭遇，他没有激动和悲愤，也不见哀怨和牢骚，语气相当平静，仿佛在介绍别人的经历。我想，只有超脱了个人的恩怨，站在历史的高度看待那些层出不穷的整人运动，才能认清"文化大革命"这场旷世浩劫的本质，也才会有这样淡定的哲人态度。

大家没有想到，草婴先生接下来居然不顾大会的禁令，说研究苏联文学离不开认识苏联的现实生活，也就不能不涉及苏联的现实政治。更加出人意料的是，他旗帜鲜明地亮出了自己的观点：目前的苏联还是社会主义国家！此话一出，真可谓语惊四座。这不是明目张胆地违反大会纪律吗？这不是与大会唱对台戏吗？

从草婴先生平静而自信的语气可以感受到，他的表态并非一时心血来潮，而是经过深思熟虑后得出的结论。从60年代中苏论战开始，中间经过"九评"等一系列"反对苏修"的教育，到"文化大革命"中爆发边境军事冲突，苏联修正主义升格为"社会帝国主义"，国人心目中的苏联就是修正主义，就是马列主义的叛徒，就是中国人民的敌人。草婴先生居然在这样的大是大非问题上不跟上级保持一致，反而大唱反调，认为苏联跟我们中国一样，同属社会主义。这不仅仅是敌我不分，简直是"认敌为友"了。这样的言论岂非是冒天下之大不韪？！我不禁替先生捏了一把冷汗。但让人讶异的是，不知为什么小组会上没有人提出反对意见，第二天的会议简报上也没有提到草婴先生的发言，后来的几次全体大会上也没有人公开点名批判他的"错误言论"。我猜测，可能是顾及先生的威望，也可能是大会临时党组的一种"防扩散"策略，但更可能的是，时代毕竟不同了！

在当时的气氛下，草婴先生敢于公开发表自己的见解，亮明与众不同的观点，这需要何等的勇气和大无畏精神！我原先的印象中，他只是一位杰出的翻译家。我佩服先生高超的译笔，将他的译文作为范本，逐字逐句地对照原文，学习他的翻译方法和技巧。听了他在小组会上的这次发言，一下子改变了我的看法：先生不仅是一位翻译家，也是一位关心政治、独立思想、敢于表达自己意见的思想者！

这次小组讨论会上，还有个小插曲。事情虽小，但印象深刻。一位长沙来的女教授，准备在会议结束后先到上海探望亲属，再回长沙。她要草婴先生替她买一张从上海到长沙的卧铺火车票。当时交通不像现在这样发达便捷，火车票十分紧张，尤其是卧铺票，单位要事先预订，个人购买则要连夜排队。为一张车票的事去麻烦大翻译家，实在显得唐突和过分。我甚至对这位教授产生了不满：怎么能向草婴先生提出这样无理的要求呢？假如我处在先生的位置，肯定只有两种选择：要么答应，要么拒绝。但是先生不气不恼，语气自然而平静地说:"车票的事请您去找会务组,他们会帮您解决的。"先生的回答如此得体,如此合情合理,让我见识了先生的应对能力和待人处事的原则。后来听先生的同学和朋友、著名翻译家任溶溶介绍,当初读中学时先生就显露了出众的组织领导能力,被大家称为"船长"——善于把握方向又能协调各方的指挥者。怪不得"文化大革命"结束后上级领导要他出任一家出版社的负责人,原来不仅仅因为他是成就卓著的大翻译家,奔着他的名声而来,也是赏识他的行政能力。当然,为了专心致志地从事翻译工作,先生一如既往地放弃了升迁的机会,没有走上做官的道路。

后来与先生接触多了,得知先生出生在条件优渥的医学世家,在家庭的影响下,他从小就关心国家命运和民众的疾苦,立志为我们民族的解放与复兴而尽心尽力。他的青少年时代正值我们国家遭受日本帝国主义野蛮侵略。正如他后来所说:"我们目睹了日本鬼子的种种暴行和中国人民遭受的空前浩劫,义愤填膺,立志要为千万死难同胞报仇雪恨。正是出于这种单纯的忧国忧民的感情,我苦苦探索救国救民的道路,读了些书,也做了些事。"他念中学时就开始积极投身抗日救亡运动。他以超常的毅力自学俄文,最后终于将翻译介绍俄罗斯文学作为自己终身的事业,目的非常明确,那就是通过译介优秀的外国文学,大力弘扬人道主义精神。先生以超乎常人想象的坚强意志和毅力,克服了常人难以想象的困难,忍受了巨大的肉体和精神折磨,数十年如一日,穷毕生的精力,译出托尔斯泰的所有小说和肖洛霍夫的主要代表作,煌煌十五卷,成为中国译坛乃至世界译坛的一大奇迹,赢得了广大读者的喜爱和尊敬。

一旦认定了人生目标,先生就把全部精力和时间投入进去,不管发生什么情况,始终坚持不懈。先生有严格的作息时间表,规定每天花多少时间从事写作,雷打不动。即使在爱女病危和去世的那些日子里,他强忍悲痛,依然按照规定时间坚持译著。这需要何等的毅力和坚强的神经!他说:"失去女儿是很大的损失,假如我因为悲痛而停止工作,又是一种损失,是双倍的损失。因此,我不能停下手中的笔。"这番掷地有声的话让我感动,让我看到了他对文学翻译事业的忠诚、执着和奉献精神，也给了我鞭策，让我不敢懈怠。如果说我多少翻译了一点东西，做出了一点成绩，那是受了先生的影响。

每一位文学翻译工作者面临的首要问题就是译什么。究竟是将国外的优秀作品引进国内，做盗火的普罗米修斯，还是为了名利将没有什么价值，甚至有害的异国文化垃圾贩卖给读者，这对每一位译者都是严峻的考验。草婴先生在这方面为我们树立了很好的榜样。先生之所以对列夫·托尔斯泰情有独钟，那是因为："列夫·托尔斯泰一生就体现了人道主义精神，他的作品用感人至深的艺术手法培养人们的博爱精神，反对形形色色的邪恶势力和思想。'文化大革命'中我受到迫害，被剥夺了写作权利。为什么会发生这样的悲剧？怎样才能避免这样的悲剧重演？这是我当时思考最多的问题。呼吁人性的回归，唤起人们的人道主义情怀，这更使我把目光投向了列夫·托尔斯泰这位伟大的人物。"而肖洛霍夫继承了托尔斯泰的传统，"用高超的艺术手法，揭示人性的坚强和美丽，宣扬人道主义精神"。[①] 先生从事翻译的唯一目的就是为读者提供健康的精神食粮，提升人们的思想、道德和精神境界，铸就民族的崇高魂魄。记得前几年上海一家专事介绍外国文学的杂志刊登了斯大林在青年时代就展露出诗歌天才，他的诗作被收进了格鲁吉亚中学教科书，还说格鲁吉亚向世界奉献了一位伟大政治家，却失去了一位杰出诗人。我想，凡是对苏联历史和苏联文学略有所知的人都不难看出，这样的评价到底是反映了客观事实还是马屁评论的余波。在一次拜访先生的时候，他问我注意到了这些译作没有。我谈了自己的看法，还告诉他我曾经问过翻译这些诗作的一位青年才俊，为什么在当今形势下要翻译这样的作品。先生听了之后久久没有说话。我不知道先生内心究竟是怎么想的，但从他严肃的表情看，他至少是在为这位很有前途的译者感到惋惜。在先生沉默的那几分钟里，我联想到自己因为浅薄无知，也曾在20世纪70—80年代与同事合译过为苏联大国沙文主义张目的长篇小说《胜利》（1—3

[①] 金波、司徒伟智：《译笔求道路漫漫——草婴》，上海锦绣文章出版社2010年版，第98页。

卷），不禁感到惭愧、后悔和内疚。

除了译什么，还有就是怎样译。先生阅历丰富，知识广博，学养深厚，又有长期积累的宝贵经验，对他来说，翻译似乎应该是一件驾轻就熟、得心应手的事。其实不然。他对译事向来特别认真，特别严谨，真的可以说是一丝不苟。在着手翻译之前，他对原文总要反复读上十来遍，甚至更多，还要深入了解有关的背景材料，尽量吃透原作的精神和风格。待到这一切了然于胸，他才动笔。译出初稿后，他还要逐字逐句地对照原文修改，以免出现遗漏和错译，下一步就是脱离原文，专注于中文表达的规范、通顺和传神，最后还要请人朗读一遍，遇到拗口疙瘩之处，再加工修改，直到满意为止。先生对每字每句都精雕细琢，可以毫不夸张地说，字字句句都饱含着先生的心血。经过这一道道"工序"的反复锤炼，先生的译文就十分精彩耐读，经得起推敲。正如他对我所说的那样，"在原作者和读者之间架起了一座坚实、平坦、容易通行的桥梁"。记得有一次我曾请教先生，为什么将肖洛霍夫的名篇《Судьба человека》译成《一个人的遭遇》，因为有一位专门从事肖洛霍夫研究的教授认为此处的人应该理解为人类，是泛指，因此改译成《人的命运》。先生对我解释说，"'命运'可好可坏，而'遭遇'两字，在我们宁波人的理解中总与不幸相连（其实何止是宁波人），比如祥林嫂的遭遇"。先生的译名《一个人的遭遇》符合原著精神，也符合中文表达习惯，受到读者和学术界的普遍肯定。对先生的译作，许多学者、专家和作家都给予很高评价。我很尊敬的著名学者、外国文学研究专家、本人也有华彩译作的夏仲翼教授就有这样精辟的论述：

从他的翻译可以看出译者对作品的深入理解。我一直记得一个小例子，肖洛霍夫有一个短篇《Наука Ненависти》，以前有过多种译本，或叫《憎恨的科学》，或译《仇恨的科学》，这在汉语上的确很费解，因为中国没有这样的表达方式。在词典上，наука 始终是个名词，因此只能是"XX 的科学"，"所在格"的结构，似乎无法可想。但草婴作了一个很出色的转换，译作《学会仇恨》,这在汉语上通顺了,意义也贴切之极。因为草婴把这个短篇的文旨发掘出来了。它的意思很清楚:一个被侵略国家的人民,为什么对敌人有如此之仇恨?这是敌人的残暴激发起来的强烈反抗。仇恨不是生来就有的,是在反抗侵略的残暴的过程中"学会的"。наука在语法上终究也没有作为动名词的用法,但这里的转换却成了神来之笔。

草婴先生将《被开垦的处女地》改译成《新垦地》也需要很大的勇气。尽管《被开垦的处女地》的译名在翻译界、文化界流传下来了,哪怕这样的译法并不完善,但很难改变先入为主的印象。草婴先生改译成《新垦地》,乍一看,译界的很多人觉得不习惯,但仔细一推敲,发现这才是真正的汉语,而原来的却是外国语。

翻译最要紧的是把原作的精神传达读者,要让读者在形式和内容上都能充分接受。草婴译肖洛霍夫,就十分注意作者文字的口语化和抒情性。我们只消读小说《一个人的遭遇》的开头……这段文字的平易清新,就像开始解冻的大地和河面,活力涌动,生气勃勃。流畅的口语化句式,朗读时只消简明的扬抑和缓急,就给人一幅春天来临的画面。能说它不也是一个解冻的象征么?[①]

在翻译理论和实践上很有建树的曹国维教授和吴德艺教授,他们对草婴先生的译作进行过系统分析和研究,一致认为先生的译作堪称典范。

对于译界的晚辈后学,先生非常关心和爱护。这方面我有很深的体会。自从认识先生之后,我很想去向先生登门求教,但我生来性格拘谨,不善交际,更怕占用先生宝贵的时间,影响他工作。先生得知我的顾虑之后,亲切地说,欢迎我去他家聊聊,只要事先打个电话,约好时间就行。他这一番话,打消了我的顾虑,于是我大着胆子去拜

---

① 转引自金波、司徒伟智《译笔求道路漫漫——草婴》,上海锦绣文章出版社2010年版,第83页。

访他,向他求教。每次见到先生,他总要问我最近在做些什么,看哪些书,身体怎么样,家里好吗。有时候先生主动打电话来,问我工作和生活的情况,或者告诉我哪一篇文章值得一读,甚至把好文章复印后寄给我。有一年我患脑梗突然晕倒,先生听说后要我注意劳逸结合,合理安排作息时间。他反复强调:"要卖力,不要卖命。"短短七个字,情深意长,令我一辈子无法忘怀。那次他送我上海文艺出版社出版的十二卷托尔斯泰小说全集,生怕我搬不动,还特意叫来一辆车,亲自送我回家。我的牙齿坏了,要装假牙,他特意让师母向我介绍信得过的牙科诊所。一位蜚声海内外的大翻译家如此平易近人,如此关心一名普通的译者和晚辈,让我始终心存感激,总觉得有一股暖流在胸中涌动。5年前,南京大学的余一中教授,也是他关心和器重的一位晚辈,因患肝硬化接受肝脏移植手术,需要一大笔钱款。先生得知后打电话给我,希望我联络上海的几位朋友,为余教授募捐,以解燃眉之急。先生自己带头慷慨解囊,同行们也纷纷捐款。全国各地的俄语界朋友也伸出援手,帮助这位教授渡过了难关。后来先生经常关心余一中教授的康复情况,令人欣慰的是,他恢复得很好,继续在为俄罗斯文学教学和研究做贡献。

草婴先生经常谈到做人的道理,不止一次地说到知识分子的良知:"良知是心,是脑,是眼,是脊梁骨,是胆。'心'是良心,做人做事都要凭良心,要是没有良心,什么卑鄙无耻的事都可以做。'脑'是头脑,不论什么事、什么问题,都要用自己的头脑思考、分析、判断,也就是遇事都要独立思考,不能人云亦云。'眼'是经常要用自己的眼睛去观察社会,观察人民的生活,要随时分清是非,尤其是大是大非。'脊梁骨'是人活在世上总要挺直脊梁,不能见到权贵,受到压迫,就弯腰曲背,遇到大风就随风摇摆。'胆'是勇气,人如果没有胆量,往往什么话也不敢说,什么事也不敢做。"[①]

---

① 转引自金波、司徒伟智《译笔求道路漫漫——草婴》,上海锦绣文章出版社2010年版,第10页。

先生不仅这么说，也是这么做的。抗日战争时，他投身反侵略斗争；在国民党白色恐怖下，他加入时代出版社传播光明；在反胡风事件中，要他揭发满涛，他认为满涛是好人，拒绝写批判文章；"反右"时，要他批判傅雷，他顶住压力，不说假话；"文化大革命"中，先生夫妇双双被打成"牛鬼蛇神"，被批斗、抄家、隔离、关押，受尽折磨，差点送命，但无论外部环境怎样险恶，他始终挺直腰杆，堂堂正正做人，展现了一位正直的知识分子的硬骨头精神。我至少两次听过先生介绍1976年9月接待姜椿芳的情况。姜椿芳是老革命，著名翻译家，也是先生走上革命道路的引路人，是先生"这辈子永远感激的良师益友"。就是这样一位德高望重的老干部，"文化大革命"中惨遭迫害，在秦城监狱关押了7年多，身心受到极大摧残，出狱后住在青岛女儿家。他写信给先生，希望到上海养病。尽管先生一家早已被赶出原先的住所，老少几代人栖身在狭小的地方，但还是盛情邀请姜椿芳到他家养病。姜椿芳乘坐的轮船定于9月9日下午5点钟到达上海，先生必须到码头迎接。凑巧的是，工宣队宣布当天下午4点钟有重要新闻，所有人员必须收听中央人民广播电台的广播，一律不得外出。先生当时还属于监管对象，不能自由行动，更不用说擅自离开了。但是如果不去码头迎接，对上海已经生疏、身体又十分虚弱的姜椿芳怎能找到他家。好在先生沉着机智，居然设法偷偷溜出了监管地，乘上了开往码头的公共汽车。就在公共汽车上，听到电台广播毛泽东主席去世的噩耗。先生准时赶到码头，见到一脸病态的姜椿芳在老伴和女儿搀扶下步履蹒跚地走过来时，不禁一阵心酸。当天晚上，特意准备了几个菜，为姜椿芳洗尘，中间还喝了点酒。这样的举动很可能招来灭顶之灾，因为在举国哀痛的时刻，一顿简单的迎客晚餐，可能会被别有用心的人上纲上线为搞某种带有庆贺色彩的活动。这件事说明先生对朋友有情有义，哪怕冒着极大的风险，也不违背自己的做人原则。姜椿芳在先生家住了好几个月，不仅疗养身体，还反思历史，酝酿编写大百科的宏大计划。

上文关于知识分子"良知"的论述，其实是先生为人处世的基本原则，是他数十年来做人做事的写照，也是他总结的人生经验。无论是在顺风顺水的时候还是身处逆境遭受迫害的时候，先生都遵照这些原则身体力行，这不仅成就了他的不朽业绩，也当之无愧地赢得了广大知识分子的尊重和敬佩。先生以身示范，堪当大师之任和大师之名，其煌煌巨译成为他表明心志、寄托理想的一座丰碑，这座闪烁着大师人格光辉的丰碑永远昭示后来者奋勇向前。

（原载《东方翻译》2010 年第 4 期）

附　　录

名家简介

蔡力坚，2016 年至今任蒙特雷国际研究学院教授；1989—2015 年，在纽约联合国秘书处工作，先后担任协理翻译、翻译、译审、编辑组长、规划专员、高级译审（Senior Reviser）。著述包括《商务翻译：译·评·注》（合著）、《公文翻译：译·评·注》《翻译研修实用指南》《英汉实意翻译》《汉英翻译二十讲》等。

曹明伦，四川大学二级教授、博士生导师，成都大学特聘教授；中国作家协会会员，中国翻译协会理事，《中国翻译》编委、《英语世界》顾问；四川省有突出贡献的优秀专家，国务院特殊津贴专家。译有《爱伦·坡集》《弗罗斯特集》《威拉·凯瑟集》《培根随笔集》《司各特诗选》和《莎士比亚十四行诗集》等多种英美文学经典。

辜正坤，曾任北京大学外国语学院世界文学研究所教授、博导、所长，获国务院颁发的"国家有突出贡献专家"称号；现任国际中西文化比较协会会长（双会长制）、中国外国文学学会莎士比亚研究会会长。在国内外共发表著、译、编、校作品 50 余种（部），论文 200 余篇。曾英译《道德经》《元小令》《易经》《毛泽东诗词》等经典著作；曾主持编译过皇家版《莎士比亚全集》。

附 录

金圣华，香港崇基学院英语系毕业，分别获美国华盛顿大学硕士及法国巴黎大学博士学位。现任香港中文大学翻译学荣休讲座教授、荣誉院士及香港翻译学会荣誉会长。在出任香港翻译学会会长期间，筹募翻译基金，创设香港有史以来第一项翻译奖学金，对推动翻译事业贡献卓越。曾出版多部译作、著作及编撰作品，1997年6月因对香港翻译工作贡献良多而获颁OBE（英帝国官佐）勋衔。

李长栓，北外高翻学院教授、副院长，联合国兼职译员。主要兴趣是口笔译教学和实践，曾为上千次国际会议提供过同传/交传服务，并在纽约、日内瓦、曼谷等联合国机构短期从事笔译工作，也为最高法院、国家部委、北京市外办等翻译审校重要文件。著作包括《非文学翻译理论与实践》《如何撰写翻译实践报告》《法律术语翻译二十讲》等11部。还在《东方翻译》开设了法律术语翻译专栏。

叶子南，翻译界著名学者，广西大学特聘教授，美国明德大学蒙特雷国际研究学院荣休教授。著有《高级英汉翻译理论与实践》《灵活与变通》《认知隐喻与翻译实用教程》《英汉翻译：译·注·评》等作品。担任《翻译界》杂志编委和《英语世界》杂志顾问。另外，一直参与中国外文局翻译培训项目，为中国译协的全国高校翻译教师暑期培训班讲课。

周蕴仪，新加坡籍，口笔译自由译者，本科毕业于新加坡国立大学商学院。毕业后在商界工作多年，在世界500强企业负责亚太区营销管理。后进入北京外国语大学高级翻译学院学习，毕业后从事口笔译工作，并与李长栓老师一起教授汉英笔译多年，形成独特的"李周"教学模式。目前为自由译者，承担新加坡政府机构、国际机构和高等学府和企业口笔译任务。

陈明明，外交部外语专家，中国翻译协会副会长。曾任外交部翻译室主任，中国驻新西兰、库克群岛、瑞典大使。20世纪80年代为邓小平等领导人担任口译。近年担任党的十八大、十九大报告英文定稿，总理政府工作报告英文定稿，参加《习近平谈治国理政》第一卷、第三卷英文版定稿，习近平近年来主要对外演讲英文定稿。

黄友义，中国人民政治协商会议第十一届、第十二届全国委员会委员。现为中国译协常务副会长、中国翻译研究院副院长、《大中华文库》副总编辑。长期参与党政文献对外翻译。曾参加党政文件和领导人讲话的翻译和译文审定工作，包括《论"三个代表"》《习近平谈治国理政》等文献，主持编写《汉英外事工作常用词汇》和《汉英翻译词典最新词汇》。

童孝华，中共中央编译局（中共中央党史和文献研究院）英文资深翻译、中国公共政策翻译研究院专家教育部外语中文译写规范部际联席会议专家委员会首席专家、全国人大法律语言顾问。长期组织、主持中国共产党全国代表大会和全国"两会"主要文件、党和国家领导人著作英文翻译与审定工作。代表译著包括《邓小平文选》《江泽民文选》《习近平谈治国理政》。

王明杰，1970年进入中国外文出版发行事业局（外文局），长期从事文学作品、政经、文化类图书中译英翻译和审定工作。近年来主要负责国务院白皮书、国家领导人著作等英译审定工作。2001年获译审职称，2006年获颁政府特殊津贴证书，2011年被中国翻译协会授予资深翻译家荣誉称号。历任中国文学出版社副总编辑，外文局副局长，美国《侨报》社社长。

徐明强，中国外文局译审、中国外文出版社前总编辑、美国长河出版社首任执行总裁兼总编辑，中国译协授予资深翻译家称号，享受国务院政府特殊津贴。长期从事对外政策翻译和宣介工作，曾参与《毛泽东选集》第五卷、《中华人民共和国宪法》等党和国家重要政治文献的翻译和定稿工作,是《习近平谈治国理政》英文定稿专家和《中华大文库》发起人之一。

陈峰,联合国资深同声传译。在38年的外交和翻译生涯中,参加过逾万场外交谈判和各种国际会议,翻译服务对象有190多个国家的多任元首、总理、部长和500强公司总裁,包括英女王、十位英国首相、四位美国总统和众多中国国家领导人,是邓小平的最后一位英文翻译,并为习近平主席多次担任翻译。参加翻译或审校著作十余部,曾在多种国际活动及英语翻译大赛中任评委、评委主席。

胡茂亚,联合国高级口译。1981年9月—1983年6月就读于北外联合国译员训练部同传专业;1983年8月—1990年5月任中国人民外交学会翻译、英文季刊《外交》(*Foreign Affairs*)译审;1990年5月—1997年6月任联合国亚太经社理事会口译兼笔译;1997年7月至今任联合国纽约总部高级口译,其间1998年4月—2004年5月,兼任《汉英论坛》主编。

刘达政,1973年在纽约参加公开考试并成为联合国全球录取的十名翻译之一,自此开始了翻译生涯。在联合国服务三十多年,前十年专注翻译,中间十年集中于审校工作,后十年负责培训和规划工作。2008年退休,获当时的联合国秘书长安南接见并颁发长期服务奖。1986年曾与中国翻译公司译者合译艾柯卡自传,该作品获当年全国优秀畅销书奖和金钥匙奖。

徐亚男,曾任外交部翻译室主任、中国驻特立尼达和多巴哥特命全权大使、联合国大会和会议管理部中文处处长。现任中国联合国协会理事、中国翻译协会常务理事、中国外文局翻译资格考评中心专家委员会专家等。并于2014年11月被中国翻译协会授予资深翻译家证书。作为外交部资深翻译,长期从事重要外事翻译工作,积累了大量口译和笔译经验。

尹晓宁，1981年考上北京外国语学院联合国译员训练班，主修笔译。1983年毕业后留在译员训练班任教，开设联合国逐字记录课程。1984—1989年在纽约联合国秘书处大会事务部翻译司中文处担任笔译。1992年起到肯尼亚内罗毕联合国环境规划署从事中文笔译工作。1998年调回纽约中文处工作，曾任联合国翻译、审校、规划专员和培训专员。

赵兴民，毕业于南开大学外文系、北京外国语学院联合国译训部。1988年起在联合国日内瓦办事处中文翻译科工作，现为高级译审。著有《联合国文件翻译》（与曹菡艾合著，中国对外翻译出版公司）、《联合国文件翻译案例讲评》（外文出版社）、《商务翻译译·注·评》（与蔡力坚合著，清华大学出版社）等。任南开大学等学校兼职或客座教授。

傅浩，中国社会科学院外国文学研究所研究员、博士生导师；中国作家协会会员；英国米德尔塞克斯大学现代语言中心荣誉客座教授。专业于英语诗学，兼及梵语、拉丁语、法语、日语文学翻译。著有多部诗文集、杂文集、文学研究专著、文学与翻译评论集。译著有《英诗华章》《阿摩卢百咏》《叶芝诗集》等数十种。曾获台湾梁实秋文学奖、袁可嘉诗歌奖等。

陆建德，1978年考入复旦大学，1983年获教育部留学基金资助赴英国剑桥大学，1990年获博士学位后回国，先后就职于中国社会科学院外国文学研究所和文学研究所，曾任《外国文学评论》和《文学评论》主编。著有《破碎思想体系的残编：英美文学和思想史论稿》等，主编《现代化进程中的外国文学》（两卷）和《艾略特诗文集》（五卷）。近年从事鲁迅研究。

罗选民，广西大学君武学者讲席教授、外国语学院院长；曾任清

附录

华大学首批二级教授、墨尔本大学亚洲学者讲座教授。广东外语外贸大学云山领军学者。中国英汉语比较研究会会长，中国作家协会会员，第六届、第七届鲁迅文学奖评委，澳大利亚国家科学研究基金委员会（ARC）人文艺术部外籍委员，享受国务院政府特殊津贴，被评为部级有突出贡献的中青年专家。

申丹，北京大学学士、英国爱丁堡大学博士，博士毕业后一直在北京大学外国语学院任教，2004 年度首批教育部长江学者特聘教授，现为北京大学博雅讲席教授，兼任美国 Narrative 和 Style 期刊顾问，英国 The Translator 顾问（2001—2014）、Language and Literature 编委，欧洲 Journal of Literary Semantics 编委。连年上榜 Elsevier 中国高被引学者榜单。

王东风，北京大学博士，现任中山大学外国语学院教授、博士生导师，享受国务院政府特殊津贴。曾任中国英汉语比较研究会副会长、中国译协理事及翻译理论与教学委员会副主任、中国比较文学会翻译研究会副会长。曾获宋琪翻译研究纪念奖两次。出版专著 2 部、教材 4 部、论文集 1 部、文学译著 9 部、长诗翻译 2 首，主编词典一部。研究方向：翻译学、语言学、比较文学。

常玉田，对外经济贸易大学英语学院教授。从事商务英语写作和英汉互译等教学和研究，已发表各类文章逾百篇，译著 60 余部，教材近 30 种。《商务英语写作》等七部教材被评为北京市高等教育精品教材，"商务英语写作"获"国家精品课程"（远程教育）荣誉，本科"商务英语写作"忝列国家级资源共享课程。

陈瑞清，台湾东吴大学英文系学士，美国加州蒙特雷国际研究学院汉英口笔译硕士，英国曼彻斯特大学语料库翻译学博士，师从语料库翻译学（Corpus - based Translation Studies）创始人 Mona Baker 教授。现任教于蒙特雷国际研究学院。已问世译作包括《生而为人》

《万种心灵》《位元城市》等。闲暇之余为世界知名企业提供口译服务。

李克兴，现为浙江外国语学院英国语言文化学院教授，从事法律翻译和写作、英文合同翻译和写作、应用翻译理论的研究和教学。早年由浙大公派赴美国留学，分别在印第安那大学和UCLA获得理科硕士和哲学博士学位，在浙江大学、香港理工大学、香港中文大学、香港大学、恒生大学任教30年，是10部专著的独立作者，是数以千计的商业翻译项目的译者和定稿人。

张卜天，中国科技大学物理学学士，北京大学科技哲学博士，现为清华大学科学史系长聘教授。研究方向为西方中世纪和近代早期科学思想史。主编和翻译"科学源流译丛""科学史译丛""世界科普名著译丛"，译有《大问题——简明哲学导论》《韦洛克拉丁语教程》《世界图景的机械化》《现代性的神学起源》《科学革命的编史学研究》等五十余部作品。

章思英，外语教学与研究出版社副总编辑。副译审、编审。北京大学英语语言文学专业文学学士、研究生毕业，英国斯特灵大学出版学哲学硕士，美国伊利诺州立大学传媒学理学硕士。曾就职于中国外文局，历任《今日中国》杂志英文翻译、英文部副主任，中国文学出版社英文部主任。

王华树，北京外国语大学高级翻译学院副教授、中国翻译协会本地化服务委员会副秘书长、中国英汉语比较研究会外语教育技术专业委员会副秘书长，主持十多项国家级和省部级科研项目，出版《翻译技术简明教材》《计算机辅助翻译概论》《翻译与本地化项目管理》《术语管理概论》等十多部著作。研究方向：翻译与本地化技术、计算机辅助翻译、术语管理、语言服务管理等。

李智，哈尔滨师范大学西语学院讲师。从事口译教学10年，多次指导学生在各级口译大赛中获奖。近3年来，主持省部级科研项目3项，主持校级项目1项，指导国家级大学生创新项目1项，发表口译相关论文9篇。参与编写专著2部、教材2部。研究兴趣：口译理论与实践、口译项目管理、口译技术、口译语料库。

朱珊，中国石油大学（华东）外国语学院副教授、同传译员，研究方向为口译技术、翻译教学与研究。2008—2020年为国际会议同传近500场次，包括不限于世界卫生组织大会、G20峰会、上合峰会等。发表CSSCI、SSCI论文数篇，出版专著6部，出版国内首部医学口译教材，编译《新冠肺炎预防手册》发行24个国家和地区。

张成智，翻译学博士，副教授，河北大学外国语学院教师。曾在知识产权出版社、如文思集团从事翻译、审校和项目管理等工作，兼任知识产权出版社翻译事业部计算机辅助翻译技术顾问、I译课堂计算机辅助翻译课程讲师。出版专著1部、译著7部，参编教材2部。研究领域：计算机辅助翻译、专利翻译和财经翻译。

徐彬，山东师范大学教授、外语学院英语系主任、翻译硕士中心主任。出版译著40余部，逾1000万字。主持2015年国家社会科学基金项目"汉学文史著作平行语料库建设及在中国文化外译中的作用研究"。参与中国社会科学院重大项目《郭沫若全集》（译文卷）编纂，并参与2016年国家社会科学基金项目"郭沫若翻译作品版本演变研究及语料库建设"。

崔启亮，对外经济贸易大学英语学院副教授、国际语言服务与管理研究所副所长，中国翻译协会本地化服务委员会副主任，世界翻译教育联盟翻译技术教育研究会副会长，《上海翻译》杂志编委。编著本地化与翻译技术学术与实践书籍6本，出版2本行业调查报告。主持教育部、国家语委、中国外文局、北京市外办、全国MTI教指委等的项目 10 项。

赵毅慧，博士、副教授，西安外国语大学高级翻译学院副院长。英国约克大学应用语言学、英国利兹大学会议口译双硕士，渥太华大学翻译系中加交换学者。具有多年口译教学与实践经验，参加国际会议口译五百余场。主要研究方向：口译教育，口译技术。近年来已在《外语教学》《外文研究》《上海翻译》等发表论文数篇。

（作者姓名按文章顺序排列）

后 记

  终于迎来了《译路峰景——名家谈翻译》三部曲即将付梓的时刻。回顾起本套书的整个编撰过程，不禁百感交集。在向书中各位名家索稿的过程中，一些学者称本套书为"鸿篇巨制""宏大工程"。承蒙如此肯定，实属荣幸。然则诚惶诚恐，更加深感编汇工作之难度之大、道路之远、责任之重。

  作为编者，我们也是翻译的实践者与研究者。本套书的出版缘起于我们对翻译工作的思考、体悟与沉淀。李新烽主编是英语专业出身，曾留学英国，又作为人民日报社记者常驻非洲。2014年，他从中国社会科学院西亚非洲研究所调入中国社会科学杂志社担任副总编辑，主管《中国社会科学》英文版和《中国社会科学报》国际新闻版块及英文数字报。因工作中涉及许多翻译业务及对外传播交流，且这些业务覆盖人文社会科学的重点学科如国际关系学、社会学、历史学、文学等，我们十分重视对翻译的探索与研究，除平日大量的翻译练习与审稿，也注重收集研读报刊中与翻译有关的文章，时常围绕翻译实例展开专题研讨，从中锤炼心得、总结经验。三年后，李新烽主编调回了西亚非洲研究所，但他依旧心系翻译，关心译事。

  翻译是一门艺术。而译者犹如匠人，必须具备工匠精神与高超技艺才可胜任。同时，翻译是一门科学。科学探索永无止境，求真之路容不得半点马虎。翻译亦如此。在我们日常的翻译工作中，固然有灵光乍现带来的精妙之笔，但更多的是苦苦思索而不得其解的困惑时刻。某个词、某个篇章的译法往往会经历译前调查研究背景资料、译中反复斟酌词义用法、译后几经修改核实查证的漫长过程才能最终确定。而这当中，吃透原文、吸收知识、揣摩推敲、融会贯通、措辞取舍——每一个环节都要耗费相当大的心力精力。

尤其是当涉及一个新的未知领域，即便掌握再多的翻译技巧，拥有再高的翻译水准，翻译都会变得绝非易事。况且翻译没有尽头，即使找到了与原文匹配的译法，译者的职业本能会敦促我们继续搜寻更为妥洽的译文。

做过翻译的人都深知，翻译绝不仅仅是简单的字词转化及文辞表述，它是糅杂背景知识、思维方式、文化差异、风俗传统、国际传播等因素的多维体与复合体。认识不到这一点，翻译会变得"僵硬"而丧失生命力，犹如一潭死水，寻不得半点涟漪。"僵硬"的结果，自然是译文偏离原文，进而造成错译、死译、误译。

遗憾的是，"僵硬"的翻译随处可见。国际文化交流日益频繁的今天，翻译也迎来了蓬勃绽放的时代。然而，一个不可否认的事实是，在当今中国，译员的准入门槛不够高，语言服务市场欠缺规范。德高望重的季羡林教授生前曾呼吁规范国内翻译市场，并发表短文《翻译的危机》，其中写道："危机正出在不遵守'信'这个标准上。"

季羡林先生一语道破了翻译危机的症结所在。"信"，这个看似最基本最低难度的准则，却往往是最难以达成的。鲁迅先生追求"宁信而不顺"，为了"信"可以牺牲译文的晓畅性，可见"信"之重要。

编者曾经对一些时政热词进行过专题研究，其中发现许多词的英译远远达不到"信"这一标准。其带来的，不止是语言文化上的理解偏差，更是国际社会对中国的严重误读。

以"韬光养晦"一词的英译为例，由美国编写的2003年至2009年度六个年度的《中国军力报告》在提到这一战略原则时的表达为hide our capabilities and bide our time。此外，维基百科英文版在"中国外宣"（Propaganda in the People's Republic of China）这一词条中，也采用该表述。然而，这种译法显然是根据字面"硬译"的结果，让读者直接理解为"隐藏我们的能力，等待我们的时机"。细细读来，带有"养精蓄锐，卧薪尝胆，待有朝一日东山再起，称霸全球"的意味，这必定不是"韬光养晦"的本义。这种译法歪曲了中国和平

后 记

外交战略方针的内涵和实质,为制造"中国威胁论"者提供了"理论借口"。

而经编者调查发现,造成这一误读现象的根源是国内存在着对该词的普遍误读。查阅国内相关资料,一个触目惊心的事实是:国内外宣机构、汉英词典、英文媒体等使用最多的译法即为 hide our capabilities and bide our time。这与美国《中国军力报告》及维基百科中采用的英文表述完全相同。

此外,我们也调查过"一带一路"倡议、新时期中国的对非政策"真实亲诚"的译法,结果发现,许多时政词汇的英文表述存在着五花八门、错误百出的现象。官方统一用法的出台可以说在某种程度上减少了这种现象,但并未终结。

反观当下的译坛,译论层出不穷、译著琳琅满目的繁荣景象背后,是滥译成风、鱼龙混杂的隐患。作为国内翻译大军中的一分子,面对当下国内译坛不尽人意的现状,一种强烈的责任感与使命感催使我们为中国翻译事业做点什么。

同时,十分庆幸的是,在中国当代译界,仍然活跃着一大批优秀的译者。他们以自己清醒的头脑、卓越的水平、深刻的洞见在翻译这片疆土上留下独特的印记。他们不受译界杂乱丛生的纷扰,用自己的真实力、硬技巧说话,对我国翻译事业的进步起到了举足轻重的作用。

为了更好地提高翻译业务与水平,在李新烽主编分管中国社会科学杂志社国际业务期间,我们常常邀请一些译界名家前来进行讲座,向社里各位英文编辑普及相关翻译技巧、介绍翻译理念与心得。讲座的邀请对象主要是实务翻译领域的译者。如中国外文出版社前总编辑徐明强先生,曾任外交部翻译室主任的徐亚男女士、北京外国语大学高级翻译学院副院长李长栓教授等。他们结合各自多年的翻译生涯,毫无保留地分享其从事翻译工作的心得体会与实战经验。一篇篇翻译"例文"让人醍醐灌顶,犹如春风拂面般使人疑云顿消。

我们由此产生了一个想法:这些宝贵的点滴经验若能保留于纸笔,收存于书本,将会是十分难得的学习资料。虽然这些经验也流传

后　记

于网络，但毕竟只是过于碎片化地散落于各个网页，如能将其系统化地归纳总结，梳理成文，对于国内广大的翻译爱好者而言，将具有很大的指导意义。

这是本套书最初的想法雏形。初衷即为编辑一本以实用性为导向的书籍，通过多位翻译名师的指导，提高读者的翻译水准。翻译理论固然重要，然而"会翻译""译得好"才是硬道理。我们因此"斗胆"向国内各领域一线的译者名家发出稿件邀约，诚邀其将实际的翻译经验和体会整理成文，以飨读者。

由于不同的翻译类型对应的翻译原则不尽相同——时政翻译以信息传递为第一要务，往往涉及多个政治概念，要求措辞精准、思维严密；文学翻译则离不开艺术境界，注重语言的感染力，需要传情达意、风格再现，因此，我们按照翻译的类别和性质将本套书内容分为上中下三册。先是确定了"时政翻译"与"文学翻译"这两大专题。后来，思路一步步扩大，增加了"联合国翻译""应用型翻译"专题。这几大翻译类型虽各具特点、领域不同，却相辅相成、殊途同归。不同的文本类型、文体形式，及不同的学科知识点——终归绕不开翻译的本质。于是，我们决定增加"翻译理念与标准"这一提纲挈领的专题，从翻译的本质出发讨论相关理念标准，如直译与意译、形似与神似、忠实与创造、可译与不可译、文化鸿沟处理等基本问题。最后，考虑到当今时代翻译的特殊性，即信息化为翻译工作带来的巨变，增加了"大数据时代的翻译"专题，以探讨这一人工智能时代的产物。

此外，本套书下册收录了8篇老一辈翻译家的"访谈实录"，及8篇有关老一辈翻译家译作译风的研究文章，向我国当代涌现出的译家前贤致敬。其中包括两篇编者亲自登门拜访许渊冲、李文俊先生，记录其人生历程与翻译感悟的采访稿件。这两篇稿件都曾发表在《中国社会科学报》。在这一册中，读者可以近距离感受老一辈文化大家的风范。

在此，我们情不自禁地要向参与本书写作的每一位学者表达我们的真诚感激，并致以崇高敬意！

后　记

　　本书的编汇过程有幸得到了当代国内译界诸位名家的大力支持，承蒙惠允，不胜荣幸。一些学者与编者有过交往渊源，一些学者未曾谋面，但"听闻其名"。无论相识与否，每一位所邀名家都在百忙之中对本书赐予稿件、予以支持，或围绕某个主题专诚为本书撰稿，或发来以往在报刊发表过的精彩名作。书中各位译家都是在各自领域辛勤耕耘多年、久负盛名的"实战高手"。即便如此，在约稿过程中，一些学者询问有关"名家"的定义，自谦"不能算作名家的行列""不能谈出多少大道理"。然而，当收到他们的文章并一一拜读后，编者常常受益良多，也更加折服于其虚怀若谷的学术精神。

　　李长栓教授在翻译教学界有着很高的威望，擅长"非文学领域"实务型口笔译。以前与李教授有过一些交往，在编者发出邀请后，他欣然答应，为本书"贡献"了两篇稿件。同时，由于他曾在联合国各机构从事过笔译工作，对联合国译员较为熟悉，因而为编者推荐了几位长期在联合国任职的资深译员，为本书"联合国翻译"一章的约稿组稿工作起到了直接的助力作用。在李教授的协助下，本书因此能够邀得刘达政、陈峰、胡茂亚、赵兴民、尹晓宁等人。刘达政是联合国总部的资深翻译前辈与高级译审，曾负责联合国大会部中文处审校培训和规划工作。虽已退休，他的名字在当今联合国甚至纽约的华人圈中依旧响亮。他多年潜心钻研翻译的韧劲也为年轻一代译者做了很好的表率。担任联合国纽约总部资深同声传译的陈峰先生曾为多国国家元首、总理及中国领导人担任英文翻译。外交谈判及国际会议占满了他的日程，百忙之中，他数次在开会途中或转机之时甚至在去女儿毕业典礼的路上抽空与编者邮件沟通稿件事宜。同在联合国纽约总部任高级同声传译的胡茂亚先生，在早期也曾从事外交翻译。胡先生是不可多得的"全科通才"，除了很高的中英双语驾驭能力，也爱好数学、物理等自然科学。广泛的涉猎成为了他同传知识储备的重要组成部分。此外，他对稿件精益求精的态度让编者印象极为深刻。为本书写作过程中，他数易其稿，反复修改，不放过任何一个细小错误甚至标点符号，最后一次发来的稿件，是经其第 16 次修改后的定稿。赵兴民译员是联合国日内瓦中文科的高级译审，在深受颈椎病之累、一边治疗一边工作的同时，他挤出"不能再挤"的时间完成邀稿，并与联合国的几位同事多次探讨稿件、征求意见，融会多方见解后方才定稿。他排除万难的尽心尽力让编者对给他"增添麻烦"深感歉意。同为联合国高级译审的尹晓宁老师在家庭事务繁忙的情况下，仍坚持完成邀稿。这些都让编者备受感动。

陈明明、徐亚男、徐明强、黄友义、王明杰、童孝华都是长期担任国家领导人翻译及党政文献定稿的专家，有着丰富的时政翻译经验。陈明明、徐亚男两位老师都曾任外交部翻译室主任。前者曾任中国驻新西兰、库克群岛、瑞典大使；后者曾是中国驻特立尼达和多巴哥大使，也曾在联合国工作。因此，二人是翻译家兼外交家。徐明强、黄友义、王明杰三位老师长期在中国外文局工作。还记得徐明强老师应邀来中国社会科学杂志社讲座时，曾表达对《霸王别姬》歌剧翻译的热爱及对于未曾参与更多文学翻译的遗憾。黄友义、王明杰老师为了完成本书的邀稿，在春节期间牺牲陪伴家人、享受年味儿的时间。童孝华老师是中央编译局的资深专家，编者曾向其电话请教"人类命运共同体"一词英译的来龙去脉，交流之时他谈了许多自己对于翻译的体会，让编者受益匪浅。

蔡力坚老师是《中国关键词》定稿人，也曾任联合国总部高级译审，尤为擅长公文翻译等实务型翻译。在应允撰稿的同时，他倾心倾力为编者推荐其认为适合本书的翻译名家并帮助联系。常玉田教授是商务英语教学领域的佼佼者，擅长英汉、汉英双向商务翻译。除应约写稿，他还常常发来一些作业批改、课后阅读等教学案例，与编者交流商务英语教学心得。李克兴教授是法律翻译等应用翻译理论领域的名师，同时关心国家时事、心系社会发展，早在20世纪80年代，曾在《中国社会科学》发表过有关中国高考制度的文章。外语教学与研究出版社副总编辑章思英老师是国家重大项目"中华思想文化术语传播工程"秘书处负责人。编者发出稿件邀请后，她在繁忙事务之余细致详尽地谈了自己对于该文化术语工程的理解及稿件策划选题的想法，具体到文章结构、段落安排等，其严谨认真的态度让编者深受感动。

后 记

辜正坤、申丹、周蕴仪、王华树四位老师均是编者白乐在北京大学攻读翻译硕士研究生期间的师长。辜正坤老师既是翻译家，也是著名文化学者，其深厚的中西文化底蕴、广阔渊博的知识、深刻超前的思想，都是成就他"精绝翻译"的重要因素，被称为"翻译神人"。出于对中国传统文化的偏爱，他翻译了《道德经》《易经》等多部古籍经典。凡是读过辜老师译文的人都会不由地为之赞叹。申丹教授在国内外叙事理论、文体学、翻译学领域是最有影响力的学者之一，她以敏锐的学术眼光，不断在国际学术前沿取得进展，连续多年上榜爱思维尔（Elsevier）中国高频率被引用学者榜单。本书所收录的正是她围绕叙事"隐性进程"与文学翻译展开探讨的一篇开创性论文。周蕴仪老师是为数不多的以英汉双语为母语的新加坡籍翻译，尤其擅长金融、法律等实务翻译。邀稿过程中，她自谦"称不上名家"，但编者知道，她是绝对的"真实力派"。她对英汉双语的娴熟掌握程度、对原文所涉资料钻研调查的深度、对译文毫厘之差严苛把关的态度，都注定了她翻译作品的高质量高水平。她对翻译有着独特的见解，在北京外国语大学任教时与李长栓教授长期搭档形成的"李周模式"在学术界广受欢迎。王华树老师是翻译技术领域的青年领军人物，他集结了一批该领域顶尖的研究学者，为"翻译技术"一章策划稿件并约稿组稿。

金圣华教授是香港知名翻译家，对傅雷、余光中等前辈的翻译特点、风格等有着深入研究，翻译水平堪称卓越。叶子南、陈瑞清两位老师均是长期任教于美国蒙特雷国际研究学院的知名学者，在翻译教学界颇有影响。有译界同仁曾称叶子南为"真正的高手"，可见其不一般的翻译功力。陈瑞清教授除了擅长新闻翻译，也致力于语料库翻译学研究。王东风、曹明伦、罗选民三位教授均有着深厚的外国文学修养，在比较文学、英诗汉译、跨文化研究等领域成绩突出。王东风老师提出的"以逗代步"诗歌翻译理论在译界独树一帜。他名为东风，翻译了《西风颂》，曾自称这是一种"命中注定"的缘分。曹明伦老师融通中西、精通文史，译有《爱伦·坡集》《培根随笔集》《莎士比亚十四行诗》等名作。罗选民教授拥有多部论著，学术成果

后 记

颇丰，尤其在翻译与跨文化研究领域有所建树。陆建德、傅浩研究员分别来自中国社会科学院文学所及外文所。前者担任鲁迅文学奖"文学翻译奖"评奖委员会主任，在外国文学思想史及中国近代文学与思想史研究领域首屈一指；后者拥有多部个人文集及《叶芝诗集》《乔伊斯诗全集》等诗歌译作，是我国中青年翻译家中的优秀代表。来自清华大学的张卜天教授则致力于自然科学史翻译，擅长该翻译类型的人并不多见，其译著可谓填补了译界在该领域的空白。

各位名家学者的参与和支持构成了本套书付梓的基石，对他们的感激之情不胜言表。同时，感谢中国社会科学出版社"慧眼相识"，感谢该社责任编辑陈雅慧女士为书稿付出的辛勤劳动。翻译是中非人民友好交流的重要桥梁，期待本书的出版能够为中非民心相通、文明互鉴尽一点绵薄之力。

鉴于时间关系，本书的不足与偏颇之处在所难免，请广大读者不吝指正。我们深知，只有永葆求知欲的内心才能驱使自己不断勇攀漫漫"译路"上的一座座"高峰"，从而领略少数人能及的瑰丽"风景"。每一位真正爱好翻译、有志于从事翻译的读者，通过自己的不懈努力，都能够向这个目标一步步靠近。这是本套书的书名由来，更是我们的真诚期盼！

主编

2020 年 7 月于中国非洲研究院